中国古代名著全本译注丛书

三国志

译注

二

［晋］陈寿 著　　［南朝宋］裴松之 注

方北辰 译注

王卫二刘傅传第二十一

王粲字仲宣，山阳高平人也[1]。曾祖父龚[2]，祖父畅[3]，皆为汉三公[4]。〔一〕父谦，为大将军何进长史[5]。进以谦名公之胄[6]，欲与为婚，见其二子，使择焉。谦弗许，以疾免。卒于家。

献帝西迁[7]，粲徙长安。左中郎将蔡邕见而奇之[8]。时邕才学显著，贵重朝廷；常车骑填巷，宾客盈坐。闻粲在门，倒屣迎之[9]。粲至，年既幼弱，容状短小，一坐尽惊。邕曰："此王公孙也[10]，有异才，吾不如也。吾家书籍文章，尽当与之[11]。"

年十七，司徒辟[12]，诏除黄门侍郎[13]；以西京扰乱，皆不就。

乃之荆州依刘表[14]。表以粲貌寝而体弱通侻[15]，不甚重也。〔二〕表卒。粲劝表子琮，令归太祖[16]。〔三〕

【注释】

〔1〕山阳：郡名。治所在今山东金乡县西北。　高平：县名。县治在今山东济宁市东南。　〔2〕龚：即王龚。字伯宗。出身于地方大族。东汉顺帝时任司空、太尉，曾上书请求遣散掌权的宦官。传见《后汉书》卷五十六。　〔3〕畅：即王畅（？—公元169）。字叔茂。东汉灵帝初年

任司空。传附《后汉书》卷五十六《王龚传》。 〔4〕三公：指太尉、司徒、司空。东汉废除丞相，以三公为形式上的执政大臣。 〔5〕大将军：官名。领兵将军的最高一等。东汉时任此职者不仅掌握兵权，而且总领朝政，权力极大，所以不常置。 何进（？—公元189）：字遂高，南阳郡宛（yuān）县（今河南南阳市）人。出身屠户。东汉灵帝时，以外戚身份从政。灵帝死，少帝刘辩继位。他是刘辩的舅父，所以升任大将军，辅佐朝政。后策划消灭宦官势力，被宦官刺杀。传见《后汉书》卷六十九。 长（zhǎng）史：官名。当时三公、将军的办公府署中都设有长史一人，总管府内各分支机构事务。 〔6〕胄：此处指贵族的后代。〔7〕献帝：即刘协（公元181—234）。东汉的末代皇帝。公元190至220年在位。在位期间东汉王朝已名存而实亡，他先后成为董卓和曹操的傀儡。公元220年，曹操的儿子曹丕代汉称帝，他被废为山阳公。事详《后汉书》卷九。 西迁：公元190年，关东的地方长官联合起兵讨伐董卓。董卓为了避开联军的锋芒，把汉献帝从洛阳迁到西面的长安。随同前往的有大批朝廷官员。 〔8〕左中郎将：官名。汉代皇宫的卫士，有中郎、侍郎、郎中之分，总称为郎官。郎官分属五官中郎将、左中郎将、右中郎将统领，合称三署。所以左中郎将是宫廷卫队分队长之一。 蔡邕（公元132—192）：字伯喈，陈留郡圉县（今河南杞县西南）人。东汉文学家、书法家。灵帝时任议郎，因上书议论时政，被流放到朔方。后得到赦免，流亡南方十二年，以躲避宦官的迫害。董卓执政，被重新起用，升任左中郎将。卓死，他被王允逮捕诛杀。精通经学、史学、文学、天文、音乐、书法，是东汉全能型的文化人物。熹平四年（公元175），受灵帝命书写儒经刻石，立在洛阳城南太学门外，世称"熹平石经"。1922年洛阳出土了石经中《论语·尧曰篇》残片。此后十多年间先后又出土残石一百余块。传见《后汉书》卷六十下。 〔9〕倒屣（xǐ）：把鞋穿倒了。形容蔡邕急于见到王粲。 〔10〕王公：指王畅。当时尊称三公和比三公地位还高的上公为"公"或"某公"。 〔11〕尽当与之：蔡邕赠书与王粲事，参见本书卷二十八《钟会传》裴注引《博物记》。〔12〕司徒：官名。东汉三公之一。主管民政，包括教育百姓、议定养老送终制度、考核地方行政官员业绩等等。 辟（bì）：任命。东汉的三公、大将军、州牧、郡太守等，有权自行任命府署内的下属官员，而不必经过朝廷选官机构的批准，这种任命叫做辟。 〔13〕诏除：下诏任命。这是通过朝廷选官机构发出的任命。又称为除。 黄门侍郎：官名。全称是"给事黄门侍郎"。侍从皇帝，担任皇宫内外的联络，评议尚书台送来的公文，宗室诸王朝见时安排座位。 〔14〕荆州：州名。当时治所在

今湖北襄阳市。 刘表(公元 142—208):传见本书卷六。 〔15〕貌寝:
外貌与内在品质才能相比显得逊色。 通侻(tuō):举止随便而不讲究。
〔16〕太祖:指曹操。古代帝王死后在宗庙立庙奉祀时,要根据他的地位
和业绩确定一个名号,这叫做庙号。曹丕代汉称帝后,在黄初四年(公
元 223)为曹操立庙,定其庙号为太祖。

【裴注】

〔一〕张璠《汉纪》曰:"龚字伯宗。有高名于天下。顺帝时为太
尉。初,山阳太守薛勤丧妻,不哭;将殡,临之曰:'幸不为夭,复何
恨哉!'及龚妻卒,龚与诸子并杖行服,时人或两讥焉。畅字叔茂,名
在'八俊'。灵帝时为司空,以水灾免;而李膺亦免归故郡,二人以直
道不容当时。天下以畅、膺为高士,诸危言危行之徒皆推宗之,愿涉其
流,惟恐不及。会连有灾异,而言事者皆言:'三公非其人;宜因其变,
以畅、膺代之,则祯祥必至。'由是宦竖深怨之。及膺诛死而畅遂废,
终于家。"

〔二〕臣松之曰:貌寝,谓貌负其实也;通侻者,简易也。

〔三〕《文士传》载:"粲说琮曰:'仆有愚计,愿进之于将军。可
乎?'琮曰:'吾所愿闻也。'粲曰:'天下大乱,豪杰并起;在仓猝之
际,强弱未分,故人各各有心耳。当此之时,家家欲为帝王,人人欲为
公侯。观古今之成败,能先见事机者,则恒受其福。今将军自度,何如
曹公邪?'琮不能对。粲复曰:'如粲所闻,曹公故人杰也:雄略冠时,
智谋出世;摧袁氏于官渡,驱孙权于江外;逐刘备于陇右,破乌丸于白
登;其余枭夷荡定者,往往如神,不可胜计。今日之事,去就可知也。
将军能听粲计,卷甲倒戈,应天顺命,以归曹公;曹公必重德将军。保
己全宗,长享福祚,垂之后嗣,此万全之策也。粲遭乱流离,托命此州,
蒙将军父子重顾,敢不尽言!'琮纳其言。"

臣松之按:孙权自此以前,尚与中国和同,未尝交兵,何云"驱权
于江外"乎?魏武以十三年征荆州,刘备却后数年方入蜀,备身未尝涉
于关、陇。而于征荆州之年,便云"逐备于陇右",既已乖错;又白登
在平城,亦魏武所不经,北征乌丸,与白登永不相豫。以此知张骘假伪
之辞,而不觉其虚之自露也。凡骘虚伪妄作,不可覆疏,如此类者,不
可胜纪。

太祖辟为丞相掾[1]，赐爵关内侯[2]。太祖置酒汉滨，粲奉觞贺曰[3]："方今袁绍起河北[4]，仗大众，志兼天下；然好贤而不能用，故奇士去之。刘表雍容荆楚[5]，坐观时变，自以为西伯可规[6]。士之避乱荆州者，皆海内之俊杰也；表不知所任，故国危而无辅。明公定冀州之日[7]，下车即缮其甲卒，收其豪杰而用之，以横行天下；及平江、汉[8]，引其贤俊而置之列位；使海内回心，望风而愿治，文武并用，英雄毕力。此三王之举也[9]。"后迁军谋祭酒[10]。

魏国既建[11]，拜侍中[12]。博物多识，问无不对。时旧仪废弛，兴造制度，粲恒典之。〔一〕

初，粲与人共行，读道边碑。人问曰："卿能暗诵乎[13]？"曰："能。"因使背而诵之，不失一字。观人围棋，局坏[14]，粲为复之[15]。棋者不信，以帕盖局，使更以他局为之。用相比校，不误一道[16]。其强记默识如此。性善算，作算术，略尽其理[17]。

善属文，举笔便成，无所改定，时人常以为宿构[18]；然正复精意覃思[19]，亦不能加也[20]。〔二〕著诗、赋、论、议垂六十篇。

建安二十一年，从征吴。二十二年春[21]，道病卒[22]。时年四十一。

粲二子，为魏讽所引[23]，诛。后绝。〔三〕

【注释】

〔1〕丞相掾：官名。曹操任丞相掌朝政时，在府内设置了若干分支

机构，分工处理公务，这种分支机构叫做曹。每曹的主官一人，叫做掾；副主官一人，叫做属。东汉时期的三公，府内也有类似的掾、属。〔2〕关内侯：爵位名。当时异姓的封爵有二十级，最高的第二十级是列侯。关内侯是第十九级，仅次于列侯。 〔3〕觞：酒杯。 〔4〕袁绍（？—公元199）：传见本书卷六。 〔5〕雍容：文雅大方、从容不迫的样子。这里指缺乏兼并天下的雄心大志。 荆楚：指荆州。当时的荆州是先秦时楚国的中心地区。 〔6〕西伯：指周文王。商代末期周族领袖。姬姓，名昌。统治期间，集中精力搞好内政，国势日益强盛，但是仍然尊奉商王，没有动用武力灭商。事见《史记》卷四《周本纪》。 规：效法。 〔7〕冀州：州名。治所在今河北临漳县西南。 〔8〕江、汉：长江、汉水。这里指长江、汉水流经的荆州北部。 〔9〕三王：指夏禹、商汤、周武这三朝开国君王。 〔10〕军谋祭酒：曹操任司空、丞相时，在府内设军师祭酒，参谋军事。晋人避司马师的名讳，或称军谋祭酒、军祭酒。 〔11〕魏国：曹操的封国。建安十八年（公元213）五月，汉献帝以魏郡等十郡，封曹操为魏公，建立魏国。 〔12〕侍中：官名。君主的侍从长官，随从左右，充当政事顾问。 〔13〕暗诵：背诵。 〔14〕局坏：对局的棋子弄乱了。 〔15〕复之：把棋局重新摆出来。 〔16〕道：围棋棋盘上纵横线的交叉点。这是当时的习语。中国的围棋在先秦时即已出现。魏晋非常盛行。当时的棋盘纵横各有十七线，共二百八十九道。与现今纵横有十九线的棋盘不同。 〔17〕略：都。 〔18〕宿构：预先构思好。 〔19〕正复：即使。 覃（tán）思：深思。 〔20〕加：超过。〔21〕二十二年：建安二十二年（公元217）。 〔22〕道：途中。 病卒：据《文选》卷五十六曹植《王仲宣诔》，王粲死于当年正月二十四日。又《元和郡县图志》卷十"兖州任城县"条下记载，王粲墓在任城（今山东济宁市东南）"县南五十二里"。 〔23〕魏讽（？—公元219）：当时任魏王国相国府西曹掾。密谋起事反抗曹操，事败被杀。传见本书卷一《武帝纪》裴注引《世语》。

【裴注】

〔一〕挚虞《决疑要注》曰："汉末丧乱，绝无玉佩。魏侍中王粲，识旧佩，始复作之；今之玉佩，受法于粲也。"

〔二〕《典略》曰："粲才既高，辩论应机。钟繇、王朗等虽（各）〔名〕为魏卿相，至于朝廷奏议，皆搁笔不能措手。"

〔三〕《文章志》曰："太祖时征汉中，闻粲子死，叹曰：'孤若在，不使仲宣无后！’”

　　始，文帝为五官将[1]，及平原侯植[2]，皆好文学。粲与北海徐幹字伟长、广陵陈琳字孔璋、陈留阮瑀字元瑜、汝南应玚字德琏、东平刘桢字公幹[3]，并见友善。〔一〕

　　幹为司空军谋祭酒、掾、属，五官将文学[4]。〔二〕

　　琳前为何进主簿[5]。进欲诛诸宦官，太后不听[6]；进乃召四方猛将，并使引兵向京城，欲以劫恐太后。琳谏进曰：“《易》称‘即鹿无虞[7]’，谚有‘掩目捕雀’；夫微物尚不可欺以得志，况国之大事，其可以诈立乎？今将军总皇威，握兵要；龙骧虎步[8]，高下在心。以此行事，无异于鼓洪炉以燎毛发。但当速发雷霆，行权立断，违经合道，天人顺之；而反释其利器，更征于他。大兵合聚，强者为雄；所谓倒持干戈[9]，授人以柄；功必不成，只为乱阶[10]。”进不纳其言，竟以取祸。琳避难冀州，袁绍使典文章[11]。

　　袁氏败，琳归太祖。太祖谓曰：“卿昔为本初移书[12]，但可罪状孤而已[13]。恶恶止其身[14]，何乃上及父祖邪[15]？”琳谢罪，太祖爱其才而不咎。

　　瑀少受学于蔡邕[16]。建安中，都护曹洪欲使掌书记[17]，瑀终不为屈。

　　太祖并以琳、瑀为司空军谋祭酒，管记室[18]。〔三〕军国书檄，多琳、瑀所作也。〔四〕琳徙门下督[19]，瑀为仓曹掾、属[20]。

【注释】

〔1〕文帝：指魏文帝曹丕(公元187—226)。 五官将：官名。即五官中郎将。本为皇宫卫队分队长之一，统领五官中郎将署的郎官。建安十六年(公元211)，汉献帝下令任曹丕为五官中郎将，充当丞相曹操的副手，这一官职便带上特殊性质，而与此前的职掌不同。 〔2〕植：即曹植(公元192—232)。曹丕的胞弟。 〔3〕北海：王国名。治所在今山东昌乐县西。东汉制度，宗室亲王的封地为一郡，凡郡成为亲王封地就改称为国，郡太守也改称为国相。徐幹是北海国剧县(今山东昌乐县西)人。 广陵：郡名。治所在今江苏扬州市西北。陈琳是广陵郡广陵县(今江苏扬州市西北)人。 陈留：郡名。治所在今河南开封市东南。阮瑀是陈留郡尉氏县(今河南尉氏县)人。 汝南：郡名。治所在今河南平舆县西北。应场是汝南郡南顿县(今河南项城西)人。 东平：王国名。治所在今山东东平县东南。刘桢是东平国宁阳县(今山东宁阳县西南)人。〔4〕五官将文学：官名。是曹丕的文学侍从。曹操父子喜好文学，所以在曹丕当五官中郎将、曹植封平原侯之后，曹操特在二人的下属官员中设置了文学一职。任职者是当时著名的文士。他们与曹丕、曹植相互唱和，共同切磋创作经验，促成了建安时期文学创作的繁荣和文学批评理论的诞生。 〔5〕主簿：官名。当时何进任大将军，府内下属官员有主簿，总管府内事务。 〔6〕太后：指何太后(？—公元189)。何进的异母妹。少帝刘辩的生母。董卓废少帝，她被董卓毒死。传见《后汉书》卷十下。 〔7〕即：接近。即鹿意指猎取野鹿。 虞：即虞人。周代管理山林狩猎的官员。贵族进山射猎时，要靠熟悉地形的虞人帮助，才能找到猎物。要想猎取野鹿而又不要虞人帮忙，结果必然落空。句出《周易·屯卦》的爻辞。〔8〕骧：昂首飞腾。龙骧虎步比喻威武无敌。〔9〕干(gān)：盾牌。 〔10〕乱阶：祸乱的根源。 〔11〕典文章：这里指负责草拟公文。 〔12〕本初：袁绍的字。 移：不相统属的官员之间发送的公文。建安五年(公元200)，袁绍出动十万大军南下进攻曹操，行前发布檄文通知各州郡，声讨曹操。檄文由陈琳起草，全文见本书卷六《袁绍传》裴注引《魏氏春秋》。 〔13〕罪状孤：列举我的罪状。古代的王侯自称孤。 〔14〕恶(wù)恶：憎恶邪恶。 〔15〕上及父祖：陈琳在檄文中曾抨击曹操的父亲曹嵩、祖父曹腾，所以曹操这样说。〔16〕受学于蔡邕：阮瑀与蔡邕同是陈留郡人，二者家乡相距很近，所以有师生之谊。 〔17〕都护：官名。即都护将军，是全军的协调者。 曹洪(？—公元232)：传见本书卷九。 掌书记：主办公文。 〔18〕记室：官署分支机构名。东汉三公府内有记室，负责起草表章和发送公文。

〔19〕门下督：官名。曹操任丞相时，府内设门下督，负责警卫丞相府门户。 〔20〕仓曹：曹操丞相府内分支机构名。负责仓库粮食贮存。

【裴注】

〔一〕玚，音徒哽反。一音畅。

〔二〕《先贤行状》曰："幹清玄体道，六行修备；聪识洽闻，操翰成章；轻官忽禄，不耽世荣。建安中，太祖特加旌命，以疾休息。后除上艾长，又以疾不行。"

〔三〕《文士传》曰："太祖雅闻瑀名，辟之，不应；连见逼促，乃逃入山中。太祖使人焚山，得瑀。送至，召入。太祖时征长安，大延宾客；怒瑀，不与语，使就伎人列。瑀善解音，能鼓琴，遂抚弦而歌，因造歌曲曰：'奕奕天门开，大魏应期运。青盖巡九州，在东西人怨。士为知己死，女为悦者玩。恩义苟敷畅，他人焉能乱？'为曲既捷，音声殊妙，当时冠坐。太祖大悦。"

臣松之按鱼氏《典略》、挚虞《文章志》，并云瑀建安初辞疾避役，不为曹洪屈；得太祖召，即投杖而起。不得有逃入山中，焚之乃出之事也。又《典略》载："太祖初征荆州，使瑀作书与刘备；及征马超，又使瑀作书与韩遂。"此二书今具存。至长安之前，遂等破走，太祖始以十六年得入关耳。而张骘云初得瑀时太祖在长安，此又乖戾。瑀以十七年卒，太祖十八年策为魏公，而云瑀歌舞辞称"大魏应期运"，愈知其妄。又其辞云"他人焉能乱"，了不成语；瑀之吐属，必不如此。

〔四〕《典略》曰："琳作诸书及檄，草成呈太祖。太祖先苦头风，是日疾发；卧读琳所作，翕然而起曰：'此愈我病。'数加厚赐。太祖尝使瑀作书与韩遂，时太祖适近出，瑀随从，因于马上具草，书成呈之。太祖揽笔欲有所定，而竟不能增损。"

玚、桢各被太祖辟为丞相掾、属。

玚转为平原侯庶子[1]，后为五官将文学。[一]桢以不敬被刑[2]，刑竟署吏[3]。[二]咸著文赋数十篇。

瑀以十七年卒[4]。幹、琳、玚、桢二十二年卒[5]。

文帝书与元城令吴质曰[6]："昔年疾疫，亲故多罹其灾；徐、陈、应、刘，一时俱逝。观古今文人，类不护细行[7]，鲜能以名节自立。而伟长独怀文抱质，恬淡寡欲，有箕山之志[8]，可谓彬彬君子矣。著《中论》二十余篇[9]，辞义典雅，足传于后。德琏常斐然有述作意[10]，其才学足以著书；美志不遂，良可痛惜！孔璋章表殊健[11]，微为繁富[12]。公幹有逸气[13]，但未遒耳[14]。元瑜书记翩翩[15]，致足乐也。仲宣独自善于辞赋[16]，惜其体弱，不〔足〕起其文；至于所善，古人无以远过也[17]。昔伯牙绝弦于钟期[18]，仲尼覆醢于子路[19]；痛知音之难遇，伤门人之莫逮也[20]。诸子但为未及古人，自一时之俊也。"〔三〕

自颍川邯郸淳、〔四〕繁钦，〔五〕陈留路粹，〔六〕沛国丁仪、丁廙，弘农杨修，河内荀纬等[21]，亦有文采；而不在此（七）〔六〕人之例[22]。〔七〕

【注释】

〔1〕庶子：官名。东汉制度，食邑千户以上的侯爵，设有家丞、庶子各一人，负责侍从左右并管理家事。 〔2〕不敬：指下面裴注所说的注视曹丕的夫人甄氏。 〔3〕刑竟：刑满。 署吏：任官。 〔4〕十七年：建安十七年（公元212）。 〔5〕二十二年：建安二十二年（公元217）。 〔6〕元城：县名。县治在今河北大名县东北。 令：东汉制度，一万户以上的县，其行政长官称令，万户以下称长。下面所引的文字，是曹丕书信的节略。全文见本卷后文裴注引《魏略》。 〔7〕类：大多。不护细行：不拘小节。 〔8〕箕山之志：指不追求名利的恬淡胸怀。传说尧曾让天下给高士许由，许由不受，逃隐到箕山（今河南登封县东南）。见《吕氏春秋·一行》。 〔9〕中论：书名。属政论性著作。今存二卷，二十篇。 〔10〕斐然：有文采的样子。 〔11〕章表殊健：写起章表一类的公文来笔势相当雄健。 〔12〕繁富：冗赘。 〔13〕逸气：奔放的气势。 〔14〕遒：强劲。 〔15〕书：书信。 记：文体名。下级

呈报上级的公文。　翙翙：文情并茂的样子。　〔16〕辞赋：文体名。辞指以屈原《离骚》为代表的楚辞。赋的名称始于战国时荀卿的《赋篇》，到汉代形成一种特定的模式，并成为汉代流行的文学体裁。由于它在形式上继承了楚辞的一些特点，所以汉代人称之为辞赋。能不能创作辞赋，在当时是衡量一个作家文才高低的重要标准。东汉后期，随着社会动乱的加剧，流行于西汉的那种铺陈排比着意描绘宏伟事物的长篇大赋日渐减少，抒发内心感触的小赋则日渐增多。王粲的赋作多是这种抒情小赋。现存有他的名作《登楼赋》等全篇及残篇赋文二十余篇。　〔17〕无以远过：不能超过他多少。　〔18〕伯牙：传说是春秋时人，善于弹琴。他的知音钟子期听了他的琴声就知道他心里在向往什么。钟子期死，他破琴断弦，终身不再弹琴。见《吕氏春秋·本味》。　〔19〕仲尼：孔子的字。　醢（hǎi）：鱼或肉做的酱。　子路（前542—前480）：仲氏，名由，卞（今山东泗水县东南）人。孔子弟子。勇武有力，受教于孔子，出任卫国地方官。前480年，卫国发生内乱，子路前往都城支援国君，被杀。传见《史记》卷六十七。子路死后，孔子见到卫国来的使者，就打听子路死的情况，使者说是"醢之矣"，即被砍成肉酱。孔子大受刺激，令人"覆醢"，即把自己爱吃的肉酱倒掉，并且从此不吃。事见《礼记·檀弓》。　〔20〕莫逮：没有人比得上。　〔21〕颍川：郡名。治所在今河南禹州市。　沛国：王国名。治所在今安徽濉溪县西北。　弘农：郡名。治所在今河南灵宝市东北。　河内：郡名。治所在今河南武陟县西南。〔22〕六人：以上王粲、徐幹、陈琳、阮瑀、应场、刘桢六人，加上孔融，被称为"建安七子"。他们与曹操、曹丕、曹植这"三曹"父子，构成建安时期文坛的中坚力量。对当时文学的发展，起了极大的推动作用。

【裴注】
　〔一〕华峤《汉书》曰："场祖奉，字世叔。才敏善讽诵，故世称'应世叔读书，五行俱下'。著《后序》十余篇，为世儒者。延熹中，至司隶校尉。子劭，字仲远。亦博学多识，尤好事。诸所撰述《风俗通》等，凡百余篇；辞虽不典，世服其博闻。"
　《续汉书》曰："劭又著《中汉辑叙》、《汉官仪》及《礼仪故事》，凡十一种，百三十六卷。朝廷制度，百官仪式，所以不亡者，由劭记之。官至泰山太守。劭弟珣，字季瑜，司空掾；即场之父。"
　〔二〕《文士传》曰："桢父名梁，字曼山。一名恭。少有清才，以文学见贵,终于野王令。"

《典略》曰:"文帝尝赐桢廓落带。其后,师死;欲借取以为像,因书嘲桢云:'夫物因人为贵。故在贱者之手,不御至尊之侧。今虽取之,勿嫌其不反也。'桢答曰:'桢闻荆山之璞,曜元后之宝;随侯之珠,烛众士之好;南垠之金,登窈窕之首;羁貂之尾,缀侍臣之帻。此四宝者,伏朽石之下,潜污泥之中;而扬光千载之上,发彩畴昔之外,亦皆未能初自接于至尊也。夫尊者所服,卑者所修也;贵者所御,贱者所先也。故夏屋初成,而大匠先立其下;嘉禾始熟,而农夫先尝其粒。恨桢所带,无他妙饰;若实殊异,尚可纳也。'桢辞旨巧妙皆如是,由是特为诸公子所亲爱。其后太子尝请诸文学。酒酣坐欢,命夫人甄氏出拜。坐中众人咸伏,而桢独平视。太祖闻之,乃收桢,减死输作。"

〔三〕《典论》曰:"今之文人:鲁国孔融,广陵陈琳,山阳王粲,北海徐干,陈留阮瑀,汝南应场,东平刘桢。斯七子者,于学无所遗,于辞无所假;咸自以骋骥骥于千里,仰齐足而并驰。粲长于辞赋。干时有逸气,然非粲匹也。如粲之《初征》、《登楼》、《槐赋》、《征思》,干之《玄猿》、《漏卮》、《圆扇》、《橘赋》,虽张、蔡不过也;然于他文未能称是。琳、瑀之章表书记,今之俊也。应场和而不壮,刘桢壮而不密。孔融体气高妙,有过人者;然不能持论,理不胜辞,至于杂以嘲戏;及其所善,扬、班之俦也。"

〔四〕《魏略》曰:"淳一名竺,字子叔。博学有才章,又善《苍》、《雅》、虫篆、许氏字指。初平时,从三辅客荆州。荆州内附,太祖素闻其名,召与相见,甚敬异之。时五官将博延英儒,亦宿闻淳名,因启淳欲使在文学官属中。会临淄侯植亦求淳,太祖遣淳诣植。植初得淳,甚喜,延入坐,不先与谈。时天暑热,植因呼常从取水自澡讫,傅粉;遂科头拍袒,胡舞五椎锻,跳丸击剑,诵俳优小说数千言。讫,谓淳曰:'邯郸生何如邪?'于是乃更著衣帻,整仪容;与淳评说混元造化之端,品物区别之意,然后论羲皇以来,贤圣、名臣、烈士优劣之差;次颂古今文章赋诔,及当官政事宜所先后;又论用武行兵倚伏之势。乃命厨宰,酒炙交至,坐席默然,无与抗者。及暮,淳归,对其所知叹植之材,谓之'天人'。而于时世子未立,太祖俄有意于植。而淳屡称植材,由是五官将颇不悦。及黄初初,以淳为博士、给事中。淳作《投壶赋》千余言奏之;文帝以为工,赐帛千匹。"

〔五〕繁,音婆。《典略》曰:"钦字休伯。以文才机辩,少得名于汝、颍。钦既长于书记,又善为诗赋。其所与太子书,记喉转意,率皆巧丽。为丞相主簿。建安二十三年卒。"

〔六〕《典略》曰："粹字文蔚。少学于蔡邕。初平中，随车驾至三辅。建安初，以高才与京兆严（像）〔象〕擢拜尚书郎。（像）〔象〕以兼有文武，出为扬州刺史。粹后为军谋祭酒，与陈琳、阮瑀等典记室。及孔融有过，太祖使粹为奏；承指数致融罪，其大略言：'融昔在北海，见王室不宁；招合徒众，欲图不轨，言"我大圣之后也，而灭于宋。有天下者何必卯金刀"？'又云：'融为九列，不遵朝仪，秃巾微行，唐突宫掖；又与白衣祢衡言论放荡，衡与融更相赞扬。衡谓融曰："仲尼不死也。"融答曰："颜渊复生。"'凡说融诸如此辈辞语甚多。融诛之后，人睹粹所作，无不嘉其才而畏其笔也。至十九年，粹转为秘书令，从大军至汉中，坐违禁贱请驴，伏法。太子素与粹善，闻其死，为之叹惜。及即帝位，特用其子为长史。"

鱼豢曰："寻省往者，鲁连、邹阳之徒，援譬引类，以解缔结，诚彼时文辩之俊也。今览王、繁、阮、陈、路诸人前后文旨，亦何昔不若哉？其所以不论者，时世异耳。余又窃怪其不甚见用，以问大鸿胪卿韦仲将。仲将云：'仲宣伤于肥戆，休伯都无格检，元瑜病于体弱，孔璋实自粗疏，文蔚性颇忿鸷。'如是，彼为非徒以脂烛自煎糜也；其不高蹈，盖有由矣。然君子不责备于一人，譬之朱漆，虽无桢干，其为光泽亦壮观也。"

〔七〕仪、廙、修事，并在《陈思王传》。荀勖《文章叙录》曰："纬字公高。少喜文学。建安中，召署军谋掾，魏太子庶子，稍迁至散骑常侍、越骑校尉。年四十二，黄初四年卒。"

玚弟璩，璩子贞，咸以文章显。璩官至侍中。贞咸熙中参相国军事[1]。〔一〕

瑀子籍[2]，才藻艳逸，而倜傥放荡[3]；行己寡欲[4]，以庄周为模则[5]。官至步兵校尉[6]。〔二〕

时又有谯郡嵇康[7]，文辞壮丽，好言老、庄[8]，而尚奇任侠[9]。至景元中，坐事诛[10]。〔三〕

景初中，下邳桓威出自孤微[11]。年十八而著《浑舆经》[12]，依道以见意。从齐国门下书佐[13]，司徒署吏[14]。后为安（成）〔城〕令[15]。

吴质，济阴人[16]，以文才为文帝所善。官至振威将军[17]，假节都督河北诸军事[18]，封列侯[19]。[四]

【注释】

〔1〕贞：即应贞（？—公元269）。字吉甫。西晋武帝时官至散骑常侍。传见《晋书》卷九十二。 咸熙：魏元帝曹奂的年号。也是曹魏最后一个年号。 参相国军事：官名。是司马昭相国府内的军事参谋人员。
〔2〕籍：即阮籍（公元210—263）。字嗣宗。曹魏思想家、文学家。他是魏晋玄学发展过程中的代表人物。著有《通易论》、《达庄论》等，崇尚"自然"，批判虚伪的"礼法"。在文学方面以五言诗的成就为最高。其《咏怀》诗八十多首，辞语隐约，寄托深远，具有独特的风格。传又见《晋书》卷四十九。 〔3〕倜傥放荡：指阮籍不遵守当时礼教的举动。这些举动在《晋书》和《世说新语》中都有不少记载。阮籍本来具有远大的政治抱负，内心并不真正反对具有政治功用的礼教。不幸他处在魏晋交替之际，积极准备取代曹魏的司马氏，一面提倡虚伪的"礼法"，一面又采取严厉手段镇压异己分子。阮籍终日醉酒放荡，既有不愿接受虚伪"礼法"拘束的成分，又有借此逃避人事纠葛以免受到伤害的考虑。
〔4〕行己：为人。 〔5〕庄周（约前369—前286）：即庄子。战国时宋国蒙（今河南商丘市东北）人。曾当过管理漆园的小官。他是继老子之后道家学派的代表人物。他的散文写得很有特色，在先秦诸子散文中独树一帜。现存著作有《庄子》三十三篇。传附《史记》卷六十三《老子列传》。 〔6〕步兵校尉：官名。汉魏京城驻军中有特种兵五营，每营设一名校尉统领，步兵校尉是其中之一。负责京城警卫。 〔7〕谯郡：郡名。治所在今安徽亳（bó）州市。 嵇康（公元224—263）：字叔夜，谯郡铚县（今安徽宿州市西南）人。曹魏思想家、文学家、音乐家。与曹魏宗室通婚，任中散大夫。他有出众的仪表才能，社会声誉很高。对司马氏专权强烈不满，因而拒绝与之合作，结果被司马昭下令处死。他也是魏晋玄学发展过程中的代表人物。著有《养生论》、《释私论》等，崇尚"自然"而轻视"名教"。在文学上擅长四言诗，以《幽愤诗》为著名。他还精通音乐，除了善于鼓琴外，又有《声无哀乐论》、《琴赋》等音乐理论著述。传又见《晋书》卷四十九。 〔8〕老：指《老子》。 庄：指《庄子》。《老子》和《庄子》是先秦道家的代表著作。魏晋玄学基本上是由道家和儒家两派学说融合形成的，所以当时玄学家最爱谈论《老子》、《庄子》和《周易》三部书。合称为"三玄"。 〔9〕尚奇：崇尚

奇节。 任侠：喜欢行侠仗义。 〔10〕景元：魏元帝曹奂的年号。 坐事诛：因事被杀。嵇康无罪被司马氏诛杀。陈寿不便叙述真实情况，只好作简单笼统的交代。 〔11〕下邳：王国名。治所在今江苏睢宁县西北。 孤微：家族势力孤单的小民，这是当时的习语。 〔12〕《浑舆经》：书名。一卷。《隋书》卷三十四《经籍志》列入道家著作一类。隋代已亡佚。 〔13〕齐国：王国名。治所在今山东淄博市东北。 门下书佐：官名。郡太守或国相的府署时，设有书佐数十人，负责抄誊公文。门下书佐是其中之一类，直接抄誊守、相本人发布的公文。 〔14〕司徒署吏：司徒任命他为下属吏员。这种任命是荣誉性的闲职，当时得到这种任命的人数以万计。见本书卷十三《王朗传》裴注引《魏略》。〔15〕安城：县名。县治在今河南汝南县东南。 〔16〕济阴：郡名。治所在今山东定陶县西北。 〔17〕振威将军：官名。领兵征伐。〔18〕假节：一种表示诛杀威权的名号。这样的名号当时有三等：最高是使持节，可以诛杀品级在二千石以下的官员；其次是持节，平时可以诛杀无官位的人，战争发生时也可以诛杀二千石以下的官员；最低就是假节，只能在战争发生时诛杀违犯军令的人。 都督：官名。是一个战区内各支军队的指挥长官。 〔19〕列侯：爵位名。是异姓所能得到的最高一级爵位。其中，按封地的大小，又可分为县侯、乡侯和亭侯三类。受封者有权收取封地内民户上交的租税归自己享用。

【裴注】

〔一〕《文章叙录》曰："璩字休琏。博学好属文，善为书记。文、明帝世，历官散骑常侍。齐王即位，稍迁侍中、大将军长史。曹爽秉政，多违法度，璩为诗以讽焉。其言虽颇谐合，多切时要，世共传之。复为侍中，典著作。嘉平四年卒，追赠卫尉。贞字吉甫，少以才闻，能谈论。正始中，夏侯玄盛有名势。贞尝在玄坐，作五言诗，玄嘉玩之。举高第，历显位。晋武帝为抚军大将军，以贞参军事。晋室践阼，迁太子中庶子、散骑常侍。又以儒学，与太尉荀颛撰定《新礼》；事未施行。泰始五年卒。贞弟纯。纯子绍，永嘉中为黄门侍郎，为司马越所杀。纯弟秀。秀子詹，镇南大将军、江州刺史。"

〔二〕籍字嗣宗。《魏氏春秋》曰："藉旷达不羁，不拘礼俗。性至孝，居丧虽不率常检，而毁几至灭性。兖州刺史王昶请与相见，终日不得与言；昶叹赏之，自以不能测也。太尉蒋济闻而辟之。后为尚书郎、曹爽参军，以疾归田里。岁余，爽诛，太傅及大将军乃以为从事中郎。

后朝论以其名高，欲显崇之，籍以世多故，禄仕而已。闻步兵校尉缺，厨多美酒，营人善酿酒，求为校尉；遂纵酒昏酣，遗落世事。尝登广武，观楚、汉战处，乃叹曰：'时无英才，使竖子成名乎！'时率意独驾，不由径路；车迹所穷，辄恸哭而返。籍少时尝游苏门山，苏门山有隐者，莫知名姓；有竹实数斛、臼杵而已。籍从之，与谈太古无为之道，及论五帝三王之义；苏门生萧然曾不经听。籍乃对之长啸，清韵响亮；苏门生迢尔而笑。籍既降，苏门生亦啸，若鸾风之音焉。至是，籍乃假苏门先生之论以寄所怀。其歌曰：'日没不周西，月出丹渊中。阳精蔽不见，阴光代为雄。亭亭在须臾，厌厌将复隆。富贵俯仰间，贫贱何必终？'又叹曰：'天地解兮六合开，星辰陨兮日月颓，我腾而上将何怀？'籍口不论人过，而自然高迈，故为礼法之士何曾等深所仇疾。大将军司马文王常保持之，卒以寿终。"子浑，字长成。《世语》曰："浑以闲澹寡欲，知名京邑。为太子庶子。早卒。"

〔三〕康字叔夜。按《嵇氏谱》："康父昭，字子远。督军粮、治书侍御史。兄喜，字公穆。晋扬州刺史、宗正。"

喜为康传曰："家世儒学，少有俊才；旷迈不群，高亮任性；不修名誉，宽简有大量。学不师授，博洽多闻；长而好老、庄之业，恬静无欲。性好服食，尝采御上药。善属文论，弹琴咏诗，自足于怀抱之中。以为神仙者，禀之自然，非积学所致；至于导养得理，以尽性命，若安期、彭祖之伦，可以善求而得也；著《养生篇》。知自厚者所以丧其所生，其求益者必失其性；超然独达，遂放世事，纵意于尘埃之表。撰录上古以来圣贤、隐逸、遁心、遗名者，集为传赞；自混沌至于管宁，凡百一十有九人；盖求之于宇宙之内，而发之乎千载之外者矣。故世人莫得而名焉。"

虞预《晋书》曰："康家本姓奚，会稽人。先自会稽迁于谯之铚县，改为嵇氏，取'稽'字之上，〔加〕'山'以为姓，盖以志其本也。一曰铚有嵇山，家于其侧，遂氏焉。"

《魏氏春秋》曰："康寓居河内之山阳县，与之游者，未尝见其喜愠之色。与陈留阮籍、河内山涛、河（南）〔内〕向秀、籍兄子咸、琅邪王戎、沛人刘伶，相与友善，游于竹林，号为'七贤'。钟会为大将军所昵，闻康名而造之。会，名公子；以才能贵幸，乘肥衣轻，宾从如云。康方箕踞而锻，会至，不为之礼。康问会曰：'何所闻而来？何所见而去？'会曰：'有所闻而来，有所见而去。'会深衔之。大将军尝欲辟康。康既有绝世之言，又从子不善，避之河东，或云避世。及山涛为选曹郎，举康自代；康答书拒绝，因自说不堪流俗，而'非薄汤、武'。大将军闻而怒焉。初，康与东平吕昭子巽及巽弟安，亲善。会巽淫安妻徐氏，而诬安不孝，囚之。安引康为证，康义不负心，保明其事。安亦至烈，有济世志力。钟会劝大将军因此除之，遂杀安及康。康临刑自若，援琴而鼓，既而叹曰：‘雅音于是绝矣！’时人莫不哀之。初，康采药于汲郡共北山中，见隐者孙登。康欲与之言，登默然不对。逾时将去，康曰：‘先生竟无言乎？’登乃曰：‘子才多识寡，难乎免于今之世。’及遭吕安事，为诗自责曰：‘欲寡其过，谤议沸腾。性不伤物，频致怨憎。昔惭柳下，今愧孙登。内负宿心，外赧良朋。’康所著诸文、论六七万言，皆为世所玩咏。”

《康别传》云：“孙登谓康曰：‘君性烈而才俊，其能免乎？’”称康临终之言曰：“袁孝尼尝从吾学《广陵散》，吾每固之，不与。《广陵散》，于今绝矣！”与盛所记不同。

又《晋阳秋》云：“康见孙登，登对之长啸，逾时不言。康辞还，曰：‘先生竟无言乎？’登曰：‘惜哉！’”此二书皆孙盛所述，而自为殊异如此。

《康集·目录》曰：“登字公和。不知何许人，无家属，于汲县北山土窟中得之。夏则编草为裳，冬则被发自覆。好读《易》、鼓琴，见者皆亲乐之。每所止，家辄给其衣服食饮；得，无辞让。”

《世语》曰：“毌丘俭反，康有力，且欲起兵应之；以问山涛，涛曰：‘不可。’俭亦已败。”

臣松之按：《本传》云“康以景元中坐事诛”，而干宝、孙盛、习凿齿诸书，皆云：正元二年，司马文王返自乐嘉，杀嵇康、吕安。盖缘《世语》云康欲举兵应毌丘俭，故谓破俭便应杀康也。其实不然。山涛为选官，欲举康自代，康书告绝，事之明审者也。按《涛行状》，涛始以景元二年除吏部郎耳。景元与正元相较七八年，以《涛行状》检之，如《本传》为审。又《钟会传》亦云会作司隶校尉时诛康；会作司隶，景元中也。干宝云：吕安兄巽，善于钟会，巽为相国掾，俱有宠于司马文王，故遂抵安罪。寻文王以景元四年钟、邓平蜀后，始授相国位；若巽为相国掾时陷安，焉得以破毌丘俭年杀嵇、吕？此又干宝之疏谬，自相违伐也。

康子绍，字延祖。少知名。山涛启以为秘书郎，称绍：“平简温敏，有文思；又晓音，当成济者。”帝曰：“绍如此，便可以为丞，不足复为郎也。”遂历显位。

《晋诸公赞》曰：“绍与山涛子简、弘农杨准，同好友善，而绍最有忠正之情。以侍中从惠帝北伐成都王。王师败绩，百官皆走；惟绍独以身捍卫，遂死于帝侧。故累见褒崇，追赠大尉，谥曰忠穆公。"

〔四〕《魏略》曰："质字季重。以才学通博，为五官将及诸侯所礼爱；质亦善处其兄弟之间，若前世楼君卿之游五侯矣。及河北平定，(大将军)〔五官将〕为世子，质与刘桢等并在坐席。桢坐遣之际，质出为朝歌长。后迁元城令。其后大(将)军西征，太子南在孟津小城，与质书曰：'季重无恙：途路虽局，官守有限；愿言之怀，良不可任！足下所治僻左，书问致简，益用增劳。每念昔日南皮之游，诚不可忘。既妙思六经，逍遥百氏；弹棋闲设，终以博弈；高谈娱心，哀筝顺耳；驰骛北场，旅食南馆；浮甘瓜于清泉，沉朱李于寒水。皦日既没，继以朗月；同乘并载，以游后园；舆轮徐动，宾从无声；清风夜起，悲笳微吟；乐往哀来，凄然伤怀。余顾而言，兹乐难常；足下之徒，咸以为然。今果分别，各在一方；元瑜长逝，化为异物。每一念至，何时可言！方今蕤宾纪辰，景风扇物；天气和暖，众果具繁；时驾而游，北遵河曲；从者鸣笳以启路，文学托乘于后车；节同时异，物是人非。我劳如何！今遣骑到邺，故使枉道相过。行矣，自爱！'二十三年，太子又与质书曰：'岁月易得，别来行复四年。三年不见，《东山》犹叹其远；况乃过之，思何可支！虽书疏往返，未足解其劳结。昔年疾疫，亲故多罹其灾；徐、陈、应、刘，一时俱逝，痛何可言邪！昔日游处，行则同舆，止则接席，何尝须臾相失？每至觞酌流行，丝竹并奏；酒酣耳热，仰而赋诗。当此之时，忽然不自知乐也。谓百年己分，长共相保；何图数年之间，零落略尽，言之伤心！顷撰其遗文，都为一集；观其姓名，已为鬼录。追思昔游，犹在心目；而此诸子化为粪壤，可复道哉！观古今文人，类不护细行，鲜能以名节自立。而伟长独怀文抱质，恬淡寡欲，有箕山之志，可谓彬彬君子矣。著《中论》二十余篇，成一家之业；辞义典雅，足传于后。此子为不朽矣。德琏常斐然有述作意，才学足以著书；美志不遂，良可痛惜！间历观诸子之文，对之拭泪；既痛逝者，行自念也。孔璋章表殊健，微为繁富。公幹有逸气，但未遒耳；至其五言诗，妙绝当时。元瑜书记翩翩，致足乐也。仲宣独自善于辞赋，惜其体弱，不足起其文；至于所善，古人无以远过也。昔伯牙绝弦于钟期，仲尼覆醢于子路；愍知音之难遇，伤门人之莫逮也。诸子但为未及古人，自一时之俊也，今之存者已不逮矣。后生可畏，来者难诬，然吾与足下不及见也。行年已长大，所怀万端；时有所虑，至乃通夕不瞑。何时复类昔日！已成老翁，但未白头耳。光武言"年已三十，在军十年，所更非一"，吾德虽不及，年与之齐。以犬羊之质，服虎豹之文；无众星之明，假日月之光；动见观瞻，何时易邪？恐永不复得为昔日游也。少壮真当努力，年一过往，何可攀援！古人思秉烛夜游，良有以也。顷何以自娱？颇复有所造述不？东望于邑，裁书叙心。'"

臣松之以本传虽略载太子此书，美辞多被删落，今故悉取《魏略》所述，以备其文。太子即王位，又与质书曰："南皮之游，存者三人。烈祖龙飞，或将或侯；今惟吾子，栖迟下仕。从我游处，独不及门；瓶罄罍耻，能无怀愧？路不云远，今复相闻。"

初，曹真、曹休亦与质等俱在渤海游处。时休、真亦以宗亲并受爵封，出为列将；而质故为长吏，王顾质有望，故称二人以慰之。始，质为单家，少游遨贵戚间，盖不与乡里相沉浮。故虽已出官，本国犹不与之士名。及魏有天下，文帝征质，与车驾会洛阳。到，拜北中郎将，封列侯，使持节，督幽、并诸军事，治信都。太和中，入朝；质自以不为本郡所饶，谓司徒董昭曰："我欲溺乡里耳！"昭曰："君且止，我年八十，不能老为君溺攒也。"

《世语》曰："魏王尝出征，世子及临淄侯植，并送路侧。植称述功德，发言有章；左右属目，王亦悦焉。世子怅然自失，吴质耳曰：'王当行，流涕可也。'及辞，世子泣而拜，王及左右咸歔欷；于是皆以植辞多华，而诚心不及也。"

《质别传》曰："帝尝召质及曹休欢会，命郭后出见质等。帝曰：'卿仰谛视之。'其至亲如此。质黄初五年朝京师，诏上将军及特进以下，皆会质所，太官给供具。酒酣，质欲尽欢。时上将军曹真性肥，中领军朱铄性瘦；质召优，使说肥瘦。真负贵，耻见戏，怒谓质曰：'卿欲以部曲将遇我邪？'骠骑将军曹洪、轻车将军王忠言：'将军必欲使上将军服肥，即自宜为瘦。'真愈恚，拔刀瞋目，言：'俳敢轻脱，吾斩尔！'遂骂坐。质按剑曰：'曹子丹！汝非屠几上肉，吴质吞尔不摇喉，咀尔不摇牙，何敢恃势骄邪！'铄因起曰：'陛下使吾等来乐卿耳，乃至此邪！'质顾叱之曰：'朱铄，敢坏坐！'诸将军皆还坐。铄性急，愈恚，还，拔剑斩地。遂便罢也。及文帝崩，质思慕作诗曰：'怆怆怀殷忧，殷忧不可居。徙倚不能坐，出入步踟蹰。念蒙圣主恩，荣爵与众殊。自谓永终身，志气甫当舒。何意中见弃，弃我归黄垆。茕茕靡所恃，泪下如连珠。随没无所益，身死名不书。慷慨自俛偄，庶几烈丈夫。'太和四年，入为侍中。时司空陈群录尚书事，帝初亲万机；质以辅弼大臣，安危之本，对帝盛称：'骠骑将军司马懿，忠智至公，社稷之臣也；陈群从容之士，非国相之才，处重任而不亲事。'帝甚纳之。明日，有切诏以督责群，而天下以'司空不如长文'，即群，言无实也。质其年夏卒。质先以怙威肆行，谥曰丑侯。质子应，仍上书论枉；至正元中乃改谥威侯。应字温舒，晋尚书。应子康，字子仲，知名于时，亦至大位。"

卫觊字伯儒，河东安邑人也[1]。少夙成[2]，以才学称。太祖辟为司空掾、属；除茂陵令、尚书郎[3]。

太祖征袁绍，而刘表为绍援，关中诸将又中立[4]；益州牧刘璋与表有隙[5]，觊以治书侍御史使益州[6]，令璋下兵以缀表军[7]。至长安，道路不通，觊不得进，遂留镇关中。

时四方大有还民[8]，关中诸将多引为部曲[9]。觊书与荀彧曰[10]："关中，膏腴之地；顷遭荒乱，人民流入荆州者十万余家。闻本土安宁，皆企望思归。而归者无以自业[11]，诸将各竞招怀，以为部曲。郡县贫弱，不能与争，兵家遂强[12]。一旦变动，必有后忧。夫盐，国之大宝也，自乱来散放[13]，宜如旧置使者监卖。以其直益市犁牛[14]，若有归民，以供给之。勤耕积粟，以丰殖关中。远民闻之，必日夜竞还。又使司隶校尉留治关中以为之主[15]，则诸将日削，官民日盛，此强本弱敌之利也。"彧以白太祖。太祖从之，始遣谒者仆射监盐官[16]，司隶校尉治弘农[17]。

关中服从，乃白召觊还[18]。稍迁尚书[19]。〔一〕魏国既建，拜侍中，与王粲并典制度。

【注释】
　〔1〕河东：郡名。治所在今山西夏县西北。　安邑：县名。县治在今山西夏县西北。　〔2〕夙成：小时候就聪明过人。　〔3〕茂陵：县名。县治在今陕西兴平市东北。　尚书郎：官名。即尚书侍郎。东汉时处理

朝廷机要的官署是尚书台，下面分为六曹，每曹置尚书侍郎六人，负责起草公文。刚上任时叫守尚书郎，第二年叫尚书郎，第三年叫尚书侍郎。〔4〕关中诸将：指马腾、韩遂等。参见本书卷十三《钟繇传》。 〔5〕益州：州名。治所在今四川成都市。 牧：官名。一州的行政长官。当时的刺史也是一州的行政长官，但是品级比牧低。刺史有功可以升为牧。刘璋：传见本书卷三十一。 有隙：有矛盾。 〔6〕治书侍御史：官名。东汉的中央监察机构是御史台，其长官御史中丞之下，有治书侍御史二人。专门参加疑难案件的评议，有时作为朝廷特使派出。 〔7〕下兵：派兵顺长江而下。 缀：牵制。 〔8〕还民：还乡的逃亡民众。〔9〕部曲：列入正式编制的部下。 〔10〕荀彧（公元163—212）：传见本书卷十。 〔11〕自业：从事职业以养活自己。这里主要指务农。〔12〕兵家：军阀。 〔13〕乱：指董卓之乱。 散放：失去控制。〔14〕直：收入。 〔15〕司隶校尉：官名。汉代京城所在的州，叫做司隶校尉部。司隶校尉既是司隶校尉部的地方行政长官，还负责举报京城官员的不法行为。当时关中属于司隶校尉部管辖。 〔16〕谒者仆射(yè)：官名。皇帝身边负责礼仪的长官。有时作为朝廷特使派出。 盐官：官办的制盐工场。 〔17〕弘农：县名。县治在今河南灵宝市东北。〔18〕白：报告。指曹操向汉献帝报告。 〔19〕尚书：官名。东汉的尚书台分为六曹，各自处理不同性质的公务。每曹的主官叫做尚书。

【裴注】

〔一〕《魏书》曰："初，汉朝迁移，台阁旧事散乱。自都许之后，渐有纲纪，觊以古义多所正定。是时关西诸将，外虽怀附，内未可信。司隶校尉钟繇求以三千兵入关，外托讨张鲁，内以胁取质任。太祖使荀彧问觊，觊以为：'西方诸将，皆竖夫屈起；无雄天下意，苟安乐目前而已。今国家厚加爵号，得其所志，非有大故，不忧为变也，宜为后图。若以兵入关中，当讨张鲁；鲁在深山，道径不通，彼必疑之；一相惊动，地险众强，殆难为虑！'或以觊议呈太祖。太祖初善之，而以繇自典其任，遂从繇议。兵始进，而关右大叛，太祖自亲征，仅乃平之，死者万计。太祖悔不从觊议，由是益重觊。"

文帝即王位，徙为尚书[1]。顷之，还汉朝为侍郎[2]；劝赞禅代之义，为文诰之诏[3]。文帝践阼，复为尚书，封阳吉亭侯。

【注释】

〔1〕尚书：这里的尚书是魏王国设置的尚书。当时的人既可由汉官转为魏官，又可由魏官转为汉官。　〔2〕侍郎：官名。指黄门侍郎。〔3〕文诰之诏：指表示要禅让帝位给曹丕的诏书。当时汉献帝下达了五封诏书：一封给汉朝公卿百官，四封给魏王曹丕。详见本书卷二《文帝纪》裴注引《汉纪》、《献帝传》。卫觊擅长草拟诏文，正在准备代汉称帝的魏王曹丕，将他从魏国的尚书，调任汉朝的侍郎，目的就在于让他为汉献帝代拟禅让帝位的文告。这些文告参见本书卷二《文帝纪》裴注。

明帝即位，进封闿乡侯，三百户。〔一〕觊奏曰："九章之律〔1〕，自古所传；断定刑罪，其意微妙。百里长吏〔2〕，皆宜知律。刑法者，国家之所贵重，而私议之所轻贱；狱吏者，百姓之所悬命〔3〕，而选用者之所卑下〔4〕。王政之弊，未必不由此也。请置律博士〔5〕，转相教授。"事遂施行。

时百姓凋匮而役务方殷〔6〕，觊上疏曰："夫变情励性〔7〕，强所不能〔8〕；人臣言之既不易，人主受之又艰难。且人之所乐者，富贵、显荣也；所恶者，贫贱、死亡也。然此四者，君上之所制也。君爱之则富贵、显荣，君恶之则贫贱、死亡。顺指者，爱所由来；逆意者，恶所从至也。故人臣皆争顺指而避逆意；非破家为国杀身成君者〔9〕，谁能犯颜色，触忌讳，建一言，开一说哉？陛下留意察之，则臣下之情可见矣。今议者多好悦耳，其言政治，则比陛下于尧、舜〔10〕，其言征伐，则比二虏于狸鼠[11]。臣以为不然。昔汉文之时[12]，诸侯强大，贾谊累息以为至危[13]。况今四海之内，分而为三，群士陈力[14]，各为其主。其来降者，未肯言舍邪就正，咸称迫于困急，是与六国分治无以为异也[15]。当今千里无烟[16]，遗民困苦；陛下不善留意[17]，将遂凋弊不可复振。礼：天子之器必有金玉之饰，饮食之肴必有八珍之味[18]；至于凶荒，则彻膳降服[19]。然则奢俭之节，必视世之丰约也。武皇帝之时[20]，后宫食不过一肉，衣不用锦绣，茵蓐不缘饰，器物无丹漆；用能平定天下，遗福子孙。此皆陛下之所亲览也。当今之务，宜君臣上下，并用筹策；计校府库，量入为出。深思句践滋民之术[21]，（由）〔犹〕恐不及；而尚方所造金银之物[22]，渐更增广；工役不辍，侈靡日崇，帑藏日竭[23]。昔汉武信求神仙之道[24]，谓当得云表之露以餐玉屑，故立仙掌以承高露[25]。陛下通明[26]，每所非笑[27]。汉武有求于露，而（由）〔犹〕尚见非；陛下无求于露而空设之[28]，不益于好而糜费功夫。诚皆圣虑所宜裁制也。"

觊历汉、魏，时献忠言，率如此。受诏典著作[29]，又为《魏官仪》，凡所撰述数十篇。好古文、鸟篆、隶草[30]，无所不善。

建安末，尚书右丞河南潘勖[31]；〔二〕黄初时，散骑常侍河内王象[32]；亦与觊并以文章显。〔三〕

觊薨[33]，谥曰敬侯[34]。子瓘嗣[35]。瓘咸熙中为镇西将军[36]。〔四〕

【注释】

〔1〕九章之律：指西汉初年相国萧何受命制定的《汉律》。共有九章。见《汉书》卷二十三《刑法志》三。 〔2〕百里：一个县所辖的地域范围大致方圆百里，这里指代县。 长（zhǎng）吏：县长、县令的别称。 〔3〕百姓之所悬命：老百姓的生命就掌握在他们手里。 〔4〕选用者：负责选用人才的官员。 〔5〕律博士：官名。专门讲授法律的教官。 〔6〕役务方殷：要老百姓提供劳役的工程正在大量兴建。这里指魏明帝下令大规模兴建宫殿园林等。 〔7〕励性：磨炼性情。 〔8〕强所不能：是强迫别人做不能做到的事。 〔9〕杀身成君：甘愿冒杀身的危险促成君主德业的完美。 〔10〕尧：陶唐氏，名放勋。传说中父系氏族社会后期的部落联盟领袖。曾设官掌管时令，制定历法。生前经过考察，选定舜为自己的继承人。事见《史记》卷一《五帝本纪》。 舜：姚姓，有虞氏，名重华。传说中父系氏族社会后期的部落联盟领袖。尧去世后继位，挑选贤人治理民众。生前选定治水有功的禹为继承人。事见《史记》卷一《五帝本纪》。 〔11〕二虏：指蜀、吴二国。 〔12〕汉文：即刘恒（前202—前157）。西汉皇帝。前180至前157年在位。实施"与民休息"的政策，减轻租赋，使农业生产恢复和发展。又削弱诸侯王势力，巩固中央集权。平素生活节俭。事详《史记》卷十、《汉书》卷四。 〔13〕贾谊（前200—前168）：洛阳（今河南洛阳市东）人。西汉政论家、文学家。文帝时任博士，不久升太中大夫。受元老功臣排挤，贬为长沙王太傅，后转梁王太傅，三十三岁时死。他曾多次上疏，批评时政。传见《史记》卷八十四、《汉书》卷四十八。 累息：因恐惧而喘息。 〔14〕陈力：效力。 〔15〕六国：指战国时除了秦以外的齐、楚、燕、赵、韩、魏六国。 〔16〕无烟：没有炊烟。形容人民死亡很多。 〔17〕不善留意：不好生注意。 〔18〕八珍：八种珍美的食物。即淳熬、淳母、炮豚、炮牂、捣珍、渍、熬、肝膋（liáo），见《周礼·天官·膳夫》郑玄注。 〔19〕彻膳：撤除珍美的食物。 降（jiàng）服：减去华丽的衣服。 〔20〕武皇帝：指曹操。曹操生前没有当皇帝，死后被追谥为武皇帝。 〔21〕句（gōu）践（？—前465）：春秋末年越国君主。前497至前465年在位。曾被吴国击败，屈服求和。后任用范蠡、文种等人整顿内政，卧薪尝胆，发愤复仇，终于转弱为强，消灭吴国，并进军中原，在徐州（今山东滕州市东南）大会诸侯，成为霸主。传见《史记》卷四十一。 滋民：增长人口。句践为了增强国力，曾采取种种措施鼓励人民生育儿女。 〔22〕尚方：官署名。专门为宫廷制造精美工艺品。 〔23〕帑藏（tǎng zàng）：国库。 〔24〕汉武：即刘彻（前156—前

87）。西汉皇帝。前140至前87年在位。曾从思想意识和政治制度上采取多种措施加强中央集权，又大力发展农业、手工业生产和商业贸易，还出兵击退北方的匈奴，向西北打通西域，向西南开发边区建立七个新郡，使西汉王朝的发展达到了顶峰。由于举行封禅、祈求神仙、大建宫殿，耗费了大量财富，晚年的政治、经济状况开始恶化。事详《史记》卷十二、《汉书》卷六。 〔25〕立仙掌：汉武帝为了求长生，在建章宫立二十丈高的承露盘，上面置手掌形的容器承接露水，称为仙人掌，得到露水后调和玉石粉末饮下以求长生。事见《汉书》卷二十五上《郊祀志》上。 〔26〕通明：通达明智。 〔27〕非笑：非议讥笑。 〔28〕无求于露而空设之：指魏明帝曾下令把汉武帝所建的承露盘从长安运来洛阳。事见本书卷三《明帝纪》裴注引《魏略》。 〔29〕典著作：兼管本朝历史的编写工作。曹魏设有著作郎一人。著作佐郎三人，专门编写本朝历史。 〔30〕古文：古代的文字。这里指战国时期通行于六国的文字。与通行的秦国小篆不同，在秦始皇统一中国后废止。汉魏的人误以为这是上古的文字，称之为古文。东汉许慎《说文》中列出的"古文"，以及现今发现的曹魏正始二年（公元241）刊立的三体石经残石中"古文"一体，就属于汉魏人所说的"古文"。 鸟篆：篆书的一种变体。因其形状像鸟形，故名；春秋战国时刻在兵器或钟镈（bó）上的文字，常用这种字体。又称虫书、鸟虫书。 隶草：字体的一种。通常认为是写得比较草率的隶书。又叫草隶。 〔31〕尚书右丞：官名。尚书台办事官员。负责供给官员的印绶，发放俸禄，管理尚书台文具和物资。 河南：郡名。即河南尹。汉代称京城所在的郡为尹。治所在今河南洛阳市东。潘勖是河南尹中牟县（今河南中牟县东）人。 〔32〕散骑常侍：官名。与侍中同为皇帝的侍从长官。侍从左右，并参与审评尚书台送来的公事。〔33〕薨（hōng）：死亡。周代称诸侯死为薨。陈寿《三国志》以曹魏为正统，这也体现在对臣僚死亡的措辞上。曹魏王公和有封爵的官员死亡称"薨"，其余官员死亡称"卒"。蜀、吴王公官员死亡则一律称"卒"。 〔34〕谥：古代帝王、大臣和尊者死亡后，要根据其生平事迹给他确定一个表示褒贬的称号，叫做谥号。 〔35〕瓘（guàn）：即卫瓘（公元220—291）。字伯玉。魏末任廷尉，监邓艾、钟会军灭蜀。钟会在蜀反叛，卫瓘纠集诸将平定，并杀邓艾。西晋建立，任司空，升太保，不久被晋惠帝皇后贾氏杀死。擅长草书，在书法史上有重要地位。传见《晋书》卷三十六。 〔36〕镇西将军：官名。领兵征伐。曹魏设有征东、征南、征西、征北将军，镇东、镇南、镇西、镇北将军，安东、安南、安西、安北将军，平东、平南、平西、平北将军，简称为"四征"、"四镇"、"四安"、"四平"。凡带"东"字的将军其镇守的战区在淮南，带"南"字的在荆州，带"西"字的在关中，带"北"字的在河北。

【裴注】

〔一〕阌，音闻。

〔二〕《文章志》曰："勖字元茂，或曰初名芝，（改名勖，后避讳）〔后避讳，改名勖〕。勖献帝时为尚书郎。迁右丞，诏以勖前在二千石曹，才敏兼通，明习旧事，敕并领本职。数加特赐。二十年，迁东海相；未发，留拜尚书左丞。其年病卒，时年五十余。魏公九锡策命，勖所作也。勖子满，平原太守，亦以学行称。"满子尼，字正叔。《尼别传》曰："尼少有清才，文辞温雅。初应州辟，后以父老归供养。居家十余年，父终，晚乃出仕。尼尝赠陆机诗，机答之，其四句曰：'猗欤潘生，世笃其藻。仰仪前文，丕隆祖考。'位终太常。"

尼从父岳，字安仁。《岳别传》曰："岳美姿容，夙以才颖发名。其所著述，清绮绝伦。为黄门侍郎，为孙秀所杀。尼、岳文翰，并见重于世。"

尼从子滔，字汤仲。《晋诸公赞》："滔以博学才量为名。永嘉末，为河南尹，遇害。"

〔三〕王象事，别见《杨俊传》。

〔四〕《晋阳秋》曰："瓘字伯玉。清贞有名理，少为傅嘏所知。弱冠为尚书郎，遂历位内外。为晋尚书令、司空、太保。惠帝初辅政，为楚王玮所害。"《世语》曰："瓘与扶风内史敦煌索靖，并善草书。瓘子恒，字巨山。黄门侍郎。恒子玠，字叔宝。有盛名，为太子洗马，早卒。"

刘廙字恭嗣，南阳安众人也[1]。年十岁，戏于讲堂上；颍川司马德操抚其头曰[2]："孺子，孺子，'黄中通理[3]'，宁自知不？"廙兄望之，有名于世，荆州牧刘表辟为从事[4]。而其友二人，皆以谗毁，为表所诛；望之又以正谏不合，投传告归[5]。廙谓望之曰："赵杀鸣犊[6]，仲尼回轮。〔一〕今兄既不能法柳下惠和光同尘于内〔7〕，则宜模范蠡迁化于外〔8〕。坐而自绝于时，殆不可也！"望之不从，寻复见害。廙惧，奔扬州，〔二〕遂归太祖。

【注释】

〔1〕南阳：郡名。治所在今河南南阳市。 安众：县名。县治在今河南邓州市东北。 〔2〕司马德操（？—公元 208）：名徽。颍川郡阳翟（今河南禹州市）人。当时的名士。寄居荆州，讲学授徒，扶持青年，很有影响，是荆州学派的领袖人物。诸葛亮和庞统，都曾由他推荐给刘备。事见本书卷三十五《诸葛亮传》裴注引《襄阳记》、卷三十七《庞统传》。 〔3〕黄中通理：意思是内在品德美好而且懂得事理。《周易·坤卦》文言中有"君子黄中通理"一句。 〔4〕从事：官名。东汉的州刺史、州牧之下，设有从事史多人，协助主官处理各类公务。 〔5〕传（zhuàn）：任官的证件。投传即丢下任官证件辞职。 〔6〕赵：指赵鞅。又称赵简子。春秋末年晋国的大臣。在权力争夺中战胜范氏、中行氏，扩大了自己的封地，为此后赵国的建立奠定了基础。事见《史记》卷四十三《赵世家》。 鸣犊：赵国的大夫。窦氏，名犨（chōu），字鸣犊。曾帮助赵简子治理晋国。赵简子夺得权力专擅晋国国政后，将他杀死。孔子正准备从卫国渡黄河到赵国去见赵简子，听到窦犨的死讯，就打消念头转回卫国。事见《史记》卷四十七《孔子世家》。 〔7〕法：效法。柳下惠：春秋时鲁国的大夫。展氏，名获，字禽。食邑在柳下，谥号为惠，故又叫柳下惠。以讲究礼仪道德著名。 和光同尘：一起照射阳光，一起承受尘土。比喻能够随从大流，与任何人和气相处。 〔8〕范蠡（lǐ）：字少伯，春秋末楚国宛（今河南南阳市）人。在越国任大夫，帮助越王句践发愤图强，灭亡吴国。成功后悄然离开越国，改名陶朱公，经商致富。传附《史记》卷四十一《越王句践世家》。 迁化：迁移消隐。刘家所在的安众县，不仅在荆州辖境之内，而且距州治襄阳很近，刘望之辞职回家仍然引人注意，所以刘廙劝他远走高飞。

【裴注】

〔一〕刘向《新序》曰："赵简子欲专天下，谓其相曰：'赵有犊犨，晋有铎鸣，鲁有孔丘；吾杀三人者，天下可王也。'于是乃召犊犨、铎鸣而问政焉；已，即杀之。使使者聘孔子于鲁，以胖牛肉迎于河上。使者谓船人曰：'孔子即上船，中河，必疏而杀之。'孔子至，使者致命，进胖牛之肉。孔子仰天而叹曰：'美哉水乎，洋洋乎！使丘不济此水者，命也夫！'子路趋而进曰：'敢问何谓也？'孔子曰：'夫犊犨、铎鸣，晋国之贤大夫也。赵简子未得意之时，须而后从政；及其得意也，杀之。黄龙不反于涸泽，凤凰不罹其矰罗。故刳胎焚林，则麒麟不臻；覆巢破卵，则凤凰不翔；竭泽而渔，则龟龙不见。鸟兽之于不仁，犹知避之，况丘乎？故虎啸而谷风起，龙兴而景云现；击庭钟于外，而黄钟应于内。夫物类之相感，精神之相应；若响之应声，影之象形。故君子违伤其类者。今彼已杀吾类矣，何为之此乎？'于是遂回车，不渡而还。"

〔二〕《廙别传》载廙道路为笺谢刘表曰："考妣过蒙分遇荣授之显，未有管、狐、桓、文之烈，孤德陨命，精诚不遂。兄望之，见礼在昔，既无堂构昭前之绩；中规不密，用坠祸辟。斯乃明神弗佑，天降之灾。悔吝之负，哀号靡及！廙之愚浅，言行多违，惧有浸润三至之间。考妣之爱已衰，望之之责犹存；必伤天慈既往之分，门户殄灭，取笑明哲。是用进窜，永涉川路，即日到庐江寻阳。昔钟仪有南音之操，椒举有班荆之思；虽远犹迩，敢忘前施？"

《傅子》曰："表既杀望之，荆州士人皆自危也。夫表之本心，于望之不轻也；以直忤情，而谗言得入者，以无容直之度也。据全楚之地，不能以成功者，未必不由此也。夷、叔忤武王以成名，丁公顺高祖以受戮，二主之度远也。若不远其度，惟褊心是从，难乎以容民蓄众矣。"

太祖辟为丞相掾、属。转五官将文学，文帝器之，命廙通草书[1]。廙答书曰："初以尊卑有逾，礼之常分也；是以贪守区区之节，不敢修草。必如严命，诚知劳谦之素[2]，不贵殊异若彼之高[3]，而惇白屋如斯之好[4]；苟使郭隗不轻于燕[5]，九九不忽于齐[6]；乐毅自至[7]，霸业以隆。〔一〕亏匹夫之节[8]，成巍巍之美；虽愚不敏，何敢以辞？"魏国初建，为黄门侍郎。

【注释】

〔1〕通草书：指写书信时不必用隶书工整抄誊而可以用便捷的草隶

来书写。这是一种尊重，也是为了欣赏刘廙的草隶书法技艺。关于草隶，参见本卷《卫觊传》注释。 〔2〕劳谦：有功劳仍然很谦虚。语出《周易·谦卦》。 素：本心。 〔3〕彼：指曹丕。 〔4〕惇：看重。 白屋：白茅草盖的房屋。是贫贱者的住处。 斯：这。指刘廙自己。 好：情谊。 〔5〕郭隗：战国时燕国人。燕昭王在燕国被齐军攻破后为国君，一心复仇。为了招揽人才，他向郭隗征求计策。郭隗说只要先重视我，比我强的人才就会前来。燕昭王为他建造住宅，尊他为师。结果乐毅、邹衍、剧辛等大批人才先后来到燕国。事见《史记》卷三十四《燕召公世家》。 〔6〕九九：一种计算数字的方法。齐桓公优待进献九九算法的人，从而吸引到优秀的政治人才。 〔7〕乐（yuè）毅：战国时中山国灵寿（今河北平山县东北）人。燕昭王时为将，率军破齐，先后攻克七十余城，因功封昌国君。昭王死后受排挤，出奔赵国，死于赵。传见《史记》卷八十。 〔8〕亏匹夫之节：意指自己地位低，按照礼俗是不应当与尊贵的曹丕用草书写书信的，现在愿意不守自己的本分。

【裴注】

〔一〕《战国策》曰："有以九九求见齐桓公，桓公不纳。其人曰：'九九小术，而君纳之；况大于九九者乎？'于是桓公设庭燎之礼而见之。居无几，隰朋自远而至；齐遂以霸。"

太祖在长安，欲亲征蜀[1]。廙上疏曰："圣人不以智轻俗[2]，王者不以人废言[3]。故能成功于千载者，必以近察远；智周于独断者，不耻于下问。亦欲博采必尽于众也。且韦弦非能言之物[4]，而圣贤引以自匡[5]；臣才智暗浅，愿自比于韦弦。昔乐毅能以弱燕破大齐，而不能以轻兵定即墨者[6]；夫自为计者虽弱必固[7]，欲自溃者虽强必败也。自殿下起军以来，三十余年；敌无不破，强无不服。今以海内之兵，百胜之威；而孙权负险于吴[8]，刘备不宾于蜀[9]。夫夷狄之臣[10]，不当冀州之卒[11]；权、备之籍[12]，不比袁绍之业；然本初以亡，而二寇未捷：非暗弱于今而智武于昔也。斯自为计者，与欲自溃者异势耳。故文王伐崇[13]，三旬不下；归而修德，然后服之。秦为诸侯，所征必服；及兼天下，东向称帝，匹夫大呼而社稷用隳[14]。是力毙于外[15]，而不恤民于内也。臣恐边寇非六国之敌[16]，而世不乏才[17]，土崩之势，此不可不察也。天下有重得[18]，有重失：势可得而我勤之[19]，此重得也；势不可得而我勤之，此重失也。于今之计，莫若料四方之险[20]，择要害之处而守之；选天下之甲卒，随方面而岁更焉[21]。殿下可高枕于广厦，潜思于治国；广农桑，事从节约，修之旬年[22]，则国富民安矣。"

太祖遂进前，而报廙曰："非但君当知臣，臣亦当知君。今欲使吾坐行西伯之德，恐非其人也。"

魏讽反，廙弟伟为讽所引，当相坐诛[23]。太祖令曰："叔向不坐弟虎[24]，古之制也。"特原不问[25]，〔一〕徙署丞相仓曹属。廙上疏谢曰："臣罪应倾宗[26]，祸应覆族。遭乾坤之灵，值时来之运；扬汤止沸，使不焦烂；起烟于寒灰之上，生华于已枯之木[27]。物不答施于天地[28]，子不谢生于父母[29]；可以死效，难用笔陈。"〔二〕

廙著书数十篇，及与丁仪共论刑礼，皆传于世。

文帝即王位，为侍中，赐爵关内侯。黄初二年卒。〔三〕无子。帝以弟子阜嗣[30]。〔四〕

【注释】

　　〔1〕蜀：先秦国名。这里指蜀国故地所在的益州，当时由刘备占领。

曹操准备进攻益州是在建安二十三年（公元218）七月。当时刘备的蜀汉国尚未正式建立。 〔2〕以智轻俗：因为自己有智慧而轻视普通人。〔3〕以人废言：因为说话者身份低微就完全不听他的意见。 〔4〕韦：柔软的熟牛皮条。 弦：弓弦。 〔5〕圣贤引以自匡：《韩非子·观行》中记载，战国时西门豹生性急躁，他就带上熟牛皮条警醒自己；春秋时董安于办事迟缓，他就带上弓弦警醒自己。 〔6〕即墨：齐国城名。在今山东平度市东南。乐毅破齐七十余城，齐将田单坚守即墨，齐军无法攻克。 〔7〕自为计：为自己作了周密打算。 〔8〕孙权（公元182—252）：传见本书卷四十七。 负险：凭借天险（长江）。 吴：先秦国名。这里指吴国故地所在的江南。当时江南由孙权占领。 〔9〕刘备（公元161—223）：传见本书卷三十二。 〔10〕夷狄：均为少数族的泛称。刘备所在的益州有多种少数族，汉代称为"西南夷"；孙权所在的江南山区，则是少数族"山越"的聚居地。二者的军队中，都大量使用当地少数族为战士。所以刘廙这样说。 〔11〕冀州之卒：指袁绍据有冀州时统率的军队。 〔12〕籍：即簿籍。户口名册。这里指所控制的人口。〔13〕文王：即周文王。姬姓，名昌。商末周族的领袖。商纣时为西伯。认真治理国政，势力逐渐强盛，在丰邑（今陕西西安市长安区沣河西岸）建立都城，为灭商打下基础。事见《史记》卷四《周本纪》。 崇：先秦国名。在今河南嵩县东北。其末代国君为崇侯虎，曾劝商纣囚禁西伯。后西伯率兵伐崇，进攻三旬而不能攻克。西伯撤军回国，勤修德政，然后再次伐崇，崇国望风而降。见《左传》僖公十九年。 〔14〕匹夫：平民男子。指秦末发动农民起义的陈胜、吴广。 社：祭祀土地神的神坛。稷：祭祀谷神的神坛。土地和粮食是立国的基本条件，所以古代帝王必在京城立社稷，后即以社稷代指天下。 隳（huī）：毁坏。 〔15〕毙：枯竭。 〔16〕边寇：指蜀、吴二国。 〔17〕才：指有能力发动武装反抗的人。 〔18〕重（chóng）：双重的。 〔19〕勤之：尽力争取。〔20〕料：估量。 〔21〕岁更（gēng）：满一年后更换。 〔22〕旬：十年为一旬。旬年即十年。 〔23〕当相坐诛：应当受牵连判死刑。汉魏法律，凡像刘廙弟弟刘伟这样参加谋反的人，在罪名上属于"大逆无道"，要承受"夷三族"的刑罚。夷三族是除处死罪犯本人外，还要杀他的父母、妻室儿女、同胞兄弟姐妹。参见本书卷四《高贵乡公纪》。〔24〕叔向：羊舌氏，名肸（xī）。春秋时晋国的大夫。前552年，因其弟羊舌虎参与反对范宣子的政治集团，被范宣子逮捕。经由祁奚劝说，范宣子赦免了他。事见《左传》襄公二十一年。 虎：即羊舌虎。被范宣子处死。 〔25〕原：宽恕。 〔26〕倾宗：灭绝宗族。 〔27〕华（huā）：

花朵。 〔28〕答施于天地：报答天地的施与。 〔29〕谢生：感谢给予生命。不谢，是因为恩情太大，非感谢的言语能够报答。 〔30〕弟子：弟弟的儿子。

【裴注】

〔一〕《廙别传》曰："初，廙弟伟，与讽善，廙戒之曰：'夫交友之美，在于得贤，不可不详。而世之交者，不审择人；务合党众，违先圣人交友之义。此非厚己辅仁之谓也。吾观魏讽，不修德行；而专以鸠合为务，华而不实，此直搅世沽名者也。卿其慎之！勿复与通。'伟不从，故及于难。"

〔二〕《廙别传》载："廙表论治道曰：'昔者周有乱臣十人，有妇人焉，九人而已；孔子称"才难，不其然乎"，明贤者难得也。况乱弊之后，百姓凋尽，士之存者盖亦无几。股肱大职，及州郡督司，边方重任，虽备其官，亦未得人也。此非选者之不用意，盖才匮使之然耳。况于长吏以下，群职小任，能皆简练备得其人也？其计莫如督之以法。不尔，而数转易，往来不已，送迎之烦，不可胜计，转易之间，辄有奸巧。既于其事不省；而为政者亦以其不得久安之故，知惠益不得成于己，而苟且之可免于患，皆将不念尽心于恤民，而梦想于声誉。此非所以为政之本意也。今之所以为黜陟者，近颇以州郡之毁誉，听往来之浮言耳，（亦）〔非〕皆得其事实而课其能否也。长吏之所以为佳者，奉法也，忧公也，恤民也。此三事者，或州郡有所不便，往来者有所不安；而长吏执之不已，于治虽得计，其声誉未为美；屈而从人，于治虽失计，其声誉必集也。长吏皆知黜陟之在于此也，亦何能不去本而就末哉？以为长吏皆宜使小久，足使自展；岁课之能，三年总计，乃加黜陟。课之皆当以事，不得依名；事者，皆以户口率其垦田之多少，及盗贼发兴，民之亡叛者，为得负之计。如此行之，则无能之吏，修名无益；有能之人，无名无损。法之一行，虽无部司之监，奸誉妄毁，可得而尽。'事上，太祖甚善之。"

〔三〕《廙别传》云："时年四十二。"

〔四〕按《刘氏谱》："阜字伯陵，陈留太守。阜子乔，字仲彦。"《晋阳秋》曰："乔有赞世志力。惠帝末，为豫州刺史。乔胄胤丕显，贵盛至今。"

刘劭字孔才，广平邯郸人也[1]。建安中，为计吏[2]，诣许[3]。太史上言[4]："正旦当日食[5]。"劭时在尚书令荀彧所[6]；坐者数十人，或云"当废朝[7]"，或云"宜却会"。劭曰："梓慎、裨灶[8]，古之良史，犹占水火错失天时[9]。《礼记》曰：'诸侯旅见天子[10]，（及）〔入〕门不得终礼者四[11]。'日食在一。然则圣人垂制，不为变〔异〕预废朝礼者[12]；或灾消异伏，或推术谬误也[13]。"

或善其言；敕朝会如旧，日亦不食。〔一〕

御史大夫郗虑辟劭[14]。会虑免，拜太子舍人[15]。迁秘书郎。[16]

【注释】

〔1〕广平：郡名。治所在今河北邯郸市东北。 邯郸：县名。县治在今河北邯郸市。 〔2〕计吏：官名。当时制度，各郡国守相每年要派专人进京，汇报当年人口、垦田面积等方面的统计结果，称为上计。这种专人就叫上计吏，简称计吏。多选干练而有口才者充任，其中不少人即留在京城任官，无形中成为一条选拔人才的途径。 〔3〕许：县名。县治在今河南许昌市东。当时是汉朝的临时首都。 〔4〕太史：官名。即太史令。负责观测天象，制定历法，选择吉忌日时，记录异常自然现象。〔5〕正（zhēng）旦：正月初一日的早晨。 〔6〕尚书令：官名。尚书台的长官，负责处理军国机要事务，选择任命朝廷官员，是事实上的宰相。〔7〕废朝：取消朝会。当时每年正月初一日早晨，皇帝要在殿堂接受百官的朝见，称为"朝正（zhēng）"或"正会"。 〔8〕梓慎：春秋时鲁国的大夫。 裨灶：春秋时郑国的大夫。 〔9〕占水火错失天时：预测水灾、火灾都不准确。《左传》记载，鲁昭公二十四年（前518）五月初一日发生日食，梓慎预言将有水灾，结果却出现了大旱。昭公十八年（前524）五月发生大风，裨灶预言将有两次大火灾，结果只发生了一次。〔10〕《礼记》：书名。儒家关于礼制方面的三部经典之一。相传是西汉戴圣编定，有四十九篇，后分为十二卷。是研究古代社会、儒家学说和典

章制度的重要资料。以下三句话，是《礼记·曾子问》中的内容。 旅见：一同朝见。〔11〕不得终礼者四：在四种情况下要中止朝见的行礼仪式。四种情况是：太庙发生火灾，出现日食，王后死亡，突然下大雨淋湿了礼服。〔12〕变异：反常的自然现象或生物现象。 预：预先决定。〔13〕推术：推算的方法。〔14〕御史大夫：官名。地位仅低于丞相，主管监察、执法、国家文书档案。如果丞相缺人，通常由御史大夫递补。建安十三年（公元208），曹操废除东汉的三公制，改行丞相制，自任丞相，并设置御史大夫。曹丕代汉称帝，又废丞相制而行三公制。郗虑：事见本书卷一《武帝纪》裴注引《续汉书》。〔15〕太子舍人：官名。太子的侍卫。〔16〕秘书郎：官名。管理中央图书馆的图书，并检查残缺，校勘文字。

【裴注】

〔一〕晋永和中，廷尉王彪之与扬州刺史殷浩书曰："太史上元日合朔，谈者或有疑，应却会与不？昔建元元年，亦元日合朔，庾车骑写刘孔才所论以示八座。于时朝议有谓'孔才所论为不得礼议，荀令从之，是胜人之一失也'。何者？《礼》云：'诸侯旅见天子，入门不得终礼而废者四：太庙火，日食，后之丧，雨沾服失容。'寻此四事之指，自谓诸侯虽已入门而猝暴有之，则不得终礼。非为先存其事，而徼幸史官推术错谬，故不预废朝礼也。夫三辰有灾，莫大日食；史官告谴，而无惧容；不修预防之礼，而废消救之术；方大飨华夷，君臣相庆。岂是将（处）〔虔〕天灾罪己之谓？且检之事实，合朔之仪，至尊静躬殿堂，不听政事，冕服御坐门闼之制，与元会礼异。自不得兼行，则当权其事宜。合朔之礼，不轻于元会；元会有可却之准，合朔无可废之义。谓应依建元故事，却元会。"浩从之，竟却会。

黄初中，为尚书郎、散骑侍郎。受诏集五经群书〔1〕，以类相从，作《皇览》〔2〕。

明帝即位，出为陈留太守，敦崇教化，百姓称之。征拜骑都尉〔3〕。与议郎庾嶷、荀诜等定科令〔4〕，作《新律》十八篇〔5〕。著《律略论》。迁散骑常侍。

时闻公孙渊受孙权燕王之号[6]，议者欲留渊计吏，遣兵讨之。劭以为："昔袁尚兄弟归渊父康[7]，康斩送其首，是渊先世之效忠也。又所闻虚实，未可审知。古者要荒未服[8]，修德而不征，重劳民也[9]。宜加宽贷，使有以自新。"后渊果斩送权使张弥等首。

劭尝作《赵都赋》[10]；明帝美之，诏劭作《许都》、《洛都赋》。时外兴军旅，内营宫室；劭作二赋，皆讽谏焉。

青龙中[11]，吴围合肥[12]。时东方吏士皆分休[13]，征东将军满宠表请中军兵[14]，并召休将士，须集击之。劭议以为："贼众新至，心专气锐。宠以少人自战其地，若便进击，不必能制[15]。宠求待兵，未有所失也。以为可先遣步兵五千，精骑三千，军前发[16]；扬声进道[17]，震曜形势。骑到合肥，疏其行队，多其旌鼓，曜兵城下；引出贼后，拟其归路[18]，要其粮道[19]。贼闻大军来，骑断其后；必震怖遁走，不战自破贼矣。"帝从之。

兵比至合肥，贼果退还。

时诏书博求众贤。散骑侍郎夏侯惠荐劭曰[20]："伏见常侍刘劭：深忠笃思，体周于数[21]；凡所错综[22]，源流弘远；是以群才大小，咸取所同而斟酌焉。故性实之士服其平和良正；清静之人慕其玄虚退让；文学之士嘉其推步详密[23]，法理之士明其分数精比[24]；意思之士知其沉深笃固[25]；文章之士爱其著论属辞；制度之士贵其化略较要；策谋之士赞其明思通微。凡此诸论，皆取适己所长而举其支流者也。臣数听其清谈[26]，览其笃论[27]，渐渍历年，服膺弥久[28]，实为朝廷奇其器量。以为若此人者，宜辅翼机事，纳谋帏幄；当与国道俱隆，非世俗所常有也。惟陛下垂优游之听[29]，使劭承清闲之欢[30]，得自尽于前[31]；则德音上通，辉耀日新矣。"〔一〕

【注释】

〔1〕五经：指《诗经》、《尚书》、《周易》、《礼》、《春秋》。〔2〕《皇览》：书名。我国第一部分类编纂的大型类书，也是中国式的大百科全书。参加编纂者除刘劭外，还有王象、桓范、韦诞、缪袭等人。全书分四十余部，八百多万字。现今仅存佚文一卷。　〔3〕骑都尉：官名。统率皇帝侍卫队中的骑兵分队。　〔4〕议郎：官名。议论政事。〔5〕作《新律》：当时参与制定《新律》的官员由司空陈群领衔，以下有刘劭、韩逊、庾嶷、黄休、荀诜等人。除《新律》外，还制定了《州郡令》、《尚书官令》、《军中令》等法令。详见《晋书》卷三十《刑法志》。　〔6〕公孙渊(？—公元 238)：传附本书卷八《公孙度传》。〔7〕康：即公孙康。传附本书卷八《公孙度传》。　〔8〕要荒：边远地区。《尚书·禹贡》把王朝京城地区以外境域，由近到远分为甸服、侯服、绥服、要服、荒服五等。　〔9〕重(zhòng)：不愿意。　〔10〕《赵都赋》：刘劭的家乡邯郸，是先秦赵国的都城，所以作赋赞美。赋文载《艺文类聚》卷六十一。　〔11〕青龙：魏明帝曹叡的年号。　〔12〕合肥：县名。县治在今安徽合肥市。这里指满宠修筑的合肥新城，在旧城西北。　〔13〕东方：指曹魏的淮南战区。在其都城洛阳的东南。　吏士：官兵。　分休：分批轮换回家休息。　〔14〕征东将军：官名。领兵征伐。　满宠(？—公元 242)：传见本书卷二十六。　中军：当时称驻守在京城地区的中央军为中军，驻守在地方各战区的中央军为外军。除中央军外，还有少量归州郡统率的地方军。其中，以中军力量为强大。〔15〕不必：不一定。　〔16〕军前发：在大军动身之前出发。　〔17〕扬声：故意张扬风声。　〔18〕拟：把目标指向。　〔19〕要(yāo)：截断。〔20〕散骑侍郎：官名。皇帝的侍从官员，参与评议尚书台呈送的公事。夏侯惠：事见本书卷九《夏侯渊传》裴注引《文章叙录》。　〔21〕体周

于数：生性长于周密的计算。 〔22〕错综：交错综合。《周易·系辞》有"参伍以变，错综其数"的说法。 〔23〕文学之士：这里指钻研天文历法这方面学问的人。 推步：对天文历法的推算。推算要分步进行，故名。 〔24〕分数：指在定量定性上的分析。 精比：精确比较。〔25〕意思之士：指喜欢思考并提出自己看法的人。 〔26〕清谈：高雅的谈话。这里指以评论人物为主要内容的谈话。汉魏之际，清谈多指人物品评；魏晋以后，则多指谈论《老子》、《庄子》。刘劭擅长评论人物，著有《人物志》流传后世。 〔27〕笃论：切实的议论。 〔28〕服膺(yīng)：衷心信服。 〔29〕垂优游之听：赏赐一个从容听取他议论的机会。 〔30〕承清闲：臣下接受皇帝赐给见面谈话的机会。或作"承闲"。从皇帝方面措辞则叫"赐清闲"或"赐闲"。 〔31〕自尽：把自己的才能完全展示出来。

【裴注】

〔一〕臣松之以为：凡相称荐，率多溢美之辞，能不违中者或寡矣。惠之称劭，云"玄虚退让"及"明思通微"，近于过也。

景初中，受诏作《都官考课》。劭上疏曰："百官考课〔1〕，王政之大较〔2〕，然而历代弗务〔3〕；是以治典阙而未补，能否混而相蒙〔4〕。陛下以上圣之宏略，愍王纲之弛颓〔5〕，神虑内鉴，明诏外发。臣奉恩旷然〔6〕，得以启矇，辄作《都官考课》七十二条，又作《说略》一篇。臣学寡识浅，诚不足以宣畅圣旨，著定典制。"

又以为"宜制礼作乐，以移风俗"，著《乐论》十四篇；事成未上。会明帝崩，不施行〔7〕。

正始中，执经讲学〔8〕，赐爵关内侯。凡所撰述，《法论》、《人物志》之类百余篇〔9〕。卒，追赠光禄勋〔10〕。子琳嗣。

【注释】

〔1〕考课：根据官员实际的工作成绩进行考核。 〔2〕大较：大事。
〔3〕弗务：不认真执行。 〔4〕能否：能干的与不能干的。 〔5〕王纲：
朝廷的基本制度。 〔6〕旷然：豁然开朗的样子。 〔7〕不施行：指
《都官考课》的条文没有施行。 〔8〕执经讲学：指为年轻的皇帝曹芳讲
授儒经。 〔9〕《人物志》：书名。今存。分三卷十二篇，论述有关人才
的种种问题。 〔10〕光禄勋：官名。九卿之一。统率全部郎官。在东汉
是宫廷卫队的总指挥官。曹魏时宫廷警卫主要由武卫将军担任，光禄勋
成为闲职。

　　劭同时东海缪袭亦有才学〔1〕，多所述叙；官至尚
书、光禄勋。〔一〕袭友人山阳仲长统〔2〕，汉末为尚书郎。
早卒。著《昌言》〔3〕，词佳可观省。〔二〕

　　散骑常侍陈留苏林，〔三〕光禄大夫京兆韦诞，〔四〕乐
安太守谯国夏侯惠，〔五〕陈郡太守任城孙该，〔六〕郎中令
河东杜挚等〔4〕，亦著文、赋，颇传于世。〔七〕

【注释】

〔1〕东海：王国名。治所在今山东郯(tán)城县西北。缪袭是东海兰
陵(今山东兰陵县西南)人。 〔2〕仲长统(公元180—220)：字公理，山
阳郡高平(今山东济宁市东南)人。东汉政论家。早年游学河北，不愿做
官。后任尚书郎。传见《后汉书》卷四十九。 〔3〕《昌言》：书名。政
论性著作。《后汉书》卷四十九《仲长统传》说有三十四篇。今存残文
二卷。 〔4〕光禄大夫：官名。皇帝的政事顾问。当宗室亲王有丧事时，
代表皇帝前往吊唁。 京兆：即京兆尹。治所在今陕西西安市西北。
谯国：王国名。治所在今安徽亳州市。 任城：王国名。治所在今山东济
宁市东南。 郎中令：官名。即光禄勋。曹丕称帝之前叫郎中令，称帝
后改名。

【裴注】

〔一〕《先贤行状》曰："缪斐字文雅。该览经传，事亲色养。征博

士，六辟公府。汉帝在长安，公卿博举名儒，时举斐任侍中，并无所就。”即袭父也。

《文章志》曰：“袭字熙伯。辟御史大夫府，历事魏四世。正始六年，年六十卒。子悦，字孔怿。晋光禄大夫。袭孙绍、播、征、胤等，并皆显达。”

〔二〕袭撰统《昌言》表，称：“统字公理。少好学，博涉书记，赡于文辞。年二十余，游学青、徐、并、冀之间，与交者多异之。并州刺史高幹素贵有名，招致四方游士，多归焉。统过幹，幹善待遇之。访以世事，统谓幹曰：‘君有雄志而无雄才，好士而不能择人，所以为君深戒也。’幹雅自多，不纳统言。统去之，无几而幹败；并、冀之士，以是识统。大司农常林与统共在上党，为臣道：‘统性倜傥，敢直言，不矜小节。每（列）〔州〕郡命召，辄称疾不就。默语无常，时人或谓之狂。’汉帝在许，尚书令荀彧领典枢机，好士爱奇；闻统名，启召以为尚书郎。后参太祖军事，复还为郎。延康元年卒，时年四十余。统每论说古今世俗行事，发愤叹息，辄以为论，名曰《昌言》，凡二十四篇。”

〔三〕《魏略》曰：“林字孝友。博学，多通古今字指；凡诸书传文间危疑，林皆释之。建安中，为五官将文学，甚见礼待。黄初中，为博士、给事中。文帝作《典论》所称苏林者，是也。以老归第，国家每遣人就问之，数加赐遗。年八十余卒。”

〔四〕《文章叙录》曰：“诞字仲将。太仆端之子。有文才，善属辞章。建安中，为郡上计吏，特拜郎中。稍迁侍中、中书监。以光禄大夫逊位，年七十五卒于家。初，邯郸淳、卫觊及诞，并善书，有名。”

觊孙恒，撰《四体书势》，其序古文曰：“自秦用篆书，焚烧先典，而古文绝矣。汉武帝时，鲁恭王坏孔子宅，得《尚书》、《春秋》、《论语》、《孝经》，时人已不复知有古文，谓之‘科斗书’。汉世秘藏，希得见之。魏初传古文者，出于邯郸淳。敬侯写淳《尚书》，后以示淳，而淳不别。至正始中，立三字石经，转失淳法。因‘科斗’之名，遂效其法。太康元年，汲县民盗发魏襄王冢，得策书十余万言。按敬侯所书，犹有仿佛。”敬侯，谓觊也。

其序篆书曰：“秦时李斯号为工篆，诸山及铜人铭皆斯书也。汉建初中，扶风曹喜少异于斯而亦称善；邯郸淳师焉，略究其妙。韦诞师淳，而不及也。太和中，诞为武都太守，以能书留补侍中；魏氏宝器铭题，皆诞书云。汉末又有蔡邕采斯、喜之法，为古今杂形；然精密简理不如淳也。”

其序录隶书，已略见《武纪》，又曰：“师宜官为大字，邯郸淳为小字。梁鹄谓淳得次仲法，然鹄之用笔，尽其势矣。"

其序草书曰："汉兴而有草书，不知作者姓名。至章帝时，齐相杜度，号善作篇。后有崔瑗、崔寔，亦皆称工。杜氏结字甚安，而书体微瘦；崔氏甚得笔势，而结字小疏。弘农张伯英者，因而转精其巧；凡家之衣帛，必书而后练之；临池学书，池水尽黑；下笔必为楷则，号'匆匆不暇草'；寸纸不见遗，至今世人尤宝之，韦仲将谓之草圣。伯英弟文舒者，次伯英。又有姜孟颖、梁孔达、田彦和及韦仲将之徒，皆伯英弟子；有名于世，然殊不及文舒也。"

〔五〕惠，渊子。事在《渊传》。

〔六〕《文章叙录》曰："该字公达。强志好学。年二十，上计掾；召为郎中。著《魏书》。迁博士、司徒右长史。复还入著作。景元二年卒官。"

〔七〕《文章叙录》曰："挚字德鲁。初上《笳赋》，署司徒军谋吏。后举孝廉，除郎中，转补校书。挚与毌丘俭乡里相亲，故为诗与俭，求仙人药一丸；欲以感切俭，求助也。其诗曰：'骐骥马不试，婆娑槽枥间。壮士志未伸，坎坷多辛酸。伊挚为媵臣，吕望身操竿；夷吾困商贩，宁戚对牛叹；食其处监门，淮阴饥不餐；买臣老负薪，妻畔呼不还；释之宦十年，位不增故官。才非八子伦，而与齐其患。无知不在此，袁盎未有言。被此笃病久，荣卫动不安；闻有韩众药，信来给一丸。'俭答曰：'凤鸟翔京邑，哀鸣有所思。才为圣世出，德音何不怡？八子未遭遇，今者遭明时。胡康出垄亩，杨伟无根基；飞腾冲云天，奋迅协光熙。骏骥骨法异，伯乐观知之；但当养羽翮，鸿举必有期。体无纤微疾，安用问良医？联翩轻栖集，还为燕雀嗤。韩众药虽良，或更不能治。悠悠千里情，薄言答嘉诗。信心感诸中，中实不在辞。'挚竟不得迁，卒于秘书。"

《庐江何氏家传》曰："明帝时，有谯人胡康，年十五，以异才见送；又陈损益，求试剧县。诏特引见，众论翕然，号为神童。诏付秘书，使博览典籍。帝以问秘书丞何（祯）〔桢〕：'康才何如？'（祯）〔桢〕答曰：'康虽有才，性质不端，必有负败。'后果以过见谴。"臣松之按：魏朝自微而显者，不闻胡康；疑是孟康。康事，见《杜恕传》。杨伟，见《曹爽传》。

　　傅嘏字兰石，北地泥阳人[1]。傅介子之后也[2]。伯父巽，黄初中为侍中、尚书。〔一〕嘏弱冠知名[3]，〔二〕

司空陈群辟为掾^{〔4〕}。

时散骑常侍刘劭作《考课法》，事下三府^{〔5〕}。崐难劭论曰^{〔6〕}：

盖闻帝制宏深，圣道奥远；苟非其才，则道不虚行；神而明之，存乎其人。暨乎王略亏颓，而旷载罔缀^{〔7〕}；微言既没^{〔8〕}，六籍泯玷^{〔9〕}。何则？道弘致远而众才莫晞也^{〔10〕}。案劭《考课》论，虽欲寻前代黜陟之文^{〔11〕}，然其制度略已阙亡^{〔12〕}。礼之存者，惟有周典^{〔13〕}：外建侯伯^{〔14〕}，藩屏九服^{〔15〕}；内立列司^{〔16〕}，管齐六职^{〔17〕}；土有恒贡，官有定则；百揆均任^{〔18〕}，四民殊业^{〔19〕}。故考绩可理而黜陟易通也^{〔20〕}。

大魏继百王之末^{〔21〕}，承秦、汉之烈^{〔22〕}，制度之流，靡所修采^{〔23〕}。自建安以来，至于青龙^{〔24〕}；神武拨乱^{〔25〕}，肇基皇祚^{〔26〕}；扫除凶逆，芟夷遗寇；旌旗卷舒^{〔27〕}，日不暇给^{〔28〕}。及经邦治戎^{〔29〕}，权法并用^{〔30〕}；百官群司，军国通任；随时之宜，以应政机。以古施今^{〔31〕}，事杂义殊^{〔32〕}，难得而通也。所以然者，制宜经远^{〔33〕}，或不切近；法应时务，不足垂后。夫建官均职，清理民物^{〔34〕}，所以立本也；循名考实，纠励成规^{〔35〕}，所以治末也。本纲未举而造制（未呈）〔末程〕^{〔36〕}，国略不崇而考课是先^{〔37〕}；惧不足以料贤愚之分，精幽明之理也。

昔先王之择才^{〔38〕}，必本行于州闾^{〔39〕}，讲道于

庠序[40]；行具而谓之贤，道修则谓之能。乡老献贤能于王[41]，王拜受之：举其贤者，"出使长之[42]"；科其能者，"入使治之"。此先王收才之义也。方今九州之民[43]，爰及京城，未有六乡之举；其选才之职，专任吏部[44]。按品、状[45]，则实才未必当；任（薄）〔簿〕伐，则德行未为叙[46]。如此则殿最之课[47]，未尽人才。述综王度[48]，敷赞国式[49]；体深义广，难得而详也。

【注释】

〔1〕北地：郡名。东汉治所在今宁夏青铜峡市东南。　泥阳：县名。东汉县治在今甘肃宁县东。　〔2〕傅介子（？—前65）：西汉昭帝时为平乐监。西域的楼兰、龟兹国联络匈奴，杀死汉朝官员，他奉命以赏赐为名刺杀楼兰王。后封义阳侯。传见《汉书》卷七十。　〔3〕弱冠：二十岁左右的年纪。　〔4〕司空：官名。曹魏三公之一。负责兴修大型土木建筑和水利工程，祭祀时清洁乐器，帝后入葬后封土建陵。　陈群（？—公元236）：传见本书卷二十二。　〔5〕三府：三公的府署。〔6〕难（nàn）：反驳。　〔7〕王略：这里指朝廷的基本制度。　旷载罔缀：多年没有恢复。　〔8〕微言：道理精微的言论。《汉书》卷三十《艺文志》有"仲尼没而微言绝"的句子。　〔9〕六籍：即六经。指《诗经》、《尚书》、《周易》、《礼》、《春秋》和《乐》。《乐》早已经亡佚。泯：泯灭。指已亡佚的《乐》。　玷：出现毛病。指现存的五经也还有文句缺损讹误之类的问题。　〔10〕晞（xī）：天明。比喻把问题弄明白。〔11〕黜陟：贬黜和晋升。《尚书·尧典》有"三载考绩，三考黜陟幽明"的句子，说虞舜对下属每三年考核一次，三次考核后即根据成绩加以升降。　〔12〕略：完全。　〔13〕周典：周代的典章制度。当时人认为《周礼》记载的是周代制度，但是近代学者认为书中所反映的究竟是周代还是战国时期的情形还难以确定。　〔14〕侯伯：侯爵、伯爵。这里代指公、侯、伯、子、男五等封爵。　〔15〕九服：《周礼·夏官·职方氏》把京城以外的地区，由近及远分为侯服、甸服、男服、采服、卫服、蛮服、夷服、镇服、藩服。　〔16〕列司：各种官署。　〔17〕管齐：

管理整治。六职：六类职官。《周礼》记载的职官，共有天官、地官、春官、夏官、秋官、冬官六类，分管行政、教育、礼仪、军事、司法、工程等方面的事务。 〔18〕百揆：百官。 〔19〕四民：指士、农、工、商。 〔20〕考绩：成绩考察。 〔21〕百王：泛指以前各朝代的帝王。〔22〕烈：事业。 〔23〕靡所修采：没有在制度上重新建立或加入内容。〔24〕青龙：魏明帝曹叡的年号。 〔25〕神武：非凡的军事天才。指曹操。 〔26〕肇基皇祚：开创和奠定了曹魏皇朝的基业。 〔27〕旌旗卷舒：指军队休整和出征。 〔28〕日不暇给：每天都忙不过来。〔29〕治戎：治军。 〔30〕权：权变。 〔31〕古：指考绩之类的古代制度。〔32〕义殊：情况不同。 〔33〕制：这里指国家的基本制度。与下文所说的"法"，即具体的条例、规定不同。 〔34〕清理：整顿治理。民物：民众。这是当时习语。 〔35〕纠励成规：用现成的规章来纠察鼓励。 〔36〕末程：非常次要的章程。指考课法。 〔37〕国略：朝廷的大政。 〔38〕先王：前代的君王。这里指周代的君王。 〔39〕本行（xìng）：以品行考察为根本的依据。 州间：指本乡本土。《周礼·地官》记载地方行政区划，有比、间、族、党、州、乡六级。贾公彦解释是五家为比，五比为间，四间为族，五族为党，五党为州，五州为乡。全国共有六乡。 〔40〕庠（xiáng）序：学校。 〔41〕乡老：官名。《周礼·地官》说是全国有六乡，每二乡置乡老一人，共有三人，相当于三公。负责教化百姓，选举贤能。 〔42〕出使长之：让他们出外担任地方行政长官。这一句和下面的"入使治之"，都出自《周礼·地官·乡老》。 〔43〕九州：《尚书·禹贡》记载，我国上古时分为冀、兖、青、徐、扬、荆、豫、梁、雍九州。这里用来泛指曹魏全国。实际上当时曹魏全境划分为司、冀、兖、青、徐、扬、荆、豫、雍、凉、幽、并十二州。 〔44〕吏部：指尚书台所属的吏部曹。 〔45〕品：区别人才高下的等级。 状：中正对人才所作的概括式评语。曹魏自曹丕在延康元年（公元220）继承王位之后，开始在人才选拔上实行九品中正制。这是一种与汉代基于"乡举里选"的察举制不同的新制度。在各个郡设立一名负责本郡人才选拔的官员，叫做中正。中正由本郡人士在中央任职者兼任。每隔三年他要品评一次本郡人才。并把有关的文字材料上报中央。向中央提供的文字材料主要有三项：一是本人的家世，特别是父、祖的官位；二是中正的概括式评语，即"状"；三是中正根据家世、状两项评定的等级，即"品"。等级有九，最低为第九品，最高为第一品，故名九品。这一制度后来施行于整个魏晋南北朝。 〔46〕簿伐：家世的记录。是中正提供的文字材料之一。 〔47〕殿最：下等和上等。

〔48〕述综王度：制定朝廷制度。　〔49〕敷：陈述。　赞：协助制定。

【裴注】

〔一〕《傅子》曰："嘏祖父睿，代郡太守。父充，黄门侍郎。"

〔二〕《傅子》曰："是时，何晏以材辩显于贵戚之间。邓飏好（变）〔交〕通，合徒党，鬻声名于闾阎。而夏侯玄以贵臣子，少有重名，为之宗主；求交于嘏，而不纳也。嘏友人荀粲，有清识远心；然犹怪之，谓嘏曰：'夏侯泰初一时之杰，虚心交子；合则好成，不合则怨至。二贤不睦，非国之利，此蔺相如所以下廉颇也。'嘏答之曰：'泰初志大其量，能合虚声而无实才；何平叔言远而情近，好辩而无诚，所谓利口覆邦国之人也；邓玄茂有为而无终，外要名利，内无关钥，贵同恶异，多言而妒前。多言多衅，妒前无亲。以吾观此三人者，皆败德也。远之犹恐祸及，况昵之乎？'"

正始初，除尚书郎，迁黄门侍郎。时曹爽秉政[1]，何晏为吏部尚书[2]。嘏谓爽弟羲曰[3]："何平叔外静而内铦巧[4]，好利，不念务本。吾恐必先惑子兄弟，仁人将远，而朝政废矣。"晏等遂与嘏不平[5]，因微事以免嘏官。起家拜荥阳太守，不行[6]。

太傅司马宣王请为从事中郎[7]。曹爽诛，为河南尹，〔一〕迁尚书。

嘏常以为："秦始罢侯置守[8]；设官分职，不与古同。汉、魏因循，以至于今。然儒生学士，咸欲错综以三代之礼[9]；礼弘致远，不应时务；事与制违，名实未附。故历代而不至于治者，盖由是也。"欲大改定官制，依古正（本）今；遇帝室多难，未能革易。

时论者议欲自伐吴，三征献策各不同[10]。诏以访嘏，嘏对曰："昔夫差陵齐胜晋[11]，威行中国[12]，终祸姑苏[13]；齐闵兼土拓境[14]，辟地千里，身蹈颠覆：有始不必善终[15]，古之明效也。孙权自破关羽并荆州之后[16]，志盈欲满，凶宄已极[17]；是以宣文侯深建宏图大举之策[18]。今权已死，托孤于诸葛恪[19]。若矫权苟暴[20]，蠲其虐政[21]，民免酷烈，偷安新惠，外内齐虑，有同舟之惧；虽不能终自保完，犹足以延期挺命于深江之外矣[22]。而议者或欲泛舟径济，横行江表[23]，或欲四道并进，攻其城垒；或欲大佃疆场[24]，观衅而动[25]：诚皆取贼之常计也。然自治兵以来，出入三载[26]，非掩袭之军也[27]。贼之为寇，几六十年矣[28]，君臣伪立，吉凶共患，又丧其元帅[29]，上下忧危；设令列船津要，坚城据险，横行之计，其殆难捷。惟进军大佃，最差完牢[30]。(隐)兵出民表[31]，寇抄不犯；坐食积谷，不烦运士；乘衅讨袭，无远劳费：此军之急务也。昔樊哙愿以十万之众[32]，横行匈奴[33]，季布面折其短[34]。今欲越长江，涉虏庭，亦向时之喻也。未若明法练士，措计于全胜之地；振长策以御敌之余烬[35]，斯必然之数也。"〔二〕

【注释】

〔1〕曹爽(？—公元249)：传附本书卷九《曹真传》。 〔2〕何晏(？—公元249)：传附本书卷九《曹真传》。 吏部尚书：官名。是尚书台吏部曹的主办官员，负责朝廷正式官员的选任。〔3〕羲：即曹羲(？—公元249)。传附本书卷九《曹真传》。 〔4〕平叔：何晏的字。 铦(tiǎn)巧：投机取巧。〔5〕不平：不和。 〔6〕不行：不去就职。〔7〕太傅：官名。皇帝的辅导老师。地位尊崇，在三公之上，但无固定任务。 司马宣王：即司马懿(公元179—251)。字仲达，河内郡温县

（今河南温县西）人。出身世代传习经学的官僚家族。历事曹操、曹丕、曹叡、曹芳四代，任大将军、太傅等职务。公元249年，起兵消灭曹爽集团，控制曹魏军政大权，为后来西晋的建立奠定基础。公元264年，其子司马昭受封为晋王，追尊他为宣王。西晋建立，又被追尊为宣帝。传见《晋书》卷一。司马懿本是魏臣，但是因他被追尊为帝，在西晋时撰写《三国志》的陈寿，就不便为他立传，所以本书没有司马懿的专传。凡提到他时，都称"司马宣王"。 从事中郎：官名。太傅府的下属，负责谋议。傅嘏受曹爽集团排挤，司马懿却任命他为自己的下属，反映出当时政坛争夺的状况。从此傅嘏便积极支持司马氏。〔8〕罢侯置守：废除诸侯，设置郡守。〔9〕三代：指夏、商、周三代。〔10〕三征：指当时的征南大将军王昶、征东将军胡遵、镇南将军诸葛诞。诸葛诞的镇南将军仅比带"征"字的将军低一等，所以能够与前二者合称"三征"。 〔11〕夫差（？—前473）：春秋末年吴国的国君。前495至前473年在位。先向南进攻越国，迫使越王句践屈服称臣。然后向北跨过长江，击败齐军，与晋国争霸。后被越攻破，自杀。事见《史记》卷三十一《吴太伯世家》。〔12〕中国：中原。〔13〕姑苏：山名。在今江苏苏州市西南。山上有台。夫差在台上立春宵宫，作长夜之饮。越军破吴，夫差在这里自杀。〔14〕齐闵：即齐闵王（？—前284）。又作齐湣王。田氏，名地。战国时齐国的国君。约前300至前284年在位。曾联合韩、魏，击败楚、秦、燕三国，又攻灭宋国，有意取代周王为天子。后被多国联军击破，出走自杀。事见《史记》卷四十六《田敬仲完世家》。〔15〕不必：不一定。〔16〕关羽（？—219）：传见本书卷三十六。〔17〕宄（guǐ）：恶。〔18〕宣文侯：即司马懿。司马懿死后谥为宣文。 深建宏图大举之策：魏明帝曾询问司马懿，究竟应先进攻孙吴还是蜀汉。司马懿认为应先进攻孙吴，并献水陆两路大军合击的计策。详见《晋书》卷一《宣帝纪》。〔19〕诸葛恪（公元203—253）：传见本书卷六十四。〔20〕矫：矫正。〔21〕蠲（juān）：去除。〔22〕挺命：延缓生命。〔23〕江表：江南。〔24〕佃（tián）：耕种。这里指派驻军队屯田。 疆埸（yì）：边境。〔25〕观衅：观察敌方出现问题。〔26〕出入三载：前后三年。〔27〕掩袭：突然袭击。非掩袭之军意思是，我们备战三年，敌方早有防范，已无法实施突然袭击，因而上述三征所献的三条计策中，前两条难以达到预期效果。〔28〕几六十年：自东汉献帝兴平二年（公元195）孙策渡江割据江东起，到这场讨论进行的嘉平四年（公元252）止，前后五十八年，所以傅嘏这样说。〔29〕元帅：指孙权。〔30〕最差完牢：比较起来最为完善可靠。 〔31〕兵出民表：屯田的军队进驻到百姓的外面。指位于前线。
〔32〕樊哙(？—前189)：沛县(今江苏沛县)人。早年以屠狗为业。随刘
邦起兵，曾在鸿门宴会上保护刘邦，西汉初又参加平定臧荼、陈豨、韩
王信的叛乱，任左丞相，封舞阳侯。因娶吕后妹为妻，所以得到吕后的
信任。传见《史记》卷九十五、《汉书》卷四十一。 〔33〕匈奴：北方
少数族名。西汉时曾对中原王朝构成巨大威胁。 〔34〕季布：本为项羽
部将，多次围攻刘邦。西汉建立，被逮捕。后被释放，官至河东郡守。
汉惠帝时，匈奴单于写信侮辱吕后，吕后召诸将商议对付办法。樊哙夸
口说只要给他十万军队，他可以横行在匈奴中。季布认为樊哙当面说大
话欺骗主上，应当处死。传见《史记》卷一百、《汉书》卷三十七。
〔35〕振长策：扬起长鞭。比喻作长远打算。

【裴注】

〔一〕《傅子》曰："河南尹，内掌帝都，外统京畿，兼(古)〔主〕
六乡六遂之士。其民异方杂居，多豪门大族；商贾胡貊，天下四(方)
会：利之所聚，而奸之所生也。前尹司马芝，举其纲而太简；次尹刘静，
综其目而太密；后尹李胜，毁常法以收一时之声。碏立司马氏之网统，
裁刘氏之纲目以经纬之，李氏所毁以渐补之。郡有七百吏，半非旧也。
河南俗党，五官掾、功曹典选职，皆授其本国人，无用异邦人者。碏各
举其良而对用之；宫曹分职，而后以次考核之。其治以德教为本，然持
法有恒，简而不可犯；见理识情，狱讼不加榱楚而得其实；不为小惠，
有所荐达及大有益于民事，皆隐其端迹，若不由己出。故当时无赫赫之
名，吏民久而后安之。"

〔二〕司马彪《战略》载碏此对，详於本传；今悉载之以尽其意，
彪曰："嘉平四年四月，孙权死。征南大将军王昶、征东将军胡遵、镇
南将军毌丘俭等表请征吴。朝廷以三征计异，诏访尚书傅碏，碏对曰：
'昔夫差胜齐陵晋，威行中国，不能以免姑苏之祸；齐闵辟土兼国，开
地千里，不足以救颠覆之败：有始不必善终，古事之明效也。孙权自破
蜀兼平荆州之后，志盈欲满，罪戮忠良，诛及胤嗣，元凶已极。相国宣
文侯，先识取乱侮亡之义，深建宏图大举之策。今权已死，托孤于诸葛
恪：若矫权苛暴，蠲其虐政，民免酷烈，偷安新惠，外内齐虑，有同舟
之惧；虽不能终自保完，犹足以延期挺命于深江之表矣。昶等或欲泛舟
径渡，横行江表，收民略地，因粮于寇；或欲四道并进，临之以武，诱
间携贰，待其崩坏；或欲进军大佃，逼其项领，积谷观衅，相时而动：

凡此三者，皆取贼之常计也。然施之当机，则动成名立；苟不应节，必贻后患。自治兵以来，出入三载，非掩袭之军也。贼丧元帅，利存退守，若撰饰舟楫，罗船津要，坚城清野，以防猝攻，横行之计，殆难必施。贼之为寇，几六十年，君臣伪立，吉凶同患；若恪蠲其弊，天去其疾，崩溃之应，不可猝待。今边壤之守，与贼相远，贼设罗落，又（持）〔特〕重密，间谍不行，耳目无闻。夫军无耳目，校察未详，而举大众以临巨险；此为希幸邀功，先战而后求胜，非全军之长策也。唯有进军大佃，最差完牢。可诏昶、遵等，择地居险，审所措置，及令三方，一时前守。夺其肥壤，使还耕瘠土。一也；兵出民表，寇抄不犯。二也；招怀近路，降附日至。三也；罗落远设，间构不来。四也；贼退其守，罗落必浅，佃作易（之）〔立〕。五也；坐食积谷，士不运输。六也；衅隙时闻，讨袭速决。七也。凡此七者，军事之急务也。不据则贼擅便资，据之则利归于国，不可不察也。夫屯垒相逼，形势已交；智勇得陈，巧拙得用；策之而知得失之计，角之而知有余不足；虏之情伪，将焉所逃？夫以小敌大，则役烦力竭；以贫敌富，则敛重财匮。故"敌逸能劳之，饱能饥之"，此之谓也。然后盛众厉兵以震之，参惠倍赏以招之，多方广似以疑之。由不虞之道，以间其不戒；比及三年，左提右挈；虏必冰散瓦解，安受其弊，可坐算而得也。昔汉氏历世常患匈奴，朝臣谋士早朝晏罢，介胄之将则陈征伐，搢绅之徒成言和亲，勇奋之士思展搏噬。故樊哙愿以十万之众横行匈奴，季布面折其短；李信求以二十万独举楚人，而果辱秦军。今诸将有陈越江陵险、独步庭庭，即亦向时之类也。以陛下圣德，辅相忠贤，法明士练：措计于全胜之地，振长策以御之；虏之崩溃，必然之数。故兵法曰："屈人之兵，而非战也；拔人之城，而非攻也。"若释庙胜必然之理，而行万一不必全之路，诚愚臣之所虑也。故谓大佃而逼之计最长。'时不从嘏言。其年十一月，诏昶等征吴。五年正月，诸葛恪拒战，大破众军于东关。"

后吴大将诸葛恪新破东关[1]，乘胜扬声欲向青、徐[2]，朝廷将为之备。嘏议以为："淮海非贼轻行之路[3]，又昔孙权遣兵入海[4]，漂浪沉溺，略无孑遗[5]；恪岂敢倾根竭本，寄命洪流[6]，以徼干没乎[7]？〔一〕恪不过遣偏率小将素习水军者[8]，乘海溯淮，示动青、徐[9]；恪自并兵，来向淮南耳。"后恪果图新城[10]，不克而归。

毓常论才性同异[11]，钟会集而论之[12]。〔二〕嘉平末，赐爵关内侯。高贵乡公即尊位[13]，进封武乡亭侯。

正元二年春，毌丘俭、文钦作乱[14]。或以司马景王不宜自行[15]，可遣太尉孚往[16]；惟毓及王肃劝之[17]。景王遂行；〔三〕以毓守尚书仆射[18]，俱东。俭、钦破败，毓有谋焉。

及景王薨，毓与司马文王径还洛阳[19]，文王遂以辅政。语在《钟会传》。〔四〕会由是有自矜色，毓戒之曰："子志大其量，而勋业难为也，可不慎哉!"毓以功进封阳乡侯，增邑六百户，并前千二百户。是岁薨。时年四十七。追赠太常[20]，谥曰元侯。〔五〕

子祇嗣[21]。咸熙中开建五等[22]，以毓著勋前朝，改封祇泾原子。〔六〕

【注释】

〔1〕东关：地名。在今安徽含山县西南。位于当时濡须水东岸，扼守从长江进入巢湖的咽喉水道。 〔2〕青：州名。治所在今山东淄博市东。 徐：州名。治所在今江苏睢宁县西北。 〔3〕轻行：轻快行进。〔4〕遣兵入海：公元232年，孙权派将军周贺，率领船队到辽东买马。九月，船队回返，在海上遇大风，船只触礁沉没很多，又在成山（今山东荣成市东北成山角）受魏军伏击，全军覆没。见本书卷二十六《田豫传》。〔5〕略无孑(jié)遗：完全没有人幸存。 〔6〕寄命：寄托命运。〔7〕徼干(gān)没：谋求侥幸成功。 〔8〕偏率：低级将领。 〔9〕示动：故意显示行动。 〔10〕新城：城名。即合肥新城。在今安徽合肥市西北。合肥旧城在今合肥市。 〔11〕才性：这里指才能和品德。才性之辩是魏晋玄学的重要论题之一，它主要讨论二者的内涵和相互关系。由

于当时对二者的相互关系，有同、异、合、离四种看法，所以又称为"才性四本"。这一论题的出现，与现实政治特别是曹操"唯才是举"的用人政策密切相关。　同异：据《世说新语·文学》刘孝标注引《魏志》，当时傅嘏主张才性同，李丰主张才性异，钟会主张才性合，王广主张才性离。值得注意的是，主张同、合的傅嘏、钟会是司马氏的支持者，而主张异、离的李丰、王广则是司马氏的对立面，二人都被司马氏杀死。　〔12〕钟会（公元225—264）：传见本书卷二十八。　〔13〕高贵乡公：即曹髦（公元241—260）。事详本书卷四。曹髦被司马昭部下杀死，死后只好用从前的封爵称呼他。　〔14〕毌（guàn）丘俭（？—公元255）：传见本书卷二十八。　文钦（？—公元258）：传见本书卷二十八《毌丘俭传》裴注引《魏书》。　〔15〕司马景王：即司马师（公元208—255）。字子元，司马懿的长子。继其父任大将军，专国政。嘉平六年（公元254）废黜魏帝曹芳。改立曹髦。次年病死。后被追尊为景王、景帝。传见《晋书》卷二。　〔16〕太尉：官名。三公之首。是名义上的全国军事最高长官。　孚：即司马孚（公元180—272）。字叔达，司马懿的弟弟。曹魏时官至太傅。西晋建立，升任太宰，封安平王。传见《晋书》卷三十七。　〔17〕王肃（公元195—256）：传附本书卷十三《王朗传》。　〔18〕守：代理比本职更高的职务。　尚书仆射（yè）：官名。尚书台的副长官，协助主官尚书令处理军国机要。　〔19〕司马文王：即司马昭（公元211—265）。字子上，司马懿次子。继其兄任大将军，专国政。甘露五年（公元260），杀曹髦，改立曹奂为帝。景元四年（公元263），出兵灭蜀汉，封晋公，后升晋王。去世不久，其子炎代魏称帝，建立晋朝。死后谥为文王，后又追尊为文帝。传见《晋书》卷三。　径还洛阳：当时魏帝曹髦直接下诏，要司马昭去许昌镇守作战，大军由傅嘏带回洛阳，打算以此摆脱司马氏，自己控制军队和权力。傅嘏与钟会劝司马昭不理皇帝指令，径回京城。曹髦被迫任命司马昭为大将军执掌朝政。参见本书卷二十八《钟会传》、《晋书》卷二《文帝纪》。　〔20〕太常：官名。为九卿之首。负责礼仪祭祀，选择考核儒学教官。　〔21〕祗（zhī）：即傅祗（公元243—311）。字子庄。曹魏时任博士。西晋建立，历任要职，官至司空。传附《晋书》卷四十七《傅玄传》。　〔22〕开建五等：开始建立公、侯、伯、子、男五等封爵制度。此前异姓功臣只能封侯，现在可以封公，比侯高一等。这是司马昭笼络人心以便取代曹魏的举动。

【裴注】

〔一〕《汉书·张汤传》曰:"汤始为小吏,干没,与长安富贾田甲、鱼翁叔之属交私。"服虔说曰:"干没,射成败也。"如淳曰:"得利为干,失利为没。"

臣松之以虔直以干没为"射成败",而不说干没之义,于理犹为未畅。淳以得利为"干",又不可了。愚谓干,读宜为干燥之干。盖谓有所徼射,不计干燥之与沉没而为之。

〔二〕《傅子》曰:"嘏既达治好正,而有清理识要;好论才性,原本精微,鲜能及之。司隶校尉钟会年甚少,嘏以明智交会。"臣松之按:《傅子》前云嘏了夏侯之必败,不与之交;而此云与钟会善。愚以为:夏侯玄以名重致患,衅由外至;钟会以利动取败,祸自己出。然则夏侯之危兆难睹,而钟氏之败形易照也。嘏若了夏侯之必危,而不见钟会之将败,则为识有所蔽,难以言通;若皆知其不终,而情有彼此,是为厚薄由于爱憎,奚豫于成败哉?以爱憎为厚薄,又亏于雅体矣。《傅子》此论,非所以益嘏也。

〔三〕《汉晋春秋》曰:"嘏固劝景王行,景王未从。嘏重言曰:'淮、楚兵劲,而俭等负力远斗,其锋未易当也。若诸将战有利钝,大势一失,则公事败矣。'是时景王新割目瘤,创甚;闻嘏言,蹶然而起曰:'我请舆疾而东。'"

〔四〕《世语》曰:"景王疾甚,以朝政授傅嘏;嘏不敢受。及薨,嘏秘不发丧;以景王命召文王于许昌,领公军焉。"孙盛《评》曰:"晋宣、景、文王之相魏也,权重相承,王业基矣;岂蕞尔傅嘏所宜间厕?《世语》所云,斯不然矣。"

〔五〕《傅子》曰:"初,李丰与嘏同州,少有显名,早历大官,内外称之;嘏又不善也,谓同志曰:'丰饰伪而多疑,矜小失而昧于权利,若处庸庸者可也;自任机事,遭明者必死。'丰后为中书令,与夏侯玄俱祸,卒如嘏言。嘏自少与冀州刺史裴徽、散骑常侍荀俣善,徽、俣早亡。又与镇北将军何曾、司空陈泰、尚书仆射荀颛、后将军钟毓并善,相与综朝事,俱为名臣。"

〔六〕《晋诸公赞》曰:"祇字子庄,嘏少子也。晋永嘉中至司空。"祇子宣,字世弘。《世语》称:"宣以公正知名,位至御史中丞。"宣弟畅,字世道,秘书丞,没在胡中;著《晋诸公赞》及《晋公卿礼秩故事》。

评曰：昔文帝、陈王以公子之尊[1]，博好文采；同声相应，才士并出，惟粲等六人最见名目[2]。而粲特处常伯之官[3]，兴一代之制；然其冲虚德宇[4]，未若徐幹之粹也。卫觊亦以多识典故，相时王之式[5]。刘劭该览学籍，文质周洽。刘廙以清鉴著[6]，傅嘏用才达显云[7]。〔一〕

【注释】

〔1〕陈王：即曹植（公元192—232）。传见本书卷十九。　〔2〕最见名目：最受称道评论。　〔3〕常伯之官：君主身边的侍臣。这里指侍中。〔4〕冲虚：淡泊寡欲。　德宇：品德气度。　〔5〕相（xiàng）时王之式：帮助完成当时君主禅让的仪式。指劝汉献帝让位，并替他草拟禅让诏书。〔6〕清鉴：清静而有洞察能力。　〔7〕用：因为。　才达：具有才能而又通晓时局变化。

【裴注】

〔一〕臣松之以为：傅嘏识量名辈，实当时高流；而此评但云"用才达显"，既于题目为拙，又不足以见嘏之美也。

【译文】

王粲，字仲宣，山阳郡高平县人。曾祖父王龚，祖父王畅，都做过汉朝的三公。父亲王谦，当过大将军何进属下的长史。因为王谦是著名三公的后代，何进很想和他家结成姻亲，就让两个儿子同他见面，让他从中挑选一个做女婿。王谦没有答应。以后因病被免除官职，死在家中。

献帝西迁以后，王粲移居到长安。左中郎将蔡邕见到他后很是器重。当时蔡邕的才学闻名天下，在朝廷很受敬重，他家的门前经常是车辆马匹塞满街巷，他家的客厅经常是宾客满堂。一天，蔡邕听说王粲在门口求见，急忙出迎，连鞋子穿倒了也顾不得正过来。王粲一进门，年纪又小，身材又矮，满屋子的人都很吃惊。

蔡邕说："这位就是司空王畅的孙子王粲，有非凡的才华，连我也比不上他。我家里收藏的书籍文章，将来要全部送给他。"

王粲十七岁的时候，司徒任命他为下属，皇帝又下诏任命他为黄门侍郎；王粲因为长安政局动乱，都没有赴任，而是南下荆州去投奔同乡刘表。

荆州牧刘表见他外貌平平而身体孱弱，举止随便而不讲究，不太看重他。刘表死后，王粲劝刘表的儿子刘琮归附太祖曹操。

太祖任命王粲为丞相掾，还赐给他关内侯的爵位。不久，太祖在汉水边上设宴，王粲举杯向太祖敬酒说："当今袁绍崛起于河北，倚仗兵多将广，志在兼并天下，他虽然爱招纳贤才却不能重用他们，所以那些出色的人才纷纷离他而去。刘表占领荆州，并没有兼并天下的大志，坐观时局变化，自以为可以效法慢慢奠定统治基础的周文王。避乱逃到荆州来的贤士，都是海内的俊杰；刘表却不善于任用他们，结果当荆州处于危难之际却无人帮助他。明公您平定冀州的时候，一下车就忙着整顿当地的军队，收录豪杰并任用他们，以此横扫天下。等到平定了荆州，又招引这里的贤才让他们担任官职。使天下人民归心，望风归附而愿意接受统治；文武人才一并任用，英雄都愿为您尽力。这是夏、商、周三代开国君王才能做到的事啊！"后来王粲升任丞相府的军谋祭酒。

魏国建立以后，他被任命为魏国宫廷的侍中。他博学多识，有问必答。当时旧的礼仪废弛，凡是需要重新制定制度，总是由王粲负责主持。

从前，王粲和友人同行，曾停下来阅读路边一座碑石上的文字。友人问他："您能背诵吗？"王粲回答说："能。"友人当即叫他转过身去背诵碑文，果然一字不差。一次，王粲看别人下围棋，有人不小心碰乱了棋子，他竟然能按原来的棋形把棋子重新摆好。下棋的不信他真有这样的能力，拿出一块手帕盖在棋盘上，让他在另外一个棋盘上重摆。王粲摆出来之后，旁观者把两副棋局互相比较，结果连一个棋子的错误也没有。王粲就有这样强的记忆力。他生来善于计算。做算术时，都能把问题解答出来。

他又擅长写文章，提起笔来一挥而就，根本用不着修改，当时的人常常以为他是预先构思好的；然而别人即使是反复精心思考，写出来的文章也无法超过他。他撰写了诗、赋、论、议将近六十篇。

建安二十一年（公元216），王粲跟随太祖征伐孙吴。二十二年（公元217）春，病死在行军的路上，终年四十一岁。

他有两个儿子，后来因为受到魏讽谋反一案的牵连，都被处死，后代就断绝了。

当初，魏文帝曹丕还在当五官中郎将的时候，与弟弟平原侯曹植都很喜好文学。王粲与北海人徐幹（字伟长）、广陵人陈琳（字孔璋）、陈留人阮瑀（字元瑜）、汝南人应场（字德琏）、东平人刘桢（字公幹）都是好朋友。

徐幹曾当过司空府的军谋祭酒和掾属，还曾当过五官中郎将府的文学侍从官员。

陈琳从前当过何进的大将军府主簿。何进想要杀掉宦官，他那当太后的妹妹不同意。何进就召集各地的猛将，让他们一同领兵赶往京城，想以此来要挟逼迫太后。陈琳劝阻何进说："《周易》认为，要想猎取野鹿而又不要熟悉山林情况的虞人帮助，这是不能成功的事。谚语中也有'掩目捕雀'的话。微不足道的动物尚且不能靠欺骗手段获取到，国家的大事还能用诈术去完成吗？如今将军总揽朝政，掌握兵权，像龙腾虎跃一般威武无敌，随心所欲。以这样的条件办您想办的事，无异于在大火炉上烧一根毛发，真是易如反掌。只要迅速采取行动，行使权力当机立断，虽然违反常规但却合乎道义，上天和百姓都会赞同和顺从；可您反而放弃主动权，征召其他的兵马进京，到时候大兵在京城会合，强者为雄，您这样做正好像倒拿兵器，授人以柄，不但事情肯定不会成功，恐怕还会造成祸乱的开端。"何进不采纳他的建议，结果自食其果。陈琳逃到冀州避难，袁绍让他负责草拟公文。

袁氏被打败后，陈琳归附了太祖。太祖对他说："你当初为袁绍起草讨伐我的檄文，只列举我一个人的罪状也就可以了；憎恶邪恶只限于本人嘛，为什么还要加上我的祖父和父亲呢？"陈琳赶忙认了错，太祖爱惜他的才学，并没有加罪于他。

阮瑀年轻时是蔡邕的学生。建安年间都护曹洪打算让他为自己主管文书草拟，他却始终不愿屈从。太祖后来让陈琳和他一起担任自己司空府的军谋祭酒，主办公文。国家军政大事的文书通告，大多出自陈琳、阮瑀之手。以后陈琳调任丞相府门下督，阮瑀调任丞相府仓曹掾属。

应玚、刘桢分别被太祖任命为丞相府的属官。以后应玚转为平原侯曹植的庶子。后来又当过五官中郎将曹丕的文学侍从。

刘桢后来因为"不敬"的罪名被判了刑，刑满后重新当官。应玚和刘桢都撰有文赋数十篇。

阮瑀死于建安十七年（公元212）。徐幹、陈琳、应玚、刘桢都死于建安二十二年（公元217）。

文帝曹丕在给元城县令吴质的信中说道："去年疫病流行，亲戚故旧大多染上重病，徐幹、陈琳、应玚、刘桢一时间都染病去世。纵观古今的文人，大都不拘小节，很少有人能以名誉节操自立于世。但是唯独徐幹能够兼有文才品德，恬淡寡欲，有许由那样不追求名利的高洁胸怀，真称得上是个德才兼备的君子啊。他所写的《中论》二十余篇，词意典雅，足以流传后世。应玚常常文采外露具有强烈的创作愿望，他的才学也足够著书立说；但是他美好的愿望却未能实现，很让人感到痛心和可惜！陈琳写起章表一类的公文来笔势相当雄健，只是文辞稍嫌有些冗赘。刘桢才气奔放，但还不够强劲。阮瑀的书信报告写得文情并茂，读来令人赏心悦目。王粲独自擅长于辞赋，可惜他的身体衰弱，不能振作起文章的气势。至于他辞赋中那些写得好的，就是古人也比他强不了多少。从前俞伯牙为钟子期之死而摔断琴弦，孔子为子路之死而倒掉肉酱，这是痛惜知音朋友难遇，哀伤优秀弟子难得啊。他们几位的成就只是比不上古人而已，但无疑都是一代俊杰。"

当时颍川郡的邯郸淳、繁钦，陈留郡的路粹，沛国的丁仪、丁廙，弘农郡的杨修，河内郡的荀纬等，也都很有文采，但不在以上这六人之列。

应玚的弟弟应璩，应璩的儿子应贞，都以文章著称。应璩官至侍中。应贞在魏元帝咸熙年间当过相国府军事参谋。

阮瑀的儿子阮籍，文才辞藻艳丽奔放。但是放荡不遵守礼教，为人恬淡寡欲，以庄周为楷模。官至步兵校尉。

当时还有谯郡人嵇康，文辞壮丽，喜好谈论《老子》、《庄子》，而且崇尚奇节，行侠仗义。到魏元帝景元年间，因事被处死刑。

魏明帝景初年间，下邳国人桓威，出身于家族势力孤单的小民家庭。十八岁时写成《浑舆经》，依照道家的学说来发挥自己的见解。起初担任齐国政府的门下书佐，司徒任命为下属吏员，后来当了安成县令。

吴质，济阴郡人。以文才被文帝曹丕看重，官至振威将军，被授与节杖，负责指挥河北战区各路军队，并封为列侯。

卫觊，字伯儒，河东郡安邑县人。小时候即聪明过人，以才学著称于世。太祖任命他为司空府掾属；后又担任茂陵县令、尚书郎的职务。

太祖征讨袁绍的时候，刘表声援袁绍，关中的各路将领又都保持中立。益州牧刘璋和刘表素有矛盾，卫觊以治书侍御史的身分出使益州，让刘璋出兵东下以牵制刘表的军队。到长安时，因道路不通，卫觊前进不了，于是就留下来镇守关中。

当时关中各地有很多还乡的老百姓，这里的将领纷纷把他们招来做自己的部下。卫觊就写信给荀彧说："关中是个丰腴富饶的地方。前不久因为兵荒马乱，百姓流浪到荆州的有十多万户；听说老家已经安定下来，这些人都盼望着早日返回家乡。可是回来的人却找不到谋生的办法，各路将领便竞相招纳他们作为自己的部下。因为各郡县政府贫穷而力量不足，无法和他们抗争，所以各路军阀的势力就一天天强大起来。一旦有什么变故动荡，这些军阀就成了后患。盐，是国家的重要宝物，自战乱以来也失去控制。如今应该像从前那样设立专门的官员监督管理食盐销售，再拿盐业的收入买耕牛、农具；如果有归来的百姓，就把牛和农具发给他们，鼓励他们辛勤耕作，积累粮食，使关中重新富裕起来。远方的百姓听说了这些事，也一定会日夜兼程争先恐后地赶回来。再派司隶校尉留下来治理关中充当主官，那么就会逐渐削弱各路将领的势力，使地方官府和百姓日益富强。这可是加强自己的根本削弱异己力量的好事啊！"荀彧把卫觊的建议报告给太祖。太祖采纳了他的意见，开始派谒者仆射监督管理制盐工场，又派司隶校尉在弘农县设立治所。等到关中各地服从朝廷之后，太祖才把卫觊召了回来，逐渐提升，最后担任尚书职务。魏国建立以后。卫觊任侍中，和王粲一起负责典章制度的制定。

文帝曹丕即魏王位后，他又任尚书。上任不久，他又改当汉朝的黄门侍郎，劝说献帝把皇帝位置禅让给魏王曹丕，并为献帝起草禅让的有关诏书。魏王曹丕受禅称帝，任命卫觊为尚书，封为阳吉亭侯。

明帝曹叡即位，卫觊晋封闅乡侯，食邑三百户。卫觊向明帝上奏说："九章刑律，是从古时候传下来的；用它来断定罪行刑罚，内容非常微妙，不容易掌握。因此，治理一县的县令、县长，都应该懂得法律。刑法，乃是国家最为重视的一项制度，但是在人们心目中却很轻视它；而执掌刑法的官员，老百姓的生命就掌握在他们手里，但是选用人才的官员对他们也不重视。国家政治的弊端，恐怕就是由此产生的。因此请求朝廷设置专门讲授法律的教官，让他们向有关的官员讲授这方面的知识。"这一建议很快就施行了。

当时老百姓的生活十分贫困痛苦，而要他们提供劳役服务的工程却大量兴建。卫觊上疏进谏说："要让人改变和磨炼性情，是强人所难的事，做臣子的敢这么说已经很不容易，而要做君主的接受意见就更难了。况且人们都喜欢富贵和荣华，厌恶贫贱和死亡，但是这四种情况，都由君主来控制掌握。君主喜欢谁谁就会富贵和荣华，君主厌恶谁谁就会贫贱和死亡；顺从君主的旨意就会受到喜欢，违背君主的心愿就会受到厌恶。因此做臣子的都争着顺从君主旨意而避免违背君主心愿；除了那些肯破家为国、甘愿冒杀身危险以促成君主德业完美的忠臣，谁愿意顶撞君主，触犯忌讳，进一句忠言，提一条意见呢？请陛下您留心观察，那么我说的这种情况您就可以看清楚了。如今议论政事的大都爱说好听的话。他们一谈起政治，就把陛下比作尧舜；一谈起军事，就把吴、蜀比作不堪一击的狸鼠。为臣认为情况并非如此。想当初汉文帝时，同姓诸侯强大了一点，贾谊尚且恐惧得认为形势险恶万分；何况现在天下分裂为三，人才效力，各为其主呢。那些归降的，也不愿意说是弃暗投明，都自称是受形势逼迫。这种状况，和战国时六国分治，实在是没什么区别啊。当今走一千里都不见人烟，幸存的百姓困苦不堪。陛下要是再不好生注意，国家就会凋散衰落一蹶不振。礼仪规定，天子所用的器具要有金玉的装饰，饮食的菜肴要有八珍之类的美味；但是，一遇到荒年或战乱，就应该撤除减少珍美的食物和华丽的衣服。可见奢俭的调节，一定要看社会是丰饶还是贫困。武皇帝在世的时候，后宫里吃饭时只能有一种肉菜，衣服不用锦绣，褥垫不加花边，器物不涂红漆；因此才能够平定天下，造福子孙。这些都是陛下亲眼见到的啊。当前应该做的大事，就是君臣上下，一起统筹计划，核查国库里的物资，量入为出。深思勾践发展人口的办法，还恐怕来不及，可是尚方署为宫廷制造的金银器物，数量和品种却不断增加。工人们不停地劳作，奢靡的风气一天比一天厉害，国库里的财富一天比一天枯竭。从前汉武帝相信并寻求神仙，说是取云端的甘露再调和玉石的碎末一起喝下就能长生不老，因此树立承露盘承接高空的甘露。陛下通达圣明，每每非议讥笑这事做得荒唐。汉武帝取甘露是想长生，尚且被人指责；陛下不取甘露却下令把承露盘从长安搬到洛阳来，不能增添好处反而要花费很大的人力，这些确实应该请陛下好好考虑之后下令制止。"

卫觊历经汉、魏两朝，时常向皇帝进献忠言，大体就像这样。卫觊曾受命兼管本朝历史的撰述工作，还写成了《魏官仪》，总共撰写了几十篇文章。他还喜好书写古文、鸟篆、隶书等字体，几种书法都写得好。

建安末年的尚书右丞河南郡人潘勖，黄初年间的散骑常侍河南郡人王象，也和卫觊一同以文章著称一时。

卫觊死后，谥为敬侯。他的儿子卫瓘继承了他的爵位。咸熙年间卫瓘当过镇西将军。

刘廙，字恭嗣，南阳郡安众县人。十岁时，在课堂里顽皮游戏，颍川郡的名士司马德操抚摩着他的头说："小孩啊小孩，'应当培养品德懂得道理'，难道你自己不知道吗？"

刘廙的哥哥刘望之，当时很有名气，荆州牧刘表任命他为从事。他有两个朋友，都因受人诋毁，被刘表杀害。他又因为进献忠言而不合刘表的心意，丢下任官的证件离职回家了。刘廙对他说："从前赵简子杀了窦犨，孔子得知后回转车头不再去见他。如今兄长既然不能效法柳下惠随从大流与任何人都能相处，就应该学习范蠡迁移消隐到偏远的地方，坐在这儿白白地等刘表来害您，可不行啊！"刘望之不听从他的劝告，不久就被刘表杀害了。刘廙心中恐惧，急忙逃奔扬州，归附了太祖曹操。

太祖聘任他为丞相府的属官，后转任五官中郎将曹丕的文学侍从。曹丕很器重他，要他给自己写信时不必用隶书工楷誊正而可以用便捷的草书来书写。刘廙上书回答说："当初以为尊卑有序，是礼仪的普通原则，因此谨守着臣下的本分，不敢使用草书。接到您严格的指示，确实理解您谦虚的本心；您并不炫耀自己的高贵身份，却看重贫贱之士的优点。如果郭隗不被燕昭王轻视，献九九小算法的人不被齐桓公忽略，那么像乐毅那样的人才自然会到来，领导诸侯的霸业也就会兴盛。亏损我一个普通人的节操，成就您高尚的美德，为臣虽然愚钝，又怎么敢推辞呢？"魏国刚建立时，刘廙出任黄门侍郎。

太祖在长安时，打算亲自带兵征蜀，刘廙上疏说："圣人不因为自己有智慧而轻视普通人，帝王不因为说话者身份低微就完全不听对方的意见。因此，功业能够流芳千载的人，必定会比照近处的事来观察远处的事；智慧周密得足以自行决断一切的人，也会不耻下问，尽力博采众家之长。皮条和弓弦虽然都是不会说话的物品，但古代的西门豹和董安于却能用来警醒、纠正自己；为臣我才智浅薄，但是愿意把自己比作皮带和弓弦。从前乐毅能够以弱小的燕国打败强大的齐国，却不能以轻兵攻克即墨城，原因就在于为自己作了周密打算的人虽然弱小也必然坚不可摧，自己搞垮自己的人虽然强大却必然会一败涂地。自从殿下您起兵以来，三十余年，没有攻不破的对手，没有制不服的强敌。如今，您拥有全国的军队，百战百胜的军威，而孙权就敢凭借天险坚守，刘备就敢公开对抗。想他们手下的少数族部下，怎比得上袁绍在冀州的精兵；孙权和刘备的人口，怎比得上袁绍当时的基业。但是袁绍已经灭亡，而孙权、刘备却尚未被消灭；并非是我们的智慧和武力不如从前了，而是我们已从为自己周密打算的人变成了有意无意搞垮自己的人，形势地位完全发生变化了。从前周文王讨伐崇国时，三十天没攻下来；于是就退归本土勤修德政，崇国终于降服。当初秦国还是诸侯的时候，战无不胜，等到统一了天下，秦王当上了皇帝，平民们一阵大呼就把秦王朝摧毁了。这就是对外征伐耗尽力量，对内又不爱护体恤百姓的结果。为臣担心吴、蜀二敌的力量虽然比不上从前的六国，但是天下并不缺乏陈胜、吴广那样的人物；会不会出现秦末土崩瓦解的形势，这是不能不认真思考的事。天下的事有双重的得，也有双重的失：形势对我有利而我又能尽力争取，这就是双重的得；形势明明对我不利而我还要对着去干，这就是双重的失。为今之计，不如估量周边的险要地形，选择要害的地方据守；再挑选天下的精兵，布置在各地驻扎而一年替换一次不断更换驻军。这样，您就可以高枕在大厦之内，潜心思考治国的大计，鼓励农桑，推行节约。如此治理十年之后，就一定会国富民安了。"

太祖依然前去进攻汉中并写信回答刘廙说："不但当君主的应该了解臣子，当臣子的也应该了解君主。如今您想要让我坐行周文王的德政，恐怕我不是这样的人啊。"

魏讽谋反，刘廙的弟弟刘伟被魏讽供了出来，按法律刘廙应当受牵连判死刑。太祖下令说："从前叔向不因其弟弟羊舌虎犯罪而受牵连，这是古时候就有的制度啊。"特别宽恕了刘廙不受惩罚，把他任命为丞相府的仓曹属。刘廙上疏谢罪说："为臣所犯的罪，理应诛家灭族。幸亏遇到天地的神灵，碰上时代带来的好运，扬汤止沸，使我幸免于死；就像已冷的烟灰又燃起火焰，已枯的树木重长出鲜花。万物不知道怎样才能报答天地的施与，儿子不知道怎样才能报答父母赐予的生命。为臣今后只能拼死为您效力，实在难以用笔来写出对您的感激。"

刘廙共撰写了几十篇文章，此外还和丁仪共同论述过刑法和礼仪，这些著作都流传于世。

文帝曹丕即魏王位以后，他出任侍中，赐爵为关内侯。黄初二年(公元221)，刘廙去世，没有儿子。文帝让他的侄儿刘阜继承他的爵位。

刘劭，字孔才，广平郡邯郸县人。建安年间他充当本郡的计吏来到许都。碰上太史向朝廷报告说："今年正月初一早晨将有日食。"刘劭当时正在尚书令荀彧的住所。在座的有几十人，听到这消息后，有的说应该撤销岁首的百官朝会，有的说应该把朝会推迟。刘劭却说："梓慎、裨灶，都是古代优秀的史官，但是他们在预测水灾、火灾的时候，也会和实际的情况不符。《礼记》上说：诸侯一同朝见天子，进了宫门后有四种情况要中止朝见的行礼仪式，出现日食就是其中之一。但是按照圣人传下来的制度，并未规定有预测到反常的天象时事先要撤销朝见活动这一条；因为有可能到时候反常天象消除了，也有可能推算得不准确。"

荀彧觉得他说得有道理，于是指示朝会依旧按时举行。结果当天也并没有发生日食。

御史大夫郗虑准备任命刘劭为下属。碰上郗虑被免职，刘劭就当了太子舍人。后又升任秘书郎。

魏文帝黄初年间他先后担任了尚书郎、散骑侍郎。他曾受命汇集儒家五经和其他书籍中的内容，分门别类，编纂成《皇览》一书。

明帝曹叡即位后，他又出任陈留郡太守，推广教育和感化，受到百姓的称颂。他被征召入京担任骑都尉，与议郎庾嶷、荀诜等制定法令规章，编写《新律》十八篇，又撰写了《律略论》。后升任散骑常侍。

当时传闻公孙渊接受了孙权授予他的燕王称号，议政的大臣认为应当扣留公孙渊派来汇报行政情况的计吏，并且派兵去讨伐他。刘劭则认为："当初袁尚和袁熙弟兄俩投奔公孙渊的父亲公孙康；公孙康把他们斩了，并把头颅献给朝廷，表明了公孙渊先辈对朝廷的忠心。再说这件事是真是假，还未能确知。古时候边远地区不服从，君主勤修德政而不急着征伐，是轻易不愿给老百姓增加负担。因此对公孙渊应当宽大，使他有机会改过自新。"后来，公孙渊果然斩了孙权派去的使臣张弥等人，并把他们的头颅献给朝廷。

刘劭曾经写了一篇《赵都赋》，颇受明帝的赞赏，下诏让他再写《许都赋》、《洛都赋》。当时魏国对外出动军队打仗，对内大兴土木建造皇宫。刘劭写后面两篇赋时，对君主进行了委婉曲折的劝谏。

明帝青龙年间，吴国的兵马围攻合肥城。当时魏军淮南战区的将士都在分批休假，征东将军满宠上奏请求派遣驻守京城的中军支援，并且急召休假将士，等大军集中后抗击敌军。刘劭认为："敌人刚刚到达，用心专一而士气旺盛。满宠带着少数兵将在自己的阵地上抵抗，倘若立即进兵出击，不一定能制服敌人。满宠上奏中说要等待大军前来，这个计划并不算失策。我认为可以派五千步兵、三千精锐骑兵，在大军动身之前先出发；故意大肆宣传后上路，沿途虚张声势。骑兵到了合肥，要拉开队伍的距离，多设旗帜和战鼓，耀武扬威进逼城下；并且绕到敌军背后，准备断其退路，截其粮道。敌军听说魏国大军杀到，骑兵要切断了自己的后路，必定会震惊而逃走。这样，不用作战敌军就会败退。"明帝听从了他的建议。

等到魏军逼近合肥，吴军果然退兵。

当时皇帝曾下诏广求贤才。散骑侍郎夏侯惠推荐刘劭说："为臣观察散骑常侍刘劭，为人非常忠诚，勤于思考，生性擅长周密的计算。他所做的综合分析，都有清晰的条理；因此群臣不论才能大小，都可以在他那里取得有用的东西作为参考。品质诚实的人佩服他的平和端正，清静淡泊的人敬慕他的恬淡谦让，钻研天文历法的人称赞他的推算详密，执法审案的人知道他的量刑精确，喜欢思考的人知道他的思维深沉，擅长作文的人喜爱他的论著文辞，制定制度的人器重他的简明扼要，筹划谋略的人赞美他的洞察幽微。纵观这些人的评论，都着眼于他们自己所擅长但却只是刘劭次要优点的方面。为臣曾经多次倾听他高雅的谈话，阅读他切实的议论，时间越久佩服的感觉就越加深长，实在替国家器重他的才干。我认为像他这样的人应该辅佐陛下处理军国大事，参谋于帏幄之中；与国家的命运一起兴隆，而不是世俗人士当中经常遇到的凡庸之材啊。希望陛下赏赐一个从容听取他议论的机会，使刘劭得以直接见到陛下，把自己的才华完全展现出来，那样，贤德的声音就会经常传送到您的耳边，您的光辉也会日益辉煌。"

明帝景初年间，刘劭受诏负责制定《都官考课》。刘劭完成任务以后上疏说："根据实际的工作成绩来考核百官，是国家政治的大事。但是历代都未能实施，造成治理国家的典章制度有缺漏而没有补上，官员中能干的和不能干的互相混淆而无法分辨。陛下以上等圣人的宏图大略，痛惜朝廷基本制度的废弛，内心明察一切，发布英明诏书。为臣承蒙皇恩后豁然开朗，茅塞顿开，自主制定《都官考课》七十二条，又写了一篇解释性的《说略》。为臣学识浅薄，实在不足以充分弘扬您的旨意，编定这样重大的典章制度。"

刘劭还认为应该制定礼仪，创作音乐，以移风易俗，于是就写《乐论》十四篇；写完了还没来得及呈送上去，碰巧明帝去世。而《都官考课》也因此没能施行。

正始年间，刘劭曾为皇帝曹芳讲授儒经，被赐予关内侯的爵位。他撰写了《法论》、《人物志》之类的著作共计一百余篇。刘劭死后，被追赠光禄勋的官衔，儿子刘琳继承了他的爵位。

与刘劭同时代的东海郡人缪袭也很有才学，著述很多，官至尚书、光禄勋。缪袭的朋友山阳郡人仲长统，汉朝末年当过尚书郎，早死。著有《昌言》，文辞很美值得一看。

散骑常侍陈留郡人苏林，光禄大夫京兆尹人韦诞，乐安太守谯国人夏侯惠，陈郡太守任城国人孙该，郎中令河东郡人杜挚等也都撰写文、赋，流传于世。

傅嘏，字兰石，北地郡泥阳县人。是汉朝名臣傅介子的后代。他的伯父傅巽，黄初年间做过侍中、尚书。傅嘏二十来岁就已远近闻名，司空陈群聘他为自己的下属。

当时散骑常侍刘劭正在制定《都官考课》，朝廷把有关文件下达到三公府进行评议，傅嘏就此提出反驳说：

我听说帝王制度宏大深远，圣人之道玄虚微妙。倘若不具备合适的才能，则圣人之道就难以体现。而是否能够把神圣的制度表现出来，全在乎人的才能如何。现今王朝的基本制度有所荒废而且多年没有恢复，微言大义埋没，六经有的散失有的出现毛病。这是为什么呢？是因为圣人之道宏大深远而众人的才能无法弄明白的缘故。刘劭的考课，虽然想要追述前代考核官吏然后进行升降的制度，但是这些制度的条文都完全残缺散失了。现今能够从礼仪方面找到一点考课线索的,只有《周礼》。它曾说:外封诸侯,让全国各地护卫中央;内立百官,管理六个方面的政务;各地要交一定的贡品,官员要守一定的准则;百官各司其职,百姓各安其业。因此考核容易实行而官员的升降也易于决定。

我们大魏国上继百王,近承秦汉,在各项制度上,都没有重新建立或加入内容。自建安年间到青龙年间,武皇帝以非凡的军事天才平定祸乱,奠定皇朝基业;清扫凶逆,去除暴徒;军事行动不断,每天都忙不过来。等到先帝和陛下开始治理国家和军队时,权变和法规并用;百官军政兼通,根据需要采用政策,以应付政治需要。由于事务日益繁杂,而情况又有所改变,因此要把古代的典章制度施用于今日,就很难行得通了。之所以造成这样的原因在于:制度的建立应该考虑长期适用,或许对近期的情况就不适合;而条令的制定是适应临时的需要,并不能流传后世。建立官位,分配职责,整顿治理百姓,这是治本;根据官职的名称来要求做出实际成绩,用现成的规章来纠察鼓励,这是治末。本还未治而先治末,不重视治国大政却把考课首先提上议程,恐怕是不容易区别贤愚,划出界线的。

从前的圣明帝王选拔人才,一律以他在本地的品行考察为依据,再让他在学校里讲解道理,品行完备的称为贤才,道理深广的称为能者。然后由乡官把贤才、能者推荐给君主;君主接纳他们后,让贤才出外担任地方行政长官,让能者在朝廷的机构中办理政事。这就是从前圣明帝王招收人才的标准和办法。当今从全国选拔人才时,都没有经过本地的举荐;而选拔人才的职责,也只由吏部尚书专门负责。吏部选择人才的根据也只是中正提供的人才等级、评语和家庭出身三项。如果依据等级和评语,实际的才能就看不出来;如果依据家庭出身,又忽视了个人的品德。在这样的基础上来实行考课法,很难反映人才的真实情况。总之,要想制定朝廷的制度,确立国家的标准,很难做到正确和周详啊。

正始年间,傅嘏任尚书郎,后又升任黄门侍郎。当时曹爽主持国政，何晏为吏部尚书。傅嘏对曹爽的弟弟曹羲说："何晏外表宁静，但是内心喜欢投机取巧，贪图私利，不注意立身行事的根本。恐怕他一定会先迷惑你们兄弟，那时正直人士将会离开你们，而朝政也就会败坏衰微了。"何晏等人因此与傅嘏不和，借一点小事就把他的官职罢免了。后来他又被任命为荥阳郡太守，没有去上任。

太傅司马懿请他担任自己的下属从事中郎。曹爽被诛杀后，傅嘏出任河南尹，后又调任尚书。

傅嘏一直认为："自从秦始皇开始废除分封诸侯实行郡县制后，设立官位分配职责，与古代的制度大不相同。汉、魏沿袭秦制，一直到今天。但是儒生学士，都想把夏、商、周三代的礼制糅合到现今的制度中去。然而礼制是要传之久远的，不一定适合临时的需要；具体事务常常和制度相违背，名和实不能相互吻合。历代都不能达到大治的原因，大概都在这一点。"他很想大规模改定官制，依据古代情况改正弊端，但是碰上朝廷连着发生大变故，未能如愿。

当时有人建议朝廷委派自己出兵进攻孙吴，提出建议的是征南大将军王昶、征东将军胡遵和镇南将军诸葛诞。但是，他们各自提出的计策并不相同。皇帝下诏让傅嘏谈谈看法，傅嘏回答说："想当年吴王夫差战胜齐、晋二国，威震中原，最终还是死在姑苏；齐闵王向外扩张，拓地千里，最终还是自取灭亡。有善始不一定有善终，这是古代的明证。孙权自从击破关羽夺取荆州之后，志得意满，穷凶极恶，因此宣文侯司马懿生前曾作出进攻孙吴的宏大计划。如今孙权已死，把儿子托付给诸葛恪。假如他能够矫正孙权的残暴，去除吴国的苛政，使老百姓免遭困苦，暂时得到新政策的实惠，内外官员又能齐心协力，竭力避免覆灭的危险，这样虽然不能保证吴国永远保持完好，也足以在长江以南苟延残喘了。现在朝廷议论纷纷，有的说要径自渡过长江，横行于长江以南；有的说要四路并进，攻击吴国的城垒；有的说要在边境大规模屯田，寻找敌人的破绽伺机而动。这些确实都是破敌的常用办法。但是自从下令训练大军准备讨伐孙吴以来，前后已有三个年头，声势早已张扬出去，我们已经收不到突然袭击的效果了。

而吴国作为我们的仇敌，也已将近六十年。他们自立为君臣，患难与共，又刚死了首领，上下忧虑。如果他们把战船部署在长江重要的渡口，修筑城池据守险要，那么所谓的泛舟渡江，横行于江南的计划，是很难实行的。只有在边境上驻军大规模屯田的办法，比较起来最可靠。屯田的军队进驻到前线，敌人就不敢来骚扰；前线军队吃自己生产的粮食，也不用派很多民工去运军粮；敌人一有破绽前线军队就立即出击，又用不着远调大军出征：这是军事上的当务之急。从前樊哙声言可带十万大军，横行于匈奴之中，季布当面指责他说大话欺骗皇帝。如今有人想越过长江，深入敌境，这很像从前樊哙的样子。不如严明法令训练士兵，制订万无一失的计划，作长远打算以对付苟延残喘的敌人，这才是必然成功的计划啊。”

后来吴国的大将诸葛恪攻破东关后，乘胜宣称要从海路杀向青州、徐州。朝廷准备防御，傅嘏认为：“淮河口的海域并不是敌军能够轻易渡过的。当年孙权派兵入海，就曾发生浪打船沉的灾难，没有几个人能够幸存。诸葛恪怎么敢把众多将士的命运寄托给海水，以谋求侥幸的成功呢？诸葛恪不过是要派遣会指挥水军的偏将，带领小部分军队从海路上溯淮水，在青、徐二州方向做出进攻的样子，以迷惑我们，他自己倒很可能集中兵力进攻淮南。”后来诸葛恪果然出兵企图攻占合肥新城，未能攻克而撤退了。

傅嘏时常谈论才能与品德的同异关系，钟会把他这方面的议论收集起来加以评说。嘉平末年，傅嘏被赐予关内侯的爵位。高贵乡公曹髦即帝位，他又晋封为武乡亭侯。

正元二年(公元255)春天，毌丘俭、文钦造反，有人认为主持朝政的司马师不宜亲自带兵去讨伐，派太尉司马孚去就行了，只有傅嘏和王肃鼓励他亲自出马。司马师于是带兵前往，让傅嘏代理尚书仆射，与自己一起向东出发。毌丘俭、文钦的被击溃，傅嘏有出谋划策的功劳。

司马师在大军凯旋的途中突然病死，傅嘏与司马昭带领兵马直接回到洛阳，司马昭才得以继承哥哥司马师的权位辅佐朝政。事情经过记载在本书《钟会传》里。钟会因在这件事上有功劳而洋洋自得，傅嘏便劝诫他说："您的志向大于您的才器，难以成就您所期望的功业，难道不应该谨慎些吗！"

傅嘏因功又晋封为阳乡侯，增加封邑六百户，和从前的加起来总共有一千二百户。这年傅嘏去世，终年四十七岁。被追赠为太常，谥为元侯。

他的儿子傅祗继承了他的爵位。咸熙年间，因为傅嘏在前朝功勋卓著，改封傅祗为泾原县子爵。

评论说：从前魏文帝曹丕和陈王曹植兄弟二人，以公子之尊，都非常喜欢文学；他们的倡导得到响应，一时间具有文才之士成批涌现，但只有王粲等六人最受称道和好评。王粲独自担任了侍中的要职，主持制定一代的制度，但他在性情恬淡寡欲和品德气度方面，还不如徐幹那样纯正。卫觊也因为通晓古代的典故，所以帮助魏文帝完成了受禅称帝的仪式。刘劭博览古籍，文采和内涵相得益彰。刘廙以清静而有洞察力著名。傅嘏则因为具有才能而又通晓时局变化上升到显要地位。

桓二陈徐卫卢传第二十二

桓阶字伯绪，长沙临湘人也[1]。〔一〕仕郡功曹[2]，太守孙坚举阶孝廉[3]。除尚书郎，父丧还乡里[4]。会坚击刘表战死，阶冒难诣表乞坚丧[5]，表义而与之。

后太祖与袁绍相拒于官渡[6]，表举州以应绍。阶说其太守张羡曰[7]："夫举事而不本于义，未有不败者也。故齐桓率诸侯以尊周[8]，晋文逐叔带以纳王[9]。今袁氏反此；而刘牧应之[10]，取祸之道也。明府必欲立功明义[11]，全福远祸，不宜与之同也。"羡曰："然则何向而可？"阶曰："曹公虽弱，仗义而起；救朝廷之危，奉王命而讨有罪：孰敢不服？今若举四郡保三江[12]，以待其来而为之内应，不亦可乎！"羡曰："善。"乃举长沙及旁三郡以拒表，遣使诣太祖。太祖大悦。

会绍与太祖连战，军未得南。而表急攻羡，羡病死；城陷，阶遂自匿。久之，刘表辟为从事祭酒[13]，欲妻以妻妹蔡氏。阶自陈已结婚，拒而不受，因辞疾告退。

【注释】

〔1〕长沙：郡名。治所在今湖南长沙市。 临湘：县名。县治在今湖南长沙市。 〔2〕功曹：官名。郡太守府下属官员，负责府内人事，包括吏员的挑选、任命和记录工作成绩等。 〔3〕孙坚（公元155—191）：传见本书卷四十六。 孝廉：汉代人才选拔的主要科目之一。是定期举行的常科。由郡国守相按人口比例进行推举，每二十万人推举一名。孝廉进京通过面试后即授给低级官职，通常是充任宫廷的郎官。由于选拔标准着重在孝道和廉洁上，故名。 〔4〕丧（sāng）：死亡。 〔5〕丧（sāng）：遗体。 〔6〕官渡：地名。在今河南中牟县东北。是曹操与袁绍决战的战场。这一战役的胜利，使曹操奠定了统一北方的基础。现今还有土垒遗存，称中牟台，又名曹公台。 〔7〕张羡：事又见本书卷六《刘表传》裴注引《英雄记》。 〔8〕齐桓：即齐桓公（？—前643）。姜姓，名小白，春秋时齐国国君。前685至前643年在位。任用管仲实施改革，国力迅速增强，终于成为“五霸”之首。事见《史记》卷三十二。 〔9〕晋文：即晋文公（前697—前628）。名重耳。春秋时晋国国君。前636至前628年在位。在位时整顿政治，加强军备，成为继齐桓公之后的霸主。事见《史记》卷三十九《晋世家》。 叔带：周襄王的异母弟。前636年，叔带引外援驱逐周襄王，自立为王。次年，晋文公接纳襄王，杀叔带。事见《史记》卷四《周本纪》。 〔10〕刘牧：指任荆州牧的刘表。 〔11〕明府：对郡太守的尊称。 必欲：一定要。 〔12〕四郡：指当时荆州南部的长沙、桂阳、零陵、武陵四郡。 三江：指流经上述四郡并且都汇入洞庭湖的湘江、沅江、澧水。资水算是湘江的支流，所以不提。 〔13〕从事祭酒：官名。州政府中有从事史多人，分别处理各类公务。从事祭酒是其中资历最深的一位，也就是首席从事史。当时同类官员中资历最深者，往往加上“祭酒”的名称，如博士祭酒、军谋祭酒等。

【裴注】

〔一〕《魏书》曰：“阶祖父超，父胜，皆历典州郡。胜为尚书，著名南方。”

太祖定荆州，闻其为张羡谋也，异之；辟为丞相掾、主簿，迁赵郡太守[1]。魏国初建，为虎贲中郎将、侍中[2]。

时太子未定，而临淄侯植有宠[3]。阶数陈文帝德优齿长[4]，宜为储副[5]；公规密谏[6]，前后恳至。〔一〕又毛玠、徐奕以刚蹇少党[7]，而为西曹掾丁仪所不善[8]；仪屡言其短，赖阶左右以自全保[9]。其将顺匡救，多此类也。

迁尚书，典选举[10]。曹仁为关羽所围[11]，太祖遣徐晃救之[12]，不解。太祖欲自南征，以问群下。群下皆谓：“王不亟行[13]，今败矣。”阶独曰：“大王以仁等为足以料事势不也？”曰：“能。”“大王恐二人遗力邪[14]？”曰：“不。”“然则何为自往？”曰：“吾恐虏众多，而晃等势不便耳。”阶曰：“今仁等处重围之中而守死无贰者，诚以大王远为之势也[15]。夫居万死之地，必有死争之心；内怀死争，外有强救；大王按六军以示余力[16]，何忧于败而欲自往？”太祖善其言，驻军于摩陂[17]。贼遂退。

文帝践阼[18]，迁尚书令，封高乡亭侯，加侍中[19]。

阶疾病，帝自临省[20]，谓曰：“吾方托六尺之孤，寄天下之命于卿。勉之！”徙封安乐乡侯，邑六百户；又赐阶三子爵关内侯。佑以嗣子不封[21]，病卒，又追赠关内侯。后阶疾笃[22]，遣使者即拜太常[23]。薨，帝为之流涕，谥曰贞侯。

子嘉嗣。以阶弟纂为散骑侍郎，赐爵关内侯。嘉尚升迁亭公主[24]。会嘉平中，以乐安太守与吴战于东关[25]；军败，没[26]。谥曰壮侯。子翊嗣。〔二〕

【注释】

〔1〕赵郡：郡名，治所在今河北邯郸市。 〔2〕虎贲（bēn）中郎将：官名。统率虎贲卫士，侍从保卫皇帝。 〔3〕植：即曹植。 〔4〕齿：年龄。 〔5〕储副：预备继承位置的副手。指太子。 〔6〕公规：公开规劝。 〔7〕毛玠：传见本书卷十二。 徐奕：传见本书卷十二。 刚謇（jiǎn）：刚直忠贞。 〔8〕西曹掾：官名。丞相府西曹的主办官员，负责官员选拔任命。 〔9〕左右：帮助保护。 〔10〕选举：人才的选拔举用。 〔11〕曹仁（公元168—223）：传见本书卷九。 〔12〕徐晃（？—公元227）：传见本书卷十七。 〔13〕亟（jí）：赶快。 〔14〕遗力：不尽力。 〔15〕为之势：做他们的声援。 〔16〕六军：古代说天子有六军。这里泛指曹操统领的汉朝军队。 〔17〕摩陂（bēi）：陂塘名。在今河南郏县东南。 〔18〕践阼（zuò）：登上帝位。 〔19〕加：加任官职。当时官员在本职之外，还可加任某些官职，称之为加。这些官职通常是侍从皇帝的，如侍中、给事中等，加官之后即可随时入宫晋见皇帝。〔20〕临省（xǐng）：亲临看望。 〔21〕嗣子：指嫡长子。 不封：嗣子在父亲死后可以继承父亲的爵位，所以不另给封爵。〔22〕疾笃：病重。〔23〕即拜：重要官职的任命仪式通常在朝廷进行，因为某种原因，把仪式放在接受任命者的住处举行，则称为即拜。 〔24〕尚（shàng）：在婚姻上娶或嫁地位、名誉比自己高的人，这叫做尚。 亭公主：东汉制度，皇帝的女儿封县公主，可以收取一县民户上交的租税作为卫生美容费用；诸王的女儿则按情况封乡公主、亭公主。曹魏大体沿袭汉制，但皇帝的女儿有以一郡为封地者。〔25〕乐安：郡名。治所在今山东邹平市东北。 〔26〕没：死亡。

【裴注】

〔一〕《魏书》称："阶谏曰：'今太子仁冠群子，名昭海内，仁圣达节，天下莫不闻；而大王甫以植而问臣，臣诚惑之。'于是太祖知阶笃于守正，深益重焉。"

〔二〕《世语》曰："阶孙陵，字元徽。有名于晋武帝世，至荥阳太守，卒。"

陈群字长文，颍川许昌人也。祖父寔〔1〕，父纪〔2〕，叔父谌；皆有盛名。〔一〕群为儿时，寔常奇异之，谓宗人父老曰："此儿必兴吾宗。"鲁国孔融高才倨傲[3]，年在纪、群之间，先与纪友；后与群交，更为纪拜[4]；由是显名。

刘备临豫州[5]，辟群为别驾[6]。时陶谦病死[7]，徐州迎备；备欲往，群说备曰："袁术尚强[8]；今东[9]，必与之争。吕布若袭将军之后[10]，将军虽得徐州，事必无成。"备遂东，与袁术战。布果袭下邳[11]；遣兵助术，大破备军。备恨不用群言。举茂才[12]，除柘令[13]，不行。随纪避难徐州。

【注释】

〔1〕寔(shí)：即陈寔(公元104—187)。字仲弓。出身贫寒，少年时即在本县政府内充当杂役。因好学，被县令准许到京城的太学就读。后官至县长。是东汉党锢集团重要人物，名满天下。史称去世时四方前来吊唁者有三万多人，谥为文范先生。传见《后汉书》卷六十二。〔2〕纪：即陈纪。字元方。早年因其父参加党锢集团，被禁止从政。禁令解除后，先后出任侍中、尚书令、大鸿胪等职。传附《后汉书》卷六十二《陈寔传》。 〔3〕鲁国：王国名。治所在今山东曲阜市。 孔融(公元153—208)：传见本书卷十二《崔琰传》裴注引《续汉书》、《九州春秋》、《汉纪》，又见《后汉书》卷七十。 〔4〕为纪拜：向陈纪行跪拜礼。意指孔融尊重陈群，因而开始把陈纪当作父辈对待。 〔5〕临：担任地方行政长官。 豫州：州名。治所在今安徽亳(bó)州市。陶谦曾推举刘备为豫州刺史，刘备就任后驻扎在沛县(今江苏沛县)，并未能控制豫州全境。 〔6〕别驾：官名。即别驾从事史。州刺史主要下属之一，负责处理各类公务，刺史出外则乘车充当前导。 〔7〕陶谦(公元132—194)：传见本书卷八。 〔8〕袁术(？—公元199)：传见本书卷六。〔9〕东：向东去。当时徐州的治所郯(tán)县(今山东郯城县西北)，在刘备所在的沛县东面约一百五十公里。 〔10〕吕布(？—公元198)：传见本书卷七。 〔11〕下邳：县名。县治在今江苏睢宁县西北。刘备到徐州后即把治所设在这里。 〔12〕茂才：汉代选拔人才的主要科目之一。西汉时称秀才。东汉避光武帝刘秀的名讳改称茂才。与孝廉同为常设科

目，但是二者有不同。茂才着重在才能，由州牧或州刺史提名，孝廉着重在品德，由郡国守相提名。 〔13〕柘：县名。县治在今河南柘城县西北。

【裴注】
〔一〕寔字仲弓，纪字元方，谌字季方。《魏书》曰："寔德冠当时，纪、谌并名重于世。寔为太丘长。遭党锢，隐居荆山，远近宗师之。灵帝崩，何进辅政，引用天下名士；征寔，欲以为参军，以老病，遂不屈节。堪为司空掾，早卒。纪历位平原相、侍中、大鸿胪。著书数十篇，世谓之《陈子》。寔之亡也，司空荀爽、太仆令韩融并制缌麻，执子孙礼；四方至者，车数千乘。自太原郭奉等，无不造门。"
《傅子》曰："寔亡，天下致吊，会其葬者三万人，制缞麻者以百数。"
《先贤行状》曰："大将军何进遣属吊祠，谥曰'文范先生'。于时，寔、纪高名并著，而谌又配之，世号曰'三君'。每宰府辟命，率皆同时；羔雁成群，丞掾交至。豫州百姓皆图画寔、纪、谌之形象。"

属吕布破[1]，太祖辟群为司空西曹掾属[2]。时有荐乐安王模、下邳周逵者，太祖辟之。群封还教[3]，以为"模、逵秽德[4]，终必败"，太祖不听。后模、逵皆坐奸宄诛，太祖以谢群[5]。群荐广陵陈矫、丹杨戴乾[6]，太祖皆用之。后吴人叛，乾忠义死难，矫遂为名臣，世以群为知人。

除萧、（赞）〔酂〕、长平令[7]。父卒去官。后以司徒掾举高第[8]，为治书侍御史。转参丞相军事[9]。

魏国既建，迁为御史中丞[10]。时太祖议复肉刑[11]，令曰："安得通理君子达于古今者，使平斯事呼[12]？昔陈鸿胪以为死刑有可加于仁恩者[13]，正谓此也。御史中丞能申其父之论乎？"

　　群对曰："臣父纪以为：汉除肉刑而增加笞[14]，本兴仁恻而死者更众[15]，所谓名轻而实重者也。名轻则易犯，实重则伤民。《书》曰：'惟敬五刑[16]，以成三德[17]。'《易》著劓、刖、灭趾之法[18]；所以辅政助教[19]，惩恶息杀也。且杀人偿死，合于古制；至于伤人，或残毁其体，而才剪毛发[20]，非其理也。若用古刑，使淫者下蚕室[21]，盗者刖其脚，则永无淫放、穿窬之奸矣[22]。夫三千之属[23]，虽未可悉复；若斯数者[24]，时之所患，宜先施用。汉律所杀殊死之罪[25]，仁所不及也[26]；其余逮死者[27]，可以刑杀[28]。如此，则所刑之与所生，足以相贸矣。今以笞死之法易不杀之刑[29]，是重人肢体而轻人躯命也。"

　　时钟繇与群议同[30]，王朗及议者多以为未可行[31]。太祖深善繇、群言；以军事未罢，顾众议[32]，故且寝[33]。

　　群转为侍中，领丞相东、西曹掾[34]。在朝无适无莫[35]，雅仗名义[36]，不以非道假人[37]。

【注释】

　　〔1〕属(zhǔ)：正好碰上。　〔2〕司空西曹：官署分支机构名。曹操任司空时设置，负责官员的选举任用。曹操任丞相后，即变为丞相府西曹。　〔3〕教：公文名。主官向下属发出的指示。这里指曹操任命王、周二人的指示。　〔4〕秽德：品德不好。　〔5〕谢群：向陈群表示歉意。〔6〕丹杨：郡名。治所在今安徽宣城市宣州区。　〔7〕萧：县名。县治在今安徽萧县西北。　鄼(cuó)：县名。县治在今河南永城市西北。长平：县名。县治在今河南西华县东北。　〔8〕举高第：因工作成绩考核获得优等而被推举。　〔9〕转：调任同级别的官职叫做转。　〔10〕御

史中丞：官名。为御史台长官，负责举奏百官的不法言行。 〔11〕肉刑：汉代把刺面、割鼻和砍掉左脚或右脚这三种破坏犯人肉体的刑罚叫做肉刑。肉刑在西汉文帝时废除。自曹操执政起至曹魏一朝，曾多次讨论是否应当恢复肉刑的问题，但始终未恢复。参见本书卷十三《钟繇传》、《通典》卷一百六十八、《艺文类聚》卷五十四。 〔12〕平：客观评论。 〔13〕陈鸿胪：指陈群的父亲陈纪。陈纪的最后一个官职是大鸿胪。大鸿胪为九卿之一。负责接待进京的诸侯、郡国官员、归顺的边境少数族首领等，郊庙祭祀时任司仪官，主持封拜诸侯的仪式，代表皇帝吊唁死亡的宗室亲王。 加于仁恩：施以仁恩。指免于处死。〔14〕笞：刑罚的一种。用特制的刑棍进行击打。刑棍长五尺，宽一寸，厚半寸。前 167 年，汉文帝下令废止肉刑，改以笞刑代替。 〔15〕死者更众：汉文帝以笞刑代替肉刑，规定该黥面者改做苦工五年，该割鼻者改为笞打三百下，该砍左脚者改为笞打五百下。但是，犯人被笞打数百下后，大都伤重致死，笞刑等于是死刑。汉文帝本想以此表示仁慈，结果反而造成犯人大量死亡，以致每年有上万人之多。详见《汉书》卷二十三《刑法志》。 〔16〕五刑：指墨、劓、剕、宫、大辟五种刑罚。这两句话出自《尚书·吕刑》。其中，墨是刺刻犯人面部，然后涂上黑色，又叫做黥（qíng）。劓（yì）是割鼻。剕（fèi）是砍脚。宫刑对男子是割去生殖器，对女子则是长期禁闭。大辟是处死。 〔17〕三德：指正直、刚、柔。 〔18〕著：写明。 刖（yuè）：即砍脚。《周易·困卦》有“劓刖，困于赤绂”的句子。 灭趾：《周易·噬嗑卦》有“屦校（jù jiǎo）灭趾，无咎”的句子。灭趾是指刑具如脚镣之类遮盖了脚面。但从这里的文意来看，陈群似乎把灭趾理解为砍脚了。 〔19〕所以：用以。 〔20〕剪毛发：指当时的髡（kūn）刑。受刑者剪去长发，戴上刑具，罚做苦工，陈群认为比照杀人偿命的古制，伤人严重以致造成他人身体残毁的罪犯，理应用肉刑破坏其身体才算公平。然而现今只判以髡刑，这就不合理。〔21〕下蚕室：男性被处以宫刑的另一种说法。养蚕的房间温暖而不通风，被割去生殖器的受刑者怕外感风寒，要住在蚕室养伤。 〔22〕穿窬：打洞越墙。指偷盗。 〔23〕三千之属：《尚书·吕刑》说：“墨罚之属千，劓罚之属千，剕罚之属五百，宫罚之属三百，大辟之罚其属二百。五刑之属三千。”属是五种刑罚所惩治的罪行类别。 〔24〕数者：指上文所说的淫者下蚕室，盗者刖其脚之类。 〔25〕殊死：斩断犯人身体的死刑，故又名斩刑。汉代的死刑有三种：最重是枭首，即砍下头颅示众；其次是腰斩；最轻是弃市，即用刀杀死在市场上，但要保持死者身体的完整。枭首和腰斩都属于斩刑，也就是殊死，用于惩治当局认为是罪大恶极的犯人。所以当时人认为："枭首者恶之长，斩刑者罪之大，弃市者死之下。"见《晋书》卷三十《刑法志》。　〔26〕仁所不及：意思是不能加以宽大。　〔27〕逮死者：刚够判死刑的。指死刑三种中弃市这一类。　〔28〕可以刑杀：可以用肉刑代替死刑。　〔29〕易：代替。　不杀之刑：指肉刑。　〔30〕钟繇（公元 151—230）：传见本书卷十三。〔31〕王朗（？—公元 228）：传见本书卷十三。　〔32〕顾：顾及到。〔33〕寝：搁置下来。　〔34〕领：兼任。　东曹：官署分支机构名。与西曹一样，负责官员的选拔任用。　〔35〕无适（dí）无莫：无可无不可。指做事不抱先入为主的成见，怎样合理就怎样做。句出《论语・里仁》。〔36〕雅仗名义：（做事）素来依据名分和道义。　〔37〕假人：对待人。

　　文帝在东宫[1]，深敬器焉；待以交友之礼。常叹曰："自吾有回[2]，门人日以亲。"及即王位，封群昌武亭侯，徙为尚书；制九品官人之法[3]，群所建也。及践阼，迁尚书仆射，加侍中。徙尚书令，进爵颍乡侯。帝征孙权，至广陵[4]，使群领中领军[5]。帝还，假节，都督水军。还许昌，以群为镇军大将军[6]，领中护军[7]，录尚书事[8]。帝寝疾[9]，群与曹真、司马宣王等并受遗诏辅政[10]。

【注释】

　　〔1〕东宫：太子所居住的宫室。在东宫指当太子的时候。　〔2〕回：即颜回（前 521—前 490）。字子渊，春秋末鲁国人。孔子最得意的弟子。贫居陋巷，生活困苦，而不改其乐，具有高尚的品德。早死，孔子非常悲痛，说是："自吾有回，门人日亲"。传见《史记》卷六十七《仲尼弟子列传》。这里曹丕用颜回比喻陈群。当时曹丕门下，有四人最受信任，即陈群、吴质、司马懿、朱铄，号称"四友"。曹丕继位后，四人都得到重用。见《晋书》卷一《宣帝纪》。　〔3〕九品官人之法：使用九种等级来评定选拔人才，从而授予相应官职的办法。又称为九品中正制。具体内容参见本册卷二十一《傅嘏传》。古代中央集权王朝的人才选拔制

度，实际上就是预备官员的选拔制度。其主体的形式有三种：两汉400年间是秀才(后称茂才)、孝廉的察举制；隋唐到明清1300年间是科举制；而曹魏所创建的九品中正制，则上承察举，下启科举，风行于魏晋南北朝的400年间。由于使用九种等级进行区分事物的方法简便易行，所以从魏晋开始，不仅在人才选拔上使用九品制，同时又在现任官员职位的等级区分上，废除两汉繁琐的旧法，改用九品官阶的新规。九品官阶从此沿用近1700年之久，直到清朝灭亡，甚至还传入东边的古韩国并受到运用。　〔4〕广陵：城名。在今江苏扬州市西北。　〔5〕中领军：官名。曹魏时京城洛阳的驻军，主要分为武卫(长官为武卫将军)、中垒(长官为中垒将军)、中坚(长官为中坚将军)、五校(长官为屯骑、步兵、射声、越骑、长水五校尉)、中领军、中护军共六大营。六大营都是禁卫军，其总司令长官即是中领军。除指挥六大营外，还直接统领中领军营，是皇帝最亲近的武官。如果任职者资历深，则称领军将军。〔6〕镇军大将军：官名。曹丕称帝后，经常率领大军外出。他授给一直随行的尚书令陈群以镇军大将军的名号，让他在处理政务的同时，协助自己处理军务并监督各军。　〔7〕中护军：官名。是京城禁卫军六大营的副总司令长官。还直接统领中护军营，并负责武官的选拔任用。与中领军同为皇帝最亲近的武官。资历深者任职，则称护军将军。　〔8〕录：总管。　尚书：指尚书台。曹魏尚书台是处理军国机要的中枢机构，长官为尚书令，副长官为尚书仆射(yè)，下统尚书五人。此外，朝廷有时又给予个别重要大臣以"录尚书事"的名号。凡享有这一名号的大臣，有权过问和决定尚书台一切公务，成为在尚书令、仆射之上的朝廷首席执政官。　〔9〕寝疾：生病卧床不起。　〔10〕曹真(？—公元231)：传见本书卷九。此处所列的辅政大臣只有陈群、曹真和司马懿三人。但是按照《文帝纪》的记载，当时魏文帝所确定的辅政大臣，还有曹休，共为四人。只是真正入宫觐见的只有前面三人，曹休没有能当面参与接受遗命。这一情况的出现有复杂的原因，并曾导致曹魏政治上的不良后果。

　　明帝即位，进封颍阴侯；增邑五百，并前千三百户；与征东大将军曹休、中军大将军曹真、抚军大将军司马宣王并开府[1]。顷之[2]，为司空，故录尚书事[3]。

　　是时，帝初莅政，群上疏曰："《诗》称'仪刑文王[4]，万邦作孚[5]’；又曰‘刑于寡妻[6]，至于兄弟，以御于家邦[7]’。道自近始，而化洽于天下。自丧乱以来[8]，干戈未戢[9]；百姓不识王教之本，惧其陵迟已甚[10]。陛下当盛魏之隆，荷二祖之业[11]，天下想望至治；唯有以崇德布化，惠恤黎庶[12]，则兆民幸甚。夫臣下雷同[13]，是非相蔽，国之大患也。若不和睦则有仇党，有仇党则毁誉无端，毁誉无端则真伪失实；不可不深防备，有以绝其源流。”

太和中，曹真表欲数道伐蜀，从斜谷入[14]。群以为：“太祖昔到阳平攻张鲁[15]，多收豆麦以益军粮，鲁未下而食犹乏。今既无所因[16]；且斜谷阻险，难以进退。转运必见抄截，多留兵守要，则损战士，不可不熟虑也。”帝从群议。

真复表从子午道[17]。群又陈其不便，并言军事用度之计。诏以群议下真[18]；真据之遂行。会霖雨积日，群又以为宜诏真还，帝从之。

【注释】

〔1〕征东大将军：官名。领兵镇守淮南战区。　曹休（？—公元228）：传见本书卷九。　中军大将军：官名。职责与大将军相同。曹丕称帝之后，有意提拔与自己关系亲密的宗族将领曹真来主持朝廷军务。但因曹真年资不高，当时只是镇西将军，不好一下给以大将军的高位，因而特为他设立上军大将军、中军大将军两个过渡名号。黄初三年（公元222）曹真升任上军大将军入朝主持军务，次年转中军大将军，四年后升大将军。此后无人再任这一官职。　抚军大将军：官名。在皇帝曹丕外出时，镇守后方，征调后备军队，供应军用物资。　开府：设立独自的官府和办事机构。开府通常是三公享有的特殊待遇。〔2〕顷之：不久。〔3〕故：依旧。〔4〕仪刑文王：效法周文王。这两句出自《诗

经·文王》。 〔5〕万邦作孚：天下的各诸侯国才信任周王朝。 〔6〕刑于寡妻：（周文王在家里）给嫡妻作示范。这三句出自《诗经·思齐》。〔7〕御于家邦：治理国家。 〔8〕丧（sāng）乱：死亡动乱。这里指董卓之乱。〔9〕戢（jí）：停止。 〔10〕陵迟：衰败。 〔11〕二祖：指太祖曹操、高祖曹丕。 〔12〕黎庶：百姓。 〔13〕雷同：这里指关系亲近者的相互附和。也就是朋党风气。 〔14〕斜（yé）谷：古道路名。在今陕西眉县西南。因取道斜水河谷而得名。斜水源出秦岭太白山，北流入渭水，谷口在眉县西南约十五公里。自斜谷道南行，接褒谷道，即可穿越秦岭进入汉中盆地，全程二百三十五公里。是古代秦岭重要通道之一。〔15〕阳平：关隘名。在今陕西勉县西郊老城乡。 张鲁（？—公元216）：传见本书卷八。 〔16〕因：借助。 〔17〕子午道：古道路名。因取道子午谷而得名。谷道北口在今陕西西安市长安区西南，南口在今陕西安康市西北。也是古代秦岭重要通道之一。 〔18〕下真：下达给曹真商议。

　　后皇女淑薨，追封谥平原懿公主〔1〕。群上疏曰："长短有命，存亡有分。故圣人制礼，或抑或致〔2〕，以求厥中〔3〕；防墓有不修之俭〔4〕，嬴、博有不归之魂〔5〕。夫大人动合天地〔6〕，垂之无穷；又大德不逾闲〔7〕，动为师表故也。八岁下殇〔8〕，礼所不备，况未期月〔9〕？而以成人礼送之，加为制服〔10〕；举朝素衣，朝夕哭临〔11〕：自古以来，未有此比。而乃复自往视陵，亲临祖载〔12〕。愿陛下抑割无益有损之事，但悉听群臣送葬，乞车驾不行〔13〕。此万国之至望也〔14〕。闻车驾欲幸摩陂，实到许昌；二宫上下〔15〕，皆悉俱东。举朝大小，莫不惊怪：或言欲以避衰〔16〕，或言欲于便处移殿舍〔17〕，或不知何故。臣以为吉凶有命，祸福由人；移徙求安，则亦无益。若必当移避，缮治金墉城西宫〔18〕，及孟津别宫〔19〕，皆可权时分止〔20〕。可无举宫暴露野次〔21〕，废损盛节蚕农之要[22]。又贼地闻之，以为大衰[23]。加所烦费，不可计量。且（由）吉士贤人，当盛衰，处安危，秉道信命，非徒其家以宁；乡邑从其风化，无恐惧之心。况乃帝王万国之主，静则天下安，动则天下扰；行止动静，岂可轻脱哉[24]？”帝不听。

青龙中，营治宫室，百姓失农时[25]。群上疏曰：“禹承唐、虞之盛[26]，犹卑宫室而恶衣服[27]；况今丧乱之后，人民至少，比汉文、景之时[28]，不过一大郡。〔一〕加边境有事，将士劳苦。若有水旱之患，国家之深忧也。且吴、蜀未灭，社稷不安。宜及其未动，讲武劝农，有以待之。今舍此急而先宫室，臣惧百姓遂困，将何以应敌？昔刘备自成都至白水[29]，多作传舍[30]，兴费人役；太祖知其疲民也。今中国劳力[31]，亦吴、蜀之所愿。此安危之机也，惟陛下虑之。”

帝答曰：“王者宫室，亦宜并立。灭贼之后，但当罢守耳[32]，岂可复兴役邪？是故君之职[33]，萧何之大略也[34]。”

群又曰：“昔汉祖唯与项羽争天下[35]。羽已灭，宫室烧焚，是以萧何建武库、太仓[36]，皆是要急，然犹非其壮丽。今二虏未平，诚不宜与古同也。〔二〕夫人之所欲，莫不有辞；况乃天王，莫之敢违。前欲坏武库，谓不可不坏也；后欲置之，谓不可不置也。若必作之，固非臣下辞言所屈；若少留神，卓然回意，亦非臣下之所及也。汉明帝欲起德阳殿[37]，钟离意谏[38]，即用其言，后乃复作之；殿成，谓群臣曰：‘钟离尚书在，不

得成此殿也。'夫王者岂惮一臣，盖为百姓也。今臣曾
不能少凝圣听[39]，不及意远矣。"帝于是有所减省。

【注释】

〔1〕平原懿公主：平原是封郡，懿是谥号。 〔2〕致：指情感的表
达。 〔3〕厥：其。 中：适中。 〔4〕防：山名。在今山东曲阜市东。
又名笔架山。孔子合葬父母在防山，遵照古制，不大修坟墓。见《礼
记·檀弓》上。 〔5〕嬴：城名。在今山东莱芜市西北。 博：城名。
在今山东泰安市东南。 不归之魂：春秋时吴国的季札出使齐国，回程
途中，他的大儿子死亡，葬在嬴、博之间，没有运回吴国。见《礼记·
檀弓》下。 〔6〕大人：圣人。 动：举动。 〔7〕大德不逾闲：具有高
尚品德的人做事不会超越规矩。 〔8〕下殇(shāng)：古代称八至十一
岁的儿童死亡为下殇。 〔9〕期(jī)月：这里指一周岁。曹淑在出生十旬
之后死亡，见《艺文类聚》卷十六引曹植《平原懿公主诔》。 〔10〕制
服：制定丧服。 〔11〕哭临：在死者遗体前哀哭。 〔12〕祖载：把死者
棺材抬上车运走时，在家里的庭院中举行祭告路神的仪式，叫做祖载。
〔13〕车驾：指皇帝。 〔14〕万国：指全国各地。 〔15〕二宫：指皇帝
和皇太后郭氏。郭氏当时称永安宫。 〔16〕避衰：避灾。 〔17〕便处：
合适的地方。 〔18〕金墉城：城名。曹魏修筑。在当时洛阳城西北角
上，小而坚固高峻，是著名的军事要塞。魏晋时被废黜的帝后常安置在
这里，以便看管。其遗址今称阿斗城。 〔19〕孟津：古黄河津渡名。在
今河南偃师市北。 〔20〕权时：暂时。 〔21〕野次：野外宿营处。
〔22〕盛节蚕农：养蚕种地的农忙时节。 〔23〕大衰：指魏明帝死亡。
〔24〕轻脱：轻率。 〔25〕失：耽误。 〔26〕禹：传说中古代部落联盟
的领袖。又称大禹。原为夏后氏部落首领，受虞舜命令治理洪水，十三
年中三过家门而不入，被舜选为继承人。他传位给自己的儿子启。启建
立于中国历史上第一个奴隶制国家，即夏朝。事见《史记》卷二《夏本
纪》。 〔27〕恶衣服：衣服朴素粗糙。 〔28〕景：即西汉景帝刘启(前
188—前141)。前157至前141年在位。他继续奉行汉文帝的政治方针，
平定吴、楚七国之乱，巩固中央集权，又改田赋十五税一为三十税一，
减轻人民负担。以往把他和文帝时的统治并称为"文景之治"。事详
《史记》卷十一、《汉书》卷五。 〔29〕成都：县名。县治在今四川成
都市。 白水：县名。在今四川青川县东北白河镇。 〔30〕传(zhuàn)
舍：驿站旅馆。 〔31〕中国：中原。指曹魏。 劳力：劳费人力。

〔32〕罢守：停止动用民力坐享太平。 〔33〕君：指陈群。 〔34〕萧何（？—前193）：沛县（今江苏沛县）人。秦末随刘邦起兵，是辅佐刘邦建立西汉王朝的首席功臣。刘邦称帝后，任相国，封酂侯。他曾为刘邦大修未央宫，受到刘邦的斥责。传见《史记》卷五十三、《汉书》卷三十九。当时陈群为司空，主管土木建筑，魏明帝希望他能像萧何为刘邦修建未央宫那样，支持自己大建宫殿园林，所以引萧何作比。 〔35〕项羽（前232—前202）：名籍，字羽，泗水郡下相（今江苏宿迁市西南）人。楚国贵族后裔。秦末农民起义军的领袖。前209年，随叔父项梁起兵，后在钜鹿之战中摧毁秦军主力，奠定领袖地位。秦亡后，自立为西楚霸王。前202年，被刘邦击败于垓下（今安徽灵壁县南），突围到乌江（今安徽和县东北），自杀。传见《史记》卷七、《汉书》卷三十一。 〔36〕武库：中央的武器库。 太仓：朝廷在京城建造的大谷仓。 〔37〕汉明帝：即刘庄（公元28—75）。东汉皇帝。公元57至75年在位。事详《后汉书》卷二。 〔38〕钟离意：复姓钟离，字子阿，会稽郡山阴（今浙江绍兴市）人。东汉明帝时官至尚书仆射。为官清廉正直。永平三年（公元60）天旱，明帝准备大修北宫，他直言进谏，明帝不得已而取消计划。后被调任地方官，明帝随即建筑了宏伟的德阳殿。传见《后汉书》卷四十一。 〔39〕少（shǎo）凝圣听：稍微让陛下留心听我的话。

【裴注】

〔一〕臣松之按《汉书·地理志》云："元始二年，天下户口最盛，汝南郡为大郡，有三十余万户。"则文、景之时，不能如是多也。按《晋太康三年地记》，"晋户有三百七十七万，吴、蜀户不能居半"。以此言之，魏虽始承丧乱，方晋亦当无乃大殊。长文之言，于是为过。

〔二〕孙盛曰："《周礼》：天子之宫，有斫砻之制。然质文之饰，与时推移。汉承周、秦之弊，宜敦简约之化，而何崇饰宫室，示侈后嗣？此乃武帝千门万户所以大兴，岂无所复增之谓邪？况乃魏氏方有吴、蜀之难，四海罹涂炭之难，而述萧何之过议，以为令轨，岂不惑于大道而昧得失之辨哉？使百代之君，眩于奢俭之中，何之由矣？《诗》云：'斯言之玷，不可为也。'其斯之谓乎！"

初，太祖时，刘廙坐弟与魏讽谋反，当诛。群言之太祖，太祖曰："廙，名臣也，吾亦欲赦之。"乃复位。

廙深德群[1]，群曰："夫议刑为国，非为私也；且自明主之意，吾何知焉？"其弘博不伐[2]，皆此类也。

青龙四年，薨。谥曰靖侯。子泰嗣。帝追思群功德，分群户邑，封一子列侯。〔一〕

【注释】

〔1〕德：感激。 〔2〕不伐：不夸耀（自己）。

【裴注】

〔一〕《魏书》曰："群前后数密陈得失，每上封事，辄削其草，时人及其子弟莫能知也；论者或讥群居位拱默。正始中，诏撰群臣上书，以为《名臣奏议》；朝士乃见群谏事，皆叹息焉。"

《袁子》曰："或云：'故少府杨阜岂非忠臣哉？见人主之非，则勃然怒而触之，与人言未尝不道也；岂非所谓"王臣謇謇，匪躬之故"者欤！'答曰：'然，可谓直士，忠则吾不知也。夫仁者爱人：施于君谓之忠，施于亲谓之孝。忠孝者，其本一也。故仁爱之至者，君亲有过，谏而不入；求之反覆，不得已而言；不忍宣也。今为人臣，见人主失道，直讦其非而播扬其恶；可谓直士，未为忠臣也。故司空陈群则不然：其谈论终日，未尝言人主之非；书数十上，而外人不知。君子谓群于是乎长者矣。'"

泰字玄伯。青龙中，除散骑侍郎。正始中[1]，徙游击将军[2]。为并州刺史[3]，加振威将军[4]，使持节[5]，护匈奴中郎将[6]；怀柔夷民，甚有威惠。京邑贵人多寄宝货，因泰市奴婢[7]；泰皆挂之于壁，不发其封。及征为尚书，悉以还之。

嘉平初[8]，代郭淮为雍州刺史[9]，加奋威将军[10]。蜀（大）〔卫〕将军姜维率众依麴山筑二城[11]，使牙门将句安、李歆等守之[12]；聚羌胡质任等寇逼诸郡[13]。征西将军郭淮与泰谋所以御之[14]，泰曰："麹城虽固，去蜀险远，当须运粮；羌夷患维劳役，必未肯附。今围而取之，可不血刃而拔其城；虽其有救，山道阻险，非行兵之地也。"

淮从泰计，使泰率讨蜀护军徐质、南安太守邓艾等进兵围之[15]，断其运道及城外流水。安等挑战，不许；将士困窘，分粮聚雪以稽日月[16]。维果来救，出自牛头山[17]，与泰相对。泰曰："兵法贵在'不战而屈人'。今绝牛头，维无反道，则我之擒也。"敕诸军各坚垒勿与战。遣使白淮：欲自南渡白水[18]，循水而东；使淮趋牛头，截其还路；可并取维，不惟安等而已。

淮善其策，进率诸军军洮水[19]。维惧，遁走；安等孤悬，遂皆降。

【注释】

〔1〕正始：废帝曹芳的第一个年号。 〔2〕游击将军：官名。领兵征伐。 〔3〕并(bīng)州：州名。治所在今山西太原市西南。 〔4〕振威将军：官名。领兵征伐。刺史加将军官衔之后，就成为军政两兼的地方长官。 〔5〕使持节：一种表示享有诛杀威权的名号。类似的名号有使持节、持节、假节三种。使持节最高，有权杀二千石以下的官员。〔6〕护匈奴中郎将：官名。魏明帝时置。东汉末年以来，归顺汉朝的南匈奴大量入塞进入并州。曹魏设置护匈奴中郎将，监督管理匈奴族人。这一职务照例由领兵的并州刺史兼任。 〔7〕市：购买。当时曹魏权贵在并州购买的奴婢，多为贫困的匈奴人，有的一家即占有数千人，用来从事生产。见《晋书》卷九十三《外戚王恂传》。 〔8〕嘉平：废帝曹芳的第二个年号。 〔9〕郭淮(？—公元255)：传见本书卷二十六。雍州：州名。治所在今陕西西安市西北。 〔10〕奋威将军：官名。领兵征伐。 〔11〕卫将军：官名。领兵征伐。　姜维(公元202—264)：传见

本书卷四十四。　麹山：山名。在今甘肃岷县东。　〔12〕牙门将：官名。属低等将军。领兵征伐。　〔13〕羌胡：羌族人。　质任：人质。〔14〕征西将军：官名。领兵征伐。　〔15〕讨蜀护军：官名。是进攻蜀汉各军的协调人。　南安：郡名。治所在今甘肃陇西县东南。　邓艾（公元197—264）：传见本书卷二十八。　〔16〕稽日月：拖时间。　〔17〕牛头山：山名。在今甘肃岷县南。　〔18〕白水：河流名。在牛头山的南面。即今嘉陵江的上游白龙江。　〔19〕军洮（táo）水：进军洮水。洮水在牛头山的北面，是黄河上游南岸的大支流。

　　淮薨，泰代为征西将军，假节，都督雍、凉诸军事[1]。

　　后年[2]，雍州刺史王经白泰[3]，云："姜维、夏侯霸欲三道向祁山、石营、金城[4]；求进兵为翅[5]，使凉州军至枹罕[6]，讨蜀护军向祁山[7]。"

　　泰量贼势终不能三道；且兵势恶分[8]，凉州未宜越境。报经："审其定问[9]，知所趋向；须东西势合，乃进。"时维等将数万人至枹罕，趋狄道[10]。泰敕经进屯狄道，须军到[11]，乃规取之。泰进军陈仓[12]。

　　会经所统诸军于故关与贼战不利[13]，经辄渡洮[14]。泰以经不坚据狄道，必有他变；并遣五营在前，泰率诸军继之。经已与维战，大败；以万余人还保狄道城，余皆奔散。维乘胜围狄道。

　　泰军上邽[15]，分兵守要，晨夜进前。邓艾、胡奋、王秘亦到[16]；即与艾、秘等分为三军，进到陇西[17]。艾等以为："王经精卒破衄于西[18]，贼众大盛，乘胜之兵既不可当；而将军以乌合之卒，继败军之后，将士失气，陇右倾荡。古人有言：'蝮蛇螫手，壮士解其腕[19]。'《孙子》曰：'兵有所不击[20]，地有所不守。'

盖小有所失而大有所全故也。今陇右之害，过于蝮蛇；狄道之地，非徒不守之谓，姜维之兵，是所避之锋。不如割险自保，观衅待弊；然后进救，此计之得者也。"

泰曰："姜维提轻兵深入，正欲与我争锋原野，求一战之利。王经当高壁深垒，挫其锐气。今乃与战，使贼得计；走破王经，封之狄道。若维以战克之威，进兵东向；据栎阳积谷之实[21]，放兵收降，招纳羌胡，东争关、陇[22]，传檄四郡[23]：此我之所恶也。而维以乘胜之兵，挫峻城之下；锐气之卒，屈力致命。攻守势殊，客主不同；兵书云'修橹（横楣）〔辒辒〕[24]，三月乃成，拒堙三月而后已[25]'。诚非轻军远入、维之诡谋仓猝所办。悬军远侨[26]，粮谷不继，是我速进破贼之时也；所谓疾雷不及掩耳，自然之势也。洮水带其表[27]，维等在其内；今乘高据势，临其项领，不战必走。寇不可纵，围不可久，君等何言如此！"

遂进军度高城岭[28]，潜行[29]；夜至狄道东南高山上，多举烽火，鸣鼓角。狄道城中将士见救者至，皆奋踊。维始谓官救兵当须众集乃发[30]；而猝闻已至，谓有奇变宿谋，上下震惧。自军之发陇西也，以山道深险，贼必设伏；泰诡从南道[31]，维果三日施伏[32]。〔一〕定军潜行[33]，猝出其南；维乃缘山突至，泰与交战，维退还。凉州军从金城南至沃干坂[34]。泰与经共密期，当共向其还路；维等闻之，逐遁。城中将士得出。经叹曰："粮不至旬，向不应机[35]，举城屠裂[36]，覆丧一州矣[37]！"泰慰劳将士，前后遣还；更差军守，并治城垒。还屯上邽。

【注释】

〔1〕凉：州名。治所在今甘肃武威市。 〔2〕后年：据本书卷四《高贵乡公纪》，郭淮死于正元二年（公元255）正月，当年八月，即发生下文记述的洮西大战。本书卷三十三《后主传》、卷四十四《姜维传》，也记洮西大战发生在这一年。此处史文疑有误。 〔3〕王经（？—公元260）：事附本书卷九《曹真传》。 〔4〕夏侯霸：传见本书卷九《夏侯渊传》裴注引《魏略》。 祁山：山名。在今甘肃礼县东二十余公里的祁山堡。南依西汉水，山顶坦平，是从益州进入陇右的军事要地。 石营：地名。在今甘肃礼县西北。 金城：县名。县治在今甘肃兰州市西北。 〔5〕为翅：地名。在今甘肃岷县东。为翅在石营的西面不远，向这里进兵是要抵挡敌军的石营一路。 〔6〕枹（fú）罕：地名。在今甘肃临夏市西南。枹罕在金城西南不远，向这里进兵是要抵挡敌军的金城一路。 〔7〕讨蜀护军：指上文提到的讨蜀护军徐质。 〔8〕恶（wù）分：忌讳分散。 〔9〕审：弄清楚。 定问：确实的消息。 〔10〕狄道：县名。县治在今甘肃临洮县。 〔11〕须军：等待其他各路军队。〔12〕陈仓：县名。县治在今陕西宝鸡市东。 〔13〕会：碰上。 故关：地名。在今甘肃广河县东北。 〔14〕辄：擅自。狄道城在洮水东岸，故关在洮水西岸。王经渡过洮水是想解救属下部队，结果大败，损失兵力在万人以上，史称洮西之战。这是自诸葛亮死后蜀汉对曹魏取得的最大一次胜利。次年，姜维即因此晋升为大将军。 〔15〕上邽（guī）：县名。在今甘肃天水市。 〔16〕胡奋：字玄威，安定郡临泾（今甘肃镇原县东南）人。出身武将世家。仕魏为将，西晋时官至镇军大将军。传见《晋书》卷五十七。 〔17〕陇西：郡名。治所在今甘肃陇西县东南。狄道就是陇西郡属县。 〔18〕衄（nǜ）：战败。 〔19〕解：割断。《汉书》卷三十三《田儋传》有"蝮蠚手则斩手，蠚足则斩足"的话。这是防止蛇毒扩散全身而采取的应急办法。蠚（hè）、螫（shì）都是咬或刺。〔20〕兵有所不击：这两句出自《孙子·九变篇》。 〔21〕栎阳：地名。在今陕西西安市临潼区东北。栎阳在当时雍州治所长安的东北，与狄道的直线距离在千里以上，所以当时姜维不可能一下东进到这里。此处史文疑有误。胡三省认为是"略阳"误为"栎阳"，略阳县治在今甘肃秦安县东北。 〔22〕关、陇：关中和陇右。即今陕西省中部和甘肃省东南部。 〔23〕四郡：指当时雍州西部的陇西、南安、天水、广魏四郡。

〔24〕修：制造。　橹：即楼橹。一种移动式的瞭望楼，用来观察敌军营垒或城池内部的布防情况。　轒辒(fén wēn)：攻城时用来掩护冲锋战士使之不受城上敌军箭石射击的厚板兵车。这三句出自《孙子·谋攻篇》。　〔25〕拒堙(yīn)：构筑攻城的土山。这种土山高于城墙，可以从山上向城内射箭抛石，掩护冲锋队攻城。　〔26〕远侨：深入敌方的地域。　〔27〕带其表：环绕在外面。　〔28〕高城岭：地名。在今甘肃渭源县西。　〔29〕潜行：隐蔽前进。　〔30〕官：朝廷。　〔31〕诡：伪装。〔32〕三日施伏：埋伏等了三天。　〔33〕定：等到。　〔34〕沃干坂：地名。在今甘肃兰州市南。　〔35〕应机：抓紧时机。　〔36〕举城：全城。〔37〕一州：指雍州。

【裴注】

　　〔一〕臣松之按：此传云"谓救兵当须众集，而猝闻已至，谓有奇变，上下震惧"，此则救至出于不意。若不知救至，何故伏兵深险乃经三日乎？设伏相伺，非不知之谓。此皆语之不通也。

　　初，泰闻经见围，以州军将士素皆一心，加得保城，非维所能猝倾。表上[1]："进军晨夜，速到还。"众议以"经奔北[2]，城不足自固；维若断凉州之道，兼四郡民夷，据关、陇之险；敢能没经军而屠陇右[3]。宜须大兵四集，乃致攻讨"。大将军司马文王曰："昔诸葛亮常有此志，卒亦不能。事大谋远，非维所任也。且城非仓猝所拔，而粮少为急，征西速救，得上策矣。"

　　泰每以一方有事，辄以虚声扰动天下；故希简白上事[4]，驿书不过六百里[5]。司马文王语荀颙曰[6]："玄伯沉勇能断[7]，荷方伯之重[8]，救将陷之城，而不求益兵；又希简上事，必能办贼故也。都督大将，不当尔邪！"后征泰为尚书右仆射[9]，典选举；加侍中、光禄大夫。

吴大将孙峻出淮、泗[10]。以泰为镇军将军[11]，假节，都督淮北诸军事；诏徐州监军以下受泰节度[12]。峻退，军还，转为左仆射。诸葛诞作乱寿春[13]，司马文王率六军军丘头[14]，泰总署行台[15]。

司马景王、文王，皆与泰亲友，及沛国武陔亦与泰善[16]。文王问陔曰："玄伯何如其父司空也?"陔曰："通雅博畅，能以天下声教为己任者[17]，不如也；明(统)〔练〕简至[18]，立功立事，过之。"泰前后以功增邑二千六百户；赐子弟一人亭侯，二人关内侯。

景元元年薨。追赠司空，谥曰穆侯。〔一〕子恂嗣。恂薨，无嗣；弟温绍封[19]。咸熙中，开建五等；以泰著勋前朝，改封温为慎子。〔二〕

【注释】

〔1〕表上：上表报告。 〔2〕奔北：溃败。 〔3〕敢能：可能会。〔4〕希简：很少。 事：当时习称公文为事。这里着重指紧急军情报告。〔5〕驿书：用驿马传送文书。 不过六百里：一日一夜的行程不超过六百里。当时驿书的最快传送速度可达一日一夜行千里，见《初学记》卷二十"奉使"引《汉旧仪》。 〔6〕荀顗(?—公元 274)：字景倩，颍川郡颍阴(今河南许昌市)人。仕魏为司空。支持司马氏代魏，西晋建立，任太尉，封临淮郡公。精通礼仪制度，参与制定《晋礼》。传见《晋书》卷三十九。 〔7〕玄伯：陈泰的字。 〔8〕方伯：指镇守一个方面的军事长官。 〔9〕尚书右仆射(yè)：官名。尚书台的副长官仆射，有时设置两位，一称左仆射，一称右仆射。前者地位略高。都协助尚书令处理军国机要公务。 〔10〕孙峻(公元 219—256)：传见本书卷六十四。 淮、泗：淮水及其支流泗水。这里指淮水、泗水流经的曹魏徐州辖境。 〔11〕镇军将军：官名。陈泰的父亲陈群，曾任镇军大将军，所以委任他任此职，领兵征伐。这一委任带有荣宠的意思。 〔12〕监军：

官名。领兵的州和大战区有监军，监督军队将领的行动。 节度：指挥。〔13〕诸葛诞（？—公元258）：传见本书卷二十八。 寿春：县名。县治在今安徽寿县。 〔14〕丘头：地名。在今河南沈丘县东南。 〔15〕行台：与皇帝随行的尚书台。当时司马昭为了防止自己出征后京城出现变故，即挟持皇帝曹髦、太后郭氏一同前往淮南，尚书台因此随行。〔16〕武陔：字元夏，沛国竹邑（今安徽宿州市北）人。仕魏至太仆，封薛县侯。西晋初，任尚书左仆射。传见《晋书》卷四十五。 〔17〕声教：用言语进行的教育感化。 〔18〕明练：对政事的精通熟练。 简至：处理公务的简要恰当。 〔19〕绍封：继承封爵。

【裴注】

〔一〕干宝《晋纪》曰："高贵乡公之杀，司马文王会朝臣，谋其故，太常陈泰不至。使其舅荀顗召之，顗至，告以可否。泰曰：'世之论者，以泰方于舅；今舅不如泰也。'子弟内外咸共逼之，垂涕而入。王待之曲室，谓曰：'玄伯，卿何以处我？'对曰：'诛贾充以谢天下。'文王曰：'为我更思其次。'泰曰：'泰言惟有进于此，不知其次。'文王乃不更言。"《魏氏春秋》曰："帝之崩也，太傅司马孚、尚书右仆射陈泰，枕帝尸于股，号哭尽哀。时大将军入于禁中，泰见之悲恸，大将军亦对之泣，谓曰：'玄伯，其如我何？'泰曰：'独有斩贾充，少可以谢天下耳！'大将军久之曰：'卿更思其他。'泰曰：'岂可使泰复发后言？'遂呕血薨。"臣松之按本传，泰不为太常，未详干宝所由知之。孙盛改易泰言，虽为小胜。然检盛言诸所改易，皆非别有异闻，率更自以意制，多不如旧。凡记言之体，当使若出其口。辞胜而违实，固君子所不取，况复不胜而徒长虚妄哉？

按《博物记》曰："太丘长陈寔，寔子鸿胪纪，纪子司空群，群子泰四世，于汉、魏二朝并有重名，而其德渐渐小减。时人为其语曰：'公惭卿，卿惭长。'"

〔二〕按《陈氏谱》：群之后，名位遂微。谌孙佐，官至青州刺史。佐弟坦，廷尉。佐子准，太尉，封广陵郡公。准弟戴、徽及从弟堪，并至大位。准孙逵，字林道；有誉江左，为西中郎将，追赠卫将军。

陈矫字季弼，广陵东阳人也[1]。避乱江东及东城[2]，辞孙策、袁术之命，还本郡。

太守陈登请为功曹[3]，使矫诣许。谓曰："许下论议[4]，待吾不足[5]。足下相为观察，还以见诲。"矫还曰："闻远近之论，颇谓明府骄而自矜。"登曰："夫闺门雍穆[6]，有德有行，吾敬陈元方兄弟[7]；渊清玉洁，有礼有法，吾敬华子鱼[8]；清修疾恶，有识有义，吾敬赵元达[9]；博闻强记，奇逸卓荦[10]，吾敬孔文举[11]；雄姿杰出，有王霸之略，吾敬刘玄德[12]：所敬如此，何骄之有？余子琐琐[13]，亦焉足录哉[14]！"登雅意如此，而深敬友矫。

郡为孙（权）〔策〕所围于匡奇[15]，登令矫求救于太祖。矫说太祖曰："鄙郡虽小，形便之国也[16]。若蒙救援，使为外藩；则吴人挫谋，徐方永安[17]；武声远震，仁爱滂流；未从之国，望风影附。崇德养威，此王业也。"太祖奇矫，欲留之。矫辞曰："本国倒悬，本奔走告急；纵无申胥之效[18]，敢忘弘演之义乎？"〔一〕太祖乃遣赴救。吴军既退，登多设间伏，勒兵追奔，大破之。

【注释】

〔1〕东阳：县名。县治在今江苏盱眙（xū yí）县东南。 〔2〕江东：地区名。长江在今芜湖至南京间，流向几乎是从南往北，所以古代称自此以下长江南岸地区为江东，北岸地区为江西。江东又称江左，江西又称江右。江东的含义与现今所说的江南相同。而当时人所说的江南，则指长江中游的南岸地区，即今湖北省的长江以南部分和湖南省。 东城：县名。县治在今安徽定远县东南。 〔3〕陈登：传附本书卷七《吕布传》。 〔4〕许下：许县一带。当时东汉献帝在许县，所以这里的许下意指汉朝官员。 〔5〕不足：不够好。 〔6〕雍穆：和睦恭敬。 〔7〕陈元方：即陈群的父亲陈纪。 〔8〕华子鱼：即华歆（公元157—231）。传见本书卷十三。 〔9〕赵元达：即赵昱。事见本书卷八《陶谦传》裴注

引《后汉书》。 〔10〕卓荦(luò)：超群，突出。 〔11〕孔文举：即孔融。 〔12〕刘玄德：即刘备。刘备也非常敬重陈登，见本书卷七《吕布传》。 〔13〕琐琐：微小。 〔14〕录：指列入自己所尊敬的人物中。〔15〕匡奇：城名。在今江苏宝应县东。 〔16〕形便之国：地理形势在军事上可充分利用的地区。 〔17〕徐方：徐州。广陵郡在徐州南端，直接面对孙策所在的江东。 〔18〕申胥：即申包胥。春秋时楚国国君的后代。前506年，吴国攻破楚国，他到秦国求救，在宫廷痛哭七天七夜，终于使秦国发兵救楚。事见《左传》定公四年。

【裴注】

〔一〕刘向《新序》曰："齐桓公求婚于卫，卫不与，而嫁于许。卫为狄所伐，桓公不救。至于国灭君死；懿公尸为狄人所食，惟有肝在。懿公有臣曰弘演，适使返，致命于肝曰：'君为其内，臣为其外。'乃剖腹内肝而死。齐桓公曰：'卫有臣若此而尚灭；寡人无有，亡无日矣！'乃救卫，定其君。"

太祖辟矫为司空掾、属。除相令[1]，征南长史[2]，彭城、乐陵太守[3]，魏郡西部都尉[4]。

曲周民父病[5]，以牛祷；县结正弃市[6]。矫曰："此孝子也。"表赦之。迁魏郡太守。时系囚千数，至有历年。矫以为："周有三典之制[7]，汉约三章之法[8]；今惜轻重之理[9]，而忽久系之患，可谓谬矣。"悉自览罪状，一时论决[10]。

大军东征，入为丞相长史。军还，复为魏郡[11]。转西曹属，从征汉中[12]。还为尚书。

【注释】

〔1〕相(xiàng)：县名。县治在今安徽濉溪县西北。 〔2〕征南：即征南将军。当时任征南将军的是曹仁。 〔3〕彭城：郡名。治所在今江

苏徐州市。 乐陵：郡名。治所在今山东阳信县东南。 〔4〕魏郡：郡名。治所在今河北临漳县西南。 都尉：官名。东汉在边境所在或内地个别重要的郡设置都尉，领兵维持治安。后来又逐渐带领属县，具有与郡太守类似的行政权力。 〔5〕曲周：县名。县治在今河北威县西南。 〔6〕结正：结案判决。 弃市：死刑的一种。用刀杀死在市场上，但保持犯人尸体的完整。当时为了保证农业耕牛的数量，常颁布禁止杀牛的命令，违者要严惩。 〔7〕三典：三种轻重不同的刑法。《周礼·秋官·大司寇》说："一曰刑新国用轻典，二曰刑平国用中典，三曰刑乱国用重典。"新国指新建之国。平国指建立时间较久政治平稳之国。当时曹操的魏公国新建立不久，而魏公国的封地就是陈矫所管的魏郡，所以他的意思是要从轻使用刑法。 〔8〕三章：前206年，刘邦攻占秦都咸阳，宣布废除秦朝的严酷法律，只规定三条，杀人者死，伤人、盗窃者抵罪，称为"约法三章"。 〔9〕惜轻重之理：担心量刑的偏轻或偏重。执法官员有这种担心，审理判决就缓慢，结果造成监狱中等待审判的罪犯人满为患。 〔10〕一时：一下子。 论决：判决。 〔11〕为魏郡：当魏郡太守。 〔12〕汉中：郡名。治所在今陕西汉中市。

行，前未到邺〔1〕，太祖崩洛阳。群臣拘常〔2〕，以为太子即位，当须诏命〔3〕。矫曰："王薨于外，天下惶惧；太子宜割哀即位，以系远近之望。且又爱子在侧〔4〕；彼此生变，则社稷危矣！"即具官备礼，一日皆办。明旦，以王后令，策太子即位，大赦荡然〔5〕。文帝曰："陈季弼临大节，明略过人，信一时之俊杰也。"

帝既践阼，转署吏部，封高陵亭侯。迁尚书令。

明帝即位，进爵东乡侯，邑六百户。车驾尝猝至尚书门，矫跪问帝曰："陛下欲何之〔6〕？"帝曰："欲案行文书耳〔7〕。"矫曰："此自臣职分，非陛下所宜临也；若臣不称其职，则请就黜退。陛下宜还。"帝惭，回车

而返。其亮直如此。〔一〕加侍中、光禄大夫。迁司徒。景初元年薨，谥曰贞侯。〔二〕

【注释】

〔1〕邺：县名。县治在今河北临漳县西南。 〔2〕拘常：拘于常规。〔3〕须诏命：等待汉献帝从许都下达诏命。 〔4〕爱子：指曹植与曹彰。当时曹丕留守邺县，曹彰驻扎长安，曹植随曹操行动。曹操死前，又急召曹彰至洛阳。 〔5〕荡然：一切清除的样子。 〔6〕何之：到哪里去。〔7〕案行：依次检查。

【裴注】

〔一〕《世语》曰："刘晔以先进见幸，因谮矫专权。矫惧，以问长子本，本不知所出。次子骞曰：'主上明圣，大人大臣；今若不合，不过不作公耳。'后数日，帝见矫；矫又问二子。骞曰：'陛下意解，故见大人也。'既入，尽日。帝曰：'刘晔构君，朕有以迹君；朕心故已了。'以金五饼授之，矫辞。帝曰：'岂以为小惠？君已知朕心，顾君妻子未知故也。'帝忧社稷，问矫：'司马公忠正，可谓社稷之臣乎？'矫曰：'朝廷之望；社稷，未知也。'"

〔二〕《魏氏春秋》曰："矫，本刘氏子，出嗣舅氏，而婚于本族。徐宣每非之，庭议其阙。太祖惜矫才量，欲拥全之，乃下令曰：'屯乱以来，风教凋薄；谤议之言，难用褒贬。自建安五年以前，一切勿论。其以断前诽议者，以其罪罪之。'"

子本嗣，历位郡守、九卿[1]。所在操纲领，举大体；能使群下自尽，有统御之才，不亲小事。不读法律而得廷尉之称[2]，优于司马岐等[3]，精练文理[4]。迁镇北将军[5]，假节，都督河北诸军事。

薨，子粲嗣。本弟骞[6]，咸熙中为车骑将军[7]。〔一〕

初，矫为郡功曹，使过泰山[8]。泰山太守东郡薛悌异之[9]，结为亲友[10]；戏谓矫曰："以郡吏而交二千石^[11]，邻国君屈从陪臣游^[12]，不亦可乎！"悌后为魏郡及尚书令，皆承代矫云。〔二〕

【注释】

〔1〕九卿：曹魏的九卿是：太常、光禄勋、卫尉、太仆、廷尉、大鸿胪、宗正、大司农、少府。 〔2〕廷尉：官名。主管司法。 〔3〕司马岐：传附本书卷十二《司马芝传》。 〔4〕精练：精通熟悉。 文理：这里指法律条文所含的道理。 〔5〕镇北将军：官名。领兵征伐，通常驻守河北战区。 〔6〕骞：即陈骞（公元212—292）。西晋时封高平郡公，先后任大将军、太尉、大司马。传见《晋书》卷三十五。 〔7〕车骑将军：官名。领兵征伐。 〔8〕使：出使。 泰山：郡名。治所在今山东泰安市东。 〔9〕东郡：郡省。治所在今河南濮阳市西南。 〔10〕亲友：亲密的朋友。 〔11〕二千石：指郡太守。东汉的官品按每月发放俸谷的多少，分为三公、中二千石、二千石、比二千石、千石、六百石、比六百石、四百石、比四百石、三百石、比三百石、二百石、比二百石、百石、斗食、佐史等级别。郡太守属二千石这一级。 〔12〕国君：指郡太守。 陪臣：家臣。这里指郡太守的下属官员，如功曹史、五官掾、五部督邮、主簿之类。汉代以来，郡太守有权自行委任郡政府内的下属官员，而无须经过中央选官机构的任命。这样一来，就使郡太守与其下属发生了类似君臣的关系。因此，郡太守被称为"府君"或"明府"，郡政府被称为"郡朝"或"府朝"。此处薛悌称太守为"国君"、郡吏为"陪臣"，原因相同。

【裴注】

〔一〕按《晋书》曰："骞字休渊。为晋佐命功臣，至太傅，封高平郡公。"

〔二〕《世语》曰："悌字孝威。年二十二，以兖州从事为泰山太守。初，太祖定冀州，以悌及东平王国，为左、右长史，后至中领军；并悉忠贞练事，为世吏表。"

徐宣字宝坚，广陵海西人也^[1]。避乱江东。又辞孙策之命，还本郡，与陈矫并为纲纪^[2]。二人齐名，而私好不协；然俱见器于太守陈登[3]，与登并心于太祖。海西、淮浦二县民作乱[4]；都尉卫弥、令梁习夜奔宣家[5]，密送免之。太祖遣督军扈质来讨贼[6]，以兵少不进。宣潜见责之[7]，示以形势，质乃进破贼。

太祖辟为司空掾属。除东缗、发干令[8]。迁齐郡太守。入为门下督，从到寿春[9]。会马超作乱[10]，大军西征。太祖见官属曰："今当远征，而此方未定，以为后忧；宜得清公大德，以镇统之。"乃以宣为左护军[11]，留统诸军。还，为丞相东曹掾，出为魏郡太守。

太祖崩洛阳，群臣入殿中发哀。或言"可易诸城守[12]，用谯、沛人[13]。"宣厉声曰："今者远近一统，人怀效节；何必谯、沛，而沮宿卫者心！"文帝闻曰："所谓社稷之臣也[14]。"

【注释】

〔1〕海西：县名。县治在今江苏灌南县东南。 〔2〕纲纪：郡太守府的主簿总管府内事务，所以当时习称之为纲纪。 〔3〕见器：受器重。〔4〕淮浦：县名。县治在今江苏涟水县西。 〔5〕梁习（？—公元230）：传见本书卷十五。 〔6〕督军：官名。监督军队行动。 〔7〕潜：悄悄。〔8〕东缗(mín)：县名。县治在今山东金乡县。 发干(gān)：县名。县治在今山东冠县东。 〔9〕寿春：县名。县治在今安徽寿县。 〔10〕马超（公元176—222）：传见本书卷三十六。 〔11〕左护军：官名。是当时留守后方各军的总协调人。 〔12〕易：改换。 〔13〕用谯、沛人：指使用曹操的家乡人。 〔14〕社稷之臣：王朝所倚重的大臣。汉武帝曾经称赞汲黯是社稷之臣，见《史记》卷一百二十《汲黯列传》。

帝既践阼，为御史中丞，赐爵关内侯。徙城门校尉[1]，旬月迁司隶校尉。转散骑常侍，从至广陵，六军乘舟；风浪暴起，帝船回倒[2]；宣病在后，陵波而前，群僚莫先至者。帝壮之，迁尚书。

明帝即位，封津阳亭侯，邑二百户。中领军桓范荐宣曰[3]："臣闻帝王用人，度世授才[4]：争夺之时，以策略为先；分定之后[5]，以忠义为首。故晋文行舅犯之计，而赏雍季之言[6]；〔一〕高祖用陈平之智，而托后于周勃也[7]。窃见尚书徐宣，体忠厚之行，秉直亮之性；清雅特立，不（拘）〔随〕世俗；确然难动[8]，有社稷之节；历位州郡，所在称职。今仆射缺，宣行掌后事；腹心任重，莫宜宣者[9]。"帝遂以宣为左仆射。后加侍中、光禄大夫。

车驾幸许昌，总统留事[10]。帝还，主者奏呈文书[11]。诏曰："吾省与仆射〔省〕何异[12]？"竟不视。尚方令坐猥见考竟[13]，宣上疏陈威刑太过；又谏作宫殿穷尽民力：帝皆手诏嘉纳。宣曰："七十有悬车之礼[14]；今已六十八，可以去矣。"乃固辞疾逊位，帝终不许。

青龙四年，薨；遗令布衣疏巾[15]，敛以时服[16]。诏曰："宣体履至实，直内方外；历在三朝[17]，公亮正色，有托孤寄命之节。可谓柱石臣也。常欲倚以台辅[18]；未及登之[19]，惜乎大命不永！其追赠车骑将军，葬如公礼[20]。"谥曰贞侯。子钦嗣。

【注释】

〔1〕城门校尉：官名。负责警卫京城洛阳的十二座城门。 〔2〕回

倒：回旋倾侧。　〔3〕桓范（？—公元249）：传见本书卷九《曹真传附曹爽传》裴注引《魏略》。　〔4〕度（duó）世：衡量社会需要。　授才：授给有才能的人以官职。　〔5〕分（fèn）定：君臣的名分已经确定。指王朝建立之后。　〔6〕晋文：即晋文公。　舅犯：即狐偃。字子犯。晋文公的舅父，所以又称舅犯。随晋文公在外流亡十九年。晋文公即位，任上军之佐，帮助改革内政，使晋文公成为霸主。　雍季：晋国的臣僚。晋文公重赏雍季事，见《吕氏春秋·义赏》。　〔7〕高祖：即汉高祖刘邦（？—前195）。字季，沛县（今江苏沛县）人。西汉王朝的建立者。前202至前195年在位。事详《史记》卷八、《汉书》卷一。　陈平（？—前178）：阳武（今河南原阳县东南）人。出身贫寒。陈胜起义，他先投奔魏王咎，转从项羽，最后归刘邦。以足智多谋受到重用。西汉建立，封曲逆侯，后任丞相。吕后死，与周勃定计消灭吕氏势力，迎立文帝。传见《史记》卷五十六、《汉书》卷四十。　周勃（？—前169）：沛县人。出身贫寒。秦末随刘邦起兵，屡建军功。西汉建立，封绛侯。刘邦认为他"厚重少文"，日后可以安定西汉王朝。吕后时任太尉。后与陈平定计消灭吕氏势力，迎立文帝，任右丞相。传见《史记》卷五十七、《汉书》卷四十。　〔8〕确然：坚定的样子。　〔9〕莫宜宣者：没有再比徐宣合适的人。　〔10〕留事：京城洛阳的留守事务。　〔11〕主者：主办官员。　〔12〕省（xǐng）：审阅。　〔13〕尚方令：官名。主管尚方署，制作御用工艺品。　猥见考竟：被随便审问处死。　〔14〕悬车：把出外乘坐的车辆挂起来不再使用。这表示不再出门当官。　〔15〕疏巾：粗布制成的头巾。　〔16〕时服：与时令相适应的平常衣服。　〔17〕三朝：指曹操、曹丕、曹叡三代。　〔18〕台辅：指三公。　〔19〕登：升。〔20〕公：三公。

【裴注】

　〔一〕《吕氏春秋》曰："昔晋文公将与楚人战于城濮，召咎犯而问曰：'楚众我寡，奈何而可？'咎犯对曰：'臣闻繁礼之君，不足于文；繁战之君，不足于诈。君亦诈之而已。'文公以咎犯言告雍季，雍季曰：'竭泽而渔，岂不得鱼？而明年无鱼。焚薮而田，岂不得兽？而明年无兽。诈伪之道，虽今偷可，后将无复。非长术也。'文公用咎犯之言，而败楚人于城濮。反而为赏，雍季在上。左右谏曰：'城濮之功，咎犯之谋也。君用其言而后其身，或者不可乎？'文公曰：'雍季之言，百代之利也；咎犯之言，一时之务也。焉有以一时之务，先百代之利乎？'"

卫臻字公振，陈留襄邑人也[1]。父兹，有大节，不应三公之辟。太祖之初至陈留[2]，兹曰："平天下者，必此人也。"太祖亦异之，数诣兹议大事。从讨董卓，战于荥阳而卒[3]。太祖每涉郡境，辄遣使祠焉[4]。〔一〕

夏侯惇为陈留太守[5]，举臻计吏；命妇出宴，臻以为"末世之俗[6]，非礼之正"。惇怒，执臻，既而赦之。后为汉黄门侍郎。东郡朱越谋反，引臻。太祖令曰："孤与卿君同共举事[7]，加钦令问[8]；始闻越言，固自不信；及得荀令君书[9]，具亮忠诚[10]。"

会奉诏命，聘贵人于魏[11]，因表留臻参丞相军事。追录臻父旧勋，赐爵关内侯。转为户曹掾[12]。

【注释】

〔1〕襄邑：县名。县治在今河南睢县。 〔2〕初至陈留：指曹操从洛阳逃到陈留，准备在这里起兵参加讨伐董卓一事。 〔3〕荥（xíng）阳：县名。在今河南荥阳市东北。 〔4〕祠：祭奠。 〔5〕夏侯惇（？—公元220）：传见本书卷九。 〔6〕末世：衰败时代。 〔7〕君：父亲。〔8〕令问：美好的声誉。 〔9〕荀令君：指荀彧。荀彧任尚书令，当时尊称任此职者为令君。 〔10〕亮：明察。 〔11〕贵人：妃嫔名。东汉制度，皇后以下的妃嫔，有贵人、美人、宫女、采女四等。建安十八年（公元213），东汉献帝娶曹操三个女儿为贵人，派官员多人从许都到邺县下聘礼，见本书卷一《武帝纪》裴注引《献帝起居注》。 〔12〕户曹：曹操丞相府下属机构名。主管户口。

【裴注】

〔一〕《先贤行状》曰："兹字子许。不为激诡之行，不徇流俗之名；明虑渊深，规略宏远。为车骑将军何苗所辟，司徒杨彪再加旌命。董卓作乱，汉室倾荡。太祖到陈留，始与兹相见；遂同盟，计兴武事。兹答曰：'乱生久矣，非兵无以整之！'且言'兵之兴者，自今始矣'。深见废兴，首赞弘谋。合兵三千人，从太祖入荥阳。力战终日，失利，身殁。"

《郭林宗传》曰："兹弱冠，与同郡圈文生，俱称盛德。林宗与二人共至市：子许买物，随价酬直；文生訾呵，减价乃取。林宗曰：'子许少欲，文生多情；此二人非徒兄弟，乃父子也。'后文生以秽货见损，兹以烈节垂名。"

　　文帝即王位，为散骑常侍。及践阼，封安国亭侯。时群臣并颂魏德，多抑损前朝；臻独明禅授之义，称扬汉美。帝数目臻曰[1]："天下之珍，当与山阳共之[2]。"迁尚书，转侍中、吏部尚书。

　　帝幸广陵，行中领军，从。征东大将军曹休，表得降贼辞[3]，"孙权已在濡须口[4]"。臻曰："权恃长江，未敢抗衡。此必畏怖伪辞耳。"考核降者，果守将诈所作也。

【注释】

〔1〕目：使眼色。 〔2〕山阳：指汉献帝。汉献帝让位以后，魏文帝曹丕封他为山阳公。 〔3〕表：上表报告。 〔4〕濡须口：地名。濡须水入长江处。在今安徽无为县东南。由此经濡须水，可以进入巢湖，当时是淮南军事要冲。

　　明帝即位，进封康乡侯。后转为右仆射，典选举，如前加侍中。中护军蒋济遗臻书曰[1]："汉祖遇亡虏为上将[2]，周武拔渔父为太师[3]。布衣厮养[4]，可登王公；何必守文[5]，试而后用？"臻答曰："古人遗智慧而任度量[6]；须考绩而加黜陟。今子同牧野于成、康[7]；喻断蛇于文、景[8]；好不经之举[9]，开拔奇之津[10]。将使天下驰骋而起矣[11]。"

诸葛亮寇天水[12]，臻奏："宜遣奇兵入散关[13]，绝其粮道。"乃以臻为征蜀将军[14]，假节，督诸军事。到长安，亮退。还，复职，加光禄大夫。

是时，帝方隆意于殿舍[15]，臻数切谏。及殿中监擅收兰台令史[16]，臻奏案之[17]。诏曰："殿舍不成，吾所留心。卿推之何[18]？"臻上疏曰："古制侵官之法[19]，非恶其勤事也[20]；诚以所益者小，所隳者大也[21]。臣每察校事[22]，类皆如此；惧群司将遂越职，以至陵迟矣[23]。"

亮又出斜谷；征南上[24]："朱然等军已过荆城[25]。"臻曰："然，吴之骁将，必下从权；且为势以缀征南耳[26]。"权果召然入居巢[27]，进攻合肥。帝欲自东征，臻曰："权外示应亮，内实观望；且合肥城固，不足为虑。车驾可无亲征，以省六军之费。"帝到寻阳，而权竟退[28]。

幽州刺史毌丘俭上疏曰[29]："陛下即位以来，未有可书。吴、蜀恃险，未可猝平；聊可以此方无用之士，克定辽东[30]。"臻曰："俭所陈皆战国细术，非王者之事也。吴频岁称兵，寇乱边境；而犹按甲养士，未果寻致讨者[31]，诚以百姓疲劳故也。且渊生长海表[32]，相承三世[33]；外抚戎夷，内修战射。而俭欲以偏军长驱[34]，朝至夕卷，知其妄矣。"俭行，军遂不利。臻迁为司空。徙司徒。

【注释】

〔1〕遗(wèi)：送给。　〔2〕遇：对待。　亡虏：逃亡的俘虏。这里指韩信。韩信曾经随从项羽，后归刘邦。起初未受重用。不满而逃亡。被萧何追回，拜为大将。事见《史记》卷九十二《淮阴侯列传》。〔3〕周武：即周武王。姬姓，名发，周文王的长子。继承父业，联合各族进攻商王。在牧野(今河南淇县西南)大破商朝军队，灭商，在镐(今陕西西安市长安区沣水东岸)建立西周王朝。在位十年。事见《史记》卷四《周本纪》。　渔父：指吕尚。　太师：官名。西周军队的统帅。〔4〕厮养：砍柴的和做饭的。泛指从事贱役的人。　〔5〕守文：拘守条文。　〔6〕遗：遗弃。指不重视。　〔7〕牧野：这里指代周武王。　成：即周成王。名诵，周武王的儿子。武王死，他年幼，由叔父周公执政。后来周公又把权力归还他。　康：即周康王。名钊，周成王的儿子。在位时继续执行成王时的政策，政局稳定。后世把成王和他统治的时期称为"成康之治"。二人事均详见《史记》卷四《周本纪》。卫臻认为：周武王是创业的君主，必须不拘一格使用人才。到了周成王、康王时，政局已经稳定，用人办法就要作相应的改动，两者不能混为一谈。〔8〕断蛇：指刘邦。传说刘邦起事之前，曾用剑斩断一条大蛇。　文：即汉文帝。　景：即汉景帝。　〔9〕不经：不遵守成规定法。〔10〕津：指门路。　〔11〕驰骋：指对名位的争夺。　〔12〕诸葛亮(公元181—234)：传见本书卷三十五。　天水：郡名。治所在今甘肃甘谷县东南。当时诸葛亮出兵祁山，而祁山在天水郡南端。　〔13〕散关：关隘名。在今陕西宝鸡市西南。　〔14〕征蜀将军：官名。领兵对蜀汉作战。〔15〕隆意于殿舍：把注意力集中在兴修宫殿上。据本书卷三《明帝纪》，魏明帝大修宫殿，是在青龙二年(公元234)诸葛亮死，因而西部紧张局势缓解之后。这里记在诸葛亮死之前，疑不确。　〔16〕殿中监：官名。当时负责监督宫殿的修建。　收：逮捕。　兰台令史：官名。御史台的低级官员，负责管理刻制官印的工匠和有关公文的收发。魏明帝大修宫殿，公卿百官都要到工地参加挖土运石之类的工作，甚至他本人也是如此。兰台令史被逮捕，当是参加劳作不努力。　〔17〕案：审问。　〔18〕推：追究。　〔19〕制：制定。　侵官：越职侵权。侵官之法是惩治越职侵权的法规。　〔20〕恶(wù)：厌恶。　〔21〕隳(huī)：毁坏。　〔22〕校事：官名。受君主直接指派，监视百官，举报可疑行为。与后世的特务类似。　〔23〕陵迟：逐渐衰败。　〔24〕征南：指征南将军。曹魏的征南将军负责镇守荆州战区。　〔25〕朱然(公元182—249)：传见本书卷五十六。　荆城：地名。在今湖北钟祥市南。诸葛亮出斜谷攻魏，行前

曾约孙吴同时行动，朱然进军即由此而宋。 〔26〕缀：牵制。
〔27〕居巢：地名。在今安徽巢湖市东北。 〔28〕寻阳：县名。县治在
今湖北武穴市东北。据本书卷三《明帝纪》，当时明帝乘船东下，到达
寿春为止，并未到寻阳。寻阳在寿春西南，直线距离也在三百公里以上，
而且一直在孙吴占领之下，魏明帝不可能到达这里。此处史文疑有误。
〔29〕幽州：州名。治所在今北京市。 〔30〕此方：这一州。当时习称
州为方。 无用：没有得到使用。 辽东：郡名。治所在今辽宁辽阳市。
当时被公孙渊占据。 〔31〕未果寻致讨：没有能立即进行讨伐。
〔32〕渊：即公孙渊（？—公元238）。传附本书卷八《公孙度传》。 海
表：滨海地区。 〔33〕三世：指公孙度、公孙康、公孙渊祖孙三代。
〔34〕偏军：非主力军队。

正始中，进爵长垣侯，邑千户；封一子列侯。初，
太祖久不立太子，而方奇贵临淄侯[1]。丁仪等为之羽
翼，劝臻自结[2]；臻以大义拒之。及文帝即位，东海王
霖有宠[3]。帝问臻："平原王何如[4]？"臻称明德美而
终不言。曹爽辅政，使夏侯玄宣指[5]，欲引臻入守尚书
令[6]，及为弟求婚；皆不许。固乞逊位。诏曰："昔干
木偃息[7]，义压强秦；留侯颐神[8]，不忘楚事。谂言嘉
谋[9]，望不吝焉。"赐宅一区，位特进[10]，秩如三司。
薨，追赠太尉[11]，谥曰敬侯。
　　子烈嗣，咸熙中为光禄勋。〔一〕

【注释】
　　〔1〕临淄侯：指曹植。 〔2〕自结：主动巴结。 〔3〕霖：即曹霖
（？—公元250）。传见本书卷二十。 〔4〕平原王：指曹叡。曹叡继位
前封平原王。曹丕这里有立曹霖为太子的意思。 〔5〕宣指：说明意图。
〔6〕入：尚书台的官署在皇宫之内，所以称为入。 〔7〕干（gān）木：即
段干木。复姓段干，名木，战国初年魏国人。最初在市场上当经纪人，
后向孔子的弟子子夏求学。志向高洁，魏文侯授给官职，不受。文侯每

次乘车经过他家门口，都要伏在车轼上表示敬意。事见《史记》卷四十四《魏世家》。　偃息：躺着休息。指在家闲居。秦国曾经准备进攻魏国，听说段干木闲居在家也受到国君的尊敬，认为这样的国家难以战胜，就打消了计划。事见《吕氏春秋·期贤》。　〔8〕留侯：即张良（？—前186）。字子房，相传是城父（今河南郏县东）人。出身韩国贵族。秦灭韩，他密谋刺杀秦始皇，恢复韩国，未成功。秦末聚兵归刘邦，成为重要谋臣，多次提出重要策略。西汉建立，封留侯。传见《史记》卷五十五、《汉书》卷四十。　颐神：养神。这里指养病。前196年，刘邦亲自率军进攻反叛的黥布。张良认为黥布带领的楚国故地军队勇敢剽悍，不宜进行速决战，便带病去见刘邦，提出告诫。事见《史记》卷五十五《留侯世家》。　〔9〕谠言：直言。　〔10〕特进：荣誉性官名。有时作为在职者的加官，有时作为退休诸侯的名号，没有固定任务。　〔11〕太尉：官名。三公之首，是名义上的全国军事最高长官。

【裴注】

〔一〕臣松之按《旧事》及《傅咸集》：烈终于光禄勋。烈二弟京、楷，皆二千石。楷子权，字伯舆。晋大司马汝南王亮辅政，以权为尚书郎。傅咸与亮笺曰："卫伯舆，贵妃兄子，诚有才章，应作台郎；然未得东宫官属。东宫官属，前患杨骏，亲理塞路；今有伯舆，复越某作郎。一犬吠形，群犬吠声；惧于群吠，遂至回听。"权作左思《吴都赋》叙及注：叙粗有文辞；至于为注，了无所发明，直为尘秽纸墨，不合传写也。

卢毓字子家，涿郡涿人也〔1〕。父植〔2〕，有名于世。〔一〕毓十岁而孤〔3〕，遇本州乱，二兄死难。当袁绍、公孙瓒交兵〔4〕，幽、冀饥荒，养寡嫂孤兄子；以学行见称。

文帝为五官将，召毓署门下贼曹〔5〕。崔琰举为冀州主簿〔6〕。时天下草创，多逋逃〔7〕；故重士亡法〔8〕，罪及妻子〔9〕。亡士妻白等，始适夫家数日〔10〕，未与夫相见；大理奏弃市〔11〕。毓驳之曰："夫女子之情，以接见而恩生[12]，成妇而义重。故《诗》云'未见君子[13]，我心伤悲；亦既见止[14]，我心则夷[15]'。又《礼》'未庙见之妇而死[16]，归葬女氏之党[17]：以未成妇也'。今白等生有未见之悲，死有非妇之痛，而吏议欲肆之大辟[18]；则若同牢合卺之后[19]，罪何所加？且《记》曰'附从轻[20]'，言附人之罪，以轻者为比也；又《书》云'与其杀不辜[21]，宁失不经[22]'，恐过重也。苟以白等皆受礼聘[23]，已入门庭；刑之为可，杀之为重。"

太祖曰："毓执之是也。又引经典有意[24]，使孤叹息[25]。"由是为丞相法曹议令史[26]。转西曹议令史。魏国既建，为吏部郎[27]。

【注释】

〔1〕涿郡：郡名。治所在今河北涿州市。 涿：县名。县治在今河北涿州市。 〔2〕植：即卢植（？—公元 192）。字子幹，东汉灵帝时任北中郎将，镇压黄巾军。后任尚书，因得罪董卓被免职，死于家。他是东汉著名的经学家，受学于马融，著有《尚书章句》、《三礼解诂》等。公孙瓒、刘备等，都曾在他门下求学。传见《后汉书》卷六十四。〔3〕孤：父亲死亡为孤。 〔4〕公孙瓒（？—公元 199）。传见本书卷八。〔5〕门下贼曹：官名。曹丕五官中郎将府的下属，负责门户警卫。〔6〕崔琰（？—公元 216）：传见本书卷十二。 〔7〕逋逃：逃亡。〔8〕重：加重。 士亡法：士兵逃亡的惩治法律。〔9〕罪及妻子：士兵逃亡，他的妻室儿女要连带治罪。〔10〕适：到。 〔11〕大理：官名。负责司法，量刑治罪。后改为廷尉。 〔12〕接见：接触见面。〔13〕君子：妻子对丈夫的称呼。 〔14〕止：句末语气词。相当于"之"。 〔15〕夷：喜悦。以上四句出自《诗经·草虫》。这首诗描述妻子的心情：丈夫远行时怀着深切的忧念，丈夫平安归来后又喜悦万分。但是卢毓的理解与此不同，他认为"未见"是男女还没有见面成婚，所以才引诗句为证。 〔16〕庙见：礼仪名。按贾逵、服虔的解释，贵族男子娶嫡妻时，女方到男家先单独居住三个月后，再到祖庙拜见祖先，这

叫做庙见。庙见完成后才能正式举行婚礼。这三句出自《礼记·曾子问》。 〔17〕女氏之党：即女方的家乡。 〔18〕肆：随心所欲判决。〔19〕同牢：礼仪名。男女完婚时，新郎与新娘在寝室合吃同一份肉食，表示共同生活从此开始，称为同牢。 合卺(jǐn)：礼仪名。男女完婚时，新郎、新娘分取同一容器中的酒来漱口，称为合卺。合卺也表示共同生活从此开始。 〔20〕附：判刑。 从轻：在判刑可轻可重时，要从轻判处。这句出自《礼记·王制》。 〔21〕不辜：无辜的人。 〔22〕宁失不经：宁肯犯下不按法律条文办事的过失。这是《左传》襄公二十六年引《夏书》的话。 〔23〕苟：假如。 〔24〕有意：有深意。 〔25〕叹息：叹服。 〔26〕法曹：曹操丞相府的下属机构，主管驿站公文传送。 议令史：官名。主办本曹公文。 〔27〕吏部郎：官名。尚书台吏部曹的官员，协助尚书，选拔任用官员。

【裴注】

〔一〕《续汉书》曰："植字子幹。少事马融，与郑玄同门相友。植刚毅有大节，常喟然有济世之志；不苟合取容，不应州、郡命召。建宁中，征博士，出补九江太守。以病去官。作《尚书章句》、《礼记解诂》。稍迁侍中、尚书。张角起，以植为北中郎将，征角失利，抵罪。顷之，复以为尚书。张让劫少帝奔小平津，植手剑责数让等；让等皆放兵，垂泣谢罪，遂自杀。董卓议欲废帝，众莫敢对，植独正言。语在《卓传》。植以老病去位，隐居上谷军都山，初平三年卒。太祖北征柳城，过涿郡，令告太守曰：'故北中郎将卢植，名著海内，学为儒宗，士之楷模，乃国之桢干也。昔武王入殷，封商容之闾；郑丧子产，而仲尼陨涕。孤到此州，嘉其余风。《春秋》之义，贤者之后，有异于人。敬遣丞、掾修坟墓，并致薄酬，以彰厥德。'"植有四子，毓最小。

文帝践阼，徙黄门侍郎。出为济阴相，梁、谯二郡太守[1]。帝以谯旧乡[2]，故大徙民充之，以为屯田[3]。而谯土地垅瘠[4]，百姓穷困；毓愍之，上表徙民于梁国就沃衍[5]，失帝意。虽听毓所表，心犹恨之；遂左迁毓[6]，使将徙民为睢阳典农校尉[7]。毓心在利民，躬自临视[8]，择居美田，百姓赖之。迁安平、广平太守[9]，所在有惠化。

青龙二年，入为侍中。先是，散骑常侍刘劭受诏定律[10]，未就。毓上论古今科律之意，以为"法宜一正[11]，不宜有两端，使奸吏得容情"。及侍中高堂隆数以宫室事切谏[12]，帝不悦。毓进曰："臣闻君明则臣直。古之圣王恐不闻其过，故有敢谏之鼓[13]。近臣尽规，此乃臣等所以不及隆。隆诸生[14]，名为狂直，陛下宜容之。"

在职三年，多所驳争。诏曰："官人秩才[15]，圣帝所难[16]；必须良佐，进可替否[17]。侍中毓禀性贞固，心平体正；可谓明试有功[18]，不懈于位者也。其以毓为吏部尚书。"使毓自选代[19]，曰："得如卿者，乃可。"毓举常侍郑冲[20]，帝曰："文和，吾自知之；更举吾所未闻者。"乃举阮武、孙邕，帝于是用邕。

前此诸葛诞、邓飏等驰名誉[21]，有"四（窗）〔聪〕"、"八达"之诮[22]，帝疾之。时举中书郎[23]，诏曰："得其人与否，在卢生耳。选举莫取有名，名如画地作饼，不可啖也。"毓对曰："名不足以致异人，而可以得常士。常士畏教慕善，然后有名，非所当疾也。愚臣既不足以识异人，又主者正以循名案常为职[24]，但当有以验其后[25]。故古者'敷奏以言[26]，明试以功'。今考绩之法废，而以毁誉相进退[27]；故真伪浑杂，虚实相蒙。"帝纳其言，即诏作考课法。

会司徒缺，毓举处士管宁[28]；帝不能用，更问其次。毓对曰："敦笃至行〔29〕，则太中大夫韩暨〔30〕；亮直清方，则司隶校尉崔林〔31〕；贞固纯粹，则太常常林〔32〕。"帝乃用暨。

毓于人及选举，先举性行，而后言才。黄门李丰尝以问毓〔33〕，毓曰："才所以为善也〔34〕，故大才成大善，小才成小善。今称之有才而不能为善，是才不中器也〔35〕。"丰等服其言。

【注释】

〔1〕梁：王国名。治所在今河南商丘市东南。　〔2〕旧乡：故乡。〔3〕屯田：曹魏自曹操控制汉献帝时起，实行民户屯田制。政府按军事组织形式管理屯田农民，并设置专门的屯田官。收获的谷物，按比例上交政府，其余归屯田民自己。　〔4〕硗（qiāo）瘠：坚硬瘠薄。〔5〕沃衍：肥沃低平的土地。　〔6〕左迁：降职。　〔7〕将：率领。　睢阳：县名。县治在今河南商丘市东南。　典农校尉：官名。负责管理屯田民。在级别上相当于郡国的守相。　〔8〕躬自：亲自。　〔9〕安平：郡名。治所在今河北衡水市冀州区。　〔10〕定律：制定新法律。　〔11〕一正：统一和准确。　〔12〕高堂隆：传见本书卷二十五。　宫室事：指魏明帝大修宫殿一事。　〔13〕敢谏之鼓：传说唐尧曾经专门为进谏者设立一面大鼓，进谏者只要敲击它，就马上会受到接见，这叫敢谏之鼓。见《淮南子·主术训》。　〔14〕诸生：儒生。　〔15〕秩才：给有才能的人以俸禄。指让他们做官。　〔16〕圣帝：指唐尧。《尚书·皋陶谟》有"唯帝其难之，知人则哲，能官人"的话，说是尧对完全做到知人善任也觉得困难。　〔17〕进可替否：进献可以采用的，去除不可以采用的。〔18〕明试有功：经过认真考察后证明工作有成效。《尚书·尧典》有"明试以功"的句子。　〔19〕自选代：自己选择代替自己任侍中的人。〔20〕常侍：即散骑常侍。　郑冲（？—公元 274）：字文和，河南尹开封（今河南开封市西南）人。出身寒微。受曹丕的提拔进入仕途，曹魏时历任司空、司徒、太保。西晋建立，任太傅，封寿光公。传见《晋书》卷三十三。　〔21〕邓飏（？—公元 249）：传附本书卷九《曹真传》。〔22〕四聪、八达：当时这个亲密交往相互标榜的小集团共有十五人。其

中，以夏侯玄为首的四人被称为"四聪"，以诸葛诞为首的八人被称为"八达"，剩下三人被称为"三豫"。见本书卷二十八《诸葛诞传》裴注引《世语》。〔23〕中书郎：官名。即中书侍郎。参与起草诏令，并读给皇帝听，以作最后的审定。〔24〕循名：依据名誉。〔25〕有以验其后：有措施检验后来的实际表现。〔26〕敷奏以言：用言辞向天子报告自己的政绩。这是《尚书·尧典》里的话。〔27〕以毁誉相进退：把受到的诋毁和赞誉作为职位升降的依据。〔28〕处士：具有才德而隐居不仕的人。管宁：传见本书卷十一。〔29〕敦笃至行：重视并专注于培养高尚的品行。〔30〕太中大夫：官名。侍从皇帝，回答皇帝提出的各种问题。韩暨（？—公元238）：传见本书卷二十四。〔31〕崔林（？—公元244）：传见本书卷二十四。〔32〕常林：传见本书卷二十三。〔33〕黄门：指给事黄门侍郎。官名。侍从皇帝，充当皇宫与外面的联络，参与审议尚书台呈送的公文。李丰（？—公元254）：传见本书卷九《夏侯尚传附夏侯玄传》裴注引《魏略》。〔34〕才所以为善：才能是用来做好事情的。〔35〕中器：中用。

齐王即位，赐爵关内侯。时曹爽秉权，将树其党；徙毓仆射，以侍中何晏代毓[1]。顷之，出毓为廷尉，司隶毕轨又枉奏免官[2]。众论多讼之[3]，乃以毓为光禄勋。

爽等见收[4]，太傅司马宣王使毓行司隶校尉[5]，治其狱[6]。复为吏部尚书，加奉车都尉[7]，封高乐亭侯。转为仆射，故典选举[8]。加光禄大夫。

高贵乡公即位，进封大梁乡侯；封一子高亭侯。毌丘俭作乱，大将军司马景王出征，毓纲纪后事[9]，加侍中。

正元三年，疾病，逊位。迁为司空，固推骠骑将军王昶、光禄大夫王观、司隶校尉王祥[10]。诏使使者即授印绶，进爵封容城侯，邑二千三百户。

甘露二年，薨。谥曰成侯。孙藩嗣。毓子钦、斑〔11〕；咸熙中钦为尚书，斑泰山太守。〔一〕

【注释】

〔1〕代毓：代替卢毓担任吏部尚书。当时的吏部尚书负责官员的选拔任用，控制人事大权。是非常关键的职位。 〔2〕毕轨（？—公元249）：传见本书卷九《曹真传附曹爽传》裴注引《魏略》。 〔3〕讼之：为卢毓申诉。 〔4〕见收：被逮捕。 〔5〕行：级别较高的官员代理级别较低的官职。当时卢毓的本职光禄勋，为中二千石，司隶校尉为比二千石，前者比后者高两级。 〔6〕治其狱：审理曹爽等人的案件。〔7〕奉车都尉：官名。皇帝外出时负责管理车队的车辆。 〔8〕故：依旧。 〔9〕纲纪：总管。 〔10〕王昶（？—公元259）：传见本书卷二十七。 王观：传见本书卷二十四。 王祥（公元184—268）：字休徵，琅邪郡临沂（今山东临沂市）人。东汉末隐居二十余年。后进入仕途，曹魏时支持司马氏，官至太尉，封睢陵侯。西晋建立，升任太保，晋爵睢陵公。其后子孙繁衍，世代出任高官显职，琅邪王氏变为两晋南朝最著名的世家大族。传见《晋书》卷三十三。 〔11〕钦：即卢钦（？—公元278）。字子若。仕魏至吏部尚书，封大梁侯。西晋时任尚书仆射。传见《晋书》卷四十四。 斑（tǐng）：即卢斑。字子笏。西晋时任卫尉。传附《晋书》卷四十四《卢钦传》。

【裴注】

〔一〕《世语》曰："钦，字子若，斑字子笏。钦泰始中为尚书仆射，领选。咸宁四年卒。追赠卫将军，开府。"虞预《晋书》曰："钦少居名位，不顾财利；清虚淡泊，动修礼典。同郡张华，家单少孤，不为乡邑所知，惟钦贵异焉。钦子浮，字子云。"

《晋诸公赞》曰："张华博识多闻，无物不知。浮，高朗经博，有美于华；起家太子舍人，病疽，截手，遂废。朝廷器重之，就家以为国子博士，迁祭酒。永平中为秘书监。斑及子皓、志，并至尚书。志子谌，字子谅。温峤表称谌'清出有文思。'"

《谌别传》曰："谌，善著文章。洛阳倾覆，北投刘琨，琨以为司空从事中郎。琨败，谌归段末波。元帝之初，累召为散骑、中书侍郎，不得南赴。永和六年，卒于胡。胡中子孙，过江。"妖贼帅卢循，谌之曾孙。

评曰：桓阶识睹成败，才周当世[1]。陈群动仗名义，有清流雅望；泰弘济简至[2]，允克堂构矣[3]。魏世事统台阁[4]，重内轻外；故八座尚书[5]，即古六卿之任也[6]。陈、徐、卫、卢，久居斯位；矫、宣刚断骨鲠；臻、毓规鉴清理：咸不忝厥职云[7]。

【注释】

〔1〕周：适合。 当世：承当社会事务。指从政。 〔2〕弘济：（事业上的）大成功。 〔3〕允克：确实能够。 堂构：指继承先辈的事业。堂是奠定房屋基础，构是盖房屋，语出《尚书·大诰》。 〔4〕世事：政事。 台阁：指尚书台。尚书台位于皇宫之内，它成为中央的机要事务处理机构之后，皇宫之外的三公、九卿权力就缩小了，所以下面说"重内轻外"。 〔5〕八座尚书：曹魏的尚书台下分吏部、左民、客、五兵、度支五曹，每曹的主办官员是尚书。五位尚书之上，有尚书令一人，尚书左、右仆射二人，总共八人，当时称为八座尚书或八座。 〔6〕六卿：指《周礼》中列出的六位朝廷执政官员，即天官冢宰、地官司徒、春官宗伯、夏官司马、秋官司寇、冬官司空。 〔7〕忝：辱。 厥职：他们的职位。

【译文】

桓阶，字伯绪，长沙郡临湘县人。他曾当过本郡的功曹。太守孙坚举荐他为孝廉，他被朝廷任命为尚书郎。后因父亲去世而回老家奔丧，正赶上孙坚在攻打刘表时战死，桓阶便冒着生命危险前去拜见刘表，请求让自己埋葬孙坚的遗体。刘表被他的义气所感动，就把孙坚的遗体给他带走了。

太祖曹操与袁绍在官渡相持不下，刘表在荆州支持袁绍。桓阶劝说长沙郡太守张羡道："凡是做事不以正义为根本的，就没有不失败的。因此，齐桓公要率领诸侯尊崇周天子，晋文公要驱逐叔带收留周襄王。如今袁绍的做法与此完全相反，而刘表竟然响应他，他们走的都是自取灾祸的路啊。您可一定要建立功劳，认清大义，保全福分，远离灾祸，不能和他们同流合污啊！"张羡说：

"那么我们现在又何去何从呢?"桓阶说:"眼下曹公的力量虽然弱小,但他是仗义起兵,要解救朝廷的危难,奉天子之命讨伐有罪的叛臣,天下人谁敢不服? 如今您如能把荆州南部的长沙、桂阳、零陵、武陵四郡联合起来,保住湘江、沅江、澧水流域,等待曹公的大军,到时候里应外合,难道不是出路吗?"张羡说:"好!"于是把长沙和周围三郡联合起来抗拒刘表,又派出使者前去拜见太祖,太祖十分高兴。

但是碰上袁绍接连向太祖发起进攻,太祖一直未能南下,而刘表却加紧攻击张羡,张羡病死。长沙城被攻破后,桓阶只得躲藏起来。过了很久,刘表又聘任他为从事祭酒,还打算把妻子蔡氏的妹妹嫁给他。桓阶推说自己已经结婚成家,拒不接受,接着又称病辞职告退了。

太祖平定荆州以后,听说桓阶曾经为张羡出谋划策,很是器重他,就聘任他做自己丞相府的掾、主簿。后又升任赵郡太守。魏国建立,桓阶出任虎贲中郎将、侍中。

当时太祖尚未确定继承人,而临淄侯植很受宠爱。桓阶多次在太祖面前陈述五官中郎将曹丕品德优良,又是曹植的兄长,适宜立为太子,不论在公开场合,还是在秘密上书中,桓阶都恳切劝说太祖。当时,大臣毛玠、徐奕因为刚直忠贞、不结私党,被丞相府西曹掾丁仪仇视,丁仪曾多次在太祖面前说他俩的坏话,全仗着桓阶在一旁帮助保护才得到安全。桓阶的坚持正义救助忠良,大都像这样。

以后他又升任尚书,主管选拔任用人才的事务。当时曹仁被关羽围圈在襄阳,太祖派徐晃前去援救,没能迅速把曹仁解救出来。太祖就打算亲自领兵去救曹仁,并向下属征求意见。大家都回答说:"您要是不赶紧去,曹仁必败无疑了。"唯独桓阶说:"大王您认为曹仁和徐晃会不会判断军事形势?"太祖回答说:"会。"桓阶又问:"大王是不是怕这两人不尽心尽力?"太祖回答说:"不是。"桓阶再问:"那您为什么还要亲自前往呢?"太祖说:"我只是担心敌军人马众多,怕徐晃所处的形势不利。"桓阶说:"眼下曹仁等人身处重围之中而能拼死守城毫无二心的原因,就在于您是在远处做他们的声援。人处于极度危险的境地,必有拼死求生的决心。内有拼死求生的决心，外有强大的援军，大王只消按兵不动向敌人显示我军大有余力，何必忧心失败而要亲自前往呢?"太祖觉得他说得有道理，就统率大军进驻在摩陂。后来，敌军果然被打退。

文帝曹丕即位后，桓阶升任尚书令，封高乡亭侯，加任侍中。

他生病以后，文帝亲自去看望，对他说："我正要把自己未成年的儿子和国家的命运托付给您，望您保重啊!"晋封桓阶为安乐乡侯，封邑六百户，还赐他三个儿子关内侯的爵位。另一个儿子桓祐是桓阶的继承人，所以没有封侯，但在桓祐病故之后，文帝也追赠他为关内侯。后来桓阶病势沉重，文帝派使者到他家中任命他为太常。他去世后，文帝伤心流泪，谥为贞侯。桓阶的儿子桓嘉继承了他的爵位，桓阶的弟弟桓纂被任命为散骑侍郎，受封为关内侯。桓嘉还娶了曹氏宗族亲王的女儿为妻。嘉平年间，桓嘉以乐安郡太守的身份领兵和孙吴大战于东关，兵败战死，谥为壮侯。其子桓翊继承了他的爵位。

陈群，字长文，颍川郡许昌县人。祖父陈寔、父亲陈纪、叔父陈谌，都很有名声。当陈群还是小孩子的时候，陈寔就很器重他，经常对宗族长辈说："这孩子必定会振兴我们陈氏宗族。"鲁国的孔融才能优异而性情高傲，年龄在陈纪和陈群之间，他先和陈纪是朋友，以后又和陈群交情深厚，于是便把陈纪视为长辈，见面时坚持行跪拜礼，陈群由此而声名显扬。

刘备任豫州牧的时候，聘任陈群为别驾。当时陶谦刚刚病死，徐州的官吏去迎接刘备主持徐州的政务，刘备想去，陈群劝刘备说："袁术的力量还很强大，如果现在东去徐州，一定会与袁术发生冲突。要是吕布乘机袭击您的后方，将军那时即使得了徐州，也成不了大事。"刘备不听劝告，带着人马东去徐州，一到徐州就和袁术杀得难解难分。吕布果然乘机袭取了下邳，又派兵援助袁术，把刘备打得无家可归。刘备这时候才悔恨没听陈群的劝告。陈群后来被举荐为茂才，受命为柘县县令，他没有去上任。跟随父亲陈纪一起到徐州避难。

碰上太祖曹操大破吕布，就聘任陈群为司空府负责人事的西曹掾、属。当时，有人推荐乐安的王模、下邳的周逵，太祖要任命他俩为自己的下属。陈群把太祖的指令原封不动退还，说明这两个人品德不好，早晚会身败名裂。太祖不听。以后王模、周逵果然都因为犯法作恶而被杀，太祖为此特向陈群表示歉意。后来，陈群推荐广陵的陈矫和丹阳的戴乾，都被太祖起用。以后戴乾在抵抗孙吴进攻时献出生命，陈矫也成了著名大臣，世人因此都称赞陈群是慧眼识人。

他先后出任萧县、酇县、长平县的县令，因父亲去世而辞职。后来以司徒府下属的身份在官吏考选中被列为优等，担任了治书侍御史，后又转任丞相府的军事参谋。

魏国建立以后，他升任御史中丞。当时太祖正和大臣们一起商议是否要恢复破坏犯人肉体的肉刑，向陈群下达指令说："怎么才能找到一位通达古今事理的君子，让他来评论评论这件事呢！从前您父亲陈鸿胪认为死刑犯人当中也有可以施以恩惠免于处死的，就是指要对他们施以肉刑。御史中丞能阐述一下令尊的观点吗？"

陈群回答说："为臣的父亲认为：'汉朝废除肉刑而改为刑杖击打，本意是出于仁慈之心但反而使犯人死得更多，这是名义上减轻刑罚而实际上却加重了。'名义上减轻刑罚，老百姓就容易犯罪；实际上加重刑罚，老百姓就容易受到伤害。《尚书》上说：'要慎重使用五种刑罚，以养成正直、刚健、柔和三种品德'；《周易》上也记载着割鼻、断足、砍脚趾的刑罚。这些都是用来辅助政治教化、惩治邪恶制止行凶杀人的。况且杀人偿命，也合乎古代的制度；对于把人打伤甚至使别人成为残废的罪行，却只是剃去行凶者的头发让他做苦工，就不合道理了。如果沿用古刑，把强奸犯的生殖器割掉，把盗窃犯的足砍去，那么就永远不会发生淫乱盗窃一类的坏事。据说古代适用五种刑罚惩治的犯罪行为有三千多种，虽然古代的五刑不能全部恢复，但是像强奸犯割生殖器和盗窃犯砍足这样的刑罚，由于奸淫、盗窃正是现时严重的祸患，因此应该首先恢复施行。按照汉朝法律必须处决的罪大恶极者，这是不能施给仁慈给以宽大的。但是对于其他刚刚够判死刑、可杀可不杀的犯人，就可以用肉刑代替。这样，被处死的犯人就可以和得到活命的犯人在人数上相互抵消了。如今以容易致人死亡的刑杖击打来代替肉刑，实在是只重视人的肢体而轻视人的生命啊。"

当时钟繇和陈群的意见相同，但王朗和参与讨论的大臣大都认为肉刑不可施行。太祖对钟、陈二人的看法深为赞同，只是因为战争频繁，又顾及众人的议论，故此暂且将此事搁置下来。

以后陈群又转任侍中，兼任丞相府的东、西曹掾。他在朝里对人对事不抱成见，素来依据名分和道义，从不以不正之道对待人。

文帝曹丕在东宫当太子的时候，就对他深为敬重，待他像平等的朋友一样，还常常借用孔子的话赞叹陈群说："自从我有了颜回，学生们和我的关系就日益亲密了。"文帝继位当了魏王，封陈群为昌武亭侯，提升他为尚书。把人才分为九等然后授予官职的办法，就是由陈群提出和制定的。文帝当皇帝后，陈群升任尚书仆射，加任侍中。后又晋升为尚书令，晋爵为颍乡侯。文帝征伐孙权，到达广陵后，让陈群兼任中领军。文帝返回时，又授给陈群节杖，让他负责指挥水军。文帝回到许昌，任命陈群为镇军大将军，兼任中护军，总管尚书台事务。文帝病重，陈群与曹真、司马懿等一起接受遗诏辅佐朝政。

明帝曹叡即位后，陈群晋爵为颍阴侯，增加封邑五百户，加上以前所封的共有一千三百户；并特许他和征东大将军曹休、中军大将军曹真、抚军大将军司马懿一起设立各自的办公府署。没过多久，又任命他为司空，依旧总管尚书台事务。

这时，明帝曹叡刚刚开始处理政事，陈群上疏说："《诗经》上说'效法周文王，各国才开始相信周王朝'，又说'周文王先向嫡妻作示范，然后再对兄弟作示范，由此扩展开去，以治理国家'，可见道德的建立要从近处开始，最终才能广布于天下。自从董卓之乱以来，战争不停，老百姓不知道王朝教化的根本，我真怕这种教化衰败得太厉害。陛下如今继承魏兴隆的事业，肩负起大祖、高祖留下的重任，天下百姓都向往着美好的政治局面，如能推崇道德，传播教化，体恤百姓，那天下的民众可就太幸福了。另外，当臣子的相互附和，是非混淆，这是国家的大患。如果大臣们彼此不和睦，就会产生对立的帮派；如果有对立的帮派，彼此就有无根据的诋毁和吹捧；如果有无根据的诋毁和吹捧，就会真假难辨。对此陛下不能不深加防备，采取措施断绝其根源。”

太和年间，中军大将军曹真上表，建议分兵几路从斜谷道进攻蜀国。陈群认为：“太祖当年到阳平关攻打张鲁，曾收割了敌占区大量豆麦作为军粮，张鲁尚未打败而粮食却不够吃了。如今在敌占区抢收不到什么粮食，而且斜谷一线地势险峻，进退都很困难；运输粮草肯定会受到敌人的抄掠堵截，如果多留人马沿途守卫军事要冲，又会使一线的兵力减少。这些都不能不深思熟虑啊。”明帝听从了他的意见。

可是曹真接着又上表请求从子午道进兵伐蜀，陈群再次列举了出兵的种种不利条件，并且谈到军费开支的问题。明帝下诏把陈群的建议批转给曹真参阅，曹真却竟然把这作为根据，命令大军出发。碰巧赶上连日大雨，陈群又提出应该下诏让曹真撤回，明帝接受了他的建议。

后来明帝的女儿曹淑夭亡，被追加封爵和谥号为平原懿公主。陈群上疏说：“人的寿命长短由命运决定，生死存亡自有定数。因此圣人们制定礼仪时，对情感或者加以抑制或者让人们表达出来，以求适中。孔子父母合葬在防山，其坟墓并不大事修建，非常俭朴；季札出使齐国返回的途中，他的大儿子死了，就地安葬在赢、博两地之间，并未运回故乡。圣人的一举一动都合乎天地的正道，因此能够流传千古；而具有高尚品德的人做事不会超越规矩，因为他的一举一动要被别人效法。礼仪规定，八岁的儿童死亡称为下殇，葬礼的内容非常简略；何况公主死时还未满一岁？陛下却用成年人的礼仪给她送葬，还为此制作丧服；让满朝文武都穿上，早晚守灵痛哭：自古以来，这可是从来没有过的事呀。听说陛下还要亲自前去视察墓地，亲自举行仪式送丧。希望陛下能抑制割舍这些有害无益的事情，让大臣们去送葬就行了，不要亲自前往，这是全国人民的最大希望。我还听说陛下想去摩陂，实际上要到许昌，而且您和太后宫中的上下人等，全都跟着一起东行。朝里的大小官员，没有人不感到惊讶奇怪。有人说您想要出去避灾，有的说您打算找个合适的地方迁移宫殿，还有的不知道您到底为了什么要出行。为臣认为，吉凶由命运决定，祸福由人们自己造成。用迁徙宫殿的办法来求得平安，收不到什么效果。倘若一定要迁移躲避，那么修缮一下京城西北的金墉城，或者是孟津的别宫，都可以分给宫内的人员暂时住下。这样也可以免除宫内人员露宿野外、农民服役而耽误耕种的弊病。再说，举宫东行的消息如果让吴、蜀两国的敌人听到，还会认为陛下本人出了什么大事。另外，东行所需要的费用，也是一笔难以计算的大开支。好人贤才面对由盛变衰的局面，处在由安变危的境地，都能够秉执道义、笃信天命，并不用搬家的办法以求安宁，本乡本土的人也会受到他们的影响和感化，消除恐惧的心理。何况陛下是万国之主，您本人镇静天下就会安定，您一旦躁动天下就会扰乱，您的言行举止，怎么能够轻率呢？"明帝并没有听从他的劝告。

青龙年间，明帝大兴土木、修建宫殿，使农民耽误了耕种。陈群上疏说："大禹继承了唐尧、虞舜的兴盛基业，却仍然住在低矮的住房中，穿着朴素粗糙的衣服。何况当今是天下大乱之后，人口数量很少，比起汉文帝、汉景帝时，现在全国的人口还比不上那时的一个大郡，再加上边境战事频繁，将士劳苦，如果再遇到旱涝灾害，国家的忧患可就深重了。再说吴、蜀二国尚未消灭，国家还不安定，应该趁他们还没有出动人马前来侵犯的时候，加紧训练军队鼓励农耕，做好战备，严阵以待。现在陛下舍弃当务之急而先建宫殿，为臣担心老百姓会因此而陷入困境，将来又怎么能抵抗敌人的入侵呢？当初刘备占领益州后，从成都到白水县，沿路建造了许多接待来往过客的驿站旅舍，耗费了大量人力，太祖认为他是在劳民伤财。如今，我们也像这样耗费人力，正是吴国和蜀国求之不得的事，这关系到国家的安危，希望陛下能好好考虑考虑。"

明帝却回答说："天子的宫殿建造，应该在统一天下的同时进行。消灭吴、蜀统一天下之后，只能停止动用民力坐享太平，怎么可以再征调百姓兴修宫殿呢？您担任了主管土木建筑的司空，职责和西汉初年的萧何差不多，萧何为汉高祖大修未央宫，您为什么不向他看齐呢？"

陈群又说："当初汉高祖刘邦最后只和项羽争夺天下。项羽被消灭后，宫殿都被大火烧毁了，因此萧何才在京城长安修建了武器库和谷仓；这些都是急切需要的设施，可汉高祖仍然责备萧何不该把它们造得过分壮丽。如今吴、蜀两国都未平定，实在不应该像萧何那样大兴土木。人想要做一件事，不会找不到借口；何况贵为天子，更没有谁敢违抗他的意志。比如以前您打算拆毁武器库，就说不能不拆毁它；以后您打算修复武器库，又说不能不修复它。如果您一定要修宫殿，确实不是臣下的言辞能挡得住的，但是万一您又断然回心转意，这也不是臣下所能预料的。当初汉明帝想修筑德阳殿，钟离意极力劝阻，汉明帝暂时听从了他的意见，可后来还是动工修建了；宫殿建成后，明帝对大臣们说：'要是钟离尚书还在，这座德阳殿也就盖不成了。'当帝王的怎么会惧怕一个臣子呢，其实都是为了老百姓啊。现在为臣不能稍微让陛下留心听我的话，我比钟离意差得太远了！"明帝终于减少了一些宫殿修建的项目。

当初太祖在世时，刘廙因为受到弟弟刘伟参与魏讽谋反一事的株连，本应受到诛杀。陈群为他向太祖申诉，太祖说："刘廙是朝廷名臣，我也正想要赦免他。"于是下令恢复刘廙的官职。刘廙非常感激陈群，陈群却说："议论如何用刑乃是为了国家，并非为了私人；况且赦免您本是英明君主的主意，跟我有什么关系呢？"陈群心胸博大而不夸耀自己，都像这样。

青龙四年(公元236)，陈群去世，被谥为靖侯。他的儿子陈泰继承了他的爵位。明帝追思陈群的功德，将他的封邑分出一部分，又封他的一个儿子为列侯。

陈泰，字玄伯。明帝青龙年间，被任命为散骑侍郎。齐王曹芳正始年间，升为游击将军。出任并州刺史，加振威将军官衔，持有节杖，兼任护匈奴中郎将。在任期间，他采取怀柔政策安抚少数族和汉族百姓，在当地很有威信德惠。京师的达官显贵有很多人带金钱给他，请他在当地代买匈奴族人做奴婢，陈泰把这些金钱统统挂在墙上，连封口也不打开。到他被征调回京城担任尚书时，就全部带回归还原主。

嘉平初年，陈泰代替郭淮担任雍州刺史，加奋威将军的军职。蜀汉卫将军姜维率军依傍麹山修筑了两座城池，派牙门将句安、李歆等据守，并以扣留人质的办法逼迫羌族人侵犯附近的魏国各郡。征西将军郭淮和陈泰商量如何抵御敌军，陈泰说："麹城虽然坚固，但是距蜀地太远，道路险峻，粮食只能长途运输；羌族人害怕为姜维服劳役，也一定不会长久附从他。如果我们围而攻之，很快就能够占领城。蜀军虽然会来援救，但山路险阻，并不适合行军。"

郭淮听从了陈泰的计策，让陈泰率领讨蜀护军徐质，南安郡太守邓艾等进兵围困麹城，切断对方运粮的道路及城外的水源。句安等人出城挑战，魏军也不应战。城里的蜀军日渐困窘，只好把一个人的口粮分给几个人吃，把积雪融化后当饮用水，以拖延时日。姜维果然亲自领兵赶来救援，兵出牛头山，和陈泰正面相对。陈泰对部下说："兵法贵在不用打仗就能让人屈服，如今我们只要切断牛头山，使姜维没有了退路，就能把他擒杀。"于是下令全军各自坚守壁垒不许出战，又派使者报告郭淮，说自己打算南渡白水然后沿河向东前进，请郭淮带兵赶赴牛头山，堵截姜维的退路，这样不仅能俘获句安、李歆，还能一并围歼姜维。

郭淮很欣赏他的计策，马上率军赶到洮水附近扎营。姜维得知后心中恐惧，赶快撤退，句安、李歆等孤立无援，只好投降。

郭淮死后，陈泰代替他担任了征西将军，持有节杖，指挥雍州、凉州各地的军队。

雍州刺史王经报告陈泰，说蜀将姜维、夏侯霸企图兵分三路进攻祁山、石营、金城，请求进兵到为翅，再派凉州的军队赶到枹罕，让讨蜀护军率兵奔赴祁山，分三路前去救援。

陈泰估量蜀军的力量无论如何分不成三路，而且兵力忌讳分散，凉州的兵马也不宜越过州界，于是回复王经说："弄清楚敌人的确实消息，探明对方的真实去向，等待我方东西两面军队会合后才能进兵。"当时姜维等已带领数万人马到达枹罕，并直指狄道。陈泰急令王经进兵屯驻狄道，等待后面大军抵达，再作进攻敌人的打算。陈泰自己则领兵直奔陈仓。

碰上王经统率的军队在故关和敌军作战失利，又擅自领兵渡过洮水，陈泰认为王经不能坚守狄道，必定会发生变故，赶忙派出五营军队先赶去支援，自己带领大军随后接应。王经渡过洮水之后与蜀军作战，被姜维打得大败，带着剩下的一万余人逃回来死守狄道城，其余的都四散奔逃。姜维乘胜包围狄道。

陈泰的兵马到达上邽，一面分兵把守要地，一面继续日夜进兵。邓艾、胡奋、王秘的军队也先后赶到，陈泰当即与邓艾、王秘等分为三路推进，一直到达陇西。邓艾等人认为："王经的精兵大败于洮水以西，敌军士气正盛，这样的对手势不可当。而将军统领临时集合的队伍处于失利之后，士气低落，陇山以西局势动荡。古人说：'毒蛇咬手，壮士会割断手腕。'《孙子》里也有'兵有所不击，地有所不守'的说法，讲的都是损小而保大的道理。如今陇西敌军的危害超过了毒蛇，狄道也不只是'不守'的地方，而姜维的兵马锋芒锐利，应该回避，不如凭借险峻地形先保护自己，等待时机，然后再进兵救援狄道，这才是正确的策略。"

陈泰却说："姜维轻兵深入，正想和我军在平原旷野争夺，以求一战成功。王经本当凭借高壁深垒，挫其锐气，可他偏要出战，结果使敌人的计谋得逞，他大败而回，被姜维围困在狄道城中。倘若姜维攻下狄道，乘胜向东进兵，占据栎阳充实的粮食仓库，再收集降附的士兵和百姓，招纳羌族人，然后东争关中、陇右，进逼陇西、南安、天水、广魏四郡，这可是我们决难忍受的事。而姜维以在野战中取胜的军队，包围险峻的狄道城，他那充满锐气的将士，被迫拼命用尽力量发起攻坚战。可是，攻方和守方形势不一样，客方和主方花费的力量大不相同。《孙子》上说：'制造攻城用的瞭望楼和战车，需要三个月时间才能完成。如果构筑攻城的土山，还不止三个月。'这些都不是轻兵深入的姜维凭借阴谋诡计能仓促办到的。眼下姜维孤军深入我方地域，粮草供应不上；正是我军迅速推进击破他们的大好时机。迅雷不及掩耳，这是自然而然的形势。洮水在外围环绕，姜维处于内部，我们占据制高点和有利地势，扼制住敌人的咽喉，蜀军一定会不战而逃。对敌人不能放过，他们对狄道的围困不会持久，诸位怎么就说出回避等待的话来呢？"

于是他带领人马越过高城岭，一路隐蔽前进，夜里赶到狄道城东南的高山上，点燃烽火，鼓角齐鸣。狄道城里的将士一见救兵到了，个个精神振奋。姜维起初还断定魏朝的救兵会等到各路人马会齐后才出发，此刻忽然听说魏军已经杀到，便认为对方早有准备出动了奇兵，全军上下都很震惊和恐慌。魏军从陇西出发时，一路上山路深险，陈泰料定敌人必然会在途中设置埋伏，于是伪装成要从南面进兵的模样，姜维果然派兵在这一路埋伏等了三天。等到魏军秘密行军，突然杀到敌人的南面，姜维才只好带兵沿着山边冲过来抵挡，经过一番激战，姜维失利而撤退。这时，凉州的魏军已从金城赶到沃干坂，陈泰和王经秘密约定日期，一同攻击姜维兵马返回的通道。姜维等人听说了这个消息，慌忙逃走，狄道城中的将士终于被解救出来。王经慨叹说："城中粮食供应已经维持不到十天，如果不是陈将军抓住时机进兵援救，就会全城死亡丢失雍州一州的地域了！"陈泰一面慰劳将士，一面调出狄道守军，另外派兵驻守狄道城，并且下令整修城池，然后自己带兵返回驻地上邽。

当初，陈泰听说王经被围，认为王经带领的雍州将士向来团结一心，又有坚固的城池作凭借，姜维不可能很快攻下狄道。于是，他上表报告朝廷，请求让自己"昼夜兼程赶去援救，迅速回还"。朝廷的大臣认为："王经已被打败，狄道城很难保全。倘若姜维切断通往凉州的道路，兼并陇西、南安、天水、广魏四郡，占据关中和陇西的险要地形，就可能会消灭王经的部队而夺取陇右。因此应该等到各处的援军会合之后，再向敌人发起攻击。"大将军司马昭则认为："当年诸葛亮就常有割取陇右这种志向，但是最终也没有实现。事关重大，必须要有深谋远虑，这可不是姜维的才智所能办到的。而且狄道城也不可能被迅速攻克，城内着急的只是粮食短缺，征西将军陈泰主张迅速救援，这确实是上策。"

陈泰看到当时地方有事，总是虚张声势，扰动天下，对此很不以为然。因此，他很少向朝廷呈送紧急军情报告，用驿马传送文书时，一昼夜的行程也不超过六百里。司马昭曾对荀颛说："陈玄伯一向沉着勇敢多谋善断，肩负一方的重任，解救将被攻陷的城池，还不请求朝廷增兵，而且很少呈送紧急军情报告，这是因为他一定有办法对付敌人的缘故。作为都督大将，难道不应该像他这样吗！"后来朝廷征召陈泰入京任尚书右仆射，主管官员选拔任命，加任侍中、光禄大夫。

孙吴大将孙峻出兵淮河、泗水。朝廷任命陈泰为镇军将军，持有节杖，指挥淮河以北的各路军队，又下诏要徐州监军以下官员都受陈泰调度。孙峻退兵后，陈泰回朝，转任尚书左仆射。征东大将军诸葛诞在寿春叛乱，司马昭亲自率领朝廷大军屯驻丘头，让陈泰总管随行的尚书台。当时司马师、司马昭兄弟都把陈泰当作好朋友，沛国的武陔也和陈泰十分友善。有一次司马昭问武陔："玄伯和他的令尊司空相比怎么样？"武陔回答说："如果论通达儒雅，渊博舒展，以教育感化天下为己任，玄伯不如其父；但是论到对政事的精通熟练，处理公务时的简要恰当，建功立业，则玄伯超过了他的父亲。"陈泰先后因功增加封邑到两千六百户，子弟中一人被赐封为亭侯，二人被赐封为关内侯。

景元元年（公元260），陈泰去世，被追赠司空官衔，谥为穆侯。他的儿子陈恂继承了他的爵位。陈恂死后，没有儿子，就由他的弟弟陈温继承了爵位。咸熙年间，设立公、侯、伯、子、男五等爵位，因为陈泰在前朝功勋卓著，又改封陈温为慎县子爵。

陈矫，字季弼，广陵郡东阳县人。因避乱来到江东和东城县。先后推辞了孙策和袁术的聘任，回到了本郡。

本郡太守陈登请他担任功曹，派他去许都，对他说："许都朝廷官员的议论，对我的评价不够友好，这次请您替我观察了解一下，回来指教我。"陈矫从许都返回后，对陈登说："我听到各处的议论，都说您有些骄傲自大。"陈登说："在家庭的和睦恭敬、具有德行方面，我敬重陈元方兄弟；在为人的清高洁白、遵循礼法方面，我敬重华子鱼；在坚守节操、疾恶如仇、坚守道义方面，我敬重赵元达；在博闻强记、才能超群方面，我敬重孔文举；在雄姿杰出、有王霸谋略方面，我敬重刘玄德。我对这些人如此尊敬，怎么谈得上骄傲自大！其余的人都微不足道，也值得我敬重吗？"陈登素来的为人就是这样，但他却非常敬重陈矫。

孙策把陈登围困在广陵郡的匡奇城，陈登命陈矫去向太祖曹操求救，陈矫对太祖说："鄙郡虽然地域狭小，却是地理形势在军事上可以充分利用的地方，如若能得到您的救援，使鄙郡成为您的外藩，那么孙策的阴谋就会遭到挫败，徐州的百姓也会得到永久的安宁，同时也能使您的声威远震，仁爱传播，没有顺服的地方会望风归附。提高仁德而增加威望，这就是建立大业的事啊！"太祖很看重陈矫，想挽留他，可陈矫推辞说："家乡正处在危难之中，我原本是来告急求救的，纵然收不到从前申包胥那样的效果，又怎敢忘却当年弘演舍身救国的忠义呢？"太祖于是派兵前去救援陈登。孙策听到消息后即全军撤退，陈登派人在小路设置了很多埋伏，并亲自指挥人马追杀，大破敌军。

太祖任命陈矫为自己司空府的下属，此后陈矫又先后出任相县县令，征南将军府长史，彭城、乐陵二郡太守，魏郡西部都尉。

曲周县有个居民的父亲得了病，杀了耕牛来祈祷；县政府认定他犯了禁杀耕牛的法令，判处他死刑。陈矫知道后说："这是个孝子啊。"于是上表请求赦免这个人的罪过。陈矫升任魏郡太守。当时魏郡的牢房里囚禁着上千的罪犯，有的已经囚禁了好几年。陈矫认为："周朝有轻重不同的三套刑法，汉代有约法三章；如今只担心量刑偏轻或偏重，却忽视了长久拘押犯人的弊病，可以说是失之偏颇了。"于是陈矫亲自审阅了所有犯人的案卷，一下子把所有犯人都判决处理完毕。

大军东征，陈矫担任了丞相府长史，大军回还后，他再度担任魏郡太守，后转为丞相府西曹属。太祖征讨汉中，陈矫从行，返回后出任尚书。

太祖还没到达邺县，途中在洛阳逝世。大臣们拘泥于平常的礼仪，认为太子继位，必须要等待汉献帝下达诏命批准。陈矫说："魏王在外逝世，天下人惶恐不安。太子应尽快节哀继位，以满足远近各地官民的期望。况且魏王的其他爱子又在旁边，倘若兄弟之间发生争位的变故，那国家就危险了。"于是立即分配官员，备好典礼用品，一天之内，全都安排妥当。第二天一早，便以魏王王后的命令，让太子曹丕登王位，并宣布大赦。曹丕赞叹说："陈季弼面临重大问题时，胆略过人，确实是一代俊杰啊！"

曹丕称帝以后，陈矫转任吏部尚书，封高陵亭侯，后升任尚书令。明帝曹叡即位后，陈矫晋爵为东乡侯，封邑六百户。一次，明帝的车驾来到尚书台的大门，陈矫跪在地上问道："陛下准备到哪里去?"明帝说:"我想到尚书台检查文书案卷。"陈矫说:"检查文书案卷这是为臣的职责,不适合陛下您亲自办理。要是陛下认为我不称职,请您罢免我的官职。陛下最好还是回去吧。"明帝很惭愧,掉转车头回皇宫去了。陈矫为人就像这样坦荡正直。他又加任侍中、光禄大夫,最后升任司徒。景初元年(公元 237),陈矫去世,谥为贞侯。

陈矫的儿子陈本继承了他的爵位,历任郡太守、九卿。他在职期间,提纲挈领,从大处着眼,能够使下属尽心尽力工作。他没有研读过法律,担任司法的廷尉时却很称职,比出任这一职务的司马芝等人还出色,对法律条文的道理非常精通熟悉。陈本后来升任镇北将军,持有节杖,有权指挥黄河以北各路军队。

陈本死后,他的儿子陈粲继承了他的爵位。陈本的弟弟陈骞在咸熙年间曾任车骑将军。

当初,陈矫担任广陵郡功曹时,曾在出使途中路过泰山郡。泰山郡太守东郡人薛悌很器重他,和他结为好友。薛悌曾经和陈矫开玩笑说:"您这个小小郡吏竟和我这个郡太守交了朋友,让邻郡太守屈尊和您交游,不也挺好吗!"薛悌后来担任过魏郡太守和尚书令,竟然都是接替陈矫的职务。

徐宣,字宝坚,广陵郡海西县人。因避乱到了江东,以后又推辞孙策的任命,重返本郡。他和陈矫同时担任广陵郡的主簿,二人齐名而私人关系不好,然而都受到太守陈登的器重,和陈登齐心协力效忠于太祖曹操。海西、淮浦两县的百姓造反,郡都尉卫弥、海西县县令梁习深夜逃到徐宣的家里;徐宣派人秘密把他们送走,使他们幸免于难。太祖派督军扈质前来讨伐叛乱者,扈质以兵力不足为理由犹豫不前。徐宣暗地里去见扈质,责备他不该贻误军机,并为他分析了当前的形势,扈质这才进兵打败了叛军。

太祖任命徐宣为自己司空府的下属,又任命他为东缗、发干二县的县令。后来他升任齐郡太守,以后又进京担任丞相府的门下督,并随太祖到寿春进攻孙权。碰上马超作乱,大军西征关中,太祖对属下官员说:"现在我要远征马超,但是后方尚未安定,令人担忧，应当请一位清廉公正有高尚品德的人统兵镇守。"于是任命徐宣为左护军，留下来统领留守后方的各路军队。大军返回后，徐宣被任命为丞相府东曹掾，后又出任魏郡太守。

太祖在洛阳逝世，群臣都进入大殿参加哀悼。这时有人提议应该更换各城的守将和主官，一律改用太祖老家谯县、沛县的人。徐宣厉声说道："如今远近统一，人人都想尽忠报国，何必非用谯县、沛县的人不可，而使将士的忠心受到伤害呢！"太子曹丕听了这话，赞叹道："这就是人们所说的社稷之臣啊！"

曹丕做了皇帝以后，徐宣被任命为御史中丞，赐爵关内侯，转任城门校尉。一个多月后，又升任司隶校尉，转为散骑常侍。随从文帝征讨孙权到达广陵，大军乘船，风浪骤起，文帝的大船回旋倾斜面临倾覆的危险。徐宣当时生病，在后面的船上，他急忙驱船迎着风浪上前救护文帝，群臣中数他最先赶到。文帝被他的勇敢豪壮所感动，提升他为尚书。

明帝曹叡即位，封徐宣为津阳亭侯，封邑二百户。中领军桓范推荐徐宣说："为臣听说帝王用人，是根据社会的需要授给不同的人才以官职。争夺天下的时候，以是否有谋略作为先决条件；王朝建立以后，则以是否忠义作为首要标准。因此，晋文公采用舅犯的计策成就大事，却优先奖励了批评舅犯的雍季；高祖刘邦生前重用足智多谋的陈平，临死却把后事托付给周勃。我看尚书徐宣，品行忠厚，坦荡正直，清雅独立，不随世俗，立场坚定，有护卫江山的大节；历任州郡长官，在各地都很称职。如今尚书左仆射一职空缺，此前徐宣就曾经代行负责过留守事务；尚书左仆射是一个关键职位，没有比徐宣更合适的人了。"明帝于是任命徐宣为尚书左仆射，以后又加任侍中、光禄大夫。

明帝去许昌，徐宣留在京城总理留守事务。明帝返回后，主管官员把机要文书呈送给明帝审阅，明帝却说："我审阅与徐左仆射审阅有什么不同吗？"连看也不看，就交给徐宣去处理。尚方令因犯有过失被明帝随便处死，徐宣上疏给明帝，说这样用刑太过分了；又劝阻明帝不要大建宫殿耗费民力。明帝都亲笔下诏嘉许并采纳了他的意见。徐宣说："古人七十岁时要把出外乘坐的车辆挂起来，表示不再当官。我现在已经六十八岁，可以离职了。"于是以身体有病为理由，坚决请求辞去官职，明帝却始终没有批准。

青龙四年（公元236），徐宣去世。临死时要求家人给他穿上布衣，包上粗布头巾，用与时令相应的平常衣服装殓。明帝下诏说："徐宣秉性忠实，内直外方，历官三朝，公正坦荡，正颜厉色，有托孤受命的节操，可以说是国家的柱石。我常想提升他为三公，还没来得及任命，可惜他就离去了！现追赠他为车骑将军，用三公的礼仪安葬他。"谥为贞侯。徐宣的儿子徐钦继承了他的爵位。

卫臻，字公振，陈留郡襄邑县人。父亲卫兹，节操高尚，曾拒绝三公的任命。太祖曹操初次到陈留，卫兹就说："平定天下者，必定是这个人。"太祖也很看重卫兹，多次去他那里商议大事。后来卫兹跟随太祖讨伐董卓，战死在荥阳。太祖每次路过陈留，总要派使者前去祭扫他的坟墓。

夏侯惇当了陈留郡太守，举荐卫臻担任本郡的上计吏。一次，夏侯惇宴请官员，要夫人出来与大家见面。卫臻认为这是衰败时代才有的习俗，不合正礼。夏侯惇大怒，把他抓了起来，但过后又原谅了他。以后卫臻做了汉朝的黄门侍郎。东郡人朱越谋反，乱供认卫臻参与其事。太祖为此安慰卫臻说："我和您父亲共同起兵讨伐董卓时，就对您很器重。开始听到朱越的供词时，我坚决不相信，等收到尚书令荀彧的书信，那上面把您的忠诚就写得更明白了。"

碰上卫臻奉诏为献帝到魏国聘娶太祖的女儿，太祖借此上表让卫臻留下来担任自己丞相府的军事参谋。由于追念其父卫兹的功勋，又赐封卫臻为关内侯，转任丞相府户曹掾。

曹丕即魏王位后，任命卫臻为散骑常侍。曹丕当了皇帝，又封卫臻为安国亭侯。当时群臣异口同声颂扬魏朝的功德，好多人贬损前面的汉朝；唯独卫臻阐明禅让的道理，称赞汉朝的优点。文帝曹丕几次对卫臻使眼色，说："天下的珍宝，我都要和让出帝位的山阳公共同享用的。"于是提升卫臻为尚书，转任侍中、吏部尚书。

文帝南下广陵，让卫臻代理中领军职务，陪同前往。征东大将军曹休送来表章，说得到了吴军降将的报告，称"孙权已经来到濡须口"。卫臻说："孙权虽然有长江作依靠，并不敢和我军抗衡。这一定是敌军因害怕而散布的谣言。"在详细审问吴军降将后，才知道果然是对方守军制造的谎话。

明帝曹叡即位，卫臻晋封康乡侯，后来转任尚书右仆射，主管官员选拔任命，仍像从前一样加任侍中。中护军蒋济曾写信给卫臻说："汉高祖拜逃亡的俘虏韩信为大将，周武王提拔打鱼的姜尚为太师；出身微贱的寻常百姓，即使是砍柴的、做饭的，都可以当上王公大臣，您又何必墨守条文，要先试用然后再正式任命呢？"卫臻回答说："古人在政治稳定时用人重视度量而轻视智慧，所以要通过实绩的考核来提升和贬黜官员。如今您把周朝武王开国时的情况与成王、康王政治稳定的时期混为一谈，把汉朝高祖创业时的情况与文帝、景帝天下太平的阶段相提并论，喜好不合常规的举动，开启选拔奇特人才的门路，将会使天下人热衷于名位的争夺了。"

诸葛亮进犯天水，卫臻向明帝建议说："应该派一支奇兵进入散关，截断蜀军粮道。"明帝任命卫臻为征蜀将军，持有节杖，指挥各军。他到长安后，诸葛亮退兵。卫臻回到洛阳，继续担任原来的职务，又加任光禄大夫。

这时，明帝正把注意力集中在修建宫殿上，卫臻曾多次恳切地规劝。殿中监越权拘捕了参加修理宫殿不卖力的兰台令史，卫臻上奏明帝，请求审问违法的殿中监。明帝下诏说："宫殿还没有修好，我对此很关心，殿中监是在督促宫殿的修建，您为什么要追究他呢？"卫臻上疏说："古代制定了惩治越职侵权的法规，并不是因为厌恶他们办事勤勉；而是因为越职侵权的好处小而害处大。为臣每次观察校事官员的举动，大体就像这样。我担心将来各个官署都会仿效，这样一来政治就要混乱了。"

诸葛亮再次出兵斜谷，镇守荆州的征南将军报告说："吴国的朱然等人也领兵过了荆城开始北上。"卫臻说："朱然是东吴的一员骁将，一定会东下长江与孙权会合；现在只不过虚张声势以牵制我方征南将军的部队而已。"孙权果然召朱然进驻居巢，然后进攻合肥。明帝打算亲自东征以救援合肥，卫臻说："孙权外表上做出响应诸葛亮的样子，其实内心只是想在一旁观望成败。况且合肥城池坚固，用不着担心。陛下不必御驾亲征，也节省大军出征的费用。"明帝出兵到达寻阳，孙权果然撤退了。

幽州刺史毌丘俭上奏说："陛下即位以来，还没有什么值得书写记载的业绩。目前吴、蜀倚仗地势险要，也不是短时间就能平定的，不如暂且用幽州闲置的兵力，前去平定辽东的公孙渊。"卫臻对明帝说："毌丘俭所说的都是战国时代使用的小计谋，并非帝王应该做的大事。东吴连年举兵，犯乱边境。而我国依旧按兵不动，休养将士，没有能立即讨伐他们的原因，就在于老百姓过于疲劳。况且辽东的公孙渊从小生长在海边，对辽东的统治已经持续了三代，他对外安抚少数族，对内整军备战，而毌丘俭却想用非主力的幽州地方军队长驱直入，席卷辽东，他的设想也太狂妄了。"毌丘俭出兵果然失利。后来卫臻升任司空、司徒。

正始年间，卫臻晋爵为长垣侯，封邑一千户，他的一个儿子被封为列侯。当初，太祖好长一段时间不立太子，又很器重临淄侯曹植。丁仪等人充当了曹植的亲信，他们劝卫臻主动巴结曹植，但卫臻以大义拒绝了他们的劝说。文帝曹丕即位之后，皇子东海王曹霖很受宠爱。曹丕曾问卫臻说："您看我的大儿子平原王曹叡怎么样？"卫臻只称赞曹叡的品德优秀始终不说其他的话。曹爽辅政时，让夏侯玄说明意图，想派卫臻入官担任尚书令，又替自己的弟弟向卫臻家求婚；卫臻都没有答应，并且坚决请求辞去官位。于是皇帝下诏说："过去魏国的段干木在家隐居，也能使强大的秦国打消入侵的念头；汉朝的张良在家养病，并没有忘记策划平定楚地叛军的战略。您退休之后，如果有什么正直言论和好的谋略，希望能够不吝惜地说出来。"于是赏赐给他一座住宅，赐与特进的官号，每年的俸禄与三公相同。卫臻死后，被追赠为太尉，谥为敬侯。

其子卫烈继承了他的爵位，咸熙年间曾任光禄勋。

卢毓，字子家，涿郡涿县人。其父卢植，在当时很有名气。卢毓十岁时父亲死去；后来遇上本州动乱，两个哥哥也死于非命。袁绍和公孙瓒交战，幽、冀二州出现饥荒，卢毓担负起供养寡嫂孤侄的责任；以学问和品德受到社会的称赞。

曹丕当五官中郎将时，征召他担任府内的门下贼曹，后来崔琰又举荐他当了冀州的主簿。当时天下草创，军队中的士兵多有逃亡，因此，对逃亡士兵惩罚很重，妻室儿女也会受到株连而被处死。有个士兵逃亡，他的妻子白氏，刚嫁到他家没几天，还没能和丈夫见面，司法的大理卿报请将她处死在街市。卢毓驳斥大理卿的判决说："女子的感情，因为和丈夫接触见面才会产生恩爱，成了妻子之后关系才亲密。因此《诗经》上说：'未见夫君，我心伤悲；既已见到，我心欢喜。'《礼记》上也说：'未举行婚礼的妇女死亡，要归葬女方的家乡，因为她还没有成为正式的妻子。'如今白氏活着时有未曾和丈夫见面的悲哀，死了有不是别人正式妻子的冤枉，可执掌刑法的官员却想把她处以死刑，真要这样的话，那么白氏和丈夫正式完婚之后，又应当给她施加什么样的惩罚呢？况且《礼记》上有'附从轻'的话，意思是判刑可轻可重时，以判轻刑为好。《尚书》上也说：'与其杀无辜的人，宁肯犯不按法律条文办事的过失。'这是怕刑罚过重了。假如因为白氏已经接受了夫家的聘礼，进了丈夫的家门，那么判她服几年刑也就可以了，处死实在是太重。"

太祖说："卢毓驳得有道理，而且引经据典很有意思，使我感叹不已。"由于这件事，太祖便任命他为丞相府法曹议令史，后又转任西曹议令史。魏国建立以后，卢毓担任尚书吏部郎。

曹丕称帝，卢毓升任黄门侍郎，后又出任济阴国相和梁、谯二郡太守。因为谯郡是皇室故乡，所以朝廷下令大量移民到谯郡屯田。然而这里土地坚硬贫瘠，百姓穷困；卢毓怜悯人民，就上表朝廷，请求把百姓迁徙到土地肥沃平坦的梁郡。这个建议很不符合文帝的心意，他虽然批准了卢毓的请求，心里却记恨不已；于是把卢毓降了职，让他担任带领移民屯田的睢阳典农校尉。卢毓一心想着有利于百姓，亲自到田野视察，为老百姓挑选肥沃土地，百姓们全靠他才得以安定生活。以后，卢毓升任安平、广平二郡太守，所到之处都使老百姓得到了恩惠和教化。

青龙二年（公元234），卢毓入朝担任侍中。先前，散骑常侍刘劭受诏制定新法律，未能完成。卢毓上疏论述古今法律条文的情况，认为法律条文应当统一准确，不能模棱两可，使得奸吏有机可乘。侍中高堂隆因修建宫殿的事情多次恳切劝谏明帝，明帝很不高兴，卢毓就进言说："为臣听说君主圣明臣下就正直，古代圣明的帝王唯恐听不到臣下指出自己的过错，因此设立了敢谏之鼓。作为近臣应该尽力规劝君王，这正是为臣等不如高堂隆的地方。高堂隆是一个儒生，虽然有过分直率的名声，但陛下还是应该宽容他。"

卢毓在担任侍中的三年间，多次就朝廷政事进行辩驳争论。明帝下诏说："选择人才授予官职，连唐尧这样的圣明君主也认为是一件难事，必须选良臣主持这件事，才能进用合格人才，去除不合格的官员。侍中卢毓，禀性忠贞坚定，公平正直，可以说是一个业绩显著而勤勉不懈的人。因此我下令任命卢毓为吏部尚书。"又让卢毓自己挑选一个合适的人接替他原来的职务，说："要像您一样的才行。"卢毓推荐了散骑常侍郑冲。明帝说："郑文和，我自己已经了解他，您再举荐我没有听说过的人。"卢毓又推荐了阮武、孙邕，明帝于是任用孙邕为侍中接替卢毓。

在此之前，诸葛诞、邓飏等人追逐名誉，他们一伙人中有的被称为"四聪"，有的被称为"八达"。明帝对他们很痛恨。当时朝廷正在推举人担任中书郎，明帝下诏说："中书郎能不能得到合适人选，全在卢毓了。选举不要只取有名气的人，名气就像在地上画的饼，是不能吃的啊。"卢毓回答说："凭名气不足以罗致奇才，但可以得到常见的人才。常见的人才敬服教化，仰慕善美，然后才可以成名，因此不应该痛恨他们。为臣既不能识别奇才异人，加之我的职责就是根据名声按照常规来选拔人才，只不过应当对他们以后的政绩进行考察和检验而已。古代是用言辞向天子报告自己的政绩，用考核来评定成就；如今考核成绩的办法已经荒废，决定一个人进退升降是依据别人对他的诋毁或赞扬，因此真伪混杂，虚实难辨。"明帝接受了他的意见，当即下诏要求制订考课法考核官员。

当时碰上司徒的职位空缺，卢毓推荐具有才德而隐居不仕的管宁出任，但明帝没有采纳。明帝又问谁还能胜任这一职务，卢毓回答说："品行高尚，要数太中大夫韩暨；正直清廉，要数司隶校尉崔林；坚贞纯正，要数太常常林。"于是明帝选用了韩暨。

卢毓对人的评价和任用，总是先说他的品行，然后才说他的才能。黄门侍郎李丰曾经就此询问卢毓原因，卢毓说："才能是用来做出好事情的，因此大才做大好事，小才做小好事。如今有些所谓有才能的人却做不出好事情，可见他们的才能并不中用。"李丰等人对他的见解都很佩服。

齐王曹芳即帝位后，卢毓被赐爵关内侯。当时曹爽掌握朝廷大权，想要树立他的党羽，于是调任卢毓为尚书仆射，让侍中何晏取代卢毓担任吏部尚书。不久，又把卢毓调出皇宫担任廷尉。曹爽的党羽司隶校尉毕轨干脆诬告卢毓，使他丢了官职。大臣们纷纷为卢毓申诉，于是朝廷又让卢毓当了光禄勋。

曹爽等人被逮捕后，太傅司马懿命卢毓代理司隶校尉职务，审理曹爽等人的案件。以后又重新任命他为吏部尚书，加任奉车都尉，封高乐亭侯。他转任尚书仆射，仍旧负责官员选任，加任光禄大夫。

高贵乡公曹髦即帝位后，卢毓晋封大梁乡侯，又封他的一个儿子为高亭侯。毌丘俭叛乱，大将军司马师出征，命卢毓留守京城负责处理后方事务，加任侍中。正元三年（公元256），卢毓生病，辞职。后被提升为司空，他坚持推举骠骑将军王昶、光禄大夫王观、司隶校尉王祥担任这一职务。曹髦下诏派使者到家中授予卢毓官印，晋封他为容城侯，封邑二千三百户。

甘露二年（公元257），卢毓去世，谥为成侯。他的孙子卢藩继承了他的爵位。卢毓有两个儿子卢钦、卢珽：咸熙年间，卢钦任尚书，卢珽任泰山郡太守。

评论说：桓阶预先能看出成败，才能适宜于从政；陈群一举一动都合乎道义，具有清高风雅的声望；陈泰在事业上有大成功，处理政事简要恰当，确实能够继承先人的事业。魏朝的机要大事都由尚书台统一处理，重内轻外，所以皇宫之内尚书台的八位主官，就相当于古代的六卿。陈矫、徐宣、卫臻、卢毓久居尚书台的官位，陈、徐二人刚强果断，为人正直，卫、卢二人规劝皇帝，政绩清明，都非常称职啊。

和常杨杜赵裴传第二十三

　　和洽字阳士，汝南西平人也[1]。举孝廉，大将军辟；皆不就。袁绍在冀州，遣使迎汝南士大夫[2]。洽独以"冀州土平民强，英杰所利，四战之地[3]；本初乘资，虽能强大，然雄豪方起：全未可必也。荆州刘表，无他远志，爱人乐士；土地险阻，山夷民弱[4]：易依倚也"。遂与亲旧俱南从表；表以上客待之。洽曰："所以不从本初[5]，避争地也[6]。昏世之主，不可黩近[7]；久而陟危，〔一〕必有谗慝间其中者[8]。"遂南度武陵[9]。

【注释】

　　〔1〕西平：县名。县治在今河南舞阳县东南。　〔2〕迎汝南士大夫：东汉的汝南郡多出政治人才，袁绍本人是汝南人，所以他有这样的举动。〔3〕四战之地：四面平坦通畅而有利于大部队运动作战的地方。〔4〕山夷民弱：山区少数族的人少力弱。　〔5〕本初：袁绍的字。〔6〕争地：容易发生战争的地方。〔7〕黩近：过于亲近。〔8〕谗慝（tè）：喜欢进谗言的邪恶小人。　间：离间。　〔9〕武陵：郡名。治所在今湖南常德市。

【裴注】

　　〔一〕臣松之按《汉书·文纪》曰"陟于死亡"，《食货志》曰"陟危若是”，注曰：“阽，音盐，如屋檐近边欲堕之意也。”一曰“临危曰阽”。

太祖定荆州，辟为丞相掾、属。时毛玠、崔琰并以忠清干事，其选用先尚俭节[1]。洽言曰：“天下大器，在位与人，不可以一节(俭)〔检〕也。俭素过中[2]，自以处身则可；以此节格物[3]，所失或多。今朝廷之议，吏有著新衣、乘好车者，谓之不清[4]；长吏过营[5]，形容不饰，衣裳敝坏者，谓之廉洁。至令士大夫故污辱其衣[6]，藏其舆服；朝府大吏[7]，或自挈壶餐以入官寺[8]。夫立教观俗，贵处中庸[9]：为可继也[10]。今崇一概难堪之行以检殊途[11]，勉而为之，必有疲瘁。古之大教，务在通人情而已；凡激诡之行[12]，则容隐伪矣。”〔一〕。

魏国既建，为侍中。后有白毛玠谤毁太祖；太祖见近臣，怒甚。洽陈玠素行有本，求案实其事[13]。罢朝，太祖令曰；“今言事者白玠不但谤吾也，乃复为崔琰觖望[14]。此损君臣恩义，妄为死友怨叹[15]，殆不可忍也。昔萧、曹与高祖并起微贱[16]，致功立勋。高祖每在屈笮[17]，二相恭顺，臣道益彰，所以祚及后世也。和侍中比求实之，所以不听，欲重参之耳[18]。”

洽对曰：“如言事者言，玠罪过深重，非天地所覆载；臣非敢曲理玠以枉大伦也[19]。以玠出群吏之中，特见拔擢，显在首职[20]；历年荷宠[21]，刚直忠公，为众所惮：不宜有此。然人情难保，要宜考核[22]，两验其实[23]。今圣恩垂含垢之仁[24]，不忍致之于理[25]；更使曲直之分不明，疑自近始[26]。"

太祖曰："所以不考，欲两全玠及言事者耳。"洽对曰："玠信有谤主之言[27]，当肆之市朝[28]；若玠无此，言事者加诬大臣以误主听。二者不加检核，臣窃不安。"太祖曰："方有军事，安可受人言便考之邪[29]？狐射姑刺阳处父于朝[30]，此为君之诫也[31]。"

太祖克张鲁，洽陈便宜以时拔军徙民[32]，可省置守之费[33]。太祖未纳，其后竟徙民弃汉中[34]。出为郎中令。

【注释】

〔1〕选用先尚俭节：选用官员先看他是否生活俭朴。当时崔琰、毛玠分别任丞相府西曹、东曹掾，都负责官员的选拔任用。 〔2〕过中：超过适中的程度。 〔3〕格物：衡量人物。 〔4〕不清：不清廉。〔5〕长(zhǎng)吏：县长、县令的别称。 〔6〕故：故意。 污辱：弄脏。 〔7〕朝府：朝廷各官署。 〔8〕挈(qiè)：提。 官寺：官署。〔9〕中庸：孔子提倡的最高道德标准。指凡事都能采取一种适中的并且可以在平常坚持下去的处理原则。见《论语·雍也》。后世的含义与此不同，已带有贬意。 〔10〕为可继：因为这容易继续下去。 〔11〕难堪：难以长期承受。 检：考察。 殊途：指各种不同的人才。〔12〕激诡：过激和反常。 〔13〕案实：查实。 〔14〕觖(jué)：不满。望：埋怨。崔琰被曹操逼令自杀，见本书卷十二《崔琰传》。 〔15〕死友：情谊至死不变的好朋友。 〔16〕萧：指萧何。 曹：指曹参(？—前190)。沛县(今江苏沛县)人。秦末随刘邦起兵。西汉建立，以功封平阳侯。后继萧何为相国。传见《史记》卷五十四、《汉书》卷三十九。〔17〕每在屈笮(zé)：每当处在委屈受压的时候。 〔18〕重参之：碍难于查问毛玠(这样的大臣)。意思是不忍心让他被人审问来审问去丢失体面。 〔19〕曲理玠：为毛玠作偏袒性的辩护。 大伦：指君臣关系。《孟子·公孙丑下》说："内则父子，外则君臣，人之大伦也。"

〔20〕首职：首要职务。当时毛玠任尚书仆射。 〔21〕荷宠：受宠。
〔22〕要宜：必须要。 〔23〕两验：指毛玠与告发者两方面对质验证。
〔24〕含垢：指为有罪过的毛玠着想。 〔25〕理：法官。 〔26〕疑自近始：怀疑将从您的近旁开始。 〔27〕信：确实。 〔28〕肆之市朝：指处以死刑在市场上陈尸示众。 〔29〕安可受人言便考之：据本卷十二《毛玠传》，当时毛玠本人曾被送往监狱，接受大理钟繇的审问。毛玠拒不接受各项指控，坚决要求与告发者对质。曹操始终没有批准这样做。这里对和洽的请求也同样拒绝。 〔30〕狐射（yè）姑：春秋时晋国的卿。阳处父：春秋时晋国的大夫。晋襄公准备派兵进攻狄人，事先与阳处父商定统帅人选。晋襄公原想任用狐射姑，阳处父认为赵盾更合适，晋襄公同意了。阳处父告辞后，狐射姑来见晋襄公，襄公把和阳处父的密谈全部说给狐射姑听。狐射姑怨恨阳处父不让自己当统帅，随即刺杀了阳处父，然后出逃。事见《公羊传》文公六年。 〔31〕为君之诫：对当君主的人而言是告诫。意指君主绝不能随便泄露臣下与自己密谈者的情况，以免出现类似狐射姑杀阳处父那样的报复行为。 〔32〕便宜：指政治上应当采用的有利政策或措施。 拔军：撤出军队。 〔33〕置守：设置防守部队。 〔34〕汉中：郡名。治所在今陕西汉中市。

【裴注】
〔一〕孙盛曰："昔先王御世，观民设教；虽质文因时，损益代用，至于车服礼秩，贵贱等差，其归一揆。魏承汉乱，风俗侈泰；诚宜仰思古制，训以约简；使奢不陵肆，俭足中礼；进无蜉蝣之刺，退免采莫之讥。如此，则治道隆而颂声作矣。夫矫枉过正则巧伪滋生，以克训下则民志险隘；非圣王所以陶化民物，闲邪存诚之道。和洽之言，于是允矣。"

文帝践阼，为光禄勋，封安城亭侯。
明帝即位，进封西陵乡侯，邑二百户。
太和中，散骑常侍高堂隆奏："时风不至〔1〕，而有休废之气〔2〕：必有司不勤职事以失天常也〔3〕。"诏书谦虚引咎，博咨异同〔4〕。

洽以为："民稀耕少，浮食者多[5]。国以民为本，民以谷为命；故废一时之农，则失育命之本。是以先王务镯烦费[6]，以专耕农。自春夏以来，民穷于役，农业有废，百姓嚣然[7]。时风不至，未必不由此也。消复之术，莫大于节俭。太祖建立洪业，奉师徒之费，供军赏之用；吏士丰于资食，仓府衍于谷帛；由不饰无用之宫[8]，绝浮华之费。方今之要，固在息省劳烦之役，损除他余之务[9]，以为军戎之储。三边守御[10]，宜在备豫。料贼虚实，蓄士养众；算庙胜之策[11]，明攻取之谋。详询众庶，以求厥中[12]。若谋不素定[13]，轻弱小敌[14]；军人数举，举而无庸[15]：所谓'悦武无震[16]'，古人之诚也。"

转为太常，清贫守约，至卖田宅以自给。明帝闻之，加赐谷帛。薨，谥曰简侯。

子(禽)〔离〕嗣。〔一〕(禽)〔离〕弟(适)〔逌〕，才爽开济[17]。官至廷尉、吏部尚书。〔二〕洽同郡许混者，许劭子也[18]。清醇有鉴识[19]，明帝时为尚书。〔三〕

【注释】

〔1〕时风：应时吹拂的风。这里特指能够及时带来雨水的风。〔2〕休废之气：指持续大旱。古代认为天旱是由亢阳之气造成，而这将使农业停止和荒废，故名。魏明帝太和二年、四年和五年，曾连续发生持续大旱，断雨的时间长达半年。见《宋书》卷三十一《五行志》二。〔3〕有司：有关官员。　失天常：使天时失常。古代相信天人感应，认为人间政治的好坏，将会对天体运行和气候变化产生影响。〔4〕异同：不同的意见。这是当时习用的偏义复词。又作同异。〔5〕浮食者：当时称不从事粮食生产的商人、手工业工人为浮食者。〔6〕镯(juān)：

去除。 〔7〕嚣(áo)然：忧愁困苦的样子。 〔8〕由：原因在于。
〔9〕他余：其他，其余。 〔10〕三边：三方边境。指南、西、北三方。
〔11〕庙胜之策：在朝廷殿堂上就已制定好了的克敌制胜策略。
〔12〕厥中：政策上的适中。 〔13〕素定：预先制定。 〔14〕轻弱小
敌：轻视弱者，小看敌人。当时南方的孙吴、西方的蜀汉、东北方的公
孙渊都不及曹魏实力强大，所以和洽这样说。 〔15〕无庸：无功。
〔16〕悦武无震：喜欢使用武力的人最终会丧失威风。这句话出自《国
语·周语》中，但文字不尽相同。 〔17〕才爽：具有才能而性情开朗。
开济：开创事业，拯救社会。这是当时形容人政治才干的常用词。
〔18〕许劭(公元150—195)：字子将，汝南郡平舆(今河南平舆县西北)
人。曾任本郡功曹。以善于评论识拔人才而著称于世。他与堂兄许靖共
同品评人物，每月更换一次，号称"月旦评"。曾评曹操为"清平之奸
贼，乱世之英雄"。传见《后汉书》卷六十八。 〔19〕鉴识：洞察和识
别的能力。

【裴注】

〔一〕(禽)〔离〕，音离。

〔二〕《晋诸公赞》曰："和峤字长舆。(适)〔迶〕之子也。少知
名，以雅重称。常慕其舅夏侯玄之为人；厚自封植，嶷然不群。于黄门
郎迁中书令，转尚书。愍怀太子初立，以峤为少保，加散骑常侍。家产
丰富，拟于王公，而性至俭吝。峤同母弟郁，素无名；峤轻侮之，以此
为损。卒于官，赠光禄大夫。郁以公强当世，致位尚书令。"

〔三〕劭字子将。《汝南先贤传》曰："召陵谢子微，高才远识。见
劭年十八时，乃叹息曰：'此则希世出众之伟人也！'劭始发明樊子昭于
鬻帻之肆；出虞永贤于牧竖；召李淑才乡闾之间；擢郭子瑜鞍马之吏；
援杨孝祖，举和阳士：兹六贤者，皆当世之令懿也。其余中流之士，或
举之于淹滞，或显之乎童齿，莫不赖劭顾叹之荣。凡所拔育，显成令德
者，不可殚记。其探摘伪行，抑损虚名，则周之单襄，无以尚也。劭宗
人许栩，沉没荣利，致位司徒。举宗莫不匍匐栩门，承风而驱，官以贿
成；惟劭不过其门。广陵徐孟(本)〔玉〕来临汝南，闻劭高名，请为功
曹。饕餮放流，洁士盈朝。袁绍公族好名，为濮阳长，弃官来还，有副
车从骑；将入郡界，绍乃叹曰：'吾之舆服，岂可使许子将见之乎？'遂
单车而归。辟公府掾，拜鄢陵令，方正征；皆不就。避乱江南，所历之
国，必翔而后集。终于豫章，时年四十六。有子曰混，显名魏世。"

　　常林字伯槐，河内温人也[1]。年七岁，有父党造门[2]，问林："伯先在否[3]？汝何不拜！"林曰："虽当下客[4]，临子字父[5]，何拜之有？"于是咸共嘉之。〔一〕

　　太守王匡起兵讨董卓[6]，遣诸生于属县微伺吏民罪负[7]，便收之；考责钱谷赎罪，稽迟则夷灭宗族[8]：以崇威严。林叔父挝客[9]，为诸生所白，匡怒收治；举宗惶怖，不知所责多少，惧系者不救[10]。林往见匡同县胡母彪曰："王府君以文武高才[11]，临吾鄙郡。鄙郡表里山河[12]，土广民殷，又多贤能；惟所择用。今主上幼冲[13]，贼臣虎据[14]，华夏震栗，雄才奋用之秋也。若欲诛天下之贼，扶王室之微，智者望风，应之若响；克乱在和，何征不捷？苟无恩德，任失其人，覆亡将至；何暇匡翼朝廷，崇立功名乎？君其藏之[15]！"因说叔父见拘之意。彪即书责匡，匡原林叔父[16]。

　　林乃避地上党[17]，耕种山阿[18]。当时旱蝗，林独丰收；尽呼比邻，升斗分之。依故河间太守陈延壁[19]。陈、冯二姓，旧族冠冕[20]。张杨利其妇女[21]，贪其资货。林率其宗族，为之策谋。见围六十余日，卒全堡壁。

　　并州刺史高幹表为骑都尉[22]，林辞不受。

【注释】

　　〔1〕温：县名。县治在今河南温县西。　〔2〕父党：父亲的朋友。〔3〕伯先：常林父亲的字。　〔4〕下客：把自己置于客人地位之下。指自居晚辈对客人行跪拜礼。　〔5〕字父：呼叫父亲的字。　〔6〕王匡：传见本书卷一《武帝纪》裴注引《英雄记》。　〔7〕微伺：探察。　罪

负：罪过。 〔8〕稽迟：延误。 〔9〕挝(zhuā)：殴打。 客：这里指佃客。是当时官吏豪强所占有的一种依附性人口，其地位接近于奴婢。〔10〕系者：被囚禁的人。指常林的叔父。 不救：无救。 〔11〕府君：对郡太守的尊称。 〔12〕表里山河：河内郡北依太行山脉，南临黄河，山河在其外表，所以常林这样说。 〔13〕主上：指东汉献帝。 幼冲：幼小。 〔14〕贼臣：指董卓。 〔15〕藏之：意思是在心中记住这一点。〔16〕原：宽恕。 〔17〕上党：郡名。治所在今山西长子县西南。〔18〕阿(ē)：大丘陵。 〔19〕河间：郡名。治所在今河北献县东南。壁：坞壁。东汉末年战乱，北方出现了不少以宗族同乡关系为联系纽带，以豪强大族为武装首领，以周围的壁垒为防御凭借的居民村落，当时称为坞壁。 〔20〕旧族冠冕：在当地历史悠久的家族中居于领头地位。〔21〕张杨(？—公元199)：传见本书卷八。 利：贪图。 〔22〕高幹(？—公元206)：传见本书卷六《袁绍传》。

【裴注】

〔一〕《魏略》曰："林少单贫。虽贫，自非手力，不取之于人。性好学，汉末为诸生，带经耕锄。其妻常自馈饷之；林虽在田野，其相敬如宾。"

后刺史梁习，荐州界名士林及杨俊、王凌、王象、荀纬[1]，太祖皆以为县长。林宰南和[2]，治化有成；超迁博陵太守、幽州刺史[3]，所在有绩。

文帝为五官将，林为功曹[4]。太祖西征，田银、苏伯反，幽、冀扇动。文帝欲亲自讨之，林曰："昔忝博陵，又在幽州；贼之形势，可料度也。北方吏民，乐安厌乱，服化已久，守善者多。银、伯犬羊相聚，智小谋大，不能为害。方今大军在远，外有强敌。将军为天下之镇也，轻动远举，虽克不武[5]。"文帝从之，遣将往伐，应时克灭。出为平原太守、魏郡东部都尉[6]。入为丞相东曹属。魏国既建，拜尚书。

【注释】

〔1〕杨俊（？—公元 222）：传见本卷后文。 王凌（？—公元 251）：传见本书卷二十八。 王象（？—公元 222）：传见本卷《杨俊传》裴注引《魏略》。 荀纬（公元 180—222）：事见本书卷二十一《王粲传》裴注引《文章叙录》。 〔2〕宰：出任县长或县令。 南和：县名。县治在今河北南和县。 〔3〕博陵：郡名。治所在今河北蠡县南。 〔4〕功曹：官名。五官中郎将府有功曹，负责府内人事。 〔5〕不武：算不上威武。 〔6〕平原：郡名。治所在今山东平原县南。

文帝践阼，迁少府[1]，封乐阳亭侯。〔一〕转大司农[2]。

明帝即位，进封高阳乡侯，徙光禄勋、太常。

晋宣王以林乡邑耆德[3]，每为之拜[4]。或谓林曰：“司马公贵重，君宜止之。”林曰：“司马公自欲敦长幼之叙，为后生之法。贵，非吾之所畏；拜，非吾之所制也。”言者踧踖而退[5]。〔二〕

时论以林节操清峻，欲致之公辅[6]。而林遂称疾笃，拜光禄大夫。年八十三，薨。追赠骠骑将军[7]，葬如公礼，谥曰贞侯。

子岢嗣。为泰山太守，坐法诛。岢弟静绍封。〔三〕

【注释】

〔1〕少府：官名。九卿之一。负责宫廷御用衣物、珍宝、膳食、医药等的供给。 〔2〕大司农：官名。九卿之一。主管国家钱币、粮食、绢布的制造、生产和调运。 〔3〕晋宣王：即司马懿。 乡邑耆德：本乡本土年高有德的人。司马懿的籍贯也是河内郡温县。 〔4〕拜：当时晚辈见到长辈、下级见到上级要行跪拜礼。司马懿的官位要比常林高，他向常林行跪拜礼是自居晚辈以表尊重。 〔5〕踧踖（cù jí）：恭敬而不

安的样子。 〔6〕公辅：三公。 〔7〕骠骑将军：官名。属高级军职，地位仅次于大将军，领兵征伐。

【裴注】

〔一〕《魏略》曰："林性既清白，当官又严。少府寺与鸿胪对门，时崔林为鸿胪。崔性阔达，不与林同；数数闻林挝吏声，不以为可。林夜挝吏，不胜痛，叫呼敖敖，彻曙。明日，崔出门，与林车相遇，乃嘲林曰：'闻卿为廷尉，尔邪？'林不觉，答曰：'不也。'崔曰：'卿不为廷尉，昨夜何故考囚乎？'林大惭，然不能自止。"

〔二〕《魏略》曰："初，林少与司马宣王善。太傅每见林，辄欲跪。林止之曰：'公尊贵矣，止也。'及司徒缺，太傅有意欲以林补之。"按《魏略》此语，与本传反。臣松之以为：林之为人，不畏权贵者也。论其然否，谓本传为是。

〔三〕按《晋书》：诸葛诞反，大将军东征；岂坐称疾，为司马文王所法。

《魏略》以林及吉茂、沐并、时苗四人为《清介传》：

"吉茂字叔畅，冯翊池阳人也。世为著姓。好书，不耻恶衣恶食，而耻一物之不知。建安初，关中始平，茂与扶风苏则，共入武功南山，隐处精思。数岁，州举茂才，除临汾令。居官清静，吏民不忍欺。转为武德侯庶子。二十二年，坐其宗人吉本等起事，被收。先是，科禁内学及兵书，而茂皆有，匿不送官。及其被收，不知当坐本等，顾谓其左右曰：'我坐书也。'会钟相国证茂，本服第已绝，故得不坐。后以茂为武陵太守，不之官。转酂相；以国省，拜议郎。景初中病亡。自茂修行，从少至长；冬则被裘，夏则裋褐；行则步涉，食则茨藋；臣役妻子，室如悬磬；其或馈遗，一不肯受。虽不以此高人，亦心疾不义而贵且富者。先时国家始制九品，各使诸郡选置中正；差叙自公卿以下，至于郎吏，功德才行所任。茂同郡护羌校尉王琇，前数为郡守，不名为清白。而琇子嘉仕历诸县，亦复为通人。嘉时还为散骑郎，冯翊郡移嘉为中正。嘉叙茂虽在上第，而状甚下，云：'德优能少。'茂愠曰：'痛乎，我效汝父子冠帻劫人邪！'初，茂同产兄黄，以十二年中，从公府掾为长陵令。是时，科禁长吏擅去官，而黄闻司徒赵温薨；自以为故吏，违科奔丧；为司隶钟繇所收，遂伏法。茂时为白衣，始有清名于三辅；以为兄坐追义而死，怨怒不肯哭。至岁终，繇举茂，议者以为茂必不就；及举既到，而茂就之。故时人或以茂为畏繇，或以茂为髦士也。"

"沐并字德信，河间人也。少孤苦。袁绍父子时，始为名吏。有志介，尝过姊，姊为杀鸡炊黍，而不留也。然为人公果，不畏强御，丞相召署军谋掾。黄初中，为成皋令。校事刘肇出过县，遣人呼县吏，求索稿谷。是时蝗旱，官无有现。未办之间，肇人从，入并之阁下，呴呼骂吏。并怒，因蹁履提刀而出，多从吏卒，欲收肇。肇觉知，驱走，具以状闻。有诏：'肇为牧司爪牙吏，而并欲收缚，无所忌惮，自恃清名邪？'遂收，欲杀之；肇，髡。决，减死。刑竟复吏，由是放散十余年。至正始中，为三府长史。时吴使朱然、诸葛瑾攻围樊城，遣船兵于岘山东，斫材。䍧牱人兵作食，有先熟者呼后熟者，言：'共食来！'后熟者答言：'不也！'呼者曰：'汝欲作沐德信邪？'其名流布，播于异域如此。虽自华夏，不知者以为前世人也。为长史八年，晚出为济阴太守。召还，拜议郎。年六十余，自虑身无常，豫作终制，戒其子以俭葬，曰：'告云、仪等：夫礼者，生民之始教，而百世之中庸也。故力行者则为君子，不务者终为小人；然非圣人莫能履其从容也。是以富贵者有骄奢之过，而贫贱者讥于固陋；于是养生送死，苟窃非礼。由斯观之，阳虎玙璠，甚于暴骨；桓魋石椁，不如速朽：此言儒学拨乱反正、鸣鼓矫俗之大义也；未是夫穷理尽性、陶冶变化之实论也。若能原始要终，以天地为一区，万物为刍狗；该览玄通，求形影之宗；同祸福之素，一死生之命：吾有慕于道矣。夫道之为物，惟恍惟忽；寿为欺魄，夭为凫没；身沦有无，与神消息；含悦阴阳，甘梦太极。奚以棺椁为牢，衣裳为缠，尸系地下，长幽桎梏？岂不哀哉！昔庄周阔达，无所适莫；又杨王孙裸体，贵不久（容）〔客〕耳。至夫末世，缘生怨死之徒；乃有含珠鳞柙，玉床象衽，杀人以徇，圹穴之内，锢以纾絮，藉以蜃炭，千载僵燥，托类神仙。于是大教陵迟，竞于厚葬；谓庄子为放荡，以王孙为戮尸；岂复识古有衣薪之鬼，而野有狐狸之啙乎哉！吾以材质淬浊，污于清流；昔忝国恩，历试宰守；所在无效，代匠伤指；狼跋首尾，无以雪耻；如不可求，从吾所好。今年过耳顺，奄忽无常，苟得获没，即以吾身袭于王孙矣！上冀以赎市朝之逋罪，下以亲道化之灵祖。顾尔幼昏，未知臧否；若将逐俗，抑废吾志；私称从令，未必为孝；而犯魏颗听治之贤，尔为弃父之命。谁或矜之？使死而有知，吾将尸视！'至嘉平中，病甚。临困，又敕：豫掘培；戒：气绝，令二人举尸即培；绝哭泣之声，止妇女之送；禁吊祭之宾，无设拚治粟米之奠。又戒：后亡者不得入藏，不得封树。妻子皆遵之。"

"时苗字德胄，钜鹿人也。少清白，为人疾恶。建安中，入丞相府。出为寿春令，令行风靡。扬州治在其县，时蒋济为治中。苗以初至，往谒济；济素嗜酒，适会其醉，不能见苗。苗恚恨还，刻木为人，署曰'酒徒蒋济'，置之墙下，旦夕射之。州郡虽知其所为不恪，然以其履行过人，无若之何。又其始之官，乘薄牵音饭。车，黄牸牛，布被囊。居官岁余，牛生一犊。及其去，留其犊，谓主簿曰：'令来时本无此犊，犊是淮南所生有也。'群吏曰：'六畜不识父，自当随母。'苗不听。时人皆以为激，然由此名闻天下。还为太官令；领其郡中正，定九品：于叙人才，不能宽；然纪人之短，虽在久远，衔之不置。如所忿蒋济者，仕进至太尉；济不以苗前毁己为嫌，苗亦不以济贵更屈意。为令数岁，不肃而治。迁典农中郎将。年七十余，以正始中病亡也。"

杨俊字季才，河内获嘉人也[1]。受学陈留边让[2]，让器异之。俊以兵乱方起，而河内处四达之衢，必为战场；乃扶持老弱诣京、密山间[3]，同行者百余家。俊赈济贫乏，通共有无。宗族、知故为人所略作奴仆者凡六家[4]，俊皆倾财赎之。

司马宣王年十六七，与俊相遇。俊曰："此非常之人也。"又司马朗早有声名[5]；其族兄芝[6]，众未之知。惟俊言曰："芝虽夙望不及朗[7]，实理但有优耳[8]。"俊转避地并州。本郡王象，少孤特[9]。为人仆隶，年十七八，见使牧羊而私读书，因被箠楚[10]。俊嘉其才质，即赎象著家；聘娶立屋，然后与别。

太祖除俊曲梁长[11]。入为丞相掾、属。举茂才，安陵令[12]。迁南阳太守。宣德教，立学校，吏民称之。徙为征南军师[13]。魏国既建，迁中尉[14]。

太祖征汉中，魏讽反于邺，俊自劾诣行在所[15]。俊以身方罪免，笺辞太子[16]。太子不悦，曰："杨中尉便去，何太高远邪[17]！"遂被书左迁平原太守。

【注释】

〔1〕获嘉：县名。县治在今河南新乡市西南。 〔2〕边让：字文礼，陈留郡浚仪（今河南开封市）人。东汉文学家。曾任九江郡太守。汉末大乱，弃官回乡，因轻视曹操而被杀。作品多散失，今存《章华赋》等。传见《后汉书》卷八十下《文苑列传》。 〔3〕京：县名。县治在今河南荥阳市东南。 密：县名。县治在今河南新密市东南。 〔4〕知故：知交旧友。 〔5〕司马朗（公元171—217）：传见本书卷十五。 〔6〕芝：即司马芝。传见本书卷十二。 〔7〕凤望：素来的名望。 〔8〕实理：实际的行政才干。 〔9〕孤特：孤独无依靠。 〔10〕箠（chuí）楚：用鞭子和荆条抽打。 〔11〕曲梁：县名。县治在今河北永年县东南。 〔12〕安陵：县名。县治在今陕西咸阳市东北。 〔13〕征南军师：官名。即征南将军府的军师，负责参谋军事。曹魏重要将领出征时，都设有军师。〔14〕中尉：官名。负责都城宫殿外围的警戒，防火防洪，并保卫中央的武器库。后改为执金吾。 〔15〕自劾：自我弹劾。 行在所：皇帝所在的地点叫做行在所。简称行在。这里指曹操所在的地点长安。当时曹操在长安指挥军队作战，并动身前往洛阳。由于他已享有皇帝的种种威权，所以陈寿用了这个词。 〔16〕太子：指曹丕。他当时在邺县留守。〔17〕高远：指行为过分突出，与众不同。魏讽本是魏国相国钟繇的十属，他的反抗行动在实施前就被人告发，参与行动的人全部被捕。无论从事情的起因还是从处理过程来看，杨俊都没有大过错。但是，他不仅弹劾自己，从邺县跑到长安去认罪，而且临行时也没有和曹丕见面请示，这就使留镇邺县的曹丕感到不愉快。

　　文帝践阼，复在南阳。时王象为散骑常侍，荐俊曰："伏见南阳太守杨俊，秉纯粹之茂质，履忠肃之弘量；体仁足以育物，笃实足以动众〔1〕；克长后进〔2〕，惠训不倦；外宽内直，仁而有断。自初弹冠〔3〕，所历垂化〔4〕；再守南阳〔5〕，恩德流著；殊邻异党〔6〕，襁负而至〔7〕。今境守清静，无所展其智能；宜还本朝，宣力辇毂〔8〕，熙帝之载〔9〕。"

　　俊自少及长，以人伦自任〔10〕。同郡审固、陈留卫恂，本皆出自兵伍；俊资拔奖致，咸作佳士。后固历位郡守，恂御史、县令。其明鉴行义多此类也。

初，临淄侯与俊善。太祖嫡嗣未定，密访群司[11]。俊虽并论文帝、临淄才分所长[12]，不适有所据当[13]；然称临淄尤美，文帝常以恨之。

黄初三年，车驾至宛[14]，以市不丰乐，发怒收俊。尚书仆射司马宣王、常侍王象、苟纬请俊[15]，叩头流血；帝不许。俊曰："吾知罪矣！"遂自杀。众冤痛之。〔一〕

【注释】

〔1〕笃实：保持诚实的品性。 〔2〕克长后进：能够扶助后起人才成长。 〔3〕弹（tán）冠：这里指做官。 〔4〕垂化：留下美好的风气。〔5〕再：两次。 〔6〕殊邻异党：都指与南阳邻近的其他地区。〔7〕襁负：用布带把婴儿背上。 〔8〕宣力：效力。 辇毂：车轮。这里指皇帝身边。 〔9〕熙帝之载：发扬光大皇帝的事业。语出《尚书·尧典》。 〔10〕人伦：人与人之间的关系和应当遵守的行为准则。这里着重指识别和奖拔人才。 〔11〕群司：各位官员。 〔12〕才分（fèn）：才能天分。 〔13〕不适有所据当：不明确说出谁适合当继承人。〔14〕宛（yuān）：县名。县治在今河南南阳市。 〔15〕请俊：请求饶恕杨俊。

【裴注】

〔一〕《世语》曰："俊二孙：览字公质，汝阴太守。猗字公彦，尚书；晋东海王越舅也。览子沈，字宣弘。散骑常侍。"

《魏略》曰："王象字羲伯。既为俊所知拔，果有才志。建安中，与同郡苟纬等俱为魏太子所礼待。及王粲、陈琳、阮瑀、路粹等亡后，新出之中，惟象才最高。魏有天下，拜象散骑侍郎，迁为常侍，封列侯。受诏撰《皇览》，使象领秘书监。象从延康元年始撰集，数岁成，藏于秘府；合四十余部，部有数十篇，通合八百余万字。象既性器和厚，又文采温雅；用是京师归美，称为儒宗。车驾南巡，未到宛，有诏：‘百官不得干豫郡县。’及车驾到，而宛令不解诏旨，闭市门。帝闻之，忿然曰：‘吾是寇邪？’乃收宛令及太守杨俊。诏问尚书：‘汉明帝杀几二千石？’时象见诏文，知俊必不免。乃当帝前叩头，流血竟面，请俊减死一等。帝不答，欲释，入禁中。象引帝衣，帝顾谓象曰：‘我知杨俊与卿本末耳。今听卿，是无我也！卿宁无俊邪？无我邪？’象以帝言切，乃缩手。帝遂入，决俊法，然后乃出。象自恨不能济俊，遂发病死。”

　　杜袭字子绪，颍川定陵人也[1]。曾祖父安，祖父根[2]，著名前世。〔一〕袭避乱荆州，刘表待以宾礼。同郡繁钦数现奇于表[3]，袭喻之曰："吾所以与子俱来者，徒欲龙蟠幽薮[4]，待时凤翔；岂谓刘牧当为拨乱之主[5]，而规长者委身哉[6]！子若现能不已，非吾徒也；吾其与子绝矣！"钦慨然曰："请敬受命。"袭遂南适长沙。

【注释】

　　〔1〕定陵：县名。县治在今河南舞阳县东北。　〔2〕根：即杜根。字伯坚。东汉安帝时任郎中。因上书请求让逐渐长大的皇帝处理政事，被临朝听政的邓太后下令装在袋子里摔死。行刑官吏钦慕他的为人，没有用力。他借机逃亡在外十余年。邓氏势力被清除后，重入政界，官至济阴太守。传见《后汉书》卷五十七。　〔3〕繁（pó）钦（？—公元218）：事见本书卷二十一《王粲传》裴注引《典略》。　现奇：有意表现自己的奇才。　〔4〕徒欲：只不过想。　幽薮：幽深的湖泽。　〔5〕刘牧：指任荆州牧的刘表。　拨乱：平定动乱。　〔6〕规长者委身：打算像有道德的人那样忠诚献身。

【裴注】

　　〔一〕《先贤行状》曰："安年十岁，名称乡党。至十三，入太学，号曰‘神童’。既名知人，清高绝俗。洛阳令周纡，数候安，安常逃避不见。时贵戚慕安高行，多有与书者，辄不发；以虑后患，常凿壁藏书。后诸与书者，果有大罪，推捕所与交通者。吏至门，安乃发壁出书，印封如故，当时皆嘉其虑远。三府并辟，公车特征，拜宛令。先是，宛有报仇者，其令不忍致理，将与俱亡。县中豪强有告其处者，致捕得。安深疾恶之，到官，治戮，肆之于市。惧有司绳弹，遂自免。后征拜巴郡太守，率身正下，以礼化俗。以病卒官。时服薄敛，素器不漆，子自将车。州郡贤之，表章坟墓。根举孝廉，除郎中。时和熹邓后临朝，外戚横恣；安帝长大，犹未归政。根乃与同时郎，上书直谏；邓后怒，收根等伏诛。诛者皆绢囊盛，于殿上扑地。执法者以根德重事公，默语行事人，使不加力。诛讫，车载城外；根以扑轻，得苏息，遂闭目不动摇。经三日，乃密起逃窜，为宜城山中酒家客，积十五年。酒家知其贤，常厚敬待。邓后崩，安帝谓根久死。以根等忠直，普下天下，录见诛者子孙。根乃自出，征诣公车，拜符节令。或问根：‘往日遭难，天下同类知故不少，何至自苦历年如此？’根答曰：‘周旋人间，非绝迹之处；邂逅发露，祸及亲知，故不为也。’迁济阴太守，以德让为政，风移俗改。年七十八以寿终。棺不加漆，敛以时服。长吏下车，常先诣安、根墓，致祠。”

建安初，太祖迎天子都许。袭逃还乡里，太祖以为西鄂长[1]。县滨南境，寇贼纵横。时长吏皆敛民保城郭，不得农业；野荒民困，仓庾空虚。袭自知恩结于民，乃遣老弱各分散就田业，留丁强备守[2]；吏民欢悦。

会荆州出步骑万人来攻城，袭乃悉召县吏民任拒守者五十余人，与之要誓[3]；其亲戚在外欲自营护者，恣听遣出；皆叩头愿致死。于是身执矢石，率与戮力；吏民感恩，咸为用命，临阵斩数百级；而袭众死者三十余人，其余十八人尽被创[4]，贼得入城。袭帅伤痍吏民决围得出，死丧略尽，而无反背者。遂收散民，徙至摩陂营，吏民慕而从之如归。[一]

司隶钟繇表拜议郎、参军事[5]。荀彧又荐袭，太祖以为丞相军祭酒[6]。

魏国既建，为侍中，与王粲、和洽并用。粲强识博闻[7]，故太祖游观出入，多得骖乘[8]；至其见敬，不及洽、袭。袭尝独见，至于夜半。粲性躁竞，起坐曰："不知公对杜袭道何等也[9]？"洽笑答曰："天下事岂有尽邪！卿昼侍可矣，悒悒于此，欲兼之乎？"

【注释】

〔1〕西鄂：县名。县治在今河南南阳市东北。　〔2〕丁强：壮丁。〔3〕要(yāo)誓：订立誓约。　〔4〕被创(chuāng)：受伤。　〔5〕议郎：官名。负责议论朝政得失。　〔6〕丞相军祭酒：官名。曹操丞相府的下属之一。负责参谋军事。又称军师祭酒、军谋祭酒。〔7〕强识(zhì)：记忆力强。　〔8〕骖(cān)乘：在车子右边陪乘。　〔9〕道何等：说什么。

【裴注】

〔一〕《九州春秋》曰："建安六年，刘表攻西鄂。西鄂长杜子绪，帅县男女婴城而守。时南阳功曹柏孝长，亦在城中，闻兵攻声，恐惧；入室闭户，牵被覆头。相攻半日，稍敢出面；其明，侧立而听。二日，往出户问消息。至四五日，乃更负盾亲斗，语子绪曰：'勇，可习也！'"

后袭领丞相长史，随太祖到汉中讨张鲁。太祖还，拜袭驸马都尉[1]，留督汉中军事。绥怀开导[2]，百姓自乐出徙洛、邺者[3]，八万余口。夏侯渊为刘备所没[4]，军丧元帅，将士失色。袭与张郃、郭淮纠摄诸军事[5]，权宜以郃为督[6]，以一众心；三军遂定。

太祖东还，当选留府长史[7]，镇守长安，主者所选多不当。太祖令曰："释骐骥而不乘[8]，焉皇皇而更索[9]？"遂以袭为留府长史，驻关中[10]。

时将军许攸拥部曲[11]，不附太祖而有慢言[12]。太祖大怒，先欲伐之。群臣多谏："可招怀攸，共讨强敌。"太祖横刀于膝，作色不听。袭入欲谏，太祖逆谓之曰："吾计已定，卿勿复言！"袭曰："若殿下计是邪，臣方助殿下成之；若殿下计非邪，虽成宜改之。殿下逆臣，令勿言之，何待下之不阐乎[13]？"太祖曰："许攸慢吾，如何可置乎[14]！"袭曰："殿下谓许攸何如人邪？"太祖曰："凡人也。"袭曰："夫惟贤知贤，惟圣知圣；凡人安能知非凡人邪？方今豺狼当路而狐狸是先[15]，人将谓殿下避强攻弱；进不为勇，退不为仁。臣闻千钧之弩不为鼷鼠发机[16]，万石之钟不以莛撞起音[17]；今区区之许攸，何足以劳神武哉？"太祖曰："善！"遂厚抚攸，攸即归服。

时夏侯尚昵于太子[18]，情好至密。袭谓尚非益友，不足殊待，以闻太祖。文帝初甚不悦，后乃追思。语在《尚传》。其柔而不犯[19]，皆此类也。

【注释】
〔1〕驸马都尉：官名。皇帝出行时负责管理马匹。 〔2〕绥怀：安抚。 〔3〕洛：洛阳。 〔4〕夏侯渊（？—公元219）：传见本书卷九。〔5〕张郃（？—公元231）：传见本书卷十七。 纠摄：督察代理。〔6〕督：官名。多支军队的总指挥官。 〔7〕留府长史：官名。曹操在长安设留守府，长史负责处理府内公务。 〔8〕释骐骥：放掉骏马。

〔9〕皇皇：匆忙不安的样子。 索：寻找（好马）。 〔10〕关中：地区名。范围因时代而异，这里指今陕西中部的渭水流域。 〔11〕许攸：这个许攸与官渡之战时从袁绍处投奔曹操的许攸不是同一个人。 部曲：本来指正规军队的组织单位。东汉大将军下统五部，部之下有曲，曲之下有屯。东汉末年战乱，军阀和地方豪强都拥有私人武装，这种私人武装当时习称为部曲。 〔12〕慢言：不恭敬的话。 〔13〕闳：（度量的）宏大。〔14〕置：放下不管。 〔15〕狐狸是先：先消灭狐狸。 〔16〕钧：古代重量单位。三十斤为一钧。 〔17〕石：古代重量单位。一百二十斤为一石。 莛（tíng）：小竹枝、小竹片。 〔18〕夏侯尚（？—公元225）：传见本书卷九。 昵：亲近。 〔19〕不犯：不能强迫他背离道义。

文帝即王位，赐爵关内侯。及践阼，为督军粮御史[1]，封武平亭侯；更为督军粮执法[2]，入为尚书。

明帝即位，进封平阳乡侯。诸葛亮出秦川[3]，大将军曹真督诸军拒亮；徙袭为大将军军师[4]，分邑百户赐兄基爵关内侯。真薨，司马宣王代之；袭复为军师，增邑三百，并前五百五十户。

以疾征还，拜太中大夫。薨，追赠少府，谥曰定侯。子会嗣。

【注释】

〔1〕督军粮御史：官名。负责催调军粮。 〔2〕督军粮执法：官名。负责惩处军粮调运中的违法者。 〔3〕秦川：地区名。这里泛指今陕西、甘肃两省秦岭以北的平原地带。 〔4〕大将军军师：官名。大将军府下属，负责参谋军事。

赵俨字伯然，颍川阳翟人也[1]。避乱荆州，与杜袭、繁钦通财同计，合为一家。太祖始迎献帝都许，俨谓钦曰："曹镇东应期命世[2]，必能匡济华夏；吾知归矣!"

建安二年，年二十七，遂扶持老弱诣太祖。太祖以俨为朗陵长[3]。县多豪猾[4]，无所畏忌。俨取其尤甚者，收缚案验，皆得死罪；俨既囚之，乃表府解放[5]。自是威恩并著。

时袁绍举兵南侵，遣使招诱豫州诸郡，诸郡多受其命。惟阳安郡不动[6]，而都尉李通急录户调[7]。俨见通曰："方今天下未集[8]，诸郡并叛；怀附者，复收其绵绢；小人乐乱，能无遗恨？且远近多虞，不可不详也。"通曰："(绍与大将军)〔公与袁绍〕相持甚急，左右郡县背叛乃尔。若绵绢不调送，观听者必谓我顾望，有所须待也[9]。"俨曰："诚亦如君虑，然当权其轻重；小缓调[10]，当为君释此患。"

乃书与荀彧曰："今阳安郡当送绵绢，道路艰阻，必致寇害。百姓困穷，邻城并叛，易用倾荡，乃一方安危之机也。且此郡人执守忠节，在险不贰；微善必赏，则为义者劝。善为国者，藏之于民。以为国家宜垂慰抚，所敛绵绢，皆俾还之[11]。"彧报曰："辄白曹公，公文下郡：绵绢悉以还民。"上下欢喜，郡内遂安。

【注释】

〔1〕阳翟(zhái)：县名。县治在今河南禹州市。 〔2〕曹镇东：即曹操。曹操当时任镇东将军。 应期：顺应天命。 命世：具有命世之才。命世之才。指安邦定国的杰出人才。 〔3〕朗陵：县名。县治在今河南确山县西南。 〔4〕豪猾：横蛮狡猾的人。 〔5〕府：指上级郡太守府。当时的郡太守、州牧都拥有死刑的判决权和免除权，见本书卷十八《李

通传》。　解放：释放。　〔6〕阳安：都名。治所就在朗陵县。　〔7〕李通：传见本书卷十八。　录：按名册收取。　户调：当时政府向编入户口名册的自由农民征税，主要有田租与户调两种。田租属于土地税。户调属于人头税，但又以户为单位计算，并收取绢、丝绵实物。从产品的性质上说，田租所缴的谷物是农产品，户调所缴的绢、丝绵是家庭手工业产品。　〔8〕集：安定。　〔9〕须待：等待。　〔10〕小缓调：稍微延缓征收户调。　〔11〕俾：使。

　　入为司空掾属、主簿。〔一〕时于禁屯颍阴〔1〕，乐进屯阳翟〔2〕，张辽屯长社〔3〕；诸将任气，多共不协。使俨并参三军，每事训喻，遂相亲睦。

　　太祖征荆州，以俨领章陵太守〔4〕。徙都督护军〔5〕，护于禁、张辽、张郃、朱灵、李典、路招、冯楷七军〔6〕。复为丞相主簿。迁扶风太守〔7〕。

　　太祖徙出故韩遂、马超等兵五千余人，使平难将军殷署等督领〔8〕；以俨为关中护军〔9〕，尽统诸军。羌虏数来寇害，俨率署等追到新平〔10〕，大破之。屯田客吕并自称"将军"〔11〕，聚党据陈仓，俨复率署等攻之，贼即破灭。时被书差千二百兵往助汉中守〔12〕，署督送之〔13〕。行者辄与室家别，皆有忧色。

　　署发后一日，俨虑其有变，乃自追至斜谷口，人人慰劳；又深戒署。还宿雍州刺史张既舍〔14〕，署军复前四十里；兵果叛乱，未知署吉凶。而俨自随步骑百五十人，皆与叛者同部曲，或婚姻；得此问〔15〕，各惊，被甲持兵，不复自安。俨欲还，既等以为："今本营党已扰乱，一身赴之无益，可须定问〔16〕。"俨曰："虽疑本营与叛者同谋，要当闻行者变〔17〕，乃发之。又有欲善不能自定[18]，宜及犹豫，促抚宁之。且为之元帅，既不能安辑[19]，身受祸难，命也。"

遂去。行三十里止，放马息；尽呼所从人，喻以成败，慰励恳切。皆慷慨曰："死生当随护军，不敢有二！"前到诸营，各召料简[20]。诸奸结叛者八百余人，散在原野；惟取其造谋魁率治之[21]，余一不问。郡县所收送，皆放遣，乃即相率还降。

俨密白[22]："宜遣将诣大营[23]，请旧兵镇守关中。"太祖遣将军刘柱将二千人〔往〕，当须到乃发遣；而事露，诸营大骇，不可安喻。俨谓诸将曰："旧兵既少，东兵未到[24]，是以诸营图为邪谋。若或成变，为难不测。因其狐疑，当令早决。"遂宣言当差留新兵之温厚者千人镇守关中[25]，其余悉遣东[26]。便见主者，纳诸营兵名籍[27]，案累重[28]，立差别之[29]。留者意定，与俨同心。其当去者亦不敢动，俨一日尽遣上道；因使所留千人，分布罗落之[30]。东兵寻至[31]，乃复胁喻[32]，并徙千人[33]，令相及共东：凡所全致二万余口。〔二〕

【注释】

〔1〕于禁：传见本书卷十七。 颍阴：县名。县治在今河南许昌市。〔2〕乐进（？—公元218）：传见本书卷十七。 〔3〕张辽（公元169—222）：传见本书卷十七。 长社：县名。县治在今河南长葛市东北。〔4〕章陵：郡名。治所在今湖北枣阳市南。 〔5〕都督护军：官名。是于禁等七支军队的总协调人。 〔6〕朱灵：传附本书卷十七《徐晃传》。李典：传见本书卷十八。 〔7〕扶风：郡名。治所在今陕西兴平市东南。〔8〕平难将军：官名。领兵征伐。 〔9〕关中护军：官名。是驻关中各

军的总协调人。　〔10〕新平：郡名。治所在今陕西彬州市。　〔11〕屯田客：屯田农民。　〔12〕被书：接到文书。　〔13〕署：即上文提到的殷署。　〔14〕张既（？—公元223）：传见本书卷二十五。　〔15〕问：消息。　〔16〕定问：确实的消息。　〔17〕要当：必定要。　〔18〕欲善：想要为善。指不愿反叛。　〔19〕安辑：安抚（部下）。　〔20〕料简：对人员进行清理。这是当时习语。　〔21〕魁率：首领。　〔22〕白：报告（曹操）。　〔23〕遣将诣大营：（把这批人员）带领遣送回原来的大营。〔24〕东兵：指刘柱率领的二千人。　〔25〕宣言：宣布。　〔26〕东：向东回原来的驻地。　〔27〕纳：接收。　名籍：花名册。　〔28〕案累重：在几案上重重叠叠摆放着。　〔29〕差别：划分（留下来的和遣送回原驻地的）。　〔30〕罗落：防卫钳制。　〔31〕寻：接着。　〔32〕胁喻：威胁劝说。　〔33〕千人：指随赵俨留下来的那一千人。

【裴注】

〔一〕《魏略》曰："太祖北拒袁绍，时远近无不私遗笺记，通意于绍者。俨与领阳安太守李通，同治，通亦欲遣使；俨为陈绍必败意，通乃止。及绍破走，太祖使人搜阅绍记室，惟不见通书疏，阴知俨必为之计，乃曰：'此必赵伯然也。'"臣松之按《魏武纪》：破绍后，得许下军中人书，皆焚之。若故"使人搜阅"，知其有无，则非所以安人情也。疑此语为不然。

〔二〕孙盛曰："盛闻为国以礼，民非信不立。周成不弃桐叶之言，晋文不违伐原之誓；故能隆刑措之道，建一匡之功。俨既诈留千人，使效心力；始虽权也，宜以信终。兵威既集，而又逼徙；信义丧矣，何以临民？"

关羽围征南将军曹仁于樊〔1〕。俨以议郎参仁军事，南行，（迁）〔与〕平寇将军徐晃俱前〔2〕。既到，羽围仁遂坚；余救兵未到，晃所督不足解围；而诸将（呵）〔呼〕责晃促救〔3〕。俨谓诸将曰："今贼围素固，水潦犹盛。我徒卒单少，而仁隔绝不得同力，此举适所以弊内外耳。当今不若前军逼围〔4〕，遣谍通仁；使知外救，以励将士。计北军不过十日[5]，尚足坚守；然后表里俱发，破贼必矣。如有缓救之戮[6]，余为诸（军）〔君〕当之！"诸将皆喜，便作地道，〔射〕箭飞书与仁；消息数通，北军亦至，并势大战。羽军既退，舟船犹据沔水[7]，襄阳隔绝不通[8]；而孙权袭取羽辎重，羽闻之，即走南还。

仁会诸将议，咸曰："今因羽危惧，必可追擒也。"俨曰："权邀羽连兵之难[9]，欲掩制其后，顾羽还救，恐我承其两疲[10]；故顺辞求效[11]，乘衅因变，以观利钝耳[12]。今羽已孤进[13]，更宜存之以为权害。若深入追北，权则改虞于彼[14]，将生患于我矣。王必以此为深虑。"仁乃解严[15]。太祖闻羽走，恐诸将追之，果疾敕仁，如俨所策。

【注释】

〔1〕樊：城名。属今湖北襄阳市。 〔2〕平寇将军：官名。领兵征伐。 〔3〕呼责：叫着要求。 〔4〕前军逼围：向前进军逼近敌军的包围圈。但是逼近后并不与敌军作战。 〔5〕北军：从北面赶来救援的曹魏主力军。 〔6〕缓救之戮：因救援迟缓而招致的处死。 〔7〕沔水：即今汉水。 〔8〕襄阳：旧县名。属今湖北襄阳市。 〔9〕邀：趁。 〔10〕两疲：双方疲敝。 〔11〕顺辞：卑顺的言辞。 求效：请求进攻关羽以报效曹魏。当时孙权一心夺取关羽所占据的荆州，为了避免两面作战，他向曹操控制的汉朝称臣纳贡。参见本书卷一《武帝纪》、卷四十七《吴主传》。 〔12〕利钝：指形势的有利与无利。 〔13〕孤进：独自撤退。 〔14〕改虞：改变想法。 〔15〕严：收拾行装。解严即取消军事行动。

文帝即王位，为侍中。顷之，拜驸马都尉，领河东太守、典农中郎将[1]。黄初三年，赐爵关内侯。孙权寇边，征东大将军曹休统五州军御之[2]，征俨为军师。权众退，军还，封宜土亭侯，转为度支中郎将[3]，迁尚书。从征吴，到广陵，复留为征东军师。

明帝即位，进封都乡侯，邑六百户；监荆州诸军事，假节。会疾，不行，复为尚书。出监豫州诸军事，转大司马军师[4]。入为大司农。

齐王即位，以俨监雍、凉诸军事，假节，转征蜀将军。又迁征西将军，都督雍、凉。正始四年，老疾求还，征为骠骑将军。〔一〕迁司空。薨，谥曰穆侯。子亭嗣。

初，俨与同郡辛毗、陈群、杜袭并知名[5]，号曰"辛、陈、杜、赵"云。

【注释】

〔1〕典农中郎将：官名。管理屯田农民。地位相当于郡太守。〔2〕五州：指曹魏的扬、荆、豫、兖、青州。当时出动了驻扎在这五州的二十多支军队。分见本书卷九《曹休传》和《夏侯尚传》、卷十五《贾逵传》、卷二十八《王凌传》、卷十八《臧霸传》。　〔3〕度支中郎将：官名。负责军队屯田事务。曹魏的屯田分民屯和军屯两大系统，各设官员管理。民屯官员属于郡太守一级的是典农中郎将或典农校尉，属于县令一级的是典农都尉；军屯官员属于郡太守一级的是度支中郎将或度支校尉，属于县令一级的是度支都尉。两大系统最后统归九卿之一的大司农领导。　〔4〕大司马军师：官名。大司马府的下属。负责参谋军事。　〔5〕辛毗：传见本书卷二十五。　陈群（？—公元236）：传见本书卷二十二。

【裴注】

〔一〕《魏略》曰："旧故四征，有官厨财籍；迁转之际，无不因缘。而俨又手上车，发到霸上，忘持其常所服药。雍州闻之，乃追送杂药材数箱。俨笑曰：'人言语殊不易，我偶问所服药耳，何用是为邪！'遂不取。"

裴潜字文行，河东闻喜人也[1]。〔一〕避乱荆州，刘表待以宾礼。潜私谓所亲王粲、司马芝曰[2]："刘牧非霸王之才[3]，乃欲西伯自处[4]；其败无日矣！"遂南适长沙。

太祖定荆州，以潜参丞相军事。出历三县令。入为仓曹属。

太祖问潜曰："卿前与刘备俱在荆州，卿以备才略何如？"潜曰："使居中国[5]，能乱人而不能为治也；若乘间守险[6]，足以为一方主。"

时代郡大乱[7]，以潜为代郡太守。乌丸王及其大人[8]，凡三人[9]，各自称"单于"，专制郡事。前太守莫能治正，太祖欲授潜精兵以镇讨之。潜辞曰："代郡户口殷众，士马控弦[10]，动有万数。单于自知放横日久[11]，内不自安。今多将兵往，必惧而拒境，少将则不见惮。宜以计谋图之，不可以兵威迫也。"

遂单车之郡[12]；单于惊喜。潜抚之以静。单于以下脱帽稽颡[13]，悉还前后所掠妇女、器械、财物。潜案诛郡中大吏与单于为表里者郝温、郭端等十余人[14]，北边大震，百姓归心。

在代三年，还为丞相理曹掾[15]。太祖褒称治代之功，潜曰："潜于百姓虽宽，于诸胡为峻[16]。今（计）〔继〕者必以潜为（理）〔治〕过严，而事加宽惠；彼素骄恣，过宽必弛；既弛又将摄之以法，此忿争所由生也。以势料之，代必复叛。"于是太祖深悔还潜之速。后数十日，三单于反问至[17]。乃遣鄢陵侯彰为骁骑将军征之[18]。

潜出为沛国相。迁兖州刺史[19]。太祖次摩陂[20]，叹其军阵齐整，特加赏赐。

【注释】

〔1〕闻喜：县名。县治在今山西闻喜县。　〔2〕王粲（公元177—217）：传见本书卷二十一。　〔3〕霸王：指称雄天下的政治领袖。〔4〕自处：自居。　〔5〕中国：中原。　〔6〕乘间（jiàn）：趁机会。〔7〕代郡：郡名。治所在今山西阳高县。　〔8〕乌丸：北方少数族名。大人：少数族首领。　〔9〕三人：据本书卷一《武帝纪》、卷三十《乌丸鲜卑传》记载，当时代郡乌丸族的首领有普富卢、能臣氏（又作无臣氏）、修武卢三人。　〔10〕控弦：拉弓。　〔11〕放横：放纵横蛮。〔12〕单车：单独一个人乘一辆车。　〔13〕稽颡：跪拜。　〔14〕案：清查。　为表里：内外勾结。〔15〕理曹：曹操丞相府的分支机构。主管案件审理。　〔16〕胡：北方少数族的泛称。　〔17〕反问：反叛的消息。〔18〕彰：即曹彰（？—公元223）。传见本书卷十九。　骁骑将军：官名。领兵征伐。　〔19〕兖州：州名。治所在今山东金乡县西北。　〔20〕次：停留。

【裴注】

〔一〕《魏略》曰："潜，世为著姓。父茂，仕灵帝时，历县令、郡守、尚书；建安初，以奉使率导关中诸将讨李傕有功，封列侯。潜少不修细行，由此为父所不礼。"

文帝践阼，入为散骑常侍。出为魏郡、颍川典农中郎将；奏通贡举[1]，比之郡国，由是农官进仕路泰[2]。迁荆州刺史，赐爵关内侯。

明帝即位，入为尚书。出为河南尹[3]。转太尉军师、大司农[4]。封清阳亭侯，邑二百户。入为尚书令。奏正分职[5]，料简名实，出事使断官府者百五十余条[6]。丧父去官。拜光禄大夫。

正始五年薨，追赠太常，谥曰贞侯。〔一〕子秀嗣[7]。遗令俭葬：墓中惟置一坐，瓦器数枚，其余一无所设。

秀，咸熙中为尚书仆射。〔二〕

【注释】

〔1〕贡举：向中央输送举荐人才。 〔2〕农官：管理屯田的官员。泰：通畅。 〔3〕河南尹：官名。汉魏时京城所在的郡称尹。河南尹是东汉、曹魏京城所在郡的行政长官，其治所在今河南洛阳市东。〔4〕太尉军师：官名。太尉府的下属，负责参谋军事。 〔5〕奏正分职：上奏请求明确分清官员的职责。 〔6〕出事：发布文件。 断官府：划断各官府之间的职责。 〔7〕秀：即裴秀（公元224—271）。字季彦。起初被曹爽提拔，曹爽死时受牵连而被免职。后来支持司马氏，成为亲信。西晋建立，官至司空，封钜鹿郡公。他在世界地图学史上有重大贡献，第一次提出了"制图六体"：分率、准望、道里、高下、方邪、迂直，即地图绘制上的比例尺、方位、距离、地形等原则，从此为我国制图者所遵循。他还主持绘制了《禹贡地域图》和《地形方丈图》，前者是中国历史地图集，后者是西晋的全国地图。传见《晋书》卷三十五。

【裴注】

〔一〕《魏略》曰："时远近皆云'当为公'，会病亡。始，潜自感所生微贱，无舅氏，又为父所不礼，即折节仕进；虽多所更历，清省恪然。每之官，不将妻子。妻子贫乏，织藜芘以自供。又潜为兖州时，尝作一胡床；及其去也，留以挂柱。又以父在京师，出入薄犊车。群弟之田庐，常步行。家人小大，或并日而食。其家教，上下相奉，事有似于石奋。其履检校度，自魏兴少能及者。潜为人材博，有雅（要）〔姿〕容；然但如此而已，终无所推进，故世归其洁而不宗其余。"

〔二〕《文章叙录》曰："秀字季彦。弘通博济，八岁能属文，遂知名。大将军曹爽辟。丧父服终，推财与兄弟。年二十五，迁黄门侍郎。爽诛，以故吏免。迁卫国相，累迁散骑常侍、尚书仆射、令、光禄大夫。咸熙中，晋文王始建五等；命秀典为制度，封广川侯。晋室受禅，进左光禄大夫，改封钜鹿公。迁司空。著《易》及《乐论》，又画《地域图》十八篇，传行于世。《盟会图》及《典治官制》皆未成。年四十八，泰始七年薨。谥元公，配食宗庙。少子颛，字逸民。袭封。"

荀绰《冀州记》曰："颛为人弘雅有远识，博学稽古；履行高整，自少知名。历位太子中庶子、侍中、尚书。元康末，为尚书左仆射。赵王伦以其望重，畏而恶之；知其不与贾氏同心，犹被枉害。"臣松之按陆机《惠帝起居注》称"颛雅有远量，当朝名士也"，又曰"民之望也"。颛理具渊博，赡于论难，著《崇有》、《贵无》二论，以矫虚诞之弊，文辞精富，为世名论。子嵩，字道文。荀绰称嵩"有父、祖风"。为中书郎，早卒。颛从父弟邈，字景声。有俊才，为太傅司马越从事中郎，假节，监中外营诸军事。

潜少弟徽，字文季。冀州刺史。有高才远度，善言玄妙。事见荀粲、傅嘏、王弼、管辂诸传。徽长子黎，字伯宗。一名演。游击将军。次康，字仲豫。太子左卫率。次楷，字叔则。侍中、中书令、光禄大夫，开府。次绰，字季舒。黄门侍郎，早卒，追赠长水校尉。康、楷、绰皆为名士，而楷才望最重。《晋诸公赞》曰："康有弘量；绰以明达为称；楷少与琅邪王戎俱为掾，发名，钟会致之大将军司马文王曰：'裴楷清通，王戎简要。'文王即辟为掾，进历显位。"谢鲲为《乐广传》，称楷"俊朗有识具，当时独步"。

黎子苞，秦州刺史。康子纯，黄门侍郎；次盾，徐州刺史；次（部）〔邵〕，有器望，晋元帝为安东将军，（部）〔邵〕为长史，侍中王旷与司马越书曰："裴（部）〔邵〕在此，虽不治事，然识量弘淹，此下人士大敬附之。"次廓，中垒将军。楷子瓒，中书郎；次宪，豫州刺史。绰子遐，太傅主簿。瓒、遐并有盛名，早卒。《晋诸公赞》称宪"有清识"。

《魏略列传》以徐福、严幹、李义、张既、游楚、梁习、赵俨、裴潜、韩宣、黄朗十人共卷；其既、习、俨、潜四人自有传；徐福事在《诸葛亮传》；游楚事在《张既传》；余幹等四人载之于后：

"严幹字公仲，李义字孝懿；皆冯翊东县人也。冯翊东县，旧无冠族，故二人并单家。其器性皆重厚。当中平末，同年二十余；幹好击剑，义好办护丧事。冯翊甲族桓、田、吉、郭，及故侍中郑文信等，颇以其各有器实，共纪识之。会三辅乱，人多流宕，而幹、义不去，与诸知故相浮沉，采樵自活。逮建安初，关中始开。诏分冯翊西数县，为左内史郡，治高陵；以东数县为本郡，治临晋。义，于县分当西属，义谓幹曰：'西县儿曹，不可与争坐席。今当共作方床耳。'遂相附结，皆仕东郡为右职。司隶辟幹，不至。岁终，郡举幹孝廉，义上计掾。义留京师，为平陵令，迁冗从仆射，遂历显职。逮魏封十郡，请义，以为军祭酒；又为魏尚书左仆射。及文帝即位，拜谏议大夫，执金吾、卫尉，卒官。义子丰，字〔宣〕〔安〕国。见《夏侯玄传》。幹以孝廉拜蒲坂令，病，去官。复举至孝，为公车司马令。为州所请，诏拜议郎，还参州事。会以建策捕高幹，又追录前讨郭援功，封武乡侯，迁弘农太守。及马超反，幹郡近超，民人分散。超破，为汉阳太守。迁益州刺史，以道不通，黄初中，转为五官中郎将。明帝时，迁永安太仆。数岁卒。始，李义以直道推诚于人，故于时陈群等，与之齐好。虽无他才力，而终仕进，不顿踬。幹从破乱之后，更折节学问，特善《春秋公羊》。司隶钟繇不好《公羊》而好《左氏》，谓《左氏》为'太官'，而谓《公羊》为'卖饼家'，故数与幹共辩析长短。繇为人机捷，善持论；而幹讷口，临时屈无以应。繇谓幹曰：'公羊高竟为左丘明服矣！'幹曰：'直故吏为明使君耳，公羊未肯也。'"

"韩宣字景然，勃海人也。为人短小。建安中，丞相召署军谋掾，冗散在邺。尝于邺出入宫，于东掖门内与临淄侯植相遇。时天新雨，地有泥潦。宣欲避之，阂潦不得去；乃以扇自障，住于道边。植嫌宣既不去，又不为礼；乃驻车，使其常从问宣：'何官？'宣云：'丞相军谋掾也。'植又问曰：'应得唐突列侯否？'宣曰：'《春秋》之义，王人虽微，列于诸侯之上；未闻宰士而为下土诸侯礼也。'植又曰：'即如所言，为人父吏，见其子应有礼否？'宣又曰：'于礼，臣、子一例也；而宣年又长。'植知其枝柱难穷，乃释去；具为太子言，以为辩。黄初中，为尚书郎，尝以职事当受罚于殿前；已缚束，杖未行。文帝辇过，问：'此为谁？'左右对曰：'尚书郎勃海韩宣。'帝追念前临淄侯所说，乃寤曰：'是子建所道韩宣邪！'特原之，遂解其缚。时天大寒，宣前以当受杖，豫脱袴，缠裤面缚；及其原，裤腰不下，乃趋而去。帝目而送之，笑曰：'此家，有瞻谛之士也！'后出为清河、东郡太守。明帝时，为尚书、大鸿胪，数岁卒。宣前后当官，在能否之间，然善以己恕人。始南阳韩暨，以宿德在宣前为大鸿胪，暨为人贤；及宣在后，亦称职。故鸿胪中为之语曰：'大鸿胪，小鸿胪，前后治行曷相如？'"按本志，宣名都不见，惟《魏略》有此传；而《世语》列于名臣之流。

"黄朗字文达，沛郡人也。为人弘通，有性实。父为本县卒；朗感其如此，抗志游学，由是为方国及其郡士大夫所礼异。特与东平右姓王惠阳，为硕交，惠阳亲拜朗母于床下。朗始仕黄初中，为长吏，迁长安令；会丧母不赴，复为魏令。迁襄城典农中郎将、涿郡太守。以明帝时疾病卒。始，朗为君长，自以父故，常忌不呼铃下、伍伯，而呼其姓字；至于忿怒，亦终不言。朗既仕至二千石，而惠阳亦历长安令、酒泉太守。故时人谓惠阳外似粗疏而内坚密，能不顾朗之本末，事朗母如己母，为通度也。"

鱼豢曰："世称君子之德，其犹龙乎，盖以其善变也。昔长安市侩有刘仲始者，一为市吏所辱，乃感激，踏其尺折之；遂行学问，经明行修，流名海内。后以有道征，不肯就，众人归其高。余以为前世偶有此耳，而今徐、严，复参之，若皆非似龙之志也，其何能至于此哉？李推至道，张工度主，韩见识异，黄能拔萃；各著根于石上，而垂阴乎千里，亦未为易也！游翁慷慨，展布腹心，全躯保郡，见延帝王；又仿陆生，优游宴戏，亦一实也。梁、赵及裴，虽张扬不足；至于检己，老而益明，亦难能也。"

评曰：和洽清和干理[1]，常林素业纯固，杨俊人伦行义，杜袭温粹识统[2]，赵俨刚毅有度，裴潜平恒桢干[3]：皆一世之美士也。至林能不系心于三司[4]，以大夫告老[5]：美矣哉！

【注释】

〔1〕干理：处理政事具有才干和条理。　〔2〕识统：能看清事情的关键。　〔3〕平恒：平常。指生活俭朴如同常人。　桢干：原意是筑墙时所立的木柱。这里指在社会上起骨干作用。　〔4〕三司：三公。　〔5〕大夫：指光禄大夫。

【译文】

和洽，字阳士，汝南郡西平县人。他曾被本郡太守举荐为孝廉，并受到大将军的聘任，但都被他谢绝了。袁绍占领冀州，曾派使者前去迎接故乡汝南郡的士大夫来冀州任职，唯独和洽认为：

"冀州土地平坦百姓强盛，是各地英雄豪杰都想得到的地方，也是四面通畅有利于大部队运动作战的战场。袁绍凭借着这种优势，虽然能够强大起来，但是当今天下群雄并起，他也未必能够保全冀州。荆州的刘表没有什么吞并天下的志向，能够爱护百姓，欢迎人才，再加上地形险要，山区的少数族人少力弱，是个容易依靠的地方。"于是与亲朋故旧一同南下投奔了刘表。刘表以上宾之礼加以接待，和洽却说："我之所以不去投奔袁绍，是为了避开那个容易发生战争的地方。乱世的主上，是不能过于亲近的，时间一长就会出现危险，因为必然会有喜欢进谗言的邪恶小人混杂在当中挑拨离间。"于是再南迁到武陵郡居住。

太祖曹操平定荆州后，征聘和洽为丞相府下属。当时毛玠、崔琰都以忠诚清廉而担任重要职务，他们选任官员时都着重看他是否生活俭朴。和洽说："天下最重要的政务是选拔人才和授予官职，但是不能单单以生活节俭这一项作为考察人才的标准。俭朴过度，对于自己修养身心还可以，但是以此来衡量人物，就可能出现大偏差。如今朝廷的议论，看到有的官员穿件新衣，坐辆好车，就会说他不清廉；看到当县长、县令的刻意装出俭朴相，仪容不整，衣衫破旧，就说他很廉洁。以至士大夫们故意弄脏了衣服，把好的车辆、服饰都藏起来；朝廷各官署的长官，有的甚至自己带着水壶、食物来到办公的府署。推行教化，改变风俗，都贵在适度，才能长期坚持下去。如今你们推行单一而又难以长期承受的标准，来考察各种不同的人才，勉强坚持，早晚会感到吃力不堪。古代弘大的教化，都注意顺应人情，凡是过激反常的行为，就容易隐藏虚伪啊。"

魏国建立后，和洽任侍中，有人举报毛玠诽谤诋毁太祖，太祖召见近臣时，十分震怒。和洽却陈述毛玠行为素来很守本分，请求查实事情的真实情况。下朝以后，太祖下达指示说："现今报告这事的人说毛玠不但诽谤我，还为被贬黜的崔琰抱怨。这种有损君臣关系、妄自为好朋友怨叹的行为，恐怕是不能容忍的。当年萧何、曹参和高祖刘邦都出于微贱，屡建功勋，而每当高祖处在委屈受压的时候，二人仍能恭敬顺从，臣下的节操才更显著，因此能够使子孙享受福分。和侍中现今要求查实毛玠一案，我之所以不听从，是不忍心让毛玠被人审来审去而丢失体面。"

和洽回答说："如果真像举报者说的那样，那么毛玠确实是罪过深重，天地不容。为臣并不敢为毛玠作偏袒性辩护而忘却君臣关系。只是因为毛玠在群臣之中出类拔萃，受到您特殊的提拔，处在首要职位，多年受到宠信，为人刚直忠正，受到众人的敬畏，论理不应该做出这样的事情。然而人情难以保证，必须要加以核实，让毛玠与告发者双方对质验证。如今您为有罪的毛玠着想，不忍心把他交给法官审问，反而使曲直不分，怀疑将会从您的近旁开始。"

太祖说："我之所以不同意核查，是想使毛玠和举报者双方都得到保全。"和洽说："如果毛玠真有诽谤主上的言论，就应当在市场上公开处死示众；如果毛玠没有这回事，举报者就犯了诬陷大臣欺骗君上的罪行。二者若不加以核查，为臣心中不安。"太祖说："眼下正有军事行动，怎么可以听了告发就随便审问举报人？从前晋国的狐射姑在朝堂上刺杀了阳处父，这就告诫君主绝不能随便泄露与自己密谈者的情况啊。"

太祖平定了汉中的张鲁，和洽建议及时从汉中撤出军队迁徙百姓，可以节省设置防卫军队的费用。太祖没有采纳，后来终究还是迁出百姓放弃了汉中。和洽又出任郎中令。

曹丕称帝后，任命他为光禄勋，封安城亭侯。

明帝曹叡即位，他晋爵为西陵乡侯，封邑二百户。

明帝太和年间，散骑常侍高堂隆上奏说："可以及时带来雨水的清风不至，而有持续的大旱：这一定是有关官员工作不勤勉而使天时失常。"于是明帝下诏谦虚地引咎自责，并广泛征求政事上的不同意见。

和洽认为："现在人口不多，从事耕种的人更少，而只吃粮食却不从事耕种的商人、工人到处都是。国家以人民为根本，人民以粮食为性命。只要荒废一个季节的农耕，就会失去养活性命的根本。因此先代的圣王一心去除各种耗费，集中力量加强农业。自今年春夏以来，百姓们疲于劳役，农业荒废，人们忧愁困苦。可以及时带来雨水的清风不至，未必不是这个原因。解决的办法，莫过于节俭。太祖建立宏伟基业以后，拨发军费，提供赏赐，官吏士兵衣食丰足，仓库之中谷帛充盈，原因就在于太祖从不装饰无用的官殿，坚决去除浮华享乐的费用。如今最要紧的，就是停止或减少繁重的劳役，省去其他多余的杂务，以补充军队的储备。南、西、北三方的边境守卫防御，应该早做准备。预测敌人的虚实，养精蓄锐，在朝廷的殿堂上就制定好克敌制胜的策略，完成进攻敌人的计划，详细询问听取众人的意见以求政策上的适中。如果不预先制定策略，轻视和小看敌人，军队多次出动，出动却劳而无功。所谓‘喜欢使用武力的人最终会丧失威风’，这可是古人的谆谆告诫呀。”

和洽以后转任太常，他清贫节俭，以至于要卖掉田地住宅才能维持生活。明帝听到这种情况，加赐他谷物布帛。和洽死后，谥为简侯。

其子和离继承了他的爵位。和离的弟弟和逌，具有才能而性情开朗，能够开创事业拯救社会，官至廷尉、吏部尚书。

和洽同郡有个叫许混的人，是许劭的儿子，清高纯正，对人和事也很有洞察和识别的能力，明帝时曾当过尚书。

常林，字伯槐，河内郡温县人。七岁时，他父亲的一个朋友登门拜访，问常林：“伯先在不在家？你见了我怎么不跪拜行礼？”常林说：“虽然按礼仪我应该尊敬客人，但是你当着我的面直呼我父亲的表字，我为什么还要向你跪拜行礼呢？”大家对他都很赞赏。

本郡太守王匡起兵讨伐董卓时，派一些儒生在下属各县探察官员和百姓的罪过，一旦发现立即拘捕，然后拷问并让他们用钱或粮食来赎罪，如果延误期限就要灭绝宗族，以此来树立威风。常林的叔父因为打了自己的佃客，被儒生告发，王匡大怒，把他关进牢房问罪。常氏家族成员都非常害怕，不知道要责罚他们多少钱粮，生怕救不出常林的叔父。常林就去找王匡的同乡胡母彪说：“王大人凭借文武高才，到我们这个郡来当太守。敝郡依山傍河，土地宽广而百姓众多，又有很多贤能的人才，可以任随他选用。如今皇上年幼，贼臣董卓虎踞京师，中原震恐，正是天下雄才为国奋起出力的时候。如果能诛灭董卓，扶助衰微的汉朝，智者就会望风归附，纷纷响应。平定暴乱要靠人和，如果人和的条件具备了，进行征伐怎么会不取胜呢？但是如果对百姓没有恩德，任用的又不是适当的人才，灭亡将会随之来到，哪里还谈得上匡扶朝廷，树立功名啊！请您能注意这一点。"接着常林就把叔父被关押的情况述说了一遍。胡母彪听了以后，立即写信责备王匡，王匡只好放出常林的叔父。

常林于是迁居到上党郡避乱，在山中耕种自给。当时正碰上旱灾蝗灾，只有常林家获得丰收，他把周围的邻居都叫来，把自己的粮食一升一斗地分给他们。常林的家依附着过去河间郡太守陈延的坞壁，而陈、冯二姓，在当地历史悠久的家族中居于领头地位。军阀张杨贪图这两姓的妇女和财产，常林率领宗族，为陈、冯两姓出谋划策，虽然坞壁被张杨的军队围困了六十多天，但是终于保全了两姓的人口和财产。

并州刺史高幹上表举荐常林担任骑都尉，常林没有接受。

后一任的刺史梁习又举荐州内的名士常林以及杨俊、王凌、王象、荀纬，太祖曹操都任命他们当了县长。常林任南和县令，因政治和教化卓有成效，被提升为博陵郡太守、幽州刺史，所在之处，政绩突出。

文帝曹丕任五官中郎将时，常林担任府内的功曹。太祖西征，田银、苏伯乘机造反，幽州、冀州动荡不安。文帝想亲自带兵去讨伐他们，常林说："从前我曾在博陵郡任职，后来又在幽州当官，所以对这股叛贼的趋势，能够作出预测推断。北方的官吏百姓，喜欢安定而厌恶战乱，接受教化已久，安分守己的占多数。田银、苏伯是乌合之众，才智不足却野心很大，不会构成大祸患。如今我军主力远在前线，外有强敌，将军在此坐镇后方，如果轻率出兵远征，即使取胜也算不上威武。"文帝听从了他的劝告，只派手下将领前去讨伐，很快就把叛军消灭。常林后来出任平原郡太守、魏郡东部都尉，后又回京城担任丞相府的东曹属。魏国建立以后，担任尚书职务。

曹丕称帝后，常林升任少府，封乐阳亭侯，后又转任大司农。

明帝曹叡即位，常林晋封高阳乡侯，转任光禄勋、太常。

司马懿因为常林是本乡本土年高有德的长辈，每次遇到他都要行跪拜礼。有人劝常林说："司马公现今地位尊贵重要，您应该阻止他向您行跪拜之礼。"常林说："司马公自己愿意表明长幼的顺序，为年轻人树立榜样。地位尊贵我并不惧怕，跪拜之礼我也无法制止。"说话的人恭敬而局促不安地走了。

当时朝臣们都认为常林节操清白高尚，想要推举他当三公，但常林却以自己病重为由断然谢绝了。以后他被授予光禄大夫的闲职。八十三岁时，常林去世，被追赠为骠骑将军，朝廷按三公的规格为他举行了葬礼，谥为贞侯。

儿子常峕继承了他的爵位，官至泰山郡太守，因触犯刑律而被诛杀。常峕的弟弟常静继承了常林的爵位。

杨俊，字季才，河内郡获嘉县人。曾在陈留郡边让的门下学习，边让很器重他。杨俊看到兵乱四起，而河内郡又处于四通八达的要冲，必定会成为战场，便扶老携幼迁到京、密二县的大山里，同行的共有一百余家。他救济贫困人家，和他们不分彼此，相互帮助。杨俊的本家和好友中有六家被人抢去做奴仆，杨俊倾其所有把他们都赎了回来。

司马懿十六七岁时，和杨俊相遇，杨俊说："这是一个不寻常的人。"司马朗早就出了名，而他的族兄司马芝，大家却不了解。只有杨俊说："虽然司马芝素来的声望不及司马朗，但实际的行政才能却只会超过司马朗。"后来杨俊转到并州避乱。本郡有个王象，从小孤独无依靠，给人家当仆役，十七八岁时，主人让他放羊他却偷偷地读书，因此被主人用鞭子抽打。杨俊赞赏他的才能品质，当即赎他出来带到家中，替他娶媳妇成了家，然后才和他分手。

太祖曹操任命杨俊为曲梁县长，又进京担任丞相府下属。他被本州举荐为茂才后，出任安陵县令，升任南阳郡太守。在任期间，杨俊施加德政教化，建立学校，受到官员和百姓的称赞。后来转任征南将军府军师。魏国建立，杨俊升任中尉。

太祖征伐汉中的张鲁，魏讽在后方的邺县谋反，杨俊赶到太祖的驻地长安承认自己失职的罪过。刚被太祖免罪，他就给留守后方的太子曹丕写信要求辞职。太子很生气，说："杨中尉说走就走，未免显得过分与众不同了吧！"不久杨俊就接到公文被降职为平原郡太守。

曹丕称帝后，他再次担任南阳郡太守。当时王象已经当上散骑常侍，他向文帝举荐杨俊说："为臣看到南阳郡太守杨俊，具有纯正精美的本质，忠诚严肃的气度，他的仁爱心肠足以培育人民，他的诚实品性足以打动大众，能够提携后进，诲人不倦，外宽内直，仁慈而有决断。从他出仕开始，在任职的地方都能留下美好的风气。两次担任南阳郡太守，又能广施恩德，以致与南阳邻近的其他地区，也有许多人扶老携幼前来投靠。如今他的辖境内清静安定，已无法充分施展他的才智，应该让他返回朝廷，在您身边效力，以发扬光大皇家事业。"

杨俊从少年到成人，始终以识别和奖拔人才为己任。同郡的审固、陈留的卫恂原来都是当兵的，经过杨俊的提拔帮助，都成了优秀人才，审固历任郡太守，卫恂当过御史和县令。杨俊就像这样能够识别人才而为人仗义。

当初，临淄侯曹植和杨俊的关系很友善。太祖曹操尚未确定太子的时候，曾经就此秘密地咨询官员们的意见。杨俊虽然一并叙述了曹丕和曹植两兄弟在才能天分上的优点，不明确说出谁适合当继承人，但是因为他在称赞曹植时更充分，所以曹丕常常怨恨他。

黄初三年(公元222)，当了皇帝的曹丕驾临南阳郡的治所宛县，因街市的景象不够繁盛安乐，文帝大怒，把杨俊逮捕下狱。尚书仆射司马懿、散骑常侍王象、荀纬都请求饶恕杨俊，以致叩头流出鲜血，文帝始终不肯答应。杨俊说："我现在终于知道自己有什么罪过了。"于是自杀。众人都为他的死感到冤屈和悲痛。

杜袭，字子绪，颍川郡定陵县人。曾祖父杜安、祖父杜根，都是从前著名的人物。杜袭到荆州避乱，荆州牧刘表用上宾的礼节招待他。同郡的繁钦多次有意在刘表面前表现自己的才能，杜袭便对繁钦说："我之所以和您一起来荆州，只不过想像蛟龙潜藏在幽深的湖泽一样，暂时隐居不显，以便时机成熟时像凤凰一样高飞远走，并不认为刘州牧就是平定乱世的英主，而打算像有道

德的人那样为他忠诚献身。您如果再表现才能不止，就和我不是
同类人，我就要和您绝交！"繁钦慨然说道："我接受您的指教。"
杜袭于是又南行到了长沙郡。

建安初年，太祖曹操迎接天子迁都许县。杜袭也从荆州逃回
家乡，太祖便任命他为西鄂县长。西鄂靠近南方，盗贼横行。当
时别的县级行政长官都把百姓召集起来保卫城池，不能进行正常
的农业生产，致使田园荒芜，百姓穷困，仓库空虚。杜袭知道自
己已经得到老百姓的拥护，就把年老体弱的百姓遣散到城外去耕
田种地，只留下壮丁坚守城池，官员和百姓们都很高兴。

不久，荆州的刘表派出一万多步兵骑兵前来攻城，杜袭就把
城内官员以及百姓中担任守城任务的五十多个人全部召集在一起，
和他们订立誓约坚守城池，这些人中如有亲属在城外需要去照顾
的，任随他们离开。结果这五十多人全都跪在地下叩头，自愿拼
死守城。杜袭亲自拿起弓箭和礌石，率领大家合力抗击。官员、
百姓感恩戴德，奋勇杀敌，临阵斩杀了数百敌兵；而杜袭这边也
死了三十多人，剩下的十八个人也全都身负重伤，敌军这才得以
入城。杜袭带领受伤的官员，百姓突围出去，几乎全部战死，却
没有一个人反叛离心。杜袭收拢散失的百姓，转移到摩陂扎下营
寨。官员、百姓听到消息后纷纷赶来依附他。

司隶校尉钟繇上表请求任命杜袭为议郎，参谋军事，荀彧也
出面举荐杜袭，太祖便任命杜袭为丞相府的军祭酒。

魏国建立，杜袭担任侍中，和王粲、和洽一起供职。王粲博
闻强识，因此太祖出外游览的时候，大多让他在车子右边陪乘，
但是他受到敬重的程度却不如和洽和杜袭。杜袭曾被太祖单独召
见，一直交谈到半夜。王粲生性浮躁，站起来对和洽说："真不知
道曹公对杜袭说些什么？"和洽笑着回答说："天下的事怎么能够
谈得完？您白天陪同曹公也就够了，何必对此悒悒不欢？难道您
想把晚上陪同曹公的任务也揽过来吗？"

后来杜袭兼任丞相府的长史，跟随太祖到汉中去讨伐张鲁。
太祖回来后，拜杜袭为驸马都尉，留在汉中督察军事。经过他的
安抚开导，当地老百姓中自愿迁往洛阳、邺县的，共有八百多人。
夏侯渊被刘备杀死，汉中的军队失去了主帅，将士们都震惊失色。

杜袭与张郃、郭淮督察代理军务，暂时推举张郃为主帅，以统一军心，三军将士才开始安定下来。

太祖要东还邺县，准备挑选和任命一位留府长史以镇守长安。主管官员挑选的人大多不合适，太祖下令说："放掉眼前的骏马不骑，怎么又匆匆忙忙到别处去寻找好马？"于是亲自任命杜袭为留府长史，驻守关中。

当时将军许攸拥有大量私兵，不肯归附太祖，而且说了许多对太祖不恭敬的话。太祖大怒，准备先去讨伐许攸。大臣们多数劝阻说："可以招抚许攸，共同进攻强大的敌人。"太祖把刀横放在膝盖上，脸色严峻不肯听从。杜袭走进来也要劝阻，太祖迎面先对他说道："我的主意已定，您不必再说了！"杜袭说："假如殿下的主意正确，为臣就要帮您实现；假如殿下的主意不正确，即使定了也应该改正。殿下阻止我，不许我说话，对待下属的度量怎么这样不宏大呢？"太祖说："许攸侮辱我，怎么可以放下不管？"杜袭说："殿下认为许攸是个什么样的人？"太祖说："是个凡人。"杜袭说："只有贤人才能了解贤人，圣人才能了解圣人。许攸是个凡人，他怎么能了解您这个非凡的人呢？如今豺狼挡路却要先消灭狐狸，别人将会说您避强攻弱，弄得来进兵算不上英勇，退兵又算不上仁慈。为臣听说有千钧力量的强弩不会为一只小小的家鼠引发机柄，有万石重量的大钟不会因一根小竹枝的撞击而发出声音。如今区区一个许攸，哪里用得着劳动神武的殿下呢？"太祖说："很对。"于是对许攸加以优厚的安抚，许攸也就归附了太祖。

当时夏侯尚受到太子曹丕的宠爱，关系非常亲密。杜袭说夏侯尚不是个有益的朋友，值不得这样特殊优待，并把这事报告了太祖。曹丕起初很不高兴，后来有了反省。事情经过记载在本书《夏侯尚传》中。杜袭为人处事虽然柔和却不能以背离道义的事去强迫他，就像这件事一样。

曹丕做了魏王，封杜袭为关内侯。曹丕称帝以后，任命杜袭为督军粮御史，封武平亭侯，后又任督军粮执法，接着入宫当了尚书。

明帝曹叡即位，杜袭晋爵为平阳乡侯。诸葛亮出兵秦川，大将军曹真指挥各路人马抗拒蜀军，杜袭转任大将军府军师，又把杜袭的封邑分出一百户来给他的哥哥杜基，封杜基为关内侯。曹真死后，司马懿代替了他的职务，杜袭仍然担任军师，并增加封邑三百户，和从前的加在一起总共五百五十户。

以后杜袭因患病被征召回朝，任太中大夫。去世后，追赠为少府，谥为定侯。其子杜会继承了他的爵位。

赵俨，字伯然，颍川郡阳翟县人。因避乱到了荆州，与杜袭、繁钦合并财产共同生活，成为一家。太祖曹操开始迎接汉献帝迁都许县时，赵俨对繁钦说："镇东将军曹操顺应天命，是安邦定国的杰出人才，定能拯救中原，我知道我的归宿了。"

建安二年(公元197)，赵俨二十七岁，扶老携幼去投奔太祖，太祖任命他为朗陵县长。县内有许多横蛮狡猾之徒，肆无忌惮。赵俨把其中闹得最厉害的歹徒抓起来，追查审问后，证明都够得上定死刑。赵俨把他们关押一段时间，又上报郡太守府，请求宽恕释放这些人，从此树立起威信和恩德。

当时袁绍举兵南侵，派使者招引豫州各郡，各郡大都同意支持他。只有朗陵县所在的阳安郡不为所动，但郡都尉李通却急着按名册向老百姓征收人头税。赵俨面见李通说："如今天下尚未安定，各郡一齐反叛，有心归附朝廷的地方再要征收绵绢之类的人头税，小人唯恐天下不乱，恐怕会有令人遗憾的事发生。总之远近情况都令人担忧，这种形势不能不好好考虑。"李通说："曹公和袁绍在官渡相持不下，附近郡县又先后背叛。假如我们再不征收绵绢调运给朝廷，那些探听消息的人一定会在曹公面前说我是在观望形势，等待时机另作打算。"赵俨说："确实也有这样的问题，不过还是应当权衡轻重，请稍微延缓征收人头税，我将帮您解决这个忧虑。"

于是就写信给尚书令荀彧说："现在阳安郡应该征收绵绢送往朝廷，但是道路艰难险阻，必然会招致盗贼的抢掠。眼下百姓穷困，邻近的郡县一同反叛，我们阳安郡很容易出现动荡变故，这是涉及一方安危的关键啊。再说本郡百姓坚持忠节，虽然处在险境依然不生二心。对微小的善事也一定加以奖赏，心怀忠义的人就会受到勉励。善于治理国家的人，将会藏富于民。我认为朝廷应该对本郡的百姓加以慰劳安抚，把已经征收的绵绢，让官员退还给他们。"荀彧答复说："我已经把这件事上报曹公，将有公文下发给你郡，批准把绵绢全数退还百姓。"阳安郡的上上下下都欢天喜地，郡内人心从此安定下来。

以后赵俨入朝任司空府的掾、属、主簿。当时于禁驻扎在颍阴县，乐进驻扎在阳翟县，张辽驻扎在长社县，各位将领意气用事，不能协作团结。于是太祖派赵俨同时充当这三支军队的参谋。每逢有事他就对三员主将进行指点开导，三将渐渐亲近和睦起来。

太祖征讨荆州，派赵俨兼任章陵郡太守，并提升他为都督护军，负责协调于禁、张辽、张郃、朱灵、李典、路招、冯楷七支军队。后来又担任丞相府主簿，升扶风郡太守。

太祖把原来属于韩遂、马超手下的五千多人马调出来，让平难将军殷署等人统领，再派赵俨为关中护军，负责协调殷署等人的军队。不久羌族武装多次前来侵扰，赵俨率殷署等一直追到新平郡，获得大胜。有个屯田的农民叫吕并，自称将军，聚集党羽占领陈仓县，赵俨又率领殷署等发起进攻，吕并这股势力当即就被消灭。当时赵俨接到朝廷的文书，命他征调一千二百名士兵前往汉中协助驻守。赵俨让殷署负责监督护送他们。被选中的士兵一下子要和自己的家庭亲属分别，个个愁容满面。

殷署带兵出发一天之后，赵俨担心士兵哗变，亲自追到斜谷口，挨个慰劳士兵，又再三告诫殷署小心，然后才返回，借宿在雍州刺史张既的家里。殷署带兵又往前走了四十里，士兵果然发生动乱，一时间也不知殷署的生死如何。而跟随赵俨的一百五十名步兵、骑兵，和动乱士兵不是军队里的同事，就是联姻的亲戚。他们知道这个消息后，都很惊慌，披上铠甲拿起兵器，再也无法平静下来。赵俨打算追上去解决动乱，但张既等人认为："如今您随从的士兵也出现骚动，您一个人去了恐怕没有用处，还是等到确实的消息后再作打算为好。"赵俨说："虽然我也怀疑随从的士兵和动乱者同谋，但是随从士兵必定要等前边的大队伍公开叛变之后才会跟着行动。另外，也有些士兵不愿叛乱却又拿不定主意，应该趁他们犹豫不决时，赶快去安定他们。作为军队的主帅，既然不能安定属下的军队，就是身受祸难，也是命该如此了。"

于是他毅然前往。走了三十里路后，赵俨停下来让士兵放马休息，然后把所有随从他来的士兵都叫到一起，向他们晓以利害，恳切勉励安慰他们。士兵们都慷慨激昂地说："生死都愿意跟随护军您，决不敢有二心！"于是赵俨带兵继续前进，来到前边的各营，一一进行清理，把参与动乱的八百余人，分开散布在原野里，然后把其中出主意的罪魁祸首抓起来治罪，其余一概不问。沿途郡县抓住送来的逃兵，赵俨也全部释放，于是其余的逃兵也都相互跟随着回营自首。

赵俨这时秘密地向朝廷报告："最好派大将带兵前来我处，另外再调一批老兵镇守关中。"太祖立即派将军刘柱带领二千人前来支援赵俨，要赵俨等刘柱到达后一齐把原来的士兵送往汉中。不料走漏了消息，各营士兵大为震惊，根本无法安抚劝解。赵俨对众将说："我们这里的老兵本来就少，东面的援兵又没有赶到，因此各营不少士兵正在酝酿坏主意。假如真的发生叛乱，后果就难以预料了。应该趁他们犹豫不决时，及早解决。"于是他当众宣布要留下一千名温良忠厚的新兵镇守关中，其余全部返回东面的故乡。接着召见主管官员，接收各营士兵的花名册，重重叠叠摆满几案，当时就把留下和返回的两部分士兵分开。留下来镇守关中的士兵定下心来，完全听从赵俨的指挥。那些要返回故乡的士兵也不敢轻举妄动，赵俨在当天便把他们全部送走上路；又将留下来的一千多人，分布在各处进行防卫钳制。刘柱的援兵不久从东面赶到，赵俨这时又同时用强迫和劝导的手段，把原先自愿留下来的一千士兵也一起押回东面原来的驻地。这次他所保有获得的人丁，加起来有两万余人。

关羽把征南将军曹仁包围在樊城，赵俨以议郎的身份南下去充当曹仁的军事参谋，与平寇将军徐晃一同前进。到达樊城后，关羽把曹仁围困得更加严密，其他地方的救兵也还未赶到。徐晃率领的人马不足以解救樊城的包围，而众将却叫着要求徐晃赶快出兵救援。赵俨对众将说："敌人的包围异常坚固，而樊城外边沔水的洪水又不断上涨。我军兵力单薄，曹仁与我们隔断不能会聚力量，仓促出兵救援对城内城外都很不利。现今不如命令先头部队进逼敌人的包围圈，暗地里派人去通报曹仁，使他知道城外救兵已到，以此来激励将士。算来从北面赶来援救的大部队不过十天也会到达，在这段时间内樊城足以坚守。到时候里应外合一齐发起攻击，一定会把敌寇打退。如果因为救援迟缓而受到追究判处死刑，我愿为诸位承担罪责。"众将都很高兴，立即挖掘地道，同时用弓箭把书信射入城中通报曹仁。几次互通消息后，北路主力援军也赶到了城下，各军集中力量与对方大战。关羽的步兵被打退后，水军的舟船仍然占据着沔水，襄阳与樊城被隔断不能来往。这时孙权乘机袭取了关羽后方的辎重，关羽听到消息后，全军向南撤退。

曹仁召集众将商议军情，大家都说："如果乘关羽处境危急惊慌失措之机，出兵追击定能将他擒杀。"赵俨却说："孙权在关羽与我们连兵不解的困难时候，想要掩袭关羽的后方，考虑到关羽必定会回兵救援，孙权怕我军乘他们双方激战疲劳之机发起攻击，因此才以卑顺的言辞请求进攻关羽以报效朝廷，而实际上他是想利用机会和变故，观望形势是否有利于自己。如今关羽本人既已败退，就应该留下他作为孙权的祸害，如果穷追不舍，孙权就会改变想法，转过来给我们制造麻烦。我想魏王此时也一定在为此事而深深忧虑。"曹仁于是撤销了追击关羽的军事行动。太祖听说关羽败退，唯恐众将追赶，果然急忙派人传令给曹仁，正如赵俨所预料的那样。

文帝曹丕即魏王位后，赵俨任侍中。不久，他出任驸马都尉，兼任河东郡太守、典农中郎将。他在黄初三年（公元222）受封为关内侯。孙权侵犯边境，征东大将军曹休统帅五个州的大军防御抵抗，征召赵俨为军师。孙权撤退后，大军返回，赵俨晋爵为宜土亭侯，转任度支中郎将，又升任尚书。后来他跟随文帝征伐东吴，到达广陵后，再次留下来担任征东大将军的军师。

明帝曹叡即位，赵俨晋爵为都乡侯，食邑六百户，受命监督荆州的各路军队，并持有节杖。碰巧他患病，未能成行，便又再度担任尚书。之后他出京监督豫州的各路军队，转任大司马府军师，又入朝担任大司农。

齐王曹芳即位，任命赵俨监督雍州、凉州的各路军队，持有节杖。后转任征蜀将军，又升任征西将军，指挥雍州、凉州各路军队。正始四年(公元 243)，赵俨因年老多病请求返回京城，被任命为骠骑将军，升任司空。死后，谥为穆侯。其子赵亭继承了他的爵位。

当初，赵俨与同郡的辛毗、陈群、杜袭都著名于世，人们并称为"辛、陈、杜、赵"。

裴潜，字文行，河东郡闻喜县人。因避乱到了荆州，荆州牧刘表用宾客的礼节对待他。裴潜私下里对亲近的王粲、司马芝说："刘州牧并非能够称雄天下的政治领袖之才，却想以周文王自居，用不了多久就会失败的!"于是南行到了长沙郡。

太祖曹操平定荆州后，任命他为丞相府军事参谋。后来历任三县县令，又回京任丞相府的仓曹属。太祖曾问他说："从前您和刘备都在荆州，您认为刘备的才干谋略怎么样?"裴潜说："如果让他在中原，只能制造动乱而不能治理社会;如果让他趁机割据险要地域，足以成为一方之主。"

当时代郡大乱，太祖任命裴潜为代郡太守。乌丸族的王和首领，总共有三个人，都自称单于，插手干涉代郡的政务，前任太守都拿他们没有办法。太祖想配给裴潜一支精兵前去镇压讨伐。裴潜推辞说："代郡人口众多，能够拉弓射箭的武士，动辄就有上万人。乌丸族单于自知放纵横蛮的时间很久，内心并不安宁。如今多带兵马前去，他们一定会因害怕而拒绝我入境，兵马带少了他们又不会害怕。依我看应该用计谋解决问题，不能用武力来威迫。"

于是他只身乘车前往代郡上任。单于又惊又喜，裴潜用镇静的态度安抚他，单于和他的部下都摘下帽子屈膝跪拜，全部归还了从前抢掠的妇女、器具和财物。裴潜追查诛杀了代郡中与乌丸族单于勾结的重要官员郝温、郭端等十余人，北方边境地区大为震惊，老百姓从此衷心拥护他。

裴潜在代郡做了三年太守后，回朝任丞相府的理曹掾。太祖曾经称赞褒奖了裴潜治理代郡的功劳，裴潜说："我对汉族百姓虽然宽宏，但对少数族人却很严厉。如今继任的人一定认为我为政过严，想代之以宽宏。然而那里的少数族人一向骄横恣肆，过分宽宏必然导致秩序松弛，秩序松弛又只能把他们绳之以法，这就会产生矛盾。从现在的形势判断，代郡一定还会发生叛乱。"太祖听了十分后悔不该这么快就让裴潜回来。几十天以后，果然又传来三个乌丸单于造反的消息。太祖只得派鄢陵侯曹彰担任骁骑将军前去征讨平定。

后来裴潜出任沛国相，升任兖州刺史。太祖驻军在摩陂时，对兖州军队整齐的阵形赞叹不已，特地对裴潜加以赏赐。

曹丕称帝后，裴潜入朝任散骑常侍，又出任魏郡、颍川郡典农中郎将，负责屯田事务。他向朝廷上奏请求从屯田官员中向中央输送和举荐人才，从此屯田官员的仕途变得通畅起来。后来他调任荆州刺史、赐爵关内侯。

明帝曹叡即位后，裴潜入朝担任尚书。又出任河南尹，转任太尉府军师、大司农，封清阳亭侯，食邑二百户。不久又入朝任尚书令，上奏请求明确分清官员的职责，根据名声和实绩两者来考核官员，又写出各个官署处理公务时要遵守的规章一百五十多条。后来他因父亲去世辞职，改任光禄大夫。

正始五年（公元244）裴潜去世，被追赠为太常，谥为贞侯。其子裴秀继承了他的爵位。裴潜临死前留下遗言，要求家人办丧事一切从简，因此墓中只放置了一个座位和几件陶器，其余一无所有。

裴秀在咸熙年间曾任尚书仆射。

评论说：和洽清廉平和，处理政事具有才干和条理；常林为人纯洁坚贞；杨俊善于评论人物，行侠仗义；杜袭温和正派，能看清事物的关键；赵俨刚直坚毅，具有心计，裴潜做事稳当而有恒心，能起骨干作用：他们都是一代的优秀人才。而常林能够不贪图三公的高官，只以光禄大夫的身份告老回家：真好啊！

韩崔高孙王传第二十四

　　韩暨字公至，南阳堵阳人也[1]。〔一〕同县豪右陈茂[2]，谮暨父兄，几至大辟[3]。暨阳不以为言[4]，庸赁积资[5]，阴结死士；遂追呼寻擒茂，以首祭父墓。由是显名。举孝廉，司空辟；皆不就。乃变名姓，隐居避乱鲁阳山中[6]。山民合党，欲行寇掠。暨散家财以供牛酒，请其渠帅[7]，为陈安危；山民化之，终不为害。避袁术命召，徙居山都之山[8]。荆州牧刘表礼辟，遂遁逃，南居孱陵界[9]；所在见敬爱[10]，而表深恨之；暨惧，应命，除宜城长[11]。

【注释】

　　〔1〕堵阳：县名。县治在今河南方城县东。　〔2〕豪右：豪强大族。〔3〕大辟：死刑。　〔4〕阳：表面上。　〔5〕庸赁：受人雇佣做工。〔6〕鲁阳：县名。县治在今河南鲁山县。　〔7〕渠帅：首领。　〔8〕山都：县名。县治在今湖北谷城县东南。　〔9〕孱（chán）陵：县名。县治在今湖北公安县西。　〔10〕见：受到。　〔11〕宜城：县名。县治在今湖北宜城市东南。

【裴注】

　　〔一〕《楚国先贤传》曰："暨，韩王信之后。祖术，河东太守。父纯，南郡太守。"

太祖平荆州，辟为丞相士曹属[1]。后迁乐陵太守。徙监冶谒者[2]。旧时，冶作马排[3]，〔一〕每一熟石用马百匹[4]；更作人排，又费功力。暨乃因长流，为水排；计其利益，三倍于前。在职七年，器用充实。制书褒叹[5]，就加司金都尉[6]，班亚九卿[7]。

【注释】
〔1〕士曹：曹操丞相府的分支机构。管理有关士兵的事务。
〔2〕监冶谒者：官名。监督冶金工场的生产。 〔3〕排：鼓风装置。可以强制送风到冶金炉内，以加强燃烧，提高炉温。 〔4〕一熟石：熔化的金属液达到一石。石是古代容量单位，十斗为一石。 〔5〕制书：皇帝下达的文书。 〔6〕司金都尉：官名。负责管理金属矿的开采、冶炼和成品制造。 〔7〕班：官位的排列次序。 亚：仅次于。

【裴注】
〔一〕排，蒲拜反。为排以吹炭。

文帝践阼，封宜城亭侯。黄初七年，迁太常，进封南乡（亭）侯，邑二百户。时新都洛阳，制度未备；而宗庙主祏[一]皆在邺都[1]。暨奏请迎邺四庙神主[2]，建立洛阳庙；四时蒸尝[3]，亲奉粢盛[4]。崇明正礼，废去淫祀[5]，多所匡正。在官八年，以疾逊位。

景初二年春，诏曰："太中大夫韩暨，澡身浴德，志节高洁；年逾八十，守道弥固，可谓纯笃，老而益劭者也[6]。其以暨为司徒。"夏四月，薨；遗令敛以时

服，葬为土藏[7]。谥曰恭侯。〔二〕子肇嗣。肇薨，子邦嗣。〔三〕

【注释】

〔1〕主祏（shí）：宗庙里面藏放祖先神主牌的石头匣子。 〔2〕四庙：指魏明帝曹叡的高祖曹腾、曾祖曹嵩、祖父曹操、父亲曹丕四人的神庙。四人被追尊为高皇帝、太皇帝、武帝、文帝。韩暨受命迎立四庙的神主到洛阳新宗庙，在太和三年（公元229）十一月。见本书卷三《明帝纪》。 〔3〕蒸尝：冬天祭祀叫蒸，秋天祭祀叫尝。这里泛指祭祀。〔4〕粢（zī）盛：盛在器皿里面专供祭祀用的谷物。 〔5〕淫祀：祭祀对象未经官方正式批准的祭祀活动。 〔6〕劝：奋发自励。 〔7〕土藏（zàng）：指四周不用砖石围绕的简易墓穴。

【裴注】

〔一〕祏，音石。《春秋传》曰："命我先人典司宗祏。"注曰："宗庙所以藏主石室者。"

〔二〕《楚国先贤传》曰："暨临终，遗言曰：'夫俗奢者示之以俭，俭则节之以礼。历见前代送终过制，失之甚矣。若尔曹敬听吾言：敛以时服，葬以土藏；穿毕便葬，送以瓦器。慎勿有增益！'又上疏曰：'生有益于民，死犹不害于民；况臣备位台司，在职日浅，未能宣扬圣德以广益黎庶？寝疾弥留，奄即幽冥。方今百姓农务，不宜劳役；乞不令洛阳吏民供设丧具。惧国典有常，使臣私愿不得展从。谨冒以闻，惟蒙哀许。'帝得表嗟叹，乃诏曰：'故司徒韩暨，积德履行，忠以立朝；至于黄发，直亮不亏。既登三事，望获毗辅之助；如何奄忽，天命不永！曾参临没，易箦以礼；晏婴尚俭，遣车降制。今司徒知命，遗言恤民，必欲崇约。可谓善始令终者也。其丧礼所设，皆如故事，勿有所阙。特赐温明秘器，衣一称，五时朝服，玉具剑佩。'"

〔三〕《楚国先贤传》曰："邦字长林。少有才学。晋武帝时为野王令，有称绩。为新城太守，坐举野王故吏为新城计吏，武帝大怒，遂杀邦。暨次子繇，高阳太守。繇子洪，侍御史。洪子寿，字德贞。"

《晋诸公赞》曰："自暨以下，世治素业；寿能敦尚家风，性尤忠厚。早历清职，惠帝践阼，为散骑常侍，迁守河南尹。病卒，赠骠骑将军。寿妻贾充女。充无后，以寿子谧为嗣。弱冠为秘书监、侍中，性骄佚而才出

（众）〔寿〕。少子蔚，亦有器望，并为赵王伦所诛。韩氏遂灭。"

崔林字德儒，清河东武城人也[1]。少时晚成[2]，宗族莫知，惟从兄琰异之[3]。

太祖定冀州，召除邬长[4]；贫无车马，单步之官[5]。太祖征壶关[6]，问长吏德政最者，并州刺史张陟以林对；于是擢为冀州主簿。徙署别驾、丞相掾属。魏国既建，稍迁御史中丞[7]。

文帝践阼，拜尚书。出为幽州刺史。北中郎将吴质统河北军事[8]，涿郡太守王雄谓林别驾曰："吴中郎将，上所亲重[9]，国之贵臣也。仗节统事[10]，州郡莫不奉笺致敬，而崔使君初不与相闻[11]。若以边塞不修斩卿，使君宁能护卿邪？"

别驾具以白林，林曰："刺史视去此州如脱屣[12]，宁当相累邪[13]？此州与胡虏接，宜镇之以静；扰之则动其逆心，特为国家生北顾忧，以此为寄[14]。"在官一期[15]，寇窃寝息；〔一〕犹以不事上司[16]，左迁河间太守。清论多为林怨也[17]。〔二〕

迁大鸿胪[18]。龟兹王遣侍子宋朝[19]，朝廷嘉其远至，褒赏其王甚厚。余国各遣子来朝，间使连属[20]。林恐所遣或非真的[21]，权取疏属贾胡[22]，因通使命，利得印绶[23]；而道路护送，所损滋多；劳所养之民，资无益之事，为夷狄所笑。此曩时之所患也[24]。乃移书敦煌喻指[25]，并录前世待遇诸国丰约故事，使有恒常。

【注释】

〔1〕清河：王国名。治所在今山东临清市东北。　东武城：县名。县治在今山东武城县西北。　〔2〕少时晚成：少年时代的才智不出众。〔3〕从(zòng)兄：堂兄。　〔4〕邬：县名。县治在今山西介休市东北。〔5〕单步：单独一个人步行。　〔6〕壶关：县名。县治在今山东长治市北。　〔7〕稍：逐渐。　〔8〕北中郎将：官名。领兵征伐。通常活动范围在河北战区。　吴质(？—公元230)：传附本书卷二十一《王粲传》。〔9〕上：皇上。吴质是皇帝曹丕的心腹。　〔10〕节：代表天子所授威权的一种器物，用竹、旄制成。　〔11〕崔使君：指崔林。汉代的州刺史最初是作为皇帝的特派使者，出外监察一州，所以从汉代起尊称州刺史为使君。　初不：完全不。　〔12〕屣(xǐ)：鞋。　〔13〕宁当相累：难道会连累您。　〔14〕寄：托付。　〔15〕一期(jī)：一周年。　〔16〕上司：指吴质。吴质负责河北诸州的军事，在军事系统上属于崔林的上司。〔17〕清论：公正的舆论。　〔18〕大鸿胪：官名。九卿之一。负责接待进京的诸侯、地方官员、归顺的少数族首领等。郊庙祭祀时任司仪官。主持封拜诸侯的仪式。宗室亲王死，代表皇帝前往吊唁。　〔19〕龟兹(qiū cí)：西域古国名。故地在今新疆库车县一带。　侍子：到京城侍奉皇帝的龟兹王子。派遣侍子是附庸国向中央王朝表示忠诚的举动，而侍子则带有人质的性质。　〔20〕间(jiān)：短时间内。　〔21〕真的：真正的王子。　〔22〕疏属：国王的远亲。　贾(gǔ)胡：做生意的少数族商人。　〔23〕印绶：当时中央王朝对前来归顺的边境各国或少数族首领，要赏赐封号并授给印绶。绶是系在印纽上的丝带。　〔24〕曩(nǎng)时：过去。　〔25〕移书：不相统属的官署之间发送文书。　敦煌：郡名。治所在今甘肃敦煌市西南。　喻指：说明自己的考虑。

【裴注】

〔一〕按《王氏谱》：雄字元伯，太保祥之宗也。

《魏名臣奏》载："安定太守孟达，荐雄曰：'臣闻明君以求贤为业，忠臣以进善为效；故《易》称"拔茅连茹"，《传》曰"举尔所知"。臣不自量，窃慕其义。臣昔以人乏，谬充备部职。时涿郡太守王雄为西部从事，与臣同僚。雄天性良固，果而有谋；历试三县，政成人和；及在近职，奉宣威恩，怀柔有术，清慎持法。臣往年出使，经过雄郡。自说特受陛下拔擢之恩，常励节精心，思投命为效；言辞激扬，情趣款侧。臣虽愚暗，不识真伪；以谓雄才兼资文武，忠烈之性，逾越伦辈。今涿郡领户三千，孤寡之家，参居其半，北有守兵藩卫之固；诚不足舒雄智力，展其勤干也。臣受恩深厚，无以报国，不胜偻偻浅见之情，谨冒陈闻。'诏曰：'昔萧何荐韩信，邓禹进吴汉；惟贤知贤也。雄有胆智技能、文武之姿，吾宿知之。今便以参散骑之选，方使少在吾门下知指归，便大用之矣。天下之士，欲使皆先历散骑，然后出据州郡，是吾本意也。'雄后为幽州刺史。子浑，凉州刺史；次乂，平北将军。司徒、安丰侯戎，浑之子。太尉、武陵侯衍，荆州刺史澄，皆乂之子。"

〔二〕《魏名臣奏》载侍中辛毗奏曰："昔桓阶为尚书令，以崔林非尚书才，迁以为河间太守。"与此传不同。

明帝即位，赐爵关内侯，转光禄勋，司隶校尉。属郡皆罢非法除过员吏[1]。林为政推诚，简存大体，是以去后每辄见思。

散骑常侍刘劭作《考课论》，制下百僚。

林议曰："案《周官》考课[2]，其文备矣；自康王以下[3]，遂以陵迟[4]，此即考课之法存乎其人也[5]。及汉之季[6]，其失岂在乎佐吏之职不密哉？方今军旅，或猥或猝[7]；备之以科条，申之以内外；增减无常，固难一矣。且万目不张举其纲，众毛不整振其领。皋陶仕虞[8]，伊尹臣殷[9]，不仁者远。五帝、三王未必如一，而各以治乱。《易》曰：'易简[10]，而天下之理得矣。'太祖随宜设辟[11]，以遗来今，不患不法古也。以为今之制度，不为疏阔[12]，惟在守一勿失而已。若朝臣能任仲山甫之重[13]，'式是百辟[14]'，则孰敢不肃？"

景初元年，司徒、司空并缺，散骑侍郎孟康荐林曰："夫宰相者[15]，天下之所瞻效；诚宜得秉忠履正本德仗义之士，足为海内所师表者。窃见司隶校尉崔林，禀自然之正性，体高雅之弘量。论其所长以比古人：忠直不回，则史鱼之俦[16]；清俭守约，则季文之匹也[17]。牧守州郡，所在而治；及为外司[18]，万里肃齐[19]；减台辅之妙器[20]，衮职之良才也[21]。"

后年，遂为司空，封安阳亭侯，邑六百户。三公封列侯，自林始也。〔一〕顷之，又进封安阳乡侯。

【注释】

〔1〕除过员吏：任命超过规定数额的办事官员。 〔2〕周官：书名。即《周礼》。儒家关于礼的经典有三部，《周礼》是其中之一。全书分六个部分，记载先秦时期政治、经济、军事、礼仪文化等制度。古人认为记录的是周代制度，但现今学者的看法与此不同。 考课：考核。《周礼·天官·大宰》说：每到年终，百官要报告一年的工作成绩；每隔三年要对官员进行一次大考核，根据成绩以定赏罚。 〔3〕康王：即周康王。姬姓，名钊。周成王的儿子。在位时继续奉行成王时的政策，政治状况稳定。后世把成王和他统治的时期称为"成康之治"。事见《史记》卷四《周本纪》。 〔4〕陵迟：衰败。 〔5〕考课之法存乎其人：考课的办法能不能实行，取决于人的状况。 〔6〕季：末期。 〔7〕猥：繁多。〔8〕皋陶（yáo）：传说中远古东夷族的首领。曾被虞舜任命为司法官员。后被禹选为继承人，因早死未能继位。事见《史记》卷一《五帝本纪》。〔9〕伊尹：商代大臣。传说是奴隶出身，后辅助商汤灭夏。事见《史记》卷三《殷本纪》。 〔10〕易简：平易简单。这两句出自《周易·系辞》上。 〔11〕随宜设辟：随着政务的需要制定法规。 〔12〕疏阔：不周密。 〔13〕仲山甫：周宣王时的大臣。能向宣王直言进谏。 〔14〕式是百辟：为诸侯做出好榜样。句出《诗经·烝民》。这首诗赞颂了仲山甫的美德。 〔15〕宰相：主持朝政辅佐君主的官员。究竟以什么样的职官为宰相，以及其职权的大小广狭，历代情况各有不同。秦和西汉以丞相或相国为宰相。东汉时三公为宰相。曹魏时三公是名义上的宰相，实际的宰相为尚书令、仆射。 〔16〕史鱼：即史鳅（qiū）。字子鱼。春秋时卫国的大夫。为官忠直，孔子曾有"直哉子鱼"的赞叹，见《论语·卫灵公》。 〔17〕季文：即季文子（？—前568）。季孙氏，字行父。春秋时鲁国的执政官。他为官清廉，历仕宣公、成公、襄公三朝，死时家无

余财。事见《史记》卷三十三《鲁周公世家》。　〔18〕外司：指司隶校尉。　〔19〕万里：当时把司隶校尉部或一州的管辖范围称为万里。郡为千里。县为百里。　〔20〕台辅：指三公。　〔21〕衮职：也指三公。

【裴注】

〔一〕臣松之以为：汉封丞相邑，为荀悦所讥；魏封三公，其失同也。

鲁相上言："汉旧立孔子庙[1]，褒成侯岁时奉祠[2]；辟雍行礼[3]，必祭先师；王家出谷[4]，春秋祭祀。今宗圣侯奉嗣[5]，未有命祭之礼[6]；宜给牲牢[7]，长吏奉祀，尊为贵神。"制三府议。

博士傅祗以"《春秋》传言立在祀典[8]，则孔子是也。宗圣适足继绝世[9]，彰盛德耳[10]；至于显立言[11]，崇明德[12]，则宜如鲁相所上。"

林议以为："宗圣侯亦以王命祀，不为未有命也。周武王封黄帝、尧、舜之后[13]，及立三恪[14]；禹、汤之世[15]，不列于时，复特命他官祭也。今周公以上[16]，达于三皇[17]，忽焉不祀，而其礼经亦存其言[18]；今独祀孔子者，以世近故也。以大夫之后[19]，特受无疆之祀[20]；礼过古帝，义逾汤、武。可谓崇明报德矣，无复重祀于非族也[21]。"〔一〕

明帝又分林邑，封一子列侯。

正始五年，薨，谥曰孝侯。子述嗣。〔二〕

【注释】

〔1〕孔子(前551—前479)：孔氏，名丘，字仲尼。鲁国陬邑(今山

东曲阜市东南）人。春秋末期的思想家、政治家、教育家。五十岁时出任鲁国司寇，实施抑制家臣势力的政策，结果失败。随后周游宋、卫、陈、蔡、齐、楚各国，未受重用。晚年致力于教育和古代文献整理。相传他曾整理《诗经》、《尚书》，又删定鲁史官所记的《春秋》。弟子先后有三千人，其中著名的有七十余人。他的学说以"仁"为中心，两千年间一直在中国封建文化中占据正统地位，对后世影响巨大。传见《史记》卷四十七。 〔2〕褒成侯：两汉朝廷封给孔子后代的爵号。西汉平帝封孔均为褒成侯，追谥孔子为"褒成宣尼"。东汉光武帝封孔均之子孔志为褒成侯，以后世代相传爵位不绝，到东汉献帝初年断。见《后汉书》卷七十九上《儒林孔僖传》。 〔3〕辟（bì）雍：本来是中央王朝的大学，与诸侯国的大学泮宫相区别。汉代以后，成为皇帝祭祀孔子、宴请元老大臣的地方。曹魏的辟雍在京城洛阳的南郊。 〔4〕王家出谷：朝廷供给祭祀孔子用的谷物。东汉时在辟雍祭祀孔子，按规定由大司农供给谷物，河南尹供给祭牲。见《汉鲁相乙瑛请置孔庙百石卒史碑》。碑刻于东汉桓帝永兴元年（公元153），现存于山东曲阜市孔庙。〔5〕宗圣侯：魏文帝曹丕于黄初二年（公元221）封孔子后代孔羡为宗圣侯，以奉祭孔子。见本书卷二《文帝纪》。 〔6〕命祭：承受皇帝之命而进行的祭祀。 〔7〕牲牢：祭祀用的牲畜。通常是牛、羊、猪三种。〔8〕博士：官名。儒学的教官。后来法律、算学等其他学科的教官也被称为博士。 春秋：书名。儒家经典之一。是编年体春秋史。相传由孔子依据鲁国史官所记整理修订而成。起于鲁隐公元年（前722），止于鲁哀公十四年（前481），历二百四十二年。文字简要，据说暗含褒贬之意，后世称为"春秋笔法"。解释《春秋》经文的有《左氏》、《公羊》、《穀梁》三传。 传（chuán）言：传播学说。 立在祀典：被朝廷的祭祀典章确立为祭祀对象。 〔9〕适足：只能够。 继绝世：接续已经断绝的世系。两汉封孔子后代为褒成侯，爵位的传袭在东汉献帝初年断绝。现在曹魏重新封孔羡为宗圣侯奉孔子，所以是继绝世。 〔10〕彰盛德：表明（曹魏皇帝尊崇孔子的）盛大德泽。 〔11〕显立言：显扬孔子在著书立说上的功绩。 〔12〕崇明德：推崇孔子的美德。 〔13〕黄帝：传说中中原各族的共同祖先。姬姓，号轩辕氏、有熊氏。曾击败炎帝，攻杀蚩尤，被拥戴为部落联盟的领袖。事见《史记》卷一《五帝本纪》。 封黄帝、尧、舜之后：周武王灭商之后，追怀先代圣王，于是封神农、黄帝、尧、舜、禹的后代。见《史记》卷四《周本纪》。 〔14〕三恪：受到优待的前面三代帝王的子孙。说法不一，这里崔林指黄帝、尧、舜的子孙。〔15〕汤：商王朝的创立者。又称武汤、成汤、商汤、武王，甲骨文称为唐、大乙、高祖乙。原为商族领袖，因任用伊尹执政，国力渐强。后灭夏，建立商朝。事见《史记》卷三。　世：后代。〔16〕周公：姬姓，名旦，周武王的弟弟。因采邑在周（今陕西岐山县北），故称周公。曾助武王灭商，武王死又辅佐成王。传见《史记》卷三十三。　〔17〕三皇：传说中的三位远古帝王。说法不一。曹魏时人多以燧人氏、伏羲氏、神农氏为三皇。　〔18〕礼经亦存其言：意指如要"显立言"，他们也该受祭祀。　〔19〕大夫：先秦的统治阶级，在国君之下有卿、大夫、士。前两者是国君的辅佐。孔子的先祖孔父嘉，春秋初年任宋国大司马，所以说他是大夫之后。　〔20〕无疆：（时间上）没有止境。　〔21〕无复：无须再。　重祀：重复祭祀。崔林认为朝廷所封的宗圣侯，已经奉王命祭祀孔子，现在如再特别下命令由当地行政长官组织祭祀，不免重复。非族：非皇族。指孔氏。

【裴注】

　　〔一〕臣松之以为：孟轲称宰我之辞曰："以予观夫子，贤于尧舜远矣！"又曰："生民以来，未有盛于孔子者也。"斯非通贤之格言，商较之定准乎！虽妙极则同，万圣犹一；然淳薄异时，质文殊用；或当时则荣，没则已焉；是以遗风所被，实有深浅。若乃经纬天人，立言垂制；百王莫之能违，彝伦资之以立：诚一人而已耳！周监二代，斯文为盛。然于六经之道，未能及其精致。加以圣贤不兴，旷年五百，道化陵夷，宪章殆灭；若使时无孔门，则周典几乎息矣。夫能光明先王之道，以成万世之功；齐天地之无穷，等日月之久照：岂不有逾于群圣哉？林，曾无史迁洞想之诚，梅真慷慨之志，而守其蓬心以塞明义，可谓多见其不知量也。

　　〔二〕《晋诸公赞》曰："述弟随，晋尚书仆射。为人亮济。赵王伦篡位，随与其事；伦败，随亦废锢而卒。林孙玮，性率而疏，至太子右卫率也。初，林识拔同郡王经于民伍之中，卒为名士。世以此称之。"

　　高柔字文惠，陈留圉人也〔1〕。父靖，为蜀郡都尉〔2〕。〔一〕柔留乡里，谓邑中曰："今者英雄并起，陈留，四战之地也。曹将军虽据兖州〔3〕，本有四方之图，未得安坐守也〔4〕；而张府君先得志于陈留〔5〕，吾恐变乘间作也。欲与诸君避之。"众人皆以张邈与太祖善，柔又年少，不然其言。

柔从兄幹，袁绍甥也，〔二〕在河北呼柔。柔举宗从之。会靖卒于西州[6]，时道路艰涩，兵寇纵横；而柔冒艰险诣蜀迎丧，辛苦荼毒[7]，无所不尝，三年乃还。

【注释】

〔1〕圉(yǔ)：县名。县治在今河南杞县西南。 〔2〕蜀郡：郡名。治所在今四川成都市。 〔3〕曹将军：指当时任奋武将军的曹操。〔4〕未得：不会。 〔5〕张府君：指当时任陈留太守的张邈。 〔6〕西州：指益州。因在京城洛阳的西南，故名。蜀郡是益州的属郡。〔7〕荼(tú)毒：折磨。

【裴注】

〔一〕《陈留耆旧传》曰："靖高祖父固，不仕王莽世。为淮阳太守所害，以烈节垂名。固子慎，字孝甫。敦厚少华，有沉深之量。抚育孤兄子五人，恩义甚笃。琅邪相何英嘉其行履，以女妻焉。英即车骑将军熙之父也。慎历二县令、东莱太守。老病归家，草屋蓬户，瓮缶无储。其妻谓之曰：'君累经宰守，积有年岁，何能不少为储蓄以遗子孙乎？'慎曰：'我以勤身清名为之基，以二千石遗之，不亦可乎！'子式，至孝，常尽力供养。永初中，螟蝗为害，独不食式麦；圉令周强以表州郡。太守杨舜举式孝子；让，不行。后以孝廉为郎。次子昌，昌弟赐；并为刺史、郡守。式子弘，孝廉。弘生靖。"

〔二〕谢承《后汉书》曰："幹字元才。才志弘邈，文武秀出。父躬，蜀郡太守。祖赐，司隶校尉。"

按《陈留耆旧传》及谢承书，幹应为柔从父，非从兄也。未知何者为误。

太祖平袁氏，以柔为(管)〔菅〕长[1]。县中素闻其名，奸吏数人，皆自引去。柔教曰[2]："昔邴吉临政[3]，吏尝有非，犹尚容之。况此诸吏，于吾未有失乎？其召复之！"咸还，皆自励，（咸）〔成〕为佳吏。

高幹既降，顷之以并州叛，柔自归太祖[4]。太祖欲因事诛之，以为刺奸令史[5]；处法允当，狱无留滞。辟为丞相仓曹属。〔一〕太祖欲遣钟繇等讨张鲁，柔谏，以为"今猥遣大兵[6]，西有韩遂、马超，谓为己举，将相扇动作逆；宜先招集三辅[7]，三辅苟平，汉中可传檄而定也[8]"。繇入关[9]，遂、超等果反。

魏国初建，为尚书郎。

【注释】

〔1〕菅(jiān)：县名。县治在今山东章丘市西北。 〔2〕教：下达指示。 〔3〕邴吉(？—前55)：字少卿，鲁国鲁县(今山东曲阜市)人。西汉宣帝时任丞相，封博阳侯。传见《汉书》卷七十四。 〔4〕自归：主动表示忠诚。 〔5〕刺奸令史：官名。负责违法案件的审判。案件审判容易出偏差，曹操故意让高柔担任此官，以便找他的岔子定罪处死。〔6〕猥：随便，轻易。 〔7〕三辅：地区名。西汉景帝时，左内史、右内史、主爵中尉三者分管京城地区，合称为"三辅"。汉武帝时改称京兆尹、左冯翊(píng yì)、右扶风。三者的辖地相当于今陕西中部的渭水流域，以后习称这一地区为三辅。 〔8〕传檄而定：送去一封告喻性的文书即可平定。指不必用兵。 〔9〕关：这里指潼关。当时钟繇任司隶校尉，驻在潼关东面的弘农(今河南灵宝市东北)。

【裴注】

〔一〕《魏氏春秋》曰："柔既处法平允，又夙夜匪懈，至拥膝抱文书而寝。太祖尝夜微出，观察诸吏；见柔，哀之，徐解裘覆柔而去。自是辟焉。"

转拜丞相理曹掾，令曰："夫治定之化[1]，以礼为首；拨乱之政，以刑为先。是以舜流四凶族[2]，皋陶作士[3]；汉祖除秦苛法，萧何定律。掾清识平当[4]，明于宪典，勉恤之哉！"

鼓吹宋金等在合肥亡逃[5]。旧法：军征士亡，考竟其妻子[6]。太祖患犹不息[7]，更重其刑[8]。金有母、妻及二弟皆给官[9]，主者奏尽杀之。柔启曰："士卒亡军，诚在可疾[10]，然窃闻其中时有悔者。愚谓乃宜贷其妻子[11]，一可使贼中不信[12]，二可使诱其还心。正如前科[13]，固已绝其意望；而猥复重之，柔恐自今在军之士，见一人亡逃，诛将及己，亦且相随而走，不可复得杀也。此重刑非所以止亡，乃所以益走耳[14]。"

太祖曰："善。"即止不杀金母、弟，蒙活者甚众[15]。

迁为颍川太守，复还为法曹掾。时置校事卢洪、赵达等，使察群下。柔谏曰："设官分职，各有所司。今置校事，既非居上信下之旨；又达等数以憎爱擅作威福，宜检治之。"太祖曰："卿知达等，恐不如吾也。要能刺举而办众事[16]，使贤人君子为之，则不能也。昔叔孙通用群盗[17]，良有以也。"

达等后奸利发[18]，太祖杀之以谢于柔[19]。

【注释】
〔1〕治定之化：对政治安定的社会所施加的教化。 〔2〕流：流放。四凶：传说中的四个凶恶人。即浑沌、穷奇、梼杌(táo wù)、饕餮(tāo tiè)。尧未能清除他们。到舜继位，才把他们流放到边远地方。见《史记》卷一《五帝本纪》。 〔3〕士：官名。掌管刑法。 〔4〕掾：指高

柔。　清识：高明的见识。　〔5〕鼓吹(chuì)：军队里面演奏鼓吹乐的士兵。鼓吹乐源于北方少数族，用鼓、钲、笳、箫等乐器演奏。汉代以来在军队中流行，常用以鼓舞士气或者显示声威。　合肥：县名。县治在今安徽合肥市。　〔6〕考竟：考问处死。　妻子：妻室儿女。〔7〕患犹不息：担心这样惩治仍然制止不了逃亡。　〔8〕重(zhòng)：加重。指除处死妻室儿女外，还要处死其他亲属。　〔9〕给官：为官府服役。　〔10〕可疾：可恨。　〔11〕贷：宽恕。　〔12〕贼：这里指孙吴军队。当时曹魏在淮南的士兵逃亡，大多投奔孙吴。　〔13〕正：治罪。前科：从前的法规。即凡逃亡者处死其妻室儿女。　〔14〕益走：增加逃走者。　〔15〕蒙活者甚众：(由于重刑的废止而)得以保全生命的人很多。　〔16〕刺举：打听举报。　〔17〕叔孙通：薛县(帮山东滕州市南)人。曾任秦朝博士。秦末投奔项羽，后归刘邦。西汉建立，率领儒生制定朝廷礼仪，任太常。继任太子太傅，曾力劝刘邦不要废黜太子刘盈。他在归降刘邦之初，推荐了不少盗贼首领充任军官。传见《史记》卷九十九、《汉书》卷四十三。　〔18〕奸利：以非法手段谋取私利。〔19〕谢：表示歉意。

　　文帝践阼，以柔为治书侍御史，赐爵关内侯。转加治书执法[1]。民间数有诽谤妖言，帝疾之；有妖言辄杀，而赏告者。柔上疏曰：“今妖言者必戮，告之者辄赏。既使过误无反善之路，又将开凶狡之群相诬罔之渐；诚非所以息奸省讼，缉熙治道也[2]。昔周公作诰[3]，称殷之祖宗咸不顾小人之怨[4]；在汉太宗[5]，亦除妖言诽谤之令[6]。臣愚以为宜除妖谤赏告之法，以隆天父养物之仁。”帝不即从，而相诬告者滋甚。帝乃下诏：“敢以诽谤相告者，以所告者罪罪之。”于是遂绝。校事刘慈等，自黄初初数年之间，举吏民奸罪以万数，柔皆请惩虚实[7]；其余小小挂法者[8]，不过罚金。
　　四年，迁为廷尉。魏初，三公无事，又希与朝政[9]。柔上疏曰:"天地以四时成功,元首以辅弼兴治;成汤仗阿衡之佐[10],文、武凭旦、望之力[11];逮至汉初,萧、曹之俦并以元勋代作心膂[12]。此皆明王圣主任臣于上,贤相良辅股肱于下也。今公辅之臣,皆国之栋梁,民所具瞻[13];而置之三事[14],不使知政,遂各偃息养高[15],鲜有进纳[16]。诚非朝廷崇用大臣之义,大臣献可替否之谓也。古者刑政有疑,辄议于槐棘之下。自今之后,朝有疑议及刑狱大事,宜数以咨访三公。三公朝朔望之日[17],又可特延入,讲论得失,博尽事情;庶有裨起天听[18],弘益大化。"

帝嘉纳焉。帝以宿嫌,欲枉法诛治书执法鲍勋[19],而柔固执不从诏命。帝怒甚,遂召柔诣台[20]。遣使者承指,至廷尉考竟勋;勋死乃遣柔还寺[21]。

【注释】

〔1〕治书执法:官名。负责举奏弹劾官员的不法行为。 〔2〕缉熙:光大。 〔3〕诰:训诫劝勉的文告。这里指《尚书》中的《无逸》一篇。据《史记》卷三十三《鲁周公世家》记载,武王死,成王年幼,由周公执政辅佐成王。成王逐渐长大后,周公怕他染上骄奢淫逸的恶习,就作《无逸》告诫他。在《无逸》中,周公总结了殷王朝有益的统治经验,要成王认真学习。 〔4〕小人:指被统治的劳动者。《无逸》中说,殷朝的中宗、高宗、祖甲等国王,听到"小人"怨骂自己,从不计较,而是认真反省自己,办事更加努力。 〔5〕汉太宗:即西汉文帝刘恒。古代皇帝死后在宗庙祭祀时所起的名号,叫做庙号。太宗就是刘恒的庙号。 〔6〕妖言诽谤之令:对那些用蛊惑人心的语言诽谤朝廷的人进行惩治的法令。 〔7〕惩虚实:核对事情的虚实。 〔8〕挂法:触犯法律。〔9〕与(yù):参与。 〔10〕阿衡:指伊尹。《史记》说阿衡是伊尹的字,但有人认为是伊尹所任的官名。 〔11〕文:即周文王。 武:即周武王。 旦:即周公。 望:即吕尚。姜姓,吕氏,又号太公望。曾在渭水

捕鱼，被周文王发现重用。后佐周武王灭商，因功封于齐。传见《史记》卷三十二。 〔12〕萧、曹：萧何、曹参。 心膂：心脏和脊梁骨。比喻执掌朝政的心腹大臣。 〔13〕具瞻：受到所有人的瞻仰。〔14〕置之三事：把三公放在一边。当时称三公为三事。 〔15〕养高：保养清高。 〔16〕鲜(xiǎn)：少。 〔17〕朝朔望：在每月的朔日和望日入宫朝见皇帝。朔日是初一日。望日是十五日(小月)或十六日(大月)。 〔18〕天听：皇帝对政事的听取。 〔19〕宿嫌：旧怨。 鲍勋(？—公元226)：传见本书卷十二。 〔20〕台：指尚书台。尚书台在皇宫内，而廷尉府在宫外。 〔21〕寺：府署。

明帝即位，封柔延寿亭侯。时博士执经[1]，柔上疏曰："臣闻遵道重学，圣人洪训；褒文崇儒，帝者明义。昔汉末陵迟，礼乐崩坏；雄战虎争，以战阵为务；遂使儒林之群，幽隐而不显。太祖初兴，愍其如此；在于拨乱之际，并使郡县立教学之官。高祖即位[2]，遂阐其业[3]；兴复辟雍，州立课试；于是天下之士，复闻庠序之教[4]，亲俎豆之礼焉[5]。陛下临政，允迪叡哲[6]，敷弘大猷[7]，光济先轨；虽夏启之承基[8]，周成之继业，诚无以加也。然今博士皆经明行修，一国清选，而使迁除限不过长[9]；惧非所以崇显儒术，帅励怠惰也。孔子称'举善而教不能则劝'[10]，故楚礼申公[11]，学士锐精；汉隆卓茂[12]，搢绅竞慕[13]。臣以为博士者，道之渊薮，六艺所宗[14]；宜随学行优劣，待以不次之位[15]；敦崇道教[16]，以劝学者，于化为弘。"帝纳之。

后大兴殿舍，百姓劳役；广采众女，充盈后宫；后宫皇子连夭，继嗣未育。柔上疏曰："二虏狡猾，潜自讲肄[17]，谋动干戈，未图束手[18]；宜蓄养将士，缮治甲兵，以逸待之。而顷兴造殿舍，上下劳扰；若使吴、蜀知人虚实，通谋并势，复俱送死[19]，甚不易也[20]。昔汉文惜十家之资，不营小台之娱[21]；去病虑匈奴之害[22]，不遑治第之事。况今所损者非惟百金之费，所忧者非徒北狄之患乎？可粗成现所营立，以充朝宴之仪；乞罢作者[23]，使得就农；二方平定，复可徐兴。昔轩辕以二十五子，传祚弥远[24]；周室以姬国四十[25]，历年滋多。陛下聪达，穷理尽性；而顷皇子连多夭逝，熊罴之祥又未感应[26]。群下之心，莫不悒戚。周礼：天子，后妃以下百二十人[27]；嫔嫱之仪[28]，既以盛矣。窃闻后庭之数[29]，或复过之；圣嗣不昌，殆能由此[30]。臣愚以为可妙简淑媛，以备内官之数[31]；其余尽遣还家，且以育精养神，专静为宝。如此，则螽斯之征[32]，可庶而致矣。”

帝报曰：“知卿忠允，乃心王室；辄克昌言[33]，他复以闻。”

时猎法甚峻[34]。宜阳典农刘龟[35]，窃于禁内射兔，其功曹张京诣校事言之。帝匿京名，收龟付狱。

柔表请告者名，帝大怒曰：“刘龟当死，乃敢猎吾禁地！送龟廷尉，廷尉便当考掠[36]；何复请告者主名，吾岂妄收龟邪？”

柔曰：“廷尉，天下之平也，安得以至尊喜怒而毁法乎？”重复为奏，辞指深切；帝意悟，乃下京名。即还讯，各当其罪。

时，制吏遭大丧者[37]，百日后皆给役[38]。有司徒吏解弘，遭父丧；后有军事，受敕当行，以疾病为辞。诏怒曰："汝非曾、闵[39]，何言毁邪[40]？促收考竟！"

柔见弘，信甚羸劣[41]；奏陈其事，宜加宽贷。帝乃诏曰："孝哉弘也！其原之。"

初，公孙渊兄晃，为叔父恭任内侍[42]；先渊未反，数陈其变[43]。及渊谋逆，帝不忍市斩，欲就狱杀之。

柔上疏曰："《书》称'用罪伐厥死[44]，用德彰厥善'，此王制之明典也。晃及妻子，叛逆之类[45]；诚应枭悬[46]，勿使遗育[47]。而臣窃闻晃先数自归，陈渊祸萌；虽为凶族[48]，原心可恕[49]。夫仲尼亮司马牛之忧[50]，祁奚明叔向之过[51]，在昔之美义也。臣以为晃信有言[52]，宜贷其死；苟自无言，便当市斩。今进不赦其命，退不彰其罪；闭著囹圄[53]，使自引分[54]。四方观国，或疑此举也。"

帝不听，竟遣使赍金屑[55]，饮晃及其妻子；赐以棺、衣，殡敛于宅。[一]

【注释】

〔1〕执经：手拿经典。指进行儒学讲授。　〔2〕高祖：即曹丕。高祖是曹丕的庙号。　〔3〕阐：弘扬。　〔4〕庠(xiáng)序：学校。殷代称学校为序，周代称庠。　〔5〕俎(zǔ)豆：举行礼仪活动时盛肉食的容器。〔6〕允迪叡哲：能够运用圣明的智慧。这句的"叡"字未避明帝名讳，疑非原文。　〔7〕敷弘：推行和发展。　猷：计划。　〔8〕夏启：夏禹的儿子。传说中夏代的国王。禹死后继位，确立传子制度，建立了中国历史上第一个奴隶制国家，即夏代。事见《史记》卷二《夏本纪》。〔9〕长：县长。　〔10〕举善：提拔好人。　教不能：教育能力差的人。劝：劝勉。这一句出自《论语·为政》。　〔11〕楚：指西汉的楚王刘交（？—前179）。刘邦的小弟。他在楚国时，曾优待儒生申公等人。传见

《史记》卷五十、《汉书》卷三十六。　申公：鲁县（今山东曲阜市）人。擅长讲授《诗经》。汉武帝时曾任太中大夫。一生主要从事《诗经》传授，有弟子千余人。西汉传授《诗经》的有鲁、齐、韩、毛等家，申公是"鲁诗"一家的学派领头人。传见《史记》卷一百二十一、《汉书》卷八十八。　〔12〕卓茂（？—公元28）：字子康，南阳郡宛县（今河南南阳市）人。西汉末年曾任密县令，以实施德政并擅长经学闻名天下。东汉光武帝刘秀即位，特别提拔他为太傅，封褒德侯。传见《后汉书》卷二十五。　〔13〕搢绅：插笏垂带。古代士大夫的服饰。这里代指士大夫。　〔14〕六艺：指儒家的六经，即《周易》、《诗经》、《尚书》、《礼》、《乐》、《春秋》。其中《乐》已失传。　〔15〕不次：不按通常次序。指越级提升，打破博士晋升时不能超过县长的规定。　〔16〕道教：指儒家之道的教育。　〔17〕讲肄（yì）：讲武练兵。　〔18〕未图束手：没有打主意停止。　〔19〕送死：指进攻曹魏。　〔20〕不易：不容易对付。〔21〕不营小台之娱：汉文帝曾想建一座露台供自己游赏，召工匠计算，要耗费百金。他认为这相当于中等人家十户的财产总和，就打消了念头。事见《史记》卷十《孝文本纪》。　〔22〕去病：即霍去病（前140—前117）。河东郡平阳（今山西临汾市西南）人。西汉名将。汉武帝时任骠骑将军，封冠军侯。曾两次大破匈奴，控制河西走廊，打通向西域的道路。汉武帝曾为他建造私宅，他拒绝说："匈奴未灭，无以家为！"他前后六次出击匈奴，解除了匈奴对汉朝的长期威胁。死时年仅二十四岁。传见《史记》卷一百一十一、《汉书》卷五十五。　〔23〕作者：建造宫殿的劳工。　〔24〕祚（zuò）：年代。传说轩辕黄帝有二十五个儿子，其后子孙繁衍为中原各族。　〔25〕姬国：姬姓的封国。周武王灭商，大封诸侯，其中属于周王室亲族的姬姓封国有四十个。见《左传》昭公二十八年。　〔26〕熊罴之祥：生儿子的征兆。《诗经·斯干》有"维熊维罴，男子之祥"的句子，意思是说如果做梦见到熊罴，就是要生儿子的征兆。　〔27〕后妃以下百二十人：《礼记·昏义》记载，古时候天子的王后有六宫；王后之下有"三夫人、九嫔、二十七世妇、八十一御妻"，共一百二十人。　〔28〕嫔嫱（pín qiáng）：宫廷女官名。实际上是君主的小妾。　〔29〕后庭：后宫。　数：皇帝妻妾的人数。　〔30〕殆能：大概就是。　〔31〕内官：宫廷女官。也就是皇帝的小妾。　〔32〕螽（zhōng）斯之征：多多生儿子的征兆。螽斯是蝗虫，善于繁殖。《诗经》有《螽斯》一篇，说贵族子孙像蝗虫一样众多。以前认为这首诗是在赞颂贵族人口兴旺，但现今学者认为是一首讽刺诗。　〔33〕辄克昌言：决心用您正直的话来克制自己。　〔34〕猎法：禁止在皇家划定的区域中打猎的法令。当时魏明帝在洛阳周围划出大片区域，让各种动物在其中繁殖，并严禁人们猎捕。 〔35〕宜阳：县名。县治在今河南宜阳县西。当时是洛阳典农都尉的治所。 〔36〕考掠：拷打。指严刑审问。〔37〕吏：这里指官府中的低级办事人员。 大丧(sāng)：指父亲或母亲死亡。 〔38〕给役：供官府差遣使唤。 〔39〕曾：即曾参(前 505—前 436)。字子舆，鲁国南武城(今山东费县西南)人。孔子学生。提出"吾一日三省吾身"的修养方法，又以孝行著名。相传曾著《孝经》，又作《礼记》中的《大学》一篇。 闵：即闵损(前 515—?)。字子骞。孔子学生。也以孝行著名，受到孔子的称赞。以上二人传见《史记》卷六十七《仲尼弟子列传》。 〔40〕毁：在为父母服丧期间，由于过度悲痛而造成了身体的消瘦衰弱，特称为毁。 〔41〕信：确实。 羸(léi)劣：瘦削衰弱。 〔42〕任内侍：到京城做皇帝的侍从。实际上是充当人质。〔43〕变：指公孙渊有可能反抗曹魏的迹象。参见本书卷八《公孙度传附公孙渊传》裴注引《魏略》。 〔44〕用罪伐厥死：宣布罪行并惩治那些应当处死的人。这两句出自《尚书·盘庚》上。 〔45〕类：同类。〔46〕枭悬：砍下脑袋挂起来示众。 〔47〕遗育：留下后代和生育后代。〔48〕凶族：凶恶罪人的家族成员。 〔49〕原心：推究本心。〔50〕亮：开解。 司马牛：名耕，字子牛。孔子学生。传见《史记》卷六十七《仲尼弟子列传》。 忧：《论语·颜渊》记载，司马牛曾问孔子："不忧不惧，斯谓之君子已乎?"孔子答复他："内省不疚，夫何忧何惧!"西汉的经学家孔安国解释说：司马牛的哥哥桓魋(tuí)将在宋国作乱，司马牛感到担心，才有这番对话。 〔51〕祁奚：春秋时晋国的大夫。字黄羊。晋悼公时任中军尉。告老退休时，先推荐自己的仇人解狐继任这一职位。解狐死，他又推荐自己的儿子祁午。当时人称赞他"外举不弃仇，内举不失亲"。 叔向：春秋时晋国的大夫。因其弟羊舌虎参与动乱被杀，叔向因此被囚禁。祁奚代他向执政的范宣子申诉，范宣子释放了他。以上二人事，分见《左传》襄公三年、二十一年。〔52〕信有言：确实有揭发公孙渊的言辞。 〔53〕囹圄(líng yǔ)：监狱。〔54〕引分：自杀。 〔55〕赍(jī)：送去。 金屑：黄金的碎末。人吞食后将会损伤内脏，造成死亡。

【裴注】

　〔一〕孙盛曰："闻五帝无诰誓之文，三王无盟祝之事；然则盟誓之文，始自三季；质任之作，起于周微。夫贞夫之一，则天地可动；机心内萌，则鸥鸟不下。况信不足焉而祈物之必附，猜生于我而望彼之必怀；何异挟冰求温，抱炭希凉者哉？且夫要功之伦，陵肆之类，莫不背情任计，昧利忘亲；纵怀慈孝之爱，或虑倾身之祸。是以周、郑交恶，汉高请羹；隗器捐子，马超背父。其为酷忍，如此之极也，安在其因质委诚，取任永固哉？世主若能远览先王闲邪之至道，近鉴狡肆徇利之凶心；胜之以解网之仁，致之以来苏之惠，耀之以雷霆之威，润之以时雨之施，则不恭可敛衽于一朝，咆哮可屈膝于象魏矣。何必拘厥亲以来其情，逼所爱以制其命乎？苟不能然，而仗夫计术，笼之以权数，检之以一切；虽览一室而庶征于四海，法生鄙局，冀或半之暂益；自不得不有不忍之刑，以遂孥戮之罚；亦犹渎盟由乎一人，而云俾坠其师，无克遗育之言耳。岂得复引四罪不及之典，司马牛获宥之义乎？假令任者皆不保其父兄，辄有二三之言，曲哀其意而悉活之，则长人子危亲自存之悖。子弟虽质，必无刑戮之忧；父兄虽逆，终无剿绝之虑。柔不究明此术非盛王之道，宜开张远义，蠲此近制；而陈法内之刑，以申一人之命。可谓心存小善，非王者之体。古者杀人之中，又有仁焉。刑之于狱，未为失也。”

臣松之以为：辨章事理，贵得当时之宜，无为虚唱大言而终归无用。浮诞之论，不切于实；犹若画魑魅之像，而蹄于犬马之形也。质任之兴，非防近世；况三方鼎峙，辽东偏远？羁其亲属以防未然，不为非矣。柔谓晃有先言之善，宜蒙原心之宥。而盛责柔不能开张远理，蠲此近制。不达此言竟为何谓？若云猜防为非，质任宜废；是谓应大明先王之道，不预任者生死也。晃之为任，历年已久；岂得于杀活之际，方论至理之本？是何异丛棘既繁，事须判决；空论刑措之美，无闻当之实哉？其为迂阔，亦已甚矣！汉高事穷理迫，权以济亲；而总之酷忍之科，既已大有所诬。且自古以来，未有子弟安告父兄以图全身者，自存之悖，未之或闻。晃以兄告弟，而其事果验。谓晃应杀，将以遏防：若言之亦死，不言亦死，岂不杜归善之心，失正刑之中哉？若赵括之母，以先请获免；钟会之兄，以密言全子。古今此比，盖为不少。晃之前言，事同斯例；而独遇否闭，良可哀哉！

是时，杀禁地鹿者身死，财产没官[1]；有能觉告者厚加赏赐[2]。柔上疏曰：“圣王之御世[3]，莫不以广农为务，俭用为资[4]。夫农广则谷积，用俭则财蓄；蓄财积谷而有忧患之虞者，未之有也。古者一夫不耕，或为之饥[5]；一妇不织，或为之寒。中间以来[6]，百姓供给众役，亲田者既减；加顷复有猎禁，群鹿犯暴，残食生苗，处处为害，所伤不赀[7]；民虽障防，力不能御。至如荥阳左右，周数百里，岁略不收[8]；元元之命[9]，实可矜伤[10]。方今天下生财者甚少，而麋鹿之损者甚多。猝有兵戎之役，凶年之灾，将无以待之。惟陛下览先圣之所念，愍稼穑之艰难[11]；宽放民间，使得捕鹿，遂除其禁；则众庶久济[12]，莫不悦豫矣[13]。”〔一〕

顷之，护军营士窦礼近出不还[14]。营以为亡[15]，表言逐捕，没其妻盈及男女为官奴婢[16]。盈连至州府，称冤自讼[17]，莫有省者[18]。乃辞诣廷尉。

柔问曰：“汝何以知夫不亡？”盈垂泣对曰：“夫少单特[19]，养一老妪为母，事甚恭谨；又哀儿女，抚视不离：非是轻狡不顾室家者也。”

柔重问曰：“汝夫不与人有怨仇乎？”对曰：“夫良善，与人无仇。”又曰：“汝夫不与人交钱财乎？”对曰：“尝出钱与同营士焦子文[20]，〔久〕求不得。”

时子文适坐小事系狱[21]；柔乃见子文，问所坐。言次[22]，曰：“汝颇曾举人钱不[23]？”子文曰：“自以单贫，初不敢举人钱物也[24]。”柔察子文色动[25]，遂曰：“汝昔举窦礼钱，何言不邪？”子文怪知事露，应对不次[26]。柔曰：“汝已杀礼，便宜早服！”子文于是叩头，具首杀礼本末[27]，埋藏处所。柔便遣吏卒，承子文辞往掘礼，即得其尸。

诏书"复盈母子为平民[28]。班下天下[29]，以礼为戒[30]。"

【注释】

〔1〕没官：由官府没收。 〔2〕觉告：发现告发。 〔3〕御世：统治天下。 〔4〕资：凭借。 〔5〕或为之饥：有人要因此而挨饿。〔6〕中间以来：一段时间以来。 〔7〕不赀(zī)：无法计算。 〔8〕略：基本上。 〔9〕元元：指百姓。 〔10〕矜伤：怜悯痛心。 〔11〕稼穑(sè)：耕种收割庄稼。指务农。 〔12〕济：得到益处。 〔13〕悦豫：喜悦。 〔14〕护军营士：护军所统领的军营兵士。 〔15〕亡：逃亡。〔16〕男女：儿女。 〔17〕讼：申诉。 〔18〕省 (xǐng)：理睬。〔19〕单特：孤独无亲。 〔20〕出钱：借钱给别人。 〔21〕适：碰巧。坐小事：因犯小罪。 〔22〕言次：说话之间。 〔23〕举人钱：借别人的钱。 〔24〕初：完全。 〔25〕色动：神色改变。 〔26〕不次：前后矛盾。 〔27〕具首：完全供认。 本末：经过。 〔28〕复：免除奴婢身分。 〔29〕班：发布公文。 〔30〕以礼为戒：以窦礼一案为鉴戒。即要求官员处理案件要像高柔那样细心尽职。

【裴注】

〔一〕《魏名臣奏》载柔上疏曰："臣深思陛下所以不早取此鹿者，诚欲使极蕃息，然后大取以为军国之用。然臣窃以为：今鹿但有日耗，终无从得多也。何以知之？今禁地广轮且千余里，臣下计无虑其中有虎大小六百头，狼有五百头，狐万头。使大虎一头，三日食一鹿，一虎一岁百二十鹿，是为六百头虎一岁食七万二千头鹿也。使十狼日共食一鹿，是为五百头狼一岁共食万八千头鹿。鹿子始生，未能善走；使十狐一日共食一子，比至健走一月之间，是为万狐一月共食鹿子三万头也。大凡一岁所食十二万头。其雕鹗所害，臣置不计。以此推之，终无从得多，不如早取之为便也。"

在官二十三年，转为太常。旬日迁司空。后徙司徒。太傅司马宣王奏免曹爽，皇太后诏召柔[1]，假节，行大将军事，据爽营。太傅谓柔曰："君为周勃矣[2]。"爽诛，进封万岁乡侯。

高贵乡公即位[3]，进封安国侯，转为太尉。

常道乡公即位[4]，增邑并前四千〔户〕，前后封二子亭侯。景元四年，年九十薨。谥曰元侯。孙浑嗣。咸熙中，开建五等；以柔等著勋前朝，改封浑昌陆子。〔一〕

【注释】

〔1〕皇太后：指魏明帝的皇后郭氏（？—公元235）。魏明帝死，她被尊称为皇太后。传见本书卷五。 〔2〕君为周勃：周勃等人起兵消灭吕氏势力时，由周勃占领上大将军吕禄的北军大营。现在高柔占领大将军曹爽的大营，情况与周勃类似，所以这样比喻。 〔3〕高贵乡公：即魏帝曹髦（公元241—260）。事详本书卷四。 〔4〕常道乡公：即魏帝曹奂（公元246—302）。事详本书卷四。

【裴注】

〔一〕《晋诸公赞》曰："柔长子儁，大将军掾；次诞，历三州刺史、太仆。诞放率不伦，而决烈过人。次光，字宣茂。少习家业，明练法理。晋武帝世，为黄沙御史，与中丞同。迁守廷尉，后即真。兄诞与光异操，谓光小节，常轻侮之；而光事诞愈谨。终于尚书令。追赠司空。"

孙礼字德达，涿郡容城人也[1]。太祖平幽州，召为司空军谋掾[2]。初丧乱时，礼与母相失；同郡马台求得礼母，礼推家财尽以与台。台后坐法当死，礼私导令逾狱[3]，自首[4]。既而曰："臣无逃亡之义。"径诣刺奸[5]。主簿温恢嘉之，具白太祖，各减死一等[6]。

后除河间郡丞[7]。稍迁荥阳都尉。鲁山中贼数百人，保固险阻，为民作害。乃徙礼为鲁相；礼至官，出俸谷，发吏民，募首级[8]，招纳降附使还为间[9]，应时平泰。历山阳、平原、平昌、琅邪太守[10]。从大司马曹休征吴于夹石[11]，礼谏以为"不可深入"，不从而败。迁阳平太守[12]。

入为尚书。明帝方修宫室；而节气不和，天下少谷。礼固争罢役[13]，诏曰："敬纳谠言[14]，促遣民作[15]。"时李惠监作，复奏留一月，有所成讫。礼径至作所，不复重奏，称诏罢民。帝奇其意而不责也。帝猎于大石山[16]，虎趋乘舆[17]。礼便投鞭下马，欲奋剑斫虎，诏令礼上马。

明帝临崩之时，以曹爽为大将军宜得良佐，于床下受遗诏，拜礼大将军长史，加散骑常侍。

礼亮直不挠[18]，爽弗便也；以为扬州刺史[19]，加伏波将军[20]，赐爵关内侯。吴大将全琮帅数万众来侵寇[21]；时州兵休使[22]，在者无几。礼躬勒卫兵御之，战于芍陂[23]；自旦及暮，将士死伤过半。礼犯蹈白刃，马被数创，手秉枹鼓[24]，奋不顾身；贼众乃退。诏书慰劳，赐绢七百匹。礼为死事者设祀哭临，哀号发心[25]；皆以绢付亡者家，无以入身。

征拜少府。出为荆州刺史。迁冀州牧。太傅司马宣王谓礼曰："今清河、平原争界八年，更二刺史[26]，靡能决之；虞、芮待文王而了[27]，宜善令分明。"

礼曰："讼者据墟墓为验[28]，听者以先老为正[29]；而老者不可加以檿楚[30]，又墟墓或迁就高敞，或徙避仇雠。如今所闻，虽皋陶犹将为难。若欲使'必也无讼，[31]，当以烈祖初封平原时图决之[32]。何必推古问故[33]，以益辞讼？昔成王以桐叶戏叔虞[34]，周公便以封之。今图藏在天府[35]，便可于坐上断也，岂待到州乎？”宣王曰：“是也。当别下图。”

礼到，案图宜属平原。而曹爽信清河言，下书云：“图不可用，当参异同[36]。”礼上疏曰：“管仲霸者之佐[37]，其器又小[38]，犹能夺伯氏骈邑[39]，使没齿无怨言[40]。臣受牧伯之任，奉圣朝明图，验地著之界[41]，界实以王翁河为限[42]。而郐以马丹候为验[43]，诈以鸣犊河为界[44]；假虚讼诉，疑误台阁。窃闻众口铄金[45]，浮石沉木[46]，三人成市虎[47]，慈母投其杼[48]。今二郡争界八年，一朝决之者[49]，缘有解书图画[50]，可得寻案摘校也[51]。平原在两河向东上[52]，其间有爵堤[53]；爵堤在高唐西南[54]，所争地在高唐西北，相去二十余里。可谓长叹息流涕者也。案解与图奏，而郐不受诏，此臣软弱不胜其任；臣亦何颜尸禄素餐[55]？辄束带著履[56]，驾车待放[57]。”

爽见礼奏，大怒。劾礼怨望，结刑五岁[58]。

在家期年[59]，众人多以为言，除城门校尉。时匈奴王刘靖部众强盛[60]，而鲜卑数寇边[61]。乃以礼为并州刺史，加振武将军[62]，使持节，护匈奴中郎将。往见太傅司马宣王，有忿色而无言。宣王曰：“卿得并州，少邪？恚理分界失分乎[63]？今当远别，何不欢也？”礼曰：“何明公言之乖细也[64]！礼虽不德，岂以官位、往事为意邪？本谓明公齐踪伊、吕，匡辅魏室；上报明帝之托，下建万世之勋。今社稷将危，天下汹汹^[65]，此礼之所以不悦也。"因涕泣横流。宣王曰："且止，忍不可忍^[66]。"

爽诛后，入为司隶校尉。凡临七郡五州，皆有威信。迁司空，封大利亭侯，邑一百户。

礼与卢毓同郡时辈^[67]，而情好不睦。为人虽互有长短，然名位略齐云。

嘉平二年，薨，谥曰景侯。孙元嗣。

【注释】

〔1〕容城：县名。县治在今河北容城县东北。 〔2〕军谋掾：官名。曹操司空府的下属之一。负责参谋军事。 〔3〕私导：私下出主意指点。〔4〕自首：指马台越狱逃跑后接着又向官府自首。这样做可以因主动自首而免于处死。 〔5〕刺奸：官名。专门打听举报现任官员的不法行为。孙礼去见刺奸是要坦白自己出主意叫马台逃跑的事。刺奸是曹操特别设置的官员，所针对的对象只是不法的现任官员。孙礼是现任官员，所以才到刺奸去自首。 〔6〕减死一等：判处比死刑仅次一等的刑罚。指髡刑，即剪去长发戴上刑具做苦工五年。 〔7〕郡丞：官名。是郡太守的副手，协助处理郡内公务。 〔8〕募首级：悬赏买反叛者的脑袋。〔9〕间：间谍。 〔10〕平昌：郡名。治所在今山东诸城市西北。 琅邪(yá)：郡名。治所在今山东临沂市东北。 〔11〕夹石：地名。在今安徽舒城县南。 〔12〕阳平：郡名。治所在今河北大名县东北。 〔13〕固争罢役：坚持请求停止(兴修宫殿的)劳役。 〔14〕谠言：正直的进言。〔15〕民作：从事劳作的民工。 〔16〕大石山：山名。在当时洛阳城南四十五公里。后来明帝的陵墓高平陵也修在这里。 〔17〕乘舆：皇帝的专车。 〔18〕亮直：诚实正直。 〔19〕扬州：州名。三国分立，曹魏占据东汉扬州的江北部分。在此设扬州，治所在今安徽寿县。孙吴占据东汉扬州的江南部分，也在此设扬州，治所在今江苏南京市。 〔20〕伏波将军：官名。领兵征伐。 〔21〕全琮(？—公元249)：传见本书卷六十。 〔22〕州兵：扬州的地方军队。 休使：有的休整有的受差使。〔23〕芍陂(què bēi)：陂塘名。在今安徽寿县南。是古代淮河流域最著

名的水利工程。 〔24〕枹(fú)：鼓槌。 〔25〕发心：发自内心。
〔26〕更：经历。 〔27〕虞、芮(ruì)：均先秦古国名。相传两国的人为
地界发生争执，共同去找周文王评理。他们进入周国后，发觉人们都讲
究礼让，自感惭愧，就主动停止了争执。见《诗经·绵》毛传。
〔28〕讼者：指争执的双方。 墟墓：坟墓。 验：证据。 〔29〕听者：
指评判是非的上司。 以先老为正：以当地老年人的话为准。 〔30〕桚
(jiǎ)楚：用于鞭打的桚木棍和荆条。孙礼认为老人不能加以鞭打，因而
他们说的是不是真话就无从判定。 〔31〕必也无讼：一定要使诉讼的事
不再存在。这是孔子的话，见《论语·颜渊》。 〔32〕烈祖：即魏明帝
曹叡。烈祖是他的庙号。 初封平原：魏文帝黄初三年(公元 222)，曹
叡受封为平原王。事见本书卷二《文帝纪》。 〔33〕问故：询问故老。
〔34〕叔虞：姬姓，名虞，字子于。周成王的弟弟。成王曾与他开玩笑，
把一片桐叶作为玉珪给他，说是封国的凭证。一位史官说天子无戏言，
周公就果真封叔虞于唐。唐国后来改称晋。事见《史记》卷三十九《晋
世家》。 〔35〕天府：皇家的档案馆。 〔36〕异同：不同的意见。这是
当时习语。又作同异。 〔37〕管仲(？—前 645)：名夷吾，字仲。春秋
初期政治家。由鲍叔牙推荐，受齐桓公重用，推行多方面改革，国力大
振。在此基础上，帮助齐桓公以"尊王攘夷"为号召，使之成为春秋时
期第一个霸主。传见《史记》卷六十二。 霸者：霸主。指势力强大居
于领导地位的诸侯国国君。这里孙礼认为霸者与曹魏的皇帝比起来要低
一等。 〔38〕器：器量。孔子在个人品德上不大看得起管仲，曾有"管
仲之器小哉"的评语，见《论语·八佾》。 〔39〕伯氏：齐国的大夫。
骈邑：地名。在今山东临朐(qú)县东南。 〔40〕没齿：直到死亡。管仲
剥夺伯氏在骈邑的封地一事，见《论语·宪问》。 〔41〕地著：地图中
的标示。 〔42〕王翁河：河流名。在今山东平原县西南。 〔43〕鄃：
县名。在今山东平原县西南。 马丹候：地名。在今山东平原县西南。
〔44〕鸣犊河：河流名。在今山东高唐县东。这一次争地纠纷，发生在冀
州清河郡鄃县与青州平原郡平原县之间。两县交界，鄃县在西南而平原
在东北。中间隔了两条河，即偏西的王翁河与偏东的鸣犊河。地界划在
王翁河，鄃县觉得吃了亏，所以提出要划在偏东的鸣犊河上。孙礼根据
司马懿下发的地图作出判定，曹爽却不同意他的结论。由此事可以看出
司马懿与曹爽争权的情况。 〔45〕众口铄金：众人一齐诋毁，其力量足
以销熔金属。比喻众口一词能混淆是非。 〔46〕浮石：水面上堆积的泡
沫。这种泡沫很轻。 沉木：(泡沫积累多了可以)压沉木头。比喻很多
人说谎话可以掩盖事实。语出陆贾《新语·辨惑》。 〔47〕三人成市

虎：市场上本无老虎，但是只要有三个人都说市场出现了老虎，听者就会信以为真。见《国策·魏策》二。 〔48〕慈母投其杼(zhù)：曾参以孝顺著名。有与他同姓名的人行凶杀人，一人跑去告诉曾参的母亲，说她的儿子杀人，曾母不信。连着又有两人这样说，曾母就相信了，吓得丢下织布的梭子逃跑。见《国策·秦策》二。 〔49〕一朝(zhāo)：一下子。 〔50〕缘：因为。 解书：地图的解释文字。 图画：地图。 〔51〕摘校(tì jiào)：找出问题。 〔52〕两河：指上文所说的王翁河、鸣犊河。 〔53〕爵堤：地名。在今山东高唐县东南。当是鄃县一方提出的又一处地界证据。 〔54〕高唐：县名。在今山东高唐县东北。 〔55〕尸禄素餐：坐拿俸禄白吃饭。 〔56〕束带著履：意思是收拾停当。 〔57〕待放：等待放逐。即听候处置。 〔58〕结：判处。 刑五岁：五年徒刑。即髡刑。 〔59〕期(jī)年：满一周年。从这一句看，孙礼被判刑后是在家服刑，没有戴刑具做苦工。 〔60〕匈奴：北方少数族名。 〔61〕鲜卑：北方少数族名。中国北方的少数族，两汉时期以匈奴势力最为强大。东汉末年，又有乌丸兴起。继乌丸之后，则是鲜卑称雄于草原之上，并逐渐南下进入内地。 〔62〕振武将军：官名。领兵征伐。 〔63〕恚(huì)：恼怒。 理：处理。 失分(fèn)：不合理。 〔64〕明公：对三公和地位在三公之上官员的尊称。司马懿当时任太傅，地位在三公之上。 〔65〕汹汹：不安定的样子。 〔66〕忍不可忍：忍受难以忍受的事情。 〔67〕时辈：同时的人。

　　王观字伟台，东郡廪丘人也[1]。少孤贫励志。太祖召为丞相文学掾[2]，出为高唐、阳泉、酂、任令[3]，所在称治。

　　文帝践阼，入为尚书郎、廷尉监[4]。出为南阳、涿郡太守。涿北接鲜卑，数有寇盗。观令边民十家以上，屯居，筑京候[5]。时或有不愿者，观乃假遣朝吏[6]，使归助子弟；不与期会[7]，但敕事讫各还。于是吏民相率，不督自劝，旬日之中，一时俱成。守御有备，寇抄以息。

明帝即位，下诏书使郡县条为剧、中、平者[8]。主者欲言郡为中、平，观教曰："此郡滨近外虏，数有寇害，云何不为剧邪[9]？"主者曰："若郡为外剧，恐于明府有任子[10]。"观曰："夫君者，所以为民也。今郡在外剧，则于役条当有降差[11]。岂可为太守之私，而负一郡之民乎？"遂言为外剧郡，后送任子诣邺。时观但有一子而又幼弱。其公心如此。

观治身清素，帅下以俭，僚属承风，莫不自励。明帝幸许昌，召观为治书侍御史，典行台狱。时多有仓猝喜怒[12]，而观不阿意顺指。

太尉司马宣王请观为从事中郎。迁为尚书，出为河南尹。徙少府。大将军曹爽使材官张达[13]，斫家屋材，及诸私用之物；观闻知，皆录夺以没官[14]。少府统三尚方御府内藏玩弄之宝[15]，爽等奢放，多有干求；惮观守法，乃徙为太仆[16]。

司马宣王诛爽，使观行中领军，据爽弟羲营；赐爵关内侯，复为尚书，加驸马都尉。

高贵乡公即位，封中乡亭侯。顷之，加光禄大夫，转为右仆射。常道乡公即位，进封阳乡侯，增邑千户，并前二千五百户。迁司空，固辞；不许，遣使即第拜授。

就官数日，上送印绶，辄自舆归里舍。薨于家，遗令藏足容棺[17]，不设明器[18]，不封不树[19]。谥曰肃侯。

子悝嗣。咸熙中，开建五等，以观著勋前朝，改封悝胶东子。

【注释】

〔1〕廪丘：县名。县治在今山东郓城县西北。 〔2〕文学掾：官名。曹操丞相府的下属。陪同曹操的儿子曹丕等讲论文学。 〔3〕阳泉：县名。县治在今安徽霍丘县西北。 任：县名。县治在今河北任县东。〔4〕廷尉监：官名。当时朝廷负责案件审理的司法长官，是九卿之一的廷尉。在廷尉之外，又设置了廷尉监、廷尉正、廷尉平，负责对廷尉的判决进行联席审议，合称为三官。 〔5〕京候：供瞭望敌情的高台。〔6〕朝(cháo)吏：郡太守府内的办事吏员。 〔7〕不与期会：不给定期限。 〔8〕条：逐项陈述理由然后给自己评定等级。 剧：艰难。当时把地处边境和社会秩序恶劣的郡县列为"剧"这一等，其百姓承担的劳役项目相应有所减少。 〔9〕云何：怎么。 〔10〕任子：作为人质的儿子。当时列为"剧"这一等的边郡，为了防止长官叛逃，朝廷要太守送自己的儿子到京城做人质。 〔11〕役条：劳役的项目。 降差：降低和差别。 〔12〕仓猝：突然。 喜怒：指明帝发怒而处罚官员。这是偏义复合词。 〔13〕材官：西汉时称一种受过专门训练的步兵为材官。这里指供差遣的低级军官。 〔14〕录夺：官方强行收取。 〔15〕三尚方：官署名。当时专门制造御用刀剑和手工艺品的机构，有中尚方、左尚方、右尚方，合称为三尚方。 〔16〕太仆：官名。九卿之一。管理御用车辆，以及宫廷马厩和国家马场。皇帝死，为丧车驾车。 〔17〕藏(zàng)：墓穴。 〔18〕明器：随葬的器物。又作"冥器"。 〔19〕封：在墓穴上面垒土成高堆。 树：在墓地种植树木。

评曰：韩暨处以静居行化〔1〕，出以任职流称〔2〕；崔林简朴知能；高柔明于法理；孙礼刚断伉厉〔3〕；王观清劲贞白〔4〕：咸克致公辅。及暨年过八十，起家就列〔5〕；柔保官二十年，元老终位。比之徐邈、常林〔6〕，于兹为疚矣〔7〕。

【注释】

〔1〕处(chǔ)：未出门做官。做官为"出"。 〔2〕流称：流传美誉。〔3〕伉厉：倔强严厉。 〔4〕贞白：正直清白。 〔5〕起家：初次出门做官或离职回家一段时间后重新又做官，叫做起家。这里指后者。 就列：

站进官员行列。　〔6〕徐邈（公元172—249）：传见本书卷二十七。　常林：传见本书卷二十三。徐、常二人都在年老时坚辞三公职务不就，与韩暨、高柔不同。　〔7〕于兹为疚：在（对待高官厚禄）这一点上应感到惭愧。

【译文】

　　韩暨，字公至，南阳郡堵阳县人。同县的豪强大族陈茂，诬陷韩暨的父亲和哥哥，使他们差一点被处以死刑。韩暨表面上不提这件事情，受人雇佣做工以积累钱财，然后暗地里结交敢死的勇士，高叫着追赶擒杀了陈茂，用他的人头祭父亲的坟墓，由此而出名。本郡太守举荐他为孝廉，司空也聘他为下属，他都不从命。于是改变姓名到晋阳县山中，隐居避乱。山民纠合在一起，准备在周围抢掠。韩暨用自己的家财买来牛酒，宴请他们的首领，向他们讲清利害关系。山民受到感化，终于没有为害地方。为了躲避袁术的聘任，韩暨又迁居到山都县的山中，荆州牧刘表备办礼物聘任他，他往南逃跑，居住在屏陵县界内。所到之处他都受人敬爱，但刘表却非常恨他。韩暨心中害怕，只好从命，担任了刘表手下的宜城县县长。

　　太祖曹操平定了荆州，韩暨被任命为丞相府士曹属，升任乐陵郡太守，又调任监冶谒者，监督冶金工场的生产。过去冶炼金属，都用马拉的鼓风装置，每熔化一石的金属液体，要用一百匹马力；改用人来驱动鼓风装置，又太费人力；韩暨借助水流的动力制成了水力鼓风装置，取得的效率是前两种方法的三倍。在职七年，国内的金属器具得到充足的供应，皇帝特别下诏褒奖，加授他司金都尉，地位仅次于九卿。

　　曹丕称帝后，封他为宜城亭侯。黄初七年（公元226），他升任太常，晋封南乡侯，食邑二百户。当时魏朝建都洛阳不久，朝廷制度还不完备，而皇族的宗庙和祖先牌位，都还在旧都邺县。韩暨向魏明帝上奏，请求迎接邺县四座神庙中的祖先牌位，在洛阳建立宗庙供奉；四季祭祀，皇帝亲自奉献祭品。他在任太常期间，推崇和宣扬正当的礼仪，废除未经官方正式批准的祭祀活动，多有纠正。在位八年，因患病而辞职。

景初二年(公元 238)春天,魏明帝下诏说:"太中大夫韩暨,洁身自好而培养品德,志向节操非常高洁;年过八十,遵守道义更加坚定。真可以说是纯朴敦厚,越老而越加奋发自励了。现在任命他为司徒。"当年夏天四月韩暨去世,临死时嘱咐:入殓时只穿平时的衣服,墓穴四周不用砖石砌筑。他被谥为恭侯。儿子韩肇继承了他的爵位。韩肇去世后,他的儿子韩邦继承了爵位。

崔林,字德儒,清河郡东武城人。少年时才智并不出众,宗族的人都不看重他,只有堂兄崔琰对他很赏识。

太祖曹操平定了冀州,任命他为邬县县长。因为贫穷没有车马,他只好只身步行去上任。太祖征讨高幹到达壶关县,询问并州县级行政长官中谁最有德政;并州刺史张陟推举出崔林,于是太祖提拔崔林为冀州主簿,又调任冀州别驾、丞相府掾属。魏国建立,他逐渐升到御史中丞。

曹丕称帝后,崔林先任尚书,又出任幽州刺史。当时的北中郎将吴质,统领黄河以北的各路军队。涿郡太守王雄对崔林的下属说:"吴中郎将,受到皇上的亲近和重用,是国家的显贵大臣。现今在这里持有节杖总管军事,州郡官吏无不至上书信向他致敬,而崔刺史完全不与他来往。如果吴中郎将以边境关塞没有好好整修的罪名来杀您,崔刺史难道能保护您吗?"

下属把这番话报告了崔林,崔林说:"我把辞去幽州刺史这个官职,看得如同脱鞋一样无所谓,难道还会连累您么?幽州与北方少数族接壤,应该以平和宁静的原则来治理;扰乱他们就会激发他们叛逆的心理,将会给皇上造成特别的忧虑。我要托付给您让您留心的只是这件事。"在崔林任职的一年间,少数族没有造成祸乱。但崔林还是因为不敬奉上司而被降职为河间郡太守,公正的舆论都为他抱不平。

崔林升任大鸿胪。西域的龟兹王派王子进京朝见。朝廷嘉许他们远道而来,给龟兹王非常厚重的奖赏。西域其余各国跟着都派王子来朝见,短时间内,来往使节络绎不绝于途。崔林担心这些国家派来的王子并不是真王子,可能是国王远亲或者商人假扮的,借着前来朝见的名义,骗取朝廷的印章、绶带和奖赏;而朝廷派人一路上护送使者，花费更加增多。动用自己的人力，干这些无益的事，被少数族人讥笑，这正是过去汉朝的祸患。于是发布公文到西域各国使节进入的敦煌郡，说明自己的考虑，要他们对使者身份严加核查。另外又收集了从前朝廷赏赐西域各国使臣的文件记载，作为依据，使赏赐有固定的标准。

魏明帝即位后，崔林被封为关内侯，转任光禄勋、司隶校尉。在任司隶校尉时，他把所属各郡不按规定任命的多余官员全都罢免。崔林为政表现诚意，识大体，所以他去职后总会受到怀念。

散骑常侍刘劭作《考课论》，魏明帝下诏让朝廷官员讨论。

崔林议论说："考察《周礼》中关于考核官吏成绩的内容，条文已经很完备了。自周康王以后，这项制度逐渐衰落，可见考核官吏成绩的制度能否实行，主要取决于人的状况。汉朝末年，朝廷的失败难道是因为官吏考核办法不严密而造成的吗？现今的军队事务，有时繁多，有时仓促，为此而制定法令规章，在内外宣布，当然会增减无常，难以统一了。渔网张不开时，应当提起网绳；裘衣上的毛散乱时，应当抖振衣领。皋陶在虞舜手下做官，伊尹在殷朝为臣，不仁的人都远远地离去。五帝、三王的政治措施未必一致，而各人都能治理好社会的混乱。《周易》上说：'平易简单，天下的道理就是如此。'太祖武皇帝根据政务的需要而制定的法规，到今天还在使用，也不怕别人说他不效法古人。我认为如今的制度，并不是不周密，只要执行时大家一致而不发生偏差就行了。如果朝中大臣都能像仲山甫那样敢于承担重任，为百官做出好榜样，又有谁敢不严肃地忠于职守呢？"

景初元年(公元237)，司徒、司空的位置都空缺，散骑侍郎孟康推荐崔林说："所谓宰相，是天下人所瞻仰效法的对象，实在应该寻求忠诚公正，品德高尚和坚持正义，足以成为国人师表的人来担任。我暗中观察司隶校尉崔林，天性正直，度量宽广。如果把他的长处与古代贤人相比，忠贞正直比得上史鱼，清廉俭朴比得上季文子。他出任州郡的行政长官，所到之处都得到治理；担任司隶校尉时，辖区内风气整肃：实在是三公的适当人选，担任宰相的良才。"

于是崔林在下一年任司空，封安阳亭侯，食邑六百户。魏朝三公就任时被封为列侯，就是从崔林开始的。不久，又晋封为安阳乡侯。

鲁国的国相上奏说："汉朝过去为孔子立庙，封他的后代为褒成侯，一年四季进行祭祀；京城的大学举行礼仪活动，必定要祭祀先师孔子，并由皇家提供谷物等祭祀品，春秋两季还要举行大祭。如今朝廷封孔子的后代为宗圣侯，继承爵位，却没有承受皇帝之命进行祭祀的礼仪。应该由官府供给祭祀用的牲畜祭品，让当地行政长官主持祭祀，将孔子供奉为尊贵神灵。"魏明帝下诏让太尉、司徒、司空三公讨论这件事。

博士傅祇认为："孔子整理编定了《春秋》，为后代立言，因此而被祭祀的典章列为祭祀对象。至于宗圣侯，只是接续已经断绝的爵位传承，表明我朝尊崇孔子的盛大德泽而已。如果要显扬孔子在著书立说上的功绩，崇敬孔子完美的品德，就应该按鲁国国相所说的那样去做。"

崔林则认为："宗圣侯也是遵照朝廷指示祭祀孔子的，不能说是没有奉皇帝之命。周武王加封黄帝、唐尧、虞舜的后代，设立三恪。到了夏禹、商汤之后不再设立三恪，只派其他官员临时去祭祀。如今周公以上，一直到三皇，都被忽略而不再祭祀，而他们也有不朽的言论留在经典当中。现在不祭他们唯独祭祀孔子，是由于孔子所处的时代隔我们最近的缘故。以一个大夫的后代，孔子享受了时间上没有止境的祭祀，礼仪上的规格超过了古代的君主，地位上也超过了商汤王、周武王，算得上是尊崇他的明智报答他的德泽了，无须再由官府主持祭祀孔子。"

魏明帝分出一部分崔林的食邑，封他的一个儿子为列侯。

正始五年(公元244)崔林去世，谥为孝侯。他的儿子崔述继承了爵位。

高柔，字文惠，陈留郡圉县人。父亲高靖，曾任蜀郡都尉。高柔留在家乡，对乡亲们说："如今英雄并起，陈留是个四面平坦通畅适宜于大部队运动作战的地方。将军曹操占据了兖州，他本来就有争夺天下的打算，不会安然坐守兖州。而张邈太守首先占领了我们陈留郡，我担心变故有可能借机发生，想与各位一起离开这里躲避战祸。"众人都认为张邈与曹操关系很好，高柔又年轻，不相信他的话。

高柔的堂兄高幹，是袁绍的外甥，在黄河以北召高柔去，高柔便带着全族人去投靠他。碰上父亲高靖在益州去世，当时道路阻塞，兵荒马乱，而高柔冒着艰险到蜀郡去接回父亲的遗体，一路上受尽辛苦折磨，历时三年才回到家乡。

太祖曹操平定了袁绍势力，任命高柔为菅县县长。县里的人都听说过他的大名，有几个不守法的县吏，主动离职躲避。高柔上任后下达指示说："过去邴吉当政时，下属如果有过失，他都能够容忍，何况这几位官吏，对我这个新官而言并没有什么过失呢！赶快召他们回来复职。"这几个县吏全都回来后，勉励自己改过向善，结果成为好的办事官员。

高幹起初投降太祖，不久又在并州反叛。高柔主动向太祖表示忠诚，太祖仍然想借故杀掉他，就任命他为执法的刺奸令史；不料高柔上任后执法公允恰当，手中没有滞留的案件。太祖态度完全改变，竟任命他为自己丞相府的仓曹属。太祖准备派钟繇等人去讨伐汉中的张鲁，高柔进行劝阻，认为："现在随便派遣大军，西边的韩遂、马超，会以为这是冲着自己来的，有可能煽动部下发起叛乱。应该先安抚三辅地区的韩遂、马超等人，三辅地区平定后，汉中的张鲁不必出兵就会来投降。"太祖没有听从他的劝告，钟繇一进潼关，韩遂、马超果然反叛了。魏国建立，高柔任尚书郎。

后来他转任丞相府理曹掾，负责案件审理，太祖为此下指令说："政治安定之后的教育感化，应该把礼放在首位；治理乱世的施政措施，则以刑罚为先行。所以虞舜流放四个恶人，任命皋陶为掌管刑法的士；汉高祖废除秦代苛刻的刑法，让萧何制定新法律。丞相府理曹掾高柔，见识高明恰当，精通法令典章，请您勉力工作吧！"

演奏军乐的士兵宋金等人在合肥逃跑。按照旧法，军队出征而士兵逃跑，要把他的妻室儿女抓起来拷问处死。太祖担心就这样还是不能制止逃亡，更加重了惩罚。宋金的母亲、妻子和两个弟弟都在为官府服劳役，主管官员奏请将他们全部处死。高柔向太祖陈述说："士兵逃离军队，确实令人痛恨。然而我听说这些人当中往往有后悔的。我认为应该宽恕他们的妻室儿女，一来可以使敌国孙吴不会相信和接纳他们，二来也可以诱发他们回来自首的心思。旧法中规定的处罚，已经断绝了他们回返的念头，而今再加重惩罚，我担心如今在军中的士兵，看见一个人逃跑，将会株连自己，就会跟着逃跑，这样一来又怎么能再处死他们呢？可见重刑并不能制止逃跑，而是助长了逃跑。"

太祖说："对！"于是立即下令，不杀宋金的母亲、弟弟，只按旧法杀他的妻室儿女。因此而得到活命的人很多。

高柔升任颍川郡太守，后又回到洛阳任丞相府的法曹掾。此时设置了校事官，担任这一职务的卢洪、赵达等人，受命窥察群臣的微小过失，随时举报。高柔规劝太祖说："设立官员分配职守，各自有主管的任务。如今设置校事，既不是上司信任下属的做法，而且赵达等人多次以自己的偏见作威作福，应当约束惩治他们。"太祖说："您对赵达等人的了解，恐怕不如我吧。他们能够打听和举报情况并完成其他特殊任务，这些事情让贤人君子去干是不行的。过去叔孙通敢于任用许多盗贼，确实很有道理。"

后来赵达等人非法谋取私利的事情果然被发觉，太祖杀了他们向高柔表示歉意。

魏文帝曹丕登基后，任命高柔为治书侍御史，赐给关内侯的爵位，又转任治书执法。民间常常有诽谤朝廷的坏话，文帝非常痛恨，一旦发现有人散布坏话就处死，同时奖赏告发的人。高柔上疏说："如今散布坏话的必杀，告发的人必赏，这样做既使有过失错误的人没有改正自新的机会，又将滋长凶残狡诈之徒诬陷他人的恶劣风气，实在不是消除奸伪，减少诉讼，正大光明的治国之道。过去周公作《无逸》，称颂殷代的祖先，能够不计较平民百姓的怨言。汉文帝刘盈也废除了追查诽谤妖言的法令。我认为应该废除奖赏告发者的法令，以显示上天养育百姓的仁德。"文帝没有马上听从，而相互诬告的人越来越多。文帝只好下诏说："胆敢告发别人诽谤的人，就以他告发别人的罪名来惩治他。"这才消除了诬告的现象。校事官刘慈等人，在黄初年间的最初几年中，检举了官吏百姓中有罪者以万计，高柔都请求核对事情的虚实，余下犯法不重的人，只罚款就算了。

黄初四年(公元223)，高柔升为廷尉。魏朝刚建立时，三公没有什么具体事务，又很少参与处理朝政。高柔向魏文帝上疏说："天地因为有了四季才有收获，君主有了大臣辅助才能振兴政治。商汤要倚靠伊尹的辅佐，周文王、周武王要凭借周公、姜子牙的帮助；到了汉朝初年，又有萧何、曹参等人以国家元勋的身份相继成为执掌朝政的心腹大臣。这都是圣明君主在上面任用贤臣，贤良大臣在下面尽力辅佐的事例。如今的三公，都是国家的栋梁，受到民众的瞻仰。把他们放在一边，不让他们参与国政，他们只得各自安闲地躺着保养清高，很少进言献策。这确实不是朝廷尊重任用大臣的本意，也不是大臣进献有益建议以去除政治弊端的表现。古时候国家在刑法行政方面有疑难问题，官员们总是要聚集在槐树、棘树之下进行讨论。从今以后，朝廷中有疑难的问题以及刑罚大事，应该经常咨询三公。三公在每月的月初、月半上朝时，陛下应该把他们特别请进内室，议论政事的得失，广泛了解情况，也许有助于陛下对政事的听取，弘扬国家的教化。"文帝赞同并采纳了他的建议。文帝因为过去的旧怨，想不按法制杀掉担任治书执法的鲍勋，而高柔坚持不听从文帝的诏命。文帝非常愤怒，下诏召高柔到尚书台；然后派使者秉承自己的旨意到廷尉府拷问处决鲍勋，鲍勋死了才放高柔回到廷尉府。

魏明帝即位后，封高柔为延寿亭侯。当时中央的太学是由博士进行儒学讲授，高柔上疏说："我听说遵循道义重视学术，是圣人伟大的教诲；重视文化尊崇儒家，是帝王明确的任务。汉朝末年政治衰颓，礼乐受到破坏，群雄并起，以战争为重要事务，致使儒生学士被埋没而不受重视。太祖在崛起的时候，就对此感到痛心，在治理动乱的同时，让各地郡县一起设立教学官员。高祖继位后，又进一步弘扬这一事业，恢复兴建京城的大学，每州都设立考试儒生的制度，于是天下的士人，重新受到正规的学校教育，参加学校的礼仪活动。现在陛下处理国政，能够运用您圣明的智慧，推行和发展弘大的教育计划，把先辈的事业发扬光大，即使是夏启和周成王的继承基业，也确实无法超过您。现今的博士作为儒学教官都通晓经学而修养品德，是国内的优秀人才。但是目前的条例却规定他们晋升官职时不能超过县长一级，恐怕这不是用来尊崇和显扬儒术，鞭策和激励怠惰学者的好方法。孔子说：'提拔好人，教育能力差的人，那么大家都会受到鼓励。'所以汉朝的楚王刘交优待申公，国内的文人学士都锐意钻研儒学；汉朝尊重卓茂，士大夫们都很羡慕。我认为所谓的博士，是道义的蕴藏者，六经的阐述者，应该根据他们学业和品行的优劣，不拘常规来安排官职。尊崇儒家思想的教育，用以勉励学者，对教化将会有弘大的作用。"魏明帝采纳了他的建议。

后来明帝大建宫殿，百姓劳役繁重；又大选美女，送入后宫；而后宫的皇子连连夭折，明帝一直还没有继承人。高柔上疏说："吴、蜀两个敌人奸狡巨猾，暗中讲武练兵，企图挑动战事，并没有打主意住手。我们应该培养将士，修造铠甲兵器，以逸待劳。而近来大修宫殿，上下疲劳不安。如果让吴、蜀了解到我们的虚实，一起谋划而并合力量，再次来拼死进攻，是很不容易对付的啊。过去汉文帝不愿意耗费相当于十户人家财产的费用，修造小小的露台供自己娱乐；霍去病忧虑匈奴的祸害，拒绝考虑为自己修建住宅。何况如今所耗费的不只是十户人家财产的小费用，所忧虑的也不只是北方少数族的祸害啊！可以简单地装修已经建成的宫殿，用来举行朝会和宴会的活动。然后遣散劳工，让他们回去从事农业生产。等吴、蜀两国平定了，再慢慢地修建。过去轩辕黄帝有二十五个儿子，所以家族的繁衍延续久远；周朝有四十个同姓的诸侯国，所以享有天下的年代很长。陛下聪明通达，非常了解事物的道理和人的本性，而近来皇子却接连夭折，要生新皇子的吉祥征兆也没有出现。我们臣下的心情，无不抑郁悲伤。按照周代的礼仪，作为天子，王后之下的妃嫔有一百二十人，数目已经很多了。我私下听说如今后宫的妃嫔数目，或许已经超过了这个数目；皇上的后嗣不昌盛，大概就是由于这个原因。为臣认为可以好好选择贤淑的美女，充当人数固定的妃嫔，多余的全部遣送回家。好让您保养精神，专心静气地生养皇子。如果能这样，多多生儿女的征兆，或许就会来临。"

魏明帝答复说："我知道您忠诚老实，内心记挂着王室，我决心用您正直的话来克制自己；其他的政事也希望听到您的意见。"

当时禁止在皇家划定区域中狩猎的法令非常严厉。宜阳县的典农都尉刘龟私下在禁区内射兔，他的下属功曹张京到校事官那里去告发。魏明帝隐匿了张京的名字，把刘龟抓进监狱。

高柔上表请求明帝说出告发者的名字，明帝大怒说："刘龟应该处死，竟敢在我的禁地打猎！把刘龟送到廷尉的官府，廷尉就应该立即拷问他，为什么还要我说出告发者的名字？难道我是胡乱逮捕他的吗？"

高柔说："廷尉，是天下公平的司法官，怎么能够以皇上的喜怒来破坏法律的程序呢？"于是再一次上奏，言辞深刻恳切。明帝有所醒悟，告诉高柔张京的名字。高柔立即回去审讯，刘龟、张京都受到应有的惩处。

当时，制度规定官府的低级办事人员碰上父母亲死亡，一百天后要停止服丧开始工作。有个司徒府的办事员叫解弘的，遇上了父亲去世，后来有军事行动，命令他一起前去参加，他却以生病为由推辞不上路。明帝下诏怒斥说："你又不是曾参和闵损那样的大孝子，说什么因为哀痛过度而身体有病呢？赶快抓起来拷问处死！"

高柔看到解弘的身体确实非常瘦削衰弱，就上奏说明情况，认为应该宽恕解弘。明帝于是下诏说："解弘真是孝子啊！宽恕他吧。"

当初，公孙渊的哥哥公孙晃，被他的叔父公孙恭派到京城来做人质，在公孙渊还没有反叛之先，公孙晃多次向魏明帝报告公孙渊有可能会反叛。到了公孙渊真的反叛时，魏明帝不忍心在街市把公孙晃斩首，想在狱中杀死他。

高柔上疏说："《尚书》中说'宣布罪行并惩治那些应当处死的人，宣布德行并表彰那些做了善事的人'。这是帝王制度中明确的规定。公孙晃和他的妻室儿女与叛逆者是同族亲属，确实应该斩首示众，不让他们留下后代。而我私下听说公孙晃先前多次主动表示忠诚，陈述公孙渊准备反叛的征兆；虽然他是叛逆者的同族，推究本心还是可以宽恕的。孔子曾开解司马牛的忧愁，祁奚曾援救叔向的生命，都是过去美好的事例。我认为如果公孙晃确实有揭发公孙渊的言辞，则应该宽恕他的死罪；如果没有，则应该公开在街市把他斩首示众。现今进不赦免他的生命，退又不公布他的罪行，把他关在监狱中，让他去自杀。四面八方注意这件事的人们，有的就会对此产生疑惑。"

明帝不听，最终还是派人给公孙晃和他的妻室儿女送去黄金的碎末，让他们吞下自杀，然后赐给棺木、衣服，在公孙晃自己的住宅中入殓后安葬。

当时，在皇家禁地射鹿的人都要被处死，家产没收充公；对能够发现并告发的人，给予丰厚的奖励。高柔上疏说："圣明的帝王统治天下，无不以发展农业为急务，以节省用度为凭借。农业发展则粮食囤积，用度节省则财富增多；增多财富囤积粮食而依然存在忧患，这是从来没有的事情。在古代，一个农夫不耕作，就有人因此而挨饿；一个妇女不纺织，就有人因此而受冻。一段时间以来，百姓们要承担众多的徭役，种田的人已经减少。加上近来又有了狩猎的禁令，群鹿出没，大吃秋苗，到处伤害农作物，损失无法计算。百姓虽然设置屏障防备，但力量有限而无法抵挡。以至于像荥阳县附近周围几百里，基本上颗粒无收，百姓的命运，实在令人怜悯痛心。如今天下产生的社会财富很少，而因麋鹿受到的损失却很多。一旦发生战争，或者遇上荒年的灾祸，将会没有办法对付。希望陛下了解先代圣明君主所挂念的是什么，怜悯务农的艰难，宽容民间的百姓，允许他们抓捕麋鹿，解除这方面的禁令，那么百姓们就会得到长久的益处，无不喜悦万分了。"

不久，护军统领的军营中有个叫窦礼的士兵出营后没有回来。军营里以为他逃走了，上表请求追捕他，把他的妻子盈和儿女充当官府奴婢。盈接连到州政府喊冤为自己申诉，却没有人来理睬。于是她又申诉到廷尉府。

高柔问道："你怎么知道你丈夫不会逃跑？"盈流泪回答说："我丈夫从小孤独没有亲人，义务供养一个老太太当作母亲，侍奉她十分恭敬孝顺；又怜爱儿女，抚养照顾从不远离。他不是那种轻薄狡诈不顾家庭的人。"

高柔又问道："你丈夫是不是与别人有仇怨呢？"盈回答说："我丈夫很善良，与别人没有仇怨。"又问道："你丈夫是不是与别人有钱财上的交往？"回答说："曾经借钱给同营军士焦子文，催了很久他一直没还。”

这时焦子文正好因为犯了小罪被关在监狱中，高柔就去见焦子文，问他犯了什么罪行。说话之间，高柔问道：“你是不是曾经向人借钱了？”焦子文说：“我觉得自己贫穷，完全不敢向人借钱物。”高柔看到焦子文神色有改变，就说：“你过去就借过窦礼的钱，怎么能说没有？”焦子文奇怪高柔怎么会知道这件事，回答前后发生矛盾。高柔说：“你已经杀了窦礼，应当趁早坦白认罪！”焦子文赶忙叩头下跪，完全供认了杀害窦礼的经过，以及埋藏尸体的地方。高柔立即派遣办事员和士兵，按照焦子文所说的地点掘地寻找，果然找到了窦礼的尸体。

明帝下诏免除盈母子的奴婢身分为平民，又向全国发布公文，要求官员审案时要以窦礼一案为鉴戒。

高柔担任廷尉一职长达二十三年。后来他转任太常，十几天后升任司空。后又改任司徒。太傅司马懿上奏请求免除曹爽所统辖的大将军职务时，皇太后下诏，让高柔持有节杖，代理大将军职务，占领曹爽所统辖的军营。司马懿对高柔说：“您现在就好比是周勃了。”曹爽被处死后，高柔晋爵为万岁乡侯。

高贵乡公曹髦即位，他晋爵为安国侯，转任太尉。

常道乡公曹奂即位后，增加高柔的封邑，加上以前的封邑总共有四千户，前后封他的两个儿子为亭侯。景元四年（公元263），高柔九十岁时去世，谥为元侯。

孙子高浑继承了他的爵位。在咸熙年间，设立五等爵位，因为高柔等人在前朝功勋卓著，改封高浑为昌陆县子爵。

孙礼，字德达，涿郡容城县人。太祖曹操平定幽州后，征召孙礼为自己司空府的军谋掾。当初社会动乱时，孙礼与母亲失散，同郡人马台为他找到了母亲，孙礼便把家财全部赠给了马台。马台后来犯法应当被处死，孙礼私下指点马台，让他越狱之后又主动去自首，这样可以免除死罪。马台照办之后，孙礼说：“臣下没有逃避罪责的道理。”径直来到刺奸的官署投案坦白。丞相府的主簿温恢嘉许他的行为，把情况如实向太祖汇报。太祖下令判处孙礼、马台比死刑轻一等的刑罚。

后来孙礼担任河间郡丞，逐渐升到荥阳都尉。鲁国的山中有数百贼寇，凭借坚固险要的地形，侵扰百姓造成祸害；于是朝廷调孙礼为鲁国国相。孙礼到任后，拿出自己的薪俸，发动官吏和百姓，悬赏征求贼寇的头颅，招纳投降的人，再让他们回去充当间谍刺探情况，鲁国很快就恢复了太平。孙礼历任山阳、平原、平昌、琅邪各郡太守。跟从大司马曹休到夹石迎战孙吴的大军，孙礼劝曹休不要孤军深入，曹休不听从劝告而战败。孙礼转任阳平郡太守。

后来他又入朝任尚书。明帝开始大修宫殿，而气候反常，全国粮食歉收。孙礼坚持请求停止兴修宫殿的劳役，明帝急忙下诏说："恭敬地采纳您正直的进言，赶快遣散从事劳作的民工。"此时修建宫殿的监工是李惠，他又上奏要求把民工再留下一月，等宫殿完成其中的一些部分再说。孙礼不管他径直来到修建工地，不再上奏请示，口头宣布皇帝的诏书后当场遣散全部民工。明帝对孙礼的做法反倒很赞赏而没有责备他。明帝在大石山狩猎，有猛虎直奔明帝的座车。孙礼立即扔掉鞭子下马，想挥剑刺杀猛虎，明帝下令让他上马避开。

明帝临死之时，任命曹爽为大将军辅佐朝政；又认为曹爽应当有得力的助手，所以让他在病床边接受遗诏，任命孙礼为大将军长史，加任散骑常侍。

孙礼为人诚实正直，不屈不挠，曹爽认为他当助手使自己做事不方便，就让孙礼出任扬州刺史，加任伏波将军，赐给关内侯的爵位。孙吴大将全琮率领几万军队前来侵犯，这时扬州的兵士有的回家休整，有的受差遣出外执行任务，留下来的没有多少人。孙礼亲自指挥卫兵抵御，在芍陂与全琮激战，从早晨杀到晚上，将士死伤过半。孙礼迎着敌人的兵刃冲锋陷阵，战马多处受伤，他依然手击战鼓，奋不顾身，敌人终于被打退。皇上下诏慰劳，赏赐他七百匹绢。孙礼为这场战斗中牺牲的将士们举行祭奠，发自内心痛哭哀悼，又把七百匹绢全部分给战死将士的家属，自己一匹也没留下。

孙礼被征召入朝任少府，又出任荆州刺史，升任冀州牧。太傅司马懿对孙礼说："如今冀州的清河、平原二郡为了邻接的地界划分已争执了八年，经历了两任刺史，还是没有能解决；古时候虞国和芮国争夺地界是由周文王处理好的，您去了之后要把这件事妥善解决。"

孙礼说："争议的双方都以荒废的坟墓为证据，评判是非的上司又以当地老年人的话为准。老年人不能加以鞭打，他们的话是真是假就无法确定。坟墓有的为了靠近高敞之地而迁走，有的为了避开仇敌而移开，都不足为凭证。像现今听说的这种情形，即使让古代以断案精准而著称的皋陶来判断也很为难。如果一定要使这一诉讼不再存在，应当凭借烈祖明皇帝当初封为平原王时的地图来决断。又何必要推求古代的情形和询问老年人，来加剧这场争论呢？过去周成王用桐叶与叔虞开玩笑，周公就把唐地封给了叔虞。如今地图藏在皇家的档案馆中，我们现在马上就可以当面作出裁断，何必等我到了冀州上任才解决呢？"司马懿说："对啊，我会把地图送到冀州。"

孙礼到了冀州，根据地图判定有争执的地界应当属于平原郡。而执政的曹爽相信清河郡所说的理由，下达文书说："地图不能用，应当考虑不同的意见。"孙礼立即上疏说："管仲不过是诸侯霸主的辅佐，他的器量也很小，还能够剥夺伯氏的封地骈邑，让伯氏终身没有怨言。我身为天子任命的冀州牧，捧着圣朝明晰的地图，来查证两郡地图上的标界，标界实际上以王翁河为界限；而清河郡的鄃县却以马丹候为凭据，谎称应该以鸣犊河为界限，用虚假证据进行争执，使尚书台产生怀疑和误解。我听说众人的嘴可以熔化金属，水上的浮沫可以压沉木头，三个人说有老虎人们会信以为真，大家说曾参杀了人连他的母亲也会扔下织布梭逃跑。如今平原、清河为地界争了八年，之所以一下子就能弄清楚是非曲直，是因为有地图和相应的说明，可以查考比较。平原郡在王翁河和鸣犊河的偏东方向上，其间有爵堤；爵堤在高唐县西南，而二郡所争之地界却在高唐县西北，两处相距二十多里。真可以说是令人啼笑皆非的事。我根据地图和相应的说明作出判断上奏，而清河郡下属的鄃县却拒不接受诏令，这是我软弱而不称职的表现，还有什么脸面再坐拿俸禄白吃饭呢？我已经系好衣带穿上鞋，准备好车辆等待朝廷处置我。"

　　曹爽看了孙礼的上奏，不禁大怒，弹劾孙礼对上司心怀不满，判处五年徒刑。

　　孙礼在家服刑一年后，很多人为他说好话，于是又被任命为城门校尉。当时匈奴王刘靖的军队强盛，而鲜卑族又屡屡侵扰北方边境，于是朝廷任命孙礼为并州刺史，加授振武将军官衔，让他持有节杖，兼任护匈奴中郎将。孙礼去见太傅司马懿，脸上有愤怒的神色而一言不发。司马懿说："您得到了并州，嫌不够吗？还是恼怒两郡争界的问题处理得不合理？如今将要远别，为什么不高兴啊？"孙礼说："明公您说的原因多么错误和细小啊！我虽然没有什么德行，难道还能把官位和往事放在心上吗？我本来认为您能向伊尹、姜尚看齐，辅助魏朝，对上报答明帝的重托，对下建立万代不灭的功勋。而今国家将有危难，天下人心不安，这才是我所以不高兴的原因啊！"于是痛哭流涕。司马懿说："暂且止住，忍下难以忍受的事。"

　　曹爽被诛杀后，孙礼入朝任司隶校尉，他先后在七个郡和五个州当过行政长官，所到之处都有威信。他升任司空，封大利亭侯，食邑一百户。

　　孙礼与卢毓同郡，又是同辈，而相互感情不和睦。他们为人虽然各有长处和短处，但名声和官位大体上相等。

　　嘉平二年（公元250）孙礼去世，谥为景侯。孙子孙元继承了他的爵位。

　　王观，字伟台，东郡廪丘县人。从小孤单贫穷，却能磨砺志向。太祖曹操任命他为丞相府文学掾，出任高唐、阳泉、酂、任四县县令，所到之处政绩很好。

　　文帝曹丕登基后，他入朝任尚书郎、廷尉监，出任南阳郡、涿郡太守。涿郡北面与鲜卑族居住地相接，屡屡遭到骚扰，王观命令边境居民凡十家以上都兴修营寨聚居一处，并修建高高的瞭望台。当时有的人不愿这么办，王观于是派遣郡政府中的办事员，让他们回去帮助自己的子弟修建营寨和瞭望台，不限定期限，只要求把交代的任务完成了就各自回来。这下子吏员和百姓联合，不用监督而自相勉励，十来天内，一下子就全部完成任务。防御有了准备，鲜卑族的抢掠也就停止。

明帝即位后，准备按经济状况和社会秩序的好坏，把全国的郡县分为剧、中、平三等，并下诏让各郡县逐条陈述理由然后给自己评定等级。涿郡的主办官员想把涿郡列为中或平，王观说："涿郡靠近塞外的少数民族，经常有敌人侵犯，为什么不把它列为剧一等呢？"主办官员说："如果把涿郡列为边境的剧郡，恐怕您要送儿子到京城做人质。"王观说："当官是为了百姓。如果涿郡列为边境的剧郡，那么百姓承担的劳役项目就会要降低削减。难道能为了我个人的私利而有负于一郡的百姓吗？"于是上报涿郡为剧郡，后来他又送自己的儿子到邺城去做人质。当时王观只有一个幼弱的儿子，他的公正无私就像这样。

王观修身自好，清廉朴素，以节俭为下属做出表率。下属受他的影响，无不勉励自己。魏明帝到了许昌，征召王观为治书侍御史，主管尚书台的案件审理。当时明帝往往喜怒无常，而王观却不阿谀逢迎。

太尉司马懿奏请王观为太尉府的从事中郎。后来他升任尚书，又出任河南尹，转任少府。大将军曹爽让材官张达为自己建造住宅砍伐木材，又制作许多自己私用的物品。王观听说后，全部造册强行没收充公。少府统管中尚方、左尚方、右尚方三个官署以及御府珍藏供玩赏的宝物，曹爽等人奢侈放纵，多次想得到御用珍宝，因为畏惧王观的守法，于是调任王观为太仆。

司马懿杀曹爽时，派王观代行中领军的职权，占据曹爽弟弟曹羲的军营，赐爵关内侯，重新出任尚书，加授驸马都尉的官职。

高贵乡公曹髦即帝位，封王观中乡亭侯。不久，加授光禄大夫，转任尚书右仆射。

常道乡公曹奂即帝位后，王观晋爵阳乡侯，增加食邑一千户，连同以前的合计二千五百户。后升任司空，王观坚决推辞，朝廷没有答应，派使者到他家去授予官职。

上任才几天，他就向上交还印章、绶带，自己坐车回到住宅。他在家里去世，临死前指示家属：墓穴只要能容纳棺材就行了；不放随葬的器物；墓穴上不封土不植树。朝廷谥他为肃侯。

儿子王悝继承了他的爵位。咸熙年间，设立五等爵位，因为王观在前朝功勋卓著，改封王悝为胶东县子爵。

评论说：韩暨在家里安静居住时，能够推行教化，出外当官后，以胜任职务而流传美名；崔林清高朴素，有见识和才能；高柔精通法律和案件审理；孙礼刚正果断而又倔强严厉；王观高洁坚强，正直清白：因而他们都能够升任三公。韩暨年过八十，还重新出来做官；高柔保有廷尉的官职超过二十年，最后以朝廷元老的身份结束仕宦生涯。与本书记载的曹魏官员徐邈、常林比较起来，在对待高官厚禄这一点上，韩暨、高柔他俩应当感到惭愧了。

辛毗杨阜高堂隆传第二十五

辛毗字佐治，颍川阳翟人也。其先建武中[1]，自陇西东迁。毗随兄评，从袁绍。太祖为司空，辟毗，毗不得应命。及袁尚攻兄谭于平原[2]，谭使毗诣太祖求和[3]。〔一〕

太祖将征荆州，次于西平。毗见太祖，致谭意，太祖大悦。后数日，更欲先平荆州，使谭、尚自相弊[4]。他日置酒，毗望太祖色，知有变，以语郭嘉[5]。

嘉白太祖，太祖谓毗曰："谭可信？尚必可克不？"

毗对曰："明公无问信与诈也，直当论其势耳：袁氏本兄弟相伐，非谓他人能间其间[6]，乃谓天下可定于己也；今一旦求救于明公，此可知也。显甫见显思困而不能取[7]，此力竭也。兵革败于外[8]，谋臣诛于内；兄弟谗阋[9]，国分为二；连年战伐，而介胄生虮虱[10]；加以旱蝗，饥馑并臻[11]；国无囷仓[12]，行无裹粮[13]；天灾应于上，人事困于下。民无愚智，皆知土崩瓦解，此乃天亡尚之时也。兵法称：有石城汤池带甲百万而无粟者[14]，不能守也。今往攻邺，尚不还救，即不能自守；还救，即谭踵其后。以明公之威，应困穷之敌，击疲敝之寇，无异迅风之振秋叶矣。天以袁尚与明公，明公不取而伐荆州；荆州丰乐，国未有衅。仲虺有言[15]：'取乱侮亡[16]。'方今二袁不务远略而内相图，可谓乱矣；居者无食，行者无粮，可谓亡矣。朝不谋夕，民命靡继[17]，而不绥之[18]，欲待他年；他年或登[19]，又自知亡而改修厥德，失所以用兵之要矣。今因其请救而抚之，利莫大焉。且四方之寇，莫大于河北；河北平，则六军盛而天下震[20]。"

太祖曰："善。"乃许谭平[21]，次于黎阳[22]。明年攻邺，克之，表毗为议郎。

久之，太祖遣都护曹洪平下辩[23]，使毗与曹休参之。令曰："昔高祖贪财好色，而良、平匡其过失[24]。今佐治、文烈忧不轻矣[25]。"

军还，为丞相长史。

【注释】

〔1〕先：祖先。　建武：东汉光武帝刘秀的年号。　〔2〕袁尚(？—公元 207)：传附本书卷六《袁绍传》。　谭：即袁谭(？—公元 205)。传附本书卷六《袁绍传》。　平原：县名。县治在今山东平原县西南。〔3〕求和：实际上是求救。从下文看，辛毗也不像是在求救，而是劝曹操取二袁以占领河北。　〔4〕弊：消耗力量。　〔5〕郭嘉(公元 170—207)：传见本书卷十四。郭嘉也是颍川郡阳翟人，与辛毗同乡，又是曹操重要谋臣，所以辛毗要找他帮忙说话。　〔6〕间(jiàn)其间(jiàn)：利用他们的隔阂。　〔7〕显甫：袁尚的字。　显思：袁谭的字。　〔8〕兵革：兵器与甲胄。这里指军队。　〔9〕谇阋(xì)：因旁人的谗言而争斗。〔10〕介胄：甲胄。　〔11〕饥馑：古称谷物歉收为饥，蔬菜歉收为馑。这里泛指灾荒。　〔12〕囷(qūn)：圆形的粮仓。　〔13〕裹粮：包好的干粮。　〔14〕汤池：灌满开水的护城河。形容城防非常之坚固，敌人难以逾越。　〔15〕仲虺(huǐ)：商汤的大臣。　〔16〕取乱侮亡：这一句出自

《左传》宣公十二年。　〔17〕靡继：不能继续。　〔18〕绥：安抚。
〔19〕登：谷物成熟。　〔20〕六军：古称天子有六军。这里泛指朝廷军
队。　〔21〕平：和平。当时曹操为儿子曹整娶袁谭的女儿，并出兵进攻
袁尚。事见本书卷一《武帝纪》。　〔22〕黎阳：县名。县治在今河南浚
县东。　〔23〕下辩：县名。县治在今甘肃成县西北。　〔24〕良、平：
张良、陈平。　〔25〕文烈：曹休的字。　忧不轻：即担子不轻。曹洪其
人也像汉高祖刘邦，贪财而好色，所以曹操这样说。

【裴注】

　　〔一〕《英雄记》曰："谭、尚战于外门，谭军败奔北。郭图说谭曰：
'今将军国小兵少，粮匮势弱；显甫之来，久则不敌。愚以为可呼曹公
来击显甫。曹公至，必先攻邺，显甫还救；将军引兵而西，自邺以北皆
可虏得。若显甫军破，其兵奔亡，又可敛取以拒曹公；曹公远侨而来，
粮饷不继，必自逃去。比此之际，赵国以北皆我之有，亦足与曹公为对
矣。不然，不谐！'谭始不纳，后遂从之。问图：'谁可使？'图答：'辛
佐治可。'谭遂遣毗诣太祖。"

　　文帝践阼，迁侍中，赐爵关内侯。时议改正朔〔1〕，
毗以"魏氏遵舜、禹之统〔2〕，应天顺民；至于汤、
武〔3〕，以战伐定天下，乃改正朔。孔子曰'行夏之
时〔4〕'，《左氏传》曰'夏数为得天正〔5〕'，何必期于相
反〔6〕？"帝善而从之。

　　帝欲徙冀州士家十万户，实河南〔7〕。时连蝗民饥，
群司以为不可，而帝意甚盛。毗与朝臣俱求见，帝知其
欲谏，作色以见之〔8〕，皆莫敢言。毗曰："陛下欲徙士
家，其计安出？"帝曰："卿谓我徙之非邪？"毗曰："诚
以为非也〔9〕。"帝曰，"吾不与卿共议也。"毗曰："陛下
不以臣不肖〔10〕，置之左右，厕之谋议之官〔11〕，安得不与
臣议邪！臣所言非私也，乃社稷之虑也〔12〕，安得怒臣！"

帝不答，起入内；毗随而引其裾〔13〕，帝遂奋衣不还〔14〕。良久乃出，曰："佐治，卿持我何太急邪？"毗曰："今徙，既失民心，又无以食也。"帝遂徙其半。

尝从帝射雉〔15〕，帝曰："射雉乐哉！"毗曰："于陛下甚乐，而于群下甚苦。"帝默然，后遂为之稀出。

上军大将军曹真征朱然于江陵〔16〕，毗行军师〔17〕。还，封广平亭侯。

帝欲大兴军征吴，毗谏曰："吴、楚之民〔18〕，险而难御〔19〕；道隆后服〔20〕；道洿先叛〔21〕：自古患之，非徒今也。今陛下祚有海内〔22〕，夫不宾者〔23〕，其能久乎？昔尉佗称帝〔24〕，子阳僭号〔25〕；历年未几，或臣或诛。何则？违逆之道不久全，而大德无所不服也。方今天下新定，土广民稀。夫庙算而后出军，犹临事而惧；况今庙算有阙而欲用之〔26〕？臣诚未见其利也。先帝屡起锐师〔27〕，临江而旋。今六军不增于故，而复循之，此未易也。今日之计，莫若修范蠡之养民〔28〕，法管仲之寄政〔29〕，则充国之屯田〔30〕，明仲尼之怀远〔31〕。十年之中，强壮未老，童龀胜战〔32〕；兆民知义〔33〕，将士思奋，然后用之，则役不再举矣〔34〕。"帝曰："如卿意，更当以虏遗子孙邪〔35〕？"毗对曰："昔周文王以纣遗武王〔36〕，唯知时也〔37〕。苟时未可，容得已乎〔38〕！"

帝竟伐吴，至江而还。

【注释】

〔1〕改正(zhēng)朔：改变正月初一日的起始时间。也就是改换历

法。据说，上古时殷、周王朝刚建立，即要改正朔，以示更新。夏历以冬至之后第二月（相当于现今夏历正月）为正，平旦（天明）为朔；殷历以冬至之后第一月（相当于现今夏历十二月）为正，鸡鸣为朔；周历以冬至所在的月（相当于现今夏历十一月）为正，夜半为朔。见《尚书大传·略说》。 〔2〕舜、禹之统：指禅让的传统。舜受尧的禅让，禹受舜的禅让。曹魏受东汉献帝的禅让，所以辛毗这样说。 〔3〕汤、武：商汤、周武王。 〔4〕行夏之时：使用夏朝的历法。这句话出自《论语·颜渊》。 〔5〕夏数为得天正：指夏历的四季划分正好符合气候的实际变化。这句话出自《左传》昭公十七年，但原话是"夏数得天"。〔6〕期于相反：要求（历法与前朝）不同。 〔7〕士家：曹魏政权所控制的一种特殊民户。他们的职业就是当兵打仗，而且实行父死子代兄终弟及的世袭原则。这种世袭兵制在曹操时即已出现，目的在于掌握稳定的兵源。同保证了充足粮食来源的屯田制一样，士家制也在曹操统一北方的过程中起了重要作用。 实：充实。 河南：指河南尹。是京城洛阳所在的郡。 〔8〕作色：做出脸色。 〔9〕诚：确实。 〔10〕不肖(xiào)：不贤。 〔11〕厝：置于。 〔12〕社稷：土地神与谷神的祭坛。土地与粮食是立国的基本条件，所以古时统治天下的君主必定要立社稷，社稷也就常用来代指天下。 〔13〕裾(jū)：衣服后襟。 〔14〕奋衣：挥手使衣襟脱离辛毗的牵引。 〔15〕射雉：射取野鸡。这是当时达官贵人中盛行的射猎活动。 〔16〕上军大将军：官名。魏文帝曹丕专为曹真设置的职务。职责与大将军相同，主持朝廷军务。曹真之后无人再任此职。江陵：县名。在今湖北荆州市荆州区。 〔17〕行：代理。 〔18〕吴、楚：均先秦国名。孙吴所占领的扬州、荆州，是先秦时吴国和楚国的故地。 〔19〕险：凶恶。 〔20〕道隆后服：政治局面兴隆时是最后服从的。 〔21〕洿(wū)：污浊。 〔22〕祚(zuò)有：享有。 〔23〕不宾：不服从。 〔24〕尉佗(？—前137)：姓赵，名佗。真定(治所在今河北正定县南)人。秦末时任南海郡龙川县(今广东龙川县西)县令。陈胜、吴广起兵后，他趁机占据面临南海的南海、桂林、象郡三郡，自立为南越王。后又称帝。汉文帝时开始做汉朝名义上的藩臣。自他称王起，经五代九十三年，其国才被汉朝消灭。传见《史记》卷一百一十三、《汉书》卷九十五《南粤传》。 〔25〕子阳：即公孙述(？—公元36)。字子阳。扶风茂陵(今陕西兴平市东北)人。新莽时任导江卒正(即蜀郡太守)。后趁乱起兵，占据益州称帝。公元36年，被东汉光武帝刘秀的军队消灭。传见《后汉书》卷十三。 〔26〕阙：疏漏。 〔27〕先帝：指曹操。 〔28〕养民：养育人民。范蠡在越国被吴击败后，向越王句践建议"抚民保教"以待时机。见《国语·越语》下。 〔29〕寄政：把加强军事实力的措施装扮成行政上的措施来实行。齐桓公想加强军事实力以称霸诸侯，管仲说公开这样做将引起各国的戒备，必须把这些措施装扮成日常行政措施来实行，并把这叫做"寄政"。见《国语·齐语》。〔30〕充国：即赵充国(前137—前52)。字翁孙。陇西郡上邽(今甘肃天水市)人。西汉宣帝时任后将军，封营平侯。熟悉西北情况，与匈奴、羌人作战勇而多谋。在西北实行屯田，对巩固边防和发展当地生产起了重要作用。传见《汉书》卷六十九。 〔31〕怀远：安抚远方的人。孔子曾说过"远人不服则修文德以来之"的话，见《论语·季氏》。〔32〕童龀(chèn)：儿童。龀是儿童换牙。 胜(shēng)战：(年龄长大开始)能够从事战斗。 〔33〕兆民：众百姓。百万为兆。 〔34〕役不再举：战争不需要进行第二次。意指一次进攻即彻底解决。 〔35〕虏：对敌人的蔑称。 遗(wèi)：留给。 〔36〕纣：又名帝辛。商代的最后一个君主。荒淫残暴，后被周武王率领的联军击败，自焚而死。事见《史记》卷三《殷本纪》。 〔37〕唯：因为。 〔38〕容得已：岂能够做到。

　　明帝即位，进封颍乡侯，邑三百户。时中书监刘放、令孙资见信于主[1]，制断时政[2]；大臣莫不交好，而毗不与往来。毗子敞谏曰："今刘、孙用事[3]，众皆影附[4]；大人宜小降意[5]，和光同尘。不然，必有谤言。"毗正色曰："主上虽未称聪明，不为暗劣[6]。吾之立身，自有本末[7]。就与刘、孙不平，不过令吾不作三公而已。何危害之有？焉有大丈夫欲为公而毁其高节者邪[8]！"

　　冗从仆射毕轨表言[9]："尚书仆射王思精勤旧吏[10]，忠亮计略不如辛毗，毗宜代思。"帝以访放、资。放、资对曰："陛下用思者，诚欲取其效力，不贵虚名也。毗实亮直，然性刚而专，圣虑所当深察也。"遂不用。出为卫尉[11]。

　　帝方修殿舍，百姓劳役。毗上疏曰："窃闻诸葛亮讲武治兵，而孙权市马辽东[12]；量其意指，似欲相左右[13]。备豫不虞[14]，古之善政；而今者宫室大兴，加连年谷麦不收。诗云：'民亦劳止[15]，迄可小康[16]，惠此中国[17]，以绥四方。'唯陛下为社稷计。"

　　帝报曰："二虏未灭而治宫室，直谏者立名之时也。夫王者之都，当及民劳兼办[18]；使后世无所复增，是萧何为汉规摹之略也[19]。今卿为魏重臣，亦宜解其大归[20]。"

　　帝又欲平北芒[21]，令于其上作台观，则见孟津。毗谏曰："天地之性，高高下下[22]。今而反之，既非其理；加以损费人功，民不堪役。且若九河盈溢[23]，洪水为害；而丘陵皆夷，将何以御之？"帝乃止。〔一〕

　　青龙二年，诸葛亮率众出渭南[24]。先是，大将军司马宣王数请与亮战[25]，明帝终不听。是岁，恐不能禁，乃以毗为大将军军师，使持节。六军皆肃，准毗节度[26]，莫敢犯违。〔二〕

　　亮卒，复还为卫尉。薨，谥曰肃侯。

　　子敞嗣，咸熙中为河内太守。〔三〕

【注释】

　　〔1〕中书监：官名。曹操当魏王后设置秘书令，专门处理由尚书台呈奏上来的机要公文。曹丕当皇帝不久，改称秘书为中书，设监、令各一人，为正副长官，下设中书侍郎、中书通事等属官。中书监、令负责起草诏令，向州郡地方官员和驻外将领下达皇帝密旨，处理尚书台呈奏的公文。东汉开始以尚书台掌管机要，九卿等执行命令；曹魏时中书掌

管机要，有"凤凰池"的美称，尚书台反倒逐渐变成执行命令的机构了。这是汉魏以来中枢机构的一大变化，对隋唐"三省制"的形成有直接的影响。 刘放（？—公元250）：传见本书卷十四。 令：即中书令。孙资（？—公元251）：传附本书卷十四《刘放传》。 〔2〕制断：控制专断。 〔3〕用事：即掌权。 〔4〕影附：像影子一样紧紧跟从。〔5〕小降意：稍微委屈一下自己。 〔6〕暗：昏庸。 〔7〕本末：指素来奉行的原则。 〔8〕公：指三公。 〔9〕冗从仆射（yè）：官名。皇帝的侍从官员之一。 毕轨（？—公元249）：传附本书卷九《曹真传》。〔10〕王思：事见本书卷十五《梁习传》。 〔11〕卫尉：官名。负责皇宫大门警卫和宫中流动巡查。至于宫中殿堂警卫和皇帝的贴身保护，曹魏时是由武卫将军负责。辛毗本来任侍中，在皇帝身边当侍从，参与军国大事的商议。现在调他出去当卫尉，是受到排斥。 〔12〕市马：交换马匹。孙吴所占领的南方，缺乏优良的战马，当时常用珍宝特产与北方交换马匹。 〔13〕相左右：指西蜀、东吴联合攻击曹魏。 〔14〕备豫不虞：防备意外。 〔15〕民亦劳止：人民已经很疲劳了。"止"是语末语气词。这几句出自《诗经·民劳》。 〔16〕迄可小康：或许可以让他们稍微休息一下。 〔17〕中国：西周王朝直接统治的区域。即所谓的"王畿"。 〔18〕当及民劳兼办：应当趁百姓服劳役的时候同时办好。〔19〕规摹：规划。萧何在西汉初建立时，即大修未央宫，说是要以宫殿的壮丽来加重天子的威严，使后代无法超过。见《史记》卷八《高祖本纪》。 〔20〕解：懂得。 大归：宏大的意图。 〔21〕北芒：山名。在当时的洛阳城北郊。呈东西走向。北面临近黄河。 〔22〕高高下下：使高凸的高凸，使低凹的低凹。 〔23〕九河：古代黄河下游许多支派的总称。 〔24〕渭南：渭河南岸。具体地点在五丈原（今陕西岐山县南）。〔25〕数（shuò）：多次。 请与亮战：作为军队主帅，司马懿本来就有权决定是否与敌军交战。他采取固守不战等待敌方粮食耗尽的战略，但又不愿被部下视为胆怯，所以做出这种姿态。参见本书卷三十五《诸葛亮传》裴注引《汉晋春秋》。 〔26〕准毗节度：遵照辛毗的约束控制。

【裴注】

　〔一〕《魏略》曰："诸葛亮围祁山，不克，引退。张郃追之，为流矢所中死。帝惜郃，临朝而叹曰：'蜀未平而郃死，将若之何！'司空陈群曰：'郃诚良将，国所依也。'毗心以为：郃虽可惜，然已死，不当内弱主意，而示外以不大也。乃持群曰：'陈公，是何言欤！当建安之末，天下不可一日无武皇帝也；及委国祚，而文皇帝受命。黄初之世，亦谓不可无文皇帝也；及委弃天下，而陛下龙兴。今国内所少，岂张郃乎？'陈群曰：'亦诚如辛毗言。'帝笑曰：'陈公可谓善变矣。'"

臣松之以为：拟人必于其伦，取譬宜引其类；故君子于其言，无所苟而已矣。毗欲弘广主意，当举若张辽之畴；安有于一将之死，而可以祖宗为譬哉？非所宜言，莫过于兹：进违其类，退似诡佞。佐治，刚正之体，不宜有此。《魏略》既已难信，习氏又从而载之，窃谓斯人受诬不少。

〔二〕《魏略》曰："宣王数数欲进攻，毗禁不听。宣王虽能行意，而每屈于毗。"

〔三〕《世语》曰："敞字泰雍。官至卫尉。毗女宪英，适太常泰山羊耽。外孙夏侯湛为其传曰：'宪英，聪明有才鉴。初，文帝与陈思王争为太子，既而文帝得立，抱毗颈而喜曰："辛君知我喜不？"毗以告宪英，宪英叹曰："太子代君主宗庙社稷者也。代君不可以不戚，主国不可以不惧；宜戚而喜，何以能久？魏其不昌乎！"弟敞，为大将军曹爽参军。司马宣王将诛爽，因爽出，闭城门。大将军司马鲁芝将爽府兵，犯门斩关，出城门赴爽，来呼敞俱去。敞惧，问宪英曰："天子在外，太傅闭城门；人云将不利国家，于事可得尔乎？"宪英曰："天下有不可知。然以吾度之，太傅殆不得不尔！明皇帝临崩，把太傅臂，以后事付之，此言犹在朝士之耳。且曹爽与太傅俱受寄托之任，而独专权势，行以骄奢；于王室不忠，于人道不直。此举不过以诛曹爽耳。"敞曰："然则事就乎？"宪英曰："得无殆就！爽之才，非太傅之偶也。"敞曰："然则敞可以无出乎？"宪英曰："安可以不出！职守，人之大义也。凡人在难，犹或恤之；为人执鞭而弃其事，不祥，不可也。且为人死，为人任，亲昵之职也；从众而已。"敞遂出。宣王果诛爽。事定之后，敞叹曰："吾不谋于姊，几不获于义。"逮钟会为镇西将军，宪英谓从子羊祜曰："钟士季何故西出？"祜曰："将为灭蜀也。"宪英曰："会，在事纵恣，非持久处下之道；吾畏其有他志也。"祜曰："季母勿多言。"其后会请子琇为参军，宪英忧曰："他日见钟会之出，吾为国忧之矣。今日难至吾家，此国之大事，必不得止也。"琇固请司马文王，文王不听。宪英语琇曰："行矣！戒之：古之君子，入则致孝于亲，出则致节于国；在职思其所司，在义思其所立。不遗父母忧患而已。军旅之间，可以济者，其惟仁恕乎？汝其慎之！"琇竟以全身。宪英年至七十有九，泰始五年卒。'"

杨阜字义山,天水冀人也[1]。〔一〕以州从事为牧韦端使诣许[2],拜安定长史[3]。阜还,关右诸将问:"袁、曹胜败孰在[4]?"阜曰:"袁公宽而不断[5],好谋而少决;不断则无威,少决则失后事[6];今虽强,终不能成大业。曹公有雄才远略,决机无疑;法一而兵精,能用度外之人;所任各尽其力,必能济大事者也。"

长史非其好,遂去官。而端征为太仆。其子康代为刺史,辟阜为别驾。察孝廉[7],辟丞相府;州表留参军事[8]。

马超之战败渭南也,走保诸戎[9]。太祖追至安定,而苏伯反河间,将引军东还。阜时奉使,言于太祖曰:"超有信、布之勇[10],甚得羌胡心,西州畏之[11]。若大军还,不严为之备,陇上诸郡非国家之有也[12]。"太祖善之,而军还仓猝,为备不周。超率诸戎渠帅以击陇上郡县[13],陇上郡县皆应之;惟冀城奉州郡以固守[14]。

超尽兼陇右之众,而张鲁又遣大将杨昂以助之,凡万余人,攻城。阜率国士大夫及宗族子弟胜兵者千余人[15],使从弟岳于城上作偃月营[16],与超接战,自正月至八月拒守,而救兵不至。州遣别驾阎温循水潜出求救[17],为超所杀,于是刺史、太守失色,始有降超之计。阜流涕谏曰:"阜等率父兄子弟以义相励,有死无二;田单之守[18],不固于此也。弃垂成之功,陷不义之名,阜以死守之。"遂号哭。刺史、太守卒遣人请和,开城门迎超。

超入，拘岳于冀，使杨昂杀刺史、太守。阜内有报超之志[19]，而未得其便。

【注释】

〔1〕冀：县名。县治在今甘肃甘谷县东南。 〔2〕州：指杨阜家乡所在的凉州。 牧：官名。即州牧。 〔3〕安定：郡名。治所在今甘肃镇原县东南。属凉州。 长史：官名。东汉制度，边境戍守要地所在的郡，改称郡丞为长史，协助太守处理公务。 〔4〕袁、曹：即袁绍、曹操。〔5〕断：指法令上的禁止制裁。 〔6〕后事：落后于事情的发展。〔7〕察：察举。长期观察后举荐。 〔8〕表留：上表请求留下（杨阜）。〔9〕走保诸戎：逃到西方少数族聚居区以保全自己。 〔10〕信、布：韩信、季布。 〔11〕西州：这里指凉州。因在京城洛阳西面，故名。〔12〕陇上诸郡：陇山（今甘肃六盘山）以西的各郡。指天水（当时称汉阳）、陇西、金城、武威等郡。 〔13〕渠帅：首领。 〔14〕奉州郡：拥护州刺史和郡太守。 〔15〕国：指冀城所在的汉阳郡。 〔16〕偃月营：平面形状像弯月的营垒。 〔17〕阎温（？—公元213）：传见本书卷十八。 〔18〕田单：临淄（今山东淄博市东北）人。战国时齐国名将。前284年，燕将乐毅率军攻齐，先后占领七十多座城市，而田单坚守即墨（今山东平度市东南），敌不能克。五年后齐军反攻，他又用火牛阵击败燕军，一举收复被占的城市。因功任相国，封安平君。后又到赵国任相国，封平都君。传见《史记》卷八十二。 〔19〕报：报复。

【裴注】

〔一〕《魏略》曰："阜少与同郡尹奉次曾、赵昂伟章俱发名；伟章、次曾与阜，俱为凉州从事。"

顷之，阜以丧妻求葬假。阜外兄姜叙屯历城[1]。阜少长叙家，见叙母及叙，说前在冀中时事，歔欷悲甚。叙曰："何为乃尔？"阜曰："守城不能完，君亡不能死[2]，亦何面目以视息于天下[3]！马超背父叛君[4]，虐杀州将[5]，岂独阜之忧责，一州士大夫皆蒙其耻。君

拥兵专制而无讨贼心[6]，此赵盾所以书弑君也[7]。超
强而无义，多衅易图耳。"

叙母慨然，敕叙从阜计。计定，外与乡人姜隐、赵
昂、尹奉、姚琼、孔信[8]，武都人李俊、王灵结谋，定
讨超约；使从弟谟至冀，语岳；并结安定梁宽、南安赵
衢、庞恭等。约誓既明，十（七）〔八〕年九月，与叙
起兵于卤城[9]。

超闻阜等兵起，自将出[10]。而衢、宽等解岳，闭
冀城门，讨超妻子。超袭历城，得叙母。叙母骂之曰：
"汝背父之逆子，杀君之桀贼[11]，天地岂久容汝！而不
早死，敢以面目视人乎！"超怒，杀之。阜与超战，身
被五创，宗族昆弟死者七人[12]。超遂南奔张鲁。陇右
平定。

太祖封讨超之功，侯者十一人，赐阜爵关内侯。阜
让曰："阜，君存无捍难之功[13]，君亡无死节之效[14]；
于义当黜，于法当诛。超又不死，无宜苟荷爵禄。"

太祖报曰："君与群贤共建大功，西土之人以为美
谈。子贡辞赏[15]，仲尼谓之止善[16]；君其剖心，以顺
国命[17]。姜叙之母，劝叙早发；明智乃尔，虽杨敞之
妻盖不过此[18]。贤哉，贤哉！良史记录，必不坠于地
矣[19]。"〔一〕

【注释】
　〔1〕外兄：即表兄。　历城：地名。在今甘肃西和县北。〔2〕君：
指被杀的州刺史和郡太守。杨阜曾被州刺史辟为别驾从事史，又被郡
太守察举为孝廉，按当时人的观念这两位上司都是杨阜的君主。

〔3〕视息：观看呼吸。指生存。　　〔4〕背父：马超举兵反抗曹操时，其父马腾还在许都任汉朝的卫尉。兵起，曹操怒杀马腾及其家属二百多人，所以说他是背父。参见本书卷三十六《马超传》。　　〔5〕州将：领兵的州刺史或州牧。郡太守领兵则叫郡将。　　〔6〕专制：独自控制一方。〔7〕赵盾：春秋时晋国的执政。晋襄公时任中军元帅，掌握国政。前607年，避晋灵公的杀害，出逃。未出国境，其同族人赵穿杀死晋灵公。他回到都城拥立晋成公，继续执政。事见《史记》卷三十九《晋世家》。弑：地位在下的人（如臣僚、儿子）杀死地位在上的人（如君主、父亲）。古代认为是大逆不道的行为。晋灵公被赵穿杀死后，晋国的太史记录为"赵盾弑其君"，并公诸于众。赵盾否认，太史说：你身为执政，逃亡未出国境，回都城后又不讨伐杀死君主的逆贼，那么杀死君主的不是你还能是谁？事见《左传》宣公二年。　　〔8〕乡人：指杨阜的同郡老乡。〔9〕卤城：地名。在今甘肃礼县东北。　　〔10〕将出：带兵出城。〔11〕桀贼：凶贼。　　〔12〕昆弟：兄弟。　　〔13〕捍难：抵御祸难。〔14〕死节：以死来报答君主的气节。　　效：显示。　　〔15〕子贡（前520—？）：姓端木，名赐，字子贡，春秋时卫国人。孔子学生。能言善辩，为保全鲁国，曾挑动齐、吴、晋、越四强国相互攻击。又善经商。传见《史记》卷六十七。　　〔16〕止善：断绝行善。鲁国规定，为人赎身的要给赏金。子贡为人赎身后不去领赏，孔子认为这将使以后的人不好意思领赏，从而断绝人们赎身行善的念头。见《吕氏春秋·察微》。〔17〕剖心：指出以公心。　　〔18〕杨敞（？—前74）：弘农郡华阴（今陕西华阴市东）人。西汉昭帝时任丞相，封安平侯。为人胆小怕事。昭帝死，昌邑王刘贺继位，淫乱。大将军霍光等大臣准备废刘贺另立新帝，派人通知杨敞，他吓得不知所措。他的妻子立刻劝他明确支持霍光，从而避免了杀身之祸。传见《汉书》卷六十六。　　〔19〕坠于地：指事迹埋没。

【裴注】

〔一〕皇甫谧《列女传》曰："姜叙母者，天永姜伯奕之母也。建安中，马超攻冀，害凉州刺史韦康。州人凄然，莫不感愤。叙为抚夷将军，拥兵屯历。叙姑子杨阜，故为康从事；同等十余人，皆略属超，阴相结为康报仇，未有间。会阜妻死，辞超宁归西；因过至历，候叙母，说康被害及冀中之难，相对泣良久。姜叙举室感悲，叙母曰：'咄！伯奕，韦使君遇难，岂一州之耻，亦汝之负，岂独义山哉？汝无顾我，事淹变生。人谁不死？死国，忠义之大者！但当速发，我自为汝当之，不以余年累汝也。'因敕叙与阜参议，许诺，分人使语乡里尹奉、赵昂及安定梁宽等，令叙先举兵叛超；超怒，必自来击叙，宽等因从后闭门。约誓以定，叙遂进兵入卤，昂、奉守祁山。超闻，果自出击叙；宽等从后闭冀门。超失据，过卤，叙守卤。超因进至历，历中见超往，以为叙军还；又传闻超已走奔汉中，故历无备。及超入历，执叙母，母怒骂超。超被骂大怒，即杀叙母及其子，烧城而去。"阜等以状闻，太祖甚嘉之，手令褒扬，语如本传。臣松之按：谥称阜为"叙姑子"，而本传云叙为"阜外兄"，与今名"内外"为不同。

谥又载赵昂妻曰："赵昂妻异者，故益州刺史天水赵伟璋妻，王氏女也。昂为羌道令，留异在西。会同郡梁双反，攻破西城，害异两男。异女英，年六岁，独与异在城中。异见两男已死，又恐为双所侵，引刀欲自刭，顾英而叹曰：'身死尔弃，当谁恃哉？吾闻西施蒙不洁之服，则人掩鼻，况我貌非西施乎？'乃以溷粪涅麻而被之，鲜食瘠形，自春至冬。双与州郡和，异竟以是免难。昂遣吏迎之，未至三十里，止谓英曰：'妇人无符信保傅，则不出房闱。昭姜沉流，伯姬待烧；每读其传，心壮其节。今吾遭乱，不能死，将何以复见诸姑？所以偷生不死，唯怜汝耳！今官舍已近，吾去汝死矣。'遂饮毒药而绝。时适有解毒药良汤，撅口灌之，良久乃苏。建安中，昂转参军事，徙居冀。会马超攻冀，异躬著布褠，佐昂守备；又悉脱所佩环、鞴鞍，以赏战士。及超攻急，城中饥困；刺史韦康素仁，愍吏民伤残，欲与超和。昂谏不听，归以语异，异曰：'君有争臣，大夫有专利之义：专不为非也。焉知救兵不到关陇哉？当共勉卒高勋，全节致死，不可从也！'比昂还，康与超和。超遂背约害康，又劫昂，质其嫡子月于南郑。欲要昂以为己用，然心未甚信。超妻杨闻异节行，请与宴终日。异欲信昂于超，以济其谋，谓杨曰：'昔管仲入齐，立九合之功；由余适秦，穆公成霸。方今社稷初定，治乱在于得人；凉州士马，乃可与中夏争锋，不可不详也。'杨深感之，以为忠于己，遂与异重相接结。昂所以得信于超，全功免祸者，异之力也。及昂与杨阜等结谋讨超，告异曰：'吾谋如是，事必万全，当奈月何？'异厉声应曰：'忠义立于身，雪君父之大耻，丧元不足为重，况一子哉！夫项托、颜渊，岂复百年？贵义存耳。'昂曰：'善！'遂共闭门逐超，超奔汉中，从张鲁得兵还。异复与昂保祁山，为超所围；三十日救兵到，乃解。超卒杀昂子月。凡自冀城之难，至于祁山，昂出九奇，异辄参焉。"

太祖征汉中，以阜为益州刺史。还，拜金城太守[1]；未发，转武都太守[2]。郡滨蜀、汉[3]，阜请依袭遂故事[4]，安之而已。会刘备遣张飞、马超等从沮道趋下辩[5]，而氐雷定等七部万余落反应之[6]。太祖遣都护曹洪御超等，超等退还。

洪置酒大会，令女倡著罗縠之衣[7]，蹋鼓[8]。一坐皆笑，阜厉声责洪曰："男女之别，国之大节；何有于广坐之中裸女人形体！虽桀、纣之乱[9]，不甚于此！"遂奋衣辞出。洪立罢女乐，请阜还坐，肃然惮焉。

及刘备取汉中以逼下辩，太祖以武都孤远，欲移之，恐吏民恋土。阜威信素著，前后徙民、氐，使居京兆、扶风、天水界者万余户；徙郡小槐里[10]，百姓襁负而随之。为政举大纲而已，下不忍欺也。

文帝问侍中刘晔等[11]："武都太守何如人也？"皆称阜有公辅之节。未及用，会帝崩。

【注释】

〔1〕金城：郡名。治所在今甘肃永靖县西北。　〔2〕武都：郡名。治所在今甘肃成县西北。　〔3〕蜀、汉：蜀郡和汉中郡。汉中郡刚刚从张鲁手中夺过来，而蜀郡当时在刘备的控制之下。　〔4〕龚遂：字少卿。山阳郡南平阳（今山东邹城市）人。初任昌邑王刘贺的郎中令。刘贺被废，连带被免职服刑。汉宣帝时，起用为勃海郡太守，采用和缓政策，安抚百姓，使政治好转。传见《汉书》卷八十九《循吏传》。　故事：过去的事例。　〔5〕张飞（？—公元221）：传见本书卷三十六。　马超：当时马超已从汉中张鲁处投奔刘备。　沮：县名。县治在今陕西略阳县东南。　〔6〕氐：西方少数族名。当时武都郡是氐族聚居区。　落：聚居的少数族一家人。　〔7〕倡：艺人。　罗縠（hú）：轻薄而透明的丝织品。　〔8〕蹋鼓：踢鼓。指在舞蹈过程中有节奏地用脚踢击放置在地上

的鼓，以增加韵味。 〔9〕桀：名履癸。夏代的最后一个君主。荒淫暴虐，被商汤击败，出奔南方而死。事见《史记》卷二《夏本纪》。〔10〕徙郡：迁移郡政府。这实际上是在丢失汉中之后，又被迫放弃了武都。从此，曹魏在西方的防线，就从嘉陵江和汉水的上游，向北退到渭水的南岸。 小槐里：地名。在今陕西武功县东。 〔11〕刘晔：传见本书卷十四。

在郡十余年，征拜城门校尉。阜常见明帝著绣帽，被缥绫半袖[1]。阜问帝曰："此于礼，何法服也[2]？"帝默然不答，自是不法服不以见阜。

迁将作大匠[3]。时初治宫室，发美女以充后庭[4]，数出入弋猎。秋，大雨震电，多杀鸟雀。阜上疏曰："臣闻明主在上，群下尽辞[5]。尧、舜圣德，求非索谏[6]；大禹勤功，务卑宫室[7]；成汤遭旱，归咎责己；周文刑于寡妻，以御家邦；汉文躬行节俭，身衣弋绨[8]。此皆能昭令问[9]，贻厥孙谋者也[10]。伏惟陛下奉武皇帝开拓之大业，守文皇帝克终之元绪[11]；诚宜思齐往古圣贤之善治[12]，总观季世放荡之恶政[13]。所谓善治者，务俭约、重民力也；所谓恶政者，从心恣欲，触情而发也。惟陛下稽古世代之初所以明赫[14]，及季世所以衰弱至于泯灭，近览汉末之变，足以动心戒惧矣。曩使桓、灵不废高祖之法〔度〕[15]，文、景之恭俭；太祖虽有神武，于何所施其能邪？而陛下何由处斯尊哉？今吴、蜀未定，军旅在外；愿陛下动则三思，虑而后行，重慎出入[16]，以往鉴来。言之若轻，成败其重。顷者天雨，又多猝暴[17]，雷电非常，至杀鸟雀。

天地神明，以王者为子也；政有不当，则见灾谴。克己内讼[18]，圣人所记。惟陛下虑患无形之外，慎萌纤微之初；法汉孝文出惠帝美人[19]，令得自嫁。顷所调送小女[20]，远闻不令[21]，宜为后图[22]；诸所缮治，务从约节。《书》曰：'九族既睦[23]，协和万国。'事思厥宜，以从中道；精心计谋，省息费用。吴、蜀以定，尔乃上安下乐，九亲熙熙[24]。如此以往，祖考心欢[25]，'尧舜其犹病诸[26]'。今宜开大信于天下，以安众庶，以示远人。"

时雍丘王植怨于不齿[27]，藩国至亲，法禁峻密；故阜又陈九族之义焉。诏报曰："间得密表，先陈往古明王圣主，以讽暗政；切至之辞[28]，款诚笃实；退思补过，将顺匡救：备至悉矣。览思苦言[29]，吾甚嘉之。"后迁少府。

【注释】
〔1〕被(pī)：穿着。 缥(piǎo)：淡青色的绸子。 绫：轻薄而有花纹光泽的丝织品。 〔2〕法服：按照礼法制度规定制作的衣服和装饰。〔3〕将作大匠：官名。负责宗庙、宫殿、陵墓等皇家工程的兴建，兼管道路绿化。 〔4〕发：从民间强行征调。 〔5〕尽辞：畅所欲言。〔6〕求非索谏：请求臣民指出自己的过失并听取他们的劝谏。 〔7〕卑宫室：让自己的住所保持矮小简陋。 〔8〕弋绨(tí)：黑色的厚绸。在丝织物中不算精美的一种。 〔9〕能昭令问：能够显扬自己美好的名声。〔10〕贻厥孙谋：留下他们的远大谋划。 〔11〕克终：能够完成(曹操的未竟事业)。指代汉称帝。 元绪：开端。 〔12〕思齐：想向他人学习看齐。〔13〕季世：末代。 〔14〕稽：考察。 〔15〕曩(nǎng)：过去。 使：假使。 桓：即东汉桓帝刘志(公元132—167)。公元146至167年在位。在位期间，先后由外戚、宦官控制朝政，并镇压由名士和太学生构成的政治势力，形成"党锢之祸"，政局日趋恶化。事详《后

汉书》卷七。 灵：即东汉灵帝刘宏（公元 156—189）。公元 168 至 189
年在位。在位期间，宦官继续控制朝政，党锢人士一百多人被处死，又
大肆搜刮百姓，公开标价卖官，终于导致黄巾大起义。事详《后汉书》
卷八。 〔16〕重慎出入：谨慎出入。这针对明帝频繁外出打猎而言。
〔17〕猝暴：突然。这里指天气的突然变化。 〔18〕克己：克制自己。
孔子说是“克己复礼为仁”，见《论语·颜渊》。 内讼：在内心责备自
己。孔子又说过“吾未见能见其过而内自讼者也”的话，见《论语·公
冶长》。 〔19〕惠帝：即刘盈（前 210—前 188）。刘邦的儿子。前 194 至
前 188 年在位。事详《汉书》卷二。 美人：嫔妃名。西汉制度，皇后
之下，皇帝的嫔妃有十四等，美人为其中第五等。这里泛指后宫的嫔妃，
也就是小妾。汉文帝曾下令遣散此前惠帝的嫔妃，让他们改嫁。见《汉
书》卷四《文帝纪》。 〔20〕小女：少女。当时明帝派人从民间挑选大
批美丽的少女入宫当小妾。 〔21〕远闻不令：远方的人听到了不好。
〔22〕宜为后图：最好以后再说。 〔23〕九族：指高祖、曾祖、祖、父、
自身、子、孙、曾孙、玄孙九代。这两句出自《尚书·尧典》。
〔24〕九亲：即九族。 熙熙：和睦快乐的样子。 〔25〕考：死去的父
亲。 〔26〕尧舜其犹病诸：尧舜都难以做到这些。这是孔子的话，见
《论语·雍也》。 〔27〕植：即曹植。 怨于不齿：抱怨自己不受任用。
〔28〕切至：恳切精到。 〔29〕苦言：逆耳的忠言。魏明帝曹叡对臣下
进忠谏，通常都表示嘉许，但是在实际上却坚持不改。这里对杨阜也是
如此。

是时大司马曹真伐蜀[1]，遇雨不进。阜上疏曰：
“昔文王有赤乌之符[2]，而犹日昃不暇食[3]；武王白鱼
入舟[4]，君臣变色[5]。而动得吉瑞，犹尚忧惧；况有灾
异，而不战竦者哉？今吴、蜀未平，而天屡降变[6]；陛
下宜深有以专精应答[7]，侧席而坐[8]；思示远以德，
绥迩以俭[9]。间者诸军始进，便有天雨之患；稽阁山
险[10]，已积日矣。转运之劳，担负之苦，所费已多；
若有不继，必违本图。《传》曰：‘见可而进[11]，知难
而退，军之善政也。’徒使六军困于山谷之间，进无所

略，退又不得，非主兵之道也。武王还师[12]，殷卒以亡，知天期也。今年凶民饥，宜发明诏损膳减服[13]；技巧珍玩之物，皆可罢之。昔邵信臣为少府于无事之世[14]，而奏罢浮食[15]；今者军用不足，益宜节度。"

帝即召诸军还。

后诏大议政治之不便于民者，阜议以为："致治在于任贤，兴国在于务农。若舍贤而任所私，此忘治之甚者也；广开宫馆，高为台榭，以妨民务，此害农之甚者也；百工不敦其器[16]，而竞作奇巧，以合上欲，此伤本之甚者也；孔子曰'苛政甚于猛虎[17]'，今守功文俗之吏[18]，为政不通治体，苟好烦苛[19]，此乱民之甚者也。当今之急，宜去'四甚'；并诏公卿郡国，举贤良方正敦朴之士而选用之，此亦求贤之一端也。"

阜又上疏欲省宫人诸不见幸者[20]；乃召御府吏问后宫人数。吏守旧令，对曰："禁密[21]，不得宣露。"阜怒，杖吏一百，数之曰："国家不与九卿为密[22]，反与小吏为密乎！"帝闻而愈敬惮阜。

帝爱女淑，未期而夭[23]；帝痛之甚，追封平原公主，立庙洛阳。葬于南陵，将自临送。阜上疏曰："文皇帝、武宣皇后崩[24]，陛下皆不送葬；所以重社稷、备不虞也[25]。何至孩抱之赤子而可送葬也哉[26]！"帝不从。

【注释】

〔1〕大司马：官名。领兵将军中特别尊崇的名号，地位在大将军之上。领兵征伐。　〔2〕赤乌之符：赤乌出现的祥瑞。传说在周文王时，有红乌鸦衔着一份红色的文书飞到土地神的祭坛上。见《吕氏春秋·应

同》。 〔3〕日昃不暇食：到太阳偏西时都还顾不上吃饭。形容为公务忘我操劳。 〔4〕白鱼入舟：周武王第一次讨伐商纣，渡黄河，有白鱼跳到船上。见《史记》卷四《周本纪》。 〔5〕变色：指神色变得严峻。〔6〕变：异常的自然现象和生物现象。 〔7〕专精：集中精力。 〔8〕侧席：侧身。表示心中有忧虑时的动作。 〔9〕绥迩以俭：用节俭来安抚近处的百姓。这里的近处指曹魏统治区。 〔10〕稽阂：停留阻隔。〔11〕见可而进：见到形势有利才向前进。这三句出自《左传》宣公十二年。 〔12〕还师：周武王第一次伐商纣，有八百诸侯主动前来会合，但他认为时机不成熟，中途回军。从此商纣更加昏乱暴虐，两年后武王认为时机已到，出兵一举灭商。 〔13〕损膳：降低御膳的数量和质量。减服：减少御用衣服的制作。 〔14〕邵信臣：字翁卿。九江郡寿春（今安徽寿县）人。历任县令、太守，兴修水利，提倡节俭，行政成绩突出。西汉元帝时任少府，上奏请求节约皇家费用。传见《汉书》卷八十九《循吏邵信臣传》。 〔15〕浮食：这里指耗费金钱生产出来的珍稀食品，例如在温室中种植的时鲜蔬菜。《邵信臣传》中所记载的温室栽培技术，在中国农业发展史上具有重要价值。 〔16〕不敦其器：不使他们制作的器具朴实简单。 〔17〕苛政甚于猛虎：这一句出自《礼记·檀弓》下。〔18〕守功：墨守成规。 文俗：受习惯势力左右。 〔19〕苟好：无原则地喜好。 烦苛：在行政上烦琐苛刻。 〔20〕宫人：宫女。 见幸：受宠爱。 〔21〕禁密：宫廷秘密。 〔22〕国家：当时习称皇帝为国家。〔23〕期（jī）：一周岁。 〔24〕武宣皇后：即曹操的嫡妻卞氏（？—公元230）。传见本书卷五。 〔25〕重社稷：以天下为重。 〔26〕赤子：初生的婴儿。

　　帝既新作许宫[1]，又营洛阳宫殿观阁。阜上疏曰："尧尚茅茨[2]，而万国安其居；禹卑宫室，而天下乐其业。及至殷、周，或堂崇三尺[3]，度以九筵耳[4]。古之圣帝明王，未有极宫室之高丽以凋弊百姓之财力者也。桀作璇室、象廊，纣为倾宫、鹿台[5]，以丧其社稷，楚灵以筑章华而身受其祸[6]；秦始皇作阿房而殃及其子[7]，天下叛之，二世而灭。夫不度万民之力，以从耳目之欲，未有不亡者也。陛下当以尧、舜、禹、汤、文、武为法则，夏桀、殷纣、楚灵、秦皇为深诫。'高高在上，实监后德[8]'。慎守天位，以承祖考，巍巍大业，犹恐失之；不夙夜敬止[9]，允恭恤民[10]；而乃自暇自逸[11]，惟宫台是侈是饰，必有颠覆危亡之祸！《易》曰：'丰其屋[12]，蔀其家[13]，窥其户，阒其无人。'王者以天下为家，言丰屋之祸，至于家无人也。方今二虏合从[14]，谋危宗庙；十万之军，东西奔赴，边境无一日之娱；农夫废业，民有饥色。陛下不以是为忧，而营作宫室，无有已时。使国亡而臣可以独存，臣又不言也；〔一〕君作元首[15]，臣为股肱[16]；存亡一体，得失同之。《孝经》曰[17]：'天子有诤臣七人[18]，虽无道不失其天下。'臣虽驽怯，敢忘诤臣之义？言不切至，不足以感悟陛下；陛下不察臣言，恐皇祖烈考之祚，将坠于地。使臣身死有补万一，则死之日，犹生之年也。谨叩棺沐浴，伏俟重诛！"

奏御[19]，天子感其忠言，手笔诏答。每朝廷会议，阜常侃然以天下为己任[20]。数谏争，不听，乃屡乞逊位。未许，会卒，家无余财。孙豹嗣。

【注释】

　　〔1〕许宫：在许昌的宫殿。曹丕代汉称帝后，改许县为许昌县，并以洛阳、许昌、邺、长安、谯县为都城，称为"五都"。除洛阳外，许昌是魏文帝、魏明帝最常去的地方，建有规模不小的宫殿。　　〔2〕尚茅茨：喜欢茅草、芦苇盖的简陋房屋。据说尧当君主时就住在这种房屋里，见《韩非子·五蠹》。　　〔3〕堂崇三尺：宫殿正堂的地基高三尺。这是殷

朝制度，见《周礼·冬官·考工记》。 〔4〕九筵：《考工记》又载，周代的明堂，其长宽是用九尺见方的竹编坐席即"筵"来量度，东西宽九筵，南北长七筵。 〔5〕鹿台：台名。在今河南淇县南。据说"其大三里，高千尺"。纣被周军击败，登此台自焚而死。 〔6〕楚灵：即楚灵王熊围（？—前529）。春秋时楚国国君。前540至前529年在位。曾出兵伐吴、灭陈，又杀蔡国国君，大会诸侯。后又攻徐，国内发生动乱，其弟子比自立为王。他在部下溃散后，逃亡自杀。事见《史记》卷四十《楚世家》。 章华：台名。楚灵王所筑。在今湖北潜江市西南。〔7〕秦始皇（前259—前210）：嬴姓，名政。秦王朝的建立者。前246至前210年在位。继位时年仅十四岁。二十二岁开始亲政掌权，任用李斯，积极进行统一战争。前221年，消灭割据称雄的六国，建立中国历史上第一个统一的中央集权的封建国家，确定国家最高统治者的称号为皇帝，并在政治、经济、军事、文化等方面推行一系列巩固统一的措施。由于实行专制，严刑峻法，租役繁重，去世后不久即爆发大规模农民起义。事详《史记》卷六。 阿房（ē páng）：宫殿名。遗址在今西安市西郊阿房村。是秦代著名的宏大建筑。始建于秦始皇三十五年（前212），至秦亡时全部工程尚未完工。仅前殿一处即可容纳上万人，其中可以竖立五丈高的旗帜。秦亡，被项羽焚毁。现尚存高大的夯土台基，长约1 000米，高约7米。 〔8〕高高在上：指天神。这两句是《诗经·敬之》中的句子，而《敬之》是周成王在宗庙忏悔自己过失的诗。 监：察看。后德：帝王的德行。 〔9〕敬止：恭敬。止是句末语气词。 〔10〕允恭：诚恳谦恭。 〔11〕自暇自逸：让自己无所事事，让自己放纵行乐。这句出自《尚书·酒诰》。 〔12〕丰其屋：把房屋建造得很大。这四句出自《周易·丰卦》。 〔13〕蔀（bù）其家：用草盖房顶。 〔14〕合从（zòng）：联合。 〔15〕元首：头颅。 〔16〕股肱（gōng）：大腿和胳膊。〔17〕《孝经》：书名。宣扬封建孝道与孝治思想的儒家经典。分古文与今文两种。古文本二十二章，孔安国注，南朝萧梁时散亡，隋刘炫伪造孔注传世。今文本十八章，郑玄注。唐玄宗召集诸儒重注，下令颁行，成为通行至今的本子，收入《十三经注疏》。 〔18〕诤（zhèng）臣：敢于直言进谏的臣下。这两句出自《孝经·谏诤章》。 〔19〕奏御：上奏后得到皇帝阅看。 〔20〕侃然：刚直的样子。

【裴注】

〔一〕臣松之以为：忠至之道，以亡己为理；是以匡救其恶，不为身计。而阜表云"使国亡而臣可以独存，臣又不言也"，此则发愤为己，岂为国哉！斯言也，岂不伤谠烈之义，为一表之病乎？

　　高堂隆字升平，泰山〔东〕平阳人[1]。鲁高堂生后也[2]。少为诸生[3]，泰山太守薛悌命为督邮[4]。郡督军与悌争论，名悌而呵之[5]。隆按剑叱督军曰："昔鲁定见侮[6]，仲尼历阶[7]；赵弹秦筝，相如进缶[8]。临臣名君，义之所讨也！"督军失色，悌惊起止之。后去吏，避地济南[9]。

　　建安十八年，太祖召为丞相军议掾[10]。后为历城侯徽文学[11]，转为相[12]。徽遭太祖丧，不哀，反游猎驰骋；隆以义正谏，甚得辅导之节。

　　黄初中，为堂阳长[13]。以选为平原王傅[14]；王即尊位，是为明帝。以隆为给事中、博士、驸马都尉[15]。

　　帝初践阼，群臣或以为宜飨会[16]。隆曰："唐、虞有遏密之哀[17]，高宗有不言之思[18]；是以至德雍熙[19]，光于四海。以为不宜为会。"帝敬纳之。

　　迁陈留太守。犊民西牧[20]，年七十余，有至行[21]，举为计曹掾[22]；帝嘉之，特除郎中以显焉[23]。

【注释】

　　〔1〕东平阳：县名。县治在今山东新泰市。　〔2〕高堂生：鲁国（治所在今山东曲阜市）人。西汉初年的经学家。专精礼学，曾传《士礼》十七篇。事见《史记》卷一百二十《儒林列传》。　〔3〕诸生：在校的儒生。　〔4〕督邮：官名。即五部督邮。负责监察郡内各县。　薛悌：事附本书卷二十二《陈矫传》。　〔5〕名悌：直呼薛悌名字。郡督军与郡太守地位相当，直呼其名是无礼行为。　〔6〕鲁定：即鲁定公（？—前

495）。名宋。春秋时鲁国国君。前 509 至前 495 年在位。事见《史记》
卷三十三《鲁世家》。　〔7〕仲尼历阶：鲁定公重用孔子，孔子由中都宰
升任司空、大司寇，并代掌国政。前 500 年，鲁定公与齐景公在夹谷会
晤，孔子随从。会见时齐国方面有不礼貌的举动，孔子跨上土坛的台阶，
正言指责。事见《左传》定公十年。　〔8〕相如：即蔺相如。战国时赵
国大臣。赵惠文王时，秦向赵强求"和氏璧"，他带璧到秦国，经过力
争，终于完璧归赵。前 279 年，随赵王到渑池（今河南渑池县西）会见秦
王。秦王要赵王鼓瑟，蔺相如马上逼迫秦王击缶（fǒu），使赵王没有受
辱，因功任上卿。对另一上卿廉颇团结忍让，使其愧悟。传见《史记》
卷八十一。　〔9〕济南：王国名。治所在今山东济南市东。　〔10〕军议
掾：官名。曹操丞相府下属之一。负责参谋军事。　〔11〕徽：即曹徽
（？—公元 242）。传见本书卷二十《武文世王公传》。　文学：官名。是
文学侍从。　〔12〕相：官名。东汉制度，某县如果成为侯爵封地，即改
称为某侯国，而县长或县令则改称为侯相或相。这里指历城侯相。
〔13〕堂阳：县名。县治在今河北新河县西北。　〔14〕傅：官名。宗室
亲王的辅导老师。　〔15〕给事中：官名。侍从皇帝，充当顾问。多作为
加官，有此加衔的官员可以随时出入皇宫。　〔16〕飨会：举行招待宴
会。　〔17〕遏密：君主死后对音乐演奏的暂时禁止。　〔18〕高宗：即
殷高宗武丁。　不言：传说武丁在为父亲小乙服丧的三年中，一直沉默
不言。见《论语·宪问》。　〔19〕雍熙：和平安乐的样子。　〔20〕牧
民：放牛的百姓。　〔21〕至行（xíng）：无与伦比的品行。　〔22〕计曹
掾：官名。负责本郡各项行政工作的成绩总结和数据统计，并定期向中
央汇报。　〔23〕郎中：官名。郎官的一种。在汉代是皇帝的侍卫。到曹
魏时成为闲职。

征隆为散骑常侍，赐爵关内侯。〔一〕

青龙中，大治殿舍，西取长安大钟[1]。隆上疏曰：
"昔周景王不仪刑文、武之明德[2]，忽公旦之圣制[3]；
既铸大钱，又作大钟；单穆公谏而弗听[4]，伶州鸠对而
弗从[5]；遂迷不反，周德以衰。良史记焉，以为永鉴。
然今之小人，好说秦、汉之奢靡以荡圣心，求取亡国不
度之器[6]，劳役费损，以伤德政；非所以兴礼乐之和，

保神明之休也[7]。"

是日，帝幸尚方，隆与卞兰从[8]。帝以隆表授兰，使难隆曰："兴衰在政，乐何为也[9]？化之不明，岂钟之罪？"隆曰："夫礼乐者，为治之大本也。故'箫韶九成[10]，凤凰来仪[11]'；雷鼓六变[12]，天神以降；政是以平，刑是以措[13]：和之至也。新声发响[14]，商辛以陨[15]；大钟既铸，周景以弊。存亡之机，恒由斯作，安在废兴之不阶也[16]？君举必书[17]，古之道也；作而不法[18]，何以示后？圣王乐闻其阙[19]，故有箴规之道；忠臣愿竭其节，故有匡躬之义也[20]。"帝称善。

迁侍中，犹领太史令[21]。崇华殿灾[22]，诏问隆："此何咎？于礼，宁有祈禳之义乎[23]？"

隆对曰："夫灾变之发，皆所以明教诫也；惟率礼修德，可以胜之[24]。《易传》曰[25]：'上不俭，下不节，孽火烧其室[26]。'又曰：'君高其台，天火为灾。'此人君苟饰宫室，不知百姓空竭；故天应之以旱，火从高殿起也。上天降鉴[27]，故谴告陛下；陛下宜增崇人道[28]，以答天意。昔太戊有桑穀生于朝[29]，武丁有雊雉登于鼎[30]；皆闻灾恐惧，侧身修德；三年之后，远夷朝贡；故号曰中宗、高宗。此则前代之明鉴也。今案旧占[31]：灾火之发，皆以台榭宫室为诫。然今宫室之所以充广者，实由宫人猥多之故[32]。宜简择留其淑懿[33]，如周之制[34]，罢省其余。此则祖己之所以训高宗[35]，高宗之所以享远号也。"

诏问隆："吾闻汉武帝时，柏梁灾[36]，而大起宫殿以厌之〔37〕，其义云何？”

隆对曰：“臣闻西京柏梁既灾〔38〕，越巫陈方〔39〕，建章是（经）〔营〕〔40〕，以厌火祥〔41〕；乃夷越之巫所为，非圣贤之明训也。《五行志》曰〔42〕：‘柏梁灾，其后有江充巫蛊（也）卫太子事〔43〕。’如《志》之言，越巫建章无所厌也〔44〕。孔子曰：‘灾者修类应行〔45〕，精祲相感〔46〕，以戒人君。’是以圣主睹灾责躬〔47〕，退而修德，以消复之。今宜罢散民役，宫室之制，务从约节；内足以待风雨，外足以讲礼仪；清扫所灾之处，不敢于此有所立作；莲莆、嘉禾必生此地〔48〕，以报陛下虔恭之德。岂可疲民之力，竭民之财？实非所以致符瑞而怀远人也〔49〕。”

帝遂复崇华殿〔50〕；时郡国有九龙现〔51〕，故改曰“九龙殿”。

【注释】

　　〔1〕大钟：指秦始皇统一天下后收取民间金属铸成的大钟。同时还铸有巨型铜人。　〔2〕周景王（？—前520）：名贵。东周国王。前544至前520年在位。事见《史记》卷四《周本纪》。　仪刑：效法。〔3〕公旦：即周公。周公名旦。　〔4〕单（shàn）穆公：周景王的臣僚。前524年，景王下令铸大钱。他进言劝阻。　〔5〕伶州鸠：周景王的臣僚。前522年，景王下令铸大钟，他与单穆公都进言劝阻。以上二事均见《国语·周语》下。　〔6〕不度：不合制度。　〔7〕休：美。〔8〕卞兰：事附本书卷五《武宣卞皇后传》。　〔9〕乐（yuè）何为也：音乐能起什么作用。　〔10〕箫韶：传说是舜所制定的音乐。　九成：加以变化后演奏九遍。这样才算全曲终了。这两句出自《尚书·皋陶谟》。〔11〕凤凰来仪：凤凰（听到音乐后）也成双成对地飞舞。　〔12〕雷鼓：祭祀天神时所用的鼓。同一鼓上，按圆周等分为八个鼓面，悬挂起来敲击。　六变：变化节奏敲击六遍。　〔13〕措：放置一边不用。

〔14〕新声：新的音乐。商纣王曾令乐师制作新的"靡靡之乐"，见《史记》卷三《殷本纪》。 〔15〕陨：死亡。 〔16〕不阶：不通过（音乐起作用）。 〔17〕君举：君主的举动。 书：记录在史册上。 〔18〕不法：不遵守法度。 〔19〕阙：过失。 〔20〕匪躬：尽忠而不顾自身。语出《周易·蹇卦》。 〔21〕太史令：官名。负责观察天文，记录祥瑞灾异，制定历法。每逢朝廷有祭祀嫁娶，则选定吉日良辰。 〔22〕灾：发生火灾。 〔23〕祈禳：祭祀祈祷神灵以消除灾祸。 〔24〕胜：制克。〔25〕《易传》：书名。西汉京房（前77—前37）撰。三卷。京氏学说是汉代《周易》传习中一个大流派，特点是以天象灾异附会人事，占卜成分浓厚。 〔26〕孽火：灾祸之火。 〔27〕降鉴：向下观察。 〔28〕人道：指对人民的爱护关怀。 〔29〕太戊：商代国王。任用伊尹的儿子伊陟为相，又用巫咸。在二人的尽心辅佐下，国势复兴。曾有桑树与穀（即楮树）共生在商的朝廷中，太戊认为是妖异，很害怕，就听从伊陟的劝告，努力实施德政。事见《史记》卷三《殷本纪》。 〔30〕武丁：商代国王。即位后重用傅说、甘盘为大臣，巩固统治。曾多次对外用兵。曾有野鸡飞到祭祀商汤的大鼎上鸣叫，他也感到害怕，就努力实施德政。事见《史记》卷三《殷本纪》。 呴（gòu）：野鸡鸣叫。 〔31〕旧占：过去的占卜记录。 〔32〕猥：多。 〔33〕淑懿：贤淑美丽。 〔34〕如周之制：指只留宫女一百二十人。《礼记·昏义》说周天子除王后外的小妾有一百二十人。 〔35〕祖己：殷高宗的臣僚。当高宗因野鸡飞来鼎上而害怕时，他建议高宗勤修德政。 训：开导。 〔36〕柏梁：台名。西汉武帝时修筑。因用香柏木为材料，故名。 〔37〕厌（yā）：使用巫术手段来消除制克灾祸。又叫厌胜。 〔38〕西京：西汉的首都长安。这里代指西汉。 〔39〕越巫：从南越来的巫师。名叫勇之。 陈方：陈述方术。勇之对汉武帝说，南越习俗，凡遭受火灾后，只要修更大的房屋，就可消灾免祸。迷信方术的汉武帝，就下令兴修比未央宫还要高峻的建章宫。事见《史记》卷十二《孝武本纪》。 〔40〕建章：宫殿名。西汉初年萧何所修的未央宫，在今陕西西安市西北郊汉长安故城内西南角，有遗址留存。建章宫则在未央宫的西面。 〔41〕火祥：火灾。〔42〕五行志：纪传体史书中对自然和生物方面的灾害和反常现象，有专篇记录，叫做五行志。古代认为这些灾害和反常现象，都与水、火、木、金、土五行相关，故名。下面的两句话，出自《汉书》卷二十七上《五行志》七上。但文字略有不同。 〔43〕江充（？—前91）：字次倩。赵国邯郸（今河北邯郸市）人。汉武帝时受到赏识，任直指绣衣使者，专门查禁京城贵族官员的不法行为。前91年，汉武帝年老患病，他诬告太子

刘据在暗中用巫术害武帝，致使患病。武帝命他查实其事，他以预先准备好的伪证栽诬刘据。刘据被迫杀死他，逃亡自杀。传见《汉书》卷四十五。　巫蛊：用巫术害人。　卫太子：即刘据（前128—前91）。汉武帝的太子。曾因事与江充发生矛盾，江充怕他继位后惩治自己，所以诬告他以巫术害武帝。前91年，汉武帝出京到甘泉宫疗养，江充奉命搜查他的住处。他起兵杀江充，并与丞相刘屈牦对战，死数万人。失败后逃亡自杀。传见《汉书》卷六十三。　〔44〕无所厌：没有起任何消免灾祸的作用。〔45〕修类：告诫同类。当时迷信谶纬的人认为，天人之间有同类相感现象，即人间的恶事将引起天灾，而天灾则是上天的告诫。　应行：响应五行的变化。　〔46〕精祲（jìn）：阴阳之气。　〔47〕责躬：责备自己。〔48〕蓂莆（shà fǔ）：传说中一种祥瑞的神草。　嘉禾：生长得特别长大的禾穗。　〔49〕符瑞：祥瑞。　怀远人：使远方的人归心。　〔50〕复：修复。　〔51〕龙：古代传说中一种神奇的动物，有须有鳞有爪，能兴云作雨，并且是皇帝的象征。由于龙的出现是难得的祥瑞，而又无法下到江湖的深水中去核查，所以地方官常捕风捉影制造新闻向朝廷报喜。

【裴注】

　〔一〕《魏略》曰："太史上汉历不及天时，因更推步弦、望、朔、晦，为《太和历》。帝以隆学问优深，于天文又精，乃诏使隆与尚书郎杨伟、太史待诏骆禄，参共推校。伟、禄，是太史；隆故据旧历。更相劾奏，纷纭数岁。伟称：禄得日蚀而月晦不尽；隆不得日蚀而月晦尽。诏从太史。隆所争虽不得，而远近犹知其精微也。"

　　陵霄阙始构[1]，有鹊巢其上；帝以问隆，对曰："《诗》云'维鹊有巢[2]，维鸠居之'。今兴宫室，起陵霄阙，而鹊巢之；此宫室未成、身不得居之象也。天意若曰：'宫室未成，将有他姓制御之。'斯乃上天之戒也。夫天道无亲，惟与善人[3]；不可不深防，不可不深虑。夏、商之季，皆继体也[4]；不钦承上天之明命[5]，惟谗谄是从，废德适欲；故其亡也忽焉。太戊、武丁，睹灾竦惧，祗承天戒；故其兴也勃焉。今若休罢百役，俭以足用；增崇德政，动遵帝则[6]；除普天之所患，兴兆民之所利；三王可四[7]，五帝可六[8]。岂惟殷宗转祸为福而已哉[9]！臣备腹心[10]苟可以繁祉圣躬[11]，安存社稷；臣虽灰身破族，犹生之年也；岂惮忤逆之灾，而令陛下不闻至言乎？”

于是帝改容动色。

是岁，有星孛于大辰[12]。隆上疏曰：“凡帝王徙都立邑，皆先定天地社稷之位，敬恭以奉之。将营宫室，则宗庙为先，厩库为次，居室为后。今圜丘、方泽、南北郊、明堂、社稷[13]，神位未定，宗庙之制又未如礼[14]；而崇饰居室，士民失业。外人咸云：‘宫人之用[15]，与兴戎军国之费，所尽略齐[16]。’民不堪命，皆有怨怒。《书》曰：‘天聪明自我民聪明[17]，天明畏自我民明威[18]。’舆人作颂[19]，则飨以五福[20]；民怒吁嗟[21]，则威以六极[22]：言天之赏罚，随民言，顺民心也。是以临政务在安民为先，然后稽古之化，格于上下[23]；自古及今，未尝不然也。夫采椽卑宫[24]，唐、虞、大禹之所以垂皇风也；玉台琼室[25]，夏癸、商辛之所以犯昊天也[26]。今之宫室，实违礼度；乃更建立九龙，华饰过前[27]。天彗彰灼[28]，始起于房心[29]，犯帝座而干紫微[30]。此乃皇天子爱陛下[31]，是以发教戒之象，始卒皆于尊位[32]；殷勤郑重，欲必觉悟陛下。斯乃慈父恳切之训，宜崇孝子祗耸之礼[33]；以率先天下，以昭示后昆；不宜有忽，以重天怒[34]。”

时军国多事，用法深重。隆上疏曰：“夫拓迹垂统[35]，必俟圣明；辅世匡治，亦须良佐：用能庶绩其凝而品物康乂也[36]。夫移风易俗，宣明道化；使四表同风[37]，回首面内；德教光熙[38]，九服慕义[39]：固非俗吏之所能也。今有司务纠刑书[40]，不本大道；是以刑用而不措，俗弊而不敦。宜崇礼乐，班叙明堂[41]；修三雍、大射、养老[42]，营建郊庙[43]；尊儒士，举逸民[44]；表彰制度，改正朔，易服色[45]；布恺悌[46]，尚俭素；然后备礼封禅[47]，归功天地；使雅颂之声盈于六合[48]，缉熙之化（混）〔流〕于后嗣[49]。斯盖至治之美事，不朽之贵业也。然[50]，九域之内可揖让而治[51]，尚何忧哉！不正其本而救其末，譬犹棼丝[52]，非政理也。可命群公卿士通儒，造具其事[53]，以为典式。"

隆又以为："改正朔，易服色，殊徽号[54]，异器械[55]，自古帝王所以神明其政[56]，变民耳目；故三春称王[57]，明三统也[58]。"于是敷演旧章[59]，奏而改焉。

帝从其议，改青龙五年春三月为景初元年孟夏四月；服色尚黄[60]，牺牲用白[61]，从地正也[62]。迁光禄勋。

【注释】

〔1〕构：搭建屋架。 〔2〕维：发语词。这两句出自《诗经·鹊巢》。鸠即布谷鸟。据说鸠不会做巢，常侵占鹊巢居住。 〔3〕惟与善人：只帮助好人。 〔4〕继体：（圣明君主的）继承人。 〔5〕钦：恭敬。〔6〕帝则：帝王应遵守的法度。 〔7〕三王可四：指可以与三王并肩比美。 〔8〕五帝：说法很多。《史记》卷一《五帝本纪》说是黄帝、颛

项(zhuān xū)、帝喾(kù)、唐尧、虞舜。　〔9〕殷宗：指上文提到的殷中宗、殷高宗。　〔10〕备：充当。　〔11〕繁祉(zhǐ)圣躬：造福皇上。〔12〕孛(bèi)：彗星发射光芒。古代认为彗星出现是不祥之兆。　大辰：星座名。即二十八宿中东方苍龙七宿的心宿。有星三颗。　〔13〕圜(yuán)丘：祭天的土坛。　方泽：祭地的方池。池中蓄水。　南北郊：皇帝祭祀天地的神坛。祭天的神坛建在京城南郊，也就是圜丘。祭地的神坛建在京城北郊，或为方泽，或为方形土坛。　明堂：皇帝祭祀五帝并同时宣布政教的地方。这里的五帝，指中国古代神话中的五方天帝。即东方青帝灵威仰、南方赤帝赤熛(biāo)怒、中央黄帝含枢纽、西方白帝白招拒、北方黑帝汁光纪。　〔14〕如礼：指确定庙祧制度。参见本书卷三《明帝纪》。　〔15〕用：费用。　〔16〕所尽略齐：所耗费的数字大体相等。　〔17〕天聪明自我民聪明：上天听取意见、观察问题，是从民众中听取意见、观察问题的。这两句出自《尚书·皋陶谟》。　〔18〕天明畏自我民明威：上天表彰好人、惩罚坏人，也是依据民众的意见来进行表彰、惩罚的。　〔19〕舆人：众人。　颂：指对君主的赞颂。〔20〕五福：长寿、富贵、康宁、品德好、安乐死。见《尚书·洪范》。〔21〕吁嗟(xū jiē)：怨愤而叹气。　〔22〕六极：六种极为不幸的事。即短命凶死、疾病、忧虑、贫穷、凶恶、弱小。也见《尚书·洪范》。〔23〕格：感动。　上下：指上天与下民。　〔24〕采椽：用不高大的柞树做屋椽。　卑宫：使宫室低矮。　〔25〕玉台琼室：用美玉装饰的高台和房间。　〔26〕夏癸：即夏桀。　商辛：即商纣。　〔27〕过前：超过以前。　〔28〕彰灼：明显耀眼。　〔29〕房：星座名。东方苍龙七宿之一。紧靠心宿，在其西面。有星四颗。　〔30〕犯：指地面上所观察到的移动星体向固定星体的靠近和接触。这是古天文学专门术语。　帝座：星名。位于天市垣内。在房、心二宿的北面。　紫微：星区名。即紫微垣。在星空的正北旋转轴点周围。古天文学家在星空中划出三片特殊的小星区，分别命名为紫微垣、天市垣、太微垣。　〔31〕子爱：慈爱。　〔32〕始卒：始终。指上面所说彗星移动的起点和终点。　皆于尊位：按古代天文学家的说法，上面彗星开始出现的房、心二宿，是上天的明堂，天王施政的处所，心宿三星中的大星就象征天王；而紫微垣则是上帝居住的宫殿。高堂隆精通天文，所以这样说。　〔33〕祗肃：恭敬。　〔34〕重：加重。　〔35〕拓迹：开拓道路。指创业。　垂统：留下世代传承的基业。　〔36〕庶绩其凝：各种事情都能办成功。　品物康乂：万物安定。〔37〕四表：四方。　〔38〕光熙：光大兴盛。　〔39〕九服：指京城以外的全国。《周礼·夏官·职方氏》把京城地区以外，由近到远分为侯、甸、男、采、卫、蛮、夷、镇、藩服，合称九服。 〔40〕务纠刑书：务求以刑律条文督察人民。 〔41〕班叙明堂：在明堂依次序颁布要施行的政治和教化措施。天子在明堂祭祀五方天帝后，接下来就颁布政教，两者同时进行。 〔42〕三雍：礼仪名。因连续在明堂、灵台(皇家天象观测台)、辟雍三处进行，故名。皇帝举行三雍时，先在明堂接见百官诸侯，接着登上云台观望云天，最后在辟雍举行养老、大射的活动，并亲自登上讲坛讲解儒经。 大射：礼仪名。皇帝在辟雍举行。先用虎、熊、豹皮做成三个方形箭靶，在音乐的伴奏下，由皇帝亲自射靶，以显示威武于天下。诸侯举行大射时，只能用猪皮做箭靶。 养老：礼仪名。皇帝在辟雍进行。先在大臣中选择年高有德的两人，一人充当三老。另一人充当五更。在三公、九卿的陪同下，皇帝把三老、五更迎入正堂，亲自为二人切肉斟酒，把三老当作父亲，五更当作兄长，以向天下显示尊重老人。 〔43〕郊庙：南北郊和宗庙。 〔44〕逸民：隐居民间没有出仕的人。 〔45〕服色：一个王朝所正式确定的车马祭牲颜色。改王朝要变服色。 〔46〕恺悌(kǎi tì)：平易近人。 〔47〕封禅(shàn)：礼仪名。筑坛祭天为封，扫除地面后祭地为禅。封照例在泰山顶上进行，禅照例在梁父(fǔ)山进行。梁父山在泰山东南数十公里。封禅时皇帝要亲自参加。 〔48〕雅颂之声：指太平盛世的音乐。雅、颂是《诗经》内容分类的名称，但也是乐曲分类的名称。雅乐是朝廷聚会的乐曲，颂乐是宗庙祭祀的乐曲。 六合：指天下。上天下地与四方为六合。〔49〕流：流传。 〔50〕然：像这样。 〔51〕九域：九州。这里也指天下。 揖让而治：以拱手行礼相互谦让的手段就把天下治理好了。比喻国家繁荣文明，非常容易治理。 〔52〕棼(fén)：弄乱。《左传》隐公四年有"治丝而棼之"的话，意思是想把蚕丝理清楚却反而弄得更乱。这里的"棼丝"由此而来。 〔53〕造具其事：制定出上述礼仪政治活动的详细内容。 〔54〕殊：使不同。 徽号：旗帜的式样、图案、颜色和名称。 〔55〕器械：指礼器、乐器和兵器。以上四句出自《礼记·大传》。 〔56〕神明其政：使他们的政权和政治显得非常之神圣。〔57〕三春：三种春正月。通常叫做三正。夏历以冬至之后第二月(相当于现今夏历正月)为正月，叫夏正；殷历以冬至之后第一月(相当于现今夏历十二月)为正月，叫殷正；周历以冬至所在的月(相当于现今夏历十一月)为正月，叫周正。 称王：据《宋书》卷十四种《礼志》一引高堂隆奏议，他说轩辕、高辛、夏、汉都用夏正，少昊、唐尧、殷都用殷正，高阳、虞舜、周都用周正；从轩辕以下至汉(不算秦)，各代帝王依次轮流使用夏、殷、周三正。 〔58〕三统：三种不同的传承关系。即天统、地统、人统。使用周正的属天统，使用殷正的属地统，使用夏正的属人统。古代认为三统与五行都随元气运转，依次出现。 〔59〕敷演：陈述并加以申说。 〔60〕尚黄：以黄为贵。 〔61〕牺牲：祭祀用的牲畜。即牛、羊、猪。 〔62〕地正：即殷正。曹魏在汉之后，汉用夏正，曹魏依次序用殷正。不过，这次改历只改了月份的起始时间，至于祭祀、礼仪、农耕等其他一切实际活动，仍以能够较准确的反映四季气候变化的夏正为准。参见本书卷三《明帝纪》、《宋书》卷十四《礼志》一。

帝愈增崇宫殿，雕饰观阁；凿太行之石英[1]，采榖城之文石[2]；起景阳山于芳林之园[3]，建昭阳殿于太极之北[4]；铸作黄龙、凤凰、奇伟之兽，饰金墉、陵云台、陵霄阙[5]。百役繁兴，作者万数；公卿以下至于学生，莫不展力；帝乃躬自掘土以率之。而辽东不朝[6]，悼皇后崩[7]；天作淫雨，冀州水出，漂没民物。

隆上疏切谏曰：

盖"天地之大德曰生[8]，圣人之大宝曰位；何以守位？曰仁；何以聚人？曰财"。然则士民者，乃国家之镇也；谷帛者，乃士民之命也。谷帛非造化不育[9]，非人力不成；是以帝耕以劝农[10]，后桑以成服[11]。所以昭事上帝，告虔报施也[12]。

昔在伊唐[13]，世值阳九厄运之会[14]，洪水滔天，使鲧治之[15]，绩用不成。乃举文命[16]，随山刊木[17]，前后历年二十二载。灾眚之甚[18]，莫过于彼；力役之兴，莫久于此。尧、舜君臣，南面而已。禹敷九州[19]，庶士庸勋[20]，各有等差；君子小人[21]，物有服章[22]。今无若时之急[23]，而使公卿大夫并与厮徒共供事役[24]。闻之四夷[25]，非嘉声也；垂之竹帛[26]，非令名也。是以有国有家者，近取诸身[27]，远取诸物[28]，姁煦养育[29]；故称"恺悌君子[30]，民之父母"。今上下劳役，疾病凶荒；耕稼者寡，饥馑荐臻[31]，无以卒岁[32]。宜加愍恤，以救其困。

臣观在昔书籍所载，天人之际，未有不应也。是以古先哲王，畏上天之明命，循阴阳之逆顺；兢兢业业，惟恐有违；然后治道用兴，德与神符；灾异既发，惧而修政：未有不延期流祚者也[33]。爰及末叶，暗君荒主，不崇先王之令轨[34]，不纳正士之直言；以遂其情志，恬忽变戒[35]：未有不寻践祸难，至于颠覆者也。天道既著[36]，请以人道论之。

夫六情五性[37]，同在于人；嗜欲廉贞[38]，各居其一。及其动也，交争于心：欲强质弱，则纵滥不禁；精诚不制，则放溢无极。夫情之所在，非好则美；而美好之集，非人力不成，非谷帛不立[39]。情苟无极，则人不堪其劳，物不充其求；劳求并至，将起祸乱。故不割情[40]，无以相供。仲尼云："人无远虑[41]，必有近忧。"由此观之，礼义之制，非苟拘分[42]，将以远害而兴治也。今吴、蜀二贼，非徒白地小虏、聚邑之寇[43]；乃据险乘流，跨有士众，僭号称帝，欲与中国争衡。今若有人来告：权、（备）〔禅〕并修德政[44]，复履清俭[45]；轻省租赋，不治玩好；动咨耆贤，事遵礼度。陛下闻之，岂不惕然恶其如此[46]，以为难猝讨灭，而为国忧乎？若使告者曰：彼二贼并为无道，崇侈无度；役其士民，重其征赋；下不堪命，吁嗟日甚。陛下闻之，岂不勃然忿其困我无辜之民，而欲速加之诛？其次，岂不幸彼疲弊而取之不难乎？苟如此，则可易心而度，事义之数亦不远矣[47]。

且秦始皇不筑道德之基，而筑阿房之宫；不忧萧墙之变[48]，而修长城之役[49]。当其君臣为此计也，亦欲立万世之业，使子孙长有天下；岂意一朝匹夫大呼[50]，而天下倾覆哉？故臣以为，使先代之君知其所行必将至于败，则弗为之矣。是以亡国之主自谓不亡，然后至于亡；贤圣之君自谓将亡，然后至于不亡。

昔汉文帝称为贤主，躬行约俭，惠下养民；而贾谊方之[51]，以为天下倒悬[52]，“可为痛哭者一，可为流涕者二，可为长叹息者三”。况今天下凋弊，民无儋石之储[53]，国无终年之蓄；外有强敌，六军暴边[54]；内兴土功，州郡骚动；若有寇警，则臣惧版筑之士不能投命虏庭矣[55]。

又，将吏俸禄，稍见折减[56]；方之于昔，五分居一。诸受休者又绝廪赐[57]，不应输者今皆出半[58]。此为官入兼多于旧[59]，其所出与参少于昔[60]；而度支经用[61]，更每不足；牛肉小赋[62]，前后相继。反而推之，凡此诸费，必有所在[63]。且夫禄赐谷帛，人主所以惠养吏民而为之司命者也；若今有废，是夺其命矣。既得之而又失之，此生怨之府也[64]。《周礼》：太府掌（九伐之则）〔九赋之财〕[65]，以给九式之用[66]；入有其分，出有其所；不相干乘而用各足[67]。各足之后，乃以式贡之余[68]，供王玩好。又上用财[69]，必考于司会[70]。〔一〕今陛下所与共坐廊庙治天下者[71]，非三司九列[72]，则台阁近臣[73]；皆腹心造膝[74]，宜在无讳[75]。若见丰昝而不敢以告[76]，从命奔走，惟恐不胜；是则具臣[77]，非鲠辅也。昔李斯教秦二世曰[78]："为人主而不恣睢[79]，命之曰天下桎梏[80]。"二世用之，秦国以覆，斯亦灭族。是以史迁议其不正谏[81]，而为世诫。

书奏，帝览焉，谓中书监、令曰："观隆此奏，使朕惧哉！"

【注释】

〔1〕太行：山名。在今河南沁阳市北。 石英：石料中材质好的。〔2〕榖城：县名。县治在今河南洛阳市西北。 文石：具有美丽花纹的石头。 〔3〕芳林：曹魏皇宫园林名。在今河南洛阳市东洛阳故城遗址的北部。后改名华林园。 〔4〕太极：曹魏皇宫正殿名。 〔5〕陵云台：台名。建于魏文帝黄初二年（公元221）。 〔6〕辽东不朝：指占据辽东的公孙渊举兵对抗曹魏。 〔7〕悼皇后：即魏明帝的皇后毛氏（？—公元237）。毛氏被明帝逼令自杀。传见本书卷五《后妃传》。 〔8〕天地之大德曰生：这六句出自《周易·系辞》下。 〔9〕造化：天地对生物的创造变化作用。 〔10〕帝耕：指皇帝亲耕籍田的礼仪。 劝：勉励。〔11〕后桑：指皇后采桑养蚕的礼仪。皇帝亲耕籍田的礼仪在正月进行，皇后采桑养蚕的礼仪在三月进行，详见《续汉礼仪志》上。 〔12〕告虔：表示虔敬。 报施：报答（上帝的）施与。 〔13〕伊唐：那唐尧（的时候）。 〔14〕阳九：指有灾难或厄运的年辰。古代数术家以四千六百

一十七岁为一元；初入元的一百零六岁中，旱灾之岁有九，称为阳九；次三百七十四岁中，水灾之岁有九，称为阴九；再次四百八十岁中，旱灾之岁又有九，也称为阳九。见《汉书》卷二十一上《律历志》一上。〔15〕鲧(gǔn)：传说中原始时代的部落首领。曾奉尧的命令治水，采用筑堤防水的办法，九年不成，被舜处死。事见《史记》卷一《五帝本纪》。　〔16〕文命：夏禹的名字。　〔17〕刊：砍伐。　〔18〕灾眚(shěng)：灾害疾苦。　〔19〕敷：区分。　九州：指冀、兖、青、徐、扬、荆、豫、梁、雍州。　〔20〕庶士：众多的参加者。　庸勋：有功受到酬报。　〔21〕君子：指统治者。　小人：指被统治者。　〔22〕服章：表示官员身分等级的服饰。　〔23〕若时：那时。　〔24〕厮徒：从事劳役听候使唤的人。　〔25〕四夷：四方的少数族。　〔26〕垂之竹帛：指写在史书上流传后世。古代在纸张广泛使用前，常用竹简和绢帛书写文字。　〔27〕取诸身：取之于自身。　〔28〕物：这里指人。　〔29〕妪煦(yù xù)：爱护关心。　〔30〕恺悌君子：这两句出自《诗经·泂酌》。〔31〕荐臻：接连来到。　〔32〕卒岁：度过年关。《诗经·七月》有"无衣无褐，何以卒岁"的句子。　〔33〕流祚：使王朝的寿命长存不断。〔34〕令轨：好规矩。　〔35〕恬忽变戒：对上天用灾变发出的告戒毫不在意。　〔36〕著：说明。　〔37〕六情五性：按西汉经学家翼奉的解释，六情指廉贞、宽大、公正、贪狼、奸邪、阴贼，五性指静、躁、力、坚、智。见《汉书》卷七十五《翼奉传》。　〔38〕廉贞：廉洁正直。是翼奉所说的六情之一。　〔39〕非谷帛不立：不花费粮食布帛做不出来。〔40〕割情：割舍情欲。　〔41〕人无远虑：这两句出自《论语·卫灵公》。　〔42〕非苟拘分：不单是要限制欲望上的过分。　〔43〕白地：没有什么能耐。　聚邑之寇：临时聚集在城邑的敌人。　〔44〕权：即孙权。　禅：即刘禅(公元207—271)。传见本书卷三十三。　〔45〕履：实行。　〔46〕惕然：忧惧的样子。　〔47〕事义之数：事理上算度判断。〔48〕萧墙：古代宫门之内当门的小墙。这里比喻内部。秦始皇死后，掌权的宦官赵高先联合丞相李斯杀死始皇长子扶苏，继又杀李斯，不久又杀死秦二世胡亥，所以高堂隆这样说。　〔49〕长城：中国古代最宏伟的建筑之一。春秋战国时，各国出于军事防御需要，纷纷在形势险要处筑城墙。秦始皇统一天下，为了防御北方匈奴入侵。于前214年将秦、赵、燕三国的北边长城连贯为一。故址西起临洮，北傍阴山，东至辽东，俗称"万里长城"。至今各段还有遗迹残存。　〔50〕匹夫：平民男子。指发动秦末农民大起义的陈胜、吴广。　〔51〕方之：比方当时的形势。〔52〕倒悬：人被倒吊起来。比喻情况危急。　〔53〕儋(dān)石之储：指很少的粮食储备。儋和石都是容量单位。十斗为石，二石为儋。〔54〕暴（pù）边：露宿在边境。 〔55〕版筑：筑土墙用的夹板和石杵。投命：从军效命。不能投命意指建造宫殿的民工有可能起来造反。〔56〕稍见折减：逐渐被减少打折扣。 〔57〕受休：接受命令回家轮休。绝廪赐：停止发放津贴。 〔58〕不应输者：按国家规定本来不上交租赋的人。 〔59〕官入：国家收入。 兼多：多一倍。 〔60〕出与：支出给与。 参少于昔：只有原来的三分之一。 〔61〕度（duó）支：估量支出。经用：日常费用。 〔62〕牛肉小赋：对牛肉贩卖征收的税金。这种贩卖的数量不大，税金不多，所以说是"小赋"。 〔63〕必有所在：必定用到一个地方去了。意指被魏明帝挥霍浪费掉了。 〔64〕生怨之府：产生怨恨的根源。 〔65〕太府：官名。协助太宰，管理国家财政物资的收入和支出。 九赋：九种赋税。即邦中之赋、四郊之赋、邦甸之赋、家削之赋、邦县之赋、邦都之赋、关市之赋、山泽之赋、弊余之赋。见《周礼·天官·太宰》。 〔66〕九式：九种规定的财政支出。即祭祀、宾客、丧荒、羞服、工事、币帛、刍秣、匪颁、好用。以上九赋、九式的具体内容，学者解释分歧不一。 〔67〕干（gān）乘：关涉混淆。 〔68〕式：指上文所说的九式。 币贡：各诸侯国向周天子进贡的物品。也分九种，即祀贡、嫔贡、器贡、币贡、材贡、货贡、服贡、斿贡、物贡，合称九贡。九贡来自诸侯国，九赋来自周天子直接统治的地区，二者不同。〔69〕上：指天子。 〔70〕司会（kuài）：官名。主要职责是审批国家的财政收支。 〔71〕廊庙：朝廷。 〔72〕三司九列：三公九卿。〔73〕台阁：尚书台。 〔74〕造膝：谈话时彼此的膝盖挨着膝盖。比喻关系非常亲密。 〔75〕无讳：不应隐瞒（自己真实的想法）。 〔76〕丰眚（shěng）：大过失。 〔77〕具臣：占位充数而不起作用的臣下。〔78〕李斯（？—前208）：上蔡（今河南上蔡县西南）人。曾向荀子求学。战国末年到秦国，被秦王嬴政任为客卿。后任廷尉，建议对六国采取各个击破的策略，被采纳实施。秦统一天下，出任丞相，力主加强中央集权。始皇死，他追随赵高杀扶苏，立胡亥为二世。不久被赵高杀死。擅长书法，曾以小篆为准整理文字，推动文字统一。传见《史记》卷八十七。 秦二世：即胡亥（前230—前207）秦朝第二代皇帝。前210至前207年在位。继位后继续修阿房宫等，不久爆发以陈胜、吴广为首的农民大起义，他也被赵高逼迫自杀。事见《史记》卷六《秦始皇本纪》。〔79〕恣睢（zì suī）：任意胡作非为。 〔80〕命之曰天下桎梏：这就叫做把天下变成自己的脚镣和手铐。这两句本来是申子的话，见《史记》卷八十七《李斯列传》。 〔81〕史迁：即司马迁。

【裴注】
〔一〕会。音脍。

隆疾笃[1]，口占上疏曰[2]：

曾子有疾，孟敬子问之[3]。曾子曰："鸟之将死，其鸣也哀；人之将死，其言也善。"臣寝疾病，有增无损；常惧奄忽[4]，忠款不昭[5]。臣之丹诚，岂惟曾子？愿陛下少垂省览[6]。涣然改往事之过谬[7]，勃然兴来事之渊塞[8]；使神人响应，殊方慕义[9]；四灵效珍[10]，玉衡曜精[11]；则三王可迈，五帝可越，非徒继体守文而已也[12]。

臣常疾世主莫不思绍尧、舜、汤、武之治[13]，而蹈踵桀、纣、幽、厉之迹；莫不嗤笑季世惑乱亡国之主，而不登践虞、夏、殷、周之轨。悲夫！以若所为[14]，求若所致[15]；犹缘木求鱼[16]，煎水作冰。其不可得，明矣！

寻观三代之有天下也，圣贤相承，历载数百；尺土莫非其有，一民莫非其臣；万国咸宁，九有有截[17]；鹿台之金，巨桥之粟[18]，无所用之，仍旧南面[19]。夫何为哉！然癸、辛之徒[20]，恃其膂力；智足以拒谏，才足以饰非[21]；谄谀是尚，台观是崇；淫乐是好，倡优是悦[22]；作靡靡之乐[23]，安濮上之音[24]。上天不蠲[25]，眷然回顾[26]，宗国为墟[27]；（下夷于隶）纣悬白旗[28]，桀放鸣条[29]。天子之尊，汤、武有之；岂伊异人^[30]，皆明王之胄也^[31]。

且当六国之时^[32]，天下殷炽^[33]；秦既兼之^[34]，不修圣道；乃构阿房之宫，筑长城之守；矜夸中国，威服百蛮^[35]；天下震竦，道路以目^[36]。自谓本枝百叶，永垂洪晖；岂悟二世而灭，社稷崩圮哉！近汉孝武乘文、景之福，外攘夷狄，内兴宫殿；十余年间，天下嚣然^[37]。乃信越巫，怼天迁怒^[38]，起建章之宫，千门万户；卒致江充妖蛊之变，至于宫室乖离，父子相残；殃咎之毒，祸流数世。

臣观黄初之际^[39]，天兆其戒^[40]：异类之鸟育长燕巢，口爪（胸）〔俱〕赤，此魏室之大异也^[41]！宜防鹰扬之臣于萧墙之内^[42]。可选诸王，使君国典兵^[43]，往往棋峙^[44]；镇抚皇畿，翼亮帝室^[45]。昔周之东迁^[46]，晋、郑是依^[47]；汉吕之乱，实赖朱虚^[48]。斯盖前代之明鉴。

夫皇天无亲，惟德是辅。民咏德政，则延期过历^[49]；下有怨叹，（掇）〔辍〕录授能^[50]。由此观之，天下之天下，非独陛下之天下也。臣百疾所钟，气力稍微^[51]；辄自舆出，归还里舍^[52]。若遂沉沦^[53]，魂而有知，结草以报^[54]！

诏曰："生廉追伯夷^[55]，直过史鱼；执心坚白^[56]，謇謇匪躬^[57]。如何微疾未除，退身里舍？昔邴吉以阴德^[58]，疾除而延寿；贡禹以守节^[59]，疾笃而济愈。生其强饭^[60]，专精以自持。"

隆卒，遗令薄葬，敛以时服。〔一〕。

初，太和中，中护军蒋济上疏曰：“宜遵古封禅^[61]。”诏曰：“闻济斯言，使吾汗出流足。”事寝历岁，后遂议修之，使隆撰其礼仪。帝闻隆没，叹息曰：“天不欲成吾事，高堂生舍我亡也！”

子琛嗣爵。

【注释】

〔1〕疾笃：病重。　〔2〕口占（zhàn）：口授而由别人记录。〔3〕孟敬子：鲁国的大夫。他探问曾子的谈话，见《论语·泰伯》。〔4〕奄忽：很快（死亡）。　〔5〕忠款：忠诚。　〔6〕少垂省览：稍微留意看一看。　〔7〕涣然：积累的问题、矛盾、错误一下子去除的样子。〔8〕渊塞：用心深远而诚实。又作“塞渊”。　〔9〕殊方：异国他乡。〔10〕四灵：指麟、凤、龟、龙四种代表祥瑞的动物。　效：献。〔11〕玉衡：玉做的天文观测器。方管形，长八尺，孔径一寸。装在浑天仪上，从管孔观测星体，然后根据管体与浑天仪标尺所构成的角度，即可确定该星体的位置。　曜精：（从玉衡孔中观察到天空）闪耀光辉。《史记》卷二十七《天官书》说：“天精而现景星。景星者，德星也。……常出于有道之国。”所以曜精意指祥瑞的景星出现。　〔12〕继体守文：继承先辈基业，谨守祖宗成法。　〔13〕疾：恨。　世主：世间的君主。　绍：接续。　〔14〕若：他们。　〔15〕所致：所想达到的。〔16〕缘木求鱼：爬上树去捉鱼。　〔17〕九有：九州。　有截：（得到彻底治理而）达到整齐一致。　〔18〕巨桥：地名。在今河北曲周县东北古衡漳水上。殷代在桥东侧建有大型谷仓，遗址在北魏时还存在。殷纣时加重赋税，在鹿台存放金钱，在巨桥囤积粮食。周武王灭商，散发两处的钱粮赈济百姓。见《史记》卷三《殷本纪》、卷四《周本纪》。〔19〕仍旧：照旧不断。　南面：指当君主。君主在朝廷的座位是坐北朝南。　〔20〕癸、辛：即夏桀、商纣。　〔21〕饰非：掩饰过错。〔22〕倡优：以奏乐跳舞、说笑话为职业的艺人。　〔23〕靡靡：柔媚不振。　〔24〕安：安于。　濮上之音：也指柔媚不振的音乐。据说为殷纣作靡靡之乐的乐师，在殷亡时投濮水而死，要听这种音乐必须到濮水边去，所以用濮上代指。见《韩非子·十过》。　〔25〕不蠲（juān）：没有

放过（他们）。〔26〕眷然：猛然。〔27〕墟：（都城毁灭后的）废墟。〔28〕纣悬白旗：周武王灭商，把殷纣的头砍下来悬挂在一杆纯白的大旗上。〔29〕鸣条：地名。在今山西运城市东北。商汤伐夏，桀在此战败，逃奔南方而死。〔30〕岂伊异人：难道说他们（桀、纣）是（夏、殷王族的）外人。意指外人才会如此不爱惜王朝的基业。这一句是用《诗经·颀弁》的诗句。〔31〕明王之胄：圣明帝王的后代。〔32〕六国：齐、楚、燕、赵、韩、魏。〔33〕殷炽：兴盛富足。〔34〕兼：兼并。〔35〕百蛮：泛指各少数族。〔36〕道路以目：在路上碰见只能以目光示意而不敢交谈。比喻政刑苛暴。〔37〕嚣（áo）然：忧愁悲苦的样子。〔38〕怼（duì）：怨恨。〔39〕黄初：魏文帝曹丕的年号。〔40〕兆其戒：开始显示其告诫。〔41〕大异：大灾异。〔42〕鹰扬之臣：位高权重而且难以驾驭控制的大臣。当时魏明帝已三十多岁，还没有自己的亲生儿子，而曹魏一贯倚重的宗族统兵大将，又全部死亡，对外用兵只能倚靠异姓将帅，特别是三朝元老司马懿。在这种情况下，高堂隆对未来可能出现的异姓强臣夺权局面有了预感。当时有这种预感的不止他一人，但是敢于向明帝如此明白说出来的却只有他一个。〔43〕典兵：统兵。〔44〕往往：处处。〔45〕翼亮：辅佐。〔46〕东迁：西周末年，周幽王被犬戎攻杀。幽王的太子宜臼继位为平王，为避犬戎而把都城从西面的镐京迁到东面的洛邑，称为东迁。〔47〕晋、郑：均先秦国名。周平王迁都洛邑后，依靠晋、郑二国的共同支持才得以立国，史称东周。〔48〕朱虚：即朱虚侯刘章（？—前175）。刘邦的孙子。吕后死，他是参与消灭吕氏势力的主要人物，亲手杀死吕产。汉文帝即位，封城阳王。传附《史记》卷五十二《齐悼惠王世家》。〔49〕过历：超过王朝预定的统治年限。古代认为各王朝的统治年限，都是由上天预定好的。如果政治清明，就能超过年限；如果政治暴虐，就可能提前灭亡。这个预定的年限叫做历。〔50〕辍录授能：中止王朝的历史记录而把天下改授其他贤能的人。〔51〕稍微：逐渐衰微。〔52〕里舍：居民区内自己的住房。当时高堂隆任光禄勋，他从府署回家表示辞职。〔53〕沉沦：指死亡。〔54〕结草以报：表示受恩深重，死后也要报答。春秋时晋国的魏颗父亲死前，要他把自己的爱妾处死殉葬。魏颗没有执行遗嘱，而把爱妾改嫁。后来他在率军与秦军作战时，看到有一老人用联结的草束把对手绊倒，使自己获胜。接着梦见老人相告，说自己是那个爱妾死去的父亲，意在报恩。事见《左传》宣公十五年。〔55〕生：对人的尊称。即先生。　伯夷：商末孤竹君的长子。最初孤竹君以次子叔齐为继承人，孤竹君死后，叔齐让位，他不受。周武王灭商，二人逃到首阳山（今山西永济市南），不食周粟而死。传见《史记》卷六十一。 〔56〕坚白：操守坚定而不同流合污。语出《论语·阳货》。 〔57〕謇謇（jiǎn jiǎn）：忠直。 〔58〕阴德：暗中对人施与的恩德。 〔59〕贡禹（前124—前44）：字少翁。琅邪郡（治所在今山东诸城市）人。西汉元帝时官至御史大夫，多次上书议论政事，提出不少有益意见。传见《汉书》卷七十二。 〔60〕强饭：尽力进食。 〔61〕蒋济（？—公元249）：传见本书卷十四。

【裴注】

〔一〕习凿齿曰："高堂隆，可谓忠臣矣！君侈每思谏其恶，将死不忘忧社稷；正辞动于昏主，明戒验于身后；謇谔足以励物，德音没而弥彰：可不谓忠且智乎？《诗》云：'听用我谋，庶无大悔。'又曰：'曾是莫听，大命以倾。'其高堂隆之谓也。"

　　始，景初中，帝以苏林、秦静等并老[1]，恐无能传业者[2]。乃诏曰："昔先圣既没[3]，而其遗言余教，著于六艺[4]。六艺之文，礼又为急，弗可斯须离者也[5]。末俗背本，所由来久。故闵子讥原伯之不学[6]，荀卿丑秦世之坑儒[7]；儒学既废，则风化曷由兴哉？方今宿生巨儒[8]，并各年高；教训之道，孰为其继？昔伏生将老[9]，汉文帝嗣以晁错[10]；《穀梁》寡畴[11]，宣帝承以十郎[12]。其料郎吏高才解经义者三十人[13]，从光禄勋隆、散骑常侍林、博士静，分受四经三礼[14]；主者具为设课试之法[15]。夏侯胜有言[16]：'士病不明经术[17]；经术苟明，其取青紫如俯拾地芥耳[18]。'今学者有能究极经道，则爵禄荣宠，不期而至。可不勉哉！"

　　数年，隆等皆卒，学者遂废。

【注释】

〔1〕苏林：传附本书卷二十一《刘劭传》。 〔2〕传业：传承儒学的学术。高堂隆和苏、秦二人是当时曹魏擅长儒学者。 〔3〕先圣：指孔子。 〔4〕六艺：即六经。有《易》、《书》、《诗》、《礼》、《乐》、《春秋》。 〔5〕斯须：一会儿。即须臾。 〔6〕闵子：即闵马父。鲁国的大夫。 原伯：即原伯鲁。周国的大夫。有人见原伯鲁，谈话间发觉他完全不谈学问。这人回鲁国后告诉闵马父情况，闵预料不学无术的原氏要灭亡，周国要乱。事见《左传》昭公十八年。 〔7〕荀卿：即荀子（约前313—约前230）。名况。战国时思想家。当时尊称为荀卿。本赵国人。游学列国，后在楚国居住，著书终老。他主张"制天命而用之"，又提出与孟子人"性善"相反的"性恶"说。今存其著作《荀子》三十二篇。传见《史记》卷七十四。 丑秦世之坑儒：秦始皇坑儒在前212年，这时荀子已死了将近二十年，他不可能对坑儒的事表示厌恶。《史记》卷七十四《荀卿列传》记载："李斯尝为弟子，已而相秦。荀卿疾浊世之政，亡国乱君相属。""相秦"是后来的事，这里提前来说。可见荀子所不满的是战国政局，不是李斯当丞相后的秦朝政局。这里的诏文可能把这段文字误解了。 〔8〕宿生：老先生。 〔9〕伏生：名胜。济南郡（治所在今山东济南市东）人。西汉著名经学家。曾为秦朝博士。专精《尚书》。秦宣布焚书时，他藏《尚书》于壁中。西汉建立，其所藏《尚书》已损失数十篇，只余二十九篇。以残存《尚书》教学于齐、鲁一带，从此《尚书》学开始兴起。由于伏生的《尚书》是用汉代通行的文字写成，所以称为今文《尚书》，并流传至今。传见《史记》卷一百二十一、《汉书》卷八十八。 〔10〕晁错（前200—前154）：颍川郡人。西汉景帝时任御史大夫。为人足智多谋，主张逐步削夺诸侯王的封地，加强中央集权，得到景帝采纳。不久，吴、楚等七个诸侯王国发动武装叛乱，指名要诛杀晁错。在袁盎等人的中伤下，被处死于长安的东市。他曾受汉文帝指派，到伏生的家中学习《尚书》。传见《史记》卷一百一、《汉书》卷四十九。 〔11〕穀梁：书名。解释《春秋》经文的三《传》之一。旧题穀梁赤撰。起于鲁隐公元年（前722），止于鲁哀公十四年（前481）。 寡畴：少有能相比。西汉宣帝时，蔡千秋专精于《穀梁传》，没有人能比得上他，宣帝就选了十名郎官向他学习。事见《汉书》卷八十八《儒林颜安乐传》。 〔12〕宣帝：即刘询（前91—前49）。西汉皇帝。前74至前49年在位。其祖刘据，本为汉武帝的太子，因被江充诬告，逃亡自杀。刘询因此生在民间。武帝死，由刘据的小弟刘弗陵继位为昭帝。昭帝死时无儿子，由他继承昭帝之后为帝。事详《汉书》卷八《宣

帝纪》。　〔13〕料：选取。　郎吏：郎官和中央各官署的普通办事员。
〔14〕四经：指《易》、《书》、《诗》、《春秋》。　三礼：指《周礼》、
《仪礼》、《礼记》。　〔15〕课试：考试。　〔16〕夏侯胜：字长公。鲁国
（治所在今山东曲阜市）人。西汉宣帝时官至太子太傅。擅长经学，尤其
精通《尚书》。传见《汉书》卷七十五。　〔17〕经术：儒经的学术。
〔18〕青紫：指中高级官位。汉代的三公、高级将军用金印，系以紫色丝
绳；九卿、郡太守等用银印，系以青色丝绳。　地芥：地上的小草。俯
拾地芥比喻非常容易做到的事。

　　初，任城栈潜，太祖世历县令，〔一〕尝督守邺城。
时文帝为太子，耽乐田猎，晨出夜还。潜谏曰：“王公
设险以固其国，都城禁卫，用戒不虞。《大雅》云：
‘宗子维城[1]，无俾城坏[2]。’又曰：‘犹之未远[3]，是
用大谏[4]。’若逸于游田[5]，晨出昏归；以一日从禽之
娱，而忘无垠之衅。愚窃惑之。”太子不悦，然自后游
出差简[6]。

　　黄初中，文帝将立郭贵嫔为皇后[7]。潜上疏谏，语
在《后妃传》。

　　明帝时，众役并兴，戚属疏斥[8]。潜上疏曰：“天
生蒸民而树之君[9]，所以覆焘群生[10]，熙育兆庶[11]；
故方制四海匪为天子[12]，裂土分疆匪为诸侯也[13]。始
自三皇，爰暨唐、虞，咸以博济加于天下[14]；醇德以
洽[15]，黎元赖之[16]。三王既微，降逮于汉；治日益
少，丧乱弘多；自时厥后[17]，亦罔克乂[18]。太祖浚哲
神武[19]，芟除暴乱；克复王纲[20]，以开帝业。文帝受
天明命，廓恢皇基；践阼七载，每事未遑[21]。陛下圣
德，纂承洪绪；宜崇晏晏[22]，与民休息。而方隅匪

宁[23]，征夫远戍；有事海外[24]，悬旌万里；六军骚动，水陆转运；百姓舍业，日费千金。大兴殿舍，功作万计；徂来之松[25]，刊山穷谷[26]；怪石斌珷[27]，浮于河、淮[28]。都圻之内[29]，尽为甸服[30]；当供稿秸俟粟之调[31]，而为苑囿择禽之府[32]；盛林莽之秽[33]，丰鹿兔之薮。伤害农功，地繁茨棘[34]；灾疫流行，民物大溃；上减和气[35]，嘉禾不植。臣闻文王作丰[36]，经始勿亟[37]；百姓子来[38]，不日而成；灵沼、灵囿[39]，与民共之。今宫观崇侈，雕镂极妙，忘有虞之总期[40]，思殷辛之琼室；禁地千里，举足投网[41]；丽拟阿房，役百乾溪[42]：臣恐民力凋尽，下不堪命也。昔秦据崤、函以制六合[43]，自以德高三皇，功兼五帝，欲号谥至万叶；而二世颠覆，愿为黔首[44]；由枝干既（杌）〔扤〕[45]，本实先拔也。盖圣王之御世也[46]，克明俊德[47]，庸勋亲亲[48]。俊乂在官，则功业可隆；亲亲显用，则安危同忧；深根固本，并为干翼[49]；虽历盛衰，内外有辅。昔成王幼冲[50]，未能莅政；周、吕、召、毕[51]，并在左右。今既无卫侯康叔之监[52]；分陕所任[53]，又非旦、奭。东宫未建[54]，天下无副。愿陛下留心关塞[55]，永保无极。则海内幸甚！”

后为燕中尉[56]，辞疾不就。卒。

【注释】

〔1〕宗子维城：太子好比是城墙。这四句诗出自《诗经·板》。〔2〕无俾(bǐ)：不要使。〔3〕犹之未远：为政没有远见。〔4〕是用大谏：因此要好好进谏。〔5〕游田：游猎。〔6〕差简：较为稀少。

〔7〕郭贵嫔（？—公元235）：传见本书卷五《后妃传》。　〔8〕戚属：亲属。这里指曹氏皇族近亲。　〔9〕蒸民：人民。　树之君：为他们建立君主。　〔10〕所以：用以。　覆焘（dào）：覆盖。　〔11〕熙育：温暖养育。　兆庶：众百姓。　〔12〕方制四海匪为天子：整体确定四海为统治区，并不是为了天子一个人。　〔13〕裂土分疆：划出土地并区分疆界。〔14〕博济：广泛拯救。　〔15〕醇：深厚。　洽：滋润。　〔16〕黎元：百姓。　〔17〕自时厥后：从这以后。　〔18〕亦罔克乂：也没有能得到治理。　〔19〕浚（xùn）哲：深沉的智慧。　〔20〕克复王纲：能够恢复王朝秩序。　〔21〕每事未遑：虽然从事治理而时间不够。　〔22〕晏晏：温和。　〔23〕方隅：方面。指东南方的孙吴和西南方的蜀汉。〔24〕有事海外：指出兵进攻辽东的公孙渊。　〔25〕徂来（cú lái）：山名。即徂徕山。在今山东泰安市东南。出产松树。　〔26〕刊山穷谷：（为运出松树）铲平了山岩又下到深谷。　〔27〕珷玞（wǔ fū）：像玉的石头。　〔28〕浮：指用船运载。　〔29〕都圻：即京畿。京城所在的区域。〔30〕甸服：这里指都圻以外五百里内的地区。　〔31〕稿：禾类植物的茎秆。这里指连带禾穗的茎秆，又叫做"总"。《尚书·禹贡》说居住在甸服内的居民要上交赋税，赋税以庄稼的实物交纳，并因距离的远近有所不同。一百里内交纳"总"；一百里至二百里内交纳"铚"，即割去茎秆的禾穗；二百里至三百里内交纳"秸"，即去掉芒尖的禾穗；三百里至四百里内交纳"粟"，即没有脱壳的粮食子实；四百里至五百里内交纳"米"，即脱壳的粮食子实。　〔32〕苑囿择禽之府：皇家养殖飞禽以便猎取的园林。　〔33〕林莽：密林。　秽：荒芜。指耕地因林木丛生而抛荒。　〔34〕茨：蒺藜。　〔35〕和气：指阴阳五行和谐变化的状态。和气受到影响。气候就会反常。　〔36〕丰：地名。在今陕西西安市长安区西南沣河西岸。周文王由岐（今陕西岐山县东北）迁统治中心于此。〔37〕经始勿亟：开始规划建设时就下令不要赶得太急。　〔38〕子来：（自愿）匆匆赶来。　〔39〕灵沼、灵圃：周代建造的池沼、苑囿名。〔40〕总期：虞舜修的礼堂。用草盖成，朴素简陋。　〔41〕投网：掉进法网。　〔42〕役百乾溪：工役的劳动量相当于楚灵卫修乾溪时的一百倍。乾溪为地名，在今安徽亳州市东南。楚灵王曾在这里大修宫馆。〔43〕崤：山名。在今河南渑池县西南。　函：即函谷关。在今河南新安县东。　〔44〕黔首：百姓。赵高派人杀秦二世时，二世说他愿当平民以保性命。见《史记》卷六《秦始皇本纪》。　〔45〕扤（wù）：动摇。〔46〕御世：统治天下。　〔47〕克明俊德：能够举用有才德的人。〔48〕庸勋亲亲：赏赐立下功劳的亲属。　〔49〕干翼：支柱和辅佐。

〔50〕幼冲：幼小。 〔51〕周：即周公旦。 吕：即吕尚。 召：即召公。又作邵公。姬姓，名奭（shì）。助周武王灭商。成王时任太保，与周公共同辅政。事见《史记》卷三十四。 毕：即毕公高。周成王时的大臣。 〔52〕卫侯康叔：即卫康叔。名封。周武王的胞弟。武王灭商，让自己的弟弟管叔、蔡叔随同商纣的儿子武庚，共同统治殷的遗民，称为三监。武王死，周公辅政，三监叛乱。周公出兵平叛后，封康叔建立卫国，在殷都故地统治殷遗民。事见《史记》卷三十七《卫康叔世家》。〔53〕分陕：周武王死，成王年幼。周公与邵公辅政，并以陕（今河南三门峡市陕州区）为界分别治理周王朝的统治区域，陕以东归周公，陕以西归邵公。这里以分陕所任指曹魏出镇方面的大臣。 〔54〕东宫：指太子。 〔55〕关塞：比喻政治中最关紧要的事情。 〔56〕燕（yān）：王国名。治所在今北京市。 中尉：官名。负责维护王国境内治安。

【裴注】
　　〔一〕潜，字彦皇，见应璩《书林》。

　　评曰：辛毗、杨阜，刚亮公直，正谏匡躬；亚乎汲黯之高风焉[1]。高堂隆学业修明，志在匡君；因变陈戒，发于恳诚，忠矣哉！及至必改正朔，俾魏祖虞[2]，所谓意过其通者欤[3]！

【注释】
　　〔1〕汲黯（？—前112）：字长孺。东郡濮阳（今河南濮阳市东南）人。西汉武帝时任主爵中尉，以直言敢谏而得到"社稷之臣"的美誉。传见《史记》卷一百二十、《汉书》卷五十。 〔2〕俾魏祖虞：使曹魏以虞舜为远祖。事见本书卷十四《蒋济传》。 〔3〕意过其通：指对臆测的东西坚持不放，比坚持自己通晓的学问还认真。

【译文】
　　辛毗，字佐治，颍川郡阳翟县人。他的祖先在汉光武帝建武年间，从陇西往东迁移到颍川定居。最初，辛毗跟随哥哥辛评在袁绍手下做事，太祖曹操当了司空，任命辛毗为下属，辛毗无法前去上任。到了袁绍死后袁尚进攻在平原的哥哥袁谭，袁谭要辛毗去向太祖求救。

这时太祖准备南下荆州去讨伐刘表，途中暂住在西平县。辛毗在这里见到太祖报告了袁谭的意思，太祖大为高兴，答应出兵援救袁谭。过了几天，太祖又还是想先平定荆州，让袁谭、袁尚兄弟在自相攻击中消耗力量。有一天太祖摆设酒宴，辛毗从太祖的表情中，知道事情有变，赶忙请太祖的重要谋臣郭嘉帮忙挽回。

郭嘉报告太祖，太祖召来辛毗问道："袁谭这个人可信吗？袁尚一定能攻克么？"

辛毗回答说："明公您不必追问可信还是有诈，只消直接考察他们所面临的形势就一切都清楚了。袁氏兄弟自相残杀，并不认为别人能够利用他们的隔阂，而是觉得自己的力量足以平定天下。现今突然要向明公求救，可见形势确实不妙。袁尚眼睁睁看到袁谭处境困穷却不能消灭对方，说明他的力量已经衰竭了。对外作战失败，内部谋臣被杀，同胞兄弟相互争斗，辖境一分为二；加上连年战争，将士穿的甲胄里面都生满了虱子；又发生旱灾和蝗灾，饥荒到处出现，境内没有仓库储存谷物，人们外出也没有干粮充饥。上面天灾不断，下面社会局势险恶，老百姓不管是愚笨的还是聪明的，都知道袁氏家族的统治已经土崩瓦解，这真是上天要袁尚灭亡的时候啊。兵法上曾说：即使是用石头砌城墙，护城河里灌满滚烫的开水，麾下有穿上铠甲的战士上百万，如果没有粮食，依然守不住城池。现今明公前往进攻袁尚的老巢邺县，他不回兵援救，就无法保全自己。而一旦回兵援救，袁谭就会跟踪追击。以明公的威势，对付处于困境的敌人，打击疲乏不堪的对手，还不像秋风横扫落叶一样势不可当吗？上天把袁尚给与明公，明公不要而去讨伐荆州。荆州富足安定，刘表的统治没有出现危机。《左传》中记载仲虺的话，说是'要攻取国内混乱的，踏平国家将要灭亡的'。如今袁尚、袁谭不为自身的前途着想，只知道自相残杀，算得上国内混乱了；定居的人没有谷物储存，外出的人没有干粮可吃，算得上将要灭亡了。在这人民朝不保夕、没法生存的时候，而不去安抚他们，要想等待来年；来年那里或许会出现丰收，对方在危亡关头或许会改而实施德政，那就坐失用兵的绝好机会了。现在借他求救而去安抚百姓，可以说是利莫大焉。再说如今在您四方的敌对势力，以河北的袁氏势力为最强大；河北一旦平定，那明公军队的威势就大大增强，从而可以震慑天下。"

太祖不禁称赞说："好得很！"于是答应与袁谭和平友好，随即掉头北上推进到黎阳。第二年进攻邺县，把城池攻下，太祖上奏推荐辛毗任议郎。

很久以后，太祖派都护曹洪领兵进攻下辩县，让辛毗与曹休做军事参谋，下达指令说："从前高祖贪财好色，而有张良、陈平匡正他的过失。而今辛毗、曹休的担子不轻啊。"

军队回来后，辛毗担任丞相府的长史。

文帝曹丕登上帝位，辛毗升任侍中，封关内侯。当时朝廷商议改换历法重新确定一年的起始时刻。辛毗认为：大魏遵循虞舜、夏禹禅让的传统，承受天意顺应民心；至于商汤、周武王，则是以武力平定天下，才会改换历法重新确定一年的起始时刻。孔子说过"要使用夏朝的历法"，《左传》中也说"夏朝的历法四季划分正好符合气候的实际变化"，何必一定要求历法与前面的朝代不同呢？文帝觉得他的意见很对就听从了。

文帝准备从冀州迁徙十万户世代当兵的家庭到河南郡，以充实京都地区。这时接连发生蝗灾，民间出现饥荒，各个政府部门都觉得文帝的考虑不妥当，而文帝却硬要这么干。辛毗与朝廷大臣进宫求见，文帝知道他们要劝阻此事，所以见面时做出严厉的脸色，吓得其他人都不敢开口。辛毗却问文帝说："陛下想迁徙世代当兵的家庭，这一计划是怎么考虑的呢？"文帝反问道："你认为我的迁徙计划不对吗？"辛毗回答说："确实认为不对。"文帝说："那我就不和你谈论这件事了！"辛毗说："陛下不觉得为臣不贤，把我安排在身边，充当议论政事的官员，怎么能不与为臣谈论呢？再说为臣所说的不是私人小事，而是有关天下的大事，陛下怎么能对我发怒呢？"文帝也不答话，起身就朝内室走，辛毗跟上去拉着文帝的衣服后襟。文帝挥手使衣襟脱离辛毗的牵引，头也不回地走进内室，过了很久才出来，说道："辛佐治，你是不是把朕逼得太急了点？"辛毗说："现今迁徙这么多人，既丧失民心，又没有粮食给他们吃啊！"文帝这才答应只迁徙一半的人口。

辛毗曾经跟随文帝到野外射野鸡，文帝说："射野鸡真是快乐！"

辛毗却说："对陛下很快乐，而对下面的臣民却很劳苦。"文帝顿时默不作声，后来就少有出外射猎了。

上军大将军曹真出兵进攻在江陵镇守的吴将朱然，由辛毗代理军师职务。回来之后，晋升爵位为广平亭侯。

文帝想大规模调集军队讨伐孙吴，辛毗劝阻说："吴、楚故地的居民，凶恶而难以控制；政治局面兴隆时是最后服从的，政治局面衰败时是最先反叛的；自古以来就令人担忧，并非现在才是如此。而今陛下享有天下，那些不服从的，又还能坚持多久呢？从前赵佗在南越称帝，公孙述也曾在益州冒充天子，结果没过多久，一个投降一个被诛灭。原因很简单，反动的人不会长久，而具有伟大品德的人没有什么地方不服从他。现今天下刚刚平定，地广人稀。就算在朝廷中制定好了克敌制胜的策略，到了出军的时候都还有所担心；何况现今还没有必胜的把握就想用兵，为臣实在看不出有什么好处。先帝在世时多次调集精兵南下，都是一到长江就撤了回来。现今军队数量并不比从前多，而想依照从前的办法行事，这是不容易成功的。为今之计，不如按从前范蠡的策略养育人民，模仿管仲把加强军事实力的措施装扮成行政上的措施来实行，效法赵充国推广屯田，表明将按孔子的话安抚远方的人；这样坚持十年，现今强壮的人到时候还没有老朽，而现今的儿童到时候已经能够从事战斗，全国的百姓愿意为君主效力，全军的将士急着一显身手。那时候用兵征伐孙吴，一战即可成功了。"

文帝说："按照您的意思，反而要把敌人留给子孙去解决了么？"辛毗回答说："从前周文王把殷纣留给儿子周武王去解决，因为他看清了时势。如果时势不允许，怎么能办到呢？"

文帝不听，竟自出兵伐吴，果然到达长江后只有撤回。

魏明帝即位之后，辛毗晋爵为颍乡侯，封邑三百户。当时中书监刘放、中书令孙资受到明帝的信任，控制和专断权力，朝廷大臣莫不争着与他们交往搞好关系，唯独辛毗不和他们来往。他的儿子辛敞劝他说："现今刘、孙掌权，众人都像影子一样附从他们。大人应当稍微委屈一下自己，和大家一样与他们搞好关系，不然必定要受到他们的中伤。"辛毗脸色严肃，说："现今的皇上虽然还没有表现出绝顶聪明，但也不是昏庸低劣的君主。我立身处事自有素来奉行的原则。就算与刘、孙二人不和，也不过使我当不上三公而已，还能有什么危害？大丈夫岂能因为想当三公就毁弃自己高尚的节操啊！"

不久，冗从仆射毕轨上奏明帝说："尚书仆射王思是认真勤恳的老资格官员，但是在忠诚开朗足智多谋上不如辛毗，辛毗应当代替王思。"明帝咨询刘放、孙资的意见，两人说："陛下之所以使用王思，是想发挥他的实干才能，而不是重视虚名。辛毗确实开朗正直，但是性情刚烈而倔强，圣上应当好生考虑。"结果明帝不用辛毗。接着辛毗又被调出皇宫去当卫尉。

明帝下令大修宫殿，百姓疲于承担劳役。辛毗上奏说："为臣听说西蜀的诸葛亮正在讲武练兵，而东吴的孙权已派人到辽东去交换军马；揣测他们的意图，似乎要联合进攻我国。预防不测，是古代提倡的好政治措施。而今我们大兴土木，庄稼却连年收成不好。《诗经》中《民劳》一诗说：'人民已经很疲劳了，或许应当让他们稍微休息一下。让中原的百姓受到恩惠，才可以进而安抚四方呀。'希望陛下能为国家考虑。"

明帝下诏答复说："蜀、吴二贼未消灭而兴修宫殿，这正是你们喜欢直言进谏者出名的好时候嘛。帝王的都城，应当趁老百姓在劳作时一齐修好，使以后不需要再来增加修建项目，这是从前萧何为汉朝作的规划。现今你是魏朝大臣，也应该懂得他的宏大意图吧。"

不久，明帝又想铲平洛阳北郊北芒山的山顶，在上面修建楼台，以便遥望黄河的孟津渡口。辛毗劝阻说："天地的特性，就是使高凸的高凸，使低凹的低凹，现今要反其道而行之，这不合常理；再说又太费人力，老百姓难以承受。如果黄河泛滥，洪水成灾，而山丘都铲平了，用什么来阻挡洪水呢？"明帝这才打消了念头。

青龙二年（公元234），诸葛亮出动大军推进到渭河南岸。在这之前，领兵抗击诸葛亮的大将军司马懿多次请求与诸葛亮决战，明帝始终不批准。这一年，明帝怕禁止不了司马懿，便派辛毗担任大将军司马懿的军师，持有节杖；全军秩序肃然，都遵照辛毗的约束控制，没有人敢违反。

诸葛亮死，辛毗回朝继续担任卫尉。去世之后，谥为肃侯。

儿子辛敞继承了他的爵位，咸熙年间曾任河内郡太守。

杨阜，字义山，天水郡冀县人。起初以凉州从事的身分，为州牧韦端出使许都，被太祖曹操任命为凉州安定郡的长史。从许都回来后，关右的众将问他袁绍与曹操对抗，究竟今后谁胜谁负，杨阜回答说："袁公宽容而不果断，喜欢谋略却迟迟下不了决心；不果断就没有威信，下不了决心就要错过时机。现今虽然强大，终究不能成就大事。曹公具有雄才大略，抓住时机做出决断毫不迟疑，法令统一而将士精锐，能够不拘一格使用人才，受到任用的人各尽其力，必定能做出一番大事业。"

由于杨阜不喜欢长史的职务，随即辞职。凉州牧韦端不久入朝担任太仆，其子韦康接替他担任凉州刺史，韦康任命杨阜为州政府的别驾从事。后来杨阜被本郡举荐为孝廉，丞相曹操任命他为下属，而韦康上表请求留他在凉州担任军事参谋。

马超在渭河南岸被太祖曹操击败之后，逃到西面的少数族聚居区保全自己。太祖跟踪追击到安定郡，而苏伯在后方的河间国造反，太祖准备带兵回还。杨阜当时作为使者去见太祖，进言说："马超具有韩信、季布那样的勇气，很受羌族人的拥护，凉州人都十分畏惧他。如果大军往东撤回，不严加防备，陇山以西的各郡就可能不归国家所有了。"

太祖很重视他的意见，可惜撤军太仓促，作出的防备不周密。马超趁机带领各少数族首领进攻陇山以西的各郡县，这些郡县纷纷响应，只有冀县作为当时凉州和天水郡的治所，支持州、郡政府据城坚守。

马超率领这时已经完全兼并了的陇山以西的地方武装势力，再加上张鲁派来的大将杨昂所指挥的援军，共计一万多人马，前来围攻冀城。杨阜召集本郡官员和杨氏宗族子弟能够拿起武器的共一千多人，派堂弟杨岳在城墙上修筑弯月形的营垒，和马超的攻城部队展开激战。从当年春正月一直坚守到秋八月，救兵都还没有来到。州政府派别驾从事阎温顺着城边的河水潜游出去搬救兵，被马超抓住杀死，州刺史和郡太守听到消息吓得脸色都变了，开始打主意投降马超。杨阜流着眼泪劝他们说："我杨阜带领家乡父老兄弟，以忠义勉励自己，宁死也没有二心。就是从前齐国名将田单坚守的即墨城，也不能比冀城更坚固了。你们何苦放弃即将建立的大功，落下不忠不义的恶名，我以死来请求坚守到底！"于是痛哭流涕。州刺史和郡太守结果还是派人前去求和，打开城门迎接马超。

马超进城之后，把杨岳关押在冀城，又让杨昂杀死州刺史和郡太守。杨阜暗中怀有报复马超的志向，而一直没有得到机会。

不久，杨阜以妻子死了为由向马超请假料理丧事。当时，杨阜的表兄姜叙驻守在历城。杨阜从小就在姜叙的家中长大，他来到历城见到姜叙母子二人，谈到此前在冀城发生的一切，不禁痛哭流涕十分悲伤。姜叙说："为什么如此伤心？"杨阜说："我守城没有守住，刺史和太守两位上司被害又不能与他们一起死，还有什么脸面生存在天地之间啊！马超抛弃父亲背叛上司，残害州刺史，岂止是我一个人的担忧和责任，全凉州的士大夫都蒙受了耻辱。现在您带领军队镇守一方而没有声讨乱臣贼子的意思，这就是晋国史官要认为是赵盾谋杀了君主的原因。其实马超虽然力量强大却不讲信义，他的内部问题很多，是不难对付的。"

姜叙的母亲听了很感动，指示姜叙听从杨阜的意见。杨阜与姜叙商量好行动计划之后，又到外面与同乡人姜隐、赵昂、尹奉、姚琼、孔信，以及武都郡人李俊、王灵等商量，立下共同讨伐马超的誓约。杨阜还派堂弟杨谟到冀城悄悄通知杨岳，又联络了安定郡的梁宽，南安郡的赵衢、庞恭等人。立约起誓之后，于建安十八年（公元213）九月，杨阜与姜叙在卤城起兵声讨马超。

马超闻讯后，亲自带兵出冀城去攻击。他刚一出城，赵衢、梁宽就去放了杨岳，然后关上城门，杀了马超的妻子儿女。马超在无可奈何之中只好去进攻历城，抓住了姜叙的老母亲。姜叙母亲痛骂马超说："你是抛弃父亲的逆子，杀死上司的凶贼，天地都不会长久容忍你！而不早点去死，还敢拿厚脸皮来对着人！"马超大怒，把她杀死。杨阜亲自与马超对战，身上受了五处伤，同族兄弟死了七个人。马超失利，只好向南逃去投奔张鲁，陇山以西至此完全平定。

太祖曹操评定讨伐马超的功劳并给予奖赏，其中封侯的有十一人，杨阜被封为关内侯。杨阜上奏推让说："我杨阜在上司活着的时候没有抵御祸难的功劳，上司被害之后又不能表现出以死报效的节操，从道义上说应当被废黜，从法律上说应当被处死；再说马超仍然活着，确实不能苟且接受爵位和俸禄的赏赐。"

太祖的公文答复说："您与各位贤才共同建立大功，凉州的人都传为美谈。子贡为人赎身之后不接受应得的奖赏，孔子批评他会断绝别人行善。您最好出以公心接受朝廷的命令。姜叙的母亲，鼓励姜叙及早行动，像这样明智的女性，就是过去杨敞的妻子也不过如此。真是贤明，真是贤明啊！在优秀史官的笔下，必定不会把她的事迹埋没。"

太祖西征汉中的张鲁，任命杨阜为益州刺史。太祖回来时，改任他为金城郡太守；还没有动身去上任，又转任武都郡太守。武都郡邻近蜀郡和汉中郡，杨阜请求仿照从前龚遂治理勃海郡的事例，以安定百姓为原则。碰上这时刘备派遣张飞、马超等从沮县向武都郡的治所下辩县进攻，而氐族首领雷定等人带领七个部落一万多家人造反，响应刘备。太祖急派都护曹洪率军前去阻击，对方退回。

于是曹洪大摆酒宴庆功，席间有年轻的女艺人穿起轻薄而透明的丝衣，一边舞蹈一边用脚踢鼓。在座的人都看得眉开眼笑，这时杨阜声色俱厉地责备曹洪说："男女的区别，是有关国家风化的大事情，怎么能在大庭广众之中让女人裸露身体！即使是夏桀、商纣的淫乱，也不能更比这丑恶了！"于是猛甩衣袖和衣襟大步走了出去。曹洪登时撤销女艺人的音乐表演，请杨阜回来，满座的人都表情严肃，心里相当敬畏他。

后来刘备夺取了汉中逼近下辩，太祖认为武都郡独自处于遥远的边境，想把郡内的居民全部迁到内地，但是又害怕当地的官员百姓眷恋故土而不愿内迁。由于杨阜在武都很有威信，结果他前后顺利地迁徙了汉族、氐族居民，让他们定居在京兆、扶风、天水三郡界内，共有一万多户，武都郡的郡政府也内迁到了扶风郡的小槐里，老百姓扶老携幼跟随他。他在行政上只抓大的要点而已，而下级也不忍心欺骗他。

魏文帝曹丕曾经问侍中刘晔等人："武都郡太守杨阜是什么样的人？"都回答说他有三公辅政大臣那样的节操。可惜还没有来得及重用他，文帝就去世了。

他在武都郡任职十多年，后来被征召入朝当城门校尉。杨阜曾经看到魏明帝戴了一顶绣花帽，穿着一件用淡青色绸子和带花锦缎做成的半截袖衣服，他就问："陛下穿戴的这一身是礼仪制度中的什么衣服啊？"明帝默不作声，从此不穿正规的礼服就不与杨阜见面。

杨阜升任将作大匠。这时明帝开始大修宫殿，强行征调民间美女送进皇宫，又多次到野外去打猎。这年秋天，连下暴雨，雷电交加，打死了很多飞鸟。杨阜上疏给明帝说："为臣听说英明君主在位，臣僚就能畅所欲言。唐尧、虞舜具有圣人的品德，仍然请求臣民指出自己的过失并听取他们的进谏；大禹勤于兴修水利工程，却特别让自己的住所保持矮小简陋；商汤在遇到大旱的时候，向上天责备自己并承担一切过失的责任；周文王为自己的嫡妻做出榜样，然后教育家族和国家；汉文帝亲自提倡节俭，只穿黑色粗绸做的衣服：以上的君主全都能够显扬自己美好的名声，留下他们远大的谋划。陛下继承了太祖武皇帝开创的基业，保守着高祖文皇帝传下的帝位，实在应当好好考虑如何才能向古代圣贤君主的完美政治学习和看齐，以各个朝代末期放纵的恶劣政治作为鉴戒。所谓的完美政治，主要是提倡节约，珍视人力；所谓的恶劣政治，不外乎随心所欲，想干什么就干什么。希望陛下认真考虑古代王朝一开初为什么会政治清明昌盛，到末期为什么会政治衰败颓弱以至于灭亡，同时再看一看近代汉朝局势的变化，就足以触动内心而产生戒惧了。假如过去汉桓帝、汉灵帝不败坏汉高祖创立的法则制度，不抛弃汉文帝、汉景帝提倡的节俭，我朝的太祖虽然具有非凡的军事才能，又怎么能得到充分的施展呢？

那么陛下又怎么能坐上这尊贵的位置呢？如今吴、蜀二敌还未平定，大军常年在外，希望陛下一举一动都要三思，经过慎重考虑之后再实行，特别是不能随便出外打猎，从过去的情况来考察将来，陛下说出的话好像很轻，但是对于事业成败的影响却很重大。近来连降暴雨，天气常常发生突然性变化，雷电的出现反常，以至于杀死许多鸟雀。天地的神灵，把君主当作儿子对待，政治有不妥当，就会降下灾害以示谴责。克制自己，在内心反省自己，这是圣人孔子的教导，愿陛下能够在祸患形成之前就有所考虑，在事情的刚刚开始时就慎重对待，仿效汉文帝遣散汉惠帝妃嫔并让她们另嫁他人的举动。最近，强行从民间调走一批年轻美女入宫，远方的人听到了影响很不好，最好在以后再作打算。皇宫的各项缮修工程，务必遵循节约的原则。《尚书》中说：'家庭和睦之后，才能团结全国。'皇族的事务要考虑怎么样处理才适当，以符合中庸之道。在所有方面都要精心研究，节省费用。吴、蜀被平定之后，这才会上下安乐，皇族和睦愉快。像这样做，在天的祖父、父亲也会感到高兴。唐尧、虞舜也难以完全做到这些，所以现今应当向天下显示信用，一来安抚国内民众，二来争取远方的人民。"

当时雍丘王曹植埋怨自己不受任用，朝廷对宗室亲王，使用严厉的法规禁令加以监视，所以杨阜又在上疏中陈述了皇族问题。明帝下诏回答他说："最近看到了您呈上的密封奏疏，先列举古代的圣明君主，以批评昏暗的政治，恳切精到的言辞，忠诚而实在。退下来考虑如何弥补过失，这方面的帮助和匡正，您也说得很完全。看了您的逆耳忠言，朕非常赞赏。"后来杨阜升任少府。

当时大司马曹真率军伐蜀，遇到大雨不能前进。杨阜上疏说："从前周文王时有红色乌鸦出现的祥瑞征兆，他仍然为公务而忘我操劳，经常忙得太阳偏西都顾不上吃饭；周武王讨伐商纣，渡过黄河时有白鱼跳进船中，君臣的神色立刻变得严峻。他们都碰到吉祥的征兆，却依然忧患畏惧；那么碰到灾害和反常现象时，能不吓得打抖吗？而今吴、蜀二国没有平定，而上天不断使用异常的现象来警醒人间。陛下应当集中精力好生考虑用什么措施来消除上天的谴责，侧身而坐，想办法对远方的人显示德泽，对本国的人用节俭来安抚他们。最近征讨西蜀的各路兵马刚开始前进，就出现了大雨，军队被阻滞在险峻的深山中，已经有很多天了。运输的辛劳，肩挑背负的艰苦，耗费的人力已经很多；如果粮食物资一旦接济不上，事情的结果就会与最初的打算完全不一样了。《左传》上说：'见到形势有利才向前进，知道形势困难就及时退却，这是用兵的好策略。'徒然使大军困在山谷之中，前进时抢不到粮食，后退又没有接到命令，这不是指挥军队的办法。周武王第一次讨伐商纣时中途撤军，商纣终究灭亡，可见他认清了上天对一切事情的时间安排。而今年收成不好百姓饥饿，陛下应当颁布英明的诏书，宣称自己要降低御膳的数量和质量，减少御用衣服的制作，一切用来玩赏的珍贵工艺品，都要停止制造。从前邵信臣在太平无事的年代出任少府卿，都还上奏请求停止生产那些耗费人力物力的珍稀食品，现今军费开支不足，更应该有所节制。"

明帝看了上奏之后，立即下诏让征蜀大军撤回。

后来明帝下诏，要朝臣广泛议论政治当中对人民不利的地方，杨阜的议论认为："搞好政治在于任用贤才，振兴国家在于加强农业。如果舍弃贤才而任用自己宠爱的人，这是败坏政治最严重的一条。而修造广阔的宫殿，建筑高峻的楼台，从而妨碍人民从事生产，这是伤害农业最严重的一条。各种工匠不使他们制作的器具朴实简单，而争着制造新奇巧妙的玩赏品，以满足上面的欲望，这是危及根本最严重的一条。孔子说过'暴政比猛虎还要可怕'的话，而今墨守成规受习惯势力左右的官员，为政不懂得政治的体制，无原则地喜欢烦琐苛刻，这是扰乱人民最严重的一条。当前极为紧急的事，就是要去除上面的四个'最'，同时向九卿和郡国的太守、国相下诏，要他们举荐贤良、方正、忠厚质朴的人才供朝廷选用，这也是征求贤才的一种办法。"

杨阜又上疏请求遣散宫女当中没有承受过明帝亲近宠爱的那些人，于是召来宫廷有关办事员询问宫女的人数。办事员遵守以往的条令，对答说："这是宫廷的秘密，不能泄露。"杨阜勃然大怒，打了这个办事员一百板子，数落着斥责说："天子的秘密不让九卿知道，反而只让你这个小小办事员知道吗！"明帝得知此事之后更加敬畏他。

明帝的宝贝女儿曹淑，不满一岁就夭折了，他悲痛得很，追封她为平原郡公主，在洛阳为她修建神庙，安葬在南陵。下葬时他还要亲自哭悼送丧，杨阜上奏劝阻说："高祖文皇帝、武宣皇太后安葬时，陛下都没有送葬，这是以天下为重，防备不测事件的正确做法。对抱在怀中的初生婴儿怎么能去送葬啊？"明帝不听他的劝告。

明帝在刚修造了许昌的行宫之后，又下令大修洛阳皇宫的殿堂楼阁。杨阜上奏进谏说："唐尧喜欢住茅草、芦苇盖的房屋而人民安居，夏禹的宫殿修得低矮简陋而天下乐业；到了商、周时候，有的宫殿地基不过三尺高，室内的宽度也不过摆下九张见方九尺的竹席。古代的圣明帝王，都不愿意耗尽百姓的财力和人力来把自己的宫殿修得高大华丽之极。夏桀建筑璇室、象廊，商纣修造倾宫、鹿台，结果都丢掉了天下。后来的楚灵王因为修章华台而身受大祸，秦始皇建阿房宫则使儿子遭殃，天下反叛，才传到二世就告灭亡。如果不计算着使用人力，只想满足自己的欲想，没有不垮台的。陛下应当以唐尧、虞舜、夏禹、商汤、周文王、周武王为榜样，把夏桀、商纣、楚灵王、秦始皇作为自己最深刻的鉴戒。天神虽然高高在上，却清清楚楚察看着人间帝王的德行。谨慎地守着帝位，以继承祖父和父亲，都还担心会丢掉了巍巍大业；如果不日夜恭敬，诚恳谦虚，体谅百姓，反而让自己无所事事，让自己放纵行乐，只想把室殿楼台搞得尽量奢侈华丽，那么注定要遭到颠覆灭亡的厄运。《周易》上说：'把房屋建造得很高大，用厚厚的草盖房顶，然而从门缝中一瞧，里面却阒无一人。'君主以天下为家，这几句是说把自己房屋建造得很高大的祸害，竟至于家里衰败得没有人影了。如今吴、蜀二贼联合，企图危及大魏江山。我朝的十万大军，东西两方奔赴，边境上没有一天的安乐日子，农民荒废了生产，老百姓饿得面黄肌瘦。陛下不担忧这一切，却修建宫殿，没有停止的时候。假如国家灭亡了而为臣可以单独生存下来，为臣就不会说这些话；要知道君主是脑袋，臣僚是四肢，存亡都在一起，得失共同承当。《孝经》上说：'天子只要有七位敢于直言进谏的人，即使他是无道昏君也不会丢失天下。'为臣虽然才能低劣性格怯懦,怎么敢忘掉直言进谏的责任呢?话说得不恳切直率,不能够打动陛下。陛下不听为臣的忠言,恐怕先祖、先父的基业,将会垮倒在地上。假如为臣死了能够对事情有万分之一的补救,那么为臣在被处死之日,就好像自己是投生人间一般高兴不已。谨准备好棺材并沐浴身体,跪下来等待陛下的诛戮。"上奏得到皇帝阅看之后,明帝被他的忠言感动,亲自写诏作答复。

每次朝廷举行会议,杨阜总是刚直不阿,把治理好天下当作自己义不容辞的责任。他因为多次进谏,明帝不听,便一再请求辞职,明帝不准许。不久去世,死后家中没有多余的财产。孙儿杨豹继承了他的爵位。

高堂隆,字升平,泰山郡东平阳县人。是鲁国人高堂生的后代。他年轻时是在校的儒生,而泰山郡太守薛悌任命他为督邮。本郡的军队指挥官与薛悌发生争论,直呼薛悌的名字呵斥他。在旁边的高堂隆抓住佩剑指着那位军事指挥官责备说:"从前鲁定公受到侮辱,孔子跨上台阶去指责对方;秦王逼迫赵王弹瑟,蔺相如也硬要秦王击缶。你当着下级的面直呼其上司的名字,从道义上说就该讨伐你!"对方吓得变了脸色,薛悌也惊得赶忙站起来去阻止高堂隆。

后来高堂隆离职,避居在济南国。建安十八年(公元 213),太祖曹操任命他为丞相府的军议掾,后来当历城侯曹徽的文学侍从官员,转任历城侯相。太祖去世时,作为儿子的曹徽并不悲痛,反而驰骋打猎,高堂隆用道理来正言进谏,很能尽到辅导的职责。

魏文帝黄初年间,他出任堂阳县长。被选出担任平原王的王傅。平原王曹叡就是后来的明帝,他继承帝位之后,任命高堂隆为给事中、博士、驸马都尉。这时明帝刚刚即位,朝廷群臣认为应当举行招待宴会,高堂隆说:"唐尧、虞舜时君主死后都要暂时停止一段时间的音乐演奏以示悲悼,殷高宗在父亲死后也用沉默不言来寄托哀思,所以才能把社会治理得和平安乐,使自己的有德形象光照四海。"他认为不应当举行招待宴会,明帝恭敬地采纳了他的意见。

不久他升任陈留郡太守。一个放牛的百姓叫做酉牧，年已七十多岁，具有无与伦比的品行，高堂隆举荐他担任计曹掾。明帝赞赏这一做法，特地任命酉牧为郎中以示表彰。

后来明帝征召高堂隆进京任散骑常侍，封关内侯。

青龙年间，明帝大修宫殿，还派人到长安去运回大钟，高堂隆上奏说："从前周景王不效法文王、武王的美德，不遵守周公定下的神圣制度，既铸造大钱，又制作大钟，单穆公劝告他也不听，伶州鸠阻止他他也不从，迷而不返，周朝政治因此衰落。优秀的史官把这记载下来，作为永久的鉴戒。然而现今的小人，喜欢鼓吹秦、汉二朝的奢侈靡费以打动圣上的心，以至于下令去运取秦始皇所铸大钟这种灭亡国家而不合制度的器物，劳民伤财，败坏有德的政治。这可不是振兴和谐的礼仪音乐，尊敬美好的神灵所应采取的做法。"

这一天，明帝驾临尚方署，高堂隆与卞兰侍从。明帝把高堂隆上面的这道表章交给卞兰，让他反驳高堂隆。卞兰说："国家的兴衰取决于政治，音乐能起什么作用？教化不昌明，难道是钟的罪过吗？"高堂隆回答道："礼仪和音乐，是为政的根本。所以虞舜制定的音乐《箫韶》，在节奏加以变化之后演奏了九次，凤凰就会成双成对地飞舞；祭祀天神的雷鼓，在节奏加以变化之后敲击上六遍，神灵就会降临人间。政治要有音乐才能安定，刑罚要有音乐才能被放置到一边不使用，这是和谐的最高境界。新的靡靡之音一演奏，商纣因此就走向灭亡；大钟铸成之后，周景王的统治就走向衰败。存亡的变化关键，总是由此产生，谁说政治的兴衰不通过音乐起作用啊？君主的一举一动史官都要记载下来，这是古代创立的规矩。做事情不遵守法度，怎么能拿给后世的人看？圣明的帝王喜欢听到自己的过失，所以才有告诫和规劝存在；忠臣希望充分表现自己的节操，所以有尽忠而不顾自身的举动。"明帝认为他说得好。

高堂隆升任侍中，仍旧兼任太史令。洛阳皇宫中崇华殿发生火灾，明帝问他："这是什么预兆？从礼仪上看，是否有祭祀祈祷神灵以消除灾祸的这种办法？"

高堂隆回答说："凡是灾害和反常现象的发生，都是上天用来表示教导和告诫的；只有遵循礼制培养道德，才能够制止它。《易传》上说：'上面的君主不俭朴，下面的臣民不节约，就会有灾祸之火烧毁房屋。'又说：'君主高筑楼台，天火就会发生。'人间的君主如果只知道修饰宫殿，不知道老百姓已经是一无所有，那么上天就会降下旱灾，并让高大的殿堂起火。上天现在向下观察，因此谴责警告陛下；陛下可要加强对人民的爱护关怀，以回复上天的旨意啊。从前在商王太戊的时候有桑树和穀树共生在朝廷之中，商王武丁的时候又有野鸡飞到祭祀商汤的鼎上鸣叫，他们都因此而恐惧，认真实施德政，三年之后政治清明，连远方的少数族也来进贡，所以被称为中宗、高宗。这是从前朝代明明白白的事例。现在查阅过去的占卜目录，凡是火灾的发生，都是针对大修楼台宫殿的警告。然而现今扩修宫殿，实在是因为宫女太多的缘故。应当对宫女进行选择，只留下贤淑美丽的，人数上也按照周代的制度不超过一百二十人，其他的一律遣散回家。这就是祖已对殷高宗武丁的劝说，也就是武丁能享有长久美好名号的原因。"

明帝又下诏问高堂隆："朕听说在汉武帝时，柏梁台发生火灾，他用大修宫殿的办法来制克灾祸，这又怎么解释？"

高堂隆答复说："为臣听说长安的柏梁台发生火灾之后，当时有一个从南越来的巫师陈述方术，所以才兴修更宏伟的建章宫，以制克火灾；这是南越少数族巫师的主意，不是圣贤的英明教导。《汉书》的《五行志》说：'柏梁台失火之后，又发生了江充诬告太子使用妖术伤害武帝的祸事。'按照这一记载，南越巫师建议大修建章宫，并没有收到消灾免祸的效果。孔子曾说：'发生灾祸之后应当做善事以响应五行的变化，灾祸是阴阳之气相互感应，目的是告诫人世的君主。'所以圣明君主一看到灾祸就要责备自己，退下来勤施德政，以消灾补过。现今要遣散大修宫殿的民工。宫殿的制度，务必要遵照节约的原则，后面的宫室足以遮风蔽雨就行了，前面的殿堂足以举行接见群臣的礼仪就够了。要清扫发生火灾的地方，不敢再在这里新修什么建筑，今后必定有蓂莆之类的神草，长得特别长大的禾穗从这里生出来，以报答陛下虔敬恭顺的品德。怎么能消耗百姓的人力，用尽百姓的财力，来为自己

大修宫殿呢？这实在不是招来祥瑞的征兆并且使远方人民前来归
顺的好办法啊。"

明帝依然在原址上修复了崇华殿，当时全国有九处地方报告
有龙出现，所以改名为"九龙殿"。

明帝又下令修陵霄阙。刚修时，有喜鹊在搭建的屋架上筑巢，
明帝问高堂隆是什么原因，高堂隆回答说："《诗经》中《鹊巢》
一诗中说：'喜鹊筑好了窝，那斑鸠却来霸占居住。'现今大修宫
室，刚开始修陵霄阙，就有喜鹊来筑窝，这是宫殿修不成和修成
自己也住不上的征兆。上天好像是在说：宫殿在没有修成时，就
会有异姓来控制一切。这是上天深刻的告诫啊。上天对人不看亲
不亲，只帮助那些好人，陛下不能不好生防备，不能不深加考虑。
夏朝、商朝的末代君主，都是此前圣明君主的继承人呀。他们不
恭敬承受上天的明确旨意，只知道听从谄媚的谗言，败坏道德，
满足私欲，所以他们的灭亡迅速得很。太戊、武丁，看到灾害心
中产生恐惧，恭恭敬敬接受上天的警告，所以他们的兴隆也迅速
得很。现在陛下如果能停止一切工程的修建，用节俭来保证国家
有充足的财力，实施德政，一举一动都遵循帝王应当遵守的法度，
清除普天下民众所担忧的弊政，实施对他们有利的举措，那么完
全可以与三王、五帝并肩媲美，岂止是像殷高宗武丁那样转祸为
福而已啊！为臣作为陛下的心腹，只要能够造福于皇上，安定天
下，哪怕是自己粉身碎骨家族遭到破灭，也会像获得新生那样高
兴。我怎么能因为害怕受到不顺从君主的惩罚，就不让陛下听到
恳切的劝告呢？"

明帝听了不禁神色严肃起来。

这一年，有彗星出现在二十八宿中心宿所在的地方，高堂隆
因此上奏说："凡是帝王迁徙或者新立京城，都要先划定祭祀天
地、土神和谷神的位置，恭恭敬敬地对待。在兴修皇宫的时候，
最先修宗庙，其次修仓库，住房要放在最后。现今圜丘、方泽、
南北郊、明堂、土神和谷神的祭祀位置全都没有划定，宗庙的修
建又不合乎礼制，却忙着修建装饰陛下您自己的住处，弄得人民
不能从事自己的本业。外面的人都说后宫妃嫔的费用，已和调派
动用军队的开支，数字大体相等。老百姓不能承受沉重的负担，

都有怨恨和愤怒。《尚书》中说：'上天听取意见观察问题，是从民众中听取意见观察问题的；上天表彰好人惩罚坏人，也是依据民众意见来进行表彰、惩罚的。'众人都赞颂的君主，上天就让他享受五种福分；民众都怨恨的君主，上天就让他遭受六种大不幸。这就是说上天的赏罚，完全听随民众的话，顺从民众的心。所以实施行政最重要的就是安定人民，然后仿照古代进行教化，才能感动上天和下民，从古到今，都是如此。用不高大的柞树做屋椽，把宫室修建得很低矮，这是唐尧、虞舜、夏禹能留下美好风范的原因；建造华丽宏伟的玉台、琼室，这是夏桀、商纣触怒上天的原因。现今兴建的宫殿，确实违背了礼仪制度，陛下又还新修了九龙殿，在装饰上比从前更加华丽。眼下天上出现了耀眼的彗星，开始时在房宿、心宿之间，后来靠近帝座而侵入紫微垣，这是上天对陛下慈爱，从而给以教导和告诫的迹象。这颗彗星运行的起点和终点，都是星相学上的尊贵位置，可见天意的殷切深厚，是想一定要使陛下觉悟；这是慈父的诚恳训示，陛下要以孝子的恭敬礼节，为天下做出表率，以昭示后代子孙，不能有所忽视，以免加重上天的愤怒啊。"

当时军政两方面事务繁多，为了保证指令的执行，朝廷不惜使用严酷的法律。高堂隆为此上奏说："开拓道路留下基业，必须等待圣明君主来完成；帮助君主匡正政治，又需要贤良的辅佐。这样，各种事情都会办成功，万物都会安定。而移风易俗，宣传教化，使四方的人民都衷心拥护中央王朝，使培养品德的教导能够光大兴盛，全国都倾心于道义；要做到这些，庸俗的官吏是绝对不行的。现今有关部门务求以刑律条文来督察人民，不遵循正道，所以刑罚不断使用而不能搁置起来，风俗衰败而不敦厚。陛下应当大力推广礼仪音乐，在明堂依次序颁布要实施的政治教化措施；举行三雍、大射、养老等礼仪活动，修建祭祀天地的神坛和宗庙；尊重儒生，举荐和任用隐居民间没有出仕的人才；完善并公布制度，改用新历法，变动车马祭牲的颜色；表现出平易近人的态度，提倡节俭朴素；然后准备礼物和仪式程序举行封禅典礼，归功于天地；使太平盛世的音乐传遍天下，繁荣昌盛的教化流传后世。这才是一种完美的政治，不朽的宝贵事业啊。能够像这样，那么天下非常容易治理，还有什么担忧呢？不想纠正根本而只从枝节问题上来补救，这就像去清理蚕丝却反而把它弄得更乱一样，不是为政的正确办法。可以下令让公卿百官和学问渊博的儒生，制定出上述礼仪活动的详细内容，作为法定的规范。"

高堂隆又认为改用新历法，变动车马祭牲的颜色，在旗帜方面使用不同的式样、图案、颜色和名称，制造新型的礼器、乐器和兵器，这些都是古代圣明帝王为了使他们的政权和政治显得非常之神圣，使百姓耳目一新，而采用的一整套办法。所以古代的帝王各自使用不同的历法，历法有夏历、殷历、周历三种，表明三种不同的帝王传承关系。于是他对过去的典章制度加以陈述和申说，上奏请求改用新历法等。

明帝听从了他的建议，改青龙五年(公元 237)春三月为景初元年孟夏四月；车马和祭牲的颜色以黄为贵，祭祀用的牲畜纯用白色，在帝王传承关系上选择了与殷历相应的传统。高堂隆升任光禄勋。

这时明帝更加起劲地大规模修建宫殿，装饰楼台亭阁，从太行山开采好石料，从穀城运来具有美丽花纹的石头，在后宫芳林园中垒造景阳山，在太极殿的北面新修昭阳殿，铸造金属的黄龙、凤凰等奇特雄伟的鸟兽，用来装饰金墉城、陵云台、陵霄阙等。各种工程一齐上马，从事修建的民工数以万计；公卿百官以及太学的学生，全部要参加劳动，明帝甚至亲自带头去挖土。与此同时，辽东的公孙渊举兵对抗朝廷，毛皇后被迫自杀，连降大雨，冀州洪水泛滥，淹死许多百姓。

高堂隆上了一道奏疏恳切进谏说：

《周易·系辞》中说："天地的最大德泽是养育生命，圣人最宝贵的东西是君主位置；用什么来保有君主的位置呢？说是用仁；用什么来聚合人民呢？说是用财。"可见人民，乃是国家的重心；谷物和布帛，乃是人民的生命。谷物和布帛，离开天地对生物的创造和变化作用就长不出来，离开人工劳动也生产不出来。所以礼仪中有皇帝亲耕籍田，目的是勉励农民耕作；又有皇后采桑养蚕，目的是鼓舞农妇纺织；同时也以此向上帝致意，表示虔敬并报答他的恩赐。

从前在唐尧时候，碰上有灾难和厄运的年辰，洪水滔天。尧让鲧去治水，结果不成功，又改用夏禹。夏禹沿山砍伐树木，治理洪水前后经历了二十二年。灾害疾苦的严重，再没有超过那一次的；而工程的持续时间，也再没有比这更久的。当时的唐尧、虞舜，只是安坐在君主的位置上而已。夏禹在治理洪水的同时又区分九州，众多参加工程劳作的人都得到酬报，官员和百姓，各有不同的服饰。现今并没有当时那么紧迫的情况出现，却让公卿百官和身份低贱的劳工在一起挖土搬石。要是四方的少数族听到了，那可不是什么好消息；要是记载在史书上流传后世，那更不是什么好名声。因此，拥有国家的人，说近处是对待自己，说远处是对待他人，都要爱护关心。所以《诗经》中《洞酌》一诗说："平易近人的君子，是老百姓的父母。"如今上上下下一齐参加劳役，疾病流行而庄稼歉收，从事农耕的人减少，饥荒不断出现，老百姓没法度过年关。陛下一定要给以怜悯抚恤，解救他们的困苦。

为臣看了过去书籍中的记载，天人之间，没有不发生感应的。所以古代明智的帝王，畏惧上天明确的命令，遵循阴阳的反顺，兢兢业业，唯恐有所违反，然后政治才能振兴，道德与神灵的要求符合；一旦有灾害和反常的现象出现，立即产生恐惧而注意改进政治。像这样做的君主，没有不使王朝的寿命长久不断的。而在各个王朝的末期，昏庸荒淫的君主，不重视先辈留下的好规矩，不接受正直大臣的忠言；由着自己的性子胡来，对上天用灾害和反常现象发出的告诫毫不在意。像这样做的君主没有不跟着就陷入灾祸，以至于丧失天下的。有关天意的情况既已说明，下面再说人事。

六种感情五种禀性，人们都共同具有；而嗜好情欲和廉洁正直，分别居于一方。内心一动，上述两方的情感都在心中发生斗争。情欲强大而本质衰弱，就会放纵没有节制；内心没有节制，行为也就荒唐得不着边际。情欲所注意的，无非是好的和美的东西；而要做出这两种东西，不花人工不行，不消耗谷物布帛不行。情欲一旦失去控制，那么人民就不能承受由此带来的劳苦，物品也就不能满足由此带来的需求。劳苦与需求一并出现，必将引起祸乱。所以君主要是不割舍情欲，普天下的东西都不够他耗用。孔子说："人要是没有长远的考虑，必定有近前的担忧。"由此看来，礼仪上的制度，不单是要限制欲望上的过分，而且是为了避开祸害振兴政治啊。现今吴、蜀二敌，并不是没有什么能耐的小毛贼，临时聚集在城镇的乌合之众，而是占据险山凭借长江，拥有大量军队，非分地自称皇帝，要想与中原的大魏争夺天下的强劲对手。如果现在有人跑来报告说：孙权、刘禅都在实施德政，并且厉行节约，减轻租赋，不制造供自己玩赏的物品，一举一动都咨询老者和贤人，各项事务都遵循礼仪制度。陛下您听了，难道不会感到忧惧并且讨厌他们这样做，认为这样将难以一下子消灭他们，是国家的一大忧患吗？如果跑来报告的人说：这两个敌人头领都不守正道，奢侈无度，役使百姓，加重租税，下面的百姓不堪忍受，怨叹日益严重。陛下您听了，难道不会勃然发怒，愤恨他们虐待无辜百姓，准备尽快诛灭他们，同时难道不庆幸对方日益衰败很容易攻取他们吗？如果是这样，那么换个位置从对方的角度来考虑，事理上的算度和判断也就不难作出了。

从前秦始皇不打道德的基础，而去修阿房宫；不担心内部的变乱，而去筑长城。当他们君臣打这样的主意时，也还是想建立万代永存的基业，使子孙长久享有天下呀，哪里会想到一个平民男子陈胜起来大呼，天下就随之倾覆了呢？所以为臣认为，假如从前的君主知道他们的所作所为必将导致毁灭，那他就不会这样干了。可见亡国的君主自以为不会灭亡，然后才会导致灭亡；圣贤的君主自以为将要灭亡，然后才不会导致灭亡。

从前汉文帝被称为贤明的君主，亲自实行节俭，给予恩惠养育百姓，而贾谊比喻当时的形势，还认为天下处在危急之中，说是应当为之痛哭的问题有一个，应当为之流泪的问题有两个，应当为之长叹的问题有三个。何况现今天下穷困，老百姓连很少的粮食储备也没有，国家仓库的谷物还不够对付到年底，外有强敌，军队露宿在边境，又还大兴土木，州郡人心骚动，一旦边境有强敌入侵，为臣恐怕这些从事宫殿修筑的劳工是不会去从军效命的啊。

另外，目前将领官员的俸禄，逐渐被减少打了折扣，与从前比起来，实际上只领到五分之一；而接受命令回家轮休的，俸禄又全部扣除；按国家规定本来不上交租税的人，现在也要出一半。国家的收入比以往增加了一倍，而支出却只有原来的三分之一。但是现今国家经常性的支出，反而更加紧缺，以至于对牛肉贩卖征收税金之类的小税收，也不断地推出来。反过来推论，这么多的费用，总是用到什么地方去了。再说俸禄所发给的谷物布帛，是君主用来养活官员维持他们生命的，如果像现在这样打折扣或全部扣除，不是要夺走他们的生命吗？他们曾经得到的现在又失去了，这就是产生怨恨的根源。按照《周礼》所说，是由太府掌管国家所有的九种赋税收入，供给九种规定的财政支出；收入有一定的数量，支出在明确的地方，互相不关涉混淆而费用都有充足的保证。各种支出得到充足的保证之后，才把赋税和各地诸侯进贡剩下的余额，供给天子作娱乐费用。天子的每项财务支出，都要由司会来审核。现今与陛下一起坐在朝廷治理天下的，不是三公九卿，就是尚书台官员和侍从官员，都是关系亲密的心腹，应当直言而没有隐瞒。如果见到陛下的重大过失而不敢说，只知道盲目听命东奔西走，唯恐做得不合陛下心意，这只能叫做占位充数不起作用的臣僚，而不是鲠直忠诚的辅佐。从前李斯教唆秦二世说："当了君主不能任意胡作非为，这等于是把天下变成自己的脚镣手铐。"秦二世听信了他的话，秦国结果灭亡，李斯的家族也死得干干净净。因此司马迁评论李斯不能正言进谏，把这作为对世人的告诫。高堂隆的奏疏交了上去，明帝看了之后，对中书监、中书令两位官员说："看了高堂隆这封奏疏，使朕感到恐惧啊！"

高堂隆生病情况严重，他在病床上口述，由别人记录，上了一道奏疏，其中说：

从前曾子有病，孟敬子来探望。曾子对他说："鸟之将死，其鸣也哀；人之将死，其言也善。"为臣得了疾病，病势有增无减，常常担心突然死去，使自己的忠诚来不及表现出来。为臣这里倾吐的一片丹心赤诚，岂止是曾子所说的"其言也善"，愿陛下稍微能看一看。如果陛下能一下子改掉以往的过失谬误，从此对未来的事情进行深远而认真的考虑，使神灵和人民都赞赏，远方的人都归心，各种灵奇动物出现，天上有祥瑞的景星照耀，这样完全可以超越三王，胜过五帝，不单是继承先辈基业，谨守祖宗成法而已。

为臣经常痛恨世间的一些君主，心里都想重现唐尧、虞舜、商汤、周武王的清明政治，但是实际上走的却是夏桀、商纣、周幽王、周厉王这些昏君的灭亡道路；口头上都在耻笑末代的亡国之君，但是自己的行为却不遵从唐尧、虞舜、商汤、周武王的典范。真是可悲呀！从他们的所作所为，再看他们所想达到的，恰似缘木求鱼，烧水成冰，不是明显实现不了吗？

回过头来看夏、商、周三代统治天下，圣贤君主接连不断，每个王朝都长达数百年，每一寸土地都归他们所有，每一个百姓都是他们的臣僚，各地安宁，全国一致；鹿台储放的黄金，巨桥积存的粮食，在这时根本不必动用，君主就能传承不断。这是多么好的政治局面！但是夏桀、商纣之流，仗恃自己的力量，其智慧足以拒绝别人的忠言，才能足以掩饰自己的过错，喜欢阿谀奉承，一心修建楼台亭观，沉溺在淫乐之中，宠爱一批奏乐跳舞说笑话的艺人，制作靡靡之音，整天听柔媚不振的音乐。上天没有放过他们，猛然一回顾，就使他们的宗庙国家变成废墟；商纣悬起白旗投降，夏桀从鸣条逃亡。天子的尊贵位置，让商汤、周武王拥有。难道说夏桀、商纣都是夏、商王族的外人吗？他们都是圣明君主的后代啊。

再看战国时期，天下富足，秦朝兼并天下之后，不奉行圣人之道，既修阿房宫，又兴建长城，以中原王朝自夸。企图威慑周边的少数族，天下人民内心震恐，在路上碰见了也只能以目光示意；秦始皇自以为会百代相传，永远留下光辉，哪里会想到第二代就灭亡，天下从此崩溃啊！近代的汉武帝，享受文帝、景帝传下来的福分，对外平定少数族，对内大修宫殿，十多年间，弄得天下人民愁苦不堪。这时他竟然又相信南越巫师的胡话，迁怒于上天，下令再修一座建章宫，里面有千门万户；结果导致江充诬告太子的事变，宫廷中到处挖得稀烂以寻找所谓的罪证，父子之间骨肉相残，这一灾祸的流毒，一直影响了此后好几代人。

为臣看到先皇帝在世时的黄初年间，上天就开始显示告戒：有一只与燕子不同类的鸟，生长在燕子的巢里，喙和爪都是红色，这可是魏朝的大灾异啊！要防备位高权重而且难以驾驭控制的大臣在朝廷内部出现。可以选择一些宗室亲王，让他们有统治封国的实际权力，同时带领军队，让他们像棋子一样处处分布，镇守京城地区，辅佐皇帝。从前周朝东迁，依赖的是晋、郑二国；汉朝平定吕氏之乱，也凭借了朱虚侯刘章：这是前朝明白的鉴戒。

上天不管亲近不亲近，只有那些有德君主才能得到他的帮助。老百姓对德政加以歌咏，上天就让王朝的寿命超过预定期限；如果下面怨声载道，上天就会中止王朝的历史记录而把天下改授给其他贤能的人。由此看来，天下是人民的天下，不是陛下您一个人的天下啊。为臣百病缠身，气息和力量都逐渐衰弱，所以自行乘坐小轿离开办公的府署，回到居民区内自己的住宅。假如就此死亡，魂灵有知，在死后也要来报答陛下的大恩大德！

明帝随即下诏给他说："先生的廉洁比得上伯夷，正直还超过了史鱼，操守坚定而不同流合污，舍己尽忠而不计个人利害。怎么能有一点点小毛病没有医好，就退隐回民间的住处去了呢？从前那吉积了阴德，疾病去除了不说还延长了寿命；贡禹因为坚守节操，生了重病也能治好。先生您尽力进食，专心养病吧。"

不久高堂隆去世，留下遗嘱：丧事要从简，不准使用大量的珍贵殉葬品，只用与时令相应的日常衣服入敛。

起初，在太和年间，中护军蒋济曾经上疏说："应当遵照古代制度举行封禅仪式。"明帝下诏说："听了蒋济的建议，我惭愧得大汗淋漓一直流到脚上。"事情搁置了一年多，后来又商议要举行封禅，并让高堂隆负责撰写全部仪式的具体内容。所以明帝听说高堂隆死亡的消息时，长叹一声说："上天不愿意成就我封禅的大事，因此高堂先生才会离开我去世啊！"

高堂隆的儿子高堂琛继承了他的爵位。

在景初年间，明帝因为苏林、秦静等儒者都年老了，害怕没有人能传承儒家的学术，便下诏说："从前圣人孔子去世之后，他的言论和教诲，都留在儒家的六经当中。而六经的文字，又以礼仪方面的内容为最急需，是现实生活中时刻不能离开的。衰落时代的风俗背离根本，由来已久。所以闵子讽刺原伯不谈学问，荀子不满意秦代坑杀儒生。儒学如果废掉，那么风化怎么振兴呢？而今在儒学上有造诣的老先生和大学者，都已年老，教育训导后生的任务，由谁来继承呢？从前擅长《尚书》的伏生老了，汉文帝要晁错去继承他的学问；蔡千秋对《穀梁传》的研究无人能比，汉宣帝挑选了十名郎官向他学习。现在从郎官中挑选才能突出而且了解儒经文义的共三十人，跟从光禄勋高堂隆、散骑常侍苏林、博士秦静，分别学习《周易》、《尚书》、《诗经》、《春秋》四部儒家经典，以及《周礼》、《仪礼》、《礼记》这三部儒家关于礼仪的著作；主管官员要详细制定考试的办法。夏侯胜曾经说过："读书人怕的是不精通儒经的学术，儒经的学术一旦精通，获取中高级官位易如反掌啊。'现今的学者如有能精通经学者，那么爵位、俸禄和光荣，都会突然来到。能不勉力学习吗！"

不到数年，高堂隆等三人都相继死去，学习的事也就半途而废了。

起先，任城国人栈潜，在太祖曹操时历任县令，曾经督守邺县。当时文帝曹丕还是太子，迷恋打猎，经常早出晚归。栈潜劝阻他说："王公要设立险要的据点来保卫封国，在都城部署严密的警卫，以防不测。《诗经》中《板》这首诗说：'太子好比是城墙，可不要让城墙毁坏啊！'又说：'为政没有远见，所以要好好进谏。'如果放纵于游猎，早出晚归，因追踪飞禽的暂时欢娱，而忘却没有止境的祸患，愚蠢的我不免感到疑惑。"太子听了不太高兴，但是从此之后出去游猎的次数较为稀少了。

　　黄初年间，文帝要立贵嫔郭氏为皇后，栈潜也上奏进谏。事情经过记载在本书《后妃传》中。

　　明帝时，大兴土木，同姓亲属受到排斥，栈潜上奏说："天生人民并为他们建立君主，是用来保护苍生，养育百姓的。所以整体确定四海为统治区，这并不是为了天子一个人；而划出土地并区分疆界，也并不是为了诸侯少数人。从三皇开始，直到唐尧、虞舜，都对天下进行广泛拯救，深厚的德泽滋润天下，百姓都依赖他们。夏、商、周三代开始衰落。到了汉朝，天下太平的时候少，动乱的时候多。而从这以后，也没有得到很好的治理。太祖武皇帝以其深沉的智慧，非凡的军事才能，清除暴乱，恢复王朝秩序，开创魏朝的基础。高祖文皇帝接受天命，扩展皇朝的基业，但在帝位只有七年，虽然从事治理可惜时间不够。陛下具有圣明的品德，继承宏伟事业，最好能以温和的态度施政，让人民得到休息。而今东、西两方都不安宁，将士远征，甚至到达海外的辽东，跋涉万里，军队骚动，水陆运送军事物资，老百姓荒废生产，一天的军费超过千金。但是，陛下却在这时大修宫殿，耗费的人工数以万计。徂来山出产的松木，铲平山岩之后从山上放到深谷运出来；各种罕见的优质石料，用船从长江、淮河运到京城。京城地区，也和京城以外的州郡一样，要为皇家提供各类物资，而且成为皇家养殖飞禽以便猎取的园林，还要把良田抛荒让它长起丛生的林木，以便皇家放养鹿、兔。这一切都严重影响了农业，满地长满荆棘，灾难疾病流行，民众大量死亡，破坏了阴阳五行和谐变化的状态，长得特别茁壮的禾苗再也看不到了。为臣听说周文王在丰这个地方建立都城，开始规划建设时就下令不要赶得太急，然而百姓却自愿赶来，结果没有多少日子就把工程完成。他所修建的灵沼、灵囿，也都与百姓共同享受。现今陛下的宫殿楼台高大华丽，雕刻装饰极其美妙，忘掉了虞舜兴修礼堂时的朴素简陋，有心想赶上商纣王琼室的奢侈。划定的禁区方圆千里，百姓只要一抬腿就掉进法网。宫殿的华丽比得上阿房宫，工程的浩大是楚灵王兴修乾溪的一百倍。为臣唯恐百姓筋疲力尽，不能再忍受驱使了。从前秦始皇占据崤山、函谷关以控制天下，自以为德泽高于三皇，功业超过五帝，竟想把皇帝称号传到万代；结果在秦二世时就丢掉天下，他那当皇帝的儿子为了保住性命竟愿当平民。这就是枝干被动摇，根本被拔出而导致的恶果。另外，圣明帝王统治天下，都是要举用有才德的人，赏赐有功劳的亲属；优秀人才担任官职，可以扩展功业，亲属获得重用，可以共同经历安定和危难；加深和加强根本，亲属都充当支柱和辅佐，即使面临兴盛和衰落，内外相互依靠也能渡过难关。从前周成王年龄幼小，不能亲自施政，周公、吕尚、召公、毕公，都在他左右扶助；而今既无像卫康叔那样能监视和防备危险地域的亲属，而在重要战区镇守的大员，也不是像周公、召公那样的宗室至亲。陛下又没有立太子，天下没有储备的君主。为臣盼望陛下能留心政治中最关紧要的事情，永保江山传之无穷，这样海内的人民就很幸运了。"

后来朝廷任命栈潜为燕国中尉，他以有病为由推辞不受。不久去世。

评论说：辛毗、杨阜，刚直忠诚，以正当的言辞对君主进行劝谏，不顾个人安危，其高风亮节几乎能与西汉的汲黯比美了。高堂隆学问深厚，立志匡正君主，借助于异常现象陈述告诫，这一切发自诚恳的内心，真是忠臣啊！至于他坚持要改换历法，使曹魏以虞舜为远祖，这就属于对臆测的东西坚持不放，比坚持自己通晓的学问还认真了。

满田牵郭传第二十六

满宠字伯宁，山阳昌邑人也[1]。年十八，为郡督邮[2]。时郡内李朔等，各拥部曲，害于平民。太守使宠纠焉，朔等请罪，不复抄略。守高平令。县人张苞为郡督邮，贪秽受取，干乱吏政。宠因其来在传舍[3]，率吏卒出收之；诘责所犯，即日考竟[4]。遂弃官归。

太祖临兖州，辟为从事。及为大将军，辟署西曹属[5]。

为许令。时曹洪宗室亲贵[6]，有宾客在界；数犯法，宠收治之。洪书报宠[7]，宠不听。洪白太祖，太祖召许主者[8]；宠知将欲原，乃速杀之。太祖喜曰："当事不当尔邪？"

故太尉杨彪收付县狱[9]，尚书令荀彧、少府孔融等并属宠[10]："但当受辞[11]，勿加考掠[12]！"宠一无所报，考讯如法[13]。数日，求见太祖，言之曰："杨彪考讯无他辞语[14]。当杀者宜先彰其罪。此人有名海内；若罪不明，必大失民望。窃为明公惜之。"太祖即日赦出彪。初，彧、融闻考掠彪，皆怒；及因此得了，更善宠。〔一〕

时袁绍盛于河朔[15]，而汝南绍之本郡[16]；门生宾客布在诸县[17]，拥兵拒守。太祖忧之，以宠为汝南太守。宠募其服从者五百人，率攻下二十余壁[18]；诱其未降渠帅，于坐上杀十余人。一时皆平，得户二万，兵二千人，令就田业。

建安十三年，从太祖征荆州。大军还，留宠行奋威将军[19]，屯当阳[20]。孙权数扰东陲，复召宠还为汝南太守，赐爵关内侯。

关羽围襄阳，宠助征南将军曹仁屯樊城拒之。而左将军于禁等军以霖雨水长为羽所没[21]，羽急攻樊城，樊城得水[22]，往往崩坏[23]，众皆失色。或谓仁曰："今日之危，非力所支。可及羽围未合，乘轻船夜走；虽失城，尚可全身。"宠曰："山水速疾，冀其不久。闻羽遣别将已在郏下[24]，自许以南，百姓扰扰。羽所以不敢遂进者，恐吾军掎其后耳；今若遁去，洪河以南[25]，非复国家有也。君宜待之。"仁曰："善！"

宠乃沉白马[26]，与军人盟誓。会徐晃等救至，宠力战有功，羽遂退。进封安昌亭侯。

【注释】

〔1〕昌邑：县名。县治在今山东金乡县西北。　〔2〕督邮：官名。郡太守的下属，负责监察郡内各县官吏。　〔3〕传（zhuàn）舍：官方驿站的旅馆。　〔4〕考竟：审问处死。　〔5〕西曹属：官名。曹操任大将军，在府内设置西曹，处理官员任命事宜，主办官员为掾，助手为属。他改任司空，西曹即成为司空府下属机构。最后他任丞相，又变为丞相府西曹。虽然有上述变化，但其职责不变。　〔6〕宗室：通常指帝王的宗族亲属。但在魏晋时，一般人的同祖亲属也可称宗室。曹洪是曹操的同祖弟即堂弟，所以尽管曹操当时还没有封王封公，曹洪仍可称作宗室。

〔7〕报宠：指向满宠求情。 〔8〕主者：主事的人。这里指许县县令。
〔9〕杨彪（公元142—225）：字文先，弘农郡华阴（今陕西华阴市）人。出
自东汉著名的世家大族。东汉献帝时历任司空、司徒、太尉三公。曹操
移献帝到许县，控制朝政。杨彪表示不满，被逮捕下狱。后被释放，即
称病在家，不参与政事。其子杨修，被曹操处死。传附《后汉书》卷五
十四《杨震列传》。 〔10〕属：叮嘱。 〔11〕受辞：听取供词。
〔12〕考掠：拷打。 〔13〕考讯：拷打审讯。 〔14〕无他辞语：指供词
中没有什么犯罪事实。 〔15〕河朔：地区名。泛指黄河中下游以北地
区。 〔16〕本郡：家乡所在的郡。袁绍是汝南郡汝阳县人。 〔17〕门
生：再传学生。汉代盛行儒学的私家讲授，其中直接受老师教导的人叫
做弟子，弟子所传授的学生对原来的老师而言叫做门生。 宾客：豪强
大族的依附性人口。汝南袁氏是儒学世家，又是著名的官僚大族，所以
门生、宾客很多。 〔18〕壁：即坞壁。豪强大族控制的武装居民点。
〔19〕奋威将军：官名。领兵征伐。 〔20〕当阳：县名。县治在今湖北
荆门市南。 〔21〕左将军：官名。领兵征伐。 于禁（？—公元221）：
传见本书卷十七。 〔22〕樊城得水：樊城的城墙遇到水。 〔23〕往往：
处处。 〔24〕郏（jiá）下：郏县一带。郏县县治在今河南郏县。当时，郏
县一带有人起兵响应关羽，对东面不过一百公里左右的许县构成严重威
胁，以致曹操想把都城从许县迁走。见本书卷三十六《关羽传》。
〔25〕洪河：指黄河。 〔26〕沉白马：古代祭河或军人盟誓时，要杀白
马取血举行歃血（用嘴吮吸少许血液）仪式。这里并合两者，既取血立誓
死守，又沉白马尸体于汉水祈祷洪水消退。

【裴注】
　〔一〕臣松之以为：杨公积德之门，身为名臣；纵有愆负，犹宜保
佑；况淫刑所滥，而可加其楚掠乎？若理应考讯，荀、孔二贤，岂其妄
有相请属哉？宠以此为能，酷吏之用心耳；虽有后善，何解前虐？

　　文帝即王位，迁扬武将军〔1〕。破吴于江陵有功〔2〕，
更拜伏波将军，屯新野〔3〕。大军南征，到精湖〔4〕；宠帅
诸军在前，与贼隔水相对。宠敕诸将曰："今夕风甚猛，
贼必来烧（军）〔营〕，宜为其备。"诸军皆警。夜半，

贼果遣十部伏夜来烧；宠掩击破之，进封南乡侯。

　　黄初三年，假宠节、钺[5]。五年[6]，拜前将军[7]。

【注释】

　　〔1〕扬武将军：官名。领兵征伐。　〔2〕江陵：县名。县治在今湖北荆州市荆州区。　〔3〕新野：县名。县治在今河南新野县。　〔4〕精湖：湖名。在今江苏高邮市西北。　〔5〕假：授给别人使用。　钺：即黄钺。一种以黄金为装饰的大斧形兵器，是皇帝仪仗之一。接受黄钺，即代表天子征伐四方。通常授给朝廷执掌兵权的大臣。间或也授给满宠这样资格老、功劳大的一般将领，以示荣宠。　〔6〕五年：黄初五年（公元224）。　〔7〕前将军：官名。领兵征伐。

　　明帝即位，进封昌邑侯。太和二年，领豫州刺史。（三）〔二〕年春[1]，降人称吴大严[2]，扬声欲诣江北猎[3]，孙权欲自出。宠度其必袭西阳而为之备[4]；权闻之，退还。秋，使曹休从庐江南入合肥[5]，令宠向夏口[6]。宠上疏曰：“曹休虽明果而希用兵[7]，今所从道，背湖旁江，易进难退，此兵之（洼）〔洼〕地也[8]。若入无强口[9]，宜深为之备。”宠表未报，休遂深入。贼果从无强口断夹石[10]，要休还路[11]。休战不利，退走。会朱灵等从后来断道，与贼相遇。贼惊走，休军乃得还。

　　是岁，休薨，宠以前将军代都督扬州诸军事。汝南兵民恋慕，大小相率，奔随道路，不可禁止。护军表上，欲杀其为首者。诏使宠将亲兵千人自随，其余一无所问。

　　四年[12]，拜宠征东将军。其冬，孙权扬声欲至合肥。宠表召兖、豫诸军。皆集，贼寻退还，被诏罢兵。

宠以为："今贼大举而还，非本意也；此必欲伪退以罢吾兵，而倒还乘虚，掩不备也。"表不罢兵。后十余日，权果更来；到合肥城，不克而还。

其明年，吴将孙布遣人诣扬州求降，辞云："道远不能自致[13]，乞兵见迎。"刺史王凌腾布书[14]，请兵马迎之。宠以为必诈，不与兵；而为凌作报书曰："知识邪正[15]，欲避祸就顺，去暴归道；甚相嘉尚！今欲遣兵相迎，然计兵少则不足相卫，多则事必远闻；且先密计以成本志，临时节度其宜。"宠会被书当入朝，敕留府长史："若凌欲往迎，勿与兵也！"凌于后索兵不得，乃单遣一督将步骑七百人往迎之。布夜掩击，督将迸走[16]，死伤过半。

初，宠与凌共事，不平[17]；凌支党毁宠疲老悖谬[18]，故明帝召之。既至，体气康强，见而遣还。〔一〕宠屡表求留[19]，诏报曰："昔廉颇强食[20]，马援据鞍[21]。今君未老而自谓已老，何与廉、马之相背邪？其思安边境，惠此中国。"

明年[22]，吴将陆逊向庐江[23]，论者以为宜速赴之。宠曰："庐江虽小，将劲兵精，守则经时；又贼舍船二百里来，后尾空悬，尚欲诱致。今宜听其遂进，但恐走不可及耳[24]。"整军趋杨宜口[25]。贼闻大兵东下，即夜遁。

【注释】

〔1〕二年：太和二年（公元228）。 〔2〕降人：指当时投降曹魏的孙

吴将领张婴、王崇。见本书卷十五《贾逵传》。 严：军队出发前的准备。 〔3〕扬声：放出风声。 诣：到。 〔4〕西阳：县名。在今河南光山县西南。 〔5〕庐江：郡名。治所在今安徽六安市东北。当时曹魏、孙吴分占了东汉庐江郡的北部、南部，都在故地设置于庐江郡。这里指曹魏的庐江郡。 〔6〕夏口：城名。在今湖北武汉市南岸黄鹄山上。孙吴时筑，为长江中游江防重要据点。 〔7〕明果：聪明果敢。 〔8〕绖(guà)地：即挂地。《孙子·地形篇》把能够前往而难以返回的地形称为挂地。 〔9〕无强口：地名。在今安徽庐江县西南。 〔10〕夹石：地名。在今安徽舒城县南。 〔11〕要(yāo)：截断。 〔12〕四年：太和四年(公元230)。 〔13〕自致：依靠自己的力量到达。 〔14〕腾：传送。 〔15〕知识邪正：知道你能认识清楚邪与正。 〔16〕迸走：逃跑。 〔17〕不平：不和。 〔18〕支党：同伙。 〔19〕留：留在京城任职。 〔20〕廉颇：战国时赵国名将。赵惠文王时任上卿，多次率军击败齐、魏等国。曾在长平(今山西高平市西北)抵抗秦国大军达三年之久。前251年，因战胜燕军，任假相国，封信干君。到赵悼襄王时，不再受重用而逃往魏国。后赵王派人去探望他，他当面吃了一斗米的饭和十斤肉，表示自己还能为国效力。晚年死在楚国。传见《史记》卷八十一。强食：勉力进食。 〔21〕马援(前14—公元49)：字文渊，扶风茂陵(今陕西兴平市东北)人。曾在新莽手下做官，不久依附隗嚣。最后归顺刘秀，任伏波将军，多有战功，封新息侯。六十二岁时，请求领兵出征，并披甲上马，据鞍四顾，以示不老。传见《后汉书》卷二十四。 〔22〕明年：即太和六年(公元232)。 〔23〕陆逊(公元183—245)：传见本书卷五十八。 〔24〕走不可及：(敌人)逃跑而我军追不上。 〔25〕杨宜口：地名。在今安徽寿县西南。

【裴注】

〔一〕《世语》曰："王凌表宠'年过，耽酒，不可居方任'。帝将召宠，给事中郭谋曰：'宠为汝南太守、豫州刺史，二十余年，有勋方岳。及镇淮南，吴人惮之。若不如所表，将为所窥。可令还朝，问以方事以察之。'帝从之。宠既至，进见，饮酒至一石，不乱。帝慰劳之，遣还。"

时权岁有来计[1]。青龙元年，宠上疏曰："合肥城南临江湖[2]，北远寿春；贼攻围之，得据水为势；官兵救之，当先破贼大辈[3]，然后围乃得解。贼往甚易，而兵往救之甚难；宜移城内之兵，其西三十里，有奇险可依，更立城以固守。此为引贼平地而掎其归路，于计为便。"

护军将军蒋济议以为[4]："既示天下以弱，且望贼烟火而坏城，此为未攻而自拔。一至于此[5]，劫略无限[6]，必以淮北为守[7]。"帝未许。宠重表曰："孙子言：兵者，诡道也[8]。故能而示之以弱不能，骄之以利[9]，示之以慑[10]。此为形实不必相应也。又曰：'善动敌者形之[11]。'今贼未至而移城却内，此所谓形而诱之也。引贼远水，择利而动；举得于外，则福生于内矣。"

尚书赵咨以宠策为长，诏遂报听。其年，权自出，欲围新城[12]；以其远水，积二十日不敢下船。

宠谓诸将曰："权得吾移城[13]，必于其众中有自大之言。今大举来，欲要一切之功[14]；虽不敢至，必当上岸耀兵以示有余[15]。"乃潜遣步骑六千，伏肥城隐处以待之[16]。权果上岸耀兵，宠伏军猝起击之；斩首数百，或有赴水死者。

明年，权自将号十万，至合肥新城。宠驰往赴，募壮士数十人；折松为炬，灌以麻油；从上风放火，烧贼攻具[17]，射杀权弟子孙泰[18]。贼于是引退。

三年春[19]，权遣兵数千家佃于江北[20]。至八月，宠以为"田向收熟[21]，男女布野；其屯卫兵去城远者数百里：可掩击也"。遣长史督（二）〔三〕军循江东下，摧破诸屯，焚烧谷物而还。诏美之，因以所获尽为将士赏。

景初二年，以宠年老征还，迁为太尉。

宠不治产业，家无余财。诏曰："君典兵在外，专心忧公，有行父、祭遵之风[22]。赐田十顷，谷五百斛，钱二十万，以明清忠俭约之节焉。"宠前后增邑，凡九千六百户；封子孙二人亭侯。

正始三年薨，谥曰景侯。子伟嗣。伟以格度知名[23]，官至卫尉。〔一〕

【注释】

　　〔1〕岁有来计：每年都有前来进攻的打算。长江虽然是中国南北方之间的天堑，但是对三国时期的魏、吴两国而言，其稳定的疆域线，却不在长江沿线的江面，而是在其北岸一百里至三百里的陆地之上。因为这才是长于陆战的曹魏和长于水战的孙吴，双方都难以逾越，即使逾越也很难长期保持通畅，从而会招致重大挫败的地理界限。　〔2〕江湖：长江与巢湖。　〔3〕大辈：大部队。　〔4〕护军将军：官名。京城禁卫军六大营的副总司令长官。还直接统领其中的护军营，并负责武官的选拔任用。资历浅者任此职，则称中护军。　〔5〕一至于此：一旦走到这一步。　〔6〕劫略无限：（敌方的）侵略就没有限度。　〔7〕必以淮北为守：（到时候我们）只能退到淮水以北（凭借淮水）作防守。　〔8〕诡道：诡诈的行为。　〔9〕骄之以利：故意让敌人得利而使之产生骄傲情绪。〔10〕示之以慑：故意表现出受到对手声威震慑的样子（以麻痹敌人）。以上几句从《孙子·计篇》而来，但文字不尽相同。　〔11〕善动敌者形之：善于调动敌人的将帅是用伪装的假象迷惑对手。　〔12〕新城：即合肥新城。在今安徽合肥市西北15公里的鸡鸣山东麓。现今尚有城墙遗迹留存，由10余处土墩绵延连接而成，呈长方形，南北长约330米，东西宽约210米。相当厚实。合肥是魏、吴两军在淮南长期争夺的战略要地，满宠迁移城址后，曹军在这里便有了坚固的据点。　〔13〕得吾移城：得

知我们移城的消息。 〔14〕要(yāo)一切之功：谋求一下子就能取得的成功。 〔15〕耀兵：显示武力。 〔16〕肥城隐处：指已废弃的合肥旧城隐蔽处。旧城在新城东南，靠近巢湖。孙权由巢湖下船前往新城，必须经过旧城，当时旧城已被废弃，敌军对这里也缺乏戒备，所以满宠在此设埋伏。 〔17〕攻具：攻城器械。如云梯、攻车之类。 〔18〕弟子：弟弟的儿子。 〔19〕三年：青龙三年(公元235)。 〔20〕佃：屯田。〔21〕田向收熟：所种的庄稼接近成熟即将收割。 〔22〕行父：即季文子(？—前568)。字行父。春秋时鲁国执政官。一生节俭，死时家无余财。事见《史记》卷三十三《鲁周公世家》。 祭(zhài)遵(？—公元33)：字弟孙。颍川郡颍阳(今河南许昌市西南)人。随从刘秀征战，东汉建立，任征虏将军，封颍阳侯。克己奉公，死时家中没有积蓄。传见《后汉书》卷二十。 〔23〕格度：风度气量。

【裴注】

〔一〕《世语》曰："伟字公衡。伟子长武，有宠风。年二十四，为大将军掾。高贵乡公之难，以掾守阊阖掖门；司马文王弟安阳亭侯幹，欲入。幹妃，伟妹也。长武谓幹曰：'此门近，公且来无有入者，可从东掖门。'幹遂从之。文王问幹：'人何迟？'幹言其故。参军王羡亦不得入，恨之。既而羡因王左右启王：'满掾断门，不纳人，宜推劾。'寿春之役，伟从文王至许，以疾不进。子从，求还省疾，事定乃从归。由此，内见恨。收长武考死杖下，伟免为庶人。时人冤之。伟弟子奋，晋元康中至尚书令、司隶校尉。宠、伟、长武、奋，皆长八尺。"

荀绰《冀州记》曰："奋性清平，有识检。"《晋诸公赞》曰："奋体量通雅，有宠风也。"

田豫字国让，渔阳雍奴人也[1]。刘备之奔公孙瓒也，豫时年少，自托于备；备甚奇之。备为豫州刺史，豫以母老求归；备涕泣与别，曰："恨不与君共成大事也！"

公孙瓒使豫守(东)〔泉〕州令[2]。瓒将王门叛瓒，为袁绍将万余人来攻。众惧欲降；豫登城谓门曰："卿为公孙所厚而去，意有所不得已也[3]；今还作贼，乃知卿乱人耳[4]。夫挈瓶之智[5]，守不假器[6]；吾既受之矣，何不急攻乎？"门惭而退。瓒虽知豫有权谋而不能任也。瓒败，而鲜于辅为国人所推[7]，行太守事；素善豫，以为长史。

时雄杰并起，辅莫知所从。豫谓辅曰："终能定天下者，必曹氏也[8]。宜速归命[9]，无后祸期[10]！"辅从其计，用受封宠。

【注释】

〔1〕渔阳：郡名。治所在今北京市密云区西南。　雍奴：县名。县治在今天津市武清区西北。　〔2〕泉州：县名。县治在今天津市武清区西南。　〔3〕意有所不得已：以为你是迫不得已。　〔4〕乱人：有意作乱的人。　〔5〕挈瓶之智：能够提瓶去取水这样一点智慧。比喻只有小智慧的人。　〔6〕守不假器：也知道紧守自己的瓶子不把它随便借给别人使用。　〔7〕鲜于辅：事见卷八《公孙瓒传》。　国人：指渔阳郡的人。鲜于辅是渔阳郡人。　〔8〕曹氏：指曹操。　〔9〕归命：归顺。〔10〕无后祸期：不要等到灾祸来临。

太祖召豫为丞相军谋掾。除颍阴、朗陵令，迁弋阳太守[1]，所在有治。

鄢陵侯彰征代郡[2]，以豫为相[3]。军次易北[4]，虏伏骑击之。军人扰乱，莫知所为。豫因地形，回车结圆阵[5]；弓弩持满于内，疑兵塞其隙。胡不能进，散去。追击，大破之；遂前平代：皆豫策也。

迁南阳太守。先时，郡人侯音反，众数千人在山中为群盗，大为郡患。前太守收其党与五百余人，表奏皆当死。豫悉见诸系囚，慰喻，开其自新之路，一时破械遣之。诸囚皆叩头，愿自效；即相告语，群贼一朝解散[6]，郡内清静。具以状上，太祖善之。

【注释】

〔1〕弋阳：郡名。治所在今河南潢川县西。 〔2〕彰：即曹彰。〔3〕相(xiàng)：辅助。 〔4〕次：在行程中停留。 易：河流名。即易水。 〔5〕回车：让车队掉转头。 〔6〕一朝：一下子。

文帝初，北狄强盛[1]，侵扰边塞。乃使豫持节，护乌丸校尉[2]；牵招、解儁，并护鲜卑[3]。自高柳以东[4]，涉貊以西[5]，鲜卑数十部；比能、弥加、素利割地统御[6]，各有分界。乃共要誓：皆不得以马与中国市[7]。

豫以戎狄为一，非中国之利；乃先搆离之，使自为仇敌，互相攻伐。素利违盟，出马千匹与官；为比能所攻，求救于豫。豫恐遂相兼并，为害滋深；宜救善讨恶，示信众狄；单将锐卒，深入虏庭。胡人众多，抄军前后，断截归路。豫乃进军，去虏十余里结屯营；多聚牛马粪燃之，从他道引去。胡见烟火不绝，以为尚在；去，行数十里乃知之。追豫到马城[8]，围之十重。豫密严[9]，使司马建旌旗[10]，鸣鼓吹[11]，将步骑从南门出，胡人皆属目往赴之；豫将精锐自北门出，鼓噪而起。两头俱发，出虏不意；虏众散乱，皆弃弓马步走；追讨二十余里，僵尸蔽地。

又乌丸王骨进桀黠不恭[12]；豫因出塞案行[13]，单将麾下百余骑入进部。进逆拜；遂使左右斩进，显其罪恶以令众。众皆怖慑不敢动，便以进弟代进。自是胡人破胆，威震沙漠。

山贼高艾，众数千人，寇抄，为幽、冀害。豫诱使鲜卑素利部斩艾，传首京都[14]。封豫长乐亭侯。为校尉九年，其御夷狄，恒摧抑兼并，乖散强猾[15]。凡逋亡奸宄[16]，为胡作计不利官者[17]；豫皆构刺挠离[18]，使凶邪之谋不遂，聚居之类不安。

事业未究，而幽州刺史王雄支党，欲令雄领乌丸校尉，毁豫乱边，为国生事；遂转豫为汝南太守，加殄夷将军[19]。

【注释】

〔1〕北狄：北方的少数族。这里主要指鲜卑与乌丸。 〔2〕护乌丸校尉：官名。负责监视管理乌丸族人。曹魏时治所在蓟县（今北京市）。〔3〕牵招：传见本卷后文。当时他担任护鲜卑校尉。 〔4〕高柳：地名。在今山西阳高县。 〔5〕涉貊(huì mò)：东北边境外古国名。在今朝鲜半岛北半部的东南。 〔6〕比能：即轲比能(？—公元235)。与弥加、素利同为当时鲜卑族的首领。三人事均见本书卷三十《鲜卑传》。〔7〕市：交易。 〔8〕马城：地名。在今河北怀安县西北。 〔9〕密严：暗中作好行动准备。 〔10〕司马：官名。重要将领的下属有司马，负责军务。 〔11〕鼓吹：仪仗乐队。 〔12〕骨进：乌丸族首领名。〔13〕案行：巡视。 〔14〕传(zhuàn)首京都：用驿车把脑袋送往京城。〔15〕乖散：离散。 〔16〕逋亡奸宄(guǐ)：逃亡(到少数族去的)犯法作乱的人。 〔17〕作计：出主意。 〔18〕构刺(là)挠离：制造矛盾挑拨离间。 〔19〕殄夷将军：官名。领兵征伐。

太和末，公孙渊以辽东叛；帝欲征之而难其人[1]，中领军杨暨举豫应选。[一]乃使豫以本官督青州诸军，假节，往讨之。会吴贼遣使与渊相结；帝以贼众多，又以渡海，诏豫使罢军。豫度贼船垂还[2]，岁晚风急，必畏漂浪；东(随)〔道〕无岸[3]，当赴成山[4]。成山无藏船之处，辄便循海，案行地形，及诸山岛；邀截险要，列兵屯守。自入成山，登汉武之观[5]。贼还，果遇恶风，船皆触山沉没；波荡著岸，无所逃窜，尽虏其众。初，诸将皆笑于空地待贼；及贼破，竞欲与谋，求入海钩取浪船。豫惧穷虏死战，皆不听。

初，豫以太守督青州[6]，青州刺史程喜内怀不服；军事之际，多相违错。喜知帝宝爱明珠，乃密上："豫虽有战功而禁令宽弛；所得器仗珠金甚多[7]，放散皆不纳官。"由是功不见列。

后孙权号十万众攻新城，征东将军满宠欲率诸军救之。豫曰："贼悉众大举，非徒投射小利[8]，欲质新城以致大军耳[9]。宜听使攻城，挫其锐气；不当与争锋也。城不可拔，众必疲怠；疲怠然后击之，可大克也。若贼见计[10]，必不攻城，势将自走；若便进兵，适入其计。又大军相向，当使难知，不当使自画也[11]。"豫辄上状[12]，天子从之。会贼遁走。

后吴复来寇，豫往拒之，贼即退。诸军夜惊，云："贼复来！"豫卧不起，令众："敢动者斩！"有顷，竟无贼。

景初末，增邑三百，并前五百户。

正始初，迁使持节、护匈奴中郎将，加振威将军，领并州刺史。外胡闻其威名，相率来献。州界宁肃，百姓怀之。

征为卫尉。屡乞逊位，太傅司马宣王以为豫克壮[13]，书喻未听；豫书答曰："年过七十而以居位，譬犹钟鸣漏尽而夜行不休[14]，是罪人也。"遂固称疾笃。拜太中大夫，食卿禄[15]。

年八十二薨。子彭祖嗣。〔二〕

豫清俭约素，赏赐皆散之将士。每胡狄私遗[16]，悉簿藏官[17]；不入家，家常贫匮；虽殊类[18]，咸高豫节。〔三〕嘉平六年，下诏褒扬，赐其家钱谷。语在《徐邈传》。

【注释】

〔1〕难其人：对人选感到为难。　〔2〕垂还：将要回还。　〔3〕东道无岸：航线的东侧一路上都没有海岸。当时的孙吴船队，是从辽东半岛向南驶向江南。　〔4〕成山：地名。在今山东荣成市东北成山角。〔5〕汉武：即汉武帝刘彻（前156—前87）。西汉皇帝。前140至前87年在位。统治期间，从思想意识和政治制度上采取多种措施加强中央集权，又大力发展农业、手工业生产和商业贸易，还出兵击退北方的匈奴，向西北打通西域，向西南开发边区建立七个新郡，使西汉王朝的发展达到顶峰。由于举行封禅，祈求神仙，修建宫殿，耗费了大量财富，晚年的政治、经济状况开始恶化。前94年，他曾亲临成山祭日，事详《史记》卷十二、《汉书》卷六。　〔6〕督青州：担任青州各军的指挥官。〔7〕器仗：兵器。当时习称兵器为仗。　〔8〕投射：追求。　〔9〕质新城：以合肥新城为抵押。　〔10〕见计：看出（我们的）计谋。　〔11〕使自画：使（敌人得知我们的动静而有机会）自作谋划。　〔12〕辄上状：自行上报情况。　〔13〕克壮：身体康健而能胜任职务。　〔14〕钟鸣漏尽：指深夜。东汉安帝时曾发布命令，钟鸣漏尽之后在首都洛阳城内禁止行人来往。见《文选》卷二十八鲍照《放歌行》李善注。　漏：古代的计时仪器。通称漏壶。是铜质高桶状容器，内注清水，水从底部小孔缓慢漏出，浮在水面的指示刻箭也逐渐下降，由刻箭的高低可以看出时间的

早晚。1958 年在陕西兴平市、1978 年在内蒙古杭锦旗都曾出土西汉铜漏壶的实物。 〔15〕食卿禄：拿九卿一级的俸禄。太中大夫是闲职，为千石一级，每月俸米三十斛，俸钱四千；九卿为中二千石一级，每月俸米七十二斛，俸钱九千。见《续汉百官志》五李贤注引《晋百官表注》。〔16〕私遗（wèi）：私下的馈赠。 〔17〕簿：登记在册。 〔18〕殊类：指少数族。

【裴注】

〔一〕臣松之按：暨字休先，荥阳人。事见《刘晔传》。暨子肇，晋荆州刺史。山涛《启事》称肇"有才能"。肇子潭，字道元；次歆，字公嗣。潭子彧，字长文；次经，字仲武：皆见《潘岳集》。

〔二〕《魏略》曰："豫罢官归，居魏县。会汝南遣健步，诣征北，感豫宿恩，过拜之。豫为杀鸡炊黍，送诣至陌头，谓之曰：'疲老，苦汝来过。无能有益，若何？'健步愍其贫羸，流涕而去；还，为故吏民说之。汝南为具资〔绢〕数千匹，遣人饷豫；豫一不受。会病亡，戒其妻子曰：'葬我，必于西门豹〔墓〕边！'妻子难之，言：'西门豹古之神人，那可葬于其边乎？'豫言：'豹所履行，与我敌等耳。使死而有灵，必与我善。'妻子从之。汝南闻其死也，悲之；既为画像，又就为立碑铭。"

〔三〕《魏略》曰："鲜卑素利等，数来客见，多以牛马遗豫；豫转送官。胡以为前所与豫物，显露，不如持金。乃密怀金三十斤，谓豫曰：'愿避左右，我欲有所道。'豫从之，胡因跪曰：'我见公贫，故前后遗公牛马；公辄送官。今密以此上公，可以为家资。'豫张袖受之，答其厚意。胡去之后，皆悉付外，具以状闻。于是诏褒之曰：'昔魏绛开怀以纳戎〔赂〕，今卿举袖以受狄金；朕甚嘉焉！'乃即赐绢五百匹。豫得赐，分以其半，藏小府；后胡复来，以半与之。"

牵招字子经，安平观津人也[1]。年十余岁，诣同县乐隐受学。后隐为车骑将军何苗长史[2]；招随，卒业。值京都乱，苗、隐见害。招（俱）与隐门生史路等，触蹈锋刃，共殡殓隐尸，送丧还归。道遇寇抄，路等皆悉散走。贼欲斫棺取钉[3]，招垂泪请赦；贼义之，乃释而去。由此显名。

　　冀州牧袁绍辟为督军从事[4]，兼领乌丸突骑[5]。绍舍人犯令[6]，招先斩乃白；绍奇其意而不见罪也。绍卒，又事绍子尚。

　　建安九年，太祖围邺。尚遣招至上党，督致军粮。未还，尚破走，到中山[7]。时尚外兄高幹为并州刺史，招以"并州左有恒山之险[8]，右有大河之固[9]；带甲五万[10]，北阻强胡"，劝幹迎尚，并力观变。幹既不能，而阴欲害招。招闻之，间行而去[11]；道隔不得追尚，遂东诣太祖。

【注释】

　　[1] 观津：县名。县治在今河北武邑县东。　[2] 何苗（？—公元189）：南阳郡宛县（今河南南阳市）人。出自屠户。东汉灵帝时，因其妹为皇后而得任车骑将军，封济阳侯。公元189年，其兄大将军何进密谋除宦官，反被宦官谋杀，动乱中他也被何进部下杀死。事附《后汉书》卷六十九《何进传》。　[3] 斫棺取钉：当时因战争频繁，铸造武器的金属紧缺，所以有此举动。　[4] 督军从事：官名。袁绍冀州州牧府的下属，负责监督军队。　[5] 突骑：冲锋骑兵队。　[6] 舍人：官名。显贵官员的随从。　[7] 中山：王国名。治所在今河北定州市。　[8] 恒山：山名。在今河北阜平县东北。自汉至明朝，都以此山为北岳。清初，顺治皇帝把祭北岳的仪式移到山西浑源县东南的今恒山后，这里即改称为大茂山。　[9] 大河：即黄河。　[10] 带甲：穿有甲胄的战士。[11] 间行：从小路悄悄走。

　　太祖领冀州，辟为从事。太祖将讨袁谭，而柳城乌丸欲出骑助谭[1]。太祖以招尝领乌丸，遣诣柳城。到，值峭王严[2]，以五千骑当遣诣谭。又辽东太守公孙康自称平州牧[3]，遣使韩忠赍单于印绶往假峭王。峭王大会群长[4]，忠亦在坐。

峭王问招：“昔袁公言受天子之命，假我为单于；今曹公复言‘当更白天子，假我真单于’；辽东复持印绶来。如此，谁当为正？”招答曰：“昔袁公承制[5]，得有所拜假[6]；中间违错[7]，天子命曹公代之，言‘当白天子，更假真单于’，是也。辽东下郡，何得擅称拜假也？”忠曰：“我辽东在沧海之东，拥兵百万；又有扶余、涉貊之用[8]。当今之势，强者为右[9]。曹操独何得为是也？”

招呵忠曰：“曹公允恭明哲，翼戴天子；伐叛柔服，宁静四海。汝君臣顽嚚，今恃险远，背违王命；欲擅拜假，侮弄神器[10]。方当屠戮，何敢慢易咎毁大人[11]！”便捉忠头顿筑，拔刀欲斩之。峭王惊怖，徒跣抱招，以救请忠，左右失色。招乃还坐，为峭王等说成败之效，祸福所归。皆下席跪伏，敬受敕教；便辞辽东之使，罢所严骑[12]。

太祖灭谭于南皮[13]，署招军谋掾，从讨乌丸。至柳城，拜护乌丸校尉。还邺，辽东送袁尚首，悬在马市；招睹之悲感，设祭头下。太祖义之，举为茂才。

从平汉中，太祖还，留招为中护军。事罢，还邺，拜平虏校尉[14]；将兵督青、徐州郡诸军事，击东莱贼[15]。斩其渠率[16]，东土宁静。

【注释】

〔1〕柳城：地名。在今辽宁朝阳市西南。 〔2〕峭王：辽东属国乌丸

族首领自己确定的名号。第一任峭王是苏仆延。后来是颁下。牵招见到的是后者。〔3〕平州：公孙康自定的州名。〔4〕长(zhǎng)：指各部落首领。〔5〕承制：承受皇帝命令而具有某种特别权力。通常是官职任命权和爵位授予权。〔6〕拜假：封拜官职，授给印绶。〔7〕中间违错：后来袁绍违背朝廷。〔8〕扶余：东北方古国名。在今吉林省一带。在当时的边境之外。〔9〕为右：为尊。〔10〕神器：指皇权。〔11〕慢易：轻视。 大人：对德高位尊者的尊称。这里指曹操。〔12〕严骑：整装待发的骑兵。〔13〕南皮：县名。在今河北南皮县东北。〔14〕平虏校尉：官名。领兵征伐。〔15〕东莱：郡名。治所在今山东龙口市西。〔16〕渠帅：首领。

文帝践阼，拜招使持节、护鲜卑校尉，屯昌平〔1〕。是时，边民流散山泽；又亡叛在鲜卑中者，处有千数。招广布恩信，招诱降附。建义中郎将公孙集等〔2〕，率将部曲，咸各归命；使还本郡。又怀来鲜卑素利、弥加等十余万落〔3〕；皆令款塞〔4〕。

大军欲征吴，召招还。至，值军罢，拜右中郎将〔5〕。出为雁门太守〔6〕。郡在边陲，虽有候望之备，而寇抄不断。招既教民战阵，又表复乌丸五百余家租调〔7〕；使备鞍马，远遣侦候。虏每犯塞，勒兵逆击，来辄摧破；于是吏民胆气日锐，荒野无虞。又搆间离散，使虏更相猜疑。

鲜卑大人步度根、泄归泥等与轲比能为隙〔8〕，将部落三万余家诣郡附塞。敕令还击比能，杀比能弟苴罗侯，及叛乌丸归义侯王同、王寄等〔9〕；大结怨仇。是以招自出，率将归泥等，讨比能于云中故郡〔10〕，大破之。招通河西鲜卑附头等十余万家〔11〕。缮治陉北故上馆城〔12〕，置屯戍以镇内外；夷虏大小，莫不归心；诸叛亡虽亲戚不敢藏匿，咸悉收送。于是野居晏闭〔13〕，寇贼静息。

招乃简选有才识者，诣太学受业；还相授教，数年中庠序大兴〔14〕。郡所治广武〔15〕，井水咸苦；民皆担辇远汲流水〔16〕，往返七里。招准望地势〔17〕，因山陵之宜，凿源开渠，注水城内，民赖其益。

【注释】

〔1〕昌平：县名。县治在今北京市昌平区东南。 〔2〕建义中郎将：官名。授给投诚的军事将领。领兵征伐。 〔3〕怀来：进行安抚使之前来归附。 〔4〕款塞(sài)：叩敲边塞的大门。指进入塞内居住而服从中原王朝的管辖。 〔5〕右中郎将：官名。统领右中郎将署的郎官，是东汉宫廷卫队分队长之一。 〔6〕雁门：郡名。治所在今山西代县西。〔7〕复：免除。 〔8〕大人：首领。 步度根、泄归泥：二人事见本书卷三十《鲜卑传》。 〔9〕归义侯：封给前来归顺的少数族首领的名号。〔10〕云中：郡名。治所在今内蒙古托克托县东北。东汉末年废。〔11〕河西鲜卑：西北方少数族名。属于鲜卑的一部，活动于黄河河套以西的地区，故名。当时鲜卑有三大部，即东北的东部鲜卑，北面的拓跋鲜卑和西北的河西鲜卑。 附头：河西鲜卑首领名。 〔12〕陉(xíng)：山名。即陉岭。又名句(gōu)注山、雁门山。在今山西代县西北。自古为北方军事要塞。唐代在此设雁门关。 上馆：城名。在今山西朔州市东南。 〔13〕晏闭：到晚上才关门。意指白天离家不必锁门。〔14〕庠(xiáng)序：学校。 〔15〕广武：县名。县治在今山西代县西南。 〔16〕担辇(niǎn)：肩挑车运。 〔17〕准望：观测。

明帝即位，赐爵关内侯。太和二年，护乌丸校尉田豫出塞，为轲比能所围于故马城，移招求救〔1〕。招即整勒兵马，欲赴救豫。并州以常宪禁招〔2〕；招以为节将见围〔3〕，不可拘于吏议〔4〕，自表辄行。又并驰布羽檄〔5〕，称陈形势，云"当西北掩取虏家〔6〕，然后东行，会诛虏身〔7〕"。檄到，豫军踊跃。又遗一通于虏蹊要〔8〕，虏即恐怖，种类离散。军到故平城〔9〕，便皆溃走。

　　比能复大合骑来，到故（平）〔武〕州塞北〔10〕。招潜行扑讨，大斩首级。招以"蜀虏诸葛亮数出，而比能狡猾，能相交通"，表为防备；议者以为悬远，未之信也。会亮时在祁山，果遣使连结比能。比能至故北地吕城〔11〕，与相首尾〔12〕。帝乃诏招，使从便宜讨之〔13〕。时比能已还漠南〔14〕，招与刺史毕轨议曰〔15〕："胡虏迁徙无常。若劳师远追，则迟速不相及；若欲潜袭，则山溪艰险，资粮转运，难以密办。可使守新兴、雁门二牙门〔16〕，出屯陉北；外以镇抚，内令兵田〔17〕；储蓄资粮，秋冬马肥；州郡兵合，乘衅征讨：计必全克。"未及施行，会病卒。

　　招在郡十二年，威风远振。其治边之称，次于田豫，百姓追思之。而渔阳傅容，在雁门有名绩，继招后；在辽东又有事功云。

　　招子嘉嗣。次子弘，亦猛毅有招风；以陇西太守随邓艾伐蜀有功。咸熙中，为振威护军。嘉与晋司徒李胤同母，早卒。〔一〕

【注释】
　　〔1〕移：不相统属的官署之间发送公文。　〔2〕常宪：通常的法规。指出兵先要报告朝廷批准。　〔3〕节将：持节的将领。节将地位比一般将领重要。　〔4〕吏议：官员们的意见。　〔5〕羽檄：附上羽毛的通告

文书。当时凡紧急文书即附以羽毛，表示要飞快传送。 〔6〕虏家：指
轲比能军队的家属。 〔7〕会：会合。 〔8〕一通：一份（檄文）。 蹊
要：交通要道。 〔9〕平城：县名。县治在今山西大同市东北。东汉末
废。 〔10〕武州：县名。县治在今山西朔州市西北。东汉末废。
〔11〕吕城：地名。在今宁夏银川市南。 〔12〕相首尾：相呼应。
〔13〕从便宜：根据情况需要。指不对行军计划预先作规定。 〔14〕漠：
指蒙古草原上的大沙漠。 〔15〕刺史：即并州刺史。 毕轨（？—公元
249）：传附本书卷九《曹真传》。 〔16〕新兴：郡名。治所在今山西忻
州市。 牙门：官名。即牙门将。将军中的低等。领兵征伐。新兴、雁
门是边塞要郡，当时每郡加派一员牙门将，协助郡太守镇守。
〔17〕田：屯田。

【裴注】

〔一〕按《晋书》："弘，后为扬州、凉州刺史，以果烈死事于边。
嘉子秀，字成叔。"荀绰《冀州记》曰："秀有俊才，性豪侠，有气。弱
冠得美名，于太康中为卫瓘、崔洪、石崇等所提携，以新安令、博士为
司空从事中郎。与帝舅黄门侍郎王恺，素相轻侮。恺讽司隶荀恺，令都
官诬奏秀'夜在道中，载高平国守士田兴妻'。秀即表诉被诬陷之由，
论恺秽行，文辞（尤）〔尢〕厉。于时朝臣虽多证明，秀名誉由是而损。
后张华请为长史。稍迁至尚书。河间王以秀为平北将军，假节，在冯翊
遇害。世人玩其辞赋，惜其材干。"

郭淮字伯济，太原阳曲人也[1]。〔一〕建安中举孝廉，
除平原（府）〔郡〕丞。文帝为五官将，召淮署为门下
贼曹[2]；转为丞相兵曹议令史[3]，从征汉中。

太祖还，留征西将军夏侯渊拒刘备，以淮为渊司
马。渊与备战，淮时有疾不出。渊遇害，军中扰扰。淮
收散卒，推荡寇将军张郃为军主[4]，诸营乃定。其明
日，备欲渡汉水来攻。诸将议"众寡不敌，备便乘
胜[5]"，欲依水为阵以拒之。淮曰："此示弱而不足挫

敌，非算也。不如远水为阵，引而致之，半济而后击[6]，备可破也。"既阵，备疑不渡；淮遂坚守，示无还心。以状闻，太祖善之，假部节，复以淮为司马。

文帝即王位，赐爵关内侯，转为镇西长史[7]。又行征羌护军[8]，护左将军张郃、冠军将军杨秋，讨山贼郑甘、卢水叛胡[9]，皆破平之；关中始定，民得安业。

黄初元年，奉使贺文帝践阼；而道路得疾，故计远近为稽留[10]。及群臣欢会，帝正色责之曰："昔禹会诸侯于涂山[11]，防风后至[12]，便行大戮[13]。今溥天同庆而卿最留迟[14]，何也？"淮对曰："臣闻五帝先教，导民以德；夏后政衰[15]，始用刑辟[16]。今臣遭唐、虞之世[17]，是以自知免于防风之诛也。"帝悦之，擢领雍州刺史，封射阳亭侯。

五年为真[18]。安定羌大帅辟蹄反[19]，讨破降之。每羌胡来降，淮辄先使人推问其亲理[20]；男女多少[21]，年岁长幼。及见，一二知其款曲[22]，讯问周至；咸称"神明"。

太和二年，蜀相诸葛亮出祁山；遣将军马谡至街亭[23]，高详屯列柳城[24]。张郃击谡，淮攻详营；皆破之。又破陇西名羌唐蹄于枹罕[25]，加建威将军[26]。

五年[27]，蜀出卤城。是时，陇右无谷，议欲关中大运；淮以威恩抚循羌胡，家使出谷，平其输调[28]；军食用足。转扬武将军[29]。

青龙二年，诸葛亮出斜谷，并田于兰坑[30]。是时司马宣王屯渭南。淮策亮必争北原[31]，宜先据之；议者多谓不然。淮曰：“若亮跨渭登原，连兵北山；隔绝陇道，摇荡民、夷[32]。此非国之利也。”宣王善之，淮遂屯北原。堑垒未成，蜀兵大至；淮逆击〔走〕之。后数日，亮盛兵西行[33]，诸将皆谓欲攻西围；淮独以为“此现形于西[34]，欲使官兵重应之[35]，必攻阳遂耳[36]”。其夜果攻阳遂；有备，不得上。

【注释】

〔1〕太原：郡名。治所在今山西太原市西南。 阳曲：县名。县治在今山西阳曲县西南。 〔2〕门下贼曹：官名。曹丕五官中郎将府的下属。负责门户警卫。 〔3〕兵曹：曹操丞相府分支机构名。负责有关士兵的公务。 议令史：官名。在本曹掾、属的领导下，处理公务。 〔4〕荡寇将军：官名。领兵征伐。 〔5〕便乘胜：可以利用取胜的优势。 〔6〕半济：敌军一半渡过汉水时。 〔7〕镇西长史：官名。即镇西将军府的长史。负责处理府内公务。 〔8〕征羌护军：官名。进攻羌族反抗者的军队协调人。 〔9〕冠军将军：官名。领兵征伐。 卢水：河流名。在今青海西宁市西。是湟水南岸的支流之一。自东汉前期起，这里就有名叫卢水胡的少数族活动。汉末三国时，卢水胡的活动区域更加扩大，其中就包括关中。 〔10〕故计远近为稽留：依旧按路程远近计算，从而认定在途中逗留时间过长。 〔11〕涂山：山名。在今安徽蚌埠市西。 〔12〕防风：传说中原始时代的部落首领。 〔13〕大戮：处死示众。夏禹杀防风，是在会稽山（今浙江绍兴市东南）的另一次诸侯大会上，见《国语·鲁语》下。 〔14〕溥天：即普天。 〔15〕夏后：夏代的君王。 〔16〕刑辟：刑法。 〔17〕唐、虞之世：比喻曹丕受汉帝的禅让，就像舜受尧的禅让一样，将开始一个太平盛世。这一吹捧恰到好处，所以曹丕很开心。 〔18〕五年：黄初五年（公元224）。 〔19〕安定：郡名。治所在今甘肃镇原县东南。 〔20〕推问：详尽询问。 亲理：亲属状况。 〔21〕男女：儿女。 〔22〕一二：一一。 款曲：详细情况。 〔23〕马谡（公元190—228）：传附本书卷三十九《马良传》。 街亭：地名。在今甘肃天水市东南。 〔24〕列柳城：地名。在街亭邻近。 〔25〕名羌：著名的羌族首领。 枹罕：地名。在今甘肃临夏市西南。 〔26〕建威将军：官名。领兵征伐。 〔27〕五年：太和五年（公元231）。 〔28〕平：

公平摊派。〔29〕扬武将军:官名。领兵征伐。〔30〕兰坑:地名。在今甘肃西和县东。〔31〕北原:地名。又名积石原。在今陕西岐山县南。与渭水南岸的五丈原隔水相对。〔32〕摇荡:扰动。〔33〕盛兵:出动大部队。〔34〕现形:有意显露行动。〔35〕重(zhòng)应:调派重兵应战。〔36〕阳遂:地名。在今陕西眉县西。

【裴注】

〔一〕按《郭氏谱》:“淮祖全,大司农;父缊,雁门太守。”

正始元年,蜀将姜维出陇西。淮遂进军,追至强中[1];维退,遂讨羌迷当等[2];按抚柔氐三千余落[3],拔徙以实关中。迁左将军。凉州休屠胡梁元碧等[4],率种落二千余家附雍州。淮奏请使居安定之高平[5],为民保障;其后因置西川都尉[6]。转拜前将军,领州如故。

五年[7],夏侯玄伐蜀[8];淮督诸军为前锋。淮度势不利,辄拔军出[9],故不大败。还,假淮节。

八年[10],陇西、南安、金城、西平诸羌饿何、烧戈、伐同、蛾遮塞等,相结叛乱[11],攻围城邑,南招蜀兵;凉州名胡治无戴复叛应之[12]。讨蜀护军夏侯霸督诸军屯为翅。淮军始到狄道,议者佥谓“宜先讨定枹罕[13],内平恶羌,外折贼谋”。淮策维必来攻霸,遂入沨中[14],转南迎霸。维果攻为翅,会淮军适至,维遁退。进讨叛羌,斩饿何、烧戈,降服者万余落。

九年[15],遮塞等屯河关、白土故城[16],据河拒军。淮现形上流[17],密于下渡兵据白土城;击,大破之。治无戴围武威[18],家属留在西海[19]。淮进军趋西海，欲掩取其累重[20]；会无戴折还，与战于龙夷之北[21]，破走之。令居恶虏在石头山之西[22]，当大道止，断绝王使[23]；淮还过讨，大破之。姜维出石营[24]，从强川[25]，乃西迎治无戴；留阴平太守廖化于成重山筑城[26]，敛破羌保质[27]。淮欲分兵取之，诸将以："维众西接强胡，化已据险；分军两持，兵势转弱；进不制维，退不拔化：非计也。不如合而俱西，及胡、蜀未接，绝其内外。此伐交之兵也[28]"。淮曰："今往取化，出贼不意，维必狼顾[29]。比维自致，足以定化[30]；且使维疲于奔命。兵不远西[31]，而胡交自离，此一举而两全之策也。"乃别遣夏侯霸等追维于沓中[32]，淮自率诸军就攻化等。维果驰还救化，皆如淮计。进封都乡侯。

嘉平元年，迁征西将军，都督雍、凉诸军事。是岁，与雍州刺史陈泰协策[33]，降蜀牙门将句安等于翅上[34]。

二年[35]，诏曰："昔汉川之役[36]，几至倾覆。淮临危济难，功书王府。在关右三十余年[37]，外征寇虏，内绥民、夷；比岁以来，摧破廖化，擒虏句安。功绩显著，朕甚嘉之。今以淮为车骑将军、仪同三司[38]，持节、都督如故。"进封阳曲侯，邑凡二千七百八十户；分三百户，封一子亭侯。〔一〕

正元二年薨。追赠大将军，谥曰贞侯。子统嗣。统官至荆州刺史，薨。子正嗣。咸熙中，开建五等；以淮著勋前朝，改封汾阳子。〔二〕

【注释】

〔1〕强中：地名。在今甘肃岷县西南。　〔2〕迷当：羌族首领名。
〔3〕柔氏：老实服从统治的氏族人。　〔4〕休屠(chú)：湖名。即休屠
泽。在今甘肃民勤县东北。西汉时属匈奴休屠王活动地域，故名。东汉
以来，习称原居在这里的匈奴族后裔为休屠或屠各。他们已经混杂了其
他族的血统。　〔5〕高平：地名。在今宁夏固原市。　〔6〕西州都尉：
官名。负责镇守管理高平一带地区。　〔7〕五年：正始五年(公元244)。
〔8〕夏侯玄(公元209—254)：传附本书卷九《夏侯尚传》。　〔9〕辄：
自行决定。　〔10〕八年：正始八年(公元247)。　〔11〕西平：郡名。治
所在今青海西宁市。　〔12〕名胡：著名的胡族首领。　〔13〕金(qiān)：
都。　〔14〕沨中：地名。在今甘肃漳县西。　〔15〕九年：正始九年(公
元248)。　〔16〕河关：县名。在今甘肃临夏市西北。　白土：地名。在
今青海化隆县东南。　〔17〕上流：上游。　〔18〕武威：县名。县治在
今甘肃民勤县东北。当时是曹魏护羌校尉治所。　〔19〕西海：郡名。治
所在今内蒙古额济纳旗东南。　〔20〕累重：家属和物资。　〔21〕龙夷：
地名。在今青海海晏县。　〔22〕令(lián)居：县名。在今甘肃永登县西
北。　石头山：山名。在令居县附近。　〔23〕王使：朝廷使者。
〔24〕石营：地名。在今甘肃岷县东。　〔25〕强川：地名。在今甘肃岷
县西南。　〔26〕阴平：郡名。治所在今甘肃文县西北。　廖化(？—公
元264)：传附本书卷四十五《宗预传》。　成重山：山名。在今甘肃岷县
东。　〔27〕敛破羌：收聚被击溃的羌族军队。　质：人质。指随姜维大
军西进的蜀军将士家属。姜维深入敌境，为防部下叛逃，所以留其家属
在后方做人质。　〔28〕伐交：消灭敌人的外援。《孙子·谋攻篇》有
"上兵伐谋，其次伐交，其次伐兵，其下攻城"的说法。　〔29〕狼顾：
比喻人有后顾之忧，狼行走时常回顾后方，以防袭击。　〔30〕定化：平
定廖化。　〔31〕不远西：不必远向西方进军。　〔32〕沓中：地名。在
今甘肃岷县南。　〔33〕陈泰(？—公元260)：传附本书卷二十二《陈群
传》。　〔34〕翅上：地名。在今甘肃岷县东。　〔35〕二年：嘉平二年
(公元250)。　〔36〕汉川之役：指上文提到的夏侯渊被刘备攻杀的汉中
之战。　〔37〕关右：地区名。含义与关西相同，即函谷关或潼关以西的
地区。　〔38〕仪同三司：仪仗队的规格与三公相同。

【裴注】

〔一〕《世语》曰："淮妻，王凌之妹。凌诛，妹当从坐，〔侍〕御史

往收。督将及羌、胡渠帅数千人，叩头请淮表留妻，淮不从。妻上道，莫不流涕；人人扼腕，欲劫留之。淮五子，叩头流血请淮，淮不忍视；乃命左右追妻。于是追者数千骑，数日而还。淮以书白司马宣王曰：'五子哀母，不惜其身；若无其母，是无五子；无五子，亦无淮也：今辄追还。若于法未通，当受罪于主者，觊展在近。'书至，宣王亦宥之。"

〔二〕《晋诸公赞》曰："淮弟配，字仲南。有重名，位至城阳太守。裴秀、贾充，皆配女婿。子展，字泰舒。有器度干用，历职著绩，终于太仆。次弟豫，字泰宁。相国参军，知名，早卒。女适王衍。配弟镇，字季南。谒者仆射。镇子奕，字泰业。"《山涛启事》称奕"高简有雅量"，历位雍州刺史、尚书。

评曰：满宠立志刚毅，勇而有谋；田豫居身清白，规略明练[1]；牵招秉义壮烈，威绩显著；郭淮方策精详，垂问秦、雍[2]。而豫位止小州[3]，招终于郡守：未尽其用也。

【注释】
〔1〕明练：精明熟练。　〔2〕垂问：留下美名。　〔3〕小州：指曹魏各州中辖境较小的并州。

【译文】
满宠，字伯宁，山阳郡昌邑县人。十八岁时，他担任郡中的督邮。当时山阳郡内有李朔等人，各自拥有自己的私家武装，侵害百姓，太守派遣满宠去纠察。李朔等人赶忙来请罪，从此不再进行抢掠。满宠代理高平县令，县中有个叫张苞的身任郡中督邮，贪赃枉法收取贿赂，扰乱政事。满宠趁他来到官方驿站的旅馆，率部下突然将他逮捕，追查他的犯罪事实，当天把他审问处死，然后弃官回乡。

太祖曹操任兖州牧，任命满宠为州政府的从事史。太祖为将军时，又任命满宠为军府的西曹属。

后来满宠改任许县令。当时太祖的堂弟曹洪出自曹氏宗族，关系亲近而身份高贵，他有个宾客在许县多次犯法，满宠逮捕了这个家伙要严加惩治。曹洪向满宠写信求情，满宠置之不理。曹洪又报告太祖，太祖下令把许县主事的官吏召来。满宠知道太祖有意要宽恕这人，于是迅速将其处死。太祖高兴地说："承当公事的人，难道不应当像这样做吗?"

原太尉杨彪被逮捕关在许县的监狱里，尚书令荀彧、少府孔融等人都叮嘱满宠说："对杨彪只能听取他的供词，切勿拷打。"满宠谁也不答复，照旧依法拷打审问。过了几天，满宠求见太祖，说："拷问杨彪，在其供词中没有发现什么犯罪事实。对该杀的人首先要公布其罪状。此人海内闻名，如果罪证不明确而杀了他，必定大失人心。我暗中为您感到惋惜。"太祖听了当天就赦免了杨彪。起初，荀彧、孔融等人听说满宠竟然拷打了杨彪，都大为愤怒;但是后来看到杨彪因此得到赦免，就非常赞赏满宠了。

当时，河北的袁绍势力强大，而汝南是袁绍家乡所在的郡，他的门生宾客分布在汝南郡各县，拥兵据守。太祖对此感到忧虑，便委派满宠为汝南郡太守。满宠招募了服从自己的士兵约五百人，一气攻下二十多个武装居民点。又设计引诱那些没有投降的首领，在宴席上杀死十余人，郡内的武装势力一下子就都平定。得到百姓二万多户，士兵二千余人，满宠命令他们都从事农田耕作。

建安十三年(公元208)，满宠随太祖征讨荆州。大军回还后，太祖命令满宠代理奋威将军，屯驻在当阳。孙权多次侵扰东部边境，太祖又召满宠任汝南郡太守，并赐给他关内侯的爵位。

关羽包围襄阳，满宠协助征南将军曹仁屯兵樊城，迎战关羽。左将军于禁等人的军队因为大雨连绵沔水上涨而被关羽消灭。关羽猛攻樊城，樊城的城墙碰到大水，到处出现崩坍，众人都大惊失色。有人对曹仁说："今日面临的危险，不是我们的力量所能支持的。可以趁关羽的包围圈还没有形成，赶紧在夜里乘小船逃走，虽然失去樊城，却可以保全性命。"满宠却对曹仁说："山洪来去迅猛，希望它不会持续很久。听说关羽已另外派遣部将推进到郏县一带。自许县以南，老百姓人心惶惶。关羽本人之所以不敢贸然向北推进，是怕我们攻击他的后背。如果现在弃城逃跑，黄河以南的土地，就不再属于朝廷所有了。希望您再坚持一下。"曹仁说："对。"

满宠下令杀白马沉入洍水，与士兵一起歃血为盟。正好这时徐晃等人率援兵赶来，满宠力战有功，关羽只得撤退。满宠因此晋爵为安昌亭侯。

曹丕继承魏王位，满宠任扬武将军。在江陵打败孙吴军队有功，又升为伏波将军，驻扎在新野县。大军讨伐孙吴，到达精湖，满宠率领各军在前，与敌军隔水相对。满宠告诫手下将领说："今夜风急，敌人一定会来放火烧营，应做好准备。"各路军队都提高了戒备。到了半夜，敌人果然派出十批伏兵前来放火。满宠发起突袭击溃敌兵，因此晋爵南乡侯。

黄初三年（公元 222），朝廷特别授予他节杖和黄钺。黄初五年（公元 224），他升任前将军。

魏明帝曹叡即位，封满宠为昌邑侯。太和二年（公元 228），满宠兼任豫州刺史。当年春天，从孙吴来投降的人说，孙吴大军正在做出动前的准备，放出风声要到江北来打猎，孙权将要亲自出马。满宠估计敌人一定要袭击西阳县，立即加紧战备。孙权闻讯后，只得退还。当年秋天，朝廷派曹休从庐江郡经合肥向南进攻孙吴，派满宠向夏口方向推进作配合。满宠上奏说："曹休虽然聪明果敢却很少用兵。如今他所走的道路，背后是一片大湖，旁边是浩荡的长江，容易前进而难以退却，这可是兵家所忌讳的绝地啊！一旦进入无强口，就应该严加防备。"满宠的上奏没有得到批复，曹休已经深入敌境。而孙吴军队果然从无强口占据了夹石这一要地，截断了曹休的退路。曹休苦战失利，被迫退却。碰上朱灵等将领从后面赶来拦截敌兵，与吴军相遇，吴军吃惊而退却，曹休的人马才得以退回。

这一年曹休病死，满宠以前将军的职务代理指挥扬州各路军队。汝南郡的士兵和民众舍不得他离开，都扶老携幼，跟随着他一起走，不能制止。护军向朝廷上表，要求处死带头的人。魏明帝下诏让满宠带走侍从的卫队一千人，其余的追随者一律不加追问。

太和四年（公元 230），满宠任征东将军。这年冬天，孙权放出风声要进攻合肥。满宠上表请求召集兖州、豫州的各路人马。

军队调集之后，敌军又撤退了，朝廷要满宠遣散各军。满宠却认为：“敌军大举出动而突然全部撤退，恐怕不是他们的本意，对方一定是假装退却来麻痹我们，等我们解散大军后，再回转来乘虚而入，打我们一个措手不及。”于是上表请求暂时不要遣散各路军队。过了十来天，孙权果然率军回攻合肥城，结果未能得手，只好撤退。

第二年，孙吴将领孙布派人到扬州投降，说：“由于路途太远不能依靠自己的力量到达，请派兵马来迎接我们。”扬州刺史王凌把孙布的信送到满宠手里，请求派兵马前去迎接。满宠认为其中有诈，不同意派兵，并且替王凌写信给孙布说：“知道你能认识清楚邪与正，想脱离灾祸归顺魏朝，离开暴虐而改走正道，这样的志向很值得嘉许。现今很想派兵迎接你们，但是考虑到兵少则不能保卫你们，兵多又容易走漏消息，所以暂且先秘密商议怎么样成全你的志向，到时候根据情况再采取适当措施。”碰巧这时满宠接到文书要他入朝，临行前他命令留守军府的长史说：“如果王凌想要前往迎接，不要给他派兵。”王凌因为不能从满宠的军府得到兵马，于是就只派一员偏将，率领自己手下的七百步兵和骑兵前往迎接孙布。不料孙布在夜里发动突然袭击，偏将逃走，七百人马死伤大半。

当初，满宠与王凌共事而不和睦，王凌的同伙诋毁满宠年老力衰，做事荒谬，因此魏明帝才召满宠入朝。满宠到达后，魏明帝看到他身体非常健康，又派他回去继续任职。满宠多次上表要求留在京城洛阳，魏明帝下诏答复说：“从前廉颇勉力进食，马援上马四顾，而今您未老而自称已老，为什么与廉颇、马援这么不同呢？要好生考虑安定边境，为国谋利啊！”

太和六年(公元232)，孙吴大将陆逊率兵向庐江郡杀来。很多人认为应当赶快救援，满宠说：“庐江虽小，但是将领刚猛，兵士精锐，能坚守较长时间。而敌军下船后要走二百里，后方空虚，正该诱其深入以便围歼他们。现今可以听随他们前进，怕只怕他们会中途逃跑我们追不上啊。”于是整顿军队开往杨宜口。敌军听说大兵东下，当夜即逃走了。

当时，孙权每年都有前来进攻的打算。青龙元年(公元233)，满宠上疏说："合肥城的南面面临长江和巢湖，北面距大本营寿春县又远。敌兵围攻合肥，能够凭借水路之便；朝廷大军去救援，必须先攻破其大部队，然后才能解围。敌军前往围攻十分容易，而我军去援救则十分困难，应当转移城内的守军。城西三十里，有非常险峻的山势可以凭借，应当在这里建立新的城池以便坚守。这是把敌兵引到平地以截断其退路，在计策中算是最有利的。"

护军将军蒋济议论此事，认为："这样做是向敌人示弱，再说一看见敌军的烟火就毁弃自己的城池，这真是敌人未攻而自己先拔腿后退。一旦走到这一步，敌军的侵略就没有限度，我军只好退到淮水以北作防守了。"明帝没有同意满宠的意见。满宠又上表说："孙子曾说：用兵，是诡诈的行为。因此，本来有能力，但却故意装出衰弱而没有能力，给敌人利益使之产生骄傲，故意表现出受到对方声威震慑的样子以麻痹敌人。这都说明表象与实际不一定相符合。孙子又说：'善于调动敌人的将帅是用伪装的假象迷惑对手。'在敌军没有来到之前而把城池向后迁移，这就是用假象诱敌深入的办法。引诱敌军远离水路，是选择有利形势的举动，这一举动如果能在外实施，在内的朝廷就得到福气了。"

尚书赵咨认为满宠的计谋更好，于是皇帝下诏照此办理。这一年，孙权亲自出兵，想包围合肥新城，就是因为新城离水路太远，他在水面停留了二十天不敢下船。

满宠对各位将领说："孙权得知我迁移城池的消息，一定在众人中夸下海口要攻下它。现在他大举出动想谋求一下子就能得到的成功，虽然他不敢到达新城，但一定会登上岸来炫耀一下武力，以示其力量有余。"于是暗地派出六千步兵和骑兵，在合肥旧城的隐蔽处埋伏等待。孙权果然上岸耀武扬威，满宠部署的伏兵突然冲出来猛攻，杀死了几百敌人，有一些孙吴士兵被迫投水而淹死。

青龙二年（公元234），孙权亲自带领十万大军，又来进攻合肥新城。满宠赶去救援，招募勇士数十人，砍下松枝做成火炬，又灌上麻油，顺风放火，烧掉敌军的攻城器械，又射死孙权的侄子孙泰。敌军只好撤退。

青龙三年（公元235）春天，孙权派数千家士兵到长江以北屯田。这年八月，满宠看到对方种的庄稼将要成熟收割，男女老少布满田野，而保卫的士兵离城远的有数百里，可以发动突然袭击。于是派遣长史率兵沿长江东下，摧毁敌人各个屯兵据点，焚烧对方的谷物后撤回，皇帝下诏嘉奖满宠，同时将所缴获的物资都赏赐给将士。

景初二年（公元238），朝廷因为满宠年老而召他回京，提升他为太尉。

满宠不经营产业，所以家中没有多余的财产。皇帝下诏给他说："您领兵在外，一心为公，有季文子和祭遵的风范。现在赐给您田十顷，谷物五百斛，钱二十万，以表彰您清廉忠诚俭朴的高尚节操。"满宠前后增加封邑，共有九千六百户；子孙二人被封为亭侯。

他在正始三年（公元242）去世，谥为景侯。儿子满伟继承了他的爵位。满伟以风度气量闻名于世，官做到卫尉。

田豫，字国让，渔阳郡雍奴县人。当初刘备投奔公孙瓒时，田豫还年轻，他请刘备给予关照；刘备很器重他。刘备为豫州刺史时，田豫因为母亲年老请求回家。刘备哭泣着与他分别，说："很遗憾不能和您共创大业了！"

公孙瓒让田豫担任泉州县的县令。公孙瓒的将领王门背叛公孙瓒，替袁绍带兵一万多人前来进攻。当时泉州县里人人恐惧准备投降。田豫登上城门对城下的王门喊道："你受公孙将军的厚待却背弃了他，我起初还以为你是迫不得已的；现今你却为害一方，我才知道你是一个有意作乱的人。只具有提瓶去取水这样一点小智慧的人，也知道紧守自己的瓶子不把它随便借给别人使用。我已经接受守城的任务了，你为什么还不发起猛攻呢？"王门很是惭愧，便下令撤退。公孙瓒知道田豫有权谋却又不能任用他。公孙瓒失败后，鲜于辅受到郡人推举，代行渔阳郡太守的职权。他很欣赏田豫，任命他为郡政府的长史。

当时群雄并起，鲜于辅不知道追随哪一位好。田豫对鲜于辅说："最终能平定天下的人，一定是曹操。应当赶快归附他，不要等待灾祸来临。"鲜于辅听从了他的计策，因此得到太祖曹操的封赏信任。

太祖任命田豫为丞相府军谋掾，出任颍阴、朗陵两县县令，又升任弋阳郡太守，所到之处都有政绩。

鄢陵侯曹彰征伐代郡的乌丸族，田豫担任辅佐。大军到达易水以北时暂驻下来，敌人埋伏的骑兵突然发起攻击，军内顿时大乱，人们不知怎么办才好。田豫根据地形，让车队掉转头来形成圆阵，弓箭手在圆阵内拉弓以待，又让精兵守卫在车队的空隙处。乌丸军队攻不进来，只好撤退。田豫乘机追击，大败敌军，一直向前推进而平定代郡，这都出自田豫的计谋。

田豫升任南阳郡太守。此前，郡内有个叫侯音的人反叛，聚众数千在山里做强盗，是郡中的一大危害。前任太守抓住其中的五百多人，上奏朝廷请求全部处死。田豫到任后与囚犯见面，一一进行安慰，给他们改过自新的机会，然后打开枷锁放了他们。这些囚犯感动得下跪叩头，表示愿意效力。于是他们互相劝告，聚集的强盗一下子都散了伙，郡内清静太平。田豫把情况详细上报朝廷，太祖十分赞赏。

魏文帝曹丕登基之初，北方的少数族势力强盛，多次侵扰，朝廷授给田豫节杖，同时又让牵招、解隽监督鲜卑族。从高柳以东，濊貊以西，鲜卑有几十个大部落，轲比能、弥加、素利三个大首领分割地盘各霸一方，他们又共同订立盟誓，决不用马匹和中原进行交易。

田豫认为少数族团结一心对魏朝不利，于是设计挑拨离间，让他们成为仇敌，互相进攻。素利首先违背誓约，出售一千匹马给魏朝。轲比能因此而进攻素利。素利向田豫求救。田豫怕他们相互兼并后力量强盛，为害更大，决定援救改恶向善的素利，讨伐作恶的轲比能，以便向少数族表示信义。于是单独率领精锐部队，深入敌占区。少数族人马众多，前后包抄，断绝了他的后路。田豫继续推进，在距离敌营只有十多里的地方安营扎寨，收集了好多干燥的牛马粪便，把它们点燃之后，率兵从其他的路悄悄撤走。敌人见烟火不灭，以为田豫还在，等田豫他们撤走几十里开外敌人才发现，于是又派兵追赶，一直追到马城，把马城重重包围起来。田豫在城中暗地做好行动准备，让手下的司马举起战旗，奏起军乐，率领步兵和骑兵从南门出来，敌人看到之后都冲向前去。田豫自己则率领精锐主力从北门冲出，喊杀声四起，两头夹击，出其不意，把对方的包围圈冲得四零八落，敌人都丢下弓箭马匹逃走。田豫率兵追杀了二十多里，直杀得尸横遍野。

又有一个乌丸族首领名叫骨进，为人狡诈，对朝廷很不恭敬。田豫借出塞巡视的好机会，只带了麾下的百余名骑兵进入骨进的部落。骨进前来迎接跪拜，田豫命令手下人当场斩杀骨进，又公布他的罪状发布命令。骨进的部下都吓得不敢乱动，田豫便让骨进的弟弟当部落首领。从此少数族人害怕，田豫威震沙漠。

山区的叛乱势力头目高艾，有几千人马，常常出山烧杀抢掠，成为幽州和冀州的一大祸患。田豫诱使鲜卑族首领素利斩杀了高艾，把高艾的头颅用驿车送到京城。田豫因此被封为长乐亭侯。他任护乌丸校尉有九年之久，他控制少数族，经常采取摧毁抑制强大部落的兼并，对凶恶而狡猾的武装势力进行离间分化的手段。逃亡到少数族中去的汉族坏人，如果要为少数族出主意而对魏朝构成损害，田豫都能制造矛盾挑拨离间，使其阴谋破产，并让他们不得安宁。

他所计划的事情还没有做完，而幽州刺史王雄的同党，想让王雄兼任护乌丸校尉，于是诋毁田豫扰乱边境、制造事端。结果朝廷调田豫任汝南郡太守，加授殄夷将军官号。

太和末年，公孙渊在辽东郡反叛。魏明帝想出兵作战，却对选择主将一事感到为难。中领军杨暨推荐田豫，于是朝廷委任田豫以汝南郡太守的身份指挥青州各路军队，持有节杖，前往征讨。碰上孙吴派使者与公孙渊勾结。明帝认为敌人众多，又要渡海，下诏让田豫停止军事行动。田豫估计孙吴的船队将从辽东返回江南，冬天风急，敌人必定害怕风浪，而航线东侧一路上都没有海岸，肯定会在成山靠岸躲避风浪，而在成山船只无处隐藏。于是他自行决定前进到沿线的海岸，巡察地形，观测海岛情况，凡是险要地方，都派兵把守。进入成山后，他登上当年汉武帝修的高台。敌船返回时，果然遇上暴风，很多船都触礁沉没，敌兵被波浪冲到岸上，无处可逃，全都被田豫的军队俘虏。起初，将领们都嘲笑田豫在空地上等待敌人，等到敌人被击败后，他们又争相出谋划策，请求下海去夺取敌人的船只。田豫担心那些无路可走的敌船会拼死对抗，不同意他们的请求。

开始时田豫以汝南郡太守身份指挥青州各路军队，青州刺史程喜很不服气，所以在实施军事行动时，常常和田豫作对。程喜知道明帝喜欢宝珠，他就秘密上奏说："田豫虽然立下战功，但是纪律松弛，缴获了很多兵器、珠宝、金银，都散失在部下手中而没有上交朝廷。"结果田豫的战功没有得到朝廷的奖赏。

后来孙权率领号称十万人马的大军，进攻合肥新城。征东将军满宠想指挥各军前去解救。田豫说："敌人出动全部兵力大举进攻，显然不是要追求小利，而是想以合肥新城作为抵押，诱使我方大军出战。应当让他们去攻城，从此挫伤他们的锐气，不应当与他们正面交锋。城池攻不下来，敌军自然会感到疲惫，乘他们疲惫发起反击，可以取得大胜。如果敌人能看出我们的计谋，就不会攻城，势必自动撤退。如果我们立即出动大军，正好中了他们的圈套。另外，大军的动向要叫对方难以看出来，不应当让敌人得知动静而有机会自作谋划。"田豫自行上报情况，明帝同意他的意见，结果这时敌人也退走了。

此后，孙吴又来进攻；田豫前往迎击，敌人立即退走。在夜里，军营突然大乱，有人高叫："敌人又来了！"田豫躺着不动，命令部下："有敢随便乱动的斩！"不久，发现根本没有敌人来进攻，而是一场虚惊。

景初末年，朝廷增加田豫的食邑三百户，加上以前的共有五百户。正始初年，他升任持有节杖的护匈奴中郎将，加振威将军官号，兼任并州刺史。塞外的少数族久闻田豫的威名，相继前来进贡。州界内社会秩序安宁良好，百姓十分拥护他。

后来他入朝任卫尉，多次请求辞职。太傅司马懿认为田豫身体康健而能胜任职务，写信劝说他，不同意他辞职。田豫写信答复司马懿说："年过七十而仍然占据官位，就好像到了深夜还在外面行走不停，算是罪人了。"于是坚持说自己病重。朝廷只得改任他为太中大夫的闲职，俸禄与九卿相同。

他在八十二岁时去世。儿子田彭祖继承了他的爵位。

田豫清廉俭朴，凡朝廷的赏赐都分给部下。每当北方的少数族私下馈赠他东西时，他都记录在册送进官府，从不放在家里，家里生活常常贫穷匮乏。即使是少数族人，也都很钦佩田豫高尚的节操。嘉平六年（公元254），朝廷下诏表彰田豫，赐给他家银钱谷物。事情经过记载在本书《徐邈传》中。

牵招，字子经，安平郡观津县人。十多岁时，到同县的乐隐家求学。后来乐隐在车骑将军何苗的军府中任长史，牵招跟随他前往，得以完成学业。碰上京城发生大动乱，何苗、乐隐被杀。牵招和乐隐的门生史路等人一起，冒着生命危险，收殓老师乐隐的尸首，送回故乡安葬。路上遇强盗抢掠，史路等人都逃跑了。强盗想劈开棺材取铁钉，牵招含泪求情，强盗受到感动，放开他们走了。牵招由此而著名。

冀州牧袁绍任命牵招为督军从事，兼任乌丸骑兵冲锋队的指挥官。袁绍的随从违犯命令，牵招先斩了随从然后再报告。袁绍很欣赏他的做法而没有怪罪他。袁绍死后，他又追随袁绍的儿子袁尚。

建安九年（公元204），太祖曹操包围邺县。袁尚派牵招到上党郡去督运军粮。他还没有回来，袁尚已经失败，逃往中山国。当时袁尚的表兄高幹任并州刺史。牵招认为并州左边有恒山的天险，右边有黄河的阻隔，又拥有甲兵五万，北边还有强大的少数族做外援，所以力劝高幹迎接袁尚来并州，联合力量等待时局变化。高幹既不愿意这样做，又还想暗中害死牵招。牵招得知后，从小路悄悄逃走。因为道路受阻追不上袁尚，他便向东投奔太祖曹操。

太祖兼任冀州牧，任命牵招为州政府的从事。太祖准备征伐袁谭，而柳城的乌丸族则想派骑兵协助袁谭。太祖考虑到牵招曾经指挥过乌丸族的骑兵冲锋队，于是派他出使柳城。到达时正碰上乌丸首领动员军队，派遣五千骑兵去援助袁谭。同时，辽东郡太守公孙康自称是平州牧，派使者韩忠带着单于的印绶准备授给乌丸首领。乌丸族首领召集各部落的酋长举行大会，韩忠也在坐。

首领问牵招："从前袁绍说他受天子之命，封我为单于；而今曹公也说要报告天子，封我为真单于。同时辽东又送来单于的印章和绶带。这样一来，谁是正统呢"牵招回答说："从前袁绍承天子命令，可以封拜官职；但后来他违背朝廷，天子命令曹公取而代之，所以曹公说要上奏朝廷，封你为真单于，这才是正统。辽东是朝廷的下属郡，哪里有权封拜单于的官爵呢？"韩忠说："我们辽东在大海的东边，拥兵百万，又有扶余、涉貊的支持。当今之势，强者为尊，曹操怎么能说只有自己是正统呢？"

牵招斥责韩忠说："曹公忠诚恭敬，英明聪慧，拥戴天子，讨伐叛贼，安抚百姓，使四海得到安宁。你们的君臣顽固嚣张，现今仗恃辽东地形险要路途遥远，违抗王命，还想擅自封拜官爵，侮辱皇权，正应当处死，怎么还敢轻视曹公！"便抓住韩忠的头往地上碰撞，又拔刀要杀了他。乌丸族首领惊恐万分，光着脚跑上前抱住牵招，请求放过韩忠，身边的人也都吓得变了脸色。牵招退回座位上，向首领等人分析利害预测祸福。在场的人都离开座位跪下来，恭敬地听他指示和教诲。又立即谢绝了辽东的使者，解散整装待发的骑兵，不再援助袁谭。

太祖在南皮消灭了袁谭，任命牵招为军谋掾，随从征讨乌丸。到了柳城，出任护乌丸校尉。回到邺县，辽东公孙康把袁尚杀死送来头颅，太祖下令把袁尚的头颅挂在马市示众。牵招看到后很悲痛感慨，在头颅下祭奠这位过去自己的上司。太祖为牵招的义气所感动，推举他为茂才。

随从太祖平定汉中的张鲁，太祖回来后，留下牵招任中护军。太祖放弃汉中后，牵招回到邺县，任平虏校尉，领兵并指挥青州、徐州各郡军队，击败东莱郡的叛乱势力，杀死首领，东部疆域恢复平静。

魏文帝曹丕即帝位，牵招持有节杖，出任护鲜卑校尉，驻扎在昌平县。当时，边境居民大多逃亡在山间水边，还有逃入鲜卑部落的，每处都有上千人。牵招到任后显示恩典和信用，接受人们投降和附从。建义中郎将公孙集等人，带领部下前来投奔，牵招让他们回到本郡。又安抚鲜卑首领素利、弥加等人所统领的十多万户少数族百姓，让他们进入边塞居住并接受朝廷的管辖。

文帝想出动大军讨伐孙吴，把牵招召回。他回来后，大军已停止行动，于是朝廷任命牵招为右中郎将，又出任雁门郡太守。雁门郡地处边境，虽然有瞭望台之类的防备，仍然经常发生塞外少数族入侵抢掠的事。牵招教导当地百姓如何作战自卫，又上表请求免除五百多家乌丸族居民的租税，让他们自备鞍马，到远方担任侦察兵。敌人每次进犯边塞，立即派兵迎击，敌人一来就被打败，因此官兵百姓气势大振，走在荒野上也不再担心了。牵招又制造矛盾进行离间，让敌人相互猜忌。

鲜卑族首领步度根、泄归泥等与轲比能有矛盾，两人率领本部落三万多家来到雁门郡的边塞，请求归附。牵招命令他们回去进攻轲比能，杀死了轲比能的弟弟苴罗侯，以及叛变的乌丸族酋长王同、王寄等人，两人与轲比能结下很深的仇怨。于是牵招又亲自出马，率领泄归泥等人，在云中郡的故地大败轲比能。另外，牵招又联络河西鲜卑的首领附头等人所属的十多万家百姓，共同整修陉山以北的上馆故城，在此驻扎兵马以镇守边塞内外，远近的少数族人都心悦诚服。那些叛逃的人，即使是亲戚也不敢窝藏他们，都把他们抓起来交送官府。从此，在野外居住的百姓白天外出不用锁门，盗贼再也没有出现过。

牵招又挑选有才能见识的人，送他们到京城的太学读书，然后让他们回来当老师传授他人，几年间学校教育就大为兴盛。郡治所在的广武县，井水又咸又苦，当地人肩挑车运，到很远的河边取水，往返要走七里路。牵招观测地形，根据山势，开凿河渠，引水到城内，百姓从此免却运水之苦。

魏明帝即位，赐牵招关内侯爵位。太和二年（公元 228），护乌丸校尉田豫出塞，在原来的马城被轲比能包围，发公文向牵招求救。牵招立即指挥兵马，准备驰援田豫。但是上级并州政府根据通常的法规禁止牵招出兵。牵招认为持有节杖的将领被包围，不能再受官员意见的拘束，于是上表朝廷后自行出兵。又发布羽檄，宣传形势，说自己要从西北袭取敌人的家属，然后东进，诛杀轲比能。羽檄到达后，田豫军队的将士大为振奋。牵招还在敌人活动的交通要道上放了一份檄文，敌人顿时恐慌起来，纷纷离散。大军到了原来的平城，敌军不敢接战而逃走。

轲比能再度纠集骑兵杀到原来的武州县边塞北面。牵招又秘密行军发起突袭，砍下很多敌人的头颅。他认为蜀国的诸葛亮多次出动，而轲比能为人狡猾，他们可能会有勾结，所以上表请求朝廷有所防备。朝廷的官员认为诸葛亮和轲比能彼此相距遥远，都不相信牵招的看法。碰上诸葛亮当时在祁山，果然派人和轲比能联系。轲比能应约南下，抵达过去北地郡的吕城，与诸葛亮的军队相呼应。明帝下诏给牵招，让他根据情况出兵攻击轲比能。这时轲比能已经北上回到大沙漠以南，牵招和并州刺史毕轨商议说："少数族人迁移不定，如果派兵穷追，紧赶慢赶也难以赶上。如果发动偷袭，又有山水阻隔，军需的转运供应也难以秘密进行。我想可以让守卫新兴、雁门二郡的两员牙门将，推进到陉山以北驻扎，一面镇守塞外，一面实行屯田以储存粮食。等到秋天粮足马肥之际，集中州郡的兵力，乘机进攻，必然全胜。"可惜牵招的计划还未施行，他就病死了。

牵招在雁门郡任职有十二年之久，威名远扬。他治理边境的名声仅次于田豫，老百姓很思念他。渔阳郡的傅容在雁门也有声名和业绩，任职在牵招之后，他在辽东郡也建立了功勋。

牵招的儿子牵嘉继承了他的爵位。次子牵弘，也勇猛刚毅有父亲的风范，以陇西郡太守的身份，随邓艾讨伐蜀国有功，咸熙年间任振威护军。牵嘉与晋朝的司徒李胤同母，死得很早。

郭淮，字伯济，太原郡阳曲县人。建安年间被推举为孝廉，任平原郡丞。魏文帝曹丕任五官中郎将时，郭淮为五官中郎将府的门下贼曹，又转任丞相府兵曹议令史，随太祖曹操征伐汉中。

太祖回洛阳后，留下征西将军夏侯渊驻守汉中抵御刘备，任郭淮为征西将军府的司马。夏侯渊与刘备激战，郭淮有病未上阵。夏侯渊阵亡，军中人心惶惶，郭淮收集散兵，推举荡寇将军张郃为主帅，各营才安定下来。第二天，刘备想渡过汉水进攻。众将认为敌我双方兵力对比悬殊，刘备又可以利用取胜的优势，都想依托汉水布阵来阻击刘备。郭淮却说："这是在向敌人示弱而不能挫败敌人，不是上策。不如远离汉水布阵，诱使敌人渡水前来攻击，等他们一半人马渡过时再发起攻击，一定可以打败刘备。"众将依他的计策布好阵势后，刘备却起了疑心不敢强渡。郭淮乘机巩固阵地，显示绝不撤退的决心。情况上报后，太祖很赞赏，授予张郃节杖担任主帅，又任命郭淮为张郃的司马。

曹丕即魏王位后，赐郭淮为关内侯，转任镇西将军的长史，又代理征羌护军，充当左将军张郃、冠军将军杨秋的协调人，一起讨伐山区的叛乱首领郑甘，以及叛乱的卢水胡人，都大获全胜。关中从此平定，百姓得以安居乐业。

黄初元年(公元220)，郭淮奉命入京参加魏文帝曹丕登基称帝的庆典，在路上得病耽搁；朝廷依旧按路程远近计算，认定他在途中逗留时间过长。等到群臣欢会时，文帝严肃责备他说："从前大禹在涂山会合诸侯，防风来晚了，结果被处死。而今普天同庆你却姗姗来迟，为什么？"郭淮回答说："为臣听说五帝以教化为首要任务，用道德引导百姓。夏代的君主政治衰败，才开始使用刑罚。而今我有幸碰上了像唐尧、虞舜进行禅让的盛世，因此知道自己不会遭到防风那样的杀戮。"文帝听了很高兴，提升郭淮代理雍州刺史职务，封为射阳亭侯。

黄初五年(公元224)，他正式就任雍州刺史。安定郡的羌族大首领辟蹄反叛，郭淮击败他们并接受其投降。每当羌族有人来投降，郭淮总是让手下的人先详细询问他们的亲属情况，比如儿女多少、年龄大小等。等到自己接见他们时，已一一了解清楚他们的详细情形，因此询问周到，被接见的人们都称赞他的神明。

太和二年(公元228)，蜀国丞相诸葛亮率兵出祁山，派将军马谡进驻街亭，高详扼守列柳城。张郃袭击马谡，郭淮进攻高详，都获得胜利。郭淮又在枹罕攻破陇西著名的羌族首领唐蹄，因功加任建威将军。

太和五年(公元231)，蜀军出兵卤城。当时，陇西地区缺粮，人们主张从关中调送大批粮食，郭淮却对羌族百姓恩威并施，公平摊派，让他们供给粮食，使军粮得到充足的保障。郭淮转任扬武将军。

青龙二年(公元234)，诸葛亮出兵斜谷，在兰坑屯田。当时司马懿驻扎在渭水南岸，郭淮估计诸葛亮一定会争夺北原，主张先出兵占领，参加商议的人们大多不以为然。郭淮说："如果诸葛亮跨过渭水登上北原，就可以和北面山区的叛乱势力联合，断绝通往陇西的道路，扰动汉族与少数族百姓，这对国家很不利。"司马懿赞同他的看法，让郭淮屯兵北原。赶往那里之后，战壕壁垒还未修好，大批蜀军就向北原涌来，郭淮奋力回击，打退敌军的进攻。过了几天，诸葛亮出动大军向西前进，诸将都判断蜀军将要进攻西面的营地；只有郭淮一人认为，诸葛亮在西边有意显露行动，是想引诱我们派重兵应战，而他真正的进攻方向，一定是东面的阳遂。那天夜里，蜀军果然偷袭阳遂，因为城中有防备，所以没有得手。

正始元年（公元240）蜀将姜维出兵陇西。郭淮出动兵马，追至强中。姜维撤退后，郭淮又讨伐羌族首领迷当等人，安抚温顺的氐族人三千多家，把他们迁到关中地区。不久他升任左将军。凉州休屠湖附近的少数族首领梁元碧等，带领本部落二千多家归附雍州。郭淮上奏请求把这些人安置在安定郡的高平，充当当地汉族居民的屏障，后来因此而设置西州都尉。郭淮转任前将军，依旧兼任雍州刺史。

正始五年（公元244），夏侯玄任主帅领兵伐蜀，郭淮率军为前锋。郭淮估计形势不利，自行决定撤出，所以损失不大。回来后朝廷授予郭淮节杖。

正始八年（公元247），陇西、南安、金城、西平各郡的羌族首领饿何、烧戈、伐同、蛾遮塞等联合起来造反，围攻城镇，南招蜀军援助。凉州著名的少数族首领治无戴也举兵响应。讨蜀护军夏侯霸率领各军驻扎在为翅。郭淮刚到达狄道，人们都认为应当首先向西进攻枹罕，这样对内可以平定叛乱的羌人，对外则可以挫败蜀国乘机入侵的计划。郭淮估计蜀军大将姜维一定会进攻夏侯霸，于是决定进入沨中，再转向南去接应夏侯霸。姜维果然进攻为翅，正好郭淮军队赶到，姜维只好退走。郭淮接着进兵讨伐叛乱的羌人，杀死饿何、烧戈，前来投降的有几万户。

正始九年（公元248），蛾遮塞等屯兵在河关和白土故城，依据黄河抵抗魏军。郭淮做出要从上游出兵的样子，却秘密派兵从下游渡河攻占了白土城，然后发动总攻，大破敌兵。治无戴包围了武威县，家属留在西海郡。郭淮进军指向西海，想袭取对方的家属和物资。碰巧治无戴又率兵折回，两军在龙夷的北面相遇，治无戴战败后逃走。令居县的土匪在石头山的西边活动，截断大路，阻绝朝廷的使者。郭淮在回军的途中顺便追讨，大胜。姜维出兵石营，经过强川，向西迎接治无戴。留下阴平郡太守廖化在成重山修筑城堡，收合被魏军击败逃散的羌族士兵，保护蜀军将士的家属。郭淮想分兵两路，攻击姜维和廖化。诸将却认为，姜维的人马西面连接强大的少数族势力，而廖化又已经占据险要地形，如果兵分两路，势必削弱力量，向前无法制服姜维，向后又攻不下廖化的城池，不是好计策；不如集中兵力一起向西进发，趁少数族与蜀国两方的兵力还未会合之前，断绝他们的联系，这是打掉敌方外援的用兵策略。郭淮说："现今前去攻打廖化，出其不意，姜维肯定有后顾之忧。等姜维赶回来救援，廖化已被平定，而且使姜维疲于奔命。我们的军队不必向西远征，少数族与外面的联系自然瓦解。这才是一举两全的上策。"于是派夏侯霸等朝沓中方向追击姜维，自己则率领主力大军强攻廖化。姜维果然匆忙赶回来营救，都像郭淮所预料的那样。郭淮因此晋封都乡侯。

嘉平元年(公元249)，郭淮升任征西将军，指挥雍州、凉州各路军队。这一年，他与雍州刺史陈泰联合，在翅上迫使蜀军牙门将句安等投降。

嘉平二年(公元250)，皇帝下诏说："过去在汉中战役中，全军几乎覆没；郭淮临危不惧，挽回局势，功劳记在史册。他在关右任职三十多年中，对外征讨蜀军，对内安抚汉族和少数族百姓。近年以来，击破廖化，生擒句安，功勋卓著，朕非常嘉许他。现任命郭淮为车骑将军，仪仗队的规格与三公相同，持有节杖和指挥军队都依旧不变。"晋封郭淮为阳曲侯，食邑二千七百八十户，又分出三百户，封他的一个儿子为亭侯。

正元二年(公元255)，郭淮去世，朝廷追赠他为大将军，谥为贞侯。

儿子郭统继承了他的爵位。郭统官至荆州刺史，死后，儿子郭正继承了爵位。咸熙年间，设立五等爵位，因为郭淮在魏朝功勋卓著，所以改封郭正为汾阳县子爵。

评论说：满宠志气刚毅，有勇有谋。田豫为官清白，既有谋略而且对政事精通熟练。牵招坚持正义，气概壮烈，功绩卓著。郭淮计谋精确周密，美名流传关中。然而田豫的官位仅是小州的刺史，牵招只做到郡太守：实在是没有让他们充分发挥自己的作用啊！

徐胡二王传第二十七

徐邈字景山，燕国蓟人也[1]。太祖平河朔，召为丞相军谋掾。试守奉高令[2]。入为东曹议令史。魏国初建，为尚书郎。

时科禁酒[3]，而邈私饮至于沉醉。校事赵达问以曹事[4]，邈曰："中圣人[5]。"达白之太祖，太祖甚怒。度辽将军鲜于辅进曰[6]："平日醉客谓酒清者为'圣人'，浊者为'贤人'。邈性修慎，偶醉言耳。"竟坐[7]，得免刑。后领陇西太守，转为南安[8]。

文帝践阼，历谯相，（平阳）〔阳平〕、安平太守，颍川典农中郎将[9]；所在著称，赐爵关内侯。车驾幸许昌，问邈曰："颇复'中圣人'不[10]？"邈对曰："昔子反毙于穀阳[11]，御叔罚于饮酒[12]；臣嗜同二子，不能自惩[13]，时复中之[14]。然宿瘤以丑见传[15]，而臣以醉见识[16]。"帝大笑，顾左右曰："名不虚立！"迁抚军大将军军师[17]。

明帝以凉州绝远，南接蜀寇；以邈为凉州刺史，使持节，领护羌校尉[18]。至，值诸葛亮出祁山，陇右三郡反[19]；邈辄遣参军及金城太守等击南安贼，破之。

　　河右少雨，常苦乏谷。邈上修武威、酒泉盐池以收虏谷[20]；又广开水田，募贫民佃之：家家丰足，仓库盈溢。乃（支度）〔度支〕州界军用之余，以市金帛犬马，通供中国之费[21]。以渐收敛民间私仗[22]，藏之府库。然后率以仁义，立学明训；禁厚葬，断淫祀[23]；进善黜恶，风化大行：百姓归心焉。西域流通[24]，荒戎入贡[25]，皆邈勋也。

　　讨叛羌柯吾有功，封都亭侯，邑三百户；加建威将军。邈与羌胡从事[26]，不问小过；若犯大罪，先告部帅[27]，使知；应死者，乃斩以徇：是以信服畏威。赏赐皆散与将士，无入家者；妻子衣食不充。天子闻而嘉之，随时供给其家。弹邪绳枉[28]，州界肃清。

　　正始元年，还为大司农。迁为司隶校尉，百寮敬惮之。公事去官。后为光禄大夫。数岁即拜司空，邈叹曰："三公论道之官[29]，无其人则缺。岂可以老病忝之哉！"遂固辞不受。

　　嘉平元年，年七十八，以大夫薨于家；用公礼葬[30]，谥曰穆侯。子武嗣。

【注释】

　　〔1〕蓟：县名。县治在今北京市。　〔2〕奉高：县名。县治在今山东泰安市东。　〔3〕科：法令。　〔4〕曹事：本曹的公事。曹是尚书台的分支机构。　〔5〕中（zhòng）圣人：指被酒弄醉了。当时酒客把清酒叫做圣人，把质量较差一些的浊酒叫做贤人。"中"字在这里是遭受的意思。但是，"中"字的这一读音又有合乎的意思，"中圣人"可以理解为我算得上圣人。曹操就是这样理解的，加之徐邈又触犯了禁令，所以勃然大怒。　〔6〕度辽将军：官名。领兵镇守北部边境。　〔7〕坐：治罪。

〔8〕南安：郡名。治所在今甘肃陇西县东南。 〔9〕颍川典农中郎将：官名。管理颍川郡屯田区，治所在今河南襄城县。 〔10〕颇复：还再。〔11〕子反：春秋时楚国的将军。前575年，楚军与晋军在鄢陵（今河南鄢陵县西北）决战，嗜酒的子反在阵前喝得大醉，不能领兵作战，导致楚军大败，他本人也因此自杀。事见《左传》成公十六年。 穀阳：子反侍从的名字。鄢陵决战时拿酒给子反喝的就是他。 〔12〕御叔：春秋时晋国的大夫。前551年，鲁国的使臣臧武仲到晋国，途中遇雨，在御叔的封邑停留。嗜酒的御叔正要饮酒，对臧武仲无礼。晋君知道后，罚他多交一倍的贡赋。事见《左传》襄公二十二年。 〔13〕自惩：自我警戒。 〔14〕时：时而。 〔15〕宿瘤：人名。传说是战国时齐国的采桑女，因颈上有大瘤，故名。虽然容貌丑陋，但品德高尚，齐闵王娶为王后。见刘向《列女传》卷六。 〔16〕见识（zhì）：被（陛下您）记住。〔17〕抚军大将军：当时任此职者是司马懿。 〔18〕护羌校尉：官名。监督管理西部的羌族。治所在武威县（今甘肃民勤县东北）。 〔19〕陇右三郡：指南安、天水、定安三郡。 〔20〕武威：郡名。治所在今甘肃武威市。 酒泉：郡名。治所在今甘肃酒泉市。 〔21〕中国：指中原王朝。 〔22〕私仗：私人武器。 〔23〕淫祀：祭祀对象未经官方正式批准的祭祀活动。 〔24〕流通：畅通。 〔25〕荒戎：非常边远的少数族。〔26〕从事：打交道。 〔27〕部帅：部落首领。 〔28〕弹邪绳枉：惩治邪恶，纠正冤枉。 〔29〕论道之官：按当时人的解释，论道之官专门讨论和制定治国的大政方针，并且应由有道德的人来担任，见《周礼·冬官·考工记》郑玄注。 〔30〕公礼：三公的礼仪。

六年[1]，朝廷追思清节之士，诏曰："夫显贤表德，圣王所重；举善而教[2]，仲尼所美。故司空徐邈、征东将军胡质、卫尉田豫，皆服职前朝[3]，历事四世[4]；出统戎马，入赞庶政；忠清在公，忧国忘私，不营产业；身没之后，家无余财。朕甚嘉之。其赐邈等家谷二千斛，钱三十万。布告天下。"

邈同郡韩观曼游[5]，有鉴识器干；与邈齐名，而在孙礼、卢毓先[6]。为豫州刺史，甚有治功，卒官。[一]

卢钦著书，称邈曰："徐公志高行洁，才博气猛。其施之也，高而不狷[7]，洁而不介[8]；博而守约，猛而能宽。圣人以靖为难，而徐公之所易也。"

或问钦："徐公当武帝之时[9]，人以为通[10]；自在凉州及还京师，人以为介。何也?"钦答曰："往者毛孝先、崔季珪等用事[11]，贵清素之士，于时皆变易车服以求名高[12]，而徐公不改其常，故人以为通；比来天下奢靡[13]，转相仿效，而徐公雅尚自若，不与俗同。故前日之通，乃今日之介也；是世人之无常，而徐公之有常也。"

【注释】

〔1〕六年：正始六年(公元245)。　〔2〕举善而教：《论语·为政》记孔子的话："举善而教不能，则劝。"魏晋人引用时，常断句为"举善而教，不能则劝"。这里也是如此。　〔3〕胡质(？—公元250)：传见本卷下文。　田豫：传见本书卷二十六。　前朝：指汉朝。　〔4〕四世：指曹操、曹丕、曹叡和当时的皇帝曹芳。　〔5〕曼游：韩观的字。当时提说人的全称，常用这种姓名加字的格式。　〔6〕孙礼(？—公元250)：传见本书卷二十四。　卢毓(？—公元257)：传见本书卷二十二。〔7〕狷(juàn)：过分清身自好。　〔8〕介：孤傲。　〔9〕武帝：指曹操。〔10〕通：行为放纵而不拘礼法。　〔11〕孝先：毛玠的字。　季珪：崔琰的字。二人事见本书卷十二。　〔12〕变易车服：指乘破车、穿旧衣。参见本书卷十二《毛玠传》裴注引《先贤行状》、卷二十三《和洽传》。〔13〕比(bì)来：近来。

【裴注】

〔一〕《魏名臣奏》载黄门侍郎杜恕表，称"韩观、王昶，信有兼才；高官重任，不但三州"。

胡质字文德，楚国寿春人也〔1〕。少与蒋济、朱绩俱知名于江、淮间，仕州郡。蒋济为别驾，使见太祖。太祖问曰："胡通达，长者也〔2〕！宁有子孙不？"济曰："有子曰质。规模大略，不及于父〔3〕；至于精良综事，过之〔4〕。"〔一〕太祖即召质为顿丘令〔5〕。

县民郭政通于从妹〔6〕，杀其夫程他，郡吏冯谅系狱为证。政与妹皆耐掠隐抵〔7〕；谅不胜痛，自诬〔8〕，当反其罪〔9〕。质至官，察其情色，更详其事，检验具服。入为丞相东曹议令史。

州请为治中〔10〕。将军张辽与其护军武周有隙。辽见刺史温恢求请质〔11〕，质辞以疾。辽出谓质曰："仆委意于君，何以相辜如此？"质曰："古人之交也，取多知其不贪〔12〕，奔北知其不怯〔13〕，闻流言而不信；故可终也。武伯南身为雅士〔14〕，往者将军称之不容于口；今以睚眦之恨〔15〕，〔二〕乃成嫌隙；况质才薄，岂能终好？是以不愿也。"辽感言，复与周平〔16〕。〔三〕太祖辟为丞相属。

【注释】

〔1〕楚国：王国名。治所在今安徽寿县。 〔2〕长(zhǎng)者：这里指有道德而性情温和的人。 〔3〕规模：指气度。 〔4〕综事：总合处理事务。 〔5〕顿丘：县名。县治在今河南濮阳市北。 〔6〕通：通奸。 〔7〕耐掠：忍得住拷打。 隐抵：隐瞒抵赖。 〔8〕自诬：本来无罪而被迫承认自己有罪。 〔9〕反其罪：反过来承受本应该加给被告的罪名。曹魏法律，诬告人者反受其罪。 〔10〕州：指胡质家乡所在的扬州。 〔11〕刺史：指扬州刺史。 温恢：传见本书卷十五。 求请质：请求把胡质转让给自己做下属。 〔12〕取多知其不贪：尽管朋友多取利益也知

道这不是出于贪婪。意思是朋友之间相知极深，因而能充分信任和理解。〔13〕奔北：打了败仗逃跑。这里的奔北和上句的取多，都指管仲与鲍叔的事。鲍叔是管仲的好朋友。两人曾合伙做生意，分利润时管仲总是多拿，鲍叔知道他家穷，所以不认为他贪婪；后来管仲从政，曾三战三败而逃跑，鲍叔知道他挂记老母，所以不认为他胆小。见《史记》卷六十二《管仲列传》。　〔14〕伯南：武周的字。　〔15〕睚眦（yá zì）：发气时瞪眼睛。比喻小怨。　〔16〕平：和好。

【裴注】

〔一〕按《胡氏谱》："通达，名敏。以方正征。"

〔二〕睚，五卖反。眦，士卖反。

〔三〕虞预《晋书》曰："周字伯南，沛国竹邑人。位至光禄大夫。子陔，字元夏。陔及二弟韶、茂，皆总角见称，并有器望；虽乡人、诸父，未能觉其多少。时同郡刘公荣，名知人，尝造周。周谓曰：'卿有知人之明，欲使三儿见卿；卿为目高下，以效郭、许之听，可乎？'公荣乃自诣陔兄弟，与共言语，观其举动。出语周曰：'君三子皆国士也。元夏器量最优，有辅佐之风，展力仕宦，可为亚公。叔夏、季夏，不减常伯、纳言也。'陔少出仕宦，历职内外。泰始初，为吏部尚书，迁左仆射。右光禄大夫，开府仪同三司，卒于官。陔以在魏已为大臣，本非佐命之数；怀逊让，不得已而居位；故在官职，无所荷任，夙夜思恭而已。终始全洁，当世以为美谈。韶历二（官）〔宫〕、吏部郎。"

《山涛启事》称"韶清白有诚，终于散骑常侍。茂至侍中、尚书"。颍川荀恺，宣帝外孙，世祖姑子，自负贵戚，要与茂交；茂拒而不答，由是见怒。元康元年，杨骏被诛。恺时为尚书仆射，以茂，骏之姨弟，陷为骏党；遂枉见杀，众咸冤痛之。

黄初中，徙吏部郎。为常山太守〔1〕，迁任东莞〔2〕。士卢显，为人所杀，质曰："此士无仇而有少妻，所以死乎！"悉见其比居年少〔3〕；书吏李若见问而色动〔4〕，遂穷诘情状。若即自首，罪人斯得。每军功赏赐，皆散之于众，无入家者。在郡九年，吏民便安，将士用命。

迁荆州刺史，加振威将军，赐爵关内侯。吴大将朱然围樊城，质轻军赴之。议者皆以为"贼盛不可迫"；质曰："樊城卑下，兵少，故当进军为之外援；不然，危矣！"遂勒兵临围，城中乃安。

迁征东将军，假节，都督青、徐诸军事。广农积谷，有兼年之储〔5〕，置东征台〔6〕，且佃且守。又通渠诸郡，利舟楫，严设备以待敌〔7〕。海边无事。性沉实内察〔8〕，不以其节检物〔9〕，所在见思。

嘉平二年薨，家无余财，惟有赐衣书箧而已。军师以闻〔10〕，追进封阳陵亭侯，邑百户，谥曰贞侯。子威嗣〔11〕。

六年〔12〕，诏书褒述质清行〔13〕，赐其家钱谷。语在《徐邈传》。威，咸熙中官至徐州刺史，〔一〕有殊绩；历三郡守，所在有名。卒于安定。

【注释】

〔1〕常山：郡名。治所在今河北石家庄市西北。 〔2〕东莞（guǎn）：郡名。治所在今山东沂水县东北。 〔3〕比（bì）居年少：邻居中的年轻人。 〔4〕书吏：抄誊文书的小吏。 色动：神色改变。〔5〕兼年：两年以上。 〔6〕东征台：用于瞭望和防御孙吴的高台。〔7〕严设备：严密设置防备。 〔8〕内察：内心清楚明白。 〔9〕不以其节检物：不用自己的节操来要求他人。 〔10〕以闻：把情况上报朝廷知道。 〔11〕威：即胡威（？—公元280）。西晋时官至前将军，封平春侯。传见（晋书）卷九十。 〔12〕六年：嘉平六年（公元254）。〔13〕清行：清高的品行。

【裴注】

〔一〕《晋阳秋》曰："威字伯虎。少有志尚，厉操清白。质之为荆州也，威自京都省之。家贫，无车马童仆；威自驱驴单行，拜见父。停厩中十余日，告归。临辞，质赐绢一疋，为道路粮。威跪曰：‘大人清白，不审于何得此绢？’质曰：‘是吾俸禄之余，故以为汝粮耳。’威受之，辞归。每至客舍，自放驴，取樵炊爨；食毕，复随旅进道，往还如是。质帐下都督，素不相识；先其将归，请假还家，阴资装百余里，要之；因与为伴，每事佐助经营之，又少进饮食。行数百里，威疑之，密诱问，乃知其都督也，因取向所赐绢答谢而遣之。后因他信，具以白质。质杖其都督一百，除吏名。其父子清慎如此。于是名誉著闻，历位宰牧。晋武帝赐见，论边事，语及平生。帝叹其父清，谓威曰：‘卿清孰与父清？’威对曰：‘臣不如也。’帝曰：‘以何为不如？’对曰：‘臣父清恐人知，臣清恐人不知；是臣不如者远也。’官至前将军、青州刺史。太康元年卒，追赠镇东将军。威弟黑，字季象，征南将军；威子奕，字次孙，平东将军：并以洁行垂名。”

王昶字文舒，太原晋阳人也[1]。〔一〕少与同郡王凌俱知名[2]；凌年长，昶兄事之。文帝在东宫，昶为太子文学[3]，迁中庶子[4]。

文帝践阼，徒散骑侍郎。为洛阳典农[5]。时都畿树木成林[6]；昶斫开荒莱，勤劝百姓，垦田特多。迁兖州刺史。

明帝即位，加扬烈将军[7]，赐爵关内侯。昶虽在外任，心存朝廷；以为“魏承秦、汉之弊，法制苛碎；不大厘改国典以准先王之风[8]，而望治化复兴，不可得也”。乃著《治论》，略依古制而合于时务者二十余篇；又著《兵书》十余篇，言奇正之用[9]。〔二〕青龙中奏之。

【注释】

〔1〕晋阳：县名。县治在今山西太原市西南。　〔2〕王凌(？—公元251)：太原郡祁县(今山西祁县东南)人。传见本书卷二十八。　〔3〕太

子文学：官名。是魏王太子曹丕的文学侍从。 〔4〕中庶子：官名。是太子的侍从长官。 〔5〕洛阳典农：官名。管理洛阳境内的屯田区。治所在今河南宜阳县西北。 〔6〕都畿（jī）：京都地区。 〔7〕扬烈将军：官名。领兵征伐。 〔8〕厘改：修改。 〔9〕奇正：古代军事术语。其含义在不同的情况下有所变化。通常把按一般原则实施正面攻击叫做正，把根据具体情况实施迂回、侧击、伏击等特殊作战手段叫做奇。

【裴注】

〔一〕按《王氏谱》："昶伯父柔，字叔优；父泽，字季道。"

《郭林宗传》曰："叔优、季道幼少之时，闻林宗有知人之鉴，共往候之；请问才行所宜，以自处业。林宗笑曰：'卿二人，皆二千石才也。虽然，叔优当以仕宦显，季道宜以经术进；若违才易务，亦不至也。'叔优等从其言。叔优，至北中郎将；季道，代郡太守。"

〔二〕《孙子兵法》曰："兵以正合，以奇胜；奇正还相生，若循环之无端。"

其为兄子及子作名字，皆依谦实，以见其意：故兄子默字处静，沈字处道[1]；其子浑字玄冲[2]，深字道冲。遂书戒之曰[3]：

夫人为子之道，莫大于宝身、全行[4]，以显父母。此三者，人知其善；而或危身破家，陷于灭亡之祸者，何也？由所祖习非其道也。夫孝敬、仁义，百行之首，（行之）而立身之本也。孝敬则宗族安之，仁义则乡党重之；此行成于内，名著于外者矣。人若不笃于至行，而背本逐末；以陷浮华焉[5]，以成朋党焉；浮华则有虚伪之累，朋党则有彼此之患。此二者之戒，昭然著明；而循覆车滋众[6]，逐末弥甚：皆由惑当时之誉，昧目前之利故也[7]。夫富贵、声名，人情所乐；而君子或得而不处，何也？恶不由其道耳[8]。患人知进而不知退，知欲而不知足；故有困辱之累，悔吝之咎[9]。语曰："如不知足，则失所欲。"故知足之足，常足矣。览往事之成败，察将来之吉凶：未有干名要利[10]，欲而不厌[11]；而能保世持家，永全福禄者也。欲使汝曹立身行己，遵儒者之教，履道家之言[12]；故以玄默冲虚为名，欲使汝曹顾名思义，不敢违越也。古者盘盂有铭[13]，几杖有诫[14]；俯仰察焉，用无过行[15]；况在己名，可不戒之哉！

夫物速成则疾亡，晚就则善终。朝华之草，夕而零落；松柏之茂，隆寒不衰。是以大雅君子恶速成，戒阙党也[16]。

若范匄对秦客而武子击之[17]，折其委笄[18]，恶其掩人也[19]。〔一〕夫人有善者鲜不自伐[20]，有能者寡不自矜；伐则掩人，矜则陵人；掩人者人亦掩之，陵人者人亦陵之。故三郤为戮于晋[21]，王叔负罪于周[22]，不惟矜善自伐好争之咎乎？故君子不自称[23]，非以让人，恶其盖人也。夫能屈以为伸，让以为得，弱以为强，鲜不遂矣[24]。夫毁誉[25]，爱恶之原而祸福之机也[26]；是以圣人慎之。孔子曰："吾之于人，谁毁谁誉[27]；如有所誉，必有所试。"又曰："子贡方人[28]。赐也贤乎哉[29]，我则不暇[30]。"以圣人之德，犹尚如此，况庸庸之徒而轻毁誉哉！昔伏波将军马援戒其兄子，言："闻人之恶，当如闻父母之名；耳可得而闻，口不可得而言也。"斯诚至矣。〔二〕人或毁己，当退而求之于身[31]。若己有可毁之行，则彼言当矣；若己无可毁之行，则彼言妄矣。当则无怨于彼，妄则无害于身。又何反报焉[32]？且闻人毁己而忿者，恶丑声之加人也[33]；人报者滋甚，不如默而自修己也[34]。谚曰："救寒莫如重裘，止谤莫如自修。"斯言信矣。若与是非之士[35]，凶险之人；近犹不可，况与对校乎[36]？其害深矣！

夫虚伪之人，言不根道[37]，行不顾言，其为浮浅较可识别；而世人惑焉，犹不检之以言行也。近济阴魏讽、山阳曹伟皆以倾邪败没；荧惑当世[38]，挟持奸慝[39]，驱动后生[40]。虽刑于铁钺[41]，大为炯戒[42]；然所污染，固以众矣。可不慎与！〔三〕若夫山林之士[43]，夷、叔之伦[44]；甘长饥于首阳[45]，安赴火于绵山[46]；虽可以激贪励俗，然圣人不可为[47]，吾亦不愿也。

今汝先人世有冠冕[48]：惟仁义为名，守慎为称；孝悌于闺门，务学于师友。吾与时人从事，虽出处不同[49]，然各有所取。颍川郭伯益[50]，好尚通达[51]，敏而有知。其为人弘旷不足[52]，轻贵有余[53]；得其人重之如山[54]，不得其人忽之如草。吾以所知亲之昵之，不愿儿子为之。〔四〕北海徐伟长[55]，不治名高，不求苟得[56]；澹然自守，惟道是务。其有所是非，则托古人以见其意，当时无所褒贬。吾敬之重之，愿儿子师之。东平刘公幹[57]，博学有高才，诚节有大意[58]；然性行不均[59]，少所拘忌：得失足以相补。吾爱之重之，不愿儿子慕之。[五]乐安任昭先，淳粹履道，内敏外恕；推逊恭让，处不避洿[60]；怯而义勇[61]，在朝忘身。吾友之善之，愿儿子遵之。[六]若"引而伸之，触类而长之[62]"，汝其庶几举一隅耳[63]。及其用财先九族，其施舍务周急；其出入存故老[64]，其论议贵无贬；其进仕尚忠节，其取人务实道；其处世戒骄淫，其贫贱慎无戚[65]；其进退念合宜，其行事加九思[66]：如此而已。吾复何忧哉！

【注释】

〔1〕沈（chéng）：即王沈（？—公元266）。最初在曹爽的大将军府中任下属。司马懿杀曹爽，他受连累而免职。后被任用，即积极支持司马氏。魏帝曹髦准备清除司马昭，他得知消息后向司马昭告密，从此成为司马氏集团核心成员。西晋王朝建立，任骠骑将军，封博陵县公，录尚书事，列为开国功臣之一。曾受命与荀颉、阮籍等人共撰《魏书》，记述曹魏史事，成为后来陈寿撰写《三国志》中《魏志》部分的主要史料来源之一。全书已佚，但在裴松之注中引有多条。传见《晋书》卷三十九。 〔2〕浑：即王浑（公元223—297）。最初也是曹爽府中下属。司马懿杀曹爽，受连累而免职。后被任用，也积极支持司马氏。西晋王朝建立，先后出任要职，又参加消灭孙吴的战役。官至司徒，封京陵县公。传见《晋书》卷四十二。 〔3〕遂书诫之：两汉以来，训诫儿辈的文字时有出现，仅《艺文类聚》卷二十三即收有多篇。王昶这篇《家戒》，有一点值得注意，即他明确提出为人子的首要任务是宝爱自己的生命。文中的种种叮嘱，都在教导儿辈如何避免"危身破家，陷于灭亡之祸"。家族的存在是最重要的，至于对朝廷的尽忠，仅在末尾象征性提了一句，显然不关紧要。有这样的教育，那么王昶的侄子王沈、儿子王浑都能抛弃旧君效力于司马氏，也就不难理解。 〔4〕宝身：宝爱自身。 全行：

养成各种好的品行。 〔5〕浮华:当时把年轻后辈在政治上拉帮结派相互吹捧叫做浮华。 〔6〕滋众:增多。 〔7〕昧目前之利:被眼前的利益蒙蔽。 〔8〕恶(wù):厌恶。 〔9〕悔吝:悔恨。 〔10〕干名要(yāo)利:追名逐利。 〔11〕厌:满足。 〔12〕道家:先秦时期产生的学术流派之一。其代表性著作有《老子》、《庄子》。 〔13〕有铭:刻有铭文。 〔14〕几:一种矮小的案桌。用来凭靠身体或放置东西。〔15〕过行:出格的行为。 〔16〕阙党:地名。即孔子居住的阙里。在今山东曲阜市内阙里街。《论语·宪问》记载,阙党的一个儿童来给孔子传口信,有人问这儿童是否肯求上进,孔子说:我看见他大模大样地坐在位置上,又看见他和长辈并排走,所以不是求上进的,只是一个急于求成的人。 〔17〕范匄(gài):士氏,名匄。又称范宣子。春秋时晋国大臣。晋平公时,掌握国政,曾制定法令文书。 武子:即范武子。士氏,名会,士匄的祖父。又称随会。春秋时晋国大臣。以上二人事见《史记》卷三十九《晋世家》。 击之:据《国语·晋语》五记载,范武子所打的是自己的儿子士燮,即范文子,而不是范匄。范匄是范文子的儿子。这里王昶弄混了。一次,范文子上朝后很晚才回家,武子问他什么原因,他很得意地回答说:秦国来的一位客人在朝会上出谜语,其他官员都猜不出来,我一个人就猜中三条。武子听了大怒,认为他过分显露自己的能耐,便以拐杖打他,把他帽子上的发簪折断。 〔18〕委笄(jī):别住冠帽的簪子。 〔19〕掩人:掩盖别人(的才能)。 〔20〕鲜(xiǎn):少。 〔21〕三郤(xì):指春秋时晋国的大夫郤锜、郤犨(chōu)、郤至。前574年,晋厉公以郤氏势力强大,将三人杀死。在此过程中,郤氏所得罪的胥童、夷阳五、长鱼矫等人起了很大的作用。事见《左传》成公十七年。 〔22〕王叔:即王叔成生。春秋时周灵王的大臣。与另一大臣伯舆争夺执政权,晋国派范宣子为他们评理。他不能按范宣子的要求列举事实和理由,只好逃往晋国。事见《左传》襄公十年。 〔23〕自称:自己称赞自己。 〔24〕遂:顺遂。 〔25〕毁誉:诋毁和赞誉。 〔26〕原:根源。 〔27〕谁毁谁誉:诋毁了谁,赞誉了谁。这几句出自《论语·卫灵公》。 〔28〕方人:讥评别人。 〔29〕赐也贤乎哉:难道你就够贤了吗。赐是子贡的名。 〔30〕我则不暇:我倒没有闲空(去讥评别人)。这几句出自《论语·宪问》,但原文是:"子贡方人。子曰:'赐也贤乎哉?夫我则不暇。'"王昶把"子贡方人"误当作孔子说的话了。古人引书,多凭记忆,所以间或有疏误。 〔31〕求之于身:指应当好好反省自己。 〔32〕反报:反转去报复。 〔33〕加人:加在自己身上。汉魏人常以"人"表示第一人称的单数或复数。

〔34〕修己：修养自己的品行。 〔35〕与：碰上。 是非之士：爱非议别人的人。 〔36〕对校(jiào)：面对面争论是非曲直。 〔37〕根：遵循。
〔38〕荧惑：迷惑。 〔39〕奸慝(tè)：奸邪。 〔40〕驱动：扇动。
〔41〕鈇(fū)：斧。 〔42〕炯戒：非常明显的警戒。 〔43〕山林之士：指隐居不仕的人。 〔44〕夷、叔：即伯夷、叔齐。叔齐是伯夷的弟弟。周武王灭殷，他与伯夷隐居首阳山，采野菜充饥，不吃周粟，最后饿死。传附《史记》卷六十一《伯夷列传》。 〔45〕首阳：山名。在今河南偃师市西北。 〔46〕赴火于绵山：指介子推事。他是春秋时晋国贵族。曾随晋文公流亡国外。文公回国当国君，赏赐随从，没有赏到他。他带母亲隐居绵山(今山西介休市东南)而死。又传文公曾放火烧山逼他出来，他忍痛不出而被烧死。事见《史记》卷三十九《晋世家》。 〔47〕圣人：指孔子。 不可为：不赞成这样做。孔子对伯夷、叔齐等隐士的品格非常赞赏，但是对他们走极端的处世态度则不以为然，所以他曾说：我和这些人不同，没有什么可以，没有什么不可以。见《论语·微子》。
〔48〕冠冕：官帽。这里代指官位。 〔49〕出：出门做官，投身社会。处：在家独处，不问世事。 〔50〕郭伯益：即郭奕。事见本书卷十四《郭嘉传》。 〔51〕通达：行为放纵而不拘礼法。又可简称为通或达。
〔52〕弘旷：气度宽广。 〔53〕轻贵：轻率高傲。 〔54〕得其人：得到他所喜欢的人。 〔55〕徐伟长：即徐幹(公元171—217)。传附本书卷二十一《王粲传》。 〔56〕苟得：随便取得。《礼记·曲礼》上有"临财毋苟得，临难毋苟免"的话。 〔57〕刘公幹：即刘桢(？—公元217)。传附本书卷二十一《王粲传》。 〔58〕大意：大志。 〔59〕均：端正。以上郭奕、徐幹、刘桢三人，都和王昶一起当过曹丕的文学侍从，他对他们很熟悉，所以提出来做例子。 〔60〕不避洿(wù)：指不逃避困难艰苦的环境。 〔61〕怯而义勇：看起来胆怯却见义勇为。
〔62〕触类而长(zhǎng)之：即触类旁通。这两句出自《周易·系辞》上。 〔63〕庶几(jǐ)：也许可以。 举一隅：即举一反三的省略说法。孔子有"举一隅不以三隅反，则不复也"的语录，见《论语·述而》。
〔64〕存：慰问。 〔65〕戚：忧愁。 〔66〕九思：指反复思考。孔子提出："君子有九思：视思明，听思聪，色思温，貌思恭，言思忠，事思敬，疑思问，忿思难，见得思义。"见《论语·季氏》。

【裴注】

〔一〕《国语》曰："范文子暮退于朝，武子曰：'何暮也？'对曰：

'有秦客,廋辞于朝,大夫莫之能对也;吾知三焉。'武子怒曰:'大夫非不能也,让父兄也!尔童子而三掩人于朝,吾不在,晋国亡无日也!'击之以杖,折其委笄。"臣松之案:对秦客者,范燮也。此云"范匄",盖误也。

〔二〕臣松之以为:援之此诫,可谓切至之言,不刊之训也。凡道人过失,盖谓居室之愆,人未之知,则由己而发者也。若乃行事,得失已暴于世;因其善恶,即以为诫,方之于彼,则有愈焉。然援诫称龙伯高之美,言杜季良之恶;致使事彻时主,季良以败。言之伤人,孰大于此?与其所诫,自相违伐。

〔三〕《世语》曰:"黄初中,孙权通章表。伟以白衣登江上,与权交书,求赂,欲以交结京师;故诛之。"

〔四〕伯益名奕。郭嘉之子。

〔五〕臣松之以为:文舒复拟则文渊,显言人之失。魏讽、曹伟,事陷恶逆,著以为诫,差无可尤;至若郭伯益、刘公幹,虽其人皆往,善恶有定;然既友之于昔,不宜复毁之于今;而乃形于翰墨,永传后叶;于旧交则违久要之义,于子孙则扬人前世之恶。于夫鄙怀,深所不取!善乎,东方之诫子也,以首阳为拙,柳下为工;寄旨古人,无伤当时。方之马、王,不亦远哉!

〔六〕昭先,名嘏。《别传》曰:"嘏,乐安博昌人。世为著姓,夙智性成,故乡人为之语曰:'蒋氏翁,任氏童。'父旐,字子旟。以至行称。汉末,黄巾贼起,天下饥荒,人民相食。寇到博昌,闻旐姓字,乃相谓曰:'宿闻任子旟,天下贤人也。今虽作贼,那可入其乡邪!'遂相帅而去。由是声闻远近,州郡并招。举孝廉,历酸枣、祝阿令。嘏八岁丧母,号泣不绝声,自然之哀,同于成人,故幼以至性见称。年十四,始学,疑不再问;三年中,诵五经,皆究其义;兼包群言,无不综览。于时学者号之'神童'。遂遇荒乱,家贫卖鱼;会官税鱼,鱼贵数倍,嘏取直,如常。又与人共买生口,各雇八匹。后生口家来赎,时价直六十匹。共买者欲随时价取赎,嘏自取本价八匹。共买者惭,亦还取本价。比居者,擅耕嘏地数十亩种之,人以语嘏。嘏曰:'我自以借之耳。'耕者闻之,惭谢还地。及邑中争讼,皆诣嘏,质之,然后意厌。其子弟有不顺者,父兄窃数之曰:'汝所行,岂可令任君知邪!'其礼教所化,率皆如此。会太祖创业,召海内至德,嘏应其举;为临淄侯庶子、相国东曹属、尚书郎。文帝时,为黄门侍郎。每纳忠言,辄手书怀本;自在禁省,归书不封。帝嘉其淑慎,累迁东郡、赵郡、河东太守;所在化行,有遗风余教。嘏为人,淳粹恺悌,虚己若不足,恭敬如有畏。其修身履义，皆沉默潜行，不显其美，故时人少得称之。著书三十八篇，凡四万余言。暇卒后，故吏东郡程威、赵国刘固、河东上官崇等，录其事行及所著书，奏之。诏下秘书，以贯群言。"

青龙四年诏："欲得有才智文章，谋虑渊深，料远若近，视眛而察[1]，筹不虚运，策弗徒发；端一小心，清修密静，乾乾不懈[2]，志尚在公者：无限年齿[3]，勿拘贵贱，卿校以上各举一人[4]"。太尉司马宣王以昶应选。

正始中，转在徐州，封武观亭侯。迁征南将军，假节，都督荆、豫诸军事。昶以为："国有常众，战无常胜；地有常险，守无常势。今屯宛，去襄阳三百余里，诸军散屯，船在宣池[5]，有急不足相赴。"乃表徙治新野，习水军于三州[6]，广农垦殖，仓谷盈积。

嘉平初，太傅司马宣王既诛曹爽，乃奏博问大臣得失[7]。昶陈治略五事[8]："其一，欲崇道笃学，抑绝浮华；使国子入太学而修庠序[9]。其二，欲用考试[10]，考试犹准绳也；未有舍准绳而意正曲直[11]，废黜陟而空论能否也[12]。其三，欲令居官者久于其职[13]；有治绩则就增位赐爵。其四，欲约官实禄[14]，励以廉耻；不使与百姓争利。其五，欲绝侈靡，务崇节俭；令衣服有章[15]，上下有叙，储谷蓄帛，反民于朴。"诏书褒赞。

因使撰百官考课事，昶以为："唐、虞虽有黜陟之文，而考课之法不垂。周制冢宰之职[16]，大计群吏之治而诛赏[17]，又无校比之制[18]。由此言之，圣主明于任贤：略举黜陟之体[19]，以委达官之长[20]；而总其统纪[21]，故能否可得而知也。"其大指如此。

二年[22]，昶奏："孙权流放良臣[23]，嫡庶分争[24]；可乘衅而制吴、蜀。白帝、夷陵之间[25]，黔、巫、秭归、房陵皆在江北[26]；民、夷与新城郡接[27]：可袭取也。"

乃遣新城太守州泰袭巫、秭归、房陵[28]，荆州刺史王基诣夷陵；昶诣江陵，两岸引竹絙为桥[29]，渡水击之[30]。贼奔南岸，凿七道并来攻。于是昶使积弩同时俱发，贼大将施绩夜遁入江陵城[31]，追斩数百级。

昶欲引致平地与合战，乃先遣五军案大道发还[32]，使贼望见以喜之；以所获铠马甲首[33]，驰环城以怒之；设伏兵以待之。绩果追军；与战，克之，绩遁走，斩其将钟离茂、许旻，收其甲首旗鼓珍宝器仗，振旅而还。王基、州泰皆有功。于是迁昶征南大将军，仪同三司，进封京陵侯。

毌丘俭、文钦作乱，引兵拒俭、钦有功，封二子亭侯、关内侯，进位骠骑将军。

诸葛诞反，昶据夹石以逼江陵[34]，持施绩、全熙，使不得东[35]。诞既诛，诏曰："昔孙膑佐赵[36]，直凑大梁[37]。西兵骤进，亦所以成东征之势也。"增邑千户，并前四千七百户。迁司空，持节、都督如故。

甘露四年薨。谥曰穆侯。子浑嗣，咸熙中为越骑校尉[38]。〔一〕

【注释】

〔1〕昧：昏暗。　察：看得清楚。　〔2〕乾乾：自强不息。　〔3〕年齿：年龄。　〔4〕卿：九卿。　校：校尉。这里指京城官员中的校尉，即警卫城门的城门校尉，统领禁卫军的屯骑校尉、越骑校尉、步兵校尉、长水校尉、射声校尉等。这些校尉都属于比二千石这一级。　〔5〕宣池：湖名。当在宛城附近。　〔6〕三州：地名。即三州口。在今湖北襄阳市东北。　〔7〕博问：广泛征询。　〔8〕治略：政治要点。　〔9〕国子：达官贵族的子弟。当时参与"浮华"即相互吹捧拉帮结派者，多为达官贵族子弟。参见本书卷九《曹真传附曹爽传》裴注引《魏略》、卷二十八《诸葛诞传》。有鉴于此，王昶才提出加强"国子"的教育。　〔10〕考试：考察试用。　〔11〕意正：判断。　〔12〕黜陟：贬黜和提升。　能否：胜任或不胜任(官职)。　〔13〕久于其职：当时官员调动频繁，不利于成绩考察，所以王昶这样建议。　〔14〕约官：精简官员。　实禄：按规定数额发放俸禄。当时的官员俸禄不能如数发放，照例要打折扣，见本书卷二十五《高堂隆传》。　〔15〕章：官员衣服上的花纹图案。〔16〕冢宰：《周礼》所载的官名。即大宰。百官的首长，辅佐君主治理国家。　〔17〕大计：三年一次的官员政治成绩大考核。这一句见于《周礼·天官·大宰》。　〔18〕校比：一年之内对地方行政官员的小考核。见《周礼·地官·党正》。《周礼》明确记载有校比制度，与三年一次的大计相配合。此处史文却说"无"，疑不确。　〔19〕体：体制。〔20〕达官之长：指冢宰。　〔21〕总其统纪：总揽大政方针。　〔22〕二年：嘉平二年(公元250)。　〔23〕良臣：指孙吴的代理丞相朱据、太常顾谭、奋威将军顾承、扬武将军张休等人。孙权的爱子孙霸，与哥哥太子孙和争夺继承人位置，各有政坛要人支持。上列诸人坚决支持孙和，触怒孙权，被撤职流放。分见本书卷五十七《朱据传》、卷五十八《陆逊传》、卷五十九《孙和传》。　〔24〕嫡：嫡子。指孙和。　庶：庶子。指孙霸。　〔25〕白帝：城名。在今重庆市原奉节县东白帝山上。下临长江三峡西口，自古为军事要津。　夷陵：县名。县治在今湖北宜昌市东南。孙吴改称西陵。地当三峡东口，也是军事要津。　〔26〕巫：县名。县治在今重庆市巫山县西北。　秭归：县名。县治在今湖北秭归县。房陵：县名。县治在今湖北房县。不过，房陵当时不属孙吴，而是曹魏新城郡的治所，魏将州泰就驻扎在这里。因此，他不可能领兵进攻房陵，这里史文有误。考《晋书》卷十五《地理志》下、《宋书》卷三十《州郡志》三，当时孙吴所控制的建平郡，其长江北岸部分沿江有三县，即巫、秭归、信陵。州泰从北面的新城郡南侵，正好指向这三县。故房陵

当为信陵。信陵县治在今湖北秭归县东南。 〔27〕新城：郡名。治所在今湖北房县。 〔28〕州泰（？—公元261）：传附本书卷二十八《邓艾传》。 〔29〕緪（gēng）：粗索。 〔30〕渡水击之：当时吴将施绩屯守在乐乡（今湖北荆州市荆州区西南），与长江北岸的江陵隔江相望，所以王昶到江陵后要渡江进攻。而他所架设的索桥，则是长江中游架桥史上的第一座竹索桥，在科技史上有重要意义。 〔31〕施绩（？—公元270）：又叫朱绩。传附本书卷五十六《朱然传》。 〔32〕案：沿着。 〔33〕首：敌人头颅。 〔34〕夹石：地名。在今湖北荆门市西北。与淮南的夹石同名异地。南距江陵一百多公里。 〔35〕东：向东（支援）。 〔36〕孙膑：齐国阿（今山东阳谷县东北）人。战国时期军事家。曾与庞涓一同学习兵法。庞涓任魏国将军，忌其才能，骗他到魏，处以膑刑，即去除膝盖骨，故名孙膑。后被齐国使者秘密载回，任齐威王军师。前354年，魏军围攻赵国，赵求救于齐。孙膑设计，直攻魏都大梁（今河南开封市），迫使庞涓率军回救，并在桂陵（今河南长垣县西北）设埋伏大破魏军。十三年后，在马陵（今河南范县西南）再次击破魏军十万，并射杀庞涓。著有《孙膑兵法》，在《孙子兵法》的基础上有所发展和创造。此书在东汉末年失传。1972年山东临沂市银雀山西汉墓考古发掘中，出土了竹简《孙膑兵法》三十篇，共万余字。为考古学上重大发现。传附《史记》卷六十五《孙子列传》。 佐：帮助。 〔37〕凑：趋向。 〔38〕越骑校尉：官名。是京城特种兵五校营的五名分队指挥官之一。保卫京城。

【裴注】

　　〔一〕按《晋书》："浑自越骑入晋，累居方任。平吴有功，封一子江陵侯。位至司徒。浑子济，字武子。有隽才令望，为河南尹、太仆。早卒，追赠骠骑将军。浑弟深，冀州刺史。深弟湛，字处冲。汝南太守。"湛子承，字安期。东海内史。承子述，字怀祖。尚书令、卫将军。述子坦之，字文度。北中郎将，徐、兖二州刺史。昶诸子中，湛最有德誉，而承亦自为名士，述及坦之并显重于世，为时盛门云。自湛以下事，见《晋阳秋》也。

　　　　王基字伯舆，东莱曲城人也[1]。少孤，与叔父翁居；翁抚养甚笃，基亦以孝称。年十七，郡召为吏，非其好也；遂去，入琅邪界游学。

黄初中，察孝廉，除郎中。是时青土初定，刺史王凌特表请基为别驾，后召为秘书郎[2]，凌复请还。顷之，司徒王朗辟基，凌不遣。朗书劝州曰[3]："凡家臣之良[4]，则升于公辅[5]；公臣之良，则入于王职[6]。是故古者侯伯有贡士之礼。今州取宿卫之臣[7]，留秘阁之吏[8]：所希闻也[9]。"凌犹不遣。凌流称青土[10]，盖亦由基协和之辅也。

大将军司马宣王辟基；未至，擢为中书侍郎。明帝盛修宫室，百姓劳瘁。基上疏曰："臣闻古人以水喻民，曰'水所以载舟[11]，亦所以覆舟'。故在民上者，不可以不戒惧。夫民逸则虑易[12]，苦则思难；是以先王居之以约俭[13]，俾不至于生患[14]。昔颜渊云东野子之御[15]，马力尽矣而求进不已，是以知其将败。今事役劳苦，男女离旷[16]。愿陛下深察东野之弊，留意舟水之喻；息奔驷于未尽，节力役于未困。昔汉有天下，至孝文时唯有同姓诸侯；而贾谊忧之曰：'置火积薪之下而寝其上[17]，因谓之安也。'今寇贼未殄，猛将拥兵；检之则无以应敌[18]，久之则难以遗后[19]。当盛明之世，不务以除患；若子孙不竞[20]，社稷之忧也。使贾谊复起，必深切于曩时矣[21]。"

散骑常侍王肃著诸经传解及论定朝仪，改易郑玄旧说[22]；而基据持玄义[23]，常与抗衡。迁安平太守，公事去官。

【注释】

〔1〕曲城：县名。县治在今山东招远市西北。 〔2〕秘书郎：官名。负责管理中央所藏的图书、文献和档册。 〔3〕劾：弹劾。 〔4〕家臣：春秋时各国卿大夫的臣属。当时卿大夫的宗族和政权组织叫做"家"，为"家"服务的官员总称为家臣。家臣不世袭，由卿大夫任免，必须效忠于卿大夫。 〔5〕公辅：各诸侯国国君的辅佐。 〔6〕王职：周天子朝廷的官职。 〔7〕宿卫之臣：王基曾任郎中，两汉的郎中是承担宫廷宿卫的郎官之一种，所以称他宿卫之臣。 〔8〕秘阁：官署名。即皇家图书馆和档案馆。秘阁之吏指王基曾经当过的秘书郎。 〔9〕希闻：很少听说。 〔10〕流称：流传美名。 青土：青州。 〔11〕水所以载舟：这两句是孔子的话。见《后汉书》卷六十五《皇甫规传》李贤注引《家语》。 〔12〕逸：安逸。 虑易：思虑平和。指不会仇视当局。〔13〕居之以约俭：处在王位上奉行节约俭省。 〔14〕俾（bǐ）：使。〔15〕东野子：人名。春秋时鲁定公的驾车人。颜渊评他驾车事，见《荀子·哀公》。 〔16〕旷：成年男子还未娶妻。 〔17〕积薪：堆积的干柴。 〔18〕检：约束。 〔19〕遗后：留给后人。 〔20〕不竞：不强。〔21〕深切于曩时：（他的忧虑）将比从前还要深沉实在。 〔22〕郑玄（公元127—200）：字康成。北海郡高密（今山东高密市西南）人。东汉大经学家。早年游学天下，曾在经学大师马融门下受业。后回家乡传授经学，多次拒绝朝廷的任命，门下有弟子数千人。他的经学知识极为渊博，是两汉经学集大成的学者。生前遍注群经，著述很多。完整流传至今的还有《毛诗笺》、《周礼注》、《仪礼注》和《礼记注》四种，均收入《十三经注疏》之中。传见《后汉书》卷三十五。 〔23〕基据持玄义：王基的家乡曲成县，距郑玄讲学授徒的高密县不远，都属青州，而当时郑玄在青、徐二州影响巨大，所以王基维护郑玄的学说事出有因。

大将军曹爽请为从事中郎。出为安丰太守〔1〕，郡接吴寇，为政清严有威惠，明设防备，敌不敢犯。加讨寇将军〔2〕。

吴尝大发众集建业〔3〕，扬声欲入攻扬州；刺史诸葛诞使基策之。基曰："昔孙权再至合肥〔4〕，一至江夏〔5〕；其后全琮出庐江，朱然寇襄阳：皆无功而还。今陆逊等已死，而权年老；内无贤嗣，中无谋主；权自出则惧内衅猝起，痈疽发溃；遣将则旧将已尽，新将未信[6]。此不过欲补绽支党[7]，还自保护耳。"后权竟不能出。

时曹爽专柄，风化陵迟，基著《时要论》以切世事。以疾征还，起家为河南尹；未拜，爽伏诛，基尝为爽官属，随例罢[8]。其年为尚书。

出为荆州刺史，加扬烈将军[9]。随征南王昶击吴[10]；基别袭步协于夷陵[11]。协闭门自守。基示以攻形，而实分兵取雄父邸阁[12]，收米三十余万斛；虏安北将军谭正，纳降数千口。于是移其降民，置夷陵县[13]。赐爵关内侯。基又表城上昶[14]，徙江夏治之，以逼夏口；由是贼不敢轻越江。明制度，整军农，兼修学校，南方称之。

时朝廷议欲伐吴，诏基量进趣之宜。基对曰："夫兵动而无功，则威名折于外，财用穷于内，故必全而后用也。若不资通川聚粮水战之备[15]，则虽积兵江内，无必渡之势矣。今江陵有沮、漳二水[16]，溉灌膏腴之田以千数；安陆左右[17]，陂池沃衍[18]。若水陆并农[19]，以实军资；然后引兵诣江陵、夷陵，分据夏口，顺沮、漳，资水浮谷而下[20]。贼知官兵有经久之势，则拒天诛者意沮[21]，而向王化者益固[22]。然后率合蛮夷以攻其内，精卒劲兵以讨其外；则夏口以上必拔，而江外之郡不守。如此，吴、蜀之交绝，交绝而吴擒矣。不然，兵出之利，未可必矣。"于是遂止。

【注释】

　　〔1〕安丰：郡名。治所在今安徽霍丘县西南。　〔2〕讨寇将军：官名。领兵征伐。　〔3〕建业：县名。县治在今江苏南京市。　〔4〕再：两次。　〔5〕江夏：郡名。治所在今湖北云梦县西南。魏、吴分立，各占原东汉江夏郡的一部分，都设置了江夏郡。这里指魏的江夏。〔6〕信：信任。　〔7〕补绽(zhàn)：弥补。　〔8〕罢：罢官。　〔9〕扬烈将军：官名。领兵征伐。　〔10〕征南：即征南将军。　〔11〕步协：事见本书卷五十二《步骘传》。　〔12〕雄父：地名。在夷陵附近。　邸阁：粮食仓库。　〔13〕置夷陵县：指在曹魏的荆州境内设立夷陵县，管理从夷陵来的降民。　〔14〕城上昶：修筑上昶城池。上昶在今湖北云梦县西南。　〔15〕资通川：凭借通畅的河流。　〔16〕沮：河流名。发源于今湖北保康县西南神农架山，东南流至今湖北枝江市东北入长江。　漳：河流名。发源于今湖北南漳县西南，东南流至今湖北当阳市东南合沮水。〔17〕安陆：县名。县治在今湖北云梦县。　〔18〕沃衍：（土地）肥沃平坦。　〔19〕水陆：水军和陆军。　〔20〕浮谷：指用船运粮。　〔21〕拒天诛：抗拒上天的诛杀。指坚决抵御曹魏的进攻。　〔22〕向王化：指倾向曹魏政权。

　　司马景王新统政，基书戒之曰："天下至广，万机至猥〔1〕；诚不可不矜矜业业〔2〕，坐而待旦也〔3〕。夫志正则众邪不生，心静则众事不躁；思虑审定则教令不烦，亲用忠良则远近协服。故知和远在身，定众在心。许允、傅嘏、袁侃、崔赞皆一时正士〔4〕，'有直质而无流心〔5〕'，可与同政事者也。"景王纳其言。

　　高贵乡公即尊位，进封常乐亭侯。毌丘俭、文钦作乱，以基为行监军，假节，统许昌军。适与景王会于许昌，景王曰："君筹俭等何如？"基曰："淮南之逆〔6〕，非吏民思乱也；俭等诳胁迫惧，畏目下之戮〔7〕，是以尚群聚耳。若大兵临逼，必土崩瓦解；俭、钦之首，不终朝而县于军门矣[8]。"景王曰："善!"乃令基居军前。

议者咸以"俭、钦慓悍,难与争锋";诏基"停驻"。基以为:"俭等举军,足以深入而久不进者,是其诈伪已露,众心疑沮也。今不张示威形以副民望,而停军高垒;有似畏懦,非用兵之势也。若或虏略民人,又州郡兵家为贼所得者[9],更怀离心;俭等所迫胁者,自顾罪重,不敢复还。此为错兵无用之地[10],而成奸宄之源。吴寇因之,则淮南非国家之有;谯、沛、汝、豫危而不安[11],此计之大失也。军宜速进据南顿[12]:南顿有大邸阁,计足军人四十日粮。保坚城,因积谷,先人有夺人之心,此平贼之要也。"基屡请,乃听进据㶚水[13]。

既至,复言曰:"兵闻拙速,未睹工迟之久[14]。方今外有强寇,内有叛臣;若不时决,则事之深浅未可测也。议者多欲将军持重;将军持重是也,停军不进非也;持重非不行之谓也,进而不可犯耳。今据坚城,保壁垒,以积实资虏[15],悬运军粮[16],甚非计也。"景王欲须诸军集到,犹尚未许。基曰:"将在军,君令有所不受。彼得则利,我得亦利,是谓争(城)〔地〕[17]:南顿是也!"遂辄进据南顿。俭等从项亦争欲往[18];发十余里,闻基先到,复还保项。时兖州刺史邓艾屯乐嘉[19],俭使文钦将兵袭艾。基知其势分,进兵逼项,俭众遂败。

钦等已平,迁镇南将军,都督豫州诸军事,领豫州刺史,进封安乐乡侯。上疏求分户二百,赐叔父子乔爵关内侯,以报叔父拊育之德[20]。有诏特听。

【注释】

〔1〕猥：多。 〔2〕矜矜：即兢兢。小心谨慎的样子。 〔3〕坐而待旦：坐着等待天明（以便实施筹划好了的政治措施）。比喻当政者的勤谨。〔4〕许允（？—公元254）：传见本书卷九《夏侯尚传附夏侯玄传》裴注引《魏略》。 傅嘏（公元209—255）：传见本书卷二十一。 袁侃：事见本书卷十一《袁涣传》裴注引《袁氏世纪》。 崔赞：事见本书卷九《夏侯尚传附夏侯玄传》。 〔5〕流心：放纵多变的心。这一句出自《国语·晋语》七。 〔6〕淮南：郡名。治所在今安徽合肥市西北。〔7〕目下：眼前。 〔8〕不终朝（zhāo）：不到一早上。 〔9〕家：家属。〔10〕错兵无用之地：使军队处于发挥不了作用的境地。 〔11〕谯：郡名。治所在今安徽亳（bó）州市。 沛：王国名。治所在今江苏沛县。汝：即汝南部。以上三个郡国，是豫州的重要组成部分。 〔12〕南顿：县名。县治在今河南项城市西。 〔13〕澺水：河流名。在南顿的西北。距南顿还有四十公里左右。 〔14〕工迟：工巧的迟缓。与拙速即笨拙的快速相对。孙子用兵，主张一旦行动就要快速歼灭敌人，所以《孙子·作战篇》有"故兵闻拙速，未睹巧之久也"的说法。 〔15〕积实：积聚的粮食。 〔16〕悬运：（我们自己却）从远处调运。 〔17〕争地：孙子列举的九种作战地形之一。即兵家必争之地。见《孙子·九地篇》。〔18〕项：县名。县治在今河南沈丘县。 〔19〕乐嘉：地名。在今河南商水县东。 〔20〕拊（fǔ）：抚养。

诸葛诞反，基以本官行镇东将军，都督扬、豫诸军事。时大军在项，以贼兵精，诏基敛军坚垒。基累启求进讨。会吴遣朱异来救诞[1]，军于安城[2]。基又被诏引诸军转据北山[3]。基谓诸将曰："今围垒转固，兵马向集，但当精修守备以待越逸；而更移兵守险，使得放纵：虽有智者不能善〔其〕后矣。"遂守便宜上疏曰[4]："今与贼家对敌，当不动如山。若迁移依险，人心摇荡，于势大损。诸军并据深沟高垒，众心皆定，不可倾动。此御兵之要也。"书奏，报听。大将军司马文王进屯丘头，分部围守，各有所统；基督城东、城南二十六军。文王敕军吏："入镇南部界[5]，一不得有所遣[6]。"城中食尽，昼夜攻垒；基辄拒击，破之。

寿春既拔，文王与基书曰："初议者云云，求移者甚众；时未临履[7]，亦谓宜然。将军深算利害，独秉固志；上违诏命，下拒众议，终至制敌擒贼：虽古人所述，不是过也。"

文王欲遣诸将轻兵深入，招迎唐咨等子弟[8]，因衅有荡覆吴之势。基谏曰："昔诸葛恪乘东关之胜，竭江表之兵，以围新城；城既不拔，而众死者太半。姜维因洮上之利[9]，轻兵，深入；粮饷不继，军覆上邽。夫大捷之后，上下轻敌；轻敌，则虑难不深。今贼新败于外，又内患未弭，是其修备设虑之时也。且兵出逾年，人有归志；今俘馘十万[10]，罪人斯得[11]。自历代征伐，未有全兵独克如今之盛者也。武皇帝克袁绍于官渡，自以所获已多，不复追奔，惧挫威也。"文王乃止。

【注释】

〔1〕朱异（？—公元257）：传附本书卷五十六《朱桓传》。〔2〕安城：地名。在今安徽寿县西南。〔3〕北山：山名。在今安徽寿县北。〔4〕守便宜：依据情况的需要。〔5〕镇南：指王基。当时他的本职是镇南将军。〔6〕一：一律。遣：派遣任务。〔7〕临履：亲自到达察看。〔8〕唐咨：传附本书卷二十八《诸葛诞传》。〔9〕洮上：洮河流域。姜维曾在洮河西岸大破魏军。见本书卷二十二《陈群传附陈泰传》。〔10〕馘（guó）：从所杀敌人头上割下的左耳。是计算功劳的凭据。这里代指杀死的敌人。〔11〕罪人：指诸葛诞等发动起兵的首领。

以淮南初定，转基为征东将军，都督扬州诸军事，进封东武侯。基上疏固让，归功参佐；由是长史、司马等七人皆侯。

是岁，基母卒。诏秘其凶问[1]，迎基父豹丧，合葬洛阳；追赠豹北海太守。甘露四年，转为征南将军，都督荆州诸军事。

常道乡公即尊位，增邑千户，并前五千七百户。前后封子二人亭侯、关内侯。

景元二年，襄阳太守表吴贼邓由等，欲来归化；基被诏，"当因此震荡江表"。基疑其诈，驰驿陈状[2]。且曰："嘉平以来，累有内难；当今之务，在于镇安社稷，绥宁百姓，未宜动众以求外利。"文王报书曰："凡处事者，多曲相从顺，鲜能确然共尽理实[3]。诚感忠爱，每见规示；辄敬依来指。"后由等竟不降。〔一〕

是岁，基薨。追赠司空，谥曰景侯。子徽嗣，早卒。

咸熙中，开建五等。以基著勋前朝，改封基孙廙；而以东武余邑，赐一子爵关内侯[4]。

晋室践阼，下诏曰："故司空王基，既著德立勋；又治身清素，不营产业，久在重任，家无私积。可谓身没行显，足用励俗者也。其以奴婢二人，赐其家。"

【注释】

〔1〕秘其凶问：暂不把她死亡的消息告知王基。目的是不让王基离职服丧。 〔2〕驰驿陈状：派使者乘驿站马匹飞驰进京报告情况。〔3〕确然：坚定不移的样子。 理实：道理和事实。 〔4〕东武余邑：王

基当时封东武县侯，食邑五千七百户。但东武县的民户不止五千七百，多余部分即是"余邑"。

【裴注】

〔一〕司马彪《战略》载基此事，详于本传，曰："景元二年春三月，襄阳太守胡烈表上：'吴贼邓由、李光等同谋十八屯，欲来归化；遣将张吴、邓生，并送质任。克期，欲令郡军临江迎拔。'大将军司马文王启闻。诏征南将军王基部分诸军：'使烈督万人径造沮水；荆州、义阳南屯宜城；承书凤发。若由等如期到者，便当因此震荡江表。'基疑贼诈降，诱致官兵；驰驿止文王，说由等可疑之状，'且当清澄，未宜便举重兵深入应之'。又曰：'夷陵东道，当由车御，至赤岸乃得渡沮；西道当出箭溪口，乃趋平土：皆山险狭，竹木丛蔚，卒有要害，弩马不陈。今者筋角（弩）〔濡〕弱，水潦方降；废盛农之务，徼难必之利。此事之危者也！昔子午之役，兵行数百里而值霖雨，桥阁破坏；后粮腐败，前军悬乏。姜维深入，不待辎重；士众饥饿，覆军上邽。文钦、唐咨，举吴重兵；昧利寿春，身没不反。此皆近事之鉴戒也。嘉平以来，累有内难。当今之宜，当镇安社稷，抚宁上下；力农务本，怀柔百姓；未宜动众以求外利也。得之未足为多，失之伤损威重。'文王累得基书，意疑；寻敕诸军已上道者，且权停住所在，须后节度。基又言于文王曰：'昔汉祖纳郦生之说，欲封六国；悟张良之谋，而趣销印。基谋虑浅短，诚不及留侯；亦惧襄阳有食其之谬。'文王于是遂罢军严，后由等果不降。"

评曰：徐邈清尚弘通[1]，胡质素业贞粹[2]，王昶开济识度[3]，王基学行坚白；皆掌统方任[4]，垂称著绩。可谓国之良臣，时之彦士矣[5]。

【注释】

〔1〕清尚：清廉高尚。　弘通：宽弘通达。　〔2〕素业：清高的操守。　贞粹：坚定纯洁。　〔3〕开济：开创事业，拯救社会。　〔4〕方任：镇守一方的重任。　〔5〕彦士：优秀人才。

【译文】

徐邈，字景山，燕国蓟县人。太祖曹操平定河北之后，任命徐邈为自己丞相府军谋掾，让他尝试代理奉高县令，又入朝任丞相府东曹议令史。魏国初建立时，任尚书郎。

当时法令禁酒，而徐邈常常私下痛饮以至于大醉。校事赵达查问他本曹的公事，徐邈回答说："中圣人。"赵达把这话报告给了太祖，太祖大怒。度辽将军鲜于辅劝说道："平常爱喝酒的人把清酒称为圣人，浊酒称为贤人。徐邈性情素来谨慎，这次不过是偶然的醉话罢了。"徐邈竟因此而被治罪，幸好免除判刑。后来兼任陇西郡太守，转任南安郡太守。

魏文帝曹丕即位后，历任谯国相，平阳、安平二郡太守，颍川典农中郎将。所到之处都留下好名声，被赐与关内侯爵位。文帝驾临许昌，问徐邈说："您还再'中圣人'吗？"徐邈回答说："从前子反因醉酒失职而自杀，御叔也因嗜酒贪杯而受罚。为臣的嗜好和这两人相同，不能自我警戒，时不时还要'中'一次。不过，古时候的宿瘤以容貌丑陋受到人们的记述，而为臣却以醉酒被陛下您记在心中。"文帝大笑，对身边的人说："果然名不虚传。"不久徐邈升任抚军大将军府的军师。

魏明帝考虑到凉州离内地很远，南面又直接和蜀国接壤，就任命徐邈为凉州刺史，持有节杖，兼任护羌校尉。到任后，正碰上诸葛亮率兵出祁山，陇右的南安、天水、安定三郡同时反叛。徐邈自行派遣参军和金城郡太守等攻击南安郡叛军，一举攻破。

河西地区少雨，经常苦于缺乏粮食。徐邈上奏朝廷得到批准后，修建武威、酒泉两郡的盐池，用盐来换取敌人的粮食；又广开水田，招募贫民租种土地，使得家家丰收，仓库中堆满了谷物。又支取州中军费的余额，用来购买金帛犬马，向中原朝廷进贡。同时逐步收缴民间的私人武器，统一放入库房保管。然后宣讲仁义，建立学校推行教育；禁止厚葬，取缔祭祀对象未经官方正式批准的祭祀活动；任用好人，斥退坏人。社会风气大为好转，百姓都衷心拥护他。与西域增加交往，远方少数族前来进贡，这些都是徐邈的功绩。

后来他因讨伐反叛的羌族首领柯吾有功，被封为都亭侯，食邑三百户，加授建威将军官衔。徐邈和羌族人打交道，不追究小的过失。如果他们犯了大罪，先通报部落首领，让他们知道；犯了死罪的斩首示众，因此人们都信服和畏惧他。凡是朝廷给他的赏赐，他都分给将士，从不收归己有，自己的妻子儿女却常常衣食不足。皇帝听说后很是嘉许，随时供给他家衣食物资。他惩治邪恶，纠正冤枉，州内秩序井然。

正始元年(公元240)，他回朝任大司农。升任司隶校尉，官员们都很敬畏他，后来因公事离职。接着任光禄大夫。几年后朝廷派使者到家里授给他司空官职。徐邈感叹说："三公是讨论和制定治国大政方针的官员，没有合适的人选就应当空缺，怎么能让我这个又老又病的人来担任呢？"于是坚决辞让不受。

嘉平元年(公元249)，他七十八岁，以光禄大夫的身份死在家中。朝廷按三公的礼仪规格安葬他，谥为穆侯。他的儿子徐武继承了爵位。

嘉平六年(公元254)，朝廷追怀清高有节操的官员，下诏说："表扬贤德的人，是圣明帝王重视的事情；推举善人以教育大家，对此孔子也很赞美。已故的司空徐邈、征东将军胡质、卫尉田豫，都曾在汉朝任职，又侍奉我朝四代君主；出外则统领军队，入朝则辅佐政事，忠清为公，忧国忘私，不置家产，身死之后，家里没有多余的财物。朕特别赞赏他们。现赐给徐邈等人的家属粮食二千斛、钱三十万，特此公告天下。"

徐邈同郡的韩观，字曼游，有见识和才干，名声与徐邈媲美，而在孙礼、卢毓之上。他曾任豫州刺史，很有政绩，死在任上。

卢钦著书时，称赞徐邈说："徐公志向高远，行为廉洁，才能多，气势猛。他的为人，清高而不过分，廉洁而不孤傲，才能多而不一一炫耀，气势猛而能宽容他人。圣人认为做人要达到清高的境界很难，而徐公却轻而易举地做到了。"有人问卢钦："徐公在武帝曹操的时候，人们认为他为人通达；自从当了凉州刺史和回朝任职后，人们又认为他为人孤傲了。这是为什么呢？"卢钦回答说："以前毛孝先、崔季珪等人主事，看重清廉朴素的人，当时人都改换车辆服饰以追求高名，而徐公却不改常态，所以人们认为他通达。近来天下崇尚奢靡，竞相仿效，而徐公仍然一如既往，不随流俗，所以从前的通达，就变成今天的孤傲了。这是世人变化无常，而徐公为人却是始终如一的啊。”

胡质，字文德，楚国寿春县人。少年时即与蒋济、朱绩闻名于江淮之间，并在本州、郡政府做事。蒋济任扬州别驾，受命去见太祖曹操。太祖问："胡通达，是一个有道德而性情温和的人，有子孙没有？"蒋济说："有个儿子叫胡质，气度谋略不及他父亲，但是在公务处理的精密上却有过之而无不及。"于是太祖任命胡质为顿丘县令。

县里有个叫郭政的人与堂妹通奸，杀死堂妹夫程他。郡政府的办事员冯谅作为证人关在监狱。郭政和其堂妹都忍住拷打隐瞒抵赖罪责，而冯谅忍受不了拷打的痛苦，被迫承认自己诬陷他人，反过来要承受本应加给被告郭政的刑罚。胡质到任后，注意观察有关人员的神情脸色，重新深入审问此案，在事实面前罪犯终于供认了全部罪行。胡质入朝任丞相府的东曹议令史。

他家乡所在的扬州又请他任治中。将军张辽与其护军武周有矛盾。张辽见到扬州刺史温恢，请温恢把胡质转让给自己做下属，胡质称病推辞。张辽对胡质说："我对您很倾慕，为什么辜负我的厚意呢？"胡质说："古人对待朋友，看他多取利益也深信他不贪婪，看他临阵逃跑也深信他不怯懦，听到流言并不相信，这样的交情才可以长久。武周本是文雅之士，以前您对他赞不绝口，而今只为一点小矛盾，就酿成仇怨。何况我胡质才智浅薄，怎么能和您长久保持友好呢？因此我不愿意从命。"张辽受到触动，重新与武周和好。

太祖召胡质任丞相府下属。

魏文帝黄初年间他转任尚书吏部郎，出任常山郡太守，又调任东莞郡太守。士兵卢显被人暗杀，胡质说："这个人没有仇家而有一个年轻的妻子，大概因此而死吧？"于是逐一召见与卢显相邻居住的年轻人。在官府抄写文书的小吏李若接受询问时神情反常，胡质深入追问，李若只得自首，罪犯终被抓住。每当胡质因建立军功得到朝廷的赏赐，都分给部下，从不带回家中。在郡任职九年，官民安定，将士效力。

他升任荆州刺史，加振威将军官衔，封关内侯。孙吴大将朱然包围樊城，胡质率军轻装赶赴樊城援救。人们认为，敌军强盛不能靠近。胡质说："樊城地势低下，兵力又少，所以应当进军给予外援。否则，樊城就危险了。"于是指挥兵马逼近敌人包围圈，城中军民这才安定下来。

不久他升任征东将军，持有节杖，指挥青州、徐州各路军队。他大兴屯田以积蓄粮食，积蓄的粮食够吃两年以上。又设置用来瞭望和防守的东征台，让士兵一面种田一面守卫。又修建河渠通往各郡，便利船只来往，严密设置防备以待来犯之敌。从此海滨地区趋于平静。胡质性情沉稳实在，内心对一切都看得清楚明白，不以自己的节操要求其他人，因此所到之处受到人们的怀念。

他在嘉平二年(公元250)去世，死后家无余财，只有朝廷所赐的衣物和书籍而已。他下属的军师把情况上报，朝廷追封他为阳陵亭侯，食邑一百户。谥为贞侯。他的儿子胡威继承了爵位。

嘉平六年(公元254)。皇帝下诏褒扬胡质清高的品德，赐给他家钱粮。事情经过记载在本书《徐邈传》中。胡威在咸熙年间官至徐州刺史，有突出的政绩，历任三个郡的太守，所到之处都留下好名声，死在安定郡。

王昶，字文舒，太原郡晋阳县人。少年时与同郡的王凌都很有名。王凌年长，王昶把他当作哥哥对待。魏文帝曹丕当太子时，王昶先任太子文学，后升为太子中庶子。

曹丕即帝位后，王昶从散骑侍郎转任洛阳典农。当时京城洛阳周围树木成林，王昶勉励百姓，开垦了很多荒地。后升任兖州刺史。

魏明帝曹叡即位，他加任扬烈将军，受封为关内侯。王昶虽然在外地做官，但是心中关心朝廷政治。他认为曹魏紧接在秦、汉衰落时期之后建立，法制苛刻而又琐碎，如果不以从前圣明帝王的风范为标准大改国家制度，要想达到政治和教化振兴，是不可能的。于是他撰《治论》，大体上依照古代制度，取其合乎当前政治需要的内容，写了二十多篇。又著《兵书》十多篇，论述用兵中一般原则和特殊手段的运用，青龙年间上奏到朝廷。

他为哥哥的儿子和自己的儿子取名字时，都依据谦虚和诚实，表现自己的志趣：所以他哥哥的儿子，一个叫王默，字处静，一个叫王沈，字处道。他自己的儿子，一个叫王浑，字玄冲，一个叫王深，字道冲。他又写信训诫他们说：

作为儿子，最重要的事情是珍爱自己的身体，养成各种好品行，让父母享受荣耀。这三件事人人都知道很好，可还是有人身死家破，陷入灭亡的灾祸当中，这是为什么呢？这是因为他们学习效法的不是正道。孝敬仁义，是各种品德当中最重要的，也是立身社会的根本。讲究孝敬，家族内部才会安定；讲究仁义，才会受到乡亲们的尊重。这说明自身的品德修养好了，名声自然会传到外边去。人如果不切实培养品德，舍本逐末，就有可能相互吹捧，就有可能结成帮派；相互吹捧会被人视为虚伪，结成帮派则有可能酿成矛盾。这两方面的鉴戒，可以说是非常清楚。但是仍然有很多人重蹈覆辙，更加疯狂地舍本逐末，这都是受到一时虚名和眼前小利的迷惑蒙蔽而导致的恶果。富贵和声名，谁不喜欢呢？但是君子有时候得到了却不要，这是为什么呢？是因为他们厌恶不由正道而得来的名利。人生值得担忧的事是只知进而不知退，只知欲望而不知满足，所以才会遭到困辱，才会产生悔恨。常言道："如果不知足，得到的也会失去。"所以知足的人总是富足。观察过去的成败，预见将来的吉凶，我看那些追名逐利、欲壑难填的人，没有谁能保持家族不衰而能长久享有福禄的。我希望你们立身处世，要遵从儒家的教诲，又信奉道家的原则，所以用玄、默、冲、虚来给你们起名字，想使你们顾名思义，不要违背。在古代，盘盂上铸有铭文，几杖上刻有告诫，为的是低头抬头都能看见它们，使自己不会有越轨行为；更何况是取成自己的名字，能不随时劝勉自己吗？

大凡事物成长得快则衰亡也快，成就得慢才会有好的结果。清晨开花的草，到晚上就要凋谢；而松柏的茂盛，在严冬也不会枯萎。所以大雅君子不喜欢速成，孔子曾因此发出过劝戒。

从前晋国的范匄在秦国客人面前显示才能，被他的祖父武子打了一顿，还把他的发簪折断，就是因为范武子厌恶范匀掩盖了别人的才能。人有优点很少不自夸的，有点能耐很少有不自傲的。自夸就会掩盖别人的优点，自傲就会盛气凌人。掩盖别人的人，别人也会掩盖他；盛气凌人的人，别人也会凌驾在他之上。所以晋国的郤锜、郤犨、郤至三人，被自己得罪的人反对而死于非命；王叔与人争权夺利，最后成为周朝的罪人。这不正是自夸自傲喜欢争夺名利的结果？所以君子不称赞自己，不是为了表示谦虚，而是厌恶掩盖别人的优点。人如果能够以屈为伸，以让为得，以弱为强，才会万事顺遂。诋毁和赞誉他人，是产生爱和恨的根源，是决定祸与福的关键，所以圣人对此特别谨慎。孔子曾说："我对于别人，诋毁了谁赞誉了谁呢？如果有所赞誉，一定会有根据。"又说："子贡爱讥评别人。难道你端木赐就够好了吗？我倒没有闲空去讥评别人。"像孔子这样有德的圣人，还如此谨慎，平庸之辈又怎么能随意诋毁和赞誉别人呢？从前，伏波将军马援告戒他的侄儿说："听到别人的坏处，应当像听到自己父母名字一样忌讳，耳朵可以听，嘴巴却不能传出去。"这个告诫真是至理名言。别人如果诋毁自己，应当退下来反省自己。如果自己确有值得别人诋毁的举动，别人的诋毁就是恰当的；如果自己没有什么过错，那么别人的诋毁就是虚妄的。既然恰当，就不要埋怨别人；即使是虚妄，对自己也没有什么危害，何必反转去报复呢？再说听见别人诋毁自己之所以会发怒，是厌恶得到坏名声，与其让人家更起劲地诋毁你，还不如沉默而修养自身。谚语说："解除严寒的最好办法是穿上厚裘衣，制止别人诽谤的最好办法是自己修养品德。"这话确实很对。如果碰上喜欢搬弄是非的人，特别是那些凶狠险毒的人，距离近了都危险，更不用说与他们面对面地争论是非曲直了，这样做的祸害大得很啊。

那些虚伪的人，言论不遵循道义，行为不符合自己的言论，他们的浮浅是比较容易识别的；可惜世人多被他们所迷惑，原因就在于没有认真检查他们的言行。最近济阴郡人魏讽、山阳郡人曹伟，都因为做事邪恶而被处死。他们迷惑世人，心怀奸邪，煽动年轻人做坏事。虽然他们被诛杀，成为对世人非常明显的警告，但是他们对风气造成的污染，确实是不小，可要谨慎啊！那些甘心居于山林的隐士，像伯夷、叔齐之流，宁可饿死在首阳山，还有像介子推那样安心烧死在绵山也不愿出仕的人。虽然他们的行为可以警戒贪婪和激励风俗，但是圣人孔子不赞成这样做，我也不愿意你们去效法。

你们的先人，世代做官，崇尚仁义，为人谨慎，讲究孝悌，勤奋学习。我和世人交往，虽然大家有的出门做官有的在家闲居情况各有不同，但都会从对方身上学到一些东西。颖川郡的郭伯益，为人通达，聪敏而有智慧。可是他气度还不够宽广，过于轻率高傲，碰到他所喜欢的人他会十分敬重，碰到他不喜欢的人他会十分轻视。我因为和他相知，所以彼此来往密切，但不希望你们仿效他。北海国的徐伟长，不求高名，不喜欢随便得到好处，淡泊处世，一心研习道义。即使他有所批评，也都假托古人来表示意见，从不直接对人进行褒贬。我很敬重他，希望你们向他学习。东平国的刘公幹，学问广博而有出众的才能，既有忠诚的节操又有远大的志向，然而他的性情和品行不很端正，很少有约束和顾忌，优点和缺点正好相互抵消。我很喜欢和看重他，但不愿你们企慕他。乐安国的任昭先，性格淳朴，遵循道义，内心聪敏而对人宽恕，谦逊忍让，不逃避困难和艰苦的环境，看起来好像胆怯却能见义勇为，在朝当官公而忘私。我和他友好亲善，希望你们以他为榜样。如果你们对我讲的道理能加以引申，触类旁通，你们也就能举一反三了。具体说来也就是：分财产首先应考虑家族其他成员，施舍时要注意周济那些急需的人，出入故乡要慰问老年长辈，议论时注意不要贬低别人，做官要尽忠尽节，选取朋友要重视他的实际表现，处世要戒骄戒淫，贫贱时切勿忧愁，进与退想到是否合乎时宜，做事之前要反复思考。如此而已。你们如果这样做了，我还有什么忧虑呢？

青龙四年（公元236）魏明帝下诏说："朕想收罗人才。凡是具有才智擅长文章，能深谋远虑，预见一切，观察力强，筹划一定有结果，计谋总是能成功，办事谨慎小心，为人清廉沉静，自强不息，一心为公的人，不管年龄大小，不管出身贵贱，九卿和校尉以上的官员各推荐一人。"太尉司马懿推举王昶应选。

正始年间，王昶任徐州刺史，封为武观亭侯。又升任征南将军，持有节杖，指挥荆州、豫州各路军队。王昶认为："国家总是有人的，但是战争未必总是胜利；地势的险峻是不变的，但是防守的形势不能长久不变。而今自己屯兵宛县，离襄阳有三百多里，各军分散驻扎，水军的船只在宣池停留，襄阳前线一旦有紧急情况，来不及前往援救。"于是上表请求把自己的治所向南迁到新野县，又在三州口训练水军，广开农田，积蓄了大量的粮食。

嘉平初年，太傅司马懿杀死曹爽之后，上奏请求朝廷向大臣广泛询问政事得失。王昶陈述了五个政治要点："第一，崇尚道义加强教育，制止年轻人拉帮结派，让达官贵人的子弟进入太学学习。第二，设立官员考核制度，考核就是准绳，不可能丢掉准绳来判断曲直，也不可能废除升降制度而空论官员是否胜任职务。第三，让官吏任职的时间长一些，有政绩的要升官赐爵。第四，精简官员，按规定数额发放俸禄而不打折扣，用廉耻激励他们，不让他们和老百姓争利。第五，杜绝奢侈，倡导节俭，使官员的服饰有别，上下有序，储备粮食布帛，让人们返璞归真。"

皇帝下诏褒扬王昶的建议，又让他制定考核百官的制度。王昶认为："唐尧、虞舜时代虽然有升、降官吏的文字记载，但是如何考核官吏的具体方法并未流传下来。周朝规定执政的大臣所应履行的职责时，有考核官员政绩然后进行诛杀奖赏这一条，但又没有说明如何进行一年一次的具体考核。由此看来，圣明君主很明白如何任用贤人：只是大略提出升降官员的体制，而把具体工作委托给执政大臣去做；自己只总揽大政方针，而对官员是否胜任职务却清清楚楚。"他的意思大致就是这样。

嘉平二年(公元 250)，王昶又上奏说："孙权放逐贤良大臣，嫡子孙和与庶子孙霸争夺继承人位置，可以乘他们出现问题而制服吴、蜀二国。白帝城与夷陵县之间，黔、巫、秭归、房陵等县都在长江北岸，其民众与新城郡连接，可以出兵袭取。"

于是朝廷派新城郡太子州泰袭击巫、秭归、房陵三县，荆州刺史王基指向夷陵，王昶则进攻江陵。王昶到达江陵之后，在长江两岸用粗竹索做索桥，渡江袭击敌军。敌人逃到南岸，又开通七条道路来进攻。王昶让弩箭同时发射，孙吴大将施绩在夜里逃进江陵城，王昶指挥追杀了数百敌兵。

他想把敌人引到平坦的原野上与之决战，于是先派五支军队沿大路撤退，让敌人看见后感到高兴，同时又派骑兵拿着缴获的战利品，在江陵城的四周跑来跑去向敌人显示以激怒敌人，暗中却设置伏兵等待时机。施绩果然派兵追赶，王昶指挥伏兵发起猛攻，大获全胜。施绩逃跑，他手下的大将钟离茂、许旻被杀。王昶缴获敌人大量铠甲、旌旗、战鼓、珍宝、武器，整顿大军之后凯旋。王基、州泰都立下战功。于是王昶升任征南大将军，仪仗队的规格与三公相同，晋封京陵侯。

毌丘俭、文钦反叛，王昶率兵抵抗有功，赐封他的两个儿子为亭侯和关内侯，他本人升任骠骑将军。

诸葛诞反叛，王昶占据夹石逼近江陵，牵制着孙吴将领施绩、全熙，使他们不能援救东面的诸葛诞。诸葛诞被诛杀后，皇帝下诏说："从前孙膑帮助赵国，设计直趋大梁。现在王基率领军队在诸葛诞的西面向前推进牵制敌人，也促成了东征的胜利形势。"于是增加王昶封邑一千户，加上以前的共有四千七百户。他又升任司空，依旧持有节杖并指挥各军。

甘露四年（公元 259）王基去世，谥为穆侯。他的儿子王浑继承了爵位，咸熙年间任越骑校尉。

王基，字伯舆，东莱郡曲城县人。少年丧父，与叔父王翁一起生活。王翁细心抚养他，他也以孝顺著称。十七岁这年，郡里征召他为办事员，他对这个工作不喜欢，提出辞职，进入琅邪郡境内游学。

黄初年间，他被本郡太守举荐为孝廉，朝廷任命他为郎中。当时，青州刚刚平定，刺史王凌特意上奏，请求让自己任命王基担任青州政府的别驾。后来朝廷召王基为秘书郎，王凌再次请求让他回青州任职。不久，司徒王朗任命王基为下属，王凌不放。

王朗上书弹劾王凌说："古时候凡是诸侯国卿大夫的家臣中有优秀的，就把他们提升为诸侯国君主的辅佐；诸侯国君主的辅佐中有优秀的，就把他们提升为天子的朝臣，所以诸侯有进贡人才的礼仪。而今青州先是任用宿卫皇宫的郎中，后又留着朝廷的秘书郎不放，真是很少听说过。"就这样王凌还是不放。王凌之所以在青州流传美名，也和王基的辅佐协助有关。

大将军司马懿任命王基为下属，还未到任，朝廷又提升他为中书侍郎。魏明帝大兴土木修建宫殿，百姓劳苦，王基上疏说："我听说古人用水来比喻百姓，说是'水可以承载舟船，也可以覆没舟船'。处于百姓之上的天子，不能不随时戒惧。百姓安逸，他们就不会仇视当局；如果生活痛苦，他们就会想犯上作乱。因此，先代圣明帝王的生活都很俭朴，为的是防止祸患发生。从前颜渊批评东野子驾驶马车，说他在马的气力耗尽时仍然驱赶不止，因此知道他将失败。而今从事修建宫殿的民工很是劳苦，男女分离而不能成家。希望陛下能深思东野子的教训，留心舟船和水的比喻，让奔驰的马匹在气力未耗尽前先休息一下，让从事劳役的百姓在还未累倒之前先能够喘一口气。从前汉朝拥有整个天下，到汉孝文帝时，只有同姓诸侯力量过强这一点值得担心，而贾谊仍然深感忧虑说：'现今的形势好比是把火放在柴堆的下面点燃而在上面睡觉，还自以为很安全。'眼下吴、蜀大敌还未消灭，猛将拥兵在各地，约束他们则无法对付敌人，长久下去，又成为留给后人的隐患。在这盛明的时期，不专心考虑消除祸患，如果以后子孙能力不强，国家可就危险了。假如能使贾谊再生，他的忧虑一定比过去更加深沉实在啊。"

散骑常侍王肃撰写各部儒经的解说，又评论朝廷礼仪，他常常修改郑玄的旧说，而王基则坚持郑玄的解释与王肃争论。王基出任安平郡太守，因公去职。

大将军曹爽请他任府中的从事中郎，后又出朝任安丰郡太守。安丰郡邻接孙吴敌国，王基治理时清廉严明，很有威风和德泽，他加强防备，敌人不敢进犯，被加授讨寇将军职务。

孙吴曾在建业集中大军，放出风声说要攻打扬州，刺史诸葛诞让王基作出判断。王基说："以前孙权两次进攻合肥，一次进攻江夏，其后全琮出兵庐江，朱然袭击襄阳，全都未能得手，只得退回。而今陆逊等名将已死，孙权也垂垂老矣，家族内没有贤德的继承人，朝中又缺乏领头的谋臣。孙权亲自率兵出击则担心内部突然发生变故，各种矛盾一齐爆发而导致崩溃；若派将领出征，老将差不多都死光了，新将他又不信任。这一次对方不过是想捞一点局部的好处，以便保护自己而已。"后来，孙权终究没有领兵出击。

当时魏国由曹爽专权，风气衰败，王基撰写《时要论》来讥讽时事。因为得病，离任回到都城，在家休养一段时间后又出任河南尹。还没有举行任命仪式，曹爽被杀，因为王基曾经是曹爽的下属，也照例免职。同年王基任尚书，出朝任荆州刺史，加授扬烈将军职务，随征南将军王昶讨伐孙吴。王基单独率领一支人马前往夷陵袭击步协，步协紧闭城门坚守。王基做出进攻的架势，暗中却分兵袭取对方位于雄父的粮仓，缴获谷米三十余万斛，俘虏敌方的安北将军谭正，接纳投降的敌兵有数千人。王基把这些降民带到自己的辖境内安置，为此设立了夷陵县。王基因功被赐予关内侯爵位。他又上表朝廷请求修筑上昶的城池，作为江夏郡的新治所，以进逼孙吴的夏口，从此，敌人不敢轻易渡过长江。他严明制度，整顿军队，推广农业，修复学校，南方人士无不称赞。当时朝廷商议要大举伐吴，下诏让王基考虑适当的进攻计划。王基回答说："出兵而不能取得成功，不仅威风丧尽，而且还耗费钱财，所以必须考虑周全才行动。如果不能凭借通畅的河流聚积粮食，做好水战的准备，即使屯兵江北，也无法渡过长江。现今江陵有沮水、漳水两条河流，灌溉良田数以千亩计算。安陆县周围，也有池塘和大片沃野。如果水军和步兵都在此进行屯田，积累充分的储备，然后出动大军直指江陵、夷陵，分兵占据夏口，沿沮水、漳水，用船载运粮食顺流而下。敌军知道我方具有持久作战的优势，那么顽抗的久必然变得沮丧，有心弃暗投明的人则会信心百倍。这时再联合孙吴境内的少数族从其内部发动攻击，我们的精兵强将从外部征讨，则夏口以西的敌人据点一定可以攻下来，长江以南的各郡也都守不住。如此一来，吴、蜀两国的交往被截断，相互不能联合，孙吴只能束手就擒。不这样办的话，出兵是否有利，恐怕难以断定。"于是朝廷打消了出兵的念头。

司马师刚刚执掌朝政，王基上书告戒说："天下极大，政事极多，您确实不能不兢兢业业，勤恳谨慎。志向端正，就不会滋生各种邪念；心情安静，处理政事就不会急躁；深思熟虑，政令就不会杂乱；亲近重用忠良，远近人民就都会一致服从。因此，要使远方归顺，关键在于自身；要使民众平定，也全在于自己如何用心。许允、傅嘏、袁侃、崔赞等都是现今的正人君子，有忠诚正直的品质，没有放纵多变的内心，是可以一起处理政事的人。"司马师接受了王基的忠告。

高贵乡公曹髦即皇帝位，王基晋爵为常乐亭侯。毌丘俭、文钦造反，朝廷任命王基为代理监军，持有节杖，统领许昌地区的军队，正好与司马师在许昌会合。司马师问王基："您估计毌丘俭等会怎么样呢？"王基说："淮南的反叛，不是当地的官吏百姓想作乱，而是他们受到毌丘俭等人的威胁，怕马上被杀，所以临时凑在一起罢了。如果大兵进逼，必然土崩瓦解。毌丘俭、文钦的头颅，不到一个早上就会悬挂在军门前面了。"司马师说："很好。"于是派王基打先锋。

很多人认为，"毌丘俭、文钦勇悍异常，很难与他们对抗"。朝廷便下诏让王基停止进军。王基却认为："毌丘俭等人本来可以长驱直入，但是至今没有推进，说明他们的欺诈虚伪已经暴露，部下产生了疑虑。我们不在这时张扬威势以满足人民的愿望，反而停军不前，修筑营垒；好像我们心中怯懦，这不是用兵的办法。如果他们大量挟持民众，其中包括我们州郡兵士的家属，那么州郡兵士就会产生背离之心；而受毌丘俭所胁迫参加造反的人，觉得自己罪责深重，也不敢再逃出。这样就使我们的州郡军队发挥不了作用，反而可能为造反作乱者帮忙。如果孙吴军队再趁机出兵，淮南的大片国土就要被敌人占据了。这样一来，谯郡、沛国、汝南郡甚至整个豫州，必将面临危险不能安定，这是最大的失策。现在大军应当赶快占据南顿县，南顿有大粮仓，足够军队吃上四十天。凭借粮食坚守城池，造成先声夺人的气势，这是平定叛贼的关键措施。"王基反复请求，朝廷这才让他向前推进占据潩水。

到了以后，王基又上奏说："兵贵神速，任何情况下都不能拖延。而今外有强敌，内有叛臣，如果再不当机立断，将来会发生什么样的结果就难以预测了。现在人们都认为军队的指挥者要持重；持重当然是对的，但是停滞不前就不对了。持重决不是按兵不动，而是推进时不能让敌方前来侵犯占到便宜。而今我们只占据矮墙，依靠壁垒，把南顿积蓄的粮食拱手让给敌人，我们自己却要远道运粮，这很不是办法啊！"司马师想等各路军队到齐后再前进，还是不听王基的上奏。王基对自己的部下说："将领在外指挥军队，君主的命令有时可以根据具体情况不接受。敌人得到对敌人有利，我们得到对我们有利，这样的地方在《孙子》上叫做争地。南顿就是这样一个兵家必争之地！"于是自行做主挥师占据南顿。毌丘俭等从项县出发也想争夺南顿，出兵十来里，听说王基已捷足先登，又退回项县。当时兖州刺史邓艾屯兵乐嘉，毌丘俭派文钦率兵袭击邓艾。王基知道他们已分散了兵力，立即出兵进逼项县，毌丘俭惨遭失败。

文钦等被平定后，王基升任镇南将军，指挥豫州各路军队，兼任豫州刺史，晋封安乐乡侯。他上疏要求从自己的封邑中分出二百户给叔父的儿子王乔，封王乔关内侯，用来报答叔父的养育之恩。朝廷下诏特许。

诸葛诞反叛，王基以镇南将军的身份代行镇东将军的职权，指挥扬州、豫州各路军队。当时大军在项县，朝廷认为敌兵精锐，让王基停下来修筑营垒坚守。王基一再上奏请求出兵讨伐。碰上这时孙吴派大将朱异来援救诸葛诞，驻扎在安城。王基接到诏书，要他率军转移占据北山。王基对部下众将说："而今我们的营垒已经修筑坚固，兵马即将在此会合，只消严加防备不让敌人脱逃就行了，如果再转移到险峻的北山，会使敌人有机会突围冲出。那时再聪明的人也不能收拾好局面。"于是依据情况的需要又上疏说："现今我们与敌人对峙，应当像泰山一样岿然不动。如果这时又转移到险要的北山，则军心有可能不安，使形势大受损害。各路军队在这时应各自据守深沟高垒，人心安定，不能动摇，这是目前统领军队最要紧的事。"报告上奏后，朝廷同意了他的请求。大将军司马昭进兵占据丘头，部署包围，各有所统。王基指挥城东、城南二十六支分队，司马昭向自己的下属发布指令说："你们进入镇南将军王基的辖区时，一律不准向他派遣任务。"城中的敌人粮食吃尽，昼夜进攻包围的营垒，王基迎头痛击，大破敌军。

攻下寿春后，司马昭写信给王基说："起初人们议论纷纷，要求转移到北山的人极多。当时我没有亲自到场察看，也认为应当如此。将军深算利害，坚持正确意见，以至上违诏命，下拒众议，终于战胜敌人。即使是古人所叙述的战例，也没有比这更好的了。"

司马昭这时想派众将率精锐部队深入孙吴辖地，招迎唐咨等人，乘此机会造成扫荡孙吴的局势。王基劝谏说："以前吴将诸葛恪乘着东关的大胜利，全部调动江东的兵力，包围合肥新城。城没有攻下来，自己的军队却死伤过半。蜀将姜维借洮水战胜之势，轻兵深入，军粮供应不上，结果大军在上邽覆没。每当大捷之后，上下轻敌，轻敌则考虑困难不充分。而今敌人刚刚在外吃了败仗，内患又未平息，正是他们思虑专一严加防备的时候。另外，朝廷大军出动作战已经超过一年，人人都盼着回家，现今俘获和杀死十万叛军，罪人诸葛诞也抓到了，历代作战，还没有像今天这样大获全胜的事例。武皇帝曹操在官渡大败袁绍，自以为收获已多，不再追击，就是怕万一受挫会丧失威风啊。"司马昭听后才罢兵。

因为淮南地区刚刚平定，朝廷转任王基为征东将军，指挥扬州各路军队，晋封东武侯。王基上疏辞让，把功劳归给自己的参谋和下属，于是他军府中的长吏、司马等七人都得以封侯。

这一年，王基的母亲在京城洛阳去世。朝廷要求暂不把消息让王基本人知道，派人把王基父亲王豹的遗骨运到洛阳与王基母亲合葬；又追赠王豹为北海郡太守。甘露四年（公元259），王基转任征南将军，指挥荆州各路军队。

常道乡公曹奂即皇帝位，增加王基食邑一千户，加上以前的共五千七百户。前后又分封他两个儿子为亭侯、关内侯。

景元二年（公元261），襄阳郡太守上奏说吴将邓由等人要求投降。王基接到朝廷诏命，要他借此机会出兵进攻孙吴。王基怀疑其中有诈，于是紧急派使者乘驿站马匹赶往朝廷陈述情况，又上奏说："嘉平年间以来，朝廷内部变故不断。现今的当务之急，是稳定国家，安抚百姓，不应当轻易兴师动众，谋取对外作战的胜利。"司马昭回信说:"和我共事的人,多是曲意逢迎,很少有人坚定不移向我充分说明道理和实情。确实感谢将军的忠诚厚爱,常给我规劝指示,我决定依照您的意见办理。"后来,邓由果然没有来投降。

这年王基去世,追赠司空,谥为景侯。他的儿子王徽继承了爵位,早死。

咸熙年间设立五等爵位,因为王基在魏朝功勋卓著,改封王基的孙子王廙,又把东武县其余的民户封给王基的另一儿子,赐他关内侯爵位。

晋朝建立以后,皇帝下诏说:"已故司空王基不仅品德突出功勋卓著,而且为人清廉高尚,不经营私人产业,长久担任重要官职,而家中没有多余财产。真是身死之后品行更加显扬,足以激励风俗。现在赐给他家两个奴婢。"

评论说:徐邈清廉高尚,宽宏通达。胡质操守清高,坚定纯洁。王昶开创大业,拯救社会。王基学业品行坚贞清白。他们都承担了镇守一方的重任,留下美名建立功绩,可以说是国家的良臣,一代的优秀人才了。

王毌丘诸葛邓钟传第二十八

王凌字彦云，太原祁人也[1]。叔父允[2]，为汉司徒，诛董卓。卓将李傕、郭汜等为卓报仇[3]，入长安，杀允，尽害其家。凌及兄晨，时年皆少；逾城得脱，亡命归乡里。凌举孝廉，为发干长。[一]稍迁至中山太守，所在有治。

太祖辟为丞相掾、属。文帝践阼，拜散骑常侍。出为兖州刺史，与张辽等至广陵讨孙权。临江，夜大风，吴将吕范等船漂至北岸[4]。凌与诸将逆击，捕斩首虏，获舟船；有功，封宜城亭侯，加建武将军[5]。

转在青州。是时海滨乘丧乱之后，法度未整。凌布政施教，赏善罚恶，甚有纲纪[6]；百姓称之，不容于口[7]。后从曹休征吴，与贼遇于夹石。休军失利，凌力战决围，休得免难。

仍徙为扬、豫州刺史[8]，咸得军民之欢心。始至豫州，旌先贤之后[9]，求未显之士；各有条教[10]，意义甚美。初，凌与司马朗、贾逵友善[11]，及临兖、豫，继其名迹[12]。

【注释】

〔1〕祁：县名。县治在今山西祁县东南。 〔2〕允：即王允（公元137—192）。字子师。初为郡吏，曾捕杀宦官党羽。东汉献帝时升任司徒，与吕布合谋杀死董卓。传见《后汉书》卷六十六。 〔3〕李傕（？—公元198）、郭汜：二人传附本书卷六《董卓传》。 〔4〕吕范（？—公元228）：传见本书卷五十六。 〔5〕建武将军：官名。领兵征伐。 〔6〕纲纪：条理。 〔7〕不容于口：忍不住要说出口。 〔8〕仍：于是。 〔9〕旌：表彰。 〔10〕条教：地方行政长官所下达的指示或命令。 〔11〕贾逵：传见本书卷十五。 〔12〕名迹：声名事迹。司马朗曾任兖州刺史，贾逵曾任豫州刺史。见本书卷十五《司马朗传》、《贾逵传》。

【裴注】

〔一〕《魏略》曰："凌为长，遇事，髡刑五岁，当道扫除。时太祖车过，问：'此何徒？'左右以状对。太祖曰：'此子师兄子也，所坐亦公耳。'于是主者选为骁骑主簿。"

正始初，为征东将军，假节，都督扬州诸军事。

二年〔1〕，吴大将全琮数万众寇芍陂〔2〕。凌率诸军逆讨，与贼争塘，力战连日，贼退走。进封南乡侯，邑千三百五十户；迁车骑将军，仪同三司。

是时，凌外甥令狐愚以才能为兖州刺史，屯平阿〔3〕。舅甥并典兵，专淮南之重。凌就迁为司空〔4〕。司马宣王既诛曹爽，进凌为太尉，假节、钺。凌、愚密协计，谓齐王不任天位〔5〕，楚王彪长而才〔6〕，欲迎立彪都许昌。

嘉平元年九月，愚遣将张式至白马〔7〕，与彪相问往来。凌又遣舍人劳精诣洛阳，语子广。广言："废立大事，勿为祸先〔8〕！"〔一〕其十一月，愚复遣式诣彪，未还，会愚病死。〔二〕二年^[9]，荧惑守南斗^[10]，凌谓："斗中有星，当有暴贵者。"〔三〕

三年春^[11]，吴贼塞涂水^[12]。凌欲因此发，大严诸军；表求讨贼，诏报不听^[13]。凌阴谋滋甚^[14]，遣将军杨弘，为废立事告兖州刺史黄华；华、弘连名，以白太傅司马宣王。宣王将中军，乘水道讨凌，先下赦赦凌罪；又将尚书广东^[15]，使为书喻凌。大军掩至百尺^[16]，逼凌。

凌自知势穷，乃乘船单出迎宣王；遣掾王彧谢罪，送印绶、节、钺。军到丘头，凌面缚水次^[17]。宣王承诏遣主簿解缚反服^[18]，见凌，慰劳之；还印绶、节、钺，遣步骑六百人送还京都。凌至项，饮药死。〔四〕

宣王遂至寿春，张式等皆自首，乃穷治其事。彪赐死^[19]，诸相连者悉夷三族^[20]。〔五〕朝议咸以为："《春秋》之义，齐崔杼、郑归生皆加追戮^[21]，陈尸斫棺^[22]，载在方策^[23]。凌、愚罪，宜如旧典。"乃发凌、愚冢，剖棺，暴尸于所近市三日；烧其印绶、朝服，亲土埋之^[24]。〔六〕进弘、华爵为乡侯。广有志尚学行，死时年四十余。〔七〕

【注释】

〔1〕二年：正始二年（公元241）。　〔2〕寇：侵略。　〔3〕平阿：县名。县治在今安徽怀远县西。　〔4〕就迁：就地升迁。指在当地举行任命仪式。王凌升任司空后仍然留在淮南。当时的三公一般是在京城任职。〔5〕齐王：指后来被废黜的皇帝曹芳。　天位：帝位。　〔6〕彪：即曹彪（公元195—251）。传见本书卷二十《武文世王公传》。　〔7〕白马：县

名。县治在今河南滑县东。曹彪此前封白马王。改封楚王后，仍住在白马。 〔8〕祸先：祸事的领头人。 〔9〕二年：嘉平二年（公元250）。〔10〕荧惑：古代称火星为荧惑。 守：停留在。 南斗：星座名。即二十八宿中北方玄武七宿的斗宿。有星六颗，也呈带柄的斗形。为与北斗七星区别，故名南斗。 〔11〕三年：嘉平三年（公元251）。 〔12〕涂（chú）水：即今滁河。发源于今安徽肥东县境，东流至今江苏南京市六合区南入长江。当时孙吴出动了十万兵士，堵塞涂水下游，使河水泛滥，阻止魏军南下。 〔13〕诏报不听：诏书回复不准许。 〔14〕滋：更。〔15〕广：即王广。 东：随军东下。 〔16〕百尺：堰名。在今河南沈丘县北。 〔17〕面缚：双手反绑。 水次：水边。 〔18〕反服：重新穿上官服。 〔19〕彪赐死：司马懿借皇帝名义处死曹彪后，为防止类似事件再度发生，就下令把曹魏的宗室王公全部集中到邺县看管，彼此不准往来。见《晋书》卷一《宣帝纪》。 〔20〕夷：诛灭。 三族：说法很多，但在汉魏时期，是指罪犯的父母、妻室儿女、同胞兄弟。 〔21〕崔杼（？—前546）：春秋时齐国的大臣。曾拥立齐庄公、齐景公，专权。齐庄公私通其妻，被他杀死。后来家族出现内乱，自杀。死后齐国改葬庄公，同时把他的坟墓挖开，戮尸示众。事见《史记》卷三十二《齐太公世家》。 归生：即子家（？—前599）。春秋时郑国的大夫。曾杀国君郑灵公。死后，郑人掘墓破棺，并驱逐其家族。事见《左传》宣公十年。〔22〕斮（zhuó）：砍。 〔23〕方策：书写文字的木板和竹简。这里指代典籍。 〔24〕亲土：尸体不装棺材直接接触土壤。

【裴注】

〔一〕《汉晋春秋》曰：“凌、愚谋，以帝幼，制于强臣，不堪为主；楚王彪长而才，欲迎立之，以兴曹氏。凌使人告广，广曰：‘凡举大事，应本人情。今曹爽以骄奢失民；何平叔虚而不治；丁、毕、桓、邓，虽并有宿望，皆专竞于世。加变易朝典，政令数改；所存虽高，而事不下接；民习于旧，众莫之从。故虽势倾四海，声震天下，同日斩戮，名士减半；而百姓安之，莫或之哀：失民故也。今懿情虽难量，事未有逆；而擢用贤能，广树胜己；修先朝之政令，副众心之所求。爽之所以为恶者，彼莫不必改；夙夜匪懈，以恤民为先；父子兄弟，并握兵要：未易亡也！’凌不从。”臣松之以为：如此言之类，皆前史所不载，而犹出习氏；且制言法体不似于昔：疑悉凿齿所自造者也。

〔二〕《魏书》曰：“愚字公治。本名浚。黄初中，为和戎护军。乌丸校尉田豫讨胡有功，小违节度，愚以法绳之。帝怒，械系愚，免官治罪，诏曰：‘浚何愚！’遂以名之。正始中，为曹爽长史，后出为兖州刺史。”《魏略》曰：“愚闻楚王彪有智勇。初，东郡有讹言云：‘白马河出妖马，夜过官牧边鸣呼，众马皆应。明日见其迹，大如斛，行数里，还入河中。’又有谣言：‘白马素羁西南驰，其谁乘者朱虎骑。’楚王小字‘朱虎’，故愚与王凌阴谋立楚王。乃先使人通意于王，言‘使君谢王，天下事不可知，愿王自爱’！彪亦阴知其意，答言‘谢使君，知厚意也’。”

〔三〕《魏略》曰：“凌闻东平民浩详，知星，呼问详。详疑凌有所挟，欲悦其意；不言吴当有死丧，而言‘淮南，楚分也，今吴、楚同占；当有王者兴’。故凌计遂定。”

〔四〕《魏略》载：“凌与太傅书曰：‘猝闻神军密发，已在百尺；虽知命穷尽，迟于相见，身首分离，不以为恨！前后遣使，有书，未得还报；企踵西望，无物以譬。昨遣书之后，便乘船来相迎，宿丘头；旦发于浦口，奉被露布赦书，又得二十三日况。累纸诲示，闻命惊愕，五内失守，不知何地可以自处！仆久忝朝恩，历试无效；统御戎马，董齐东夏；事有阙废，中心犯义；罪在二百，妻子同悬；无所祷矣。不图圣恩天覆地载，横蒙视息，复睹日月。亡甥令狐愚，携惑群小之言，仆即时呵抑，使不得竟其语；既人已知，神明所鉴。夫非事无阴，猝至发露，知此枭夷之罪也。生我者父母，活我者子也。’又重曰：‘身陷刑罪，谬蒙赦宥。今遣掾送印绶，顷至，当如诏书，自缚归命。虽足下私之，官法有分。’及到，如书；太傅使人解其缚。凌既蒙赦，加怙旧好，不复自疑，径乘小船自趣太傅。太傅使人逆止之，住船淮中，相去十余丈。凌知见外，乃遥谓太傅曰：‘卿直以折简召我，我当敢不至邪？而乃引军来乎！’太傅曰：‘以卿非肯逐折简者故也。’凌曰：‘卿负我！’太傅曰：‘我宁负卿，不负国家！’遂使人送来西。凌自知罪重，试索棺钉；以观太傅意，太傅给之。凌行到项，夜呼掾、属，与决曰：‘行年八十，身名并灭邪！’遂自杀。”干宝《晋纪》曰：“凌到项，见贾逵祠在水侧。凌呼曰：‘贾梁道！王凌固忠于魏之社稷者，唯尔有神，知之。’其年八月，太傅有疾，梦凌、逵为疠，甚恶之，遂薨。”

〔五〕《魏略》载：“山阳单固，字恭夏。为人有器实。正始中，兖州刺史令狐愚与固父伯龙善，辟固，欲以为别驾。固不乐为州吏，辞以疾。愚礼意愈厚，固不欲应。固母夏侯氏谓固曰：‘使君与汝父久善，故命汝不止；汝亦故当仕进，自可往耳。’固不获已，遂往；与兼治中从事杨康并为愚腹心。后愚与王凌通谋，康、固皆知其计。会愚病，康应司徒召诣洛阳，固亦以疾解禄。康在京师露其事，太傅乃东取王凌。

到寿春，固见太傅，太傅问曰：'卿知其事为邪？'固对'不知'。太傅曰：'且置近事。问卿，令狐反乎？'固又曰'无'。而杨康白，事事与固连。遂收捕固及家属，皆系廷尉；考实数十，固故云'无有'。太傅录杨康，与固对相诘。固辞穷，乃骂康曰：'老庸既负使君，又灭我族，顾汝当活邪！'辞定，事上，须报。廷尉以旧皆听得与其母、妻、子相见。固见其母，不仰视。其母知其惭也，字谓之曰：'恭夏！汝本自不欲应州郡也，我强故耳。汝为人吏，自当尔耳。此自门户衰，我无恨也。汝本意与我语。'固终不仰，又不语，以至于死。初，杨康自以白其事，冀得封拜；后以辞颇参错，亦并斩。临刑，俱出狱，固又骂康曰：'老奴，汝死自分耳！若令死者有知，汝何面目以行地下也。'"

〔六〕干宝《晋纪》曰："兖州武吏东平马隆，托为愚家客，以私财更殡葬；行服三年，种植松柏。一州之士愧之。"

〔七〕《魏氏春秋》曰："广字公渊。弟飞枭、金虎，并才武过人。太傅尝从容问蒋济，济曰：'凌文武俱赡，当今无双。广等志力，有美于父耳。'退而悔之，告所亲曰：'吾此言，灭人门宗矣。'"《魏末传》曰："凌少子，字明山。最知名。善书，多技艺；人得其书，皆以为法。走向太原，追军及之；时有飞鸟集桑树，随枝低昂，举弓射之即倒；追人乃止，不复进。明山投亲家食，亲家告吏，乃就执之。"

　　毌丘俭字仲恭[1]，河东闻喜人也。父兴，黄初中为武威太守；伐叛柔服[2]，开通河右，名次金城太守苏则[3]。讨贼张进及讨叛胡有功，封高阳乡侯。〔一〕入为将作大匠。

　　俭袭父爵，为平原（侯）〔王〕文学[4]。

　　明帝即位，为尚书郎，迁羽林监[5]。以东宫之旧，甚见亲待。出为洛阳典农。时取农民以治宫室，俭上疏曰："臣愚以为天下所急除者，二贼[6]；所急务者，衣食。诚使二贼不灭，士民饥冻；虽崇美宫室，犹无益也。"

　　迁荆州刺史。青龙中，帝图讨辽东[7]，以俭有干策^[8]，徙为幽州刺史；加度辽将军，使持节，护乌丸校尉。率幽州诸军至襄平^[9]，屯辽隧^[10]。右北平乌丸单于寇娄敦、辽西乌丸都督率众王护留等^[11]，昔随袁尚奔辽东者，率众五千余人降。寇娄敦遣弟阿罗槃等诣阙朝贡^[12]；封其渠率二十余人为侯、王^[13]，赐與马缯采各有差^[14]。公孙渊逆与俭战，不利^[15]，引还。

明年，帝遣太尉司马宣王统中军及俭等众数万，讨渊，定辽东。俭以功进封安邑侯，食邑三千九百户。

【注释】

〔1〕毌（guàn）丘：复姓。　〔2〕柔服：安抚服从的人。　〔3〕名次：声名仅次于。　〔4〕平原王文学：官名。曹叡当平原王时的文学侍从。〔5〕羽林监：官名。统领皇帝仪仗队伍中的羽林骑兵。　〔6〕二贼：指蜀汉、孙吴。　〔7〕辽东：郡名。当时被公孙渊占据。　〔8〕干策：才干策略。　〔9〕襄平：县名。县治在今辽宁辽阳市。当时是辽东郡的治所。　〔10〕辽隧：县名。县治在今辽宁海城市西北。　〔11〕右北平：郡名。治所在今河北唐山市丰润区东。　辽西：郡名。治所在今河北卢龙县东南。　都督率众王：当时中原王朝封给乌丸族首领的名号。〔12〕诣阙：到达皇宫门前。　〔13〕渠率：首领。　〔14〕缯采：彩色的丝织品。　差：差别。　〔15〕不利：指毌丘俭战败。

【裴注】

〔一〕《魏名臣奏》载雍州刺史张既表曰："河右遐远，丧乱弥久；武威当诸郡路道喉辖之要，加民、夷杂处，数有兵难。（领）〔顷〕太守毌丘兴，到官，内抚吏民，外怀羌胡；卒使柔附，为官效用。黄华、张进，初图逆乱，扇动左右；兴志气忠烈，临难不顾，为将校、民、夷陈说祸福，言则涕泣。于时男女万口，咸怀感激，形毁发乱，誓心致命。寻率精兵，踧胁张掖，济拔领太守杜通、西海太守张睦。张掖番和、骊靬二县吏民及郡杂胡，弃恶诣兴，兴皆安恤，使尽力田。兴每所历，尽竭心力，诚国之良吏。殿下即位，留心万机；苟有毫毛之善，必有赏录。

臣伏缘圣旨，指陈其事。"

正始中，俭以高句骊数侵叛[1]，督诸军步骑万人出玄菟[2]，从诸道讨之。句骊王宫将步骑二万人[3]，进军沸流水上[4]；大战梁口[5]，〔一〕宫连破走。俭遂束马悬车[6]，以登丸都[7]；屠句骊所都，斩获首虏以千数。句骊沛者名得来[8]，数谏宫，〔二〕宫不从其言。得来叹曰："立见此地将生蓬蒿[9]。"遂不食而死，举国贤之。俭令诸军不坏其墓，不伐其树；得其妻子，皆放遣之。宫单将妻子逃窜，俭引军还。

六年[10]，复征之，宫遂奔买沟[11]。俭遣玄菟太守王颀追之，〔三〕过沃沮千有余里[12]，至肃慎氏南界[13]；刻石纪功，刊丸都之山[14]，铭不耐之城[15]。诸所诛纳八千余口，论功受赏，侯者百余人。穿山溉灌，民赖其利。迁左将军，假节，监豫州诸军事，领豫州刺史。

转为镇南将军。诸葛诞战于东关，不利；乃令诞、俭对换。诞为镇南，都督豫州。俭为镇东，都督扬州。吴太傅诸葛恪围合肥新城，俭与文钦御之；太尉司马孚督中军东，解围，恪退还。

初，俭与夏侯玄、李丰等厚善。扬州刺史、前将军文钦，曹爽之邑人也[16]；骁果粗猛，数有战功。好增虏获，以徼宠赏；多不见许，怨恨日甚。俭以计厚待钦，情好欢洽；钦亦感戴，投心无贰。

正元二年正月，有彗星数十丈，西北竟天[17]，起于吴、楚之分[18]。俭、钦喜，以为己祥[19]。遂矫太后诏[20]，罪状大将军司马景王[21]，移诸郡国，举兵反。迫胁淮南将守诸别屯者，及吏民大小，皆入寿春城；为坛于城西，歃血称兵为盟[22]，分老弱守城，俭、钦自将五六万众渡淮；西至项。俭坚守，钦在外为游兵[23]。〔四〕

【注释】

〔1〕高句（gōu）骊：东北方古国名。事见本书卷三十《东夷高句丽传》。　〔2〕玄菟（tù）：郡名。治所在今辽宁沈阳市东北。　〔3〕宫：即位宫。高句骊国王名。　〔4〕沸流水：河流名。即今浑江。　〔5〕梁口：地名。在今吉林省通化县西南。　〔6〕束马悬车：用布包裹马蹄，抬起车辆。形容山路崎岖难行，极易滑下深谷。　〔7〕丸都：城名。在今吉林集安市西北。当时是高句骊的都城。　〔8〕沛者：高句骊官名。〔9〕生蓬蒿：指变为废墟。　〔10〕六年：正始六年（公元 245）。〔11〕买沟：地名。在今朝鲜咸镜北道会宁城。　〔12〕沃沮：东北方古国名。事见本书卷三十《东夷东沃沮传》。〔13〕肃慎：东北方古国名。在沃沮北面，活动区域主要在乌苏里江一带。以善制弓箭闻名。〔14〕刊：刊刻石碑。　〔15〕铭：刻上记述战功的铭文。　不耐：城名。在今朝鲜江原道安边城。　〔16〕邑人：同县的老乡。　〔17〕西北竟天：朝西北方向一直移动到天边。　〔18〕吴、越：均先秦国名。　分：即分野。古代相信天人感应，人们根据地上的州国来划分天上的星空，把星空中的二十八宿分别指配给地上的州国，并把对应的星宿称为该州国的分野。这样，人们即可依照星区中的天象，来预测对应州国的吉凶。先秦时的吴、楚二国分野，是二十八宿中的女宿和翼、轸二宿。　〔19〕己祥：自己的祥瑞征兆。曹魏的扬州，地跨先秦吴、楚二国故地，所以二人把吴、楚分野彗星出现看成自己的好兆头。　〔20〕矫：假传。〔21〕罪状：列举罪行声讨。　〔22〕称兵：举兵。　〔23〕游兵：游动作战的军队。

【裴注】

〔一〕梁，音渴。
〔二〕臣松之按《东夷传》："沛者"，句骊国之官名。

〔三〕《世语》曰：“顾字孔硕，东莱人。晋永嘉中，大贼王弥，顾之孙。”

〔四〕俭、钦等表曰：

“故相国懿，匡辅魏室，历事忠贞；故烈祖明皇帝，授以寄托之任。懿戮力尽节，以宁华夏；又以齐王聪明，无有秽德，乃心勤尽忠以辅上，天下赖之。懿欲讨灭二虏以安宇内，始分军粮，克时同举，未成而薨。齐王以懿有辅己大功，故遂使师承统懿业，委以大事。

而师以盛年在职，无疾托病，坐拥强兵，无有臣礼；朝臣非之，义士讥之，天下所闻。其罪一也；懿造计取贼，多春军粮，克期有日。师为大臣，当除国难；又为人子，为当父业。哀声未绝而便罢息，为臣不忠，为子不孝。其罪二也；贼退过东关，坐自起众，三征同进，丧众败绩，历年军实，一旦而尽；致使贼来，天下骚动，死伤流离。其罪三也；贼举国悉众，号五十万，来向寿春，图诣洛阳；会太尉孚与臣等建计，乃杜塞要险，不与争锋，还固新城。淮南将士，冲锋履刃，昼夜相守，勤瘁百日，死者涂地；自魏有军以来，为难苦甚，莫过于此。而师遂意自由，不论封赏，权势自在，无所领录。其罪四也；故中书令李丰等，以师无人臣节，欲议退之。师知而请丰，其夕拉杀，载尸埋棺。丰等为大臣，帝王腹心，擅加酷暴，死无罪名，师有无君之心。其罪五也；懿每叹说齐王自堪人主，君臣之义定。奉事以来十有五载；始欲归政，按行武库，诏问禁兵不得妄出。师自知奸愿，人神所不祐，矫废君主，加之以罪。孚，师之叔父，性甚仁孝，追送齐王，悲不自胜。群臣皆怒而师怀忍，不顾大义。其罪六也；又故光禄大夫张缉，无罪而诛，夷其妻子；并及母后，逼恐至尊，强催督遣，临时哀愕，莫不伤痛；而师称庆，反以欢喜。其罪七也；陛下践阼，聪明神武，事经圣心，欲崇省约，天下闻之，莫不欢庆；而师不自改悔修复臣礼，而方征兵募士，毁坏宫内，列侯自卫。陛下即阼，初不朝觐。陛下欲临幸师舍以省其疾，复拒不通，不奉法度。其罪八也；近者领军许允当为镇北，以厨钱给赐；而师举奏加辟，虽云流徙，道路饿杀，天下闻之，莫不哀伤。其罪九也；三方之守，一朝阙废，多选精兵，以自营卫；五营领兵，阙而不补，多载器杖，充聚本营，天下所闻，人怀愤怨，讹言盈路，以疑海内。其罪十也；多休守兵，以占高第，以空虚四表，欲擅强势，以逞奸心；募取屯田，加其复赏，阻兵安忍，坏乱旧法。合聚诸藩王公以著邺，欲悉诛之，一旦举事废主。天不长恶，使肿不成。其罪十一也。

臣等先人，皆随从太祖武皇帝征讨凶暴，获成大功；与高祖文皇帝即受汉禅，开国承家，犹尧、舜相传也。臣与安丰护军郑翼、庐江护军吕宣、太守张休、淮南太守丁尊、督守合肥护军王休等议，各以累世受恩，千载风尘，思尽躯命，以完全社稷安主为效。斯义苟立，虽焚妻子，吞炭漆身，死而不恨也。按师之罪，宜加大辟，以彰奸慝。《春秋》之义，一世为善，十世宥之；懿有大功，海内所书。依古典议：废师，以侯就第。弟昭，忠肃宽明，乐善好士，有高世君子之度，忠诚为国，不与师同。臣等碎首所保，可以代师辅导圣躬。太尉孚，忠孝小心，所宜亲宠，授以保、傅。护军、散骑常侍望，忠公亲事，当官称能，远迎乘舆，有宿卫之功，可为中领军。《春秋》之义，大义灭亲。故周公诛弟，石碏戮子，季友鸩兄；上为国计，下全宗族。殛鲧用禹，圣人明典，古今所称。乞陛下：下臣等所奏，朝堂博议。臣言当道，使师逊位避贤者，罢兵去备，如三皇旧法，则天下协同；若师负势恃众不自退者，臣等率将所领，昼夜兼行，惟命是授。

臣等今日所奏，惟欲使大魏永存，使陛下得行君意，远绝亡之祸，百姓安全，六合一体；使忠臣义士，不愧于三皇五帝耳。臣恐兵起，天下扰乱，臣辄上事，移三征及州郡国典农：各安慰所部吏民，不得妄动。谨具以状闻。惟陛下爱养精神，明虑危害，以宁海内。师，专权用势，赏罚自由，闻臣等举众，必下诏禁绝关津，使驿书不通，擅复征调，有所收捕。此乃师诏，非陛下诏书，在所皆不得复承用。臣等道远，惧文书不得皆通，辄临时赏罚，以便宜从事，须定，表上也。”

大将军统中外军，讨之；别使诸葛诞督豫州诸军，从安风津拟寿春[1]，征东将军胡遵督青、徐诸军出于谯、宋之间[2]，绝其归路。大将军屯汝阳[3]，使监军王基督前锋诸军据南顿以待之[4]。令诸军皆坚壁勿与战。俭、钦进不得斗，退恐寿春见袭，不得归，计穷不知所为。淮南将士，家皆在北，众心沮散，降者相属，惟淮南新附农民为之用。大将军遣兖州刺史邓艾督泰山诸军万余人至乐嘉[5]，示弱以诱之，大将军寻自（洙）〔汝阳〕至。钦不知，果夜来欲袭艾等；会明，见大军兵马盛，乃引还。〔一〕

　　大将军纵骁骑追击，大破之，钦遁走。是日，俭闻钦战败，恐惧夜走，众溃。比至慎县[6]，左右人兵稍弃俭去[7]；俭独与小弟秀及孙重，藏水边草中。安风津都尉部民张属就射杀俭[8]，传首京都。属封侯。秀、重，走入吴[9]。将士诸为俭、钦所迫胁者，悉归降。〔二〕

【注释】

　　〔1〕安风津：淮河古津渡名。在今安徽颍上县南。　〔2〕谯：县名。县治在今安徽亳州市。　宋：县名。县治在今安徽太和县西北。〔3〕汝阳：县名。县治在今河南周口市西南。　〔4〕王基（？—公元261）：传见本书卷二十七。　〔5〕泰山诸军：指兖州下属各郡的军队。泰山郡是其中之一。　〔6〕慎县：县名。县治在今安徽颍上县西北。〔7〕稍：逐渐。　〔8〕部民：属下的百姓。　就：就近。　〔9〕走：逃奔。

【裴注】

　　〔一〕《魏氏春秋》曰："钦中子俶，小名鸯。年尚幼，勇力绝人，谓钦曰：'及其未定，击之可破也。'于是分为二队，夜夹攻军。俶率壮士先至，大呼。大将军军中震扰。钦后期不应。会明，俶退，钦亦引还。"《魏末传》曰："殿中人姓尹，字大目。小为曹氏家奴，常侍在帝侧。大将军将俱行。大目知大将军一目已突出，启云：'文钦本是明公腹心，但为人所误耳，又天子乡里。大目昔为文钦所信，乞得追解语之，令还与公复好。'大将军听遣大目单身往；乘大马，被铠甲，追文钦，遥相与语。大目心实欲曹氏安，谬言：'君侯何苦（若）不可复忍数日中也？'欲使钦解其旨。钦殊不悟，乃更厉声骂大目：'汝先帝家人，不念报恩，而反与司马师作逆；不顾上天，天不祐汝！'乃张弓傅矢欲射大目，大目涕泣曰：'世事败矣！善自努力也。'"

　　〔二〕钦与郭淮书曰："大将军昭伯，与太傅（伯）俱受顾命，登床把臂，托付天下，此远近所知。后以势利，乃绝其祀，及其亲党，皆一时之俊；可为痛心，奈何奈何！公侯（特）〔特〕与大司马公恩亲分著，义贯金石；当此之时，想益毒痛，有不可堪也！王太尉嫌其专朝，潜欲举兵，事竟不捷，复受诛夷，害及楚王，想甚追恨！太傅既亡，然其子师继承父业，肆其虐暴，日月滋甚；放主弑后，残戮忠良，包藏祸心，遂至篡弑。此可忍也，孰不可忍？钦以名义大故，事君有节，忠愤内发，忘寝与食，无所咨顾也。会毌丘子邦自与父书，腾说公侯尽事主之义，欲奋白发，同符太公，惟须东问，影响相应；闻问之日，能不慷慨！是以不顾妻孥之痛，即与毌丘镇东举义兵三万余人，西趋京师，欲扶持王室，扫除奸逆。企踵西望，不得声问；鲁望高子，不足喻急！夫当仁不让，况救君之难？度道远艰，故不果期要耳。然同舟共济，安危势同，祸痛已连，非言饰所解，自公侯所明也。共事曹氏，积信魏朝，行道之人，皆所知见。然在朝之士，冒利偷生，烈士所耻，公侯所贱；贾竖所不忍为也，况当涂之士邪？军屯住项，小人以闰月十六日别进兵，就于乐嘉城讨师；师之徒众，寻时崩溃，其所斩截，不复訾原，但当长驱径至京师；而流言先至，毌丘不复详之，更谓小人为误，诸军便尔瓦解。毌丘还走，追寻释解，无所及。小人还项，复遇王基等十二军追寻毌丘，进兵讨之，即时克破，所向全胜，要那后无继何？孤军梁昌，进退失所；还据寿春，寿春复走；狼狈蹎阂，无复他计，惟当归命大吴，借兵乞食，继踵伍员耳。不若仆隶，如何快心？复君之仇，永使曹氏少享血食，此亦大国之所祐念也。想公侯不使程婴、杵臼擅名于前代，而使大魏独无鹰扬之士邪？今大吴敦崇大义，深见愍悼。然仆于国，大分连接，远同一势；日欲俱举，瓜分中国，不愿偏取以为已有。公侯必欲共忍师胸怀，宜广大势，恐秦川之卒不可孤举。今者之计，宜屈己伸人，托命归汉，东西俱举，尔乃可克定师党耳。深思鄙言，若愚计可从，宜使汉军克制期要，使六合校考，与周、召同封，以托付儿孙。此亦非小事也，大丈夫宁处其落落，是以远呈忠心，时望嘉应。"时郭淮已卒，钦未知，故有此书。

《世语》曰："毌丘俭之诛，党与七百余人。传侍御史杜友治狱，惟举首事十人，余皆奏散。友字季子，东郡人。仕晋冀州刺史、河南尹。子默，字世玄。历吏部郎、卫尉。"

俭子甸，为治书侍御史。先时知俭谋将发，私出将家属逃走新安灵山上[1]。别攻下之，夷俭三族。〔一〕

钦亡入吴[2]。吴以钦为都护[3]，假节，镇北大将军，幽州牧[4]，谯侯。〔二〕

【注释】

〔1〕新安：县名。县治在今河南渑池县东。 灵山：山名。在新安附近。 〔2〕亡：逃亡。 〔3〕都护：官名。孙吴给予少数重要将领的一种加衔。享有者可以指挥长江一大段防区的驻守将领。有时分置左、右都护，职权相同。但是这里只是给文钦以虚衔，并无实际指挥权。〔4〕幽州牧：当时幽州在曹魏占据之下，所以这也是一种虚衔。

【裴注】

〔一〕《世语》曰："甸字子邦。有名京邑。齐王之废也，甸谓俭曰：'大人居方岳重任，国倾覆而晏然自守，将受四海之责。'俭然之。大将军恶其为人也，及俭起兵，问'屈顿所在'？云'不来，无能为也'。俭初起兵，遣子宗四人，入吴。太康中，吴平，宗兄弟皆还中国。宗字子仁。有俭风，至零陵太守。宗子奥，巴东监军、益州刺史。"

习凿齿曰："毌丘俭感明帝之顾命，故为此役。君子谓毌丘俭事虽不成，可谓忠臣矣。夫竭节而赴义者，我也；成之与败者，时也。我苟无时，成何可必乎？忘我而不自必，乃所以为忠也。古人有言：'死者复生，生者不愧。'若毌丘俭，可谓不愧也。"

〔二〕钦降吴表曰："禀命不幸，常隶魏国，（两）〔雨〕绝于天；虽侧伏隅都，自知无路。司马师滔天作逆，废害二主；辛，癸、高、莽，恶不足喻。钦累世受魏恩，乌鸟之情，窃怀愤踊；在三之义，期于弊仆。前与毌丘俭、郭淮等俱举义兵，当共讨师，扫除凶孽，诚臣偻偻愚管所执。智虑浅薄，微节不骋；进无所依，悲痛切心；退惟不能扶翼本朝，抱愧俛仰，靡所自厝。冒缘古义，固有所归；庶假天威，得展万一；僵仆之日，亦所不恨。辄相率将，归命圣化；惭偷苟生，非辞所陈。谨上还所受魏使持节、前将军、山桑侯印绶。临表惶惑，伏须罪诛。"

《魏书》曰："钦字仲若，谯郡人。父稷，建安中为骑将，有勇力。钦少以名将子材武，见称。魏讽反，钦坐与讽辞语相连；及下狱，掠答数百，当死；太祖以稷故，赦之。太和中，为五营校督，出为牙门将。钦性刚暴无礼，所在倨傲陵上，不奉官法；辄见奏遣，明帝抑之。后复以为淮南牙门将，转为庐江太守、鹰扬将军。王凌奏钦贪残，不宜抚边，求免官治罪，由是征钦还。曹爽以钦乡里，厚养待之，不治钦事。复遣还庐江，加冠军将军，贵宠逾前。钦以故益骄，好自矜伐，以壮勇高人，颇得虚名于三军。曹爽诛后，进钦为前将军，以安其心，后代诸葛诞为扬州刺史。自曹爽之诛，钦常内惧；与诸葛诞相恶，无所与谋。会诞去兵，毌丘俭往，乃阴共结谋。战败走，昼夜间行，追者不及；遂得入吴，孙峻厚待之。钦虽在他国，不能屈节下人，自吕据、朱异等诸大将，皆憎疾之，惟峻常左右之。"

诸葛诞字公休，琅邪阳都人[1]。诸葛丰后也[2]。初以尚书郎为荥阳令。〔一〕入为吏部郎。人有所属托[3]，辄显其言而承用之；后有当否，则公议其得失以为褒贬：自是群僚莫不慎其所举。累迁御史中丞、尚书，与夏侯玄、邓飏等相善；收名朝廷，京都翕然[4]。言事者以诞、飏等修浮华，合虚誉，渐不可长。明帝恶之，免诞官。〔二〕

会帝崩，正始初，玄等并在职。复以诞为御史中丞、尚书。

出为扬州刺史，加昭武将军[5]。王凌之阴谋也[6]，太傅司马宣王潜军东伐[7]；以诞为镇东将军、假节，都督扬州诸军事，封山阳亭侯。诸葛恪兴东关[8]，遣诞督诸军讨之；与战，不利。还，徙为镇南将军。

后毌丘俭、文钦反，遣使诣诞，招呼豫州士民。诞斩其使，露布天下[9]，令知俭、钦凶逆。大将军司马景王东征，使诞督豫州诸军，渡安风津向寿春。俭、钦之破也，诞先至寿春。寿春中十余万口，闻俭、钦败，恐诛，悉破城门出；流迸山泽，或散走入吴。以诞久在淮南，乃复以为镇东大将军，仪同三司，都督扬州。

吴大将孙峻、吕据、留赞等闻淮南乱[10]，会文钦往，乃帅众将钦径至寿春。时诞诸军已至，城不可攻，乃走。诞遣将军蒋班追击之，斩赞；传首，收其印、节。进封高平侯，邑三千五百户；转为征东大将军。

诞既与玄、飏等至亲，又王凌、毌丘俭累见夷灭，惧不自安；倾帑藏赈施以结众心[11]厚养亲附及扬州轻侠者数千人为死士[12]。〔三〕

【注释】

〔1〕阳都：县名。县治在今山东沂南县南。 〔2〕诸葛丰：字少季。西汉元帝时任司隶校尉。性情刚直，敢于惩治不法权贵，因此而降职罢官。传见《汉书》卷七十七。在蜀汉的诸葛亮和在孙吴的诸葛亮哥哥诸葛瑾，也都是诸葛丰的后代。 〔3〕属托：指在官员的选任上托人情。〔4〕翕(xī)然：一致(称赞)的样子。 〔5〕昭武将军：官名。领兵征伐。〔6〕阴谋：暗中谋划。当时这个词不带贬义。 〔7〕潜军：秘密出动军队。 〔8〕兴：兴兵。 〔9〕露布：不加密封的公告性文书。这里作动词，即发出露布。 〔10〕孙峻(公元219—256)：传见本书卷六十四。吕据(？—公元256)：传附本书卷五十六《吕范传》。 留赞(公元183—255)：传见本书卷六十四《孙峻传》裴注引《吴书》。 〔11〕帑藏(tǎng zàng)：国家收藏财物的府库。 〔12〕死士：敢死的勇士。

【裴注】

〔一〕《魏氏春秋》曰："诞为郎，与仆射杜畿，试船陶河；遭风覆没，诞亦俱溺。虎贲浮河救诞，诞曰：'先救杜侯！'诞飘于岸，绝而复苏。"

〔二〕《世语》曰："是时，当世俊士散骑常侍夏侯玄、尚书诸葛诞、邓飏之徒，共相题表，以玄(畴)〔等〕四人为'四聪'，诞(备)〔辈〕八人为'八达'。中书监刘放子熙、孙资子密、吏部尚书卫臻子烈三人，咸不及比；以父居势位，容之为'三豫'：凡十五人。帝以构长浮华，皆免官废锢。"

〔三〕《魏书》曰："诞赏赐过度；有犯死者，亏制以活之。"

甘露元年冬，吴贼欲向徐堨[1]。计诞所督兵马足以待之[2]，而复请十万众守寿春；又求临淮筑城以备寇，内欲保有淮南。朝廷微知诞有自疑心[3]；以诞旧臣，欲入度之[4]。

二年五月[5]，征为司空。诞被诏书，愈恐，遂反。召会诸将，自出攻扬州刺史乐綝[6]，杀之。〔一〕敛淮南及淮北郡县、屯田口十余万官兵，扬州新附胜兵者四五万人[7]，聚谷足一年食，闭城自守。遣长史吴纲将小子靓，至吴请救。〔二〕

吴人大喜，遣将全怿、全端、唐咨、王祚等，率三万众，密与文钦俱来应诞。以诞为左都护，假节，大司徒[8]，骠骑将军，青州牧，寿春侯。是时镇南将军王基始至，督诸军围寿春，未合。咨、钦等从城东北，因山乘险，得将其众突入城。

六月，车驾东征，至项。大将军司马文王督中外诸军二十六万众，临淮讨之。大将军屯丘头，使基及安东将军陈骞等四面合围，表里再重[9]，堑垒甚峻。又使监军石苞、兖州刺史州泰等[10]，简锐卒为游军[11]，备外寇。钦等数出犯围[12]，逆击走之。

【注释】

〔1〕徐塓（è）：地名。在今安徽含山县西南。　〔2〕待：对付。〔3〕微知：暗中了解到。　〔4〕入度之：以征调入京任职来挽救他。〔5〕二年：甘露二年（公元257）。　〔6〕乐綝：事见本书卷十七《乐进传》。　〔7〕胜（shēng）兵：能够拿起武器作战。　〔8〕大司徒：官名。孙吴一开始就实行丞相制。到后期又设太尉、司徒、司空三公，与丞相并存。这里的大司徒是赏给诸葛诞的荣誉官衔，无实权。　〔9〕再重（chóng）：两层。　〔10〕石苞（？—公元272）：字仲容，勃海郡南皮（今

河北南皮县东北）人。出身于卑微的屯田农民家庭。司马懿准备消灭曹爽，密令司马师在民间招募私人军队。石苞被看中，并以忠诚精干而被提升为司马师的军事助理。后升任骠骑将军，封东光侯。在逼迫魏帝曹奂禅位的过程中，他出力最多。西晋建立，升任大司马，封乐陵郡公。死后列为西晋开国功臣之一。传见《晋书》卷三十三。 〔11〕简：挑选。 〔12〕犯：冲击。

【裴注】

〔一〕《世语》曰："司马文王既秉朝政，长史贾充以为'宜遣参佐慰劳四征'，于是遣充至寿春。充还启文王：'诞再在扬州，有威名，民望所归。今征，必不来，祸小事浅；不征，事迟祸大。'乃以为司空。书至，诞曰：'我作公，当在王文舒后，今便为司空？不遣使者，健步赍书，使以兵付乐綝；此必綝所为！'乃将左右数百人至扬州，扬州人欲闭门，诞叱曰：'卿非我故吏邪！'径入；綝逃上楼，就斩之。"

《魏末传》曰："贾充与诞相见，谈说时事，因谓诞曰：'洛中诸贤，皆愿禅代，君所知也。君以为云何？'诞厉色曰：'卿非贾豫州子？世受魏恩，如何负国，欲以魏室输人乎！非吾所忍闻。若洛中有难，吾当死之！'充默然。诞既被征，请诸牙门置酒饮宴，呼牙门从兵，皆赐酒令醉，谓众人曰：'前作千人铠仗，始成，欲以击贼；今当还洛，不复得用。欲暂出，将现人游戏，须臾还耳；诸君且止。'乃严鼓将士七百人出。綝闻之，闭州门。诞历南门宣言曰：'当还洛邑，暂出游戏，扬州何为闭门见备？'前至东门，东门复闭。乃使兵缘城攻门，州人悉走；因风放火，焚其府库。遂杀綝。诞表曰：'臣受国重任，统兵在东。扬州刺史乐綝，专诈，说臣与吴交通；又言被诏当代臣位，无状日久。臣奉国命，以死自立，终无异端。忿綝不忠，辄将步骑七百人，以今月六日讨綝；即日斩首，函头，驿马传送。若圣朝明臣，臣即魏臣；不明臣，臣即吴臣。不胜发愤有日，谨拜表陈愚，悲感泣血，哽咽断绝，不知所如！乞朝廷察臣至诚。'"

臣松之以为《魏末传》所言，率皆鄙陋。疑诞表言曲，不至于此也。

〔二〕《世语》曰："黄初末，吴人发长沙王吴芮冢，以其砖，于临湘为孙坚立庙。芮容貌如生，衣服不朽。后预发者见吴纲曰：'君何类长沙王吴芮？但微短耳。'纲瞿然曰：'是先祖也！君何由见之？'见者言所由，纲曰：'更葬否？'答曰：'即更葬矣。'自芮之卒年至冢发，四百余年；纲，芮之十六世孙矣。"

吴将朱异再以大众来迎诞等，渡黎浆水[1]；泰等逆与战，每摧其锋。孙綝以异战不进[2]，怒而杀之。城中食转少，外救不至，众无所恃。将军蒋班、焦彝，皆诞爪牙计事者也；弃诞，逾城自归大将军[3]。〔一〕大将军乃使反间，以奇变说全怿等[4]；怿等率众数千人，开门来出。城中震惧，不知所为。

三年正月[5]，诞、钦、咨等大为攻具，昼夜五六日攻南围，欲决围而出[6]。〔二〕围上诸军，临高以发石车、火箭逆烧破其攻具[7]，弩矢及石雨下。死伤者蔽地，血流盈堑。复还入城，城内食转竭，降出者数万口。

钦欲尽出北方人，省食，与吴人坚守；诞不听，由是争恨[8]。钦素与诞有隙，徒以计合[9]，事急愈相疑；钦见诞计事，诞遂杀钦。钦子鸯及虎将兵在小城中，闻钦死，勒兵驰赴之[10]，众不为用。鸯、虎单走，逾城出，自归大将军。

军吏请诛之，大将军令曰："钦之罪不容诛，其子固应当戮；然鸯、虎以穷归命，且城未拔，杀之是坚其心也。"乃赦鸯、虎，使将兵数百骑驰巡城，呼语城内云："文钦之子犹不见杀，其余何惧？"表鸯、虎为将军，各赐爵关内侯。城内喜且扰，又日饥困，诞、咨等智力穷。

大将军乃自临围，四面进兵，同时鼓噪登城。城内无敢动者。诞窘急，单乘马，将其麾下突小城门出。大将军司马胡奋部兵逆击[11]，斩诞；传首，夷三族。

【注释】

〔1〕黎浆水：河流名。在今安徽寿县南。 〔2〕孙綝（公元 231—258）：传见本书卷六十四。 〔3〕归：归顺。 〔4〕奇变：出人意外的变故。指孙吴将要杀尽出救寿春诸将家属的消息。这一消息，是钟会出主意捏造的。见本卷《钟会传》。 〔5〕三年：甘露三年（公元 258）。〔6〕决围：冲破包围。 〔7〕发石车：一种可以远距离抛射石块以打击敌人的机械装置。又称砲车。 火箭：箭头带有燃烧物的羽箭。〔8〕争恨：争执怨恨。 〔9〕徒：只不过。 〔10〕勒：指挥。〔11〕部：部署。

【裴注】

〔一〕《汉晋春秋》曰："蒋班、焦彝言于诸葛诞曰：'朱异等以大众来而不能进，孙綝杀异而归江东；外以发兵为名，而内实坐须成败，其归可见矣。今宜及众心尚固，士卒思用，并力决死，攻其一面；虽不能尽克，犹可有全者。'文钦曰：'江东乘战胜之威久矣，未有难北方者也。况公今举十余万之众内附，而钦与全端等皆同居死地，父子兄弟尽在江表？就孙綝不欲，主上及其亲戚岂肯听乎？且中国无岁无事，军民并疲，今守我一年，势力已困；异图生心，变故将起，以往准今，可计日而望也。'班、彝固劝之，钦怒，而诞欲杀班。二人惧，且知诞之必败也，十一月，乃相携而降。"

〔二〕《汉晋春秋》曰："文钦曰：'蒋班、焦彝，谓我不能出而走；全端、全怿，又率众逆降：此敌无备之时也，可以战矣！'诞及唐咨等皆以为然，遂共悉众出攻。"

诞麾下数百人，坐不降见斩；皆曰："为诸葛公死，不恨！"其得人心如此。〔一〕唐咨、王祚及诸裨将，皆面缚降；吴兵万众，器仗军实山积[1]。

初围寿春，议者多欲急攻之。大将军以为："城固而众多，攻之必力屈；若有外寇，表里受敌，此危道也。今三叛相聚于孤城之中[2]，天其或者将使同就戮；吾当以全策縻之[3]，可坐而制也。”诞以二年五月反，三年二月破灭。六军按甲[4]，深沟高垒；而诞自困，竟不烦攻而克。[二]

及破寿春，议者又以为：“淮南仍为叛逆[5]，吴兵室家在江南，不可纵，宜悉坑之[6]。”大将军以为：“古之用兵，全国为上，戮其元恶而已。吴兵就得亡还[7]。适可以示中国之弘耳。”一无所杀，分布三河近郡以安处之[8]。

唐咨本利城人[9]。黄初中，利城郡反，杀太守徐箕，推咨为主。文帝遣诸军讨破之，咨走入海；遂亡至吴；官至左将军，封侯，持节。诞、钦屠戮，咨亦生擒；三叛皆获，天下快焉。[三]拜咨安远将军[10]，其余裨将咸假号位[11]。吴众悦服，江东感之，皆不诛其家。其淮南将吏士民诸为诞所胁略者，惟诛其首逆，余皆赦之。听鸯、虎收敛钦丧，给其车牛，致葬旧墓。[四]

【注释】

〔1〕器仗：兵器。　军实：军用物资。　〔2〕三叛：指诸葛诞、文钦、唐咨三人。　〔3〕全策：万全之策。　縻（mí）：束缚。　〔4〕按甲：指不动用武器。　〔5〕仍：频繁。淮南是曹魏最重要的战区，兵力强盛，有大规模的屯田区供给粮食。又邻接孙吴，所以曹魏后期三次针对司马氏的军事反抗都在这里发生，领头者为王凌、毌丘俭、诸葛诞。〔6〕坑：活埋。　〔7〕就得亡还：就算能逃亡到孙吴。　〔8〕三河：指河东、河内、河南三郡。与三辅一样，三河也是汉魏王朝的中心地区，即所谓的“畿辅”。　〔9〕利城：郡名。治所在今江苏连云港市赣榆区西。〔10〕安远将军：官名。领兵征伐。　〔11〕假：给予。　号位：官衔职位。

【裴注】

〔一〕干宝《晋纪》曰："数百人拱手为列，每斩一人，辄降之；竟不变，至尽。时人比之田横。吴将于诠曰：'大丈夫受命其主，以兵救人；既不能克，又束手于敌，吾弗取也。'乃免胄冒阵而死。"

〔二〕干宝《晋纪》曰："初，寿春每岁雨潦，淮水溢，常淹城邑。故文王之筑围也，诞笑之曰：'是固不攻而自败也！'及大军之攻，亢旱逾年。城既陷，是日大雨，围垒皆毁。诞子靓，字仲思。吴平还晋。靓子恢，字道明。位至尚书令，追赠左光禄大夫，开府。"

〔三〕《傅子》曰："宋建椎牛祷赛，终自焚灭；文钦日祠祭事天，斩于人手；诸葛诞夫妇聚会神巫，淫祀求福，伏尸淮南，举族诛夷。此天下所共见，足为明鉴也。"

〔四〕习凿齿曰："自是天下畏威怀德矣。君子谓司马大将军于是役也，可谓能以德攻矣。夫建业者异（矣）〔道〕，各有所尚，而不能兼并也。故穷武之雄，毙于不仁；存义之国，丧于懦退。今一征而擒三叛，大虏吴众，席卷淮浦，俘馘十万，可谓壮矣。而未及安坐，（丧）〔赏〕王基之功；种惠吴人，结异类之情；宠葬葬钦，忘畴昔之隙；不咎诞众，使扬士怀愧；功高而人乐其成，业广而敌怀其德；武昭既敷，文算又洽。推此道也，天下其孰能当之哉？"（丧）〔赏〕王基，语在《基传》。

葬一名俶。《晋诸公赞》曰："俶后为将军，破凉州房，名闻天下。太康中为东夷校尉，假节。当之职，入辞武帝；帝见而恶之，托以他事免俶官。东安公繇，诸葛诞外孙，欲杀俶；因诛杨骏，诬俶谋逆，遂夷三族。"

邓艾字士载，义阳棘阳人也[1]。少孤[2]，太祖破荆州，徙汝南，为农民养犊。年十二，随母至颍川。读故太丘长陈寔碑文[3]，言"文为世范，行为士则"；艾遂自名范，字士则。后宗族有与同者，故改焉。为都尉学士[4]，以口吃，不得作干佐[5]，为稻田守丛草吏。同郡吏父怜其家贫，资给甚厚，艾初不称谢[6]。每见高山大泽，辄规度指画军营处所，时人多笑焉。

后为典农纲纪[7]，上计吏，因使见太尉司马宣王。

宣王奇之，辟之为掾。〔一〕迁尚书郎。时欲广田蓄谷[8]，为灭贼资；使艾行陈、项已东至寿春[9]。艾以为："田良水少，不足以尽地利；宜开河渠，可以引水浇溉，大积军粮，又通运漕之道。"乃著《济河论》以喻其指[10]。又以为："昔破黄巾[11]，因为屯田，积谷于许都，以制四方。今三隅已定[12]，事在淮南；每大军征举，运兵过半[13]，功费巨亿[14]，以为大役。陈、蔡之间[15]，土下田良[16]；可省许昌左右诸稻田，并水东下。令淮北屯二万人，淮南三万人，十二分休[17]；常有四万人，且田且守。水丰常收三倍于西[18]，计除众费，岁完五百万斛以为军资。六七年间，可积三千万斛于淮上：此则十万之众五年食也。以此乘吴[19]，无往而不克矣。"宣王善之，事皆施行。

正始二年，乃开广漕渠[20]；每东南有事，大军兴众，泛舟而下，达于江、淮，资食有储而无水害：艾所建也。出参征西军事。迁南安太守。

【注释】

〔1〕义阳：郡名。治所在今湖北枣阳市东南。　棘阳：县名。县治在今河南南阳市东南。　〔2〕孤：死了父亲。　〔3〕太丘：县名。县治在今河南永城市西北。　〔4〕都尉学士：典农都尉所举荐的好学之士。魏文帝时规定，屯田的农官也可以比照郡国举荐人才的办法，举荐屯田系统的各类人才。见本书卷二十三《裴潜传》。〔5〕干（gàn）佐：官府中的普通办事员。　〔6〕初：完全。　〔7〕纲纪：即主簿。　〔8〕广田：推广屯田。　〔9〕陈：县名。县治在今河南淮阳县。陈县和项县以东到寿春，是淮河支流颍水流经的地区。　〔10〕喻其指：说明自己的意图。〔11〕黄巾：东汉末年农民起义军的名称。当时人认为汉朝属于五行中的火德，代火而兴的是土德，而土色黄，所以参加起义军的都用黄巾裹头。

故名。建安元年(公元196)，曹操击败汝南黄巾军，把汉献帝迁到许县，开始在许县一带实行屯田。事见本书卷一《武帝纪》。 〔12〕三隅：三方。指东、北、西。当时辽东的公孙渊已被消灭，北面的鲜卑族等大体保持平静，西面蜀汉在诸葛亮死后北伐的攻势也减弱下来，所以邓艾认为"三隅已定"。 〔13〕运兵：运输物资的士兵。 〔14〕巨亿：亿亿。指极大的数目。 〔15〕蔡：县名。即上蔡。县治在今河南上蔡县西南。〔16〕下：低下。指容易灌溉。 〔17〕十二分休：按十分之二的比例分批轮休。 〔18〕水丰：由于灌溉是否充分直接影响农作物收成，所以当时称收成好为水丰，收成不好为水俭。 西：指许昌一带。 〔19〕乘：凌驾。指进攻。 〔20〕开广：开凿和加宽。据《晋书》卷26《食货志》，当时开凿加宽的是淮阳渠和百尺渠，具体时间是正始三年，而非此处记载的正始二年。

【裴注】

〔一〕《世语》曰："邓艾少为襄城典农部民，与石苞皆年十二三。谒者阳翟郭玄信，武帝监军郭诞元奕之子。建安中，少府吉本，起兵许都。玄信坐被刑，在家；从典农司马求人御。以艾、苞与御，行十余里，与语，悦之，谓二人皆当远至，为佐相。艾后为典农功曹，奉使诣宣王，由此见知，遂被拔擢。"

嘉平元年，与征西将军郭淮，拒蜀偏将军姜维。维退，淮因西击羌。艾曰："贼去未远，或能复还；宜分诸军以备不虞。"于是留艾屯白水北[1]。

三日，维遣廖化，自白水南向艾结营。艾谓诸将曰："维今猝还，吾军人少，法当来渡而不作桥[2]。此维使化持吾[3]，令不得还；维必自东袭取洮城[4]。"洮城在水北，去艾屯六十里。艾即夜潜军径到，维果来渡；而艾先至据城，得以不败。赐爵关内侯，加讨寇将军。

后迁城阳太守[5]。是时并州(右)〔左〕贤王刘豹并为一部[6]。艾上言曰："戎狄兽心，不以义亲；强则侵暴，弱则内附。故周宣有猃狁之寇[7]，汉祖有平城之围[8]；每匈奴一盛，为前代重患。自单于在外[9]，莫能牵制长卑[10]；诱而致之，使来入侍[11]。由是羌夷失统[12]，合散无主；以单于在内，万里顺轨[13]。今单于之尊日疏，外土之威浸重[14]，则胡虏不可不深备也。闻刘豹部有叛胡，可因叛，割为二国，以分其势。去卑功显前朝[15]，而子不继业；宜加其子显号[16]，使居雁门。离国弱寇[17]，追录旧勋，此御边长计也。"

又陈："羌胡与民同处者，宜以渐出之，使居民表；崇廉耻之教，塞奸宄之路。"大将军司马景王新辅政，多纳用焉。

迁汝南太守。至，则寻求昔所厚己吏父[18]，久已死；遣吏祭之，重遗其母[19]，举其子与计吏。艾所在，荒野开辟，军民并丰。

诸葛恪围合肥新城，不克，退归。艾言景王曰："孙权已没，大臣未附；吴名宗大族，皆有部曲[20]；阻兵仗势，足以（建）〔违〕命。恪新秉国政，而内无其主；不念抚恤上下以立根基，竞于外事[21]，虐用其民；悉国之众，顿于坚城，死者万数，载祸而归。此恪获罪之日也。昔子胥、吴起、商鞅、乐毅皆见任时君[22]，主没而败。况恪才非四贤，而不虑不患，其亡可待也。"恪归，果见诛。

迁兖州刺史，加振威将军。上言曰："国之所急，惟农与战；国富则兵强，兵强则战胜。然农者，胜之本也。孔子曰'足食足兵[23]',食在兵前也。上无设爵之劝[24],则下无财蓄之功。今使考绩之赏在于积粟富民[25],则交游之路绝,浮华之原塞矣。"高贵乡公即尊位,进封方城亭侯。

【注释】

〔1〕白水:河流名。即今甘肃的白龙江。 〔2〕法:按照兵法。 〔3〕持:牵制。 〔4〕洮城:地名。在今甘肃临潭县西南。 〔5〕城阳:郡名。治所在今山东诸城市。 〔6〕左贤王:匈奴族官名。匈奴族的君主为单于。单于之下有左、右贤王充当辅佐。单于不在则由左贤王代行政令。 刘豹:匈奴南单于扶罗的儿子。于扶罗死,其弟呼厨泉为单于,刘豹为左贤王。当时曹操把进入并州归附的匈奴族人分为五部分,以刘豹为左部帅。其余四部的部帅,也由刘豹亲族充当。事见《晋书》卷一百一《刘元海载记》。 并为一部:指刘豹具有号召匈奴五部的能力。五部实际上已合并为一。 〔7〕周宣:即周宣王(?—前782)。姬姓,名靖(一作静)。前828至前782年在位。曾不断进攻周围的少数族,损失很多人力和物力。事见《史记》卷四《周本纪》。 猃狁(xiǎn yǔn):北方少数族名。当时人认为是匈奴的前身。 〔8〕平城:县名。县治在今山西大同市东北。前200年。汉高祖刘邦进攻投降匈奴的韩王信,被匈奴四十万大军包围在平城东北的白登,持续七天。后用陈平的计谋,才得脱险。见《史记》卷一百一十《匈奴列传》。 〔9〕外:塞外。 〔10〕长卑:即尊卑。指匈奴族的上上下下。 〔11〕入侍:进入京都侍奉称王的曹操。实际上是被扣为人质。公元216年,南匈奴单于呼厨泉与右贤王去卑前来朝见新封魏王的曹操,曹操留呼厨泉在邺县,放去卑回去代理政事。见本书卷一《武帝纪》。 〔12〕羌夷失统:汉代以来,西部的羌族往往受匈奴的影响,所以邓艾这样说。 〔13〕顺轨:指遵从法度。 〔14〕外土之威:指刘豹的声威。 浸:逐渐。 〔15〕功显前朝:公元196年,汉献帝从长安逃回洛阳。匈奴右贤王去卑曾在途中保护,后又护送汉献帝到许都。见《后汉书》卷八十九《南匈奴列传》。 〔16〕显号:尊显的名号。 〔17〕离国:分离匈奴部落。 〔18〕厚己吏父:当初曾经厚待自己的那位办事员的父亲。 〔19〕重遗(wèi):赠送厚礼。 〔20〕部曲:私家武装。 〔21〕竞于外事:忙着对外打仗。 〔22〕子胥:即伍员(?—前484)。春秋时吴国的大夫。其父

伍奢，本为楚国的大夫，因事被杀。他辗转逃到吴国，帮助阖闾夺得王位，励精图治，使吴国富强。前506年，定计攻楚，为父报仇，因功封于申。吴王夫差时，劝阻接受越国求和，受人谗害，被迫自杀。传见《史记》卷六十六。　吴起(？—前381)：战国时卫国左氏(今山东曹县北)人。善用兵，先任鲁将，又任魏将，屡建战功。后受迫害，逃奔楚国，任令尹，帮助楚悼王革新政治，促使楚国富强。楚悼王死，被旧贵族杀害。传见《史记》卷六十五。　商鞅(？—前338)：公孙氏，名鞅，战国时卫国人。秦孝公时任左庶长，推行变法。不久升大良造。秦孝公把都城从雍(今陕西凤翔县南)迁往咸阳(今陕西咸阳市东北)后，进一步变法，奠定富强的基础。因功封商(今陕西商洛市商州区东南)十五邑，号商君。秦孝公死后，被贵族陷害，受车裂之刑而死。遗物今存"商鞅方升"。传见《史记》卷六十八。　乐毅：中山国灵寿(今河北平山县东北)人。战国时燕国的名将。燕昭王时，曾率军进攻齐国，连克七十余城，以功封昌国君。燕惠王继位，齐国用反间计，迫使他逃往赵国。传见《史记》卷八十。　〔23〕足食足兵：这一句见于《论语·颜渊》。〔24〕劝：勉励。　〔25〕使考绩之赏在于积粟富民：把积粟富民列为官员考核奖赏的条件。

　　毌丘俭作乱，遣健步赍书[1]，欲疑惑大众[2]；艾斩之，兼道进军[3]。先趣乐嘉城，作浮桥；司马景王至，遂据之。文钦以后大军[4]，破败于城下；艾追之至丘头，钦奔吴。吴大将军孙峻等号十万众，将渡江，镇东将军诸葛诞遣艾据肥阳[5]；艾以与贼势相远，非要害之地；辄移屯附亭[6]，遣泰山太守诸葛绪等，于黎浆拒战[7]，遂走之。

　　其年征拜长水校尉[8]。以破钦等功，进封方城乡侯，行安西将军。解雍州刺史王经围于狄道，姜维退驻钟提[9]；乃以艾为安西将军，假节、领护东羌校尉[10]。

　　议者多以为"维力已竭，未能更出"。艾曰："洮西之败，非小失也；破军杀将，仓廪空虚，百姓流离，几于危亡。今以策言之，彼有乘胜之势，我有虚弱之实。一也；彼上下相习[11]，五兵犀利[12]；我将易兵新[13]，器杖未复。二也；彼以船行，吾以陆军，劳逸不同。三也；狄道、陇西、南安、祁山，各当有守：彼专为一，我分为四。四也；从南安、陇西，因食羌谷；若趋祁山，熟麦千顷，为之悬饵。五也。贼有黠数[14]，其来必矣。”

顷之，维果向祁山；闻艾已有备，乃回从董亭趋南安[15]。艾据武城山以相持[16]。维与艾争险，不克。其夜，渡渭东行，缘山趋上邽；艾与战于段谷[17]，大破之。

甘露元年诏曰：“逆贼姜维，连年狡黠；民夷骚动，西土不宁。艾筹画有方，忠勇奋发；斩将十数，馘首千计；国威震于巴、蜀，武声扬于江、岷。今以艾为镇西将军，都督陇右诸军事，进封邓侯。分五百户，封子忠为亭侯。”

二年[18]，拒姜维于长城[19]，维退还。迁征西将军，前后增邑凡六千六百户。

【注释】

〔1〕健步：当时称专门为地方军政长官长途传递公文的使者为健步。赍（jī）：携带。 〔2〕疑惑大众：指鼓动大家声讨司马师。 〔3〕兼道：即兼程。以比平常快一倍的速度前进。 〔4〕后大军：落后于司马师统率的大军。 〔5〕肥阳：肥水北岸。 〔6〕附亭：亭名。在今安徽寿县西南。 〔7〕黎浆：亭名。在今安徽寿县南。附亭东面。 〔8〕长水校尉：官名。京城禁卫军特种兵五营的五名指挥官之一，统领乌桓族骑兵。〔9〕钟提：地名。在今甘肃临洮县南。 〔10〕护东羌校尉：官名。监视

管理陇西诸郡的羌族。陇西诸郡属雍州，在凉州以东。凉州的羌族则归护羌校尉监视管理。 〔11〕相习：相互熟悉。 〔12〕五兵：五种兵器。即矛、戟、弓箭、剑、戈。这里泛指兵器。 〔13〕易：更换。〔14〕黠数：狡诈的计谋。 〔15〕董亭：亭名。在今甘肃武山县南。〔16〕武城山：山名。在今甘肃武山县西南。 〔17〕段谷：地名。在今甘肃天水市东南。 〔18〕二年：甘露二年(公元257)。 〔19〕长城：地名。在今陕西周至县西南。

景元三年，又破维于侯和〔1〕，维却保沓中。

四年秋，诏诸军征蜀，大将军司马文王皆指授节度。使艾与维相缀连〔2〕，雍州刺史诸葛绪邀维〔3〕：令不得归。艾遣天水太守王颀等直攻维营，陇西太守牵弘等邀其前，金城太守杨欣等诣甘松〔4〕。维闻钟会诸军已入汉中，引退还。欣等追蹑于强川口〔5〕，大战。维败走。闻雍州已塞道〔6〕，屯桥头〔7〕；从孔函谷入北道〔8〕，欲出雍州后。诸葛绪闻之，却还三十里〔9〕。维入北道三十余里，闻绪军却，寻还，从桥头过；绪趋截维，较一日不及〔10〕。维遂东引，还守剑阁〔11〕。钟会攻维未能克。

艾上言："今贼摧折，宜遂乘之；从阴平由邪径经汉德阳亭趋涪〔12〕，出剑阁西百里；去成都，三百余里。奇兵冲其腹心，剑阁之守必还赴涪，则会方轨而进〔13〕；剑阁之军不还，则应涪之兵寡矣。军志有之曰〔14〕：'攻其无备，出其不意。'今掩其空虚〔15〕，破之必矣！"

冬十月，艾自阴平道，行无人之地七百余里；凿山通道，造作桥、阁〔16〕；山高谷深，至为艰险；又粮运将匮，濒于危殆。艾以毡自裹，推转而下；将士皆攀木缘崖，鱼贯而进。先登至江由〔17〕，蜀守将马邈降。

蜀卫将军诸葛瞻自涪还绵竹[18]，列陈待艾。艾遣子惠唐亭侯忠等出其右[19]，司马师纂等出其左。忠、纂战不利，并退还，曰："贼未可击。"艾怒曰："存亡之分，在此一举；何不可之有！"乃叱忠、纂等，将斩之。忠、纂驰还更战，大破之；斩瞻及尚书张遵等首，进军到雒[20]。

【注释】

〔1〕侯和：地名。在今甘肃卓尼县东北。 〔2〕缀连：指牵制。〔3〕邀：拦截。 〔4〕甘松：地名。在今甘肃迭部县东南。 〔5〕强川口：地名。在今甘肃迭部县东南。 〔6〕雍州：指雍州刺史诸葛绪。〔7〕桥头：地名。在今甘肃文县东南。 〔8〕孔函谷：地名。在今甘肃舟曲县东南。 〔9〕却还：退回。 〔10〕较一日：差一天。 〔11〕剑阁：地名。即今四川剑阁县东北剑门关。自古为蜀中的北大门，有天险之称。 〔12〕阴平：县名。县治在今甘肃文县西北。 德阳亭：亭名。在今四川江油市东北。 涪：县名。县治在今四川绵阳市东北。〔13〕方轨：两车并行。 〔14〕军志：指《孙子兵法》。下面两句出自书中的《计篇》。 〔15〕掩：突然袭击。 〔16〕阁：即阁道。当时人称栈道为阁道。 〔17〕先登：先锋。 江由：地名。在今四川平武县东南。〔18〕诸葛瞻（公元227—263）：传附本书卷三十五《诸葛亮传》。 绵竹：县名。县治在今四川德阳市北。 〔19〕惠唐亭侯：爵位名。〔20〕雒（luò）：县名。县治在今四川广汉市城北。

刘禅遣使奉皇帝玺绶，为笺诣艾请降。艾至成都，禅率太子、诸王及群臣六十余人，面缚舆榇诣军门[1]。艾执节，解缚焚榇，受而宥之。检御将士，无所虏略；绥纳降附，使复旧业：蜀人称焉。

辄依邓禹故事[2]，承制拜禅行骠骑将军，太子奉车[3]，诸王驸马都尉[4]。蜀群司各随高下，拜为王官，或领艾官属。以师纂领益州刺史，陇西太守牵弘等领蜀中诸郡。使于绵竹筑台以为京观[5]，用彰战功。士卒死事者，皆与蜀兵同共埋藏。

艾深自矜伐[6]，谓蜀士大夫曰："诸君赖遭某[7]，故得有今日耳。若遇吴汉之徒[8]，已殄灭矣。"又曰："姜维自一时雄儿也！与某相值[9]，故穷耳。"有识者笑之。

十二月，诏曰："艾曜威奋武，深入虏庭，斩将搴旗，枭其鲸鲵[10]；使僭号之主[11]，稽首系颈[12]，历世逋诛[13]，一朝而平。兵不逾时[14]，战不终日；云彻席卷，荡定巴蜀。虽白起破强楚[15]，韩信克劲赵，吴汉擒子阳[16]，亚夫灭七国[17]；计功论美，不足比勋也。其以艾为太尉，增邑二万户；封子二人亭侯，各食邑千户。"〔一〕

艾言司马文王曰："兵有先声而后实者。今因平蜀之势以乘吴，吴人震恐，席卷之时也。然大举之后，将士疲劳，不可便用[18]，且徐缓之。留陇右兵二万人，蜀兵二万人；煮盐兴冶[19]，为军农要用；并作舟船，豫〔为〕顺流之事[20]。然后发使告以利害，吴必归化，可不征而定也。今宜厚刘禅以致孙休，安士民以来远人；若便送禅于京都，吴以为流徙，则于向化之心不劝；宜权停留，须来年秋冬，比尔吴亦足平。以为可封禅为扶风王，锡其资财，供其左右。郡有董卓坞[21]，为之宫舍。爵其子为公侯，食郡内县，以显归命之宠。开广陵、城阳以待吴人[22]；则畏威怀德，望风而从矣。"

文王使监军卫瓘喻艾："事当须报[23]，不宜辄行！"

艾重言曰："衔命征行[24]，奉指授之策，元恶既服；至于承制拜假，以安初附，谓合权宜。今蜀举众归命，地尽南海[25]，东接吴会[26]，宜早镇定；若待国命，往复道途，延引日月。《春秋》之义，大夫出疆，有可以安社稷，利国家，专之可也[27]。今吴未宾，势与蜀连，不可拘常以失事机。兵法，进不求名，退不避罪；艾虽无古人之节，终不自嫌以损于国也。"

钟会、胡烈、师纂等皆白艾所作悖逆，变衅已结[28]。诏书槛车征艾[29]。〔二〕

【注释】

〔1〕舆榇(chèn)：抬起棺材。面缚和舆榇表示自己有罪该死，是亡国君主投降时的举动。 〔2〕邓禹(公元2—58)：字仲华，南阳郡新野(今河南新野县)人。新莽末年随从刘秀起兵征战，是协助建立东汉王朝的重要人物。刘秀即位后，任大司徒，封酂侯(后改封高密侯)，名列二十八名开国功臣之首。明帝继位，任太傅，传见《后汉书》卷十六。故事：过去的事例。公元26年，邓禹率军入关中进攻赤眉，占据天水的隗嚣帮助邓禹，邓禹即以光武帝的名义拜隗嚣为西州大将军。 〔3〕太子奉车：太子刘璿为奉车都尉。 〔4〕诸王驸马都尉：刘氏宗室诸王为驸马都尉。 〔5〕京观(guàn)：堆积敌人的尸首，封土成高堆，以炫耀武功，叫做京观。 〔6〕矜伐：骄傲夸耀。 〔7〕赖遭某：全靠碰到我。 〔8〕吴汉(？—公元44)：字子颜，南阳郡宛县(今河南南阳市)人。早年以贩马为业，新莽末年随刘秀起兵，屡建战功。刘秀即位，任大司马，封广平侯。率军进入益州，消灭公孙述割据势力，曾放纵部下烧杀抢掠益州的首府成都。后列为东汉二十八名开国功臣之一。传见《后汉书》卷十八。 〔9〕相值：相遇。 〔10〕鲸鲵(ní)：鲸鱼。雄性为鲸，雌性为鲵。比喻凶恶的首领人物。 〔11〕僭号：冒用皇帝的称号。 〔12〕稽(qǐ)首：跪拜。 〔13〕逋诛：逃脱了诛罚的人。 〔14〕时：三

个月。〔15〕白起(？—前257)：战国时郿县(今陕西眉县)人。秦国名将。曾进攻韩、魏、赵、楚等国，屡破敌军，因功封武安君。传见《史记》卷七十三。　破强楚：前278年，白起曾攻占楚国的都城郢(今湖北荆州市荆州区西北)。〔16〕子阳：公孙述字子阳。　〔17〕亚夫：即周亚夫(？—前143)。沛县(今江苏沛县)人。周勃的儿子。西汉名将。景帝时任太尉，平定吴、楚、赵、胶东、胶西、济南、淄川七王国发动的叛乱，升任丞相。后因其子犯罪，在狱中绝食死。传附《史记》传五十七《绛侯周勃世家》。〔18〕便：立即。　〔19〕煮盐：当时蜀汉已盛产井盐，人们打深井汲取含盐的卤水，又打深井引取天然气，利用天然气煮卤水制盐。见左思《蜀都赋》、《华阳国志》卷三"广都县"条、《初学记》卷七地部引《异说》。　〔20〕顺流之事：指顺长江东下进攻孙吴。　〔21〕董卓坞：即郿坞。董卓所修筑的城堡。在扶风郡郿县(今陕西眉县东北)。　〔22〕广陵、城阳：是曹魏两个濒临东海的郡。邓艾建议在这里招纳乘船来投奔的孙吴百姓。　〔23〕须报：等待批复。〔24〕衔命：即奉命。　〔25〕尽：直到。　〔26〕吴：郡名。治所在今江苏苏州市。　会(kuài)：即会稽。郡名。治所在今浙江绍兴市。吴和会稽是孙吴的腹心地区，这里指代孙吴。　〔27〕专：自行决定。以上几句，出自《公羊传》庄公十九年，但字句略有不同。　〔28〕变衅已结：叛乱的征兆已经形成。　〔29〕槛车：运送罪犯的囚车。

【裴注】

〔一〕《袁子》曰："诸葛亮，重人也，而骤用蜀兵；此知小国弱民，难以久存也。今国家一举而灭蜀，自征伐之功，未有如此之速者也。方邓艾以万人入江由之危险，钟会以二十万众留剑阁而不得进，三军之士已饥；艾虽战胜克将，使刘禅数日不降，则二将之军，难以返矣。故功业如此之难也。国家前有寿春之役，后有灭蜀之劳，百姓贫而仓廪虚。故小国之虑，在于时立功以自存；大国之虑，在于既胜而力竭。成功之后，戒惧之时也。"

〔二〕《魏氏春秋》曰："艾仰天叹曰：'艾忠臣也！一至此乎？白起之酷，复见于今日矣！'"

艾父子既囚，钟会至成都；先送艾，然后作乱。会已死，艾本营将士追出艾槛车，迎还。瓘遣田续等讨

艾，遇于绵竹西；斩之，子忠与艾俱死。余子在洛阳者悉诛，徙艾妻（子）及孙于西（域）〔城〕[1]。〔一〕

　　初，艾当伐蜀，梦坐山上而有流水。以问殄虏护军爰邵[2]，邵曰："按《易卦》，山上有水曰《蹇》[3]。《蹇》繇曰[4]：'《蹇》利西南，不利东北。'孔子曰[5]：'《蹇》利西南，往有功也；不利东北，其道穷也。'往必克蜀[6]，殆不还乎[7]？"艾怃然不乐[8]。〔二〕

【注释】

　　〔1〕西城：县名。县治在今陕西安康市西北。　　〔2〕殄虏护军：官名。当时邓艾属下各军的协调人。　　〔3〕山上有水曰蹇（jiǎn）：蹇是《周易》第三十九卦的卦名，卦形为䷦。下面三爻☶是单卦艮（gèn），代表山；上面三爻☵是单卦坎，代表水；艮下坎上组成《蹇》的复卦，所以说是山上有水。　　〔4〕繇（zhòu）：卜卦的卜辞。　　〔5〕孔子曰：下文所引的四句，是《周易·蹇卦》的象（tuàn）辞。象辞是对卦义的总论。《周易》中各卦的象辞，相传是孔子所作，所以这里说"孔子云"。但是据现代学者研究，是战国秦汉间儒者所作。　　〔6〕往必克蜀：前往蜀汉是向西南走，而《蹇》卦"利西南"，所以推断邓艾一定灭蜀。〔7〕殆不还：由蜀汉回军是向东北走，而《蹇》卦"不利东北"，所以说邓艾回不来。　　〔8〕怃（wǔ）然：茫然而失望的样子。邓艾的祠墓，相传在今四川剑阁县北郊10公里的孤玉山，曾经在1967年发掘，现今尚有遗迹留存。

【裴注】

　　〔一〕《汉晋春秋》曰："初，艾之下江由也，以续不进，欲斩，既而舍之。及瓘遣续，谓曰：'可以报江由之辱矣！'杜预言于众曰：'伯玉其不免乎！身为名士，位望已高。既无德音，又不御下以正；是小人而乘君子之器，将何以堪其责乎？'瓘闻之，不俟驾而谢。"《世语》曰："师纂亦与艾俱死。纂，性急少恩，死之日体无完皮。"

　　〔二〕荀绰《冀州记》曰："邵起自干吏，位至卫尉。长子翰，河东太守。中子敞，大司农。少子倩，字君幼；宽厚有器局，勤于当世，历位冀州刺史、太子右卫率。翰子俞，字世都；清贞贵素，辩于论议，采公孙龙之辞以谈微理。少有能名，辟太尉府，稍历显位，至侍中、中书令，迁为监。"臣松之按《蹇》象辞云"《蹇》利西南，往得中也"，不云"有功"；下云"利见大人，往有功也"。

泰始元年，晋室践阼，诏曰："昔太尉王凌谋废齐王，而王竟不足以守位[1]。征西将军邓艾，矜功失节，实应大辟。然被书之日[2]，罢遣人众，束手受罪；比于求生遂为恶者[3]，诚复不同。今大赦得还[4]，若无子孙者听使立后，令祭祀不绝。"

三年[5]，议郎段灼上疏理艾曰[6]："艾心怀至忠而荷反逆之名，平定巴蜀而受夷灭之诛，臣窃悼之。惜哉，言艾之反也！艾性刚急，轻犯雅俗，不能协同朋类[7]，故莫肯理之。臣敢言艾不反之状：昔姜维有断陇右之志，艾修治备守，积谷强兵。值岁凶旱，艾为区种[8]：身被乌衣[9]，手执耒耜[10]，以率将士；上下相感，莫不尽力。艾持节守边，所统万数，而不难仆虏之劳、士民之役[11]；非执节忠勤，孰能若此？故落门、段谷之战[12]，以少击多，摧破强贼。先帝知其可任[13]，委艾庙胜，授以长策。艾受命忘身，束马悬车，自投死地；勇气陵云，士众乘势；使刘禅君臣面缚，叉手屈膝。艾功名已成，当书之竹帛，传祚万世[14]；七十老公，反欲何求！艾诚恃养育之恩，心不自疑；矫命承制[15]，权安社稷。虽违常科[16]，有合古义[17]；原心定罪[18]，本在可论[19]。钟会忌艾威名，构成其事。忠而受诛，信而见疑；头悬马市，诸子并斩；见之者垂泣，闻之者叹息。陛下龙兴[20]，阐弘大度；释诸嫌忌，受诛之家，不拘叙用。昔秦民怜白起之无罪，吴人伤子胥之冤酷，皆为立祠。今天下民人为艾悼心痛恨[21]，亦犹是也。臣以为艾身首分离，捐弃草土；宜收尸丧，还其田宅。以平蜀之功，绍封其孙；使阖棺定谥，死无余恨。赦冤魂于黄泉，收信义于后世；葬一人而天下慕其行，（埋）〔理〕一魂而天下归其义。所为者寡，而悦者众矣。”

九年[22]，诏曰：“艾有功勋，受罪不逃刑；而子孙为民隶，朕常愍之。其以嫡孙朗为郎中。”

艾在西时，修治障塞[23]，筑起城坞。泰始中，羌虏大叛，频杀刺史，凉州道断。吏民安全者，皆保艾所筑坞焉。〔一〕

艾州里时辈南阳州泰[24]，亦好立功业；善用兵，官至征房将军，假节，都督江南诸军事[25]。景元二年薨，追赠卫将军，谥曰壮侯。〔二〕

【注释】

〔1〕竟不足以守位：指魏帝曹芳被司马师以品行恶劣为由废黜为齐王。见本书卷四《三少帝纪》。　〔2〕被书：接到（朝廷宣布邓艾有罪押送回京受审的）诏书。　〔3〕为恶：造反。　〔4〕得还：指王、邓二人的家属能够从流放地回家。　〔5〕三年：晋武帝泰始三年（公元267）。〔6〕段灼：字休然，敦煌（县治在今甘肃敦煌市西南）人。曾任邓艾下属，随从灭蜀有功，封关内侯，任郎中。后为魏兴郡太守。传见《晋书》卷四十八。　理：为人申诉。　〔7〕协同：指团结。　〔8〕区种：西汉时氾（fán）胜之总结出的一种精耕高产方法。氾胜之，汉成帝时曾任议郎、黄门侍郎、御史等职，受命在关中教民耕种，因而总结实践经验，写成《氾胜之书》十八篇，是古代农学的重要著作。区种即区田法，为书中

的一篇。区田法要求在小块土地上深耕、密植、充分灌溉和施肥、精细管理，以保证农作物的优良生长条件，使土地发挥最大的效力，取得单位面积的高产。它特别适合水肥缺乏的地区，可以达到少种多收的效果。《氾胜之书》今只存辑佚本二卷。　〔9〕乌衣：黑衣。当时是劳动者的衣着。　〔10〕耒(lěi)：农具名。直柄，单齿或双齿。直插入土后，利用杠杆原理压下直柄，使土层翻松。　耜(sì)：农具名。直柄，带有宽而薄的端头，类似现今的铁锹。用于翻松土层。　〔11〕仆虏：奴仆。　士：兵士。　〔12〕落门：地名。在今甘肃武山县东北。又作洛门。〔13〕先帝：指司马昭。　〔14〕祚：福。　〔15〕矫命：假传皇帝的命令。〔16〕常科：通常的法规。　〔17〕古义：指上文所引《公羊传》中所载"大夫出疆"几句。　〔18〕原心：推究其本心。　〔19〕可论：指可以饶恕。　〔20〕龙兴：比喻司马炎代魏称帝。　〔21〕悼心：伤心。　痛恨：悲痛遗憾。　〔22〕九年：泰始九年(公元273)。　〔23〕障塞：在地形险要处修筑的城墙堡垒。　〔24〕州里：同州的老乡。邓艾是荆州人。　时辈：同时的人。　〔25〕征虏将军：官名。领兵征伐。

【裴注】

〔一〕《世语》曰："咸宁中，积射将军樊震为西戎牙门，得见辞，武帝问震所由进；震自陈，曾为邓艾伐蜀时帐下将。帝遂寻问艾，震具申艾之忠，言之流涕。先是以艾孙朗为丹水令，由此迁为定陵令。次孙千秋有时望，光禄大夫王戎辟为掾。永嘉中，朗为新都太守，未之官；在襄阳失火，朗及母、妻、子举室烧死，惟子韬、子行得免。千秋先卒，二子亦烧死。"

〔二〕《世语》曰："初，荆州刺史裴潜以泰为从事。司马宣王镇宛，潜数遣诣宣王，由此为宣王所知。及征孟达，泰又导军，遂辟泰。泰频丧考、妣、祖，九年居丧；宣王留缺待之。至，三十六日，擢为新城太守。宣王为泰会，使尚书钟(繇)〔毓〕调泰：'君释褐登宰府，三十六日拥麾盖，守兵马郡；乞儿乘小车，一何驶乎？'泰曰：'诚有此！君，名公之子，少有文采，故守吏职；猕猴骑上牛，又何迟也！'众宾咸悦。后历兖、豫州刺史，所在有筹算绩效。"

钟会字士季，颍川长社人。太傅繇小子也。少敏惠夙成。〔一〕中护军蒋济著论，谓"观其眸子[1]，足以知人"。会年五岁，繇遣见济。济甚异之，曰："非常人也。"及壮，有才数技艺而博学[2]；精练名理[3]，以夜续昼。由是获声誉。

正始中，以为秘书郎，迁尚书，中书侍郎。[二]高贵乡公即尊位，赐爵关内侯。

毌丘俭作乱，大将军司马景王东征；会从，典知密事。卫将军司马文王为大军后继。

景王薨于许昌；文王总统六军，会谋谟帷幄[4]。时中诏敕尚书傅嘏[5]："以东南新定，权留卫将军屯许昌为内外之援[6]，令嘏率诸军还。"

会与嘏谋，使嘏表上"辄与卫将军俱发"，还到雒水南屯住[7]。于是朝廷拜文王为大将军，辅政。会迁黄门侍郎，封东武亭侯，邑三百户。

【注释】

〔1〕眸子：瞳仁。 〔2〕才数：才干心计。 技艺：这里指艺术、体育方面的才能。 〔3〕名理：魏晋时期出现的一门学问。它以讲究名称与实质的关系为出发点，目的在于为推行循名责实的政治，特别是官位与人才的很好配合，提供理论上的依据和解释。名理学重视逻辑思维和相互辩难的研究方法，与先秦的名家有密切关系。又叫刑名或形名学。它进一步发展后，就归本于道家而形成魏晋玄学。 〔4〕谋谟：出谋划策。 帷幄：军营的帐幕。 〔5〕中诏：皇帝从宫廷发出的诏书。当时司马氏专权，常借皇帝的名义发布政令。这里说"中诏"，是表明出自皇帝曹髦的本意。 〔6〕卫将军：指司马昭。当时任卫将军。屯许昌为内外之援：这是曹髦的借口。实际上是不让司马昭回京执政。 〔7〕雒水：河流名。即洛水。在洛阳城南郊。司马昭率大军到这里驻扎，意在逼迫魏帝曹髦给自己军政大权。

【裴注】

〔一〕会为其母传曰："夫人张氏，字昌蒲，太原兹氏人。太傅、定陵成侯之命妇也。世长吏、二千石。夫人少丧父母，充成侯家，修身正行，非礼不动，为上下所称述。贵妾孙氏，摄嫡专家；心害其贤，数谗毁无所不至。孙氏辨博有智巧，言足以饰非成过，然竟不能伤也。及妊娠，愈更嫉妒，乃置药食中；夫人中食，觉而吐之，瞑眩者数日。或曰：'何不向公言之？'答曰：'嫡庶相害，破家危国，古今以为鉴诫。假如公信我，众谁能明其事？彼以心度我，谓我必言，固将先我；事由彼发，顾不快耶！'遂称疾不见。孙氏果谓成侯曰：'妾欲其得男，故饮以得男之药，反谓毒之！'成侯曰：'得男药，佳事，暗于食中与人，非人情也。'遂讯侍者，具服，孙氏由是得罪，出。成侯问夫人何能不言，夫人言其故；成侯大惊，益以此贤之。黄初六年，生会，恩宠愈隆。成侯既出孙氏，更纳正嫡贾氏。"

臣松之按：钟繇于时老矣，而方纳正室。盖《礼》所云：宗子虽七十，无无主妇之义也。

《魏氏春秋》曰："会母见宠于繇，繇为之出其夫人。卞太后以为言，文帝诏繇'复之'。繇恚愤，将引鸩，弗获；餐椒致噤，帝乃止。"

〔二〕《世语》曰："司马景王命中书令虞松作表，再呈，辄不可意，命松更定。以经时，松思竭，不能改，心苦之，形于颜色。会察其有忧，问松，松以实答。会取视，为定五字，松悦服。以呈景王，王曰：'不当尔邪，谁所定也？'松曰：'钟会。向亦欲启之，会公见问，不敢饕其能。'王曰：'如此，可大用，可令来。'会问松王所能，松曰：'博学明识，无所不贯。'会乃绝宾客，精思十日；平旦入见，至鼓二乃出。出后，王独抚手叹息曰：'此真王佐材也！'松字叔茂，陈留人。九江太守边让外孙。松弱冠有才，从司马宣王征辽东，宣王命作檄；及破贼，作露布。松从还，宣王辟为掾，时年二十四；迁中书郎，遂至太守。松子滂，字显弘。晋廷尉。"

臣松之以为：钟会名公之子，声誉夙著，弱冠登朝，已历显位；景王为相，何容不悉？而方于定虞松表，然后乃蒙接引乎？设使先不相识，但见五字而便知可大用；虽圣人其犹病诸，而况景王哉？

甘露二年，征诸葛诞为司空。时，会丧宁在家[1]，策诞必不从命，驰白文王。文王以事已施行，不复追改。〔一〕及诞反，车驾住项；文王至寿春，会复从行。初，吴大将全琮，孙权之婚亲重臣也〔2〕；琮子怿、孙静、从子端、翩、缉等，皆将兵来救诞。怿兄子辉、仪留建业，与其家内争讼；携其母，将部曲数十家渡江，自归文王。会建策，密为辉、仪作书，使辉、仪所亲信，赍入城告怿等，说"吴中怒怿等不能拔寿春，欲尽诛诸将家，故逃来归命"。怿等恐惧，遂将所领，开东城门出降，皆蒙封宠，城中由是乖离。寿春之破，会谋居多。亲待日隆，时人谓之子房〔3〕。

军还，迁为太仆，固辞不就。以中郎在大将军府管记室事〔4〕，为腹心之任。以讨诸葛诞功，进爵陈侯，屡让不受。诏曰："会典综军事，参同计策，料敌制胜，有谋谟之勋；而推宠固让，辞指款实〔5〕，前后累重，志不可夺。夫成功不处〔6〕，古人所重；其听会所执，以成其美。"

迁司隶校尉。虽在外司〔7〕，时政损益，当世与夺〔8〕，无不综典。嵇康等见诛，皆会谋也。

【注释】

〔1〕丧宁：母亲死而在家服丧。 〔2〕婚亲重臣：全琮是孙权的大女婿，官至右大司马、左军师，所以这样说。 〔3〕子房：张良字子房。为汉高祖主要谋臣。 〔4〕中郎：官名。即从事中郎。大将军府下属。本职任务是参谋军事。 记室：官名。大将军府下属，负责草拟机要公文。中郎与记室的官阶不高，分别为六品和七品，但因是司马昭手下参与机密的属员，所以实权很大。钟会坚辞三品的高官太仆不就，原因即在于此。 〔5〕辞指款实：言辞心意恳切诚实。 〔6〕不处：不居。〔7〕外司：司隶校尉治理京城所在的州，属于地方官系统，所以称为外

司。　〔8〕与夺：指官爵的给与和剥夺。

【裴注】

〔一〕会，时遭所生母丧。其母传曰："夫人性矜严，明于教训；会虽童稚，勤见规诲。年四岁授《孝经》，七岁诵《论语》，八岁诵《诗》，十岁诵《尚书》，十一诵《易》，十二诵《春秋左氏传》、《国语》，十三诵《周礼》、《礼记》，十四诵成侯《易记》，十五使入太学，问四方奇文异训。谓会曰：'学猥则倦，倦则意怠；吾惧汝之意怠，故以渐训汝，今可以独学矣。'雅好书籍，涉历众书，特好《易》、《老子》。每读《易》孔子说鸣鹤在阴、劳谦君子、籍用白茅、不出户庭之义，每使会反覆读之，曰：'《易》三百余爻，仲尼特说此者，以谦恭慎密，枢机之发，行己至要，荣身所由故也。顺斯术以往，足为君子矣。'正始八年，会为尚书郎，夫人执会手而诲之曰：'汝弱冠见叙。人情不能不自足，则损在其中矣，勉思其戒！'是时大将军曹爽专朝政，日纵酒沉醉。会兄侍中毓，宴还，言其事。夫人曰：'乐则乐矣，然难久也。居上不骄，制节谨度，然后乃无危溢之患。今奢僭若此，非长守富贵之道。'嘉平元年，车驾朝高平陵，会为中书郎，从行。相国宣文侯始举兵，众人恐惧，而夫人自若。中书令刘放、侍郎卫瓘、夏侯和等家，皆怪问：'夫人一子在危难之中，可能无忧？'答曰：'大将军奢僭无度，吾常疑其不安。太傅义不危国，必为大将军举耳。吾儿在帝侧，何忧？闻且出兵无他重器，其势必不久战。'果如其言，一时称明。会历机密十余年，颇预政谋。夫人谓曰：'昔范氏少子，为赵简子设伐邾之计，事从民悦，可谓功矣。然其母以为乘伪作诈，末业鄙事，必不能久。其识本深远，非近人所言，吾常乐其为人。汝居心正，吾知免矣。但当修所志，以辅益时化，不忝先人耳。常言：人谁能皆体自然？但力行不倦，抑亦其次。虽接鄙贱，必以言信。取与之间，分画分明。'或问：'此无乃小乎？'答曰：'君子之行，皆积小以致高大。若以小善为无益而弗为，此乃小人之事耳。希通慕大者，吾所不好。'会自幼少，衣不过青绀，亲营家事，自知恭俭；然见得思义，临财必让。会前后赐钱帛，数百万计，悉送，供公家之用，一无所取。年五十有九，甘露二年二月暴疾，薨。比葬，天子有手诏：命大将军高都侯厚加赗赠；丧事无巨细，一皆供给。议者以为：侯有夫人，有世妇，有妻，有妾，所谓外命妇也；依《春秋》成风、定姒之义，宜崇典礼，不得总称妾名；于是称'成侯命妇'。殡葬之事，有取于古制，礼也。"

文王以蜀大将姜维屡扰边陲，料蜀国小民疲，资力单竭，欲大举图蜀。惟会亦以为蜀可取，预共筹度地形，考论事势。

景元三年冬，以会为镇西将军，假节，都督关中诸军事。文王敕青，徐、兖、豫、荆、扬诸州，并使作船；又令唐咨作浮海大船，外为将伐吴者。

四年秋[1]，乃下诏使邓艾、诸葛绪各统诸军三万余人：艾趋甘松、沓中，连缀维；绪趋武街，桥头[2]，绝维归路。会统十余万众，分从斜谷、骆谷入[3]。

先命牙门将许仪在前治道[4]，会在后行；而桥穿，马足陷，于是斩仪。仪者，许褚之子；有功王室，犹不原贷。诸军闻之，莫不震竦。蜀令诸围皆不得战[5]，退还汉、乐二城守[6]。魏兴太守刘钦趋子午谷，诸军数道平行，至汉中。

蜀监军王含守乐城，护军蒋斌守汉城，兵各五千。会使护军荀恺、前将军李辅各统万人：恺围汉城，辅围乐城。会径过，西出阳安口[7]，遣人祭诸葛亮之墓[8]。使护军胡烈等行前，攻破关城[9]，得库藏积谷。姜维自沓中还，至阴平，合集士众，欲赴关城。未到，闻其已破，退趋白水，与蜀将张翼、廖化等合守剑阁拒会[10]。

会移檄蜀将吏士民曰：

往者汉祚衰微，率土分崩[11]；生民之命，几于泯灭。太祖武皇帝神武圣哲，拨乱反正；拯其将坠，造我区夏[12]。高祖文皇帝应天顺民，受命践阼。烈祖明皇帝奕世重光[13]，恢拓洪业。然江山之外，异政殊俗；率土齐民[14]，未蒙王化。此三祖所以顾怀遗恨也。

今主上圣德钦明，绍隆前绪，宰辅忠肃明允[15]，劬劳王室[16]；布政垂惠而万邦协和，施德百蛮而肃慎致贡。悼彼巴蜀，独为匪民[17]；愍此百姓，劳役未已。是以命授六师，龚行天罚[18]；征西、雍州、镇西诸军，五道并进[19]。古之行军，以仁为本，以义治之；王者之师，有征无战；故虞舜舞干戚而服有苗[20]，周武有散财、发廪、表闾之义[21]。今镇西奉辞衔命，摄统戎（重）〔车〕；庶弘文告之训[22]，以济元元之命[23]；非欲穷武极战，以快一朝之（政）〔志〕。故略陈安危之要，其敬听话言。

益州先主以命世英才，兴兵朔野[24]；困踬冀、徐之郊[25]，制命绍、布之手[26]。太祖拯而济之，与隆大好；中更背违，弃同即异。诸葛孔明仍规秦川[27]，姜伯约屡出陇右[28]；劳动我边境，侵扰我氐、羌。方国家多故，未遑修九伐之征也[29]。今边境乂清[30]，方内无事；蓄力待时，并兵一向[31]。而巴蜀一州之众，分张守备，难以御天下之师；段谷、侯和，沮伤之气[32]，难以敌堂堂之阵；比年以来，曾无宁岁，征夫勤瘁，难以当子来之民[33]：此皆诸贤所亲见也。蜀相壮见擒于秦[34]，公孙述授首于汉，九州之险，是非一姓[35]。此皆诸贤所备闻也。明者见危于无形，智者规祸于未萌[36]。是以微子去商[37]，长为周宾；陈平背项[38]，立功于汉。岂晏安鸩毒[39]，怀禄而不变哉[40]！

今国朝隆天覆之恩，宰辅弘宽恕之德；先惠后诛，好生恶杀。往者吴将孙壹举众内附[41]，位为上司[42]，宠秩殊异。文钦、唐咨为国大害，叛主雠贼[43]，还为戎首[44]。咨困逼擒获，钦二子还降，皆将军、封侯；咨与闻国事。壹等穷蹙归命[45]，犹加盛宠，况巴蜀贤智见机而作者哉？诚能深鉴成败，邈然高蹈[46]；投迹微子之踪，措身陈平之轨；则福同古人，庆流来裔[47]；百姓士民，安堵（旧）〔乐〕业；农不易亩，市不回肆[48]；去累卵之危，就永安之福。岂不美与！

若偷安旦夕，迷而不反；大兵一（发）〔放〕，玉石皆碎；虽欲悔之，亦无及已！其详择利害，自求多福；各具宣布，咸使闻知。

【注释】

〔1〕四年：景元四年（公元263）。　〔2〕武街：即下辨县。县治在今甘肃成县西北。　〔3〕骆谷：山谷名。在今陕西周至县西南。谷长二百多公里，是从关中穿越秦岭进入汉中盆地的四条主要道路之一。其他三条是在骆谷道以东的子午道、以西的褒斜（yé）道和陈仓道。　〔4〕治道：修路。　〔5〕围：军队驻扎的营垒。　〔6〕汉：城名。即沔阳县城。在今陕西勉县东南。　乐：城名。即成固县城。在今陕西城固县西。〔7〕阳安口：地名。在今陕西勉县西。　〔8〕诸葛亮之墓：墓在今陕西勉县南郊定军山。　〔9〕关城：即阳安关城。在今陕西宁强县西北。北宋后改称阳平关，与勉县西郊古阳平关同名而异地。　〔10〕张翼（？—公元264）：传见本书卷四十五。　〔11〕率土：四海之内。　〔12〕区夏：

指中国。〔13〕奕世：一代接一代。〔14〕齐民：平民。〔15〕宰辅：指司马昭。　允：诚信。〔16〕劬（qú）劳：辛劳。〔17〕独为匪民：独独受到非人的对待。〔18〕龚行天罚：恭敬执行上天的诛罚。〔19〕五道：征西将军邓艾趋甘松、沓中，雍州刺史诸葛绪趋武街、桥头，镇西将军钟会分从斜谷、骆谷，魏兴太守刘钦趋子午谷，以上共为五路。〔20〕舞干戚而服有苗：干戚是盾牌和长斧。传说在虞舜时，有苗族不服从，舜致力于搞好政治，没有动用武力，只在殿堂上象征性舞动干戚，有苗族就归顺了。见《淮南子·齐俗训》。〔21〕散财、发廪、表闾：周武王灭殷，散发纣王聚敛在鹿台的钱财，以及积存在钜桥的粮食，赈济百姓，又在殷朝贤臣商容居住的街巷设置标记，以示表彰。见《史记》卷四《周本纪》。〔22〕文告：以文德告喻大众。　训：古训。《国语·周语》上说，对不服从的人要先"有文告之辞"。〔23〕元元：黎民百姓。〔24〕朔野：北方。刘备最初起兵于家乡涿郡（治所在今河北涿州市），而涿郡在北方。〔25〕困踬（zhì）：困窘受挫。刘备在冀州中山国安熹县任县尉时，受郡督邮的轻视，愤而殴打督邮，弃官逃亡。后在徐州，又遭吕布偷袭，妻室儿女被俘虏，不久逃奔曹操。见本书卷三十二《先主传》。〔26〕绍、布：袁绍、吕布。〔27〕仍：频繁。　规秦川：打秦川的主意。〔28〕姜伯约：即姜维。〔29〕九伐之征：指对违法乱纪的诸侯进行讨伐。《周礼·夏官·大司马》说诸侯的违法类型有九种，对之进行惩治的办法也有九种，总称为"九伐"。〔30〕乂（yì）清：安定太平。〔31〕一向：一个方向。《孙子兵法·九地篇》说："并敌一向，千里杀将。"〔32〕沮伤：沮丧悲伤。姜维率领的蜀军，曾先后在段谷、侯和被邓艾击败，见本卷《邓艾传》。〔33〕子来：自愿赶来。《诗经·灵台》有"庶民子来"的诗句，说老百姓自愿赶来帮周文王修灵台。〔34〕壮：即陈壮（？—前309）。战国时蜀国的相。当时蜀是秦国的附属国。前309年，陈壮杀蜀国的君主通国，秦国派甘茂等率军入蜀，诛灭陈壮。事见《华阳国志》卷三《蜀志》。〔35〕是非一姓：这不是某一姓的统治者能永远占据的。语出《左传》昭公四年。〔36〕规：预见。〔37〕微子：名启。商纣王的庶兄。封于微（今山东梁山县西北）。见商将亡，多次进谏，纣王不听，愤而出走。周武王伐商，他到军前投降，被封于宋。事见《史记》卷三十八《宋微子世家》。〔38〕背项：背离项羽。陈平原为项羽部下。〔39〕晏安鸩毒：贪恋眼前的安乐，哪怕这同喝毒酒一样有害也无所谓。〔40〕怀禄：贪恋俸禄。〔41〕孙壹（？—公元259）：传附本书卷五十一《宗室孙奂传》。〔42〕上司：高官。前257年，孙壹降魏，拜车骑将军、交州牧、开府仪同三司，封吴侯。 〔43〕叛主雠贼：背叛君主，报效贼党。文钦、唐咨本来都是魏将，后投奔孙吴。 〔44〕戎首：领兵将军。〔45〕穷蹙(cù)：窘迫。 〔46〕邈然：高远的样子。 高蹈：指选择脱离蜀汉的道路。 〔47〕庆：福庆。 来裔：后裔。 〔48〕回肆：改变商店位置。

邓艾追姜维到阴平，简选精锐；欲从汉德阳入江由、左担道〔1〕，诣绵竹，趋成都，与诸葛绪共行。绪以本受节度邀姜维，西行非本诏；遂进军前向白水，与会合。会遣将军田章等从剑阁西，径出江由。未至百里，章先破蜀伏兵三校〔2〕；艾使章先登。遂长驱而前。

会与绪军向剑阁。会欲专军势，密白绪畏懦不进；槛车征还，军悉属会。〔一〕进攻剑阁，不克，引退。蜀军保险拒守。

艾遂至绵竹，大战，斩诸葛瞻。维等闻瞻已破，率其众东入于巴〔3〕。会乃进军至涪，遣胡烈、田续、庞会等追维〔4〕。艾进军向成都；刘禅诣艾降，遣使敕维等令降于会。维至广汉郪县〔5〕，令兵悉放器仗，送节、传于胡烈〔6〕，便从东道诣会降。

会上言曰："贼姜维、张翼、廖化、董厥等〔7〕，逃死遁走，欲趋成都。臣辄遣司马夏侯咸、护军胡烈等，经从剑阁，出新都、大渡截其前〔8〕；参军爰彭、将军句安等蹑其后；参军皇甫闿、将军王买等从涪南出冲其腹；臣据涪县为东西势援。维等所统步骑四五万人，擐甲厉兵〔9〕，塞川填谷，数百里中首尾相继；凭恃其众，方轨而西。臣敕咸、闿等，令分兵据势，广张罗网；南杜走吴之道，西塞成都之路，北绝越逸之径；四面云集，首尾并进，蹊路断绝，走伏无地。臣又手书申喻，开示生路；群寇困逼，知命穷数尽；解甲投戈，面缚委质；印绶万数，资器山积。昔舜舞干戚，有苗自服；牧野之师[10]，商旅倒戈[11]。有征无战，帝王之盛业。'全国为上，破国次之；全军为上，破军次之'：用兵之令典[12]。陛下圣德，侔踪前代；翼辅忠明[13]，齐轨公旦[14]；'仁育群生，义征不谦[15]'；殊俗向化，无思不服；师不逾时，兵不血刃；万里同风，九州共贯。臣辄奉宣诏命，导扬恩化；复其社稷，安其闾伍；舍其赋调，弛其征役；训之德礼以移其风，示之轨仪以易其俗。百姓欣欣，人怀逸豫[16]；后来其苏[17]，义无以过。"

会于是禁检士众，不得钞略；虚己诱纳，以接蜀之群司，与维情好欢甚。〔二〕

十二月，诏曰："会所向摧弊，前无强敌；缄制众城，网罗迸逸。蜀之豪帅，面缚归命；谋无遗策，举无废功。凡所降诛，动以万计；全胜独克，有征无战。拓平西夏，方隅清晏。其以会为司徒，进封县侯，增邑万户；封子二人亭侯，邑各千户。"

【注释】

〔1〕德阳：即德阳亭。在今四川江油市东北。　左担道：古道路名。自江由（今四川平武县东南的南坝镇）沿涪江南下的江边小道。道路窄狭，在涪江西岸，北来者只能以左肩担东西，故名。　〔2〕校：古代军队编制单位。一校在一千人左右。　〔3〕巴：这里指蜀汉的巴西郡，治

所在今四川阆中市。 〔4〕庞会：事见本书卷十八《庞德传》。 〔5〕广汉：郡名。当时蜀汉有广汉郡、东广汉郡。这里指后者，治所在郪（qī）县。 郪：县名。县治在今四川三台县南郪江镇。 〔6〕传（zhuàn）：官员的身份证件。 〔7〕董厥：传附本书卷三十五《诸葛亮传》。 〔8〕新都：县名。在今四川成都市新都区东。 大渡：亭名。在今四川金堂县。 〔9〕擐（huàn）：穿上。 厉兵：磨利兵器。 〔10〕牧野：地名。在今河南淇县西南。周武王在这里大败商朝军队。 〔11〕旅：军队。 〔12〕令典：法典。以上四句，出自《孙子兵法·谋攻篇》。 〔13〕翼辅：指司马昭。 〔14〕齐轨公旦：与周公旦并驾齐驱。 〔15〕义征不谲（huì）：为维护道义而征伐不服从的人。这两句出自《汉书》卷五十七下《司马相如传》下。 〔16〕逸豫：安乐。 〔17〕后来其苏：这是《孟子·梁惠王》中的文句。"后"指商汤，意思是（他国人民盼望商汤拯救自己），商汤来了才能从死亡线上摆脱而复苏。

【裴注】

〔一〕按《百官名》："绪入晋为太常、崇礼卫尉。子冲，廷尉。"荀绰《兖州记》曰："冲子铨，字德林，玫字仁林：铨，兖州刺史；玫，侍中、御史中丞。"

〔二〕《世语》曰："夏侯霸奔蜀，蜀朝问：'司马公如何德？'霸曰：'自当作家门。''京师俊士？'曰：'有钟士季。其人管朝政，吴、蜀之忧也。'"

《汉晋春秋》曰："初，夏侯霸降蜀，姜维问之曰：'司马懿既得彼政，当复有征伐之志不？'霸曰：'彼方营立家门，未遑外事。有钟士季者，其人虽少，终为吴、蜀之忧；然非非常之人，亦不能用也。'后十五年而会果灭蜀。"

按习凿齿此言，非出他书，故采用《世语》而附益也。

会内有异志〔1〕，因邓艾承制专事，密白"艾有反状"；〔一〕于是诏书槛车征艾。司马文王惧艾或不从命，敕会并进军成都。监军卫瓘在会前行，以文王手笔令宣喻艾军；艾军皆释仗，遂收艾入槛车。会所惮惟艾，艾既擒而会寻至，独统大众，威震西土。

　　自谓功名盖世，不可复为人下；加猛将锐卒皆在己手，遂谋反。欲使姜维等皆将蜀兵出斜谷，会自将大众随其后；既至长安，令骑士从陆道，步兵从水道顺流浮渭入河；以为五日可到孟津，与骑会洛阳：一旦天下可定也。会得文王书云[2]：“恐邓艾或不就征，今遣中护军贾充将步骑万人径入斜谷[3]，屯乐城；吾自将十万屯长安，相见在近。”会得书，惊呼所亲语之曰[4]：“但取邓艾，相国知我能独办之[5]；今来太重[6]，必觉我异矣。便当速发！事成，可得天下；不成，退保蜀汉，不失作刘备也。我自淮南以来，画无遗策，四海所共知也。我欲持此安归乎[7]？”

　　会以五年正月十五日至[8]。其明日，悉请护军、郡守、牙门、骑督以上[9]，蜀之故官，为太后发丧于蜀朝堂[10]。矫太后遗诏，使会起兵废文王；皆班示坐上人，使下议讫[11]。书版署置[12]，更使所亲信代领诸军。所请群官，悉闭著益州诸曹屋中[13]；城门宫门皆闭，严兵围守。

　　会帐下督丘建本属胡烈[14]，烈荐之文王；会请以自随，任爱之[15]。建愍烈独坐，启会：使听纳一亲兵出取饮食[16]，诸牙门随例各纳一人。烈绐语亲兵及疏与其子曰[17]：“丘建密说消息：会已作大坑，白棓〔二〕数千[18]；欲悉呼外兵入，人赐白帢，〔三〕拜为散将[19]，以次棓杀坑中。”诸牙门亲兵亦咸说此语，一夜传相告，皆遍。或谓会：“可尽杀牙门、骑督以上！”会犹豫未决。

　　十八日日中，烈军兵与烈儿擂鼓出门，诸军兵不期皆鼓噪出[20]；曾无督促之者，而争先赴城。时方给与姜维铠杖，白"外有匈匈声，似失火"。有顷，白"兵走向城[21]"。会惊，谓维曰："兵来似欲作恶[22]，当云何[23]?"维曰："但当击之耳！"会遣兵悉杀所闭诸牙门、郡守，内人共举几以柱门[24]；兵斫门，不能破。斯须，门外倚梯登城，或烧城屋，蚁附乱进，矢下如雨；牙门、郡守各缘屋出，与其卒兵相得[25]。姜维率会左右战，手杀五六人；众既格斩维，争赴杀会。会时年四十。将士死者数百人。[四]

【注释】

　　〔1〕异志：叛变或篡夺的意图。　〔2〕会：恰巧在这时。　〔3〕贾充（公元217—282）：字公闾，平阳郡襄陵（今山西临汾市东南）人。以亲附司马氏，在曹魏时历任要职，官至中护军。魏帝曹髦起兵进攻司马昭，他指挥部属杀曹髦。又积极支持司马炎代魏称帝。西晋建立，官至太尉、录尚书事，封鲁郡公。一女为晋武帝太子妃，另一女为晋武帝胞弟齐王司马攸妃。擅长法律，曾主持编定《晋律》。传见《晋书》卷四十。〔4〕亲：亲信。　〔5〕相国：官名。朝廷最高行政长官，辅佐皇帝治理全国。西汉初年之后改称丞相。东汉末年，董卓曾自任相国。曹魏建立，实行三公制，不设丞相或相国。到曹魏末年，司马昭专权，又自任相国。这里即指司马昭。　〔6〕太重：指司马昭出动的兵马多得异乎寻常。〔7〕持此安归：带着这么大的功劳名声回什么地方去。意思是功高名盛，不会有好的归宿。　〔8〕五年：景元五年（公元264）。　〔9〕骑督：骑兵分队的队长。　〔10〕太后：即魏明帝的皇后郭氏（？—公元263）。传见本书卷五。当时郭氏刚死一个月。　〔11〕下议：签署自己的意见。〔12〕书版署置：在专门的木板上书写任命书以授予官职。　〔13〕闭著：被禁闭在。　益州：这里指原蜀汉朝廷所在的府署。西晋不承认蜀汉政权，所以陈寿把蜀汉称为益州。　〔14〕帐下督：主将身边的随从武官。〔15〕任：信任。　〔16〕听纳一亲兵：允许胡烈带进一名亲兵。

〔17〕绐(dài)：欺骗。　疏：写信。　〔18〕白棓：剥了树皮的光棒。
〔19〕白帢(qià)：当时士人戴的一种丝织便帽。　散将：只有官衔而不统领军队的闲散武官。　〔20〕不期：没有事先约定。　鼓噪：击鼓起哄。
〔21〕白：报告。　〔22〕作恶：作乱。　〔23〕云何：怎么样。这是当时习语。　〔24〕内人：被钟会禁闭在房内的人。　〔25〕相得：相会合。

【裴注】

〔一〕《世语》曰："会善效人书；于剑阁要艾章表白事，皆易其言，令辞指悖傲，多自矜伐；又毁文王报书，手作以疑之也。"

〔二〕棓，与棒同。

〔三〕帢，苦洽反。

〔四〕《晋诸公赞》曰："胡烈儿名渊，字世元。遵之孙也。遵，安定人，以才兼文武，累居藩镇，至车骑将军。子奋，字玄威。亦历方任。女为晋武帝贵人，有宠。太康中，以奋为尚书仆射，加镇军大将军，开府。弟广，字宣祖，少府；次烈，字玄武，秦州刺史；次岐，字玄嶷，并州刺史。广子喜，凉州刺史。渊小字鹪鹩。时年十八，既杀会救父，名震远近。后赵王伦篡位，三王兴义，伦使渊与张泓，将兵御齐王，屡破齐军。会成都战克，渊乃归降，伏法。"

初，艾为太尉，会为司徒，皆持节、都督诸军如故；咸未受命而毙。

会兄毓，以四年冬薨[1]；会竟未知问[2]。会兄子邕，随会与俱死。会所养兄子毅及峻、辿〔一〕等下狱，当伏诛。司马文王表天子下诏曰："峻等祖父繇，三祖之世，极位台司[3]；佐命立勋，飨食庙庭[4]。父毓，历职内外，干事有绩。昔楚思子文之治[5]，不灭鬬氏之祀；晋录成、宣之忠[6]，用存赵氏之后。以会、邕之罪，而绝繇、毓之类，吾有愍然！峻、辿兄弟特原，有官爵者如故。惟毅及邕息伏法[7]。"

或曰，毓曾密启司马文王，言会挟术难保[8]，不可专任，故宥峻等云。〔二〕

初，文王欲遣会伐蜀，西曹属邵悌求见曰："今遣钟会率十余万众伐蜀，愚谓会单身无重任[9]，不若使余人行。"文王笑曰："我宁当复不知此耶[10]！蜀为天下作患，使民不得安息；我今伐之如指掌耳[11]，而众人皆言蜀不可伐。夫人心预怯，则智勇并竭；智勇并竭而强使之，适为敌擒耳。惟钟会与人意同，今遣会伐蜀，必可灭蜀。灭蜀之后，就如卿所虑，当何所能一办耶[12]？凡败军之将，不可以语勇；亡国之大夫，可与图存：心胆已破故也。若蜀已破，遗民震恐，不足与图事；中国将士各自思归[13]，不肯与同也。若作恶，只自灭族耳！卿不须忧此，慎莫使人闻也！"

及会白邓艾不轨，文王将西，悌复曰："钟会所统，五六倍于邓艾；但可敕会取艾，不足自行。"文王曰："卿忘前时所言邪？而更云可不须行乎！虽尔，此言不可宣也。我要自当以信义待人[14]，但人不当负我，我岂可先人生心哉！近日贾护军问我[15]，言：'颇疑钟会不？'我答言：'如今遣卿行，宁可复疑卿邪？'贾亦无以易我语也[16]。我到长安，则自了矣。"军至长安，会果已死，咸如所策。〔三〕

【注释】

〔1〕四年：景元四年(公元263)。 〔2〕问：消息。 〔3〕台司：三公。 〔4〕飨食庙廷：在宗庙的殿堂中享受祭祀。魏帝曹芳正始四年(公元243)七月，朝廷下令把一批死去的功臣元老，在曹操的神殿中立牌位

祭祀。其中就有钟繇。见本书卷四《三少帝纪》。　〔5〕子文：鬭（dòu）氏，名子文。春秋时楚国大臣。楚成王八年（前 664）至三十五年（前 637）为令尹，治楚有功。死后，他的侄儿越椒执政，谋反，被楚庄王杀死。鬭氏家族成员都处死刑，唯子文的孙子得到赦免。事见《左传》宣公四年。　〔6〕成：即赵成子（？—前 622）。赵氏，名衰，字子余。春秋时晋国的卿。随重耳在外流亡十九年，并助重耳回国继位，为晋文公。后又辅文公创建霸业。事见《史记》卷四十三《赵世家》。　宣：即赵宣子。赵氏，名盾。赵衰的儿子。春秋时晋国的执政。晋景公时，赵氏因事被灭族，赵盾的孙儿赵武当时刚出生，被赵家的朋友程婴救出。十五年后，景公听从韩厥的劝告，立赵武为赵氏之后，并杀赵氏的政敌。事见《左传》成公八年。　〔7〕息：儿子。　〔8〕挟术：具有权术。〔9〕无重任：没有特别亲近的家属充当人质。当时曹魏和孙吴的出征或边防将领，要留家属在后方做人质，以防叛逃。钟会出征时他的父、母都已死亡，自己又无亲生儿子，只有养子，所以这样说。　〔10〕宁当复：难道又。　〔11〕指掌：用指头指自己的手掌。比喻事情极易办到。〔12〕何所能一办：一下子能够做成什么事。　〔13〕中国：中原。〔14〕要自当：自己一定要。　〔15〕贾护军：即中护军贾充。　〔16〕无以易我语：没法驳倒我的话。

【裴注】

〔一〕辿，敕连反。

〔二〕《汉晋春秋》曰："文王嘉其忠亮，笑答毓曰：'若如卿言，必不以及宗矣。'"

〔三〕按《咸熙元年百官名》："邵悌，字元伯，阳平人。"

《汉晋春秋》曰："文王闻钟会功曹向雄之收葬会也，召而责之曰：'往者王经之死，卿哭于东市而我不问，今钟会躬为叛逆而又辄收葬；若复相容，其如王法何！'雄曰：'昔先王掩骼埋胔，仁流朽骨，当时岂先卜其功罪而后收葬哉？今王诛既加，于法已备；雄感义收葬，教亦无阙。法立于上，教弘于下；以此训物，雄曰可矣，何必使雄背死违生，以立于时？殿下仇对枯骨，捐之中野，百岁之后，为臧获所笑，岂仁贤所掩哉？'王悦，与宴谈而遣之。"习凿齿曰："向伯茂，可谓勇于蹈义也！哭王经而哀感市人，葬钟会而义动明主；彼皆忠烈奋劲，知死而往，非存生也。况使经、会处世，或身在急难，而有不赴者乎？故寻其奉死之心，可以见事生之情；览其忠贞之节，足以愧背义之士矣。王加礼而遣，可谓明达。"

会尝论《易》无互体、才性同异[1]。及会死后，于会家得书二十篇；名曰《道论》，而实刑名家也[2]，其文似会。初，会弱冠与山阳王弼并知名[3]。弼好论儒道，辞才逸辩；注《易》及《老子》。为尚书郎，年二十余卒。[一]

【注释】

〔1〕互体：《周易》研究的专门名词。在《周易》中。组成卦的基本符号是爻(yáo)：一是阳爻，一；一是阴爻，--。每三爻组成一个单卦，共有乾、坤、震、巽、坎、离、艮、兑八个单卦。八个单卦两两重叠组合，又可组成六十四个复卦，这就是《周易》中全部卦形。例如，其中的第三卦《屯》，即由下面的震卦与上面的坎卦组成。对于卦形所象征的事物，《周易》中的解释都以上下两个单卦为整体，如震象征雷，坎象征雨，所以《屯》卦的《象辞》说是"雷雨之动满盈"。但是，复卦中从下往上数的第二、三、四爻和第三、四、五爻又可构成另外两个单卦，而这两个单卦都兼有原来上下两个单卦的爻。比如前者就兼有下面单卦的上两爻和上面单卦的下一爻。上述两种单卦，因为是原上下两单卦交互组成的，所以称为原两单卦的互体。例如《屯》卦的互体就是坤卦、艮卦，分别象征地和山。汉代的经学有繁琐的趋势，所以《周易》的传习者都讲互体，越讲越复杂。魏晋之际，经学开始简明化，一些学者便提出《周易》没有互体的论断，钟会即是其中之一。他有《周易无互体论》三卷，《隋书》卷三十二《经籍志》一曾记录，今已亡佚。 才性同异：魏晋玄学的重要论题之一。主要讨论才能和品行的同、异、合、离四个问题。所以又称为"才性四本"。这一论题的出现，最初与现实政治有关。曹操用人主张"唯才是举"，不过分强调品行。曹魏后期司马氏专权后，则极力提倡礼法，实际上是把人才对自己是否忠诚的"品行"考察置于首要地位。与此相应，当时的论者分为两派。主张才性同、合的有傅嘏、钟会，他们是司马氏的支持者；主张才性异、离的有李丰、王广，他们都被司马氏杀死。 〔2〕刑名家：论述名理的学派。 〔3〕弱冠：二十岁左右的年纪。 山阳王弼：王弼是山阳郡高平(今山东济宁市东南)人，王粲的族孙。他和何晏同为魏晋玄学的奠基者。

【裴注】

〔一〕弼，字辅嗣。何劭为其传曰："弼幼而察慧，年十余，好《老氏》，能辩能言。父业，为尚书郎。时裴徽为吏部郎，弼未弱冠，往造焉。徽一见而异之，问弼曰：'夫无者，诚万物之所资也，然圣人莫肯致言，而老子申之无已者何？'弼曰：'圣人体无，无又不可以训，故不说也。老子是有者也，故恒言（无）〔其〕所不足。'寻亦为傅嘏所知。于时何晏为吏部尚书，甚奇弼，叹之曰：'仲尼称后生可畏。若斯人者，可与言天人之际乎！'正始中，黄门侍郎累缺。晏既用贾充、裴秀、朱整，又议用弼。时丁谧与晏争衡，致高邑王黎于曹爽，爽用黎；于是以弼补台郎。初除，觐爽，请闲；爽为屏左右，而弼与论道，移时无所他及，爽以此嗤之。时爽专朝政，党与共相进用，弼通俊，不治名高。寻黎无几时病亡，爽用王沈代黎；弼遂不得在门下，晏为之叹恨。弼在台既浅，事功亦雅非所长，益不留意焉。淮南人刘陶，善论纵横，为当时所推。每与弼语，常屈弼。弼天才卓出，当其所得，莫能夺也。性和理，乐游宴，解音律，善投壶。其论道：傅会文辞，不如何晏；自然有所拔得，多晏也。颇以所长笑人，故时为士君子所疾。弼与钟会善，会论议，以校练为家，然每服弼之高致。何晏以为圣人无喜怒哀乐，其论甚精，钟会等述之。弼与不同，以为：圣人茂于人者，神明也；同于人者，五情也；神明茂，故能体冲和以通无；五情同，故不能无哀乐以应物：然则圣人之情，应物而无累于物者也。今以其无累，便谓不复应物，失之多矣。弼注《易》，颍川人荀融难弼《大衍义》。弼答其意，白书以戏之曰：'夫明足以寻极幽微，而不能去自然之性。颜子之量，孔父之所预在，然遇之不能无乐，丧之不能无哀。又常狭斯人，以为未能以情从理者也，而今乃知自然之不可革。足下之量，虽已定乎胸怀之内；然而隔逾旬朔，何其相思之多乎？故知尼父之于颜子，可以无大过矣。'弼注《老子》，为之指略，致有理统。著《道略论》，注《易》，往往有高丽言。太原王济好谈，病《老》、《庄》，常云：'见弼《易注》，所悟者多。'然弼为人，浅而不识物情。初与王黎、荀融善，黎夺其黄门郎；于是恨黎，与融亦不终。正始十年，曹爽废，以公事免。其秋遇疠疾亡，时年二十四。无子，绝嗣。弼之卒也，晋景王闻之，嗟叹者累日，其为高识所惜如此。"

孙盛曰："《易》之为书，穷神知化；非天下之至精，其孰能与于此？世之注解，殆皆妄也；况弼以傅会之辨，而欲笼统玄旨者乎？故其叙浮义则丽辞溢目，造阴阳则妙颐无闲。至于六爻变化，群象所效；日时岁月，五气相推；弼皆摈落，多所不关。虽有可观者焉，恐将泥夫大道。"

《博物记》曰:"初,王粲与族兄凯,俱避地荆州。刘表欲以女妻粲,而嫌其形陋而用率;以凯有风貌,乃以妻凯。凯生业,业即刘表外孙也。蔡邕有书近万卷,末年载数车与粲。粲亡后,相国掾魏讽谋反,粲子与焉;既被诛,邕所与书,悉入业。业字长绪。位至谒者仆射。子宏字正宗。司隶校尉。宏,弼之兄也。"

《魏氏春秋》曰:"文帝既诛粲二子;以业嗣粲。"

评曰:王凌风节格尚[1],毌丘俭才识拔干[2],诸葛诞严毅威重,钟会精练策数[3]:咸以显名,致兹荣任。而皆心大志迂[4],不虑祸难;变如发机,宗族涂地。岂不谬惑邪!邓艾矫然强壮,立功立事;然暗于防患,咎败旋至[5]。岂远知乎诸葛恪而不能近自见[6],此盖古人所谓"目论"者也[7]。〔一〕

【注释】

〔1〕格尚:气度志向。 〔2〕拔干(gàn):突出。 〔3〕策数:策略心计。 〔4〕迂:不切实际。 〔5〕旋:很快。 〔6〕远知乎诸葛恪:指预料诸葛恪将有灾祸一事。 〔7〕目论:指对别人看得清清单而对自己却不能正确评价的言论。

【裴注】

〔一〕《史记》曰:"越王无疆,与中国争强。当楚威王时,越北伐齐;齐威王使人说越王,越王不纳。齐使者曰:'幸也,越之不亡也!吾不贵其用智之如目:目见毫毛,而不自见其睫也。今王知晋之失计,而不自知越之过,是目论也。'"

【译文】

王凌,字彦云,太原郡祁县人。叔父王允,任汉朝司徒,领头刺杀董卓。董卓部将李傕、郭汜等为董卓报仇,攻入长安,杀死王允，还诛灭他的全家。王凌和他的哥哥王晨，当时都还年轻，翻越城墙脱险，四处逃亡后回到家乡。后来他被举荐为孝廉，出任发干县县长，逐渐升到中山郡太守，所到之处都有政绩。

太祖曹操任命他为自己丞相府的下属。文帝曹丕即位，任命王凌为散骑常侍，又出任兖州刺史，和张辽等人一起到广陵讨伐孙权。到达长江后，夜里突然狂风大作，孙吴大将吕范等人的船只被吹到了北岸。王凌和众将官迎头痛击，斩杀敌人将领，缴获敌人船只，立下战功，被封为宜城亭侯，加授建武将军官职。

他转任青州刺史。汉末天下大乱，这时的青州海滨地区因受汉末大乱的影响，法制很不健全。王凌宣布政令实施教化，赏善罚恶，很有条理，老百姓都忍不住交口称赞。

他随从曹休征伐孙吴，在夹右与敌军遭遇，曹休军队失利，他拼死力战突出重围，使曹休免遭歼灭。他又先后转任扬州、豫州的刺史，都能得到当地军民的拥护。刚到豫州时，他表彰当地先贤的后代，访求没有出名的人才，下达了一系列指示和命令，表现出他美好的心意。起初，王凌和兖州刺史司马朗、豫州刺史贾逵友善，等他到了兖州、豫州当刺史后，又继承了他们在任时留下的美好声名和事迹。

正始初年，王凌任征东将军，持有节杖，指挥扬州各路军队。

正始二年(公元241)，孙吴大将全琮带领数万人马进攻芍陂。王凌率诸军迎战，与敌人争夺芍陂的水面，连日奋战，敌人终于退走。王凌因功晋封南乡侯，封邑一千三百五十户，又升任车骑将军，仪仗队的规格与三公相同。

当时，王凌的外甥令狐愚才能出众，正担任兖州刺史，驻扎在平阿县。他们舅甥俩都统领兵马，承担淮南边境要地的重任。王凌又就地升任司空。司马懿杀死曹爽后，即提升王凌为太尉，还授予节杖、斧钺。王凌、令狐愚秘密商议，认为继承帝位的齐王曹芳不适宜再当皇帝，而楚王曹彪年纪较大又有才能，想另立曹彪为皇帝，建都在许昌。

嘉平元年(公元249)九月，令狐愚派部将张式到白马县，探望曹彪并建立联系。王凌又派心腹侍从劳精到洛阳，对儿子王广述说他们的打算。王广说："废黜和拥立皇帝是一件大事，切勿成为祸事的带头人!"这年十一月,令狐愚又派张式去看曹彪,张式还未回来,令狐愚就病死了。嘉平二年(公元250),火星出现并停留在二十八宿中斗宿的位置上。王凌说:"斗宿中有星,预示要出现一位突然显贵的人物。"

嘉平三年(公元251)春天,孙吴出动大军堵塞涂水。王凌想借此机会开始行动,于是大规模动员军队,上奏朝廷请求讨伐孙吴入侵之敌,皇帝下诏不同意。王凌加紧策划,派部将杨弘把他的打算告诉兖州刺史黄华。不料黄华、杨弘却连名把此事报告给太傅司马懿。司马懿立即出动京城驻军由水路前往讨伐王凌,先下达赦免令,赦免王凌的罪行,又带着王凌的儿子尚书王广一起出发,让王广写信劝告父亲投降。大军突然到达百尺堰,对王凌形成极大的压力。

王凌自知大势已去,于是只身乘船来迎接司马懿,先派下属王彧前去认罪,并上交印绶、节杖、斧钺。大军进驻丘头,王凌赤裸上身让人把自己双手反绑站在河岸边。司马懿秉承皇帝的诏命,派主簿解开王凌的绳索让他穿上衣服,召见王凌,给予慰问,又还给王凌印绶、节杖、斧钺,指派六百步兵和骑兵把王凌送回京城。王凌走到项县,饮毒药自杀。

司马懿继续前进到扬州的治所寿春,张式等人自首。司马懿深入追究这一事件,曹彪被赐死,凡与此事有关的人物都诛灭三族。

朝廷大臣议论之后认为:"按照《春秋》的大义,齐国的崔杼、郑国的归生,都在死后被追加死刑,戮尸劈棺,这都记载在史籍上。王凌、令狐愚的罪行也应按照古代的法典处理。"于是挖开王凌、令狐愚的坟墓,劈开棺材,在邻近街市暴尸三天。又把他们的印章和绶带、官服一起烧掉,然后把裸露的尸体直接丢进墓坑草草掩埋。杨弘、黄华晋爵为乡侯。王凌的儿子王广很有志向,学问和品行都不错,被处死的时候四十多岁。

毌丘俭,字仲恭,河东郡闻喜县人。其父毌丘兴,黄初年间任武威郡太守,讨伐叛逆,安抚服从的人,开通河西地区,名声仅次于金城郡的太守苏则。因为讨伐叛乱的张进和少数族立下军功，他被封为高阳乡侯。又入朝担任将作大匠。

毌丘兴死后，毌丘俭继承父亲的爵位，并担任平原王文学。

平原王曹叡即位为明帝，毌丘俭为尚书郎，升任羽林监。因为是明帝的老下属，所以很受厚待。他出任洛阳典农中郎将，当时明帝下令征调农民修筑宫殿，毌丘俭上奏说："依愚臣看来，天下最急需消灭的是吴、蜀二贼，最急需实现的是丰衣足食。如果二贼不消灭，士兵百姓饥寒交迫，即使宫殿再高大华美，也还是没有益处的。"

后来他升任荆州刺史。青龙年间，明帝打算讨伐辽东的公孙渊，因为毌丘俭有才干和策略，调他任幽州刺史，加授度辽将军官职，持有节杖，并兼任护乌丸校尉。他率领幽州各军到达襄平，在辽隧扎下大营。右北平郡的乌丸族单于寇娄敦、辽西郡的乌丸族首领护留等人，以及汉族中从前追随袁尚逃奔辽东的将领，这时率领五千多人前来投降。寇娄敦派弟弟阿罗槃等到京城朝见天子并进贡，朝廷赐给同来的首领二十多人以侯、王名号，又颁发车马和彩色丝织品等作为奖赏。公孙渊出兵迎战，毌丘俭被打败，狼狈退回。

第二年，皇帝派太尉司马懿统领京城驻军及毌丘俭的幽州地方军队共计数万人讨伐公孙渊，一举平定辽东。毌丘俭因功晋封为安邑侯，封邑三千九百户。

齐王曹芳在位的正始年间，毌丘俭因为境外的高句丽国多次入侵边境，于是率领一万步兵和骑兵经过玄菟郡，兵分几路杀往高句丽。高句丽的国王位宫，率兵二万，进军沸流水的上游。两军在梁口展开一场激战，位宫连被打败，只好逃走。毌丘俭乘胜追击，用布包裹马蹄，又抬起车轮，越过险峻易滑的高山，直趋高句丽国的都城丸都。攻破丸都后大肆屠杀，斩首和俘虏的敌军数以千计。当初，高句丽国一个叫做得来的官员多次劝位宫不要与魏朝作对，位宫不听劝告。得来感叹说："眼见这里马上就要变成废墟了！"然后绝食而死，全国都认为他是一个贤人。毌丘俭到丸都后向部队下达命令：不许损坏得来的坟墓，不准砍伐他坟墓周围的树木。又把他被俘虏的妻子儿女，全部释放。位宫带着妻子儿女逃走，毌丘俭领兵回还。

正始六年(公元 245),毌丘俭再度讨伐高句丽,位宫望风而逃远远跑到买沟。毌丘俭派玄菟郡太守王欣追赶,穿过沃沮国又追了一千多里,直至肃慎国的南部边界,于是在石碑上刻下文字记述战功,先后在丸都的山上和不耐城中刻石立碑。总共斩杀和俘虏了八千多人,论功受赏,封侯的就有一百多人。毌丘俭又在当地开山修渠引水灌溉,老百姓受益不浅。毌丘俭升任左将军,被授予节杖,监督豫州各路军队,兼任豫州刺史。

之后他又转任镇南将军。诸葛诞在东关作战,失利,朝廷命令毌丘俭、诸葛诞二人对换职务:诸葛诞任镇南将军,指挥豫州各路军队;毌丘俭为镇东将军,指挥扬州各路军队。孙吴的太傅诸葛恪包围合肥新城,毌丘俭与文钦合力抵御。太尉司马孚统领京城驻军东下,赶来解围,诸葛恪才撤军。

当初,毌丘俭和夏侯玄、李丰有深厚友谊。扬州刺史兼前将军文钦,是曹爽的同县老乡,骁勇果断,粗暴凶猛,多次立下战功。但是他喜欢虚报俘虏的人数,以获取奖赏,而朝廷往往不给,因此文钦日益怨恨。毌丘俭想方设法笼络文钦,两人关系极为融洽。文钦对毌丘俭感恩戴德,忠心不贰。

正元二年(公元 255)正月,天空中出现了一颗大彗星,运行的轨迹有几十丈长,朝着西北方向一直移动到天边。开始出现的地方是古代吴、楚两国的对应星区,即二十八宿的女、翼、轸等三宿。毌丘俭、文钦十分高兴,认为这是自己的祥瑞征兆,于是假传皇太后的旨意,历举罪行声讨大将军司马师,又向各个郡国发布公文,宣布举兵反叛。他们胁迫淮南各营将士,以及官员百姓,都进入寿春城;在城西设土坛,歃血为盟之后,把老弱留下来守城,毌丘俭、文钦亲自统领五六万大军北渡淮河,向西推进到项县。毌丘俭在项县城中固守,文钦在城外游动作战。

大将军司马师出动京城内外的驻军讨伐,另外派诸葛诞率领豫州各路军队从安风津逼近寿春,征东将军胡遵率领青州、徐州的各路军队从谯县、宋县之间出击,以断绝叛军的退路。大将军司马师自己率兵驻扎在汝阳县,派监军王基统领前锋各军据守南顿县,等待迎击毌丘俭的部队。司马师命令各路军队在壁垒中固守,不要与对方交战。毌丘俭、文钦向前不能战斗,向后退回寿春又怕遭到袭击，进退两难，无计可施。而他们手下的淮南各军将士，家属都在北方，所以军心涣散，纷纷投降。只有淮南新近从孙吴来投降的农民愿意为他们效力。大将军司马师派兖州刺史邓艾指挥泰山等郡的军队一万多人到乐嘉，装作兵力弱小不堪一击的样子，以诱使毌丘俭、文钦出击，而自己则紧跟着带领主力大军从汝阳赶到。文钦不知是计，果然在夜间来袭击邓艾。等到天亮，才看见强大的主力军团就在面前，连忙撤回军队退走。

司马师派出精锐骑兵队追击，大破文钦，文钦落荒而逃。这一天，毌丘俭听说文钦战败，心中害怕；趁黑夜下令撤退，全军开始崩溃。退到了慎县，毌丘俭身边的士兵逐渐跑光了。他和小弟毌丘秀、孙儿毌丘重三人，藏在水边的草中。安风津都尉的部下张属，就地射死毌丘俭，把他的头颅用驿车送往京城，张属因此被封侯。毌丘秀、毌丘重二人向南逃到孙吴。凡是被毌丘俭、文钦所胁迫的将士，全都投降。

毌丘俭的儿子毌丘甸在朝中任治书侍御史，他提前得知毌丘俭将要举兵起事，于是悄悄带着家属逃到新安县境内的灵山上据守顽抗。后来被朝廷的军队攻克，因而诛灭了毌丘俭的三族。

文钦逃到孙吴，孙吴任命他为都护，授予节杖，同时担任镇北大将军、幽州牧，封为谯侯。

诸葛诞，字公休，琅邪郡阳都县人。是汉朝名臣诸葛丰的后代。起初他任尚书郎，出朝任荥阳县令，又入朝任尚书台吏部郎。尚书台吏部郎负责官员选任，他在职时人们常常来托人情推荐人选，他总是把别人嘱托的话公开说出来，然后才任用被推荐的人，以后这个人当官称不称职，他也在公开场合加以议论给予褒贬，从此官员们向他推荐人都很谨慎。经过多次升迁，他出任御史中丞、尚书，与夏侯玄、邓飏等人关系很好，在朝廷颇有名声，京城人士对他交口称赞。议论政事的官员认为诸葛诞、邓飏等人相互吹捧拉帮结派，传播虚名，此风不可长。魏明帝对此极为厌恶，削除了诸葛诞的职务。

明帝死，正始初年，夏侯玄等人都在朝任职，朝廷才又任命诸葛诞重任御史中丞、尚书，又出朝任扬州刺史，加授昭武将军的军职。

王凌密谋另立皇帝时，太傅司马懿暗中出动大军东下讨伐，任命诸葛诞为镇东将军，持有节杖，指挥扬州各路军队，封山阳亭侯。孙吴大将诸葛恪围攻东关，朝廷派诸葛诞统领大军迎战，结果失利。退还后，改任镇南将军。

后来毌丘俭、文钦反叛，派人来联络诸葛诞，让他召集豫州军民参与反叛。诸葛诞把毌丘俭、文钦派来的使者斩首，并发布公告把毌丘俭、文钦的阴谋公诸于世，让人们知道他们凶恶的叛逆行为。随后大将军司马师出兵平叛，命令诸葛诞指挥豫州各军，渡过淮河的安风津逼向寿春。

毌丘俭、文钦被打败后，诸葛诞率先抵达寿春。寿春城中有十多万人，听说毌丘俭、文钦失败，害怕被杀，都纷纷打破城门出逃，流亡到山间沼泽，有的干脆逃窜到孙吴。朝廷认为诸葛诞在淮南长久任职，又任命他为镇东大将军，仪仗队的规格与三公相同，指挥扬州各路军队。

孙吴大将孙峻、吕据、留赞等听说曹魏的淮南发生动乱，碰巧文钦又前往投奔，于是出动大军带着文钦直奔寿春。这时诸葛诞已经领先到达，吴军无法攻下城池，只得退兵。诸葛诞立即派手下部将蒋班追击，将留赞杀死，砍下头颅用驿车送往京城，又缴获了留赞的印章、绶带、节杖。诸葛诞因功晋封高平侯，封邑三千五百户，又转任征东大将军。

诸葛诞与夏侯玄、邓飏等人极为友好，又看到王凌、毌丘俭的家族先后被诛灭。深为恐惧不安，于是把公家仓库储藏的财物都拿出来赈济百姓以笼络人心，用优厚的待遇供养了一批支持者和扬州的侠客，共计数千人，作为敢死队的勇士。

甘露元年(公元256)冬天，孙吴打算进攻徐堨。当时诸葛诞所统领的兵力足以对付吴军，但他又请求朝廷派十万人马来帮助镇守寿春，又请求沿淮河修筑城池以防备敌人，其实他的内心是想保护淮南自己的地盘。

朝廷暗中了解到诸葛诞对朝廷已有疑惧，但考虑到他毕竟是一位老臣，想用征调他入京任职的办法来挽救他。

甘露二年(公元257)五月，朝廷正式征召诸葛诞入朝任司空。

诸葛诞接到诏书，更加恐慌，于是举兵反叛。他召集各军将领举行会议，然后亲自出府门，攻击不愿随从自己的扬州刺史乐綝，将其杀死。他聚集淮南淮北各郡县的十多万屯田官兵，又在扬州新近从孙吴来投奔的农民中选择出能够拿起武器的四五万人，储备了足够吃一年的粮食，闭城死守。另派长史吴纲领着自己的小儿子诸葛靓，到孙吴请求援救。

吴人得知后大喜，派将领全怿、全端、唐咨、王祚等人，统兵三万，悄悄与文钦一起接应诸葛诞，同时任命诸葛诞为左都护，持有节杖，担任大司徒、骠骑将军、青州刺史，封寿春侯。这时，镇南将军王基刚到，正指挥各军包围寿春，包围圈还没形成；唐咨、文钦趁机从城东北，凭借险峻的山势，率众冲进城中。

六月，大将军司马昭与皇帝一起东征，抵达项县。司马昭指挥京城内外的驻军二十六万，逼近淮河。司马昭本人驻扎在丘头，派王基和安东将军陈骞等四面合围，把寿春城包围了两层，包围圈的堑壕壁垒又深又高。他又派监军石苞、兖州刺史州泰等人，挑选并带领精锐兵马作为机动部队，防备孙吴部队进犯。文钦等人多次出兵冲击包围圈，都被迎头击退。

吴将朱异又率领大军来接应诸葛诞，渡过黎浆水；州泰等人在此阻击，多次打退吴军的进攻。吴军的主帅孙綝因为朱异出战不胜，一怒之下杀了朱异。这时寿春城中粮食日渐减少，外援又等不到，无依无靠。将军蒋班、焦彝，都是为诸葛诞领兵征战并出谋划策的亲信部下，这时也舍弃了诸葛诞，翻越城墙向司马昭投降。司马昭便使用反间计，将捏造的意外变故告知全怿等人，全怿等将领率领数千人马开门出来投诚。于是城中人人震恐，不知所措。

甘露三年(公元258)正月，诸葛诞、文钦、唐咨等大量制造进攻的器械，连续五六天不分昼夜向南强攻，企图突围而出。包围的军队从高处用发石车抛击石块，发射带火的箭烧毁攻城器械，石块和弩箭像雨点一般落下来，城中满地都是死伤的人，鲜血流满堑壕。诸葛诞等人只能又退进城去死守，城内粮食开始吃光，出城投降的前后有数万人。

文钦想把北方人全都驱赶出去，以便节省粮食，与孙吴人一起坚守。诸葛诞不接受这个意见，因此两人产生争执和怨恨。文钦素来与诸葛诞不和，只不过出于权宜之计而聚合，事情紧急时就更不相信对方。文钦去见诸葛诞商议军事，诸葛诞却趁机杀掉文钦。文钦的儿子文鸯、文虎领兵在小城中驻扎，听说父亲被杀，指挥部队赶去报仇，而他们的部下却不肯效力。于是文鸯、文虎独自逃走，投奔司马昭。

军中的执法官请求处死兄弟二人。司马昭下达指令说："文钦罪大恶极，处死也不能抵罪，他的儿子固然该杀；但是文鸯、文虎是在走投无路的情况下投降的，而现今城池还未攻下，杀了他们俩就会坚定城中官兵死守的决心。"于是赦免文鸯、文虎，又让他们带领几百名骑兵在城外沿城飞驰，同时向城中高喊道："文钦的儿子都没有处死，其他人还怕什么？"司马昭又上奏皇帝任命文鸯、文虎为将军，封关内侯。

城内的人因为高兴而蠢蠢欲动，加上日益饥饿，诸葛诞、唐咨等人真是力竭智穷。到这时司马昭开始亲自督阵，下令四面进攻，千军万马同时呐喊登城，而城内竟无人敢于抵抗。诸葛诞窘急万分，只好骑马带着侍卫队从小城门突围；大将军手下的司马胡奋率兵迎击，斩了诸葛诞。司马昭下令用驿车把诸葛诞的头颅送往京城，诛灭诸葛诞的三族。

诸葛诞的侍卫队有数百人，因为拒不投降被处死。他们都说："为诸葛公而死，死而无憾！"他得人心就达到如此程度。唐咨、王祚和各个副将都反绑起自己的双手投降，俘虏吴兵一万多人，缴获的武器和军用物资堆积如山。

当初大军包围寿春的时候，很多人都建议赶快强行攻城。司马昭却认为："寿春的城池坚固而守军人马众多，强攻必然费力很大；如果再有外援夹击，内外受敌，这是极其危险的。而今诸葛诞、文钦、唐咨三个叛将一起聚在孤城之中，上天好像要让他们一起接受死刑，我应当用万全之策束缚他们，安然坐着制服这些叛贼。"诸葛诞在甘露二年（公元257）五月反叛，三年（公元258）二月失败灭亡。大军按兵不动，挖深沟、筑高垒，而诸葛诞困守孤城，竟不用强攻而自破。

等到攻破寿春，很多人又认为："淮南地区多次出现反叛，被俘虏的一万多孙吴士兵的家属在江南，不能释放他们，应当全部活埋。"司马昭认为："古来用兵之道，以保全敌国民众为上策，只诛杀罪魁祸首而已；就算是将来孙吴士兵又逃跑回去，也正好向孙吴展示中原魏朝的宽宏大量啊。"于是他下令：吴军降兵一律不杀，把他们分开安置在京城附近的河东、河内、河南三郡居住。

唐咨本来是利城郡人。黄初年间，利城郡出现叛乱，叛军杀死太守徐箕，推举唐咨为首领。魏文帝派兵讨伐，唐咨逃到海上，又从海路逃到孙吴，官至左将军，封侯，持有节杖。诸葛诞、文钦被杀，唐咨也被活捉，三个叛将同时落网，天下拍手称快。投降的唐咨被任命为安远将军，其他投降的低级将领都得到官衔职位，连吴国人也心悦诚服。孙吴被魏朝的做法感动，也没有诛杀投降魏国的吴军将士家属。淮南的将士官民受到诸葛诞胁迫而参加叛乱的，只杀首恶，其余的全部赦免。还让文鸯、文虎兄弟收殓其父亲文钦的尸首，给他们提供车马，让他们运尸体回老家的祖坟安葬。

邓艾，字士载，义阳郡棘阳县人。从小就死了父亲。太祖曹操攻破荆州后，他迁移到汝南郡，为当地农民放牛。十二岁这年，邓艾随着母亲来到颍川郡，读到已故太丘县长陈寔墓前的碑文，其中有"文章是世间的典范，品行是士人的准则"这两句话，受到感动的邓艾就自己取名叫"范"，字"士则"。后来因为他的宗族中已有叫这个名字的，所以他又改用现在的名字。他开初被典农都尉举荐为好学之士，因为有口吃的毛病，不适宜做官府的办事员，只能担任在稻田看守稻草堆的小吏。同郡一个办事员的父亲怜悯他家贫穷，大力资助他，邓艾完全不表示感谢。每当他看到高山大湖，总是比比画画，考虑如果在这里打仗该在何处安营扎寨之类的军事问题，当时的人常常嘲笑他。

后来他担任典农中郎将的主簿、上计吏，得以出使朝廷拜见太尉司马懿。司马懿认为邓艾很不寻常，于是任命他作为自己府中的下属，后又升任尚书郎。

当时朝廷想大开荒地积蓄粮食，作为消灭孙吴的物资准备，于是派遣邓艾到陈、项等县以东地区直到寿春县进行巡察。邓艾认为："这一片地区虽然土地肥沃，可惜水少，不能够充分发挥土地的效益；应当开挖河渠，既可以引水灌溉，广积军粮，又能够开通漕运的水路。"于是写了一篇《济河论》来阐明自己的意图。

他又认为："从前太祖击破青州黄巾军之后，就推行屯田制度，在许都积聚了许多粮食以便征服和控制天下。而今东、北、西三方的局势已定，重大的战事都集中在淮南；每逢大军南征，用于运输物资的兵力就要超过总兵力的一半，人力和财力耗费巨大，成为百姓承担的一大劳役项目。而陈县、上蔡县之间，土地低平肥沃。我认为可以减省许昌周围的稻田，把这里用的河水集中起来引到下游的陈县、上蔡县之间灌溉土地。然后在淮河以北屯兵二万人，淮河以南屯兵三万人，按十分之二比例轮休，经常保持四万人，一面种田一面戍守边境。收成好的时候，产量将是许都地区的三倍。扣除各种费用，每年可以净余五百万斛粮食作为军事储备。六七年间，就能在淮河一线积蓄三千万斛粮食，足够十万军队吃上五年。凭借这些积蓄进攻孙吴，无往而不胜！"司马懿认为邓艾的建议极好，完全照他所说那样付诸实施。

正始二年（公元241），正式开始挖掘和拓宽漕渠，每当东南有战事发生，魏朝大军出动以后，就可以乘船而下，直达长江、淮河一带，不仅灌溉农田储积起粮食，而且消除了水害，这都出自邓艾的建议。

后来他出任征西将军郭淮的军事参谋，升任南安郡太守。

嘉平元年（公元249），他与征西将军郭淮一起抵御蜀汉偏将军姜维的进犯。姜维撤退后，郭淮借势向西袭击羌族人住地。邓艾说："敌军撤离后走得还不远，也许可能又杀回来，应当分兵防备，以免不测。"于是郭淮留邓艾驻守在白水的北岸。

三天以后，姜维果然派遣廖化从白水的南岸向邓艾营地逼近后扎营。邓艾对众将说："姜维突然反扑回来，我军人少，按照兵法他们应当强渡白水而不必建桥。这是姜维想让廖化来牵制我，使我们不能回撤。姜维本人一定会从东边袭击洮城。"洮城在白水以北，离邓艾的兵营有六十里。邓艾立即在当晚悄悄领兵回守洮城，姜维果然渡过白水发起偷袭，聿亏邓艾事先占据了洮城，才得以免遭失败。邓艾因此被赐给关内侯爵位，加授讨寇将军的军职。

　　不久他又升任城阳郡太守。当时并州境内的匈奴族左贤王刘豹，具有号召匈奴族五个分部的能力，五部实际上已合为一部。对此感到担忧的邓艾上奏朝廷说："那些匈奴人具有野心，不讲道义，强大时就侵犯边境，衰弱时就归附朝廷。所以周宣王时有狁犬入侵，汉高祖刘邦被匈奴包围在平城。每当匈奴强盛，都会成为从前王朝的大祸患。匈奴族的单于远居塞外时，朝廷对匈奴的上上下下就无法控制。所以太祖武皇帝才引诱匈奴的单于前来，把他扣留在邺县作为人质。从此之后西部的羌族失去匈奴的依靠，时合时分群龙无首。这都是因为单于留在内地，才使得辽阔万里的边境上少数族都遵从朝廷的法度。而今留在邺县的匈奴单于地位日益降低。而在外面的左贤王刘豹，声威却逐渐增大，对此我们不能不好生防备。听说刘豹的手下有人反对他，应当趁机将匈奴分割成两国，以削弱刘豹的势力。匈奴的右贤王去卑在汉朝曾保护过献帝立下功劳，但是他的儿子未能继承他的权位；可以赐给他儿子显贵的官号，让他驻守在雁门郡。分离匈奴的国家，以此削弱他们的势力，又对他们过去的功劳追加奖赏，这正是控制边疆的最好计策啊。"

　　他又上奏说："凡是西羌人在内地与汉民杂居的，应当逐渐把他们迁回边境地区，使之居住在内地民众的外围；这样才容易对内地民众进行重视礼义廉耻的教化，从而堵塞犯法作乱的途径。"当时大将军司马师刚刚辅佐朝政，对邓艾的建议多有采用。

　　后来邓艾调到他少年时曾经居住的汝南郡当太守。一到那里他就寻找从前接济自己的那位办事员的父亲，结果老人早就死了。于是他派人到坟前祭祀，赠给那位办事员的老母一批厚礼，又举荐他的儿子在本郡的计吏手下做事。邓艾在各地任职期间，荒野得到开垦，军民丰衣足食。

　　吴将诸葛恪围攻合肥新城，未能得手，只得撤退。邓艾因此对司马师说："孙权已死，而文武大臣对新君主并不忠心拥护；国内的著名世家大族，都拥有私家武装，他们凭借军队依仗势力，足以违抗朝廷命令。诸葛恪刚刚主持朝政，国内缺少有威信的君主。他不考虑如何安抚上下以便稳定基础，却忙着对外打仗，残酷驱使百姓，出动全国的兵力攻打合肥这座坚固的城池，死者数以万计，结果带着无穷的祸患狼狈逃回，这正是他承受罪过自取灭亡的时候。从前的伍子胥、吴起、商鞅、乐毅，都曾得到当时自己国家君主的重用，但是君主一死他们也就随之失败了。何况诸葛恪的才能还比不上上述四位贤能之士，处在危险当中竟然无虑无忧，他的败亡已是指日可待了。"诸葛恪回去后，果然被杀。

邓艾升任兖州刺史，加授振威将军的军职。他又上奏说："现今国家最急迫的事，就是发展农业和加强战备。国家富裕，军队才会强盛；军队强盛，作战才能取胜。可见发展农业，乃是取胜的根本。孔子说过'粮食充足兵力充足'的话，就把粮食的地位放在兵力的前面。如果朝廷不设立爵位之类的奖赏作鼓励，那么下面的官员就不会努力发展农业以积储财富。现今应当把对官员的政绩考核，集中在是否能积储粮食使百姓富裕上面，这样，就能断绝人事请托的途径，堵塞拉帮结派相互吹捧的根源。"高贵乡公曹髦即皇帝位，晋封邓艾为方城亭侯。

毌丘俭反叛，派遣使者给邓艾送去书信，想联合邓艾声讨司马师。邓艾杀死信使，日夜兼程进军讨伐，直奔乐嘉城，制造浮桥。随后司马师赶到，得以占据这一军事要冲。文钦因为后来才赶到，所以被大军击败在城下；邓艾乘胜追击到丘头，文钦只好逃奔到孙吴。孙吴的大将军孙峻等人率领号称十万人的大军，将要渡过长江入侵。镇东将军诸葛诞派遣邓艾据守肥水北岸。邓艾认为这里距敌军还很远，不是要害之地，于是自行决定转移到附亭驻扎，并派遣泰山郡太守诸葛绪等在黎浆阻击敌军，击退了对方。

这一年，邓艾被任命为长水校尉。又因为击溃文钦有功，被封为方城乡侯，代理安西将军职务。雍州刺史王经被蜀军围困在狄道，邓艾前往解救，蜀将姜维退守钟提。朝廷正式任命邓艾为安西将军，持有节杖，兼任护东羌校尉。

当时很多人认为姜维的军队已经精疲力竭，不会再发起进攻。邓艾却认为："我军新近在洮西的挫败，损失不小，军队溃散，将领被杀，仓库空虚，老百姓流离失所，几乎一败涂地。就现今的形势而言，敌人有乘胜追击的势头，而我方确实虚弱不堪，这是第一点。敌人上上下下相互十分熟悉，各种兵器十分锐利。而我方将领是刚更换的，士兵是新补充的，武器也都未能修复，这是第二点。敌人乘船前来，而我们靠双脚步行，敌逸我劳，这是第三点。狄道、陇西、南安、祁山四处军事要地，我们都要分兵把守，敌人可以集中力量专攻一点，而我方兵力必须一分为四，这是第四点。敌人进攻南安、陇西，可以征调羌族人的粮食，如果向祁山进军，那里上千顷的麦子已经成熟，正好作为军粮补给，这是第五点。敌人一向有狡诈的计谋，必将再度发起进攻。"

不久，姜维果然向祁山进犯，听说邓艾已有防备，于是退回来从董亭直取南安郡。邓艾据守武城山与对方相持。姜维出兵争夺险要地形，未能得手；当天夜晚，他渡过渭水向东进发，沿着山路推进到上邽县。邓艾在段谷与姜维展开激战，把对方打得大败。

甘露元年(公元256)皇帝下诏褒奖邓艾说："逆贼姜维连年入侵，边境各族百姓出现骚动，西部地区不得安宁。邓艾筹划有方，忠诚勇敢，斩杀敌将数以十计，消灭敌兵数以千计，使大魏的国威震动了巴、蜀故地，武力显扬在长江、岷江。现今任命邓艾为镇西将军，指挥陇右各路军队，晋封邓侯。从他的封邑中分出五百户，封他的儿子邓忠为亭侯。"

甘露二年(公元257)，邓艾在长城抵御姜维入侵，姜维退还，邓艾升任征西将军，前后增加封邑总计有六千六百户。

景元三年(公元262)，他在侯和攻破姜维，姜维只好退到沓中固守。

景元四年(公元263)秋天，皇帝下诏动员各路军队伐蜀，由大将军司马昭部署指挥全军，令邓艾出兵牵制姜维，令雍州刺史诸葛绪截断后路，使姜维无法退回。邓艾派天水郡太守王颀等人直接进攻姜维军营，陇西郡太守牵弘等人拦截姜维前方的道路，金城郡太守杨欣等人赶往甘松。姜维听说魏将钟会统领的主力军团已进入汉中，立即率领全军撤退。杨欣等人跟踪追到强川口，发起攻击，姜维败退。姜维得知雍州刺史诸葛绪已经在前面截断去路，屯兵在桥头，于是从孔函谷向北，想从诸葛绪的后面退走。诸葛绪得知消息，立即退回三十里再度堵截。姜维从北面的道路走了三十多里，听说诸葛绪退回，立即又掉转头来走原路，从桥头经过。诸葛绪赶忙又奔回桥头拦截，可惜差一天没能追上。姜维向东撤回，扼守剑阁。钟会进攻姜维无法攻克。

邓艾上奏说："现今敌军大受挫折，应乘胜追击。从阴平沿小路经汉代的德阳亭可以直趋涪县，在剑阁西面一百多里处南下，距成都只有三百多里，请求派一支精兵走这条路出其不意冲击敌方的心脏成都。这样，姜维一定要引兵退守涪县，钟会即可长驱直入。如果姜维死守剑阁不退，那么守在涪县对付我们的敌军就不多了。《孙子兵法》上说：'攻其无备，出其不意。'现今如果由小路进攻其空虚之地，击破敌军是肯定无疑的了。"

这年十月，邓艾从阴平出发，在荒无人烟的山区跋涉七百多里，凿山开路，架设栈道，山高谷深，极为艰险，加上粮食运输断绝，几乎面临灭亡的危险。邓艾率先用毛毡裹住自己的身体，从山上滚着下来。众将士都攀着树木紧贴悬岩，一个挨一个地前进。先锋抵达江由时，蜀军守将马邈率军投降。

蜀国卫将军诸葛瞻从涪县退守绵竹，排开阵势等着阻击邓艾。邓艾派自己的儿子邓忠等人率兵进攻对方右翼，司马师纂等人率兵进攻对方的左翼。但是邓忠、师纂二人出击均告失利，退回来说："现在还不能发起攻击。"邓艾大怒道："生死存亡，在此一举，还说什么能不能！"痛骂邓忠和师纂，要把二人斩首示众。二人赶紧又率兵死战，结果大败蜀军，砍下诸葛瞻和蜀国尚书张遵等人的脑袋，继续向南进军到雒县。

刘禅派使者献上皇帝的玉玺和绶带，写信向邓艾投降。邓艾挥兵到达成都，刘禅率太子、亲王和群臣六十余人，双手反绑，抬起棺材来到邓艾军营的大门正式投降。邓艾手持节杖，命令左右的人替刘禅等解开绳索，烧掉棺材，接受他们的投降而免于处死。同时他又约束军队将士，不准抢掠百姓，派人安抚投降的士兵，让他们回家重操旧业，蜀国的百姓都交口称赞。

他又自行决定依照过去东汉邓禹的事例，以皇帝的名义任命刘禅为代理骠骑将军，刘禅的太子为奉车都尉，刘禅的其他各个皇子为驸马都尉，蜀国的官员都根据其品级的高下任命为魏朝官员，有的还兼任邓艾的下属。又委派师纂兼任益州刺史，陇西郡太守牵弘等人兼任蜀国各郡太守。又在绵竹堆积敌人的尸首，封土垒成高堆，以显示战功。魏国士兵阵亡者，也与蜀兵一起埋葬。

这时的邓艾变得非常骄傲自夸，他对蜀国的士大夫说："诸位全靠碰到我邓某人，所以才有今天。如果遇上像吴汉一类的残暴家伙，你们早被杀掉了。"又说："姜维自然算得上是一时的英雄，只是因为与我相遇，所以陷入困境了。"有见识的人听了无不暗中讥笑他。

十二月，皇帝下诏说："邓艾显示国威运用武力，深入敌境，斩将拔旗，消灭凶恶的首领，使得冒用皇帝称号的人跪在地上而颈系绳索，多年逃脱诛罚的罪人，一下子就遭到了惩处。出兵还不到三个月，作战也用不到一整天，就席卷敌境，平定巴蜀。即使是从前白起攻破强大的楚国，韩信击败劲悍的赵国，吴汉擒杀公孙述，周亚夫镇压七国叛乱，论起功勋的大小和成就的完美来，都不能与邓艾相比。现在提升邓艾为太尉，增加封邑二万户。封他的两个儿子为亭侯，各赐封邑一千户。"

邓艾向司马昭写信说："用兵有时要张扬声势，然后发动实实在在的进攻。现今借助平定西蜀的声势进攻孙吴，吴人惊恐，正是横扫江南的大好时机。但是大举用兵之后，将士都已感到十分疲劳，不能马上动兵，暂且歇歇再说。可以在益州留下我们带来的士兵二万人，投降的蜀兵二万人，在这里煮盐炼铁，为军事和农业打基础。同时大量建造舟船，预先做好日后顺长江东下讨伐孙吴的准备；然后派使臣到孙吴告知形势晓以利害，吴人一定会举手投降，这样就不用征讨而可以平定孙吴。而今应当厚待刘禅以便招引吴主孙休来归顺；安抚蜀地的军民以吸引江南百姓。如果立即把刘禅送到京城，孙吴的人将会认为他遭到流放，这对于鼓励他们归顺实在不利。应当暂时留下刘禅，等到明年秋冬，到了那时孙吴也完全可以平定了。我认为可以封刘禅为扶风王，赐给他财物，以供养左右侍从。扶风郡内有董卓早先修的郿坞，可以作为他的王宫。封他的儿子为公侯，以扶风郡中的县作为封邑，用以显示大魏朝廷对归顺者的恩宠。开放广陵、城阳两郡的海岸，以待吴人乘船来投诚。这样，孙吴对大魏畏惧威力感念恩德，必将望风归顺了。"

司马昭得信后立即让监军卫瓘告诫邓艾说:"你所写的建议应当等待朝廷的批复,不得擅自实施!"

于是邓艾又写信给司马师说:"我受命征讨,敌军首领已经投降;至于我以皇帝的名义封授蜀人的官职,以安抚刚归附的人,我认为是合乎时宜的。而今蜀国全部官兵百姓都已归顺,其疆域的南端已经到达南海,东边则与孙吴接壤,应当早日安定局面。如果等待朝廷的批复,路途往返,必然耗费时间。《春秋公羊传》曾说过:'大夫出使到了国境之外,如果遇到可以安定朝廷、有利国家的事,自行决定是可以的。'而今孙吴没有降服,地势与蜀国相连,不应当拘守常规而失去时机。兵法上说,前进不是为了谋求名誉,后退也不逃避罪责。我邓艾虽然没有古人的节操,但是不会因为有可能招致嫌疑而损害国家的利益。"

钟会、胡烈、师纂等都相继报告邓艾的所作所为,认为他违抗命令,反叛的征兆已经形成。于是皇帝下诏:把邓艾用囚车押送回京城。

邓艾父子被囚禁后,钟会进驻成都,先送走邓艾,然后举兵反叛。钟会不久被杀,邓艾的部下将士追上邓艾的囚车,将他接回。卫瓘派田续等将领带兵阻截邓艾,在绵竹县西边相遇,将邓艾斩首。邓艾的儿子邓忠也同时被杀,其余的儿子在洛阳的也被处死。邓艾的妻子和孙儿被流放到西城县。

当初,邓艾将要出兵伐蜀时,梦见自己坐在山上而有流水。他问殄虏护军爰邵是什么预兆,爰邵说:"按《周易》的卦象,山上有水是《蹇》卦。《蹇》卦的卜辞说:'《蹇》卦利于西南,不利于东北。'孔子的解释说:'《蹇》卦利于西南,所以前往西南会立功;不利于东北,所以转往东北将面临穷途末路。'此番您前往西南讨伐蜀国必定大胜,然而向东北回转则有可能回不来了!"邓艾茫然失望,闷闷不乐。

泰始元年(公元265),晋朝建立,武帝下诏说:"从前太尉王凌密谋废黜齐王曹芳,而齐王最终确实未能保有帝位。征西将军邓艾夸耀自己的功劳,丧失了臣下的节操,真是应当处以死刑;但是他接到诏书的时候,遵命遣散部下,束手认罪,与那些贪图活命挺而造反的人,确实又不一样。现今王、邓二人的家属得到大赦可以从流放地回转家乡，如果他们没有子孙，可以允许选立继承人，使祭祀礼仪不致断绝。"

泰始三年（公元267），议郎段灼上疏为邓艾申诉说："邓艾忠心耿耿而至今仍背着反叛的罪名，平定巴蜀却反遭诛灭的灾祸，为臣我私下为他悲伤。可惜啊，竟然说邓艾要反叛！邓艾性情刚直急躁，随便冒犯上司和下级，不能团结朋友，所以没有人肯替他申诉。为臣我现在斗胆陈述邓艾不是谋反的理由。从前姜维有攻占陇右的志向，邓艾认真处理政事，加强战备，积蓄粮食，训练军队。碰上大旱，邓艾推行区种的耕种方法，身穿黑色的农民衣服，手拿农具，为将士做表率。上行下效，无不尽力耕田。邓艾持有节杖守卫边疆，统辖的人马数以万计，而能不怕忍受奴仆贱民才会受到的劳苦，从事士兵百姓才承担的工作，如果不是忠勤尽节，谁能这样做呢？所以在落门、段谷的两次战役中，邓艾都能以少胜多，击溃强敌。先帝知道可以委他以重任，所以每次作战前都要他在朝廷制定好克敌制胜的策略，并且要他跨马领兵出征。邓艾一接受任务就忘记了自己的安危，把马蹄包裹，把车轮抬起，翻山越岭深入充满死亡危险的蜀国后方，勇敢的气概直冲云天，手下的将士乘胜猛攻，迫使刘禅君臣反绑双手屈膝投降。这时邓艾已经功成名就，本人可以载入史册，子孙永享富贵的福分，他这个七十岁的老翁，谋反又想得到什么呢？邓艾确实仗恃了君主养育的恩德，心中不避嫌疑，假传皇帝的命令，封拜蜀国君主的官职，以暂时安定敌国秩序；虽然这违背了朝廷的常规，但也与古人所讲的道理相合，推究其本心，还是可以饶恕的。钟会妒忌邓艾的威名，捏造罪名加害邓艾。忠心耿耿反而受诛杀，老老实实反而受怀疑，头颅悬挂在马市，儿子全部丢了性命。看见这种惨状的人无不流涕，听到这场悲剧的人无不叹息。陛下代魏称帝，表现出宽宏的气度，丢开嫌疑和忌讳，连死刑犯的家属，也不拘常规给以任用。从前秦国百姓怜悯白起无罪被杀，吴国人民伤悼伍子胥蒙冤而死，都为他们建立祠庙。现今天下的百姓为邓艾伤心遗憾，也就像这种情形。为臣认为：邓艾身首分离，丢在荒野，应当为他收敛尸骨，归还他的田产住宅；按平定蜀国的功劳，重新封给他孙儿爵位；并盖棺论定追加邓艾谥号，使他死而无憾。赦免黄泉之下的冤魂，使后世都知道圣朝的信义。埋葬一人而使天下人钦慕陛下的德行，为一个冤魂平反而使天下人佩服陛下的仁义，这样做并不费力却能得到大众的欢心啊。"

泰始九年（公元 273），晋武帝下诏说："邓艾立有功勋，束手认罪而不逃避刑罚。而他的子孙却沦为平民和奴隶，朕常常怜悯他们。可以任命他的嫡孙邓朗为郎中。"

邓艾在西部战区镇守时，大力修筑城墙堡垒，以及居民区周围的防御性设施。泰始年间，羌人大规模叛乱，多次杀死刺史，凉州交通断绝。那些安全活下来的官兵百姓，全都依靠了邓艾修筑的城堡壁垒进行坚守才得以幸存。

邓艾的同州老乡南阳郡人州泰，年龄和邓艾相当，也喜欢建功立业，善于用兵打仗，官做到征虏将军，持有节杖，指挥江南各路军队。景元二年（公元 261）州泰去世，朝廷追赠他为卫将军，谥为壮侯。

钟会，字士季，颍川郡长社县人。是太傅钟繇的小儿子。少年时聪敏早慧。中护军蒋济曾发表议论，说是"看了一个人眼中的瞳仁，就足以知道他是一个什么样的人。"钟会五岁时，钟繇让他去见蒋济，蒋济很器重他，说："这个孩子很不寻常。"钟会长大后，多才多艺，知识广博而精通名理学，夜以继日钻研学习，因此而著名。

正始年间，他出任秘书郎。升任尚书侍郎、中书侍郎。高贵乡公曹髦即帝位，封钟会为关内侯。

毌丘俭造反时，大将军司马师率军东征平叛；钟会随从，负责处理机要文书。卫将军司马昭领兵作为大军的后援。

司马师在许昌突然病死；司马昭统领全军，钟会帮他出谋划策。当时天子从宫中发布诏书给尚书傅嘏，说是因为"东南的叛乱刚刚平定，暂且留下卫将军司马昭屯兵许昌，以便对内拱卫京城对外控制地方，命令傅嘏率领各路军队返回洛阳。"

钟会与傅嘏密谋，由傅嘏上奏天子，说"为臣自行做主与卫将军司马昭一起返回。"到达洛阳南郊的雒水南岸扎营。天子只好任命司马昭为大将军，辅佐朝政。钟会升任黄门侍郎，被封为东武亭侯，封邑三百户。

甘露二年(公元257)，朝廷征召诸葛诞入朝任司空。当时钟会在家为母亲服丧，估计诸葛诞一定不会听命，于是驰马报告司马昭。司马昭认为公文已经下达，不便追改。诸葛诞反叛，皇帝亲征住在项县，司马昭指挥大军前往包围寿春，钟会再次从行。

起初，孙吴大将全琮，是孙权的女婿和重要官员。全琮的儿子全怿、孙子全静、侄儿全端、全翩、全缉等人，一齐领兵来援救诸葛诞。全怿哥哥的儿子全辉、全仪留在吴国都城建业，因和家里人争吵，两兄弟携带母亲及私兵几十家，渡过长江，投降司马昭。钟会趁机提出一条计策，即秘密替全辉、全仪写一封信，派遣全辉、全仪的亲信拿着信溜进被包围的寿春城中，报告全怿等人，说孙吴朝廷对全怿等不能把诸葛诞及时从寿春解救出来很是愤怒，准备把参战将领的家属全部处死，所以我们才渡江投降魏朝。全怿等人看到信后信以为真，非常害怕，带领下属部队打开东门出降，都受到优厚的封赏，从此城中的守军开始瓦解分离。在攻破寿春的过程中，钟会出谋最多，因此日益得到司马昭的宠信厚待，使得当时的人把他比作西汉的著名谋臣张良。

大军凯旋后，他被任命为太仆，坚决辞让不受。后来以中郎的身份在大将军府任记室，成为司马昭的心腹。因为讨伐诸葛诞的功劳，钟会晋封为陈侯，也一再辞让不受。皇帝下诏说："钟会负责军务，参与策划，克敌制胜，有贡献谋略的功绩。然而他不受封赏一再谦让，言辞和心意恳切诚实，前后多次，志向难以改变。不居功自傲，是古人也重视的品德。可以听从钟会的志愿，成全他的美德。"

不久他升任司隶校尉，虽然司隶校尉是地方行政系统的官职，但是当时政治的改革，官职爵位的给予和剥夺，钟会无不参与决定。嵇康等人被杀，就是钟会出的计谋。

司马昭因为蜀将姜维多次侵扰西部边境，估计蜀国土地狭小，百姓疲惫，物力和人力都将要枯竭，想大举出兵伐蜀。朝臣中只有钟会认为蜀国可以攻取，于是预先与司马昭共同研究地形，分析局势。

景元三年(公元262)冬天，朝廷任命钟会为镇西将军，持有节杖，指挥关中各路军队。司马昭命令青州、徐州、兖州、豫州、荆州、扬州等地建造战船，又命令唐咨建造航海用的大船，装出将要向南进攻孙吴的样子。

景元四年（公元263）秋天，朝廷下诏派邓艾、诸葛绪各统领三万多人马，邓艾向甘松、沓中等地进军以牵制姜维指挥的蜀军主力军团，诸葛绪向武街、桥头等地进军以截断姜维的退路。钟会再统领十多万主力军，分别从斜谷、骆谷向南进入蜀国辖境。

钟会先派牙门将许仪在前面修路，自己率大军在后，过桥时桥板断裂，马蹄陷了下去。钟会立即下令把许仪斩首。许仪是勇将许褚的儿子，许褚曾为朝廷立下过汗马功劳；钟会也不加原谅。各路军队听到消息，无不震恐。蜀国面临对方的大举进攻，命令各个防守营垒的军队都不要出战，全部退到汉城、乐城两处主要据点固守。曹魏的魏兴郡太守刘钦又从子午谷进兵，各路军队齐头并进，穿过秦岭进入汉中。蜀国的监军王含扼守乐城，护军蒋斌扼守汉城，各领五千人马。钟会派护军荀恺、前将军李辅各自统领一万多人，由荀恺去围攻汉城，李辅去围攻乐城，钟会自己则径直率领大军向前推进。他在西出阳安口时，特别派人去祭扫诸葛亮的坟墓。他派护军胡烈等将打前阵，攻破关城，获得仓库中储存的大批粮食。这时姜维从沓中回撤，到达阴平后，纠集兵力，想赶往关城扼守；还未到达，听说关城已经陷落，于是向又白水方向撤退，与蜀将张翼、廖化会合后固守剑阁抵御钟会。

这时钟会向蜀国的将领、官员、士兵、百姓发出公开文告，文告说：

过去汉朝国运衰微，天下分崩，活着的人民，几乎全部死光。太祖武皇帝具有非凡的军事才能，英明聪慧，拨乱反正，拯救了行将崩溃的王朝，重新建造国家。高祖文皇帝承受天命顺应民心，受禅称帝。烈祖明皇帝继承先辈再度散发光辉，扩展宏伟的事业。不过在魏国江山之外，还存在着不同的政权和风俗，四海之内的平民百姓，并没有全部受到大魏王朝的教化，这是上述三位先帝念念不忘和深感遗憾的事。

现今的天子具有圣明的品德，继承并光大前辈的事业；而执政大臣又忠诚严肃，明智守信，为王朝大业忘我操劳，宣布政令给予恩惠而使全国各地团结和睦，对少数族广施仁德而使遥远的肃慎国也来朝见进贡。可怜你们巴蜀的百姓，独独至今还受到非人的对待，承受着没有止境的劳役。因此，朝廷才出动大军，恭敬执行上天的诛罚：征西将军邓艾、雍州刺史诸葛绪、镇西将军钟会等各支军队，兵分五路齐头并进。古代人用兵，主张以仁慈为根本，以道义为规矩；圣明君主的军队，虽然出动征伐却避免交战屠杀；所以当有苗族不服从时，虞舜致力于搞好内政没有动用武力，只在殿堂上象征性舞动一下盾牌和长斧，有苗族就归顺了；而周武王攻灭殷朝时，也把纣王聚敛的钱财、粮食发放给当地百姓，还在殷朝贤臣商容居住的街巷设置标记，以示表彰。而今镇西将军我，承受朝廷命令，统领征蜀大军，有心遵循先用文德告喻敌方民众的古训，以拯救黎民百姓的生命，并不想滥用武力大肆屠杀，以求获得暂时的满足，所以才大略向你们分析形势的安危，你们要恭恭敬敬听我的话。

想当初益州的先主刘备，具有非凡的才能，最初在北方起兵，后来在冀州、徐州困窘受挫，受制于袁绍、吕布之手；太祖武皇帝慨然拯救他，和他结为友好。后来他背叛太祖，抛弃共同的目标另走不同的道路。此后，诸葛亮频繁出兵，打主意占据秦川。姜维接着也多次进攻陇右地区，扰动我边境，侵夺我氐族、羌族百姓。只不过因为国家正多变故，所以没有来得及出动大军进行讨伐。而今边境安定，国内太平，朝廷积蓄力量等待时机，决定在目前会合大军集中讨伐蜀国。而蜀国不过凭借一个州的人力，还要分兵守卫各处，显然难以抵御全国的堂堂大军。你们的军队因在段谷、侯和被打得大败而沮丧悲伤，更难以对抗我堂堂阵势。再说近年以来，你们不断出兵没有一年安宁，士兵和民夫疲劳不堪，也难以和我们自愿赶来帮助朝廷大军的百姓相比。这些情况诸位都是亲眼所见啊。战国时蜀国的国相陈壮被秦国擒杀，后来割据益州的公孙述也被汉朝军队砍下头颅，可见全国最险要的地方，并不是某一姓的统治者能永远占据的。这些事例诸位也都非常清楚。明智的人能在危险还未显露的时候看到它，也能在祸患还未萌生的时候预见到它。所以微子离开商朝，就能长久充当周朝的宾客；陈平背弃项羽，就能在汉朝建立功业。他们怎么会贪恋眼前的安乐，守着那一点俸禄而固执不变呢？

现今大魏朝廷施加像天空一般广大的恩典，执政大臣表现出宽厚容忍的德泽，先施恩德后加诛灭，喜欢生命厌恶屠杀。此前吴将孙壹带领部下前来投诚，被授予高官，得到特别优厚的赏赐。文钦、唐咨本是国家的大祸害，背叛君主，报效贼党，投降之后依然成为领兵将军，而唐咨现今还参与国家政事。孙壹等人窘迫无奈才来投降，也还得到重赏，何况诸位是贤能明智见机而作的人啊！如果确实能深刻认清成败，断然脱离伪政权，追随微子的足迹，模仿陈平的范例，那么就能得到古人那样的福分，福庆还能传给后代。蜀国的百姓民众，安居乐业，农民不必逃到别的地方去耕种，市场也不需移动商店的位置，永享平安幸福，这难道不好吗？

如果偷安一时，迷途不返，大军一旦发起进攻，玉石俱碎，到那时才后悔，也就来不及了。你们要好生比较利害，自己谋求幸福，各人还要把这篇文告向大众宣布，让全体人民都知道。

邓艾追赶姜维直至阴平，在这里挑选精锐士兵，想从汉代的德阳亭进入江由、左担道，到达绵竹，直趋成都，他让诸葛绪与自己一起前行。诸葛绪因为自己本来只受命拦截姜维，朝廷的诏命并没有要自己向西进发，所以与邓艾分手转而进军白水，与钟会会师。钟会派将军田章等人率军从剑阁的西面直插江由。在距江由还有一百里处，田章率先攻破蜀国的三支伏兵。这时邓艾已率军推进到江由，他让田章充当前锋，长驱直入。

钟会与诸葛绪的部队抵达剑阁时，钟会想独占军权，秘密向朝廷报告，说诸葛绪畏缩不前，朝廷下令把诸葛绪用囚车押运回京城。进攻剑阁的各路军队都归钟会统领之后，他的进攻却没有得手，只得往后撤退。蜀军凭借险要地形继续坚守。

这时邓艾的军队却迅速向前推进到绵竹，经过激烈战斗，临阵斩杀蜀军大将诸葛瞻。姜维等人听说诸葛瞻已被打败，只得放弃剑阁率领部下向东转移到巴西郡。钟会迅速乘虚南下到达涪县，同时派遣胡烈、田续、庞会等将领去追击姜维。邓艾逼近成都，刘禅向邓艾投降之后，又派人指示姜维等人向钟会投降。姜维走到广汉郡的郪县，才命令手下将士放下武器，把自己的节杖和官员身份证件送给胡烈，自己迅速走东面的道路去向钟会投降。

钟会上奏朝廷说："贼将姜维、张翼、廖化、董厥等人侥幸逃脱，想窜回成都。为臣我自行决定派遣司马侯咸、护军胡烈等部，经由剑阁，赶往新都、大渡等地，拦截敌人的去路；参军爰彰、将军句安等部则在后追击；参军皇甫闿、将军王买等部从涪县以南冲击敌军的腹部；我则占据涪县作为东西两路的支援。姜维等人所统领的步兵、骑兵四五万人，穿起铠甲磨利兵器，布满河川和山谷，首尾相接绵延数百里。他们仗恃人多势众，车辆并行着向西撤退。我指示夏侯咸、皇甫闿等人，要他们分兵占据有利地势，张开罗网，南边截断他们逃往孙吴的通道，西边堵塞他们撤回成都的退路，同时防止他们从北边的小路溜走，四面包围，前后并进，使敌军无路可走，无地可藏。为臣我又亲自书写文告进行劝说，指出生存之路。敌人逼得没有办法，知道气数已尽，只得解甲投戈，把自己绑起来请求投降，缴获敌军的官印数以万计，军事物资和武器堆积如山。从前虞舜挥舞盾牌和长斧，有苗氏自动降服；周武王伐纣到达牧野，商朝军队纷纷倒戈投诚；出兵征讨而避免交战屠杀，这是古代帝王的伟大业绩。保全敌国为最好，攻破敌国为其次；这都是用兵的法典。陛下具有圣明的品德，能够与从前帝王的伟大事迹媲美。执政大臣忠诚明智，比得上周朝的周公。你们养育百姓，讨伐不义之徒，少数族也倾慕教化，没有人不想归顺。这次大军出动还不满三月，兵不血刃，就使万里归心，九州一统。为臣我自行决定宣传诏命，施加恩惠，恢复蜀地秩序，安抚其百姓，免去租赋，减轻劳役，以道德和礼仪教育他们，以法令规章训练他们，从而移风易俗，百姓欢欣鼓舞，人人安居乐业。就是古代人民企盼仰慕商汤的情景，也超不过现今蜀地的实况啊。"

于是钟会下令禁止将士抢掠；接待蜀地官吏时，虚心劝导，和姜维的关系极为友好。

十二月朝廷下诏说："钟会所向披靡，一往无前，钳制各城，包围逃敌，蜀军元帅，束手投降，制定谋略，从无失误，一旦行动，必定成功。总计他歼灭和收降的敌人，动辄数以万计，大获全胜，不费刀兵。开拓平定西方，使得边疆从此太平无事。现在提升钟会为司徒，晋封县侯，增加封邑一万户。封他的两个儿子为亭侯，封邑各一千户。"

钟会怀有割据蜀地举兵反叛朝廷的野心。他借邓艾以皇帝名义擅自行事之机，秘密告发邓艾有造反迹象，于是朝廷下令用囚车押送邓艾回京城。司马昭怕邓艾有可能抗命不从，命令钟会等人一同进军成都，由监军卫瓘打前阵，拿着司马昭的手令通告邓艾部下。邓艾的部下都放下武器，把邓艾顺利关进囚车。钟会所畏惧的只有邓艾，邓艾被捕后钟会接着到达成都，独自统领全军，威震蜀国故地。

他自以为功名盖世无双，不可能再屈居人下；加之猛将精兵都控制在自己的手中，所以密谋反叛。他想派姜维等人带领原来的蜀军充当先锋由斜谷北进关中，自己统率大军随从在后。到了长安以后，再命令骑兵走陆路，步兵走水路顺着渭水东下进入黄河，估计五天就可以抵达孟津，与骑兵会师洛阳，一下子就能取得天下。恰巧在这时他收到司马昭的信，信上说："我担心邓艾有可能不服命令，现今派遣中护军贾充率步兵和骑兵一万余人进入斜谷，屯兵乐城，我亲自率十万大军驻扎长安，我们相见的时间不远了。"钟会看完信后，大吃一惊，赶忙把亲信叫来说："只抓邓艾，司马昭知道我完全可以独自办到。此番他带来的军队多得异乎寻常，必定是觉察到我有异心，应当迅速行动。大事成功，可以得天下；不成功，退回死守蜀汉，还可以像刘备割据一方。我自淮南之战以来，计划从无失误，四海闻名。我带着这么大的功劳和名声，哪能有更好的归宿呢？"

钟会在景元五年（公元 264）正月十五日到达成都。第二天，召请所有护军、郡太守、牙门将、骑督以及更高级别的文武将官，包括蜀国的官员，在蜀国的朝堂为刚死的郭太后举行哀悼仪式；并假传皇太后遗诏，说是要钟会起兵废除司马昭，并把假诏书给在座者传观，逼使他们一一签署意见。同时在专门的木板上书写任命书，委派亲信率领各路军队。他所请来的官员，都被关在原蜀汉朝廷内各个分支机构的房屋中，城门和皇宫门全部关闭，派兵严加看守。钟会的随从武官丘建，原来是胡烈的下属，胡烈把他推荐给司马昭，钟会又要他跟随自己伐蜀，很是信任喜爱他。丘建可怜胡烈独坐斗室，就报告钟会，说服他同意派一名原来服侍胡烈的亲兵为胡烈送饭送水，其他的牙门将也按例配备了一名亲兵。胡烈立即编造了一通谎言，告诉这名亲兵，还把这写在纸上交给外面的儿子，说："丘建告诉我一个秘密消息，说钟会已在这里面挖好大坑，准备了几千根光树棒，想把所有外面的兵士依次叫进来，每人送一顶丝帽，并假意授以散将的官衔，然后一个个用棒打死埋在坑中。"其他牙门将的亲兵也传说此事，一夜之间传开，都知道这个消息。有人对钟会说："可把牙门将、骑督以及更高级别的官员全都杀死。"钟会犹豫不决。

十八日中午，胡烈的部下与胡烈的儿子敲起军鼓冲出营门，其他各营的士兵不约而同都击鼓起哄跑了出来。并没有任何人督促，他们都争先恐后地涌向关押魏军将官的蜀汉宫城。当时钟会刚刚发给姜维铠甲兵器，有人前来报告说外面有喧嚷之声，好像是失火了。不久，又报告说有士兵向宫城涌来。钟会大惊，对姜维说："这些兵跑来好像是要作乱，怎么办？"姜维说："只有迎头痛击！"钟会立即派兵去把关押在屋内的牙门将、郡太守全部杀死，这时屋内的人奋起反抗，一起抬来几案顶门，外面的士兵用刀砍门，也无法砍开。过了片刻，宫城的大门外有人架梯登城，有的放火烧宫城边的房屋，哗变的士兵像蚂蚁一样爬上宫墙涌进城内，箭如雨下。那些还没有被杀死的牙门将、郡太守都爬上房顶跑了出来，与各自原来的部下会合。姜维领着钟会的侍从力战，亲手杀死五六人。乱兵先杀死姜维，然后又一拥而上杀死钟会。钟会死时四十岁，同时死亡的将士有数百人。

最初朝廷在平定蜀国后任命邓艾为太尉，钟会为司徒，两人都依旧持有节杖，指挥各路军队，结果都没有正式举行就职仪式就死于非命。钟会的哥哥钟毓，在景元四年（公元263）死去，远在蜀地的钟会结果不知道消息。钟会的侄儿钟邕，也与钟会一起被杀。钟会收养的侄儿钟毅，以及另外两个侄儿钟峻、钟辿等人在洛阳被捕入狱，应当处死。司马昭上奏后皇帝下诏说："钟峻等人的祖父钟繇，在太祖、高祖、烈祖三朝，出任三公，辅佐建立魏朝，功勋卓著，死后在皇家宗庙中陪同享受祭祀。他们的父亲钟毓，历任宫廷内外职务，颇有政绩。从前楚国怀念子文的政治成就，而不灭绝他的子孙。晋国铭记赵衰、赵盾的忠诚，也不使赵家绝后。因为钟会、钟邕的罪孽，就下令断绝钟繇、钟毓的后代，我有所不忍。可以赦免钟峻、钟辿兄弟，有官爵的依旧不变。只是钟毅本人和钟邕的儿子应当处死。"

也有人说钟毓事前曾向司马昭秘密报告，说钟会具有权术难以保持臣下的节操，不可单独委以重任，因此朝廷才赦免了钟毓的儿子即钟峻兄弟。

当初，司马昭想派钟会伐蜀，府中的西曹属邵悌求见说："现今派遣钟会率十多万大军伐蜀，他是单身汉，没有特别亲近的家属留在京城做人质，不如派其他人去。"司马昭笑着说："我未必然又不知道这一点吗？蜀国是一大祸患，使我们百姓不得安息。我现今攻灭它易如反掌，而众人却都说不能出兵。如果人心预先胆怯，则智慧和勇敢都发挥不出来。智慧和勇敢都没有却强迫他们去出征，只能被敌人打得落花流水了。唯独钟会与我意见相同，现今派他伐蜀，必定能够成功。灭蜀之后，即使像您所顾虑的那样，他钟会一下子又能做成什么事呢？凡是败军之将不可能和他谈论勇敢，亡国的朝臣不可能和他商量保存国家，因为他们的雄心和胆量已经吓破了。如果蜀国已经击破消灭，活下来的人惊魂未定，就无法与他们做成什么大事；至于从中原去的我军将士各自想早日回到家乡，也不肯和钟会一起造反。由此可见钟会要作乱，只会自取灭亡。您不必担忧这件事了，但是千万不要让别人知道啊。"

等到钟会秘密报告说邓艾图谋不轨，司马昭要率大军西行，邵悌又说："钟会统领的兵力，是邓艾的五六倍，您只消指示钟会去抓邓艾就行了，不必亲自出马。"司马昭说："您难道忘了前不久对我说过的话了吗？怎么反而说我可以不亲自出马呢？虽然是这样，我们这里所说的话也不可泄露。我自己一定要以信义对待别人，但是别人也不能辜负我。我怎么能比别人更先产生疑心呢？

近日中护军贾充问我：'很怀疑钟会吗？'我说：'我如果今天派遣您出征，难道我也怀疑您吗？'他也没法驳倒我的话。等我到了长安，事情自会解决。"司马昭的大军到了长安，钟会果然丧命，完全如他所预料的那样。

　　钟会曾经论述《周易》的卦形没有互体，又论述才能与品行的相同与不同问题。钟会死后，从他家得到一部书，共有二十篇，名字叫《道论》，实际上这部书的理论属于论述名理的刑名学派，从文章的风格看像是钟会写的。当初，钟会二十岁左右时与山阳郡的王弼都很著名。王弼喜好谈论儒道两家的学问，有文才，长于辩论，注释过《周易》、《老子》，曾任尚书郎，二十多岁就死了。

　　评论说：王凌很有品格、节操、气度和志向；毌丘俭的才能见识突出；诸葛诞严厉刚毅而很有威望；钟会精明干练，很有策略心计。他们都以自己的优点显扬声名，荣任高官。然而他们都心比天高而志向不切实际，不考虑祸害灾难，结果变故突然发生，宗族遭到诛灭，岂不糊涂吗？邓艾志气雄壮，建功立业，可惜不懂得防患于未然，结果罪过和失败很快来临。他能准确预料远方的诸葛恪将有灾祸，却看不见自己身边的危险，这大概就像古人对眼睛的评论：可以把远处别人身上的汗毛看得清清楚楚，却瞧不见近旁自己的睫毛。

方伎传第二十九

华佗字元化，沛国谯人也。一名旉[1]。〔一〕游学徐土[2]，兼通数经。沛相陈珪举孝廉[3]，太尉黄琬辟[4]；皆不就。

晓养性之术[5]，时人以为〔仙〕，年且百岁而貌有壮容[6]。又精方药：其疗疾，合汤不过数种；心解分剂[7]，不复称量；煮熟便饮，语其节度[8]，舍去辄愈[9]。若当灸，不过一两处；每处不过七八壮[10]，病亦应除。若当针[11]，亦不过一两处；下针言"当引某许[12]，若至，语人[13]"；病者言"已到"，应便拔针，病亦行差[14]。若病结积在内，针药所不能及，当须刳割者；便饮其麻沸散[15]，须臾便如醉死无所知，因破取。病若在肠中，便断肠湔洗[16]；缝腹，膏摩[17]，四五日差；不痛，人亦不自寤[18]；一月之间，即平复矣。

【注释】

〔1〕旉(fū)：古写的"敷"字。据学者研究，旉是其本名；至于人们改称为"华佗"，则是受当时佛教文化的影响。因为"华佗"的古代读音，与梵语中"阿伽陀(agada)"一词的后两个音节完全相同，而"阿伽陀"的词义是药物，所以"华佗"的意思是"药神"。详见陈寅

恪先生《寒柳堂集》中《三国志曹冲华佗传与佛教故事》。　〔2〕徐土：徐州。　〔3〕陈珪：事见本书卷七《吕布传》。　〔4〕黄琬（公元141—192）：字子琰。江夏郡安陆（今湖北云梦县）人。少年聪慧。东汉桓帝时任五官中郎将，因反对举用无才德的权贵子弟被免职，中断仕官近二十年。灵帝时再次进入政界。后任司徒、太尉，封阳泉乡侯。与王允合谋诛杀董卓，不久被董卓部下杀死。传附《后汉书》卷六十一《黄琼传》。〔5〕养性：养生。　〔6〕且：将近。　〔7〕分剂（fèn jì）：药物的分量。〔8〕节度：指注意事项。　〔9〕舍去：离去。　〔10〕壮：中医用艾草叶点燃烧灼穴位叫做灸，每灼一次叫做一壮。以"壮"为量词，是用健壮人为准的缘故。见《梦溪笔谈》卷十八。　〔11〕针：针刺穴位。〔12〕当引某许：指针刺后的异常感觉应当传导到身体某个地方。〔13〕语人：告诉我。　〔14〕行：即将。　差（chài）：（疾病）痊愈。〔15〕麻沸散：古代的麻醉剂名。已失传。中国古代使用麻醉剂后剖腹施行外科手术，以这里的记载为最早，在医学史上有重要意义。　〔16〕湔（jiān）洗：清洗。　〔17〕膏摩：用药膏涂擦缝合处。　〔18〕不自寤：自己也没什么感觉。

【裴注】

〔一〕臣松之按：古"敷"字，与"専"相似，写书者多不能别。寻佗字元化，其名宜为"旉"也。

故甘陵相夫人有娠六月[1]，腹痛不安。佗视脉[2]，曰："胎已死矣。"使人手摸知所在：在左则男，在右则女。人云"在左"，于是为汤下之；果下男形，即愈。

县吏尹世苦四肢烦[3]，口中乾，不欲闻人声，小便不利。佗曰："试作热食：得汗则愈；不汗，后三日死。"即作热食而不汗出，佗曰："藏气已绝于内[4]，当啼泣而绝。"果如佗言。

府吏倪寻、李延共止[5]，俱头痛身热，所苦正同。佗曰："寻，当下之[6]；延，当发汗。"或难其异[7]。

佗曰："寻外实[8]，延内实；故治之宜殊。"即各与药；明旦并起。

盐渎严昕与数人共候佗[9]，适至。佗谓昕曰："君身中佳否？"昕曰："自如常。"佗曰："君有急病现于面，莫多饮酒！"坐毕归，行数里，昕猝头眩堕车。人扶将还，载归家，中宿死[10]。

故督邮顿子献得病，已差，诣佗视脉。曰："尚虚，未得复；勿为劳事[11]，御内即死[12]：临死，当吐舌数寸。"其妻闻其病除，从百余里来省之；止宿交接[13]，中间三日发病[14]：一如佗言。

督邮徐毅得病，佗往省之。毅谓佗曰："昨使医曹吏刘租针胃管讫[15]，便苦咳嗽，欲卧不安。"佗曰："刺不得胃管[16]，误中肝也。食当日减，五日不救。"遂如佗言。

东阳陈叔山小男二岁得疾[17]：下利常先啼[18]，日以羸困[19]。问佗，佗曰："其母怀躯，阳气内养，乳中虚冷；儿得母寒，故令不时愈。"佗与四物女宛丸[20]；十日即除。

彭城夫人夜之厕[21]；蛰螫其手[22]，呻呼无赖[23]。佗令温汤近热，渍手其中，卒可得寐；但旁人数为易汤，汤令暖之，其旦即愈。

军吏梅平得病，除名还家。家居广陵，未至二百里，止亲人舍。有顷，佗偶至主人许，主人令佗视平。佗谓平曰："君早见我，可不至此。今疾已结，促去，可得与家相见，五日卒。"应时归，如佗所刻[24]。

佗行道，见一人病咽塞[25]，嗜食而不得下。家人车载欲往就医。佗闻其呻吟，驻车往视。语之曰："向来道边有卖饼家蒜齑大酢[26]；从取三升饮之，病自当去。"即如佗言，立吐蛇一枚[27]；悬车边，欲造佗[28]。佗尚未还，小儿戏门前，逆见[29]。自相谓曰："似逢我公，车边病是也[30]。"疾者前入坐，见佗北壁悬此蛇辈，约以十数。

又有一郡守病。佗以为，其人盛怒则差；乃多受其货而不加治[31]，无何弃去[32]，留书骂之。郡守果大怒，令人追捉杀佗。郡守子知之，属使勿逐。守瞋恚既甚[33]，吐黑血数升而愈。

又有一士大夫不快[34]，佗云："君病深，当破腹取。然君寿亦不过十年，病不能杀君；忍病十岁，寿俱当尽：不足故自刳裂[35]。"士大夫不耐痛痒，必欲除之；佗遂下手，所患寻差。十年竟死。

广陵太守陈登得病：胸中烦懑，面赤，不食。佗脉之曰："府君胃中有虫数升，欲成内疽；食腥物所为也。"即作汤二升：先服一升，斯须尽服之[36]。食顷[37]，吐出三升许虫；赤头，皆动，半身是生鱼脍也[38]。所苦便愈。佗曰："此病后三期当发[39]，遇良医乃可济救。"依期果发动，时佗不在，如言而死。

太祖闻而召佗，佗常在左右。太祖苦头风[40]，每发，心乱目眩；佗针鬲[41]，随手而差。〔一〕

李将军妻病甚，呼佗视脉。曰："伤娠而胎不去[42]。"将军言："（闻）〔间〕实伤娠[43]，胎已去矣。"佗曰："案脉,胎未去也。"将军以为不然。佗舍去,妇稍小差。百余日复动[44],更呼佗。佗曰："此脉故事有胎[45]。前当生两儿:一儿先出,血出甚多;后儿不及生,母不自觉;旁人亦不悟[46],不复迎[47],遂不得生。胎死,血脉不复归,必燥著母脊[48],故使多脊痛。今当与汤,并针一处,此死胎必出。"汤、针既加,妇痛急如欲生者[49]。佗曰："此死胎久枯,不能自出,宜使人探之。"果得一死男,手足完具,色黑,长可尺所。

【注释】

〔1〕甘陵:王国名。治所在今山东临清市东北。 〔2〕视:诊断。〔3〕烦:胀重不适。 〔4〕藏(zàng)气:内脏的生气。 〔5〕共止:同住。 〔6〕下:中医治疗方法之一。即使用泻下的药物攻逐体内的结滞,使之随同大便排出。下文的发汗也是治疗方法之一。中医治疗常用以下八法:汗、吐、下、和、温、清、补、消。 〔7〕难(nàn)其异:询问二者治疗方法为什么不同。 〔8〕实:中医诊断学的术语。中医进行诊断要运用所谓的"八纲"来区别病症的类型,即阴阳、表里、寒热、虚实。实是指邪气强盛。发烧、畏寒、无汗,叫做外实或表实。发烧、腹胀、便秘,叫做内实或里实。按中医治疗原则,外实当用发汗法,内实才用泻下法,与这里的记载恰好相反。 〔9〕盐渎:县名。县治在今江苏盐城市。 〔10〕中宿:隔夜。 〔11〕劳事:使身体疲劳的事。〔12〕御内:与妻妾性交。 〔13〕止宿:住下的当晚。 交接:性交。〔14〕中间三日:隔了三天。 〔15〕医曹吏:官名。郡太守府下属,负责医疗。 胃管:指中脘(wǎn)穴。在肚脐上方四寸处。凡腹胀、反胃酸、胃痛,即针刺这一穴位。 〔16〕不得胃管:没有刺准中脘穴。〔17〕东阳:县名。县治在今安徽天长市西北。 〔18〕下利:腹泻。〔19〕羸(léi)困:瘦弱。 〔20〕四物女宛丸:华佗所制药丸名称。女宛是治疗虚弱腹泻的药物,又名白宛、女腹。以女宛为主,再配以其他四种药物制成这种药丸。故名。 〔21〕彭城:王国名。治所在今江苏徐州市。彭城夫人当指彭城国相的妻子。 〔22〕虿(chài):蝎子一类的毒

虫。　螫(zhē)：刺咬。　〔23〕无赖：难以忍受。　〔24〕刻：预定。〔25〕病咽塞：得了咽喉阻塞的病。　〔26〕向来道边：刚才我来的路旁。蒜齑(jǐ)：捣碎的蒜泥。　〔27〕蛇：人体内不可能有蛇生长，当是绦(tāo)虫之类的长条形肠道寄生虫。　〔28〕造：拜访。　〔29〕逆见：迎面碰见。　〔30〕车边病：车旁边悬挂的那种致病的东西。　〔31〕货：财物。　〔32〕无何：不久。　〔33〕瞋恚(chēn huì)：愤怒。　〔34〕不快：不舒服。　〔35〕不足：值不得。　故自刳(kū)裂：特意去剖腹做手术。　〔36〕斯须：隔一会儿。　〔37〕食顷：一顿饭的工夫。　〔38〕鱼脍(kuài)：切细的鱼肉。　〔39〕三期(jī)：三年。　〔40〕头风：头部眩晕疼痛的病。　〔41〕鬲：这里指膈腧(shù)穴。在背部第七椎节下旁侧一寸五分。但是针刺膈腧，通常是治疗咳嗽、反胃等，与头部眩晕疼痛无关。后者当刺通天、天柱等穴位。　〔42〕伤娠：小产。　〔43〕间：最近。　〔44〕夏动：复发。　〔45〕故事有胎：依旧显示有胎儿。〔46〕不悟：没有觉察。　〔47〕迎：接生。　〔48〕燥著：干燥之后粘连。〔49〕生：生产出胎儿。

【裴注】

　〔一〕《佗别传》曰："有人病两脚躄，不能行。舆诣佗，佗望见云：'已饱针灸服药矣！不复须看脉。'便使解衣，点背数十处；相去或一寸，或五寸，纵邪不相当。言：'灸此各十壮；灸创愈，即行。'后灸处夹脊一寸，上下行端直均调，如引绳也。"

　　佗之绝技，凡此类也。然本作士人[1]；以医见业，意常自悔。后太祖亲理[2]，得病笃重，使佗专视。佗曰："此近难济[3]。恒事攻治[4]，可延岁月[5]。"佗久远家思归[6]，因曰："当得家书[7]，方欲暂还耳。"到家，辞以妻病，数乞期不反[8]。太祖累书呼，又敕郡县发遣；佗恃能厌食事[9]，犹不上道。

　　太祖大怒，使人往检：若妻信病[10]，赐小豆四十斛，宽假限日；若其虚诈，便收送之。于是传付许狱[11]，考验首服[12]。荀彧或请曰："佗术实工。人命所悬，宜含宥之。"太祖曰："不忧，天下当无此鼠辈耶！"遂考竟佗。

佗临死[13]，出一卷书与狱吏，曰："此可以活人。"吏畏法不受。佗亦不强，索火烧之。佗死后，太祖头风未除。太祖曰："佗能愈此。小人养吾病，欲以自重[14]。然吾不杀此子，亦终当不为我断此根原耳。"及后爱子仓舒病困[15]，太祖叹曰："吾悔杀华佗！令此儿强死也[16]。"

初，军吏李成苦咳嗽；昼夜不（寤）〔寐〕，时吐脓血。以问佗，佗言："君病肠痈；咳之所吐，非从肺来也。与君散两钱[17]，当吐二升余脓血讫；快自养，一月可小起；好自将爱[18]，一年便健。十八岁，当一小发；服此散，亦行复差。若不得此药，故当死[19]。"复与两钱散。

成得药，去五六岁[20]，亲中人有病如成者，谓成曰："卿今强健，我欲死！何忍无急去药[21]，〔一〕以待不祥[22]？先持贷我[23]；我差，为卿从华佗更索。"成与之，已[24]。故到谯[25]，适值佗见收[26]；匆匆[27]，不忍从求。后十八岁，成病竟发；无药可服，以至于死。〔二〕

【注释】
　〔1〕士人：读书做官的人。　〔2〕亲理：亲属。　〔3〕此近难济：这种病近期内难以完全治好。　〔4〕恒事攻治：长期不断治疗。　〔5〕岁月：指寿命。　〔6〕远家：远离家庭。　〔7〕当：刚才。　〔8〕乞期：请

求宽限时间。 〔9〕厌食事：讨厌为吃饭而受人役使。 〔10〕信：确
实。 〔11〕许狱：许都的监狱。 〔12〕考验：拷问验证。 首服：坦白
认罪。 〔13〕临死：关于华佗被处死的时间，有学者考证死在建安十三
年（公元 208），死时六十七岁。见程喜霖《华佗之死及其生卒年》，载
《魏晋南北朝隋唐史资料》第三期。现今安徽亳州市城北 15 里的苏桥乡
石寨村，尚有华佗墓园留存。 〔14〕自重：自己抬高自己。 〔15〕仓
舒：即曹冲（公元 196—208）传见本书卷二十。 〔16〕强死：枉死。
〔17〕散（sǎn）：药粉。 〔18〕将爱：将息爱护。 〔19〕故：依然。
〔20〕去：收藏。 〔21〕无急去药：没有急病而收藏药粉。 〔22〕不
祥：指疾病。 〔23〕恃贷我：拿来借给我。 〔24〕已：病愈。
〔25〕故到谯：特意到华佗的家乡谯县。 〔26〕见收：被逮捕。
〔27〕匆匆：惊扰不安的样子。这是指华佗一家的情形。

【裴注】

〔一〕臣松之按：古语以"藏"为"去"。

〔二〕《佗别传》曰："人有在青龙中，见山阳太守广陵刘景宗。景
宗说中平日数见华佗，其治病（手）〔平〕脉之候，其验若神。琅邪刘
勋，为河内太守，有女年几二十；左脚膝里上有疮，痒而不痛。疮愈，
数十日复发，如此七八年。迎佗使视，佗曰：'是，易治之。当得稻糠
黄色犬一头，好马二疋。'以绳系犬颈，使走马牵犬，马极辄易；计马
走三十余里，犬不能行；复令步人拖曳，计向五十里。乃以药饮女，女
即安卧不知人。因取大刀，断犬腹近后脚之前，以所断之处向疮口，令
去二三寸。停之须臾，有若蛇者从疮中而出，便以铁椎横贯蛇头。蛇在
皮中动摇良久，须臾不动；乃牵出，长三尺所，纯是蛇；但有眼处而无
童子，又逆鳞耳。以膏散著疮中，七日愈。又有人苦头眩，头不得举，
目不得视，积年。佗使悉解衣倒悬，令头去地一二寸，濡布拭身体，令
周匝；候视诸脉，尽出，五色。佗令弟子数人，以铍刀决脉，五色血尽；
视赤血〔出〕，乃下，以膏摩，被覆，汗自出周匝；饮以亭历犬血散，
立愈。又有妇人，长病经年，世谓寒热注病者。冬十一月中，佗令坐石
槽中，平旦用寒水汲灌，云当满百。始七八灌，会战欲死；灌者惧，欲
止。佗令满数。将至八十灌，热气乃蒸出，嚣嚣高二三尺。满百灌，佗
乃使燃火温床，厚覆；良久，汗洽出，著粉，汗燥便愈。又有人病腹中
半切痛，十余日中，鬓眉堕落。佗曰：'是脾半腐，可刳腹养治也。'使
饮药，令卧，破腹就视，脾果半腐坏。以刀断之，刮去恶内，以膏傅疮，

饮之以药，百日平复。"

广陵吴普，彭城樊阿，皆从佗学。

普依准佗治[1]，多所全济。佗语普曰："人体欲得劳动[2]，但不当使极尔[3]。动摇则谷气得消[4]，血脉流通，病不得生；譬犹户枢不朽是也。是以古之仙者为导引之事[5]，熊（颈）〔经〕鸱顾[6]，引輓腰体[7]；动诸关节，以求难老。吾有一术，名五禽之戏：一曰虎，二曰鹿，三曰熊，四曰猿，五曰鸟；亦以除疾，并利蹄足[8]，以当导引。体中不快，起作一禽之戏；沾濡汗出，因（上）〔以〕著粉：身体轻便，腹中欲食。"普施行之，年九十余，耳目聪明，齿牙完坚。

阿善针术。凡医咸言："背及胸藏之间不可妄针[9]，针之不过四分。"而阿针，背入一二寸，巨阙胸藏针下五六寸[10]，而病辄皆瘳[11]。阿从佗求可服食益于人者，佗授以漆叶青黏散[12]：漆叶屑一升，青黏屑十四两，以是为率[13]；言"久服去三虫[14]，利五藏[15]，轻体，使人头不白"。阿从其言，寿百余岁。漆叶，处所而有[16]；青黏，生于丰、沛、彭城及朝歌云[17]。〔一〕

【注释】
〔1〕依准佗治：遵照华佗的治疗方法。 〔2〕劳动：（体力）活动。〔3〕极：疲劳过度。 〔4〕谷气：食物的营养。 消：消化。 〔5〕导引：古代一种去病强身的养生方法。以调节呼吸和活动筋骨为主要手段。〔6〕熊经：指熊攀挂在树枝上。这里是模仿熊的攀挂动作。 鸱（chī）

顾：模仿鸥鸟左右回顾的颈部动作。　〔7〕引挽：牵拉。　〔8〕蹄足：腿脚。　〔9〕凡医：普通医生。　〔10〕巨阙：穴位名。在肚脐上方六寸处。有心口痛、反胃、健忘、癫痫等症状则针刺此穴。　〔11〕瘳（chōu）：病愈。　〔12〕漆叶：漆树的叶。　青黏：药名。即黄精。滋补虚弱，兼除风湿。　〔13〕率（lǜ）：比例。　〔14〕三虫：人体内的三种寄生虫。　〔15〕五藏（zàng）：指心、肝、脾、肺、肾。　〔16〕处所：到处。　〔17〕丰：县名。县治在今江苏丰县。　沛：县名。县治在今江苏沛县。　彭城：县名。县治在今江苏徐州市。　朝（zhāo）歌：县名。县治在今河南淇县。

【裴注】

〔一〕《佗别传》曰："青黏者，一名地节，一名黄芝；主理五藏，益精气。本出于迷入山者，见仙人服之，以告佗。佗以为佳，辄语阿，阿又秘之。近者人见阿之寿而气力强盛，怪之；遂责阿所服，因醉乱，误道之。法一施，人多服者，皆有大验。"

文帝《典论》论郤俭等事曰："颍川郤俭，能辟谷，饵伏苓；甘陵甘始，亦善行气，老有少容；庐江左慈，知补导之术：并为军吏。初，俭之至，市伏苓，价暴数倍。议郎安平李覃，学其辟谷，餐伏苓，饮寒水；中泄利，殆至陨命。后，始来，众人无不鸥视狼顾，呼吸吐纳。军谋祭酒弘农董芬，为之过差，气闭不通，良久乃苏。左慈到，又竞受其补导之术；至寺人严峻，往从问受，阉竖真无事于斯术也。人之逐声，乃至于是。光和中，北海王和平，亦好道术，自以当仙。济南孙邕，少事之，从至京师。会和平病死，邕因葬之东陶；有书百余卷，药数囊，悉以送之。后弟子夏荣，言其尸解；邕至今恨不取其宝书仙药。刘向惑于《鸿宝》之说，君游眩于子政之言，古今愚谬，岂唯一人哉！"

东阿王作《辩道论》曰："世有方士，吾王悉所招致：甘陵有甘始，庐江有左慈，阳城有郤俭。始，能行气导引；慈，晓房中之术；俭，善辟谷：悉号三百岁。卒所以集之于魏国者，诚恐斯人之徒，接奸宄以欺众，行妖慝以惑民；岂复欲观神仙于瀛洲，求安期于海岛，释金辂而履云舆，弃六骥而美飞龙哉？自家王与太子及余兄弟，咸以为调笑，不信之矣。然始等知上遇之有恒，俸不过于员吏，赏不加于无功，海岛难得而游，六骥难得而佩；终不敢进虚诞之言，出非常之语。余尝试郤俭：绝谷百日，躬与之寝处，行步起居，自若也。夫人不食七日则死，而俭乃如是；然不必益寿，可以疗疾而不惮饥馑焉。左慈善修房内之术，差可终命；然自非有志至精，莫能行也。甘始者，老而有少容，自诸术士咸共归之。然始辞繁寡实，颇有怪言。余常辟左右，独与之谈；问其所行，温颜以诱之，美辞以导之。始语余：'吾本师姓韩，字世雄。尝与师于南海作金，前后数四，投数万斤金于海。'又言：'诸梁时，西域胡来献香罽、腰带、割玉刀，时悔不取也。'又言：'车师之西国，儿生，（擘）〔劈〕背出脾，欲其食少而（弩）〔怒〕行也。'又言：'取鲤鱼，五寸一双，令其一（煮）〔含〕药，俱投沸膏中；有药者奋尾鼓鳃，游行沉浮，有若处渊；其一者已熟而可啖。'余时问：'言（率）〔宁〕可试不？'言：'是药，去此逾万里，当出塞，始不自行不能得也。'言不尽于此，颇难悉载，故粗举其巨怪者。始若遭秦始皇、汉武帝，则复为徐市、栾大之徒也。"

杜夔字公良，河南人也[1]。以知音为雅乐郎[2]。中平五年，疾，去官。州、郡、司徒礼辟，以世乱奔荆州。荆州牧刘表令与孟曜为汉主合雅乐[3]。乐备，表欲庭观之[4]。夔谏曰："今将军号（不）为天子合乐，而庭作之，无乃不可乎[5]！"表纳其言而止。

后表子琮降太祖[6]。太祖以夔为军谋祭酒，参太乐事[7]；因令创制雅乐。夔善钟律[8]，聪思过人；丝竹八音[9]，靡所不能，惟歌舞非所长。时，散郎邓静、尹齐善咏雅乐[10]，歌师尹胡能歌宗庙郊祀之曲，舞师冯肃、服养晓知先代诸舞。夔总统研精：远考诸经，近采故事[11]；教习讲肄，备作乐器。绍复先代古乐[12]，皆自夔始也。

黄初中，为太乐令、协律都尉[13]。

汉铸钟工柴玉，巧有意思[14]，形器之中，多所造作，亦为时贵人见知。夔令玉铸铜钟，其声韵清浊多不如法[15]；数毁改作。玉甚厌之；谓夔清浊任意，颇拒捍夔[16]。夔、玉更相白于太祖，太祖取所铸钟，杂错更试，然知夔为精而玉之妄也；于是罪玉及诸子，皆为养马士。

文帝爱待玉，又尝令夔与左（愿）〔骃〕等于宾客之中吹笙鼓琴，夔有难色；由是帝意不悦。后因他事系夔，使（愿）〔骃〕等就学；夔自谓所习者雅，仕宦有本，意犹不满。遂黜免以卒。

弟子河南邵登、张泰、桑馥，各至太乐丞[17]；下邳陈颃，司律中郎将[18]。自左延年等虽妙于音[19]，咸善郑声[20]；其好古存正，莫及夔。〔一〕

【注释】

〔1〕河南：即河南尹。治所在今河南洛阳市东。 〔2〕雅乐郎：官名。负责制定排练雅乐。 〔3〕雅乐：皇帝举行祭祀、朝会、宴享等重大礼仪活动时，所演奏的典雅音乐、歌唱和舞蹈。 〔4〕庭观：在厅堂中演奏观赏。 〔5〕无乃不可：恐怕不可以。 〔6〕琼：即刘琼。事见本书卷六《刘表传》。 〔7〕太乐：官署名。主管雅乐的排练和演奏。 〔8〕善钟律：善于辨别钟的声音。 〔9〕八音：八类制造乐器的原材料。即金、石、丝、竹、匏（páo）、土、革、木。这里指这八类原材料制成的乐器，即钟、磬、琴瑟、箫管、笙竽、埙（xūn）、鼓、祝敔（zhù yú）。有时也指八类乐器发出的声音。 〔10〕散郎：即散骑侍郎。 〔11〕故事：过去的事例。 〔12〕绍复：继承恢复。 〔13〕太乐令：官名。太乐署的主官，负责有关雅乐排练演奏的各种公务。 协律都尉：官名。负责雅乐的指挥、乐器的调试、演奏艺人技艺的考察等。相当于太乐署乐队的总指挥。 〔14〕意思：设想和构思。 〔15〕清浊：指声音的清亮与浑厚。 〔16〕拒捍：抗拒。 〔17〕太乐丞：官名。太乐署的副官，协助太乐令管理雅乐。 〔18〕司律中郎将：官名。负责校正雅乐的音律。 〔19〕左延年：曹魏时太乐署的乐师。曾修改雅乐歌曲的曲调，见《晋书》卷二十二《乐志》上。 〔20〕郑声：春秋时郑国流行的新音乐。与传统的雅乐相比，曲调轻曼柔媚，被视为不正派的"淫声"。后

世就以郑声来指与正统音乐背离的通俗流行音乐。

【裴注】

〔一〕时有扶风马钧，巧思绝世。傅玄序之曰：

"马先生，天下之名巧也；少而游豫，不自知其为巧也。当此之时，言不及巧，焉可以言知乎？为博士，居贫，乃思绫机之变，不言而世人知其巧矣。旧绫机，五十综者五十蹑，六十综者六十蹑；先生患其丧功费日，乃皆易以十二蹑。其奇文异变，因感而作者；犹自然之成形，阴阳之无穷；此轮扁之对不可以言者，又焉可以言校也。先生为给事中，与常侍高堂隆、骁骑将军秦朗，争论于朝。言及指南车，二子谓古无指南车，记言之虚也。先生曰：'古有之！未之思耳，夫何远之有？'二子哂之曰：'先生名钧字德衡：钧者器之模，而衡者所以定物之轻重；轻重无准而莫不模哉！'先生曰：'虚争空言，不如试之易效也。'于是二子遂以白明帝，诏先生作之，而指南车成。此一异也；又不可以言者也，从是天下服其巧矣。居京都，城内有地，可以为园，患无水以灌之；乃作翻车，令童儿转之；而灌水自覆，更入更出，其巧百倍于常。此二异也；其后人有上百戏者，能设而不能动也。帝以问先生：'可动否？'对曰：'可动。'帝曰：'其巧可益否？'对曰：'可益。'受诏作之。以大木雕构，使其形若轮，平地施之，潜以水发焉。设为女乐舞象，至令木人击鼓吹箫；作山岳，使木人跳丸掷剑，缘絙倒立，（出入自在）〔自出自入〕；百官行署，舂磨斗鸡，变巧百端。此三异也。先生见诸葛亮连弩，曰：'巧则巧矣，未尽善也。'言作之，可令加五倍。又患发石车：敌人之于楼边悬湿牛皮，中之则堕，石不能连属而至。欲作一轮，悬大石数十，以机鼓轮为常，则以断悬石，飞击敌城，使首尾电至。尝试以车轮悬瓴甓数十，飞之数百步矣。

有裴子者，上国之士也，精通见理；闻而哂之，乃难先生，先生口屈不〔能〕对。裴子自以为难得其要，言之不已。傅子谓裴子曰：'子所长者言也，所短者巧也；马氏所长者巧也，所短者言也。以子所长，击彼所短，则不得不屈；以子所短，难彼所长，则必有所不解者矣。夫巧，天下之微事也；有所不解而难之不已，其相击刺，必已远矣。心乖于内，口屈于外，此马氏所以不对也。'

傅子见安乡侯，言及裴子之论；安乡侯又与裴子同。傅子曰：'圣人具体备物，取人不以一揆：有以神取之者，有以言取之者，有以事取之者。有以神取之者，不言而诚心先达，德行颜渊之伦是也；以言取之者，以变辩是非，言语宰我、子贡是也；以事取之者，若政事冉有、季路，文学子游、子夏。虽圣人之明尽物，如有所用，必有所试；然则试冉、季以政，试游、夏以学矣。游、夏犹然，况自此而降者乎！何者？悬言物理，不可以言尽也，施之于事，言之难尽而试之易知也。今若马氏所欲作者，国之精器，军之要用也。费十寻之木，劳二人之力，不经时而是非定。难试易验之事，而轻以言抑人异能，此犹以己智任天下之事，不易其道以御难尽之物，此所以多废也。马氏所作，因变而得是，则初所言者不皆是矣。其不皆是，因不用之，是不世之巧无由出也。夫同情者相妒，同事者相害，中人所不能免也。故君子不以人害人，必以考试为衡石；废衡石而不用，此美玉所以见诬为石，荆和所以抱璞而哭之也。'

于是安乡侯悟，遂言之武安侯；武安侯忽之，不果试也。此既易试之事，又马氏巧名已定，犹忽而不察；况幽深之才，无名之璞乎？后之君子，其鉴之哉！马先生之巧，虽古公输般、墨翟、王尔，近汉世张平子，不能过也。公输般、墨翟，皆见用于时，乃有益于世。平子虽为侍中，马先生虽给事省中；俱不典工官，巧，无益于世。用人不当其才，闻贤不试以事：良可恨也！"裴子者，裴秀；安乡侯者，曹羲；武安侯者，曹爽也。

朱建平，沛国人也。善相术[1]，于间巷之间，效验非一。

太祖为魏公，闻之，召为郎。文帝为五官将，坐上会客三十余人；文帝问己年寿，又令遍相众宾。

建平曰："将军当寿八十；至四十时，当有小厄，愿谨护之！"

谓夏侯威曰[2]："君四十九，位为州牧，而当有厄；厄若得过，可年至七十，致位公辅。"

谓应璩曰[3]："君六十二，位为常伯[4]，而当有厄；先此一年，当独见一白狗，而旁人不见也。"

谓曹彪曰："君据藩国，至五十七，当厄于兵，宜善防之！”

初，颍川荀攸、钟繇相与亲善[5]。攸先亡，子幼。繇经纪其门户[6]，欲嫁其妾；与人书曰："吾与公达曾共使朱建平相[7]，建平曰：'荀君虽少[8]，然当以后事付钟君。'吾时啁之曰[9]：'惟当嫁卿阿骛耳[10]！'何意此子竟早陨没，戏言遂验乎！今欲嫁阿骛，使得善处[11]；追思建平之妙，虽唐举、许负何以复加也[12]！”

文帝，黄初七年，年四十，病困；谓左右曰："建平所言八十，谓昼夜也，吾其决矣[13]！"顷之，果崩。

夏侯威，为兖州刺史，年四十九，十二月上旬得疾。念建平之言，自分必死；预作遗令及送丧之备，咸使素办[14]。至下旬转差，垂以平复[15]。三十日日昃[16]，请纪纲大吏设酒[17]，曰："吾所苦渐平。明日鸡鸣，年便五十；建平之戒，真必过矣！"威罢客之后，合瞑疾动[18]，夜半遂卒。

璩，六十一为侍中，直省内[19]，欻见白狗[20]；问之众人，悉无见者。于是数聚会，并急游观田里[21]，饮宴自娱；过期一年，六十三卒。

曹彪，封楚王，年五十七；坐与王凌通谋，赐死。

凡说此辈，无不如言；不能具详，故粗记数事。惟相司空王昶、征北将军程喜、中领军王肃有蹉跌云[22]。肃年六十二，疾笃；众医并以为不愈。肃夫人问以遗言，肃云："建平相我逾七十，位至三公；今皆未也，将何虑乎！"而肃竟卒。

建平又善相马。文帝将出，取马外入；建平道遇之，语曰："此马之相，今日死矣。"帝将乘马，马恶衣香[23]，惊啮文帝膝；帝大怒，即便杀之。建平，黄初中卒。

【注释】

〔1〕相术：根据人的面貌、五官、骨骼、气色、体态、手纹等，推算其吉凶、祸福、贫富、贵贱、寿夭等情况的一种迷信。 〔2〕夏侯威：事见本书卷九《夏侯渊传》。 〔3〕应璩（公元 190—252）：传附本书卷二十一《王粲传》。 〔4〕常伯：指侍中。 〔5〕荀攸（公元 157—214）：传见本书卷十。 〔6〕经纪：管理。 〔7〕公达：荀攸的字。 〔8〕少：年轻。 〔9〕啁（tiáo）：调笑。 〔10〕阿鹜：荀攸小妾的名字。〔11〕善处：好人家。 〔12〕唐举：战国时梁国有名的相士。事见《史记》卷七十九《蔡泽传》。 许负：西汉的相士。曾为周亚夫看相。事见《史记》卷五十七《绛侯周勃世家》。 〔13〕决：永别。 〔14〕素办：办理停当。 〔15〕垂：将近。 〔16〕日昃：太阳偏西。 〔17〕纪纲大吏：负责的重要官员。 〔18〕合暝：天黑。 动：发作。 〔19〕直省内：在皇宫内值班。 〔20〕欻（xū）：忽然。 〔21〕田里：田野和村庄。 〔22〕程喜：事见本书卷十六《杜畿传附杜恕传》。 蹉跌：失误。〔23〕恶（wù）：厌恶。

周宣字孔和，乐安人也。为郡吏。太守杨沛梦人曰[1]："八月一日，曹公当至；必与君杖，饮以药酒。"使宣占之。是时黄巾贼起，宣对曰："夫杖起弱者[2]，药治人病；八月一日，贼必除灭。"至期，贼果破。

后东平刘桢梦蛇生四足，穴居门中。使宣占之，宣曰："此为国梦[3]，非君家之事也。当杀女子而作贼者。"顷之，女贼郑、姜，遂俱夷讨：以蛇女子之祥[4]，足非蛇之所宜故也。

文帝问宣曰："吾梦殿屋两瓦堕地，化为双鸳鸯。

此何谓也？"宣对曰："后宫当有暴死者。"帝曰："吾诈卿耳！"宣对曰："夫梦者意耳[5]；苟以形言[6]，便占吉凶。"言未毕，而黄门令奏宫人相杀[7]。

无几，帝复问曰："我昨夜梦青气，自地属天。"宣对曰："天下当有贵女子冤死。"是时，帝已遣使赐甄后玺书[8]；闻宣言而悔之，遣人追使者不及。

帝复问曰："吾梦磨钱文[9]，欲令灭而更愈明。此何谓邪？"宣怅然不对。帝重问之，宣对曰："此自陛下家事。虽意欲尔，而太后不听，是以文欲灭而明耳。"时帝欲治弟植之罪；逼于太后，但加贬爵。

以宣为中郎[10]，属太史。尝有问宣曰："吾昨夜梦见刍狗[11]。其占何也？"宣答曰："君欲得美食耳[12]！"有顷，出行，果遇丰膳。

后又问宣曰："昨夜复梦见刍狗。何也？"宣曰："君欲堕车折脚。宜戒慎之！"顷之，果如宣言。

后又问宣："昨夜复梦见刍狗。何也？"宣曰："君家失火。当善护之！"俄遂火起。

语宣曰："前后三时，皆不梦也[13]；聊试君耳，何以皆验邪？"宣对白："此神灵动君使言[14]，故与真梦无异也。"又问宣曰："三梦刍狗，而其占不同。何也？"宣曰："刍狗者，祭神之物；故君始梦，当得余食也[15]。祭祀既讫，则刍狗为车所轹[16]；故中梦当堕车折脚也[17]。刍狗既车轹之后，必载以为樵；故后梦忧失火也。"

宣之叙梦，凡此类也，十中八九。世以比建平之相矣。其余效故不次列[18]。明帝末卒。

【注释】

　　[1]杨沛：传见本书卷十五《贾逵传》裴注引《魏略》。　　[2]杖起弱者：拐杖帮助体弱的人站起来。　　[3]国梦：与国事有关的梦。[4]祥：征兆。　　[5]梦者意耳：梦是心中的意念。　　[6]苟以形言：如果具体说出(心中产生的意念)。　　[7]黄门令：宦官名。管理皇宫内的小宦官和宫女。　　宫人：宫女。　　[8]甄后(？—公元221)：传见本书卷五。　　玺书：指命令处死甄后的诏书。　　[9]磨钱文：磨掉钱币上的文字。　　[10]中郎：官名。郎官的一种。曹魏时属于闲职。　　[11]刍狗：祭祀时用茅草扎成的狗。作为摆设，祭祀后就丢掉。　　[12]欲：将要。[13]不梦：并没有真做这样的梦。　　[14]动：驱动。　　[15]余食：祭祀后留下的供神食品。　　[16]轹(lì)：碾压。　　[17]中梦：(三个梦的)中间那个梦。　　[18]效故：有效验的事情。

　　管辂字公明，平原人也。容貌粗丑，无威仪而嗜酒；饮食言戏，不择非类[1]：故人多爱之而不敬也。[一]父为利漕[2]。

　　利漕民郭恩兄弟三人，皆得躄疾[3]。使辂筮其所由。辂曰："卦中有君本墓，墓中有女鬼；非君伯母，当叔母也。昔饥荒之世，当有利其数升米者[4]，排著井中[5]；喷喷有声[6]，推一大石，下破其头。孤魂冤痛，自诉于天。"于是恩涕泣服罪[7]。[二]

【注释】

　　[1]不择非类：不排斥与自己不同类的人。意思是与各类人都能交往。　　[2]利漕：官名。负责管理水路的粮食运输。属下有专门从事粮食运输的民户。　　[3]躄(bì)：跛脚。　　[4]利：贪图。　　[5]排著：推到。　　[6]喷喷：微弱的呼叫声。　　[7]服罪：从下面裴注引《辂别传》中郭恩所说"君不名主，讳也；我不得言，礼也"两句话来看，推其叔

母下井的凶手应当就是郭恩的父亲或母亲。

【裴注】

〔一〕《辂别传》曰："辂年八九岁，便喜仰视星辰；得人辄问其名，夜不肯寐。父母常禁之，犹不可止。自言'我年虽小，然眼中喜视天文'。常云：'家鸡野鹄，犹尚知时，况于人乎？'与邻比儿共戏土壤中，辄画地作天文及日月星辰。每答言说事，语皆不常；宿学者人，不能拆之，皆知其当有大异之才。及成人，果明《周易》，仰观、风角、占、相之道，无不精微。体性宽大，多所含受；憎己不仇，爱己不褒，每欲以德报怨。常谓：'忠孝信义，人之根本，不可不厚；廉介细直，士之浮饰，不足为务也。'自言：'知我者稀，则我贵矣；安能断江、汉之流，为激石之清？乐与季主论道，不欲与渔父同舟：此吾志也。'其事父母孝，笃兄弟，顺爱士友，皆仁和发中，终无所缺。臧否之士，晚亦服焉。父为琅邪即丘长。时年十五，来至官舍读书。始读《诗》、《论语》及《易》本，便开（渊）〔纸〕布笔，辞义斐然。于时黉上有远方及国内诸生，四百余人，皆服其才也。琅邪太守单子春，雅有材度；闻辂一黉之俊，欲得见，辂父即遣辂造之。大会宾客百余人，坐上有能言之士。辂问子春：'府君名士，加有雄贵之姿；辂既年少，胆未坚刚，若欲相观，惧失精神；请先饮三升清酒，然后言之。'子春大喜，便酌三升清酒，独使饮之。酒尽之后，问子春：'今欲与辂为对者，若府君四坐之士邪？'子春曰：'吾欲自与卿旗鼓相当。'辂言：'始读《诗》、《论》、《易》本；学问微浅，未能上引圣人之道，陈秦、汉之事；但欲论金木水火土、鬼神之情耳。'子春言：'此最难者，而卿以为易邪？'于是倡大论之端，遂经于阴阳；文采葩流，枝叶横生，少引圣籍，多发天然。子春及众士互共攻劫，论难锋起；而辂，人人答对，言皆有余。至日向暮，酒食不行。子春语众人曰：'此年少盛有才器，听其言论，正似司马犬子游猎之赋，何其磊落雄壮！英神以茂，必能明天文地理变化之数，不徒有言也。'于是发声徐州，号之'神童'。"

〔二〕《辂别传》曰："利漕民郭恩，字义博。有才学，善《周易》、《春秋》，又能仰观。辂就义博，读《易》，数十日中，意便开发，言难逾师。于此分蓍下卦，用思精妙：占黉上诸生疾病、死亡、贫富、丧衰，初无差错；莫不惊怪，谓之神人也。又从义博学仰观，三十日中，通夜不卧。语义博：'君但相语墟落处所耳。至于推运会，论灾异，自当出吾天分。'学未一年，义博反从辂问《易》及天文事要。义博每听辂语，未尝不推几慷慨。自言'登闻君至论之时，忘我笃疾；明暗之不相逮，何其远也'！义博设主人，独请辂，具告辛苦。自说：'兄弟三人，俱得躄疾。不知何故？试相为作卦，知其所由。若有咎殃者，天道赦人，当为吾祈福于神明，勿有所爱。兄弟俱行，此为更生！'辂便作卦，思之未详。会日夕，因留宿；到中夜，语义博曰：'吾以此得之！'既言其事，义博悲涕沾衣。曰：'皇汉之末，实有斯事。君不名主，讳也；我不得言，礼也。兄弟躄来三十余载，脚如棘子；不可复治，但愿不及子孙耳！'辂言：'火形不绝，水形无余：不及后也。'"

广平刘奉林，妇病困[1]，已买棺器[2]。时正月也，使辂占，曰："命在八月辛卯日[3]，日中之时。"林谓必不然，而妇渐差；至秋发动，一如辂言。[一]

辂往见安平太守王基，基令作卦。辂曰："当有贱妇人，生一男儿，堕地便走入灶中死。又床上当有一大蛇衔笔，小大共视[4]，须臾去之也[5]。又乌来入室中[6]，与燕共斗；燕死，乌去。有此三怪。"基大惊，问其吉凶。辂曰："直官舍久远[7]，魑魅魍魉为怪耳[8]。儿生便走，非能自走，直宋无忌之妖将其入灶也[9]。大蛇衔笔，直老书佐耳[10]。乌与燕斗，直老铃下耳[11]。今卦中见象而不见其凶[12]，知非妖咎之征：自无所忧也！"后卒无患。[二]

时信都令家妇女惊恐[13]，更互疾病[14]。使辂筮之，辂曰："君北堂西头，有两死男子；一男持矛，一男持弓箭；头在壁内，脚在壁外。持矛者主刺头，故头重痛不得举也[15]；持弓箭者主射胸腹，故心中悬痛不得饮食也[16]。昼则浮游，夜来病人[17]；故使惊恐也。"于是掘徙骸骨，家中皆愈。[三]

【注释】

〔1〕病困：病危。 〔2〕棺器：棺材。 〔3〕命：指生命死亡期限。〔4〕小大：小人大人。 〔5〕须臾：一会儿。 〔6〕乌：乌鸦。〔7〕直：不过是。 〔8〕魑魅（chī mèi）：山精水怪。 魍魉（wǎng liǎng）：鬼怪。 〔9〕宋无忌：传说中主火的精怪名字。 将：携带。〔10〕书佐：帮办文书的办事员。 〔11〕铃下：官员身边的听差。〔12〕象：征象。 〔13〕信都：县名。县治在今河北冀州市。 〔14〕更互：交替。 〔15〕重（zhòng）痛：沉重而疼痛。 〔16〕悬痛：指好像有重物一阵阵向下牵扯内脏的疼痛。 〔17〕病人：使人生病。

【裴注】

〔一〕《辂别传》曰："鲍子春，为列人令，有明思才理。与辂相见，曰：'闻君为刘奉林卜妇死亡日，何其详妙！试为论其意义。'辂论爻象之旨，说变化之义；若规圆矩方，无不合也。子春自言：'吾少好谈《易》，又喜分著；可谓盲者欲视白黑，聋者欲听清浊，苦而无功也。听君语后，自视体中，真为愦愦者也！'"

〔二〕《辂别传》曰："基与辂共论《易》，数日中，大以为喜乐。语辂言：'俱相闻善卜，定共清论，君一时异才，当上竹帛也。'辂为基出卦，知其无咎。因谓基曰：'昔高宗之鼎，非雉所鸲；殷之阶庭，非木所生。而野鸟一鸲，武丁为高宗；桑穀暂生，太戊以兴。焉知三事不为吉祥？愿府君安身养德，从容光大，勿以知神奸污累天真。'"

〔三〕《辂别传》曰："王基即遣信都令迁掘其室中，入地八尺，果得二棺；一棺中有矛，一棺中有角弓及箭；箭久远，木皆消烂，但有铁及角完耳。及徙骸骨，去城一十里埋之，无复疾病。基曰：'吾少好读《易》，玩之以久；不谓神明之数，其妙如此。'便从辂学《易》，推论天文。辂每开变化之象，演吉凶之兆；未尝不纤微委曲，尽其精神。基曰：'始闻君言，如何可得，终以皆乱；此自天授，非人力也！'于是藏《周易》，绝思虑，不复学卜筮之事。辂乡里乃太原问辂：'君往者为王府君论怪，云老书佐为蛇，老铃下为乌；此本皆人，何化之微贱乎？为见于爻象？出君意乎？'辂言：'苟非性与天道，何由背爻象而任胸心者乎？夫万物之化，无有常形；人之变异，无有常体；或大为小，或小为大，固无优劣。夫万物之化，一例之道也。是以夏鲧，天子之父；赵王如意，汉祖之子；而鲧为黄熊，如意为苍狗。斯亦至尊之位而为黔喙之类也。况蛇者协辰巳之位，乌者栖太阳之精，此乃腾黑之明象，白日之流景；

如书佐、铃下，各以微躯化为蛇、乌，不亦过乎！'"

　　清河王经去官还家[1]。辂与相见，经曰："近有一怪，大不喜之；欲烦作卦。"卦成，辂曰："爻吉，不为怪也。君夜在堂户前，有一流光如燕雀者，入君怀中，殷殷有声；内神不安，解衣彷徉[2]，招呼妇人[3]，觅索余光。"经大笑曰："实如君言！"辂曰："吉，迁官之征也！其应行至。"顷之，经为江夏太守。〔一〕

　　辂又至郭恩家，有飞鸠来在梁头[4]，鸣甚悲。辂曰："当有老公从东方来，携豚一头[5]，酒一壶。主人虽喜，当有小故[6]。"明日果有客，如所占。恩使客节酒、戒肉、慎火。而射鸡作食，箭从树间激中数岁女子手[7]，流血惊怖。〔二〕

　　辂至安德令刘长仁家[8]。有鸣鹊来在阁屋上，其声甚急。辂曰："鹊言东北有妇昨杀夫，牵引西家人夫离娄[9]。候不过日在虞渊之际[10]，告者至矣。"到时，果有东北同伍民来告[11]：邻妇手杀其夫，诈言："西家人与夫有嫌，来杀我婿[12]。"〔三〕

【注释】

　　〔1〕王经(？—公元260)：事见本书卷九《夏侯尚传附夏侯玄传》。〔2〕彷徉(páng yáng)：走来走去。　〔3〕招呼妇女：叫来家里的妇女。〔4〕梁：房梁。　〔5〕豚：猪。　〔6〕小故：小事故。　〔7〕激：反弹。〔8〕安德：县名。县治在今山东平原县东北。　〔9〕牵引：牵连。这里指诬告。　离娄：人名。〔10〕虞渊：传说中日落的地方。日在虞渊指黄昏。　〔11〕伍：基层居民组织单位。每五家为一伍，置伍长一人。〔12〕婿：这里指丈夫。

【裴注】

〔一〕《辂别传》曰:"经欲使辂卜,而有疑难之言。辂笑而答之曰:'君侯,州里达人,何言之鄙!昔司马季主有言:夫卜者必法天地,象四时,顺仁义。伏羲作八卦,周文王三百八十四爻,而天下治。病者或以愈,且死或以生;患或以免,事或以成;嫁女娶妻,或以生长:岂直数千钱哉?以此推之,急务也。苟道之明,圣贤不让;况吾小人,敢以为难?'彦纬敛手谢辂:'前言戏之耳。'于是辂为作卦,其言皆验。经每论辂,以为'得龙云之精,能养和通幽者',非徒合会之才也。"

〔二〕《辂别传》曰:"义博从辂学鸟鸣之候。辂言:'君虽好道,天才既少,又不解音律,恐难为师也。'辂为说八风之变,五音之数;以律吕为众鸟之商,六甲为时日之端;反覆谴曲,出入无穷。义博静然沉思,驰精数日,卒无所得。义博言,'才不出位,难以追征于此。'遂止。"

〔三〕《辂别传》曰:"勃海刘长仁,有辩才。初,虽闻辂能晓鸟鸣,后每见,难辂曰:'夫生民之音曰言,鸟兽之声曰鸣;故言者则有知之贵灵,鸣者则无知之贱名;何由以鸟鸣为语,乱神明之所异也?孔子曰:"吾不与鸟兽同群。"明其贱也。'辂答曰:'夫天虽有大象而不能言,故运星精于上,流神明于下;验风云以表异,役鸟兽以通灵。表异者必有浮沉之候,通灵者必有宫商之应;是以宋襄失德,六鹢并退;伯姬将焚,鸟唱其灾;四国未火,融风已发;赤鸟夹日,殃在荆楚。此乃上天之所使,自然之明符。考之律吕,则音声有本;求之人事,则吉凶不失。昔在秦祖,以功受封;葛卢听音,著在《春秋》。斯皆典谟之实,非圣贤之虚名也。商之将兴,由一燕卵也;文王受命,丹乌衔书。此乃圣人之灵祥,周室之休祚,何贱之有乎?夫鸟鸣之听,精在鹑火,妙在八神;自非斯伦,犹子路之于死生也。'长仁言:'君辞虽茂,华而不实,未敢之信。'须史有鸣鹊之验,长仁乃服。"

辂至列人典农王弘直许[1]。有飘风高三尺余,从申上来[2],在庭中幢幢回转[3];息已,复起,良久乃止。直以问辂,辂曰:"东方当有马吏至[4];恐父哭子,如何[5]!"明日胶东吏到[6],直子果亡。

直问其故,辂曰:"其日乙卯[7],则长子之候也[8]；木落于申[9]，斗建申[10]，申破寅[11]，死丧之候也[12]；日加午而风发[13]，则马之候也[14]；离为文章[15]，则吏之候也[16]；申未为虎[17]，虎为大人，则父之候也。"

有雄雉飞来，登直内铃柱头。直大以不安，令辂作卦。辂曰："到五月必迁。"时三月也；至期，直果为勃海太守。[一]

【注释】

〔1〕列人：县名。县治在今河北邯郸市肥乡区东北。　〔2〕申上：西偏南三十度的方向上。古代把《周易》中的乾、坤、艮、巽四个卦名，分别用来标示正西北、正西南、正东北、正东南四个方向，称为四维。在四维之间，又加上天干甲乙丙丁庚辛壬癸（戊己放在中央）、地支子丑寅卯辰巳午未申酉戌亥，就把周边等分为二十四份，构成二十四方位图。其中的申，位于西偏南三十度。　〔3〕幢幢（chuáng chuáng）：晃动。〔4〕马吏：乘马的官吏。　〔5〕如何：感叹词。相当于"奈何"。意思是怎么办啊。　〔6〕胶东：县名。县治在今山东平度市。王弘直的儿子当在胶东做官。　〔7〕其日乙卯：这一天的干支是乙卯。古代用干支记日、记年。　〔8〕长（zhǎng）子之候：是大儿子的征兆。乙卯在二十四方位图中，位于东偏南十五度和正东方，两者大体是东方位置。《周易·说卦》第五章说"震，东方也"，即东方是《震》卦的卦位；第十章又说"震，一索而得男，故谓之长男"。管辂的说法即源于此。　〔9〕木落于申：申的方位，对应于季节来说是孟秋七月，即秋天的开始。这时树叶脱落，所以说木落于申。　〔10〕斗建：北斗星斗柄所指的方位。斗柄的指向一年旋转一周，古人就观察其指向以判断季节。斗柄指申，是夏历的孟秋七月。　〔11〕申破寅：在二十四方位图中，寅位于东偏北三十度，与申正好是一百八十度反方向。从申上吹来的风，直指寅上而去，故称申破寅。　〔12〕死丧之候：寅的方位，对应于季节来说为孟春正月，正是万物萌生的季节。但是申上来的风为秋风，按古人的说法是带有"肃杀之气"，将残害刚萌生的生命，所以说是死丧之候。　〔13〕加午：到达午时。古人用十二地支记时，午相当于现今上午十一时至下午

一时。 〔14〕马之候也：古人把十二地支与十二生肖相配，午对应的生肖是马。 〔15〕离为文章：《离》卦又代表花纹图案。 〔16〕吏之候：官吏的征兆。因为官员服装有花纹图案，所以这么说。 〔17〕申未为虎：申未的方向与西方白虎位置相应。古代传说四方有四神兽，即东方青龙、南方朱雀、西方白虎、北方玄武(黑龟)。

【裴注】

〔一〕《辂别传》曰："辂又曰：'夫风以时动，爻以象应；时者神之驱使，象者时之形表；一时其道，不足为难。'王弘直亦大学问，有道术，皆不能精。问辂：'风之推变，乃可尔乎？'辂言：'此但风之毛发，何足为异？若夫列宿不守，众神乱行，八风横起，怒气电飞，山崩石飞，树木摧倾，扬尘万里，仰不见天，鸟兽藏窜，兆民骇惊；于是使梓慎之徒，登高台，望风气，分灾异，刻期日：然后知神思遐幽，灵风可惧。'"

馆陶令诸葛原[1]，迁新兴太守，辂往祖饯之[2]，宾客并会。原自起取燕卵、蜂窠、蜘蛛著器中，使射覆[3]。卦成，辂曰："第一物：含气须变[4]，依乎宇堂；雄雌已形，翅翼舒张。此燕卵也。第二物：家室倒悬，门户众多；藏精育毒，得秋乃化。此蜂窠也。第三物：觳觫长足[5]，吐丝成罗；寻网求食，利在昏夜。此蜘蛛也。"举坐惊喜。[一]

辂族兄孝国，居在斥丘[6]。辂往从之，与二客会。客去后，辂谓孝国曰："此二人，天庭及口耳之间[7]，同有凶气；异变俱起，双魂无宅；[二]流魂于海，骨归于家：少许时当并死也。"复数十日，二人饮酒醉，夜共载车；牛惊，下道入漳河中，皆即溺死也。

【注释】

〔1〕馆陶：县名。县治在今河北馆陶县。　〔2〕祖饯：设酒宴送别。〔3〕射覆：古代游戏名。预先把物品遮盖好，然后让人猜是什么东西。管辂用卜卦来射覆，是一种特别的猜法。　〔4〕含气：含有生气。　须：等待。　〔5〕觳觫(hú sù)：抖动的样子。　〔6〕斥丘：县名。县治在今河北魏县西北。　〔7〕天庭：两眉之间前额正中的部位。

【裴注】

〔一〕《辂别传》曰："诸葛原，字景春。亦学士。好卜筮，数与辂共射覆，不能穷之。景春与辂有荣辱之分，因辂饯之，大有高谈之客。诸人多闻其善卜、仰观，不知其有大异之才。于是先与辂共论圣人著作之原，又叙五帝、三王受命之符。辂解景春微旨，遂开张战地，示以不固；藏匿孤虚，以待来攻。景春奔北，军师摧衄；自言'吾睹卿旌旗、城池已坏也'。其欲战之士，于此鸣鼓角，举云梯，弓弩大起，牙旗雨集。然后登城曜威，开门受敌：上论五帝，如江如汉；下论三王，如翩如翰；其英者若春华之俱发，其攻者若秋风之落叶。听者眩惑，不达其义；言者收声，莫不心服；虽白起之坑赵卒，项羽之塞滩水，无以尚之。于时，客皆欲面缚衔璧，求束手于军鼓之下；辂犹总干山立，未便许之。至明日，离别之际，然后有腹心始终。一时海内俊士，八九人矣。蔡元才在朋友中最有清才，在众人中言：'本闻卿作狗，何意为龙？'辂言：'潜阳未变，非卿所知；焉有狗耳得闻龙声乎？'景春言：'今当远别，后会何期？且复共一射覆。'辂占既皆中，景春大笑：'卿为我论此卦意，纾我心怀。'辂为开爻散理，分赋形象，言征辞合，妙不可述。景春及众客莫不言：'听后论之美，胜于射覆之乐。'景春与辂别，戒以二事，言：'卿性乐酒；量虽温克，然不可保。宁当节之！卿有水镜之才，所见者妙，仰观虽神，祸如膏火，不可不慎！持卿睿才，游于云汉之间，不忧不富贵也。'辂言：'酒不可极，才不可尽；吾欲持酒以礼，持才以愚，何患之有也？'"

〔二〕《辂别传》曰："辂又曰：'厚味腊毒，天精幽夕；坎为棺椁，兑为丧车。'"

当此之时，辂之邻里，外户不闭，无相偷窃者。清河太守华表〔1〕，召辂为文学掾。安平赵孔曜荐辂于冀州刺史裴徽曰[2]："辂雅性宽大[3]，与世无忌；仰观天文，则同妙甘公、石申[4]；俯览《周易》，则齐思季主[5]。今明使君方垂神幽薮[6]，留精九皋[7]；辂宜蒙阴和之应[8]，得及羽仪之时[9]。"

徽于是辟为文学从事[10]，引与相见，大善友之。徙部钜鹿[11]。迁治中、别驾[12]。

初应州召，与弟季儒共载，至东武城西[13]。自卦吉凶，语儒云："当在故城中见三狸，尔者乃显[14]。"前到河西故城角[15]，正见三狸共踞城侧。兄弟并喜。

【注释】

〔1〕华表(公元204—275)：字伟容。平原郡高唐(今山东高唐县东北)人。曹魏时官至侍中、尚书。西晋建立，任太常卿。传见《晋书》卷四十四。　〔2〕裴徽：事见本书卷二十三《裴潜传》裴注。　〔3〕宽大：宽宏大量。　〔4〕甘公：战国时齐国著名的天文学家。著有《天文星占》八卷。　石申：战国时魏国著名的天文学家。著有《天文》八卷。二人事见《史记》卷二十七《天官书》及同卷张守节《正义》。〔5〕齐思：思维可以比美。　季主：即司马季主。战国楚国故地的人。西汉文帝时，在长安的东市以卜筮为生。曾与贾谊、宋忠谈论天道人事，令二人佩服不已。传见《史记》卷一百二十七。　〔6〕垂神：留心。幽薮：幽深的湖泽。这句意指有意搜罗隐居山水之间的人才。下一句意同。　〔7〕九皋：也指幽深的湖泽。　〔8〕阴和：臣下对君上的附和。古代以阴为臣民，阳为君主。这里的君上是刺史裴徽。　〔9〕羽仪：有羽毛装饰的仪表。这里比喻人受到尊重。　〔10〕文学从事：官名。管理文教。　〔11〕部钜鹿：官名。即部钜鹿郡从事。负责督促该郡的公务文书，举报郡内不法官员。当时州刺史之下，有部郡国从事，每郡一人。钜鹿是冀州的属郡。　〔12〕治中：官名。即治中从事。州刺史主要下属，主管人事。　〔13〕东武城：县名。县治在今山东武城县西北。〔14〕尔者：那样。　〔15〕河：指清河。清河西南接白沟，东北合漳水入海。

正始九年举秀才。〔一〕

十二月二十八日，吏部尚书何晏请之。邓飏在晏许，晏谓辂曰："闻君（著）〔著〕爻神妙[1]，试为作一卦：知位当至三公不？"又问："连梦见青蝇数十头[2]，来在鼻上，驱之不肯去，有何意故[3]？"

辂曰："夫飞鸮[4]，天下贱鸟；及其在林食椹[5]，则怀我好音[6]；况辂心非草木，敢不尽忠？昔元、凯之弼重华[7]，宣惠慈和；周公之翼成王，坐而待旦：故能流光六合[8]，万国咸宁。此乃履道〔之〕休应[9]，非卜筮之所明也。今君侯位重山岳[10]，势若雷电；而怀德者鲜[11]，畏威者众；殆非小心翼翼、多福之仁。又鼻者艮[12]，此天中之山[13]，〔二〕高而不危，所以长守贵也。今青蝇臭恶，而集之焉。位峻者颠，轻豪者亡[14]，不可不思（害）〔虚〕盈之数，盛衰之期。是故山在地中曰谦[15]，雷在天上曰壮[16]。谦，则哀多益寡[17]；壮，则非礼不履[18]。未有损己而不光大，行非而不伤败。愿君侯上追文王六爻之旨[19]，下思尼父象象之义[20]；然后三公可决，青蝇可驱也。"

飏曰："此老生之常谈。"辂答曰："夫老生者见不生[21]，常谈者见不谈。"晏曰："过岁更当相见。"〔三〕

辂还邑舍，具以此言语舅氏；舅氏责辂言太切至。辂曰："与死人语，何所畏邪？"舅大怒，谓辂狂悖。岁朝[22]，西北大风，尘埃蔽天，十余日。闻晏、飏皆诛，然后舅氏乃服。〔四〕

【注释】

〔1〕蓍(shī)：草名。古人用这种草的茎来代表数字进行卜卦。具体的方法已失传。这里的蓍爻指占卜。 〔2〕数十头：数十只。 〔3〕意故：缘故。 〔4〕鸮(xiāo)：猫头鹰一类的鸟。 〔5〕椹：桑椹。〔6〕怀我好音：给我叫出好听的声音。这是《诗经·泮水》中的诗句。诗中说本来叫声难听的鸮，飞到鲁国学校的树林中吃了桑椹后，叫声就变好听了。比喻人受到恩德而有所报答。〔7〕元：即八元。传说中上古时代八位有才德的人。出自高阳氏。名字分别叫苍舒、隤敳(tuí ái)、梼戭(táo yǐn)、大临、龙(máng)降、庭坚、仲容、叔达。 恺：即八恺。传说中上古时代另外八位有才德的人。出自高辛氏。名字分别叫伯奋、仲堪、叔献、季仲、伯虎、仲熊、叔豹、季狸。 弼：辅佐。 重华：虞舜的名字。舜曾举用八元和八恺。以上记载均见《左传》文公十八年。 〔8〕流光：发出光辉。 六合：天地加上四方叫六合。意指天下。 〔9〕履道休应：履行正道而造成的好报应。 〔10〕君侯：对封侯者的尊称。 〔11〕怀德：思念您的德泽。 〔12〕鼻者艮：鼻和《艮》卦相对应。在《周易》八个单卦中，《艮》代表山，而鼻子突起在面部，与山相像，所以这样说。 〔13〕天中：看相的术士把鼻子所在的位置叫做天中。 〔14〕轻豪：轻浮强横。 〔15〕山在地中曰谦：《周易》中的复卦《谦》，卦形下面是单卦《艮》，代表山；上面是单卦《坤》，代表地。所以说山在地的下面。 〔16〕雷在天上曰壮：《周易》中的复卦《大壮》，卦形下面是单卦《乾》，代表天；上面是单卦《震》，代表雷。所以说雷在天上。 〔17〕裒(póu)多益寡：减少有多的，补充不足的。这是《谦》卦象辞中的一句。 〔18〕非礼不履：这是《大壮》卦象辞中的一句。从以上叙述来看，何晏问了两个问题，管辂相应卜了两卦。针对是否能当三公的是《大壮》，卦象中雷声在天上震响，是对人们发出警告。针对青蝇飞鼻的是《谦》，卦象中高山陷到地下，象征应损减有余以补充不足。管辂认为卦象告诫何晏要行正道，戒骄盈，否则不仅当不上三公，还会有败亡的灾祸。 〔19〕六爻之旨：指《周易》中卦辞、爻辞的含意。当时郑玄一派学者认为，《周易》中卦辞、爻辞是周文王制作的。 〔20〕尼父：对孔子的尊称。彖(tuàn)象：即《彖辞》、《象辞》。相传为孔子所作。前者解释卦名、卦义、卦辞，后者解释卦名、卦义、爻辞。《周易》的内容分经、传(zhuàn)两大部分。卦形、卦名、卦辞、爻辞组成经的部分。传的部分包括七种解释经的论述，《彖辞》和《象辞》是其中两种。 〔21〕不生：不能生存者。暗示何晏有杀身之祸。 〔22〕岁朝(cháo)：每年正月初一日皇帝与百官的朝见聚

会。这里指嘉平元年（公元 249）的岁朝。当天起西北大风，掀起屋面，折断树木，昏尘蔽天。见《宋书》卷三十四《五行志》五。

【裴注】

〔一〕《辂别传》曰："辂为华清河所召，为北黉文学。一时士友，无不叹慕。安平赵孔曜，明敏有思识；与辂有管、鲍之分，故从发干来，就郡黉上与辂相见。言：'卿腹中汪汪，故时死人半，今生人无双；当去俗腾飞，翱翔昊苍。云何在此？闻卿消息，使吾食不甘味也。冀州裴使君，才理清明，能释玄虚；每论《易》及老、庄之道，未尝不注精于严、瞿之徒也。又眷吾意重，能相明信者。今当故往，为卿陈感虎开石之诚。'辂言：'吾非四渊之龙，安能使白日昼阴？卿若能动东风，兴朝云，吾志所不让也！'于是遂至冀州，见裴使君。使君言：'君颜色何以消减于故邪？'孔曜言：'体中无药石之疾。然见清河郡内有一骐骥，拘絷后厩历年，去王良、伯乐百八十里；不得骋天骨，起风尘。以此憔悴耳。'使君言：'骐骥今何在也？'孔曜言：'平原管辂，字公明。年三十六，雅性宽大，与世无忌，可谓士雄；仰观天文则能同妙甘公、石申，俯览《周易》则能思齐季主；游步道术，开神无穷：可谓士英。抱荆山之璞，怀夜光之宝；而为清河郡所录北黉文学，可为痛心疾首也。使君方欲流精九皋，垂神幽薮；欲令明主不独治，逸才不久滞，高风遐被，莫不草靡；宜使辂特蒙阴和之应，得及羽仪之时：必能翼宣隆化，扬声九围也。'裴使君闻言，则慷慨曰：'何乃尔邪！虽在大州，未见异才可用释人郁闷者，思还京师，得共论道耳！况草间自有清妙之才乎？如此，便相为取之，莫使骐骥更为凡马，荆山反成凡石！'即檄召辂，为文学从事。一相见，清论终日，不觉疲倦。天时大热，移床在庭前树下，乃至鸡向晨，然后出。再相见，便转为钜鹿从事。三见，转治中。四见，转为别驾。至十月，举为秀才；辂辞裴使君，使君言：'丁邓二尚书，有经国才略，于物理不精也。何尚书神明精微，言皆巧妙；巧妙之志，殆破秋毫；君当慎之！自言不解《易》九事，必当以相问；比至洛，宜善精其理也。'辂言：'何若巧妙，以攻难之才，游形之表，未入于神。夫人神者，当步天元，推阴阳，探玄虚，极幽明，然后览道无穷：未暇细言。若欲差次老、庄而参爻、象，爱微辩而兴浮藻；可谓射侯之巧，非能破秋毫之妙也。若九事皆至义者，不足劳思也；若阴阳者，精之以久。辂去之后，岁朝当有时刑大风，风必摧破树木；若发于乾者，必有天威，不足共清谈者。'"

〔二〕臣松之按:《相书》谓鼻之所在为"天中"。鼻有山象,故曰"天中之山"也。

〔三〕《辂别传》曰:"辂为何晏所请,果共论《易》九事;九事皆明,晏曰:'君论阴阳,此世无双。'时邓飏与晏共坐,飏言:'君见谓善《易》,而语初不及《易》中辞义,何故也?'辂寻声答之曰:'夫善《易》者,不论《易》也。'晏含笑而赞之:'可谓要言不烦也。'因请辂为卦。辂既称引鉴戒,晏谢之曰:'知机其神乎,古人以为难;交疏而吐其诚,今人以为难。今君一面而尽二难之道,可谓明德惟馨。《诗》不云乎,中心藏之,何日忘之!'"

〔四〕《辂别传》曰:"舅夏大夫问辂:'前见何、邓之日,为已有凶气未也?'辂言:'与祸人共会,然后知神明交错;与吉人相近,又知圣贤求精之妙。夫邓之行步,则筋不束骨,脉不制肉,起立倾倚,若无手足,谓之"鬼躁"。何之视候,则魂不守宅,血不华色,精爽烟浮,容若槁木,谓之"鬼幽"。故鬼躁者为风所收,鬼幽者为火所烧;自然之符,不可以蔽也。'辂后因得休,裴使君问:'何平叔一代才名,其实何如?'辂曰:'其才若盆盎之水,所见者清,所不见者浊。神在广博,志不务学,弗能成才。欲以盆盎之水,求一山之形,形不可得,则智由此惑。故说《老》、《庄》,则巧而多华;说《易》生义,则美而多伪;华则道浮,伪则神虚;得上才则浅而流绝,得中才则游精而独出:辂以为少功之才也。'裴使君曰:'诚如来论。吾数与平叔共说《老》、《庄》及《易》,常觉其辞妙于理,不能折之。又时人吸习,皆归服之焉,益令不了。相见得清言,然后灼灼耳。'"

始,辂过魏郡太守钟毓[1];共论《易》义,辂因言"卜可知君生死之日"。毓使筮其生日月,如言无蹉跌。毓大愕然,曰:"君可畏也!死以付天,不以付君。"遂不复筮。

毓问辂:"天下当太平否?"辂曰:"方今四九天飞[2],利见大人;神武升建,王道文明。何忧不平?"毓未解辂言;无几,曹爽等诛,乃觉悟云。〔一〕

平原太守刘邠,取印囊及山鸡毛,著器中,使筮。

辂曰："内方外圆，五色成文；含宝守信，出则有章：此印囊也。高岳岩岩〔3〕，有鸟朱身；羽翼玄黄〔4〕，鸣不失晨：此山鸡毛也。"

邵曰："此郡官舍，连有变怪，使人恐怖。其理何由？"辂曰："或因汉末之乱，兵马扰攘，军尸流血，污染丘山；故因昏夕，多有怪形也。明府道德高妙，自天祐之；愿安百禄〔5〕，以光休宠〔6〕。"〔二〕

【注释】

〔1〕过（guō）：拜访。　钟毓（？—公元263）：传附本书卷十三《钟繇传》。　〔2〕四九：《周易》的爻辞，把阳爻称为九，阴爻称为六。四九即从卦形下面数起第四爻为阳爻，通常说是九四。《周易》六十四卦中，第四爻为阳爻的卦形多达二十四种，这里专指《乾》卦中的九四而言。《乾》卦九四的爻辞说"或跃在渊"，即这一爻代表藏在深渊的龙。管辂以此暗喻装病不理政事的司马懿。　天飞：飞上天。《乾》卦第五爻也是阳爻，称为九五。九五的爻辞说"飞龙上天，利见大人"，意指潜藏的龙飞腾上天了，一个统治者将居高临下治理社会。这里管辂暗喻司马懿将清除曹爽集团成为新政治领袖。　〔3〕高岳：高山。　岩岩：高峻的样子。　〔4〕玄：黑色。　〔5〕安：安于。　百禄：百福。多种福分。　〔6〕休宠：美好的荣宠。

【裴注】

〔一〕《辂别传》云："魏郡太守钟毓，清逸有才；难辂《易》二十余事，自以为难之至精也。辂寻声投响，言无留滞；分张爻象，义皆殊妙。毓即谢辂。辂卜知毓生日、月，毓愕然曰：'圣人运神通化，连属事物，何聪明乃尔！'辂言：'幽明同化，死生一道；悠悠太极，终而复始。文王损命，不以为忧；仲尼曳杖，不以为惧。绪烦著筮，宜尽其意。'毓曰：'生者好事，死者恶事。哀乐之分，吾所不能齐；且以付天，不以付君也！'石苞为邺典农，与辂相见，问曰：'闻君乡里翟文耀，能隐形，其事可信乎？'辂言：'此但阴阳蔽匿之数。苟得其数，则四岳可藏，河海可逃；况以七尺之形，游变化之内；散云雾以幽身，布金水以灭迹？述足数成，不足为难。'苞曰：'欲闻其妙，君且善论其数也。'辂言：'夫物不精不为神，数不妙不为术；故精者神之所合，妙者智之所遇；合之机微，可以性通，难以言论；是故鲁班不能说其手，离朱不能说其目。非言之难：孔子曰'书不尽言'，言之细也；'言不尽意'，意之微也：斯皆神妙之谓也。请举其大体以验之。夫白日登天，运景万里，无物不照；及其入地，一炭之光，不可得见。三五盈月，清耀烛夜，可以远望；及其在昼，明不如镜。今逃日月者必阴阳之数，阴阳之数通于万类；鸟兽犹化，况于人乎？夫得数者妙，得神者灵；非徒生者有验，死亦有征。是以杜伯乘火气以流精，彭生托水变以立形。是故生者能出亦能入，死者能显亦能幽；此物之精气，化之游魂；人鬼相感，数使之然也。'苞曰：'目见阴阳之理，不过于君；君何以不隐？'辂曰：'夫陵虚之鸟，爱其清高，不愿江、汉之鱼；渊沼之鱼，乐其濡湿，不易腾风之鸟：由性异而分不同也。仆自欲正身以明道，直己以亲义；见数不以为异，知术不以为奇；夙夜研几，孳孳温故。而素隐行怪，未暇斯务也。'"

〔二〕《辂别传》曰："故郡将刘邠，字令元。清和有思理，好《易》而不能精。与辂相见，意甚喜欢，自说'注《易》向讫'也。辂言：'今明府欲劳不世之神，经纬大道，诚富美之秋。然辂以为：注《易》之急，急于水火；水火之难，登时之验；《易》之清浊，延于万代；不可不先定其神，而后垂明思也。自旦至今，听采圣论，未有《易》之一分，《易》安可注也！辂不解古之圣人，何以处乾位于西北，坤位于西南？夫乾坤者，天地之象；然天地至大，为神明君父，覆载万物，生长无首，何以安处二位与六卦同列？《乾》之《象》、《彖》曰："大哉乾元，万物资始，乃统天。"夫统者，属也，尊莫大焉，何由有别位也？'邠依《易系词》诸为之理以为注，不得其要。辂寻声下难，事皆穷析。曰：'夫乾坤者，易之祖宗，变化之根源；今明府论清浊者有疑，疑则无神，恐非注《易》之符也。'辂于此，为论八卦之道及爻象之精，大论开廓，众化相连。邠所解者，皆以为妙；所不解者，皆以为神。自说：'欲注《易》，八年用思勤苦，历载靡宁；定相得至论，此才不及《易》。不爱久劳，喜承雅言；如此，相为高枕偃息矣！'欲从辂学射覆，辂言：'今明府以虚神于注《易》，亦宜绝思于灵蓍。灵蓍者，二仪之明数，阴阳之幽契；施之于道，则定天下吉凶；用之于术，则收天下毫纤。纤微，未可以为易也。'邠曰：'以为术者，《易》之近数，欲求其端耳。若如来论，何事于斯！'留辂五日，不遑恤官，但共清谈。邠自言：'数与何平叔论《易》及《老》、《庄》之道，至于精神遐流，与化周旋；清若金水，郁若山林：非君侣也。'邵又曰：'此郡官舍，连有变怪，变怪多形，使人怖恐。君似当达此数者，其理何由也？'辂言：'此郡所以名平原者，本有原；山无木石，与地自然；含阴不能吐云，含阳不能激风；阴阳虽弱，犹有微神；微神不真，多聚凶奸；以类相求，魍魉成群。或因汉末兵马扰攘，军尸流血，污染丘岳，强魂相感，变化无常；故因昏夕之时，多有怪形也。昔夏禹文明，不怪于黄龙；周武信时，不惑于暴风。今明府道德高妙，神不惧妖；自天祐之，吉无不利。愿安百禄以光休宠也。'邵曰：'听雅论为近其理：每有变怪，辄闻鼓角声音，或见弓剑形象。夫以土山之精，伯有之魂；实能合会，干犯明灵也。'邵问辂：'《易》言刚健笃实，"辉光"日新，斯为同不也？'辂曰：'不同之名：朝旦为辉，日中为光。'"

《晋诸公赞》曰："邵本名炎；犯晋太子讳，改为邵。位至太子仆。子粹，字纯嘏，侍中；次宏，字终嘏，太常；次汉，字仲嘏，光禄大夫。汉清冲有贵识，名亚乐广。宏子咸，徐州刺史；次耽，晋陵内史。耽子（恢）〔愀〕，字真长；尹丹杨，为中兴名士也。"

清河令徐季龙使人行猎[1]，令辂筮其所得。辂曰："当获小兽，复非食禽[2]；虽有爪牙，微而不强；虽有文章，蔚而不明[3]：非虎非雉，其名曰狸。"猎人暮归，果如辂言。

季龙取十三种物，著大箧中，使辂射[4]。云："器中藉藉有十三种物[5]。"先说鸡子，后道蚕蛹；遂一一名之，惟以梳为篦耳。〔一〕

辂随军西行，过毌丘（俭）〔兴〕墓下[6]；倚树哀吟，精神不乐。人间其故，辂曰："林木虽茂，无形可久；碑诔虽美[7]，无后可守[8]。玄武藏头[9]，苍头无足，白虎衔尸，朱雀悲哭：四危已备[10]，法当灭族[11]。不过二载，其应至矣！"卒如其言。

后得休[12]，过清河倪太守。时天旱，倪问辂雨期。

辂曰："今夕当雨。"是日畅燥[13]，昼无形似[14]；府丞及令在坐[15]，咸谓不然。到鼓一中[16]，星月皆没；风云并起，竟成快雨[17]。于是倪盛修主人礼[18]，共为欢乐。〔二〕

【注释】

〔1〕清河：县名。县治在今河北临清市东北。 〔2〕食禽：食用的禽。 〔3〕蔚：华美。 〔4〕射：猜。 〔5〕藉藉：杂乱众多。〔6〕毌丘兴：事见本书卷二十八《毌丘俭传》。其墓在今河南新安县境。〔7〕诔(lěi)：叙述死者生平品德才能以哀悼死者的文字。相当于现今的悼词。 〔8〕后：后代。 〔9〕玄武藏头：古代有专门观测住宅、坟墓地理形势的术士，称为堪舆家。自此以下四句，是从堪舆家的角度，对毌丘兴墓地北、东、西、南四方的地形作出结论。所谓"藏头"、"无足"之类，都是堪舆家故弄玄虚的专门术语。 〔10〕四危：四方的危险。 〔11〕法：按堪舆的法则。 〔12〕休：休假。 〔13〕畅燥：晴朗干燥。 〔14〕形似：(下雨的)迹象。 〔15〕府丞：官名。即郡丞。郡太守的副手。 令：指清河县令。清河郡的治所就在清河县。 〔16〕鼓一中即一鼓或一更的时候。 〔17〕快雨：大雨。 〔18〕盛修主人礼：指举行盛宴款待。

【裴注】

〔一〕《辂别传》曰："清河令徐季龙，字开明。有才机。与辂相见，共论龙动则景云起，虎啸则谷风至。以为：火星者龙，参星者虎；火出则云应，参出则风到。此乃阴阳之感化，非龙虎之所致也。辂言：'夫论难当先审其本，然后求其理；理失则机谬，机谬则荣辱之主。若以参星为虎，则谷风更为寒霜之风；寒霜之风，非东风之名。是以龙者阳精，以潜为阴；幽灵上通，和气感神；二物相扶，故能兴云。夫虎者，阴精而居于阳，依木长啸，动于巽林；二气相感，故能运风。若磁石之取铁，不见其神而金自来，有征应以相感也。况龙有潜飞之化，虎有文明之变；招云召风，何足为疑？'季龙言：'夫龙之在渊，不过一井之底；虎之悲啸，不过百步之中：形气浅弱，所通者近。何能漂景云而驰东风？'辂言：'君不见阴阳燧在掌握之中，形不出手；乃上引太阳之火，下引太阴之水；嘘吸之间，烟景以集。苟精气相感，悬象应乎二燧；苟不相感，则二女同居，志不相得。自然之道，无有远近。'季龙言：'世有军事，则感鸡雉先鸣，其道何由？复有他占，唯在鸡雉而已？'辂言：'贵人有事，其应在天；在天则日月星辰也。兵动民忧，其应在物；在物则山林鸟兽也。夫鸡者兑之畜，金者兵之精，雉者离之鸟，兽者武之神；故太白扬辉则鸡鸣，荧惑流行则雉惊，各感数而动。又兵之神道，布在六甲；六甲推移，其占无常。是以晋枢牛响，果有西军；鸿嘉石鼓，鸣则有兵。不专近在于鸡雉也。'季龙言：'鲁昭公八年，有石言于晋。师旷以为作事不时，怨讟动于民，则有非言之物。而言于理为合不？'辂言：'晋平奢泰，崇饰宫室；斩伐林木，残破金石；民力既尽，怨及山泽；神痛人感，二精并作；金石同气，则兑为口舌；口舌之妖，动于灵石。传曰"轻百姓，饰城郭，则金不从革"，此之谓也。'季龙钦嘉，留辂经数日。辂占猎既验，季龙曰：'君虽神妙，但不多藏物耳，何能皆得之？'辂言：'吾与天地参神，蓍龟通灵；抱日月而游杳冥，极变化而览未然；况兹近物，能蔽聪明？'季龙大笑：'君既不谦，又念穷在近矣！'辂言：'君尚未识谦言，焉能论道？夫天地者则乾坤之卦，蓍龟者则卜筮之数，日月者离坎之象，变化者阴阳之交，杳冥者神化之源，未然者则幽冥之先；此皆《周易》之纪纲，何仆之不谦？'季龙于是取十三种物，欲以穷之；辂射之皆中。季龙乃叹曰：'作者之谓圣，述者之谓明：岂此之谓乎！'"

〔二〕《辂别传》曰："辂与倪清河相见；既刻雨期，倪犹未信。辂曰：'夫造化之所以为神，不疾而速，不行而至。十六日壬子，直满，毕星中已有水气；水气之发，动于卯辰，此必至之应也。又天昨檄召五星，宣布星符。刺下东井，告命南箕，使召雷公、电母、风伯、雨师；群岳吐阴，众川激精；云汉垂泽，蛟龙含灵；晔晔朱电，吐咀杳冥；殷殷雷声，嘘吸雨灵；习习谷风，六合皆同；咳唾之间，品物流形。天有常期，道有自然，不足为难也。'倪曰：'谈高信寡，相为忧之。'于是便留辂，往请府丞及清河令。若夜雨者，当为啖二百斤犊肉；若不雨，当住十日。辂曰：'言念费损！'至日向暮，了无云气，众人并嗤辂。辂言：'树上已有少女微风，树间又有阴鸟和鸣；又少男风起，众鸟和翔，其应至矣！'须臾，果有艮风鸣鸟；日未入，东南有山云楼起；黄昏之后，雷声动天；到鼓一中，星月皆没，风云并兴，玄气四合，大雨河倾。倪调辂言：'误中耳！不为神也。'辂曰：'误中与天期，不亦工乎！'"

正元二年，弟辰谓辂曰："大将军待君意厚[1]，冀当富贵乎?"辂长叹曰："吾自知有分直耳[2]！然天与我才明，不与我年寿；恐四十七八间，不见女嫁、儿娶妇也。若得免此，欲作洛阳令；可使路不拾遗，枹鼓不鸣[3]。但恐至泰山治鬼[4]，不得治生人。如何!"辰问其故，辂曰："吾额上无生骨，眼中无守精[5]；鼻无梁柱，脚无天根[6]；背无三甲[7]，腹无三壬[8]：此皆不寿之验。又吾本命在寅[9]，加月食夜生。天有常数，不可得讳，但人不知耳。吾前后相当死者过百人[10]，略无错也[11]。"

是岁八月，为少府丞[12]。明年二月卒，年四十八[13]。〔一〕

【注释】

〔1〕大将军：指司马师。当时任大将军。 〔2〕分直：情分。〔3〕枹鼓不鸣：指无盗贼，不用军队击鼓出发镇压。 〔4〕至泰山治鬼：当时人认为在阴间治理鬼魂的神官，是住在泰山地府的泰山令。见本书卷十四《蒋济传》裴注引《列异传》。 〔5〕守精：看相的术士把眼神叫做守精。 〔6〕天根：脚后跟。也是看相术士的用语。 〔7〕三甲：相术所说的一种有福寿的骨相。 〔8〕三壬：也是一种有福寿的骨相。〔9〕本命在寅：生年的地支为寅。指东汉献帝建安十五年(公元210)，干支为庚寅。 〔10〕相(xiàng)：为人看相。 〔11〕略无：完全没有。〔12〕少府丞：官名。协助九卿之一的少府，管理宫廷御用衣物、珍宝、膳食、医药等。 〔13〕年四十八：正元二年(公元255)的第二年是公元256年。如果管辂生年在庚寅即公元210年，死时应为四十七岁而不是四十八岁。裴注对此也有疑问。传文恐有误。

【裴注】

〔一〕《辂别传》曰："既有明才，遭朱阳之运。于时名势赫奕，若火猛风疾；当途之士，莫不枝附叶连；宾客如云，无多少皆为设食；宾无贵贱，候之以礼；京城纷纷，非徒归其名势而已，然亦怀其德焉。向不夭命，辂之荣华，非世所测也。弟辰尝欲从辂学卜及仰观事，辂言：‘卿不可教耳！夫卜，非至精不能见其数，非至妙不能睹其道；《孝经》、《诗》、《论》，足为三公。无用知之也。’于是遂止。子弟无能传其术者。”

辰叙曰：“夫晋、魏之士，见辂道术神妙，占候无错，以为有隐书及象甲之数。辰每观辂书传，惟有《易林》、《风角》及《鸟鸣》、《仰观星书》三十余卷，世所共有。然辂独在少府官舍，无家人子弟随之。其亡没之际，好奇不哀丧者，盗辂书；惟余《易林》、《风角》及《鸟鸣》书还耳。夫术数有百数十家，其书有数千卷，书不少也。然而世鲜名人，皆由无才，不由无书也。裴冀州，何、邓二尚书，及乡里刘太常、颍川兄弟，以辂禀受天才，明阴阳之道；吉凶之情，一得其源，遂涉其流，亦不为难；常归服之。辂自言与此五君共语，使人精神清发，昏不暇寐。自此以下，殆白日欲寝矣。又自言当世无所愿，欲得与鲁梓慎、郑裨灶、晋卜偃、宋子韦、楚甘公、魏石申共登灵台，披神图，步三光，明灾异，运蓍龟，决狐疑，无所复恨也！辰不以暗浅，得因孔怀之亲，数与辂有所谘论。至于辨人物，析臧否，说近义，弹曲直，拙而不工也。若敷皇、羲之典，扬文、孔之辞；周流五曜，经纬三度，口满声溢，微言风集；若仰眺飞鸿，漂漂兮分景没；若俯临深溪，杳杳兮精绝；逼以攻难，而失其端；欲受学求道，寻以迷昏；无不扼腕椎指，追响长叹也。昔京房虽善卜及风律之占，卒不免祸；而辂自知四十八当亡，可谓明哲相殊。又京房目见构谮之党，耳听青蝇之声；面谏不从，而犹道路纷纭。辂处魏、晋之际，藏智以朴，卷舒有时；妙不见求，愚不见遗：可谓知机相邈也。京房上不量万乘之主，下不避佞谄之徒；欲以天文、洪范，利国利身；困不能用，卒陷大刑：可谓枯龟之余智，膏烛之末景，岂不哀哉！世人多以辂畴之京房，辰不敢许也。至于仰察星辰，俯定吉凶：远期不失年岁，近期不失日月：辰以甘、石之妙不先也。射覆名物，见术流速：东方朔不过也。观骨形而审贵贱，览形色而知生死：许负、唐举不超也。若夫疏风气而探微候，听鸟鸣而识神机：亦一代之奇也。向使辂官达，为宰相大臣；膏腴流于明世，华曜列乎竹帛；使幽验皆举，秘言不遗；千载之后，有道者必信而贵之，无道者必疑而怪之。信者以妙过真，夫妙与神合者，得神则无所惑也。恨辂才长命短，道贵时贱，亲贤遐潜，不宣于良史，而为鄙弟所见追述；既自暗浊，又从来久远，所载卜占事，虽不识本卦，捃拾残余，十得二焉。至于仰观灵曜，说魏、晋兴衰，及五运浮沉，兵革灾异，十不收一。无源何以成河？无根何以垂荣？虽秋菊可采，不及春英！临文慷慨，伏用哀惭！将来君子，幸以高明求其义焉。往孟荆州为列人典农，尝问亡兄：'昔东方朔射覆得何卦，正知守宫、蜥蜴二物者？'亡兄于此为安卦生象，辞喻交错；微义豪起，变化相推。会于辰巳，分别龙蛇，各使有理。言绝之后，孟荆州长叹息曰：'吾闻君论，精神腾跃，殆欲飞散。何其汪汪乃至于斯邪！'"

臣松之按：辰所称"乡里刘太常者"，谓刘寔也；辰撰辂传，寔时为太常。"颍川"则寔弟智也。寔、智并以儒学为名，无能言之；《世语》称寔"博辩"，犹不足以并裴、何之流也。又按辂自说，云"本命在寅"，则建安十五年生也。至正始九年，应三十九，而传云三十六；以正元三年卒，应四十七，传云四十八：皆为不相应也。

近有阎续伯者，名缵。该微通物，有良史风。为天下补缀遗脱，敢以所闻列于篇左；皆从受之于大人先哲，足以取信者，冀免虚诬之讥云尔。

尝受辰传所谓刘太常者曰："辂始见闻，由于为邻妇卜亡牛，云当在西面穷墙中，悬头上向。教妇人令视诸丘冢中，果得牛。妇人因以为藏己牛，告官按验，乃知以术知，故裴冀州遂闻焉。"又云："（路）〔洛〕中小人失妻者，辂为卜；教使明旦于东阳城门中，伺担豚人牵与共斗。具如其言，豚逸走，即共追之。豚入人舍，突破主人瓮，妇从瓮中出。"刘侯云："甚多此类，辰所载才十一二耳。"刘侯云："辰，孝廉才也。"

中书令史纪玄龙，辂乡里人，云："辂在田舍，尝候远邻，主人患数失火。辂卜，教使明日于南陌上伺，当有一角巾诸生，驾黑牛故车；必引留，为设宾主，此能消之。即从辂戒。诸生有急求去，不听，遂留当宿；意大不安，以为图己。主人罢入，生乃把刀出门，倚两薪积间，侧立假寐。歘有一小物直来过前，如兽，手中持火，以口吹之。生惊，举刀斫，正断腰，视之则狐。自此主人不复有灾。"

前长广太守陈承祐，口受城门校尉华长骏语云："昔其父为清河太守时，召辂作吏；骏与少小，后以乡里，遂加恩意。常与同载周旋，具知其事。云诸要验，三倍于传。辰既短才，又年悬小，又多在田舍，故益不详。辰仕宦至州主簿、部从事，太康之初，物故。"

骏又云："辂卜亦不悉中，十得七八。骏问其故，辂云：'理无差错，来卜者或言不足以宣事实，故使尔。'华城门夫人者，魏故司空涿郡卢公女也；得疾，连年不差。华家时居西城下南缠里中，三厕在其东南。辂卜：当有师从东方来，自言能治，便听使之，必得其力。后无何，有南征厥骢，当充甲卒；来诣卢公，占能治女郎。公即表请留之，专使其子将诣华氏疗疾；初用散药，后复用丸治，寻有效，即奏除骢名，以补太医。"

又云："随辂父在利漕时，有治下屯民捕鹿者，其晨行还，见毛血，人取鹿处。来诣厥告辂，辂为卦语云：'此有盗者，是汝东巷中第三家也。汝径往门前，伺无人时，取一瓦子；密发其碓屋东头第七椽，以瓦著下；不过明日食时，自送还汝。'其夜，盗者父病头痛，壮热烦疼，然亦来诣辂卜。辂为发祟，盗者具服。辂令担皮肉藏还著故处，病当自愈；乃密教鹿主往取。又语使复往，如前举椽，弃瓦；盗父病差。又都尉治内史有失物者，辂使明晨于寺门外看，当逢一人；使指天画地，举手四向，自当得之。暮果获于故处矣。"

评曰：华佗之医诊，杜夔之声乐，朱建平之相术，周宣之相梦，管辂之术筮：诚皆玄妙之殊巧，非常之绝技矣。昔史迁著扁鹊、仓公、日者之传[1]，所以广异闻而表奇事也；故存录云尔。

【注释】

〔1〕史迁：即司马迁。 扁鹊：姓秦，名越人。齐国勃海郑（今河北任丘市西北）人。春秋时期的名医。精通脉理，兼长内、妇、儿、针灸各科。 仓公：即太仓公。复姓淳于，名意。西汉齐国临淄（今山东淄博市东）人。为汉初名医。以上二人传见《史记》卷一百五。 日者：卜卦的术士。《史记》有《日者列传》，在卷一百二十七。

【译文】

华佗，字元化，沛国谯县人。又名旉。早年到徐州游学，兼通几部儒家经典。沛国国相陈珪举荐他为孝廉，太尉黄琬任命他为下属，他都没有接受。

他通晓养生之术，当时人以为他是仙人，因为他年龄已将近百岁，但容貌仍然显得年轻。他又精通医药，治病时，合在一起煎熬的配药不过几种；而且可以在心里准确估计药物的分量，一抓即准，不必再称；煎好就喝，交代一下注意事项，他一离开病人总是很快痊愈。如需要灸，不过灼一两处穴位，每一处不过七八次，病痛立即去除。如需要针刺，也不过刺一二处穴位，下针时对病人说："胀麻的感觉会传到某一处，如传到了，请告诉我。"病人说"已到"，华佗马上拔针，病也就好了。如果疾病结成肿瘤在体内，扎针、吃药不能治，必须动手术割治的，他便让病人先喝自己配制的麻沸散，很快病人就像醉倒和死去一样什么都不知道了，于是动刀割取。肿瘤如果在肠内，便切断肠子清洗，然后缝上腹壁敷上药膏，四五天就能好转，不痛，病人自己也没什么异常感觉；一个月左右，就完全康复了。

原甘陵国国相的夫人，怀孕六个月，腹部痛得日夜不安。华佗诊脉之后，说："胎儿已死了。"又叫一名妇女用手摸胎儿的位置，如在左边则是男胎，在右边则是女胎。那位妇女说："胎位在左。"于是华佗配好打胎药汤让病人喝下，果然打下一个男胎，这位夫人腹痛也就好了。

某县的办事员尹世，四肢胀肿不适，口中干渴，不想听见人声，小便也困难。华佗说："您试着做些热食来吃，如能出汗病就会好；不出汗，三天后会死。"这人赶紧做热食吃而不出汗，华佗说："内脏的生气已断绝，会哭泣着死亡。"果然不出华佗所料。

某郡的办事员倪寻、李延在一起居住，两人都出现头痛和身体发烧，症状完全相同。华佗说："倪寻，应当泻下；李延，则要发汗。"有人询问为什么两者的治疗方法不同，华佗说："倪寻属于外实，李延则属于内实，所以治疗方法应有所不同。"随即分别下药，第二天早上两人就能起床。

盐渎县的严昕，与几个人一起等候华佗。华佗刚到，就问严昕说："您身体好吗？"严昕说："和平常一样。"华佗说："您的面部出现了急病征兆，不要多喝酒。"严昕等交谈结束后告辞回去，走了几里远，突然一阵头晕从车上掉下来，人们扶着他又上车，载回家中，隔夜就死了。

郡督邮顿子献，得病已经治好，找华佗诊脉。华佗说："您身体还虚，并没有完全恢复，别做使身体疲劳的事。如果和妻子同房会死的，而且临死时，会吐出舌头有几寸长。"顿子献的妻子听说丈夫的病好了，从百多里外来探望他，住下的当晚与之同房。隔了三天顿子献果然发病，结果完全像华佗预言的那样。

郡督邮徐毅得病，华佗前往看望。徐毅对华佗说："昨天让医官刘租在中脘穴扎了针，扎完后就咳嗽不止，想睡也睡不好。"华佗说："他的针没有扎准中脘穴，误伤了肝脏。您的饭量会一天天减少，五天以后就没救了。"后来果真如华佗所言。

东阳县陈叔山的小儿子，在两岁时得病，经常在腹泻之前哭啼，日见瘦弱。他问华佗病因，华佗说："他母亲怀他的时候，阳气收敛，乳内虚冷。孩子得了母体的寒气，所以使他不能及时痊愈。"华佗开了自己制作的四物女宛丸，服药十天之后病就好了。

彭城国国相的夫人夜里上厕所，手被毒虫蜇伤，痛得呻吟不止难以忍受。华佗叫人把水烧热，让她在热水中泡手，终于可以使她入睡；旁边的人反复给她换水，让水保持热度，第二天疼痛即完全消除。

军队的一个办事员梅平得病，被上级除名后回家休养。他家在广陵，走到离广陵还有二百里时，在一个亲戚家借宿。不久，华佗偶然到房主人这里，主人求华佗给梅平诊病。华佗对梅平说："您要是早点碰到我，还不至于这样。现今病势已不可缓解，赶紧走还可以和家人相见，五天后就会死。"梅平立即动身回家，一切都如华佗预计的那样。

华佗在路上行走，看见一个人得了咽喉阻塞的病，很想吃东西却又咽不下去，家人正用车载上他想去就医。华佗听见他的呻吟声，停下来前去探视，对他们说："刚才我来的路边有个卖饼的人家，盛有蒜泥调和的酸醋，去买三升喝下去，病自然去除。"病人家属按华佗的吩咐去做，病人立即吐出一条蛇状的寄生虫，他们把它悬挂在车旁，想前去拜访感谢华佗。华佗还未回来，家里的孩子们在门前做游戏，迎面看见来人，就相互说："这些人好像碰到了我家公公，看车旁边挂的那种致病的东西就知道了。"那位病人进屋坐下，看见华佗屋里的北墙上悬挂着几十条这样的蛇状寄生虫。

又有一个郡太守得病，华佗认为这个人必须大发怒气才能痊愈，于是接受他很多财物却不给他治病，不久又离开他跑了，还留下一封信把太守痛骂一番。这个太守果真勃然大怒，还命令下人去追杀华佗。太守的儿子知道内情，嘱咐下人不要去追。太守愤怒到极点，吐出几升黑血后病就好了。

又有一个当官的自感身体不舒服，华佗说："病灶在体内深处，得开腹割治。但是您的寿命本来超不过十年，这病也要不了您的命；忍病十年，您的寿命也差不多了，值不得特意剖腹做手术了。"这个当官的忍不住痛苦，一定要除去病根。华佗于是为他动了手术，病症随即消失，十年后这人最终还是死了。

广陵郡太守陈登得病，胸口烦闷，面色发红，不思饮食。华佗诊脉后说："您的胃中有几升虫子，将要结成肿毒，是多吃生腥食物造成的。"随即煎好二升汤药，让陈登先服一升，隔一会儿全都喝光。大约过了一顿饭的工夫，陈登吐出了三升多虫子，红头，躯体都会动，躯体有半截是切细的生鱼肉，陈登的病也马上痊愈。华佗说："这病三年后还会复发，遇上好的医生才能解救。"三年后陈登果然发病，可惜这时华佗不在，结果如华佗所说不治而死。

太祖曹操听说华佗的大名后召见他，让他在左右服务。曹操患有头部眩晕疼痛的病，每次发病时，心中慌乱眼冒金星，华佗用针扎膈俞穴，立刻就能缓解。

李将军的妻子病得厉害，求华佗诊脉。华佗诊脉后说："怀孕时小产了，但胎儿没有出来。"将军说："最近她确实小产，但是胎儿已出来了。"华佗说："根据脉象，胎儿还没出来。"将军不以为然。华佗离去后，病人渐渐有所好转。

但是一百多天后再度发作，只得又把华佗请来。华佗说："脉象依旧显示有胎儿在腹中。此前应当生下两个胎儿。一个胎儿先生，孕妇出了很多血，后一个胎儿来不及出生。母亲自己感觉不出来，旁人也没有觉察，所以没有再接生，结果这个胎儿一直没生下来。胎儿已死，血脉不能回流母体，必定干燥之后粘连在母背上，所以病人一直背痛。现在给她喝汤药，再扎一针，这个死胎一定会出来。"汤药喝过，针也扎了，病人疼痛难忍就像要临盆生产一样。华佗说："这个死胎久已枯萎，不会自己出来，应当让旁人伸手进病人体内助产。"果然取出一个死了的男胎，手脚齐全，但颜色发黑，长约一尺左右。

华佗的绝技，都像上面所说的这样。然而他本想做一个读书当官的人，后来把行医作职业，常常后悔不已。太祖曹操的亲属得了重病，让华佗专门诊治。华佗说："这种病近期内难以完全治好，长期不断治疗，才可以延长寿命。"这时华佗已远离家乡很久，思乡心切，因此说："刚才得到家信，正想暂时回家看看。"回到家里后，他借口妻子病重，好几次请求宽限时间不愿回来。曹操多次写信叫他，又指示当地郡、县政府打发他上路。华佗恃自己有专长，讨厌为了吃饭而受人役使，仍然不动身。

太祖大怒，派人前去检查，并且吩咐：如果华佗的妻子确实有病，赐给小豆四十斛，并放宽动身的时限；如果华佗撒谎，就把他抓起来。结果华佗被丢进囚车押送到许都，经过拷问验证，他完全坦白认罪。荀彧为他求情说："华佗的医术确实高明，能解救人命，应当宽容赦免他。"太祖说："不用担心，难道说天下就再找不出这种鼠辈贱人了吗！"于是把华佗拷问处死。

华佗临死时，拿出一卷医书递给看管监狱的小吏，说："这书可以救治人命。"狱吏害怕犯法不肯接受，华佗也不勉强，一把火把书烧了。华佗死后，太祖的眩晕头痛病没有去除。太祖说："也只有华佗能治好我的病。这小子留着我的病根，想借此抬高自己，我就是不杀他，他也终究不会替我去除病根的。"后来他的爱子曹冲病危不治，太祖感叹说："我后悔杀了华佗，结果使我的儿子白白送了命啊！"

起初，军中的办事员李成咳嗽十分厉害，昼夜无法安睡，还不时吐脓血。他向华佗求救，华佗说："您的病是肠子上有肿毒，咳吐的脓血，不是来自肺部。给您开两钱药粉，吃了会吐出二升多脓血，然后赶紧调养，一个月后可以慢慢起床，好生将息爱护，一年后可以恢复健康。十八年之后会有轻微复发，服用这种药粉，很快会好的。如果没有这药，依旧要死。"于是又给李成两钱药粉。

李成得到药后，过了五六年，亲戚中有个人得了病，症状与李成完全相同，他对李成说："您现在还很强健，我却快要死了，您又怎么忍心在疾病没有急性发作时把药藏起来，等着疾病来临呢？先借给我，等我好了，再为您赶到华佗那儿去要。"李成把药交给了他。那人病好后特意到华佗的家乡谯县去求药。正碰上华佗被逮捕，华家惊扰不安，他也不忍心去求药。十八年后，李成果然发病，无药可用，结果病死。

广陵郡人吴普、彭城国人樊阿，都随从华佗学医。

吴普遵照华佗的医疗方法治病，救活了很多人。华佗曾对吴普说："人体应当从事体力活动，但是不能疲劳过度。人要活动，食物中的营养才能得到消化，血脉也才会通畅，所以不会得病，就好像经常转动的门轴不会腐烂一样。因此古代的仙人要做导引的运动，活动关节，以求保持青春不老。我有一套养生之术，名为'五禽戏'：第一节叫虎戏，第二节叫鹿戏，第三节叫熊戏，第四节叫猿戏，第五节叫鸟戏；既能去病，还能使腿脚轻快，可以代替导引。如身体感到不适，站起来做一节禽戏，全身会微微出汗，这时再扑上爽身粉，就会感到身体轻便，食欲大增。"吴普认真练习，活到九十多岁，还耳聪目明，牙齿完好坚固。

樊阿则擅长扎针。普通的医生都说："后背和前胸正中不能乱下针，即使下针深度也不能超过四分。"而樊阿在后背进针深达一二寸，在前胸正中下面的巨阙穴下针，竟可深达五六寸；而病人都能痊愈。樊阿向华佗求取平常可以食用而有益健康的方子，华佗给了他一种漆叶青黏散：用漆树叶末一升，配青黏末十四两，按此比例搭配；说长久服用可以去除三种体内的寄生虫，对五脏有利，使身体轻健，头发乌黑不白。樊阿听从了华佗的话，活了一百多岁。漆树叶，到处都有；青黏，生长在丰、沛、彭城、朝歌等县。

杜夔，字公良，河南尹辖地的人。因为懂得音律当了雅乐郎，汉灵帝中平五年（公元 188），他得病离职。本州、郡政府和司徒府聘他为下属，他因为看到天下大乱，所以不接受任命而南奔荆州。荆州牧刘表下令，让他和孟曜为汉朝天子排练合成雅乐。雅乐排练合成好以后，刘表想在厅堂中演奏观赏，杜夔劝阻说："当初将军声称是为天子准备雅乐，现在却想在自己的厅堂中演奏观赏，恐怕不可以吧！"刘表听了杜夔的话而打消想法。

后来，刘表的儿子刘琮向太祖曹操投降，太祖任命杜夔为军谋祭酒，参与处理太乐署的事务，并命令杜夔创制新的雅乐。杜夔善于辨别乐钟的声音，聪明过人；各种乐器，无所不能，只有唱歌跳舞不是他的特长。当时，散骑侍郎邓静、尹齐善于歌唱雅乐的歌词，歌师尹胡擅长歌唱宗庙和天地祭祀的歌曲，舞师冯肃、服养则通晓以前各种朝代的舞蹈。杜夔统领他们精心研讨：考察古代的经典，采用过去的事例，多方收集资料；然后进行讲授练习，制作乐器。当时继承恢复前代古乐的事，都是从杜夔开始的。

魏文帝黄初年间，杜夔任太乐令、协律都尉。

当初，在汉朝时就从事铸乐钟的工匠柴玉，手很灵巧，而且很有新的设想和构思。当时的很多乐器，都出自他的手中，达官贵人很欣赏他。杜夔任职之后，要柴玉铸铜钟，铜钟声韵的清亮和浑厚大多不符合古法，所以多次毁掉重铸。柴玉很感厌烦，认为杜夔审定声韵的清亮和浑厚没有一定的标准，常常抗拒杜夔的指示。两人都向太祖报告，太祖把柴玉铸的铜钟都取来，交错排列后敲出声音进行比较，结果知道杜夔的判断精确而柴玉的判断谬误，于是惩罚柴玉和他的儿子们，让他们去当养马兵。

魏文帝曹丕很喜欢柴玉，又曾经要杜夔和左𩢱等人当着众宾客吹笙弹琴，杜夔很不乐意，从此文帝对他不满。后来文帝借其他的事把杜夔囚禁起来，让左𩢱等人到监狱去跟杜夔学习音乐。杜夔认为自己所从事的工作很文雅，自己做官也一直循规蹈矩，所以对眼前的屈辱很是气恼，结果被罢官而死。

杜夔的弟子有河南尹人邵登、张泰、桑馥，官职都当到太乐丞；还有下邳郡人陈颃，曾任司律中郎将。当时的魏朝乐官左延年等人，虽然也精于音乐，但他们都只擅长通俗的流行音乐，在喜欢和保存古典的正统音乐方面都不如杜夔。

朱建平，是沛国人。他擅长于相术，在街头巷尾，留下许多看准人的事例。

太祖曹操被封为魏公，听到朱建平的事迹，召他到京城当郎官。

魏文帝曹丕任五官中郎将时，曾召集三十多位宾客聚会。他先问朱建平自己能活多大年龄，然后让朱建平依次给各位宾客看相。

朱建平对曹丕说："将军能活八十岁。四十岁时，会有一个小灾，希望好生保护自己。"

又对夏侯威说："您四十九岁时，能任州牧，但会有厄运。如能躲过这场厄运，可以活到七十，而且能升任三公。"

又对应璩说："您六十二岁，将任侍中，也会遇到厄运；在这之前一年，您会见到一条白狗，而这条狗别人看不到。"

又对曹彪说："您是亲王，住在自己的封地。五十七岁这年会有被兵器伤害的灾祸，要用心预防。"

起初，颍川郡的荀攸、钟繇，与朱建平关系亲善。荀攸先死，孩子很小。钟繇帮助荀家管理家务，想把荀攸一个名叫阿骛的小妾另外嫁人，他给人写信说："我和荀君曾经让朱建平看相，朱建平说：'荀君虽比钟君年轻，但是他会把自己的后事托付给钟君。'我当时对荀君开玩笑说：'到时候我只把您的阿骛嫁出去就算了！'没想到荀君真的先死，当时的戏言真的应验了！而今想把阿骛嫁出去，让她找个好人家。回想朱建平相术的神妙，就是从前著名的相士唐举、许负也比不过啊。"

黄初七年（公元226），魏文帝曹丕满四十岁，病得很重。他对左右的人说："朱建平说我能活八十，我现在明白这是把白昼和黑夜加起来计算的啊。我要与你们永别了！"不久，果然驾崩。

夏侯威出任兖州刺史，正好四十九岁。这年的十二月上旬他突然得了病，想到朱建平的预言，自己估计必死无疑。赶紧预先写下遗书，做好办丧事的准备，都办理停当。到这一月下旬病情却开始好转，将近痊愈。到三十日下午，他请州政府负责的重要官员赴宴，席间对大家说："我的病眼看今年就要平复，明早鸡叫时，我就满五十岁。朱建平告诫的厄运，果真能够躲过去了。"夏侯威送走宾客之后，到天黑时突然疾病发作，半夜时分就去世。

应璩六十一岁，果真担任侍中，在皇宫内值班，忽然看见一条白狗，他问别人，都说没看见。于是应璩赶紧与友人频繁聚会，忙着四处游玩，饮宴欢乐。结果他超过朱建平预言的寿命一年，在六十三岁时去世。

曹彪被封为楚王，五十七岁时，因与王凌合谋反叛被朝廷赐死。

朱建平对这些人作的预言，无不应验，不能一一列举，只能粗略记述上述几件事而已。唯有给司空王昶、征北将军程喜、中领军王肃作的预言有失误。王肃六十二岁这年，得病沉重，很多医生看了都认为治不好。王肃的夫人问他有什么遗言，王肃说："朱建平给我看相，说我寿命将超过七十，位至三公，而今两者都未达到，您忧虑什么呢？"但王肃终究还是死了。

朱建平还善于相马。魏文帝曹丕将要外出。左右从外面牵进一匹马来骑，朱建平在中途遇见说："看这匹马的样子，今天要死了。"文帝正要上马，马讨厌衣服上的香气，惊恐地咬伤文帝的膝盖。文帝大怒，立即把马杀死。朱建平在黄初年间去世。

周宣，字孔和，乐安国人。曾在本郡政府做办事员。太守杨沛梦见有人对他说："八月一日曹公要来，来了必定给您一根拐杖，还给您药酒喝。"杨沛赶紧叫周宣占卜这梦的吉凶。当时黄巾军纷纷起事。周宣回答说："拐杖可以帮助体弱的人站起来，药能够为人治病；到八月一日，黄巾叛贼一定会被消灭。"到这一天，当地的黄巾军果然被打败。

后来，东平国的刘桢梦见一条蛇生了四只脚，在门内的洞中停着。他让周宣占卜，周宣说："这是与国事有关的梦，不关您家的私事，会有造反作乱的女人被杀。"不久，果然有女子郑氏、姜氏等人因为参加反叛而被攻杀。因为蛇是女子的征兆，而脚是蛇不应当具有的器官，所以他这样预言。

魏文帝曹丕问周宣："我梦见宫殿房顶上两片瓦掉下地，化为一对鸳鸯，这预兆什么呢？"周宣说："后宫会有人突然死亡。"文帝说："我骗你呢。"周宣说："梦是心中的意念，只要具体说出心中的意念，就能够占卜吉凶。"话还未说完，黄门令就来报告，说后宫的宫女相互动手行凶双双致死。

过了不久，文帝又问周宣："我昨夜梦见一股青气从地面升到天上。"周宣回答说："天下恐怕会有一个高贵的女子冤死。"当时，文帝已派使者到邺县去赐给甄皇后诏书，令她自杀。听了周宣的话很后悔，又派人去追赶使者而没有追上。

文帝又问周宣："我做梦在石头上磨掉铜钱上的文字，想叫它们消失却越磨越显得清楚。这是为什么？"周宣听了顿时情绪低落不回答。文帝一再追问，周宣说："这是陛下您家庭内部的事，您想按自己的意思办，但是皇太后不同意，所以铜钱文字越磨越清楚。"当时，文帝想把胞弟曹植抓起来从严治罪，但是碍于母亲卞太后的态度，所以只贬了曹植的爵位。

不久文帝任命周宣做中郎，属太史令管辖。曾经有人问周宣："我昨夜梦见一条祭祀时用茅草扎成的小狗，是什么征兆？"周宣说："您要尝到美味佳肴了。"一会儿，这人出去办事，果然有人请他吃一顿美餐。

后来他又问周宣："我昨夜又梦见茅草扎的小狗，预兆什么？"周宣说："您将要从车上掉下来，折断了脚脖子，应当小心。"不久，果然应验。

后来这人第三次来问周宣："我昨夜还梦见这种小狗，是何吉凶？"周宣说："您家要失火，应当好生防备。"不一会儿他家果然着火了。

这人对周宣说："其实我前后三次所说的梦，都是谎话而并没有真做这样的梦，只不过想试试您的占术，为什么都灵验了呢？"周宣说："这是有神灵在打动您说话，所以和真梦无异。"他又问周宣："我三次都说梦见草狗，为什么每次预言的结果不同？"周宣说："草狗，是祭神之物。所以您第一次梦见它，会得到祭祀后剩下的供神食品。而祭祀完了以后，草狗被丢到路上要受到车轮碾压，所以您从车上掉下来摔断脚脖子。草狗被碾压后，必定要被人拾回去作柴火，所以您最后一个梦预兆火灾。"

周宣对占梦的解释，大都像这样。十件事他能预测准八九件，当时的人把他的占术和朱建平的相术相提并论。其余有效验的事不一一叙说。他在魏明帝末年去世。

管辂，字公明，平原郡人。他的相貌粗鄙丑陋，没有一点威严和风度，嗜好喝酒。聚餐和开玩笑时，和各种类型的人都能打得火热，所以人们很喜欢他而不尊重他。管辂的父亲担任管理水路粮食运输的官员。

他父亲手下的民工郭恩兄弟三人都得了跛脚病，请管辂用算卦的方法来探求原因。管辂说："从卦中看得出您的祖坟，坟中有个女鬼，不是您的伯母，就是您的叔母。从前饥荒年间，有人贪图她的几升米，把她推入井中，听到她还发出微弱的呼叫声，井上的人又推下一块大石头，把她的头砸烂。她的孤魂冤痛，亲自向上天控诉，这就是你们兄弟都跛脚的原因。"听了这话，郭恩哭泣着承认自己的父母干过这件罪恶事。

广平郡刘奉林的妻子病危，已买好棺材准备后事。当时是正月，他让管辂算卦。管辂算完后说："她的寿命要到八月辛卯日的中午才结束。"刘奉林认为绝无可能，但他妻子的病竟然渐渐好转起来。到秋天疾病准时发作而死，完全如管辂所说的那样。

管辂去看望安平郡太守王基。王基请他算卦，管辂说："您家会有一个卑贱的女人，生下一个男孩，刚落地就能行走，走入灶洞中死去。另外，您家床上会爬出一条叼着笔的大蛇，全家老小都去看，很快它又爬走。还有一只乌鸦会飞到您房中，与燕子咬斗，燕子死了，乌鸦也随之飞走。总共会有这三件怪事。"王基大惊，忙问吉凶。管辂说："这不过是您住的官邸年代久远，所以有些山精水鬼来作怪。小男孩生下来会走，不是他自己能走，只是主火的精怪把他带到灶洞中而已。叼笔的大蛇，不过是抄写文书的老办事员死去的魂灵变的。乌鸦和燕子相斗，也只是老侍从死去的魂灵在作怪。现今卦中只看到它们的形象，没有看到它们会造成凶险的征兆，所以知道不是灾祸的预示，不必担心。"后来果然没事。

当时信都县令家的女眷们无故惊恐，交替得病。他让管辂算卦。管辂说："您家北面堂屋西端地下，埋有两个死男人，一个拿矛，一个拿弓箭，头在墙壁内，脚在墙壁外。拿矛的人要刺头，所以女眷头部沉重而疼痛抬不起来。拿弓箭的人要射胸腹部，所以女眷惊恐不安。"于是县令派人挖走尸骨，家中女眷的病都好了。

清河郡的王经离职回家，管辂去看他。王经说："近来出现一个怪物，我心中很不喜欢，请您算卦。"算完卦，管辂说："卦中的父象显示出吉祥的光辉，不会在您家中作怪。您夜晚在堂屋的门前，看见了一束像燕子和麻雀那样飞动的流光飞入您怀中，还能发出声音，您心神不安，解开衣服走来走去，还招呼您家女眷，前来帮您找流光的痕迹。我说得对不对？"王经大笑说："确实和您说的一模一样。"管辂说："是吉兆！预示要升官，很快就要应验。"不久，王经即升任江夏郡太守。

管辂又到郭恩家，有个斑鸠飞在房梁上悲鸣。管辂说："会有一个老翁从东方来，带着一头猪，一壶酒。主人虽然欢喜，但会有小事故发生。"第二天果然有客人来，带的礼物完全吻合。郭恩叫家人少喝酒，少吃肉，小心火灾。但在射杀一只鸡来做菜时，箭头射中树干反弹出来，伤着一个几岁小女孩的手，流出鲜血，把家里人吓得惊叫起来。

管辂到安德县令刘长仁家，有只喜鹊飞到他家屋顶上叫，叫声很急。管辂说："喜鹊说，东北方向有个妇女昨天晚上杀死丈夫，会牵连到西邻另一个妇女的丈夫离娄，时间不会超过黄昏，告状的人就到了。"到黄昏时，果然东北方向同村的人来告状，说邻居的妇女亲手杀死丈夫，还诬赖西邻家的离娄，说离娄与自己的丈夫不和，跑来行凶杀人。

管辂到列人县的典农官司王弘直家，看到一股三尺多高的旋风，从西偏南三十度的方向上吹来，在庭院中晃动旋转，停止后又吹起，很久才停止。王弘直问管辂是什么征兆，管辂说："东方会有乘马的官吏到来，恐怕父亲要为儿子哭丧了。"第二天果然有胶东县的官吏赶到，说是王弘直在那里当官的大儿子死了。

王弘直问管辂怎么预料得这样准。管辂说："这一天的干支是乙卯日，是主大儿子的征兆。树木在秋天飘落，而秋天开始时天上北斗星的斗柄正好指向西偏南三十度的方位；飘风从这个方向吹来，又对直朝东偏北三十度的方向吹去，这是一种杀死生命的厉风，所以象征死亡。风在午时吹起，午在地支中与马对应。起的卦是《离》卦，此卦象征花纹图案，而官员穿的官司服有花纹图案装饰，所以预示官员来到。西方的方位又与白虎对应，而虎在卦象中代表长辈，所以应在父亲身上。"

后来又有公野鸡飞到王弘直家中系铃的柱头上，王弘直很感不安，叫管辂算卦。管辂说："您到五月一定升官。"当时是三月，到了五月，王弘直果然升为勃海郡太守。

馆陶县令诸葛原升任新兴郡太守，管辂前往参加告别宴会。客人到齐后，诸葛原亲自取来燕子蛋、蜂窝和蜘蛛放在容器中，让客人猜里面是什么。管辂用算卦来猜，起卦之后他说："第一物：含有生命元气等待变化，平时依附在房屋上，雄雌的性别已经形成，翅膀也开始生长，这是燕子蛋。第二物：它的家倒挂着，开了很多窗和门，收藏精华但又培育毒质，到了秋天就结束生命，这是蜂窝。第三物：抖动着长长的足，吐丝成网捕捉猎物作美餐，沿着网丝寻觅食物，最喜欢黑黑的夜晚，这是蜘蛛。"在座的人听了无不又惊又喜。

管辂的同族哥哥管孝国住在斥丘县。管辂去看他，正好与两个客人碰见。客人离开后，管辂对孝国说："这两个人的天庭和口耳之间都有凶气，变故将会一齐发生。他们的魂灵将要漂泊无依，并且会流亡海外，只有尸骨可以回到家中。用不了多久两人都要死。"过了几十天，这两人喝醉酒，在夜晚一同乘牛车回家，牛受惊后跑出道路翻到漳河中，都被淹死了。

在那时，管辂的左邻右舍，因为他的预测神准，所以外门不关，没有敢进行偷窃的。清河郡太守华表，任命管辂做文学掾。

安平郡的赵孔曜向冀州刺史裴徽推荐管辂说："管辂性情宽宏大量，与世无争；仰观天文，其神妙可以和甘公、石申媲美；俯览《周易》，其精细的思维能够与司马季主抗衡。而今使君您留心搜罗隐居在山野之间的人才，像管辂就应当受到重视，使他能够赶上这尊重人才的好时候。"

于是裴徽任命管辂为文学从事，与他相见后，两人关系特别好。裴徽调管辂当部钜鹿郡从事，后又升任治中、别驾从事史。

管辂最初应州政府的聘任时，和弟弟管季儒一同乘车前往上任，到达东武城县的西边，他算了一卦占卜吉凶，对弟弟说："我们会在老县城里看见三只狐狸，如果是这样我就会扬名。"他们刚走到清河西岸老县城的城角，正好看见三只狐狸蹲在城墙边，兄弟二人大喜。

到正始九年（公元 248），果然管辂被本州刺史举荐为秀才。十二月二十八日，吏部尚书何晏请管辂去，当时邓飏也在何晏家作客。何晏对管辂说："我听说您占卜神妙，请试算一卦，看我的官位会不会做到三公。"又问："最近我连续几次梦见几十只苍蝇，落在鼻子尖上，赶都赶不走，这是什么缘故？"

管辂说："飞鸮，是天下的贱鸟，它们只要在林间吃了桑椹，也会给人们叫出好听的声音，何况我心非草木，怎么敢不向您进忠言呢？从前有八元、八凯这些有才德的人为虞舜效力，施予恩惠团结人民；周公辅佐成王，常常是坐以待旦兢兢业业，所以能光照天下，全国安宁。这些都是履行正道而得到的好报应，不是靠卜筮所能做到的。而今您官位比山高，权势如雷电一般令人畏惧，但真正感念您德泽的人很少，害怕您威风的人倒很多，这不能算是小心翼翼享有福分的仁慈表现。鼻子，和《周易》中的《艮》卦相对应，在相术上称为天中，要高而不危，才能长守富贵。苍蝇是脏臭的，却爬在鼻子上。位高之人容易栽跟头，轻浮强横的人要灭亡，您不能不考虑物极必反、盛极必衰的道理。我为您算了两卦，山在地的下面是《谦》卦，雷在天的上面是《壮》卦。谦，意味着把多的取出来给少的；壮，意味着非礼的事不做。天下还没有损己利人而不得到众人称赞的事，也没有为非作歹而不失败灭亡的事，愿您考虑卦中的微妙含义，想想孔子的有关解释。这样就可以做官到三公，苍蝇也可以赶走了。"

邓飏说："这不过是老生常谈。"管辂回答说："老生看见了不能生存的人，而常谈者看见了不再能谈话的人。"何晏说："过了年再和您见面。"

管辂回到城中自己的住处，把说过的话告诉给舅舅，舅舅责怪他说话太直率。管辂说："和死人说话，怕什么呢？"舅舅大怒，骂管辂狂妄无理。这年正月初一皇帝与百官聚会，从西北方刮来大风，尘土飞扬遮天蔽日。十多天后，听说何晏、邓飏都被诛杀，他舅舅这才服气。

起初管辂去看望魏郡太守钟毓，共同讨论《周易》。管辂说："卜筮可以算出您的生死之日。"钟毓让他先算自己出生的年、月、日，非常准确毫无失误。钟毓愕然大惊说："您太可怕了！我的死期交付给上天决定，可不敢交付给您。"于是不敢再算。

钟毓问管辂："天下会太平吗？"管辂说："而今四九天飞，利见大人，神武升建，王道文明。还忧虑什么不太平呢？"钟毓不理解管辂说的这几句含义隐晦的话。不久，曹爽等人被诛杀，钟毓这才醒悟过来。

平原郡太守刘邠把印囊和山鸡毛装在容器中，叫管辂用卜筮来猜测，管辂说："这件东西内方外圆，五色花纹闪光；内中的宝物可以表示信用，取出来后就能盖上字样：这是印囊。另一件东西高峰险峻，有鸟红身；翅膀黄色，早晨总要啼鸣：这是山鸡毛。"

刘邠说："这个郡的官府房屋，连出鬼怪，令人恐怖，是什么原因？"管辂说："这或许是因为汉末大乱，战争不息，士兵尸体流血，污染山丘，所以黄昏和晚上出现许多鬼怪形象。您道德高尚，上天保祐，希望您安心享福，显示朝廷给您的美好荣宠就行了。"

清河县令徐季龙派人去打猎，叫管辂猜猜能打到什么猎物。管辂说："会猎获一只小兽，它不是可以吃的飞禽，虽有爪牙，却又小又弱，皮毛虽有花纹，美丽而不分明，不是虎，也不是山鸡，它的名字是狐狸。"猎人晚上回来，果然如管辂所言。

徐季龙又把十三种东西装在一个大箱子里，叫管辂猜。管辂说："箱子里混杂着装了十三件东西。"先猜出鸡蛋，又猜出蚕蛹；然后逐一说出，只是把梳子说成是箆子了。

管辂随军西行，路过毌丘兴墓前，靠着树哀叹，闷闷不乐。别人问他是为什么，管辂说："这里林木虽然繁茂，但不会保持长久；碑上的悼祭文章虽然写得很美，但不会有后代来看守。北方的玄武藏着头，东方的苍龙没有足，西方的白虎衔着尸体，南方的朱雀悲哀啼哭：四种凶象全都占齐，按堪舆家的法则死者的后代会灭绝家族。不过两年，就会应验。"结果完全如他的预言。

后来得到休假，管辂去看望清河郡倪太守。当时天旱，太守问管辂什么时候会下雨。管辂说："今晚就会下大雨。"当天晴朗干燥，从白天的天气看一点没有要下雨的迹象，府丞和清河县的县令在场，都不以为然。到夜晚一更天的时候，风云突变，星星和月亮都遮得看不见，竟下了一场瓢泼大雨，于是倪太守举行盛宴招待管辂，大家欢饮一番。

正元二年（公元 255），管辂的弟弟管辰对他说："执政的司马大将军对你很好，你会富贵吗？"管辂长叹道："我也知道大将军对我很有情分。但是上天赐给我才智，却不让我长寿，恐怕只能活四十七八岁，看不到女儿出嫁、儿子娶媳妇就会死了。如果到时候不死，就想做洛阳县令，一定会把洛阳治理得路不拾遗，盗贼绝迹。怕只怕会到泰山去治理鬼魂，没得机会治理活人了，怎么办呢！"管辰问他的原因，管辂说："我额头上没有生命骨，眼睛没有眼神，鼻子没有鼻梁，脚又没有后跟，背部没有三甲，腹部没有三壬，这些都是不能长寿的征兆。我的本命年是寅年，又在月食之夜出生。天命有定数，躲避不了的，只不过人们不知道罢了。我一生前后预测人的死亡超过一百例，完全没有差错啊。"

这年八月，他担任少府丞。第二年二月去世，死时四十八岁。

评论说：华佗的医术，杜夔的音乐，朱建平的相术，周宣的占梦术，管辂的卜筮术，确实都特别玄妙，堪称非同寻常的绝技。从前司马迁在《史记》中为扁鹊、仓公、日者立传，用来增加多方面的内容和记载奇异的事情；故而这一卷里也加以叙述。

乌丸鲜卑东夷传第三十

书载"蛮夷猾夏"[1]，诗称"狎狁孔炽"[2]；久矣，其为中国患也！秦、汉以来，匈奴久为边害。孝武虽外事四夷[3]，东平两越、朝鲜[4]，西讨贰师、大宛[5]，开邛、筰、夜郎之道[6]；然皆在荒服之外[7]，不能为中国轻重[8]。而匈奴最逼于诸夏[9]，胡骑南侵则三边受敌；是以屡遣卫、霍之将[10]，深入北伐；穷追单于，夺其饶衍之地；后遂保塞称藩，世以衰弱。

建安中，呼厨泉南单于入朝，遂留内侍，使右贤王抚其国[11]；而匈奴折节[12]，过于汉旧。然乌丸、鲜卑稍更强盛[13]，亦因汉末之乱，中国多事，不遑外讨[14]；故得擅（汉）〔漠〕南之地，寇暴城邑，杀略人民，北边仍受其困[15]。

会袁绍兼河北[16]，乃抚有三郡乌丸[17]，宠其名王而收其精骑[18]。其后尚、熙又逃于蹋顿[19]。蹋顿又骁武，边长老皆比之冒顿[20]；恃其阻远；敢受亡命[21]，以雄百蛮[22]。太祖潜师北伐，出其不意，一战而定之；夷狄慑服，威振朔土。遂引乌丸之众服从征讨，而边民得用安息。

后，鲜卑大人轲比能复制御群狄[23]，尽收匈奴故地；自云中、五原以东抵辽水[24]，皆为鲜卑庭[25]。数犯塞寇边，幽、并苦之；田豫有马城之围[26]，毕轨有陉北之败[27]。青龙中，帝乃听王雄，遣剑客刺之[28]。然后种落离散，互相侵伐；强者远遁，弱者请服。由是边陲差安[29]，（汉）〔漠〕南少事；虽时颇钞盗，不能复相扇动矣。

乌丸、鲜卑，即古所谓东胡也。其习俗、前事，撰汉记者已录而载之矣。故但举汉末、魏初以来，以备四夷之变云。〔一〕

【注释】

〔1〕猾：扰乱。　夏：中原地区。这一句出自《尚书·尧典》。〔2〕孔：很。　炽：强盛。这一句出自《诗经·六月》。　〔3〕孝武：即西汉武帝刘彻。　外事四夷：对外进攻四方的少数族。　〔4〕两越：即东越、南越。又作两粤。东越的中心在今福建福州市，元封元年（前110）被平定。南越的中心在今广东广州市，元鼎六年（前111）被平定。事见《汉书》卷九十五《两粤传》。　朝鲜：东北方古国名。西汉初，有原燕国人卫满逃亡到东北边塞之外，聚众立国，建都王险城（今朝鲜平壤市）。元封三年（前108），西汉军队灭朝鲜，在故地建地玄菟、乐浪、真番、临屯四郡。事见《汉书》卷九十五《朝鲜传》。　〔5〕贰师：古城名。属大宛（yuān）国。在今吉尔吉斯国西南部马尔哈马特（Mapxaмaт）。　大宛：西域古国名。在今塔吉克国费尔干纳盆地。建都贵山城（今卡散赛）。西汉武帝太初元年（前104），曾出兵击败大宛，立新王昧蔡。事见《汉书》卷九十六上《西域大宛传》。　〔6〕邛（qióng）：即邛都夷。居住在今四川西昌市一带的少数族。　筰（zuó）：又作莋，即莋都夷。居住在今四川汉源县一带的少数族。　夜郎：西南方古国名。在今贵州西北、云南东北、四川南部和广西北部，当时是夜郎族人聚居之地。元鼎六年（前111），西汉武帝在平定南越的同时，出兵进攻西南少数族，在邛都立越嶲郡、莋都立沈黎郡、夜郎立牂柯郡。

事见《汉书》卷九十五《西南夷传》。 〔7〕荒服:指边远地区。
〔8〕不能为中国轻重:不能对中原地区起什么重大影响。 〔9〕诸夏:
中原各地。 〔10〕卫:指卫青(? —前106)。字仲卿,河东郡平阳(今
山西临汾市西南)人。以外戚受到西汉武帝的重用,官至大将军,封长
平侯。多次率军进攻匈奴,建立战功,消除了匈奴对西汉王朝的严重威
胁。传见《史记》卷一百一十一、《汉书》卷五十五。 霍:指霍去病。
〔11〕右贤王:指去卑。当时任匈奴右贤王。事见本书卷一《武帝纪》建
安二十一年。 〔12〕折节:臣服。 〔13〕稍:逐渐。 〔14〕不遑:来
不及。 〔15〕仍:频繁。 困:困扰。 〔16〕兼:兼并。 〔17〕三郡:
指辽西郡(治所在今辽宁义县西南)、右北平郡(治所在今河北丰润县
东)、辽东属国(治所在今辽宁义县)。属国是东汉在边境设置的特别行
政区,长官为都尉,下有属县和领民,与郡平级,实际上是特别的郡。
所以辽东属国与辽西、右北平并称为三郡。这由下文及裴注中袁绍封拜
三郡事得证。三郡的地域相连,而以辽西为最大。 〔18〕名王:有名的
首领。 〔19〕尚:即袁尚(? —公元207)。袁绍的小儿子。 熙:即袁
熙(? —公元207)。袁绍的二儿子。以上二人事见本书卷六《袁绍传》。
蹋顿(? —公元207):辽西郡乌丸族首领名。 〔20〕边长老:边境地区
的老年人。 冒顿(mò dú):匈奴族君主。秦末,杀父头曼,自立为单
于。雄据漠北,有骑兵三十余万。东灭东胡,北破丁零,西击月氏
(zhī)。又乘胜向南,占领河套地区,侵扰北方边境,曾在平城围困刘邦
七天七夜,对西汉王朝造成长期严重的威胁。事见《史记》卷一百十
《匈奴列传》。 〔21〕亡命:从中原跑去的逃亡者。 〔22〕百蛮:泛指
当地各少数族部落。 〔23〕大人:少数族首领。 狄:北方少数族的泛
称。 〔24〕云中:郡名。治所在今内蒙古自治区和林格尔县西北。 五
原:郡名。治所在今内蒙古自治区包头市西。 辽水:河流名。即今辽
河。 〔25〕庭:这里指控制区域。 〔26〕马城之围:事见本书卷二十
六《田豫传》和《牵招传》。 〔27〕陉北之败:见本卷后文。
〔28〕刺之:刺杀死轲比能。 〔29〕差:稍微。

【裴注】

〔一〕《魏书》曰:

"乌丸者,东胡也。汉初,匈奴冒顿灭其国,余类保乌丸山,因以
为号焉。俗善骑射,随水草放牧;居无常处,以穹庐为宅,皆东向。日
弋猎禽兽,食肉饮酪,以毛毳为衣。贵少贱老,其性悍骜;怒则杀父兄,

而终不害其母；以母有族类，父兄以己为种，无复报者故也。常推募勇健能理决斗讼相侵犯者，为大人，邑落各有小帅，不世继也。数百千落自为一部，大人有所召呼，刻木为信；邑落传行，无文字，而部众莫敢违犯。氏姓无常，以大人健者名字为姓。大人以下，各自畜牧治产，不相徭役。其嫁娶皆先私通，略将女去；或半岁百日，然后遣媒人，送马牛羊以为聘娶之礼。婿随妻归，见妻家无尊卑，旦起皆拜，而不自拜其父母。为妻家仆役，二年，妻家乃厚遣送女；居处财物，一出妻家。故其俗：从妇人计；至战斗时，乃自决之。父子男女，相对蹲踞，悉髡头以为轻便。妇人至嫁时乃养发，分为髻，著句决，饰以金碧，犹中国有冠步摇也。父兄死，妻后母〔执〕〔报〕嫂；若无〔执〕〔报〕嫂者，则己子以亲之次妻伯叔焉；死则归其故夫。俗识鸟兽孕乳，时以四节。耕种常用布谷鸣为候，地宜青穄、东墙；东墙似蓬草，实如葵子，至十月熟。能作白酒，而不知作麹蘖。米常仰中国。大人能作弓矢鞍勒，锻金铁为兵器；能刺韦，作文绣，织缕毡毼。有病：知以艾灸；或烧石自熨；烧地卧上；或随痛病处，以刀决脉出血，及祝天地山川之神；无针药。贵兵死，敛尸有棺；始死则哭，葬则歌舞相送；肥养犬，以采绳婴牵；并取亡者所乘马、衣物、生时服饰，皆烧以送之；特属累犬，使护死者神灵归乎赤山。赤山在辽东西北数千里，如中国人以死之魂神归泰山也。至葬日，夜聚亲旧员坐，牵犬马历位；或歌哭者，掷肉与之；使二人口颂祝文，使死者魂神径至，历险阻，勿令横鬼遮护；达其赤山，然后杀犬马、衣物烧之。敬鬼神，祠天地日月星辰山川；及先大人有健名者，亦同祠以牛羊：祠毕皆烧之。饮食必先祭。其约法：违大人言，死；盗不止，死。其相残杀，令部落自相报；相报不止，诣大人平之；有罪者出其牛羊，以赎死命，乃止。自杀其父兄，无罪。其亡叛，为大人所捕者，诸邑落不肯受，皆逐使至雍狂地：地无山，有沙漠、流水、草木，多蝮蛇；在丁令之西南，乌孙之东北；以穷困之。

自其先为匈奴所破之后，人众孤弱，为匈奴臣服；常岁输牛马羊，过时不具，辄虏其妻子。至匈奴壹衍鞮单于时，乌丸转强；发掘匈奴单于冢，将以报冒顿所破之耻。壹衍疑单于大怒，发二万骑，以击乌丸。大将军霍光闻之，遣度辽将军范明友，将三万骑出辽东，追击匈奴。比明友兵至，匈奴已引去。乌丸新被匈奴兵，乘其衰弊，遂进击乌丸；斩首六千余级，获三王首还。后数复犯塞，明友辄征破之。至王莽末，并与匈奴为寇。

光武定天下，遣伏波将军马援将三千骑，从五原关出塞征之；无利，而杀马千余匹。乌丸遂盛，抄击匈奴；匈奴转徙千里，漠南地空。建武二十五年，乌丸大人郝（且）〔旦〕等九（千）〔百〕余人，率众诣阙，封其渠帅为侯王者八十余人；使居塞内，布列辽东属国、辽西、右北平、渔阳、广阳、上谷、代郡、雁门、太原、朔方诸郡界；招来种人，给其衣食；置校尉以领护之，遂为汉侦备，击匈奴、鲜卑。至永平中，渔阳乌丸大人钦志贲，帅种人叛，鲜卑还为寇害；辽东太守祭肜，募杀志贲，遂破其众。至安帝时，渔阳、右北平、雁门乌丸率众王无何等，复与鲜卑、匈奴合，抄略代郡、上谷、涿郡、五原；乃以大司农何熙行车骑将军，左右羽林五营士，发缘边七郡、黎阳营兵，合二万人击之。匈奴降，鲜卑、乌丸各还塞外。是后，乌丸稍复亲附，拜其大人戎末廆为都尉。至顺帝时，戎末廆率将王侯咄归、去延等，从乌丸校尉耿晔出塞，击鲜卑有功；还，皆拜为率众王，赐束帛。"

汉末，辽西乌丸大人丘力居，众五千余落；上谷乌丸大人难楼[1]，众九千余落：各称王。而辽东属国乌丸大人苏仆延，众千余落，自称峭王；右北平乌丸大人乌延，众八百余落，自称汗鲁王：皆有计策，勇健。中山太守张纯，叛入丘力居众中，自号"弥天安安王"，为三郡乌丸元帅；寇略青、徐、幽、冀四州，杀略吏民。

灵帝末，以刘虞为幽州牧[2]；募胡斩纯首，北州乃定。后丘力居死，子楼班年小。从子蹋顿有武略，代立；总摄三王部，众皆从其教令。袁绍与公孙瓒连战不决；蹋顿遣使诣绍求和亲，助绍击瓒，破之。绍矫制赐蹋顿、（难）峭王、汗鲁王印绶[3]，皆以为单于。〔一〕后楼班大，峭王率其部众奉楼班为单于；蹋顿为王，然蹋顿多画计策。

广阳阎柔[4]，少没乌丸、鲜卑中[5]，为其种所归信。柔乃因鲜卑众，杀乌丸校尉邢举代之[6]；绍因宠慰以安北边。后袁尚败奔蹋顿，凭其势，复图冀州。会太祖平河北，柔帅鲜卑、乌丸归附；遂因以柔为校尉[7]，犹持汉使节，治广宁如旧[8]。

建安十(一)〔二〕年，太祖自征蹋顿于柳城；潜军诡道[9]，未至百余里，虏乃觉。尚与蹋顿将众逆战于凡城[10]，兵马甚盛。太祖登高，望虏阵，(柳)〔抑〕军未进；观其小动，乃击破其众；临阵斩蹋顿首，死者被野。速附丸、楼班、乌延等，走辽东[11]；辽东悉斩，传送其首。其余遗进皆降[12]，及幽州、并州柔所统乌丸万余落，悉徙其族居中国；帅从其侯王、大人、种众与征伐[13]。由是三郡乌丸为天下名骑。〔二〕

【注释】

〔1〕上谷：郡名。治所在今河北怀来县东南。 〔2〕刘虞(？—公元193)：事见本书卷八《公孙瓒传》。 〔3〕矫制：假托皇帝的旨意。〔4〕广阳：郡名。治所在今北京市。 阎柔：事见本书卷八《公孙瓒传》。 〔5〕没：沦落。 〔6〕乌丸校尉：官名。即护乌丸校尉。管理和监视乌丸族人。 〔7〕校尉：指护乌丸校尉。 〔8〕广宁：县名。在今河北张家口市。 〔9〕诡道：设计麻痹敌人之后改走小路。事见本书卷十一《田畴传》。 〔10〕凡城：地名。在今河北平泉市东南。 〔11〕辽东：郡名。治所在今辽宁辽阳市。当时被公孙康占据。 〔12〕遗进：剩下的逃散敌兵。 〔13〕种众：部落民众。

【裴注】

〔一〕《英雄记》曰："绍遣使，即拜乌丸三王为单于，皆安车、华盖、羽旄、黄屋、左纛；版文曰：'使持节、大将军、督幽青并、领冀州牧、(阮)〔邟〕乡侯绍，承制诏辽东属国率众王颂下、乌丸辽西率众王蹋顿、右北平率众王汗卢：维乃祖慕义迁善，款塞内附；北捍狁狁，东拒涉貊；世守北陲，为百姓保障。虽时侵犯王略，命将徂征厥罪；率不旋时，悔愆变改。方之外夷，最(又)〔为〕聪惠者也。始有千夫长、百夫长以相统领，用能悉乃心，克有勋力于国家，稍受王侯之命。自我王室多故，公孙瓒作难，残夷厥土之君，以侮天慢主；是以四海之内，并执干戈以卫社稷。三王奋气裔土，忿奸忧国，控弦与汉兵为表里：诚甚忠孝，朝所嘉焉。然而虎兕长蛇，相随塞路；王官爵命，否而无闻。夫有勋不赏，俾勤者怠；今遣行谒者杨林，赍单于玺绶车服，以对尔劳。其各绥静部落，教以谨慎，无使作凶作慝；世复尔祀位，长为百蛮长。厥有咎有不臧者，泯于尔禄，而丧于乃庸。可不勉乎！乌桓单于都护部众，左右单于受其节度；他如故事。'"

〔二〕《魏略》曰："景初元年秋，遣幽州刺史毌丘俭率众军讨辽东。右北平乌丸单于寇娄敦，辽西乌丸都督率众王护留（叶）〔等〕，昔随袁尚奔辽（西）〔东〕；闻俭军至，率众五千余人降。寇娄敦遣弟阿罗（奖）〔槃〕等诣阙朝贡，封其渠帅三十余为王，赐舆马缯采各有差。"

　　鲜卑。〔一〕步度根既立，众稍衰弱；中兄扶罗韩亦别拥众数万为大人[1]。

　　建安中，太祖定幽州，步度根与轲比能等因乌丸校尉阎柔上贡献[2]。后代郡乌丸能臣氐等叛，求属扶罗韩；扶罗韩将万余骑迎之。到桑干[3]，氐等议，以为扶罗韩部威禁宽缓，恐不见济[4]；更遣人，呼轲比能。比能即将万余骑到，当共盟誓；比能便于会上杀扶罗韩，扶罗韩子泄归泥及部众悉属比能。比能自以杀归泥父，特又善遇之[5]。步度根由是怨比能。

　　文帝践阼[6]，田豫为乌丸校尉，持节，并护鲜卑[7]，屯昌平。步度根遣使献马，帝拜为王。后数与轲比能更相攻击，步度根部众稍寡弱，将其众万余落保太原、雁门郡。步度根乃使人招呼泄归泥曰："汝父为比能所杀，不念报仇，反属怨家[8]。今虽厚待汝，是欲杀汝计也；不如还我，我与汝是骨肉至亲，岂与仇等？"由是归泥将其部落逃归步度根，比能追之弗及。至黄初五年，步度根诣阙贡献，厚加赏赐；是后一心守边，不为寇害。而轲比能众遂强盛。

明帝即位，务欲绥和戎狄，以息征伐，羁縻两部而已[9]。至青龙元年，比能诱步度根深结和亲；于是步度根将泄归泥及部众悉保比能，寇抄并州，杀略吏民。帝遣骁骑将军秦朗征之[10]。归泥叛比能，将其部众降；拜归义王，赐幢麾、曲盖、鼓吹[11]，居并州如故。步度根为比能所杀。

轲比能，本小种鲜卑[12]，以勇健，断法平端[13]，不贪财物，众推以为大人。部落近塞，自袁绍据河北，中国人多亡叛归之；教作兵器铠盾，颇学文字；故其勒御部众，拟则中国[14]；出入弋猎，建立旌麾，以鼓节为进退。

建安中，因阎柔上贡献。太祖西征关中，田银反河间，比能将三千余骑随柔击破银。后代郡乌丸反，比能复助为寇害，太祖以鄢陵侯彰为骁骑将军[15]，北征，大破之。比能走出塞，后复通贡献。

延康初，比能遣使献马，文帝亦立比能为附义王。黄初二年，比能出诸魏人在鲜卑者五百余家，还居代郡。明年，比能帅部落大人、小子、代郡乌丸修武卢等三千条骑，驱牛马七万余口交市[16]，遣魏人千余家居上谷。后与东部鲜卑大人素利及步度根三部争斗，更相攻击。田豫和合，使不得相侵。

五年[17]，比能复击素利，豫帅轻骑径进掎其后。比能使别小帅琐奴拒豫，豫进讨，破走之。由是怀贰[18]，乃与辅国将军鲜于辅书曰[19]："夷狄不识文字，故校尉阎柔保我于天子。我与素利为仇，往年攻击之；而田校尉助素利，我临阵使琐奴往。闻使君来[20]，即便引军退。步度根数数抄盗[21]，又杀我弟[22]，而诬我以抄盗。我夷狄虽不知礼义，兄弟子孙受天子印绶；牛马尚知美水草，况我有人心邪？将军当保明我于天子。"辅得书以闻，帝复使豫招纳安慰。

比能众遂强盛，控弦十余万骑。每抄略得财物，均平分付，一决目前[23]；终无所私，故得众死力；余部大人皆敬惮之，然犹未能及檀石槐也[24]。

太和二年，豫遣译夏舍诣比能女婿郁筑鞬部[25]；舍为鞬所杀。其秋，豫将西部鲜卑蒲头、泄归泥，出塞讨郁筑鞬，大破之。还至马城，比能自将三万骑，围豫七日。上谷太守阎志，柔之弟也，素为鲜卑所信；志往解喻，即解围去。后幽州刺史王雄并领校尉[26]，抚以恩信。比能数款塞，诣州奉贡献。

至青龙元年，比能诱纳步度根，使叛并州，与结和亲；自勒万骑迎其累重于陉北。并州刺史毕轨遣将军苏尚、董弼等击之；比能遣子将骑与尚等会战于楼烦[27]，临阵害尚、弼。

至三年中[28]，雄遣勇士韩龙刺杀比能，更立其弟。

素利、弥加、厥机皆为大人，在辽西、右北平、渔阳塞外；道远，初不为边患[29]，然其种众多于比能。建安中，因阎柔上贡献，通市；太祖皆表宠以为王。厥机死，又立其子沙末汗为亲汉王。延康初，又各遣使献马。文帝立素利、弥加为归义王。素利与比能更相攻击。太和二年，素利死，子小。以弟成律归为王，代摄其众。

【注释】

〔1〕中兄：二哥。 〔2〕因：借助。 〔3〕桑干：县名。县治在今河北阳原县东北。 〔4〕见济：得到有力的救助。 〔5〕善遇：优待。〔6〕践阼(zuò)：登上皇帝位。 〔7〕护：管理监视。 〔8〕反属怨家：反而归属自己的仇人。 〔9〕羁縻：笼络。 〔10〕秦朗：事见本书卷一《武帝纪》裴注引《魏氏春秋》、《魏略》。 〔11〕幢(chuáng)麾：仪仗旗帜和指挥小旗。 曲盖：曲柄的伞盖。也属一种仪仗用品。 〔12〕小种：小部落。 〔13〕平端：公平。 〔14〕拟则：模仿效法。 〔15〕彰：即曹彰(？—公元223)。曹操的儿子。传见本书卷十九。 〔16〕交市：交易。 〔17〕五年：黄初五年(公元224)。 〔18〕怀贰：怀有二心。〔19〕辅国将军：官名。领兵征伐。 〔20〕使君：汉代对州刺史的尊称。有时也称镇守一州的军事长官。据本书卷八《公孙瓒传》，鲜于辅当时受命领兵镇守幽州，所以称他为使君。 〔21〕数数(shuò shuò)：多次。〔22〕又杀我弟：步度根曾杀轲比能的弟弟苴罗侯，见本书卷二十六《牵招传》。 〔23〕一决目前：当众一下子处理完毕。 〔24〕檀石槐：鲜卑族君主名。东汉桓帝时统一鲜卑各部，全部占有匈奴故地，势力强大，并分鲜卑为东、西、中三部，频繁向南袭击东汉边境。他对中原王朝造成的严重威胁，几乎可以和匈奴的冒顿相比。事见《后汉书》卷九十《鲜卑列传》。 〔25〕译：翻译官。 〔26〕校尉：指护鲜卑校尉。管理和监视鲜卑族人的官员。 〔27〕楼烦：县名。县治在今山西宁武县。〔28〕三年：太和三年(公元229)。 〔29〕初不：完全不。

【裴注】

〔一〕《魏书》曰：

"鲜卑，亦东胡之余也；别保鲜卑山，因号焉。其言语习俗与乌丸同。其地东接辽水，西当西(城)〔域〕。常以季春大会(作)〔于饶〕乐水上，嫁女娶妇，髡头饮宴。其兽异于中国者：野马、羱羊、端牛。端牛角为弓，世谓之角端者也。又有貂、豽、鼲子：皮毛柔蠕，故天下以为名裘。鲜卑自为冒顿所破，远窜辽东塞外；不与余国争衡，未有名通于汉，而由自与乌丸相接。

至光武时，南、北单于更相攻伐，匈奴损耗，而鲜卑遂盛。建武三十年，鲜卑大人于仇贲，率种人诣阙朝贡，封于仇贲为王。永平中，祭肜为辽东太守，诱赂鲜卑，使斩叛乌丸钦志贲等首；于是鲜卑自敦煌、酒泉以东，邑落大人皆诣辽东受赏赐；青、徐二州给钱，岁二亿七千万，以为常。和帝时，鲜卑大都护校尉廆，帅部众从乌丸校尉任尚，击叛者，封校尉廆为率众王。殇帝延平中，鲜卑乃东入塞，杀渔阳太守张显。安帝时，鲜卑大人燕荔阳，入朝；汉赐鲜卑王印绶，赤车参驾；止乌丸校尉所治宁〔城〕下；通胡市，筑南北两部(质宫)〔质馆〕，受邑落质者〔百〕二十部。是后或反或降，或与匈奴、乌丸相攻击。安帝末，发缘边步骑二万余人，屯列冲要。后鲜卑八九千骑，穿代郡及马城塞，入害长吏；汉遣度辽将军邓遵、中郎将马续，出塞追破之。鲜卑大人乌伦、其至鞬等七千余人，诣遵降；封乌伦为王，其至鞬为侯，赐采帛。遵去后，其至鞬复反，围乌丸校尉于马城；度辽将军耿夔及幽州刺史救解之。其至鞬遂盛，控弦数万骑，数道入塞，趣五原(宁貊)〔曼柏〕；攻匈奴南单于，杀左奥鞬日逐王。顺帝时，复入塞，杀代郡太守。汉遣黎阳营兵屯中山，缘边郡兵屯塞下；调五营弩帅，令教战射。南单于将步骑万余人，助汉，击却之。后乌丸校尉耿晔，将率众王出塞，击鲜卑，多斩首虏；于是鲜卑三万余落，诣辽东降。匈奴及北单于遁逃后，余种十余万落，诣辽东杂处，皆自号'鲜卑兵'。

投鹿侯从匈奴军三年；其妻在家，有子。投鹿侯归，怪欲杀之。妻言：'尝昼行闻雷震，仰天视而电入其口，因吞之，遂妊身，十月而产；此子必有奇异，且长之！'投鹿侯固不信。妻乃语家，令收养焉，号'檀石槐'；长大勇健，智略绝众。年十四五，异部大人卜贲邑，抄取其外家牛羊。檀石槐策骑追击，所向无前；悉还得所亡，由是部落畏服；施法禁，〔平〕曲直，莫敢犯者：遂推以为大人。檀石槐既立，乃为庭于高柳北三百余里弹汗山啜仇水上，东、西部大人皆归焉。兵马甚盛，南抄汉边，北拒丁令，东却夫余，西击乌孙；尽据匈奴故地，东西万(二)〔四〕千余里，南北七千余里，网罗山川、水泽、盐池甚广。汉患之，桓帝时，使匈奴中郎将张奂征之，不克；乃更遣使者赍印绶，即封檀石槐为王，欲与和亲。檀石槐拒不肯受，寇抄滋甚，乃分其地为中、东、西三部。从右北平以东至辽，东接夫余、〔涉〕貊，为东部；二十余邑，其大人曰弥加、阙机、素利、槐头。从右北平以西至上谷，为中部；十余邑，其大人曰柯最、阙居，慕容等为大帅。从上谷以西至敦煌，西接乌孙，为西部；二十余邑，其大人曰置鞬落罗、日律推演，宴荔游等皆为大帅：而制属檀石槐。至灵帝时，大抄略幽、并二州；缘边诸郡，无岁不被其毒。（嘉）〔熹〕平六年，遣护乌丸校尉夏育、破鲜卑中郎将田晏、匈奴中郎将臧旻与南单于，出雁门塞，三道并进，径二千余里，征之。檀石槐帅部众逆击，旻等败走，兵马还者，什一而已。鲜卑众日多，田畜射猎，不足给食。后檀石槐乃案行乌侯秦水，广袤数百里，渟不流，中有鱼而不能得。闻汗人善捕鱼，于是檀石槐东击汗国，得千余家，徙置乌侯秦水上，使捕鱼以助粮。至于今，乌侯秦水上有汗人数百户。

檀石槐年四十五死，子和连，代立。和连材力不及父，而贪淫，断法不平，众叛者半。灵帝末年数为寇抄，攻北地；北地（庶）〔廉〕人善弩射者，射中和连，和连即死。其子骞曼小，兄子魁头，代立。魁头既立后，骞曼长大，与魁头争国，众遂离散。魁头死，弟步度根代立。自檀石槐死后，诸大人遂世相袭也。"

《书》称"东渐于海[1]，西被于流沙[2]"；其九服之制[3]，可得而言也。然荒域之外，重译而至[4]，非足迹车轨所及，未有知其国俗殊方者也[5]。自虞暨周，西戎有白环之献[6]，东夷有肃慎之贡；皆旷世而至，其遐远也如此。及汉氏遣张骞使西域[7]，穷河源[8]，经历诸国，遂置都护以总领之[9]；然后西域之事具存，故史官得详载焉。

魏兴，西域虽不能尽至，其大国龟兹、于阗、康居、乌孙、疏勒、月氏、鄯善、车师之属[10]，无岁不奉朝贡，略如汉氏故事。而公孙渊仍父祖三世有辽东[11]，天子为其绝域[12]，委以海外之事；遂隔断东夷[13]，不得通于诸夏。

景初中，大兴师旅，诛渊；又潜军浮海，收乐浪、带方之郡[14]；而后海表谧然，东夷屈服。其后高句丽背叛，又遣偏师致讨[15]，穷追极远；逾乌丸、（骨）

〔丸〕都，过沃沮，践肃慎之庭，东临大海。长老说有异面之人[16]，近日之所出；遂周观诸国，采其法俗，小大区别，各有名号，可得详纪。

虽夷狄之邦，而俎豆之象存[17]。中国失礼[18]，求之四夷[19]，犹信[20]。故撰次其国，列其同异，以接前史之所未备焉。

【注释】

〔1〕渐：到达。　〔2〕被于：及于。　流沙：西部的沙漠地带。这两句出自《尚书·禹贡》。　〔3〕九服：京都以外的九等地区。由近到远，依次为侯服、甸服、男服、采服、卫服、蛮服、夷服、镇服、藩服。见《周礼·夏官·职方氏》。　〔4〕重（chóng）译：通过中间语言转译。〔5〕殊方：异域。这里指确切的地理方位。　〔6〕白环：白玉环。传说在虞舜时，西方曾来献白玉环，见《艺文类聚》卷六十七引《世本》。〔7〕张骞（？—前114）：汉中郡成固（今陕西城固县）人。前139年，受汉武帝之命出使大月氏，约同夹击匈奴。越过葱岭，历大宛、康居、大月支、大夏等国，途中被匈奴扣留，历时十三年才回到长安。前119年，再度奉武帝命出使乌孙，并派副使至大宛、康居、大夏、安息等国。以功任大行，封博望侯。他对开通西域贡献巨大。传见《史记》卷一百一十一、《汉书》卷六十一。　西域：地区名。狭义的西域指葱岭以东、玉门关和阳关以西的地区。广义的西域，则指凡通过狭义西域所能到达的地区，包括亚洲中部和西部、印度半岛、欧洲东部、非洲北部等。〔8〕河：黄河。　〔9〕都护：官名。即西域都护。西汉宣帝神爵二年（前60）开始设置。负责管理西域各国。治所西汉在乌垒城（今新疆轮台县东），东汉在它乾城（今新疆新和县南）。　〔10〕龟（qiū）兹：西域古国名。在今新疆库车县一带。　于阗（tián）：西域古国名。在今新疆和田市一带。　康居：西域古国名。在今巴尔喀什湖与咸海之间。　乌孙：西域古国名。汉代在今新疆伊犁河和吉尔吉斯国伊塞克湖一带，建都赤谷城（今吉尔吉斯国伊什提克市）。　疏勒：西域古国名。在今新疆喀什市一带。　月氏（zhī）：西域古国名。在今新疆伊犁河流域及其以西地带。鄯善：西域古国名。在今新疆若羌县一带。　车师：西域古国名。在今新疆吐鲁番市一带。分前后二部。前部的中心在交河城（今新疆吐鲁番市

西北）。后部的中心在务涂谷城（今新疆奇台县西南）。 〔11〕仍：继承。 〔12〕绝域：极远的地方。 〔13〕东夷：指东北方的各少数族。〔14〕乐浪：郡名。治所在今朝鲜平壤市南。 带方：郡名。治所在今朝鲜黄海北道沙里院市东南。 〔15〕偏师：非主力部队。当时出动的是度辽将军毌丘俭率领的幽州地方军队一万人。见本书卷二十八《毌丘俭传》。 〔16〕异面之人：指本卷后文《东沃沮传》所说颈项上又长有一副脸孔的怪人。 〔17〕俎豆：祭祀或饮宴时盛装食品的两种容器。这里以俎豆之象指由中原传到夫余等国去的礼仪风俗。 〔18〕失礼：礼仪失传。 〔19〕求之四夷：从四方的少数族当中访求。 〔20〕信：可信。

　　夫余，在长城之北，去玄菟千里；南与高句丽，东与挹娄，西与鲜卑接，北有弱水[1]；方可二千里，户八万。其民土著[2]，有宫室、仓库、牢狱。多山陵、广泽；于东夷之域最平敞。土地宜五谷[3]，不生五果[4]。其人粗大，性强勇谨厚，不寇抄。

　　国有君王，皆以六畜名官：有马加、牛加、猪加、狗加、大使、大使者、使者。邑落有豪民，名下户皆为奴仆。诸加别主四出，道大者主数千家，小者数百家。

　　食饮皆用俎豆；会同、拜爵、洗爵[5]，揖让升降[6]。以殷正月祭天[7]，国中大会，连日饮食歌舞，名曰迎鼓，于是时断刑狱，解囚徒。在国衣尚白，白布大袂袍、裤[8]，履革鞜[9]。出国则尚缯绣锦罽[10]，大人加狐狸、狖白、黑貂之裘[11]，以金银饰帽。译人传辞，皆跪，手据地窃语[12]。

　　用刑严急：杀人者死，没其家人为奴婢。窃盗，一责十二[13]。男女淫，妇人妒；皆杀之。尤憎妒，已杀，尸之国南山上[14]，至腐烂；女家欲得，输牛马乃与之[15]。

兄死，妻嫂；与匈奴同俗。其国善养牲，出名马、赤玉、貂狁、美珠。珠大者如酸枣。以弓矢刀矛为兵，家家自有铠仗[16]。国之耆老，自说古之亡人[17]。作城栅皆圆，有似牢狱。行道，昼夜无老幼皆歌[18]，通日声不绝。有军事亦祭天，杀牛观蹄以占吉凶：蹄解者为凶[19]，合者为吉。有敌，诸加自战，下户俱担粮饮食之[20]。其死，夏月皆用冰。杀人殉葬，多者百数。厚葬，有椁无棺。〔一〕

夫余本属玄菟。汉末，公孙度雄张海东[21]，威服外夷；夫余王尉仇台更属辽东。时句丽、鲜卑强[22]，度以夫余在二虏之间，妻以宗女[23]。尉仇台死，〔至孙〕简位居立。无适子[24]，有孽子麻余[25]。位居死，诸加共立麻余。牛加兄子名位居，为大使；轻财善施，国人附之，岁岁遣使诣京都贡献。

正始中，幽州刺史毌丘俭讨句丽，遣玄菟太守王颀诣夫余；位居遣大加郊迎，供军粮。季父牛加有二心[26]，位居杀季父父子，籍没财物[27]，遣使（簿）〔薄〕敛送官。旧夫余俗：水旱不调，五谷不熟，辄归咎于王；或言当易，或言当杀。麻余死，其子依虑年六岁，立以为王。

汉时，夫余王葬用玉匣[28]；常豫以付玄菟郡，王死则迎取以葬。公孙渊伏诛，玄菟库犹有玉匣一具。今夫余库有玉璧、珪、瓒数代之物[29]，传世以为宝；耆老言先代之所赐也。〔二〕其印文言"濊王之印"，国有故城名涉城；盖本涉貊之地，而夫余王其中^[30]。自谓"亡人"，抑有似也^[31]。〔三〕。

【注释】

〔1〕弱水：河流名。古代有多条弱水，这里指今黑龙江。 〔2〕土著：定居。 〔3〕五谷：五种谷物。有多种说法。按《周礼·天官·疾医》郑玄注的解释，是麻、黍、稷、麦、豆。 〔4〕五果：桃、李、杏、栗、枣。 〔5〕会同：君臣聚会。 拜爵：在君臣宴会中，当酒杯斟入酒后，臣下要行礼拜谢，叫做拜爵。 洗爵：在礼仪性宴会中，臣下饮完杯中的酒后，要洗杯洗手，然后再斟再饮，叫做洗爵。 〔6〕揖让：作揖行礼，相互谦让。 升降：上下台阶。以上几句是说夫余的上层社会深受汉族礼仪制度的影响。 〔7〕殷正月：殷历正月。相当于夏历十二月。 〔8〕袂（mèi）：袖。 〔9〕革鞜（tà）：皮鞋。 〔10〕罽（jì）：一种毛织品。 〔11〕狖（yòu）白：即白狖。狖是一种类似狸的野兽。 〔12〕窃语：小声说。 〔13〕责：罚。 〔14〕尸之：暴露尸体。 〔15〕输：向公家交纳。 〔16〕铠仗：铠甲兵器。 〔17〕自说古之亡人：自称是过去的逃亡者。 〔18〕行道：走路。 〔19〕解：分离。 〔20〕下户：下等的民户。 〔21〕公孙度（？—公元204）：传见本书卷八。 雄张：称雄扩张。 海东：勃海以东。指辽东郡一带。 〔22〕句（gōu）丽：即本卷后文有传的高句丽。 〔23〕宗女：同宗族的女子。 〔24〕适子：即嫡子。指正妻所生的儿子。 〔25〕孽子：非正妻所生的儿子。 〔26〕季父：叔父。常指最小的叔父。 〔27〕籍没：登记造册而后没收。 〔28〕玉匣：即金镂玉衣。用金线连接小方块玉片做成的衣裤。衣裤连成一体。穿在尸体外面，古代认为可以保持尸体不腐败。现今考古工作者已发现多件实物。 〔29〕璧：玉器名。平圆形，正中有孔。也有用琉璃做成的。古代用做贵族朝聘、祭祀，丧葬用的礼器。珪：玉器名。上圆下方或上尖下方的长方形玉版。帝王诸侯所执，用作凭信。 瓒：玉器名。舀酒的玉勺。 〔30〕王（wàng）其中：在其中称王。 〔31〕抑有似也：恐怕是有道理的。

【裴注】

〔一〕《魏略》曰："其俗：停丧五月，以久为荣。其祭亡者，有生有熟。丧主不欲速而他人强之，常争引以此为节。其居丧，男女皆纯白；

妇人着布面衣，去环珮。大体与中国相仿佛也。"

〔二〕《魏略》曰："其国殷富，自先世以来，未尝破坏。"

〔三〕《魏略》曰："旧志又言：昔北方有（高）〔橐〕离之国者，其王者侍婢有身，王欲杀之；婢云：'有气如鸡子，来下，我故有身。'后生子，王捐之于溷中，猪以喙嘘之；徙至马闲，马以气嘘之：不死。王疑以为天（子）〔生〕也，乃令其母收畜之，名曰'东明'，常令牧马。东明善射，王恐夺其国也，欲杀之。东明走，南至施掩水，以弓击水，鱼鳖浮为桥，东明得度；鱼鳖乃解散，追兵不得渡。东明因都王夫余之地。"

高句丽，在辽东之东千里；南与朝鲜、涉貊，东与沃沮，北与夫余接；都于丸都之下，方可二千里，户三万。多大山深谷，无原泽。随山谷以为居，食涧水。无良田，虽力佃作，不足以实口腹[1]，其俗节食，好治宫室；于所居之左右立大屋，祭鬼神，又祀灵星、社稷[2]。其人性凶急，喜寇抄。

其国有王，其官有相加、对卢、沛者、古雏加、主簿、优台丞、使者、皂衣先人：尊卑各有等级。东夷旧语以为夫余别种[3]，言语诸事，多与夫余同；其性气、衣服[4]，有异。本有五族：有涓奴部、绝奴部、顺奴部、灌奴部、桂娄部。本涓奴部为王，稍微弱；今桂娄部代之。

汉时赐鼓吹、技人，常从玄菟郡受朝服衣帻[5]，高句丽令主其名籍[6]。后稍骄恣，不复诣郡；于东界筑小城，置朝服衣帻其中，岁时来取之。今胡犹名此城为"帻沟溇"。"沟溇"者，句丽名城也[7]。

其置官，有对卢则不置沛者，有沛者则不置对卢。

王之宗族，其大加皆称古雏加[8]。涓奴部本国主；今虽不为王，嫡统大人[9]，得称古雏加；亦得立宗庙，祠灵星、社稷。绝奴部世与王婚，加"古雏"之号。诸大加亦自置使者、皂衣先人，名皆达于王，如卿大夫之家臣；会同坐起，不得与王家使者、皂衣先人同列。其国中大家不佃作[10]，坐食者万余口，下户远担米粮鱼盐供给之。

其民喜歌舞，国中邑落，暮夜男女群聚，相就歌戏。无大仓库，家家自有小仓，名之为"桴京"。其人洁清自喜[11]，善藏酿[12]。跪拜伸一脚，与夫余异；行步皆走[13]。以十月祭天，国中大会，名曰"东盟"。其公会，衣服皆锦绣金银以自饰。大加、主簿头著帻，如帻而无余[14]；其小加著折风[15]，形如弁[16]。其国东有大穴，名隧穴；十月国中大会，迎隧神还于国东上祭之，置木隧于神坐[17]。无牢狱，有罪诸加评议；便杀之，没入妻子为奴婢。

其俗：作婚姻，言语已定，女家作小屋于大屋后，名婿屋；婿暮至女家户外，自名跪拜，乞得就女宿；如是者再三，女父母乃听使就小屋中宿，傍顿钱帛[18]；至生子已长大，乃将妇归家。其俗淫。男女已嫁娶，便稍作送终之衣。厚葬，金银财币，尽于送死；积石为封[19]，列种松柏。其马皆小，便登山[20]。国人有气力，习战斗；沃沮、东濊皆属焉。

又有小水貊。句丽作国，依大水而居[21]；西安平县北有小水[22]，南流入海，句丽别种依小水作国，因名之为"小水貊";出好弓,所谓"貊弓"是也。

王莽初发高句丽兵以伐胡,不欲行;强迫遣之,皆亡出塞为寇盗。辽西大尹田谭追击之[23],为所杀。州郡县归咎于句丽侯(骓)〔骓〕[24];严尤奏言[25]:"貊人犯法[26],罪不起于(骓)〔骓〕,且宜安慰;今猥被之大罪[27],恐其遂反。"莽不听,诏尤击之。尤诱期句丽侯(骓)〔骓〕至而斩之[28],传送其首诣长安。莽大悦,布告天下,更名高句丽为"下句丽"。当此时为侯国。

汉光武帝八年,高句丽王遣使朝贡,始见称王。至殇、安之间[29],句丽王宫数寇辽东,更属玄菟。辽东太守蔡风、玄菟太守姚光,以宫为二郡害,兴师伐之。宫诈降请和,二郡不进。宫密遣军攻玄菟,焚烧候城[30],入辽隧[31],杀吏民。后宫复犯辽东,蔡风轻将吏士追讨之[32],军败没。宫死,〔弟遂成立。遂成死,〕子伯固立。顺、桓之间[33],复犯辽东,寇新、安居乡[34];又攻西安平,于道上杀带方令[35],略得乐浪太守妻子。

灵帝建宁二年,玄菟太守耿临讨之,斩首虏数百级;伯固降,属辽东。(嘉)〔熹〕平中,伯固乞属玄菟。公孙度之雄海东也,伯固遣大加优居、主簿然人等助度击富山贼[36],破之。伯固死,有二子:长子拔奇,小子伊夷模。拔奇不肖[37],国人便共立伊夷模为王。自伯固时,数寇辽东,又受亡胡五百余家。

建安中,公孙康出军击之,破其国,焚烧邑落。拔奇怨为兄而不得立，与涓奴加各将下户三万余口[38]，诣康降，还住沸流水。降胡亦叛伊夷模；伊夷模更作新国，今日所在是也。拔奇遂往辽东；有子留句丽国，今古雏加驳位居是也。其后复击玄菟，玄菟与辽东合击，大破之。

伊夷模无子，淫灌奴部[39]，生子名位宫；伊夷模死，立以为王，今句丽王宫是也。其曾祖名宫，生能开目视，其国人恶之；及长大，果凶虐，数寇抄，国见残破。今王生堕地，亦能开目视人。句丽呼相似为"位"，似其祖，故名之为"位宫"。

位宫有力勇，便鞍马，善猎射。景初二年，太尉司马宣王率众讨公孙渊；宫遣主簿、大加将数千人，助军。正始三年，宫寇西安平。其五年[40]，为幽州刺史毌丘俭所破。语在《俭传》。

【注释】

〔1〕实：饱。 〔2〕灵星：星座名。又名天田星。在太微左垣的东面，有星两颗。古代认为灵星主农业收成，所以各地方政府一年四季要用牛祭祀灵星，以求丰收。见《史记》卷二十八《封禅书》。 〔3〕旧语：过去的说法。 以为：认为是。 别种：另外一支。 〔4〕性气：性格气质。 〔5〕朝服：官服。 帻：包头发的头巾。 〔6〕高句（gōu）丽：县名。是玄菟郡的治所。在今辽宁沈阳市东。 主其名籍：管理它的户口。 〔7〕名城：对城的称呼。 〔8〕大加：大官。 〔9〕嫡统：嫡系。 〔10〕大家：大户人家。 〔11〕自喜：自爱。 〔12〕藏酿：封藏酿制。指酿酒。 〔13〕走：快步小跑。 〔14〕无余：没有头后面的下垂部分。 〔15〕折风：一种帽子的名字。 〔16〕弁（biàn）：即皮弁。古代汉族官员、贵族戴的一种皮帽。 〔17〕木燧：即木燧。钻木取火用的木块。 〔18〕顿：放置。 〔19〕封：墓穴上面的土堆。 〔20〕便：擅长。 〔21〕大水：大河。这里指马訾（zǐ）水，即今鸭绿江。

〔22〕西安平：县名。在今辽宁丹东市东北。　小水：小河。指今瑷河。为鸭绿江北岸支流，在西安平县北入鸭绿江。　〔23〕大尹：官名。王莽称帝，改郡太守为大尹。　〔24〕句丽侯：当时中原王朝给高句丽君主的封号。　〔25〕严尤（？—公元23）：王莽大将。官至大司马，封武建伯。王莽政权灭亡时，逃亡被杀。事见《汉书》卷九十九《王莽传》。〔26〕貊（mò）：指涉貊。东北边境少数族名。当时在高句丽的东南，今朝鲜半岛北部的东南海滨地带。　〔27〕猥被：从重施加。　〔28〕诱期：诱骗对方在约定的时间前来。　〔29〕殇：即东汉殇帝刘隆（公元105—106）。公元105至106年在位。继位时出生才一百多天。次年死。事详《后汉书》卷四。　安：即东汉安帝刘祐（公元94—125）。公元106至125年在位。在位期间自然灾害频繁。各方的少数族不断发起武装反抗，尤以西北的羌族反抗为激烈，政局日益衰败。事详《后汉书》卷五。〔30〕候城：县名。县治在今辽宁沈阳市东南。　〔31〕辽隧：县名。县治在今辽宁海城市西北。　〔32〕轻：轻率。　〔33〕顺：即东汉顺帝刘保（公元115—144）。安帝的儿子。公元125至144年在位。即位时仅十一岁。因受宦官支持才得以继承帝位，故在位期间优待宦官，宦官势力扩张。事详《后汉书》卷六。　桓：即东汉桓帝刘志（公元132—167）。公元146至167年在位。在位期间，外戚和宦官先后控制朝政，引起士大夫集团和太学生的强烈不满。他命令逮捕李膺等二百余人，史称党锢之祸。事详《后汉书》卷七。　〔34〕新：即新昌。县名。县治在今辽宁海城市东北。　安：即安市。县名。县治在今辽宁海城市东南。　居乡：百姓居住的乡村。　〔35〕带方：县名。县治在今朝鲜黄海北道沙里院市东南。　〔36〕富山：地名。具体位置待考。　〔37〕不肖：不成材。〔38〕涓奴加：涓奴部的官员。　〔39〕灌奴部：指灌奴部的妇女。〔40〕五年：正始五年（公元244）。

东沃沮，在高句丽盖马大山之东[1]，滨大海而居；其地形（东北狭西南长）〔东西狭，南北长〕，可千里[2]；北与挹娄、夫余，南与涉貊接；户五千。无大君王，世世邑落各有长帅[3]。其言语与句丽大同[4]，时时小异[5]。

汉初，燕亡人卫满王朝鲜[6]，时沃沮皆属焉。汉武帝元封二年，伐朝鲜；杀满孙右渠，分其地为四郡[7]；以沃沮城为玄菟郡[8]。后为夷貊所侵，徙郡句丽西北，今所谓玄菟故府是也。沃沮还属乐浪。汉以土地广远，在单单大岭之东[9]；分置东部都尉，治不耐城[10]，别主岭东七县[11]，时沃沮亦皆为县。

汉光武六年，省边郡都尉，由此罢。其后皆以其县中渠帅为县侯[12]；不耐、华丽、沃沮诸县皆为侯国[13]。夷狄更相攻伐。唯不耐涉侯至今犹置功曹、主簿诸曹，皆沙民作之；沃沮诸邑落渠帅，皆自称"三老"[14]，则故县国之制也。国小，迫于大国之间，遂臣属句丽。句丽复置其中大人为使者，使相主领；又使大加统责其租税[15]：貊布、鱼、盐、海中食物，千里担负致之；又送其美女以为婢妾，遇之如奴仆[16]。

其土地肥美，背山向海，宜五谷，善田种。人性质直强勇，少牛马，便持矛步战[17]。食饮居处，衣服礼节，有似句丽。〔一〕其葬作大木椁，长十余丈，开一头作户。新死者皆假埋之[18]，才使覆形；皮肉尽，乃取骨置椁中。举家皆共一椁，刻木如生形，随死者为数；又有瓦鈃[19]，置米其中，编悬之于椁户边。

毌丘俭讨句丽，句丽王宫奔沃沮。遂进师击之，沃沮邑落皆破之；斩获首虏三千余级；宫奔北沃沮。

【注释】

〔1〕盖马大山：山名。即今朝鲜北部的狼林山脉。呈南北走向。〔2〕可：大约。 〔3〕邑落：村落。 长（zhǎng）帅：首领。 〔4〕大同：大体相同。 〔5〕时时：有时。 〔6〕卫满：事见《汉书》卷九十

五《朝鲜传》。〔7〕四郡：即玄菟、乐浪、真番、临屯。〔8〕沃沮城：城名。又名夫租。在今朝鲜咸镜南道咸兴市。〔9〕单单大岭：山名。即今朝鲜北部阿虎飞岭山脉。大体呈南北走向。〔10〕不耐城：城名。在今朝鲜江原道安边市。〔11〕东七县：即沃沮、华丽、不耐、邪头昧、前莫、蚕台、东暆。七县位于朝鲜半岛北部东面的海滨，由北到南排列。〔12〕渠帅：首领。〔13〕华丽：县名。县治在今朝鲜咸镜南道高原市北。〔14〕三老：本中原汉族王朝乡官名。负责一乡的道德教育。〔15〕统责：统一征收。〔16〕遇之：对待他们。〔17〕便：擅长。〔18〕假：暂时。〔19〕鬲(lì)：带脚的锅。

【裴注】

〔一〕《魏略》曰："其嫁娶之法：女年十岁，已相设许；婿家迎之，长养以为妇；至成人，更还女家；女家责钱，钱毕，乃复还婿家。"

北沃沮，一名置沟娄，去南沃沮八百余里；其俗南北皆同，与挹娄接。挹娄喜乘船寇抄，北沃沮畏之；夏月恒在山岩深穴中为守备；冬月冰冻，船道不通，乃下居村落。王颀别遣追讨宫，尽其东界。

问其耆老："海东复有人不？〔1〕"耆老言："国人尝乘船捕鱼，遭风见吹数十日，东得一岛；上有人，言语不相晓；其俗常以七月取童女沉海。"又言："有一国亦在海中，纯女无男。"又说得一布衣，从海中浮出，其身如中（国）人衣〔2〕，其两袖长三丈。又得一破船，随波出在海岸边；有一人项中复有面〔3〕，生得之；与语不相通，不食而死。其域皆在沃沮东大海中。

【注释】

〔1〕耆老：老年人。〔2〕中人：中等身材的人。〔3〕项中复有面：颈项上又有一张面孔。

挹娄，在夫余东北千余里，滨大海；南与北沃沮接，未知其北所极。其土地多山险。其人形似夫余，言语不与夫余、句丽同。有五谷、牛、马、麻布。人多勇力。无大君长，邑落各有大人。处山林之间，常穴居；大家深九梯，以多为好。土气寒，剧于夫余[1]。其俗好养猪：食其肉，衣其皮；冬以猪膏涂身，厚数分，以御风寒。夏则裸袒，以尺布隐其前后，以蔽形体。其人不洁，作溷在中央[2]，人围其表居。其弓长四尺，力如弩；矢用楛[3]，长尺八寸，青石为镞：古之肃慎氏之国也。善射，射人皆入（因）〔目〕；矢施毒，人中皆死。出赤玉、好貂，今所谓挹娄貂是也。

自汉以来，臣属夫余；夫余责其租赋重，以黄初中叛之。夫余数伐之，其人众虽少，所在山险；邻国人畏其弓矢，卒不能服也。其国便乘船寇盗，邻国患之。东夷饮食类皆用俎豆[4]，唯挹娄不，法俗最无纲纪也。

【注释】
　　〔1〕剧于：胜过。　〔2〕溷(hùn)：厕所。　〔3〕楛(hù)：一种短而直的灌木。　〔4〕类：大多。

沚〔貊〕，南与辰韩，北与高句丽、沃沮接，东穷大海，今朝鲜之东皆其地也；户二万。

昔箕子既适朝鲜[1]，作八条之教以教之[2]；无门户之闭，而民不为盗。其后四十余世，朝鲜侯（准）

〔准〕，僭号称王。陈胜等起[3]，天下叛秦，燕、齐、赵民避地朝鲜数万口。燕人卫满，魋结夷服[4]，复来王之。汉武帝伐灭朝鲜，分其地为四郡。自是之后，胡、汉稍别。

无大君长；自汉以来，其官有侯邑君、三老，统主下户。其耆老旧自谓与句丽同种。其人性愿悫[5]，少嗜欲，有廉耻，不请（句丽）〔丐〕[6]。言语法俗大抵与句丽同，衣服有异。男女衣，皆著曲领；男子系银花，广数寸，以为饰。自单单大山岭以西属乐浪；自岭以东七县，都尉主之：皆以濊为民。后省都尉，封其渠帅为侯；今不耐濊，皆其种也。汉末更属句丽。

其俗重山川，山川各有部分，不得妄相涉入。同姓不婚。多忌讳，疾病死亡，辄捐弃旧宅[7]，更作新居。有麻布，蚕桑作绵。晓候星宿[8]，豫知年岁丰约。不以珠玉为宝。常用十月节祭天，昼夜饮酒歌舞，名之为"舞天"；又祭虎以为神。其邑落相侵犯，辄相罚责生口牛马[9]，名之为"责祸"。杀人者偿死，少寇盗。作矛长三丈，或数人共持之，能步战。乐浪檀弓出其地。其海出班鱼皮。土地饶文豹[10]；又出果下马，汉桓时献之[11]。〔一〕

正始六年，乐浪太守刘茂、带方太守弓遵，以岭东濊属句丽[12]，兴师伐之。不耐侯等举邑降。其八年[13]，诣阙朝贡；诏更拜不耐濊王。居处杂在民间，四时诣郡朝谒。二郡有军征赋调，供给役使，遇之如民[14]。

【注释】

〔1〕箕子：商朝贵族。纣王的父辈，曾官太师。封地在箕（今山西太谷县东北）。曾劝谏纣王，纣王不听，把他囚禁起来。周武王灭商，被释放。事见《史记》卷三《殷本纪》。 适：到。箕子到朝鲜，载《汉书》卷二十八下《地理志》八下。 〔2〕八条之教：八条教令的部分内容，也见《汉书》卷二十八下《地理志》八下。 〔3〕陈胜（？—前208）：字涉。阳城（今河南登封市东南）人。贫苦农民出身。秦二世元年（前209），被征调到北方戍守边境，同吴广在蕲县大泽乡（今安徽宿州市东南刘村集）发动同行戍卒九百人起义。起义军迅速扩大，开在陈县（今河南淮阳县）建立张楚政权，被推选为王。后战败，退至下城父（今安徽涡阳县东南）时被杀。传见《史记》卷四十八、《汉书》卷三十一。 〔4〕魋（chuí）结：绾成椎形的发髻。 〔5〕愿悫（què）：老实忠厚。 〔6〕请丐：乞求。 〔7〕捐弃：抛弃。 〔8〕晓：懂得。 〔9〕生口牛马：活的牛马。 〔10〕饶：多。 文豹：皮毛有花纹的豹。 〔11〕汉桓：即东汉桓帝。 〔12〕岭：即上文提到的单单大岭。 〔13〕八年：正始八年（公元247）。 〔14〕遇之如民：对待他们如同普通百姓。

【裴注】

〔一〕臣松之按：果下马，高三尺；乘之可于果树下行，故谓之"果下"。见《博物志》、《魏都赋》。

韩，在带方之南；东西以海为限，南与倭接，方可四千里。有三种：一曰马韩，二曰辰韩，三曰弁韩。辰韩者，古之辰国也。

马韩在西。其民土著，种植[1]；知蚕桑，作绵布。各有长帅，大者自名为臣智，其次为邑借，散在山海间，无城郭。

有爰襄国、牟水国、桑外国、小石索国、大石索国、优休牟涿国、臣渍沽国、伯济国、速卢不斯国、日华国、古诞者国、古离国、怒蓝国、月支国、咨离牟卢国、素谓乾国、古爰国、莫卢国、卑离国、占离卑国、臣衅国、支侵国、狗卢国、卑弥国、监奚卑离国、古蒲国、致利鞠国、冉路国、儿林国、驷卢国、内卑离国、感奚国、万卢国、辟卑离国、臼斯乌旦国、一离国、不弥国、支半国、狗素国、捷卢国、牟卢卑离国、臣苏涂国、（莫卢国）古腊国、临素半国、臣云新国、如来卑离国、楚山涂卑离国、一难国、狗奚国、不云国、不斯濆邪国、爰池国、乾马国、楚离国：凡五十（余）〔四〕国。大国万余家，小国数千家，总十余万户。

辰王治月支国[2]。臣智或加优呼、臣云、遣支、报安、邪踧、支濆、臣离、儿不、例拘、邪秦、支廉之号。其官有魏率善邑君、归义侯、中郎将、都尉、伯长。

侯准既僭号称王，为燕亡人卫满所攻夺；〔一〕将其左右宫人走入海，居韩地，自号韩王。〔二〕其后绝灭，今韩人犹有奉其祭祀者。汉时属乐浪郡，四时朝谒。〔三〕

【注释】
　　〔1〕种植：指从事农业。　〔2〕辰王：这里指马韩的国王。

【裴注】
　　〔一〕《魏略》曰："昔箕子之后朝鲜侯，见周衰，燕自尊为王，欲东略地；朝鲜侯亦自称为王，欲兴兵逆击燕，以尊周室。其大夫礼，谏之，乃止。使礼西说燕，燕止之，不攻。后子孙稍骄虐，燕乃遣将秦开，攻其西方，取地二千余里，至满番汗为界；朝鲜遂弱。及秦并天下，使蒙恬筑长城，到辽东。时朝鲜王否立，畏秦袭之，略服属秦，不肯朝会。

否死，其子准立。二十余年而陈、项起，天下乱；燕、齐、赵民，愁苦，稍稍亡往准，准乃置之于西方。及汉以卢绾为燕王，朝鲜与燕，界于浿水。及绾反，入匈奴；燕人卫满亡命，为胡服，东度浿水，诣准降；说准求居西界，收中国亡命，为朝鲜藩屏。准信宠之，拜为博士，赐以圭；封之百里，令守西边。满诱亡党，众稍多。乃诈遣人告准，言汉兵十道至，求入宿卫，遂还攻准。准与满战，不敌也。"

〔二〕《魏略》曰："其子及亲留在国者，因冒姓韩氏。准王海中，不与朝鲜相往来。"

〔三〕《魏略》曰："初，右渠未破时，朝鲜相历溪卿，以谏右渠不用，东之辰国；时民随出居者，二千余户，亦与朝鲜贡蕃不相往来。至王莽地皇时，廉斯鑡为辰韩右渠帅，闻乐浪土地美，人民饶乐，亡，欲来降。出其邑落，见田中驱雀男子一人，其语非韩人。问之，男子曰：'我等汉人，名户来。我等辈千五百人伐材木，为韩所击得；皆断发为奴，积三年矣。'鑡曰：'我当降汉乐浪，汝欲去不？'户来曰：'可。'（辰）鑡因将户来（来）出诣含资县。县言郡，郡即以鑡为译，从芩中乘大船入辰韩；逆取户来降伴辈尚得千人，其五百人已死。鑡时晓谓辰韩：'汝还五百人。若不者，乐浪当遣万兵，乘船来击汝！'辰韩曰：'五百人已死，我当出赎直耳。'乃出辰韩万五千人，弁韩布万五千匹，鑡收取直还。郡表鑡功义，赐冠帻、田宅；子孙数世，至安帝延光四年时，故受复除。"

桓、灵之末，韩、濊强盛，郡县不能制，民多流入韩国。

建安中，公孙康分屯有县以南荒地为带方郡[1]，遣公孙模、张敞等收集遗民，兴兵伐韩、濊；旧民稍出，是后倭、韩遂属带方。景初中，明帝密遣带方太守刘昕、乐浪太守鲜于嗣，越海定二郡；诸韩国臣智加赐"邑君"印绶，其次与"邑长"。其俗好衣帻[2]，下户诣郡朝谒，皆假衣帻[3]；自服印绶衣帻千有余人。

部从事吴林以乐浪本统韩国[4]，分割辰韩八国以与乐浪；吏译转有异同[5]，臣智激韩忿，攻带方郡崎离营[6]。时太守弓遵、乐浪太守刘茂兴兵伐之；遵战死，二郡遂灭韩。

其俗少纲纪，国邑虽有主帅，邑落杂居，不能善相制御。无跪拜之礼。居处作草屋土室，形如冢，其户在上[7]；举家共在中，无长幼男女之别。其葬有椁无棺。不知乘牛马，牛马尽于送死[8]。以璎珠为财宝，或以缀衣为饰，或以悬项垂耳；不以金银锦绣为珍。其人性强勇，魁头露纷[9]，如炅兵[10]；衣布袍，足履革蹻蹋[11]。其国中有所为及官家使筑城郭，诸年少勇健者，皆凿脊皮[12]，以大绳贯之，又以丈许木插之[13]；通日嚾呼作力[14]，不以为痛：既以劝作[15]，且以为健[16]。常以五月下种讫，祭鬼神，群聚歌舞，饮酒昼夜无休。其舞：数十人俱起相随，踏地低昂，手足相应，节奏有似铎舞[17]。十月农功毕，亦复如之。信鬼神，国邑各立一人主祭天神，名之"天君"。又诸国各有别邑[18]，名之为"苏涂"；立大木，悬铃鼓，事鬼神。诸亡逃至其中，皆不还之，好作贼[19]。其立苏涂之义，有似浮屠[20]，而所行善恶有异[21]。其北方近郡诸国差晓礼俗[22]，其远处直如囚徒奴婢相聚[23]。

无他珍宝。禽兽草木略与中国同。出大栗，大如梨。又出细尾鸡，其尾皆长五尺余。其男子时时有文身[24]。

又有州胡在马韩之西海中大岛上[25]；其人差短小，言语不与韩同。皆髡头如鲜卑[26]，但衣韦[27]，好养牛及猪。其衣有上无下，略如裸势。乘船往来，市买韩中。

【注释】

〔1〕屯有：县名。县治在今朝鲜黄海北道黄州市。 〔2〕好(hào)：喜好。 〔3〕假：借。 〔4〕部从事：官名。即部郡国从事史。代表州刺史监督所辖郡国，催办文书，举报不法官员。 〔5〕译转有异同：翻译转达时未能准确表述原意。 〔6〕崎离营：地名。当在今朝鲜黄海北道金川市附近。 〔7〕户：房门。 〔8〕尽于送死：都用来给死人殉葬。〔9〕魁头：露头不戴帽子。 紒(jì)：发髻。 〔10〕炅(jiǒng)兵：光亮的兵刃。 〔11〕蹻蹋(jué tà)：靴。 〔12〕凿脊皮：割破脊背的皮肤。〔13〕丈许：一丈多。当时一丈约合 2.4 公尺。 〔14〕讙(huān)：（大声）喊叫。 〔15〕劝作：鼓励劳作。 〔16〕健：勇敢。 〔17〕铎舞：汉族舞蹈名。 〔18〕别邑：另外一种城邑。 〔19〕作贼：为非作歹。〔20〕浮屠：梵文 Buddha 的音译，即佛。这里指佛教寺院。 〔21〕善恶有异：指佛教寺院是行善，而苏途是作恶。 〔22〕差：稍微。〔23〕直：简直。 〔24〕文身：在身体的皮肤上刺刻图案。 〔25〕马韩之西海中大岛：近代有学者认为是朝鲜半岛南面的济州岛。 〔26〕髡(kūn)头：剪去头发。 〔27〕衣韦：穿皮制衣服。

辰韩，在马韩之东。其耆老传世，自言古之亡人，避秦役来适韩国；马韩割其东界地与之。有城栅。其言语不与马韩同。名国为"邦"[1]，弓为"弧"，贼为"寇"，行酒为"行觞"，相呼皆为"徒"；有似秦人，非但燕、齐之名物也[2]。名乐浪人为"阿残"；东方人名"我"为"阿"，谓乐浪人本其残余人。今有名之为秦韩者。始有六国，稍分为十二国。[3]

【注释】

〔1〕名：称呼。 〔2〕名物：事物的名称。 〔3〕稍：逐渐。 十二

国：下面文字所列二十四国中，未加"弁辰"二字的有十二国，即属辰韩。

　　弁辰，亦十二国，又有诸小别邑。各有渠帅：大者名臣智，其次有险侧，次有樊涉，次有杀奚，次有邑借。

　　有已柢国、不斯国、弁辰弥离弥冻国、弁辰接涂国、勤耆国、难弥离弥冻国、弁辰古资弥冻国、弁辰古淳是国、冉奚国、弁辰半路国、弁〔辰〕乐奴国、军弥国（弁军弥国）、弁辰弥乌邪马国、如湛国、弁辰甘路国、户路国、州鲜国、马延国、弁辰狗邪国、弁辰走漕马国、弁辰安邪国（马延国）、弁辰渎卢国、斯卢国、优由国。弁、辰韩，合二十四国：大国四五千家，小国六七百家，总四五万户。其十二国属辰王[1]。

　　辰王常用马韩人作之，世世相继；辰王不得自立为王。〔一〕土地肥美，宜种五谷及稻。晓蚕桑，作缣布[2]。乘驾牛马。嫁娶礼俗，男女有别。以大鸟羽送死，其意欲使死者飞扬。〔二〕国出铁，韩、濊、倭皆从取之。诸市买皆用铁，如中国用钱；又以供给二郡[3]。俗喜歌舞、饮酒。有瑟[4]，其形似筑[5]，弹之亦有音曲。儿生，便以石压其头，欲其扁；今辰韩人皆扁头。男女近倭，亦文身。便步战，兵仗与马韩同。其俗：行者相逢，皆住让路[6]。

　　弁辰与辰韩杂居，亦有城郭。衣服居处与辰韩同。

言语、法俗相似，祠祭鬼神有异。施灶皆在户西。其渎卢国与倭接界[7]。十二国亦有王，其人形皆大。衣服洁清，长发。亦作广幅细布。法俗特严峻。

【注释】

〔1〕辰王：这里指弁辰即弁韩的君王。与上文马韩的辰王不同。〔2〕缣（jiān）：双股丝织的细绢。　〔3〕二郡：指乐浪、带方郡。〔4〕瑟（sè）：弦乐器名。古为五十弦。　〔5〕筑（zhú）：弦乐器名。像筝，有十三弦，用竹尺击弦发声。　〔6〕住：停下来。　〔7〕渎卢国：近代学者认为是朝鲜半岛南端的巨济岛。

【裴注】

〔一〕《魏略》曰："明其为流移之人，故为马韩所制。"

〔二〕《魏略》曰："其国作屋，横累木为之，有似牢狱也。"

倭人[1]，在带方东南大海之中。依山岛为国邑。旧百余国，汉时有朝见者；今使译所通三十国。

从郡至倭：循海岸水行，历韩国；乍南乍东，到其北岸狗邪韩国[2]，七千余里。

始度一海千余里，至对马国[3]。其大官曰卑狗，副曰卑奴母离。所居绝岛，方可四百余里；土地山险，多深林，道路如禽鹿径。有千余户，无良田，食海物自活[4]，乘船南北市籴[5]。

又南渡一海千余里，名曰瀚海，至一（大）〔支〕国[6]。官亦曰卑狗，副曰卑奴母离。方可三百里，多竹木丛林。有三千许家，差有田地，耕田犹不足食，亦南北市籴。

又渡一海千余里，至末卢国[7]。有四千余户，滨山海居；草木茂盛，行不见前人。好捕鱼鳆，水无深浅，皆沉没取之[8]。

东南陆行五百里，到伊都国[9]。官曰尔支，副曰泄谟觚、柄渠觚。有千余户，世有王，皆统属女王国；郡使往来常所驻。

东南至奴国[10]。百里。官曰兕马觚，副曰卑奴母离，有二万余户。

东行至不弥国[11]。百里。官曰多模，副曰卑奴母离。有千余家。

南至投马国。水行二十日。官曰弥弥，副曰弥弥那利。可五万余户。

南至邪马（壹）〔台〕国[12]。女王之所都。水行十日，陆行一月。官有伊支马，次曰弥马升，次曰弥马获支，次曰奴佳鞮。可七万余户。

自女王国以北，其户数、道里可得略载。其余旁国远绝，不可得详：次有斯马国，次有已百支国，次有伊邪国，次有都支国，次有弥奴国，次有好古都国，次有不呼国，次有姐奴国，次有对苏国，次有苏奴国，次有呼邑国，次有华奴苏奴国，次有鬼国，次有为吾国，次有鬼奴国，次有邪马国，次有躬臣国，次有巴利国，次有支惟国，次有乌奴国，次有奴国：此女王境界所尽。

其南有狗奴国。男子为王，其官有狗古智、卑狗，不属女王。

自郡至女王国，万二千余里。

【注释】

〔1〕倭:古国名。在今日本。倭与中国在西汉武帝时就开始发生关系。公元1784年,日本福冈县志贺岛上出土了东汉赐给的"汉委奴国王"金印一枚。但是在正史中专篇记载日本古史及其与中国的关系,则以陈寿这篇传记为最早,所以受到中外学者的重视。 〔2〕狗邪韩国:在今朝鲜庆尚南道金海市附近。 〔3〕对马国:在今日本对马岛。〔4〕海物:海中生物。 〔5〕市籴(dí):购买粮食。 〔6〕一支国:在今日本壹岐岛。 〔7〕末卢国:在今日本九州松浦附近。 〔8〕沉没:指潜水。 〔9〕伊都国:在今日本九州加布里东部。 〔10〕奴国:在今日本九州糟屋郡一带。 〔11〕不弥国:在今日本九州太宰府附近。〔12〕邪马台国:关于邪马台国位置,说法不一,以在日本九州肥后北部为可信。以上各国位置的考察,详见陈乐素《求是集》中《后汉刘宋间之倭史》一文。以下各国位置,待考。

男子无大小,皆黥面文身[1]。自古以来,其使诣中国,皆自称"大夫"。夏后少康之子封于会稽[2],断发文身以避蛟龙之害[3]。今倭水人好沉没捕鱼蛤,文身亦以厌大鱼水禽[4];后稍以为饰。诸国文身各异:或左或右,或大或小,尊卑有差。计其道里,当在会稽、东冶之东[5]。

其风俗不淫。男子皆露纷,以木绵招头[6]。其衣横幅,但结束相连[7],略无缝[8]。妇人被发屈纷[9]。作衣如单被,穿其中央[10],贯头衣之。种禾稻、纻麻。蚕桑、缉绩[11],出细纻、缣、绵[12]。其地无牛、马、虎、豹、羊、鹊。兵用矛、楯、木弓。木弓短下长上[13],竹箭或铁镞,或骨镞。所有无与儋耳、朱崖同[14]。

倭地温暖。冬夏食生菜,皆徒跣[15]。有屋室,父母兄弟卧息异处。以朱丹涂其身体，如中国用粉也。食饮用笾豆[16]，手食[17]。其死，有棺无椁，封土作冢。始死，停丧十余日；当时不食肉，丧主哭泣，他人就歌舞饮酒。已葬，举家诣水中澡浴，以如练沐[18]。

其行来渡海诣中国[19]，恒使一人不梳头，不去虮虱，衣服垢污，不食肉，不近妇人；如丧人[20]，名之为“持衰”。若行者吉善，共雇其生口、财物[21]；若有疾病，遭暴害，便欲杀之，谓其持衰不谨。

出真珠、青玉。其山有丹[22]。其木有枬、杼、豫樟、楺枥、投橿、乌号、枫香；其竹篠簳、桃支。有姜、橘、椒、蘘荷，不知以为滋味[23]。有猕猴、黑雉。其俗：举事行来，有所云为[24]，辄灼骨而卜，以占吉凶；先告所卜，其辞如令龟法[25]，视火坼占兆[26]。其会同坐起，父子男女无别。人性嗜酒。〔一〕见大人、所敬，但搏手以当跪拜[27]。

其人寿考，或百年，或八九十年。其俗，国〔多女子〕大人皆四五妇，下户或二三妇。妇人不淫，不妒忌。不盗窃，少争讼[28]。其犯法：轻者没其妻子，重者灭其门户。及宗族尊卑，各有差序，足相臣服。收租赋；有邸阁[29]。国国有市，交易有无，使大倭监之。

自女王国以北，特置一大率，检察诸国；诸国畏惮之：常治伊都国[30]，于国中有如刺史。王遣使诣京都、带方郡、诸韩国，及郡使倭国，皆临津搜露[31]；传送文书赐遗之物诣女王，不得差错。下户与大人相逢道路，逡巡入草[32]。传辞说事，或蹲或跪，两手据地，为之恭敬。对应声曰"噫"，比如"然、诺[33]"。

【注释】

〔1〕黥面：在面部刺刻图案并涂上黑色。 〔2〕夏后：夏代国王。少康：传说中的夏代国王。姒姓。曾攻杀寒促，夺回王位。事见《史记》卷二《夏本纪》注引《帝王世纪》。 会(kuài)稽：城名。在今浙江绍兴市。 〔3〕断发：割短头发。 〔4〕厌(yā)：这里指吓跑。 〔5〕东冶：县名。县治在今福建福州市。 〔6〕招：系在。 〔7〕结束：打结。〔8〕略：完全。 〔9〕被(pī)发：打散头发。 屈紒：指把打散的头发下半部分屈起成髻。 〔10〕穿：打孔。 〔11〕缉绩：把麻纤维搓捻成线。〔12〕细纻：苎麻细布。 〔13〕短下长上：下半部分短，上半部分长。即成不对称形状。 〔14〕儋(dān)耳：西汉郡名。治所在今海南省儋州市西北。 朱崖：郡名。治所在今海南省海口市琼山区东南。 〔15〕徒跣(xiǎn)：赤脚。 〔16〕笾：盛装食物的竹编容器。 〔17〕手食：用手抓食。 〔18〕练沐：祭奠死者前的沐浴。 〔19〕行来：外出。〔20〕丧(sāng)人：服丧的人。 〔21〕雇：酬谢。 生口：牲畜。〔22〕丹：丹砂。又名朱砂。一种可以用作颜料和药品的矿物。其主要成分是硫化汞 HgS。 〔23〕以为滋味：用作调味品。 〔24〕云为：说话做事。 〔25〕如令龟法：就像中原汉族用龟甲占卜时预先祝告的方法一样。 〔26〕火坼(chè)：骨头被火烧灼后出现的裂纹。中原汉族用龟甲占卜，也用类似方法。 占兆：根据骨头裂纹进行占卜。 〔27〕搏手：拍手。 〔28〕争讼：打官司。 〔29〕邸阁：仓库。 〔30〕常治伊都国：治所经常设在伊都国。 〔31〕津：这里指设有关卡的渡口。 搜露：搜查。 〔32〕逡(qūn)巡：恭敬退下的样子。 〔33〕然、诺：中原汉族当时应答的用语。相当于现今的"是"。

【裴注】

〔一〕《魏略》曰："其俗：不知正岁、四节，但计春耕、秋收为年纪。"

其国本亦以男子为王。住七八十年[1]，倭国乱，相攻伐历年；乃共立一女子为王，名曰"卑弥呼"；事鬼道，能惑众。年已长大，无夫婿，有男弟佐治国。自为王以来，少有见者。以婢千人自侍；唯有男子一人给饮食，传辞出入。居处宫室楼观，城栅严设，常有人持兵守卫。

女王国东渡海千余里，复有国：皆倭种。又有侏儒国在其南，人长三四尺；去女王四千余里。又有裸国、黑齿国复在其东南，船行一年可至。参问倭地[2]：绝在海中洲岛之上，或绝或连；周旋可五千余里[3]。

【注释】

〔1〕住：保持（这种制度）。 〔2〕参问：考察询问。 〔3〕周旋：循着路线曲折前进。

景初（二）〔三〕年六月，倭女王遣大夫难升米等诣郡，求诣天子朝献。太守刘夏，遣吏将送诣京都。

其年十二月，诏书报倭女王曰："制诏亲魏倭王卑弥呼[1]：带方太守刘夏，遣使送汝大夫难升米、次使都市牛利，奉汝所献男生口四人[2]，女生口六人，班布二匹二丈，已到。汝所在逾远，乃遣使贡献；是汝之忠孝[3]，我甚哀汝[4]。今以汝为亲魏倭王，假金印、紫绶[5]，装封付带方太守，假授汝。其绥抚种人[6]，勉为孝顺。汝来使难升米、牛利，涉远，道路勤劳；今以难升米为率善中郎将[7]，牛利为率善校尉；假银印、青绶，引见劳赐遣还[8]。今以绛地交龙锦五匹、〔一〕绛地绉粟罽十张、茜绛五十匹、绀青五十匹[9]，答汝所献贡直[10]。又特赐汝绀地句文锦三匹、细班华罽五张、白绢五十匹、金八两、五尺刀二口、铜镜百枚，真珠、铅丹各五十斤[11]；皆装封付难升米、牛利，还到录受[12]。悉可以示汝国中人，使知国家哀汝，故郑重赐汝好物也[13]。"

【注释】

〔1〕制诏：这是加在皇帝诏书文字开头的专用词。 〔2〕生口：这里指奴隶。 〔3〕忠孝：忠诚。古代臣下对于君主，相当于儿子对于父亲的尊卑关系，所以臣下又叫臣子，君主又叫君父。与此相应，臣对君的忠诚，也可称为孝。这里忠孝是同义复合词。 〔4〕哀：爱怜。〔5〕假：授给。 〔6〕绥抚：安抚。 〔7〕率善中郎将：官名。与下文的率善校尉同为荣誉性官职，授给前来归顺的附属国官员。 〔8〕劳(lào)赐：慰劳赏赐。 〔9〕绛地：深红色的底子。 交龙：交叉的龙形图案。茜：大红色。茜绛是介于大红与深红之间的颜色。 绀青：青中透红的颜色。 〔10〕贡直：贡品的价值。 〔11〕铅丹：一种无机化合物。成分是氧化铅 Pb_3O_4。为鲜红色粉末。当时用作化妆品或医药。 〔12〕录受：按物品清单接受。 〔13〕郑重：隆重。

【裴注】

〔一〕臣松之以为："地"应为"绨"，汉文帝著皂衣谓之弋绨是也。此字不体，非魏朝之失，则传写者误也。

正始元年，太守弓遵遣建忠校尉梯儁等[1]，奉诏书、印绶诣倭国；拜假倭王，并赍诏赐金、帛、锦罽、刀、镜、采物[2]。倭王因使上表答谢恩诏。

其四年[3]，倭王复遣使大夫伊声耆掖邪狗等八人，上献生口、倭锦、绛青缣、绵衣、帛布、丹木、狖、短弓矢[4]。掖邪狗等一拜率善中郎将印绶[5]。其六年[6]，诏赐倭难升米黄幢[7]，付郡假授。

其八年[8]，太守王颀到官。倭女王卑弥呼与狗奴国男王卑弥弓呼，素不和，遣倭载斯、乌越等诣郡，说相攻击状。遣塞曹掾史张政等[9]，因赍诏书、黄幢，拜假难升米，为檄告喻之。卑弥呼已死，大作冢，径百余步，殉葬者奴婢百余人。更立男王，国中不服；更相诛杀，当时杀千余人。复立卑弥呼宗女壹与，年十三为王，国中遂定。政等以檄告喻壹与。壹与遣倭大夫、率善中郎将掖邪狗等二十人，送政等还；因诣台[10]，献上男女生口三十人，贡白珠五千孔[11]，青大句珠二枚，异文杂锦二十匹。

【注释】

〔1〕建忠校尉：官名。通常领兵征伐，受命出使附属国是特殊任务。〔2〕采物：彩色的丝织物。 〔3〕四年：正始四年（公元 243）。〔4〕狃：一种野兽。 〔5〕一：一律。 〔6〕六年：正始六年（公元 245）。 〔7〕黄幢：黄色的仪仗旗帜。〔8〕八年：正始八年（公元 247）。 〔9〕塞(sài)曹：带方郡政府特设的下属分支机构名。处理境外附属国事务。〔10〕台：尚书台。 〔11〕五千孔：五千颗。

评曰：《史》、《汉》著朝鲜、两越[1]；东京撰录西羌[2]。魏世匈奴遂衰，更有乌丸、鲜卑；爰及东夷，使译时通：记述随事，岂常也哉[3]！〔一〕

【注释】

〔1〕《史》：指《史记》。 《汉》：指《汉书》。 著：记录。《史记》有《南越列传》、《东越列传》、《朝鲜列传》。《汉书》有《南粤传》、《闽粤传》、《朝鲜传》，"粤"同"越"，闽粤即东越。 〔2〕东京：即

东汉首都洛阳。这里指东汉朝廷组织修撰的《汉纪》。因书修撰于洛阳皇宫的东观，后又称《东观汉纪》。为纪传体史书，原有一百四十三卷。从东汉明帝起至献帝初，先后参与编写的有班固、刘珍、崔寔、马日磾、蔡邕、卢植等人。因发生董卓之乱，未完成。记载了东汉光武帝至献帝初年史事，资料丰富确实，是以后东汉史书作者的主要资料参考书。今存辑本二十四卷。在三国时，《史记》、《汉书》和这部《汉纪》并称为"三史"。〔3〕常：长久不变。

【裴注】

〔一〕《魏略·西戎传》曰：

"氐人有王，所从来久矣。自汉开益州，置武都郡，排其种人，分窜山谷间；或在福禄，或在汧、陇左右。其种非一，称盘瓠之后；或号'青氐'，或号'白氐'，或号'蚺氐'。此盖因其服色而名之也。其自相号曰'盍稚'，各有王侯，多受中国封拜。近去建安中，兴国氐王阿贵、（白项）〔百顷〕氐王千万，各有部落万余；至十六年，从马超为乱。超破之后，阿贵为夏侯渊所攻灭；千万西南入蜀，其部落不能去，皆降。国家分徙其前后两端者，置扶风美阳；今之安夷、抚夷二部护军所典是也。其本守善，分留天水、南安界；今之广（平）魏郡所守是也。其俗、语，不与中国同，及羌、杂胡同。各自有姓，姓如中国之姓矣。其衣服尚青绛。俗能织布，善田种，畜养豕、牛、马、驴、骡。其妇人嫁时著衽露：其缘饰之制有似羌，衽露有似中国袍。皆编发。多知中国语，由与中国错居故也；其自还种落间，则自氐语。其嫁娶有似于羌。此盖乃昔所谓西戎在于街、冀、獂道者也。今虽都统于郡国，然故自有王侯在其墟落间。又故武都地阴平街左右，亦有万余落。

赀虏，本匈奴也。匈奴名奴婢为'赀'。始建武时，匈奴衰，分去。其奴婢亡匿在金城、武威、酒泉北，黑水、西河东西，畜牧逐水草；抄盗凉州，部落稍多，有数万，不与东部鲜卑同也。其种非一：有大胡，有丁令，或颇有羌杂处，由本亡奴婢故也。当汉、魏之际，其大人有檀柘；死后，其枝大人南近在广魏、令居界，有秃瑰来数反，为凉州所杀。今有劫提，或降来，或遁去，常为西州道路患也。

敦煌西域之南山中，从婼羌西至葱岭，数千里，有月氏余种葱茈羌、白马、黄牛羌。各有酋豪，北与诸国接，不知其道里广狭。传闻黄牛羌各有种类，孕身六月生，南与白马羌邻。

西域诸国，汉初开其道时有三十六，后分为五十余。从建武以来，更相吞灭，于今有二十。

道从敦煌玉门关，入西域，前有二道，今有三道：从玉门关西出，经婼羌转西，越葱岭，经县度，入大月氏，为南道；从玉门关西出，发都护井，回三陇沙北头，经居卢仓，从沙西井转西北，过龙堆，到故楼兰转西，诣龟兹，至葱岭，为中道；从玉门关西北出，经横坑，辟三陇沙及龙堆，出五船北，到车师界戊已校尉所治高昌，转西与中道合龟兹，为新道。凡西域所出，有前史已具详，今故略说：

南道西行：且(志)〔末〕国、小宛国、精绝国、楼兰国，皆并属鄯善也。戎卢国、扜弥国、渠勒国、皮(宛)〔山〕国，皆并属于阗。罽宾国、大夏国、高附国、天竺国，皆并属大月氏。临儿国，《浮屠经》云其国王生浮屠。浮屠，太子也。父曰屑头邪，母云莫邪。浮屠身服色黄，发(青)如青丝，乳〔有〕青毛，(蛉)〔爪〕赤如铜。始莫邪梦白象而孕；及生，从母(左)〔右〕胁出；生而有结，坠地能行七步。此国在天竺(城)〔域〕中。天竺又有神人，名沙律。昔汉哀帝元寿元年，博士弟子景卢，受大月氏王使伊存口受《浮屠经》曰'复立'者，其人也。《浮屠》所载临蒲塞、桑门、伯闻、疏问、白疏间、比丘、晨门，皆弟子号也。《浮屠》所载与中国《老子经》相出入，盖以为老子西出关，过西域之天竺，教胡〔为〕浮屠；属弟子别号合有二十九，不能详载，故略之如此。车离国，一名礼惟特，一名沛录王。在天竺东南三千余里。其地卑湿暑热。其王治沙奇城，有别城数十。人民怯弱，月氏、天竺击服之。其地东西南北数千里，人民男女皆长一丈八尺。乘象、橐驼以战，今月氏役税之。盘越国，一名汉越王。在天竺东南数千里。与益部相近，其人小，与中国人等。蜀人贾似至焉。南道而西极转东南，尽矣。

中道西行：尉梨国、危须国、山王国，皆并属焉耆。姑墨国、温宿国、尉头国，皆并属龟兹也。桢中国、莎车国、竭石国、渠沙国、西夜国、依耐国、满犁国、亿若国、榆令国、捐毒国、休修国、琴国，皆并属疏勒。自是以西，大宛、安息、条支、乌弋。乌弋一名排特。此四国次在西，本国也，无增损。前世谬以为条支在大秦西，今其实在东；前世又谬以为强于安息，今更役属之，号为安息西界。前世又谬以为弱水在条支西，今弱水在大秦东。前世又谬以为从条支西行二百余日，近日所入；今从大秦西，近日所入。大秦国，一号犁靬。在安息、条支西大海之西。从安息界安谷城乘船，直截海西；遇风利二月到，风迟或一岁，无风或三岁。其国在海西，故俗谓之海西。有河出其国，西又有大海。海西有迟散城，从国下直北至乌丹城，西南又渡一河，乘船一日乃过。西南又渡一河，一日乃过。凡有大都三，却从安谷城陆道直北行之海北，复直西行之海西，复直南行经之乌迟散城；渡一河，乘船一日乃过。周回绕海，凡当渡大海，六日乃到其国。国有小城邑合四百余，东西南北数千里。其王治，滨侧河海，以石为城郭。其土地有松、柏、槐、梓、竹、苇、杨柳、梧桐、百草。民俗：田种五谷；畜乘有马、骡、驴、骆驼；桑蚕。俗多奇幻，口中出火，自缚自解，跳十二丸，巧妙。其国无常主，国中有灾异，辄更立贤人以为王；而生放其故王，王亦不敢怨。其俗，人长大平正，似中国人而胡服。自云本中国一别也，常欲通使于中国；而安息图其利，不能得过。其俗能胡书。其制度，公私宫室为重屋，旌旗，击鼓，白盖小车，邮驿亭置如中国。从安息绕海北到其国，人民相属；十里一亭，三十里一置，终无盗贼。但有猛虎、狮子为害，行道不群则不得过。其国，置小王数十；其王所治城，周回百余里。有官曹文书。王有五宫，一宫间相去十里。其王平旦之一宫听事，至日暮一宿；明日复至一宫，五日一周。置三十六将，每议事，一将不至则不议也。王出行，常使从人持一韦囊自随；有白言者，受其辞投囊中，还宫乃省，为决理。以水晶作宫柱及器物。作弓矢。其别枝封小国，曰泽散王，曰驴分王，曰且兰王，曰贤督王，曰汜复王，曰于罗王；其余小王国甚多，不能一一详之也。国出细绤。作金银钱，金钱一，当银钱十。有织成细布，言用水羊毳，名曰'海西布'。此国六畜皆出水。或云非独用羊毛也，亦用木皮或野茧丝作；织成氍毹、毾㲪、罽帐之属皆好，其色又鲜于海东诸国所作。又常利得中国丝，解以为胡绫，故数与安息诸国，交市于海中。海水苦不可食，故往来者希到其国中。山出九色次玉石：一曰青，二曰赤，三曰黄，四曰白，五曰黑，六曰绿，七曰紫，八曰红，九曰绀。今伊吾山中有九色石，即其类。阳嘉三年时，疏勒王臣槃，献海西青石、金带各一。又今《西域旧图》云'罽宾、条支诸国出琦石'，即次玉石也。大秦多金、银、铜、铁、铅、锡、神龟、白马、朱髦、骇鸡犀、玳瑁、玄熊、赤螭、辟毒鼠、大贝、车渠、玛瑙、南金、翠爵、羽翮、象牙、符采玉、明月珠、夜光珠、真白珠、虎珀、珊瑚、赤、白、黑、绿、黄、青、绀、缥、红、紫十种流离、璆琳、琅玕、水精、玫瑰、雄黄、雌黄、碧、五色玉，黄、白、黑、绿、紫、红、绛、绀、金黄、缥留黄十种氍毹，五色毾㲪，五色、九色首下毾㲪，金缕绣、杂色绫、金涂布、绯持布、发陆布、绯持渠布、火浣布、阿罗得布、巴则布、度代布、温宿布、五色桃布，绛地金织帐、五色斗帐，一微木、二苏合、狄提、迷迷、兜纳、白附子、薰陆、郁金、芸、胶、薰草、木十二种香。大秦道既从海北陆通，又循海而南，与交趾七郡外夷比；又有水道通益州、永昌，故永昌出异物。前世但论有水道，不知有陆道；

今其略如此，其民人户数不能备详也。自葱岭西，此国最大；置诸小王甚多，故录其属大者矣：泽散王，属大秦。其治在海中央，北至驴分；水行半岁，风疾时一月到；最与安息安谷城相近，西南诣大秦都，不知里数。驴分王，属大秦。其治去大秦都二千里。从驴分城西之大秦，渡海，飞桥长二百三十里。渡海道西南行，绕海直西行。且兰王，属大秦。从思陶国直南渡河，乃直西行之且兰，三千里。道出河南，乃西行，从且兰复直西行之汜复国，六百里。南道会汜复，乃西南之贤督国。且兰、汜复直南，乃有积石；积石南乃有大海，出珊瑚，真珠。且兰、汜复、斯宾阿蛮北有一山，东西行。大秦、海西东各有一山，皆南北行。贤督王，属大秦。其治东北去汜复，六百里。汜复王，属大秦。其治东北去于罗三百四十里，渡海也。于罗属大秦，其治在汜复东北，渡河，从于罗东北又渡河，斯罗东北又渡河。斯罗国属安息。与大秦接也。大秦西有海水，海水西有河水，河水西南北行，有大山，西有赤水，赤水西有白玉山，白玉山有西王母，西王母西有修流沙；流水西有大夏国、坚沙国、属繇国、月氏国；四国西有黑水：所传闻西之极矣。

北新道西行：至东且弥国、西且弥国、单桓国、毕陆国、蒲陆国、乌贪国，皆并属车师后部王。王治于赖城，魏赐其王壹多杂守魏侍中，号大都尉，受魏王印。转西北则乌孙、康居，本国，无增损也。北乌伊别国在康居北；又有柳国，又有岩国；又有奄蔡国，一名阿兰：皆与康居同俗。西与大秦、东南与康居接。其国多名貂，畜牧逐水草，临大泽；故时羁属康居，今不属也。呼得国，在葱岭北，乌孙西北，康居东北。胜兵万余人，随畜牧，出好马，有貂。坚昆国，在康居西北。胜兵三万人，随畜牧，亦多貂，有好马。丁令国，在康居北。胜兵六万人。随畜牧，出名鼠皮，白昆子、青昆子皮。此上三国，坚昆中央，俱去匈奴单于庭安习水七千里，南去车师六国五千里，西南去康居界三千里，西去康居王治八千里。或以为此丁令，即匈奴北丁令也；而北丁令在乌孙西，似其种别也。又匈奴北，有浑窳国，有屈射国，有丁令国，有隔昆国，有新梨国；明北海之南自复有丁令，非此乌孙之西丁令也。乌孙长老言，北丁令有马胫国：其人音声似雁鹜，从膝以上身头，人也；膝以下生毛，马胫马蹄；不骑马而走疾马，其为人勇健敢战也。短人国，在康居西北，男女皆长三尺，人众甚多；去奄蔡诸国甚远。康居长老传闻：尝有〔商旅行北方，迷惑失道而到斯国，中甚多真珠、夜光明月珠。见者不知名此国号，以意〕商度此国，去康居可万余里。"

鱼豢议曰："俗以为营廷之鱼，不知江海之大；浮游之物，不知四时之气。是何也？以其所在者小与其生之短也。余今汜览外夷大秦诸国，犹尚旷若发蒙矣，况夫邹衍之所推出，《大易》、《太玄》之所测度乎？徒限处牛蹄之涔，又无彭祖之年；无缘托景风以迅游，载腰袅以遐观；但劳眺乎三辰，而飞思乎八荒耳！"

【译文】

《尚书·尧典》说"蛮夷扰乱中原"，而《诗经·六月》称"猃狁势力很强盛"。可见少数族对中原的侵害为时已经很久了。秦汉以来，匈奴长期侵犯边境。汉武帝虽然对外进攻四方的少数族，例如东面平定东越、南越、朝鲜，西面讨伐贰师、大宛，西南面打通邛、筰、夜郎的通道，但是这些少数族都在边远地区以外，不能对中原地区起什么重大影响。唯有北面的匈奴距中原最近，它的骑兵向南部侵犯，将使我中原王朝三面受敌，所以汉朝屡次派遣卫青、霍去病等大将，深入敌境北伐，穷追匈奴单于，夺取其富饶平坦的草原。其后匈奴开始归顺汉朝并愿意为汉朝保卫边塞，从此逐渐衰弱。

汉献帝建安年间，匈奴的南单于呼厨泉入京朝见天子，朝廷把他留在京城做人质，派他的副手回去管理本族人。这时匈奴的臣服程度，已经超过以往的汉朝时期。但是乌丸、鲜卑却又逐渐强盛起来，他们趁汉末大乱，中原王朝忙于内务，没有时间对外讨伐的机会，竟自控制了大沙漠以南的草原，攻打城市，杀害百姓，北方边境受到严重困扰。

袁绍统一河北，开始安抚三郡乌丸，对他们的著名首领给以优厚的赏赐，同时收编他们的精锐骑兵。其后袁尚、袁熙被太祖曹操击败，逃去投奔三郡乌丸的大首领蹋顿。蹋顿十分骁勇，边境的老年人都把他比作从前匈奴族强盛时期的单于冒顿。蹋顿仗着自己远离中原，所以敢于接受内地的逃亡者，在北方少数族中称雄。太祖暗中出动大军北伐，出其不意，一战而平定了乌丸，威震河北，各少数族无不慑服。于是太祖统领乌丸族的骑兵征讨各地，从此边境居民得以安居乐业。

后来鲜卑族的首领轲比能又控制了北方各少数族部落，全部占领匈奴族的故地，自云中郡、五原郡以东直至辽河流域，都成为鲜卑人的领地。他们多次侵扰边境，特别是幽、并两州深受其害。魏明帝时护乌丸校尉田豫被轲比能包围在马城，并州刺史毕轨又在陉岭以北被轲比能击败。青龙年间，明帝才听从王雄的建议，派出一名剑术高强的刺客刺杀了轲比能。此后，鲜卑部落四分五裂，互相攻伐，势力强的远远逃离，势力弱的只好向朝廷投降。从此，边境稍微安定，大沙漠以南的草原上战争减少，虽然还不时发生少数族劫掠的事，却已经不能相互煽动形成强大势力了。

乌丸、鲜卑就是古代所说的东胡。他们的习俗和以往的历史，撰写汉代史书的人已经收集并加以记载。所以这里只是叙述汉末魏初以来乌丸、鲜卑的情况，从而使史书中关于周边少数族变迁过程的记载保持完整。

东汉末年，辽西郡乌丸族首领丘力居，统领五千多个居民点；上谷郡乌丸族首领难楼，统领九千多个居民点：他们各自称王。又有辽东属国乌丸族首领苏仆延，统领一千多个居民点，自称峭王；右北平郡乌丸族首领乌延，统领八百多个居民点，自称汗鲁王：他们都有勇有谋。中山郡太守张纯背叛朝廷，逃到丘力居部落中，自称弥天安定王，被推举为三郡乌丸的大首领。在他的指挥带领下，乌丸骑兵侵略青州、徐州、幽州、冀州，杀害官员百姓。

汉灵帝末年，刘虞出任幽州牧，他以重金收买少数族刺客杀死了张纯，幽州才安定下来。后来丘力居死去，他的儿子楼班年龄小，而侄儿蹋顿武艺谋略不凡，于是由蹋顿继位，总领乌丸族的三个大部落，部下都听从他的指挥。袁绍和公孙瓒对峙时，蹋顿派使者向袁绍请求通婚友好，并出兵帮助袁绍攻打公孙瓒，结果大获全胜。袁绍假托皇帝的旨意，赏赐印章、绶带给蹋顿、峭王、汗鲁王三人，把他们都立为单于。后来楼班长大，峭王率领自己的部落推尊楼班为单于；蹋顿本人不再称单于而只称王，但是重大的策略谋划仍然多半出自蹋顿之手。广阳郡人阎柔，从小流落在乌丸、鲜卑部落中，受到少数族部落的信任和尊重。阎柔借助鲜卑的力量，杀死护乌丸校尉邢举，由自己取而代之。袁绍曾对阎柔着意拉拢优待，以求安定自己的北部边境。后来袁氏势力被太祖曹操击破，袁绍死亡，其子袁尚逃去投奔蹋顿，企图凭借蹋顿势力，重新夺回冀州。不久太祖扫平河北，阎柔带领自己控制的鲜卑、乌丸人归附太祖；太祖依然任命他为护乌丸校尉，照旧持有汉朝节杖，以广宁作为他的治所。

建安十二年（公元207），太祖亲自征讨蹋顿，设计麻痹敌人之后悄悄改走小路，直奔对方的大本营柳城。距柳城只有一百多里，敌军才发现。袁尚和蹋顿在凡城迎战太祖，阵容十分强大。太祖登上高处观察敌人的阵势，先按兵不动，等敌阵稍有破绽，立即挥兵进攻打破敌方阵形，斩了蹋顿，直杀得尸横遍野。速附丸、楼班、乌延等乌丸族首领逃往辽东，辽东的公孙康把他们杀死，然后用驿车把头颅送往京城。其余逃散的人全部投降。太祖把收降的乌丸族俘虏，以及阎柔在幽州、并州所控制的一万多个居民点的乌丸族人，全部迁入中原，带领他们的首领和部落民众转战四方，从此三郡乌丸的铁骑兵天下闻名。

鲜卑族大酋长步度根掌权后，部下人数逐渐减少。他的二哥扶罗韩单独控制了数万人，成为另一部落的首领。

汉献帝建安年间，大祖曹操平定幽州，步度根和轲比能等鲜卑族首领通过护乌丸校尉阎柔，向朝廷称臣上贡。后来代郡的乌丸族首领能臣氏等人反叛，请求归附扶罗韩。扶罗韩统率一万多骑兵前往迎接。到了桑干县，能臣氏等人暗中商议，认为扶罗韩对部众控制不严，恐怕得不到有力的救助，于是另外派人向轲比能联络。轲比能马上带领上万骑兵赶来会面，并与能臣氏等人一起对天结盟立誓。轲比能随即在宴会上杀死扶罗韩，扶罗韩的儿子泄归泥和部众都成为轲比能的下属。考虑到自己杀死了泄归泥的父亲，所以轲比能给予泄归泥特别优厚的待遇。但是步度根却因此而怨恨轲比能。

魏文帝曹丕即位后，任命田豫为护乌丸校尉，持有节杖，在管理监视乌丸的同时又管理监视鲜卑，驻扎在昌平。这时步度根派人向朝廷献马，文帝下诏封步度根为鲜卑王。从此步度根与轲比能多次相互攻杀，步度根势力日渐衰弱，只得率领部下一万多个居民点的民众进入塞内的太原、雁门郡据守。步度根又派人对泄归泥说："你父亲被轲比能杀害，您不想法报仇，反而投靠自己的仇人。他今天虽然厚待你，其实是想日后杀死你。还不如回来跟随我，我是你的骨肉至亲，难道还比不上杀父的仇人吗？"于是泄归泥率领本部落逃去投奔叔父步度根。轲比能得知消息后立即派兵追赶，却没有追上。到了黄初五年(公元224)，步度根本人亲自到朝廷上贡，得到文帝的重赏，从此他开始替魏朝守卫边疆，不再侵掠中原，而塞外的轲比能势力却越来越大。

魏明帝即位之后，急于想安抚各少数族，以减少战争，所以对步度根、轲比能两部分鲜卑都采取笼络的办法。青龙元年(公元233)，轲比能诱使步度根与自己和好并结成同盟，结果步度根又率领泄归泥和部众去依附轲比能，同时动手侵扰抢掠并州，杀害官员百姓。明帝派遣骁骑将军秦朗前往征讨，泄归泥背叛轲比能，率领部众投降，朝廷封他为归义王，赐给他幢麾、曲盖和仪仗乐队，让他依旧住在并州。步度根则被轲比能杀死。

轲比能本来出自鲜卑的一个小部落，因为勇敢善战，执法公平，不贪财物，所以众人推举他作为首领。他的部落靠近边塞，自从袁绍占据河北，中原汉人有很多逃去投奔轲比能；他们教轲比能部落的鲜卑人制作兵器、铠甲、盾牌，还教他们学习汉文，所以他指挥控制部下，完全模仿中原的汉人。每当他外出或者去打猎，都树立军旗，以鼓声作为进退的信号。

建安年间，他通过阎柔向朝廷进贡。太祖西征关中，田银在河间郡造反，轲比能亲率三千骑兵随阎柔击败田银。后来代郡的乌丸族反叛，轲比能开始帮助他们与朝廷作对。太祖任命鄢陵侯曹彰为骁骑将军，率军北征，大败轲比能。轲比能逃出塞外，后来他又向朝廷称臣进贡。

延康元年(公元220)年初，轲比能派人向朝廷献马，魏文帝曹丕封轲比能为附义王。黄初二年(公元221)，轲比能把住在鲜卑部落中的五百多家内地汉人放走，让他们回到代郡居住。黄初三年(公元222)，轲比能率领本部落的头领和平民，以及代郡的乌丸族首领普富卢等一共三千多骑兵，驱赶七万多头牛马来与中原交换物品，同时又放回内地汉人一千多家到上谷郡居住。后来轲比能与东部鲜卑的首领素利以及步度根争斗，互相攻击。田豫任护乌丸校尉后，在他们之间进行调解，不准他们彼此攻杀。

黄初五年(公元224)，轲比能又去进攻素利，田豫率轻骑兵赶到他的后方进行牵制。轲比能派了一个小首领琐奴抵御田豫，田豫挥兵出击，击退琐奴，轲比能从此对朝廷生了二心。他给辅国将军鲜于辅写信说："我们少数族不识文字，所以前任护乌丸校尉阎柔替我向天子表示忠心。我与素利是仇人，去年派兵攻打他，但是现任护乌丸校尉田豫却帮助素利。我在战场上派琐奴前往抵抗田豫，听说您带兵来到，马上撤回了军队。步度根多次抢掠，又杀死我弟弟，反而诬蔑我在抢掠。我们少数族虽然不知礼义，但是兄弟子孙都承蒙天子赐给印绶，牛马尚且知道水草的滋味鲜美，何况我们还是有灵性的人呢。将军应替我向天子讲明情况。"鲜于辅得到书信后上报朝廷，文帝又派田豫去招纳安抚。

轲比能的势力从此开始强大，全盛时拥有能征善战的骑兵十余万人。每次抢得财物，他都平均分配，当着众人一下子分配完毕，从不私吞，所以部下愿意为他拼死效力，其余部落的首领都很敬畏他。但是他的势力还赶不上汉朝时鲜卑的大酋长檀石槐。

太和二年(公元228)，田豫派遣翻译官夏舍到轲比能女婿郁筑鞬的部落去，结果夏舍被郁筑鞬杀害。这年秋天，田豫统帅西部鲜卑的首领蒲头和泄归泥，出塞讨伐郁筑鞬，大获全胜。回军到达马城时，轲比能亲率三万铁骑兵，把田豫围困了七天七夜。上谷郡太守阎志，是阎柔的弟弟，历来受到鲜卑人的信任。阎志亲自赶到马城开解劝说，轲比能才撤军解围。后来幽州刺史王雄兼任护鲜卑校尉，用恩德和信用对鲜卑实行安抚。轲比能也多次入塞，到幽州州政府来进贡。

青龙元年(公元233)，轲比能诱使步度根，让他背叛并州当局，和自己结盟，又亲率一万骑兵在陉岭以北迎接他的家属和辎重队伍。并州刺史毕轨派苏尚、董弼等将阻击，轲比能让儿子领兵在楼烦与苏尚等将会战，在激战中杀死苏尚、董弼二将。

青龙三年(公元235)，王雄派勇士韩龙刺死轲比能，另立轲比能的弟弟为首领。

素利、弥加、厥机，都是鲜卑的部落首领，在辽西、右北平和渔阳三郡的塞外。由于距离遥远，对内地完全没有构成祸患，但是他们部落的人数要比轲比能多。建安年间，他们也通过阎柔向朝廷进贡，并与内地进行实物交换，太祖曹操上表朝廷都封他们为王以示优宠。厥机死后，朝廷又立他的儿子沙末汗为亲汉王。延康元年(公元220)年初，他们派使者进献马匹。魏文帝封素利、弥加为归义王。素利和轲比能相互攻击。太和二年(公元228)，素利去世。他的儿子年幼，朝廷封他的弟弟成律归为王，代为统领部落。

《尚书·禹贡》说"东边到达大海，西边达到大沙漠"。对于京都以外由近到远的九等地区，我们都还可以说得清楚。但是在边荒地带以外，那些需要通过中间语言转译我们才能了解其情况，向我们的足迹却不能到达的地方，那里的国家中风土民情如何，就没有人能知道了。从虞舜到周朝，西边的远方曾进贡过白玉环，东边的肃慎氏也进贡过当地产的弓箭，他们都走了很长很长的时间才到达中国，其距离竟是如此之远。汉代派遣张骞出使西域，探究黄河源头，经历许多国家，并设置了西域都护以统领各国。从这以后，才知道西域的详细情况，史官才能在史书中加以详细记载。

魏朝建立之后，西域各国虽然不能都来朝贡，但是其中一些大国如龟兹、于阗、康居、乌孙、疏勒、月氏、鄯善、车师等，没有哪一年不派使者前来洛阳呈献贡品，大体与汉代的情形也差不多了。公孙渊继承其祖父公孙度、父亲公孙康，三代人连续占有和统治辽东，魏明帝考虑到其地遥远，就将辽东的事务委托给他管理。这样一来，就把东北方的少数族隔断，使他们不能和中原往来。

景初年间，朝廷出动大军，诛灭公孙渊，又悄悄派水军渡海，收复了乐浪、带方等郡，从此滨海地区安定太平，东部少数族全都俯首称臣。其后，高句丽首先背叛，朝廷派幽州的地方军队前去讨伐，穷追到极远的地方，跨越乌丸、丸都，经过沃沮，又进入肃慎的领域，直到东边的大海。当地的老人说，在大海那边靠近太阳升起的地方，曾有颈上又长了一副脸孔的怪人出现，于是毌丘俭等领兵将军在凯旋时注意观察各国情况，记录其法律风俗，国家大小，以及各自的名称。

虽然这里所记载的都是一些少数族国家，却保存着从中原传去的礼仪风俗。古人曾说，礼仪在中原失传后，可以在周边的少数族中访求得到，这确实是可信的话。因此，下面依次记述东北方的各国情况，列举他们的异同，以此来补充从前史书记载得不完整的地方。

夫余，在长城的北边，离玄菟郡有一千多里，南面邻接高句丽，东面邻接挹娄，西面邻接鲜卑，北面是弱水，方圆约二千里。全国有八万户人家，定居在当地，有房屋、仓库、监狱。夫余的地形多山丘和广阔的低地，在东北方各国当中，算是地势最为平坦开阔的一个。土地适宜种植五谷，但不宜种植果树。这里的人长得魁伟高大，勇敢而忠厚，从不抢掠他人。

他们的国家有君主，官职都有牲畜来命名，有马加、牛加、猪加、狗加、大使、大使者、使者等官名。在城乡居民点里有大户豪族，附在他们名下的人家都是他们的奴仆。各个以"加"命名的官吏分别主管四方道路所到达的地区，多的主管数千家，小的数百家。

他们在吃喝时都用俎、豆这类中原传统的器具，君臣之间有定期聚会。聚会时如果举行宴饮，也有拜爵、洗爵的程序，以及作揖行礼，相互谦让之类的礼节。在殷历正月举行祭天活动，到时候国内举行集会，连日欢聚宴饮，载歌载舞，称之为迎鼓。每年这个时候停止审讯犯人，同时还释放囚徒。夫余国崇尚白色，人们穿带有白布长袖的袍子和裤子，脚穿兽皮鞋。但如出使国外，则喜欢穿锦绣和毛织品做的衣服，官员加穿狐狸、白狄和黑貂皮制成的裘衣，并在帽子上用金银装饰。从事翻译的人在表达意思时，总要跪下来，双手撑地，小声说话。

夫余国用刑严厉，杀人者处以死刑，犯人家属都沦为奴隶。偷盗东西，一件罚赔十二件。男女淫乱，妇女妒忌，都将被处死。特别憎恶女性的妒忌，杀死妒忌的妇女后，把尸首丢在该国南面的山上，直至腐烂。女方家里如想要回尸首，必须向官方上交牛马。

　　哥哥死后，弟弟可以娶嫂为妻，这个习俗与匈奴相同。夫余人特别擅长饲养牲畜，盛产骏马、赤玉、貂狖皮、珍珠。珍珠大得像酸枣。兵器主要是弓、箭、刀、矛，每家都有铠甲和武器。国内的老人都自称是过去的逃亡者。修建的城墙、围栅都呈圆形，就好似监狱一般。不论男女老少，也不管白天黑夜，人们在路上行走，总是要唱歌，歌声整天不断。有军事行动时也要祭天，杀牛以后看牛蹄，用以占卜吉凶，牛蹄分开是凶，如果合拢是吉。有敌人时，各个以"加"命名的官员亲自作战，下等的民户只负责他们的饮食供应。人死之后，夏天用冰冻起来。盛行杀人殉葬，殉葬者多的上百人，又时兴厚葬，有外棺而无内棺。

　　夫余本来属玄菟郡管辖。汉末，公孙度在辽东郡称雄扩张，威震邻近的少数族，夫余国王尉仇台自己改属辽东。当时高句丽、鲜卑都很强盛，公孙度考虑到夫余夹在这两强中间，于是把同宗族的女子嫁给尉仇台以示支持。尉仇台死后，他的孙子简位居继位。简位居的正妻没有生儿子，只有一个小妾生的儿子叫做麻余。简位居死后，各个官员拥立麻余为王。当时牛加的侄儿叫做位居，是主管外交的官员，他为人慷慨，喜欢赈济穷人，深受本国人的拥戴，每年他都派使者到魏朝京城进贡。

　　正始年间，幽州刺史毌丘俭讨伐高句丽，派遣玄菟郡太守王颀来到夫余，位居派官员出城迎接，供给军粮。他那当牛加的叔父怀有二心，于是位居杀死叔父及其儿子，登记造册没收其财产，并派使者把尸体简单收敛后送到官府。按照夫余过去的风俗，如遇水旱灾害，粮食减产，总是把罪过归给国王，有的说国王该替换，有的说国王该杀死。麻余死时，他的儿子依虑才六岁，被立为国王。

　　汉朝的时候，夫余国王死后用金镂玉衣埋葬，常常由汉朝预先做好后运去存放在玄菟郡；国王死后，就去郡里领取用来安葬死者。公孙渊被诛灭时，玄菟郡的仓库里还有一套金镂玉衣。现今夫余的国库收藏有璧、珪、瓒等几代相传的玉器，被视为国宝，老人们说这些都是从前中原王朝赏赐的。国王印章的文字是"濊王之印"，国内有一老城叫做濊城，因为夫余本是濊貊的地域，而夫余人在其中称王；他们自称是外地来的流亡者，似乎也有点像这么一回事。

　　高句丽，在辽东郡以东约一千里，南边与朝鲜、涉貊，东边与沃沮，北边与夫余接壤。在丸都山下建都，全国方圆二千里，共有三万户人家。国内多高山深谷，没有平原和沼泽。当地人在山谷中居住，饮山涧的流水。土地贫瘠，虽然努力耕作，也不能自给自足；所以当地风俗是在饮食上节俭，而喜欢修建和装饰住房。在住宅左右盖大屋，用来祭祀鬼神，还祭祀灵星、土神和谷神以求丰收。当地人性情凶猛急躁，喜欢抢掠。

　　有国王，官吏有相加、对卢、沛者、古雏加、主簿、优台丞、使者、皂衣先人等官号，尊卑各有等级区别。按东北少数族过去的说法，高句丽乃是夫余的一个分支，因此在语言的各个方面多半和夫余相同，但是性格气质、衣服装饰则与夫余大不一样。原来全国有五个家族，即是涓奴部、绝奴部、顺奴部、灌奴部、桂娄部。过去一直由涓奴部称王，后来这个家族逐渐衰弱，而今桂娄部已取而代之。

　　汉朝时，朝廷赐给高句丽仪仗乐队和歌舞艺人，他们常常在玄菟郡领取官服、衣帽等物，全国的户口则由玄菟郡治所高句丽县的县令主管。后来高句丽逐渐骄傲放纵，不再亲自到玄菟郡，而是在东部边境筑了一个小城，要朝廷把官服等物送到这里，他们每年在这里取走它们。现今当地少数族人还称这个小城叫帻沟溇。沟溇，是高句丽人对城的称呼。

　　这里设置官职时，有对卢就不设沛者，有沛者也就不设对卢。国王的宗族，如果担任高官，都叫古雏加。涓奴部本来是一国之主；而今虽然不再称王，但是这个家族的嫡系首领，也可以叫古雏加，还能设立宗庙，祭礼灵星、土神和谷神。绝奴部世代与王族通婚，所以加上"古雏"的名号。各个高级官员可以设置自己的使者、皂衣先人两种官员，这两种官员可以向国王通报名字，就像中原古代卿大夫的家臣一样；但是在参加朝廷聚会时，他们站立和坐下的位置，都不能和国王的使者、皂衣先人并列。高句丽的大户人家不参加劳动，这种白吃饭的有一万多人，他们的奴仆从远处担来粮食、鱼、盐供养他们。

当地人民喜欢歌舞，国内各个居民点，每当夜幕降临，男女成群聚集，相互唱歌嬉戏。国家没有大仓库，每家自有一座小仓，名叫桴京。人们喜欢清洁，自尊自爱，又善于酿酒。跪拜时伸出一脚，这一点与夫余不同。走路很快。在十月份祭天，到时候全国集会，叫做东盟。在社会场合，人们多穿锦绣衣服，并用金银装饰。主簿以上的大官包头巾，但是没有头后面的下垂部分。小官戴一种叫做折风的帽子，形状像中原汉族的皮帽。这个国家东部有个巨大的洞穴，叫做隧穴。十月份国中举行集会，迎接隧神到本国东部进行祭祀，并在神座上放置钻木取火用的木块。没有监狱，犯罪案件由大官评议，然后马上处决罪犯，其妻子儿女罚为奴婢。

当地的婚姻风俗，双方口头定婚后，女家在大屋后新盖一间小屋，叫做婿屋。女婿在晚上来到女家门外，自报姓名行跪拜礼，请求和女孩同宿，经过再三恳求，女方父母才让女婿到小屋中和女儿同宿，并在小屋旁放上银钱和布匹；等到生下儿女而且长大后，女婿才带妻子回自己的家。当地风俗淫荡。男女结婚后，便开始做为自己送终的衣服。盛行厚葬，金银财宝，都用来陪葬。坟墓用石头垒成，然后种植松柏。当地马很小，善于登山。人们都很有力气，战斗经验丰富，沃沮、东涉都依附他们。

国内还有一个小部落叫做小水貊。高句丽的国民依傍大河而居，而西安平县北有一条小河，南流入海；高句丽的这个小部落依傍小河居住，所以叫做小水貊。小水貊出产良弓，通常人们所说的貊弓就是这里出产的。

王莽开始征调高句丽的士兵去讨伐匈奴。高句丽人不愿从征，王莽强迫从军，于是高句丽人纷纷逃出塞外做强盗。当时的辽西大尹田谭领兵追击，反被这些人杀死。州、郡、县各级官员都把责任推到高句丽国王骓的身上。但是大臣严尤上奏说："这件事确实是貊人犯法，但是事情的起因不在骓的身上，所以应当对他进行安抚。而今突然给他从重定上大罪，恐怕会逼迫他反叛。"王莽不听劝告，下诏让严尤出兵讨伐。严尤诱骗骓在约定的时间会面，骓一到就被杀死，头颅被驿车运送到长安。王莽大为高兴，向天下发布文告，把高句丽改名为下句丽。那时高句丽只是侯国。

汉光武帝八年(公元32)，高句丽国王派使者向朝廷进贡，才开始称王。在汉殇帝和汉安帝时，高句丽的国王宫多次侵扰辽东，朝廷又把它划归玄菟郡管辖。辽东郡太守蔡风、玄菟郡太守姚光认为，宫是二郡的一大祸害，于是出兵讨伐。宫假装投降求和，二郡军队暂停前进，这时宫却秘密派遣军队去偷袭玄菟郡，焚烧候城县，攻入辽隧城，残杀官员百姓。后来宫又侵犯辽东，蔡风轻率决定领兵追击，结果全军覆没。宫死后，他的弟弟遂成继位。遂成死后，他的儿子伯固继位。汉顺帝、汉桓帝时，伯固又侵犯辽东，攻掠新昌、安市两县百姓的住地，同时又进攻西安平县，在路上还杀死带方县令，抢走乐浪郡太守的妻子和儿女。

汉灵帝建宁二年（公元 169），玄菟郡太守耿临出兵讨伐，斩杀数百人，伯固投降，该国又归属辽东郡管辖。熹平年间，伯固乞求归属玄菟郡。公孙度在辽东称雄时，伯固曾派遣大官优居、主簿然人等协助公孙度讨伐富山的叛贼，获胜。伯固死时，有两个儿子，大儿子叫拨奇，小儿子叫伊夷模。拨奇不成材，本国人就拥立伊夷模做了国王。自伯固时起，高句丽就不断侵扰辽东，又接纳了逃亡的少数族人五百多家。

建安年间，公孙康出军进攻高句丽，攻破该国，焚烧城市和村庄。拨奇因自己是长子却不能继承王位而怨恨，于是和涓奴部家族中的高级官员，各自统领自己的奴婢共三万多人向公孙康投降，然后回来驻扎在沸流水沿岸。前来投奔的少数族人这时也背叛了伊夷模，伊夷模只得换地方另立新国，也就是今天的所在地。拨奇移住辽东，他的儿子留在高句丽国，现今担任古雏加的驳位居，就是拨奇的儿子，后来高句丽又侵犯玄菟郡，玄菟和辽东二郡联合出击，把对方打得大败。

伊夷模没有儿子，与灌奴部的妇女通奸，生子名叫位宫。伊夷模死后，位宫继承王位，就是现今高句丽的国王。他的曾祖名字也叫宫，据说刚出生就能睁开眼睛到处看，所以本国人不喜欢他。宫长大后，果然凶恶暴虐，多次出兵攻掠汉朝边境。汉朝军队反攻，高句丽因此破坏严重。而今的国王刚出生，也能睁开眼睛看人，就像他的曾祖父；而当地人把相似叫做"位"，所以给他取名叫"位宫"。位宫力大而勇敢，会骑马，能射猎。景初二年（公元238），太尉司马懿率军讨伐公孙渊，位宫派大官统领数千人助战。正始三年

（公元242），位官侵犯西安平。正始五年（公元244），他被幽州刺史毌丘俭击败，事情经过记载在本书《毌丘俭传》中。

东沃沮，在高句丽盖马大山的东边，濒临大海。其地形是东西狭窄，南北漫长，有一千多里。其北部与挹娄、夫余邻界，南部与涉貊接壤。有五千多户人家，没有大君主，每个村落世代各有首领。当地语言与高句丽大体相同，有时也小有差异。

汉朝初年，从燕国逃亡的汉人卫满开始统治朝鲜，当时沃沮也归他控制。汉武帝元封二年（前109）时，朝廷出兵讨伐朝鲜，杀死卫满的孙子右渠，把其辖地分为四个郡，改沃沮城为玄菟郡。后来因为受到夷貊的侵略，于是把玄菟郡迁到高句丽的西北，也就是今天所说的玄菟郡故址。玄菟郡迁走后沃沮归乐浪郡管辖。汉王朝考虑到朝鲜的故地广阔而遥远，于是在单单大岭的东部，又设置东部都尉，以不耐城作为其治所，单独主管东边的七个县，当时沃沮也属于这七县之一。

建武六年（公元30），汉光武帝废除边郡都尉，这里的东部都尉也就撤销。后来封各县的首领为县侯，不耐、华丽、沃沮等县都成为侯国。少数族互相攻击吞并，唯有不耐县的涉侯至今还设置有功曹、主簿等汉朝官职，都由涉族人担任。沃沮各个小部落的首领，都自称三老，这是过去汉朝县中的乡官名称。因为国小，又处在大国之间，所以沃沮向高句丽国称臣归属。高句丽在沃沮国中选择首领充当使者，使其统领各小部落；又派大官统一征收他们的租税，租税包括布、鱼、盐和海产食物，都要从千里之外担来上缴。此外，还要选送美女作为高句丽贵族的婢妾，完全把沃沮人当作奴仆一样对待。

东沃沮土地肥沃，背山向海，适宜栽种粮食，当地人也很会种田。他们质朴正直，强壮勇敢，虽然缺少牛马，却擅长手持长矛徒步作战。饮食和住房，都和高句丽相似。埋葬死者时，做一具大外棺，有十多丈长，敞开一头做门。刚死的人都就地埋起来，只盖上薄薄的一层土，让皮肉烂尽，仅取骨架装在大外棺中。全家共用一个大外棺，用木头刻成死者的形象，与棺中的死人数目相同。又用带脚的瓦锅，装上大米，悬挂在外棺的门边上。

毌丘俭讨伐高句丽时，国王位宫逃奔沃沮，毌丘俭挥兵追击。大军攻破沃沮城镇村庄，斩杀三千多人，位宫又逃奔北沃沮。

北沃沮，又叫置沟娄，离南沃沮约八百里。在风俗方面，南北沃沮完全相同，又与挹娄邻接。挹娄人喜欢乘船抢掠，北沃沮人很惧怕他们，所以夏天常在山上的深洞里躲着以防备来犯者；到了冬天冰冻，船道不通，才敢回到村里居住。玄菟郡太守王颀另外派兵追击高句丽的国王位宫，直抵东部海边。

军人问当地老人说："大海的东边还有人吗？"老人们说：国内曾有人乘船捕鱼，遇风，在海上漂泊了几十天，到了东边一个海岛上；岛上有人，语言听不懂，其风俗常在七月份挑选童女丢到海里。又说：海中间还有一个岛国，都是女的没有男的。又说曾有一件布衣，从海里浮出来，从腰身看像中等身材的人穿的衣服，两袖长三丈。又说曾发现一只破船，随波漂到海边，里面有一人，颈项上又长了一张脸孔，把他活捉后，却听不懂他的话，这人后来绝食而死。以上这些地方都在沃沮东边的大海中。

挹娄，在夫余东北方一千多里，濒临大海，南部与北沃沮接壤，不知其北部延伸到什么地方。地形多险峻高山。人的外貌与夫余相近，但言语和夫余、高句丽不同。出产五谷、牛、马、麻布。当地人勇猛而有力气，设有大君主，各个村落各有首领。居住在山林之中，以穴居为主。大户人家在地面挖的深洞，其深度达到九段阶梯，而且越深越好。气候的寒冷，胜过夫余。当地人喜欢养猪：吃猪肉，穿猪皮；冬天用猪油涂身，有好几分厚，以御风寒。夏天裸体，只用一尺长的布把前后遮起来。当地人不讲卫生，厕所修建在中间，人围着厕所居住。弓有四尺长，像弩一般强劲。箭用楛木制造，长一尺八寸，用青石做箭头，这里就是古代肃慎氏的国土。这里的人善于射箭，射人都射眼睛。箭头有毒，被射中的人只有一死。当地出产赤玉、貂皮，就是现今所说的挹娄貂。

自汉朝以来，挹娄一直臣属于夫余，夫余向他们征收重税，逼得他们在魏文帝黄初年间反叛。夫余多次进攻挹娄，他们尽管人少，但是住在险陡的山区，邻国人又都惧怕他们的弓箭，所以夫余始终未能制服他们。挹娄人擅长乘船抢掠，邻国深受其害。东北方的少数族在吃喝时大多使用俎、豆之类的食器，只有挹娄不用。他们的法制和风俗是最没有规矩的。

涉貊，南边与辰韩，北边与高句丽、沃沮接壤，东边临海。现今朝鲜以东当初都是涉貊的辖地。有二万户人家。

从前，箕子在商朝时跑到了朝鲜，制定了八条教令来教育百姓，使当地夜不闭户，盗贼绝迹。从那以后经过四十多代，朝鲜一个名叫准的首领开始非分地称王。陈胜起事，天下反秦，燕、齐、赵等国故地的居民逃难到朝鲜的有好几万人。燕国人卫满，梳起椎形发髻，穿起少数族衣服，跑到这里称王。汉武帝消灭朝鲜，把这里分为四郡。从那以后，当地人才和汉人逐渐有了分别。

这里自来没有大君主，从汉朝以来，官吏有侯邑君、三老，统管下层百姓。当地老人说自己与高句丽同种。涉貊人性情老实忠厚，少贪欲，知廉耻，不向人乞求。语言、法制、风俗与高句丽大体相近，但衣服不同。男女衣服都有曲领。男子衣服上还用数寸大的银花作为装饰。单单大岭以西属乐浪郡，岭东共有七县，由东部都尉统管，属下都是涉貊百姓。后来废除都尉官，封他们的首领为侯，今天的不耐涉就是他们的后代。汉末改而归属高句丽。

当地风俗重视山川，山川各有分界，不得随便进入。同姓不通婚。多忌讳，凡是有人生病死亡，总要抛弃住宅，另起新居。产麻布，用蚕丝做绵絮。当地人大多懂得观察星象，预知收成好坏。他们不把珠玉当作宝物。常在十月的节日祭天，昼夜饮酒歌舞，叫做舞天。又把猛虎视为神灵进行祭拜。部落间发生争斗，总是用收取活的牛马作为惩罚，称之为责祸。杀人者处以死刑抵命。盗贼很少。他们的长矛有三丈长，有时是几个人共同使一支矛。擅长陆地作战。乐浪郡著名的檀弓就产在此地。海上出产班鱼皮，森林中有许多皮毛带花纹的豹，又产矮小的果下马，汉桓帝时曾向朝廷进贡过这种马。

正始六年(公元 245)，乐浪郡大守刘茂、带方郡太守弓遵因为单单大岭以东的涉貊人投靠高句丽，出兵讨伐，涉貊人的首领不耐侯等献城投降。正始八年(公元247),他们到朝廷进贡。朝廷下诏封他们的首领为不耐涉王。涉王的住处分布在民间,一年的四季都要到郡政府拜见。每当乐浪、带方二郡有军事行动需要征调民工和物资,就向涉貊人摊派任务,对待他们如同内地的普通百姓一样。

韩,在带方郡的南边,东西都是海,南边与倭国邻接,方圆约四千里。有三个分支,即马韩、辰韩和弁韩。其中的辰韩,就是古代的辰国。

马韩在西部。当地人民定居而不常迁徙,从事耕种,会栽桑养蚕,织绵布。部落各有首领,大首领自称为臣智,其次自称为邑借。散居在山海之间,没有固定的城镇。

有以下小国:爰襄国、牟水国、桑外国、小石索国、大石索国、优休牟涿国、臣溃沽国、伯济国、速卢不斯国、日华国、古诞者国、古离国、怒蓝国、月支国、咨离牟卢国、素谓乾国、古爰国、莫卢国、卑离国、占离卑国、臣衅国、支侵国、狗卢国、卑弥国、监奚卑离国、古蒲国、致利鞠国、冉路国、儿林国、驷卢国、内卑离国、感奚国、万卢国、辟卑离国、白斯乌旦国、一离国、不弥国、支半国、狗素国、捷卢国、牟卢卑离国、臣苏涂国、古腊国、临素半国、臣云新国、如来卑离国、楚山涂卑离国、一难国、狗奚国、不云国、不斯濆邪国、爰池国、乾马国、楚离国等,总计五十四国。大国有一万多户,小国几千户,共有十多万户。

马韩的辰王以月支国作为自己的驻地。臣智有的要加上优呼、臣云、遣支、报安、邪踧、支溃、臣离、儿不、例拘、邪秦、支廉之类的称号。其官员分为魏率善邑君、归义侯、中郎将、都尉、伯长等。

当初,准在朝鲜非分地称王后,被燕国的逃亡汉人卫满击败。他率领左右随从和宫女逃入海中,移居韩地,自称韩王。其后代灭绝,今天的韩人还有祭祀他们的。汉朝时韩归乐浪郡管辖,每年的四季都要到郡政府拜见。

汉桓帝、汉灵帝末年,韩、涉两国日益强盛,郡县不能控制。

内地汉人不断流入韩国。

汉献帝建安年间，公孙康将屯有县以南的荒地划出来成立带方郡，派遣公孙模、张敞等人招纳流民，并出兵讨伐韩和涉，原先流入韩国的汉民才逐渐返回。此后倭、韩二国就归带方郡管辖。景初年间，魏明帝秘密派遣带方郡太守刘昕、乐浪郡太守鲜于嗣，渡海平定二郡，韩国各个臣智都赐给邑君印绶，次一等的则赐给邑长印绶。当地风俗喜好穿衣服包头巾。下等人家到郡里见官，都借别人的衣服头巾来穿戴。而全国佩带印绶穿衣服包头巾的有一千多人。

幽州的部从事吴林认为乐浪郡本来管辖韩国，所以把辰韩当中的八个小国划归乐浪郡管辖。不料翻译官在传达这一指示时把意思表述得不准确，韩国的臣智便煽动百姓，进攻带方郡的崎离营。当时的带方郡太守弓遵、乐浪郡太守刘茂出兵镇压，弓遵战死，但两郡的军队最终还是灭掉了韩国。

马韩的风俗是缺乏秩序。国家虽有首领，但各个部落杂居，不能统一控制指挥。没有跪拜的礼节。在居住地修建草屋土房，形状像坟墓一样，门开在上方，全家都住在一起，不分男女老少。埋葬死者时有外棺而无内棺。不会骑牛马，牛马都用来送葬。只把珠玉视为宝物，有的缝在衣服上作为装饰，有的挂在颈上或耳朵上，对金银锦绣并不看重。当地人强悍勇敢，头发盘成发髻而不戴帽子，就像兵器那样闪光发亮。穿布袍，足登兽皮靴。每当国内有体力劳动，或者官府让百姓筑城墙，勇敢健壮的年轻人，这时都割破脊背上的皮肤，用大绳子穿过去，又用一丈多长的木棍插在上面，然后一边呐喊一边用力劳动，毫不觉得痛苦，既用来鼓励劳动者，又用来显示自己的勇敢。常在五月播种之后，祭祀鬼神，聚在一起载歌载舞，昼夜痛饮不休。一人跳舞，会有数十人起来跟随，以脚踏地，手脚相应，节奏很像中原的铎舞。十月份收割完毕，也要像这样庆贺一番。人们迷信鬼神，每个部落都选出一人主管祭祀天神，这个人叫做天君。每个小国都有另外一种特别的城邑，叫做苏涂。苏涂当中竖立大木柱，上面悬挂铃鼓，以此来表示对鬼神的敬仰。逃亡者进入苏涂，就都不愿回去，而是合在一起为非作歹。当地人建立苏涂的目的，就像现今佛教建立佛寺一样，只不过佛寺教人行善，而苏涂让人作恶，二者不同。在北部靠近汉人边郡的几个小国，稍微知道一些礼义，而其他地方的人简直就像是囚徒奴婢聚在一起。

这里没有其他什么珍宝。动植物与中国差不多。出产大栗，像梨一样大。还出细尾鸡，尾巴都有五尺多长。男子大多都纹身。

还有个地方叫州胡，位于马韩西边的大海岛上，那里的人身材较为矮小，语言与韩国不同，都像鲜卑一样剪成光头不留头发，只穿皮衣，喜欢养牛和猪。他们的衣服有上身没下身，好像裸体似的。经常乘船往来，在韩国买东西。

辰韩，在马韩的东面。那里的老年人叙述前代历史，说自己的祖先是秦朝的逃亡者，因躲避徭役跑到韩国，马韩割出东边的地区给他们居住。有城墙和围栅。言语与马韩不同，把国叫做邦，弓叫做弧，贼叫做寇，依次斟酒叫做行觞，相互称为徒，这都有些像秦朝人的语言，而不像燕、齐故地对事物的称呼。他们称乐浪郡的人为“阿残”；东边的人称自己为“阿”，所以阿残的意思是我们残余的人。现今也有把辰韩称为秦韩的。开始时有六小国，逐渐分为十二小国。

弁辰也有十二个小国，还有其他一些小部落。各国有首领，大首领叫做臣智，其次有险侧、樊涉、杀奚、邑借等称号。

弁辰和辰韩共有以下二十四个小国：已柢国、不斯国、弁辰弥离弥冻国、弁辰接涂国、勤耆国、难弥离弥冻国、弁辰古资弥冻国、弁辰古淳是国、冉奚国、弁辰半路国、弁辰乐奴国、军弥国、弁辰弥乌邪马国、如湛国、弁辰甘路国、户路国、州鲜国、马延国、弁辰狗邪国、弁辰走漕马国、弁辰安邪国、弁辰渎卢国、斯卢国、优由国。其中大国有四五千家，小国有六七百家，总共有四五万家。以上国名前面标有“弁辰”的十二国，属于弁辰王管辖。

弁辰的国王通常由马韩人担任，世代相传，不能自立为王。这里土地肥沃，适宜种五谷特别是水稻。人民懂得栽桑养蚕，织缣布，也会乘骑牛马和用它们来驾车。在结婚礼俗上，男方和女方有所不同。流行用大鸟的羽毛给死人送葬，意思是想使死者灵魂飞升。这里出产铁，韩、涉、倭等国都从这里取铁制造器具。

各种买卖都用铁作支付品，就好像中国人用钱一样。这里的铁还要供给乐浪、带方两郡使用。人民喜欢歌舞和饮酒。乐器有瑟，形状像中国汉族的乐器筑，弹起来能演奏乐曲。婴儿一出生，就用石块压住头，想让头变扁。所以现今的韩人都是扁头。因为靠近倭国，男女也喜欢纹身。擅长步行作战，兵器和马韩人的兵器相同。当地风俗，人们在路上相遇，都会停下来给对方让路。

弁辰与辰韩杂居，也有城墙。衣服和住处与辰韩相同。言语、法律、风俗与辰韩相似，但在祭祀鬼神方面不同。家里的灶台都砌在门的西面。其中的弁辰渎卢国与倭国接界。十二个小国也有国王，这里的人都长得高大。衣服很清洁，留长发。也能织宽幅的细布。法律特别严厉。

倭人，在带方郡东南的大海之中，依傍山岛立国。过去有一百多个小国，汉朝时有的小国曾来中国朝见。现今与中国王朝通使的小国有三十个。

从带方郡到倭国要沿着海岸航行，先经过韩国，航向一会儿往南一会儿往东，最先到达倭国北岸的狗邪韩国时，已航行七千多里。这时开始横渡一海，再行一千多里，即到达对马国。这里的大官叫做卑狗，其副手叫做卑奴母离。国家在一座孤岛上，方圆约四百多里，多险山和密林，道路窄得就像野鹿走的小径。有一千多户人家，没有良田，吃海中的生物活命，并乘船到南北方的其他国家去买生活必需品。

再向南渡过一海，宽一千多里，叫做瀚海，就可到达一支国。这里的大官也叫做卑狗，其副手也叫卑奴母离，方圆约三百里。多竹木丛林，有三千多家居民，略微有些田地，耕种所得的收成不够吃，所以也要到南北方其他国家去购进粮食。

再渡过一海，航行一千多里，就到了末卢国，这里有四千多家居民，依山靠海居住，草木茂盛，以至于走路时看不见前面几步远的人。喜欢捕鱼，不管水深水浅，都潜到水底去捉鱼。

由此向东南走陆路五百里，就是伊都国。这里的大官叫尔支，其副手叫泄谟觚、柄渠觚。有一千多户人家，世代有王，都归女王国统辖。带方郡的使者往来时，常在这里暂住。

从伊都国向东南走一百里，就到了奴国。这里大官叫兕马觚，其副手也叫卑奴母离，有居民二万多户。

向东再走一百里，进入不弥国。这里的大官叫多模，其副手也叫卑奴母离，共有百姓一千多家。

由此向南去投马国，就要在海上航行二十天才能到达了。那里的大官叫弥弥，其副手叫弥弥那利，居民有五万多家。

再向南到邪马台国，也就是倭国女王建都之地，走海路要十天，走陆路要一个月。这里的大官叫伊支马，其次有弥马升、弥马获支、奴佳鞮等，居民大约有七万多户。

女王所在国的北边各国，其居民户数、道路长度还能大略记述，其余的小国异常遥远，详情不得而知，只知道它们的国名，即斯马国、已百支国、伊邪国、都支国、弥奴国、好古都国、不呼国、姐奴国、对苏国、苏奴国、呼邑国、华奴苏奴国、鬼国、为吾国、鬼奴国、邪马国、躬臣国、巴利国、支惟国、乌奴国、奴国等，这都是女王所统辖的国家。在女王所在国的南面，还有狗奴国，由男子当王，官员叫狗古智、卑狗，这不属女王管辖。

从带方郡到女王所在的邪马台国，共有一万二千多里。

倭国的男人不管大小都要刺面和纹身。自古以来，其使臣到达中国，都自称大夫。夏朝国王少康的儿子封在会稽，剪去头发在身上刺刻花纹，以避免到水中受到蛟龙的伤害。现今倭人喜欢潜下海底捕捞鱼和蚌蛤，纹身以后也是为了吓跑大鱼和水禽，以后逐渐成为一种装饰。这里的纹身各小国都不同，有的在左，有的在右，有的花纹大，有的花纹小，按地位的尊卑有所差别。从道路的方向和远近来估计，倭国应当在我们会稽郡、东冶县的东方大海上。

倭国的民风不淫乱，男子都露出发髻，用木绵布系在头上。衣服是横着布幅剪裁，用打结来连接，简略连接不用缝线。妇女打散头发，然后把头发的下端稍微屈起盘成发髻。女性的衣服像一幅单被盖，把中央剪个洞，把头伸出去就算是衣服。这里栽种水稻、苎麻，会栽桑养蚕，纺麻成线，出产细麻布、绸和丝绵。当地没有牛、马、虎、豹、羊和喜鹊。兵器有矛、盾牌和木弓。木弓下半部分短而上半部分长，竹制的箭杆装上铁制或骨制箭头，形制与儋耳、朱崖两郡土人所制的箭相同。

倭国气候温暖，冬夏两季都吃生菜，还都打赤脚。有房屋，父母兄弟分开休息睡觉，喜欢用朱丹粉涂抹身上，就像中国人打粉一样。吃喝时用竹编的食器，用手抓食。人死之后，有内棺而无外棺，也在墓穴上封土成高堆。死亡之后在家停放十多天，这时家属不能吃肉，由丧事的主要承担者进行哭悼，而其他人则在旁边唱歌跳舞饮酒作乐。安葬死者之后，全家要到水里沐浴，很像中国汉族在祭奠死者前的沐浴仪式。

倭人外出渡海到中国去，总要挑选出一个人，不梳头，不除去身上的虮虱，衣服脏臭，不吃肉，不接近妇女，就像服丧守孝的人，叫做持衰。如果一路平安吉利，大家就都酬谢他牲畜财物；如果有人生病，突然遭到抢劫伤害，立即就要杀死他，说他持衰不认真。

这里出产珍珠、青玉。山上蕴藏有丹砂，树木有柚、杼、豫樟、楺枥、投橿、乌号、枫香，竹类有篠簳、桃支。虽然出产姜、橘、椒、蘘荷，却不知道用来做调味品。动物有猕猴、黑雉。当地风俗，凡办事或外出，说什么做什么，总要烧灼动物骨头进行占卜，以预测吉凶。占卜时先说要占卜何事，语句就像中国烧灼龟甲占卜吉凶时所说的那样，然后根据骨头的裂纹进行占卜。人们正式聚会时，父子男女一起参加毫无区别。这里的人嗜酒。与首领或尊长见面，只是拍手以当作跪拜行礼。

人们寿命长，有的活一百岁，有的活八九十岁。当地风俗，因为女性多，凡是首领都娶四五个妻子，下等人家的男子也要娶两三个妻子。妇女不淫乱，不妒忌。人们绝不偷盗，打官司的很少。有人犯法，轻者把妻子儿女充当奴婢，重者诛灭全家。宗族尊卑，各有差别，足以使本宗族的人听命服从。倭国要向人民征收租赋，也有储存粮食的仓库。各个小国都有市集，以便人民互通有无，市集由倭国的官员监督。

在女王所在的邪马台国以北，特别设立了一个总监察官，对以北的各小国进行监视；各小国都很畏惧他：这个总监察官经常驻在伊都国，他在倭国的作用就像中国的刺史。倭王派遣使臣到中国朝廷、带方郡政府、各个韩国去时，或者带方郡政府派使者到倭国来时，在海关都要受到检查。海关还负责把公文和赏赐物品送交给女王，不能有任何差错。下等人家与首领在路上碰见时，要恭恭敬敬退到路边的草丛里；向上司传达或报告公事，有时蹲有时跪，两手始终撑在地上，以表示恭敬。对别人作肯定回答时说"噫"，相当于中国的"然"或"诺"。

倭国最初也以男子为王。经过七八十年后，倭国发生动乱，自相攻击一年多，才共同立一个女子为王，称为卑弥呼。卑弥呼能装神弄鬼，迷惑百姓，成年之后，一直还没有丈夫，只有一个弟弟帮助她治理国家。自从她当国王后，就很少有人见到她。她有一千名女仆侍奉，只用一名男子供给饮食，进出通报传令。女王的住处有官殿楼台，外面有城墙围栅严密防卫，常有人手持兵器在附近警戒。

从女王所在的邪马台国向东渡海航行一千多里，还有国家，都属于倭国人种。在其南面又有侏儒国，那里人的高度只有三四尺，距邪马台国有四千多里。在其东南又有裸国、黑齿国，海船到达那里要足足航行一年。考察询问倭国各地的人，都说这些国家在大海的孤岛之上，周围时断时连，总长度将近五千多里。

魏明帝景初三年（公元239）六月，倭国女王派遣当时担任大夫官职的难升米为使臣，领队前往带方郡政府，请求到中国京城朝见天子并进献贡品，郡太守刘夏派出官员带领他们前往京城洛阳。

当年十二月，明帝下诏回复倭国女王说："亲魏倭王卑弥呼：带方郡太守刘夏派人护送你的大夫难升米、副使臣都市牛利，前来进献你上贡的男奴隶四人、女奴隶六人、班布二匹二丈，已经收到。你所在的地方遥远，还能派人前来进贡，是你忠诚的表现，朕很爱怜你。现在封你为亲魏倭王，授给金质印章和紫色绶带，装入密封盒后交付带方郡太守刘夏，由他颁发给你。你要安抚部落百姓，勉力效忠魏朝。来使难升米、都市牛利远道跋涉，一路辛苦，现在赏给难升米率善中郎将官号，都市牛利率善校尉称号，都授给银质印章和青色绶带，引入朝廷接见并加以慰劳赏赐之后遣送回国。我要用带有交叉龙形图案的深红色锦缎五匹，带有粟米点图案的深红色毛毯十张，茜绛色的细绢五十匹，绀青色的细绢五十匹，作为对你所献贡品的价值酬报。另外再特别赏赐你带有钩状花纹的深红色锦缎三匹，带有细斑点花纹的毛毯五张，白绢五十匹，黄金八两，长五尺的宝刀两口，铜镜一百面，珍珠和铅丹各五十斤。都封装完好后交给难升米、都市牛利，带回去后你要按照物品清单接收。这些赏赐品你可以向国内人民展示，使他们知道朕爱怜你，所以隆重赐给你这么多好东西。"

正始元年（公元240），带方郡太守弓遵派遣建忠校尉梯儁等人，带着皇帝的诏书和印章绶带到达倭国，对国王进行封王授印的仪式，并禀承皇帝旨意赐给国王黄金、绢帛、锦缎、毛毯、宝刀、铜镜、采色丝织品等。倭王通过使者向皇帝上表谢恩。

正始四年（公元243），倭王又派当时担任大夫的伊声耆掖邪狗等八人，到京城进献奴隶、锦缎、绛青色缣、丝绵衣、绢帛、布匹、红木、狁、短弓箭等贡品。伊声耆掖邪狗等八人，一律被赐给率善中郎将的官号和印章绶带。

正始六年（公元245），皇帝下诏赐倭国官员难升米以黄幢，由带方郡授给。

正始八年（公元247），带方郡太守王顾到任。倭国女王卑弥呼，与狗奴国男王卑弥弓呼素来不和，派官员载斯、乌越等人到郡政府述说被对方攻击的情况。王顾即派塞曹掾史张政等人，带着皇帝诏书、黄幢去倭国封赏难升米，又对倭国和狗奴国发出公文进行劝解。碰上女王卑弥呼去世，挖了很大的坟墓，直径达一百多步，殉葬的男女奴隶有一百多人。开始时立了一个男国王，而倭国人不服，相互攻杀，一千多人为此死于非命。于是重新立卑弥呼同族的女子壹与为王，当时仅十三岁，国中从此安定下来。张政等人也发布公文劝告壹与效忠魏朝，壹与便派遣伊声耆掖邪狗等二十名官员，护送张政一行回去，同时顺便进京上贡，献上男女奴隶三十人，白珠五千颗，青色大珠两颗，各种带新奇花纹的锦缎二十匹。

评论说：《史记》、《汉书》记述了朝鲜、东越和南越的情况，《东观汉纪》也撰写了西羌的传记。到了魏朝，匈奴衰落，更有乌丸、鲜卑兴起；东北方各少数族也和中原王朝发生关系，使者和翻译随时来往：史书中的记述对象要随实际情况而变动，哪里会长久不变动啊！

刘二牧传第一

　　刘焉字君郎，江夏竟陵人也[1]。汉鲁恭王之后裔[2]，章帝元和中徙封竟陵[3]：支庶家焉[4]。焉少仕州郡，以宗室拜中郎。后以师祝公丧去官[5]，〔一〕居阳城山[6]，积学教授。举贤良方正[7]，辟司徒府。历洛阳令、冀州刺史、南阳太守、宗正、太常[8]。

　　焉睹灵帝政治衰缺，王室多故[9]，乃建议言："刺史、太守，货赂为官[10]，割剥百姓，以致离叛。可选清名重臣，以为牧伯[11]，镇安方夏[12]。"焉内求交阯牧[13]，欲避世难。议未即行，侍中广汉董扶，私谓焉曰："京师将乱。益州分野有天子气[14]。"焉闻扶言，意更在益州。

　　会益州刺史郤俭，赋敛烦扰，谣言远闻[15]；〔二〕而并州杀刺史张（壹）〔懿〕，凉州杀刺史耿鄙；焉谋得施，出为监军使者[16]，领益州牧，封阳城侯，当收俭治罪。〔三〕扶亦求为蜀郡（西部）属国都尉[17]；及太仓令（会）巴西赵韪去官[18]，俱随焉。〔四〕

　　是时，（凉）〔益〕州逆贼马相、赵祗等，于绵竹县自号"黄巾"，合聚疲役之民[19]，一二日中得数千人；先杀绵竹令李升，吏民翕集[20]，合万余人；便前破雒县，攻益州杀俭[21]，又到蜀郡、犍为[22]；旬月之间，破坏三郡[23]。相自称天子，众以万数。

【注释】

〔1〕竟陵：县名。县治在今湖北潜江市西北。　〔2〕鲁恭王：即刘余。西汉景帝刘启的儿子。封鲁王，死后的谥号为恭。传见《史记》卷五十九《五宗世家》、《汉书》卷五十三《景十三王传》。　〔3〕章帝：即刘炟(公元 57—89)。东汉皇帝。公元 76 至 89 年在位。事详《后汉书》卷三。　〔4〕支庶：家族中嫡长子以外的旁出亲属支派。　〔5〕祝公：即祝恬，字伯休。中山国卢奴(今河北定州市)人。事见《后汉书》卷七《桓帝纪》。　〔6〕阳城山：山名。在今河南登封市东北。　〔7〕贤良方正：汉代人才选拔的科目名。不常设。　〔8〕宗正：官名。九卿之一。负责皇族内部事务处理，由皇族成员担任。　〔9〕故：变故。〔10〕货赂为官：当官收受财物贿赂。　〔11〕牧伯：指州牧。　〔12〕方夏：全国各地。　〔13〕交阯：州名。即后来的交州。当时治所在今越南河内市东北。　〔14〕益州：州名。当时治所在今四川广汉市北。　分野：古代相信天人感应，人们根据地上的州国来划分天上的星空，把星空中的二十八宿分别指配给地上的州国，并把对应的星宿称为该州国的分野。这样，人们即可依照星区中的天象，来预测对应州国的吉凶。益州的分野，是二十八宿中的觜(zī)、参(shēn)二宿。　〔15〕谣言：(民间对郤俭不满的)民谣和传言。　〔16〕监军使者：官名。监督益州的军队。　〔17〕蜀郡属国：属国名。治所在今四川雅安市名山区北。〔18〕太仓令：官名。负责管理中央的粮食仓库，接受从各地调运入京的粮食。　巴西：郡名。治所在今四川阆中市。　〔19〕疲役：疲于劳役。〔20〕翕(xī)集：纷纷聚集。　〔21〕益州：这里指益州的州政府府署。当时益州的治所设在雒县。　〔22〕犍(qián)为：郡名。治所在今四川眉山市彭山区东南。　〔23〕三郡：指蜀郡、犍为郡和雒县所在的广汉郡。

【裴注】

〔一〕臣松之按：祝公，司徒祝恬也。

〔二〕俭，郤正祖也。

〔三〕《续汉书》曰："是时，用刘虞为幽州，刘焉为益州，刘表为荆州，贾琮为冀州。虞等皆海内清名之士，或从列卿、尚书，以选为牧伯；各以本秩居任。"旧典："传车参驾，施赤为帷裳。"

臣松之按：灵帝崩后，义军起，孙坚杀荆州刺史王叡，然后刘表为荆州，不与焉同时也。

《汉灵帝纪》曰："帝引见焉，宣示方略，加以赏赐，敕：'焉为益州刺史。前刺史刘隽、郤俭，皆贪残放滥，取受狼藉；元元无聊，呼嗟充野。焉到，便收摄行法，以示万姓；勿令漏露，使痈疽决溃，为国生梗！'焉受命而行，以道路不通，住荆州东界。"

〔四〕陈寿《益部耆旧传》曰："董扶字茂安。少从师学，兼通数经，善欧阳《尚书》；又事聘士杨厚，究极图谶。遂至京师，游览太学。还家讲授，弟子自远而至。永康元年，日有蚀之；诏举贤良方正之士，策问得失。左冯翊赵谦等举扶，扶以病不诣；遥于长安上封事，遂称疾笃归家。前后宰府十辟，公车三征，再举贤良方正、博士、有道，皆不就；名称尤重。大将军何进表荐扶曰：'资游、夏之德，述孔氏之风，内怀焦、董消复之术。方今并、凉骚扰，西戎蠢叛，宜敕公车特召，待以异礼，咨谋奇策。'于是灵帝征扶，即拜侍中。在朝称为儒宗，甚见器重。求为蜀郡属国都尉。扶出一岁而灵帝崩，天下大乱。后去官，年八十二，卒于家。始扶发辞抗论，益部少双，故号曰'（致）〔至〕止'：言人莫能当，所至而谈止也。后，丞相诸葛亮问秦宓以扶所长，宓曰：'董扶褒秋毫之善，贬纤芥之恶。'"

州从事贾龙（素）〔先〕领〔家〕兵数百人，在犍为东界，摄敛吏民，得千余人；攻相等，数日破走，州界清静。龙乃选吏卒迎焉。

焉徙治绵竹；抚纳离叛，务行宽惠，阴图异计[1]。张鲁母始以鬼道[2]，又有少容[3]，常往来焉家。故焉遣鲁为督义司马[4]，住汉中；断绝谷、阁[5]，杀害汉使。焉上书言"米贼断道[6]，不得复通"；又托他事杀州中豪强王咸、李权等十余人，以立威刑。〔一〕犍为太守任岐及贾龙由此反攻焉，焉击杀岐、龙。〔二〕焉意渐

盛，造作乘舆车具千余乘[7]。荆州牧刘表，表上"焉
有似子夏在西河疑圣人之论"[8]。时焉子范为左中郎
将，诞治书御史，璋为奉车都尉；皆从献帝在长
安。〔三〕惟（小）〔叔〕子别部司马瑁，素随焉[9]。

献帝使璋晓喻焉[10]，焉留璋不遣。〔四〕时征西将军
马腾屯郿而反[11]，焉及范与腾通谋，引兵袭长安。范
谋泄，奔槐里[12]。腾败，退还凉州；范应时见杀，于
是收诞行刑。〔五〕议郎河南庞羲与焉通家[13]，乃募将焉
诸孙入蜀[14]。

时焉被天火烧城[15]，车具荡尽，延及民家。焉徙
治成都。既痛其〔二〕子，又感祅灾[16]，兴平元年，
痈疽发背而卒。

州大吏赵韪等贪璋温仁[17]，共上璋为益州刺史。
诏书因以为监军使者，领益州牧。以韪为征东中郎
将[18]，率众击刘表。〔六〕

【注释】

〔1〕异计：指割据益州自立的计谋。　〔2〕鬼道：当时人对五斗米道的称呼。五斗米道是道教各派中创立最早的一派。又叫天师道。东汉顺帝时由张陵在鹄鸣山（今四川大邑县西北）创立。由于该道把初来学道的人称为"鬼卒"，所以被叫做鬼道。见本书卷八《张鲁传》。　〔3〕少容：看起来年轻的面容。　〔4〕督义司马：官名。领兵征伐。这是刘焉为张鲁临时设立的官职。　〔5〕谷：指由汉中穿过秦岭到关中的谷道。如褒斜（yé）谷道、骆谷道、子午谷道等。　阁：阁道。即栈道。当时秦岭栈道集中在褒斜一线。现今尚有栈道遗迹留存。　〔6〕米贼：也指五斗米道。学此道的人要先交五斗米，故名。　〔7〕乘舆：皇帝的礼仪专车队。　〔8〕表上：写表章上奏朝廷。　子夏（前507—?）：姓卜，名商，字子夏。温国（今河南温县西）人。孔子弟子。长于学术研究，传见

《史记》卷六十七《仲尼弟子列传》。　西河：古称西部地区南北流向的黄河河段为西河。这里指今陕西、山西两省交界上的河段。孔子死后，子夏在西河讲学授徒。　疑圣人：怀疑子夏的道德学问可以与孔子相比美。子夏在西河，儿子死，悲痛过度而眼睛失明。曾子去看他，他叹息自己无罪却遭到上天惩罚。曾子听了勃然发怒，数落他有三罪。其中头一条就是在西河讲学不大提孔子，使得人们以为他的道德学问可以与孔子相比美。事见《礼记·檀弓》。刘表用这一典故来比喻刘焉有与汉朝皇帝抗衡的野心。　〔9〕叔子：第三个儿子。据《华阳国志》卷五记载，刘焉有四个儿子：长子刘范，次子刘诞，第三子刘瑁，第四子刘璋。别部司马：官名。领兵将军的直属各营，设司马为统率。单独带领一营军队行动而不与直属各营在一起的，称别部司马。　〔10〕晓喻：劝告。〔11〕马腾：传见本书卷三十六《马超传》裴注引《典略》。　郿：县名。县治在今陕西眉县东。　反：据本书卷六《董卓传》，当时马腾等人起兵攻长安，是想除掉挟持汉献帝的董卓余党李傕、郭汜等，不是谋反。〔12〕槐里：县名。县治在今陕西兴平市东南。　〔13〕通家：世交。〔14〕募：出钱寻找。　将：携带。　〔15〕天火：由雷击或物体自燃引起的火灾。　〔16〕祅（yāo）灾：不祥的灾祸。此处指上文提到的天火。〔17〕大吏：重要官员。　〔18〕征东中郎将：官名。领兵征伐。

【裴注】

〔一〕《益部耆旧杂记》曰："李权字伯豫。为临邛长。子福，见犍为杨戏《辅臣赞》。"

〔二〕《英雄记》曰："刘焉起兵，不与天下讨董卓；保州，自守。犍为太守任岐，自称'将军'，与从事陈超举兵击焉；焉击破之。董卓使司徒赵谦将兵向州，说校尉贾龙，使引兵还击焉；焉出青羌与战，故能破杀。岐、龙等，皆蜀郡人。"

〔三〕《英雄记》曰："范（闻）父焉，为益州牧。董卓所征发，皆不至；收范兄弟三人，锁械于郿坞，为阴狱以系之。"

〔四〕《典略》曰："时璋为奉车都尉，在京师，焉托疾召璋。璋自表省焉，焉遂留璋，不还。"

〔五〕《英雄记》曰："范从长安亡之马腾营，从焉求兵；焉使校尉孙肇将兵往助之，败于长安。"

〔六〕《英雄记》曰："焉死，子璋代为刺史。会长安拜颍川扈瑁为刺史，入汉中。荆州别驾刘阖，璋将沈弥、娄发、甘宁反；击璋不胜，走入荆州。璋使赵韪进攻荆州，屯朐朒。"上蠡，下如振反。

璋，字季玉。既袭焉位，而张鲁稍骄恣，不承顺璋；璋杀鲁母及弟，遂为仇敌。璋累遣庞羲等攻鲁，〔数为〕所破。鲁部曲多在巴西，故以羲为巴西太守，领兵御鲁。〔一〕后羲与璋情好携隙[1]；赵韪称兵内向[2]，众散见杀：皆由璋明断少而外言入故也[3]。〔二〕

璋闻曹公征荆州，已定汉（中）〔南〕，遣河内阴溥致敬于曹公。加璋振威将军，兄瑁平寇将军。瑁狂疾物故[4]。〔三〕璋复遣别驾从事蜀郡张肃，送叟兵三百人并杂御物于曹公[5]；曹公拜肃为广汉太守。

璋复遣别驾张松诣曹公[6]。曹公时已定荆州，走先主[7]，不复存录松[8]；松以此怨。会曹公军不利于赤壁[9]，兼以疫死。松还，疵毁曹公，劝璋自绝。〔四〕因说璋曰："刘豫州[10]，使君之肺腑[11]，可与交通[12]。"璋皆然之，遣法正连好先主[13]；寻又令正及孟达送兵数千助先主守御[14]，正遂还。

后松复说璋曰："今州中诸将庞羲、李异等，皆恃功骄豪，欲有外意[15]；不得豫州[16]，则敌攻其外，民攻其内：必败之道也。"璋又从之，遣法正请先主。璋主簿黄权陈其利害[17]，从事广汉王累自倒悬于州门以谏[18]；璋一无所纳，敕在所：供奉先主[19]；先主入境如归[20]。

先主至江州[21]，北由垫江水，〔五〕诣涪[22]；〔六〕去成都三百六十里，是岁建安十六年也。璋率步骑三万余

人，车乘帐幔，精光曜日，往就与会。先主所将将士，更相之适[23]，欢饮百余日。璋资给先主，使讨张鲁，然后分别。[七]

明年，先主至葭萌[24]；还兵南向[25]，所在皆克。

十九年[26]，进围成都数十日。城中尚有精兵三万人，谷帛支一年。吏民咸欲死战，璋言："父子在州二十余年，无恩德以加百姓。百姓攻战三年，肌膏草野者[27]，以璋故也。何心能安！"遂开城出降，群下莫不流涕。

先主迁璋于南郡公安[28]，尽归其财物，（及）故佩振威将军印绶[29]。孙权杀关羽，取荆州；以璋为益州牧，驻秭归[30]。

璋卒，南中豪率雍闿据益郡反[31]，附于吴。权复以璋子阐为益州刺史，处交、益界首。丞相诸葛亮平南土[32]，阐还吴，为御史中丞。[八]初，璋长子循妻，庞羲女也。先主定蜀，羲为左将军司马[33]；璋时从羲启留循[34]，先主以为奉车中郎将[35]。是以璋二子之后，分在吴、蜀。

【注释】

〔1〕携隙：背离和出现矛盾。 〔2〕称兵：举兵。 〔3〕外言：外面的谗言。刘璋与庞羲、赵韪发生矛盾事，详见《华阳国志》卷五。〔4〕物故：死亡。 〔5〕叟：当时益州人称本地的氐、羌等少数族为叟。叟兵勇悍善战，当时很有名。 杂御物：各种各样的贡品。 〔6〕张松：字子乔，是上文所说张肃的弟弟。 〔7〕走先主：使刘备逃跑。〔8〕存录：慰劳和看重。 〔9〕赤壁：地名。初步奠定三国分立局面的古战场。具体位置有多种说法，但都认为在今湖北境内的长江之滨。其

中，主张赤壁在江北汉阳、黄冈的说法与《三国志》记载不符，难以令人信服。认为赤壁在江南者有三说：即蒲圻县西北（《括地志》、《通典》、《元和郡县志》），嘉鱼县东北（《大清一统志》）和武昌县西（《水经注》）。蒲圻赤壁与北岸乌林相对，与《三国志》的记载相吻合。结合当时战况与现存遗迹，当以赤壁在蒲圻县西北为是。经国家批准，蒲圻县已正式更名为赤壁市。　〔10〕刘豫州：指刘备。此前刘备曾被汉朝正式任命为豫州牧。　〔11〕肺腑：比喻同姓宗亲。刘璋是西汉景帝儿子刘余的后代，而刘备自称祖上是景帝的另一个儿子刘胜，所以这样说。　〔12〕交通：交往。　〔13〕法正（公元176—220）：传见本书卷三十七。〔14〕孟达（？—公元228）：事见本书卷三《明帝纪》裴注引《魏略》、卷四十《刘封传》。　〔15〕外意：联络投靠外敌的打算。　〔16〕豫州：也指刘备。　〔17〕黄权（？—公元240）：传见本书卷四十三。〔18〕王累：广汉郡新都（今四川成都市新都区）人。传见《华阳国志》卷十中。　州门：指州政府府署的大门。　〔19〕在所：（刘备人马经过的）地方。　〔20〕归：回到自己的占领区。　〔21〕江州：县名。县治在今重庆市。　〔22〕垫江：县名。县治在今重庆市合川区。这里的垫江水，指今涪江。　涪：县名。县治在今四川绵阳市东北。　〔23〕之适：拜访。刘璋与刘备见面聚会之处，相传在今绵阳东郊的富乐山，现今有规模宏大的纪念性园林。　〔24〕葭萌：县名。县治在今四川广元市西南昭化镇。现今尚有古城遗址。　〔25〕南向：指向南面的刘璋进攻。〔26〕十九年：建安十九年（公元214）。　〔27〕肌膏草野：死者肌体腐烂后肥沃了长满青草的原野。　〔28〕南郡：郡名。治所在今湖北荆州市荆州区。　公安：地名，在今湖北公安县西北。　〔29〕故：依旧。〔30〕秭归：县名。县治在今湖北秭归县。　〔31〕南中：地区名。相当于今四川省大渡河以南部分和云南、贵州两省。因在蜀汉根据地巴、蜀以南，故名。　豪率：豪强首领。　益郡：指益州郡。治所在今云南晋宁县东北。后改称建宁郡。　〔32〕南土：即南中。　〔33〕左将军：指刘备。刘备入蜀前的正式官衔为左将军，入蜀后一直以左将军的名义发号施令，直到自立为汉中王为止。　〔34〕从羲启：听从庞羲的请求。〔35〕奉车中郎将：官名。这是刘备为刘循特别设立的官衔。至于职责则和奉车都尉相同，是为君主管理礼仪车辆。

【裴注】

〔一〕《英雄记》曰："庞羲与璋有旧，又免璋诸子于难；故璋厚德羲，以羲为巴西太守，遂专权势。"

〔二〕《英雄记》曰："先是，南阳、三辅人，流入益州数万家；收以为兵，名曰'东州兵'。璋性宽柔，无威略。东州人侵暴旧民，璋不能禁；政令多阙，益州颇怨。赵韪素得人心，璋委任之。韪因民怨，谋叛，乃厚赂荆州请和；阴结州中大姓，与俱起兵，还击璋。蜀郡、广汉、犍为，皆应韪，璋驰入成都城守。东州人畏（威）〔见诛灭〕，咸同心并力助璋，皆殊死战；遂破反者，进攻韪于江州。韪将庞乐、李异反杀韪军，斩韪。"

《汉献帝春秋》曰："汉朝闻益州乱，遣五官中郎将牛亶，为益州刺史；征璋为卿，不至。"

〔三〕臣松之按：魏台访"物故"之义，高堂隆答曰："闻之先师：物，无也；故，事也；言无复所能于事也。"

〔四〕《汉晋春秋》曰："张松见曹公；曹公方自矜伐，不存录松。松归，乃劝璋自绝。"习凿齿曰："昔齐桓一矜其功而叛者九国，曹操暂自骄伐而天下三分。皆勤之于数十年之内，而弃之于俯仰之顷。岂不惜乎！是以君子劳谦日昃，虑以下人；功高而居之以让，势尊而守之以卑。情近于物，故虽贵而人不厌其重；德洽群生，故业广而天下愈欣其庆。夫然，故能有其富贵，保其功业；隆显当时，传福百世。何骄矜之有哉！君子是以知曹操之不能遂兼天下者也。"

〔五〕垫，音徒协反。

〔六〕涪，音浮。

〔七〕《吴书》曰："璋以米二十万斛，骑千匹，车千乘，缯絮锦帛，以资送刘备。"

〔八〕《吴书》曰："阐，一名纬。为人恭恪，轻财爱义，有仁让之风。后疾终于家。"

评曰：昔魏豹闻许负之言，则纳薄姬于室[1]；〔一〕刘歆见图谶之文，则名字改易[2]；终于不免其身[3]，而庆钟二主[4]。此则神明不可虚要[5]，天命不可妄冀[6]，必然之验也。而刘焉闻董扶之辞，则心存益土；听相者之言，则求婚吴氏[7]；遽造舆服[8]，图窃神器[9]：其惑甚矣！璋才非人雄，而据土乱世[10]；负乘致寇[11]，自

然之理。其见夺取，非不幸也。〔二〕

【注释】

〔1〕魏豹(？—前204)：战国末年魏国的贵族。陈胜起义，曾立他的哥哥魏咎为魏王。秦军攻魏，魏咎自杀，他逃亡到楚国，借到数千人马，攻下魏二十余城，自立为王。项羽大封诸侯时，改封西魏王。后被汉将韩信攻破，俘获押送到荥阳，被杀死。传见《史记》卷九十、《汉书》卷三十三。　薄姬(？—前155)：其母魏氏，是魏豹同族亲戚。因善于看相的许负说薄姬会生一个当皇帝的儿子，所以魏豹娶她为小妾。魏豹死，又被刘邦收入后宫，生下代王刘恒。后刘恒继位为文帝，尊她为皇太后。传见《史记》卷四十九、《汉书》卷九十七上。　〔2〕刘歆(？—公元23)：字子骏，西汉皇族。早年曾受西汉成帝之命，与父亲刘向整理皇家藏书。刘向死，他继续这项工作，最后编成我国第一部皇家藏书的分类目录《七略》。他知识广博，尤其擅长经学。王莽执政，因早年与刘歆同任黄门郎，所以特别看重他，从此成为王莽的支持者。王莽称帝，被任命为国师，封嘉新公。新朝末年，与王涉、董忠等密谋推翻王莽，失败，自杀。传附《汉书》卷三十六《楚元王传》。　图谶：预示未来事情变化特别是帝王出现的神秘图形和隐语。这种迷信在汉代特别盛行。　名字改易：刘歆看到《河图赤伏符》这本图谶书籍中有"刘秀发兵捕不道，四夷云集龙斗野，四七之际火为主"的句子，认为未来的真命天子是一个叫做刘秀的人，就把自己的名改为秀，字改为颖叔，希望能应验在自己身上。　〔3〕不免其身：指未能免除被杀或自杀的灾祸。　〔4〕庆钟：福庆落在……身上。　二主：指汉高祖刘邦、光武帝刘秀。意指薄姬为刘邦生了一个皇帝儿子，刘秀也应了谶语当了东汉皇帝。　〔5〕虚要(yāo)：无缘无故能够取得。　〔6〕冀：希求。〔7〕求婚吴氏：刘焉听说吴家女子有大贵之相，就赶快聘她为儿子刘瑁的妻子。事见本卷三十四《先主吴穆皇后传》。　〔8〕舆服：指皇帝御用的车辆和服饰。　〔9〕神器：指皇帝权位。　〔10〕据土乱世：在乱世割据一方。　〔11〕负乘致寇：背上背着东西的人如果去乘车，将会招致强盗的抢劫。这一句出自《周易·解卦》的爻辞。背东西的人低贱，本来危险很小，而华丽的车辆虽好，却是强盗抢劫的目标。背东西的人硬要去乘车，被强盗抢劫了只能怨自己。这里比喻刘璋才德凡劣而占据益州，所以被刘备取代。

【裴注】

〔一〕孔衍《汉魏春秋》曰："许负，河内温县之妇人。汉高祖封为明雌亭侯。"臣松之以为：今东人呼母为"负"，衍以许负为妇人，如为有似；然汉高祖时封皆列侯，未有乡亭之爵：疑此封为不然。

〔二〕张璠曰："刘璋愚弱而守善言，斯亦宋襄公、徐偃王之徒，未为无道之主也。张松、法正，虽君臣之义不正，然固以委名附质；进不显陈事势，若韩嵩、刘（光）〔先〕之说刘表；退不告绝奔亡，若陈平、韩信之去项羽；而两端携贰。为谋不忠，罪之次也。"

【译文】

刘焉，字君郎，江夏郡竟陵县人。他是汉朝鲁恭王刘余的后代，汉章帝元和年间，刘余的嫡系子孙改封在竟陵县，家族中的旁系支派也就在这里安家定居下来。刘焉年轻时曾在家乡所在的荆州、江夏郡政府中做事，后来因为是皇族成员而被朝廷委任为中郎，碰上老师祝恬去世而离职在家居丧。刘焉住在阳城山，钻研学术，教育学生，被举荐为贤良方正，在司徒府担任下属。此后历任洛阳县令、冀州刺史、南阳郡太守、宗正、太常。

汉灵帝时刘焉目睹政治衰败，王朝中不断出现变故，就向朝廷建议说："现今各地的州刺史、郡太守，当官收受财物贿赂，剥削百姓，逼得他们背离和反叛。可以挑选一批具有清廉名声的重要京官，出外担任州牧，以镇守安定全国各地。"刘焉暗中请求让自己担任交阯的州牧，准备到遥远的南方躲避社会动乱。事情还没有实现，当时担任侍中的广汉郡人董扶悄悄对刘焉说："京城洛阳将要发生大乱，我看到与益州相对应的天空星区出现了预示天子降临的云气。"刘焉听了这话，心里就想到益州当州牧。

碰巧这时益州刺史郤俭在当地横征暴敛，民间对他怨恨不满的歌谣和言辞流传到远方，而这时并州刺史张壹、凉州刺史耿鄙，都被当地反抗的百姓杀死，所以刘焉的想法得以实现。朝廷任命他为监军使者，兼任益州牧，封阳城侯，并且要他去逮捕郤俭治罪。与此同时，董扶也请求到益州去担任蜀郡属国都尉，在京城担任太仓令的巴西郡人赵韪也辞了职，两人都跟随刘焉前往益州。

这时，益州的叛乱势力首领马相、赵祗等在绵竹县起事，自称是黄巾军；聚集那些被徭役弄得苦不堪言的百姓，一两天内就招纳了几千人，先杀了绵竹县令李升。政府中的办事员以及附近百姓纷纷前来投奔，很快就发展到一万多人；立即向前攻破雒县，杀进州政府把郤俭处死，又进攻蜀郡、犍为郡。个把月内，所到的三郡，即雒县所在的广汉郡，以及蜀郡、犍为郡，都被攻破而受害严重。

益州的从事贾龙，此前率领家兵数百人在犍为郡东边驻扎。他招集官员百姓，得到一千多人；前去进攻马相等人，几天之间就把对方打败赶走，益州境内恢复平静。这时贾龙才挑选可靠的办事员和士兵，前去迎接刘焉。

刘焉把益州的治所从雒县迁到绵竹，安抚招纳背离叛逃的民众，努力推行宽宏优惠的政策，暗中有割据称雄的异常打算。张鲁的母亲开始在绵竹一带传播五斗米道，她的面容看起来又很年轻，所以常常出入刘焉家。刘焉就派张鲁为督义司马，驻守汉中郡，截断秦岭的各条山谷通路和栈道，杀害汉朝的使者。刘焉向朝廷上奏，说是信奉五斗米道的叛贼在汉中阻拦道路，所以与朝廷不能再联系通使，又借其他的事情杀死益州的豪强王咸、李权等十余人，以树立自己的权威。犍为郡太守任岐和贾龙对此不满而合力进攻刘焉，刘焉反把任、贾二人杀死。刘焉此时割据称雄的心情日益强烈，开始下令按照皇帝的礼仪专车队的规格和标准制造了一千多辆车。荆州牧刘表向朝廷上奏，曾揭发刘焉有与汉朝皇帝抗衡的野心。当时刘焉的大儿子刘范任左中郎将，二儿子刘诞任治书御史，四儿子刘璋任奉车都尉，都随从汉献帝在长安，只有他的第三个儿子刘瑁，以别部司马的身份一直在他身边随从。汉献帝派刘璋去劝告刘焉谨守本分，刘焉趁机留下刘璋不再让他回朝。

这时，征西将军马腾驻扎在郿县而起兵反叛，刘焉让刘范暗中与马腾合谋，让马腾带兵攻打长安。结果事情败露，刘范逃奔槐里去投靠马腾。而马腾兵败，退回凉州，刘范立即被逮捕处死，刘诞也一并被砍头。在朝当议郎的河南郡人庞羲，与刘焉是世交，用钱请人找到刘焉在长安的孙儿们，带着他们逃到了益州。

刘焉所在的绵竹城，突然发生物体自燃引起的大火灾；他以前制造的皇帝礼仪专车队的一千多辆车，也被烧得精光，还烧了许多百姓住房。刘焉只好把治所迁到成都。他既痛惜自己被处死的两个儿子，又受到不祥火灾的打击，在兴平元年（公元194）背上生出大毒疮而去世。

益州的重要官员赵韪等人偏爱温和仁慈的刘璋，所以共同上奏朝廷推举刘璋任益州刺史。朝廷下达诏书，任命刘璋为监军使者，兼任益州牧，又任命赵韪为征东中郎将，让他们出兵讨伐荆州的刘表。

刘璋，字季玉。他承袭刘焉位置之后，张鲁骄傲放纵，不服从刘璋领导；刘璋杀了张鲁的母亲和弟弟，彼此变成仇敌。刘璋多次派遣庞羲等人进攻张鲁，又一再被张鲁打败。张鲁的部下多是巴西郡人，刘璋便派庞羲为巴西郡太守，领兵抵御张鲁。后来庞羲与刘璋感情背离产生矛盾，而赵韪也举兵进攻刘璋，失败被杀，这都是由于刘璋缺乏见识和判断，偏听偏信外面的谗言造成的。

刘璋听说曹操出兵征讨荆州，并且已经平定了汉水以南地区，便派遣河内郡人阴溥为使者，前去向曹操致敬。曹操上奏朝廷后加授刘璋振威将军的军职，加授刘瑁平寇将军的军职。刘瑁是刘璋的哥哥，因为得了疯病而去世。刘璋又派别驾从事蜀郡人张肃为使者，给曹操送去三百少数族的战士和其他各种各样的贡品，曹操任命张肃为广汉郡太守。

不久，刘璋又派别驾从事张松为使者，前去拜见曹操。曹操当时已经平定荆州，赶走先主刘备，得意之余，所以对张松既未慰劳也不看重，张松为此怨恨不已。碰上这时曹操在赤壁之战中失败，再加上军队流行传染病而多有死亡。张松回到益州之后，就在刘璋面前诋毁曹操，劝刘璋与曹操断绝关系，又借机进言说："豫州牧刘备，是您的同姓宗亲，可以和他交往。"刘璋对他所说的一切都欣然同意，便派遣下属法正去先主那里结成友好关系，接着又让法正与孟达给先主送去几千士兵以帮助其防守，然后法正才回来。

这时张松又劝刘璋说："现今益州境内的领兵将领如庞羲、李异等人，都仗恃功劳骄傲放纵，而且想与外边的势力勾结。如果不能把刘备请来，那么敌人从外边进攻，这些人从内部响应，这可是必败无疑的啊。"刘璋又听从了他的话，派法正去请先主来益州。刘璋的主簿黄权用利害关系竭力劝阻刘璋不要这么办，州政府的从事广汉郡人王累，则把自己倒吊在州政府的大门来向刘璋进谏，刘璋一概不听。他还下达指示要沿途的政府为先主的队伍提供一切必需品，使先主进入益州就好像回到自己的占领区一样。

先主率军西上到达江州，取道北面的垫江县由水路到达涪县。涪县在成都北面三百六十里，这一年是汉献帝建安十六年（公元211）。刘璋带领步兵、骑兵三万多人，车辆帐篷，在太阳下闪光耀眼，前往涪城与先主相会；先主手下的将士，与对方相互拜访，设宴欢饮一百多天。刘璋资助先主一大批军用物资和若干名战士，让先主前往汉中讨伐张鲁，然后双方才分手告别。

第二年，先主到达葭萌县，随即率军向南进攻刘璋，一路势如破竹。

建安十九年（公元214），先主挥兵进围成都，包围了数十天。这时城中还有三万精兵，谷物布帛足够用一年，官员百姓都表示要与对方决一死战。刘璋却说："我们父子在益州二十多年，对百姓无恩无德。而今百姓已与对方攻战三年，死者肌体腐烂后肥沃了长满青草的原野，这都是为了我刘璋啊，我的心又怎么能安定呀！"于是下令打开城门投降，下属无不痛哭流涕。

先主把刘璋安置到南郡的公安县，把家产全部还给他，让他依旧持有振威将军的印章和绶带。后来孙权袭杀关羽，占领荆州，任命刘璋为益州牧，驻扎在秭归县。

刘璋死后，南中地区的豪强首领雍闿占据益州郡造反，投降孙吴。孙权又委任刘璋的儿子刘阐为益州刺史，驻守在交州与益州的交界处。丞相诸葛亮平定南中地区后，刘阐回转吴国，出任御史中丞。起初，刘璋的长子刘循所娶的妻子，是庞羲的女儿。先主得到益州，庞羲在先主的左将军府担任司马。刘璋前往南郡前听从庞羲的请求留下刘循在成都，后来先主任命刘循为奉车中郎将。所以刘璋两个儿子的后代，分别住在吴、蜀二国。

评论说：从前魏豹听了许负的话就娶薄姬为小妾，刘歆看到预言性书籍中的文句就把自己的名字改了，然而他们终究免不了死于非命，福分却落在了汉高祖、汉光武帝两位君主身上。由此而知神灵不可能无缘无故给你福分，承受天命当皇帝的大福更是不可能妄自追求，这是受到验证的必然真理。而刘焉听了董扶的话后一心想去益州，听了看相术士的话又为儿子刘瑁聘娶吴家女儿为妻，忙着制造皇帝的礼仪专车，打主意窃据帝位，他受到的迷惑也太深了！刘璋论才干算不上英雄，却在乱世割据一方土地。背上背着财物的人跑去乘华丽的马车，将会招致强盗的抢劫，这是自然而然的事；后来他的地盘被别人夺取，完全可以理解而并非偶然。

先主传第二

先主姓刘[1]，讳备，字玄德。涿郡涿县人。汉景帝子中山靖王胜之后也[2]。胜子贞，元（狩六）〔朔二〕年封涿县陆城亭侯[3]；坐酎金失侯[4]，因家焉。〔一〕先主祖雄，父弘，世仕州郡。雄举孝廉，官至东郡范令[5]。

先主少孤，与母贩履织席为业。舍东南角篱上，有桑树生高五丈余，遥望见童童如小车盖[6]。往来者皆怪此树非凡，或谓"当出贵人"。〔二〕先主少时，与宗中诸小儿于树下戏。言："吾必当乘此羽葆盖车[7]。"叔父子敬谓曰："汝勿妄语，灭吾门也！"

年十五，母使行学[8]；与同宗刘德然、辽西公孙瓒，俱事故九江太守同郡卢植。德然父元起常资给先主，与德然等[9]。元起妻曰："各自一家，何能常尔邪[10]！"〔元〕起曰："吾宗中有此儿，非常人也。"而瓒深与先主相友；瓒年长，先主以兄事之。

【注释】

〔1〕先主：指蜀汉的前一个皇帝刘备。《三国志》写于西晋，而西晋直接承继曹魏，所以陈寿不能不把曹魏作为三国中的正统。具体做法就是称曹魏的君主为"某帝"，其编年大事记录为"纪"；蜀、吴的君主则

称为“某主”，其编年大事记录为“传”。刘备的表字“玄德”，其准确含义是潜在的德行。三国时期的前后，人们的名和字之中，爱用“玄”、“德”二字，这是儒、道二家融合渗透过程的一种文化折射现象。〔2〕胜：即刘胜(？—前113)。汉景帝小妾所生。当中山王四十三年，奢侈荒淫，有儿子一百二十余人。传见《汉书》卷五十三。1968年河北满城县发现了刘胜和他妻子窦绾的墓葬，规模宏伟，出土了包括金缕玉衣在内的各类珍贵随葬品二千八百多件，是考古重大收获之一。〔3〕封涿县陆城亭侯：清代学者潘眉的《三国志考证》认为：西汉没有乡侯、亭侯的封爵，这里的“陆城亭侯”应当是“陆成侯”，陆成为西汉中山国的属县。现今不少学者赞同他的说法。但是，潘说是有问题的。首先，西汉也有乡侯、亭侯，这在《续汉百官志》五的《本注》中有明确记载。班固《汉书》卷十五《王子侯表》中，在表的最下格标出了封邑所属的郡和县。凡标县名者，封地即比县小，且在该县境内，就是乡侯或亭侯。表中列出的县，有临原、荏平、鄗、襄贲、寿光、涿县等。封地在涿县境内的乡、亭侯有六人，其中就包括陆城亭侯刘贞。其次，说“陆城亭”就是“陆成”，不仅在文献上没有根据，而且果真这样改动，那么由于陆成县属于中山国，刘备的籍贯也应当随之改为中山陆成人，这就和《三国志》中有关刘备籍贯属于涿郡的种种记载相矛盾而无法解释。总之，此处的记载无误。〔4〕坐酎(zhòu)金：由于酎金不合规定。汉代制度，正月初一日酿酒，到八月酿成，称为酎酒。皇帝在八月用新酿制的酎酒祭祀宗庙，宗室诸侯要按规定出贡金以资助祭祀，叫做酎金。失侯：削去侯爵。〔5〕范：县名。县治在今梁山县西北。〔6〕童童：茂密荫蔽的样子。刘备的故里，相传在今河北涿州市东南7公里的楼桑村。尚有楼桑庙等遗迹留存。〔7〕羽葆盖：皇帝礼仪专车上用鸟羽毛装饰的车盖。〔8〕行学：游学。〔9〕等：等同。〔10〕常尔：经常这样。

【裴注】

〔一〕《典略》曰：“备，本临邑侯枝属也。”

〔二〕《汉晋春秋》曰：“涿人李定云：‘此家必出贵人。’”

先主不甚乐读书；喜狗马、音乐、美衣服。身长七尺五寸[1]，垂手下膝，顾自见其耳。少语言，善下人[2]，喜怒不形于色。好交结豪侠，年少争附之。

中山大商张世平、苏双等赀累千金[3]，贩马周旋于涿郡；见而异之，乃多与之金财。先主由是得用合徒众。灵帝末，黄巾起，州郡各举义兵。先主率其属，从校尉邹靖讨黄巾贼；有功，除安（喜）〔熹〕尉[4]。〔一〕督邮以公事到县，先主求谒，不通；直入缚督邮，杖二百；解绶系其颈着马柳[5]，〔二〕弃官亡命。〔三〕

顷之，大将军何进遣都尉毋丘毅，诣丹杨募兵，先主与俱行。至下邳遇贼，力战有功，除为下密丞[6]。复去官。

后为高唐尉，迁为令。〔四〕为贼所破，往奔中郎将公孙瓒。瓒表为别部司马，使为青州刺史田楷[7]，以拒冀州牧袁绍。数有战功，试守平原令[8]。后领平原相；郡民刘平，素轻先主，耻为之下，使客刺之；客不忍刺，语之而去[9]。其得人心如此。〔五〕

【注释】
　　〔1〕七尺五寸：根据 20 世纪 90 年代所能见到的大量考古实物资料，三国时期的每尺长度，相当于现今 24 厘米。所以当时的七尺五寸，相当于现今 1.8 米左右。　〔2〕善下人：善于尊重别人。　〔3〕赀（zī）：财产。　〔4〕安熹：县名。县治在今河北定州市东南。　〔5〕马柳（àng）：拴马柱。　〔6〕下密：县名。县治在今山东昌邑市东。　〔7〕为（wèi）：帮助。　〔8〕试守：暂时代理。　〔9〕语之：告诉刘备。

【裴注】
　　〔一〕《典略》曰："平原刘子平，知备有武勇。时张纯反叛，青州被诏：遣从事将兵讨纯。过平原，子平荐备于从事，遂与相随。遇贼于野，备中创，佯死；贼去后，故人以车载之，得免。后以军功，为中山安（喜）〔熹〕尉。"

〔二〕柳，五莽反。

〔三〕《典略》曰："其后州郡被诏书：其有军功为长吏者，当沙汰之。备疑在遣中。督邮至县，当遣备。备素知之，闻督邮在传舍，备欲求见督邮；督邮称疾，不肯见备。备恨之，因还治，将吏卒更诣传舍；突入门，言：'我被府君密教，收督邮！'遂就床缚之，将出至界。自解其绶，以系督邮颈；缚之著树，鞭杖百余下，欲杀之。督邮求哀，乃释去之。"

〔四〕《英雄记》云："灵帝末年，备尝在京师。后与曹公俱还沛国，募召合众。会灵帝崩，天下大乱，备亦起军，从讨董卓。"

〔五〕《魏书》曰："刘平结客刺备，备不知，而待客甚厚；客以状语之而去。是时人民饥馑，屯聚抄暴。备外御寇难，内丰财施；士之下者，必与同席而坐，同簋而食，无所简择。众多归焉。"

　　袁绍攻公孙瓒，先主与田楷东屯齐。曹公征徐州，徐州牧陶谦遣使告急于田楷；楷与先主俱救之。时先主自有兵千余人及幽州乌丸杂胡骑，又略得饥民数千人。既到，谦以丹杨兵四千，益先主[1]；先主遂去楷，归谦。

　　谦表先主为豫州刺史，屯小沛[2]。谦病笃，谓别驾麋竺曰[3]："非刘备，不能安此州也！"谦死，竺率州人迎先主。先主未敢当，下邳陈登谓先主曰："今汉室陵迟，海内倾覆；立功立事，在于今日！（彼）〔鄙〕州殷富[4]，户口百万；欲屈使君，抚临州事。"先主曰："袁公路近在寿春[5]；此君四世五公[6]，海内所归；君可以州与之。"登曰："公路骄豪，非治乱之主！今欲为使君合步骑十万：上可以匡主济民，成五霸之业[7]；下可以割地守境，书功于竹帛。若使君不见听许，登亦未敢听使君也！"北海相孔融谓先主曰："袁

公路岂忧国忘家者邪？冢中枯骨[8]，何足介意！今日之事，百姓与能[9]；天与不取，悔不可追！"先主遂领徐州。〔一〕

袁术来攻先主，先主拒之于盱眙、淮阴[10]。曹公表先主为镇东将军，封宜城亭侯。是岁，建安元年也。

先主与术相持经月，吕布乘虚袭下邳；下邳守将曹豹反，间迎布[11]，布虏先主妻子。先主转军海西。〔二〕杨奉、韩暹寇徐、扬间，先主邀击，尽斩之[12]。

【注释】

〔1〕益：补充。　〔2〕小沛：指沛县。县治在今江苏沛县。当时属沛国，故称小沛。　〔3〕麋竺：传见本书卷三十八。　〔4〕鄙州：指徐州。陈登是徐州人。　〔5〕袁公路：袁术字公路。　〔6〕四世五公：四代人出了五个当三公的人。　〔7〕五霸：春秋时先后称霸的五个诸侯。即齐桓公、晋文公、楚庄王、吴王阖闾、越王勾践。一说指齐桓公、晋文公、宋襄公、秦穆公、楚庄王。　〔8〕冢中枯骨：坟墓里的骷髅。指袁术显赫的先辈。　〔9〕百姓与能：老百姓拥护的是有能力的人。这一句出自《周易·系辞》下。　〔10〕盱眙（xū yí）：县名。县治在今江苏盱眙县东北。　淮阴：县名。县治在今江苏淮安市淮阴区西南。　〔11〕间：乘机。　〔12〕尽斩之：据本书卷六《董卓传》裴注引《英雄记》、《后汉书》卷七十二《董卓传》，当时刘备只杀了杨奉；韩暹是被他人杀死的，而且时间在后。此处史文疑有误。

【裴注】

〔一〕《献帝春秋》曰："陈登等遣使诣袁绍曰：'天降灾沴，祸臻鄙州；州将殂殒，生民无主。恐惧奸雄一旦承隙，以贻盟主日昃之忧；辄共奉故平原相刘备府君，以为宗主，永使百姓知有依归。方今寇难纵横，不遑释甲。谨遣下吏，奔告于执事。'绍答曰：'刘玄德，弘雅有信义；今徐州乐戴之，诚副所望也。'"

〔二〕《英雄记》曰："备留张飞，守下邳；引兵，与袁术战于淮阴石亭，更有胜负。陶谦故将曹豹，在下邳，张飞欲杀之。豹众坚营自守，使人招吕布。布取下邳，张飞败走。备闻之，引兵还；比至下邳，兵溃。收散卒东取广陵，与袁术战，又败。"

先主求和于吕布，布还其妻子。（先主遣关羽守下邳。）

先主还小沛，〔一〕复合兵得万余人。吕布恶之，自出兵攻先主。先主败走归曹公[1]，曹公厚遇之[2]，以为豫州牧。将至沛收散卒，给其军粮；益与兵，使东击布。布遣高顺攻之[3]；曹公遣夏侯惇往，不能救；为顺所败，复虏先主妻子送布。曹公自出东征，〔二〕助先主围布于下邳。生擒布，先主复得妻子。从曹公还许，表先主为左将军；礼之愈重，出则同舆，坐则同席。

袁术欲经徐州北就袁绍，曹公遣先主督朱灵、路招要击术[4]。未至，术病死。

【注释】

〔1〕曹公：指曹操。　〔2〕厚遇：优待。　〔3〕高顺（？—公元198）：事见本书卷七《吕布传》裴注引《英雄记》。　〔4〕朱灵：传附本书卷十七《徐晃传》。

【裴注】

〔一〕《英雄记》曰："备军在广陵，饥饿困踧；吏士大小，自相啖食，穷饿侵逼；欲还小沛，遂使吏请降布。布令备还州，并势击术。具刺史车马、童仆，发遣备妻子、部曲家属于泗水上，祖道相乐。"

《魏书》曰："诸将谓布曰：'备数反覆难养，宜早图之！'布不听。以状语备，备心不安，而求自托；使人说布，求屯小沛，布乃遣之。"

〔二〕《英雄记》曰："建安三年春，布使人赍金，欲诣河内买马，为备兵所抄。布由是遣中郎将高顺、北地太守张辽等，攻备。九月，遂破沛城，备单身走，获其妻息。十月，曹公自征布；备于梁国界中，与曹公相遇，遂随公俱东征。”

先主未出时，献帝舅车骑将军董承，〔一〕辞受帝衣带中密诏[1]，当诛曹公。先主未发。是时，曹公从容谓先主曰[2]：“今天下英雄，唯使君与操耳！本初之徒[3]，不足数也[4]。”先主方食，失匕箸[5]。〔二〕遂与承及长水校尉种辑、将军吴子兰、王子服等同谋。会见使[6]，未发。

事觉，承等皆伏诛；〔三〕先主据下邳，灵等还。先主乃杀徐州刺史车胄，留关羽守下邳，而身还小沛。〔四〕

东海昌霸反，郡县多叛曹公为先主[7]。众数万人，遣孙乾与袁绍连和[8]。曹公遣刘岱、王忠击之，不克。

五年[9]，曹公东征先主，先主败绩。〔五〕曹公尽收其众，虏先主妻子；并擒关羽以归。先主走青州。

【注释】

〔1〕辞：声称。　〔2〕从(cōng)容：空闲的时候。这是当时的习语。〔3〕本初：袁绍字本初。　〔4〕不足数(shǔ)：值不得一提。　〔5〕失匕箸：(吓)掉了匙子和筷子。　〔6〕会见使：碰上被派遣(去截击袁术)。〔7〕为(wèi)：支持。　〔8〕孙乾：传见本书卷三十八。　〔9〕五年：建安五年(公元200)。

【裴注】

〔一〕臣松之按：董承，汉灵帝母董太后之侄，于献帝为丈人；盖古无丈人之名，故谓之“舅”也。

〔二〕《华阳国志》云：“于时，正当雷震，备因谓操曰：‘圣人云

"迅雷风烈必变"，良有以也；一震之威，乃可至于此也！'"

〔三〕《献帝起居注》曰："承等与备谋，未发，而备出。承谓服曰：'郭多有数百兵，坏李傕数万人；但足下与我同不耳？昔吕不韦之门，须子楚而后高；今吾与子由是也。'服曰：'惶惧，不敢当；且兵又少。'承曰：'举事讫，得曹公成兵，顾不足邪？'服曰：'今京师岂有所任乎？'承曰：'长水校尉种辑、议郎吴硕，是我腹心办事者。'遂定计。"

〔四〕胡冲《吴历》曰："曹公数遣亲近，密觇诸将有宾客酒食者，辄因事害之。备时闭门，将人种芜菁。曹公使人窥门，既去；备谓张飞、关羽曰：'吾岂种菜者乎？曹公必有疑意，不可复留！'其夜开后栅，与飞等轻骑俱去；所得赐遗衣服，悉封留之。乃往小沛收合兵众。"臣松之按：魏武帝遣先主统诸将，要击袁术；郭嘉等并谏，魏武不从。其事显然，非因种菜遁逃而去。如胡冲所云，何乖僻之甚乎！

〔五〕《魏书》曰："是时，公方有急于官渡；乃分留诸将屯官渡，自勒精兵征备。备初谓公与大敌连，不得东；而候骑猝至，言'曹公自来'；备大惊。然犹未信，自将数十骑出望公军，见麾旌，便弃众而走。"

青州刺史袁谭，先主故茂才也[1]；将步骑迎先主，先主随谭到平原。谭驰使白绍，绍遣将道路奉迎；身去邺二百里[2]，与先主相见。〔一〕驻月余日[3]，所失亡士卒稍稍来集[4]。

曹公与袁绍相拒于官渡，汝南黄巾刘辟等，叛曹公应绍。绍遣先主将兵与辟等略许下[5]。关羽亡，归先主。曹公遣曹仁将兵击先主。先主还绍军，阴欲离绍，乃说绍南连荆州牧刘表。

绍遣先主将本兵复至汝南；与贼龚都等合，众数千人。曹公遣蔡杨击之，为先主所杀。曹公既破绍，自南击先主。

先主遣麋竺、孙乾，与刘表相闻[6]。表自郊迎[7]，以上宾礼待之；益其兵，使屯新野。荆州豪杰归先主者日益多，表疑其心；阴御之，〔二〕使拒夏侯惇、于禁等于博望[8]。久之，先主设伏兵，一旦自烧屯伪遁[9]；惇等追之，为伏兵所破。

【注释】

〔1〕故茂才：过去举荐的茂才。茂才是人才选拔的科目名称。西汉叫秀才。东汉避光武帝刘秀的名讳，改称茂才。是常设科目。由州刺史或州牧提名，举荐到中央。袁谭是袁绍长子，籍贯为豫州汝南郡汝阳县，刘备任豫州牧时曾举荐他为茂才。 〔2〕身去邺：亲自从邺县出城。〔3〕月余日：一个多月。 〔4〕稍稍：逐渐。 〔5〕许下：许县一带。〔6〕相闻：联络。 〔7〕郊迎：出城迎接。 〔8〕博望：县名。县治在今河南方城县西南博望镇。 〔9〕一旦：一下子。这是当时习语。 屯：军营。

【裴注】

〔一〕《魏书》曰："备归绍，绍父子倾心敬重。"

〔二〕《九州春秋》曰："备住荆州数年。尝于表坐，起至厕；见髀里肉生，慨然流涕。还坐，表怪问备。备曰：'（吾）〔平〕常身不离鞍，髀肉皆消；今不复骑，髀里肉生。日月若驰，老将至矣！而功业不建，是以悲耳！'"《世语》曰："备屯樊城，刘表礼焉；惮其为人，不甚信用。曾请备宴会，蒯越、蔡瑁，欲因会取备；备觉之，伪如厕，潜遁出。所乘马名'的卢'，骑的卢走，坠襄阳城西檀溪水中，溺不得出。备急曰：'的卢：今日厄矣，可努力！'的卢乃一踊三丈，遂得过；乘桴渡河，中流而追者至，以表意谢之，曰：'何去之速乎！'"孙盛曰："此不然之言。备时羁旅，客主势殊，若有此变，岂敢晏然终表之世而无衅故乎？此皆世俗妄说，非事实也。"

十二年[1]，曹公北征乌丸；先主说表袭许，表不能用。〔一〕

（曹公南征表）〔及曹公南征〕，会表卒，〔二〕子琮代立[2]，遣使请降。先主屯樊，不知曹公猝至；至宛乃闻之，遂将其众去。

过襄阳，诸葛亮说先主攻琮，荆州可有。先主曰："吾不忍也。"〔三〕乃驻马呼琮；琮惧，不能起；琮左右及荆州人多归先主。〔四〕比到当阳，众十余万，辎重数千辆，日行十余里；别遣关羽乘船数百艘，使会江陵。

或谓先主曰："宜速行保江陵！今虽拥大众，被甲者少[3]；若曹公兵至，何以拒之？"先主曰："夫济大事，必以人为本；今人归吾，吾何忍弃去！"〔五〕

曹公以江陵有军实[4]，恐先主据之；乃释辎重，轻军到襄阳。闻先主已过，曹公将精骑五千急追之；一日一夜行三百余里，及于当阳之长坂[5]。先主弃妻子，与诸葛亮、张飞、赵云等数十骑走[6]。曹公大获其人众辎重。

先主斜趋汉津[7]，适与羽船会，得济沔；遇表长子江夏太守琦众万余人[8]，与俱到夏口。

先主遣诸葛亮自结于孙权，〔六〕权遣周瑜、程普等水军数万[9]；与先主并力，〔七〕与曹公战于赤壁[10]；大破之，焚其舟船。先主与吴军水陆并进，追到南郡。时又疾疫，北军多死，曹公引归。〔八〕

【注释】

〔1〕十二年：建安十二年（公元207）。 〔2〕琮（cóng）：即刘琮。事见本书卷六《刘表传》。 〔3〕被（pī）甲者：穿铠甲的兵士。 〔4〕军实：军事物资。 〔5〕长坂：地名。在今湖北当阳市东北。现今已建成长坂公园。附近一带尚有很多与当时战事相关的遗迹留存。 〔6〕赵云

（？—公元229）：传见本书卷三十六。　〔7〕汉津：汉水古津渡名。在今湖北荆门市东南。　〔8〕琦：即刘琦。事见本书卷六《刘表传》。〔9〕周瑜（公元175—210）：传见本书卷五十四。　程普：传见本书卷五十五。　〔10〕赤壁：地名。决定曹操能否向长江以南扩展势力范围的著名古战场。与官渡之战、猇亭之战构成确定三国鼎立版图基本格局的三大战役。具体位置有多种说法，但都认为在今湖北境内的长江之滨。其中，主张赤壁在江北汉阳、黄冈的说法，与《三国志》记载不符，难以令人信服。认为赤壁在江南者有三说，即蒲圻西北、嘉鱼东北和武昌县西。蒲圻赤壁与北岸的乌林相对，同《三国志》的记载吻合。结合当时战况和现存遗迹，当以赤壁在蒲圻为是。蒲圻县已经国家批准，正式更名为赤壁市。赤壁市西北约40公里长江南岸之滨的赤壁山，是赤壁古战场所在地，尚有"赤壁"题刻、翼江亭等名胜。

【裴注】
　〔一〕《汉晋春秋》曰："曹公自柳城还；表谓备曰：'不用君言，故为失此大会！'备曰：'今天下分裂，日寻干戈；事会之来，岂有终极乎？若能应之于后者，则此未足为恨也！'"
　〔二〕《英雄记》曰："表病，上备领荆州刺史。"
　《魏书》曰："表病笃，托国于备，顾谓曰：'我儿不才，而诸将并零落；我死之后，卿便摄荆州。'备曰：'诸子自贤，君其忧病！'或劝备宜从表言，备曰：'此人待我厚；今从其言，人必以我为薄：所不忍也。'"
　臣松之以为：表夫妻素爱琮，舍嫡立庶，情计久定；无缘临终举荆州以授备。此亦不然之言。
　〔三〕孔衍《汉魏春秋》曰："刘琮乞降，不敢告备，备亦不知。久之乃觉，遣所亲问琮；琮令宋忠，诣备宣旨。是时曹公在宛，备乃大惊骇，谓忠曰：'卿诸人作事如此，不早相语；今祸至方告我，不亦太剧乎！'引刀向忠曰：'今断卿头，不足以解忿，亦耻大丈夫临别复杀卿辈！'遣忠去，乃呼部曲议。或劝备劫将琮及荆州吏士，径南到江陵。备答曰：'刘荆州临亡，托我以孤遗；背信自济，吾所不为，死何面目以见刘荆州乎！'"
　〔四〕《典略》曰："备过辞表墓，遂涕泣而去。"
　〔五〕习凿齿曰："先主虽颠沛险难，而信义愈明；势逼事危，而言不失道。追景升之顾，则情感三军；恋赴义之士，则甘与同败。观其所以结物情者，岂徒投醪抚寒、含蓼问疾而已哉！其终济大业，不亦宜乎！”

〔六〕《江表传》曰：“孙权遣鲁肃，吊刘表二子，并令与备相结。肃未至，而曹公已济汉津；肃故进前，与备相遇于当阳。因宣权旨，论天下事势，致殷勤之意，且问备曰：‘豫州今欲何至？’备曰：‘与苍梧太守吴(臣)〔巨〕有旧，欲往投之。’肃曰：‘孙讨虏，聪明仁惠，敬贤礼士；江表英豪，咸归附之；已据有六郡，兵精粮多，足以立事。今为君计：莫若遣腹心，使自结于东，崇连和之好，共济世业。而云欲投吴(臣)〔巨〕，巨是凡人，偏在远郡；行将为人所并，岂足托乎？’备大喜，进住鄂县；即遣诸葛亮，随肃诣孙权，结同盟誓。”

〔七〕《江表传》曰：“备从鲁肃计，进住鄂县之樊口。诸葛亮诣吴，未还。备闻曹公军下，恐惧；日遣逻吏于水次，候望权军。吏望见瑜船，驰往白备。备曰：‘何以知之非青、徐军邪？’吏对曰：‘以船知之。’备遣人慰劳之。瑜曰：‘有军任，不可得委署；傥能屈威，诚副其所望。’备谓关羽、张飞曰：‘彼欲致我；我今自结托于东，而不往：非同盟之意也。’乃乘单舸，往见瑜，问曰：‘今拒曹公，深为得计。战卒有几？’瑜曰：‘三万人。’备曰：‘恨少！’瑜曰：‘此自足用，豫州但观瑜破之！’备欲呼鲁肃等共会语，瑜曰：‘受命，不得妄委署；若欲见子敬，可别过之。又孔明已俱来，不过三两日到也。’备虽深愧异瑜，而心未许之能必破北军也；故差池在后，将二千人与羽、飞俱，未肯系瑜：盖为进退之计也。”孙盛曰：“刘备雄才，处必亡之地，告急于吴，而获奔助；无缘复顾望江渚而怀后计。《江表传》之言，当是吴人欲专美之辞。”

〔八〕《江表传》曰：“周瑜为南郡太守，分南岸地以给备。备别立营于油江口，改名为‘公安’。刘表吏士见从北军，多叛，来投备。备以瑜所给地少，不足以安民，后从权借荆州数郡。”

先主表琦为荆州刺史；又南征四郡[1]：武陵太守金旋、长沙太守韩玄、桂阳太守赵范、零陵太守刘度[2]，皆降。〔一〕庐江雷绪率部曲数万口稽颡[3]。

琦病死，群下推先主为荆州牧，治公安。权稍畏之，进妹固好[4]；先主至京见权[5]，绸缪恩纪[6]。〔二〕

权遣使云"欲共取蜀",或以为"宜报听许,吴终不能越荆有蜀,蜀地可为己有"。荆州主簿殷观进曰[7]:"若为吴先驱;进未能克蜀,退为吴所乘,即事去矣。今但可然赞其伐蜀[8];而自说新据诸郡,未可兴动[9]:吴必不敢越我而独取蜀。如此进退之计,可以收吴、蜀之利。"

先主从之,权果辍计。迁观为别驾从事。〔三〕

十六年[10],益州牧刘璋,遥闻曹公将遣钟繇等向汉中讨张鲁,内怀恐惧。别驾从事蜀郡张松说璋曰:"曹公兵强,无敌于天下;若因张鲁之资以取蜀土[11],谁能御之者乎?"璋曰:"吾固忧之而未有计。"松曰:"刘豫州,使君之宗室,而曹公之深仇也,善用兵;若使之讨鲁,鲁必破;鲁破,则益州强;曹公虽来,无能为也。"

璋然之,遣法正将四千人迎先主,前后赂遗以巨亿计[12]。正因陈益州可取之策。〔四〕

【注释】

〔1〕四郡:即下文所列的武陵、长沙、桂阳、零陵四郡。都在荆州南部,是赤壁之战后孙刘两家瓜分荆州刘备所得的部分。孙权只得到荆州中部的江夏郡和南郡。北部的南阳郡仍在曹操手中。就面积而言,刘备所得最大;但若从地理的位置来看,则以孙权所得为重要。 〔2〕武陵:郡名。治所在今湖南常德市。 桂阳:郡名。治所在今湖南郴(chēn)州市。 零陵:郡名。治所在今湖南永州市。 〔3〕稽颡:跪拜。〔4〕妹:即刘备妻子孙氏。事见本书卷三十七《法正传》、卷三十四《先主吴穆皇后传》裴注引《汉晋春秋》。 〔5〕京:地名。在今江苏镇江市。后来叫京口。 〔6〕绸缪恩纪:加深亲戚情谊。 〔7〕殷观:事见本书卷四十五《杨戏传》载杨戏《季汉辅臣赞》。 〔8〕然赞:赞同。

〔9〕兴动：兴师动众。　〔10〕十六年：建安十六年（公元 211）。
〔11〕因：凭借。　资：财物。　〔12〕赂遗(wèi)：赠送。　巨亿：亿亿，
指极大的数目。

【裴注】

〔一〕《三辅决录注》曰："金旋字元机。京兆人。历位黄门郎，汉
阳太守，征拜议郎，迁中郎将，领武陵太守；为备所攻劫，死。"子祎，
事见《魏武本纪》。

〔二〕《山阳公载记》曰："备还，谓左右曰：'孙车骑，长上短下，
其难为下；吾不可以再见之！'乃昼夜兼行。"

臣松之按：《魏书》载刘备与孙权语，与《蜀志》述诸葛亮与权语
正同。刘备未破魏军之前，尚未与孙权相见，不得有此说。故知《蜀
志》为是。

〔三〕《献帝春秋》曰："孙权欲与备共取蜀，遣使报备曰：'米贼张
鲁，居王巴、汉；为曹操耳目，规图益州。刘璋不武，不能自守；若操
得蜀，则荆州危矣。今欲先攻取璋，进讨张鲁；首尾相连，一统吴、楚；
虽有十操，无所忧也！'备欲自图蜀，拒答不听，曰：'益州民富强，土
地险阻；刘璋虽弱，足以自守。张鲁虚伪，未必尽忠于操。今暴师于蜀、
汉，转运于万里；欲使战克攻取，举不失利；此吴起不能定其规，孙武
不能善其事也。曹操虽有无君之心，而有奉主之名；议者见操失利于赤
壁，谓其力屈，无复远志也。今操三分天下已有其二；将欲饮马于沧海，
观兵于吴会；何肯守此坐须老乎？今同盟无故自相攻伐，借枢于操；使
敌承其隙，非长计也。'权不听，遣孙瑜率水军住夏口。备不听军过，
谓瑜曰：'汝欲取蜀，吾当被发入山，不失信于天下也！'使关羽屯江
陵，张飞屯秭归，诸葛亮据南郡，备自住孱陵。权知备意，因召瑜还。"

〔四〕《吴书》曰："备前见张松，后得法正；皆厚以恩意接纳，尽
其殷勤之欢。因问蜀中阔狭，兵器、府库、人马众寡，及诸要害道里远
近；松等具言之，又画地图山川处所，由是尽知益州虚实也。"

先主留诸葛亮、关羽等据荆州；将步卒数万人入益
州。至涪，璋自出迎，相见甚欢。张松令法正白先主，
及谋臣庞统进说[1]：便可于会所袭璋[2]。先主曰："此

大事也，不可仓猝!"

　　璋推先主行大司马，领司隶校尉；先主亦推璋行镇西大将军，领益州牧。璋增先主兵，使击张鲁；又令督白水军[3]。先主并军三万余人，车甲器械资货甚盛。

　　是岁，璋还成都。先主北到葭萌，未即讨鲁；厚树恩德，以收众心。

　　明年，曹公征孙权，权呼先主自救[4]。先主遣使告璋曰："曹公征吴，吴忧危急；孙氏与孤，本为唇齿。又乐进在青泥与关羽相拒[5]；今不往救羽，进必大克；转侵州界[6]，其忧有甚于鲁。鲁，自守之贼，不足虑也。"乃从璋求万兵及资(宝)〔实〕[7]，欲以东行。璋但许兵四千，其余皆给半。〔一〕

　　张松书与先主及法正曰："今大事垂可立，如何释此去乎!"松兄广汉太守肃，惧祸逮己；白璋，发其谋。于是璋收斩松，嫌隙始构矣。〔二〕璋敕关戍诸将：文书勿复关通先主[8]。

　　先主大怒，召璋白水军督杨怀，责以无礼，斩之。乃使黄忠、卓膺勒兵向璋[9]。先主径至关中[10]，质诸将并士卒妻子[11]；引兵与忠、膺等进到涪，据其城。璋遣刘璝、冷苞、张任、邓贤〔、吴懿〕等拒先主于涪；〔三〕皆破败，退保绵竹。璋复遣李严督绵竹诸军[12]，严率众降先主。先主军益强，分遣诸将平下属县。诸葛亮、张飞、赵云等将兵溯流定白帝、江州、江阳[13]，唯关羽留镇荆州。

【注释】

〔1〕庞统(公元 179—214)：传见本书卷三十七。 〔2〕会所：会面的地点。 〔3〕白水：关隘名。故址在今四川青川县东北。白水军区是当时刘璋抵御汉中张鲁的前线。 〔4〕自救：救援自己。 〔5〕青泥：地名。在今湖北省襄阳市西北。 〔6〕州界：指益州边界。 〔7〕资实：军需品。 〔8〕关成诸将：镇守白水关的将领。 关通：联络通报。张松被刘璋诛杀之后，相传其墓在今四川彭州市的双松树村，现今尚有遗迹留存。 〔9〕黄忠(？—公元 220)：传见本书卷三十六。 勒兵：指挥士兵。 〔10〕关中：白水关内。 〔11〕质诸将并士卒妻子：把刘璋白水关守军将士的妻室儿女扣为人质。这批军队当时被刘备接管，并随刘备向南进攻刘璋。刘备怕他们中途叛变，所以有此举动。 〔12〕李严(？—公元 234)：传见本书卷四十。 〔13〕溯流：指由长江而上。 白帝：城名。在今重庆市原奉节县东白帝山上。下临三峡西口，自古为军事要地。 江阳：县名。县治在今四川泸州市。

【裴注】

〔一〕《魏书》曰："备因激怒其众曰：'吾为益州征强敌，师徒勤瘁，不遑宁居；今积帑藏之财，而吝于赏功，望士大夫为出死力战，其可得乎！'"

〔二〕《益部耆旧杂记》曰："张肃有威仪，容貌甚伟。松，为人短小，放荡不治节操；然识达精果，有才干；刘璋遣诣曹公，曹公不甚礼；公主簿杨修深器之，白公辟松，公不纳。修以公所撰兵书，示松，松宴饮之间，一(看)〔省〕便暗诵。修以此益异之。"

〔三〕《益部耆旧杂记》曰："张任，蜀郡人。家世寒门。少有胆勇，有志节，仕州为从事。"

先主进军围雒；时璋子循守城，被攻且一年。

十九年夏〔1〕，雒城破；〔一〕进围成都，数十日，璋出降。〔二〕蜀中殷盛丰乐，先主置酒大飨士卒；取蜀城中金银分赐将士，还其谷帛。先主复领益州牧：诸葛亮为股肱〔2〕，法正为谋主，关羽、张飞、马超为爪牙〔3〕，许靖、糜竺、简雍为宾友〔4〕。及董和、黄权、李严等〔5〕，本璋之所授用也，吴壹、费观等〔6〕，又璋之婚亲也；彭羕〔7〕，又璋之所排摈也；刘巴者〔8〕，宿昔之所忌恨也：皆处之显任，尽其器能。有志之士，无不竞劝。

【注释】

〔1〕十九年：建安十九年（公元214）。 〔2〕股肱（gōng）：大腿和胳膊。比喻君主的得力辅佐。 〔3〕爪牙：比喻领兵作战的武将。〔4〕许靖（？—公元222）：传见本书卷三十八。 简雍：传见本书卷三十八。 〔5〕董和：传见本书卷三十九。 〔6〕吴壹（？—公元237）、费观：二人事见本书卷四十五《杨戏传》载杨戏《季汉辅臣赞》。〔7〕彭羕：传见本书卷四十。 〔8〕刘巴（？—公元222）：传见本书卷三十九。

【裴注】

〔一〕《益部耆旧杂记》曰："刘璋遣张任、刘璝，率精兵拒捍先主于涪；为先主所破，退与璋子循守雒城。任勒兵出于雁桥，战复败；擒任。先主闻任之忠勇，令军降之。任厉声曰：'老臣终不复事二主矣！'乃杀之。先主叹惜焉。"

〔二〕《傅子》曰："初，刘备袭蜀，丞相掾赵戬曰：'刘备其不济乎？拙于用兵，每战则败；奔亡不暇，何以图人？蜀虽小区，险固四塞；独守之国，难猝并也。'征士傅幹曰：'刘备宽仁有度，能得人死力。诸葛亮，达治知变，正而有谋，而为之相；张飞、关羽勇而有义，皆万人之敌，而为之将：此三人者，皆人杰也。以备之略，三杰佐之。何为不济也！'"《典略》曰："赵戬，字叔茂，京兆长陵人也。质而好学，言称《诗》、《书》；爱恤于人，不论疏密。辟公府，入为尚书选部郎。董卓欲以所私，并充台阁，戬拒不听。卓怒，召戬欲杀之；观者皆为戬惧，而戬自若。及见卓，引辞正色，陈说是非；卓虽凶戾，屈而谢之。迁平陵令。故将王允被害，莫敢近者，戬弃官收敛之。三辅乱，戬客荆州，刘表以为宾客。曹公平荆州，执戬手曰：'何相见之晚也！'遂辟为掾。后为五官将司马，相国钟繇长史。年六十余卒。"

二十年[1]，孙权以先主已得益州，使使报"欲得荆州[2]"。先主言："须得凉州，当以荆州相与。"权忿之，乃遣吕蒙袭夺长沙、零陵、桂阳三郡[3]。先主引兵五万下公安，令关羽入益阳[4]。

是岁，曹公定汉中，张鲁遁走巴西。先主闻之，与权连和：分荆州江夏、长沙、桂阳东属[5]；南郡、零陵、武陵西属。引军还江州，遣黄权将兵迎张鲁；张鲁已降曹公。

曹公使夏侯渊、张郃屯汉中，数数犯暴巴界[6]。先主令张飞进兵宕渠[7]，与郃等战于瓦口[8]；破郃等，〔郃〕收兵还南郑[9]。先主亦还成都。

二十三年[10]，先主率诸将进兵汉中。分遣将军吴兰、雷铜等入武都；皆为曹公军所没。先主次于阳平关，与渊、郃等相拒。

二十四年春[11]，自阳平南渡沔水，缘山稍前[12]，于定军山(势)作营[13]。渊将兵来争其地，先主命黄忠乘高鼓噪攻之。大破渊军，斩渊及曹公所署益州刺史赵颙等。

曹公自长安举众南征。先主遥策之曰："曹公虽来，无能为也；我必有汉川矣[14]！"及曹公至，先主敛众拒险，终不交锋；积月不拔，亡者日多。夏，曹公果引军还，先主遂有汉中；遣刘封、孟达、李平等攻申耽于上庸[15]。

秋，群下上先主为汉中王，表于汉帝[16]，曰：

"平西将军、都亭侯臣马超，左将军领长史、镇军将军臣许靖，营司马臣庞羲，议曹从事、中郎、军议中郎将臣射援，〔一〕军师将军臣诸葛亮，荡寇将军、汉寿亭侯臣关羽，征虏将军、新亭侯臣张飞，征西将军臣黄忠，镇远将军臣赖恭，扬武将军臣法正，兴业将军臣李严等一百二十人上言曰[17]：

昔唐尧至圣，而四凶在朝[18]；周成仁贤，而四国作难[19]；高后称制，而诸吕窃命[20]；孝昭幼冲，而上官逆谋[21]：皆凭世宠[22]，藉履国权[23]，穷凶极乱，社稷几危。非大舜、周公、朱虚、博陆[24]，则不能流放擒讨，安危定倾。伏惟陛下诞姿圣德，统理万邦；而遭厄运不造之艰[25]。董卓首难[26]，荡覆京畿；曹操阶祸[27]，窃执天衡[28]；皇后太子[29]，鸩杀见害；剥乱天下，残毁民物[30]。久令陛下蒙尘忧厄，幽处虚邑[31]；人神无主，遏绝王命；厌昧皇极[32]，欲盗神器。左将军、领司隶校尉、豫、荆、益三州牧宜城亭侯备，受朝爵秩，念在输力[33]，以殉国难。睹其机兆[34]，赫然愤发；与车骑将军董承同谋诛操，将安国家，克宁旧都。会承机事不密，令操游魂得遂长恶[35]，残泯海内。臣等每惧王室大有阎乐之祸[36]，小有定安之变[37]；〔二〕夙夜惴惴，战栗累息。

昔在《虞书》[38]，敦序九族[39]；周监二代[40]，封建同姓；《诗》著其义[41]，历载长久。汉兴之初，割裂疆土[42]，尊王子弟；是以卒折诸吕之难[43]，而成太宗之基[44]。臣等以备肺腑枝叶[45]，宗子藩翰[46]；心存国家，念在弥乱[47]；自操破于汉中，海内英雄望风蚁附；而爵号不显，九锡未加[48]：非所以镇卫社稷，光昭万世也。奉辞在外[49]，礼命断绝。昔河西太守梁统等值汉中兴[50]，限于山河[51]；位同权均，不能相率；咸推窦融以为元帅[52]，卒立效绩[53]，摧破隗嚣[54]。今社稷之难，急于陇、蜀[55]；操外吞天下，内残群僚；朝廷有萧墙之危[56]，而御侮未建[57]，可为寒心。

臣等辄依旧典，封备汉中王，拜大司马，董齐六军[58]，纠合同盟，扫灭凶逆；以汉中、巴、蜀、广汉、犍为为国，所署置依汉初诸侯王故典。夫权宜之制，苟利社稷，专之可也；然后功成事立，臣等退伏矫罪[59]，虽死无恨！”

遂于沔阳设坛场[60]，陈兵列众，群臣陪位；读奏讫，御王冠于先主。

【注释】

〔1〕二十年：建安二十年（公元215）。 〔2〕使使：派遣使臣。当时承担这一使命的是诸葛亮的哥哥诸葛瑾，见本书卷四十七《吴主传》。荆州：这里指当时荆州治所江陵所在的南郡。赤壁之战过后，刘备为了取得长江通道，以便溯江而上向益州扩展，就向孙权要求暂借长江流经的南郡。孙权也想利用刘备的力量在西线牵制曹操，以便集中力量应付曹操在东线淮南方向的进攻，于是在鲁肃的劝说下，把南郡出借给刘备。后世所谓的“借荆州”，其实是借南郡。刘备控制南郡后，即阻止孙权军队西上，自己径直染指益州。这时孙吴方面才感到失算，所以提出归

还南郡的要求。但是，一旦归还南郡，刘备所控制的荆州南部四郡，就与刚取得的益州失去便利的水路联系，他当然不愿照办。在这种情况下，诉诸武力是必然结果。　〔3〕吕蒙（公元178—219）：传见本书卷五十四。　夺长沙、零陵、桂阳三郡：南郡有关羽率重兵镇守，进攻南面三郡是避实就虚。　〔4〕益阳：县名。县治在今湖南益阳市。　〔5〕东属：指属于孙权。下句的"西属"指属于刘备。这次争夺的结果，孙权新得到长沙、桂阳二郡，相当于用一个南郡换了两个郡，算是有所补偿。双方在荆州南部，大体是以湘水为分界。　〔6〕犯暴：侵犯。　巴界：这里指与汉中接壤的巴西郡界。　〔7〕宕渠：县名。县治在今四川渠县东北。　〔8〕瓦口：地名。在今四川渠县东。　〔9〕南郑：县名。县治在今陕西汉中市。　〔10〕二十三年：建安二十三年（公元218）。〔11〕二十四年：建安二十四年（公元219）。　〔12〕稍前：逐渐向前推进。　〔13〕定军：山名。在今陕西勉县城南约五公里，东西绵延数十公里，主峰约800米，是古代争夺汉中这一军事要地的著名古战场。后世曾有大量箭镞、铜铁蒺藜（俗称扎马钉）等古代兵器出土。　〔14〕汉川：汉中平原。即汉中郡。此后曹操决定撤军放弃汉中，是从军事地理角度作出的明智抉择。此后，曹魏凭借秦岭采取战略守势，绵绵秦岭成为三国时期最先形成的两国之间稳定疆域线，在军事地理上具有典型的意义。〔15〕刘封：传见本书卷四十。　申耽：事见本书卷四十《刘封传》。　上庸：县名。县治在今湖北竹山县西南。　〔16〕群下：群臣。　〔17〕平西将军：官名。领兵征伐。平东、平南、平西、平北四将军合称"四平"，地位在"四征"、"四镇"、"四安"之下。　营司马：指左将军大营的司马。　议曹从事：官名。益州州牧府的下属。负责参谋建议。刘备取得益州后，以本官左将军兼任益州牧，手下就有两套官属，分别属于左将军府和州牧府。　军议中郎将：官名。负责参谋军事。这一官职属左将军府的系统。射援身兼两府的职务。　军师将军：官名。刘备设置。既参谋军事，又领兵征伐。　镇远将军：官名。领兵征伐。　兴业将军：官名。领兵征伐。　〔18〕四凶：四个恶人。指浑沌、穷奇、梼杌（táo wù）、饕餮（tāo tiè）。尧未能处置他们，到舜执政时，才把四凶流放到远方。事见《史记》卷一《五帝本纪》。　〔19〕四国：指管叔、蔡叔、霍叔和武庚。前三人是周武王的弟弟，分别封在管、蔡、霍国。武王死，周成王继位，年幼，周公当国执政。三个王叔不服，伙同殷纣王的儿子武庚发动武装反抗，被周公平定。见《史记》卷四《周本纪》。〔20〕高后：即吕后（前241—前180）。名雉，字娥姁。汉高祖刘邦的皇后。曾帮助刘邦杀韩信、彭越等异姓诸侯王。其子刘盈继位为帝之后，她掌握实权，杀刘邦小妾戚氏及其子赵王如意。惠帝刘盈死，她临朝称制，成为王朝实际的皇帝。分封吕氏家族成员为王侯，并控制军队，又以亲信审食其为左丞相辅政。临朝称制八年，死后周勃等人消灭诸吕，迎立代王刘恒，即文帝。事详《史记》卷九、《汉书》卷三。 称制：代行皇帝的职权。 窃命：窃取王侯的爵位。 〔21〕孝昭：即西汉昭帝刘弗陵（前94—前74）。武帝的小儿子。前87至前74年在位。重用大将军霍光，实行轻徭薄赋、与民休息的政策。事详《汉书》卷七。 上官：指上官桀（？—前80）。字少叔。陇西郡上邽（今甘肃天水市）人。西汉武帝时，由普通侍从卫士升任太仆。武帝死前，提升他为左将军，与大将军霍光辅佐年幼的昭帝。后与霍光争权，以谋反罪被杀。事见《汉书》卷九十七上《外戚孝昭上官皇后传》。 〔22〕世宠：前世的恩宠。〔23〕藉履：践踏。 〔24〕朱虚：即朱虚侯刘章（？—前175）。刘邦的孙子。吕后死，他是参与消灭吕氏势力的主要人物，曾亲手杀死吕产。汉文帝即位，封城阳王。传附《史记》卷五十二《齐悼惠王世家》。 博陆：即博陆侯霍光（？—前68）。字子孟。河东郡平阳（今山西临汾市西南）人。西汉昭帝时任大司马、大将军，封博陆侯，执掌朝政。以谋反罪杀上官桀等。昭帝死，迎立昌邑王刘贺，不久废刘贺，改立宣帝。前后执政二十年，减轻民众负担，有利生产发展。传见《汉书》卷六十八。 〔25〕不造：不幸。 〔26〕董卓（？—公元192）：传见本书卷六。首难：首先制造灾难。 〔27〕阶祸：利用祸乱。 〔28〕天衡：王朝大权。 〔29〕皇后：指汉献帝皇后伏氏（？—公元214）。名寿。琅邪郡东武（今山东诸城市）人。其父伏完，曾任辅国将军。伏氏曾与伏完密信，请他除灭曹操，伏完畏惧未行动。完死，事情泄露，伏氏及其所生二子均被杀。传见《后汉书》卷十下。 〔30〕民物：民众。 〔31〕虚邑：虚设的京城。指许县。 〔32〕厌昧：掩盖蒙蔽。 皇极：皇家的准则。〔33〕念在输力：念念不忘贡献力量。 〔34〕机兆：征兆。 〔35〕长（zhǎng）恶：继续滋长罪恶。 〔36〕阎乐：赵高的女婿。任咸阳令。秦末天下乱，受赵高之命，逼秦二世胡亥自杀。事见《史记》卷六《秦始皇本纪》。 〔37〕定安：指刘婴（公元4—？）。西汉平帝刘衎（kàn）的族侄。平帝死，无子。执政的王莽立年仅两岁的刘婴为继承人，自己摄政。公元9年，即刘婴被立为继承人三年后，王莽称帝，废刘婴为定安公。事见《汉书》卷九十九《王莽传》。 〔38〕《虞书》：指《尚书》中的《皋陶谟》一篇。记虞舜时事，故名。 〔39〕敦序九族：以宽厚的态度对待同姓宗族。这是《尚书·皋陶谟》中的话。所谓九族，指高祖、曾祖、祖、父、自身、子、孙、曾孙、玄孙九代同姓亲族。 〔40〕周监

(jiān)二代：周朝向夏、商二朝看齐。　〔41〕《诗》著其义：《诗经》诗歌说明了这样做的意义。《诗经·板》的诗句对封建同姓的重要性有形象的说明。　〔42〕割裂：划分。　〔43〕折：挫败。　〔44〕太宗：即汉文帝。太宗是其庙号。　〔45〕肺腑枝叶：比喻同姓宗亲。　〔46〕宗子：皇族子弟。即同姓。　藩翰：屏障。古人认为同姓是王室的屏障。〔47〕弥：消除。　〔48〕九锡：天子赏赐建立了大功的诸侯的九种物品。详见本书卷一《武帝纪》建安十八年。　〔49〕奉辞：奉天子命令。这是假托的说法。　〔50〕河西：地区名。当时指今河西走廊与湟水流域。梁统：字仲宁。安定郡乌氏(zhī，今甘肃平凉市西北)人。新莽末年，受更始帝刘玄委派，任酒泉郡太守。更始帝失败，赤眉军攻入长安，他与河西各郡太守起兵保卫辖地，并推举张掖属国都尉窦融为河西大将军，统率各军。后助东汉光武帝刘秀平定河西。传见《后汉书》卷三十四。〔51〕限于山河：被山河限隔阻挡。　〔52〕窦融(前16—公元62)：字周公，右扶风平陵(今陕西咸阳市西北)人。世代在河西地区任行政官吏。新莽末年，割据河西五郡。公元32年，帮助刘秀消灭隗嚣，归顺东汉王朝。后升任大司空，封安丰侯。传见《后汉书》卷二十三。　〔53〕效绩：功绩。　〔54〕隗嚣(？—公元33)：字季孟。天水郡成纪(今甘肃秦安县)人。新莽末年，割据陇右的天水、武都、金城等郡，自称西州大将军。建武九年(公元33)，被汉军和窦融军击溃，忧病而死。传见《后汉书》卷十三。　〔55〕陇：指占领陇西的隗嚣。　蜀：指割据益州称帝的公孙述。隗嚣曾向公孙述称臣，公孙述则派兵支持他抵抗东汉军队。〔56〕萧墙：宫门内的小墙。起屏蔽作用。萧墙之内比喻内部。〔57〕御侮：抵御外来欺侮(的手段或措施)。指王室宗亲的合力抵抗。〔58〕董齐：监督整肃。　六军：古代天子才设置六军。为了抬高刘备，所以称其属下军队为六军。　〔59〕矫罪：假托诏命之罪。　〔60〕沔阳：县名。在今陕西勉县东。今勉县城东四公里旧州铺，还有刘备称汉中王时的坛场遗址。

【裴注】

〔一〕《三辅决录注》曰："援字文雄。扶风人也。其先本姓谢，与北地诸谢同族。始祖谢服为将军出征；天子以'谢服'非令名，改为'射'，子孙氏焉。兄坚，字文固。少有美名，辟公府，为黄门侍郎。献帝之初，三辅饥乱；坚去官，与弟援南入蜀依刘璋，璋以坚为长史。刘备代璋，以坚为广汉、蜀郡太守。援亦少有名行，太尉皇甫嵩贤其才而以女妻之。丞相诸葛亮以援为祭酒，迁从事中郎。卒官。”

〔二〕赵高使阎乐杀二世。王莽废孺子以为定安公。

先主上言汉帝曰：

“臣以具臣之才[1]，荷上将之任[2]，董督三军[3]，奉辞于外；不能扫除寇难，靖匡王室；久使陛下圣教陵迟，六合之内，否而未泰；惟忧反侧，疢如疾首[4]。曩者董卓，造为乱阶[5]；自是之后，群凶纵横，残剥海内。赖陛下圣德威灵，人神同应；或忠义奋讨，或上天降罚；暴逆并殪[6]，以渐冰消。唯独曹操，久未枭除；侵擅国权，恣心极乱。臣昔与车骑将军董承，图谋讨操；机事不密，承见陷害；臣播越失据[7]，忠义不果；遂得使操穷凶极逆，主后戮杀，皇子鸩害。虽纠合同盟，念在奋力；懦弱不武[8]，历年未效。常恐殒没，孤负国恩[9]；寤寐咏叹[10]，夕惕若厉[11]。

今臣群僚以为：‘在昔《虞书》，敦叙九族，庶明励翼[12]；〔一〕五帝损益[13]，此道不废[14]。周监二代，并建诸姬[15]，实赖晋、郑夹辅之福[16]。高祖龙兴[17]，尊王子弟，大启九国[18]；卒斩诸吕，以安大宗[19]。今操恶直丑正[20]，实繁有徒[21]；包藏祸心，篡盗已显。既宗室微弱，帝族无位；斟酌古式，依假权宜：上臣大司马、汉中王。’

臣伏自三省：受国厚恩，荷任一方；陈力未效，所获已过；不宜复忝高位，以重罪谤。群僚见逼，迫臣以义。臣退惟寇贼不枭[22]，国难未已，宗庙倾危，社稷将坠，成臣忧责碎首之负[23]；若应权通变，以宁靖圣朝，虽赴水火，所不得辞！敢虑常宜[24]，以防后悔？辄顺众议，拜受印玺，以崇国威。仰惟爵号，位高宠厚；俯思报效，忧深责重；惊怖累息[25]，如临于谷！尽于输诚[26]，奖励六师[27]，率齐群义[28]；应天顺时，扑讨凶逆；以宁社稷，以报万分[29]！谨拜章因驿上还所假左将军、宜城亭侯印绶[30]。"

于是还治成都。拔魏延为都督[31]，镇汉中。〔二〕时关羽攻曹公将曹仁，擒于禁于樊。俄而孙权袭杀羽，取荆州[32]。

【注释】

〔1〕具臣：在臣僚之中充数。这是自谦的说法。 〔2〕上将：高级将领。指左将军的职务。 〔3〕三军：《周礼·夏官·司马》说天子设六军，诸侯中大国设三军。这里刘备还以诸侯的身份说话，所以用"三军"一词。 〔4〕疢(chèn)：痛苦。 疢首：头痛。《诗经·小弁》有"心之忧矣，疢如疢首"的句子。 〔5〕乱阶：祸乱的开端。 〔6〕殪(yì)：死。这里指被消灭。 〔7〕播越：流亡。 〔8〕不武：指缺乏以武力平定祸乱的能力。 〔9〕孤：辜负。孤负是同义复合词。 〔10〕寤寐：醒了和睡着。意指日夜。 咏叹：感叹。 〔11〕夕惕：到了晚上还在警告自己(要勤勉奋发)。 若厉：好像面临着危险。这一句出自《周易·乾卦》的爻辞。 〔12〕庶明厉翼：(使同族的人)都变得贤明并努力当好辅佐。 〔13〕五帝：这里指夏启、商汤、周武王、西汉高祖、东汉光武帝这五朝的开国君主。 损益：增减。指政治制度上的变动。 〔14〕此道：指重视同姓宗族的支持作用。〔15〕建：分封。 〔16〕夹辅：合力辅佐。西周末年，犬戎攻入镐京杀周幽王。晋文侯、郑武公立幽王过去的太子宜臼为平王，并东迁都城于雒邑，周室复兴。而晋、郑

都是与周王室同为姬姓的诸侯国。 〔17〕龙兴：指当上皇帝。
〔18〕九国：指西汉初汉高祖刘邦分封兄弟子侄而形成的九个小王国。即
楚、代、齐、荆、淮南、赵、梁、淮阴、燕。另外还有一个吴国，因始
封时间最晚，始封国王刘濞又是代国始封国王刘喜的儿子，所以附于代
国之下而不在九国之数。详见《汉书》卷十四《诸侯王表》。 〔19〕大
宗：嫡系的长房。 〔20〕恶（wù）直丑正：厌恶和残害正直的人。
〔21〕实繁有徒：确实发展和拥有不少同党。以上两句出自《左传》昭公
二十八年。 〔22〕惟：考虑。 〔23〕忧责碎首之负：忧思自己应承担
的这种严重得即使粉碎头颅仍然难以抵偿的罪责。 〔24〕敢虑常宜：岂
敢从常规来考虑。 〔25〕累息：因恐惧而喘息。 〔26〕输诚：贡献忠
诚。 〔27〕六师：六军。 〔28〕率齐：率领和会同。 义：义士。
〔29〕万分：万分之一的恩情。 〔30〕拜章：跪拜呈上表章。 〔31〕魏
延（？—公元234）：传见本书卷四十。 〔32〕取荆州：关羽之死，使孙
吴完全控制了荆州的主要区域，并将双方的疆域分界，从原来的湘水流
域，向西调整到三峡山区。三峡一线从此成为蜀、吴双方的稳定疆域线，
直至三国时期结束。

【裴注】
　　〔一〕郑玄注曰："庶，众也；励，作也；叙，次序也。序九族而亲
之，以众明作羽翼之臣也。"
　　〔二〕《典略》曰："备于是起馆舍，筑亭障；从成都至白水关，四
百余区。"

　　二十五年〔1〕，魏文帝称尊号，改年曰"黄初"。或
传闻汉帝见害，先主乃发丧制服〔2〕，追谥曰"孝愍
皇帝"。

　　是后（在所）〔所在〕并言众瑞〔3〕，日月相属〔4〕。

　　故议郎、阳泉〔亭〕侯刘豹，青衣侯向举，偏将
军张裔、黄权，大司马属殷纯，益州别驾从事赵莋，治
中从事杨洪，从事祭酒何宗，议曹从事杜琼，劝学从事
张爽、尹默、谯周等上言〔5〕："臣闻《河图》、《洛

书》[6]，五经谶、纬[7]；孔子所甄[8]，验应自远[9]。谨案《洛书甄曜度》曰：‘赤三日德昌[10]，九世会备[11]，合为帝际。’《洛书宝号命》曰：‘天度帝道备称皇，以统握契[12]，百成不败。’《洛书录运期》曰：‘九侯七杰争，命民炊骸[13]，道路籍籍履人头[14]，谁使主者玄且来。’《孝经钩命决录》曰：‘帝三建九会备。’臣父群未亡时[15]，言西南数有黄气，直立数丈，见来积年[16]；时时有景云祥风[17]，从璇玑下来应之[18]：此为异瑞。又二十二年中[19]，数有气如旗，从西竟东，中天而行；《图》、《书》曰‘必有天子出其方[20]’。加是年太白、荧惑、填星[21]，常从岁星相追[22]。近汉初兴，五星从岁星聚[23]；岁星主义[24]，汉位在西，义之上方[25]：故汉法常以岁星候人主[26]，当有圣主起于此州，以致中兴。时许帝尚存[27]，故群下不敢漏言[28]。顷者荧惑复追岁星[29]，现在胃、昂、毕[30]；昂、毕为天纲[31]，《经》曰‘帝星处之，众邪消亡’。圣讳预睹[32]，推搜期验[33]；符合数至，若此非一。臣闻圣王先天而天不违[34]，后天而奉天时；故应际而生[35]，与神合契。愿大王应天顺民，速即洪业[36]，以宁海内。”

【注释】

〔1〕二十五年：建安二十五年(公元 220)。 〔2〕发丧(sāng)：发布讣告。　制服：制作穿的丧服。 〔3〕所在：处处，到处。 〔4〕日月：每日每月。 〔5〕偏将军：官名。属低级将军。领兵征伐。　大司马属：官名。刘备大司马府分支机构的主办官员。刘备称汉中王之后，属下官员分成三个系统。一是汉中王府的官属，其格局基本上是独立的

朝廷。二是东汉大司马府,这形同虚设。三是益州州牧府,大体为原班人马。他称帝之后,汉中王府升为朝廷,大司马府取消,益州牧改为司隶校尉,由张飞兼任。 劝学从事:官名。益州州牧府下属。负责教育。句中自"益州别驾从事"以下,都是州牧府官员。 〔6〕《河图》、《洛书》:传说中上古出现的神秘图形和书籍。相传在伏羲时,有神马从黄河中跃出,背上有图形,伏羲按图画出,成为八卦。又传夏禹治水时,有神龟从洛水中爬出,背上有文字,夏禹按文字写出,成为《洪范》。见《周易·系辞》上、《汉书》卷二十七上《五行志》上。后来的人附会《河图》、《洛书》,制造了大量的谶纬书籍。 〔7〕五经谶纬:附会儒家《周易》、《尚书》、《诗经》、《礼》、《春秋》五部经典而制造的吉凶预言式书籍。谶是暗示吉凶的预言。纬是对经的附会性解释。谶纬常附有神秘图形,所以又称为图谶、谶记。大量产生于西汉末年。到东汉时受官方提倡,盛行于世,并叫做内学。关于《河图》、《洛书》、五经谶纬的书目,详见《隋书》卷三十二《经籍志》一、《后汉书》卷八十二上《方术樊英传》李贤注。 〔8〕甄(zhēn):制作。说孔子制作纬书,是一种假托,意在抬高纬书地位。 〔9〕验应:效验。 〔10〕赤:按五行家的说法,汉朝为火德。火色赤,所以刘邦自称是南方天神赤帝之子。这里的赤暗指汉。下文所引各纬书的文句,都因其中含有"备"、"玄"、"德"等字样,而被视为刘备该当皇帝的证据。其实纬书这种隐晦的文字,既可这样解释,也可那样解释,从而给人以很大的附会余地。 三日:三个太阳。蜀汉臣僚认为指西汉高祖、东汉光武帝和刘备。〔11〕九世:蜀汉臣僚认为指东汉的九个皇帝。即光武帝刘秀、明帝刘庄、章帝刘坦、和帝刘肇、安帝刘祜、顺帝刘保、桓帝刘志、灵帝刘宏、献帝刘协。东汉共十三帝,另外四帝在位不久即死亡,故不计算在内。〔12〕握契:比喻取得帝位。 〔13〕九侯七杰:蜀汉臣僚认为指东汉末年混战割据的群雄。 炊骸:以人骨头为燃料做饭。比喻死亡的人很多。〔14〕籍籍:众多而杂乱的样子。 履:踩踏。 〔15〕群:指周群。传见本书卷四十二。周群有子周巨,当在上表人之中,或因官位低而未列名。〔16〕见来:出现以来。 积年:多年。 〔17〕景云:预示喜庆的云气。古代有所谓候气之术,即专门观察云气以预测吉凶。详见《史记》卷二十七《天官书》。 〔18〕璇玑(xuán jī):星名。北斗七星中位于斗形底部的两颗星。靠斗柄的一颗叫天玑,另一颗叫天璇。 〔19〕二十二年:建安二十二年(公元217)。 〔20〕《图》、《书》:即《河图》、《洛书》。〔21〕是年:这一年。 太白:星名。即金星。 荧惑:星名。即火星。填(zhèn)星:星名。即土星。 〔22〕从:随从。 岁星:星名。即木星。〔23〕五星：指包括岁星在内的木、火、土、金、水五星。西汉高祖元年(前206)十月，火、土、金、水四星向岁星即木星靠近，最后会聚在东井。东井是二十八宿中南方朱雀七宿的井宿，有星八颗。五星会聚东井，被认为是刘邦要当皇帝的预兆。事见《汉书》卷二十六《天文志》六。这里蜀汉臣僚援引先例，想证明金、火、土三星朝木星会聚是刘备要当皇帝的预兆。〔24〕主义：体现道义。《史记》卷二十七《天官书》认为岁星体现道义，所以"义失者，罚出岁星"。但是《汉书》卷二十六《天文志》六的说法不同，认为岁星主仁，荧惑主礼，太白主义，辰星(水星)主智，填星主信。〔25〕义之上方：指西方。古人以仁、义、礼、智、信与东、西、南、北、中相配，义配西方。〔26〕候：预测。〔27〕许帝：在许都的汉献帝。〔28〕漏言：公开说破。〔29〕顷者：近来。〔30〕胃：星宿名。即二十八宿中西方白虎七宿的胃宿。有星三颗。　昴(mǎo)：星宿名。即西方白虎七宿的昴宿。有星七颗。　毕：星宿名。即西方白虎七宿的毕宿。有星八颗。〔31〕天纲：上天的总纲。但是《史记》卷二十七《天官书》和《汉书》卷二十六《天文志》六都说昴、毕为天街，即日、月、五星经常运行经过的星区，与此不同。〔32〕圣讳：指刘备的名和字。〔33〕推揆：推求。　期验：预期的效验。〔34〕先天：在天时之先行事。这两句出自《周易·乾卦》的《文言》。〔35〕应际：应运。〔36〕洪业：大业。指皇位。

太傅许靖，安汉将军糜竺，军师将军诸葛亮，太常赖恭，光禄勋黄(权)〔柱〕，少府王谋等上言[1]："曹丕篡弑，湮灭汉室，窃据神器；劫迫忠良，酷烈无道；人鬼忿毒[2]，咸思刘氏。今上无天子，海内惶惶，靡所式仰[3]。群下前后上书者八百余人，咸称述符瑞、图谶明征[4]。间黄龙现武阳赤水[5]，九日乃去。《孝经援神契》曰'德至渊泉，则黄龙现'；龙者，君之象也。《易·乾》九五'飞龙在天'[6]，大王当龙升，登帝位也。又前关羽围樊、襄阳，襄阳男子张嘉、王休献玉玺，玺潜汉水，伏于渊泉；晖景烛耀[7]，灵光彻天。夫‘汉’者，高祖本所起定天下之国号也；大王袭先帝轨迹，亦兴于汉中也。今天子玉玺神光先现，玺出襄阳，汉水之末[8]；明大王承其下流，授与大王以天子之位：瑞命符应，非人力所致。昔周有乌鱼之瑞[9]，咸曰休哉；二祖受命[10]，《图》、《书》先著[11]，以为征验。今上天告祥[12]，群儒英俊并进《河》、《洛》、孔子谶记[13]，咸悉俱至[14]。伏惟大王出自孝景皇帝中山靖王之胄，本枝百世[15]，乾祇降祚[16]；圣姿硕茂[17]，神武在躬；仁覆积德，爱人好士：是以四方归心焉。考省灵《图》，启发谶纬[18]；神明之表，名讳昭著；宜即帝位，以篡二祖；绍嗣昭穆[19]，天下幸甚！臣等谨与博士许慈、议郎孟光[20]，建立礼仪，择令辰，上尊号。”

即皇帝位于成都武担之南[21]，〔一〕为文曰："惟建安二十六年四月丙午[22]，皇帝〔臣〕备，敢用玄牡[23]，昭告皇天上帝、后土神祇：汉有天下，历数无疆。曩者王莽篡盗[24]，光武皇帝震怒致诛，社稷复存。今曹操阻兵安忍[25]，戮杀主后；滔天泯夏[26]，罔顾天显[27]。操子丕，载其凶逆[28]，窃居神器。群臣将士以为社稷坠废，备宜修之；嗣武二祖[29]，龚行天罚。备惟否德[30]，惧忝帝位[31]；询于庶民，外及蛮夷君长，佥曰：‘天命不可以不答，祖业不可以久替，四海不可以无主；率土式望[32]，在备一人。’备畏天明命，又惧汉阼将湮于地；谨择元日[33]，与百僚登坛，受皇帝玺绶；修燔瘗[34]，告类于大神[35]。惟神〔尚〕飨[36]！

祚于汉家，永绥四海^{〔37〕}！"〔二〕

【注释】

〔1〕安汉将军：官名。刘备设置。地位高，但不统率军队，是荣誉性官职。　〔2〕忿毒：忿恨。　〔3〕靡所式仰：无所效法和瞻仰。〔4〕符瑞：符命祥瑞。符命是预示新统治者出现的征兆。　〔5〕间(jiàn)：近来。　武阳：县名。县治在今四川眉山市彭山区东。　赤水：河流名。今名黄龙溪，又叫鹿溪河。发源于今四川成都市东南长松镇，西南流至今四川成都市双流区南入府河。〔6〕飞龙在天：这是《周易·乾卦》第五爻的爻辞。　〔7〕晖景：光辉。　烛耀：照耀。　〔8〕末：末端。指下游。　〔9〕乌鱼之瑞：周武王伐殷纣前举行军事演习，试探对方反应，渡黄河时有白鱼跳上船，渡河后有火从空中降下，变成红色的乌鸦。人们认为这是周将取代殷的吉兆。事见《史记》卷四《周本纪》。〔10〕二祖：指高祖刘邦、世祖刘秀。　〔11〕先著：先已点明。伪造的《河图》有"帝刘季，口角戴胜"，"周亡，赤气起，大耀兴，玄丘制命，帝卯金"之类含有刘邦姓和字的话。伪造的图谶又有"刘秀发兵捕不道，卯金修德为天子"，"刘氏复起，李氏为辅"之类含有刘秀姓名的话。这些都被认为是预示刘邦、刘秀要当皇帝的证据。参见《史记》卷八《高祖本纪》张守节《正义》、《后汉书》卷一上《光武帝纪》上、《宋书》卷二十七《符瑞志》上。　〔12〕告祥：显示征兆。　〔13〕《河》、《洛》：即《河图》、《洛书》。　孔子谶记：即上文提到的五经谶纬。　〔14〕咸悉俱：都。这是三个同义词并列，目的是强调。　〔15〕本枝百世：嫡系和旁支传承无穷。　〔16〕乾祇(qí)：天地。　祚(zuò)：福。　〔17〕圣姿：指刘备的外表。　硕茂：高大英伟。〔18〕启发：领悟。　〔19〕昭穆：这里指汉代皇室的宗庙。古代天子的宗庙制度，始祖神位居中，以下各代的神位，第一代居左为昭，第二代居右为穆，第三代又居左为昭，第四代又居右为穆。以此类推，秩序不能紊乱。　〔20〕许慈、孟光：二人传见本书卷四十二。〔21〕武担：小山名。在今四川成都市区城北。还有遗址留存。　〔22〕建安二十六年：公元221年。建安年号到二十四年为止。刘备不承认曹魏的年号，所以继续以建安年号记年。　丙午：阴历初六日。　〔23〕玄牡：黑色的公牛。　〔24〕王莽(前45—公元23)：字巨君。济南郡东平陵(今山东济南市东)人。新王朝的建立者。公元8至23年在位。汉元帝皇后的侄儿，早年以外戚进入政界。汉成帝时任大司马，封新都侯。汉平帝时开始执掌朝政。公元5年，毒死平帝，自称假皇帝。三年后正式称帝，改国号

为新，并实行一系列政治经济变革。法令苛细，更改频繁，赋役沉重。公元17年，全国农民大起义爆发。五年后，新王朝灭亡。被攻入长安的绿林军杀死。传见《汉书》卷九十九。 〔25〕阻兵：仗恃武力。 安忍：安于做残忍的事情。 〔26〕滔天：比喻罪恶巨大，如同洪水漫天。 泯夏：(企图)消灭中原王朝。 〔27〕罔顾：不顾。 天显：上天显示的道理。指君臣之道。 〔28〕载：继承。 〔29〕嗣武二祖：紧跟高祖刘邦、世祖刘秀的脚迹。指继承其事业。 〔30〕惟：自己思量。 否(pǐ)德：无德。〔31〕忝：有辱于。 〔32〕率土式望：全国仰望。 〔33〕元日：好日子。〔34〕修：准备。 燔(fán)：即燔柴。一种祭告天神的礼仪。把玉器、绢帛、牺牲等祭品放在木柴堆上燃烧，使烟气上升到天际。 瘗(yì)：即瘗埋。一种祭告地神的礼仪。把祭品埋入地中。以上两种礼仪常用于新王朝开国皇帝登基，以表示受命于天地。 〔35〕告类：祭告天神的礼仪名称。通常用在新皇帝登基、建立皇太子时。与燔柴礼仪略有区别，这里混合为一。 〔36〕尚飨：祭祀文章的常用结束语。意为希望神灵来享用祭品。〔37〕绥：安定。《先主传》中，对刘备称王、称帝、治丧等相关文告，均详细著录。相形之下，对于曹魏和孙吴的类似文告，著录却非常简略。陈寿厚待蜀汉的内心，还是故国的情愫在起作用。

【裴注】

〔一〕《蜀本纪》曰："武都有丈夫，化为女子，颜色美好，盖山精也。蜀王娶以为妻，不习水土，疾病欲归国；蜀王留之，无几，物故。蜀王发卒之武都，担土，于成都郭中葬；盖地数亩，高十丈，号曰'武担'也。"臣松之按：武担，山名，在成都西北。盖以乾位在西北，故就之以即阼。

〔二〕《魏书》曰："备闻曹公薨，遣掾韩冉奉书吊，并致赗赠之礼。文帝恶其因丧求好，敕荆州刺史斩冉，绝使命。"《典略》曰："备遣军谋掾韩冉，赍书吊，并贡锦布。冉称疾，住上庸。上庸致其书，适会受终，有诏报答，以引致之。备得报书，遂称制。"

章武元年夏四月，大赦，改年。以诸葛亮为丞相，许靖为司徒，置百官；立宗庙，祫祭高皇帝以下[1]。〔一〕五月，立皇后吴氏[2]，子禅为皇太子。六月，以子永为鲁王[3]，理为梁王[4]。车骑将军张飞为其左右所害。

初，先主忿孙权之袭关羽，将东征。秋七月，遂帅诸军伐吴。孙权遣书请和，先主盛怒不许。吴将陆议、李异、刘阿等屯巫、秭归；将军吴班、冯习自巫攻破异等[5]；军次秭归，武陵五溪蛮夷遣使请兵[6]。

二年春正月[7]，先主军还秭归；将军吴班、陈式水军屯夷陵，夹江东西岸[8]。二月，先主自秭归率诸将进军，缘山截岭，于夷道猇亭〔二〕驻营[9]。自佷山〔三〕通武陵[10]，遣侍中马良安慰五溪蛮夷[11]，咸相率响应。镇北将军黄权督江北诸军，与吴军相拒于夷陵道。

夏六月，黄气现自秭归十余里中，广数十丈。后十余日，陆议大破先主军于猇亭；将军冯习、张南等皆没[12]。先主自猇亭还秭归，收合离散兵；遂弃船舫，由步道还鱼复[13]。改鱼复县曰"永安"。

吴遣将军李异、刘阿等踵蹑先主军[14]，屯驻南山[15]。秋八月，收兵还巫。司徒许靖卒。

冬十月，诏丞相亮营南、北郊于成都[16]。孙权闻先主住白帝，甚惧，遣使请和[17]。先主许之，遣太中大夫宗玮报命。

十二月，汉嘉太守黄元闻先主疾不豫[18]，举兵拒守。

【注释】
　〔1〕祫(xiá)祭：在宗庙中合祭祖先。曹丕称帝，年号定为"黄初"；

孙权称王，年号定为"黄武"，称帝之后又改"黄龙"。魏、吴二国的初定年号均含有一个"黄"字，是要显示王朝的除旧布新，这与汉代流行的"五德终始"理论密切相关。刘备则不然，他要攻取中原兴复汉室，必须凭借武功，年号定为"章武"，即彰显武功之义。 〔2〕吴氏(？—公元245)：传见本书卷三十四。 〔3〕永：即刘永。 〔4〕理：即刘理。刘永异母弟。二人传见本书卷三十四。 〔5〕吴班、冯习(？—公元222)：二人事见本书卷四十五《杨戏传》载杨戏《季汉辅臣赞》。〔6〕五溪：指沅水的五条支流。即雄溪、樠溪、辰溪、酉溪、无溪。在今湘西地区。当时是武陵蛮族聚居地。武陵蛮族属于盘弧蛮的一支，东汉时力量强盛，是现今湘西苗、瑶等族先民的一部分。 〔7〕二年：章武二年(公元222)。 〔8〕夹江东西岸：长江过夷陵(今湖北宜昌市东南)后，几乎是从正北流向正南，所以说是东西岸。 〔9〕夷道：县名。在今湖北宜都市。 猇(xiāo)亭：地名。在今湖北宜昌市东南猇亭镇。是决定蜀吴二国最终边界线的著名古战场。猇亭之战与官渡之战、赤壁之战构成确定三国鼎立版图基本格局的三大战役。据笔者实地考察，猇亭三面环山，只有西面俯临长江，易守难攻。而且长江从三峡进入江汉平原之后，沿线大多是坡度平缓的泥沙江岸，而猇亭所在的近两公里江岸，却是非常坚硬和陡峻的岩壁，编队的水军船只难以停靠，即使停靠大部队官兵也很难迅速登岸。因此，刘备从三峡开始一直能够彼此紧密呼应的水军和陆军，在此便被分割，使其岸上的陆军陷入孤立无援的境地。陆逊长期镇守长江一线，对沿岸地形非常熟悉。他之所以从三峡一直退到这里才大举进攻蜀军，是他敢于决断和善于用兵的结果。 〔10〕佷(héng)山：县名。县治在今湖北长阳县西南。 〔11〕马良(？—公元222)：传见本书卷三十九。 〔12〕张南(？—公元222)：事见本书卷四十五《杨戏传》载杨戏《季汉辅臣赞》。 〔13〕鱼复：县名。县治在今重庆市原奉节县东。 〔14〕蹑躡：追随。 〔15〕南山：山名。在今四川奉节县东白帝山东南。 〔16〕营：营建。 南北郊：即南郊、北郊。南郊是祭天的圆坛，在冬至日祭，建在京城南郊。北郊是祭地的方池，在夏至日祭，建在京城北郊。 〔17〕遣使请和：这是掩饰性说法。实际是刘备先主动求和，见拙文《夷陵之战后蜀吴议和史事考》，载《四川大学学报》1989年第4期。〔18〕汉嘉：郡名。治所在今四川芦山县。 不豫：天子病重的代称。

【裴注】

〔一〕臣松之以为：先主虽云出自孝景，而世数悠远，昭穆难明；既绍汉祚，不知以何帝为元祖，以立亲庙。于时英贤作辅，儒生在官，宗庙制度，必有宪章；而载记阙略，良可恨哉！

〔二〕虓，许交反。

〔三〕佷，音恒。

三年春二月[1]，丞相亮自成都到永安。三月，黄元进兵攻临邛县[2]。遣将军陈曶[一]讨元。元军败，顺流下江；为其亲兵所缚，生致成都，斩之。先主病笃，托孤于丞相亮[3]；尚书令李严为副。

夏四月癸巳[4]，先主殂于永安宫[5]。时年六十三。〔二〕

亮上言于后主曰："伏惟大行皇帝迈仁树德[6]，覆焘无疆[7]；昊天不吊[8]，寝疾弥留，今月二十四日奄忽升遐[9]。臣妾号啕[10]，若丧考妣[11]。乃顾遗诏，事惟（大）〔太〕宗[12]，动容损益[13]：'百僚发哀[14]，满三日除服[15]，到葬期复如礼[16]；其郡国太守、相、都尉、县令、长，三日便除服。'臣亮亲受敕戒，震畏神灵，不敢有违。臣请宣下奉行[17]。"

五月，梓宫自永安还成都[18]，谥曰昭烈皇帝[19]。

秋八月，葬惠陵[20]。〔三〕

【注释】

〔1〕三年：章武三年（公元 223）。　〔2〕临邛（qióng）：县名。县治在今四川邛崃市。　〔3〕托孤：托付儿子。　〔4〕癸巳：据陈垣《二十史朔闰表》，四月己未朔，无癸巳。二十四日为壬午，前一天是辛巳，后一天是癸未。此处史文疑有误。　〔5〕殂（cú）：死亡。古代天子死叫崩，又叫殂。崩和殂只是字面不同，并无等级差别，所以诸葛亮《出师表》有"先帝创业未半而中道崩殂"的措辞。陈寿《三国志》中，对曹

魏皇帝死用"崩"，对孙吴皇帝死用"薨"，对刘备死用"殂"。薨是指诸侯死亡，比崩、殂低一等。陈寿以曹魏为正统，但在死亡的措辞上又优待刘备暗尊蜀汉，具有微妙意味。　永安宫：刘备所修的行宫。故址在今重庆市原奉节县城区师范学校院内。曾有宫殿台基、碑刻遗存。现已被三峡库水淹没。〔6〕大行：一去不复返。古代用来指刚刚死亡的皇帝。〔7〕覆焘：覆盖。〔8〕昊(hào)天：上天。　不吊：不好。含有埋怨上天的意思。〔9〕奄忽：忽然。　升遐：升天。专指皇帝死亡。〔10〕臣妾：臣僚。〔11〕考妣(bǐ)：父母。〔12〕事惟太宗：丧事想按照太宗皇帝的榜样办理。太宗是西汉文帝刘恒的庙号。他临死前下达指示：丧事从简，天下官员百姓只需服丧三天，详见《史记》卷十《孝文本纪》。〔13〕动容损益：动容与损益同义，意为作适当的变革。这里指对古代要为君主服丧三年的礼制加以改动。事实上，在三国对峙战争不断的时期，魏、吴两国和蜀国一样，都对服丧三年的礼制有改动，曹操临死前规定遗体入葬后即结束服丧，孙策死后孙权也只作短暂祭奠，分见本书卷一《武帝纪》、卷四十七《吴主传》。〔14〕发哀：哭祭。〔15〕除服：脱掉丧服。指恢复正常活动。〔16〕复如礼：指再穿一次丧服参加葬礼。〔17〕宣下：向下面宣告。〔18〕梓宫：灵柩。天子的灵柩称梓宫。〔19〕昭烈：光大汉朝基业的意思。汉魏时皇帝死后享有庙号、谥号。刘备是蜀汉王朝的创立者，谥号定为"昭烈"，却没有庙号。刘备未能享有庙号的原因，应是在他去世之时尚未能完成"兴复汉室"的大业。〔20〕惠陵：在今四川成都市城南武侯祠博物馆内。成都武侯祠，是由刘备惠陵的陵园（包括陵墓和祠庙）演变而来，现今依然有静谧肃穆的陵园和高大墓冢留存。东侧的刘备殿、孔明殿等建筑和蜀汉君臣塑像群，建于明清时期，是非常罕见独特的君臣合祭型神庙建筑。以上惠陵、建筑和塑像群，构成完美的整体，是三国名胜古迹中最先列入国家文物保护单位者，在海内外享有盛名，有"三国文化圣地"的美誉。

【裴注】

〔一〕詨，音笋。

〔二〕《诸葛亮集》载先主遗诏敕后主曰："朕初疾，但下痢耳；后转杂他病，殆不自济。人五十不称夭，年已六十有余，何所复恨！不复自伤，但以卿兄弟为念！射君到，说丞相叹卿'智量甚大，增修过于所望'；审能如此，吾复何忧！勉之，勉之！勿以恶小而为之，勿以善小而不为；惟贤惟德，能服于人。汝父德薄，勿效之。可读《汉书》、《礼记》，闲暇历观诸子及《六韬》、《商君书》，益人意智。闻丞相为写《申》、《韩》、《管子》、《六韬》一通，已毕，未送；道亡，可自更求闻达。"临终时，呼鲁王与语："吾亡之后，汝兄弟父事丞相，令卿与丞相共事而已。"

〔三〕葛洪《神仙传》曰："仙人李意其，蜀人也。传世见之，云是汉文帝时人。先主欲伐吴，遣人迎意其。意其到，先主礼敬之。问以吉凶，意其不答而求纸笔；画作兵马、器仗数十纸，已，便一一以手裂坏之；又画作一大人，掘地埋之。便径去，先主大不喜。而自出军征吴，大败，还，忿耻发病死；众人乃知其意：其画作大人而埋之者，即是言先主死意。"

评曰：先主之弘毅宽厚[1]，知人待士；盖有高祖之风，英雄之器焉。及其举国托孤于诸葛亮，而心神无贰[2]；诚君臣之至公，古今之盛轨也[3]！机权干略，不逮魏武[4]，是以基宇亦狭[5]；然折而不挠，终不为下者，抑揆彼之量必不容己[6]；非唯竞利[7]，且以避害云尔[8]。

【注释】

〔1〕弘毅：刚强而坚毅。曾子有"士不可以不弘毅"的说法，见《论语·泰伯》。〔2〕无贰：没有二心。没有其他的想法。指对诸葛亮产生怀疑的心思。〔3〕盛轨：美好的典范。〔4〕不逮：不及。〔5〕基宇：疆土。〔6〕抑：或许是。　揆：揣测。　量：气量。〔7〕竞利：争夺利益。〔8〕云尔：句末语气词。表示感叹。

【译文】

先主姓刘，名备，字玄德，涿郡涿县人。他是汉景帝儿子中山靖王刘胜的后代。刘胜的儿子刘贞，在汉武帝元朔二年（前127）封为涿县的陆城亭侯，因为在缴纳一种用来资助天子祭祀的贡金时不合规定，结果被削除爵位，从此就在涿县安家定居。先主的祖父刘雄，父亲刘弘，世代出任州郡政府官职。刘雄被本郡举荐为孝廉，官做到东郡范县县令。

先主从小死去父亲，与母亲一起以卖鞋织席为生。他家东南角篱笆边上有一株五丈多高的桑树，远远望去这株大桑树枝叶茂密就像一柄车盖，过往的人都认为它长得很不寻常，有的还说这是要出贵人的征兆。先主小时候，与本家的小孩子们常在树下做游戏，他对同伴们说："我将来一定要坐用鸟羽毛装饰车盖的漂亮车子，车盖就像这桑树一般高大！"他的叔父刘子敬听到之后赶忙阻止他说："你这个娃儿不准乱说，你想让我们刘家满门抄斩吗！"

先主十五岁时，母亲让他出外求学，他与本家刘德然、辽西郡人公孙瓒，都到卸任的九江郡太守涿郡人卢植门下拜师学习。刘德然的父亲刘元起常常资助先主的生活费用，把他与自己的儿子刘德然同等对待。刘元起的妻子对丈夫埋怨说："各是各的家，怎能经常这样资助别人的娃儿啊！"刘元起回答说："你哪里了解我们刘家的这个娃儿呀，这可是个非同一般的人。"公孙瓒也与先主结为好朋友。公孙瓒年长，先主把他当作自己的哥哥。

先主早年不很喜欢读书，却喜欢玩狗骑马，听音乐，穿华丽衣服。他身高七尺五寸，手垂下来可以超过膝盖，眼睛可以看到自己的大耳朵。他平常少言寡语，善于尊重别人，喜怒都不露于形色。他最爱交结英雄豪杰行侠仗义的朋友，年轻人都争着追随他。

中山国的大富商张世平、苏双等人，家财万贯，因贩卖马匹而往来于涿郡，见到先生之后很是器重，给了他一大笔金钱，从此先主能够招集大批的支持者。汉灵帝末年，黄巾军起事，各个州郡都开始组织义军镇压黄巾军。先主也带领手下人马随从校尉邹靖讨伐黄巾军有功，被朝廷任命为安熹县县尉。不久郡政府的督邮到县里来出公差，先主去登门拜见，督邮却摆架子拒绝见他。先主带着人径直闯了进去把督邮捆起来，打了两百板子；接着把自己系印的绶带解下来，一头拴在督邮的脖子上，另一头拴在马桩子上，然后抛弃官职逃亡外地。

没有多久，执政的大将军何进派遣都尉毌丘毅到丹杨郡去招兵，先主与毌丘毅一起前去。走到下邳碰到一帮匪徒，先主奋力作战有功，被朝廷委任为下密县县丞。但是他很快又离职。

后来先主出任高唐县县尉，升为该县的县令。因为被大股匪徒打垮，先主丢弃城池跑去投奔师兄公孙瓒，已经当上中郎将的公孙瓒委任他为别部司马，让他去帮助青州刺史田楷抵御冀州牧袁绍。先主多次立下战功，所以受命暂时代理平原县的县令，后来又兼任平原国相。平原国有个叫刘平的人素来轻视先主，耻于当先主辖区的百姓，秘密派遣刺客去暗杀先主。刺客却不忍心下手，竟然把情况告诉先主后离去。先主就像这样深得人心。

袁绍进攻公孙瓒，先主与田楷转移到东面的齐国驻扎。曹操东征徐州，徐州牧陶谦派人向田楷告急求救，田楷与先主一齐前去。当时，先主有一千多汉族士兵，以及一些幽州的乌丸等少数族骑兵，另外又抢来几千饥民，组成队伍。到达徐州后，陶谦马上给先主补充了四千丹杨兵，先主便离开田楷投奔了陶谦。

陶谦向朝廷上表举荐先主为豫州刺史，驻扎在沛县。不久陶谦病重，临终前对别驾从事麋竺说："除了刘备，别人都不能安定这徐州。"陶谦死，麋竺就率领本州人士去迎接先主，先主谦让不愿承受。下邳郡人陈登对先主说："如今汉朝衰败，天下动荡，建功立业，眼下正是时候。我们徐州殷实富庶，拥有上百万人口，我们想委屈您前去担任州行政长官。"先主回答道："袁术就在徐州附近的寿春，这位的家族中四代人出了五个当三公的，他受到天下人的仰慕，您可以把徐州交给他啊。"陈登说："这袁术骄傲放纵，不是能够平定祸乱的主事人。现今我们要为您召集十万步兵和骑兵，建立头等的功勋可以扶助天子拯救百姓，完成春秋五霸那样的伟业，次一等的功业也能守卫安定一方，在史册上留下美名。如果您不答应我们的请求，我也不会听从您的意见！"北海国的国相孔融对先主说："袁术哪里是忧国忘家的人！至于他家那些当过三公的先辈，不过是坟墓中的一堆枯骨而已，何必放在心上。现今的事势，老百姓拥护的是有能力的人。上天送与您您却不要，将来后悔也追不回了。"先主听从劝告兼任了徐州牧。

袁术果然来进攻，先主在盱眙、淮阴一线抗御。曹操上表朝廷推荐先主为镇东将军，封宜城亭侯，这一年是汉献帝建安元年

（公元196）。先主与袁术相持了一个多月，吕布乘虚偷袭了先主的治所下邳县。下邳城的守将曹豹反叛，趁机迎接吕布。吕布俘虏了先主的妻子儿女，先主被迫转移到海西县。杨奉、韩暹侵掠徐州、扬州的交界地区，先主率军截击，把他们斩首。

先主向吕布求和，吕布还给他妻子儿女。先主回到沛县，又招集了一万多人马。吕布对此又不满意了，亲自出兵进攻先主，先主失败而前去投奔曹操，曹操对他厚加优待，委任他为豫州牧。先主准备回沛县收集散兵，曹操供给他军粮，还拨给他军队让他去进攻东边的吕布。吕布派骁将高顺反击，先主失利，曹操急令夏侯惇前去救援，也被高顺打败，高顺还俘虏先主的妻子儿女送交吕布。曹操亲自率军东征，帮助先主在下邳包围吕布，将其生擒处死。先主又得到自己的妻子儿女，随从曹操回到许县。曹操上表推荐先主为左将军，给予更隆重的礼遇，出外同乘一辆车，进屋同坐一张席。

袁术准备经过徐州前往投奔袁绍，曹操派先主带领朱灵、路招二将前去截击袁术。先主还未赶到，袁术已经病死。

先主在离开许都之前，汉献帝的老丈人车骑将军董承声称得到献帝从衣带中传出的密诏，要诛杀曹操。先主参与其事但还没有采取行动。这时曹操有一次空闲时对先主说："当今天下的英雄，只有您和我曹操了。袁绍之流，值不得一提啊！"先主正在吃东西，听了一惊，把手中的匙子和筷子都掉了。于是先主抓紧时间与董承、长水校尉种辑、将军吴子兰、王子服等人密谋。碰巧这时先主被曹操派出去截击袁术，行动未能付诸实现。

先主走后这件事被曹操察觉，董承等人都被诛杀，先主便领兵据守下邳。

朱灵等人带兵回去后，先主就杀死徐州刺史车胄，留下关羽镇守下邳，而自己回到沛县驻扎，从此与曹操决裂。东海人昌霸造反，附近有不少郡县背叛曹操支持先主，人数总共有数万人。先主派孙乾去和袁绍结成联盟，曹操派刘岱、王忠去进攻先主，未能取胜。

建安五年（公元200），曹操亲自东征，把先主击败。曹操俘虏了他的全部人马，包括他的妻子儿女，还把关羽生擒后带回去。

先主狼狈逃往青州。

　　青州刺史袁谭是袁绍的长子，从前曾被先主举荐为茂才，带领军队前来迎接。先主随袁谭来到平原县，袁谭派遣使者骑马驰往冀州的邺县去报告袁绍。袁绍立即指令下属将领前去迎接先主来邺县，自己又出城二百里，赶去和先主相见。在邺县居住一个多月之后，逃散的士兵逐渐回来投奔先主。

　　曹操与袁绍在官渡相持，汝南郡的黄巾军首领刘辟等人背叛曹操响应袁绍。袁绍派先主领兵与刘辟等人一起去袭击曹操的后方许县一带。这时，关羽从曹军逃跑回到先主身边。曹操派曹仁带兵去进攻先主，先主返回袁绍大营，暗中想离开袁绍，就劝说袁绍去联络荆州牧刘表。袁绍派先主率领本部人马再次前往汝南郡活动，先主到达后与当地武装首领龚都等人联合，手下发展到几千人。

　　曹公派部将蔡杨去攻击先主，反而被先主杀死。曹操在官渡击败袁绍之后，亲自向南去扫荡先主。

　　先主赶忙派麋竺、孙乾去和刘表联络准备前去投奔。刘表亲自出城去迎接他，以上宾的礼节接待。又给先主补充兵力，让他驻扎在新野。这时荆州的豪杰前来归附先主的日益增多，刘表怀疑先主别有用心，暗中对他进行防备。不久刘表让先主到博望县抵御曹操的部将夏侯惇、于禁。双方相持很长时间后，先主设置伏兵，一下子烧掉军营伪装逃跑；夏侯惇等领兵追击，被先主的伏兵杀得大败。

　　建安十二年(公元207)，曹操向北方出兵去征讨塞外的乌丸族人，先主劝刘表趁这个时机去袭击许县，刘表不采纳他的计策。

　　到了第二年曹操南下荆州征伐刘表时，碰巧这时刘表病死，由儿子刘琮继承权位，刘琮派人向曹操投降。此刻先主驻扎在樊城，不知道曹军猛然到来，直到曹军前锋杀至宛县后才得知消息，赶紧率领下属向南撤退。

　　经过襄阳时，诸葛亮劝先主趁机进攻刘琮，可以夺得荆州。先主却说："我不忍心啊。"停下马来招呼刘琮，刘琮吓得站不起身来。刘琮的左右下属以及荆州人有很多来归依先主，等到走拢当阳县，队伍已有十多万人，载运物资的车子几千辆，一天只能走十多里路。先主只好另外派遣关羽带领数百艘船只，从汉水驶入长江后到江陵县会合。

有人对先主说："应当赶快南下去占据江陵城。现今我们虽然人多，但是能够穿上铠甲作战的人少，如果曹操率军追上，用什么来抵抗他呢？"先主说："要成就大事必须以人为根本，现今人们来归附我，我又怎么忍心抛弃他们啊！"

曹操考虑到江陵有大批军事物资，害怕先主前去占据，于是下令暂时放下物资和装备，全军轻装迅速赶到襄阳。到达后听说先主已经走过，曹操立即率领五千精锐骑兵飞快追赶，一天一夜急行军三百多里，终于在当阳县的长坂坡把先主一行追上。先主丢下妻子儿女，与诸葛亮、张飞、赵云等几十人骑马逃跑，其余的人马物资大都被曹操俘虏缴获。

先主一行向东南方斜着奔往汉水的渡口汉津，正好与关羽的船队会合，得以渡过汉水。又遇上刘表长子刘琦，他当时任江夏郡太守，带了一万多人马，双方一起到达夏口。

先主派诸葛亮到孙权那里去主动进行联络，孙权派大将周瑜、程普等带领水军数万人，与先主全力合作，在赤壁迎战曹操，把对方打得大败，焚烧了对方的大量船只。先主与吴军水陆并进，一直追到南郡，当时传染病流行，从北方来的曹军士兵大量死亡，曹操只好带领残余人马撤回。

先主上表朝廷举荐刘琦为荆州刺史，又出兵南下进攻荆州南部的四个郡。结果，武陵郡太守金旋、长沙郡太守韩玄、桂阳郡太守赵范、零陵郡太守刘度全部投降。庐江郡人雷绪也带领几万人马前来叩头归顺。

这时刘琦病死，下属们就拥戴先主为荆州牧，治所设在公安。孙权逐渐畏惧先主，把自己的妹妹送给先主为妻以巩固友谊。先主也到京这个地方去见孙权，加深亲戚感情。

先主回来后孙权派使者来联络，说是想与先主共同攻取西面的益州。有人认为应当答复同意，因为吴军终归不能越过我们荆州去占领益州，这样一来益州也就归我们自己所有了。荆州政府的主簿殷观却进言说："如果这样我们势必充当吴军的前驱，一旦进攻益州未能得手，后退时受到吴军的突袭，事情就完了。而今只消赞同他们自己去征伐益州，而说我们自己刚刚占领荆州各郡，不能兴师动众，吴军必然不敢越过我们荆州去独自攻取益州。像这样打算能够进退自如，可以在吴军和益州两方面收取好处。”

先主听从了他的主意，孙权果然中止了攻取益州的计划。先主因此提升殷观为别驾从事。

建安十六年(公元 211)，益州牧刘璋风闻曹操将派钟繇等人到汉中讨伐张鲁，心中很感恐惧。别驾从事蜀郡人张松劝刘璋说："曹操的兵力强盛天下无敌，如果凭借张鲁的大量军事物资来攻取益州，谁能抵挡他啊！"刘璋说："我就是在忧虑这件事而想不到办法呢。"张松说："豫州牧刘备，是您的本家，又是曹操的大仇人，还善于用兵。如果请他来讨伐张鲁，张鲁一定会被他攻破。张鲁一被攻破，则益州的力量大为壮大，曹操即使来了，也不会有什么作为。"

刘璋很以他的话为然，就派法正带四千人去迎接先主，前后赠送先主的东西价值以亿计。法正趁机向先主进献夺取益州的计策。

于是先生留诸葛亮、关羽等守荆州，亲自带领几万步兵向西进入益州。到达涪城后，刘璋亲自出迎，见面后十分高兴。张松让法正报告先主，谋臣庞统也向先主进言，说是可以在会面的地点袭击刘璋。先主说："这是一件大事，不可草率！"

刘璋推举先主代理大司马职务，兼任司隶校尉；先主也推举刘璋代理镇西大将军职务，兼任益州牧。刘璋给先主补充人马，让他到北面去进攻张鲁，又让他指挥白水关战区的守军。先主把军队合起来已有三万多人，车辆、铠甲、器械、物资、钱财都很充足。

这一年，刘璋回转成都。先主到达北面的葭萌县后，并没有立即去讨伐张鲁，而是在当地军民中尽量施予恩德，以收取人心。

第二年，曹操进攻孙权，孙权请求先主援救自己。先主派遣使者告知刘璋说："曹操进犯孙吴，吴地危急。孙氏与我唇齿相依，加上曹操又派大将乐进在青泥袭击关羽。现在我不去救关羽，乐进势必大胜，到时候掉头来侵入益州边界，他所造成的威胁就比张鲁要大了。张鲁不过是一个死守自己那一点地盘的敌人，不值得担心。"又向刘璋要一万军队和大批军用物资,以便东下荆州去救关羽。刘璋只同意给四千军队,其余的物资都只发一半。

这时张松写信给先主和法正说:"现今大事马上可以成功了,为什么又丢下益州离开呢!"张松的哥哥广汉郡太守张肃,害怕灾祸降在自己身上,就向刘璋报告了张松等人的密谋。刘璋立即把张松逮捕处死,从此与先主产生矛盾。

刘璋指令镇守白水关的将领,有关的公务文书不再向先主联络通报。

先主大怒,召来刘璋委派的白水关守军指挥官杨怀,责备他无礼,然后推出斩首。于是先主派黄忠、卓膺,部署兵马南下杀向刘璋。先主自己先径直赶到白水关内,把刘璋白水关守军将士的妻室儿女扣为人质,然后带领本部人马和白水关守军,与黄忠、卓膺向南推进到涪县,把城池攻占。刘璋急调刘璝、冷苞、张任、邓贤、吴懿等将在涪县以南抗御先主,结果全都战败,众将退守绵竹。刘璋又派李严来指挥绵竹各路军队,不料李严却带了一部分军队去投降。先主的兵力更加强大,分派众将去平定益州下属各县。这时荆州的诸葛亮、张飞、赵云又奉命率军沿长江而上,一路平定了白帝、江州、江阳等地,只留下关羽镇守荆州。

先主向南进军包围雒县,当时由刘璋的儿子刘循守城,在攻击中坚守了将近一年。

建安十九年(公元214)夏天,雒城被攻破,先主挥兵包围成都几十天后,刘璋出城投降。益州富庶安乐,先主大摆酒宴犒劳将士,把成都城中库藏的金银拿来赏赐将士,谷物和布帛则发还给老百姓。先主又再兼任益州牧,以诸葛亮为军政辅佐,法正为首席谋士,关羽、张飞、马超为战将,许靖、麋竺、简雍为宾客朋友。另外,董和、黄权、李严本是刘璋任用的部属,吴壹、费观则是刘璋的姻亲,彭羕曾受刘璋的排斥,刘巴更是先主过去一直仇恨的人,先主全都把他们安置在显要的职位上,让他们充分发挥自己的才能。于是有志之士,无不竞相勉励。

建安二十年(公元215),孙权因为先主已经得到益州,派遣使者通报先主说自己想收回荆州的南郡,先主说:"等我得到凉州,就把荆州给您。"孙权大为气愤,立即派遣吕蒙率军夺取了先主占有的长沙、零陵、桂阳三郡。先主亲自带了五万人马顺长江而下到达公安，又命关羽推进到益阳，准备夺回失地。

但是这一年曹操出兵平定了汉中，张鲁逃往巴西郡。先主得知消息，决定与孙权和好结盟，于是大体以湘水为界重新分割荆州，江夏、长沙、桂阳三郡归东边的孙权所有，南郡、零陵、武陵三郡归西边的先主所有，然后先主领兵赶回江州。先主派黄权去迎接张鲁，而张鲁已经投降曹操。

曹操派大将夏侯渊、张郃镇守汉中，多次侵犯先主占领的巴西郡地界。先主命令张飞进军宕渠，与张郃等人在瓦口激战，击败张郃，张郃等收兵退回汉中的南郑县。先主随即也回到成都。

建安二十三年(公元218)，先主率领众将进兵汉中。分派将军吴兰、雷铜等进入武都郡，结果他们都被曹操的军队消灭。先主到达阳平关后在此驻扎，与夏侯渊、张郃等对峙。

建安二十四年(公元219)春天，先主从阳平关向南渡过汉水，沿着山边逐渐向前推进，并在定军山安营扎寨。夏侯渊出兵来争夺这片地方，先主命令黄忠居高临下击鼓呐喊着发起猛攻，把夏侯渊的队伍打得落花流水，当场斩了夏侯渊和曹操委派的益州刺史赵颙等人。

曹操从长安带领全部人马南下汉中救援。先主预先估计说："曹操即使前来，也不会有所作为，我必定拥有汉中平原了。"等到曹操来到，先主收敛军队扼守险要地点，始终不与对方交锋，曹军进攻一个多月也毫无所获，牺牲的将士却日渐增多。这年夏天，曹操果然引军撤退，先主终于占有汉中。接着先主又派刘封、孟达、李平等将，向东进攻曹操委任的上庸郡太守申耽。

这年秋天，群臣向汉献帝呈上一封公推先主为汉中王的表章，文中说：

"平西将军、都亭侯臣马超，左将军府长史、镇军将军臣许靖，左将军营司马臣庞羲，议曹从事、中郎、军议中郎将臣射援，军师将军臣诸葛亮，荡寇将军、汉寿亭侯臣关羽，征虏将军、新亭侯臣张飞，征西将军臣黄忠，镇远将军臣赖恭，扬武将军臣法正，兴业将军臣李严等一百二十人向陛下进言说：

从前唐尧圣明到了极点而有四个恶人出现在朝廷，周成王仁慈贤德而有四个诸侯国作乱，我朝高祖的吕后代行皇帝职权而有吕氏家族成员窃取王侯的爵位，孝昭皇帝年幼而有上官桀图谋反逆。上列作乱者都凭借前世的恩宠，践踏国家的权力，穷凶极恶，天下都几乎面临崩溃的危险。如果不是遇到大禹、周公、朱虚侯刘章、博陆侯霍光，肯定不可能把他们或者流放或者处死，从而去除危险恢复安定。陛下具有天生的圣德，君临天下，却遭遇到厄运和不幸。董卓首先制造灾难，把京城洛阳全部破坏，而曹操利用祸乱，窃据了王朝大权；皇后和太子，惨遭他们毒死，他们还搅乱天下，残害民众。结果让陛下您长久流亡在外饱受忧患，独自一人悄悄住在虚设的京都许县。人民和神灵都失去君主，天子的命令被完全阻断，曹操还掩盖和抛弃皇家的准则，企图盗取天子的权位。左将军兼司隶校尉、豫州牧、荆州牧、益州牧，并封宜城亭侯的臣刘备，接受朝廷的爵位俸禄，念念不忘贡献力量，随时准备为平定国家的祸乱而献出生命。他当初看到曹操反逆的征兆，就勃然愤怒而采取行动，与车骑将军董承合谋诛杀曹操，以安定国家，恢复旧都。可惜董承做事不够机密，结果让曹操得以苟延残喘继续滋长罪恶，残害天下人民。为臣等常常担忧朝廷会发生大如阎乐逼杀秦二世那样的灾祸，小如王莽废黜皇帝为定安公那样的变故，所以日夜惴惴不安，战战兢兢而连连喘息。

记载虞舜事迹的《尚书·皋陶谟》，说是要以宽厚的态度对待同姓宗族；周朝则向夏、商二朝看齐，分封同姓宗族，《诗经·板》一诗说明了这样做的意义，而周王朝因此能历时长久。汉朝建立之初，也分出领土，封子弟为尊贵的亲王，所以最终能挫败吕氏家族的阴谋，从而为孝文皇帝登位奠定基础。为臣等认为臣刘备是皇室宗亲，朝廷的屏障，一心报效国家，念念不忘消除祸乱，自从他在汉中击破曹操，海内英雄纷纷赶来附从。然而他至今还没有显贵的爵位称号，也没有得到九种特殊赏赐物的恩赐，这不是能够捍卫天下、光照后世的办法。为臣等受命在外，而现今与朝廷的交通断绝。

从前河西地区的酒泉郡太守梁统等人，碰上光武皇帝中兴汉室，考虑到河西偏远而被山河限隔，彼此地位相同而权力均等，难以进行统率，所以都推举窦融为主帅，最终建立大功，消灭了隗嚣。而今天下面临的凶恶敌人，比当初割据陇西的隗嚣、割据蜀中的公孙述还要厉害；这曹操对外吞并天下，对内残害百官，朝廷时刻面临内乱的危险。而抵御外来欺侮的皇室宗亲力量却还没有形成，真是令人心惊胆战。

因此，为臣等自作主张依据过去的典章，封刘备为汉中王，任大司马，他将监督整肃大军，聚集同盟者，以扫除凶恶反逆的曹操。汉中王以汉中、巴、蜀、犍为等郡为封国，王国官员的设置依照汉初封宗室亲王时的规定。权宜的办法，如果对天下有利，那么自作主张采用实行是可以的。以后大功建立大业完成，为臣等再退下来承受假托诏命的罪责，虽死而无憾。”

于是在沔阳县修建土坛和广场，布列军队，群臣陪同站在各自的位置；宣读上面这一通表章之后，把汉中王的王冠给先主戴上。

先主随即向汉献帝呈上一封表章，文中说：

“为臣以滥竽充数的低劣才能，承担高级将领的职务，统领三军，奉命在外；我却不能扫清叛逆，扶助王朝，使陛下的神圣教诲长久得不到宣扬，四海之内动乱而不得安宁，心中的忧虑使我辗转反侧，痛苦得就像得了头痛病一般。当初董卓制造祸乱的开端，从此之后，群凶横行，残害天下。凭借陛下的圣德和神威，人民和神灵一同响应，这些凶贼有的遭到忠臣义士的讨伐，有的受到上天降下的惩罚，纷纷死亡，就像冰雪逐渐消融。唯独还有一个曹操，长久未能除掉，他窃据国家权力，随心所欲制造祸乱。当初为臣曾与车骑将军董承图谋诛杀曹操，可惜做事不够机密，董承反被杀害，为臣四处流亡失去根据，使忠义之心未能实现。从此曹贼穷凶极恶，杀害皇后，毒死皇子。为臣虽然招集同盟者，一心贡献力量，但因我为人懦弱而缺乏用武力平定祸乱的能力，所以奋斗多年却没有什么成效。我经常害怕自己突然死去，辜负了国家对我的恩情，日夜感叹不已，常常警告自己要不断努力。

如今为臣的下属们认为：《尚书·皋陶谟》说要以宽厚的态度对待同姓宗族，使同姓宗族都变得贤明，都努力当好辅佐。虞舜之后的夏启、商汤、周武王、本朝高祖、光武皇帝五位君主，虽然在政治上有所改革，但是重视同姓宗亲这一原则始终坚持不废。周朝向夏、商两朝看齐，分封同姓宗亲，而且在后来确实获得了晋、郑两个同姓诸侯国合力辅佐的好处。本朝高祖当上皇帝之后，分封宗室子弟为尊贵的亲王，最早一批就有九个王国。强大的宗室力量终于诛杀了吕氏家族成员，从而使嫡系长房的帝位传承保持稳定。现今曹操厌恶和残害正直的人，确实发展并拥有不少同党，怀着邪恶的念头，企图篡夺帝位的征兆已很明显。既然宗室力量微弱，皇族成员没有权位，所以为臣的下属们才参照古代典章，采取权宜办法，推举为臣为大司马、汉中王。为臣跪着再三思考，自己长期承受国家厚恩，受任治理一方，贡献力量还未取得效果，所得到的已经太多，原本不应当再忝居高位以加重我的罪过。但是，下属们再三逼迫，用大义来要求我。

为臣退下来细想，眼下凶贼未除，国难当头，宗庙倾危，天下将要崩溃，使得我不能不忧思自己应当承担的责任，甚至是粉碎头颅也难以抵偿的罪责。如果顺应权变，能够安定我大汉皇朝，那么即使是赴汤蹈火，为臣也不能推辞，不敢从常规来考虑，以免将来悔恨不已。所以自行决定顺从众人的建议，跪拜接受大司马、汉中王的印玺，从而提高国家的权威。为臣抬起头时，就想到这些爵位称号是朝廷给我的重赏和厚爱；低下头时，更下定决心报效国家。由于忧虑深而责任大，使我惊恐喘息，好像面临深谷一般。为臣将尽力贡献忠诚，勉励全军将士，率领并会同全国的义士，顺应天意和时势，消灭凶恶的逆贼，以便安定天下，报答陛下恩泽的万分之一。谨跪拜呈上表章，并通过驿站的传递上交我过去接受的左将军、宜城亭侯印章和绶带。”

于是先主回成都设立治所。提拔魏延为都督，镇守汉中。当时关羽进攻曹操的大将曹仁，在樊城擒杀于禁。不久孙权袭杀关羽，夺取了荆州。

建安二十五年(公元220)，魏文帝曹丕称帝，改年号为黄初。有人传说汉朝皇帝已被杀害，先主发布讣告，制作丧服，追谥汉朝皇帝为孝愍皇帝。

此后益州到处都在报告有祥瑞现象出现，每天每月连续不断。

因此，议郎、阳泉亭侯刘豹，青衣侯向举，偏将军张裔，偏将军黄权，大司马府下属殷纯，益州别驾从事赵筰，益州治中从事杨洪，益州从事祭酒何宗，益州议曹从事杜琼，益州劝学从事张爽，益州劝学从事尹默，益州劝学从事谯周等人上书先主说："为臣等听说《河图》、《洛书》，以及五经的各种谶纬书籍，都是孔子写定的，其中的预言在很早以前就应验了。我们谨查出《洛书·甄曜度》中说：'赤三日德昌，九世会备，合为帝际。'又《洛书·宝号命》中说：'天度帝道备称皇，以统握契，百成不败。'又《洛书·录运期》中说：'九侯七杰争，命民炊骸，道路籍籍履人头，谁使主者玄且来。'又《孝经钩命决录》中说：'帝三建九会备。'为臣周巨的父亲周群在世时，曾说西南方多次出现黄气，直立有几丈高，出现以来已不止一年，并且时时有祥云清风，从天上的北斗星上一直下来接近它，这是一种极不寻常的祥瑞征兆。另外，建安二十二年(公元217)间，多次出现一种像旗帜一样的云气，从西向东，在天空中央移动；对于这种云气，《河图》、《洛书》都说是'必定有天子出现在云气初起的方位'。加之这一年的金星、火星、土星，常常追随木星运行。当初汉朝初起时，木、火、土、金、水五大行星就都聚在木星的轨道上运行；而木星是道义的体现，汉朝的方位在西，是与道义相配的方向，所以汉朝人常常从木星的运行状况来对君主进行预测。上述的云气预示将有圣明君主兴起于益州，使汉室得到中兴。当时许都的皇帝还在，所以群臣不敢把这事说出去。最近火星又开始追随木星，出现在二十八宿的胃、昴、毕这三宿所在的星区；昴、毕二宿是上天的总纲，《星经》上说：'象征皇帝的星处在昴、毕二宿时，各种邪恶都会消亡。'大王的名字预先已在以上所引的文句中出现，推算时间和效验，多处都能符合，而不止一例。臣等听说圣明帝王行事，有时可能先于天时，但不会违反天道；有时会后于天时，也仍然奉行天道。所以才应运而生，与神灵的意旨相符合。愿大王顺应天意和民心，迅速登上帝位，以安定天下。"

太傅许靖、安汉将军糜竺、军师将军诸葛亮、太常赖恭、光禄勋黄柱、少府王谋等上书先主说："曹丕杀害天子篡夺皇权，企图灭亡汉朝，窃据帝位，劫持逼迫忠良，残酷暴虐无道。人民和鬼神都愤恨他，无不思念刘氏皇族。而今上无天子，天下人心惶惶，没有效法和瞻仰的对象。群臣前后上书的达到八百多人，都在报告各种符命祥瑞，以及图谶当中的明确征兆。最近又有黄龙出现在成都南边武阳县的赤水河中，停留了九天才离开。《孝经援神契》中说是'德泽到达深渊和泉水时就有黄龙出现'；龙是君主的象征，《周易·乾卦》第五爻的爻辞有'龙飞上云天'的句子：这些都说明大王会像龙一样飞升，登上皇帝的位置。还有此前关羽包围樊城、襄阳时，襄阳的两个男子张嘉、王休献上一方玉玺；玉玺原来沉在汉水之中，潜藏在深渊之下，光芒闪耀，直冲云天。而'汉'这个字，乃是高祖根据自己从汉中兴起平定天下而用来作为国号的；大王承袭先祖的模式，所以也从汉中兴起。而今天子的玉玺已经预先发出神光，这玉玺又出在襄阳，襄阳位于汉水的末段；说明大王在下游承接，而在上游汉中兴起的高祖将要授给大王天子之位。这些祥瑞的征兆和效应，都不是人力所能造成的。从前周朝时出现了红乌鸦和白鱼的祥瑞，人们都赞美说'好啊'。我朝的高祖、世祖承受天命登上帝位时，在《河图》、《洛书》中也是先有文字点明，作为启示人们的征兆。现在上天早已显示征兆，各位儒者和英才，都在报告《河图》、《洛书》和孔子所著谶纬书中的预兆，这方面的事例全部都来到我们面前。臣等回想大王乃是孝景皇帝儿子中山靖王的后裔，宗族的嫡系和旁支传承无穷，天地赐福；所以大王的外貌高大英伟，具有非凡的军事才能；仁德覆盖苍生，爱惜天下人才：受到四方人民的衷心拥护。考察灵验的《河图》，领悟谶纬的启示，冥冥之中的神灵，已经把大王的名字向世人点明了。应当登上帝位，继承高祖、世祖的事业，接续宗庙的祭祀，这样做天下人民就很幸运了。为臣等谨与博士许慈、议郎孟光一起，制定登基的礼仪，选择吉利的时辰，然后向大王奉上尊崇的皇帝称号。"

于是先主在成都武担山的南面举行仪式登上皇帝位置。即位仪式中宣读的文告说："建安二十六年（公元221）四月初六日丙午，皇帝臣刘备斗胆使用黑色公牛作祭品，公开报告皇天上帝和大地之神：汉朝拥有天下，上天所赐给的传承年代永无穷尽。从前王莽篡夺盗取帝位，震怒的光武皇帝给以诛讨，使汉朝天下依然存在。而今曹操依仗武力，安于作出残忍的事情；杀死皇后，罪大恶极，企图灭亡大汉王朝，而不顾上天显示的君臣之道。曹操的儿子曹丕，承袭其父的凶恶反逆行为，竟然窃据了天子的位置。我的群臣和将士都认为现今天下崩溃，刘备应当把它重新建立起来，紧跟高祖、世祖的脚迹，恭敬地执行上天对叛逆者的惩罚。臣下我考虑自己无德无能，害怕会有辱于皇帝的尊位。于是向百姓，甚至外边的少数族首领征询意见，他们都说：'天命不能不顺从，祖业不能长久让其衰败，四海不能没有君主，全国人民所仰望的，就在你刘备一人啊。'臣下我敬畏上天明确的命令，又害怕汉朝的江山会崩溃在地上，所以谨选择一个好日子，与百官登坛举行仪式，接受皇帝的玉玺和绶带。特此准备妥当禀告天地时使用的木柴、土坑和祭品，举行仪式向伟大的皇天上帝和大地之神报告，希望你们前来享用祭品，赐福于汉朝，永远安定天下！"

先主章武元年（公元221）夏四月，宣布大赦，改变年号。任命诸葛亮为丞相，许靖为司徒。设置百官，建立宗庙，在宗庙中合祭从汉高祖起的历代祖先。五月，立吴氏为皇后，皇子刘禅为太子。六月，封皇子刘永为鲁王，刘理为梁王。车骑将军张飞被他的侍从杀害。

当初，先主愤恨孙权袭杀关羽，准备东征孙吴。秋七月，亲自率领各路军队出征。孙权写信来求和，先主大为震怒，断然拒绝。吴将陆逊、李异、刘阿等驻扎在巫县、秭归县一带，先主派将军吴班、冯习在巫县攻破李异的部队，向前推进到秭归。这时孙吴辖境内武陵郡的蛮族，他们居住在雄、橘、辰、酉、无这五条溪河的沿岸，派使者来请求先主派兵去，他们要归顺先主。

章武二年（公元222）春正月，先主率主力军团回到秭归，派将军吴班、陈式率水军推进并驻扎在夷陵县,军队部署在长江两岸。二月,先主自秭归率诸将向孙吴境内进军,沿着长江边的崎岖山路,跋涉到夷道县的猇亭扎营。又从佷山县打通前往武陵郡的道路,派侍中马良前去安抚蛮族,那里的蛮族人都纷纷响应先主。镇北将军黄权指挥长江以北的各路军队,与吴军在夷陵一线相持。

夏六月,有一股黄气出现在秭归的十多里地界内,宽达几十丈。在这以后十多天,吴将陆逊在猇亭击败先主的大军,将军冯习、张南等阵亡。先主从猇亭退回秭归,收集逃散的士兵,抛弃大小船只,由陆路再退回鱼复县,改鱼复为永安。

孙吴派将军李异、刘阿等跟踪先主军队,一直追到永安附近的南山驻扎,秋八月才撤回巫县。司徒许靖去世。

冬十月,先主下诏让丞相诸葛亮在成都的南、北郊修建祭祀天、地的圆坛、方池。

孙权听说先主一直住在白帝城,非常害怕,派遣使者求和。先主同意讲和,派太中大夫宗玮前往孙吴回复对方的要求。

十二月,汉嘉郡太守黄元听说先主病重,举兵抗拒朝廷。

章武三年(公元223)春二月,丞相诸葛亮自成都到达永安。三月,黄元出兵进攻临邛县。朝廷派将军陈智讨伐黄元。黄元兵败,顺流而下逃跑,被他的亲兵捆了,活着送往成都,将其斩首。

先主病重,把儿子刘禅托付给丞相诸葛亮,由尚书令李严充当诸葛亮的副手。

夏四月二十四日,先主在永安县的行宫去世,终年六十三岁。

诸葛亮向后主刘禅上奏说:"刚刚去世的先皇帝树立仁德,覆盖着无边大地上的人民;上天真是不仁慈,让他卧病在床直到临终的时刻。本月二十四日他忽然离开人世升天,臣僚们号啕大哭,好像死去了父亲或母亲。考虑到先皇帝临终前留下遗诏,指示丧事要按照太宗孝文皇帝的榜样办理,并做了适当的改革,现将他的指示报告如下:'百官哭祭,满三天后即脱掉丧服正常办公,到遗体下葬时再按照葬礼内容参加哀悼活动;各地的郡太守、国相、都尉、县令、县长,哭祭满三天后即脱掉丧服正常办公。'为臣亲自接受了先皇帝的指示训戒,畏惧神灵,不敢有所违背。为臣请求您向下面宣布执行先皇帝的上述指示。"

五月，先主的灵柩从永安运回成都，谥为昭烈皇帝。

秋八月，先主被安葬在成都的惠陵。

评论说：先主为人刚强、坚毅、宽厚；在了解和对待人才方面，大概有汉高祖的风范，表现出英雄的气度。他把整个国家和儿子托付给诸葛亮，而内心却毫无另外的念头，确实是君臣之间最大公无私的举动，古往今来的美好典范啊！只是他的机敏、权变、才干和谋略，比不上魏武帝曹操，所以最后占有的疆土也比较狭小。他之所以屡受挫折而不屈不挠，始终不肯向曹操低头的原因，或许是揣测到对方的气量必定容不下自己，所以其目的不单是要竞争利益，而且也是为了躲避伤害啊。

后主传第三

后主讳禅[1]，字公嗣[2]。先主子也。建安二十四年，先主为汉中王，立为王太子。

及即尊号，册曰[3]："惟章武元年五月辛巳[4]，皇帝若曰[5]：太子禅，朕遭汉运艰难，贼臣篡盗；社稷无主，格人群正[6]；以天明命，朕继大统[7]。今以禅为皇太子，以承宗庙，祗肃社稷[8]。使使持节、丞相亮，授印绶；敬听师傅，行一物而三善皆得焉[9]，可不勉与[10]！"〔一〕

【注释】

〔1〕讳禅：刘禅又名斗，故亲近的人称为阿斗，见本书卷四十《刘封传》。　〔2〕字公嗣：刘禅又字升之，见本书卷三《明帝纪》太和二年裴注引《魏略》。当是最初名斗，字升之；后改名禅，字公嗣。"禅"是多音字，有两读：佛家之禅宗，读如缠（chán）；禅，读如善（shàn）。既然后主字公嗣，则刘禅的"禅"字，读音当选择后者才能与之相应，因为"公嗣"之意是公选的继承人。　〔3〕册：君主对臣下进行封土、授爵、记功时所颁发的简册文书。又作策。　〔4〕辛巳：旧历十二日。〔5〕若曰：这样说。　〔6〕格人：有远见的人。　群正：各负责官员。〔7〕大统：指帝位。　〔8〕祗（zhī）肃社稷：使天下恭顺虔敬。　〔9〕行一物而三善皆得：这是《礼记·文王世子》中的话。行一物，意为做一件事，指当太子的人在学校里遵守按年龄排次序的规矩而不搞特殊化。

这样做除了向人们显示出长幼的礼节外，还表示非常尊重自己的父亲，也就是自己的君主，从而又向人们显示了父子之道和君臣之义。以上三方面的好处就是三善。此处刘备是在提醒刘禅珍视自己的特殊身份，注意培养谦让的品德。　〔10〕与：句末语气词。表示感叹。

【裴注】

〔一〕《礼记》曰："行一物而三善者，惟世子而已；其齿于学之谓也。"郑玄曰："物犹事也。"

三年夏四月[1]，先主殂于永安宫。五月，后主袭位于成都，时年十七。尊皇后曰皇太后[2]；大赦，改元。是岁魏黄初四年也。〔一〕

建兴元年夏[3]，牂牁太守朱褒拥郡反[4]。〔二〕先是，益州郡有大姓雍闿反[5]，流太守张裔于吴[6]，据郡不宾[7]；越嶲夷王高定亦背叛[8]。

是岁，立皇后张氏[9]。遣尚书(郎)邓芝固好于吴；吴王孙权与蜀和亲使聘[10]，是岁通好。

【注释】

〔1〕三年：章武三年(公元223)。　〔2〕皇后：指刘备的皇后吴氏。刘禅的继母。　〔3〕建兴元年：公元223年。下文二年到十五年均属建兴而略去年号。　〔4〕牂牁(zāng gē)：郡名。治所在今贵州福泉市境内。　〔5〕雍闿(？—公元225)：事见本书卷四十三《李恢传》、《吕凯传》。　〔6〕流：放逐。　张裔(？—公元230)：传见本书卷四十一。〔7〕不宾：不服从统治。　〔8〕越嶲(xī)：郡名。治所在今四川西昌市东南。　高定(？—公元225)：事见本书卷四十三《李恢传》、《吕凯传》。〔9〕张氏(？—公元237)：张飞的大女。传见本书卷三十四。　〔10〕和亲：和好亲善。

【裴注】

〔一〕《魏略》曰："初，备在小沛，不意曹公猝至，惶遽弃家属；后奔荆州。禅时年数岁，窜匿；随人西入汉中，为人所卖。及建安十六年，关中破乱，扶风人刘括避乱入汉中，买得禅；问知其良家子，遂养为子；与娶妇，生一子。初禅与备相失时，识其父字'玄德'。比舍人有姓简者，及备得益州而简为将军；备遣简到汉中，舍都邸。禅乃诣简，简相检讯，事皆符验。简喜，以语张鲁；鲁〔乃〕〔为〕洗沐，送诣益州，备乃立以为太子。初备以诸葛亮为太子太傅；及禅立，以亮为丞相，委以诸事。谓亮曰：'政由葛氏，祭则寡人。'亮亦以禅未闲于政，遂总内外。"

臣松之按：《二主妃子传》曰"后主生于荆州"，《后主传》云"初即帝位，年十七"，则建安十二年生也。十三年败于长坂，备弃妻子走，《赵云传》曰"云身抱弱子以免"，即后主也。如此，备与禅未尝相失也。又诸葛亮以禅立之明年领益州牧，其年与主簿杜微书曰"朝廷今年十八"，与禅传相应，理当非虚。而鱼豢云备败于小沛，禅〔时〕〔是〕年始生；及奔荆州，"能识其父字玄德"，计当五六岁。备败于小沛时，建安五年也；至禅初立，首尾二十四年，禅应过三十矣。以事相验，理不得然。此则《魏略》之妄说，乃至二百余言，异也！又按诸书记及《诸葛亮集》，亮亦不为太子太傅。

〔二〕《魏氏春秋》曰："初，益州从事常房行部；闻褒将有异志，收其主簿案问，杀之。褒怒，攻杀房，诬以谋反。诸葛亮诛房诸子，徙其四弟于越巂，欲以安之。褒犹不悛改，遂以郡叛应雍闿。"臣松之按：以为房为褒所诬，执政所宜澄察；安有妄杀不辜，以悦奸慝？斯殆妄矣！

二年春，务农殖谷，闭关息民[1]。

三年春三月，丞相亮南征四郡[2]，四郡皆平。改益州郡为建宁郡；分建宁、永昌郡为云南郡[3]；又分建宁、牂柯为兴古郡[4]。

十二月，亮还成都。

四年春，都护李严自永安还住江州[5]，筑大城。〔一〕

五年春，丞相亮出屯汉中，营沔北阳平、石马^[6]。〔二〕

【注释】

〔1〕息民：让老百姓休息。指不对外发动战争。 〔2〕四郡：指位于南中的越巂、建宁、永昌、牂牁四郡。 〔3〕永昌：郡名。治所在今云南保山市东北。 云南：郡名。治所在今云南姚安县西北。 〔4〕兴古：郡名。治所在今云南砚山县西北。 〔5〕都护：蜀汉官名。即中都护。刘备病重时，以李严任此职，统内外诸军镇守永安，是蜀汉全军的统帅。刘禅继位后，中都护的军权减弱。后来全军的统帅权由丞相诸葛亮接管。〔6〕阳平：关隘名。在今陕西勉县城西郊。 石马：城名。在今陕西勉县东。

【裴注】

〔一〕今巴郡故城是。

〔二〕《诸葛亮集》载禅三月下诏曰："朕闻天地之道，福仁而祸淫；善积者昌，恶积者丧：古今常数也。是以汤、武修德而王，桀、纣极暴而亡。曩者汉祚中微，网漏凶慝：董卓造难，震荡京畿；曹操阶祸，窃执天衡，残剥海内，怀无君之心；子丕孤竖，敢寻乱阶，盗据神器，更姓改物，世济其凶。当此之时，皇极幽昧，天下无主，则我帝命，隔越于下。昭烈皇帝体明睿之德，光演文武，应乾坤之运；出身平难，经营四方；人鬼同谋，百姓与能。兆民欣戴，奉顺符谶；建位易号，丕承天序；补弊兴衰，存复祖业；诞膺皇纲，不坠于地；万国未定，早世遐殂。朕以幼冲，继统鸿基；未习《保傅》之训，而婴祖宗之重；六合雍否，社稷不建；永惟所以，念在匡救，光载前绪；未有攸济，朕甚惧焉。是以夙兴夜寐，不敢自逸；每崇菲薄以益国用，劝分务穑以阜民财；授方任能以参其听，断私降意以养将士；欲奋剑长驱，指讨凶逆。朱旗未举，而丕复陨丧：斯所谓不燃我薪而自焚也。残类余丑，又支天祸；恣睢河、洛，阻兵未弭。诸葛丞相弘毅忠壮，忘身忧国；先帝托以天下，以勖朕躬。今授之以旄钺之重，付之以专命之权；统领步骑二十万众，董督元戎，龚行天罚，除患宁乱，克复旧都：在此行也。昔项籍总一强众，跨州兼土，所务者大；然卒败垓下，死于东城；宗族焚如，为笑千载：皆不以义，陵上虐下故也。今贼效尤，天人所怨；奉时宜速，庶凭炎精祖宗威灵相助之福，所向必克。吴王孙权，同恤灾患，潜军合谋，掎角其后。凉州诸国王，各遣月支、康居胡侯支富、康植等二十余人诣受节度；大军北出，便欲率将兵马，奋戈先驱。天命既集，人事又至；师贞势并，必无敌矣！夫王者之兵，有征无战；尊而且义，莫敢抗也；故鸣条之役，军不血刃；牧野之师，商人倒戈。今旆麾首路，其所经至，亦不欲穷兵极武。有能弃邪从正、箪食壶浆以迎王师者，国有常典，封宠大小，各有品限。及魏之宗族、支叶、中外，有能规利害、审逆顺之数，来诣降者，皆原除之。昔辅果绝亲于智氏，而蒙全宗之福；微子去殷，项伯归汉，皆受茅土之庆。此前世之明验也。若其迷沉不返，将助乱人，不式王命；戮及妻孥，罔有攸赦！广宣恩威，贷其元帅，吊其残民。他如诏书律令。丞相其露布天下，使称朕意焉。"

六年春[1]，亮出攻祁山，不克。

冬，复出散关，围陈仓，粮尽，退。魏将王双率军追亮；亮与战，破之，斩双。还汉中。

七年春，亮遣陈式攻武都、阴平，遂克定二郡。

冬，亮徙府营于南山下原上[2]；筑汉、乐二城[3]。是岁，孙权称帝，与蜀约盟：共交分天下[4]。

八年秋，魏使司马懿由西城，张郃由子午，曹真由斜谷：〔一〕欲攻汉中。丞相亮待之于城固赤坂[5]。大雨道绝，真等皆还。是岁，魏延破魏雍州刺史郭淮于阳溪[6]。徙鲁王永为甘陵王，梁王理为安平王；皆以鲁、梁在吴分界故也[7]。

九年春二月，亮复出军围祁山，始以木牛运[8]。魏司马懿、张郃救祁山。

夏六月，亮粮尽退军。郃追至青封[9]，与亮交战，被箭死[10]。

秋八月，都护李平废徙梓潼郡。[11]〔二〕

十年，亮休士劝农于黄沙[12]；作流马、木牛毕，教兵讲武。

十一年冬，亮使诸军运米，集于斜谷口[13]，治斜谷邸阁[14]。是岁，南夷刘胄反[15]，将军马忠破平之[16]。

十二年春二月，亮由斜谷出，始以流马运。

秋八月，亮卒于渭滨。征西大将军魏延，与丞相长史杨仪争权，不和[17]，举兵相攻，延败走，斩延首；仪率诸军还成都。大赦。以左将军吴壹为车骑将军，假节督汉中。以丞相留府长史蒋琬为尚书令[18]，总统国事。

十三年春正月，中军师杨仪废徙汉嘉郡[19]。

夏四月，进蒋琬位为大将军。

十四年夏四月，后主至湔[20]，〔三〕登观坂[21]，看汶水之流[22]。旬日还成都[23]。徙武都氐王苻健及氐民四百余户于广都[24]。

十五年夏六月，皇后张氏薨。

【注释】

〔1〕六年：建兴六年（公元228）。　〔2〕府营：丞相府所在的大营。南山：山名。通常是指当时汉中郡治所南郑县西南五十公里左右的米仓山西脉。此处特指沔县城南的定军山。南郑县和勉县都北对褒斜道的南口，曹魏军队如果从褒斜道南侵，这里将首当其冲。诸葛亮用兵谨慎，所以把指挥大营移到沔水以南的南山高原上。这样不仅距褒斜道南口较远，而且可以利用沔水作屏障。　〔3〕汉：城名。在今陕西勉县东。乐：城名。一般认为在今陕西城固县西汉水之滨。但也有人认为在今城固县北面斗山西北麓的赤土坡。汉城在南郑西面约四十公里。乐城在南郑东面约四十公里。三城都在沔水北岸，相互呼应，构成一条军事防御带，既可控扼通向益州腹地的道路，还可为指挥大营提供又一道屏障。

〔4〕交分天下：当时双方约定，曹魏的领土大体平均瓜分，其中豫、青、徐、幽四州属吴，兖、冀、并、凉四州属蜀，司州则以函谷关为界，关东属吴，关西属蜀。详见本书卷四十七《吴主传》黄龙元年。　〔5〕城固：县名。县治在今陕西城固县东。　赤坂：地名。当时属城固县，当在今城固县北面斗山西北麓的赤土坡，因泥土呈赤红色得名。诸葛亮在此筑城屯兵，以待来犯的魏军。曾有城墙、烽火台等遗迹留存。有学者认为赤土坡城就是上文提到的乐城，但是诸葛亮修建乐城在先，次年即到赤坂待敌。如果乐城就在赤坂，那么就应记载为"待敌于乐城"，而非"待敌于赤坂"。　〔6〕阳溪：地名，在今甘肃武山县西南。　〔7〕在吴分界：鲁和梁是豫州所辖的郡国，而豫州按约定是属于吴国的，所以这样说。　〔8〕木牛：木牛、流马，是适应秦岭山区不同道路而创制的两种运输车辆。前者载重量较大而运行缓慢，适用于秦岭西部坡度较为平缓迂回的山间大路。后者载重量较小，运行迅速，而且两个货箱装卸简便，适用于秦岭中部各段木质栈道上的接力式传运，可以有效提高运输效率。其创意出自诸葛亮，而具体施工制作则是蜀汉军工器械工艺专家蒲元。关于木牛、流马的各部分及其尺寸，本书卷三十五《诸葛亮传》裴注引《诸葛亮集》、《通典》、《资治通鉴》等多种典籍均有记载。但因各处的记载都不完整和一致，而且又未附有图样资料，所以现今已经很难复原。罗贯中在《三国演义》中，将木牛、流马描绘成不需要动力而能自动行进的神奇机械，这是文学的夸张，而非历史的真实。　〔9〕青封：地名。在今甘肃天水市西南。　〔10〕被箭：中箭。　〔11〕废徙：废黜流放。　梓潼：郡名。治所在今四川梓潼县。　〔12〕黄沙：地名。在今陕西勉县东黄沙镇。现今尚有后世所立碑刻、碑亭。　〔13〕斜（yé）谷口：秦岭北面斜谷的北端口。在今陕西眉县西南约 15 公里。褒斜道，是先秦以来南北走向穿越秦岭的主要通道，也是诸葛亮五次北伐最后一次使用的道路，主要以栈道连接构成。由秦岭南面的褒水河谷即褒谷，和当时武功水所流经的斜谷组合，故名。从诸葛亮大本营汉中北面的褒谷南口，北上至秦岭主峰附近转入斜谷，下行到斜谷口，即可经由五丈原的东侧，进入关中平原。全程约 235 公里。诸葛亮在最为接近敌境但又有峻岭掩护的斜谷口内侧建立仓库，以特制的流马储运军粮，是为次年春天第五次北伐，预先做好战略后勤准备。　〔14〕邸阁：粮食仓库。〔15〕南夷：南中的少数族。　〔16〕马忠（？—公元249）：传见本书卷四十三。　〔17〕杨仪：传见本书卷四十。　〔18〕丞相留府：诸葛亮北伐，丞相府随同设在汉中郡前线。在成都的后方事务，由留后机构处理，称为留府。　〔19〕中军师：官名。是蜀军的参谋长。　〔20〕湔（jiān）：山

名。即今四川都江堰市西郊的玉垒山。　〔21〕观坂：地名。在今四川都江堰市城西斗鸡台。下临岷江，可俯瞰都江堰全貌。　〔22〕汶水：河流名。即今岷江。　〔23〕旬日：十天左右。　〔24〕广都：县名。县治在今四川成都市双流区东南。

【裴注】

〔一〕斜，余奢反。

〔二〕《汉晋春秋》曰："冬十月，江阳至江州，有鸟从江南飞渡江北，不能达，堕水死者以千数。"

〔三〕臣松之按：湔，县名也，属蜀郡；音翦。

　　延熙元年春正月[1]，立皇后张氏[2]。大赦，改元。立子璿为太子[3]，子瑶为安定王。

　　冬十一月，大将军蒋琬出屯汉中。

　　二年春三月，进蒋琬位为大司马。

　　三年春，使越南太守张嶷平定越巂郡[4]。

　　四年冬十月，尚书令费祎至汉中，与蒋琬谘论事计，岁尽，还。

　　五年春正月，监军姜维督偏军，自汉中还屯涪县。

　　六年冬十月，大司马蒋琬自汉中还，住涪。十一月，大赦。以尚书令费祎为大将军。

　　七年闰月[5]，魏大将军曹爽、夏侯玄等向汉中。镇北大将军王平拒兴势围[6]，大将军费祎督诸军往赴救。魏军退。

　　夏四月，安平王理卒。

　　秋九月，祎还成都。

　　八年秋八月，皇太后薨。

十二月，大将军费祎至汉中，行围守〔7〕。

九年夏六月，费祎还成都。秋，大赦。

冬十一月，大司马蒋琬卒。〔一〕

十年，凉州胡王白虎文、治无戴等率众降〔8〕；卫将军姜维迎逆安抚，居之于繁县〔9〕。是岁，汶山平康夷反〔10〕，维往讨，破平之。

十一年夏五月，大将军费祎出屯汉中。

秋，涪陵属国民夷反〔11〕，车骑将军邓芝往讨，皆破平之。

十二年春正月，魏诛大将军曹爽等，右将军夏侯霸来降。

夏四月，大赦。

秋，卫将军姜维出攻雍州，不克而还；将军句安、李韶降魏。

十三年，姜维复出西平，不克而还。

十四年夏，大将军费祎还成都。

冬，复北驻汉寿〔12〕。大赦。

十五年，吴（王）〔主〕孙权薨。立子琮为西河王。

十六年春正月，大将军费祎为魏降人郭修所杀于汉寿。

夏四月，卫将军姜维复率众围南安，不克而还。

十七年春正月，姜维还成都。大赦。

夏六月，维复率众出陇西。冬，拔狄道、河（间）〔关〕、临洮三县民〔13〕，居于绵竹、繁县。

十八年春，姜维还成都。

夏，复率诸军出狄道，与魏雍州刺史王经战于洮西，大破之。经退保狄道城；维却住钟题[14]。

十九年春，进姜维位为大将军，督戎马。与镇西将军胡济期会上邽[15]，济失誓不至。

秋八月，维为魏大将军邓艾所破于上邽，维退军还成都。是岁，立子瓒为新干王。大赦。

二十年，闻魏大将（军）诸葛诞据寿春以叛，姜维复率众出骆谷，至芒水[16]。是岁大赦。

【注释】

〔1〕延熙元年：公元 238 年。以下二年至二十年都属延熙而略去年号。 〔2〕张氏：为前一个张皇后的妹妹。她二人都是张飞的女儿。传见本书卷三十四。 〔3〕瓒：即刘瓒（公元 224—264）。传见本书卷三十四。 〔4〕张嶷（？—公元 254）：传见本书卷四十三。 〔5〕闰月：这一年闰二月。 〔6〕王平（？—公元 248）：传见本书卷四十三。 拒兴势围：凭借兴势一带的围墙拒守。兴势是山名，在今陕西洋县西北。 〔7〕行围守：巡视凭借围墙防守的各军。 〔8〕治无戴等率众降：据本书卷二十六《郭淮传》，治无戴降蜀，在曹魏正始九年（公元 248），相当于蜀汉延熙十一年。此处史文提前了一年。 〔9〕繁县：县名。县治在今四川成都市新都区西北。 〔10〕汶山：郡名。治所在今四川汶川县西南。 平康：县名。县治在今四川黑水县境。 〔11〕涪陵属国：属国名。治所在今重庆市彭水县。 民夷：汉族和少数族百姓。 〔12〕汉寿：县名。原名葭萌。县治在今四川广元市西南。 〔13〕河关：县名。县治在今甘肃临夏市西北。 临洮：县名。县治在今甘肃岷县。 〔14〕钟题：地名。在今甘肃临洮县南。又作钟提。 〔15〕胡济：事见本书卷三十九《董和传》裴注。 〔16〕芒水：河流名。为渭河南岸支流之一。发源于秦岭北麓，北流至今陕西周至县东北入渭河。

【裴注】

〔一〕《魏略》曰："琬卒，禅乃自摄国事。"

景耀元年[1]，姜维还成都。史官言景星现[2]，于是大赦，改年。宦人黄皓始专政[3]。吴大将军孙綝废其主亮[4]，立琅邪王休[5]。

二年夏六月，立子谌为北地王，恂为新兴王，虔为上党王。

三年秋九月，追谥故将军关羽、张飞、马超、庞统、黄忠。

四年春三月，追谥故将军赵云。

冬十月，大赦。

五年春正月，西河王琮卒。是岁，姜维复率众出侯和，为邓艾所破，还住沓中。

六年夏，魏大兴徒众[6]，命征西将军邓艾、镇西将军钟会、雍州刺史诸葛绪，数道并攻。于是遣左、右车骑将军张翼、廖化，辅国大将军董厥等拒之[7]。大赦。改元为炎兴。

冬，邓艾破卫将军诸葛瞻于绵竹。用光禄大夫谯周策[8]，降于艾。奉书曰："限分江、汉[9]，遇值深远[10]，阶缘蜀土[11]，斗绝一隅[12]；干运犯冒[13]，渐苒历载[14]，遂与京畿攸隔万里[15]。每惟黄初中[16]，文皇帝命虎牙将军鲜于辅[17]，宣温密之诏[18]，申三好之恩[19]；开示门户[20]，大义炳然。而否德暗弱[21]，窃贪遗绪[22]；俯仰累纪[23]，未率大教[24]。天威既震[25]，人鬼归能（之数）[26]，怖骇王师；神武所次[27]，敢不革面[28]，顺以从命！辄敕群帅投戈释甲，官府帑藏一无所毁[29]。百姓布野，余粮栖亩[30]；以俟后来之惠[31]，全元元之命[32]。伏惟大魏，布德施化；宰辅伊、周[33]，含覆藏疾[34]。谨遣私署侍中张绍、光禄大夫谯周、驸马都尉邓良[35]，奉赍印绶[36]，请命告诚，敬输忠款；存亡敕赐，惟所裁之[37]。舆榇在近[38]，不复缕陈[39]。"

是日，北地王谌伤国之亡，先杀妻子，次以自杀。〔一〕

绍、良与艾相遇于雒县。艾得书，大喜；即报书，〔二〕遣绍、良先还。艾至城北，后主舆榇自缚，诣军垒门[40]。艾解缚焚榇，延请相见；〔三〕因承制拜后主为骠骑将军。诸围守悉被后主敕[41]，然后降下[42]。艾使后主止其故宫，身往造焉[43]。

资严未发[44]，明年春正月，艾见收[45]。钟会自涪至成都，作乱。会既死，蜀中军众抄略，死丧狼藉；数日乃安集。

【注释】

〔1〕景耀元年：公元258年。以下二年至六年都属景耀而略去年号。〔2〕景星：古人所说的一种预示祥瑞的星。形状有多种。又名黄星、德星。见《晋书》卷十二《天文志》中。　〔3〕黄皓：事见本书卷三十九《董允传》。　〔4〕亮：即孙亮（公元243—?）。传见本书卷四十八。〔5〕休：即孙休（公元235—264）。传见本书卷四十八。　〔6〕徒众：指军队。　〔7〕张翼（?—公元264）：传见本书卷四十五。　廖化（?—公元264）：传附本书卷四十五《宗预传》。　辅国大将军：官名。领兵征伐。　董厥：传附本书卷三十五《诸葛亮传》。　〔8〕谯周（?—公元270）：传见本书卷四十二。　〔9〕限分江、汉：被长江、汉水限隔分开。〔10〕遇值深远：我所处的地方是边远区域。　〔11〕阶缘：凭借。〔12〕斗绝：像处在米斗中一样四面隔绝。　〔13〕干运：违反天运。

〔14〕渐苒：逐渐。属同义词并列。　历载（zǎi）：经历一年又一年。
〔15〕攸隔：所隔。　〔16〕每惟：每每想到。　〔17〕虎牙将军：官名。
领兵征伐。　〔18〕温密：温和亲切。　〔19〕三好：魏、蜀、吴三国相
互友好。实际上是要蜀、吴向曹魏称臣。魏文帝时孙权曾向曹魏称臣，
当时魏文帝希望刘禅也能这样做。　〔20〕开示门户：指点并给予出路。
〔21〕否德暗弱：这是刘禅形容自己。　〔22〕遗绪：指父亲留下的位置。
〔23〕俯仰：比喻苟且偷生。　累纪：连续多年。　〔24〕率：遵循。
〔25〕天威既震：比喻曹魏对蜀汉发动进攻。　〔26〕归能：向善。
〔27〕神武：指曹魏军队。　所次：所向。　〔28〕革面：改变面貌。指归
顺曹魏。　〔29〕帑藏（tǎng cáng）：国库的财物。　〔30〕栖亩：留在田
野里。　〔31〕后：君主。《孟子·梁惠王》下引有《尚书》句："徯我
后，后来其苏！"说人民盼望商汤，商汤来了就有活路了。这里即用此
典故。　〔32〕元元：百姓。　〔33〕宰辅伊、周：辅政大臣就像伊尹、
周公。宰辅指司马昭。　〔34〕含覆藏疾：比喻君主能够宽容有罪过的
人。通常说含垢藏疾，语出《左传》宣公十五年。　〔35〕私署：私自委
任。意指蜀汉所设立的官员属于非法。　张绍：事见本书卷三十六《张
飞传》。　邓良：事见本书卷四十五《邓芝传》。　〔36〕印绶：指蜀汉皇
帝的玉玺和绶带。　〔37〕裁：裁决处置。　〔38〕舆榇（chèn）：抬起棺
材。这里指自己将向邓艾投降。　〔39〕缕陈：一一陈述。　〔40〕军垒：
军营。　〔41〕被：接受。　〔42〕降下：投降。　〔43〕造：拜访。
〔44〕资严：收拾行装。指准备动身前往洛阳。　〔45〕见收：被逮捕。

【裴注】
　　〔一〕《汉晋春秋》曰："后主将从谯周之策，北地王谌怒曰：'若理
穷力屈，祸败必及；便当父子君臣，背城一战，同死社稷，以见先帝可
也！'后主不纳，遂送玺绶。是日，谌哭于昭烈之庙，先杀妻子，而后
自杀；左右无不为涕泣者。"
　　〔二〕王隐《蜀记》曰："艾报书云：'王纲失道，群英并起；龙战
虎争，终归真主：此盖天命去就之道也。自古圣帝，爰逮汉、魏，受命
而王者，莫不在乎中土。河出《图》，洛出《书》，圣人则之，以兴洪
业；其不由此，未有不颠覆者也。隗嚣凭陇而亡，公孙述据蜀而灭：此
皆前世覆车之鉴也。圣上明哲，宰相忠贤；将比隆黄轩，侔功往代。衔
命来征，思闻嘉响；果烦来使，告以德音：此非人事，岂天启哉？昔微
子归周，实为上宾；君子豹变，义存《大易》。来辞谦冲，以礼与舆榇，

皆前哲归命之典也。全国为上，破国次之；自非通明智达，何以见王者之义乎！'禅又遣太常张峻、益州别驾汝超受节度，遣太仆蒋显有命敕姜维。又遣尚书郎李虎送士民簿，领户二十八万，男女口九十四万；带甲将士十万二千，吏四万人；米四十余万斛，金、银各二千斤，锦绮、彩绢各二十万匹，余物称此。"

〔三〕《晋诸公赞》曰："刘禅乘骡车诣艾，不具亡国之礼。"

后主举家东迁；既至洛阳，策命之曰："惟景元五年三月丁亥[1]，皇帝临轩[2]，使太常嘉命刘禅为安乐县公[3]。於戏[4]，其进听朕命！盖统天载物，以咸宁为大[5]；光宅天下[6]，以时雍为盛[7]。故孕育群生者，君人之道也[8]；乃顺承天者[9]，坤元之义也[10]。上下交畅，然后万物协和，庶类获乂[11]。乃者汉氏失统[12]，六合震扰。我太祖承运龙兴，弘济八极[13]；是用应天顺民[14]，抚有区夏[15]。于时乃考因群杰虎争[16]，九服不静[17]，乘间阻远[18]，保据庸蜀[19]；遂使西隅殊封[20]，方外壅隔[21]。自是以来，干戈不戢[22]；元元之民，不得保安其性[23]，几将五纪[24]。朕永惟祖考遗志[25]，思在绥缉四海[26]，率土同轨；故爰整六师[27]，耀威梁、益[28]。公恢崇德度[29]，深秉大正；不惮屈身委质[30]，以爱民全国为贵[31]；降心回虑[32]，应机豹变[33]；履信思顺，以享左右无疆之休[34]。岂不远欤[35]！朕嘉与君公长飨显禄[36]，用考咨前训[37]，开国胙土[38]，率遵旧典，锡兹玄土[39]，苴以白茅[40]；永为魏藩辅。往钦哉[41]！公其祗服朕命[42]，克广德心，以终乃显烈[43]。"

食邑万户，赐绢万匹，奴婢百人，他物称是[44]；子孙为三都尉、封侯者五十余人[45]。尚书令樊建、侍中张绍、光禄大夫谯周、秘书令郤正、殿中督张通[46]，并封列侯。〔一〕

公，泰始七年薨于洛阳。[47]〔二〕

【注释】

〔1〕惟：句首发语词。无实义。 丁亥：旧历二十七日。 〔2〕轩：大殿之前的平台。 〔3〕安乐：县名。在今北京市顺义区西北。〔4〕於戏(wū hū)：感叹词。 〔5〕咸宁：都得安宁。 〔6〕光宅：照耀和主宰。 〔7〕时雍：和睦太平。 〔8〕君人：统治百姓。 〔9〕乃顺承天：能够柔顺地承奉上天。这是《周易·坤卦》象辞中的句子。〔10〕坤元：笼罩大地的元气。这也是《周易·坤卦》象辞中的词语。〔11〕乂(yì)：安定。 〔12〕乃者：以往。 汉氏失统：汉朝丧失统御能力。指东汉献帝时王朝的崩溃。 〔13〕弘济：广为拯救。 八极：最边远的地方。这里指八极之内，即天下。 〔14〕是用：是以。 〔15〕抚有：拥有。 区夏：中原。 〔16〕乃考：你的父亲。指刘备。 因：趁着。 〔17〕九服：古代把京城以外的地区，由近到远分为侯服、甸服、男服、采服、卫服、蛮服、夷服、镇服、藩服，合称九服。这里指全国各地。 〔18〕乘间：趁机。 〔19〕庸蜀：指益州。益州包括古蜀国的故地，王莽时又曾把益州改名为庸部，所以称庸蜀。 〔20〕西隅：西方。指益州。 殊封：(具有)不同的疆界。意思是不在中原王朝的管辖内。 〔21〕方外：中原以外的地区。这里也指益州。 〔22〕不戢(jí)：不止。 〔23〕性：这里指生命。 〔24〕纪：十二年为一纪。五纪为六十年。刘备占领益州在公元214年，到景元五年(公元264)历时五十一年。 〔25〕永惟：永远牢记。 祖：指魏文帝曹丕。 考：指魏明帝曹叡。下达这道策命的魏元帝曹奂，本是曹叡的堂弟，公元260年被立为皇帝，充当曹叡的后嗣。从此，曹叡就成为他名义上的父亲。 〔26〕绥缉：安抚稳定。 〔27〕爰：从容。 〔28〕梁：州名。景元四年(公元263)灭蜀后，分益州置梁州。治所在今陕西勉县东，不久移到今陕西汉中市。 〔29〕公：指刘禅。 〔30〕委质：归顺。 〔31〕全：保全。〔32〕降心：屈志。 回虑：改变(武力抵抗的)念头。 〔33〕豹变：像豹

子皮毛上的花纹色彩那样出现变化。《周易·革卦》爻辞有"君子豹变"的话，比喻人的行为发生较大的变化。 〔34〕左右：辅佐帮助（魏朝）。休：美。 〔35〕远：远大。 〔36〕嘉与君：乐于与你。 〔37〕用：因而。 考咨：考察咨询。 前训：这里指前代的做法。 〔38〕胙（zuò）土：赐给土地。 〔39〕锡：赏赐。 玄土：黑土。古代天子分封诸侯时，要给受封者一小包用白茅草裹着的泥土，以象征赐给土地。泥土的颜色视受封的方位而定：东方青、南方赤、西方白、北方黑。 〔40〕苴（jū）：干草。这里指用干草包裹。 〔41〕往钦哉：去吧，可要恭敬对待你的爵位呵。这是《尚书·尧典》中尧、舜任命官员时常用的勉励语。〔42〕祗（zhī）：恭敬。 〔43〕烈：业。 〔44〕称是：与此相当。〔45〕三都尉：指奉车都尉、驸马都尉、骑都尉。三者都是皇帝的侍从官员，在皇帝出巡时分别管理车辆、马匹、仪仗骑兵，属荣誉性官职。〔46〕秘书令：蜀汉官名。负责管理皇家图书文献，起草朝廷文告。但不像曹魏初期的秘书令那样曾有评审尚书台公文的机要大权。 郤正（？—公元278）：传见本书卷四十二。 殿中督：官名。领兵保卫皇宫殿堂。〔47〕泰始七年：公元271年。这时曹魏已经灭亡，进入西晋时期。

【裴注】

〔一〕《汉晋春秋》曰："司马文王与禅宴，为之作故蜀伎；旁人皆为之感怆，而禅喜笑自若。王谓贾充曰：'人之无情，乃可至于是乎！虽使诸葛亮在，不能辅之久全，而况姜维邪？'充曰：'不如是，殿下何由并之？'他日，王问禅曰：'颇思蜀否？'禅曰：'此间乐，不思蜀。'郤正闻之，求见禅曰：'若王后问，宜泣而答曰"先人坟墓，远在陇、蜀；乃心西悲，无日不思"，因闭其目。'会王复问，对如前；王曰：'何乃似郤正语邪！'禅惊视曰：'诚如尊命！'左右皆笑。"

〔二〕《蜀记》云："谥曰思公。子恂嗣。"

评曰：后主任贤相则为循理之君，惑阉竖则为昏暗之后[1]；传曰"素丝无常[2]，唯所染之"，信矣哉！礼，国君继体[3]，逾年改元；而章武之三年，则革称建兴；考之古义，体理为违[4]。又国不置史[5]，注记无官[6]；是以行事多遗，灾异靡书[7]。诸葛亮虽达于为政，凡此之类，犹有未周焉。然经载十二而年名不易[8]，军旅屡兴而赦不妄下：不亦卓乎[9]！自亮没后，兹制渐亏[10]：优劣著矣。〔一〕

【注释】

〔1〕后：君主。 〔2〕素丝无常：白色的绢和丝没有固定的颜色。墨子看到绢和丝的染色过程后曾有感叹，见《墨子·所染》。这里的两句由此而来。 〔3〕继体：继位。 〔4〕体理：制度和道理。 〔5〕置史：设置专门记述本国完整历史的官员。 〔6〕注记：指本国完整的历史记述。 〔7〕靡书：没有记录。 〔8〕经载：历年。 年名：年号。指后主刘禅的第一个年号建兴。诸葛亮死于建兴十二年(公元234)。 〔9〕卓：高明。 〔10〕兹制：这种制度。诸葛亮死后，后主改了三次年号：立第二个皇后改延熙，景星出现改景耀，魏军大举进攻又改炎兴。另外，自诸葛亮死起到蜀汉灭亡，后主先后宣布了十二次大赦，而诸葛亮执政时只有一次，即在刘禅继位之际。陈寿认为频繁改动年号和宣布大赦都不是为政的正道。关于诸葛亮为何拒绝频繁更改年号和施加大赦，其深层次的思想渊源和现实性的政治考量，详见拙文《三国志蜀书札记》，四川科技出版社《诸葛亮与三国文化》第二集，2004年。

【裴注】

〔一〕《华阳国志》曰："丞相亮时，有言公惜赦者，亮答曰：'治世以大德，不以小惠；故匡衡、吴汉，不愿为赦。先帝亦言"吾周旋陈元方、郑康成间，每见启告；治乱之道悉矣，曾不语赦也"。若刘景升、季玉父子，岁岁赦宥，何益于治！'"

臣松之以为"赦不妄下"，诚为可称；至于"年名不易"，犹所未达。按建武、建安之号，皆久而不改，未闻前史以为美谈。"经载十二"，盖何足云？岂别有他意，求之未至乎？亮殁后，延熙之号，数盈二十；"兹制渐亏"，事又不然也。

【译文】

后主名禅，字公嗣，是先主的儿子。建安二十四年(公元219)，先主为汉中王，立他为太子。

先主称帝，下达册文说："章武元年（公元221）五月十二日辛巳，皇帝这样说：太子刘禅，朕碰上汉朝国运艰难，贼臣曹丕篡夺盗窃帝位，天下没有君主；有远见的人和各位负责官员，因为上天有明确的命令，拥护朕继承汉朝传下来的帝位。现今立你刘禅为皇太子，以承担宗庙的祭祀，使天下恭顺虔敬。朕派遣丞相诸葛亮，持有节杖，前去授给你皇太子的印章和绶带；你要恭恭敬敬听从辅导老师的教诲，像古人所说的要珍视自己的特殊身份，做好一件事而获得三方面的益处。能不自我勉励吗！"

章武三年（公元223）夏四月，先主在永安县的行宫去世。五月，后主在成都继承帝位，时年十七岁。尊称皇后吴氏为皇太后。大赦天下，改变年号。这一年是魏文帝黄初四年。

后主建兴元年（公元223）夏，牂牁郡太守朱褒占据本郡叛变。在这之前，益州郡的豪强大族雍闿造反，把太守张裔抓起来流放到孙吴，然后占据本郡反抗朝廷，与此同时越嶲郡的少数族首领高定也起兵造反。

这一年，立张后为皇后。派遣尚书邓芝到吴国去加强友好关系，吴王孙权与蜀国和好亲善互通使节，吴国使者前来表示友好。

建兴二年（公元224）春，加强农业，生产粮食，关闭边关，让百姓休息。

建兴三年（公元225）春三月，丞相诸葛亮率军南征越嶲、建宁、永昌、牂牁四郡，把四郡完全平定。改益州郡为建宁郡，分出建宁、永昌二郡的一部分土地设置云南郡，又分出建宁、牂牁二郡的一部分土地设置兴古郡。

十二月，诸葛亮回到成都。

建兴四年（公元226）春，都护李严从永安退还到江州驻扎，在江州修筑大城。

建兴五年（公元227）春，丞相诸葛亮率军北上驻扎在汉中，在汉水北面的阳平、石马两地扎下大营。

建兴六年（公元228）春，诸葛亮出兵进攻祁山，未能攻下。

这年冬天，他又从散关出兵，包围陈仓，粮尽而退兵。魏将王双领兵追击，诸葛亮与之交战，将其斩首，然后回汉中。

建兴七年（公元229）春，诸葛亮派陈式进攻武都、阴平，平定了这两郡。

冬天，诸葛亮把丞相府所在的大营迁到南山脚下的高原上，又下令修筑汉城、乐城两处军事据点。这一年，孙权称帝，与蜀国订立盟约，共同瓜分天下。

建兴八年(公元230)秋，曹魏派遣司马懿取道西城，张郃取道子午谷，曹真取道斜谷，想大举进攻汉中。丞相诸葛亮率军在城固县的赤坂等候敌人，由于连降大雨道路被冲断，曹真等都被迫退回。这一年，魏延在阳溪击败曹魏的雍州刺史郭淮。改封鲁王刘永为甘陵王，梁王刘理为安平王，都是因为他们的封地鲁国、梁国在孙吴地界内的缘故。

建兴九年(公元231)春二月，诸葛亮又出兵围攻祁山，开始用木牛作运输工具。魏将司马懿、张郃赶来援救。

夏六月，诸葛亮粮尽而退兵。张郃追到青封，与诸葛亮交战，中箭而亡。

秋八月，都护李严被废黜流放到梓潼郡。

建兴十年(公元232)，诸葛亮在黄沙一带休整军队，鼓励将士屯田，在这里完成木牛、流马的制作工程，加紧训练军队。

建兴十一年(公元233)冬天，诸葛亮下令让各路军队运米，集中储存在斜谷口，又维修斜谷口的粮食仓库。这一年，南中地区的少数族首领刘胄造反，将军马忠把他消灭了。

建兴十二年(公元234)春二月，诸葛亮从斜谷出兵，开始用流马作运输工具。

秋八月，诸葛亮在渭水之滨去世。征西大将军魏延与丞相府长史杨仪争权不和，相互举兵攻击，魏延败走；杨仪派人斩了魏延，率领各路军队回成都。宣布大赦。任命左将军吴懿为车骑将军，授给节杖，指挥汉中各路军队。任命丞相留守府的长史蒋琬为尚书令，总管国家政事。

建兴十三年(公元235)春正月，中军师杨仪被废黜流放到汉嘉郡。

夏四月，提升蒋琬为大将军。

建兴十四年(公元236)夏四月，后主驾临湔山，登上观坂，看汶水的江流，十天左右回到成都。迁徙武都郡氐族首领符健以及氏族百姓四百多家到广都县。

建兴十五年(公元237)夏六月,皇后张氏去世。

后主延熙元年(公元238)春正月,立已故张皇后的妹妹为皇后。大赦天下,改变年号。立皇子刘璿为皇太子,皇子刘瑶为安定王。

冬十二月,大将军蒋琬北上驻守汉中。

延熙二年(公元239)春三月,提升蒋琬为大司马。

延熙三年(公元240)春,让越巂郡太守张嶷去平定越巂郡。

延熙四年(公元241)冬十月,尚书令费祎前往汉中,与蒋琬商议国家大计,年底回成都。

延熙五年(公元242)春正月,由监军姜维指挥一支分遣部队,从汉中撤回驻扎在涪县。

延熙六年(公元243)冬十月,大司马蒋琬从汉中撤回,驻守在涪县。十一月,宣布大赦。任命尚书令费祎为大将军。

延熙七年(公元244)闰二月,曹魏大将军曹爽,与夏侯玄一同进攻汉中。镇北大将军王平凭借兴势一带的围墙据点坚守,大将军费祎指挥各军前往救援,魏军撤退。

夏四月,安平王刘理去世。秋九月,费祎回成都。

延熙八年(公元245)秋八月,皇太后吴氏去世。

十二月,大将军费祎到汉中,巡视凭借围墙防守的各处据点守军。

延熙九年(公元246)夏六月,费祎回成都。

秋天,宣布大赦。

冬十一月,大司马蒋琬去世。

延熙十年(公元247),凉州的少数族首领白虎文、治无戴等带领部属前来投降,卫将军姜维前去迎接安抚,让他们住在繁县。这一年,汶山郡平康县的少数族造反,姜维前往讨伐,平定了他们。

延熙十一年(公元248)夏五月,大将军费祎北上汉中镇守。

秋天,涪陵属国的汉族和少数族百姓造反,车骑将军邓芝前往讨伐,全部平定。

延熙十二年(公元249)春正月,曹魏诛杀大将军曹爽等人,右将军夏侯霸前来投降。

夏四月，宣布大赦。秋天，卫将军姜维出兵进攻曹魏的雍州，未能攻克而退回。将军句安、李韶投降曹魏。

延熙十三年（公元250），姜维又出兵进攻曹魏的西平，也未能攻克而退回。

延熙十四年（公元251）夏，大将军费祎回到成都。

冬天，费祎又往北驻守在汉寿。宣布大赦。

延熙十五年（公元252），吴国君主孙权去世。后主立皇子刘琮为西河王。

延熙十六年（公元253）春正月，大将军费祎在汉寿被魏国的投降者郭修刺杀。

夏四月，卫将军姜维又出兵围攻曹魏的南安郡，也未能攻克而退回。

延熙十七年（公元254）春正月，姜维回成都。宣布大赦。

夏六月，姜维又带兵进攻曹魏的陇西郡。

冬天，姜维把曹魏的狄道、河关、临洮三县的百姓，全部迁移安置在绵竹县、繁县。

延熙十八年（公元255）春，姜维回到成都。

夏天，姜维又率领各路军队进攻狄道县，与曹魏的雍州刺史王经在洮水西岸激战，把对方打得大败。王经退回狄道死守，姜维也退到钟题驻扎。

延熙十九年（公元256）春，提升姜维为大将军，指挥兵马，与镇西将军胡济约定期限在上邽县会合，一同进攻曹魏，胡济失约不到。

秋八月，姜维在上邽被曹魏大将邓艾击败。姜维退兵回成都。这一年，立皇子刘瓒为新平王。宣布大赦。

延熙二十年（公元257），听说曹魏大将诸葛诞占据寿春反叛，姜维又带领人马取道骆谷，前进到芒水。这一年宣布大赦。

景耀元年（公元258），姜维回成都。史官报告有祥瑞的景星出现，于是宣布大赦，改变年号。宦官黄皓开始专权。孙吴大将军孙綝废黜君主孙亮，另立琅邪王孙休为君主。

景耀二年（公元259）夏六月，立皇子刘谌为北地王，刘恂为新兴王，刘虔为上党王。

景耀三年（公元260）秋九月，追谥已故的将军关羽、张飞、马超、庞统、黄忠。

景耀四年（公元261）春三月，追谥已故的将军赵云。

冬十月，宣布大赦。

景耀五年（公元262）春正月，西河王刘琮去世。这一年，姜维又带领人马进攻侯和，被邓艾挫败，退回沓中。

景耀六年（公元263）夏，曹魏大规模出动军队，命令征西将军邓艾、镇西将军钟会、雍州刺史诸葛绪分为几路一齐入侵。于是派遣左车骑将军张翼、右车骑将军廖化、辅国大将军董厥等前往抗御。宣布大赦。改变年号为炎兴。

这年冬天，邓艾在绵竹击败卫将军诸葛瞻。后主采取谯周的建议，向邓艾投降，献上表示投降的文书说："因为被长江、汉水限隔和分开，我处在边远的区域，凭借蜀中之地，像处在米斗之中一样与世隔绝；在这里违背天意冒犯大魏朝廷，逐渐经历了一年又一年，于是就与京城洛阳远距万里失去联系了。我常常回想起黄初年间，文皇帝命令虎牙将军鲜于辅，前来宣布温和亲切的诏书，再三施予恩惠；指引出路，大道理说得清清楚楚。可是我无德无能，愚昧软弱，私下贪恋父亲留下的位置；苟且偷生连续多年，竟然未能遵循教导。现今朝廷大军的声威远震，只要是向善的人民和鬼魂，无不对朝廷大军充满敬畏；他们所到之处，谁敢不洗心革面，顺从命令！我已自作主张指示部下众将放下武器不准抵抗，公家仓库中的财物一律不准毁坏。老百姓分布在田野，成熟的粮食留在地里，等待圣明君主前来给他们恩惠，以保全其生命。我跪着回想，大魏皇朝广布德泽大施教化，执政大臣就像贤明的伊尹、周公，一定能够宽容有罪过的人。现在谨派遣我私自委任的侍中张绍、光禄大夫谯周、驸马都尉邓良，前来呈上我的玉玺和绶带，请求指示，报告诚意，恭恭敬敬献上忠心，生死的赏赐，由您裁决处置。我即将抬着棺材出城向您投降，所以不再一一细说了。"

这一天，北地王刘谌为国家的灭亡而悲伤，先杀死妻室儿女，然后自杀。

　　张绍、邓良在雒县与邓艾相遇。邓艾看到后主请求投降的文书，大为高兴，立即写信回答，并让张绍、邓良先回来报信。邓艾到了成都城北郊，后主让人抬着棺材而用绳索把自己捆绑，到邓艾的军营大门投降。邓艾下令解开他的绳索烧掉棺材，请他入内见面。邓艾秉承魏朝皇帝的旨意委任后主为骠骑将军，各处凭借围墙坚守的蜀军，都接到后主的指令，宣布投降。邓艾让后主居住在从前的皇宫中，又亲自前往拜访。

　　后主收拾行装准备前往洛阳，还未动身；第二年的春正月，邓艾就被逮捕。这时钟会从涪县赶到成都作乱。钟会死后，蜀中的军人大肆抢劫，到处都是尸体，几天之后才恢复平静。

　　后主全家向东迁往洛阳，到达之后，朝廷下达封爵文书说："景元五年(公元 264)三月二十七日丁亥，皇帝驾临大殿之前的平台，让太常卿宣布封刘禅为安乐县公爵。啊，刘禅你上前来听朕的命令！顺应天时哺养万物，最好是让所有的生命都得到安宁；光辉照耀并主宰天下，最好是使社会和睦太平。养育百姓，这是君主统治人民应遵守的准则；能够柔顺地承奉上天，这是大地上的元气所处的状态。上下交融畅通，才会使万物和谐生存，各类生命得到安定。以往汉朝统治崩溃，天下骚动。我们太祖武皇帝承受天命像龙一样飞腾兴起，广为拯救天下百姓，所以能顺应天意民心，拥有中原。当时你的父亲刘备，在群雄争斗而全国不安宁的时候，趁机在山河阻隔的远方，割据益州自保，使得西方不受中原王朝的管辖，边远地区与中央发生分离。从那时开始，战争不断，黎民百姓不能保持生命的安全，几乎将有六十年之久。朕永远记得先祖、先父的遗志，一心想安定四海，统一天下，所以才从容整顿朝廷大军，在梁、益二州显示军威。安乐公你能够培养品德扩大气度，坚持大义，不怕委屈自己前去向大军归顺，以爱护人民保全地方为重，强制自己改变用武力抵抗的念头，及时弃暗投明，显示诚意顺从大魏，从此享受因辅佐帮助我朝而得到的无穷福分，眼光岂不远大吗！朕乐于与你长久享用显贵的爵位和俸禄，因此考察咨询前代的做法，赐给你封国和土地，并且遵照过去典章制度的规定，给你北方的黑土，外面用白茅草包裹，永远充当大魏王朝的藩国。去吧，可要恭敬地对待你的爵位啊！

安乐公你要恭敬地听从朕的命令，开阔具有道德的心胸，以完成光荣的事业。"

朝廷赐后主食邑一万户，绢一万匹，奴婢一百人，其他的物品也与此相当。后主的子孙当中，担任奉车都尉、驸马都尉、骑都尉，以及封侯的共有五十多人。蜀国的尚书令樊建、侍中张绍、光禄大夫谯周、秘书令郤正、殿中督张通，都封列侯。安乐公刘禅，在晋武帝泰始七年(公元 271)死在洛阳。

评论说：后主在贤能的丞相执掌朝政时就是遵循道理的皇帝，在被宦官迷惑的时候则变为昏庸的君主；古人说是"白色的丝和绢没有固定的颜色，就看你染什么色它就是什么色"，确实是这样啊！按照礼制，国君继位之后，要翻过年才改变年号。可是在后主继位的章武三年(公元 223)，当年就把年号改为建兴了；从古代的典章上来考察，这在制度和道理两方面都有所违背。另外，蜀国不设置专门记述本国完整历史的官员，本国的完整历史没有专人负责，所以做的事情大多被遗忘，发生的灾害和异常现象也没有记载。诸葛亮虽然擅长于行政，但是像这一类问题的存在，说明在政治上仍然有不完备的地方。不过在诸葛亮执政期间，经历十二年而不改变年号，军队多次出动而不乱颁布大赦令，不也很高明么！自从他死之后，在年号和大赦方面的制度就逐渐不行了，而政治上的优劣也就从这里清楚地显现出来。

二主妃子传第四

先主昭烈甘皇后，沛人也。先主临豫州[1]，住小沛，纳以为妾。先主数丧嫡室[2]，常摄内事[3]。随先主于荆州，产后主。值曹公军至，追及先主于当阳长坂；于时困逼，弃后及后主：赖赵云保护，得免于难。后卒，葬于南郡。

章武二年，追谥"皇思夫人"，迁葬于蜀；未至，而先主殂陨。丞相亮上言："皇思夫人履行修仁[4]，淑慎其身。大行皇帝昔在上将[5]，嫔妃作合[6]；载育圣躬[7]，大命不融[8]。大行皇帝存时，笃义垂恩[9]；念皇思夫人神柩在远飘摇[10]，特遣使者奉迎；会大行皇帝崩。今皇思夫人神柩已到；又梓宫在道[11]，园陵将成[12]，安厝有期[13]。臣辄与太常臣赖恭等议：《礼记》曰：'立爱自亲始[14]，教民孝也；立敬自长始，教民顺也。'不忘其亲，所由生也[15]。《春秋》之义，母以子贵[16]。昔高皇帝追尊太上昭灵夫人为昭灵皇后[17]；孝和皇帝改葬其母梁贵人[18]，尊号曰恭怀皇后；孝愍皇帝亦改葬其母王夫人[19]，尊号曰灵怀皇后。今皇思夫人宜有尊号，以慰寒泉之思[20]。辄与恭等案《谥法》[21]，宜曰昭烈皇后。《诗》曰：'榖则异室[22]，死则同穴。'〔一〕故昭烈皇后宜与大行皇帝合葬。臣请太尉告宗庙，布露天下[23]；具礼仪别奏[24]。"

制曰[25]："可。"

【注释】

〔1〕临豫州：治理豫州。指担任豫州牧。　〔2〕数(shuò)：一再。丧(sàng)：死。　嫡室：正妻。　〔3〕摄：代管。　〔4〕履行：行为。修仁：美好仁慈。　〔5〕上将：高级将领。指刘备曾经担任的左将军。〔6〕嫔妃作合：充当嫔妃与之结合。当时刘备的小妾还不能称为嫔妃，这里是用后来的名号。　〔7〕载育：孕育。　圣躬：圣体。　〔8〕不融：不长寿。　〔9〕笃义：很重情义。　〔10〕飘摇(yáo)：飘动。这里形容孤独无依的样子。　〔11〕梓宫：指刘备的棺材。　〔12〕园陵：陵园。指惠陵。　〔13〕安厝：(棺材的)安放。　〔14〕立爱自亲始：这四句是孔子的话，载《礼记·祭义》。原文为："立爱自亲始，教民睦也；立敬自长始，教民顺也。"　〔15〕所由生也：是由父母这里出生的。〔16〕母以子贵：这是《公羊传》隐公元年中的话。　〔17〕昭灵夫人：汉高祖刘邦的母亲。前202年，刘邦称帝，追尊为昭灵夫人。但是追尊她为昭灵皇后，是吕后七年(前181)事，这时刘邦已死去十五年。〔18〕孝和皇帝：即刘肇(公元79—105)。东汉皇帝。公元89至105年在位。诛杀专权的大将军窦宪，颁布减轻人民负担的政策，又令班超平定西域。事详《后汉书》卷四。　梁贵人(？—公元83)：和帝生母。被皇后窦氏害死。公元97年，和帝改葬梁氏，追尊为恭怀皇后。传见《后汉书》卷十上。　〔19〕孝愍皇帝：即汉献帝。蜀汉听说献帝被曹丕杀死，即谥为孝愍皇帝。实际上献帝还活着，但以后蜀汉仍称为孝愍皇帝不改。王夫人(？—公元181)：献帝的生母。被皇后何氏毒死。兴平元年(公元194)，献帝追尊王氏为灵怀皇后。传见《后汉书》卷十下。　〔20〕寒泉之思：指对母亲的思念。《诗经·凯风》一诗，用寒泉灌溉禾苗比喻母亲养育子女，这里即用此典故。　〔21〕《谥法》：说明各种谥号的含义和适用对象的条文。　〔22〕榖则异室：活着不能同居一室。这是《诗经·大车》中的诗句。　〔23〕布露：公告。又作露布。　〔24〕礼仪：指合葬的礼仪程序。　〔25〕制：皇帝的指示。

【裴注】

〔一〕《礼》云："上古无合葬；中古后，因时方有。"

先主穆吴皇后[1]，陈留人也。兄吴壹，少孤；壹父素与刘焉有旧[2]，是以举家随焉入蜀。焉有异志[3]，而闻善相者相后当大贵，焉时将子瑁自随；遂为瑁纳后。瑁死，后寡居。

先主既定益州，而孙夫人还吴；〔一〕群下劝先主聘后，先主疑与瑁同族[4]。法正进曰："论其亲疏，何与晋文之于子圉乎[5]？"于是纳后为夫人。〔二〕建安二十四年，立为汉中王后。

章武元年夏五月，策曰："朕承天命，奉至尊[6]，临万国。今以后为皇后，遣使持节、丞相亮授玺绶[7]；承宗庙，母天下[8]。皇后其敬之哉！"

建兴元年五月，后主即位。尊后为皇太后，称"长乐宫"。壹官至车骑将军，封县侯。延熙八年，后薨，合葬惠陵。〔三〕

【注释】

〔1〕穆：这里是谥号。本姓吴。 〔2〕刘焉（？—公元194）：传见本书卷三十一。 〔3〕异志：指想割据一方当皇帝。 〔4〕疑与瑁同族：因自己与刘瑁同族而犹疑不定。 〔5〕何与：怎么比得上。 子圉(yǔ)：晋文公的侄儿。曾在秦国做人质，娶妻。后单独逃回晋国，秦国又把他的妻子转嫁给晋文公。详见《史记》卷三十九《晋世家》。〔6〕奉：恭敬接受。 至尊：指帝位。 〔7〕亮：即诸葛亮。 〔8〕母天下：做天下的母亲。

【裴注】

〔一〕《汉晋春秋》云:"先主入益州,吴遣迎孙夫人,夫人欲将太子归吴。诸葛亮使赵云勒兵断江,留太子,乃得止。"

〔二〕习凿齿曰:"夫婚姻,人伦之始,王化之本;匹夫犹不可以无礼,而况人君乎!晋文废礼行权,以济其业,故子犯曰:'有求于人,必先从之;将夺其国,何有于妻?'非无故而违礼教者也。今先主无权事之逼,而引前失以为譬;非导其君以尧、舜之道者。先主从之,过矣。"

〔三〕孙盛《蜀世谱》曰:"壹孙乔,没李雄中;三十年,不为雄屈也。"

后主敬哀张皇后,车骑将军张飞长女也。章武元年,纳为太子妃。建兴元年,立为皇后。十五年薨[1],葬南陵[2]。

【注释】

〔1〕十五年:建兴十五年(公元237)。〔2〕南陵:当在今四川成都市南。

后主张皇后,前后敬哀之妹也。建兴十五年,入为贵人。延熙元年春正月,策曰:"朕统承大业,君临天下,奉郊庙、社稷。今以贵人为皇后。使行丞相事、左将军(向)朗[1],持节,授玺绶。勉修中馈[2],恪肃禋祀[3]。皇后其敬之哉!"

咸熙元年,随后主迁于洛阳。〔一〕

【注释】

〔1〕行丞相事:蜀汉一种临时性的加衔。意为代行丞相职责。蜀汉立皇后和皇太子,是由丞相充任皇帝特使宣读策文并授玺。但是,自诸

葛亮死后，蜀汉再没有任命他人为丞相，这时候立皇后和皇太子，只好给充任特使的官员加一个行丞相事的官衔。　向朗（？—公元247）：传见本书卷四十一。　〔2〕中馈：家庭的饮食供应。修中馈意指主持家务。〔3〕恪肃：恭敬。　禋(yīn)祀：祭祀。这里指进行祭祀。

【裴注】

〔一〕《汉晋春秋》曰："魏以蜀宫人，赐诸将之无妻者。李昭仪曰：'我不能二三屈辱。'乃自杀。"

　　刘永字公寿。先主子，后主庶弟也〔1〕。章武元年六月，使司徒靖立永为鲁王〔2〕。策曰："小子永〔3〕：受兹青土〔4〕。朕承天序〔5〕，继统大业。遵修稽古〔6〕，建尔国家：封于东土，奄有龟蒙〔7〕，世为藩辅。呜呼，恭朕之诏！惟彼鲁邦，一变适道〔8〕，风化存焉；人之好德，世滋懿美〔9〕。王其秉心率礼，绥尔士民〔10〕，是飨是宜〔11〕。其戒之哉！"

　　建兴八年，改封为甘陵王。初，永憎宦人黄皓。皓既信任用事〔12〕，谮构永于后主〔13〕；后主稍疏外永〔14〕，至不得朝见者十余年。

　　咸熙元年，永东迁洛阳；拜奉车都尉，封为乡侯。

【注释】

〔1〕庶弟：庶母所生的弟弟。庶母是父亲的小妾。　〔2〕靖：即许靖（？—公元222）。传见本书卷三十八。蜀汉立皇子为王，是由司徒充任皇帝的特使。　〔3〕小子：长辈对晚辈的称呼。　〔4〕青土：青色的泥土。古代天子分封诸侯，要按方位用茅草包一些相应颜色的泥土给受封者，东方用青色泥土。鲁郡在东方，所以这样说。不过，当时鲁郡所在的豫州，在曹魏控制之下，刘永封鲁王只是虚有其名。　〔5〕天序：指皇帝传承次序。　〔6〕稽古：考察古事。这里指古代的封建诸侯制度。

〔7〕奄有:包括有。 龟蒙:山名。龟山和蒙山的合称。在今山东蒙阴县西南。由西北向东南,其西北一段叫龟山,东南一段叫蒙山。〔8〕一变适道:《论语·雍也》载孔子的话:"齐一变,至于鲁;鲁一变,至于道。"意思是齐国(的政治和教育)再一变革,可以赶上鲁国;鲁国再一变革,就进而合乎大道了。这是在赞美鲁国。鲁郡在鲁国故地,所以策文用此典故。 〔9〕滋:增加。 懿:美好。 〔10〕绥:安抚。〔11〕是:于是就。 禜:祭祀祖先。 宜:祭祀土神。 〔12〕用事:掌权。 〔13〕潜构:诋毁。 〔14〕稍:逐渐。 疏外:疏远。

刘理字奉孝。亦后主庶弟也,与永异母。章武元年六月,使司徒靖立理为梁王。策曰:"小子理:朕统承汉序,祗顺天命。遵修典秩〔1〕,建尔于东,为汉藩辅。惟彼梁土,畿甸之邦〔2〕;民狎教化〔3〕,易导以礼。往悉乃心〔4〕,怀保黎庶〔5〕,以永尔国。王其敬之哉!"

建兴八年,改封理为安平王。

延熙七年卒,谥曰悼王。子哀王胤嗣,十九年卒〔6〕。子殇王承嗣,二十年卒〔7〕。

景耀四年诏曰:"安平王,先帝所命。三世早夭,国嗣颓绝,朕用伤悼〔8〕。其以武邑侯辑,袭王位。"辑,理子也。咸熙元年,东迁洛阳;拜奉车都尉,封乡侯。

【注释】

〔1〕典秩:典章制度规定的等级秩序。指封爵制度。 〔2〕畿甸:京都附近的地区。梁郡(治所在今河南商丘市南)也属豫州。距东汉京城洛阳不远。当时在曹魏控制之下,所以刘理封梁王也是虚有其名。〔3〕狎(xiá):熟习。 〔4〕往悉乃心:前去尽你的心。 〔5〕怀保:安抚保育。 〔6〕十九年:延熙十九年(公元256)。 〔7〕二十年:延熙二十年(公元257)。 〔8〕用:因此。

后主太子璿，字文衡。母王贵人，本敬哀张皇后侍人也。延熙元年正月策曰："在昔帝王，继体立嗣[1]；副贰国统，古今常道。今以璿为皇太子，昭显祖宗之威。命使行丞相事、左将军朗，持节，授印绶。其勉修茂质，祗恪道义；咨询典礼，敬友师傅；斟酌众善，翼成尔德[2]。可不务修以自勖哉[3]！"时年十五。

景耀六年冬，蜀亡。咸熙元年正月，钟会作乱于成都，璿为乱兵所害。〔一〕

【注释】

〔1〕继体立嗣：继位后就要确立继承人。 〔2〕翼成：辅助而形成。〔3〕可：岂能够。 自勖(xù)：自勉。

【裴注】

〔一〕孙盛《蜀世谱》曰："璿弟：瑶、琮、瓒、谌、恂、璩六人。蜀败，谌自杀，余皆内徙。值永嘉大乱，子孙绝灭。唯永孙玄，奔蜀；李雄伪署安乐公，以嗣禅后。永和三年讨李势，盛，参戎行，见玄于成都也。"

评曰：《易》称"有夫妇，然后有父子"[1]。夫人伦之始[2]，恩纪之隆[3]，莫尚于此矣[4]；是故纪录，以究一国之体焉。

【注释】

〔1〕有夫妇，然后有父子：这是《周易·序卦》中的话。 〔2〕人伦：人与人之间的关系和应当遵守的行为准则。关系有父子、君臣、夫妇、长幼、朋友，相应的行为准则是亲、义、别、叙、信，见《孟子·滕文公》上。 〔3〕恩纪：感情。 〔4〕尚：高于。

【译文】

先主昭烈甘皇后，是沛国沛县人。先主刘备当豫州牧时，住在沛县，娶她为小妾。先主多次死了嫡妻，所以甘后常常代管家内的事务。她随从先主到荆州，生下了后主刘禅。碰上曹操的追兵来到，在当阳县的长坂追上先主一行，当时情况危急，逼得先主丢下甘后和后主逃走：幸亏有赵云在身边保护，母子才得以免遭大难。甘后去世，埋葬在南郡。

先主章武二年（公元222），追谥他为皇思夫人，把遗骨迁到西蜀安葬，而遗骨还未运到先主就去世了。丞相诸葛亮向后主上奏说："皇思夫人行为美好仁慈，为人贤淑谨慎。先皇帝当初任在将军的高级军职时，夫人作为嫔妃与之结合，从而养育了陛下的圣体，可惜她却未能享受长寿。先皇帝在世时，很重情义，所以特别施恩，说是想到皇思夫人的遗骨在远方的南郡孤独无依，专门派遣使者前去迎接回来。不料又恰逢先皇帝去世，现今皇思夫人的灵柩已到，而先皇帝的灵柩又正在前来成都的途中。先皇帝在成都的陵园即将修成，安葬的时间已经可以预期。为臣自作主张与太常卿臣赖恭等商议之后认为：《礼记·祭义》上说：'树立爱心从父母开始，是为了教育人民孝顺；树立敬意从长者开始，是为了教育人民服从。'之所以不能忘记父母，在于父母给了自己生命。《春秋》上说，母亲因为有了儿子而地位贵重。从前我朝的高皇帝曾追尊生母昭灵夫人为昭灵皇后；孝和皇帝改葬生母梁贵人时，也追尊为恭怀皇后；孝愍皇帝改葬生母王夫人时，同样追尊为灵怀皇后。因此，皇思夫人也应当有尊贵的称号，以安慰陛下对母亲的思念之情。为臣自作主张，与赖恭等人查阅《谥法》，认为应当追尊为昭烈皇后。《诗经·大车》一诗说：'活着不能同居一间住房，死了也要同葬一个墓穴。'所以昭烈皇后应当与先皇帝合葬。为臣请求陛下派太尉去向宗庙中的祖先神灵禀告，同时把此事公告天下。至于合葬的具体礼仪程序将另外上奏。"

后主的指示说："同意。"

先主吴皇后，是陈留郡人。哥哥吴壹，从小死了父亲；由于吴壹的父亲与益州牧刘焉有老交情，所以吴壹全家跟随刘焉到了益州。刘焉有割据称帝的野心，而他听到会看相的术士说吴壹的

妹妹有大贵之相，当时他的儿子刘瑁在身边，就让刘瑁娶了吴后
为妻。刘瑁死后，吴后守寡在家。

先主占领益州，孙夫人回到娘家孙吴；群臣就劝先主娶吴后。
先主因为自己与刘瑁是本家而犹豫不决，法正进言说：“论起关系
的亲疏来，总比不上晋文公娶亲侄儿子圉的妻子吧？”于是先主正
式娶吴后为夫人。建安二十四年（公元 219），她被立为汉中王的
王后。

章武元年（公元 221）夏五月，称帝之后的先主下达册立皇后
的文书说：“朕承受天命，恭敬地接受帝位，以统治全国各地。现
今以汉中王后为皇后，特派丞相诸葛亮为使者，持有节杖，授给
皇后的玉玺和绶带；皇后要尊崇祖先，做天下的母亲，可要恭恭
敬敬做到这些啊！”

建兴元年（公元 223）五月，后主即帝位，尊称吴后为皇太后，
代号是长乐官。吴壹官做到车骑将军，封县侯。延熙八年（公元
245），吴后去世，与先主合葬在惠陵。

后主敬哀皇后，是车骑将军张飞的大女儿。先主章武元年（公
元 221），嫁给太子刘禅为妃。后主建兴元年（公元 223），立为皇
后。建兴十五年（公元 237）去世，安葬在南陵。

后主张皇后，是前面敬哀皇后的妹妹。建兴十五年（公元 237）
进宫为后主的妃嫔，被封为贵人。延熙元年（公元 238）春正月，后
主下达册立皇后的文书说：“朕继承大业，君临天下，承担天地、
祖先、土神、谷神的祭祀。现今立贵人张氏为皇后，特派左将军、
代行丞相职权的向朗为使者，持有节杖，授给皇后的玉玺和绶带。
皇后要勉力主持内务，恭敬地举行祭祀，可要认真做到这些啊！”

魏元帝咸熙元年（公元 264），她随后主迁往洛阳。

刘永，字公寿。是先主的儿子，后主庶母所生的弟弟。先主
章武元年（公元 221）六月，派司徒许靖为使者，立刘永为鲁王，
下达的封爵文书说：“小孩子刘永，前来接受朕赐给你的青色泥
土。朕遵守上天安排好的次序，继承大业。依照古代的分封制度，

建立你的封国，封你在东边的鲁郡，包括龟山和蒙山在内，世世代代充当保护辅助中央的藩王。啊，你要恭恭敬敬执行朕的诏命！想那鲁郡位于古代鲁国的故地，而鲁国的政治和教育，据孔子评价，说是只消再变革一下就可以合乎大道了。所以至今还保存着良好的风化。人们喜欢道德，世代都在增添美好。鲁王你应当秉持忠心，遵守礼仪，安抚你的下属和人民，祭祀祖先，祭祀土神，可要时刻告诫自己做好这些啊！"

后主建兴八年（公元230），刘永改封为甘陵王。当初，刘永憎恨宦官黄皓。黄皓受到信任掌权后，就在后主面前诋毁刘永，后主逐渐疏远他，以至于十多年都未能进宫朝见。

魏元帝咸熙元年（公元264），刘永随后主东迁洛阳；被任命为奉车都尉，封为乡侯。

刘理，字奉孝。也是后主庶母所生的弟弟，但和刘永是不同母亲所生。先主章武元年（公元221）六月，派司徒许靖为使者，立刘理为梁王，下达的封爵文书说："小孩子刘理，朕遵照汉朝的帝位传承次序做了皇帝，恭敬地顺从天命，建立典章规定的封爵制度，把你的封国建立在东边的梁郡，充当保护辅助汉朝的藩王。想那梁郡，位于我大汉朝的京城地区，民众熟习教化；容易用礼仪教导他们。前去尽你的心，安抚保育黎民百姓，使你的国家永存，可要恭恭敬敬做到这些啊！"

后主建兴八年（公元230），刘理改封为安平王。

延熙七年（公元244）去世，他被谥为悼王。儿子刘胤继承了他的爵位，在延熙十九年（公元256）去世，谥为哀王。他的儿子刘承继承爵位，第二年去世，谥为殇王。

景耀四年（公元261）后主下诏说："安平王的王爵，是先皇帝封给的。不幸三代人都早死，王爵的继承人断绝，朕因此伤心悲痛不已。现在以武邑侯刘辑继承王爵。"刘辑，是刘理的儿子。魏元帝咸熙元年（公元264），刘辑随后主东迁洛阳；被任命为奉车都尉，封乡侯。

后主的太子刘璿，字文衡。生母为王贵人，本是敬哀张皇后的侍女。后主延熙元年(公元 238)正月下达的册立文书说:"从前的帝王,继承君位后就要确立自己的继承人,这是古今的常规。现今立刘璿为皇太子,以显示祖宗的神威,特委派代行丞相职权的左将军向朗为使者,持有节杖,授给印章和绶带。你要勉力培养自己的优秀品质,恪守道义,咨询和学习典章礼仪,尊敬爱戴辅导老师,吸收众人的优点,从而在大家的帮助下形成自己的美德,能不专心专意自我勉励吗!"这一年他十五岁。

景耀六年(公元 263)冬,蜀国灭亡。魏元帝咸熙元年(公元 264)正月,钟会在成都造反,刘璿被乱兵杀害。

评论说:《周易·序卦》说是有夫妇然后才会有父子。可见夫妇是人与人之间关系的开始,感情的浓厚,再没有超过夫妇的了;所以这里加以记载,以便考察蜀汉一国的体制。

诸葛亮传第五

诸葛亮字孔明，琅邪阳都人（也）[1]。汉司隶校尉诸葛丰后也。父珪，字君贡。汉末为太山郡丞。

亮早孤[2]。从父玄，为袁术所署豫章太守[3]，玄将亮及亮弟均之官[4]。会汉朝更选朱皓代玄；玄素与荆州牧刘表有旧，往依之。〔一〕

玄卒，亮躬耕陇亩[5]。好为《梁父吟》[6]，〔二〕身长八尺[7]，每自比于管仲、乐毅[8]。

时人莫之许也[9]，惟博陵崔州平、颍川徐庶元直与亮友善，谓为信然[10]。〔三〕时先主屯新野。徐庶见先主，先主器之[11]；谓先主曰："诸葛孔明者，卧龙也[12]。将军岂愿见之乎[13]？"〔四〕先主曰："君与俱来！"庶曰："此人可就见[14]，不可屈致也[15]：将军宜枉驾顾之[16]！"

【注释】

　〔1〕阳都：县名。县治在今山东沂南县南砖埠乡的孙家黄疃村。现今尚有故城城墙等遗迹留存。在故城范围内，曾出土汉代画像石、陶器、铜器等文物。诸葛亮字孔明。"孔"在这里是非常的意思。"亮"在这里指光亮，"孔明"意为非常鲜明，配合起来便是这一光亮非常鲜明。如

此取名的用意，是希望诸葛亮将来成为光彩照人的杰出人才。〔2〕孤：指父亲死。〔3〕豫章：郡名。治所在今江西省南昌市。〔4〕之官：到任。〔5〕躬耕陇亩：亲自在田野耕种。关于诸葛亮的躬耕地，自来有湖北襄阳市、河南南阳市两处的争论。但是依据最为接近三国时期的典籍文献中，关于当时军事争夺的形势和行政地理分划，以及当时人们习用的籍贯表达用语等诸多方面的确切资料来考察，其躬耕地应当在今湖北襄阳市城西10公里的隆中一带。现今的隆中是一处规模宏大的三国名胜地。〔6〕《梁父吟》：汉代乐府歌曲名。属于《楚调曲》中的一首。歌唱时用笙、笛、节、琴、筝、琵琶、瑟七种乐器伴奏。《乐府诗集》卷四十一载有题名为诸葛亮所作的《梁父吟》歌词一首："步出齐城门，遥望荡阴里。里中有三墓，累累正相似。问是谁家墓？田疆、古冶子。力能排南山，文能绝地纪。一朝被谗言，二桃杀三士。谁能为此谋？国相齐晏子。"〔7〕八尺：根据20世纪的90年代所能见到的大量考古实物资料，三国时期的每尺长度，相当于现今24厘米。所以当时的八尺，相当于现今1.92米左右。〔8〕管仲（？—前645）：名夷吾，字仲。春秋初期政治家。由鲍叔牙推荐，受齐桓公重用，推行多方面改革，国力大振。在此基础上，让齐桓公以"尊王攘夷"为号召，使之成为春秋时期第一个霸主。传见《史记》卷六十二。 乐毅：中山国灵寿（今河北平山县东北）人。战国时燕国的名将。燕昭王时，曾率军进攻齐国，连克七十余城，封昌国君。燕惠王继位，齐国用反间计，迫使他逃亡赵国。传见《史记》卷八十。诸葛亮自比管仲、乐毅，是认为自己才兼文武。〔9〕莫之许：不同意这一点。〔10〕谓为信然：认为确实如此。 崔州平，名钧。其父崔烈，本为幽州的名士，后来用五百万钱换得担任三公之一的司徒，崔钧因而批评父亲带有"铜臭"，令天下人士失望，可见其人的正直品格。他与诸葛亮结为至交，并非偶然。〔11〕器：器重。〔12〕卧龙：比喻等待时机施展才能抱负的杰出人物。当时对杰出人物常用龙来形容，不一定专指帝王。三国时期，还有一位杰出人物，也被时人誉为"卧龙"，就是曹魏末期的名士嵇康。孔明与嵇康不仅都有"卧龙"的美誉，两人而且还有多方面的相似之处。〔13〕岂：是不是。〔14〕就见：到他那里去会见。〔15〕屈致：（让他）屈意前来。〔16〕枉驾：委曲大驾。指亲自登门。

【裴注】

〔一〕《献帝春秋》曰："初，豫章太守周术病卒，刘表上诸葛玄为豫章太守，治南昌。汉朝闻周术死，遣朱皓代玄。皓从扬州刺史刘繇求兵，击玄；玄退屯西城：皓入南昌。建安二年正月，西城民反，杀玄，送首诣繇。"此书所云，与本传不同。

〔二〕《汉晋春秋》曰："亮家于南阳之邓县，在襄阳城西二十里，号曰'隆中'。"

〔三〕按《崔氏谱》：州平，太尉烈子，均之弟也。

《魏略》曰："亮在荆州，以建安初，与颍川石广元，徐元直、汝南孟公威等俱游学。三人务于精熟，而亮独观其大略。每晨夜从容，常抱膝长啸，而谓三人曰：'卿三人仕进，可至刺史、郡守也。'三人问其'所至'，亮但笑而不言。后公威思乡里，欲北归；亮谓之曰：'中国饶士大夫，邀游何必故乡邪！'"

臣松之以为：《魏略》此言，谓诸葛亮为公威计者，可也；若谓兼为己言，可谓未达其心矣。老氏称"知人者智，自知者明"；凡在贤达之流，固必兼而有焉。以诸葛亮之鉴识，岂不能自审其分乎？夫其高吟俟时，情见乎言；志气所有，既已定于其始矣。若使游步中华，骋其龙光，岂夫多士所能沉翳哉！委质魏氏，展其器能，诚非陈长文、司马仲达所能颉颃；而况于余哉！苟不患功业不就，道之不行；虽志恢宇宙而终不北向者，盖以权御已移，汉祚将倾；方将翊赞宗杰，以兴微继绝克复为己任故也；岂其区区利在边鄙而已乎！此相如所谓"鹓鹏已翔于辽廓，而罗者犹视于薮泽"者矣。

公威名建，在魏亦贵达。

〔四〕《襄阳记》曰："刘备访世事于司马德操。德操曰：'儒生俗士，岂识时务！识时务者在乎俊杰；此间自有伏龙、凤雏。'备问：'为谁？'曰：'诸葛孔明、庞士元也！'"

由是先主遂诣亮；凡三往，乃见。因屏人曰[1]："汉室倾颓，奸臣窃命[2]，主上蒙尘[3]。孤不度德量力[4]，欲信大义于天下[5]；而智术短浅，遂用猖獗[6]。至于今日，然志犹未已，君谓计将安出？"

亮答曰："自董卓以来，豪杰并起，跨州连郡者不可胜数。曹操比于袁绍，则名微而众寡；然操遂能克绍，以弱为强者：非惟天时，抑亦人谋也。今操已拥百万之众，挟天子而令诸侯[7]：此诚不可与争锋[8]。孙权据有江东[9]，已历三世[10]；国险而民附，贤能为之用：此可以为援而不可图也。荆州北据汉沔[11]，利尽南海[12]，东连吴、会[13]，西通巴、蜀；此用武之国，而其主不能守：此殆天所以资将军，将军岂有意乎？益州险塞[14]，沃野千里，天府之土[15]；高祖因之，以成帝业[16]。刘璋暗弱[17]，张鲁在北；民殷国富而不知存恤[18]，智能之士思得明君。将军既帝室之胄[19]，信义著于四海，总揽英雄，思贤如渴；若跨有荆、益，保其岩阻，西和诸戎[20]，南抚夷、越[21]；外结好孙权，内修政理[22]。天下有变，则命一上将将荆州之军，以向宛、洛[23]；将军身率益州之众，出于秦川[24]：百姓孰敢不箪食壶浆以迎将军者乎[25]？诚如是，则霸业可成[26]，汉室可兴矣！"先主曰："善！"于是与亮情好日密。

关羽、张飞等不悦。先主解之曰："孤之有孔明，犹鱼之有水也。愿诸君勿复言！"羽、飞乃止。〔一〕

刘表长子琦，亦深器亮。表受后妻之言，爱少子琮，不悦于琦。琦每欲与亮谋自安之术，亮辄拒塞[27]，未与处画[28]。琦乃将亮游观后园，共上高楼；饮宴之间，令人去梯，因谓亮曰："今日上不至天，下不至地；言出子口，入于吾耳：可以言未？"亮答曰："君不见申生在内而危[29]，重耳在外而安乎？"琦意感悟，阴规出计[30]；会黄祖死[31]，得出，遂为江夏太守。

【注释】

〔1〕屏(bǐng)人：让左右的人退下。　〔2〕奸臣：指曹操。　窃命：窃夺皇权。　〔3〕主上：指汉献帝。　蒙尘：天子在外流亡。当时汉献帝不在故都洛阳而被曹操安置在许县，所以这样说。　〔4〕孤：当时诸侯的自称。刘备在建安元年(公元 196)封宜城亭侯，所以自称孤。　度(duó)：衡量。　〔5〕信(shēn)：伸张。　〔6〕用：因而。　猖獗：受到挫折。　〔7〕挟：挟制。　〔8〕争锋：直接对抗。　〔9〕江东：地区名。长江自今芜湖至南京间，流向大体是由南向北，当时习称自此以下长江南岸的地区为江东，北岸的地区为江西。江东又称江左，江西又称江右。〔10〕三世：指孙权父亲孙坚、哥哥孙策、孙权。　〔11〕汉沔：河流名。即汉水。又称沔水。　〔12〕利尽南海：水路交通便利而可以达到南海。荆州南部桂阳郡境内的溱水(今广东北江)、㴔水(今广东连江)、零陵郡境内的漓水(今广西桂江)等，都向南流至南海，所以这样说。〔13〕吴：吴郡。治所在今江苏苏州市。　会(kuài)：会稽郡。治所在今浙江绍兴市。　〔14〕险塞：周围被险峻的山脉阻塞。　〔15〕天府：上天的仓库。比喻物产极为丰富。　〔16〕因：凭借。汉高祖刘邦最初被项羽封为汉王，统治巴、蜀、汉中四十一县地。后来他从汉中出兵，夺得天下。见《汉书》卷一上《高帝纪》上。　〔17〕暗弱：昏庸软弱。〔18〕存恤：关怀爱护。　〔19〕胄：后代。　〔20〕戎：西方少数族的泛称。　〔21〕夷：西南方少数族的泛称。　越：南方少数族名。这里指居住在今广西北部、广东西北部的越族。　〔22〕政理：政治。　〔23〕宛(yuān)：县名。县治在今河南南阳市。　洛：指东汉京城洛阳。〔24〕秦川：地区名。这里指今陕西、甘肃两省秦岭以北的平原地带。〔25〕箪(dān)食壶浆：用竹篮盛着饭食，用壶装着饮料。　〔26〕霸业：霸主的功业。霸主指诸侯中带头拥护天子安定社会的领袖。以上诸葛亮的隆中对策，展现出非凡的大局观，这与他独特的读书方法，即"观其大略"有直接关系，并非对儒经"务在精熟"的迂阔书生所能做到。然而诸葛亮之所以会养成如此独特的读书方法，又和他受到东汉后期学术新风气，特别是襄阳学派学术新风气的熏陶，有着密切的关系。〔27〕辄：总是。　〔28〕处画：出谋划策。　〔29〕申生(？—前 656)：春秋时晋献公的太子。晋献公宠爱骊姬，骊姬为了使自己亲生的儿子成为太子，设计诬陷申生有毒杀父亲的企图，申生被迫自杀。申生死后，骊姬开始诋毁申生的弟弟重耳。重耳逃到国外，流亡各国达二十年。前636 年，他在秦国的支持下回国夺得国君位置，为晋文公。事见《史记》卷三十九《晋世家》。　〔30〕规：谋划。　〔31〕会：碰上。

【裴注】

〔一〕《魏略》曰:"刘备屯于樊城,是时,曹公方定河北。亮知荆州次当受敌;而刘表性缓,不晓军事,亮乃北行见备。备与亮非旧,又以其年少,以诸生意待之。坐集既毕,众宾皆去;而亮独留,备亦不问其所欲言。备性好结毦,时适有人以髦牛尾与备者,备因手自结之。亮乃进曰:'明将军当复有远志,但结毦而已邪!'备知亮非常人也,乃投毦而答曰:'是何言与?我聊以忘忧耳!'亮遂言曰:'将军度刘镇南孰与曹公邪?'备曰:'不及。'亮又曰:'将军自度何如也?'备曰:'亦不如。'曰:'今皆不及,而将军之众不过数千人;以此待敌,得无非计乎?'备曰:'我亦愁之,当若之何?'亮曰:'今荆州非少人也,而著籍者寡;平居发调,则人心不悦。可语镇南:令国中凡有游户,皆使自实;因录以益众,可也。'备从其计,故众遂强。备由此知亮有英略,乃以上客礼之。"

《九州春秋》所言,亦如之。

臣松之以为:亮表云"先帝不以臣卑鄙,猥自枉屈,三顾臣于草庐之中,咨臣以当世之事",则非亮先诣备,明矣!虽闻见异辞,各生彼此;然乖背至是,亦良为可怪!

俄而表卒。琮闻曹公来征,遣使请降。先主在樊闻之,率其众南行,亮与徐庶并从;为曹公所追破,获庶母。庶辞先主而指其心曰:"本欲与将军共图王霸之业者,以此方寸之地也[1]。今已失老母,方寸乱矣;无益于事,请从此别。"遂诣曹公。〔一〕

先主至于夏口[2],亮曰:"事急矣!请奉命求救于孙将军[3]。"

时权拥军在柴桑[4],观望成败。亮说权曰[5]:"海内大乱,将军起兵据有江东;刘豫州亦收众汉南:与曹操并争天下。今操芟夷大难[6],略已平矣;遂破荆州,威震四海。英雄无所用武[7],故豫州遁逃至此。将军量力而处之：若能以吴、越之众与中国抗衡[8]，不如早与之绝；若不能当，何不案兵束甲[9]，北面而事之[10]？今将军外托服从之名，而内怀犹豫之计；事急而不断，祸至无日矣！"

权曰："苟如君言，刘豫州何不遂事之乎？"亮曰："田横[11]，齐之壮士耳，犹守义不辱；况刘豫州王室之胄，英才盖世，众士慕仰，若水之归海？若事之不济，此乃天也；安能复为之下乎！"

权勃然曰："吾不能举全吴之地，十万之众，受制于人。吾计决矣！非刘豫州，莫可以当曹操者；然豫州新败之后，安能抗此难乎？"亮曰："豫州军虽败于长坂，今战士还者及关羽水军，精甲万人；刘琦合江夏战士，亦不下万人。曹操之众，远来疲弊；闻追豫州，轻骑一日一夜行三百余里。此所谓'强弩之末[12]，势不能穿鲁缟'者也[13]。故兵法忌之，曰'必蹶上将军'[14]。且北方之人，不习水战；又荆州之民附操者，逼兵势耳，非心服也。今将军诚能命猛将统兵数万[15]，与豫州协规同力，破操军必矣！操军破，必北还；如此则荆、吴之势强[16]，鼎足之形成矣。成败之机，在于今日！"

权大悦，即遣周瑜、程普、鲁肃等水军三万，随亮诣先主，并力拒曹公。〔二〕曹公败于赤壁，引军归邺。

先主遂收江南[17]，以亮为军师中郎将；使督零陵、桂阳、长沙三郡，调其赋税，以充军实〔三〕。

【注释】

〔1〕以：凭着。　方寸之地：指心。古人认为思考问题的器官是心。〔2〕夏口：地名。在今湖北武汉市长江南岸。见《晋书》卷十五《地理志》下"武昌郡"条。　〔3〕孙将军：指孙权。当时被汉朝任命为讨虏将军。　〔4〕拥军：率军。　柴桑：县名。在今江西九江市西南。〔5〕说（shuì）：劝说。　〔6〕芟（shān）夷：削除。　大难：指袁术、吕布、袁绍等割据势力。　〔7〕无所用武：指无法与曹操抗衡。　〔8〕吴、越：均先秦国名。吴国的中心在今江苏苏州市，越国的中心在今浙江绍兴市。孙权占领的江东，即吴、越的故地。　〔9〕案兵束甲：放下兵器，捆起铠甲。　〔10〕北面：指称臣。古代君主的位置坐北朝南，臣下朝见君主面向北方。　〔11〕田横（？—前202）：临淄郡狄县（今山东高青县东南）人。战国时齐国的王族成员。秦末，随兄田荣起兵反秦，据有齐国故地。后田荣自立为齐王，不久被项羽击败，死，田横又自立为齐王。刘邦建立西汉王朝，召他到洛阳。他不愿做刘邦的下属，在将要到达洛阳的途中自杀。事见《史记》卷九十四《田儋列传》。　〔12〕末：指到达最大射程最后一小段时的飞箭。这两句见于《汉书》卷五十二《韩安国传》。　〔13〕鲁缟：鲁国出产的细绢。很容易刺破。　〔14〕必蹶上将军：《孙子·军争篇》认为实施长途的奔袭，既可能取胜，也可能遇到危险，所以有"五十里而争利，则蹶上将军，其法半至"的句子。意思是飞奔五十里去争利（一旦遇到意外），先头部队的将领将会受挫折，队伍只有半数能赶到目的地。　〔15〕诚：确实。　〔16〕荆：指在荆州的刘备势力。　吴：指在江东的孙权势力。　〔17〕江南：指荆州的江南部分。

【裴注】

〔一〕《魏略》曰："庶先名福。本单家子。少好任侠击剑。中平末，尝为人报仇，白垩突面，被发而走；为吏所得，问其姓字，闭口不言。吏乃于车上立柱维磔之，击鼓以令于市廛；莫敢识者，而其党伍共篡解之，得脱。于是感激，弃其刀戟，更疏巾单衣，折节学问。始诣精舍，诸生闻其前作贼，不肯与共止。福乃卑躬早起，常独扫除，动静先意；听习经业，义理精熟。遂与同郡石韬相亲爱。初平中，中州兵起，乃与韬南客荆州；到，又与诸葛亮特相善。及荆州内附，孔明与刘备相随去；福与韬，俱来北。至黄初中，韬仕历郡守、典农校尉；福至右中郎将、御史中丞。逮（大）〔太〕和中，诸葛亮出陇右，闻元直、广元仕才如此，叹曰：'魏殊多士邪！何彼二人不见用乎？'庶后数年病卒，有碑在彭城，今犹存焉。"

〔二〕《袁子》曰："张子布荐亮于孙权，亮不肯留。人问其故，曰：'孙将军可谓人士，然观其度：能贤亮，而不能尽亮。吾是以不留。'"臣松之以为：袁孝尼著文立论，甚重诸葛之为人；至如此言，则失之殊远。观亮君臣相遇，可谓希世一时；终始之分，谁能间之？宁有中违断金，甫怀择主？设使权尽其量，便当翻然去就乎？葛生行己，岂其然哉！关羽为曹公所获，遇之甚厚，可谓能尽其用矣；犹义不背本，曾谓孔明之不若云长乎？

〔三〕《零陵先贤传》云："亮，时住临烝。"

建安十六年，益州牧刘璋遣法正迎先主，使击张鲁。亮与关羽镇荆州。

先主自葭萌还攻璋；亮与张飞、赵云等率众溯江，分定郡县；与先主共围成都。成都平，以亮为军师将军，署左将军府事[1]。先主外出，亮常镇守成都，足食足兵。

二十六年[2]，群下劝先主称尊号[3]，先主未许。亮说曰："昔吴汉、耿弇等初劝世祖即帝位[4]，世祖辞让，前后数四，耿纯进言曰[5]：'天下英雄喁喁[6]，冀有所望[7]。如不从议者，士大夫各归求主[8]，无为从公也[9]！'世祖感纯言深至[10]，遂然诺之[11]。今曹氏篡汉，天下无主；大王刘氏苗族[12]，绍世而起[13]：今即帝位，乃其宜也！士大夫随大王久勤苦者，亦欲望尺寸之功如纯言耳[14]。"

先主于是即帝位。策亮为丞相曰："朕遭家不造[15]，奉承大统；兢兢业业，不敢康宁[16]；思靖百姓[17]，惧未能绥。於戏！丞相亮其悉朕意，无怠辅朕之阙[18]；助宣重光，以照明天下。君其勖哉[19]！"

亮以丞相录尚书事，假节。张飞卒后，领司隶校尉。[一]

【注释】

〔1〕署：代理。 〔2〕二十六年：建安二十六年（公元221）。〔3〕称尊号：称帝。 〔4〕耿弇（公元3—58）：字伯昭。扶风茂陵（今陕西兴平市东北）人。新莽末年投奔刘秀，屡建战功。东汉建立，任建威大将军，封好畤（zhì）侯。传见《后汉书》卷十九。 世祖：东汉光武帝刘秀的庙号。 〔5〕耿纯（？—公元37）：字伯山。钜鹿郡宋子（今河北赵县东北）人。新莽末年投奔刘秀，随从征战，任前将军，封东光侯。传见《后汉书》卷二十一。 〔6〕喁喁（yóng yóng）：众人仰慕企盼的样子。 〔7〕冀有所望：指希望新皇帝登基后自己能获取富贵。〔8〕求主：另找新主人。 〔9〕无为：不必要。 〔10〕深至：深刻透彻。〔11〕然诺：应允。 〔12〕苗族：后裔。 〔13〕绍世：接续汉代。〔14〕望尺寸之功：希望（您当皇帝后奖赏他们）微薄的功劳。 〔15〕遭家不造：碰上家族的不幸。这是《诗经·闵予小子》中的诗句。〔16〕康宁：（停下来享受）安乐。 〔17〕靖：安定。 〔18〕无怠：不要懈怠。 阙：过失。 〔19〕勖：勉励。

【裴注】

〔一〕《蜀记》曰："晋初，扶风王骏镇关中；司马高平刘宝、长史荥阳桓隰诸官属士大夫，共论诸葛亮。于时谈者，多讥亮托身非所，劳困蜀民，力小谋大，不能度德量力。金城郭冲以为：'亮权智英略，有逾管、晏；功业未济，论者惑焉。'条亮五事隐没不闻于世者，宝等亦不能复难；扶风王慨然善冲之言。"

臣松之以为：亮之异美，诚所愿闻；然冲之所说，实皆可疑。谨随事难之如左：

其一事曰："亮刑法峻急，刻剥百姓，自君子小人咸怀怨叹。法正谏曰：'昔高祖入关，约法三章，秦民知德。今君假借威力，跨据一州，初有其国，未垂惠抚；且客主之义，宜相降下：愿缓刑弛禁，以慰其望。'亮答曰:'君知其一,未知其二。秦以无道,政苛民怨,匹夫大呼,天下土崩;高祖因之,可以弘济。刘璋暗弱,自焉以来有累世之恩,文法羁縻,互相承奉,德政不举,威刑不肃;蜀土人士,专权自恣,君臣之道,渐以陵替。宠之以位,位极则贱;顺之以恩,恩竭则慢:所以致弊,实由于此!吾今威之以法,法行则知恩;限之以爵,爵加则知荣;荣恩并济,上下有节:为治之要,于斯而著。'"

难曰:按法正,在刘主前死;今称法正谏,则刘主在也。诸葛职为股肱,事归元首;刘主之世,亮又未领益州,庆赏刑政,不出于己。寻冲所述亮答,专自有其能,有违人臣自处之宜;以亮谦顺之体,殆必不然。又云亮"刑法峻急,刻剥百姓",未闻善政以刻剥为称。

其二事曰:"曹公遣刺客见刘备;方得交接,开论伐魏形势,甚合备计,稍欲亲近。刺者尚未得便会,既而亮入,魏客神色失措;亮因而察之,亦知非常人。须臾,客如厕,备谓亮曰:'向得奇士,足以助君补益。'亮问'所在'?备曰:'起者其人也。'亮徐叹曰:'观客色动而神惧,视低而忤数;奸形外漏,邪心内藏:必曹氏刺客也!'追之,已越墙而走。"

难曰:凡为刺客,皆暴虎冯河,死而无悔者也。刘主有知人之鉴,而惑于此客;则此客,必一时之奇士也。又语诸葛云"足以助君补益",则亦诸葛之流亚也。凡如诸葛之俦,鲜有为人作刺客者矣;时主亦当惜其器用,必不投之死地也。且此人不死,要应显达为魏,竟是谁乎?何其寂蔑而无闻?

章武三年春,先主于永安病笃[1];召亮于成都,属以后事。谓亮曰:"君才十倍曹丕,必能安国,终定大事。若嗣子可辅,辅之;如其不才[2],君可自取[3]。"亮涕泣曰:"臣敢竭股肱之力[4],效忠贞之节,继之以死!"先主又为诏敕后主曰:"汝与丞相从事[5],事之如父。"〔一〕

建兴元年,封亮武乡侯[6];开府治事[7]。顷之,又领益州牧;政事无巨细,咸决于亮。南中诸郡,并皆叛乱。亮以新遭大丧,故未便加兵;且遣使聘吴,因结和

亲〔8〕，遂为与国〔9〕。〔二〕

三年春〔10〕，亮率众南征〔11〕。〔三〕其秋，悉平：军资所出〔12〕，国以富饶；〔四〕乃治戎讲武，以俟大举。

【注释】

〔1〕病笃：病重。 〔2〕不才：不成才。 〔3〕自取：自己选取（处置办法）。意指可以废黜刘禅另立皇子为君。通常理解为刘备要诸葛亮自立为皇帝，恐怕与情理不合。首先，蜀汉与曹魏之所以势不两立，就在于曹氏以臣代君篡夺皇权，如果要诸葛亮取代刘禅，则是又出一个曹丕，岂不与蜀汉奉行的政治原则完全矛盾？给予诸葛亮废立君主的权力，如同从前的霍光，也就算敬重信任到极点了。东晋时期的重要政治人物如桓温，对此的理解也不是取代刘禅。其次，取字理解为取而代之，不免有增加文字以作训诂之嫌。而选取则是常用之义。详见拙文《刘备遗嘱"君可自取"句辨释》，载《魏晋南北朝史研究》，湖北人民出版社，1996年；《刘备遗嘱再考察》，《成都大学学报》（社会科学版），2008年第6期。 〔4〕股肱之力：大臣辅佐君主的力量。诸葛亮回答的这几句话，本于春秋时晋国大夫荀息之语，见《左传》僖公九年。 〔5〕从事：相处。 〔6〕武乡：县名。西汉时属琅邪郡，后撤销。 〔7〕开府：设立丞相府署。 〔8〕结和亲：结成和睦亲善的关系。 〔9〕与国：相互友好相处的国家。 〔10〕三年：建兴三年（公元225）。 〔11〕南征：指平定南中。 〔12〕军资：据《华阳国志》卷四《南中志》记载，当时从南中调运出来的军用物资有金、银、丹砂、漆以及牛马等。

【裴注】

〔一〕孙盛曰："夫杖道扶义，体存信顺，然后能匡主济功，终定大业。语曰'弈者举棋不定，犹不胜其偶'，况量君之才否而二三其节，可以摧服强邻囊括四海者乎？备之命亮，乱孰甚焉！世或有谓备欲以固委付之诚，且以一蜀人之志。君子曰：'不然！苟所寄忠贤，则不须若斯之诲；如非其人，不宜启篡逆之途。'是以古之顾命，必贻话言：诡伪之辞，非托孤之谓。幸值刘禅暗弱，无猜险之性；诸葛威略，足以检卫异端。故使异同之心，无由自起耳。不然，殆生疑隙不逞之衅。谓之为权，不亦惑哉！"

〔二〕《亮集》曰："是岁，魏司徒华歆、司空王朗、尚书令陈群、太史令许芝、谒者仆射诸葛璋，各有书与亮：陈天命人事，欲使举国称藩。亮遂不报书，作《正议》曰：'昔在项羽，起不由德；虽处华夏，秉帝者之势；卒就汤镬，为后永戒。魏不审鉴，今次之矣；免身为幸，戒在子孙。而二三子各以耆艾之齿，承伪指而进书；有若崇、竦称莽之功，亦将逼于元祸苟免者邪？昔世祖之创迹旧基，奋赢卒数千，摧莽强旅四十余万于昆阳之郊；夫据道讨淫，不在众寡。及至孟德，以其谲胜之力，举数十万之师，救张郃于阳平；势穷虑悔，仅能自脱，辱其锋锐之众，遂丧汉中之地；深知神器不可妄获，旋还未至，感毒而死。子桓淫逸，继之以篡。纵使二三子多逞苏、张诡靡之说，奉进驩兜滔天之辞；欲以诬毁唐帝，讽解禹、稷：所谓徒丧文藻，烦劳翰墨者矣：夫大人君子之所不为也！又《军诫》曰："万人必死，横行天下。"昔轩辕氏整卒数万，制四方，定海内；况以数十万之众，据正道而临有罪，可得干拟者哉？'"

〔三〕诏赐亮金铁钺一具，曲盖一，前后羽葆鼓吹各一部，虎贲六十人。事在《亮集》。

〔四〕《汉晋春秋》曰："亮至南中，所在战捷。闻孟获者，为夷、汉所服，募生致之。既得，使观于营阵之间，问曰：'此军何如？'获对曰：'向者不知虚实，故败；今蒙赐观看营阵，若只如此，即定易胜耳！'亮笑，纵使更战。七纵七擒，而亮犹遣获；获止不去，曰：'公，天威也！南人不复反矣。'遂至滇池。南中平，皆即其渠率而用之。或以谏亮，亮曰：'若留外人，则当留兵；兵留，则无所食。一不易也；加夷新伤破，父兄死丧；留外人而无兵者，必成祸患。二不易也；又夷累有废杀之罪，自嫌衅重；若留外人，终不相信。三不易也。今吾欲使不留兵，不运粮；而纲纪粗定，夷、汉粗安，故耳。'"

五年[1]，率诸军北驻汉中。临发，上疏曰[2]：

先帝创业未半而中道崩殂[3]，今天下三分，益州疲弊[4]：此诚危急存亡之秋也[5]。然侍卫之臣不懈于内[6]，忠志之士忘身于外者[7]，盖追先帝之殊遇[8]，欲报之于陛下也。诚宜开张圣听[9]，以光先帝遗德，恢弘志士之气；不宜妄自菲薄[10]，引喻失义[11]，以塞忠谏之路也。

宫中、府中俱为一体；陟罚臧否[12]，不宜异同[13]。若有作奸犯科及为忠善者[14]，宜付有司论其刑赏[15]，以昭陛下平明之理[16]；不宜偏私，使内外异法也。

侍中、侍郎郭攸之、费祎、董允等[17]，此皆良实，志虑忠纯，是以先帝简拔以遗陛下[18]。愚以为宫中之事[19]，事无大小，悉以咨之，然后施行；必能裨补阙漏[20]，有所广益。将军向宠[21]，性行淑均[22]，晓畅军事；试用于昔日，先帝称之曰能，是以众议举宠为督[23]。愚以为营中之事[24]，悉以咨之；必能使行阵和睦[25]，优劣得所。亲贤臣，远小人，此先汉所以兴隆也[26]；亲小人，远贤臣，此后汉所以倾颓也。先帝在时，每与臣论此事，未尝不叹息痛恨于桓、灵也[27]。侍中、尚书、长史、参军[28]，此悉贞良死节之臣[29]，愿陛下亲之信之，则汉室之隆，可计日而待也。

臣本布衣[30]，躬耕于南阳[31]；苟全性命于乱世[32]，不求闻达于诸侯[33]。先帝不以臣卑鄙[34]，猥自枉屈[35]，三顾臣于草庐之中，咨臣以当世之事；由是感激[36]，遂许先帝以驱驰[37]；后值倾覆[38]，受任于败军之际；奉命于危难之间：尔来二十有一年矣[39]。〔一〕先帝知臣谨慎，故临崩寄臣以大事也。受命以来，夙夜忧叹，恐托付不效[40]，以伤先帝之明；故五月渡泸[41]，深入不毛[42]。〔二〕

今南方已定，兵甲已足；当奖率三军[43]，北定中原；庶竭驽钝[44]，攘除奸凶[45]；兴复汉室，还于旧都。此臣所以报先帝，而忠陛下之职分也。至于斟酌损益，进尽忠言，则攸之、祎、允之任也。

愿陛下托臣以讨贼兴复之效；不效，则治臣之罪，以告先帝之灵。〔若无兴德之言，则〕责攸之、祎、允等之慢[46]，以彰其咎。陛下亦宜自谋[47]，以咨诹善道[48]，察纳雅言[49]，深追先帝遗诏。

臣不胜受恩感激；今当远离，临表涕零，不知所言！

【注释】

〔1〕五年：建兴五年(公元227)。　〔2〕上疏：这道奏疏，《文选》卷三十七题名为《出师表》，表文开头有"臣亮言"三字。　〔3〕中道：中途。　〔4〕疲弊：指国力困乏。　〔5〕秋：时候。　〔6〕内：皇宫内。即下文的"宫中"。　〔7〕外：皇宫外。这里指设在皇宫外的丞相府，当时是蜀汉的中央行政机构。即下文的"府中"。　〔8〕追：怀念。　殊遇：特殊的礼遇。　〔9〕开张圣听：广泛听取臣下的意见。　〔10〕妄自菲薄：随随便便自己不尊重自己。　〔11〕引喻失义：谈话时引用的比喻不合道理。自此以下，连向后主列举了三点"不宜"。　〔12〕陟(zhì)罚：奖赏与惩罚。　臧否(pǐ)：褒贬。　〔13〕异同：不同。当时习用的偏义复合词。又作同异，意思都侧重在"异"上。　〔14〕作奸：干坏事。　犯科：违犯法规。　〔15〕有司：有关部门。　〔16〕昭：显示。平明：公平明察。　理：治理。　〔17〕侍郎：官名。这里指黄门侍郎。是皇帝的侍从官员。当时郭攸之、费祎任侍中，董允任黄门侍郎。　郭攸之：事见《三国志》卷三十九《董允传》。　董允(？—公元246)：传见本书卷三十九。　〔18〕遗：留给。　〔19〕愚：谦虚的自称。　〔20〕裨补：弥补。　〔21〕向宠(？—公元240)：传附本书卷四十一《向朗传》。　〔22〕淑均：和善公正。　〔23〕督：这里指中部督。蜀汉官

名。是宫廷禁卫军的司令长官。 〔24〕营：禁卫军军营。 〔25〕行（háng）阵：行列阵势。这里指军队。 〔26〕先汉：即西汉。 〔27〕痛恨：痛心和遗憾。 桓、灵：即东汉桓帝、灵帝。 〔28〕侍中：指郭攸之、费袆。 尚书：指陈震(？—公元235)。传见本书卷三十九。 长（zhǎng）史：指担任丞相留府长史的张裔。 参军：指担任丞相府参军的蒋琬。诸葛亮到汉中后，由张裔与蒋琬共同处理留后的丞相府公事。〔29〕死节：能够以死来显示忠节。 〔30〕布衣：平民。 〔31〕南阳：郡名。治所在今河南南阳市。当时的人提到自己或别人的籍贯时，如果不需要详细说明，通常只是提郡而不提州、县。这种例子在本书中甚多。正因为如此，魏晋以来各地的世家大族又习称为郡望。诸葛亮当初曾经在隆中躬耕，而隆中为南阳郡邓县的属地。 〔32〕性命：身体和生命。〔33〕闻达：(声名)显扬。 〔34〕卑鄙：卑贱。 〔35〕猥：多次。 枉屈：劳动大驾屈尊(来看我)。 〔36〕感激：感动。孔明深受感动，主要在于二人之间的悬殊差距。在年龄上刘备虚岁47，比诸葛亮大20岁。在地位上刘备的左将军是高级军职，相当于现今的少将，诸葛亮仅是一介平民。在资历上刘备已入官场二十多年，诸葛亮却没有从政经历。后世往往只赞美刘备"三顾频烦"，却对"猥自枉屈"有所忽略。 〔37〕驱驰：指效力。 〔38〕倾覆：指刘备伐吴惨遭失败一事。 〔39〕尔来：从那以来。这一句总括上文，所以是从刘备三顾时的建安十二年(公元207)算起。〔40〕不效：没有成效。 〔41〕泸：河流名。即今雅砻江下游以及金沙江汇入雅砻江之后的一段。 〔42〕不毛：不容易种植庄稼的高山峡谷地区。〔43〕奖率：勉励和统率。 〔44〕驽钝：劣马和钝刀。比喻自己才能低下，是自谦的话。 〔45〕攘除：扫除。 奸凶：指曹魏君臣。 〔46〕慢：轻忽。 〔47〕自谋：自己好好考虑。 〔48〕咨诹(zōu)：征询和采纳。 善道：好的建议。 〔49〕雅言：正直的言论。

【裴注】

〔一〕臣松之按：刘备以建安十三年败，遗亮使吴；亮以建兴五年抗表北伐，自倾覆至此，整二十年。然则备始与亮相遇，在败军之前一年时也。

〔二〕《汉书·地理志》曰："泸惟水，出牂柯郡句町县。"

遂行，屯于沔阳。〔一〕

六年春[1]，扬声由斜谷道取郿[2]，使赵云、邓芝为疑军[3]，据箕谷[4]；魏大将军曹真举众拒之。亮身率诸军攻祁山[5]，戎阵整齐，赏罚肃而号令明；南安、天水、安定三郡叛魏应亮，关中响震[6]。〔二〕

魏明帝西镇长安，命张郃拒亮。亮使马谡督诸军在前，与郃战于街亭[7]。谡违亮节度，举动失宜，大为郃所破。亮拔西县千余家[8]，还于汉中，〔三〕戮谡以谢众[9]。

上疏曰："臣以弱才，叨窃非据[10]，亲秉旄钺以厉三军[11]；不能训章明法，临事而惧[12]；至有街亭违命之阙，箕谷不戒之失[13]。咎皆在臣，授任无方；臣明不知人[14]，恤事多暗[15]。《春秋》责帅[16]，臣职是当[17]；请自贬三等，以督厥咎[18]。"

于是以亮为右将军，行丞相事，所总统如前。〔四〕

冬，亮复出散关[19]，围陈仓[20]。曹真拒之，亮粮尽而还。魏将王双率骑追亮，亮与战；破之，斩双。

七年[21]，亮遣陈式攻武都、阴平。魏雍州刺史郭淮率众欲击式，亮自出至建威[22]；淮退还，遂平二郡。

诏策亮曰："街亭之役，咎由马谡；而君引愆[23]，深自贬抑；重违君意[24]，听顺所守。前年耀师[25]，馘斩王双[26]；今岁爰征[27]，郭淮遁走；降集氐、羌，兴复二郡；威镇凶暴，功勋显然。方今天下骚扰，元恶未枭；君受大任，干国之重[28]，而久自挹损，非所以光扬洪烈矣。今复君丞相，君其勿辞。"〔五〕

【注释】

〔1〕六年：建兴六年(公元228)。　〔2〕扬声：故意放出风声。　斜(yé)谷道：褒斜栈道的斜谷段。褒斜栈道是先秦以来南北走向穿越秦岭的主要通道，也是诸葛亮五次北伐最后一次使用的道路。由秦岭南面的褒水河谷即褒谷，和当时武功水所流经的斜谷组合，故名。栈道是中国古代穿越西南地区险峻山脉而修建的一种特殊道路。沿着河谷，在河岸一侧峭壁上横向打入方形深孔，将相应尺寸的方木插入深孔，在其上铺设厚木板，即可形成人和车辆通行的道路。栈道的工程量远比挖山铺路要小，成本也低得多，更为重要者，是对沿途自然环境的破坏也最小，堪称中国古代先民的伟大创造。连接关中平原和成都平原的栈道，起源于先秦，在诸葛亮北伐时又大规模兴修，主要集中在今川陕交界的山脉和汉中市北穿越秦岭的褒斜河谷这两段。现今四川广元市北面的朝天关，已利用当时留存的栈道深孔，恢复了一段栈道，成为蜀道风景线上三国文化景观之一。　〔3〕邓芝(?—公元251)：传见本书卷四十五。　疑军：使敌人疑惑而产生错觉的军队。　〔4〕箕谷：地名。通常认为在今陕西汉中市西北褒城镇北，即褒斜道的南口附近，这是不对的。首先，褒斜道的南口邻近汉中郡治所南郑，距曹魏的地盘还远隔一座秦岭，在这里屯兵，起不了吸引敌军主力的作用。其次，据《诸葛亮集》中诸葛亮与其兄诸葛瑾的书信记载，赵云从箕谷向南败退之后，途中曾烧毁赤崖一段栈道，可见箕谷在赤崖之北。而赤崖的位置，据今人实地考察，在今陕西留坝县东北柘梨园镇北七公里。因此，箕谷的正确位置，应在今陕西太白县附近的褒河谷中。参见郭荣章《石门摩崖刻石研究》中《三国时的褒斜栈道》一文。　〔5〕祁山：地名。在今甘肃礼县东二十三公里祁山堡。现今尚有古营垒、武侯祠、卧龙桥等遗迹留存。当地民众每年二月在此举行民俗大庙会，祈祝祭拜，远近闻名。　〔6〕响震：震动。　〔7〕街亭：地名。具体位置说法纷纭，大约有在今甘肃庄浪县东南韩店乡、秦安县东北陇城镇、天水市东南街子镇等。但是结合诸葛亮攻取祁山之后兵锋指向长安，魏明帝从长安紧急派遣张郃迎战，以及街亭失守之后诸葛亮退守祁山等地理方向综合考虑，当以在天水市东南的街子镇为合理。　〔8〕西县：县名。县治在今甘肃礼县东北。　〔9〕谢众：向众人道歉。　〔10〕非据：不应当占据(的位置)。　〔11〕旄：牦牛尾巴。这里指用牦牛尾巴做装饰的节。节是带有牦牛尾巴的竹竿，由皇帝授给领兵出征的大臣，表示给予诛杀的威权。　钺：用黄金装饰的大斧。又名黄钺。本为皇帝使用的仪仗之一。重要大臣领兵，若给予黄钺，则表示代表皇帝出征。旄钺通常说成节钺。　〔12〕惧：指谨慎小心。

〔13〕箕谷不戒之失：指赵云等人在箕谷被曹真击败一事。参见本书卷三十六《赵云传》。　〔14〕明：对人和事的观察能力。　〔15〕恤事：考虑事情。　〔16〕责帅：（战争失利首先要）追究主帅的责任。前597年，荀林父统率晋军与楚军作战，大败，韩厥质问他说："子为元帅，师不用命，谁之罪也？"这里就指这件事。见《左传》宣公十二年。　〔17〕臣职是当：我的职务使我应当承担这次战败的责任。　〔18〕以督厥咎：以督促（我改正）我的过失。　〔19〕散关：关隘名。在今陕西宝鸡市西南。这次进攻方向，转移到祁山以东。　〔20〕陈仓：县名。在今陕西宝鸡市东。故城遗址在今陕西宝鸡市东郊约7.5公里处，曾有汉魏文物出土。〔21〕七年：建兴七年（公元229）。　〔22〕建威：地名。在今甘肃西和县南。　〔23〕引愆(qiān)：自己承担过失。　〔24〕重(zhòng)违：难以违背。　〔25〕耀师：出动军队显示威力。　〔26〕馘(guó)：杀死敌人后割下左耳。　〔27〕爰征：改换（地方）出征。　〔28〕干(gàn)：承担。

【裴注】
　〔一〕郭冲三事曰："亮屯于阳平，遣魏延诸军并兵东下，亮惟留万人守城。晋宣帝率二十万众拒亮，而与延军错道，径至前，当亮六十里所。侦候白宣帝，说'亮在城中，兵少力弱'。亮亦知宣帝垂至，已与相逼；欲前赴延军，相去又远；回迹反追，势不相及；将士失色，莫知其计。亮意气自若，敕军中皆卧旗息鼓，不得妄出庵幔；又令大开四城门，扫地却洒。宣帝常谓亮持重，而猥见势弱，疑其有伏兵，于是引军北趣山。明日食时，亮谓参佐拊手大笑曰：'司马懿必谓吾怯，将有强伏，循山走矣！'候逻还白，如亮所言。宣帝后知，深以为恨。"

　难曰：按阳平在汉中。亮初屯阳平，宣帝尚为荆州都督，镇宛城；至曹真死后，始与亮于关中相抗御耳。魏尝遣宣帝自宛由西城伐蜀，值霖雨，不果。此之前后，无复有于阳平交兵事。就如冲言，宣帝既举二十万众，已知亮兵少力弱；若疑其有伏兵，正可设防持重，何至便走乎？按《魏延传》云："延每随亮出，辄欲请精兵万人，与亮异道会于潼关；亮制而不许，延常谓亮为怯，叹己才用之不尽也。"亮尚不以延为万人别统，岂得如冲言，顿使将重兵在前，而以轻弱自守乎？且冲与扶风王言，显彰宣帝之短；对子毁父，理所不容！而云"扶风王慨然善冲之言"，故知此书举引皆虚。

　〔二〕《魏略》曰："始，国家以蜀中惟有刘备。备既死，数岁寂然无声，是以略无备预。而猝闻亮出，朝野恐惧；陇右、祁山尤甚，故三郡同时应亮。”

〔三〕郭冲四事曰：“亮出祁山，陇西、南安二郡应时降；围天水，拔冀城，虏姜维，驱略士女数千人还蜀。人皆贺亮，亮颜色愀然有戚容，谢曰：‘普天之下，莫非汉民；国家威力未举，使百姓困于豺狼之吻。一夫有死，皆亮之罪；以此相贺，能不为愧！’于是蜀人咸知亮有吞魏之志，非惟拓境而已。”

难曰：亮有吞魏之志久矣，不始于此众人方知也。且于时师出无成，伤缺而返者众，三君归降而不能有。姜维，天水之匹夫耳，获之则于魏何损？拔西县千家，不补街亭所丧，以何为功，而蜀人相贺乎？

〔四〕《汉晋春秋》曰：“或劝亮更发兵者，亮曰：‘大军在祁山、箕谷，皆多于贼：而不能破贼、为贼所破者，则此病不在兵少也。在一人耳。今欲减兵省将，明罚思过，校变通之道于将来；若不能然者，虽兵多何益？自今以后，诸有忠虑于国，但勤攻吾之阙，则事可定，贼可死，功可跷足而待矣！’于是考微劳，甄烈壮，引咎责躬，布所失于天下；厉兵讲武，以为后图，戎士简练，民忘其败矣。亮闻孙权破曹休，魏兵东下，关中虚弱。十一月，上言曰：‘先帝虑汉，贼不两立，王业不偏安，故托臣以讨贼也。以先帝之明，量臣之才，故知臣伐贼才弱敌强也。然不伐贼，王业亦亡；惟坐待亡，孰与伐之？是故托臣而弗疑也。臣受命之日，寝不安席，食不甘味；思惟北征，宜先入南，故五月渡泸，深入不毛，并日而食。臣非不自惜，顾王业不得偏全于蜀都，故冒危难以奉先帝之遗意也；而议者谓为非计。今贼适疲于西，又务于东；兵法乘劳，此进趋之时也。谨陈其事如左：高帝明并日月，谋臣渊深，然涉险被创，危然后安。今陛下未及高帝，谋臣不如良、平；而欲以长计取胜，坐定天下。此臣之未解一也；刘繇、王朗，各据州郡；论安言计，动引圣人；群疑满腹，众难塞胸；今岁不战，明年不征；使孙策坐大，遂并江东。此臣之未解二也；曹操智计殊绝于人；其用兵也，仿佛孙、吴；然困于南阳，险于乌巢，危于祁连，逼于黎阳，几败北山，殆死潼关；然后，伪定一时耳。况臣才弱，而欲以不危而定之。此臣之未解三也；曹操五攻昌霸不下，四越巢湖不成，任用李服而李服图之，委夏侯而夏侯败亡；先帝每称操为能，犹有此失；况臣驽下，何能必胜？此臣之未解四也；自臣到汉中，中间期年耳。然丧赵云、阳群、马玉、阎芝、丁立、白寿、刘郃、邓铜等及曲长、屯将七十余人，突将、无前、賨叟、青羌散骑、武骑一千余人。此皆数十年之内所纠合四方之精锐，非一州之所有。若复数年，则损三分之二也；当何以图敌？此臣之未解五也；今民穷兵疲，而事不可息；事不可息，则住与行劳费正等；而不及今图之，欲以一州之地与贼持久。此臣之未解六也。夫难平者，事也。昔先帝败军于楚，当此时，曹操拊手谓：天下以定。然后先帝东连吴、越，西取巴、蜀，举兵北征，夏侯授首；此操之失计而汉事将成也。然后吴更违盟，关羽毁败，秭归蹉跌，曹丕称帝。凡事如是，难可逆见。臣鞠躬尽力，死而后已；至于成败利钝，非臣之明所能逆睹也。'于是有散关之役。"

此表，《亮集》所无；出张俨《默记》。

〔五〕《汉晋春秋》曰："是岁，孙权称尊号，其群臣以并尊二帝来告。议者咸以为：'交之无益，而名体弗顺；宜显明正义，绝其盟好。'亮曰：'权有僭逆之心久矣！国家所以略其衅情者，求掎角之援也。今若加显绝，仇我必深；便当移兵东戍，与之角力；须并其土，乃议中原。彼贤才尚多，将相缉穆，未可一朝定也。顿兵相持，坐而须老；使北贼得计，非算之上者。昔孝文卑辞匈奴，先帝优与吴盟；皆应权通变，弘思远益，非匹夫之为（分）〔忿〕者也。今议者咸以"权利在鼎足，不能并力；且志望已满，无上岸之情"。推此，皆似是而非也。何者？其智力不侔，故限江自保；权之不能越江，犹魏贼之不能渡汉，非力有余而利不取也。若大军致讨，彼高当分裂其地以为后规；下当略民广境，示武于内：非端坐者也。若就其不动而睦于我，我之北伐，无东顾之忧，河南之众不得尽西，此之为利，亦已深矣。权僭之罪，未宜明也。'乃遣卫尉陈震庆权正号。"

九年[1]，亮复出祁山，以木牛运，〔一〕粮尽退军；与魏将张郃交战，射杀郃。〔二〕

十二年春[2]，亮悉大众由斜谷出，以流马运；据武功五丈原[3]，与司马宣王对于渭南[4]。亮每患粮不继，使己志不申；是以分兵屯田，为久驻之基。耕者杂于渭滨居民之间，而百姓安堵[5]，军无私焉[6]。〔三〕相持百余日。

其年八月，亮疾病；卒于军，时年五十四。〔四〕及军退，宣王案行其营垒处所[7]，曰："天下奇才

也！"〔五〕

亮遗命："葬汉中定军山^[8]：因山为坟^[9]；冢足容棺^[10]；敛以时服^[11]，不须器物^[12]。"

诏策曰："惟君体资文武^[13]，明睿笃诚；受遗托孤，匡辅朕躬；继绝兴微，志存靖乱。爰整六师，无岁不征；神武赫然，威镇八荒^[14]；将建殊功于季汉^[15]，参伊、周之巨勋^[16]。如何不吊，事临垂克^[17]，遘疾陨丧^[18]？朕用伤悼，肝心若裂！夫崇德序功^[19]，纪行命谥^[20]；所以光昭将来^[21]，刊载不朽。今使使持节、左中郎将杜琼^[22]，赠君丞相、武乡侯印绶，谥君为忠武侯。魂而有灵，嘉兹宠荣^[23]。呜呼哀哉！呜呼哀哉！"

初，亮自表后主曰："成都有桑八百株^[24]，薄田十五顷；子弟衣食，自有余饶。至于臣在外任，无别调度^[25]；随身衣食，悉仰于官^[26]；不别治生^[27]，以长尺寸^[28]。若臣死之日，不使内有余帛^[29]，外有赢财^[30]，以负陛下。"及卒，如其所言。

亮性长于巧思，损益连弩^[31]，木牛流马，皆出其意；推演兵法，作八阵图^[32]，咸得其要云。〔六〕

亮言教书奏多可观，别为一集。

景耀六年春，诏为亮立庙于沔阳^[33]。〔七〕秋，魏镇西将军钟会征蜀，至汉川；祭亮之庙，令军士不得于亮墓所左右刍牧樵采^[34]。

亮弟均，官至长水校尉。亮子瞻，嗣爵。〔八〕

【注释】

〔1〕九年：建兴九年（公元231）。张郃中箭身亡之处名叫木门，在今天水西南约60余公里的牡丹乡木门村，位于祁山以东不远。木门道所经过的峡谷，深邃陡峭，最窄处宽度仅50米左右。附近曾有当时的箭镞、刀、矛、弓等文物出土。　〔2〕十二年：建兴十二年（公元234）。以上诸葛亮出兵北伐共计五次，经由祁山只有两次。后世所说的"六出祁山"并非历史真实。　〔3〕武功：这里指武功水。河流名。为渭水南岸的支流。从秦岭发源，向北经斜谷，至斜谷口后，再经过五丈原的东侧，北流汇入渭河。凭借五丈原的高地，但又紧靠武功水的水源，在此屯兵是吸取街亭失利经验的明智之举。或误以为此处的武功是县名，不确，当时的武功县，治所尚在五丈原以东近百里之遥，是在魏军的有效控制之下。　五丈原：地名。在今陕西岐山县南二十公里五丈原镇。是一个高约一百五十公尺，宽约一公里，长约五公里的高地。北临渭水，东依武功水和斜谷口，地理位置十分重要。现今尚有诸葛亮祠庙、园林等遗迹留存，为三国名胜之一。　〔4〕渭南：渭水南岸。　〔5〕安堵：像墙壁一样安定。　〔6〕无私：指没有抢掠百姓谋取私利的行为。〔7〕案行：巡察。　〔8〕定军山：山名。在今陕西勉县城南五公里。山势呈东西走向，绵延近十公里。　〔9〕因山：借助山势。今定军山北麓有规模不小的武侯墓园。　〔10〕冢（zhǒng）：墓穴。　〔11〕时服：与时令相应的平常衣物。　〔12〕器物：指殉葬物品。　〔13〕体资文武：天赋中兼有文武两种才能。　〔14〕八荒：指离中国极远的地区。古代认为中国有九州，九州之外为四海，四海之外为八荒。见刘向《说苑·辨物》。　〔15〕季汉：汉代的衰落时期。　〔16〕伊、周：指伊尹、周公。两人不仅分别帮助商汤、周武王建立新王朝，而且又在开国君主死后成功地辅佐了他们的接班人，与诸葛亮的情况类似，所以用他们作比喻。〔17〕垂克：将要成功。　〔18〕遘（gòu）：遇上。　〔19〕序功：叙述功劳。　〔20〕纪行：记录经历。　命谥：确定谥号。　〔21〕所以：用以。〔22〕杜琼（？—公元250）：传见本书卷四十二。　〔23〕嘉：喜欢。〔24〕成都：指在成都家中的私产。　〔25〕调度：财物的征调收取。这是当时习语。　〔26〕官：公家。　〔27〕治生：经营产业。　〔28〕长（zhǎng）尺寸：指产生利润。　〔29〕内：指家中。　〔30〕外：指当官的处所。　赢：多余的。　〔31〕连弩：能够一次发射多支箭的强弩。1964年在四川郫县出土了蜀汉景耀四年（公元261）制造的弩机实物，标称的开弓拉力为"十石"，约合今二百七十公斤，即是这种连弩。木牛、流马，见卷三十三《后主传》注释。　〔32〕八阵：一套排列军队迎战来敌

的阵形。八阵的名称，由来已久。1972 年山东临沂市银雀山出土的《孙膑兵法》竹简三十篇中，就有《八阵》一篇。本书卷一《武帝纪》建安二十一年裴注引《魏书》，说汉代的每年十月，京城的警卫部队北军五营，照例要按八阵进行演习。《后汉书》卷二十三《窦融传附窦宪传》，记载窦宪进攻匈奴时曾用八阵的战法。可见诸葛亮的《八阵图》，是在前人兵法的基础上加以发展而形成的。至于诸葛八阵的主要功用，从《魏书》卷五十四《高闾传》中可以看出。北魏孝文帝时，北方柔然的骑兵强盛，屡次南侵。高闾向朝廷建议："采诸葛亮八阵之法，为平地御寇之方"。可见诸葛亮八阵是在平原上抵御骑兵进攻的有效战法。三国时曹魏的骑兵强大，诸葛亮出秦岭进入关中平原后，必须解决抵御敌军骑兵强劲冲击的问题，这就是诸葛八阵产生的背景。在今重庆市原奉节县东、四川成都市新都区弥牟镇、陕西勉县定军山麓，都有传说是诸葛亮八阵图的遗迹。 〔33〕立庙于沔阳：诸葛亮庙原在定军山墓前。今陕西勉县西郊的武侯祠庙，是明代移到这里的。现今海内外，纪念诸葛亮的武侯祠数量众多。而最为人们熟悉的当数四川成都武侯祠。成都武侯祠是由刘备的惠陵（包括陵墓和祠庙）演变而来。其中的刘备殿、孔明殿等建筑和蜀汉君臣塑像群，建于明清时期，不仅和谐精美，更是非常罕见独特的君臣合祭型神庙建筑，与惠陵构成一体，是众多三国名胜古迹中最先批准的国家文物保护单位，在名扬海内外，有"三国文化圣地"的美誉。 〔34〕刍牧：放牧牲口。

【裴注】

〔一〕《汉晋春秋》曰："亮围祁山，招鲜卑轲比能；比能等至故北地石城以应亮。于是魏大司马曹真有疾，司马宣王自荆州入朝。魏明帝曰：'西方事重，非君莫可付者。'乃使西屯长安，督张郃、费曜、戴陵、郭淮等。宣王使曜、陵留精兵四千，守上邽，余众悉出，西救祁山。郃欲分兵驻雍、郿，宣王曰：'料前军能独当之者，将军言是也；若不能当而分为前后，此楚之三军所以为黥布擒也。'遂进。亮分兵留攻，自逆宣王于上邽。郭淮、费曜等邀亮，亮破之，因大芟刈其麦；与宣王遇于上邽之东，敛兵依险，军不得交，亮引而还。宣王寻亮，至于卤城。张郃曰：'彼远来逆我，请战不得；谓我利在不战，欲以长计制之也。且祁山知大军已在近，人情自固；可止屯于此，分为奇兵，示出其后；不宜进前而不敢逼，坐失民望也。今亮悬军食少，亦行去矣。'宣王不从，故寻亮。既至，又登山掘营，不肯战。贾栩、魏平，数请战，因曰：

'公畏蜀如虎，奈天下笑何！'宣王病之。诸将咸请战，五月辛巳，乃使张郃攻无当监何平于南围，自案中道向亮。亮使魏延、高翔、吴班赴拒，大破之，获甲首三千级，玄铠五千领，角弩三千一百张。宣王还保营。"

〔二〕郭冲五事曰："魏明帝自征蜀，幸长安。遣宣王督张郃诸军，雍、凉劲卒，三十余万，潜军密进，规向剑阁。亮时在祁山，旌旗利器，守在险要；十二更下，在者八万。时魏军始阵，幡兵适交；参佐咸以贼众强盛，非力不制，宜权停下兵一月，以并声势。亮曰：'吾统武行师，以大信为本。得原失信，古人所惜。去者束装以待期，妻子鹤望而计日；虽临征难，义所不废！'皆催遣令去。于是去者感悦，愿留一战；住者愤踊，思致死命。相谓曰：'诸葛公之恩，死犹不报也！'临战之日，莫不拔刃争先，以一当十；杀张郃，却宣王，一战大克：此信之由也。"

难曰：臣松之按：亮前出祁山，魏明帝身至长安耳；此年，不复自来。且亮大军在关、陇，魏人何由得越亮，径向剑阁？亮既在战场，本无久住之规，而方休兵还蜀：皆非经通之言。孙盛、习凿齿，搜求异同，罔有所遗，而并不载冲言：知其乖剌多矣。

〔三〕《汉晋春秋》曰："亮自至，数挑战。宣王亦表，固请战。使卫尉辛毗，持节以制之。姜维谓亮曰：'辛佐治仗节而到，贼不复出矣。'亮曰：'彼本无战情；所以固请战者，以示武于其众耳。将在军，君命有所不受；苟能制吾，岂千里而请战邪！'"

《魏氏春秋》曰："亮使至，问其寝食及其事之烦简，不问戎事。使对曰：'诸葛公，夙兴夜寐；罚二十以上，皆亲揽焉。所啖食，不至数升。'宣王曰：'亮将死矣。'"

〔四〕《魏书》曰："亮粮尽势穷，忧恚呕血，一夕烧营遁走；入谷，道发病卒。"

《汉晋春秋》曰："亮卒于郭氏坞。"

《晋阳秋》曰："有星赤而芒角，自东北，西南流，投于亮营；三投再还，往大还小。俄而亮卒。"

臣松之以为：亮在渭滨，魏人蹑迹；胜负之形，未可测量。而云"呕血"，盖因亮自亡而自夸大也。夫以孔明之略，岂为仲达呕血乎？及至刘琨丧师，与晋元帝笺亦云"亮军败呕血"，此则引虚记以为言也。其云"入谷"而卒，缘蜀人入谷发丧故也。

〔五〕《汉晋春秋》曰："杨仪等整军而出，百姓奔告宣王，宣王追焉。姜维令仪反旗鸣鼓，若将向宣王者；宣王乃退，不敢逼。于是仪结阵而去，入谷然后发丧。宣王之退也，百姓为之谚曰：'死诸葛走生仲达！'或以告宣王，宣王曰：'吾能料生，不便料死也。'"

〔六〕《魏氏春秋》曰：“亮作八务、七戒、六恐、五惧；皆有条章，以训厉臣子。又损益连弩，谓之‘元戎’；以铁为矢，矢长八寸，一弩十矢俱发。”

《亮集》载作木牛流马法曰：

“木牛者，方腹曲头，一脚四足，头入领中，舌著于腹。载多而行少，宜可大用，不可小使。特行者数十里，群行者二十里也。曲者为牛头，双者为牛脚，横者为牛领，转者为牛足，覆者为牛背，方者为牛腹，垂者为牛舌，曲者为牛肋，刻者为牛齿，立者为牛角，细者为牛鞅，摄者为牛鞦轴。牛仰双辕，人行六尺，牛行四步。载一岁粮，日行二十里，而人不大劳。

流马尺寸之数：肋长三尺五寸，广三寸，厚二寸二分，左右同。前轴孔分墨，去头四寸，径中二寸。前脚孔分墨二寸，去前轴孔四寸五分，广一寸。前杠孔去前脚孔分墨二寸七分，孔长二寸，广一寸。后轴孔去前杠分墨一尺五分，大小与前同。后脚孔分墨，去后轴孔三寸五分，大小与前同。后杠孔去后脚孔分墨二寸七分，后载克去后杠孔分墨四寸五分。前杠长一尺八寸，广二寸，厚一寸五分，后杠与等。板方囊二枚：厚八分，长二尺七寸，高一尺六寸五分，广一尺六寸；每枚受米二斛三斗。从上杠孔去肋下七寸，前后同。上杠孔，去下杠孔分墨一尺三寸，孔长一寸五分，广七分；八孔同。前后四脚，广二寸，厚一寸五分。形制如象，轵长四寸，径面四寸三分。孔径中三脚杠，长二尺一寸，广一寸五分，厚一寸四分，同杠耳。”

〔七〕《襄阳记》曰：“亮初亡，所在各求为立庙，朝议以礼秩不听。百姓遂因时节，私祭之于道陌上。言事者或以为‘可听立庙于成都’者，后主不从。步兵校尉习隆、中书郎向充等，共上表曰：‘臣闻周人怀召伯之德，甘棠为之不伐；越王思范蠡之功，铸金以存其像。自汉兴以来，小善小德而图形立庙者多矣；况亮德范遐迩，勋盖季世？王室之不坏，实斯人是赖；而蒸尝止于私门，庙像阙而莫立；使百姓巷祭，戎夷野祀：非所以存德念功，述追在昔者也。今若尽顺民心，则渎而无典；建之京师，又逼宗庙：此圣怀所以惟疑也。臣愚以为宜因近其墓，立之沔阳，使所亲属以时赐祭；凡其臣故吏欲奉祠者，皆限至庙。断其私祀，以崇正礼。’于是始从之。”

〔八〕《襄阳记》曰：“黄承彦者，高爽开列，为沔南名士。谓诸葛孔明曰：‘闻君择妇；身有丑女，黄头黑色，而才堪相配。’孔明许〔焉〕，即载送之。时人以为笑乐，乡里为之谚曰：‘莫作孔明择妇，（止）〔正〕得阿承丑女。’”

诸葛氏集目录

右二十四篇，凡十万四千一百一十二字。

　　臣寿等言：臣前在著作郎[1]，侍中、领中书监、济北侯臣荀勖，中书令、关内侯臣和峤奏[2]，使臣定故蜀丞相诸葛亮故事[3]。亮毗佐危国[4]，负阻不宾；然犹存录其言，耻善有遗[5]：诚是大晋光明至德，泽被无疆。自古以来，未之有伦也[6]。辄删除复重，随类相从，凡为二十四篇，篇名如右。

　　亮少有逸群之才[7]，英霸之器[8]；身长八尺，容貌甚伟：时人异焉。遭汉末扰乱，随叔父玄避难荆州；躬耕于野，不求闻达。时左将军刘备以亮有殊量[9]，乃三顾亮于草庐之中；亮深谓备雄姿杰出，遂解带写诚[10]，厚相结纳。及魏武帝南征荆州，刘琮举州委质；而备失势众寡[11]，无立锥之地。亮时年二十七，乃建奇策；身使孙权[12]，求援吴、会。权既宿服仰备[13]，又睹亮奇雅，甚敬重之；即遣兵三万人以助备，备得用与武帝交战，大破其军；乘胜克捷，江南悉平。后备又西取益州；益州既定，以亮为军师将军。备称尊号，拜亮为丞相，录尚书事。

及备殂没，嗣子幼弱；事无巨细，亮皆专之。于是外连东吴，内平南越[14]；立法施度，整理戎旅；工械技巧，物究其极；科教严明[15]，赏罚必信[16]；无恶不惩，无善不显：至于吏不容奸，人怀自厉；道不拾遗，强不侵弱，风化肃然也。当此之时，亮之素志，进欲龙骧虎视[17]，苞括四海；退欲跨陵边疆[18]，震荡宇内。又自以为无身之日[19]，则未有能蹑涉中原、抗衡上国者[20]，是以用兵不戢[21]，屡耀其武。

然亮才，于治戎为长[22]，奇谋为短；理民之干，优于将略。而所与对敌，或值人杰[23]；加众寡不侔[24]，攻守异体[25]；故虽连年动众，未能有克。昔萧何荐韩信，管仲举王子城父[26]；皆忖己之长，未能兼有故也。亮之器能政理，抑亦管、萧之亚匹也[27]；而时之名将无城父、韩信，故使功业陵迟[28]，大义不及邪？盖天命有归，不可以智力争也！

青龙二年春，亮帅众出武功；分兵屯田，为久驻之基。其秋病卒。黎庶追思[29]，以为口实[30]。至今梁、益之民，咨述亮者[31]，言犹在耳；虽《甘棠》之咏召公[32]，郑人之歌子产[33]，无以远譬也[34]。孟轲有云[35]："以逸道使民[36]，虽劳不怨；以生道杀人[37]，虽死不忿。"信矣！

论者或怪亮文彩不艳，而过于丁宁周至[38]。臣愚以为咎繇大贤也[39]，周公圣人也；考之《尚书》，咎繇之谟略而雅[40]，周公之诰烦而悉[41]。何则？咎繇与舜、禹共谈，周公与群下矢誓故也。亮所与言，尽众人凡士，故其文指不得及远也[42]。然其声教遗言[43]，皆经事综物[44]；公诚之心，形于文墨；足以知其人之意理，而有补于当世。伏惟陛下迈踪古圣[45]，荡然无忌[46]；故虽敌国诽谤之言，咸肆其辞而无所革讳[47]，所以明大通之道也。谨录写上诣著作[48]。

臣寿诚惶诚恐[49]，顿首顿首[50]，死罪死罪！泰始十年二月一日癸巳，平阳侯相臣陈寿上[51]。

【注释】

〔1〕著作郎：官名。专门负责修撰本朝历史。陈寿任西晋著作郎事，见《晋书》卷八十二《陈寿传》。 〔2〕荀勖(？—公元289)：字公曾。颍川郡颍阴(今河南许昌市)人。出身世家大族。曹魏时积极支持司马氏。西晋建立，任中书监，兼侍中，封侯，长期掌管机要。精于法律和古文字，曾参与制定《晋律》，又曾整理汲郡出土的古文竹简。传见《晋书》卷三十九。 和峤(？—公元292)：字长舆。汝南郡西平(今河南舞阳县东南)人。出身世家大族。西晋武帝时任中书令，后任太子太傅。传见《晋书》卷四十五。 〔3〕故事：过去的公务文书。当时习称公务文书为事。参见周一良《魏晋南北朝史札记》中"事"条。〔4〕危国：处境危险的国家。 〔5〕耻善有遗：以好的言论有散失为耻。〔6〕未之有伦：没有能与之相比的。 〔7〕逸群：超群。 〔8〕英霸之器：英雄的气度。 〔9〕殊量：特殊的气量。 〔10〕解带：比喻敞开胸怀。 写诚：抒发诚意。 〔11〕众寡：人少。 〔12〕身：亲自。〔13〕宿：向来。 〔14〕南越：指南中的少数族。 〔15〕科教：规章和指令。 〔16〕信：说话算数。 〔17〕龙骧虎视：像龙飞腾，像虎雄视。比喻人雄心勃勃要做一番大事业。 〔18〕跨陵：跨越。 边疆：指曹魏与蜀汉的边界。 〔19〕无身：指死亡。 〔20〕上国：指曹魏。〔21〕不戢：不停止。 〔22〕治戎：治军。 〔23〕人杰：指司马懿。〔24〕众寡不侔：(拥有的人民)多少不相等。 〔25〕异体：指所处的地位不同。古人认为战争中攻方要比守方加倍吃力。 〔26〕王子城父：人

名。齐国的大臣。当时出自王族的子弟，多以"王子"为氏。擅长军事，作战勇敢。管仲认为自己在这方面不如他，向齐桓公推荐他任大司马，事见《吕氏春秋·勿躬》。 〔27〕亚匹：同一等。 〔28〕陵迟：衰败。 〔29〕黎庶：百姓。现今西南各地还有很多纪念诸葛亮的名胜古迹，以及大量歌颂赞美他的传说长期流传。这些都是"黎庶追思"的确证。而他的诸多政绩中，不仅有功当时而且更流惠后世者，莫过于创建都江堰管理维修制度的重大贡献。此堰由先秦李冰父子开凿。诸葛亮执政时才专门设置堰官机构，配备上千人丁，专门负责管理维修。由于完善制度的建立，为后世树立典范，使得都江堰成为两千年来至今依然在发挥巨大效益的著名古代水利工程。因此，在天府之国的成都平原地区，受惠的上千万民众，对他极为景仰怀念。 〔30〕口实：谈话的资料。〔31〕咨述：赞叹追述。 〔32〕《甘棠》：《诗经》中的一篇。周成王时召公治陕西，外出巡视，在一棵甘棠树下办公，走后人们怀念他，就作了这首赞美诗。见《史记》卷三十四《燕召公世家》。 〔33〕子产（？—前222）：春秋时郑国的政治家。出身贵族。郑简公时执政，实施改革。整理田地疆界，修复沟渠，实施新的征税制度，把法律条文铸在鼎上公布，保存人民发表意见的场所，使郑国政治趋于安定。传见《史记》卷一百一十九。子产死后，人民怀念他，歌唱道："我有子弟，子产诲之；我有田畴，子产殖之；子产而死，谁其嗣之？"见《左传》襄公三十年。〔34〕无以远譬：用来譬比也相差不远。 〔35〕孟轲（？—前289）：即孟子。邹（今山东邹城市东南）人。战国时期的思想家。曾在孔子弟子原宪的门人手下求学。游历各国后，因主张不被采用，退而著书立说。提出"民贵君轻"、人"性善"等观点，对后来的儒学发展有很大的影响。被视为孔子学说的继承者，有"亚圣"的称号。著作现存《孟子》。传见《史记》卷七十四。 〔36〕以逸道使民：出于使百姓得到安乐的目的而使唤他们。这里四句出自《孟子·尽心》上。 〔37〕以生道杀人：出于使百姓得到生存的目的而要求他们献身。 〔38〕丁宁：即叮咛。 周至：周到。 〔39〕咎繇（gāo yáo）：即皋陶。 〔40〕咎繇之谟：《尚书》有《皋陶谟》一篇，记录皋陶与舜、禹讨论治理国家的谋略，中心发言人是皋陶，故名。 略而雅：简略而典雅。 〔41〕周公之诰：这里指《尚书》中的《大诰》一篇，记录周公平定管叔、蔡叔、武庚三人叛乱时对群臣的通告。 烦而悉：烦琐而详尽。 〔42〕文指：文意。〔43〕声教：训示教诲。 〔44〕经事综物：总理公事。经事与综物同义。〔45〕迈踪：随足迹前进。 〔46〕荡然：胸怀开阔的样子。 〔47〕肆其辞：让他们的文字陈列展示出来。 〔48〕上诣著作：上交给著作局。著作局是西晋专门负责本朝历史撰述的官署。后改称著作省。〔49〕诚：确实。〔50〕顿首：叩头。顿首顿首和下文的死罪死罪，是当时臣下写奏章的常用结束语。〔51〕平阳：县名。县治在今山西临汾市西南。侯相：官名。当时制度，如某县成为侯爵的封地，则称某侯国，县令或县长随之改称侯相。

乔字伯松。亮兄瑾之第二子也〔1〕。本字仲慎，与兄元逊俱有名于时〔2〕；论者以为乔才不及兄，而性业过之〔3〕。初，亮未有子，求乔为嗣，瑾启孙权遣乔来西；亮以乔为己嫡子，故易其字焉〔4〕。拜为驸马都尉，随亮至汉中。〔一〕年二十五，建兴（元）〔六〕年卒。

子攀，官至行护军、翊武将军〔5〕，亦早卒。诸葛恪见诛于吴〔6〕，子孙皆尽，而亮自有胄裔；故攀还，复为瑾后〔7〕。

瞻字思远。建兴十二年，亮出武功，与兄瑾书曰："瞻今已八岁，聪慧可爱；嫌其早成〔8〕，恐不为重器耳〔9〕。"年十七，尚公主〔10〕，拜骑都尉。其明年，为羽林中郎将〔11〕，屡迁射声校尉、侍中、尚书仆射〔12〕，加军师将军〔13〕。

瞻工书画，强识念〔14〕；蜀人追思亮，咸爱其才敏。每朝廷有一善政佳事，虽非瞻所建倡，百姓皆传相告曰："葛侯之所为也〔15〕。"是以美声溢誉，有过其实。

景耀四年，为行都护、卫将军〔16〕，与辅国大将军、南乡侯董厥，并平尚书事〔17〕。

六年冬〔18〕，魏征西将军邓艾伐蜀，自阴平由景谷道旁入〔19〕。瞻督诸军至涪停住；前锋破，退还，住绵竹。艾遣书诱瞻曰："若降者，必表为琅邪王[20]。"瞻怒，斩艾使。遂战，大败；临阵死，时年三十七。众皆离散，艾长驱至成都。

瞻长子尚，与瞻俱没[21]。〔二〕次子京及攀子显等，咸熙元年内移河东。〔三〕

【注释】

〔1〕瑾：即诸葛瑾(公元 174—241)。传见本书卷五十二。 〔2〕元逊：即诸葛恪(公元 203—253)。恪字元逊。传见本书卷六十四。〔3〕性业：品行的修养。 〔4〕易：改换。古代取名字时，兄弟的排行常用伯、仲、叔、季的字样来表示。诸葛乔是诸葛瑾的次子，所以字仲慎。过继给诸葛亮后成为长子，因而改字伯松。 〔5〕行护军：官名。代理护军职务，负责协调各军行动。 翊(yì)武将军：官名。领兵征伐。〔6〕见诛：被杀。 〔7〕后：继承人。 〔8〕早成：小时候表现出非凡的智力。 〔9〕重器：大器。 〔10〕尚：娶皇族公主为妻叫做尚。〔11〕羽林中郎将：官名。统率羽林郎官，保卫宫廷。 〔12〕射声校尉：官名。统率射声营的善射士兵，保卫京城。 〔13〕加军师将军：军师将军是诸葛亮担任过的职务，再授给诸葛瞻有纪念死者和优宠生者的意思。〔14〕强识念：记忆能力强。 〔15〕葛侯：对诸葛瞻的尊称。诸葛亮死，瞻继承武乡侯爵。当时人尊称封侯的人时，常称某侯。 〔16〕都护：指中都护。 〔17〕平尚书事：表示职权的名号。当时的辅政大臣，常加录尚书事的名号，表示总揽朝廷政务。如果资历较轻，则称平尚书事。〔18〕六年：景耀六年(公元 263)。 〔19〕景谷道：古道路名。在今四川青川县东，沿青川河河谷。东北接白水关，西南通江油关。 旁入：邓艾为了避开白水关守军，并未走景谷道的正路，而是从景谷道西北一条大体平行的小路，越摩天岭，径趋江油，所以称为旁入。 〔20〕琅邪王：诸葛氏是琅邪郡人，所以用封琅邪王作引诱。 〔21〕俱没：诸葛瞻父子捐躯之地，在当时的绵竹县，治所在今四川德阳市黄许镇，而不在今绵竹市。但是现今绵竹市内依然有清代所建的双忠祠和园林，纪念他们父子。

【裴注】

〔一〕亮与兄瑾书曰："乔，本当还成都。今诸将子弟皆得传运，思惟宜同荣辱；今使乔督五六百兵，与诸子弟，传于谷中。"书在《亮集》。

　　〔二〕干宝曰："瞻虽智不足以扶危，勇不足以拒敌；而能外不负国，内不改父之志：忠孝存焉。"《华阳国志》曰："尚叹曰：'父子荷国重恩，不早斩黄皓，以至倾败。用生何为！'乃驰赴魏军而死。"

　　〔三〕按《诸葛氏谱》云："京字行宗。"《晋泰始起居注》载诏曰："诸葛亮在蜀，尽其心力；其子瞻，临难而死义。天下之善一也，其孙京，随才署吏。"后为郿令。尚书仆射山涛《启事》曰："郿令诸葛京：祖父亮，遇汉乱分隔，父子在蜀；虽不达天命，要为尽心所事。京治郿，自复有称；臣以为宜以补东宫舍人，以明事人之理，副梁、益之论。"京位至江州刺史。

　　董厥者，丞相亮时为府令史[1]，亮称之曰："董令史，良士也。吾每与之言，思慎宜适[2]。"徙为主簿。亮卒后，稍迁至尚书仆射。代陈祗为尚书令[3]。迁〔辅国〕大将军，平台事[4]。而义阳樊建代焉。〔一〕延熙（二）十四年，以校尉使吴；值孙权病笃[5]，不自见建。权问诸葛恪曰："樊建何如宗预也[6]？"恪对曰："才识不及预，而雅性过之。"后为侍中，守尚书令[7]。

　　自瞻、厥、建统事，姜维常征伐在外，宦人黄皓窃弄机柄；咸共将护[8]，无能匡矫，〔二〕然建特不与皓和好往来。

　　蜀破之明年春，厥、建俱诣京都，同为相国参军[9]；其秋并兼散骑常侍，使蜀慰劳[10]。〔三〕

【注释】

　　〔1〕府：指丞相府。　令史：官名。丞相府中各类公务的主办官员。地位在掾、属之下。　〔2〕思慎宜适：（对事情的）思虑很恰当。〔3〕陈祗：传附本书卷三十九《董允传》。〔4〕台：指尚书台。平台事即平尚书事。　〔5〕值：碰上。　〔6〕何如：与……相比怎么样。　宗

预：传见本书卷四十五。 〔7〕守：品级较低的官代理较高的职务。
〔8〕将护：迁就。 〔9〕相国参军：官名。司马昭相国府的下属。参谋
军事。 〔10〕使：出使。

【裴注】

〔一〕按《晋百官表》："董厥字龚袭，亦义阳人。建字长元。"

〔二〕孙盛《异同记》曰："瞻、厥等以维好战无功，国内疲弊；宜
表后主，召还为益州刺史，夺其兵权。蜀长老犹有瞻表'以阎宇代维'
故事。晋永和三年，蜀史常璩说蜀长老云：'陈寿尝为瞻吏，为瞻所辱；
故因此事归恶黄皓，而云瞻不能匡矫也。'"

〔三〕《汉晋春秋》曰："樊建为给事中，晋武帝问诸葛亮之治国。
建对曰：'闻恶必改，而不矜过；赏罚之信，足感神明。'帝曰：'善哉！
使我得此人以自辅，岂有今日之劳乎？'建稽首曰：'臣窃闻天下之论，
皆谓邓艾见枉，陛下知而不理；此岂冯唐之所谓"虽得颇、牧而不能
用"者乎！'帝笑曰：'吾方欲明之，卿言起我意。'于是发诏（治）
〔理〕艾焉。"

评曰：诸葛亮之为相国也：抚百姓，示仪轨[1]；约官
职[2]，从权制[3]；开诚心，布公道；尽忠益时者，虽仇
必赏；犯法怠慢者，虽亲必罚；服罪输情者，虽重必
释[4]；游辞巧饰者[5]，虽轻必戮；善无微而不赏，恶无
纤而不贬；庶事精练，物理其本[6]；循名责实，虚伪不
齿。终于邦域之内，咸畏而爱之，刑政虽峻而无怨者，以
其用心平而劝戒明也。可谓识治之良才，管、萧之亚匹矣！
然连年动众，未能成功；盖应变将略，非其所长欤[7]？〔一〕

【注释】

〔1〕仪轨：礼仪法规。 〔2〕约：精简。 〔3〕权制：合乎时宜的制
度。 〔4〕输情：表示（悔改的）诚意。 〔5〕游辞：花言巧语。
〔6〕理其本：从根本上治理。 〔7〕非其所长：此处"应变将略非其所

长"的评价，并非出自陈寿真心。司马懿生前与诸葛亮对垒，曾对诸葛亮有"好兵而无权变"的公开评价。陈寿著书在西晋武帝时，此时司马懿的评语，不仅是当事人的权威认定，更上升为先祖皇帝钦定的"金口玉言"，陈寿不能不采纳。

【裴注】

〔一〕《袁子》曰："或问：'诸葛亮何如人也？'袁子曰：'张飞、关羽与刘备俱起，爪牙腹心之臣，而武人也。晚得诸葛亮，因以为佐相，而群臣悦服，刘备足信、亮足重故也。及其受六尺之孤，摄一国之政，事凡庸之君；专权而不失礼，行君事而国人不疑：如此，即以为君臣百姓之心欣戴之矣。行法严而国人悦服，用民尽其力而下不怨。及其兵出入如宾，行不寇，刍荛者不猎，如在国中。其用兵也，止如山，进退如风；兵出之日，天下震动，而人心不忧。亮死至今数十年，国人歌思，如周人之思召公也。孔子曰"雍也可使南面"，诸葛亮有焉。'又问：'诸葛亮始出陇右，南安、天水、安定三郡人反应之；若亮速进，则三郡非中国之有也，而亮徐行不进；既而官兵上陇，三郡复，亮无尺寸之功，失此机。何也？'袁子曰：'蜀兵轻锐，良将少，亮始出，未知中国强弱；是以疑而尝之。且大会者不求近功，所以不进也。'曰：'何以知其疑也？'袁子曰：'初出迟重，屯营重复，后转降，未进兵欲战；亮勇而能斗，三郡反而不速应。此其疑征也。'曰：'何以知其勇而能斗也？'袁子曰：'亮之在街亭也，前军大破，亮屯去数里，不救；官兵相接，又徐行。此其勇也。亮之行军，安静而坚重；安静则易动，坚重则可以进退。亮法令明，赏罚信，士卒用命，赴险而不顾。此所以能斗也。'曰：'亮率数万之众，其所兴造，若数十万之功，是其奇者也；所至，营垒、井灶、圂溷、藩篱、障塞皆应绳墨；一月之行，去之如始至，劳费而徒为饰好。何也？'袁子曰：'蜀人轻脱，亮故坚用之。'曰：'何以知其然也？'袁子曰：'亮治实而不治名，志大而所欲远。非求近速者也。'曰：'亮好治官府、次舍、桥梁、道路，此非急务，何也？'袁子曰：'小国贤才少，故欲其尊严也。亮之治蜀，田畴辟，仓廪实，器械利，蓄积饶；朝会不华，路无醉人。夫本立故末治，有余力而后及小事。此所以劝其功也。'曰：'子之论诸葛亮，则有证也。以亮之才而少其功，何也？'子曰：'亮，持本者也；其于应变，则非所长也，故不敢用其短。'曰：'然则吾子美之，何也？'袁子曰：'此固贤者之远矣，安可以备体责。夫能知所短而不用，此贤者之大也，知所短，则知所长矣。

夫前识与言而不中，亮之所不用也。此吾之所谓可也。'"

吴大鸿胪张俨，作《默记》，其《述佐篇》论亮与司马宣王书曰："汉朝倾覆，天下崩坏；豪杰之士，竞希神器。魏氏跨中土，刘氏据益州；并称兵海内，为世霸主。诸葛、司马二相，遭值际会，托身明主；或收功于蜀汉，或册名于伊、洛。丕、备既没，后嗣绝统；各受保阿之任，辅翼幼主，不负然诺之诚；亦一国之宗臣，霸王之贤佐也。历前世以观近事，二相优劣，可得而详也：孔明起巴、蜀之地，蹈一州之土；方之大国，其战士人民，盖有九分之一也。而以贡赋大吴，抗对北敌，至使耕战有伍，刑法整齐，提步卒数万，长驱祁山，慨然有饮马河、洛之志。仲达据天下十倍之地，仗兼并之众，据牢城，拥精锐；无擒敌之意，务自保全而已，使彼孔明自来自去。若此人不亡，终其志意，连年运思，刻日兴谋，则凉、雍不解甲，中国不释鞍：胜负之势，亦已决矣。昔子产治郑，诸侯不敢加兵；蜀相其近之矣，方之司马，不亦优乎！或曰：'兵者凶器，战者危事也。有国者不务保安境内，绥静百姓；而好开辟土地，征伐天下，未为得计也。诸葛丞相诚有匡佐之才，然处孤绝之地，战士不满五万；自可闭关守险，君臣无事，空劳师旅，无岁不征；未能进咫尺之地，开帝王之基；而使国内受其荒残，西土苦其役调。魏司马懿才用兵众，未易可轻；量敌而进，兵家所慎。若丞相必有以策之，则未见坦然之勋；若无策以裁之，则非明哲之谓，海内归向之意也。余窃疑焉，请闻其说。'答曰：'盖闻汤以七十里、文王以百里之地而有天下，皆用征伐而定之。揖让而登王位者，惟舜、禹而已。今蜀、魏为敌战之国，势不俱王。自操、备时，强弱悬殊；而备犹出兵阳平，擒夏侯渊；羽围襄阳，将降曹仁，生获于禁。当时北边大小忧惧，孟德身出南阳，乐进、徐晃等为救，围不即解；故蒋子通言彼时有徙许渡河之计；会国家袭取南郡，羽乃解军。玄德与操，智力多少、士众众寡、用兵行军之道，不可同年而语：犹能暂以取胜，是时又无大吴掎角之势也。今仲达之才，减于孔明；当时之势，异于曩日；玄德尚与抗衡，孔明何以不可出军而图敌邪？昔乐毅以弱燕之众，兼从五国之兵，长驱强齐，下七十余城。今蜀汉之卒，不少燕军；君臣之接，信于乐毅；加以国家为唇齿之援，东西相应，首尾如蛇，形势重大，不比于五国之兵也。何惮于彼而不可哉？夫兵以奇胜，制敌以智；土地广狭，人马多少，未可偏恃也。余观彼治国之体：当时既肃整，遗教在后；及其辞意恳切，陈进取之图；忠谋謇謇，义形于主：虽古之管、晏，何以加之乎？'"

《蜀记》曰："晋永兴中，镇南将军刘弘至隆中，观亮故宅，立碣表闾。命太傅掾犍为李兴，为文曰：'天子命我，于沔之阳；听鼓鼙而永思，庶先哲之遗光；登隆山以远望，轼诸葛之故乡。盖神物应机，大器无方；通人靡滞，大德不常。故谷风发而驷虞啸，云雷升而潜鳞骧；挚解褐于三聘，尼得招而褰裳；管豹变于受命，贡感激以回庄；异徐生之摘宝，释卧龙于深藏；伟刘氏之倾盖，嘉吾子之周行。夫有知己之主，则有竭命之良；固所以三分我汉鼎，跨带我边荒；抗衡我北面，驰骋我魏疆者也。英哉吾子，独含天灵；岂神之祇？岂人之精？何思之深！何德之清！异世通梦，恨不同生。推子八阵，不在孙、吴；木牛之奇，则非般模。神弩之功，一何微妙！千井齐甃，又何秘要！昔在颠、夭，有名无迹；孰若吾俦，良筹妙画？臧文既没，以言见称；又未若子，言行并征。夷吾反坫，乐毅不终；奚比于尔，明哲守冲？临终受寄，让过许由；负扆莅事，民言不流。刑中于郑，教美于鲁；蜀民知耻，河、渭安堵。匪皋则伊，宁彼管、晏？岂徒圣宣，慷慨屡叹！昔尔之隐，卜惟此宅；仁智所处，能无规廓。日居月诸，时殒其夕；谁能不殁？贵有遗格。惟子之勋，移风来世；咏歌余典，懦夫将厉。遐哉邈矣！厥规卓矣！凡若吾子，难可究已。畴昔之乖，万里殊途；今我来思，觌尔故墟。汉高归魂于丰、沛，太公五世而反周；想罔两以仿佛，冀影响之有余。魂而有灵，岂其识诸！'"

王隐《晋书》云："李兴，密之子；一名安。"

【译文】

诸葛亮，字孔明，琅邪郡阳都县人。是汉朝司隶校尉诸葛丰的后代。他的父亲诸葛珪，字君贡，汉朝末年任泰山郡丞。

诸葛亮很早就死了父亲，而他的叔父诸葛玄被袁术委任为豫章郡太守，诸葛玄就带着诸葛亮、诸葛亮的弟弟诸葛均去上任。碰上汉朝又选派朱皓来取代诸葛玄，诸葛玄与荆州牧刘表有老交情，就带着家属前去投靠刘表。

诸葛玄死后，诸葛亮亲自在田野耕种，喜欢唱《梁父吟》这首乐府歌曲。他身高八尺，常常把自己比作管仲、乐毅。

当时他周围的人不同意这一点，只有博陵郡人崔州平、颍川郡人徐庶(字元直)与他友好亲近，认为确实是这样。当时先主刘备驻扎在新野县。徐庶来见先主，先主很器重他，他对先主说："诸葛孔明，好比是一条卧着还没有飞腾的龙，将军难道不想见他吗？"先主说："您可以和他一起来！"徐庶说："这个人只能到他家去会见，不可能把他勉强叫来；将军您应当委屈大驾去拜访他！"

于是先主去拜访诸葛亮，总共去了三次，才得以见面。先主让左右随从退下之后问道："汉朝衰落，奸臣窃夺皇权，天子流亡在京城洛阳之外。我不能正确估计自己的品德和才能，想要在天下人的面前伸张大义；可惜我智慧谋略短浅，因而连遭挫折一直未能成功。但是直到今天，我的志向依然没有放弃，您认为应当怎么办呢！"

诸葛亮答复说："自从董卓之乱以后，群雄并起，占据的土地跨州连郡者数都数不清。其中的曹操与袁绍相比，名气没有对方大，人马没有对方多，然而曹操之所以最终能击败袁绍，使自己转弱为强的原因，不单是占了天时之利，恐怕也在于发挥了人的谋略优势啊。而今曹操已经拥有上百万的军队，挟制天子以向全国各地的官员发号施令，这确实不能和他一争高低。孙权占有江东地区，已经经历了三辈人；其辖境占有长江天险而且人民又拥护他，还有一批贤能人才为他效力：这可以作为外援而不能打主意吞灭他。我们所在的荆州，北面依据汉水，水路交通便利而可以达到南海，东面连接吴郡和会稽郡，西面通往巴国和蜀国的故地；这是一个适于运用武力的地方，而它的主人却没有能力长久保有它：这大概是上天用来资助将军的，将军是不是对此有意呢？西面的益州，周围被险峻的山脉阻隔，沃野千里，堪称是天府之国；我朝高祖就借助益州完成了帝王的大业。但是现今统治益州的刘璋昏庸软弱，又有张鲁在他的北面构成威胁；人口众多地方富庶而他不知道关心爱护，具有智慧才能的人士都想得到一位英明的领导人。将军您既是皇族的后裔，而且信誉和义气都著称于天下，努力延揽英雄，渴望得到贤才；如果能够跨据荆州、益州，凭借险峻的山脉保卫辖境，西面与各少数族和平共处，南面安抚越人等少数族；对外与孙权结为友好邻邦，对内努力改善政治。天下局势一旦有了变化，就命令一位高级将领带领荆州的军队，向宛县、洛阳进军；而将军您则亲自统率益州的兵马，出击秦岭以北的平原地带：那么老百姓们谁敢不用竹篮盛着饭食，用壶装着饮料，前来迎接您呢？确实能像这样的话，将军的霸主功业就可以完成，汉朝也可以复兴了！"

先主说："好！"于是与诸葛亮的友好情谊日益加深。

关羽、张飞等人为此不太高兴，先主开解他们说："我有了孔明，就像鱼有了水一样，希望诸位不要多话好吗？"关羽、张飞这才不再说什么了。

刘表的长子刘琦，也非常器重诸葛亮。刘表听了续弦妻子的话，偏爱小儿子刘琮，而不喜欢刘琦。刘琦每次要想和诸葛亮商量如何保障自己安全的办法，诸葛亮总是拒绝或搪塞他，不给他出谋划策。刘琦就带着诸葛亮去游览后花园，两人一起上到高楼，饮宴开始之后，刘琦叫人在下面抽开楼梯，然后对诸葛亮说："今天这里就我们两人，上不挨天，下不挨地，话从您的口中出来，只进到我的耳朵里，可以说了不？"诸葛亮这才回答说："您难道没看见从前申生留在国内就危险，重耳跑到国外就安全吗？"刘琦的心中立时醒悟，暗中谋划出外的主意。恰巧这时刘表的部下江夏郡太守黄祖去世，刘琦得到出外的机会，去担任江夏郡太守。

不久刘表去世，接替他的刘琮听说曹操前来进攻荆州，派遣使者前去请求投降。先主在樊城得知消息，赶忙带领部下向南撤退，诸葛亮与徐庶一起随从，结果被曹操追上击败，徐庶的母亲被俘房。徐庶来向先主告辞并指着自己的心说："之所以本来想和将军一起建立王霸的功业，就是因为这颗心还能发挥思考作用。现今老母丢失，我的心已经乱了，对您的大事不再有帮助，请求就此告别。"于是徐庶去投奔曹操。

先主一行逃到夏口之后，诸葛亮说："事情很紧急了！请求将军派我去向孙将军求救吧。"

当时孙权带领大军来到柴桑驻扎，观望曹、刘双方的成败。诸葛亮劝孙权说："海内大乱，将军您起兵据有江东；我们刘将军也在汉水南岸招集人马：与曹操一起争夺天下。现今曹操削除了各支强大的割据势力，大体上北方已被他平定，接着出兵攻破荆州，声威震动四海。由于无法与曹操抗衡，所以刘将军才逃避到这里。将军您可以衡量自己的力量然后作出选择：如果能以江东的军队与中原对敌，不如早点与曹操断绝关系；如果抵抗不住，为什么不放下兵器，捆起铠甲，向曹操屈膝称臣呢？如今将军表面上在服从曹操，而内心却犹豫观望，事情如此紧急还不作出决断，灾祸马上就要临头了！"

孙权却反问道："如果像您所说，那你们刘将军为什么不去投降曹操呢？"诸葛亮回答说："田横，不过是齐国这个诸侯国的一名壮士，都还能坚守大义宁死不受屈辱；何况我们刘将军乃是皇族后裔，英才盖世，众人仰慕，如同水归大海？如果大事不成功，那是天意如此；怎么能又去向曹操低头呢！"

孙权勃然激动起来，说："那我也不能拿着整个吴国故地，还有十万雄兵，去受别人的控制！我的主意已经定了！除了刘将军，没有别的人能抵挡曹操。不过你们新近吃了败仗，怎么能抵御这样的大敌啊？"诸葛亮回答说："我军虽然在当阳的长坂遭到挫折，现今陆续归队的战士加上关羽的水军，还有精锐的甲兵一万人；刘琦招集的江夏郡战士，也不下一万人。曹操的军队，远道而来必然疲惫，听说当时追击我军时，轻装的骑兵一天一夜就急行军三百多里，这就是古语所说的'强弩发出的箭飞到尽头时，力量还穿不透鲁国产的细绢'这种情形。所以兵法上忌讳实施远距离进攻，说是这样'必定会使先头部队的将领遭到挫折'。再说北方的人，不熟习水战；而荆州的民众之所以附从曹操，是迫于武力，并不是真心服他。现今将军您如果确实能派遣猛将统领几万雄兵，与我们刘将军同心协力，那么击败曹操是必然的。曹操一旦失败，肯定退回北方；这样刘、孙的势力强盛，鼎足分立的形势就造成了。成败的机会，就在今天！"

孙权听了大为高兴，立即派遣周瑜、程普、鲁肃等带领水军三万人，随诸葛亮去见先主，合力抵抗曹操。曹操在赤壁被击败，领兵回邺县去了。

先主动手占领荆州在长江以南的部分，委任诸葛亮为军师中郎将，指挥零陵、桂阳、长沙三郡的军队，征收调运赋税，以充实军事物资储备。

汉献帝建安十六年（公元211），益州牧刘璋派法正迎接先主到益州，去帮自己攻击张鲁。诸葛亮与关羽留镇荆州。

先主从葭萌县回军进攻刘璋，诸葛亮与张飞、赵云等带领援军溯长江而上，分兵平定沿途郡县，与先主共同围攻成都。成都攻克后，先主委任诸葛亮为军师将军，代理先主左将军府的公务。先主外出时，经常由诸葛亮镇守成都，充分保证了前方的军粮供应和兵力补充。

建安二十六年(公元221)，群臣劝先主称帝，开始先主不同意。诸葛亮劝他说："从前吴汉、耿弇等人开初劝世祖光武皇帝登上帝位时，世祖也推辞谦让，前后多次。耿纯向他进言说：'天下的英雄仰慕企盼，都希望您登上尊位之后能获取富贵。如果您不听从他们的建议，士大夫们就会各自回家寻找新主人，不必要再跟随您了。'世祖觉得耿纯的话深刻透彻，就同意了。如今曹丕篡夺汉帝的位置，天下没有主人。大王是刘氏后裔，接续汉代而兴起；现在登上帝位，完全是应当的。士大夫跟随大王长期勤勤恳恳吃苦耐劳的目的，也是希望建立微薄功劳然后得到像耿纯所说的奖赏啊。"

先主这才同意登位称帝。称帝后下达委任诸葛亮为丞相的文书说："朕碰上家族的不幸，继承帝位；兢兢业业，不敢停下来享受安乐；一心想安定百姓，生怕未能做到。啊！丞相诸葛亮您要充分了解朕的心意，在帮助朕弥补过失方面不要懈怠；以便重新发扬汉朝的光辉，以照亮天下。您可要自勉啊！"

诸葛亮以丞相身份总管尚书台的公务，持有节杖。张飞死后，他又兼任司隶校尉。

章武三年(公元223)春，先主在永安病重；从成都召来诸葛亮，把后事托付给他。对他说："您的才能比曹丕强十倍，必定能安定国家，最终完成大业。如果继承我的儿子刘禅可以辅佐，您就辅佐他；如果他不成才，您可以自行选取处置办法。"诸葛亮流着眼泪回答说："为臣岂敢不竭尽我作为辅佐大臣的力量，用忠贞的节操来报效，直到献出我的生命！"先主又下达诏书训示后主说："你与丞相今后相处，要把他当作父亲来对待。"

后主建兴元年(公元233)，诸葛亮被封为武乡侯；开始正式设立丞相府署以治理国家政事。不久，又兼任益州牧；蜀汉的政事不论大小，都由他决定。这时南中地区的各郡，一齐发动叛乱。诸葛亮因为先主刚去世，所以没有立即出兵平叛；又派遣使者访问孙吴，建立和睦亲善的关系，从而成为友好相处的国家。

建兴三年(公元 225)春,诸葛亮亲自领兵南征,当年秋天,南中地区全部平定:从这里调出了大批军事物资,国家因此而富足;于是加紧训练军队,以待大举出兵北伐。

建兴五年(公元 227)春,诸葛亮带领各路军队从成都北上进驻汉中郡。临出发时,向后主上了一道奏疏说:

先皇帝开创大业还没有到一半而中途驾崩,如今天下三分,国力困乏:这确实是决定生死存亡的危急时候啊。然而在皇宫内侍卫陛下的臣僚依然毫不懈怠,在皇宫外各个官署的忠诚的志士依然以忘我精神为国效劳,他们这样做是因为怀念先皇帝给予的特殊礼遇,想在陛下身上表示报答之心。所以陛下您确实应当广泛听取臣下的意见,以显示先皇帝遗传的美德;激励有志之士的气概,不应当随随便便不尊重自己,谈话引用的比喻不合道理,从而堵塞了忠言进谏的途径。

皇宫和丞相府本是一体;所以对两处的官员进行赏罚和褒贬,不应当有偏轻偏重的差别。如果有干坏事违犯法规,以及为人忠诚善良的官员,都应当交付有关部门评论给予什么刑罚或者奖赏,从而表现陛下您公平英明的政事治理;不应当有所偏袒,使得皇宫内和皇宫外的法规出现不同。

侍中郭攸之、侍中费祎、黄门侍郎董允等,都是些优良诚实,志向思想忠诚纯洁的人,所以先帝把他们挑选来留给陛下担任侍从官员。愚臣以为皇宫的事务,无论大小,都应当咨询他们,然后再施行;必能弥补缺陷遗漏,吸收更多的有益意见。将军向宠,性情品行和善公正,通晓军事;从前被试用时,先皇帝称赞他很能干,所以众人推举他担任中部督以统领宫廷禁卫军。愚臣以为禁卫军营的事务,都向他咨询;必定能使将士和睦,各类人才都安排到适当的岗位。亲近贤臣,疏远小人,这是前汉皇朝之所以兴隆的原因;亲近小人,疏远贤臣,这是后汉皇朝之所以崩溃的根源。先皇帝在世时,每逢与愚臣谈论此事,都不会不对桓帝、灵帝的作为感到痛心和遗憾。侍中郭攸之、侍中费祎、尚书陈震、长史张裔、参军蒋琬,这都是些坚贞优良能够以死来显示节操的忠臣,但愿陛下能亲近他们信任他们,那么汉朝的重新兴隆，就指日可待了。

愚臣本是一名平民百姓，亲自在南阳郡耕种土地；最初只是想在乱世保全身体和生命，并不希求在地方长官中间显扬声名。而先皇帝没有嫌弃愚臣身份卑贱，多次劳动大驾屈尊来看我，先后到愚臣的草屋来看望了三次，向我咨询当前的政事；愚臣因此深受感动，同意为先皇帝效力；后来碰上大举伐吴失利，愚臣在军队被击溃的时候承当重任；面临危难的局势接受先皇帝遗留的命令：从当初先皇帝三到草庐至今已经二十一年了。先皇帝知道愚臣做人谨慎，所以在去世前把大事托付给我。自从接受先皇帝遗留的命令以来，愚臣日夜忧心感叹，唯恐接受的托付没有成效，从而有损于先皇帝的英明；因而才在五月间渡过泸水，深入到南中这不毛之地。而今南中地区已经平定，兵器和铠甲也备办充足；应当勉励和统率三军，北上平定中原；希望能竭尽我低下的能力，扫除奸贼恶人；振兴恢复汉朝，回到旧都洛阳。这就是愚臣用来报答先皇帝的一切，也是我忠于陛下而应尽的职责。至于对政事进行斟酌改革，充分进献忠言，应当是郭攸之、费祎、董允他们的责任。

希望陛下委托愚臣在讨伐奸贼兴复汉朝方面取得成效；如果没有成效，就追究愚臣的罪责，然后禀告先皇帝的神灵。如果没有帮助陛下培养品德的言论，就责问郭攸之、费祎、董允等人的轻忽，以公开他们的过失。但是陛下您本人也应当自己认真考虑，征询和吸取好的建议，考察和采纳正直的言论，认真回想先皇帝的遗诏。

愚臣深受大恩，所以忍不住激动之情；现今就要远离，面对我写的这封表章泪流满面，不知道该说什么了。

于是诸葛亮率众出发，前往汉中驻扎在沔水的北岸。

建兴六年(公元228)春天，诸葛亮故意放出将要从斜谷道攻取曹魏郡县的风声，并派赵云、邓芝率领军队迷惑敌人，前往占领箕谷，曹魏的大将军曹真率领全军前来抵御。而诸葛亮却亲自统带各路军队进攻西面的祁山，蜀军阵势整齐，赏罚严格而号令明确，南安、天水、安定三郡都叛变曹魏而响应诸葛亮，关中地区大受震动。

魏明帝曹叡亲自赶到西边的长安镇守，命令大将张郃迎战诸葛亮，诸葛亮派马谡指挥各路军队充当前锋，与张郃在街亭交战。马谡违背诸葛亮的部署，举动不恰当，结果被张郃打得大败。诸葛亮只好把西县的一千多家百姓带走，撤退回汉中，依法处死马谡以向大家表示歉意。

为此诸葛亮向后主上了一道奏疏说："为臣才能劣弱，很惭愧占据了不该我拥有的位置，亲自秉持节杖、黄钺以勉励三军；却不能向部下训示规章申明法令，也不能临事谨慎小心；以至于发生街亭战将不遵守命令，箕谷守军不听从告诫的过失。错误都是因为为臣在选任人才上没有方法；为臣对人和事的观察能力不足以充分了解人，考虑事情多有糊涂的地方。《春秋》中认为战争失利首先要追究主帅的责任，我的职务使我应当承担这次战败的责任；为臣请求把自己的官职贬低三等，以督促我改正自己的过失。"于是诸葛亮降职为右将军，代行丞相职权，依旧总领各路军队。

当年冬天，诸葛亮又从散关出兵，围攻陈仓县。曹真前往迎战，诸葛亮粮尽后退兵。魏将王双带领骑兵穷追，诸葛亮回头与之交战；大破敌人，临阵斩了王双。

建兴七年(公元229)，诸葛亮派陈式去进攻曹魏的武都、阴平二郡。曹魏的雍州刺史郭淮准备出兵进攻陈式，而诸葛亮亲自出兵推进到建威牵制；郭淮只好退回，陈式顺利平定了这两郡。

后主向诸葛亮下达诏书说："街亭一战失利，罪过在马谡身上；而您主动承担过失，深深贬低压抑自己；因为不好违背您的意愿，所以听从了您坚持执行的处置措施。去年出动军队显示威力，把敌将王双斩首割下左耳；今年改换地方出征，郭淮逃走；接受氐、羌百姓的投降并安抚他们，收复了武都、阴平二郡；威势镇慑了凶恶残暴的敌人，功勋显著。如今天下骚动，元凶曹叡还没有被诛杀；您接受重任，承担国家的军政要务，而长久抑制贬损自己，这不是使伟大事业发扬光辉的办法。现今恢复您的丞相职务，您可不要推辞。"

建兴九年(公元231)，诸葛亮又出兵祁山，以木牛作运输工具，粮尽而退兵；与魏军大将张郃交战，将其射死。

建兴十二年(公元234)春，诸葛亮出动全军从斜谷道北进，以流马作运输工具；占据武功水西边的五丈原，与魏军主帅司马懿在渭水南岸对峙。诸葛亮在北伐中常常担心军粮不能保证供给，使得自己的大志难以实现；所以这一次决定分出兵力在当地实行屯田，打下长久驻扎的基础。从事耕种的将士夹杂在渭水岸边的居民中间，而当地的老百姓都像墙壁一样安安定定不受惊扰。军队没有任何抢掠百姓谋取私利的行为。如此相持了一百多天。

当年八月，诸葛亮患病；死在军中，时年五十四岁。蜀军撤退之后，司马懿巡视蜀军的营垒布置，不由得赞叹说："诸葛亮真是天下奇才啊！"

诸葛亮临终前吩咐："把我安葬在汉中的定军山麓：借助山势建造坟墓，墓穴只要能容纳棺材就可以了；用与时令相应的平常衣服装敛，不用殉葬的器具物品。"

后主下达诏书说："您的天赋中兼有文武两种才能，明智诚实；接受先皇帝临终前托付儿子的命令，匡正辅佐朕身；立志接续断绝了的王朝命运，振兴衰落的皇室，平定祸乱。所以才整顿军队，没有哪一年不进行征伐；显示出非凡的军事才干，威风镇慑了最边远的地区；即将在汉代的衰落时期建立起丰功伟绩，与从前的伊尹、周公并肩媲美。为什么上天如此不仁慈，在大事即将成功之际，却让您得病而去世了！朕伤痛悲悼，肝和心都像要裂开一般。尊崇德泽叙述功劳，记录生平经历确定谥号；是用以照耀未来，永垂不朽的。现在派左中郎将杜琼为使者，持有节杖，前来赠送您丞相、武乡侯两方印章和绶带，并谥您为忠武侯。您的魂魄如果有灵，将会喜欢接受这样的尊荣。啊，悲伤呀！啊，悲伤呀！"

当初，诸葛亮自己曾向后主上表说："为臣在成都有桑树八百株，瘠薄的田地十五顷；子弟的衣食，已经有富余。至于为臣在外面任职，没有另外的财物征调收取；随身的衣服食品，都依靠公家供给；所以我不经营产业，以谋取利润。如果为臣有一天死去，将不让家中有多余的布帛，家外有多余的财产，从而辜负陛下的厚望。"到诸葛亮死时，一切都像他所说的那样。

诸葛亮生性长于巧妙的思考，他改进了一次能发射多支箭的强弩，而制作木牛、流马，也出自他的创意；他又推广发展古代的兵法，作八阵图，都能吸取其精要之处。

诸葛亮的言论、指示、书信、奏章大多值得阅读，已经单独编为一本文集。

景耀六年(公元263)春天，后主下诏在沔阳县为诸葛亮建立神庙。这一年秋天，曹魏的征西将军钟会征伐蜀国，来到汉水平原；曾到诸葛亮的神庙祭祀，并下令禁止军队士兵在诸葛亮的墓地放牧牲口和砍柴割草。

诸葛亮的弟弟诸葛均，官做到长水校尉。诸葛亮的儿子诸葛瞻，继承了他的爵位。

《诸葛亮文集》目录
开府作牧第一
权制第二
南征第三
北出第四
计算第五
训厉第六
综核上第七
综核下第八
杂言上第九
杂言下第十
贵和第十一
兵要第十二
传运第十三
与孙权书第十四
与诸葛瑾书第十五
与孟达书第十六
废李平第十七
法检上第十八
法检下第十九

科令上第二十

科令下第二十一

军令上第二十二

军令中第二十三

军令下第二十四

以上二十四篇，共十万四千一百一十二字。

臣陈寿等谨报告：为臣此前在任著作郎时，侍中兼中书监、济北侯臣荀勖，中书令、关内侯臣和峤上奏，让臣编定过去蜀国丞相诸葛亮所写的公务文书。诸葛亮辅佐处境危险的国家，依靠高山的阻隔不服从中央王朝；然而陛下还允许保存记录他的言论，以好的言论有散失为耻：这确实是大晋皇朝具有至高无上的光辉德泽，使普天之下的人民受到恩惠的表现。从古至今，还没有能与之相比的美好举动。为臣自己决定删除内容重复的篇目，分类编排，总共编为二十四篇，篇名如上。

诸葛亮从年轻时起就表现出超群的才能，英雄的气度；身高八尺，容貌很不寻常：当时的人都感到惊异。遇到汉末动乱，他随叔父诸葛玄逃难来到荆州，在田野上亲自耕种；不求声名显扬。当时的左将军刘备因为他有特殊的气量，所以到他住的草屋去探访了三次；他也深深认为刘备雄才杰出，于是就敞开胸怀抒发诚意，相互结下深厚情谊。魏武帝曹操南征荆州，刘琮献出整个荆州投降；而刘备失势而人少，没有立足之地。诸葛亮当时才二十七岁，进献一条奇妙的计策；亲自出使孙权，到江东求援。孙权既自来就佩服景仰刘备，又看到诸葛亮外貌非凡风度高雅，非常敬重他；当即派兵三万支援刘备，刘备得以用来与武帝交战，大破其军；乘胜扩大战果，荆州的长江以南四郡全部平定。后来刘备又西上夺取益州。益州既定，刘备任命诸葛亮为军师将军。刘备称帝，以诸葛亮为丞相，总领尚书台事务。

刘备死后，继承位置的儿子幼弱；事无巨细，都由诸葛亮决断。于是他对外联合孙吴，对内平定南中的少数族地区；建立制度，整训军队；军用器械的制造技巧，他有精深的研究；他的规章指令严格明确，赏赐和处罚说话一定算数；没有不惩治的坏人坏事，也没有不表彰的好人好事，以至于出现官员中不存在奸邪，人人都勉励自己努力工作；路不拾遗，强不欺弱的局面出现，社会风气一片良好。在这个时候，诸葛亮一直抱着的志向是：进要像龙飞虎视，占领四海；退而求其次也要跨越边境，进攻魏国以震动天下。又认为一旦自己去世，蜀国就没有能够进攻中原而与魏国抗衡的人，所以他用兵不止，多次炫耀武力。

然而他的才能，在治军上最为擅长，在运用奇谋上就不免逊色；总的说来是治理民众的行政才干，要优于当统帅时的谋略。再者他所对敌的魏军统帅，有时又碰上了人中英杰；加之人口的多寡不相等，攻方和守方所处的地位不同；所以他虽然连年出兵，最终却没有什么战绩。从前萧何推荐韩信，管仲也保举了王子城父，他们都是估量自己的长处，觉得未能兼有文武才这样做。诸葛亮的政治才能，或许也比得上管仲、萧何了；是不是当时蜀国的军队却没有王子城父、韩信那样的名将，所以这才使他的功业衰败，对君主的承诺未能实现啊？恐怕还是天命已经确定由大晋取代魏朝，凡人已经不能凭智力去争夺了。

魏明帝青龙二年（公元234）春天，诸葛亮统兵到达武功水；在五丈原分兵屯田，打下长久驻扎的基础。当年秋天，因病去世。黎民百姓非常思念他，常常把他作为谈话的资料。至今梁、益二州，黎民百姓们赞叹追述他的话，随处都还可以听到；即使是《诗经·甘棠》一诗赞美召公，郑国人民歌颂子产，用来譬比他也相差不远了。孟轲曾经说过："出于让百姓得到安乐的目的而使唤他们，他们虽然劳累也不会埋怨；出于让百姓得到生存的目的而请他们献身，他们虽然死去也不会愤恨。"从诸葛亮的情况来看，这些话真是可信啊！

议论的人有的奇怪他的文章没有艳丽的辞采，在叮嘱人的时候又过于周详。臣的愚见认为：皋陶是大贤人，周公是大圣人；然而考察《尚书·皋陶谟》一篇简略而典雅，周公的《大诰》一篇却烦琐而详尽。为什么呢？因为皋陶是与虞舜、夏禹谈话，而周公却是在和下属们起誓立约啊。诸葛亮的谈话对象，都是普通的人们，所以他的文意不能抒发得太远。但是他的训示教诲等遗留下来的言论，都是在总理公务中作出的；他那公正忠诚之心，在字里行间充分流露出来；足以使人了解他的心意和政事治理，而对当政的人有所补益。为臣跪着想到陛下追随古代圣明君主的足迹前进，胸怀开阔无所忌讳；所以即使是蜀这个敌国的诽谤言辞，也都让其文字陈列展示出来而没有加以删除和避讳，想以此表明大晋皇朝的伟大通达。谨抄录誊写诸葛亮的文集上交到著作局。

臣陈寿确实惶恐不安，叩头叩头，死罪死罪。泰始十年二月一日癸巳，平阳侯相陈寿谨上。

诸葛乔，字伯松。是诸葛亮哥哥诸葛瑾的第二个儿子。本来字仲慎，他与哥哥诸葛恪在当时都有名气；而议论的人认为他的才能虽不及哥哥，而品行的修养则更胜一筹。当初，诸葛亮没有儿子，把诸葛乔要来做养子，诸葛瑾报告孙权后送诸葛乔到西蜀；诸葛亮让他作为自己的嫡长子，所以把他的字改为伯松。他担任驸马都尉，随诸葛亮到汉中。在建兴六年(公元228)去世，死时才二十五岁。

他的儿子诸葛攀，官做到翊武将军，代理护军职务，也早死。诸葛恪在吴国被杀后，子孙灭绝，而诸葛亮后来有了亲生后代；所以诸葛攀回到吴国做诸葛瑾的继承人。

诸葛瞻，字思远。建兴十二年(公元234)，诸葛亮出兵到武功，给哥哥诸葛瑾写信说："瞻儿已满八岁，聪慧可爱；我嫌他过早表现出非凡的智力，怕以后成不了大器啊。"十七岁时，诸葛瞻娶了公主为妻，当了骑都尉。第二年为羽林中郎将，此后不断升迁，任射声校尉、侍中、尚书仆射，加授军师将军这一诸葛亮曾经担任过的职务。

他擅长书画，记忆能力特别强；蜀国人缅怀诸葛亮，所以都喜欢诸葛瞻的才能和聪敏。每当朝廷有一种好政治措施或者好事情出现，虽然不是诸葛瞻建议和倡导的，但是百姓却都向别人说："这是葛侯所做的啊。"因此，他所享有的美好声誉，不免超过了事实。

景耀四年(公元261)，他担任卫将军，代理中都护职务，与辅国大将军、南乡侯董厥共同处理尚书台的机要公务。

景耀六年(公元263)冬天，魏国征西将军邓艾伐蜀，从阴平经过景谷道旁边的小路进入蜀国腹地。诸葛瞻指挥各路军队北上到涪县抵御；由于前锋被击败，往回撤退，在绵竹安营。邓艾送来书信引诱他投降，说："如果你投降我一定向朝廷上表请求封你为琅邪郡王。"他勃然大怒，把邓艾的使者斩首，又挥兵出战，结果大败；临阵战死，终年三十七岁。部下溃散后，邓艾长驱直入到达成都。

诸葛瞻的长子诸葛尚，与父亲一齐战死。次子诸葛京，以及诸葛攀的儿子诸葛显等，在魏元帝咸熙元年（公元264）内迁到了河东郡。

董厥这个人，在诸葛亮执政时曾任丞相府的令史，诸葛亮称赞他说："董令史，是优秀人才啊。我每次与他谈话，他对事情的思虑都很恰当。"调他任丞相府主簿。诸葛亮死后，他逐渐升迁为尚书仆射。代替陈祗为尚书令。他升任辅国大将军，参与处理尚书台的机要公务，由义阳郡人樊建继任尚书令。延熙十四年（公元251），樊建以校尉身份出使孙吴；碰上孙权病重，没有亲自见他。孙权向诸葛恪说："樊建比起上一位蜀国使者宗预怎么样？"诸葛恪回答说："才能见识不及宗预，而文雅品性胜宗预一筹。"后来樊建任侍中，又代理尚书令职务。

自从诸葛瞻、董厥、樊建总管政务之后，姜维常出征在外，宦官黄皓窃据机要权力；他们三人都迁就黄皓，没有谁能纠正他，不过其中唯有樊建不与黄皓友好或往来。

蜀国灭亡的第二年春天，董厥、樊建都来到京城洛阳，一同担任相国府的军事参谋；当年秋天又都兼任散骑常侍，充当使者到蜀国故地慰劳官兵百姓。

评论说：诸葛亮担任丞相治理蜀国：安抚百姓，向他们宣布礼仪法规；精简官职，采用合乎时宜的制度；显示诚心，办事公道；竭尽忠心对社会作出贡献的即使是仇人也必定奖赏，触犯法律做事懈怠不认真的即使是亲近的人也必定惩罚；承认罪过表示悔改诚意的即使罪过严重也必定释放，对罪过用花言巧语掩饰的即使罪过较轻也必定处死；好人好事哪怕再小也要表彰，坏人坏事哪怕再小也要贬斥；精通熟习各项政事，对民众从根本上加以治理；

要求实际与名义相符合，不允许弄虚作假。之所以最终在蜀国的辖境之内，人们都敬畏他而又热爱他，刑律和政治虽然严厉而毫无怨言的原因，就在于他用心公平而勉励告诫十分明确啊。他真可以说是懂得治理国家的优秀人才，能与管仲、萧何相媲美的人物了！不过他连年出兵北伐，都未能成功；大概临机应变的军事谋略，不是他所擅长的方面吧？

关张马黄赵传第六

　　关羽字云长，本字长生。河东解人也[1]，亡命奔涿郡。先主于乡里合徒众，而羽与张飞为之御侮[2]。先主为平原相，以羽、飞为别部司马，分统部曲[3]。先主与二人寝则同床，恩若兄弟；而稠人广坐，侍立终日；随先主周旋，不避艰险。〔一〕

【注释】

　　〔1〕解(xiè)：县名。县治在今山西临猗县西南。运城市西南解州镇，现今尚有全国规模最大的关帝庙等名胜。在解州镇东面不远的常平村，相传是关羽故宅所在地，现今还有关羽祖祠、祖坟等名胜留存。〔2〕御侮：抵御外来的欺侮。《诗经·常棣》有"兄弟阋于墙，外御其侮"的句子，所以这里暗指三人像亲兄弟一样团结对外。　〔3〕部曲：部和曲本来都是军队的组织单位，这里指军队。

【裴注】

　　〔一〕《蜀记》曰："曹公与刘备围吕布于下邳。关羽启公：布使秦宜禄行求救，乞娶其妻；公许之。临破，又屡启于公。公疑其有异色，先遣迎看；因自留之，羽心不自安。"此与《魏氏春秋》所说无异也。

　　先主之袭杀徐州刺史车胄，使羽守下邳城，行太守事[1]；〔一〕而身还小沛。

建安五年，曹公东征，先主奔袁绍。曹公擒羽以归，拜为偏将军，礼之甚厚。绍遣大将(军)颜良，攻东郡太守刘延于白马。曹公使张辽及羽为先锋击之。羽望见良麾盖[2]，策马刺良于万众之中，斩其首还；绍诸将莫能当者，遂解白马围。曹公即表封羽为汉寿亭侯。

初，曹公壮羽为人，而察其心神无久留之意。谓张辽曰："卿试以情问之。"既而辽以问羽，羽叹曰："吾极知曹公待我厚；然吾受刘将军厚恩，誓以共死，不可背之，吾终不留；吾要当立效[3]，以报曹公，乃去。"辽以羽言报曹公，曹公义之。〔二〕及羽杀颜良，曹公知其必去，重加赏赐。羽尽封其所赐[4]，拜书告辞；而奔先主于袁军[5]。左右欲追之，曹公曰："彼各为其主，勿追也。"〔三〕

【注释】

〔1〕太守：指下邳郡太守。下邳郡治所在下邳(今江苏睢宁县西北)。〔2〕麾盖：作为大将仪仗的旗帜和伞盖。　〔3〕要当：一定要。这是当时习语。　立效：立功。　〔4〕封：封存。当时曹操的政治中心在许县(治所在今河南许昌市东)。现今许昌市内，尚有与关羽相关的名胜春秋楼、灞陵桥等。　〔5〕袁军：袁绍军队。

【裴注】

〔一〕《魏书》云："以羽领徐州。"

〔二〕《傅子》曰："辽欲白太祖，恐太祖杀羽；不白，非事君之道，乃叹曰：'公，君父也；羽，兄弟耳！'遂白之。太祖曰：'事君不忘其本，天下义士也！度何时能去？'辽曰：'羽受公恩，必立效报公，而后去也。'"

〔三〕臣松之以为：曹公知羽不留而心嘉其志，去不遣追以成其义；自非有王霸之度，孰能至于此乎？斯实曹公之休美。

从先主就刘表。表卒，曹公定荆州。先主自樊将南渡江，别遣羽乘船数百艘，会江陵。曹公追至当阳长坂，先主斜趣汉津，适与羽船相值，共至夏口。〔一〕孙权遣兵，佐先主拒曹公，曹公引军退归。先主收江南诸郡，乃封拜元勋；以羽为襄阳太守、荡寇将军，驻江北。先主西定益州，拜羽董督荆州事[1]。

羽闻马超来降，旧非故人；羽书与诸葛亮，问超"人才可谁比类"？亮知羽护前[2]，乃答之曰："孟起兼资文武[3]，雄烈过人；一世之杰，黥、彭之徒[4]，当与益德并驱争先[5]；犹未及髯之绝伦逸群也。"羽美须髯，故亮谓之"髯"，羽省书大悦[6]，以示宾客。

羽尝为流矢所中，贯其左臂。后创虽愈，每至阴雨，骨常疼痛，医曰："矢镞有毒，毒入于骨；当破臂作创[7]，刮骨去毒，然后此患乃除耳。"羽便伸臂令医劈之。时羽适请诸将饮食相对，臂血流离，盈于盘器；而羽割炙引酒，言笑自若。

【注释】
〔1〕董督荆州事：刘备临时设立的官名。董督的意思是管理、督察。为荆州刘备势力占领区的军政长官。关羽镇守荆州时的治所，在今湖北荆州市内古城区一带。现今尚有与三国人物特别是关羽相关的不少遗迹留存，是三国名胜之地。 〔2〕护前：不喜欢别人比自己强。这是当时习语。 〔3〕孟起：马超的字。 〔4〕黥：即英布（？—前195）。六安国六县（今安徽六安市东北）人。西汉初年的异姓诸侯王之一。曾犯法黥面

（用刀刺刻面部再涂上墨色），故又叫黥布。秦末率骊山囚徒起兵，先属项羽，后归刘邦，并助刘邦消灭项羽，被封为淮南王。因彭越、韩信等功臣相继被刘邦杀死，恐惧而起兵反抗，兵败被杀。传见《史记》卷九十一、《汉书》卷三十四。 彭：即彭越（？—前196）。字仲。山阳郡昌邑（今山东金乡县西北）人。秦末聚众起兵，后率兵三万投奔刘邦，帮助击破项羽，被封为梁王。后以谋反罪名被刘邦杀死。传见《史记》卷九十、《汉书》卷三十四。 〔5〕益德：张飞的字。 〔6〕省（xǐng）：看。〔7〕作创（chuāng）：开口子做手术。

【裴注】

〔一〕《蜀记》曰："初，刘备在许，与曹公共猎。猎中，众散，羽劝备杀公；备不从。及在夏口，飘摇江渚。羽怒曰：'往日猎中，若从羽言，可无今日之困！'备曰：'是时亦为国家惜之耳；若天道辅正，安知此不为福邪！'"

臣松之以为：备后与董承等结谋，但事泄不克谐耳；若为国家惜曹公，其如此言何！羽若果有此劝而备不肯从者，将以曹公腹心亲戚，实繁有徒，事不宿构，非造次所行；曹虽可杀，身必不免：故以计而止，何惜之有乎！既往之事，故托为雅言耳。

二十四年〔1〕，先主为汉中王；拜羽为前将军，假节、钺。是岁，羽率众攻曹仁于樊。曹公遣于禁助仁。秋，大霖雨，汉水泛溢，禁所督七军皆没；禁降羽，羽又斩将军庞德〔2〕；梁、郏、陆浑群盗或遥受羽印号〔3〕，为之支党。羽威震华夏〔4〕，曹公议徙许都，以避其锐。司马宣王、蒋济以为："关羽得志，孙权必不愿也。可遣人劝权蹑其后〔5〕，许割江南以封权，则樊围自解。"曹公从之。

先是，权遣使为子索羽女〔6〕。羽骂辱其使，不许婚；权大怒。〔一〕又南郡太守糜芳在江陵，将军（傅）士仁屯公安；素皆嫌羽自轻己。羽之出军，芳、仁供给军资，不悉相救[7]；羽言"还当治之"，芳、仁咸怀惧不安。

于是权阴诱芳、仁，芳、仁使人迎权。而曹公遣徐晃救曹仁，〔二〕羽不能克，引军退还。权已据江陵，尽虏羽士众妻子，羽军遂散。权遣将逆击羽，斩羽及子平于临沮[8]。〔三〕

追谥羽曰壮缪侯。〔四〕

子兴嗣。兴字安国。少有令问[9]，丞相诸葛亮深器异之。弱冠为侍中、中监军[10]，数岁卒。

子统嗣，尚公主，官至虎贲中郎将。卒，无子，以兴庶子彝续封[11]。〔五〕

【注释】

〔1〕二十四年：建安二十四年（公元219）。 〔2〕庞德（？—公元219）：传见本书卷十八。 〔3〕梁：县名。县治在今河南汝州市西。郏（jiá）：县名。县治在今河南郏县。 陆浑：县名。县治在今河南嵩县东北。 印号：官印和官号。以上三县，东面靠近许县，北面靠近洛阳，位于曹操控制区的中心地带内。 〔4〕华夏：中原。 〔5〕蹑其后：指偷袭后方。 〔6〕索：求。 〔7〕不悉相救：不能完全作到及时供给。 〔8〕临沮：县名。在今湖北远安县西北。此地有罗汉峪沟，是长约5公里的险峻山谷，为古代荆襄通向川陕的要道。相传关羽父子遭遇伏击身亡之地，就在罗汉峪沟中段的回马坡，现尚有遗迹留存。关羽之死，使孙吴完全控制了荆州的主要区域，并将双方的疆域分界，从原来的湘水流域，向西调整到三峡山区。三峡一线从此成为蜀、吴双方的稳定疆域线，直至三国时期结束。相传关羽的头颅和躯体，分别埋葬在今河南洛阳市南郊的关林和湖北当阳市的古漳乡。两处现今都有大规模的祠墓园林完好留存，是著名的三国胜地。 〔9〕令问：好名声。 〔10〕弱冠：二十岁左右的年纪。 中监军：官名。京城禁卫军的监督者。 〔11〕庶

子：小妾生的儿子。 续封：继承关羽传下来的封爵。

【裴注】

〔一〕《典略》曰：“羽围樊，权遣使求助之；敕使莫速进，又遣主簿先致命于羽。羽忿其淹迟，又自已得于禁等，乃骂曰：‘狢子敢尔！如使樊城拔，吾不能灭汝邪！’权闻之，知其轻己，伪手书以谢羽，许以自往。”

臣松之以为：荆、吴虽外睦，而内相猜防；故权之袭羽，潜师密发。按《吕蒙传》云：“伏精兵于䑳䑸之中，使白衣摇橹，作商贾服。”以此言之，羽不求助于权，权必不语羽当往也。若许相援助，何故匿其形迹乎？

〔二〕《蜀记》曰：“羽与晃宿相爱，遥共语；但说平生，不及军事。须臾，晃下马宣令：‘得关云长头，赏金千斤！’羽惊怖，谓晃曰：‘大兄，是何言邪？’晃曰：‘此国之事耳！’”

〔三〕《蜀记》曰：“权遣将军击羽，获羽及子平。权欲活羽，以敌刘、曹，左右曰：‘狼子不可养！后必为害。曹公不即除之，自取大患，乃议徙都；今岂可生！’乃斩之。”

臣松之按《吴书》：孙权遣将潘璋，逆断羽走路，羽至即斩；且临沮去江陵二三百里，岂容不时杀羽，方议其生死乎？又云“权欲活羽，以敌刘、曹”，此之不然，可以绝智者之口。

《吴历》曰：“权送羽首于曹公，以诸侯礼，葬其尸骸。”

〔四〕《蜀记》曰：“羽初出军围樊，梦猪啮其足；语子平曰：‘吾今年衰矣，然不得还！’”《江表传》曰：“羽好《左氏传》，讽诵略皆上口。”

〔五〕《蜀记》曰：“庞德子会，随钟、邓伐蜀；蜀破，尽灭关氏家。”

张飞字益德，涿郡人也[1]。少与关羽俱事先主；羽年长数岁，飞兄事之。

先主从曹公破吕布，随还许；曹公拜飞为中郎将。先主背曹公依袁绍、刘表；表卒，曹公入荆州，先主奔江南。曹公追之，一日一夜，及于当阳之长坂。先主闻曹公猝至，弃妻子走；使飞将二十骑拒后。飞据水断桥，瞋目横矛曰："身是张益德也[2]，可来共决死！"敌皆无敢近者，故遂得免。先主既定江南，以飞为宜都太守、征虏将军[3]，封新亭侯。后转在南郡。

先主入益州，还攻刘璋；飞与诸葛亮等溯流而上，分定郡县。至江州，破璋将巴郡太守严颜[4]。生获颜，飞呵颜曰："大军至，何以不降而敢拒战？"颜答曰："卿等无状[5]，侵夺我州；我州但有断头将军，无有降将军也！"飞怒，令左右牵去斫头[6]；颜色不变，曰："斫头便斫头，何为怒邪！"飞壮而释之，引为宾客。〔一〕飞所过战克，与先主会于成都。

益州既平，赐诸葛亮、法正、飞及关羽：金各五百斤，银千斤，钱五千万，锦千匹；其余颁赐各有差[7]。

以飞领巴西太守。曹公破张鲁，留夏侯渊、张郃守汉川。郃别督诸军下巴西，欲徙其民于汉中；进军宕渠蒙头、荡石[8]，与飞相拒五十余日。飞率精卒万余人，从他道邀郃军交战：山道迮狭[9]，前后不得相救，飞遂破郃；郃弃马缘山，独与麾下十余人从间道退[10]，引军还南郑。巴土获安。

【注释】

〔1〕涿郡：张飞的故里，相传在今河北涿州市西南的忠义店，尚有张飞井等遗迹留存。 〔2〕身：本人。此处张飞截断的桥，相传在今湖北当阳市北的沮河之上，约在长坂东北4公里。现今尚有碑亭等遗迹留存。 〔3〕宜都：郡名。治所在今湖北宜都市。现今湖北宜都市西北长江南岸的荆门山上，尚有相传是张飞任宜都太守时所筑的城垒遗址留存。

东北不远的宜昌市西陵峡口的西陵山，当时属于宜都郡的辖境，现今也有张飞擂鼓台等遗迹留存。〔4〕巴郡：郡名。治所在今重庆市西北。〔5〕无状：无礼。〔6〕斫（zhuó）：砍。〔7〕差：不同的等级。〔8〕宕渠：县名。在今四川渠县东北。　蒙头、荡石：均为地名。属宕渠县。在今四川渠县东北郊。相传当年张飞与张郃激战的战场，在今渠县城区东北3公里外的八濛山。此处曾有摩崖题刻："汉将军飞，率精卒万人，大破贼首张郃于八濛。"隶书双行，共18字。据说是张飞取胜之后亲笔题写。现尚有拓片存世。〔9〕迮（zé）：狭窄。〔10〕间道：小路。

【裴注】

〔一〕《华阳国志》曰："初，先主入蜀，至巴郡。颜捫心叹曰：'此所谓独坐穷山，放虎自卫也！'"

先主为汉中王，拜飞为右将军，假节。

章武元年，迁车骑将军，领司隶校尉，进封西乡侯，策曰："朕承天序，嗣奉洪业；除残靖乱〔1〕，未烛厥理〔2〕。今寇虏作害，民被荼毒〔3〕；思汉之士，延颈鹤望。朕用恒然〔4〕，坐不安席，食不甘味；整军诰誓〔5〕，将行天罚。以君忠毅，侔踪召虎〔6〕，名宣遐迩；故特显命：高墉进爵〔7〕，兼司于京〔8〕。其诞将天威〔9〕，柔服以德〔10〕，伐叛以刑，称朕意焉。《诗》不云乎：'匪疚匪棘〔11〕，王国来极〔12〕'；'肇敏戎功〔13〕，用锡尔祉〔14〕'。可不勉欤！"

初，飞雄壮威猛，亚于关羽；魏谋臣程昱等〔15〕，咸称羽、飞万人之敌也。羽善待卒伍，而骄于士大夫〔16〕；飞爱敬君子，而不恤小人〔17〕。先主常戒之曰："卿刑杀既过差〔18〕；又日鞭挝健儿〔19〕，而令在左右：此取祸之道也！"飞犹不悛[20]。

先主伐吴，飞当率兵万人，自阆中会江州[21]。临发，其帐下将张达、范强杀飞；持其首，顺流而奔孙权。飞营都督表报先主[22]。先主闻飞都督之有表也，曰："噫！飞死矣[23]。"

追谥飞曰桓侯。

长子苞，早夭。次子绍嗣，官至侍中、尚书仆射。苞子遵为尚书，随诸葛瞻于绵竹；与邓艾战，死。

【注释】

〔1〕残：凶暴的人。 〔2〕烛：观察明了。 〔3〕被：受到。 茶毒：残害。 〔4〕怛(dá)然：悲伤。 〔5〕诰誓：向部下训示并与他们起誓。 〔6〕侔踪：在事迹上可以与……相比。 召(shào)虎：召公奭的后代。又称召伯虎、召穆公。周宣王时曾率军战胜淮夷。遗物有"召伯虎簋"。 〔7〕高墉：高墙。古代礼制，天子与诸侯国的都城，城墙高度有差别，天子九仞(八尺为一仞)，公侯七仞，伯五仞，子男三仞。侯爵的城墙高度，属诸侯中最高一等，所以这里高墉指侯爵爵位。 进爵：张飞原来封新亭侯，属亭侯一等；现在封西乡侯，西乡是县(在今北京房山区西南)，所以说是进爵。 〔8〕兼司于京：兼管京城地区公务。指兼任司隶校尉一职。 〔9〕诞将：广为奉行。 〔10〕柔服：安抚那些服从的人。 〔11〕匪疚匪棘：这四句出自《诗经·江汉》，是周宣王命令召虎出征淮夷时向他作的指示。匪疚匪棘的意思是不要伤害百姓，也不要操之过急。 〔12〕王国来极：以周王国的一切为准则。 〔13〕肇敏戎功：(您能够)迅速敏捷处理军务。 〔14〕用锡尔祉：因此赐给您福祉。 〔15〕程昱：传见本书卷十四。 〔16〕卒伍：士兵。 〔17〕小人：指地位低下的人。 〔18〕过差：过度。 〔19〕挝(zhuā)：打。 〔20〕不悛(quān)：不改正。 〔21〕阆中：县名。县治在今四川阆中市。 〔22〕营都督：官名。管理军营事务。 〔23〕飞死矣：按规定张飞军内的上呈公文应由张飞署名，现在由营都督越级上表，所以刘备立即意识到张飞已死。张飞的祠墓，在现今的四川阆中市城区内，现今尚有祠墓园林完好留存，是蜀地三国名胜古迹之一。重庆市云阳县长江之滨，也

有纪念他的张飞庙留存。

马超字孟起，右扶风茂陵人也[1]。父腾，灵帝末与边章、韩遂等俱起事于西州[2]。初平三年，遂、腾率众诣长安。汉朝以遂为镇西将军，遣还金城[3]；腾为征西将军，遣屯郿。

后腾袭长安；败走，退还凉州。司隶校尉钟繇镇关中，移书遂、腾[4]，为陈祸福。腾遣超随繇讨郭援、高幹于平阳，超将庞德亲斩援首。

后腾与韩遂不和，求还京畿。于是征为卫尉，以超为偏将军，封都亭侯[5]，领腾部曲。〔一〕超既统众，遂与韩遂合从[6]；及杨秋、李堪、成宜等相结，进军至潼关[7]。曹公与遂、超单马会语。超负其多力[8]，阴欲突前捉曹公；曹公左右将许褚瞋目盼之[9]，超乃不敢动。

曹公用贾诩谋[10]，离间超、遂，更相猜疑；军以大败，〔二〕超走保诸戎。曹公追至安定，会北方有事，引军东还。杨阜说曹公曰[11]："超有信、布之勇[12]，甚得羌胡心。若大军还，不严为其备，陇上诸郡非国家之有也[13]。"超果率诸戎以击陇上郡县，陇上郡县皆应之；杀凉州刺史韦康，据冀城[14]，有其众；超自称征西将军，领并州牧，督凉州军事。

康故吏民杨阜、姜叙、梁宽、赵衢等[15]，合谋击超。阜、叙起于卤城，超出攻之，不能下；宽、衢闭冀城门，超不得入。进退狼狈，乃奔汉中依张鲁。

鲁不足与计事，内怀於邑[16]；闻先主围刘璋于成

都，密书请降。〔三〕先主遣人迎超，超将兵径到城下〔17〕。城中震怖，璋即稽首〔18〕。〔四〕

【注释】

〔1〕茂陵：县名。县治在今陕西兴平市东北。 〔2〕西州：指位于西北的凉州。 〔3〕金城：郡名。治所在今甘肃永靖县西北。 〔4〕移书：同级官署之间发送公文。 〔5〕都亭侯：爵位名。属侯爵中的亭侯。都亭是城市边上的亭。都亭侯较一般亭侯地位略高一点。 〔6〕合从（zòng）：联合。 〔7〕潼关：关隘名。在今陕西潼关县东北。 〔8〕负：仗恃。 〔9〕许褚：传见本书卷十八。 盻（xì）：怒视。 〔10〕贾诩（公元147—223）：传见本书卷十。 〔11〕杨阜：传见本书卷二十五。 〔12〕信：指韩信。 布：指英布。二人曾为汉高祖刘邦的大将。 〔13〕陇上：地区名。指陇山以西地区。又称陇右。 〔14〕冀城：县名。在今甘肃甘谷县东。 〔15〕故吏民：过去的下属和所管辖的百姓。 〔16〕於（wū）邑：心情抑郁不舒畅。 〔17〕城下：指刘备包围的成都城下。 〔18〕稽首：跪拜。指投降。

【裴注】

〔一〕《典略》曰："腾字寿成。马援后也。桓帝时，其父，字子硕，尝为天水兰干尉。后失官，因留陇西，与羌错居。家贫无妻，遂娶羌女，生腾。腾少贫无产业，常从彰山中斫材木，负贩诣城市，以自供给。腾为人，长八尺余，身体洪大，面鼻雄异；而性贤厚，人多敬之。灵帝末，凉州刺史耿鄙，任信奸吏，民王国等及氐、羌反叛。州郡募发民中有勇力者，欲讨之。腾在募中，州郡异之，署为军从事，典领部众。讨贼有功，拜军司马。后以功迁偏将军，又迁征西将军，常屯汧、陇之间。初平中，拜征东将军。是时，西州少谷，腾自表军人多乏，求就谷于池阳，遂移屯长平岸头。而将王承等恐腾为己害，乃攻腾营。时腾近出无备，遂破走，西上。会三辅乱，不复来东，而与镇西将军韩遂结为异姓兄弟；始甚相亲，后转以部曲相侵入，更为仇敌。腾攻遂，遂走；合众还攻腾，杀腾妻子，连兵不解。建安之初，国家纲纪殆弛，乃使司隶校尉钟繇、凉州牧韦端，和解之。征腾，还屯槐里，转拜为前将军，假节，封槐里侯。北备胡寇，东备白骑；待士进贤，矜救民命：三辅甚安爱之。十（五）〔三〕年，征为卫尉；腾自见年老，遂入宿卫。初，曹公为丞相，辟腾长子超，不就。超后为司隶校尉督军从事，讨郭援，为飞矢所中；乃以囊囊其足而战，破斩援首，诏拜徐州刺史，后拜谏议大夫。及腾之入，因诏拜为偏将军，使领腾营；又拜超弟休奉车都尉，休弟铁骑都尉；徙其家属皆诣邺，惟超独留。"

〔二〕《山阳公载记》曰："初，曹公军在蒲坂，欲西渡。超谓韩遂曰：'宜于渭北拒之；不过二十日，河东谷尽，彼必走矣。'遂曰：'可听令渡，蹙于河中，顾不快耶！'超计不得施。曹公闻之曰：'马儿不死，吾无葬地也！'"

〔三〕《典略》曰："建安十六年，超与关中诸将侯选、程银、李堪、张横、梁兴、成宜、马玩、杨秋、韩遂等，凡十部，俱反；其众十万，同据河、潼，建列营阵。是岁，曹公西征，与超等战于河、渭之交，超等败走。超至安定，遂奔凉州。诏收灭超家属。超复败于陇上，后奔汉中，张鲁以为都讲祭酒，欲妻之以女。或谏鲁曰：'有人若此不爱其亲，焉能爱人？'鲁乃止。初，超未反时，其小妇弟种，留三辅；及超败，种先入汉中。正旦，种上寿于超。超捶胸吐血曰：'阖门百口，一旦同命，今二人相贺邪！'后数从鲁求兵，欲北取凉州；鲁遣往，无利。又鲁将杨（白）〔昂〕等（欲）〔数〕害其能，超遂从武都逃入氐中，转奔往蜀。是岁，建安十九年也。"

〔四〕《典略》曰："备闻超至，喜曰：'我得益州矣！'乃使人止超，而潜以兵资之。超到，令引军屯城北，超至未一旬，而成都溃。"

以超为平西将军，督临沮，因（为前）〔前为〕都亭侯[1]。〔一〕

先主为汉中王，拜超为左将军，假节。

章武元年，迁骠骑将军，领凉州牧，进封斄乡侯。策曰："朕以不德，获继至尊，奉承宗庙。曹操父子，世载其罪[2]。朕用惨怛，疢如疾首[3]；海内怨愤，归正反本；暨于氐、羌率服[4]，獯鬻慕义[5]。以君信著北土[6]，威武并昭；是以委任授君：抗飏虓虎[7]，兼董万里[8]，求民之瘼[9]。其明宣朝化[10]，怀保远迩[11]，肃慎赏罚；以笃汉祜〔12〕，以对于天下。"

二年卒〔13〕，时年四十七。临没上疏曰："臣门宗二百余口〔14〕，为孟德所诛略尽〔15〕；惟有从弟岱，当为微宗血食之继〔16〕，深托陛下。余无复言。"

追谥超曰威侯，子承嗣。岱位至平北将军，进爵陈仓侯。超女，配安平王理〔17〕。〔二〕

【注释】

〔1〕因前：保持从前(的爵位)。 〔2〕载：继承。 〔3〕疢(chèn)：痛苦。 疾首：头部疼痛。 〔4〕暨于：以至于。 率服：归顺服从。 〔5〕獯鬻(xūnyù)：北方少数族名。这里代指北方的少数族。 〔6〕信：信义。 北土：北方。 〔7〕抗飚虓(xiāo)虎：表现和发扬如同怒吼猛虎一样的雄威。这是指担任骠骑将军一事。 〔8〕万里：形容一州的辖地。这里指兼任凉州牧。 〔9〕求：了解。 瘼(mò)：疾苦。 〔10〕朝化：朝廷的德化。 〔11〕怀保：安抚保护。 远迩：远近(的人民)。 〔12〕笃汉祜(hù)：巩固汉朝的福泽。 〔13〕二年：章武二年(公元222)。马超的祠墓遗址，相传在今四川成都市新都区城南的马超小学内，曾有墓碑出土。 〔14〕门宗：家族。 〔15〕孟德：曹操的字。 〔16〕微宗：衰微的家族。 血食：指进行祭祀。祭祀时要杀牲作为献礼，请祖先的神灵来享用，故名。马岱的坟墓，相传在四川广汉市城西，现今墓地依然留存。 〔17〕理：即刘理(？—公元244)。传见本书卷三十四。

【裴注】

〔一〕《山阳公载记》曰："超因见备待之厚，与备言，常呼备字；关羽怒，请杀之。备曰：'人穷来归我，卿等怒，以呼我字故而杀之：何以示于天下也？'张飞曰：'如是，当示之以礼。'明日大会，请超入；羽、飞并杖刀，立直。超顾坐席，不见羽、飞；见其直也，乃大惊，遂一不复呼备字。明日叹曰：'我今乃知其所以败。为呼人主字，几为关羽、张飞所杀！'自后乃尊事备。"

臣松之按：以为超以穷归备，受其爵位，何容傲慢而呼备字？且备之入蜀，留关羽镇荆州，羽未尝在益土也；故羽闻马超归降，以书问诸葛亮"超人才可谁比类"，不得如书所云。羽焉得与张飞立直乎？凡人行事，皆谓其可也：知其不可，则不行之矣。超若果呼备字，亦谓于理宜尔也。就令羽请杀超，超不应闻；但见二子立直，何由便知以呼字之故，云几为关、张所杀乎？言不经理，深可忿疾也！袁晔、乐资等诸所记载，秽杂虚谬，若此之类，殆不可胜言也。

〔二〕《典略》曰："初，超之入蜀，其庶妻董及子秋，留依张鲁。鲁败，曹公得之，以董赐阎圃，以秋付鲁；鲁自手杀之。"

黄忠字汉升，南阳人也。荆州牧刘表以为中郎将；与表从子磐共守长沙攸县[1]。及曹公克荆州，假行裨将军[2]；仍就故任[3]，统属长沙太守韩玄。

先主南定诸郡，忠遂委质[4]，随从入蜀。自葭萌受任，还攻刘璋；忠常先登陷阵，勇毅冠三军。益州既定，拜为讨虏将军。

建安二十四年，于汉中定军山击夏侯渊，渊众甚精。忠推锋必进，劝率士卒；金鼓振天，欢声动谷[5]；一战斩渊，渊军大败。迁征西将军。

是岁，先主为汉中王，欲用忠为后将军；诸葛亮说先主曰："忠之名望，素非关、马之伦也[6]；而今便令同列[7]：马、张在近[8]，亲见其功，尚可喻指[9]；关遥闻之，恐必不悦，得无不可乎[10]？"先主曰："吾自当解之[11]。"遂与羽等齐位，赐爵关内侯。

明年卒[12]，追谥刚侯。子叙，早没，无后。

【注释】

〔1〕从（zòng）子：侄儿。 攸县：县名。县治在今湖南攸县东北。
〔2〕假：授给。 行裨（pí）将军：代理裨将军。裨将军是低级将军，领兵

征伐。 〔3〕故任：指守卫攸县。 〔4〕委质：指献身。 〔5〕欢声：呐喊声。 〔6〕关：指关羽。 马：指马超。 伦：同辈。 〔7〕同列：当时关羽任前将军、张飞任右将军、马超任左将军，黄忠将要担任的后将军，与前将军、右将军、左将军级别相同，所以这样说。 〔8〕张：指张飞。 〔9〕喻指：说明用意。 〔10〕得无：恐怕是。 〔11〕解之：劝解他。 〔12〕卒：黄忠的祠墓，相传在今四川成都市西北黄忠村，曾有墓冢留存和墓碑出土。

赵云字子龙，常山真定人也〔1〕。本属公孙瓒；瓒遣先主为田楷拒袁绍〔2〕，云遂随从，为先主主骑〔3〕。〔一〕

及先主为曹公所追于当阳长坂，弃妻子南走。云身抱弱子，即后主也；保护甘夫人，即后主母也：皆得免难。迁为牙门将军〔4〕。

先主入蜀，云留荆州。〔二〕先主自葭萌还攻刘璋，召诸葛亮。亮率云与张飞等俱溯江西上，平定郡县。至江州，分遣云从外水上江阳〔5〕，与亮会于成都。

成都既定，以云为翊军将军〔6〕。〔三〕

【注释】

〔1〕真定：县名。县治在今河北石家庄市东北。 〔2〕为(wèi)：帮助。 〔3〕主骑：主管骑兵。 〔4〕牙门将军：官名。属低级将军，领兵征伐。 〔5〕外水：河道名。当时由江州(今重庆市)有两条水路西上。经今嘉陵江、涪江至涪县(今四川绵阳市东北)，称为内水；经今长江、岷江至成都，称为外水。 〔6〕翊(yì)军将军：官名。领兵征伐。

【裴注】

〔一〕《云别传》曰："云身长八尺，姿颜雄伟。为本郡所举，将义从吏兵，诣公孙瓒。时袁绍称冀州牧。瓒深忧州人之从绍也，善云来附，嘲云曰：'闻贵州人皆愿袁氏，君何独回心，迷而能反乎？'云答曰：

'天下汹汹，未知孰是，民有倒悬之厄；鄙州论议，从仁政所在，不为忽袁公私明将军也。'遂与瓒征讨。时先主亦依托瓒，每接纳云，云得深自结托。云以兄丧，辞瓒暂归，先主知其不返，捉手而别。云辞曰：'终不背德也！'先主就袁绍，云见于邺。先主与云同床眠卧，密遣云合募，得数百人，皆称'刘左将军部曲'，绍不能知。遂随先主至荆州。"

〔二〕《云别传》曰："初，先主之败，有人言'云已北去'者，先主以手戟擿之曰：'子龙不弃我走也！'顷之，云至。从平江南，以为偏将军，领桂阳太守，代赵范。范寡嫂曰樊氏，有国色，范欲以配云。云辞曰：'相与同姓，卿兄犹我兄！'固辞不许。时有人劝云纳之，云曰：'范迫降耳，心未可测；天下女不少！'遂不取。范果逃走，云无纤介。先是，与夏侯惇战于博望，生获夏侯兰。兰是云乡里人，少小相知；云白先主，活之，荐兰明于法律，以为军正，云不用自近。其慎虑类如此。先主入益州，云领留营司马。此时先主孙夫人，以权妹骄豪，多将吴吏兵，纵横不法。先主以云严重，必能整齐，特任掌内事。权闻备西征，大遣舟船，迎妹；而夫人内欲将后主还吴，云与张飞勒兵截江，乃得后主还。"

〔三〕《云别传》曰："益州既定，时议欲以成都中屋舍及城外园地、桑田，分赐诸将。云驳之曰：'霍去病以匈奴未灭，无用家为；今国贼非但匈奴，未可求安也。须天下都定，各反桑梓，归耕本土，乃其宜耳。益州人民，初罢兵革，田宅皆可归还；令安居复业，然后可役调，得其欢心。'先主即从之。夏侯渊败，曹公争汉中地，运米北山下，数千万囊。黄忠以为可取，云兵随忠取米。忠过期不还，云将数十骑轻行出围，迎视忠等。值曹公扬兵大出，云为公前锋所击，方战，其大众至；势逼，遂前突其阵，且斗且却。公军败，已复合；云陷敌，还趋围。将张著被创，云复驰马还营，迎著。公军追至围，此时沔阳长张翼，在云围内，翼欲闭门拒守；而云入营，更大开门，偃旗息鼓。公军疑云有伏兵，引去。云擂鼓震天，惟以戎弩于后射公军；公军惊骇，自相蹂践，坠汉水中死者甚多。先主明旦自来，至云营围，视昨战处，曰：'子龙一身都是胆也！'作乐饮宴，至暝，军中号云为'虎威将军'。孙权袭荆州，先主大怒，欲讨权。云谏曰：'国贼是曹操，非孙权也；且先灭魏，则吴自服。操身虽毙，子丕篡盗；当因众心，早图关中；居河、渭上流，以讨凶逆，关东义士必裹粮策马以迎王师。不应置魏，先与吴战；兵势一交，不得猝解也！'先主不听，遂东征，留云督江州。先主失利于秭归，云进兵至永安，吴军已退。"

建光元年，为中护军、征南将军[1]，封永昌亭侯。迁镇东将军。

五年[2]。随诸葛亮驻汉中。明年，亮出军，扬声由斜谷道，曹真遣大众当之。亮令云与邓芝往拒，而身攻祁山。云、芝兵弱，敌强，失利于箕谷；然敛众固守，不至大败。军退，贬为镇军将军。〔一〕

七年卒[3]，追谥顺平侯。初，先主时，惟法正见谥。后主时，诸葛亮功德盖世，蒋琬、费祎荷国之重[4]，亦见谥。陈祗宠待[5]，特加殊奖；夏侯霸，远来归国[6]：故复得谥。于是关羽、张飞、马超、庞统、黄忠及云乃追谥，时论以为荣〔二〕。

云子统嗣，官至虎贲中郎督、行领军[7]。次子广，牙门将。随姜维沓中[8]，临阵战死。

【注释】

〔1〕中护军：官名。统领禁卫军。 〔2〕五年：建兴五年（公元227）。 〔3〕七年：建兴七年（公元229）。赵云的祠墓，相传在今四川大邑县城东银屏山麓，现今尚有清雅肃穆的墓园留存。是蜀地三国名胜古迹之一。 〔4〕荷：担负。 〔5〕陈祗（？—公元258）：传附本书卷三十九《董允传》。 〔6〕归国：指投降。 〔7〕虎贲中郎督：官名。统领虎贲中郎，侍卫皇帝。 行领军：官名。代理中领军。中领军是禁卫军总司令官。 〔8〕沓中：地名。在今甘肃岷县南。

【裴注】

〔一〕《云别传》曰："亮曰：'街亭军退，兵将不复相录；箕谷军退，兵将初不相失。何故？'芝答曰：'云身自断后，军资什物，略无所弃，兵将无缘相失。'云有军资余绢，亮使分赐将士；云曰：'军事无利，何为有赐？其物请悉入赤岸府库，须十月，为冬赐。'亮大善之。"

〔二〕《云别传》载："后主诏曰：'云昔从先帝，功绩既著；朕以幼冲，涉途艰难；赖恃忠顺，济于危险。夫谥所以叙元勋也，外议云宜谥。'大将军姜维等议，以为：'云昔从先帝，劳绩既著；经营天下，遵奉法度，功效可书。当阳之役，义贯金石。忠以卫上，君念其赏；礼以厚下，臣忘其死。死者有知，足以不朽；生者感恩，足以殒身。谨按《谥法》：柔贤慈惠曰顺；执事有班曰平，克定祸乱曰平：应谥云曰顺平侯。'"

评曰：关羽、张飞，皆称"万人之敌"，为世虎臣。羽报效曹公，飞义释严颜：并有国士之风。然羽刚而自矜，飞暴而无恩；以短取败，理数之常也。马超阻戎负勇[1]，以覆其族。惜哉！能因穷致泰[2]，不犹愈乎[3]！黄忠、赵云，强挚壮猛[4]，并作爪牙：其灌、滕之徒欤[5]？

【注释】

〔1〕阻戎负勇：依靠西方的少数族，仗恃自己的勇猛。　〔2〕因穷致泰：由困穷变到通达。指投靠刘备。　〔3〕不犹愈乎：不是（比以败亡告终的关羽、张飞）强一点吗。　〔4〕强挚：强壮勇猛。与壮猛同义。〔5〕灌：即灌婴（？—前176）。睢阳县（今河南商丘市东南）人。秦末随刘邦起兵，曾率部下追杀项羽，以功任车骑将军，封颍阴侯。与周勃、陈平一起消灭吕氏势力。传见《史记》卷九十五、《汉书》卷四十一。滕：即夏侯婴（？—前172）。沛县（今江苏沛县）人。曾任滕县县令，所以人称滕公。与刘邦同乡，秦末随从起兵。常为刘邦驾车，曾救刘邦的太子刘盈脱险，多有功。西汉建立，封汝阴侯，长期任太仆。传见《史记》卷九十五、《汉书》卷四十一。黄忠斩夏侯渊，与灌婴追杀项羽有相似之处；赵云救刘禅，与夏侯婴救刘盈情况一样，所以用灌、夏侯二人作比。

【译文】

关羽，字云长，本字长生，河东郡解县人。早年因事逃亡到了涿郡。先主刘备在家乡涿郡招聚人马，关羽和张飞都一同赶去参加，为先主抵御外来的欺侮。先主当平原国国相，任命关、张二人为别部司马，分别统领部队。先主与二人同床睡眠，情谊如同亲兄弟一般。而在公开的大庭广众面前，二人都在先主身旁整天侍从站立；追随先主外出到各地时，他们也不畏艰难险阻。

先主袭杀徐州刺史车胄之后，派关羽镇守下邳县城，代理下邳郡太守职务；而自己则回到沛县驻扎。

汉献帝建安五年（公元200），曹操东征徐州，先主逃去投奔袁绍。曹操生擒关羽后回去，任命关羽为偏将军，给他优厚的礼遇。袁绍派大将颜良到白马去进攻东郡太守刘延时，曹操让张辽和关羽为先锋迎击。关羽远远望见颜良的旗帜和伞盖，扬鞭催马冲进万军之中把颜良刺杀在马下，然后砍下头颅驰回，袁绍手下的众将没有人能抵抗他，从而解救了被围困的白马城。曹操上表朝廷封关羽为汉寿亭侯。

开始时，曹操觉得关羽为人气概雄壮，而仔细观察他的神态却没有长久留下来的意思，就对张辽说："您试着问问他的情况。"于是张辽来问关羽，关羽长叹一声说："我非常清楚曹公对我待遇优厚，但是在这以前我受了刘玄德将军的大恩，发誓不能同生也要共死。我不能违背誓言，我终究不会在这里久留。但是我一定要立功报效曹公之后才离开。"张辽把他的话转告曹操，曹操很赞赏他的义气。到了关羽杀了颜良，曹操知道他必定会走了，重重给予赏赐。关羽把这些赏赐品全部封存留下，又写了一封告辞的书信，然后逃去投奔在袁绍军中的先主。曹操的左右想去追击，曹操却说："各自拥护自己的主人，就不要去追他了。"

关羽随先主到荆州依附刘表。刘表去世，曹操平定荆州，先主自己从樊城由陆路南下准备渡过长江，另派关羽带领由几百只船组成的水军，从汉水而下在江陵与先主会合。曹操的骑兵追到当阳县的长坂，先主斜着逃往汉津，恰好与关羽的船队碰上，一路来到夏口。孙权派兵帮助先主抗御曹操，曹操战败退回北方。先主攻占荆州在长江以南的各郡，并且对立了大功的人封官奖赏，任命关羽为襄阳郡太守，兼荡寇将军，驻扎在长江以北。先主攻占西边的益州之后，任命关羽为荆州占领区的军政长官。

　　关羽听说马超逃到益州投奔先主，他因为和马超从前不是老朋友，就写信给诸葛亮，问马超这个人的才能可以和谁相比。诸葛亮知道关羽不喜欢别人比自己强，就回信说："马孟起文武兼备，雄伟壮烈的气概超过常人，算得上一世的豪杰。他是黥布、彭越一流的人物，可以与张益德并肩前进，却还赶不上您美髯公的超群绝伦啊。"关羽的胡须很美，所以诸葛亮这样称呼他。关羽看了这封信大为高兴，把它递给来访的宾客传观。

　　关羽曾经被流箭射中，贯穿左臂。后来伤口虽然愈合，每到阴雨天时，骨头常常剧痛。医生说："这是因为箭头有毒，毒质侵入骨头，要剖开臂部肌肉开一个口，刮去骨上的毒质，然后疼痛才能完全消除。"关羽立即伸出左臂让医生切开。当时关羽正好请部将饮宴对坐，他臂上的鲜血不断流出来，接血的盘子里都装满了，而他却一边割下烤肉吃一边又喝酒，谈笑风生，若无其事。

　　建安二十四年（公元219），先主为汉中王，任命关羽为前将军，授给节杖和黄钺。这一年，关羽带领大军在樊城围攻曹仁，曹操派于禁去支援曹仁。当年秋天，连降暴雨，汉水猛涨，于禁所指挥的七支军队都被淹没。于禁投降关羽，关羽又杀死曹军勇将庞德。这时洛阳南边的梁、郏、陆浑三个内地县的叛乱势力中，有的远远接受了关羽赏给的官印和官号，成为他的支持者，一时间关羽的声威震慑了中原。当时曹操甚至想把临时都城从许县迁走以避关羽锐利的锋芒。司马懿、蒋济认为关羽得志，孙权必定不情愿，可以派人去鼓励孙权偷袭关羽的后方，同意把长江以南的土地分割给孙权做封地，那么樊城的包围自然缓解。曹公听从了他们的计策。

　　在此之前，孙权曾派使者去为自己的儿子聘娶关公的女儿为妻；关羽不仅不同意这门婚事，还辱骂了使者一番，孙权大为愤怒。另外，驻守江陵的南郡太守麋芳，驻守公安的将军士仁，素来都不满意关羽轻视自己。关羽出兵樊城之后，这两人负责供应前线的军用物资，又不是完全供应得上，关羽已经说了"回来再整治你们"的话，所以他们都恐惧不安。

　　于是孙权暗中引诱麋芳、士仁投降，两人立即迎接孙权的兵马前来。这时曹操又派徐晃去援救曹仁，关羽久攻不下，领兵撤退。没想到孙权已经占据了江陵，把关羽手下将士的妻室儿女全部俘虏，关羽的军队因此溃散。孙权派部将迎击关羽，在临沮县境内斩了关羽和他的儿子关平。

后来蜀国追谥关羽为壮缪侯。

儿子关兴继承了他的爵位。关兴，字安国，从小就有好名声，丞相诸葛亮非常器重他。二十岁左右他出任侍中、中监军，几年后去世。

他的儿子关统继承了爵位，娶了公主为妻，官做到虎贲中郎将。关统去世，没有儿子，以关兴小妾所生的儿子关彝继承爵位。

张飞，字益德，涿郡人。从年轻时起就与关羽追随先主刘备。关羽比他大几岁，他把关羽当哥哥看待。

先主跟着曹操去消灭吕布，一起回到许都，曹操任命张飞为中郎将。先主背离曹操去依附袁绍、刘表。刘表死，曹操进入荆州，先主逃往长江以南。曹操派轻骑兵追击，一天一夜后，在当阳的长坂追上先主一行。先主得知曹操突然来到，丢下妻室儿女逃走，让张飞带领二十名骑兵断后。张飞据守在一条河边拆断桥梁，怒目圆睁横握长矛叫道："本人是张益德，敢上来和我决一死战么！"敌军竟然没有人敢上前，这样先主才得以脱离险境。先主平定了荆州长江以南的各郡之后，任命张飞为宜都郡太守、征虏将军，封新亭侯，后又转任南郡太守。

先主进入益州，从葭萌县回过头来进攻刘璋，张飞与诸葛亮等溯长江而上，分兵平定沿途的郡县。张飞到达江州县城，在这里打败刘璋的巴郡太守严颜，将其生擒活捉。张飞呵斥严颜说："大军到达城下，怎么不投降还敢反抗？"严颜回答说："你们无礼，侵占我们益州，我们益州只有砍头的将军，没有投降的将军！"张飞大怒，命左右把严颜拉出去砍头。严颜神色不变，喊道："砍头就砍头，发那么大的火干什么！"张飞觉得严颜是一位壮士，下令释放他，把他当成宾客对待。张飞一路连战连胜，与先主在成都会师。

益州平定后，赐诸葛亮、法正、张飞和关羽：每人黄金五百斤，白银一千斤，钱五千万，锦一千匹；其余部下颁发赏赐各有等级，并让张飞兼任巴西郡太守。

曹操打败张鲁，留下夏侯渊、张郃镇守汉中平原。张郃单独指挥各军进入巴西郡，想把这里的百姓迁往汉中，进军到宕渠县的蒙头、荡石，与张飞对峙了五十多天。张飞带领一万多精兵，从另外一条路前去截击敌军。山间道路狭窄，前后不能救援，结果张飞大破张郃；张郃弃马爬山，与手下十多人走小路才得以逃生，然后收拾残部退回汉中郡的治所南郑县。巴西郡一带从此安定。

先主为汉中王，任命张飞为右将军，授予节杖。

先主章武元年（公元221），张飞升任车骑将军，兼司隶校尉，晋封西乡侯。先主下达的封官拜爵文书说："朕遵照上天安排好的次序，继承汉朝的帝王大业；一心铲除凶贼平定动乱，但是至今还没有看到天下得到治理的状况出现。当前是曹贼作乱，老百姓受到残害；思念汉朝的人士，还在北方像白鹤一样伸长脖子盼望我们。朕因此而悲伤，坐不安席，食不甘味，整顿军队向部下训示并订立誓言，准备出兵执行上天的诛罚。因为您忠诚刚毅，在事迹上可与从前周朝的名将召虎相比，威名远近传扬；所以特别给以显要的任命，晋升爵位为县侯，兼任司隶校尉管理京城地区。您要广为发扬天威，用德泽来安抚那些服从的人，用刑罚来讨伐那些叛乱的人，让朕感到满意。《诗经·江汉》一诗不是这样说吗：'不要伤害百姓也不要操之过急，一切以周王国为准则。您能够迅速敏捷处理军务，因此赐给您福祉。'您能不用这些话自勉吗！"

当初，张飞的雄壮威猛，仅次于关羽；曹魏的谋臣程昱等人也都说关羽、张飞有万夫不当之勇。关羽对待士兵很好而对官员骄傲，张飞则爱护尊敬社会名流而不怜悯低层的人。先主常常告诫他说："您的刑罚杀戮既过分，又还天天鞭打勇健的随从，让他们在左右服侍您：这可是招来灾祸的做法啊！"张飞还是不改。

先主出兵伐吴，张飞应当统带一万人马，从阆中出发在江州与先主会合。临出发前，张飞帐下随从的部将张达、范强杀死张飞，拿着他的头颅，顺流而下去投奔孙权。张飞的营都督上表报告先主，先主一听张飞的都督有表章送到，马上叫道："哎呀！张飞肯定死了。"

后来追谥张飞为桓侯。

张飞的长子张苞，早死。次子张绍继承了他的爵位，官做到侍中、尚书仆射。张苞的儿子张遵任尚书，随诸葛瞻到绵竹；与魏将邓艾交战，阵亡。

马超，字孟起，右扶风郡茂陵县人。父亲马腾，在汉灵帝末年与边章、韩遂都在凉州举兵起事。汉献帝初平三年（公元 192），韩遂、马腾带兵到长安朝见天子。汉朝任命韩遂为镇西将军，让他回到凉州金城郡；而任命马腾为征西将军，派他驻扎在附近的郿县。

此后马腾袭击长安，失败，逃回凉州。司隶校尉钟繇镇守关中，发公文与韩遂、马腾，为他们分析利害祸福。马腾派遣马超随钟繇讨伐郭援、高幹，在平阳一带激战，马超的部将庞德亲自把郭援斩首。

此后马腾与韩遂不和，请求回到许都。朝廷征召马腾担任卫尉，又任命马超为偏将军，封都亭侯，统领马腾的部队。马超带兵之后，就与韩遂联合，又伙同杨秋、李堪、成宜等武装势力的首领，进军到潼关反抗曹公。曹公骑马到阵前与韩遂、马超会面谈话，马超仗恃自己力大，暗中想突然冲上前去活捉曹公。曹公身旁的勇将许褚睁圆眼睛怒视着他，马超才不敢动。

曹公采纳贾诩的计谋，离间马超、韩遂，使之相互猜疑，结果马超一方被打得大败。马超逃到西方少数族居住区，曹公追击到安定郡。碰上这时北方出现紧急情况。曹公领兵向东撤回。

这时杨阜劝阻曹公：“马超像韩信、英布一样勇猛，又很受羌族人的拥护。如果大军撤退后，不严加防备，陇西各郡就不再归朝廷所有了。”马超后来果然带领少数族人进攻陇西各郡县，这些郡县都响应他。他杀死凉州刺史韦康，占据凉州的治所冀县，吞并了韦康的人马；自称征西将军，兼并州牧，指挥凉州各路军队。

韦康过去的下属和所管辖的百姓杨阜、姜叙、梁宽、赵衢等人，合谋袭击马超。杨阜、姜叙先在卤城起兵，马超前去进攻，不能攻下；这时梁宽、赵衢又把冀县城门关闭，马超无法回城。他进退两难，狼狈逃到汉中投靠张鲁。

他觉得张鲁其人值不得与之谋划大事，内心抑郁很不舒畅。

他听说先主刘备在成都围攻刘璋，秘密送去书信请求投奔。

先主立即派人去迎接马超，马超带着人马径直来到成都城下。城中的人见了一片恐惧，所以刘璋很快叩头出降。先主以马超为平西将军，指挥临沮战区的军队，照旧封都亭侯。

先主为汉中王，任命马超为左将军，授给节杖。

先主章武元年(公元221)，他升任骠骑将军，兼凉州牧，晋封斄乡侯，先主下达的任命文书说："朕没有德泽，却得以继承帝位，侍奉宗庙祖先。曹操、曹丕父子，一代接一代犯下大罪；朕为此而悲哀，痛苦得就像得了头痛病一般。海内人民莫不怨恨他们，企盼着国家归上正道恢复原貌；以至于西方的氐、羌等少数族前来归顺服从，北方的少数族也仰慕道义想来投奔。因为您的信义著称于北方，同时又显示出非凡的威武，所以才任命您为高级将领，以便表现和发扬如同怒吼猛虎一样的雄威，并且兼管凉州一州之地，以了解民众的疾苦。您要公开宣扬朝廷的德泽教化，安抚保护远近的人民，慎重执行赏罚，以巩固汉朝的福泽，显扬声名于天下。"

第二年马超去世，终年四十七岁。临死前上奏说："为臣家族二百多人，几乎被曹操全部诛杀，唯独还余下堂弟马岱，承接我们衰微家族的祭祀。我把他托付给朕下多加关照，其余就不再多说了。"

后来追谥马超为威侯，儿子马承继承了他的爵位。马岱官做到平北将军，晋封陈仓侯。马超的女儿，许配给安平王刘理。

黄忠，字汉升，南阳郡人。荆州牧刘表任命他为中郎将，与刘表的侄儿刘磐一起镇守长沙郡的攸县。曹公攻占荆州，让他代理裨将军职务，仍然回到从前的驻地，归长沙郡太守韩玄统辖。

先主刘备平定荆州的长江以南各郡，黄忠投降，随先主西上益州。在葭萌县接受先主命令，回头进攻刘璋，黄忠在战斗中常常担任先锋冲锋陷阵，勇冠三军。益州平定，他被任命为讨虏将军。

建安二十四年(公元219)，在汉中的定军山迎战夏侯渊。夏侯渊兵马精锐，但是黄忠勇往直前，身先士卒，战鼓声震天，喊杀声动地，一战即斩了夏侯渊，杀得对方大败而逃。黄忠因功升任征西将军。

这一年，先主为汉中王，想提升黄忠为后将军；诸葛亮劝先主说："黄忠的名望，素来比不上关羽、马超；而今立即与他们并列：马超、张飞在附近，亲自看到黄忠的功勋，还可以向他们说明用意；关羽远远听到，肯定会不高兴，恐怕是不行吧？"先主说："我亲自向他劝解好了。"于是黄忠就与关羽等人官位并列，先主又封他为关内侯。

第二年他去世，后来追谥为刚侯。他的儿子黄叙，早死，没有后代。

赵云，字子龙，常山郡真定县人。他本来是公孙瓒的下属。公孙瓒派先主刘备帮助田楷抗御袁绍，赵云随从前往，从此在先主手下负责指挥骑兵。

先主在当阳县的长坂被曹公追击，丢下妻室儿女向南逃走；赵云亲自抱着先主的幼小儿子，也就是后来的后主，又保护着甘夫人，也就是后主的生母，使他们免遭灾难。不久他升任牙门将军。

先主西上益州，赵云留在荆州镇守。先主从葭萌县回头进攻刘璋，召诸葛亮从荆州来支援。诸葛亮带着赵云与张飞等溯长江西上，平定沿途的郡县。到达江州后，又分派赵云沿着外水西上江阳县，与诸葛亮在成都会合。成都攻克后，先主任命赵云为翊军将军。

后主建兴元年（公元223），赵云任中护军、征南将军，封永昌亭侯。又升任镇东将军。

建兴五年（公元227），随诸葛亮北上进驻汉中。第二年，诸葛亮出军北伐，放出消息说要走斜谷道，曹魏大将军曹真带领全军前来迎战。诸葛亮让赵云与邓芝前往对敌，而自己却统率主力军团进攻西面的祁山。赵云、邓芝兵力弱小而敌军强大，结果在箕谷一战失利；不过赵云立即收缩兵马凭借险阻固守，还不至于大败。大军退回后，他被贬为镇军将军。

建兴七年（公元229）赵云去世，后来被追谥顺平侯。当初，先主在世时，只有法正被赐予谥号。后主时，诸葛亮的功绩品德无与伦比，蒋琬、费祎承担国家的重任，这三人也被赐予谥号；陈祗受到后主宠爱厚待，特别赐予谥号以示奖励；夏侯霸从远方的曹魏来投奔，所以死后也有谥号。到了这时，关羽、张飞、马超、庞统、黄忠、赵云都一同追加谥号，当时议论的人都认为这很荣耀。

赵云的儿子赵统继承了爵位，官做到虎贲中郎督，代理中领军职务。第二个儿子赵广，任牙门将；随姜维到沓中，与魏军作战时阵亡。

评论说：关羽、张飞都被称为有万夫不当之勇，是当时的虎将。关羽报效曹操，张飞义释严颜，都表现出国家级杰出人物的风范。然而关羽刚愎而骄矜，张飞暴烈而无情；由于短处而招致失败，这是事理上常有的情形。马超依靠西方的少数族，仗恃自己的勇猛，结果使自己的家族遭到覆灭，真是可惜啊！后来他能从困穷变得通达，不是比以败亡告终的关、张二人好一点吗！黄忠、赵云强壮勇猛，都充当重要战将；二人大概是西汉灌婴、夏侯婴一流的人物吧？

庞统法正传第七

庞统字士元，襄阳人也。少时朴钝[1]，未有识者[2]。颍川司马徽清雅有知人鉴[3]，统弱冠往见徽。徽采桑于树上，坐统在树下。共语自昼至夜，徽甚异之，称统当为"南州士之冠冕[4]"。由是渐显。〔一〕

后郡命为功曹[5]。性好人伦[6]，勤于长养[7]；每所称述，多过其才。时人怪而问之，统答曰："当今天下大乱，雅道陵迟[8]；善人少而恶人多。方欲兴风俗，长道业，不美其谈，即声名不足慕企；不足慕企，而为善者少矣。今拔十失五[9]，犹得其半；而可以崇迈世教[10]，使有志者自励。不亦可乎？"

吴将周瑜助先主取荆州，因领南郡太守。瑜卒，统送丧至吴。吴人多闻其名，及当西还，并会昌门[11]：陆绩、顾邵、全琮皆往[12]。统曰："陆子可谓驽马有逸足之力[13]，顾子可谓驽牛能负重致远也。"〔二〕谓全琮曰："卿好施慕名[14]，有似汝南樊子昭；〔三〕虽智力不多，亦一时之佳也。"绩、邵谓统曰："使天下太平[15]，当与卿共料四海之士[16]。"深与统相结而还。

【注释】

〔1〕朴钝：（看起来）朴实迟钝。 〔2〕识者：真正赏识他的人。 〔3〕知人鉴：准确了解他人的能力。鉴的本意是镜子。 〔4〕南州：指荆州。东汉的荆州位于京城洛阳正南，故名。 冠冕：礼帽。这里比喻出类拔萃的人物。 〔5〕功曹：官名。即功曹史。郡太守的下属，主管人事。 〔6〕好人伦：喜好评论人物。评论人物是东汉以来士大夫中流行的风气，最早的清谈即是指评论人物。 〔7〕长（zhǎng）养：扶持培养（人才）。 〔8〕雅道：正道。 陵迟：衰颓。 〔9〕拔十失五：奖拔十人而其中有五人出现偏差。 〔10〕崇迈：崇尚和推尊。 世教：对社会的教化。 〔11〕昌门：城门名。吴县（今江苏苏州市）的西门。又作阊门。 〔12〕陆绩：传见本书卷五十七。 顾邵：传附本书卷五十二《顾雍传》。 全琮（？—公元249）：传见本书卷六十。以上三人，都出自吴郡的世家大族，为当时名流。 〔13〕陆子：指陆绩。子是对人的尊称。驽马：劣马。这里比喻陆绩表面上看起来似乎很寻常，但是一遇机会即显现出非凡的才能。下面以驽牛比喻顾邵也有同样含义。庞统自己就是内秀型人物，所以他很赏识这种人才。 逸足之力：突然快速奔驰的能力。 〔14〕好施：喜欢施与恩惠。 〔15〕使：假使。 〔16〕料：品评。

【裴注】

〔一〕《襄阳记》曰："诸葛孔明为'卧龙'，庞士元为'凤雏'，司马德操为'水镜'，皆庞德公语也。德公，襄阳人。孔明每至其家，独拜床下，德公初不令止。德操尝造德公，值其渡沔，上祀先人墓；德操径入其室，呼德公妻子，使速作黍：'徐元直向云有客当来，就我与庞公谈。'其妻子皆罗列拜于堂下，奔走供设；须臾，德公还，直入相就：不知何者是客也。德操年小德公十岁，兄事之，呼作庞公；故世人遂谓'庞公'是德公名，非也。德公子山民，亦有令名。娶诸葛孔明小姊。为魏黄门、吏部郎，早卒。子涣，字世文。晋太康中，为牂牁太守。统，德公从子也。少未有识者，惟德公重之；年十八，使往见德操。德操与语，既而叹曰：'德公诚知人！此实盛德也。'"

〔二〕张勃《吴录》曰："或问统曰：'如所目，陆子为胜乎？'统曰：'驽马虽精，所致一人耳；驽牛一日行三十里，所致岂一人之重哉！'邵就统宿，语，因问：'卿名知人，吾与卿孰愈？'统曰：'陶冶世俗，甄综人物，吾不及卿；论帝王之秘策，揽倚伏之要最，吾似有一日之长。'邵安其言而亲之。"

〔三〕蒋济《万机论》云"许子将褒贬不平，以拔樊子昭而抑许文休"。刘晔曰："子昭拔自贾竖，年至耳顺，退能守静，进能不苟。"济答曰："子昭诚自长幼完洁；然观其插齿牙，树颊胲，吐唇吻，自非文休敌也！"胲音改。

先主领荆州，统以从事守耒阳令[1]；在县不治，免官。吴将鲁肃遗先主书曰："庞士元非百里才也[2]！使处治中、别驾之任[3]，始当展其骥足耳[4]。"诸葛亮亦言之于先主。先主见，与善谈[5]，大器之。以为治中从事，〔一〕亲待亚于诸葛亮；遂与亮并为军师中郎将。〔二〕

【注释】

〔1〕以从事：以从事史的身份。州政府中的主要官员，多以从事史命名。　守：代理。　耒（lěi）阳：县名。县治在今湖南耒阳市。〔2〕百里才：指当县官的人才。古代一县的辖地大致方圆一百里，所以常以百里代称县。　〔3〕治中：官名。即治中从事史。州刺史的主要下属，主管人事。　别驾：官名。即别驾从事史。州刺史的主要下属，负责处理各类公务，刺史出外则乘车充当前导。　〔4〕骥：骏马。展骥足比喻充分发挥优秀人物的才能。　〔5〕善谈：畅谈。

【裴注】

〔一〕《江表传》曰："先主与统从容宴语，问曰：'卿为周公瑾功曹，孤到吴，闻此人密有白事，劝仲谋相留，有之乎？在君为君，卿其无隐。'统对曰：'有之。'备叹息曰：'孤时危急，当有所求，故不得不往。殆不免周瑜之手！天下智谋之士，所见略同耳。时孔明谏孤莫行，其意独笃，亦虑此也。孤以仲谋所防在北，当赖孤为援，故决意不疑：此诚出于险途，非万全之计也。'"

〔二〕《九州春秋》曰："统说备曰：'荆州荒残，人物殚尽；东有吴孙，北有曹氏；鼎足之计，难以得志。今益州国富民强，户口百万；四部兵马，所出必具，宝货无求于外。今可权借，以定大事。'备曰：'今指与吾为水火者，曹操也。操以急，吾以宽；操以暴，吾以仁；操以谲，吾以忠：每与操反，事乃可成耳。今以小故而失信义于天下者，吾所不取也。'统曰：'权变之时，固非一道所能定也。兼弱攻昧，五伯之事。逆取顺守，报之以义；事定之后，封以大国，何负于信？今日不取，终为人利耳！'备遂行。"

亮留镇荆州。统随从入蜀。益州牧刘璋与先主会涪，统进策曰："今因此会，便可执之；则将军无用兵之劳而坐定一州也。"先主曰："初入他国，恩信未著。此不可也。"

璋既还成都，先主当为璋北征汉中。统复说曰："阴选精兵，昼夜兼道，径袭成都；璋既不武[1]，又素无预备[2]；大军猝至，一举便定。此上计也。杨怀、高沛，璋之名将；各仗强兵，据守关头[3]。闻数有笺谏璋，使发遣将军还荆州。将军未至，遣与相闻[4]；说荆州有急，欲还救之；并使装束[5]，外作归形。此二子既服将军英名，又喜将军之去，计必乘轻骑来见；将军因此执之，进取其兵，乃向成都。此中计也。退还白帝，连引荆州，徐还图之。此下计也。若沉吟不去[6]，将致大困，不可久矣！"

先主然其中计，即斩怀、沛，还向成都。所过辄克，于涪大会，置酒作乐。谓统曰："今日之会，可谓乐矣！"统曰："伐人之国而以为欢，非仁者之兵也！"先主醉，怒曰："武王伐纣，前歌后舞[7]，非仁者邪？卿言不当，宜速起出！"于是统逡巡引退[8]。先主寻悔，请还。统复故位，初不顾谢[9]，饮食自若。先主谓曰："向者之论，阿谁为失[10]？"统对曰："君臣俱

失。”先主大笑，宴乐如初。〔一〕

进围雒县，统率众攻城；为流矢所中，卒，时年三十六。先主痛惜，言则流涕。拜统父议郎，迁谏议大夫[11]，诸葛亮亲为之拜[12]。追赐统爵关内侯，谥曰靖侯。

统子宏，字巨师。刚简有臧否[13]，轻傲尚书令陈祗；为祗所抑，卒于涪陵太守[14]。统弟林，以荆州治中从事，参镇北将军黄权[15]，征吴；值军败[16]，随权入魏。魏封列侯，至钜鹿太守。〔二〕

【注释】

〔1〕不武：没有军事才能。 〔2〕预备：防备。 〔3〕关头：地名。即白水关。在今四川青川县东北。 〔4〕遣与相闻：派遣使者与之联络。〔5〕装束：收捆行装。 〔6〕沉吟：犹豫。 〔7〕前歌后舞：传说周武王伐纣时，军队士气高昂，曾“前歌后舞”。见《尚书大传·大誓》。〔8〕逡(qūn)巡：立即。这是当时习语，与一般作徘徊流连的含义不同。参见周一良《魏晋南北朝史札记》中“逡巡”条。 〔9〕初不：完全不。 顾谢：环顾道歉。 〔10〕阿(ā)：词头。无实义。阿谁即谁的意思。 〔11〕谏议大夫：官名。负责对政事提出意见。庞统的祠墓，在今四川德阳市罗江区西南白马关，现今尚有规模宏大的祠墓、园林完好留存，是蜀地三国名胜古迹之一。 〔12〕为之拜：向他行跪拜礼。这是诸葛亮把庞统父亲视为长辈的表示。 〔13〕刚简：刚直高傲。 有臧否：能够识别人的好坏。 〔14〕涪陵：郡名。治所在今重庆市彭水县。〔15〕参镇北将军黄权：任镇北将军黄权的军事参谋。 〔16〕值：碰到。

【裴注】

〔一〕习凿齿曰：“夫霸王者，必体仁义以为本，仗信顺以为宗；一物不具，则其道乖矣。今刘备袭夺璋土，权以济业；负信违情，德义俱愆；虽功由是隆，宜大伤其败，譬断手全躯，何乐之有？庞统惧斯言之泄宣，知其君之必悟，故众中匡其失，而不修常谦之道：矫然大当，尽其蹇谔之风。夫上失而能正，是有臣也；纳胜而无执，是从理也；有臣则陛隆堂高，从理则群策毕举；一言而三善兼明，暂谏而义彰百代：可谓达乎大体矣。若惜其小失而废其大益，矜此过言，自绝远说，能成业济务者，未之有也。”

臣松之以为：谋袭刘璋，计虽出于统；然违义成功，本由诡道；心既内疚，则欢情自戢；故闻备称乐之言，不觉率尔而对也。备酣宴失时，事同乐祸；自比武王，曾无愧色：此备有非而统无失。其云“君臣俱失”，盖分谤之言耳。习氏所论，虽大旨无乖，然推演之辞，近为流宕也。

〔二〕《襄阳记》曰：“林妇，同郡习祯妹。祯事在杨戏《辅臣赞》。曹公之破荆州，林妇与林分隔，守养弱女十有余年。后林随黄权降魏，始复集聚。魏文帝闻而贤之，赐床帐衣服，以显其义节。”

法正字孝直，右扶风郿人也。祖父真[1]，有清节高名。〔一〕建安初，天下饥荒，正与同郡孟达，俱入蜀依刘璋；久之为新都令[2]，后召署军议校尉[3]。既不任用[4]，又为其州邑俱侨客者所谤无行[5]，志意不得。

益州别驾张松与正相善，忖璋不足与有为[6]，常窃叹息。松于荆州见曹公；还，劝璋绝曹公而自结先主。璋曰：“谁可使者？”松乃举正，正辞让，不得已而往。正既还，为松称说先主有雄略；密谋协规，愿共戴奉[7]，而未有缘。

后因璋闻曹公欲遣将征张鲁之有惧心也，松遂说璋宜迎先主，使之讨鲁。复令正衔命[8]，正既宣旨[9]，阴献策于先主曰：“以明将军之英才，乘刘牧之懦弱[10]；张松，州之股肱[11]，以响应于内。然后资益州之殷富[12]，凭天府之险阻；以此成业，犹反掌也。”

【注释】

〔1〕真：即法真（公元100—188）。字高卿。好学，博采众家所长，成为东汉著名的儒学家，教授学生数百人。淡于名利，多次拒绝官府的征聘，终身不仕。传见《后汉书》卷八十三。　〔2〕新都：县名。县治在今四川成都市新都区。　〔3〕军议校尉：官名。负责对军事提出建议。〔4〕任用：信任重用。　〔5〕州邑：这里指法正家乡所在的司隶校尉部和郡县。　侨客：在他乡客居。　无行：品行不好。　〔6〕不足与有为：不可能成为有作为的人。　〔7〕戴奉：拥戴侍奉。　〔8〕衔命：肩负使命。　〔9〕宣旨：公开说明（刘璋的）意思。　〔10〕刘牧：指任益州牧的刘璋。　〔11〕股肱（gōng）：大腿和胳膊。比喻重要的下属。〔12〕资：凭借。

【裴注】

〔一〕《三辅决录注》曰："真字高卿。少明五经，兼通谶纬；学无常师，名有高才。常幅巾见扶风守，守曰：'哀公虽不肖，犹臣仲尼；柳下惠，不去父母之邦。欲相屈为功曹，何如？'真曰：'以明府见待有礼，故四时朝觐；若欲吏使之，真将在北山之北南山之南矣。'扶风守遂不敢以为吏。初，真年来弱冠，父在南郡，步往候父，已，欲去；父留之待正旦，使观朝吏会。会者数百人，真于窗中窥其与父语。毕，问真：'孰贤？'真曰：'曹掾胡广，有公卿之量。'其后广果历九卿、三公之位，世以服真之知人。前后征辟，皆不就，友人郭正等美之，号曰'玄德先生'。年八十九，中平五年卒。正父衎，字季谋。司徒掾、廷尉左监。"

先主然之，溯江而西，与璋会涪。北至葭萌，南还取璋。郑度说璋曰：〔一〕"左将军悬军袭我〔1〕，兵不满万，士众未附；野谷是资〔2〕，军无辎重。其计莫若尽驱巴西、梓潼民，纳涪水以西〔3〕；其仓廪、野谷，一皆烧除〔4〕；高垒深沟，静以待之。彼至，请战，勿许；久无所资，不过百日，必将自走。走而击之，则必擒耳。"先主闻而恶之，以问正。正曰："终不能用，无可忧也!"璋果如正言,谓其群下曰:"吾闻拒敌以安民,未闻动民以避敌也。"于是黜度,不用其计。

及军围雒城,正笺与璋曰[5]:

"正受性无术[6],盟好违损[7]。惧左右不明本末,必并归咎,蒙耻没身,辱及执事[8];是以损身于外,不敢反命[9]。恐圣听秽恶其声[10],故中间不有笺敬[11];顾念宿遇[12],瞻望恨恨[13]!然惟前后披露腹心[14],自从始初以至于终,实不藏情有所不尽;但愚暗策薄[15],精诚不感[16],以致于此耳。今国事已危,祸害在速;虽捐放于外[17],言足憎尤[18],犹贪极所怀[19],以尽余忠。

明将军本心[20],正之所知也,实为区区不欲失左将军之意[21];而卒至于是者,左右不达英雄从事之道[22],谓可违信黩誓,而以意气相致[23],日月相迁[24],趋求顺耳悦目,随阿遂指[25],不图远虑为国深计故也。事变既成,又不量强弱之势;以为左将军悬远之众,粮谷无储,欲得以多击少,旷日相持。而从关至此[26],所历辄破;离宫别屯[27],日自零落[28]。雒下虽有万兵,皆坏阵之卒,破军之将;若欲争一旦之战,则兵将势力,实不相当。(各)〔若〕欲远期计粮者[29],今此营守已固[30],谷米已积;而明将军土地日削,百姓日困,敌对遂多,所供远旷。愚意计之,谓必先竭,将不复以持久也。空尔相守[31],犹不相堪[32];今张益德数万之众,已定巴东[33],入犍为界,分平资中、德阳[34]：三道并侵，将何以御之？

本为明将军计者，必谓此军悬远无粮，馈运不及，兵少无继。今荆州道通，众数十倍；加孙车骑遣弟及李异、甘宁等为其后继[35]。若争客主之势[36]，以土地相胜者；今此全有巴东，广汉、犍为，过半已定；巴西一郡，复非明将军之有也。计益州所仰惟蜀[37]，蜀亦破坏，三分亡二；吏民疲困，思为乱者十户而八。若敌远则百姓不能堪役[38]，敌近则一旦易主矣[39]；广汉诸县，是明比也[40]。又鱼复与关头，实为益州福祸之门[41]。今二门悉开，坚城皆下，诸军并破，兵将俱尽；而敌家数道并进[42]，已入心腹。坐守都、雒[43]，存亡之势，昭然可见。斯乃大略[44]，其外较耳[45]；其余屈曲[46]，难以辞极也[47]。以正下愚，犹知此事不可复成；况明将军左右明智用谋之士，岂当不见此数哉？旦夕偷幸[48]，求容取媚，不虑远图，莫肯尽心献良计耳！若事穷势迫，将各索生[49]，求济门户[50]；展转反覆[51]，与今计异，不为明将军尽死难也；而尊门犹当受其忧[52]。

正虽获不忠之谤，然心自谓不负圣德；顾惟分义[53]，实窃痛心。左将军从本举来[54]，旧心依依，实无薄意[55]。愚以为可图变化[56]，以保尊门。"

【注释】

〔1〕左将军：指刘备。　悬军：孤军深入。　〔2〕野谷是资：凭借的

只是田野上生长的谷物。指自己没有什么粮食储备。　〔3〕纳：安置。
〔4〕一：一律。　〔5〕笺：写信。　〔6〕受性：禀性。　无术：没有才
能。　〔7〕盟好：盟誓和友好。指刘备入蜀与刘璋见面后所建立的合作
关系。　〔8〕执事：古人写书信时对对方的尊称。这里指刘璋。执事本
来是管事的人，意指书信不敢直送对方，只敢送到对方的管事手里。
〔9〕反命：回来向您复命。　〔10〕圣听：您的耳朵。圣作为尊敬的措
辞，当时不单用于皇帝。　秽恶(wù)：厌恶。　〔11〕中间：后来这段
时间。　笺敬：写信表示敬意。　〔12〕宿遇：过去(对我的)待遇。
〔13〕悢悢(liàng liàng)：眷念。　〔14〕腹心：内心的话。　〔15〕策薄：
谋略浅薄。　〔16〕不感：不能打动(您的心)。　〔17〕捐放：(被您)抛
弃放逐。这是法正对自己背弃刘璋的掩饰性说法。　〔18〕憎尤：憎恨。
〔19〕贪极所怀：一心想把我心中的话完全说出来。　〔20〕明将军：对
刘璋的尊称。当时刘璋兼任振威将军。　〔21〕区区：情意诚挚。
〔22〕从事：相处。　〔23〕意气：馈赠的礼物。这是当时习语。　致：招
引拉拢。刘璋曾送给刘备一支军队和大批军事物资，所以法正这样说。
〔24〕日月：指时间。　迁：延长。　〔25〕随阿(ā)：附和(您的)爱好。
遂指：顺从(您的)意思。　〔26〕关：指白水关。　〔27〕离宫：指刘璋外
出巡视时的住所。　别屯：在其他地方的军事营垒。　〔28〕零落：破
败。　〔29〕远期计粮：计算双方粮食多少后采取长期坚守的方针。据本
书卷三十一《刘璋传》，当时成都城中存粮足以支持一年，所以法正这
样说。　〔30〕此：指刘备一方。　〔31〕空尔相守：指不发起进攻只是
这样把城包围着。　〔32〕不相堪：不能忍受。　〔33〕巴东：郡名。治
所在今重庆市原奉节县东。　〔34〕资中：县名。县治在今四川资阳市。
德阳：县名。县治在今四川遂宁市东南。　〔35〕孙车骑：指孙权。当时
被汉朝任命为车骑将军。这里说孙权出兵帮助刘备，是虚张声势恐吓刘
璋。　甘宁：传见本书卷五十五。　〔36〕争客主之势：指凭借主方的优
势与占客方的刘备相抗争。　〔37〕仰：依仗。　蜀：指蜀郡。治所在今
四川成都市。　〔38〕堪役：忍受役使。　〔39〕一旦：一下子。　易主：
抛弃主上。　〔40〕明比：明显的事例。指刘璋的部将李严和费观在广汉
郡绵竹县投降事，见本书卷四十《李严传》、卷四十五《杨戏传》。
〔41〕福祸之门：关系到福祸命运的门户。　〔42〕敌家：敌方。
〔43〕都：指成都。　〔44〕大略：大致的情形。　〔45〕外较：从外面看
到的概况。　〔46〕屈曲：内中的详情。　〔47〕辞极：完全说清楚。
〔48〕偷幸：侥幸偷生。　〔49〕索生：求生。　〔50〕济：保全。　门户：
家庭。　〔51〕展转反覆：这里展转与反覆同义，都是指背叛。

〔52〕尊门：您的家族。 〔53〕分(fèn)义：情义。 〔54〕本举：合乎本分的举动。指刘备起兵进取成都。 〔55〕薄意：薄待您的意思。〔56〕变化：指改变抵抗态度投降。

【裴注】

〔一〕《华阳国志》曰：度，广汉人，为州从事。

十九年〔1〕，进围成都。璋蜀郡太守许靖将逾城降，事觉，不果。璋以危亡在近，故不诛靖。

璋既稽服〔2〕，先主以此薄靖不用也〔3〕。正说曰："天下有获虚誉而无其实者，许靖是也。然今主公始创大业，天下之人不可户说〔4〕；靖之浮称〔5〕，播流四海。若其不礼，天下之人以是谓主公为贱贤也；宜加敬重，以眩远近〔6〕；追昔燕王之待郭隗〔7〕。"先主于是乃厚待靖。〔一〕

以正为蜀郡太守，扬武将军，外统都畿〔8〕，内为谋主。一餐之德，睚眦之怨〔9〕，无不报复；擅杀毁伤己者数人〔10〕。或谓诸葛亮曰〔11〕："法正于蜀郡太纵横〔12〕；将军宜启主公，抑其威福〔13〕。"亮答曰："主公之在公安也，北畏曹公之强，东惮孙权之逼，近则惧孙夫人生变于肘腋之下〔14〕：当斯之时，进退狼跋〔15〕。法孝直为之辅翼，令翻然翱翔〔16〕，不可复制。如何禁止法正〔17〕，使不得行其意邪！"

初，孙权以妹妻先主。妹才捷刚猛，有诸兄之风；侍婢百余人，皆亲执刀侍立；先主每入，衷心常凛凛〔18〕。亮又知先主雅爱信正〔19〕，故言如此。〔二〕

二十二年[20]，正说先主曰："曹操一举而降张鲁，定汉中。不因此势以图巴、蜀，而留夏侯渊、张郃屯守，身遽北还[21]；此非其智不逮而力不足也[22]，必将内有忧逼故耳。今策渊、郃才略，不胜国之将帅[23]；举众往讨，则必可克之。克〔之〕之日，广农积谷，观衅伺隙[24]：上可以倾覆寇敌[25]，尊奖王室[26]；中可以蚕食雍、凉，广拓境土；下可以固守要害，为持久之计。此盖天以与我，时不可失也！"先主善其策，乃率诸将进兵汉中，正亦从行。

二十四年[27]，先主自阳平南渡沔水，缘山稍前[28]，于定军（兴势）〔山〕作营。渊将兵来争其地。正曰："可击矣！"先主命黄忠乘高鼓噪攻之，大破渊军，渊等授首[29]。曹公西征，闻正之策，曰："吾故知玄德不辨有此[30]，必为人所教也。"〔三〕

先主立为汉中王，以正为尚书令，护军将军。

明年卒，时年四十五。先主为之流涕者累日。谥曰翼侯。赐子邈爵关内侯，官至奉车都尉、汉阳太守。

诸葛亮与正，虽好尚不同[31]，以公义相取[32]；亮每奇正智术。先主既即尊号，将东征孙权以复关羽之耻，群臣多谏，一不从。章武二年，大军败绩，还住白帝。亮叹曰："法孝直若在，则能制主上，令不东行；就复东行，必不倾危矣！"〔四〕

【注释】

〔1〕十九年：建安十九年（公元 214）。 〔2〕稽服：叩头降服。

〔3〕薄：看不起。　〔4〕户说：挨家挨户去说明。　〔5〕浮称：虚名。〔6〕眩：显示。　〔7〕燕王：指燕昭王（？—前279）。名职。战国时燕国君主。前311至前279年在位。改革政治，招纳人才，联合五国攻齐，占领七十余城，使燕国进入最强盛时期。他曾听从谋士郭隗的建议，给郭隗非常优厚的待遇，从而吸引了乐毅、邹衍、剧辛等大批人才到燕国。事见《史记》卷三十四《燕召公世家》。　〔8〕都畿（jī）：京都周围千里以内的地区。这里指蜀汉都城成都所在的蜀郡。　〔9〕睚眦（yá zì）：瞪眼睛。睚眦之怨比喻很小的仇怨。　〔10〕毁伤：诋毁中伤。　〔11〕或：有人。　〔12〕纵横：做事放纵横蛮。　〔13〕威福：指作威作福的行为。〔14〕肘腋之下：指身边。　〔15〕狼跋：《诗经·狼跋》有"狼跋其胡，载疐其尾"的诗句，说老狼往前走要踩着胡子，往后走要踏着尾巴。所以狼跋比喻进退两难。　〔16〕翻然：迅速改变的样子。　〔17〕如何：怎么能。　〔18〕衷心：内心。　凛凛：恐惧的样子。　〔19〕雅：很。爱信：喜爱信任。　〔20〕二十二年：建安二十二年（公元217）。〔21〕遽（jù）：急忙。　〔22〕不逮：不及。　〔23〕不胜：不能胜任。〔24〕观衅：观察可乘之机。　〔25〕倾覆：推翻。　〔26〕尊奖：尊崇和帮助。　王室：指汉朝。　〔27〕二十四年：建安二十四年（公元219）。〔28〕稍前：逐渐推进。　〔29〕授首：交出脑袋。指被杀。　〔30〕不辨：不能够。　〔31〕好尚：喜好和崇尚。　〔32〕公义：大义。　相取：指相处。

【裴注】

〔一〕孙盛曰："夫礼贤崇德，为邦之要道；封墓式闾，先王之令轨。故必以体行英邈，高义盖世；然后可以延视四海，振服群黎。苟非其人，道不虚行。靖处室则友于不穆，出身则受位非所；语信则夷险易心，论识则殆为衅首。安在其可宠先而有以感致者乎！若乃浮虚是崇，偷薄斯荣，则秉直仗义之士，将何以礼之？正务眩惑之术，违贵尚之风；譬之郭隗，非其伦矣！"

臣松之以为：郭隗非贤，犹以权计蒙宠；况文休名声夙著，天下谓之英伟。虽末年有瑕，而事不彰彻；若不加礼，何以释远近之惑乎？法正以靖方隗，未为不当；而盛以封墓式闾为难，何其迂哉！然则燕昭亦非，岂唯刘翁？至于友于不穆，失由子将；寻蒋济之论，知非文休之尤。盛又讥其受任非所，将谓仕于董卓。卓初秉政，显擢贤俊，受其策爵者，森然皆是。文休为选官，在卓未至之前；后迁中丞，不为超越。以此为贬，则荀爽、陈纪之俦，皆应摈弃于世矣。

〔二〕孙盛曰："夫威福自下，亡家害国之道；刑纵于宠，毁政乱理之源。安可以功臣而极其陵肆，嬖幸而藉其国柄者哉？故颠颉虽勤，不免违命之刑；杨干虽亲，犹加乱行之戮。夫岂不爱？王宪故也。诸葛氏之言，于是乎失政刑矣。"

〔三〕臣松之以为：蜀与汉中，其犹唇齿也。刘主之智，岂不及此？（将）〔特〕计略未展，正先发之耳。夫听用嘉谋，以成功业，霸王之主，谁不皆然？魏武以为人所教，亦岂劣哉！此盖耻恨之余辞，非测实之（常）〔当〕言也。

〔四〕先主与曹公争，势有不便，宜退；而先主大怒，不肯退，无敢谏者。矢下如雨，正乃往当先主前。先主云："孝直，避箭！"正曰："明公亲当矢石，况小人乎？"先主乃曰："孝直，吾与汝俱去。遂退。"

评曰：庞统雅好人流[1]，经学思谋[2]，于时荆楚谓之高俊[3]。法正著见成败[4]，有奇画策算；然不以德素称也[5]。拟之魏臣[6]：统，其荀彧之仲叔[7]；正，其程、郭之俦俪邪[8]？

【注释】

〔1〕人流：人物的品评。与人伦同义。 〔2〕经学：治学。 〔3〕荆楚：指荆州。荆州为先秦时楚国的故地，楚国又称荆。 〔4〕著见：清楚看到。 〔5〕德素：品德的清白。 〔6〕拟之魏臣：用曹魏的臣僚来比拟。 〔7〕仲叔：近似的人物。古代兄弟间的排行常用伯、仲、叔、季表示，仲叔相当于伯仲。 〔8〕程：指程昱。 郭：指郭嘉。二人传见本书卷十四。 俦俪：情况相当的人物。

【译文】

庞统，字士元，襄阳县人。年轻时看起来朴实迟钝，所以没有真正赏识他的人。颍川郡的名士司马徽有准确了解他人的能力，庞统在二十岁左右去见他。当时司马徽正在树上采桑叶，他让庞统坐在树下，两人一起谈话直谈到夜晚。司马徽很器重他，称他算得上荆州出类拔萃的人才，从此他逐渐出名。

后来他被家乡所在的南郡任命为郡政府的功曹。他生来喜好评论人物，勤于扶持培养人才。每当他称赞某人时，评语往往比这人实际具有的才能要好，当时的人感到奇怪而询问原因。他回答说："当今天下大乱，正道衰颓，好人少而坏人多。而要想振兴风俗，加强教育，不美化人物的评语则他们的名声不足以引起人们的仰慕，不足以仰慕那么一心向善的人就少了。而今我奖拔十个人即使其中有五个人出现偏差，都还能得到一半的人才，由此又能崇尚和推尊对社会的教化，使有志之士勉励自己，不也可以吗？"

吴将周瑜帮助先主刘备打下荆州后，兼任南郡太守。周瑜去世，庞统作为下属亲自护送周瑜的遗体回到吴县，孙吴的人大多知道他的大名。在他准备回返西面的荆州时，孙吴的社会名流都聚集在吴县的昌门为他送行；陆绩、顾邵、全琮都去了。庞统说："陆兄看起来以为是一匹劣马，但是一遇到机会却能突然快速奔驰。顾兄看起来以为是一条弱牛，但是驮起重物来却能长途跋涉啊。"又对全琮说："您喜欢施与而爱慕名誉，就像汝南郡的樊子昭。虽然智慧力量不是太杰出，也算得一时的优秀人才了。"陆绩、顾邵对他说："假使天下太平，我们将和您共同品评天下的人士。"他们与庞统结下深厚的友谊后告别。

先主刘备兼任荆州牧后，庞统以州政府从事的身份代理耒阳县令职务，在县上主政时，政绩不好，被免职。吴将鲁肃写信给先主说："庞士元不是当县官的人才。让他处在州政府的治中、别驾职位上，才能充分施展他的才华啊。"诸葛亮也就此事劝说先主，先主便与庞统见面，与他畅谈一番，对他大为器重。立即任命他为治中从事史，对他的亲近优待仅次于诸葛亮；于是与诸葛亮都担任军师中郎将。

诸葛亮留镇荆州。庞统随从先主西上益州。益州牧刘璋与先主在涪县相会，庞统向先主献计说："借现今会面的机会，可以突然抓捕刘璋，那么将军您没有用兵的劳苦就坐得一州了。"先主说："刚刚进入别人的地盘，恩德信义都还没有充分显示。这样做不行。"

　　刘璋回返成都，先主要为刘璋去北征汉中的张鲁，庞统又劝先主说："暗中挑选精兵，昼夜兼程，直攻成都，刘璋既缺乏军事才能，又一直没有防备，大军猛然杀到，一举就能平定益州。这是上策。杨怀、高沛，是刘璋的名将，各统强兵，据守白水关头；听说他们多次上书劝谏刘璋，请他送将军您回荆州。将军在北上还未到达关头时，先派使者与他们联络；就说荆州发生紧急情况，自己要回去救援；同时让我军收拾行装，做出要回荆州的模样。这两人既佩服将军的英名，又庆幸将军的离开，必定带领少数随从来见您；将军借此抓住他们，再进前吞并他们的人马，回军进攻成都。这是中策。退回白帝城，出动荆州兵力，慢慢攻打益州。这是下策。如果犹豫不决，将会陷入大困境，是难以持久的啊。"

　　先主同意他的中策，后来就斩了杨怀、高沛，回头杀向成都，所过之处全部攻克。打下涪县后先主召集大会，摆酒奏乐，先主对庞统说："今天这场聚会，真可以说是快乐啊！"庞统却回答道："进攻别人的辖境而把这当作一种欢乐，恐怕算不上是仁者之兵了。"当时先主已有醉意，不禁发怒说："周武王讨伐商纣，军队前歌后舞，难道他不算仁者吗？您说的话不恰当，应当赶快站起来出去！"于是庞统立即告退。先主接着又失悔，请他回去。庞统在原位上坐下之后，完全不环顾在座者表示歉意，自饮自吃若无其事。先主问他："刚才的谈话，是谁不对？"庞统回答说："君臣双方都不对。"先主不禁大笑，于是又像开初一样奏乐欢饮。

　　先主进兵包围雒县。庞统领兵攻城，被流箭射中；阵亡，终年三十六岁。先主十分痛惜，一说到庞统就泪流满面。先主任命庞统的父亲为议郎，升任谏议大夫，诸葛亮见到他也行跪拜大礼。后来追赐庞统关内侯爵位，追谥为靖侯。

　　庞统的儿子庞宏，字巨师。他刚直高傲而能识别人的好坏，轻视尚书令陈祇，被陈祇排挤，死在涪陵郡太守任上。庞统的弟弟庞林，以荆州治中从事的身份，在领兵征吴的镇北将军黄权手下参谋军事；碰上大军被击溃，随从黄权降魏，被封为列侯，官做到钜鹿郡太守。

　　法正，字孝直，右扶风郡郿县人。祖父法真，有清高的气节和美好的名声。汉献帝建安初年，天下出现大饥荒，法正与同郡人孟达一起到益州依靠益州牧刘璋，很久以后才出任新都县令，后来又被刘璋召回去任军议校尉。他既得不到信任重用，又受到本州县也侨居在益州的老乡批评，说他品行不端，所以很不得志。

益州的别驾从事张松与法正关系很好，张松估计刘璋不可能成为有作为的人，常常暗自叹息。张松到荆州见到曹操后回去，劝刘璋与曹操断绝关系而联络先主刘备。刘璋问："谁能充当使者呢？"张松就举荐法正。法正一再推辞，迫不得已才前往。法正回来后，对张松说先主有雄才大略，两人暗中商议取得一致意见，愿意拥戴先主为君，而一直没有得到适当的机会。

后来刘璋听说曹操要派大将攻打汉中的张鲁而心生害怕，张松就趁机劝刘璋迎来先主，让先主为自己讨伐张鲁，又叫法正充当使者去荆州。法正见到先主说明刘璋的想法后，暗中向先主献计说："以将军的英才，对付刘璋的懦弱；张松，是益州政府的重要官员，在内部响应您；然后凭借益州的众多人口和丰富物产，以及周围的险要地形，用这些完成大业，不是易如反掌吗？"

先主很以为然，于是溯长江西上益州，与刘璋在涪县会面。先主北上到达葭萌后，不久即南下进攻刘璋。

此时郑度向刘璋建议说："刘备孤军深入袭击我们，其兵力不足万人，士众也并不真心拥护他；凭借的只是田野上生长的谷物，完全没有军粮储备。为今之计不如把巴西、梓潼两郡的百姓全部迁到涪水以西地带，当地的粮仓和田野上生长的粮食，一律烧掉；修筑深沟高墙，静等他们到来。他们到达后，如果挑战，一律不答应；长久下去没有凭借，不出一百天，他们自己都会撤退。那时大举出兵追出，刘备定会成为我们的俘虏！"先主听说后心中很担心，问法正怎么办。法正说："刘璋终究不会采用郑度的计策，无须担忧！"刘璋果然像法正估计的一样，说："我只听说过抗御敌人以安定百姓，没有听说过移动百姓来躲避敌人。"他辞退郑度，不采纳其计策。

到了先主的军队包围雒城，法正与刘璋写了一封劝降信，信中说：

"我禀性缺乏才能，结果使刘将军与您之间的同盟友好关系受到损害。因为怕您左右的人不明白原因，必定都会归咎于我，使我蒙受耻辱到死，还让您脸上无光，所以我至今在外，不敢回来复命。又怕您讨厌听我的声音，所以后来这段时间也不敢写信给您表示敬意。回想过去您对我的待遇，不禁要向成都方向眺望，心中眷念不已。然而我思量过去曾先后向您表露内心的想法，自始至终，确实都没有任何隐瞒和保留。只是因为我愚昧而计谋短浅，精诚感动不了您，所以才到了今天这一步。现今益州局势危险，灾祸就在眼前。我虽然被抛弃放逐在外，说的话足以引起憎恨，仍然一心想把我的话说出来，以献出余下的忠诚。

您的本心，我是完全知道的，确实是情意诚挚不想和刘将军搞坏关系啊。然而最终为什么弄成今天这个样子呢？恐怕原因在于您左右的人不懂得怎样和英雄人物相处，他们认为可以不守信用违背诺言，而可以只用馈赠礼物的手段去招引拉拢。拖一天算一天拖一月算一月，只求让您听着顺耳看着高兴，随您的喜欢随您的心意就行了。他们一点也没有为益州的前途作出深谋远虑，所以才有现在的结局。在变故已经形成之后，他们又不衡量势力的强弱，认为刘将军孤军深入的军队，没有军粮储备，要想以优势的兵力，与对方长期相持。可是现今刘将军的人马已经从白水关杀到这里，沿途的城池都被攻破；您外出巡视的住所和各地的军事据点，也天天都在被摧毁。现今的雒城一线您虽然还有一万部队，却都是阵形被击破的士兵，人马被打垮的将领；如果一定要决战一场以争高下，那么您的兵将实力，真是不能与对方相比。如果想在计算双方粮食多少之后采取长期坚守的方针，那么刘将军这一方营垒已经坚固，谷米已有大量储存；而您所控制的土地却日益减少，老百姓日益穷困，面对的敌人增多，军需供应还要从远方调来。在我看来，您这一方的军粮倒会先用光，将不再能持续多久了。刘将军就是不发起进攻只把城池包围着，您都难以忍受。何况如今张飞所带领的几万人马，已经从荆州赶来平定了巴东郡，正进入犍为郡界，分兵攻占资中、德阳，三路并进，您将用什么办法抵御他们呢？

　　原来为您参谋的人，必定认为张飞这一路军队从荆州远来军粮缺乏，后方供应不上，兵力单薄而没有后继。然而目前荆州的道路已经打通，兵力扩大了数十倍；加上孙权又派自己的弟弟，以及李异、甘宁等将充当后援。如果您想凭借主方对客方的优势，以占有土地的多少决定胜负的话，刘将军一方，完全攻克的有巴东郡，广汉、犍为二郡则攻占了大半，眼看巴西一郡之地，也要不再归您所有了。算来您目前的主要支柱是蜀郡，但蜀郡已经严重破坏，而且还丢失了全郡三分之二的地盘。这里的官兵非常疲乏困难，想作乱的十家人中就有八家；如果敌人远，老百姓就不愿意离家去服兵役；而敌人在近处时，他们又会一下子抛弃您投降了：广汉郡各县新近发生的情况，就是明显的事例呀。再者，鱼复和关头，是关系到益州祸福命运的两道大门。现今这东面和北面的两道大门都被打开，坚固的城池都被攻克，各路军队都被击溃，将士快要死光跑光；而对方却几路并进，直抵心腹地区。您坐守成都、雒县，存亡的形势，不是可以看得清清楚楚吗？这还只是大体情形，从外面看到的概况罢了。其余内中的详情，就难以用言辞完全说出来了。以法正我这样最愚昧的人，都知道您的抵抗不可能成功，何况您左右那些明智的谋略之士，还会看不到这样的结局么？只不过他们苟且偷生于一时，只想获得您的欢心而不断献媚，不考虑长远的后果，不肯为您尽心献计而已。一旦事情危急形势紧迫，他们必将各自求生，以保家庭，那时他们就会背叛，与现今的说法完全不同，绝不会为您舍生赴难，而您的家庭可就要承受大灾祸了。

　　我虽然遭到不忠诚的诽谤，但是我自认为并没有辜负您给我的恩德；思念过去的情义，实在暗中感到痛心。刘将军南下成都，完全是合乎本分的举动；他对您是旧情依依，实在没有薄待您的意思。我以为您应该改变抵抗态度出城投降，以保全自己的家族。"

　　建安十九年（公元214），先主进兵包围成都。刘璋的蜀郡太守许靖准备翻越城墙出来投降，被发觉，没有成功。刘璋因为面临危亡局势，所以没有诛杀许靖。刘璋投降后，先主由于这件事而看不起许靖，不想任用他。法正劝先主说："世间有获得虚名而没有实际才德的人，许靖就是这样。然而现今主公刚开始创建大业，天下的人不可能挨家挨户去说明。许靖的虚名，早已传播各地；如果对他不礼貌优待，天下的人由此会认为主公不尊重贤才。应当对他敬重，以向远近的人显示，效法从前燕昭王厚待郭隗的办法。"先主这才厚待许靖。

先主又任命法正为蜀郡太守，兼扬武将军，对外治理京城地区，对内充当先主的主要谋臣。这时的法正，对过去曾经给予自己点滴好处的恩人，与自己有很小仇怨的对头，无不进行报答和报复，还擅自诛杀诋毁中伤自己的几个人。有人对诸葛亮说："法正在蜀郡也太放纵横蛮了。您应当报告主公，抑制一下他作威作福的行为。"诸葛亮回答说："当初主公驻扎在荆州的公安时，北面畏惧曹操的强兵，东面担心孙权的进逼，近处还害怕孙夫人在身边制造变故；在这个时候，先主进退两难，而法孝直前来帮助他，让他一下子就展翅高飞，不能再制约他了。怎么能禁止法正使他不得任意行事啊！"

当初，孙权曾把妹妹许配先主为妻。孙夫人身手敏捷刚强勇猛，具有她各位兄长的风格；身边随从的婢女一百多人，都亲自拿刀侍立，先主每次进入内房，内心总有点恐惧不安。而诸葛亮又知道先主很是喜欢法正，所以才这样说。

建安二十二年（公元217），法正劝先主说："曹操一举平定汉中而收降张鲁。不能借此机会进兵攻取益州，而留夏侯渊、张郃镇守汉中，自己急忙回转北方；这并不是曹操的智慧和力量不够，而是内部有忧患逼迫才会这样。我衡量夏侯渊与张郃的才干谋略，不能胜任一国将帅的职务；现今出动全军前去讨伐，必定可以攻克汉中。攻占汉中之后，加强农业积聚粮食，观察形势等待时机：上等结果可以推翻敌人，尊崇扶助汉朝；中等结果可以蚕食雍、凉二州，开拓疆土；下等结果也可以固守要害之地，作持久奋斗的打算。这大概是天赐良机，不能够失掉啊！"

先主认为他的主意很好，就带领众将进兵汉中，法正也随行。

建安二十四年（公元219），先主从阳平关南渡汉水，沿着山势逐渐推进，到达定军山后建立营地。夏侯渊带兵来争夺地盘。法正说："可以出击了！"先主命黄忠居高临下擂鼓呐喊着发起猛攻，把敌军打得大败，夏侯渊也被杀死砍下脑袋。曹操领兵向西赶来时，听到法正的计策，说："我就知道刘玄德不能够有这样的谋划，必定是别人教他的。"

先主当了汉中王，委任法正为尚书令，兼护军将军。

第二年法正去世，终年四十五岁。先主为此流了很多天眼泪，谥法正为翼侯。又赐法正的儿子法邈关内侯爵位，法邈官做到奉车都尉、汉阳郡太守。

诸葛亮与法正，虽然喜好和崇尚有所不同，却能从大局出发和平相处。诸葛亮常常认为法正的智谋很奇妙。先主称帝之后，将要东征孙权为关羽报仇雪耻，群臣中很多人劝阻，先主一律不听。章武二年(公元222)，大军溃败，先主逃回住在白帝城。诸葛亮为此叹息说："法孝直如果还在，就能制止皇上，使他不发动东征；就是东征，也必然不会有大败的危险啊。"

评论说：庞统很爱作人物的品评，在钻研学问和思考谋略方面，可以说是当时荆州人士中最出色的。法正能清楚地看到成败，有奇谋妙算，但是不以品德的清白著称。用曹魏的臣僚来比方：庞统，大概与荀彧近似；而法正，则与程昱、郭嘉二人相当吧？

许麋孙简伊秦传第八

许靖字文休，汝南平舆人[1]。少与从弟劭俱知名[2]，并有人伦臧否之称[3]，而私情不协[4]。劭为郡功曹，排摈靖不得齿叙[5]；以马磨自给。颍川刘翊为汝南太守，乃举靖计吏[6]。察孝廉，除尚书郎，典选举[7]。

灵帝崩，董卓秉政，以汉阳周毖为吏部尚书[8]，与靖共谋议，进退天下之士[9]；沙汰秽浊[10]，显拔幽滞[11]。进用颍川荀爽、韩融、陈纪等为公、卿、郡守[12]，拜尚书韩馥为冀州牧[13]，侍中刘岱为兖州刺史[14]，颍川张咨为南阳太守[15]，陈留孔伷为豫州刺史[16]，东郡张邈为陈留太守[17]。而迁靖巴郡太守，不就；补御史中丞[18]。馥等到官，各举兵还向京都，欲以诛卓。卓怒毖曰："诸君言当拔用善士；卓从君计，不欲违天下人心。而诸君所用人，至官之日，还来相图。卓何用相负[19]！"叱毖令出，于外斩之。

靖从兄陈相炀[20]，又与伷合规[21]；靖惧诛，奔伷。〔一〕伷卒，依扬州刺史陈祎。

祎死，吴郡（都尉）〔太守〕许贡、会稽太守王朗素与靖有旧〔22〕，故往保焉〔23〕。靖收恤亲里〔24〕，经纪赈赡〔25〕，出于仁厚。

【注释】

〔1〕平舆：县名。县治在今河南平舆县西北。 〔2〕劭：即许劭（公元150—195）。字子将。与堂兄许靖齐名，都擅长品评人物。每个月更换被评论的对象，当时称之为"汝南月旦评"。曾评曹操为"清平之奸贼，乱世之英雄"。传见《后汉书》卷六十八。 〔3〕人伦臧否：人物的品评褒贬。 〔4〕私情：私人感情。 不协：不和。 〔5〕排摈：排斥。 齿叙：重视和任用。当时许劭任郡功曹，主管人事，所以有条件排斥许靖。 〔6〕计吏：官名。郡太守府下属，负责进京汇报本郡一年的工作成绩与各项统计数字。 〔7〕典：负责。 选举：人才的选拔任用。 〔8〕汉阳：郡名。治所在今甘肃甘谷县东南。 吏部尚书：官名。是尚书台主管官员，选拔任用的官员。 〔9〕进退：进用和斥退。指对人才进行评定，好的进用，不好的斥退，给以不同的处理。 〔10〕沙汰：淘汰。 秽浊：比喻才德不好的人。这里指宦官的同党。 〔11〕幽滞：长期埋没和不受重用的人才。这里指因反对宦官而遭排斥的党锢名士。 〔12〕荀爽（公元128—190）：字慈明。颍川郡颍阴（今河南许昌市）人。出自地方大族，精通经学。曾参与党锢名士的政治斗争。被董卓聘用，三个月后升任司空。密谋诛杀董卓，尚未付诸行动，病死。传附《后汉书》卷六十二《荀淑传》。 韩融：字元长。颍川郡舞阳（今河南舞阳县西北）人。东汉献帝时的名士，官至太仆。事见《后汉书》卷六十二《韩韶传》。 陈纪：字元方。颍川郡许县（今河南许昌市东）人。其父陈寔，是当时最负盛名的大名士，荀淑、韩融即是陈寔的学生。陈纪曾参与党锢名士的政治斗争。被董卓聘用，历任要职。传附《后汉书》卷六十二《陈寔传》。 〔13〕韩馥：事见本书卷六《袁绍传》。 〔14〕刘岱：事见本书卷四十九《刘繇传》。 〔15〕张咨（？—公元190）：事见本书卷四十六《孙坚传》。 〔16〕孔伷：事见本书卷一《武帝纪》。 〔17〕张邈（？—公元195）：传附本书卷七《吕布传》。 〔18〕御史中丞：官名。御史台的长官，负责监察举报官员的违法行为。 〔19〕何用相负：有什么对不起（你们的）。 〔20〕陈：王国名。治所在今河南淮阳县。 〔21〕合规：合谋。 〔22〕许贡：事见本书卷四十六《孙策传》。 〔23〕保：保全自己。 〔24〕亲里：亲戚同乡。 〔25〕经纪：管理。指别人家庭出现困难时代为操心解决。

【裴注】

　　〔一〕《蜀记》云："靖后自表曰：'党贼求生，情所不忍；守官自危，死不成义。窃念古人当难诡常，权以济其道。'"

　　孙策东渡江，皆走交州以避其难[1]；靖身坐岸边，先载附从[2]；疏亲悉发，乃从后去。当时见者，莫不叹息。

　　既至交阯[3]，交阯太守士燮厚加敬待[4]。陈国袁徽已寄寓交州[5]，徽与尚书令荀彧书曰："许文休，英才伟士，智略足以计事。自流宕以来[6]，与群士相随；每有患急，常先人后己，与九族中外同其饥寒[7]。其纪纲同类[8]，仁恕恻隐，皆有效事[9]，不能复一二陈之耳[10]。"

　　钜鹿张翔衔王命使交部[11]，〔一〕乘势募靖[12]，欲与誓要[13]；靖拒而不许。靖与曹公书曰：

　　　　世路戎夷[14]，祸乱遂合；驽怯偷生，自窜蛮貊[15]；（成）〔契〕阔十年[16]，吉凶礼废。昔在会稽，得所贻书；辞旨款密[17]，久要不忘[18]。迫于袁术方命圮族[19]，扇动群逆，津途四塞；虽悬心北风[20]，欲行靡由[21]。正礼师退[22]，术兵前进[23]；会稽倾覆[24]，景兴失据[25]；三江五湖[26]，皆为虏庭[27]。临时困厄[28]，无所控告[29]；便与袁沛、邓子孝等浮涉沧海，南至交州。经历东瓯、闽越之国[30]，行经万里，不见汉地；漂薄风波[31]，绝粮茹草[32]；饥殍荐臻[33]，死者大半。

既济南海[34]，与领守兒孝德相见[35]。知足下忠义奋发，整饬元戎[36]，西迎大驾，巡省中岳[37]。承此休问[38]，且悲且喜；即与袁沛及徐元贤复共严装[39]，欲北上荆州。会苍梧诸县，夷越蜂起[40]；州府倾覆[41]，道路阻绝；元贤被害，老弱并杀。靖寻循渚岸，五千余里，复遇疾疠[42]；伯母陨命[43]，并及群从[44]：自诸妻子[45]，一时略尽。复相扶（侍）〔持〕，前到此郡[46]；计为兵害及病亡者，十遗一二。生民之艰[47]，辛苦之甚，岂可具陈哉！〔二〕

惧猝颠仆[48]，永为亡虏[49]；忧瘁惨惨[50]，忘寝与食。欲附奉朝贡使[51]，自获济通，归死阙庭[52]；而荆州水陆无津，交部驿使断绝。欲上益州，复有峻防[53]；故官长吏，一不得入。前令交阯太守士威彦[54]，深相分托于益州兄弟[55]；又靖亦自与书，辛苦恳恻；而复寂寞[56]，未有报应[57]。虽仰瞻光灵[58]，延颈企踵[59]，何由假翼自致哉[60]？

知圣主允明[61]，显授足下专征之任[62]：凡诸逆节[63]，多所诛讨；想力竞者一心[64]，顺从者同规矣。又张子云昔在京师[65]，志匡王室；今虽临荒域[66]，不得参与本朝[67]，亦国家之藩镇，足下之外援也。〔三〕若荆楚平和[68]，王泽南至[69]；足下忽有声命于子云，勤见保属[70]，令得假途由荆州出[71]；不然，当复相绍介于益州兄弟[72]，使相纳受。倘天假其年[73]，人缓其祸；得归死国家，解逋逃之负[74]；泯躯九泉，将复何恨？若时有险易，事有利钝，人命无常，陨没不达者；则永衔罪责，入于裔土矣[75]。

昔营丘翼周[76]，杖钺专征[77]；博陆佐汉[78]，虎贲警跸[79]。〔四〕今日足下扶危持倾，为国柱石；秉师望之任[80]，兼霍光之重；五侯九伯[81]，制御在手。自古及今，人臣之尊，未有及足下者也。夫爵高者忧深，禄厚者责重。足下据爵高之任，当责重之地；言出于口，即为赏罚；意之所存，便为祸福。行之得道，即社稷用宁；行之失道，即四方散乱。国家安危，在于足下；百姓之命，悬于执事。自华及夷[82]，颙颙注望[83]。足下任此，岂可不远览载籍废兴之由[84]，荣辱之机；弃忘旧恶，宽和群司[85]；审量五材[86]，为官择人？苟得其人，虽仇必举；苟非其人，虽亲不授。以宁社稷，以济下民；事立功成，则系音于管弦[87]，勒勋于金石[88]。

愿君勉之，为国自重，为民自爱！

翔恨靖之不自纳[89]，搜索靖所寄书疏，尽投之于水。

后刘璋遂使使招靖，靖来入蜀，璋以靖为巴郡、广汉太守。南阳宋仲子[90]，于荆州与蜀郡太守王商书曰："文休倜傥瑰玮[91]，有当世之具[92]；足下当以为指南[93]。"〔五〕

建安十六年，转在蜀郡[94]。〔六〕

【注释】

〔1〕交州：州名。当时的治所在今广西梧州市。 〔2〕附从：随从前往交州的人。 〔3〕交阯：郡名。治所在今越南河内市东北。 〔4〕士燮（公元137—226）：传见本书卷四十九。 〔5〕寄寓：寄居。 〔6〕流宕：流浪漂泊。 〔7〕中外：中表亲属。 〔8〕纪纲：照管。 〔9〕效事：事实。 〔10〕一二：一一，逐一。 〔11〕钜鹿：郡名。治所在今河北宁晋县西南。 使交部：出使交州。 〔12〕募：招引。 〔13〕誓要：订立誓约。指确定长久的友谊关系。 〔14〕戎夷：战争和杀戮。 〔15〕蛮：南方少数族的泛称。 貊（mò）：东北方少数族名。这里蛮貊指少数族居住的边远地区。 〔16〕契阔：离别。 〔17〕款密：恳切周到。 〔18〕久要不忘：经过了长期的穷困日子也不会忘记，这是套用孔子的话，见《论语·宪问》。 〔19〕方命圮（pǐ）族：违背朝廷命令，伤害同类的人物。语出《尚书·尧典》。 〔20〕悬心北风：比喻心中思念北方。 〔21〕靡由：无路可走。 〔22〕正礼：即刘繇。字正礼，曾任扬州刺史。传见本书卷四十九。 〔23〕术兵：袁术的兵马。当时袁术的部将孙策渡江攻占江东，刘繇率军抵抗，失败。 〔24〕倾覆：指被孙策占领。 〔25〕景兴：即王朗（？—公元228）。字景兴。当时任会稽郡（治所在今浙江绍兴市）太守。孙策攻占江东，他曾率军抵抗，失败。传见本书卷十三。 〔26〕三江五湖：指长江下游的江南地区。三江本来是长江下游多条河道的总称。五湖本来是太湖流域湖泊群的总称。 〔27〕虏庭：叛乱者的占领区。 〔28〕临：面临。 〔29〕控告：上告。 〔30〕东瓯：地区名。西汉时瓯越族的聚居地。中心在今浙江温州市。闽越：地区名。西汉时闽越族的聚居地。中心在今福建福州市。东瓯与闽越事，见《史记》卷一百一十四、《汉书》卷九十五。 〔31〕漂薄：即漂泊。 〔32〕茹：吃。 〔33〕殍（piǎo）：饿死的人。 荐臻：接连出现。 〔34〕南海：郡名。治所在今广东广州市。 〔35〕领守：兼任的郡太守。 兒（ní）：姓。 〔36〕整饬（chì）：整顿。 元戎：大军。 〔37〕巡省：巡视。 中岳：指嵩山。嵩山在当时许县的西北不远，所以巡省中岳是汉献帝被曹操带往许县的委婉说法。 〔38〕承此休问：得到这个好消息。 〔39〕严装：收拾行装。 〔40〕会：碰上。 苍梧：郡名。治所在今广西梧州市。 夷越：指苍梧郡境内的少数族。 〔41〕州府：交州政府。当时苍梧郡的治所也是交州治所。 〔42〕疾疢：传染病。 〔43〕陨命：丧失生命。 〔44〕群从（zòng）：各堂房亲属。 〔45〕妻子：妻室儿女。 〔46〕此郡：指交阯郡。 〔47〕生民：求生存的老百姓。 〔48〕颠仆：跌倒。这里指死亡。 〔49〕亡虏：逃亡的罪

人。　〔50〕忧瘁：忧虑伤心。　〔51〕附：跟随。　奉朝贡使：前往京城朝见进贡的使者。　〔52〕阙庭：指京城。　〔53〕峻防：严密的防守。〔54〕士威彦：即士燮。士燮字威彦。　〔55〕分(fèn)托：通过人情关系拜托。　益州兄弟：指当时的益州牧刘璋和他的哥哥刘瑁。　〔56〕寂寞：沉寂。　〔57〕报应：回音。　〔58〕光灵：(您的)神圣光辉。〔59〕企踵：踮起脚跟。　〔60〕假翼自致：借给我翅膀使能到达。〔61〕圣主：指汉献帝。　允明：公正英明。　〔62〕足下：对对方的尊称。　专征：诸侯或将帅接受天子授给的特权，得以自行组织军事行动征伐四方，叫做专征。　〔63〕逆节：不守臣节的叛逆。　〔64〕力竞者：凭借实力割据争雄的人。　一心：指放弃各自的打算都转而拥护汉朝。〔65〕张子云：即当时的交州刺史张津。张津字子云。　〔66〕临荒域：指出任交州行政长官。　〔67〕本朝：汉朝的中央政府。　〔68〕平和：平定。　〔69〕王泽：皇帝的恩泽。　〔70〕勤见保属：(请他对我)尽力加以保护关照。　〔71〕假途：借路。　〔72〕绍介：即介绍。　〔73〕天假其年：上天给我时间。　〔74〕逋(bū)逃：逃亡。　〔75〕裔土：边远地区的地下。　〔76〕营丘：地名。在今山东淄博市临淄区东北。周武王封吕尚于齐，建都在营丘。这里营丘指代吕尚。　翼：辅佐。〔77〕杖：手持。　〔78〕博陆：指霍光(？—前68)。霍光曾封博陆侯。〔79〕虎贲：皇帝侍卫武士的一种。　警跸：皇帝外出时侍卫军队的一整套保卫工作，专门叫做警跸。霍光任大将军辅政，组织皇宫卫队进行军事演习，在去演习场的途中，动用了皇帝的侍卫武士来警戒清道。事见《汉书》卷六十八《霍光传》。　〔80〕师望：即吕尚。吕尚曾任太师，又称师尚父、太公望。　〔81〕五侯：五等诸侯。即公、侯、伯、子、男。　九伯：九州的官长。这里五侯九伯泛指全国各地的诸侯和官员。〔82〕华：指汉族。　〔83〕颙颙(yóng yóng)：仰慕的样子。　〔84〕载籍：文献典籍。　〔85〕宽和：宽容协调。　群司：各种机构的官员。〔86〕五材：人的五种品质。即勇、智、仁、信、忠。　〔87〕系音于管弦：和管弦乐器所演奏的音乐联系起来。指功绩被谱成歌曲，广为传唱。〔88〕勒：刻。　金石：指金属器物和石碑。　〔89〕自纳：接受自己。〔90〕宋仲子：名忠，字仲子。当时荆州的著名学者，荆州学派的领袖人物。事见本书卷六《刘表传》裴注引《英雄记》、卷四十二《尹默传》。〔91〕倜傥(tì tǎng)：卓越。　瑰玮(guī wěi)：(像珍宝一样)罕见难得。〔92〕当世：治理社会。　具：才干。　〔93〕指南：即指南针。比喻指引方向的人。　〔94〕转在蜀郡：转任蜀郡太守。当时官员的同级调动称为转。

【裴注】

〔一〕《万机论》云:"翔,字元凤。"

〔二〕臣松之以为:孔子称"贤者避世,其次避地",盖贵其识见安危,去就得所也。许靖羁客会稽,间阎之士;孙策之来,于靖何为? 而乃泛万里之海,入疫疠之乡;致使尊弱涂炭,百罹备经:可谓自贻矣。谋臣若斯,难以言智;孰若安时处顺,端拱吴、越,与张昭、张纮之俦,同保元吉者哉?

〔三〕子云名津,南阳人。为交州刺史。见《吴志》。

〔四〕《汉书·霍光传》曰:"光出,都肄郎,羽林道上称'警跸'。"未详"虎贲"所出也。

〔五〕《益州耆旧传》曰:"商字文表,广汉人。以才学称,声问著于州里。刘璋辟为治中从事。是时王途隔绝,州之牧伯,犹七国之诸侯也;而璋懦弱多疑,不能党信大臣。商奏记谏璋,璋颇感悟。初,韩遂与马腾,作乱关中,数与璋父焉交通信;至腾子超,复与璋相闻,有连蜀之意。商谓璋曰:'超勇而不仁,见得不思义,不可以为唇齿。《老子》曰:"国之利器,不可以示人。"今之益部,士美民丰,宝物所出;斯乃狡夫所欲倾覆,超等所以西望也。若引而近之,则犹养虎,将自遗患矣。'璋从其言,乃拒绝之。荆州牧刘表及儒者宋忠,咸闻其名,遗书与商,叙致殷勤。许靖号为臧否,至蜀,见商而称之曰:'设使商生于华夏,虽王景兴无以加也!'璋以商为蜀郡太守。成都禽坚,有至孝之行,商表其墓,追赠孝廉。又与严君平、李弘立祠作铭,以旌先贤。修学广农,百姓便之。在郡十载,卒于官;许靖代之。"

〔六〕《山阳公载记》曰:"建安十七年,汉立皇子熙,为济阴王;懿,为山阳王;敦,为东海王。靖闻之曰:'将欲歙之,必固张之;将欲取之,必固与之。'其孟德之谓乎?"

十九年[1],先主克蜀,以靖为左将军长史。

先主为汉中王,靖为太傅[2]。及即尊号[3],策靖曰:"朕获奉洪业,君临万国;夙宵惶惶[4],惧不能绥[5]。'百姓不亲,五品不逊[6],汝作司徒[7];其敬敷五教[8],〔五教〕在宽[9]。'君其勖哉[10]! 秉德无怠,称朕意焉。"

靖虽年逾七十，爱乐人物，诱纳后进，清谈不倦[11]。丞相诸葛亮皆为之拜。

章武二年卒。子钦，先靖夭没。钦子游，景耀中为尚书[12]。

始，靖兄事颍川陈纪[13]，与陈郡袁涣、平原华歆、东海王朗等亲善[14]。歆、朗及纪子群，魏初为公辅大臣；咸与靖书，申陈旧好，情义款至[15]。文多，故不载。[一]

【注释】

〔1〕十九年：建安十九年（公元214）。 〔2〕太傅：官名。君主的辅导老师。地位尊崇，在三公之上，但是没有实际任务和权力。不常设。〔3〕即尊号：称帝。 〔4〕凤宵：日夜。 〔5〕绥：安定（天下）。〔6〕五品：家庭的五种尊卑次序。即父、母、兄、弟、子。 不逊：不顺。 〔7〕司徒：官名。三公之一。主管民政，包括教育百姓，议定养老送终制度，考核地方官员治理百姓的成绩等。刘备称帝后，以许靖任司徒。这是表面上的尊重，并无实权。 〔8〕五教：针对五品教育百姓遵守的五种人伦道德。即父义，母慈，兄友，弟恭，子孝。 〔9〕在宽：（推行五教时）要遵循宽厚的原则。以上五句是套用《尚书·尧典》中的话。 〔10〕勖(xù)：勉励。 〔11〕清谈：正派文雅的谈话。就谈话的内容而言，东汉和三国时期的清谈，主要是人物的品评褒贬，与清议是同义词；西晋以后，清谈着重谈《老子》、《庄子》的义理，也就是玄学。详见唐长孺《魏晋南北朝史论丛》中《清谈与清议》一文。〔12〕景耀：后主刘禅的年号。 〔13〕兄事：当作兄长对待。 〔14〕陈郡：郡名。治所在今河南淮阳县。 袁涣：传见本书卷十一。 平原：郡名。治所在今山东平原县南。 华歆（公元157—231）：传见本书卷十三。 〔15〕款至：恳切周到。

【裴注】

〔一〕《魏略》王朗与文休书曰："文休足下：消息平安，甚善甚善！

岂意脱别三十余年，而无相见之缘乎？诗人比一日之别于岁月，岂况悠悠历累纪之年者哉！自与子别，若没而复浮，若绝而复连者，数矣。而今而后，居升平之京师，攀附于飞龙之圣主。侪辈略尽，幸得老与足下，并为遗种之叟；而相去数千里，加有遭塞之隔，时闻消息于风声，托旧情于思想；眇眇异处，与异世无以异也！往者随军到荆州，见邓子孝、桓元将，粗闻足下动静。云：夫子既在益州，执职领郡；德素规矩，老而不坠。是时，侍宿武皇帝于江陵刘景升听事之上，共道足下于通夜；拳拳饥渴，诚无已也！自天子在东宫，及即位之后，每会群贤，论天下髦俊之见在者，岂独人尽易为英，士鲜易取最；故乃猥以原壤之朽质，感夫子之情听，每叙足下，以为谋首；岂其注意，乃复过于前世；《书》曰'人惟求旧'，《易》称'同声相应，同气相求'，刘将军之与大魏，兼而两之，总此二义。前世邂逅，以同为睽，非武皇帝之旨；顷者蹉跌，其泰而否，亦非足下之意也。深思《书》、《易》之义，利结分于宿好，故遣降者，送吴所献致名马、貂、罽。得因无嫌，道初开通；展叙旧情，以达声问。久阔情蓄，非夫笔墨所能写陈；亦想足下同其志念。今者，亲生男女凡有几人？年并几何？仆连失一男一女，今有二男：大儿名肃，年二十九，生于会稽；小儿才岁余。临书怆恨，有怀缅然！"

又曰："过闻'受终于文祖'之言于《尚书》；又闻'历数在躬，允执其中'之文于《论语》。岂自意得于老耄之齿，正值天命受于圣主之会；亲见三让之弘辞，观众瑞之总集；睹升堂穆穆之盛礼，瞻燔燎煜曜之青烟：于时忽自以为处唐、虞之运，际于紫微之天庭也！徒慨不得携子之手，共列于（世）〔廿〕有二子之数，以听有唐'钦哉'之命也。子虽在裔土，想亦极目而回望，侧耳而遐听，延颈而鹤立也。昔汝南陈公初拜，不依故常，让上卿于李元礼。以此推之，吾宜退身以避子位也。苟得避子，以窃让名，然后（绶）〔缓〕带委质，游谈于平、勃之间；与子共陈往时避地之艰辛，乐酒酣宴，高谈大噱：亦足遗忧而忘老。捉笔陈情，随以喜笑。"

又曰："前夏有书而未达；今重有书，而并致前问。皇帝既深悼刘将军之早世，又愍其孤之不易；又惜使足下、孔明等士人气类之徒，遂沉溺于羌夷异种之间，永与华夏乖绝，而无朝聘中国之期缘、瞻晞故土桑梓之望；故复运慈念而劳仁心，重下明诏，以发德音，申敕朗等，使重为书与足下等。以足下聪明，揆殷勤之圣意，亦足悟海岱之所常在，知百川之所宜注矣。昔伊尹去夏而就殷，陈平违楚而归汉；犹曜德于阿衡，著功于宰相。若足下能弼人之遗孤，定人之犹豫，去非常之伪号，事受命之大魏；客主兼不世之荣名，上下蒙不朽之常耀，功与事并，声与勋著：考绩效，足以超越伊、吕矣！既承诏（直）〔旨〕，且服旧之情，情不能已。若不言足下之所能，陈足下之所见，则无以宣明诏命，弘光大之恩，叙宿昔梦想之思。若天启众心，子导蜀意，诚此意有携手之期。若险路未夷，子谋不从，则惧声问或否，复面何由！前后二书，言每及斯，希不切然有动于怀！足下周游江湖，以暨南海，历观夷俗，可谓遍矣！想子之心，结思华夏，可谓深矣！为身择居，犹愿中土；为主择（居）安，岂可以不系意于京师，而持疑于荒裔乎！详思愚言，速示还报也。”

麋竺字子仲，东海朐人也[1]。祖世货殖[2]，僮客万人[3]，资产巨亿[4]。〔一〕后徐州牧陶谦辟为别驾从事[5]，谦卒，竺奉谦遗命，迎先主于小沛。

建安元年，吕布乘先主之出拒袁术，袭下邳，虏先主妻子。先主转军广陵海西[6]，竺于是进妹于先主为夫人；奴客二千，金银货币以助军资：于时困匮，赖此复振。

后曹公表竺领嬴郡太守[7]，〔二〕竺弟芳为彭城相；皆去官[8]，随先主周旋[9]。先主将适荆州[10]，遣竺先与刘表相闻，以竺为左将军从事中郎[11]。

益州既（平）〔定〕，拜为安汉将军，班在军师将军之右[12]。竺雍容敦雅，而干翮非所长[13]；是以待之以上宾之礼，未尝有所统御。然赏赐优宠，无与为比。

芳为南郡太守，与关羽共事，而私好携贰[14]；叛迎孙权，羽因覆败。竺面缚请罪，先主慰喻以“兄弟罪不相及”，崇待如初。竺惭恚发病，岁余卒。

子威，官至虎贲中郎将。威子照，虎骑监[15]。自竺至照，皆便弓马[16]，善射御云。

【注释】

〔1〕朐(qú)：县名。县治在今江苏连云港市西南。 〔2〕货殖：使钱财产生利润。即从事工商业。 〔3〕僮客：豪强大族所占有的依附性人口。他们主要来自破产流亡的农民，为了躲避战乱和求得衣食而投奔豪强大族。他们为主人作家务，充当私人武装，也从事生产。其地位低下，接近于奴隶，故称奴客或僮客。另外还有客、佃客、田客、徒附、私附、部曲等称呼。依附人口的大量存在，是东汉以来社会的突出特征之一。 〔4〕巨亿：亿亿。泛指极大的数目。 〔5〕陶谦(公元 132—194)：传见本书卷八。 〔6〕广陵：郡名。治所在今江苏扬州市西北。海西：县名。县治在今江苏灌南县东南。 〔7〕嬴郡：郡名。治所在今山东济南市莱芜区西北。曹操临时设置，不久撤销。 〔8〕去官：离职。〔9〕周旋：在各地活动。 〔10〕适：往。 〔11〕左将军从事中郎：官名。刘备左将军府下属，参谋军事。 〔12〕班：官职的等级。 之右：之上。当时任军师将军的是诸葛亮。 〔13〕干翮(hé)：肋骨和翅膀。比喻承担和处理繁重事务的能力。 〔14〕私好：私人感情。 携贰：矛盾不和。 〔15〕虎骑监：官名。统领蜀汉中央军队中直属于统帅的精锐骑兵队。当时蜀军中的精锐骑兵称为虎骑兵，步兵称为虎步兵。〔16〕便：擅长。

【裴注】

〔一〕《搜神记》曰："竺尝从洛归，未达家数十里，路傍见一妇人，从竺求寄载。行可数里，妇谢去，谓竺曰：'我天使也，当往烧东海麋竺家。感君见载，故以相语。'竺因私请之，妇曰：'不可得不烧！如此，君可驰去，我当缓行；日中，火当发。'竺乃还家，遽出财物，日中而火大发。"

〔二〕《曹公集》载公表曰："泰山郡界广远，旧多轻悍；权时之宜，可分五县为嬴郡，拣选清廉以为守将。偏将军麋竺，素履忠贞，文武昭烈；请以竺领嬴郡太守，抚慰吏民。"

孙乾字公佑，北海人也〔1〕。先主领徐州，辟为从事。〔一〕后随从周旋。

先主之背曹公，遣乾自结袁绍；将适荆州，乾又与麋竺俱使刘表：皆如意指[2]。后表与袁尚书，说其兄弟分争之变，曰："每与刘左将军、孙公佑共论此事，未尝不痛心入骨，相为悲伤也。"其见重如此。

　　先主定益州，乾自从事中郎为秉忠将军[3]；见礼次麋竺[4]，与简雍同等。顷之[5]，卒。

【注释】
　　〔1〕北海：王国名。治所在今山东昌乐县西。 〔2〕如意指：（事情办得）合乎心意。 〔3〕从事中郎：官名。即左将军从事中郎。 秉忠将军：官名。参谋军事，不统带军队。 〔4〕见礼：受到的礼遇。〔5〕顷之：不久。

【裴注】
　　〔一〕《郑玄传》云："玄荐乾于州：乾被辟命，玄所举也。"

　　简雍字宪和，涿郡人也。少与先主有旧，随从周旋。先主至荆州，雍与麋竺、孙乾同为从事中郎；常为谈客，往来使命。

　　先主入益州，刘璋见雍，甚爱之。后先主围成都，遣雍往说璋；璋遂与雍同舆而载，出城归命[1]。

　　先主拜雍为昭德将军[2]，优游讽议[3]。性简傲跌宕[4]：在先主坐席，犹箕踞倾倚[5]，威仪不肃，自纵适[6]；诸葛亮以下则独擅一榻[7]，项枕卧语，无所为屈。时天旱禁酒[8]，酿者有刑。吏于人家索得酿具[9]，论者欲令与作酒者同罚。雍与先主游观，见一男（女）〔子〕行道[10]，谓先主曰："彼人欲行淫，何以不缚？"

先主曰："卿何以知之？"雍对曰："彼有其具[11]，与欲酿者同。"先主大笑，而原欲酿者[12]。雍之滑稽[13]，皆此类也。[一]

【注释】

〔1〕归命：投降。 〔2〕昭德将军：官名。参谋军事，不统带军队。〔3〕优游：从容不迫的样子。 讽议：用委婉含蓄的话进行劝告和建议。〔4〕简傲：高傲。 跌宕：放纵不拘。 〔5〕箕踞：古人席地而坐，正常的姿势是跪坐，即双膝并拢跪地，臀部放在脚跟上。如果臀部坐在地上，双腿向前叉开，像簸箕形状，则称为箕踞，是过分随便而不合礼节的姿势。 〔6〕纵适：放纵以适意。 〔7〕诸葛亮以下：与诸葛亮以下的官员在一起。 擅：占据。 榻：狭长而低矮的床。 〔8〕天旱禁酒：由于天旱粮食缺乏而禁止用粮食酿酒。 〔9〕索：搜查。 酿具：酿酒的器具。 〔10〕行道：走路。 〔11〕具：行淫的器具。指生殖器。〔12〕原：宽恕。 〔13〕滑(gǔ)稽：能言善辩的样子。与现今的滑稽一词音义不同。

【裴注】

〔一〕或曰："雍，本姓耿。幽州人语，谓'耿'为'简'，遂随音变之。"

伊籍字机伯，山阳人[1]。少依邑人镇南将军刘表[2]。

先主之在荆州，籍常往来，自托[3]；表卒，遂随先主南渡江，从入益州。

益州既定，以籍为左将军从事中郎；见待亚于简雍、孙乾等。

遣东使于吴；孙权闻其才辩，欲逆折以辞[4]。籍适入拜[5]，权曰："劳事无道之君乎[6]？"籍即对曰："一拜一起，未足为劳。"籍之机捷，类皆如此。权甚异之。

后迁昭文将军[7]。与诸葛亮、法正、刘巴、李严共造《蜀科》[8]；《蜀科》之制，由此五人焉。

【注释】

〔1〕山阳：郡名。治所在今山东金乡县西北。　〔2〕邑人：同县的人。刘表是山阳郡高平（今山东济宁市东南）人。　〔3〕自托：托身（于刘备）。指主动表示愿意投靠刘备。　〔4〕逆折以辞：用言辞来难倒（伊籍）。　〔5〕拜：行跪拜礼。　〔6〕劳事：劳累（自己）以侍奉。　无道之君：孙权对自己的谦称。　〔7〕昭文将军：官名。属于闲职，无固定任务。也不统带军队。　〔8〕蜀科：书名。蜀汉法律规章条文的总集。已亡佚。

秦宓字子敕，广汉绵竹人也。少有才学。州、郡辟命[1]，辄称疾不往。

秦记州牧刘焉[2]，荐儒士任定祖曰：“昔百里、蹇叔以耆艾而定策[3]，甘罗、子奇以童冠而立功[4]；故《书》美黄发[5]，而《易》称颜渊[6]：固知选士用能，不拘长幼，明矣。乃者以来[7]，海内察举[8]，率多英俊而遗旧齿[9]；众论不齐，异同相半：此乃承平之翔步[10]，非乱世之急务也。夫欲救危抚乱，修己以安人；则宜卓荦超伦[11]，与时殊趣；震惊邻国，骇动四方。上当天心，下合人意；天人既和，内省不疚[12]：虽遭凶乱，何忧何惧？昔楚叶公好龙[13]，神龙下之；好伪彻天[14]，何况于真？今处士任安[15]，仁义直道，流名四远[16]；如令见察[17]，则一州斯服。昔汤举伊尹，不仁者远[18]；何武贡二龚[19]，双名竹帛[20]。故贪寻常之高而忽万仞之嵩[21]，乐面前之饰而忘天下之誉：斯诚往古之所重慎也。甫欲凿石索玉[22]，剖蚌求珠；今乃随、和炳然[23]，有如皎日：复何疑哉！诚知昼不操烛[24]，日有余光；但愚情区区[25]，贪陈所见。"[一]

【注释】

〔1〕辟命：聘为下属的任命。　〔2〕奏记：当时公文的一种。州郡百姓或下属官员对长官，普通中央官员对三公或执政官陈述意见的书面报告，称为奏记或记。　〔3〕百里：即百里奚。春秋时秦国大夫。原为虞国大夫，虞亡时成为晋国俘虏，后又作为陪嫁之臣到秦国，与蹇叔、由余一起辅佐秦穆公建立霸业。　蹇叔：百里奚的好友。百里奚受秦穆公重用，大力推荐蹇叔。穆公迎蹇叔到秦国，任命他为上大夫。以上二人事见《史记》卷五《秦本纪》。　耆艾：老年。古称六十岁为耆，五十岁为艾。　〔4〕甘罗：战国时楚国下蔡（今安徽凤台县）人。十二岁时做了秦相吕不韦的家臣。吕不韦准备出兵攻赵以扩大自己的封地，他自请出使赵国，说服赵国割城献地，因功升任上卿。传附《史记》卷七十一《甘茂列传》。　子奇：先秦时齐国官员。十八岁时受命治理阿城（今山东阳谷县东），他销熔武器做农具。开仓放粮赈济百姓，使阿城大治。事见《后汉书》卷六《孝顺帝纪》李贤注引《新序》。　〔5〕美：赞美。黄发：指头发白得发黄的老年人。《尚书》有《秦誓》一篇，记载秦穆公不听蹇叔劝告出兵袭击郑国失败后的自责自悔。文中有"尚猷询兹黄发，则罔所愆"的句子，意思是军国大计还是要听取老年人的意见才不会犯错误。句中的"黄发"暗指蹇叔。　〔6〕《易》称颜渊：《周易·系辞》下记载孔子称赞颜渊说："颜氏之子，其殆庶几乎？有不善，未尝不知；知之，未尝复行也。"意思是颜回这个青年人，大概算得上是君子了吧？他有过失，不会不察觉；一旦察觉，就决不再犯。　〔7〕乃者：近期。〔8〕察举：人才的考察举荐。　〔9〕英俊：这里指青年人中的优秀者。遗：遗漏。　旧齿：上了年纪的人才。　〔10〕承平：太平。　翔步：舒缓的步伐。比喻常规性的做法。　〔11〕卓荦（luò）：卓越。　〔12〕内省（xǐng）不疚：在心中反省自己时不感到愧疚。　〔13〕叶（shè）公：名诸梁，又称子高。春秋时楚国的官员。他喜欢龙的传说，见刘向《新序·杂事》。　〔14〕好伪彻天：喜欢假龙尚且感动上天（的真龙）。〔15〕处士：没有做官或不愿做官的读书人。　〔16〕四远：四方的远处。〔17〕见察：受到察举。　〔18〕不仁者远：坏人只好远远躲开。语出

《论语·颜渊》。 〔19〕何武（？—公元3）：字君公。蜀郡郫（今四川成都市郫都区北）人。西汉末年历任廷尉、大司空等职。哀帝时，参与制定限制占有土地和奴婢的政策，遭到既得利益集团的反对，未能实行。后被王莽诬陷，自杀。传见《汉书》卷八十六。 二龚：指何武举荐的龚胜（前67—公元12）和龚舍。胜字君宾，舍字君倩，均为楚国（治所在今江苏徐州市）人。龚胜出任谏官，多次上书议论政事，与当局不合，辞官回家。龚舍当官不久即辞职，回家讲学终老。二人传见《汉书》卷七十二。 〔20〕双名：双方留下美名。双方指推荐者与被推荐者。言下之意是说刘焉如果举荐任安，也会留下美名。 竹帛：竹简和白绢。古代供书写文字的用品。这里代指史册。 〔21〕寻常：均为古代长度单位。八尺为一寻，二寻为一常。这里寻常指很低的高度。 仞：古代长度单位。八尺为一仞。 嵩：山峰高大的样子。 〔22〕甫：刚开始。凿石索玉：与下句的剖蚌求珠都比喻访求优秀人才。 〔23〕随：指随侯珠。又作隋侯珠。古代传说中一颗著名的珍珠，为随侯所得，故名。见《淮南子·览冥训》。 和：指和氏璧。古代一块著名的玉璧，据说价值连城。为春秋时楚国人卞和所得，故名。见《韩非子·和氏》。这里用随侯珠、和氏璧比喻任安。 炳然：光彩夺目的样子。 〔24〕昼不操烛：白天不需要持烛。这里以白天的太阳比喻刘焉足以明察人事，以烛光比喻自己的推荐。 〔25〕区区：诚挚。

【裴注】

〔一〕《益部耆旧传》曰："安，广汉人。少事聘士杨厚，究极图籍。游览京师，还家讲授，与董扶俱以学行齐声。郡请功曹，州辟治中、别驾；终不久居。举孝廉、茂才；太尉载辟，除博士，公车征：皆称疾不就。州牧刘焉，表荐安：'味精道度，厉节高邈；揆其器量，国之元宝；宜处弼疑之辅，以消非常之咎：玄纁之礼，所宜招命。'王途隔塞，遂无聘命。年七十九，建安七年卒。门人慕仰，为立碑铭。后丞相亮，问秦宓以'安所长'，宓曰：'记人之善，忘人之过。'"

刘璋时，宓同郡王商为治中从事，与宓书曰："贫贱困苦，亦何时可以终身？卞和炫玉以耀世[1]；宜一来，与州尊相见[2]。"

　　宓答书曰：“昔尧优许由^[3]，非不弘也^[4]，洗其两耳；楚聘庄周，非不广也，执竿不顾^[5]。《易》曰‘确乎其不可拔^[6]’，夫何炫之有？且以国君之贤，子为良辅；不以是时建萧、张之策^[7]，未足为智也。仆得曝背乎陇亩之中^[8]，诵颜氏之箪瓢^[9]，咏原宪之蓬户^[10]；时翱翔于林泽^[11]，与沮、溺之等俦^[12]；听玄猿之悲吟^[13]，察鹤鸣于九皋^[14]；安身为乐，无忧为福；处空虚之名，居不灵之龟^[15]。知我者希，则我贵矣；斯乃仆得志之秋也，何困苦之戚焉^[16]？”

　　后商为严君平、李弘立祠^[17]。宓与书曰：“疾病伏匿^[18]；甫知足下为严、李立祠，可谓厚党勤类者也^[19]。观严文章，冠冒天下；由、夷逸操^[20]，山岳不移；使扬子不叹^[21]，固自昭明。如李仲元不遭《法言》^[22]，令名必沦^[23]；其无虎豹之文故也^[24]：可谓攀龙附凤者矣^[25]。如扬子云潜心著述，有补于世；泥蟠不滓^[26]，行参圣师^[27]；于今海内，谈咏厥辞^[28]。邦有斯人，以耀四远；怪子替兹^[29]，不立祠堂。蜀本无学士，文翁遣相如东受七经^[30]，还教吏民；于是蜀学比于齐、鲁。故《地（里）〔理〕志》曰^[31]：‘文翁倡其教，相如为之师。’汉家得士，盛于其世。仲舒之徒^[32]，不达封禅^[33]，相如制其礼；夫能制礼造乐，移风易俗，非《礼》所秩有益于世者乎^[34]？虽有王孙之累^[35]；犹孔子大齐桓之霸^[36]，公羊贤叔术之让^[37]，仆亦善长卿之化。宜立祠堂，速定其铭。”

【注释】

〔1〕炫玉：赞美和贡献自己的宝玉。卞和曾把含有宝玉的璞石两次献给楚王，不仅被认为有假而遭拒绝，还被砍去双足。后来楚成王即位，才确认璞石中含有宝玉。 耀世：显名于世。 〔2〕州尊：对州长官的尊称。这里指刘璋。 〔3〕优：优待。 许由：传说中上古时代的高士。淡于名利，尧准备让位给他，他逃到颍水的箕山下隐居耕种，还用水洗耳朵，认为尧的话玷污了自己。事见皇甫谧《高士传》卷上。 〔4〕非不弘：气度不能说不弘大。 〔5〕执竿不顾：《庄子·秋水》中说，庄子在濮水钓鱼，楚王派使者请他去做官，他持钓竿不顾。 〔6〕确乎其不可拔：（隐居的志向）坚定而不移。这是赞美隐居君子的话，载于《周易·乾卦》的《文言》。 〔7〕萧：指萧何（？—前193）。沛县（今江苏沛县）人。秦末随刘邦起兵，是辅佐刘邦建立西汉王朝的首席功臣。刘邦称帝后任相国，封酂侯。特许他剑履上殿，入朝不趋。传见《史记》卷五十三、《汉书》卷三十九。张：指张良。 〔8〕曝（pù）背：晒背。指埋头耕种。 〔9〕颜氏：指颜回。箪瓢：盛饭的竹篮和舀水的木瓢。孔子曾经赞美他的得意弟子颜回，说："贤哉，回也！一箪食，一瓢饮，在陋巷，人不堪其忧，回也不改其乐。"见《论语·雍也》。 〔10〕原宪（前515—？）：字子思。鲁国人，一说是宋国人。孔子弟子。孔子死，他隐居卫国，过着贫穷的生活，并不觉得低人一等。传见《史记》卷六十七《仲尼弟子列传》。 蓬户：用蓬草编的门。指穷人的住处。 〔11〕时：时时。 翱翔：比喻自在地游玩。 〔12〕沮、溺：即长沮、桀溺。与孔子同时的两个隐士。耕种为生，自得其乐，孔子见到他们后很有感触。见《论语·微子》。 等俦：同伴。 〔13〕玄：黑色。 〔14〕九皋：相连的许多小沼泽。这一句出自《诗经·鹤鸣》。〔15〕不灵之龟：楚王派使者请庄周去做官，他说自己宁愿当一只在稀泥里爬来爬去的活乌龟，也不愿当被人视为神灵供奉的死乌龟。见《庄子·秋水》。这里不灵之龟比喻平凡但却自由的人。 〔16〕何：（有）什么。戚：悲哀。 〔17〕严君平：名遵。西汉末年成都（今四川成都市）人。生性淡泊，专心学术，精通《周易》、《老子》、《庄子》。在成都市场上以卜筮为生，借此教育民众。终生不仕，曾著书十多万字。事见《汉书》卷七十二传序。 李弘：字仲元。西汉末年成都人。出身贫寒而有志气，先后任蜀郡功曹史、益州从事史，以为人正直著称。传见《华阳国志》卷十上。立祠：王商为严、李二人立祠，是他任蜀郡太守之后的事，见本卷《许靖传》裴注引《益州耆旧传》。 〔18〕疾病伏匿：（我因）生病而居家不出门。 〔19〕厚党：厚待同乡。据《华阳国志》卷十二记载，王商是益州广汉郡郪县（今四川三台县南）人。严、李二人的出生地成都，不仅与郪县同

属益州，而且相距很近，所以秦宓这样说。　勤类：为同类的人尽心。
〔20〕由：即许由。　夷：指伯夷。商朝末年孤竹君的长子。孤竹君最初以
次子叔齐为继承人。孤竹君死，叔齐让位给他，他不受，二人都投到周国。
周武王灭商，他们表示反对，逃往首阳山，不食周粟而死。传见《史记》
卷六十一。　逸操：清高的节操。　〔21〕扬子：即扬雄（前53—公元18）。
字子云。成都人。西汉文学家、哲学家、语言学家。成帝时任给事黄门郎，
新莽时任大夫，均为不重要官职。仕途不顺，使他把精力用于撰著。早年
创作了大量辞赋。后来转向哲学，著《法言》、《太玄》。又著《方言》。
传见《汉书》卷八十七。　叹：赞叹。扬雄赞叹严君平的话，见《法言·
问明》。　〔22〕《法言》：书名。扬雄仿照《论语》而写的著作。今存。在
《法言·渊骞》中，扬雄又称赞了李弘。　〔23〕令名：美名。　沦：埋没。
〔24〕文：（皮毛上的）花纹。虎和豹的皮毛花纹很好看，这里用来比喻人的
文采。　〔25〕攀龙附凤：指靠名人的帮助而扬名。扬雄《法言·渊骞》中
有“攀龙鳞，附凤翼”的句子，这里秦宓正好用来形容李弘。　〔26〕泥
蟠不滓：（像龙）盘曲伏在泥涂之中而不受污染。比喻优秀人物遭遇污浊环
境而不同流合污。扬雄《法言·问神》中有“龙蟠于泥”的话，所以秦宓
这样说。　〔27〕参：并列。　圣师：指孔子。当时崇拜扬雄认为他已达到
超凡入圣的境界者，并不只扬雄的同乡人秦宓，孙吴的吴县（今江苏苏州
市）人陆绩也称他为“圣人”，见《华阳国志》卷十上。　〔28〕厥辞：他
的文章。　〔29〕怪子替兹：很奇怪您没有想到这一点。　〔30〕文翁：庐江
郡舒县（今安徽庐江县西南）人。西汉景帝末，任蜀郡太守。在成都创立官
办学校，学生都免除劳役，成绩优良者为郡县官吏。这是汉代地方政府官
办学校的开始，推动了当地文化教育的发展，并培养出一些文化名人。文
翁所创立的学校遗址现今犹存，在四川成都市西南石室中学内。传见《汉
书》卷八十九《循吏传》。　相如：即司马相如（前179—前117）。字长卿。
蜀郡成都人。西汉著名文学家。景帝和武帝时任低级官职。擅长辞赋，作
品大多描写帝王苑囿、田猎，富于文采，极尽铺张，而在篇末寄寓讽谏。
原有文集已散佚，有后人所辑的《司马文园集》。传见《史记》卷一百一
十七、《汉书》卷五十七。　七经：指《诗经》、《尚书》、《周易》、《礼》、
《春秋》、《论语》、《孝经》。　〔31〕《地理志》：指《汉书》中的《地理
志》。　〔32〕仲舒：即董仲舒。信都国广川（今河北枣强县东北）人。西汉
著名的儒学家。景帝时任《春秋》博士。武帝即位，以回答皇帝的策问出
色，被任命为江都国相，后又任胶西王相。后辞职回家，以教学著书终老。
曾建议尊崇儒家、设立学校、察举人才。传见《史记》卷一百二十一、
《汉书》卷五十六。　〔33〕封禅：礼仪名。天子亲自登上泰山，筑土坛祭

天，叫做封；下到泰山东南低小的梁父山，扫除一块广场祭地，叫做禅。封禅是改换朝代并且天下太平之后才举行的大典，意在向天地之神感谢庇佑，向天下显示成就。详见《史记》卷二十八《封禅书》。司马相如生前曾留下一篇建议汉武帝举行封禅的文章，见《史记》卷一百一十七《司马相如传》。〔34〕秩：这里指称赞。　有益于世：《礼记·檀弓》上记载，春秋时齐国的大夫子高认为：君子应当"生有益于人，死不害于人"。秦宓的话本此。〔35〕王孙：即卓王孙。蜀郡临邛（今四川邛崃市）人。为著名的富人。司马相如曾与其女卓文君恋爱私奔，见《史记》卷一百一十七《司马相如传》。　累：毛病。指司马相如与卓文君私奔一事。〔36〕大：尊敬。　齐桓：即齐桓公。齐桓公好色，小妾多，品德上有毛病。但是孔子看重他多次会合诸侯扶助周天子的霸主功业，一再称赞他，见《论语·宪问》。〔37〕叔术：春秋时邾娄国君主颜公的弟弟。邾娄是鲁国的附庸国，故地在今山东济宁市。颜公死，叔术继位为国君，并娶美丽的嫂子为妻。他对哥嫂所生的儿子夏父很好，还在夏父刚懂事时把大部分国土让给夏父。《公羊传》称赞他的谦让行为，见该书昭公三十一年。

先是，李权从宓借《战国策》〔1〕。宓曰："战国从横〔2〕，用之何为？"权曰："仲尼、严平〔3〕，会聚众书，以成《春秋》、《指归》之文〔4〕；故海以合流为大，君子以博识为弘。"

宓报曰："书非史记、周图〔5〕，仲尼不采；道非虚无自然，严平不演〔6〕。海以受淤，岁一荡清〔7〕；君子博识，非礼不视。今战国反覆，仪、秦之术〔8〕；杀人自生〔9〕，亡人自存：经之所疾〔10〕。故孔子发愤作《春秋》，大乎居正〔11〕；复制《孝经》〔12〕，广陈德行。杜渐防萌，预有所抑，是以老氏绝祸于未萌〔13〕，岂不信邪！成汤大圣〔14〕，睹野鱼而有猎逐之失；定公贤者〔15〕，见女乐而弃朝事。〔一〕若此辈类，焉可胜陈〔16〕？道家法曰：'不见所欲〔17〕，使心不乱。'是故天地贞观〔18〕，日月贞明；'其直如矢[19]，君子所履'。《洪范》记灾[20]，发于言貌[21]。何战国之谲权乎哉[22]！"

【注释】

〔1〕《战国策》：书名。简称《国策》。相传是战国时期各国史官或策士辑录的文献。西汉刘向加以整理，删去重复，编定为三十三篇。书中主要记载当时谋臣、策士游说各国或相互辩论时所提出的政治主张和斗争策略，是研究战国时期历史的重要材料。　〔2〕从横：即合纵连横的简称。指在政治、外交上所采取的分化、瓦解、拉拢、联合等手段。〔3〕严平：即严君平。　〔4〕《春秋》：书名。儒家经典之一。编年体春秋史。相传是孔子依据鲁国史官所编《春秋》加以整理修订而成。起于鲁隐公元年(前722)，止于鲁哀公十四年(前481)，是后代编年史的起始。解释《春秋》经文的有《左传》、《公羊传》、《穀梁传》。《指归》：书名。即《老子指归》。严君平论述《老子》的著作。原书为十四卷。今正统《道藏》能字号收录有第七至第十三卷，题为《道德真经指归》。其所引《老子》经文，与马王堆帛书《老子》多相合，应是严君平的原著。　〔5〕史记：史官的记录。相传孔子曾编选《尚书》，又整理《春秋》，这两部书的资料都来自史官的记录。　周图：周代的图象。指《周易》。相传孔子曾为《周易》作各种解说，统称《十翼》，见《史记》卷四十七《孔子世家》。　〔6〕演：推广发挥。　〔7〕岁：每年。〔8〕仪：即张仪(？—前310)。战国时魏国贵族后裔。前328年，任秦相，封武信君，执政。迫使魏国献地，又游说各国服从秦国，瓦解齐、楚联盟，夺取楚汉中地。后到魏国为相，不久死。传见《史记》卷七十。　秦：即苏秦。字季子。战国时洛阳人。奉燕昭王命入齐，从事反间活动，使齐疲于外战，以便燕攻齐复仇。后任齐相，推动五国合纵攻秦，又出动齐军灭宋。前284年，燕国大将联合五国大举攻齐，他的反间活动暴露，被车裂而死。1973年马王堆出土的帛书《战国纵横家书》，保存有苏秦的书信和游说辞十六章。传见《史记》卷六十九。　〔9〕杀人自生：杀死别人以求自己生存。　〔10〕经：指《左传》。《左传》桓公十一年有"杀人以自生，亡人以自存，君子不为也"的话。　疾：痛恨。〔11〕大乎居正：把遵守正道视为最重大的事。《公羊传》隐公三年有"君子大居正"的话。　〔12〕《孝经》：书名。宣扬封建孝道与孝治思想的儒家经典。分古文、今文两种。古文本二十二章，孔安国注，南朝萧梁时散亡，隋代刘炫伪造孔注后传世。今文本十八章，郑玄注。唐玄宗

召集诸儒重注，成为通行的本子，收入《十三经注疏》。　〔13〕老氏：指老子。　绝祸于未萌：把祸患消灭在它萌生之前。《老子》第六十四章有"为之于未有，治之于未乱"的句子，秦宓的说法由此而来。〔14〕成汤：即商汤。儒家尊崇的圣君。　〔15〕定公：即鲁定公（？—前495）。名宋。春秋时鲁国的国君。前509至前495年在位。任用孔子为中都宰、司空、大司寇，又让孔子代理国政。齐国担心孔子执政会使鲁国强大，就选送八十人的女子歌舞队与鲁国。定公沉溺于女乐，三日不听朝政，孔子只好离职去卫国。事见《史记》卷三十三《鲁周公世家》、卷四十七《孔子世家》。　贤者：指他曾经重用过孔子。　〔16〕胜（shēng）陈：尽说。　〔17〕不见所欲：这两句出自《老子》第三章。〔18〕贞观：以正道显示天下。《周易·系辞》下有"天地之道，贞观者也；日月之道，贞明者也"的句子。　〔19〕其直如矢：（正道）像箭一样端直。这两句出自《诗经·大东》。　〔20〕《洪范》：《尚书》中的一篇。　记灾：《洪范》中有一段记载了自然灾害和异常气候的发生。〔21〕发于言貌：先从人的言语、态度开始。《洪范》记述了君主治国安民的九种根本办法，其中第二种就是要在貌、言、视、听、思五方面注意。　〔22〕谲（jué）权：诡诈和权变。

【裴注】

〔一〕臣松之按书传，鲁定公无善可称；宓谓之"贤者"，浅学所未达也。

或谓宓曰："足下欲自比于巢、许、四皓[1]；何故扬文藻见瑰颖乎[2]"？

宓答曰："仆文不能尽言[3]，言不能尽意，何文藻之有扬乎？昔孔子三见哀公，言成七卷：事盖有不可嘿嘿也。〔一〕接舆行且歌[4]，论家以光篇[5]；渔父咏沧浪[6]，贤者以耀章[7]。此二人者，非有欲于时者也。夫虎生而文炳[8]，凤生而五色；岂以五采自饰画哉？天性自然也！盖《河》、《洛》由文兴[9]，六经由文起；君

子懿文德[10]，采藻其何伤[11]？以仆之愚，犹耻革子成之误[12]，况贤于己者乎?"[二]

【注释】

[1]巢：即巢父。唐尧时的隐士，在树上筑巢而居，故名。尧曾让天下给他，他不受。事见皇甫谧《高士传》。 许：即许由。 四皓：秦末汉初的四位老隐士。即东园公、甪里先生、绮里季、夏黄公。同隐于商山(今陕西商洛市商州区东南)，时称"商山四皓"。汉高祖刘邦征聘他们，不往。事见《史记》卷五十五《留侯世家》。 [2]扬文藻：显露(自己的)文采。 瑰颖：突出的锋芒。 [3]仆：谦虚的自称。 [4]接舆：春秋时楚国的隐士。孔子到楚国，碰见他唱着歌走过。孔子想和他谈话，他避而不应。见《论语·微子》。 [5]光篇：(写进去以)使篇章生辉。 [6]渔父：楚国一个以捕鱼为生的隐士。屈原被放逐后，在江畔碰到他。他与屈原作简短谈话，然后唱着"沧浪之水清兮可以濯吾缨，沧浪之水浊兮可以濯吾足"的歌离开，见《楚辞·渔父》。 [7]贤者：指屈原。相传《渔父》是屈原所作。 [8]文炳：(皮毛的)花纹闪耀光辉。 [9]《河》：指《河图》。 《洛》：指《洛书》。传说伏羲时黄河出现一匹神马，背上有图，伏羲按照图形画出八卦。夏禹时，洛水出现一只神龟，背上有文字，夏禹写下来成为一部书，叫做《洪范》。 [10]懿文德：以文德为美。 [11]采藻：文采。 [12]革子成：春秋时卫国的大夫。又作棘子成。他曾认为君子只要有好的本质就够了，不必要什么文采。子贡马上反驳了他的说法，见《论语·颜渊》。 误：错误看法。

【裴注】

[一]刘向《七略》曰："孔子三见哀公，作《三朝记》七篇；今在《大戴礼》。"臣松之按：《中经部》有《孔子三朝》八卷；一卷目录，余者所谓"七篇"。

[二]臣松之按：今《论语》作"棘子成"。子成曰："君子质而已矣，何以文为！"屈于子贡之言，故谓之误也。

先主既定益州，广汉太守夏(侯)纂请宓为师友祭酒[1]，领五官掾[2]，称曰"仲父[3]"。

宓称疾，卧在第舍[4]。纂将功曹古朴、主簿王普，厨膳[5]，即宓第宴谈；宓卧如故。纂问朴曰：“至于贵州养生之具[6]，实绝余州矣[7]；不知士人何如余州也？”朴对曰：“乃自先汉以来，其爵位者或不如余州耳[8]；至于著作为世师式[9]，不负于余州也[10]。严君平见黄、老作《指归》[11]；扬雄见《易》作《太玄》，见《论语》作《法言》；司马相如为武帝制封禅之文：于今天下所共闻也。”

纂曰：“仲父何如[12]”？宓以簿击颊[13]，〔一〕曰：“愿明府勿以仲父之言假于小草[14]，民请为明府陈其本纪[15]：蜀有汶阜之山[16]，江出其腹[17]；帝以会昌[18]，神以建福，故能沃野千里。〔二〕淮、济四渎[19]，江为其首。此其一也。禹生石纽[20]，今之汶山郡是也[21]。〔三〕昔尧遭洪水，鲧所不治；禹疏江决河，东注于海；为民除害，生民以来功莫先者。此其二也。天帝布治房、心[22]；决政参、伐[23]：参、伐则益州分野[24]，三皇乘祇车出谷口[25]，今之斜谷是也。〔四〕此便鄙州之阡陌[26]；明府以雅意论之[27]：何若于天下乎[28]？”

于是，纂逡巡无以复答[29]。

益州辟宓为从事祭酒[30]。先主既称尊号，将东征吴。宓陈天时必无其利；坐下狱幽闭，然后贷出[31]。

【注释】
〔1〕师友祭酒：官名。是长官的老师和顾问。 〔2〕五官掾：官名。郡太守府下属，协助太守督办各分支机构公务。 〔3〕仲父：对老臣的一种特殊尊称，意思把对方当作父亲。齐桓公最先称管仲为仲父。后来

吕不韦也被秦王尊为仲父。这里夏纂是摹仿前人。　〔4〕第舍：住宅。
〔5〕将：带领。　〔6〕贵州：指益州。　养生之具：日常生活所需的东
西。如食品、衣物之类。　〔7〕绝余州：超过其他的州。益州物产丰富，
所以这样说。〔8〕爵位：封爵和官位。　〔9〕师式：效法。　〔10〕不
负于：不输于。　〔11〕黄：黄帝。这里指假托黄帝所作的一类著作，如
《汉书》卷三十《艺文志》所载的《黄帝四经》、《黄帝铭》、《黄帝君
臣》等。这一类著作，与《老子》合称"黄老之学"，属于道家学派，
曾流行于西汉。　〔12〕何如：（觉得）怎么样。　〔13〕簿：手板。手板
是官员手拿的小板，在上面记事，以免向长官报告时遗忘。　〔14〕明
府：当时人对郡太守尊称"府君"，明府即明府君的省称。　假于小草：
比作小草。当时人把一种中药的根茎叫做远志，苗叶叫做小草。远志藏
在地下，名称好听；小草外露地面，名称微贱。这里意思是希望对方不
要轻视自己说出口的意见。　〔15〕民：当时行政区内百姓对行政长官的
自称。　本纪：前后始末。　〔16〕汶（mín）阜：山名。即岷山。在今四
川北部与甘肃交界处。〔17〕江：长江。从岷山发源的岷江，其实只是
长江的一条大支流。但是当时人误认为岷江就是长江的正源。所以秦宓
说长江出于汶阜之腹。　〔18〕会昌：会聚昌盛之气。　〔19〕四渎：古
称长江、黄河、淮水、济水为四渎。〔20〕石纽：山名。在今四川汶川
县西。夏禹生于石纽的说法，出自扬雄《蜀王本纪》，见《史记》卷二
《夏本纪》索隐。　〔21〕汶山：郡名。治所在今四川汶川县。　〔22〕布
治：实施行政。　房：星宿名。二十八宿中东方苍龙七宿之一，有星四
颗。　心：星宿名。二十八宿中东方苍龙七宿之一，有星三颗。
〔23〕决政：决定政策。　参（shēn）：星宿名。二十八宿中西方白虎七宿
之一，有星三颗。　伐：星座名。有星三颗。在参宿正南。以上天帝在
房、心施政和在参、伐决政，都是古代天文学者的迷信说法。　〔24〕分
野：古代相信天人感应，人们根据地上的州国来划分天上的星空，把星
空中的二十八宿分别指配给地上的州国，并把对应的星宿称为该州国的
分野。这样，人们即可依照星区中的天象，预测地上州国的吉凶祸福。
按照《史记》卷二十七《天官书》的说法，益州的分野是二十八宿中的
觜、参二宿。　〔25〕三皇：传说中上古的三个君主。有不同的说法，但
东汉、三国时人们多以燧人氏、伏羲氏、神农氏为三皇。　祇车：车名。
传说中上古君主所乘的专车。　〔26〕阡陌：田野上的小路。纵者为阡，
横者为陌。这里指事情的大概。　〔27〕雅意：高雅的看法。　〔28〕何
若于天下：比起天下（其他州）来怎么样。　〔29〕逡巡：退缩的样子。
〔30〕从事祭酒：官名。州政府的办事官员有从事史若干名，其中资历深

而名望高者叫做从事祭酒。　〔31〕贷：宽恕。

【裴注】

〔一〕簿，手版也。

〔二〕《河图括地象》曰："岷山之地，上为东井络；帝以会昌，神以建福，上为天井。"

左思《蜀都赋》曰："远则岷山之精，上为井络，天地运期而会昌，景福肸蠁而兴作。"

〔三〕《帝王世纪》曰："鲧纳有莘氏女曰志，是为修己。上山行，见流星贯昴，梦接意感；又吞神珠，臆圮胸折，而生禹于石纽。"

谯周《蜀本纪》曰："禹本汶山广柔县人也。生于石纽，其地名'刳儿坪'。"见《世帝纪》。

〔四〕《蜀记》曰："三皇乘祇车，出谷口。"未详宓所由知为斜谷也。

建兴二年，丞相亮领益州牧，选宓，迎为别驾。寻拜左中郎将、长水校尉。

吴遣使张温来聘[1]，百官皆往饯焉[2]。众人皆集而宓未往，亮累遣使，促之。温曰："彼何人也？"亮曰："益州学士也。"

及至，温问曰："君学乎？"宓曰："五尺童子皆学，何必小人！"温复问曰："天有头乎？"宓曰："有之。"温曰："在何方也？"宓曰："在西方。《诗》曰：'乃眷西顾[3]。'以此推之，头在西方。"温曰："天有耳乎？"宓曰："天处高而听卑。《诗》云：'鹤鸣于九皋，声闻于天。'若其无耳，何以听之？"温曰："天有足乎？"宓曰："有。《诗》云：'天步艰难[4]，之子不犹[5]。'若其无足，何以步之？"温曰："天有姓乎？"

宓曰:"有。"温曰:"何姓?"宓曰:"姓刘。"温曰:
"何以知之?"答曰:"天子姓刘,故以此知之。"温曰:
"日生于东乎[6]?"宓曰:"虽生于东,而没于西。"答
问如响,应声而出;于是温大敬服。宓之文辩,皆此
类也。

迁大司农,四年卒[7]。初,宓见帝系之文,五帝皆
同一族[8];宓辨其不然之本。又论皇帝王霸(养)〔豢〕
龙之说[9],甚有通理。谯允南少时[10],数往谘访,纪
录其言于《春秋然否论》[11];文多,故不载。

【注释】

　　〔1〕张温:传见本书卷五十七。　〔2〕饯:设酒宴送别。　〔3〕乃眷
西顾:(上帝)回头看西面(的周王朝)。这是《诗经·皇矣》中的诗句。
〔4〕天步艰难:这两句出自《诗经·白华》。　〔5〕之子不犹:那个人不
好。周幽王抛弃王后申氏,申氏怨愤,于是有《白华》一诗。句中的
"之子"指周幽王。　〔6〕日生于东:张温来自东面的孙吴,问这个问题
有夸耀本国的意思。　〔7〕四年:建兴四年(公元226)。　〔8〕五帝:传
说中上古的五个君主。有不同的说法。《史记》卷一《五帝本纪》中认
为是黄帝、颛顼(zhuān xū)、帝喾(kù)、唐尧、虞舜。　〔9〕豢龙:饲
养龙。传说在虞舜时,有一个叫做董父的人,能够驯养龙,虞舜封他为
豢龙的官。后来又有学习豢龙的人。详见《左传》昭公二十九年。
〔10〕谯允南:即谯周(?—公元270)。传见本书卷四十二。　〔11〕《春
秋然否论》:书名。谯周著有《五经然否论》;《春秋然否论》是其中的
一部。

　　评曰:许靖夙有名誉,既以笃厚为称,又以人物为
意;虽行事举动,未悉允当,蒋济以为"大较廊庙器"
也[1]。〔一〕麋竺、孙乾、简雍、伊籍,皆雍容讽议,见
礼于世[2]。秦宓,始慕肥遁之高[3],而无若愚之实[4];

然专对有余[5]，文藻壮美：可谓一时之才士矣。

【注释】

　　〔1〕大较：大体（算得上）。　廊庙器：指能够充任朝廷大官的人才。〔2〕见礼：受到礼遇。　〔3〕肥遁：迅速隐退。《周易·遁卦》爻辞有"肥遁，无不利"的句子。　〔4〕若愚之实：指真正做到隐居不仕。〔5〕专对：独立地与对方谈判应酬。这要求具备随机应对的口才。

【裴注】

　　〔一〕《万机论》论许子将曰："许文休者，大较廊庙器也，而子将贬之：若实不贵之，是不明也；诚令知之，盖善人也。"

【译文】

　　许靖，字文休，汝南郡平舆县人。他从年轻时起就与堂弟许劭都有名气，并且都以擅长人物的品评褒贬而著称，但是两人的私人感情却不和睦。许劭担任本郡的功曹时，排斥许靖不予重视和任用，使得许靖只能以赶马推磨来维持生计。颍川郡人刘翊出任汝南郡太守，才举荐许靖为计吏。又举荐他为孝廉，朝廷任命许靖为尚书郎，负责人才的选拔任用。

　　汉灵帝去世，董卓执政，以汉阳郡人周毖为吏部尚书，与许靖共同商量，评定天下人才；淘汰才德不好的人，提拔长期埋没和不受重用的人。任用颍川郡的荀爽、韩融、陈纪等为三公、九卿、郡太守。委派尚书韩馥为冀州牧，侍中刘岱为兖州刺史，颍川郡人张咨为南阳郡太守，陈留郡人孔伷为豫州刺史，东郡人张邈为陈留郡太守。又提升许靖为巴郡太守，他没有就职；结果补缺而出任御史中丞。韩馥等人到任后，各自举兵指向京都洛阳，想诛除董卓。董卓怒骂周毖说："你们说应当提拔任用好人才，我顺从你们的建议，不想违背天下人的心。而你们所选用的人，到任之后，就都反过来打我的主意。我董卓有什么对不起你们的！"喝令把周毖拉出去，在外面斩首。

　　许靖的堂兄许玚当时担任陈国的国相，又与孔伷同谋声讨董卓，许靖怕被董卓砍头，逃出京城去投奔孔伷。孔伷去世，许靖又去依从扬州刺史陈祎。

陈祎又去世，吴郡太守许贡、会稽郡太守王朗，素来与许靖有老交情，所以他又到这两位朋友处去栖身。许靖收容抚恤亲戚同乡，为他们管理家务，赈济供养他们，表现出一片仁慈厚道之心。

孙策渡江攻取江东，人们都逃往交州避难。许靖亲自坐在岸边，先让随从自己同行的人上船。亲近疏远的人都出发了，他才随后动身，当时看到这一幕的人无不感叹。

到达交阯郡后，郡太守士燮对他非常敬重而给予厚待。陈国人袁徽先已客居交州，袁徽给尚书令荀彧写信说："许文休是具有突出才能的优秀人物，他的智慧策略足以谋划大事。他自从流浪漂泊交州以来，与众人一起，每逢遇到祸患危急，常常是先人后己，与家族成员中表亲属共同忍受饥寒。他在照管同伴时，表现出仁慈恻隐之心，这方面都有事实，不能再一一详述了。"

钜鹿郡的张翔，奉朝廷之命出使交州，借势招引许靖，要和他订立誓约结为朋友，许靖拒绝了他。许靖这时给曹操写了一封信，信上说：

世间上发生战争与杀戮，大祸乱正在四处蔓延。我才能低劣生性懦弱所以苟且偷生，自己跑到少数族居住的边远地区，一别就是十年，连婚丧时祝贺吊唁的礼仪都荒废了。从前我在会稽郡时，得到您写来的信，文辞情意恳切周到，表现出经受长期考验而依然存在的友谊。由于当时袁术违背朝廷命令，伤害同类人物，鼓动一批恶人造反，把渡口道路全部阻断；虽然我非常思念北方，想走却还无路可通。刘繇兵败，袁术的部将孙策一直向前推进：会稽郡被他占据，郡太守王朗失去根据地；长江下游的江南，全部成为叛乱者的占领区。这时我面临困境厄运，没有地方倾吐我的哀告。只好与袁沛、邓子孝等人远渡沧海，向南到达交州。一路经过东瓯、闽越等地，途程万里，看不到汉族人的居住地；漂泊在风浪之上，没有粮食只能以草充饥，饿死的人接连不断，占到全体流亡者的一大半。

　　到达南海郡后，与兼任的郡太守兒孝德见面，才知道足下您忠义奋发，整顿大军，西迎天子，到达许都。接到这个好消息，真是又悲又喜，当即与袁沛、徐元贤收拾行装，想北上荆州。不料碰上苍梧郡各县的少数族群起造反，交州的州政府所在地广信县也被攻破，道路断绝，徐元贤被杀死，同时遇害的还有老弱多人。我沿着海岸走了五千多里路，又碰上流行性传染病，伯母去世，接下来是堂房亲属死亡，妻室儿女，也几乎一下子死光。余下的人相互扶持，才走到交阯郡这里，总计被乱兵杀死和病死者，占了十之八九。求生存的老百姓所遇到的艰辛，痛苦的深重，哪里说得完啊！

　　我常常担心一下子倒地不起，永远成为逃亡的罪人，所以忧虑伤心，忘记睡觉与吃饭。本想跟随到朝廷上贡的使者，随他走上一条通路，到朝廷自首接受死罪，可惜到荆州的水陆交通断绝，交州的使者无人乘驿车前往。又想从陆路前往益州，谁知那里又有严密的防守；过去的官员和县级行政长官，一律不准进入该州。交阯郡的太守士燮，此前曾在益州的巫县任县令。承蒙他通过人情关系给益州牧刘璋兄弟写了一封信，深深拜托他们关照我；我自己也亲自给刘璋方面写过信，言辞痛苦恳切，可是至今益州方面也没有动静，未得回音。虽然我仰慕您的神圣光辉，伸长脖子踮起脚跟，可是谁能借给我双翅使我能飞到您身边呀！

　　得知圣上公正英明，公开授给您自行组织军事行动征伐四方的特权，凡是不守臣节的叛逆，很多都受到诛讨。想来那些凭借实力割据争雄的人，都已放弃各自的打算而一心拥护汉朝；那些原本顺从的人，更是与您同心协力的了。现任交州刺史张津，从前在京城时，即有心扶助汉朝；现在虽然来治理边荒地区，不能参加中央政府，却也是国家的藩镇，您的外援啊。如果荆州平定，皇帝的恩泽到达南方，多么希望那时您会突然下达一道指令给张津，请他对我尽力加以保护关照，让我能借路由荆州北上；不然的话，就希望您能把我介绍给益州牧刘璋兄弟，让他们接受我。倘若上天给我寿命，让我逃脱当前的祸难，得以向国家自首接受死罪，解除我逃亡的罪责，即使身死九泉，又有什么遗憾啊！不过时势有险阻有平坦、事情有成功有失败，人命无常，如果突然死亡而不能回转北方，我就只有永远带着罪责，埋在边远地区的地下了。

从前吕尚辅佐周朝，可以手持黄钺征伐四方；霍光辅佐汉朝，能够动用皇帝的侍卫武士来警戒清道。现今足下扶持危局，是国家的柱石，掌握吕尚那样的特殊权力，享有霍光那样的重要地位，全国各地的诸侯和官长，都控制在您手中。从古到今，人臣的尊贵没有谁能赶上您了。但是爵位高的人忧虑大，俸禄多的人责任重。足下您占据爵位高的职务，处在责任重的地方，话一说出口，就变成了赏罚，意思一表现，就化为祸福。如果按照正道运用权力，那天下就安定；一旦不按照正道，那四方就会分裂动乱。国家的安危，全在于您身上；百姓的生命，也悬在您手上。不管是汉族人还是少数族人，都在注目仰望着您。足下您处在这样的位置，岂能不认真阅读古代的文献典籍，从中认识国家兴废的原因，个人荣辱的变化；然后抛弃和忘记从前的恩怨，宽容和协调各个机构的下属；审查衡量人的五种品质，为朝廷选择合适的人才充当官员啊？如果是合适的人才，即使是仇人也是举荐；如果不是合适的人才，即使是亲人也不会授给他官职。

用这样的办法来安定天下，拯救民众，事立功成之后，业绩将被谱写成歌曲广为传唱，功勋将被铸刻在金属器物和石碑上，希望您勉力去实现这一切。最后请您为国家珍重自己，为人民爱护自己。

张翔愤恨许靖不接受自己，搜查许靖所托寄的书信，全部丢入水中。

后来刘璋就派了使者去请许靖，许靖前往益州。刘璋先后任命许靖为巴郡、广汉郡太守。南阳郡人宋仲子在荆州与蜀郡太守王商写信说："许文休才华卓越，像珍宝一样罕见难得，有治理社会的能力。足下您应当把他作为指引方向的人。"

建安十六年（公元211），许靖转任蜀郡太守。

建安十九年（公元214），先主刘备平定蜀中，以许靖为左将军府的长史。

先主为汉中王，许靖任太傅。先帝称帝，向许靖下达任命文书说：“朕得以继承大业，君临全国；日夜惶惶不安，害怕不能安定天下。由于百姓不亲爱，父、母、兄、弟、子这五种家庭的尊卑次序不顺，所以任命您为司徒；您要针对上述五种家庭的尊卑秩序，教育百姓遵守父义、母慈、兄友、弟恭、子孝这五种人伦道德；教育他们修养这五种品德的时候要遵循宽厚的原则。您可要勉力去做啊！坚持道德永不懈怠，以使朕满意。”

许靖虽然年过六十，仍然爱惜人才，接纳诱导后进青年，品评起人物来不知道疲倦。丞相诸葛亮见了他都要行跪拜礼。

他在先主章武二年（公元222）去世。儿子许钦，在许靖之前夭亡。许钦的儿子许游，后主景耀年间任尚书。

起初，许靖把颍川郡人陈纪当作兄长对待，又与陈郡人袁涣、平原郡人华歆、东海郡人王朗等人亲近友善。而华歆、王朗和陈纪的儿子陈群，魏朝初年都出任三公辅政大臣；三人曾经与许靖写信，表示以往的友好情谊，恳切周到。文字太多，所以不予记载了。

麋竺，字子仲，东海郡朐县人。他的祖辈经营工商业，占有的依附性人口有上万人，资产数以亿计。后来徐州牧陶谦任命他为别驾从事。陶谦死后，他执行陶谦的遗命，到沛县迎接先主刘备。

汉献帝建安元年（公元196），吕布乘先主出外迎战袁术的机会，偷袭下邳县城，俘虏了先主的妻室儿女。先主带领人马转移到广陵郡的海西县，麋竺就把妹妹献给先主做夫人；又送先主奴隶、佃客二千人以及大批金银钱币，作为对先主军队的资助：当时先主人财匮乏，依赖这批资助才得以重振力量。

后来曹操上表奏请朝廷任命麋竺兼任嬴郡太守，其弟麋芳任彭城国相；他们都辞去职务，随从先主南征北战。先主准备到荆州投奔刘表，先派麋竺去联络，委任他为自己左将军府的从事中郎。

益州平定，他被任命为安汉将军，官职的等级还在军师将军诸葛亮之上。他为人雍容文雅，缺乏承担和处理繁重事务的能力。所以先主用上宾的礼节优待他，没有让他统领军队。但是对他的赏赐礼遇特别优厚，当时无人能比。

糜芳出任南郡太守，与关羽共事，而私人感情矛盾不和，所以他反叛迎接孙权，使关羽失败覆灭。糜竺把自己双手反绑后去向先主请罪；先主用兄弟之间有罪不受牵连的道理安慰劝解他，对他依然优待如初。但是糜竺却惭愧生气而发病，一年多后去世。

他的儿子糜威，官做到虎贲中郎将。糜威的儿子糜照，曾任虎骑监。从糜竺到糜照，都擅长拉弓骑马，善于在飞驰中射箭。

孙乾，字公祐，北海郡人。先主刘备兼任徐州牧，任命他为从事，后来随从先主南征北战。

先主背离曹操后，派孙乾到袁绍处去联系投靠的事；先主要前往荆州依从刘表，又派孙乾和糜竺去联络：他都能把事情办得合乎先主的心意。后来刘表给袁绍的小儿子袁尚写信，谈到袁尚兄弟纷争的变故，写道："每次与刘玄德将军、孙公祐共同说起这件事，都未尝不痛心疾首，为之悲伤不已。"他就是这样受人重视。

先主平定益州，孙乾由左将军府从事中郎升任秉忠将军，受到的礼遇仅次于糜竺，而与简雍同等。没有多久，他就去世了。

简雍，字宪和，涿郡人。他从年轻时起就与先主刘备有交情，跟随先主南征北战。先主到荆州，简雍与糜竺、孙乾同为左将军府的从事中郎，常常充当陪先主谈话的宾客，同时承担往来联络的使命。

先主进入益州，刘璋见到简雍，非常喜欢他。后来先主包围成都，就派简雍去劝刘璋放弃抵抗，刘璋和他共同乘一辆车，出城投降。

先主任命简雍为昭德将军，主要任务是从容不迫地用委婉含蓄的话语对先主进行劝告和建议。他的性格高傲而放纵不拘：在先主面前就坐时，也双腿向前叉开，身子斜倾，举止不严肃，放纵求适意；如果与诸葛亮以下的官员在一起时，他就独自占据一张木榻，颈项枕着东西躺着说话，不向谁低头表示恭敬。

当时天旱粮食缺乏而下令禁酒，酿酒者要判刑。官吏在一家人的住宅内搜查出一套酿酒器具，议论的人主张把户主视为实际酿了酒的罪犯一样处罚。这时简雍与先主出外游览，看到有一个男子在走路，就对先主说："那个人想奸淫妇女，为什么不抓起来绑上？"先主说："您怎么知道？"他回答说："他有奸淫妇女的器官，与家中藏有酿酒器具的罪犯一样。"先主不禁大笑，立即下令释放那藏有酿酒器具的人。简雍的能言善辩，就像这样。

伊籍，字机伯，山阳郡人。年轻时依附本县的老乡镇南将军刘表。

先主刘备在荆州，伊籍常到先主那里表示想去投靠之意。刘表死后，他就随先主南渡长江，又跟着西上益州。

益州平定之后，先主任命伊籍为左将军府从事中郎，受到的礼遇次于简雍、孙乾。

先主派他东下出使孙吴，孙权听说他能言善辩，想用言辞来难倒他。正好这时伊籍进来拜跪行礼；孙权就说："劳累您自己以侍奉无道的君主吗？"伊籍立即回答说："一跪一起，算不得劳累。"他随机应变的敏捷口才，大体都像这样，孙权很器重他。

后来他升任昭文将军，与诸葛亮、法正、刘巴、李严共同制定蜀汉法律规章条文的总集——《蜀科》；《蜀科》的完成，是他们五位共同努力的结果。

秦宓，字子敕，广汉郡绵竹县人。年轻时就有才学，州郡政府送来任命书，他总是称病不去。

后来他向益州牧刘焉写报告，推荐广汉郡的儒生任安，报告中说："从前百里奚、蹇叔在老年时出谋划策，甘罗、子奇在儿童时建功立业；所以《尚书》中称赞头发白得发黄的老年人，而《周易》中却表扬年轻的颜渊：由此可知选拔人才任用贤能，不会拘于年龄的老幼，这一点很清楚了。近期以来，考察举荐孝廉、茂才之类的人才，各地大多是举荐青年人中的佼佼者，而把上了年纪的人才遗漏了，众人对此议论不一，批评的和赞同的可以说是各占一半，这恐怕是太平时期的常规性做法，而不是动乱年代的紧急措施啊。要想拯救危亡平定祸乱，培养自身的道德以安抚百姓，就应当选拔才华卓越超群，与普通的人志趣大不相同的人才，才能震惊邻近地区，打动四面八方，上合天意，下顺民心；天人既已满意，在心中反省自己时也不会愧疚，那么即使遇到危险和变乱，又担忧什么害怕什么呢？从前楚国的叶公喜欢龙，天上的神龙因此飞了下来；喜欢假龙尚且感动了上天的真龙，更不用说喜欢的是真龙了。如今在家没有出外做官的任安，奉行仁义正道，名声传播四方。如果让他受到考察举荐，那么全州的人都会心服口服。从前商汤提拔重用伊尹，坏人只好远远躲开；何武大力推荐龚胜和龚舍，双方都在史册上留下美名。所以贪图低矮小丘的人就会忽视高过万仞的雄伟山峰，喜欢眼前装饰的人就会忘却天下的美誉，这确实是过去的古人最为慎重对待的事。您正想凿破石头取其中的美玉，剖开蚌壳取里面的珍珠；而今随侯的大珠、和氏的玉璧就在您面前，像灿烂的太阳一样光彩夺目，还迟疑什么呢？我确实也知道白天不需要持烛，因为太阳的光亮都用不尽啊。不过我仍然抑制不住心中诚挚的感情，所以急着向您陈述我的看法。"

刘焉的儿子刘璋任益州牧之后，秦宓的同郡老乡王商在刘璋手下当治中从事，给秦宓写信说："您处在贫贱困苦之中，什么时候是个了结呢？从前卞和都知道到处炫耀自己的宝玉以显名于世，您应当赶快到这里来一次，与州长官见面。"

秦宓却写信答复王商说："从前唐尧让位给许由，气度不能说不弘大了，而许由却用水洗耳朵以示拒绝；楚王去礼聘庄周，胸襟不能说不宽阔了，而庄周却依然拿着他的钓竿钓鱼不屑一顾。《周礼》说是'隐居的志向坚定而不移'，我又有什么东西值得去炫耀呢？现今州长官非常贤德，您在充当他的好辅佐；您不把时间赶紧用在进献像萧何、张良曾经提出的那种奇谋妙计上面，是算不上明智啊。至于敝人我么，只想在田野中光着背晒晒太阳，背诵背诵颜渊'一箪食，一瓢饮'的名句，歌咏歌咏住在破旧住房中的原宪；时时在山林水泽中游玩，像长沮、桀溺那样自由自在；听听黑猿的悲啼，看看在沼泽中鸣叫的白鹤；把身体平安当作快乐，把没有忧患视为福分；不需要什么名誉，做一个平凡但却自由的人：知道我的人越少，我就越发贵重了。这正是我得意的时候，有什么困苦的忧愁呀！”

后来王商想为蜀郡的先贤严君平、李弘修建祠堂祭祀。秦宓听说后给他写信说：“我因病住在家中，所以到现在才知道您想为严、李二人建立神祠，这一举动可以说是厚待同乡，为同类的人尽心了。我看严君平的文章，算得上天下第一流；但是他还具有许由、伯夷那样高洁的节操，坚持隐居不仕的志向就像山岳一样确定不移；即使后来的扬雄不在《法言》中赞叹他，他的形象也是光辉突出的。至于李弘，如果不是扬雄在《法言》里表彰他，他的美名必然埋没；因为他本人缺乏像虎豹皮毛花纹一般美丽的文采啊：他可以说是依靠名人的帮助而扬名的了。再回头说蜀郡的另一位先贤扬雄，他潜心从事著述，对社会有所补益；处于秽浊的环境中而不同流合污，行为已可以和圣明的孔子并肩媲美；到现今天下各地，都还在谈论阅读他的文章。家乡有这样的伟人，光辉照耀四方，我很奇怪您为什么没有想到这一点，不给他建立祠堂。另外，蜀郡起初并没有著名的学者，文翁派司马相如到东方去学习儒家的七部经典，回来教官吏百姓，从此蜀学可以与齐、鲁文化之邦相比。因此班固《汉书·地理志》才说：‘文翁在成都倡导教育，由司马相如充当老师。’汉朝人才的涌现，也在那时为最兴盛；当时的名儒董仲舒之流，也搞不清楚封禅大典的礼仪，而司马相如就能制定出这套礼仪来。一个人能够为朝廷制定礼仪创作音乐，从而移风易俗，这难道不是《礼记》中所称赞的那种有益于社会的人吗？虽然司马相如在与卓王孙的女儿私奔一事上做得有欠缺，但是齐桓公好色而孔子依然尊敬他能开创霸业，叔术娶了嫂子为妻而《公羊传》依然赞美他的谦让行为。我很推崇司马相如在文化教育上的作用，认为也应当为这位蜀郡先贤建立祠堂，还要赶快写好刻在石头上的铭文。”

起先，李权曾向秦宓借《战国策》看，秦宓说：“《战国策》是讲合纵连横的书，读它干什么？”李权回答说：“孔子和严君平，会聚各种书中的材料，才分别写成《春秋》、《老子指归》两部书。海洋因为汇合了各条河流才会广大，君子则要博览群书才能增广见识啊。"

秦宓又写信回复他说："书籍不属于史官记录和周代的图象，孔子就不会采纳；书籍中所讲的道理不属于虚无自然一类，严君平就不会对它推广发挥。海洋因为在接受水流时也带来淤泥，所以每年都要激荡澄清一番；君子虽然追求知识广博，却坚持非礼勿视。而今这《战国策》宣扬的是张仪、苏秦所主张的反复无常手段，杀死别人以求自己活命，灭亡别人以求自己生存，《左传》对此就深恶痛绝。因此，孔子在发愤作《春秋》时，把遵守正道作为最重要的事；又写作《孝经》，广泛叙述德行的重要。防微杜渐，预先有所制止，所以老子主张把祸患消灭在萌芽状态，这难道不令人相信吗？商汤是大圣人，看到田野中的鱼后也会产生想去捕捉的过失；鲁定公是贤者，看到女艺人表演的音乐舞蹈也会不听朝政。像这一类的例子，哪里说得完？《老子》说：'不去看心中想要的东西，使心不乱。'所以天地是以正道显示天下，日月是以光明普照人间；君子所走的，是像箭一样端直的正道。《尚书》中记载自然灾害的《洪范》，就把说话、表情等作为君主教育人民的重要方面。战国时期的诡诈和权变算什么啊！"

有人对秦宓说："您把自己比作古代著名的隐士巢父、许由、商山四老，那又为什么要显露自己的文采使得锋芒毕现呢？"

秦宓回答说："其实我的文章并不能写出我想说的一切话语，说出的话语也不能充分表达我内心的意思，有什么文采可显露的呢？从前孔子去见鲁哀公三次，说的话就写成七卷文字，可见事情有的确实不能让它埋没啊。从前接舆边走边唱歌，《论语》把他的歌词记下来使篇章生辉；渔父歌咏沧浪，屈原的《渔父》把他的歌词记下来使作品增色。接舆和渔父这两位隐士，在当时并没有什么显露自己的欲望呀。老虎生下来时皮毛的花纹就闪耀着光辉，凤凰生下来时羽毛就有五彩颜色，它们难道又想用光辉、五彩来美化自己吗？这是天然生成的啊。《河图》、《洛书》由文采而产生，儒家六经由文采而出现，君子以文德为美，那么具有文采又有什么损害呢？像我这么愚昧，都还为从前革子成曾经说过君子不需要文采的糊涂话而感到羞耻，何况是比我贤能的人啊？"

先主刘备平定益州，广汉郡太守夏纂聘请秦宓为师友祭酒，兼任五官掾，尊称他为"仲父"。

一次秦宓说是自己有病，躺在床上。夏纂领着功曹古朴、主簿王普，带着酒菜到秦宓的住所宴饮谈话，秦宓依然躺着。夏纂问古朴说："你们益州日常生活所需的一切物品，其丰富的程度确实超过了其他州。就不知道人物比起其他州怎么样啊？"古朴回答说："从前汉以来，益州的人物在封爵官位上有时不如其他州的人物显赫，但是在著作被世人学习效法上，就不比别的州差了。严君平看了黄帝、老子的著作而写作《老子指归》；扬雄看了《周易》写作《太玄》，看了《论语》写作《法言》；司马相如为孝武皇帝制定封禅的礼仪：这都是现今天下皆知的事例啊。"

夏纂掉头问秦宓："仲父以为怎么样？"秦宓用手板轻轻拍击自己的脸颊，说："希望太守您不要轻视我说出口的意见，贱民我谨为您陈述前后始末。蜀地有汶阜这座高山，长江从高山的腹地流出；天帝用这里来会聚昌盛之气，神灵用这里来积累福分，所以才有沃野千里。天下有长江、黄河、淮水、济水四大河流，号称'四渎'，而以长江为首。这是其一。夏禹生在石纽，就是今天益州的汶山郡。从前在唐尧时遭遇洪水，鲧去治水没有成功。夏禹疏导长江挖决黄河，让洪水东流到大海，为民除害，自有人类生存以来功劳没有谁比得上他。这是其二。天帝在房、心二星座实施行政，在参、伐二星座决定政策，而参、伐二星座是益州对应的星区；三皇乘专车出谷口，谷口就是现今益州的斜谷。这些就是鄙州情况的大概，太守您以高雅的看法说说，比天下其他州怎么样？"

这时夏纂退缩着无言对答。

兼任益州牧的先主聘任秦宓为从事祭酒。先主称帝之后，准备东下伐吴。秦宓陈述意见，说从天时上看没有胜利的可能，因此而被治罪丢进监狱关押，后来才被宽恕释放。

后主建兴二年（公元224），丞相诸葛亮兼任益州牧，挑选秦宓并迎接他来担任别驾从事，不久秦宓又任左中郎将、长水校尉。

孙吴派遣使臣张温来访问，临走时蜀国官员都去参加送别宴会。众人到达后唯独秦宓缺席，诸葛亮一再派人去催他；张温不禁问道："他是什么人啊？"诸葛亮说："是益州的饱学之士。"

秦宓到后，张温问："您在学习么？"秦宓答："我们这里五尺高的儿童都在学习，何况敝人。"张温又问："天有头吗？"秦宓答："有头。"张温说："在哪一方呢？"秦宓说："在西方。《诗经》有'上天回头看西面的周王朝'一句，由此推断，头在西方。"张温又问："天有耳朵吗？"秦宓说："上天处于高处而能听到低处的声音，《诗经》说'白鹤在沼泽地里鸣叫，声音上天都能听到'。如果天没有耳朵，怎么能听呢？"张温又问："天有足吗？"秦宓说："有足。《诗经》说：'上天的步伐艰难，那个人又不好。'如果天没有足，怎么迈步呢？"张温又问："天有姓吗？"秦宓说："有啊。"张温说："姓什么？"秦宓说："姓刘。"张温说："怎么知道姓刘？"秦宓说："当今的天子姓刘，而天子就是上天的儿子，由此可知。"张温说："太阳升于我们吴国所在的东方吧？"秦宓说："虽然升于你们东方，却落在我们西方。"他的回答就像回音一样，应声而出，至此张温大为敬服。秦宓的文才口辩，就像这样。

他升任大司农，在建兴四年（公元 226）去世。起初，秦宓看到考证帝王世系的文字，说五帝都是同族，秦宓辨明不是这样的理由。他又论述历代皇帝王霸饲养龙的问题，很有道理。谯允南先生在年轻时曾经多次前去向他拜访求教，把他的话记录在自己写的《春秋然否论》一书中；文字很多，所以不转载了。

评论说：许靖早先就有声誉，既以为人诚实厚道著称，又还留意于品评人物。虽然他的行为举动，并不完全适当，但是蒋济仍然认为他"大体算得上是能够充任朝廷大官的人才"。麋竺、孙乾、简雍、伊籍，都从容不迫地对先主进行讽谏或贡献建议，从而受到礼遇。至于秦宓，开始时仰慕隐居的清高，后来却没有真正做到装出愚笨不出来做官；不过他独立地与对方谈判应酬的能力绰绰有余，文藻壮美，可以说是一代的有才之士了。

董刘马陈董吕传第九

　　董和字幼宰，南郡枝江人也[1]。其先本巴郡江州人。汉末，和率宗族西迁，益州牧刘璋以为牛鞞、〔一〕江原长，成都令[2]。蜀土富实，时俗奢侈；货殖之家[3]，侯服玉食[4]；婚姻葬送，倾家竭产。和躬率以俭，恶衣蔬食[5]，防遏逾僭[6]，为之轨制[7]；所在皆移风变善，畏而不犯。然县界豪强惮和严法，说璋转和为巴东属国都尉[8]；吏民老弱相携乞留和者数千人，璋听留二年。

　　还，迁益州太守[9]，其清约如前。与蛮夷从事[10]，务推诚心；南土爱而信之。

　　先主定蜀，征和为掌军中郎将[11]。与军师将军诸葛亮，并署左将军、大司马府事[12]；献可替否[13]，共为欢交。自和居官食禄，外牧殊域[14]，内干机衡[15]，二十余年；死之日，家无儋石之（财）〔储〕[16]。

　　亮后为丞相，教与群下曰[17]："夫参署者[18]，集众思、广忠益也。若远小嫌[19]，难相违覆[20]，旷阙损矣[21]。违覆而得中[22]，犹弃弊𫏋而获珠玉[23]。然人心苦不能尽[24]，惟徐元直处兹不惑[25]。又董幼宰参署七年，事有不至〔26〕，至于十返〔27〕，来相启告。苟能慕元直之十一〔28〕，幼宰之殷勤〔29〕，有忠于国，则亮可少过矣〔30〕。"

又曰："昔初交州平〔31〕，屡闻得失；后交元直，勤见启诲〔32〕；前参事于幼宰，每言则尽；后从事于伟度，〔二〕数有谏止。虽姿性鄙暗〔33〕，不能悉纳；然与此四子终始好合，亦足以明其不疑于直言也〔34〕。"其追思和如此。

【注释】

〔1〕枝江：县名。县治在今湖北枝江市东北。 〔2〕牛鞞(bì)：县名。县治在今四川简阳市。 江原：县名。县治在今四川崇州市东南。〔3〕货殖之家：指工商业者。 〔4〕侯服：侯爵所穿的礼服。这里指华丽的衣着。 玉食：非常珍美的食品。 〔5〕恶衣：穿粗布衣服。 蔬食：吃以蔬菜为主的饭食。 〔6〕防遏逾僭：防止(生活上)超越本分的行为。 〔7〕为之轨制：为此制定了标准和规定。 〔8〕巴东属国：属国名。治所在今重庆市彭水县。后改为涪陵郡。 〔9〕益州：郡名。治所在今云南晋宁区东北。 〔10〕从事：打交道。 〔11〕掌军中郎将：官名。处理蜀汉军机事务。 〔12〕署：处理。 〔13〕献可替否：进献合理的建议，废除不合理的做法。 〔14〕牧：治理。 殊域：边远地区。指上文所说的益州郡。 〔15〕干(gàn)机衡：处理机要事务。〔16〕儋石之储：形容少量的积蓄。十斗为一石，两石为一儋。〔17〕教：长官对下属下达的指示叫做教。 〔18〕夫参署者：(之所以要设置机要事务的)参与处理官员。〔19〕远小嫌：避免发生小矛盾。〔20〕难：不愿意。 违覆：发表不同的意见。 〔21〕旷阙：荒废和失误。 〔22〕得中：得到适当(的处置)。 〔23〕弊蹻(juē)：破旧的鞋。〔24〕心：这里指心中的想法。 〔25〕徐元直：即徐庶。徐庶字元直。事见本书卷三十五《诸葛亮传》。 〔26〕不至：不周到。 〔27〕十返：返回商量多达十次。 〔28〕十一：十分之一。 〔29〕殷勤：办事勤恳的样子。 〔30〕少过：少犯过错。 〔31〕州平：即崔州平。事见本书卷三十五《诸葛亮传》。 〔32〕勤见启诲：多次受到启发指教。〔33〕姿性：人的素质。 鄙暗：浅陋愚昧。这是诸葛亮自谦的话。

〔34〕不疑：不犹豫。

【裴注】

〔一〕鞞，音髀。

〔二〕伟度者，姓胡，名济，义阳人。为亮主簿，有忠荩之效，故见褒述。亮卒，为中典军，统诸军，封成阳亭侯。迁中监军，前将军，督汉中；假节，领兖州刺史；至右骠骑将军。济弟博，历长水校尉、尚书。

刘巴字子初，零陵烝阳人也[1]。少知名。〔一〕荆州牧刘表连辟，及举茂才；皆不就。

表卒，曹公征荆州。先主奔江南，荆楚群士从之如云；而巴北诣曹公，曹公辟为掾，使招纳长沙、零陵、桂阳。〔二〕会先主略有三郡，巴不得反使[2]，遂远适交阯；〔三〕先主深以为恨。

巴复从交阯至蜀。〔四〕俄而先主定益州，巴辞谢罪负[3]，先主不责。〔五〕而诸葛孔明数称荐之，先主辟为左将军西曹掾[4]。〔六〕建安二十四年，先主为汉中王，巴为尚书。后代法正为尚书令。躬履清俭，不治产业。又自以归附非素[5]，惧见猜嫌；恭默守静，退无私交，非公事不言。〔七〕

先主称尊号，昭告于皇天上帝、后土神祇，凡诸文诰策命，皆巴所作也。

章武二年，卒。卒后，魏尚书仆射陈群，与丞相诸葛亮书，问巴消息，称曰"刘君子初"，甚敬重焉。〔八〕

【注释】

〔1〕烝(zhēng)阳：县名。县治在今湖南邵东县东南。　〔2〕反使：

回去报告使命完成情况。 〔3〕辞谢罪负：为自己的罪过表示歉意。
〔4〕左将军西曹掾：官名。刘备左将军府下属，主管人事。 〔5〕非素：
不是素来追随左右的老部下。

【裴注】

〔一〕《零陵先贤传》曰："巴祖父曜，苍梧太守。父祥，江夏太守，
荡寇将军。时孙坚举兵讨董卓，以南阳太守张咨不给军粮，杀之。祥与
同心，南阳士民由此怨祥；举兵攻之，与战，败亡。刘表亦素不善祥，
拘巴，欲杀之；数遣祥故所亲信人，密诈谓巴曰：'刘牧欲相危害，可
相随逃之！'如此再三，巴辄不应。具以报表，表乃不杀巴。年十八，
郡署户曹史、主记、主簿。刘先（主）欲遣周不疑，就巴学，巴答曰：
'昔游荆北，时涉师门；记问之学，不足纪名；内无杨朱守静之术，外
无墨翟务时之风；犹天之南箕，虚而不用。赐书乃欲令贤甥摧鸾凤之艳，
游燕雀之宇，将何以启明之哉？愧于'有若无，实若虚'，何以
堪之？'"

〔二〕《零陵先贤传》曰："曹公败于乌林；还北时，欲遣桓阶，阶
辞不如巴。巴谓曹公曰：'刘备据荆州；不可也！'公曰：'备如相图，
孤以六军继之也。'"

〔三〕《零陵先贤传》云："巴往零陵，事不成；欲游交州，道还京
师。时诸葛亮在临烝，巴与亮书曰：'乘危历险，到值思义之民，自与
之众；承天之心，顺物之性，非余身谋所能动动。若道穷数尽，将托命
于沧海，不复顾荆州矣。'亮追谓曰：'刘公，雄才盖世，据有荆土，莫
不归德；天人去就，已可知矣。足下欲何之？'巴曰：'受命而来，不成
当还，此其宜也；足下何言邪！'"

〔四〕《零陵先贤传》曰："巴入交阯，更姓为张。与交阯大守士燮
计议不合，乃由牂牁道去。为益州郡所拘留，太守欲杀之。主簿曰：
'此非常人，不可杀也！'主簿请自送至州，见益州牧刘璋。璋父焉，昔
为巴父祥所举孝廉，见巴惊喜；每大事，辄以咨访。"臣松之按：刘焉在
汉灵帝时，已经宗正、太常；出为益州牧，祥始以孙坚作长沙时，为江
夏太守：不得举焉为孝廉，明也。

〔五〕《零陵先贤传》曰："璋遣法正迎刘备，巴谏曰：'备，雄人
也，入必为害；不可纳也！'既入，巴复谏曰：'若使备讨张鲁，是放虎
于山林也！'璋不听，巴闭门称疾。备攻成都，令军中曰：'其有害巴
者，诛及三族！'及得巴，甚喜。"

　〔六〕《零陵先贤传》曰："张飞尝就巴宿；巴不与语，飞遂忿恚。诸葛亮谓巴曰：'张飞，虽实武人，敬慕足下。主公今方收合文武，以定大事；足下虽天素高亮，宜少降意也。'巴曰：'大丈夫处世，当交四海英雄；如何与兵子共语乎！'备闻之，怒曰：'孤欲定天下，而子初专乱之。其欲还北，假道于此，岂欲成孤事邪！'备又曰：'子初才智绝人，如孤，可任用之；非孤者，难独任也！'亮亦曰：'运筹策于帷幄之中，吾不如子初远矣。若提枹鼓，会军门，使百姓喜勇，当与人议之耳。'初攻刘璋，备与士众约：'若事定，府库百物，孤无预焉！'及拔成都，士众皆舍干戈，赴诸藏竞取宝物；军用不足，备甚忧之。巴曰：'易耳！但当铸直百钱，平诸物价，令吏为官市。'备从之，数月之间，府库充实。"

　〔七〕《零陵先贤传》曰："是时，中夏人情未一，闻备在蜀，四方延颈；而备锐意欲即真。巴以为'如此示天下不广，且欲缓之'。与主簿雍茂谏备。备以他事，杀茂；由是远人不复至矣。"

　〔八〕《零陵先贤传》曰："辅吴将军张昭，尝对孙权论巴褊隘，不当拒张飞太甚。权曰：'若令子初随世沉浮，容悦玄德，交非其人，何足称为高士乎？'"

　　马良字季常，襄阳宜城人也[1]。兄弟五人，并有才名；乡里为之谚曰："马氏五常，白眉最良。"良眉中有白毛，故以称之。

　　先主领荆州，辟为从事。及先主入蜀，诸葛亮亦从后往；良留荆州，与亮书曰："闻雒城已拔，此天祚也[2]。尊兄应期赞世[3]，配业光国[4]，魄兆现矣[5]。〔一〕夫变用雅虑[6]，审贵垂明[7]，于以简才[8]，宜适其时。若乃和光悦远[9]，迈德天壤[10]；使时闲于(听)〔德〕[11]，世服于道；齐高妙之音，正郑、卫之声[12]；并利于事，无相夺伦[13]：此乃管弦之至[14]，牙、旷之调也[15]。虽非钟期[16]，敢不击节[17]！"

　　先主辟良为左将军掾。后遣使吴，良谓亮曰："今衔国命[18]，协穆二家[19]；幸为良介于孙将军[20]。"亮曰："君试自为文。"良即为草曰："寡君遣掾马良[21]，通聘继好，以绍昆吾、豕韦之勋[22]。其人吉士[23]，荆楚之令[24]；鲜于造次之华[25]，而有克终之美[26]。愿降心存纳[27]，以慰将命。"权敬待之。

先主称尊号，以良为侍中。及东征吴，遣良入武陵，招纳五溪蛮夷；蛮夷渠帅皆受印号[28]，咸如意指[29]。会先主败绩于夷陵，良亦遇害。

先主拜良子秉为骑都尉[30]。

【注释】

〔1〕宜城：县名。县治在今湖北宜城市东南。 〔2〕天祚：上天保佑。 〔3〕应期：顺应上天的安排。 赞世：辅佐当代。 〔4〕配业：参与大业。 〔5〕魄兆：征兆。 〔6〕变用雅虑：谋求变化要运用您正确合理的考虑。 〔7〕审贵垂明：弄清情况要依仗您的洞察能力。〔8〕简才：选拔人才。 〔9〕和光：共同接受阳光的照耀。《老子》第四章有"和其光，同其尘"的话。这里比喻普遍而公平地施行仁政。 悦远：使远方的人喜悦归心。 〔10〕迈德：尽力施与恩德。 〔11〕使时闲于德：使当代的人熟悉道德。 〔12〕郑、卫之声：先秦时郑、卫二国流行轻曼柔靡的音乐，后来即以郑、卫之声指不正派的靡靡之音。这里则比喻败坏的风俗时尚。 〔13〕夺伦：打乱次序。 〔14〕管弦之至：音乐的最高境界。 〔15〕牙：即伯牙。古代著名的音乐家。善于鼓琴。他的好友钟子期，最能理解欣赏他的演奏。事见《吕氏春秋·本味》。旷：即师旷。春秋时晋国著名的音乐家，也善于鼓琴。事见《史记》卷二十四《乐书》。 〔16〕钟期：即钟子期。 〔17〕节：一种竹制的乐器。用来敲击节拍。这里用击节表示自己愿为刘备的事业尽力。〔18〕国命：国家委派的使命。 〔19〕协穆：和睦。 〔20〕介：介绍。孙将军：指孙权。 〔21〕寡君：对本国君主的称呼。 〔22〕绍：继承。昆吾：夏朝的同盟部落。己姓。在今河南许昌市东。 豕韦：夏朝的同盟部落。彭姓。在今河南滑县东南。这句指两家共同扶助汉朝。 〔23〕吉士：才华突出的人。 〔24〕令：美。 〔25〕鲜(xiǎn)：缺少。 造次之

华：临机应变的才华。　〔26〕克终：能够很好完成（任务）。　〔27〕存纳：安抚接纳。　〔28〕渠帅：首领。　〔29〕咸如意指：都像预想的那样。　〔30〕骑都尉：官名。统领皇帝侍卫队中的骑兵小分队。

【裴注】

　　〔一〕臣松之以为：良盖与亮结为兄弟，或相与有亲；亮年长，良故呼亮为"尊兄"耳。

　　良弟谡，字幼常。以荆州从事随先主入蜀。除绵竹、成都令，越嶲太守[1]。

　　才器过人，好论军计；丞相诸葛亮深加器异。先主临薨谓亮曰："马谡言过其实，不可大用：君其察之！"亮犹谓不然，以谡为参军；每引见谈论，自昼达夜。[一]

　　建兴六年，亮出军向祁山。时有宿将魏延、吴壹等[2]，论者皆言以为宜令为先锋；而亮违众拔谡，统大众在前。与魏将张郃战于街亭，为郃所破，士卒离散；亮进无所据，退军还汉中。谡下狱，物故[3]，亮为之流涕。良死时年三十六，谡年三十九。[二]

【注释】

　　〔1〕除：朝廷的正式任命称为除。　〔2〕宿将：战斗经验丰富的将领。　〔3〕物故：死亡。这里指被处死。

【裴注】

　　〔一〕《襄阳记》曰："建兴三年，亮征南中；谡送之数十里。亮曰：'虽共谋之历年，今可更惠良规。'谡对曰：'南中恃其险远，不服，久矣。虽今日破之，明日复反耳。今公方倾国北伐，以事强贼；彼知官势内虚，其叛亦速。若殄尽遗类，以除后患；既非仁者之情，且又不可仓猝也。夫用兵之道：攻心为上，攻城为下；心战为上，兵战为下：愿公服其心而已。'亮纳其策，赦孟获以服南方。故终亮之世，南方不敢复反。"

〔二〕《襄阳记》曰："谡临终，与亮书曰：'明公视谡犹子，谡视明公犹父；愿深惟殛鲧兴禹之议，使平生之交不亏于此：谡虽死，无恨于黄壤也！'于时十万之众，为之垂涕。亮自临祭，待其遗孤若平生。蒋琬后诣汉中，谓亮曰：'昔楚杀得臣，然后文公喜可知也。天下未定而戮智计之士，岂不惜乎？'亮流涕曰：'孙武所以能制胜于天下者，用法明也；是以杨干乱法，魏绛戮其仆。四海分裂，兵交方始；若复废法，何用讨贼邪！'"习凿齿曰："诸葛亮之不能兼上国也，岂不宜哉！夫晋人规林父之后济，故废法而收功；楚成暗得臣之益己，故杀之以重败。今蜀僻陋一方，才少上国；而杀其俊杰，退收驽下之用；明法胜才，不师三败之道：将以成业，不亦难乎？且先主诚谡之不可大用，岂不谓其非才也？亮受诚而不获奉承，明谡之难废也。为天下宰匠，欲大收物之力，而不量才节任，随器付业。知之大过，则违明主之诚；裁之失中，即杀有益之人：难乎其可与言智者也。"

陈震字孝起，南阳人也。先主领荆州牧，辟为从事，部诸郡[1]。随先主入蜀；蜀既定，为蜀郡北部都尉，因易郡名为汶山太守。转在犍为。

建兴三年，入拜尚书。迁尚书令，奉命使吴。七年[2]，孙权称尊号，以震为卫尉[3]，贺权践阼[4]。诸葛亮与兄瑾书曰[5]："孝起忠纯之性，老而益笃；及其赞述东西[6]，欢乐和合，有可贵者。"

震入吴界，移关侯曰[7]："东之与西，驿使往来，冠盖相望[8]；申盟初好，日新其事。东尊应保圣祚[9]，告燎受符[10]，剖判土宇[11]；天下响应，各有所归。于此时也，以同心讨贼，则何寇不灭哉！西朝君臣，引领

欣赖[12]。震以不才，得充下使，奉聘叙好；践界踊
跃[13]，入则如归。献子适鲁[14]，犯其山讳[15]，《春
秋》讥之；望必启告[16]，使行人睦焉[17]。即日张旃诰
众[18]，各自约誓。顺流漂疾[19]，国典异制[20]；惧或有
违，幸必斟诲[21]，示其所宜。"

震到武昌[22]，孙权与震升坛歃盟[23]，交分天下：
以徐、豫、幽、青，属吴；并、凉、冀、兖，属蜀；其
司州之土[24]，以函谷关为界。震还，封城阳亭侯。

九年[25]，都护李平坐诬罔废[26]。诸葛亮与长史蒋
琬、侍中董允书曰："孝起前临至吴，为吾说'正方腹
中有鳞甲[27]，乡党以为不可近'。吾以为'鳞甲者'，
但不当犯之耳；不图复有苏、张之事出于不意[28]。可
使孝起知之。"

十三年[29]，震卒。子济嗣。

【注释】

〔1〕部：督察。当时州政府有部郡国从事，负责督促郡国公文，举
报郡国官员的不法行为。　〔2〕七年：建兴七年（公元229）。　〔3〕卫
尉：官名。负责皇宫大门警卫和宫内流动巡查。　〔4〕践阼(zuò)：踏上
台阶。指登帝位。　〔5〕瑾：即诸葛瑾(公元174—241)。当时在孙吴任
要职。传见本书卷五十二。　〔6〕赞述：赞美称述。　东：指孙吴。
西：指蜀汉。　〔7〕移：不相统属的官府之间发送公文。　关侯：官名。
守卫边关。这里指蜀、吴边境上孙吴一方的关侯。　〔8〕冠盖：礼帽与
车盖。代指官员。　〔9〕东尊：指孙权。　〔10〕告燎：祭祀名。称帝时
设坛祭告上天，点燃柴火，把献给上天的礼品放在柴堆上一并燃烧，叫
做告燎。又叫燎柴。　受符：接受上天赐给的符命。　〔11〕剖判土宇：
(与蜀汉)分割天下的土地。　〔12〕引领：伸长脖子。比喻急于听到好消
息。　〔13〕践界：踏上边界。　踊跃：(兴奋得)跳跃起来。　〔14〕献
子：即范献子。士氏，名鞅。春秋时晋国的臣僚。　〔15〕犯其山讳：

《国语·晋语》九记载：前521年，范献子出使鲁国，询问具山、敖山。由于鲁国从前的君主中，鲁献公名敖，鲁武公名具，所以范献子询问这两座山犯了鲁国君主的名讳，他为此深感羞愧。〔16〕启告：启示告知（在孙吴的注意事项）。〔17〕行人：使者。〔18〕旌(jīng)：古代一种用牦牛尾和羽毛装饰的旗帜，用于指挥或开道。诰众：告戒部下。〔19〕疾：快速。〔20〕国典异制：两国典章的内容不同。〔21〕斟诲：加以考虑和教诲。〔22〕武昌：县名。县治在今湖北鄂州市。〔23〕歃(shà)：订立盟誓时，各方参加者轻啜一点牲口的血，或者以血涂口，以表示诚意，称之为歃血。〔24〕司州：京城洛阳所在的州。通常称司隶校尉部。治所在今河南洛阳市东。〔25〕九年：建兴九年（公元231）。〔26〕都护：官名。即中都护。刘备临死前任命李严为中都护，统内外诸军，镇守永安（今重庆市原奉节县东），是蜀汉全军的统帅。刘禅继位后，中都护的军权减弱。后来全军指挥权由丞相诸葛亮接管。李平：即李严。传见本书卷四十。诬罔：造谣欺骗。废：废黜。〔27〕正方：李严的字。有鳞甲：比喻性格孤傲，难以接近。〔28〕苏、张：即苏秦、张仪。苏、张之事指玩弄诡诈手段。〔29〕十三年：建兴十三年（公元235）。

董允字休昭。掌军中郎将和之子也。先主立太子，允以选为舍人[1]。徙洗马[2]。

后主袭位，迁黄门侍郎。丞相亮将北征，住汉中；虑后主富于春秋[3]，朱紫难别[4]；以允秉心公亮[5]，欲任以宫省之事[6]。上疏曰："侍中郭攸之、费祎、侍郎董允等，先帝简拔以遗陛下"；"至于斟酌损益，进尽忠言，则其任也"；"愚以为宫中之事，事无大小，悉以咨之；必能裨补阙漏，有所广益"；"若无兴德之言，则责允等以彰其咎"。亮寻请祎为参军；允迁为侍中，领虎贲中郎将[7]，统宿卫亲兵。攸之性素和顺，备员而已[8]；〔一〕献纳之任，允皆专之矣。

允处事为防制，甚尽匡救之理。后主常欲采择以充后宫[9]，允以为"古者天子后妃之数不过十二；今嫔嫱已具[10]，不宜增益"，终执不听；后主益严惮之[11]。

尚书令蒋琬领益州刺史，上疏以让费祎及允；又表"允内侍历年，翼赞王室[12]，宜赐爵土以褒勋劳"。允固辞不受。

后主渐长大，爱宦人黄皓。皓便辟佞慧[13]，欲自容入[14]。允常上则正色匡主[15]，下则数责于皓；皓畏允，不敢为非。终允之世，皓位不过黄门丞[16]。

允尝与尚书令费祎、中典军胡济等，共期游宴[17]；严驾已办[18]，而郎中襄阳董恢，诣允修敬[19]。恢年少官微，见允停出，逡巡求去[20]。允不许，曰："本所以出者，欲与同好游谈也。今君已自屈[21]，方展阔积[22]；舍此之谈，就彼之宴，非所谓也[23]。"乃命解骖[24]，祎等罢驾不行。其守正下士，凡此类也。〔二〕

延熙六年，加辅国将军。七年[25]，以侍中守尚书令，为大将军费祎副贰。

九年[26]，卒。〔三〕

【注释】

〔1〕舍人：官名。即太子舍人。太子宫中的官员，负责警卫。〔2〕洗(xiǎn)马：官名。即太子洗马。太子宫中的官员，负责聚会的礼仪，接收和发送公文，太子外出则充当先导。　〔3〕富于春秋：指年纪轻。　〔4〕朱紫：古代以朱为正色，紫为杂色。这里比喻好坏是非。〔5〕公亮：公正。　〔6〕宫省：宫廷。　〔7〕虎贲中郎将：官名。统领虎贲郎官，保卫皇宫殿堂。　〔8〕备员：充数。　〔9〕采择：选取(美女)。〔10〕嫔嫱：泛指皇帝的小妾。　〔11〕严惮：敬畏。　〔12〕翼赞：辅佐

扶助。〔13〕便(pián)辟：善于逢迎谄媚。 佞慧：会说花言巧语，生性狡黠。〔14〕自容入：(取悦刘禅使之)接纳看重自己。〔15〕匡：纠正(过失)。〔16〕黄门丞：官名。宫廷宦官的副长官。〔17〕期：预定时间。〔18〕严驾：物品和车辆。〔19〕修敬：表示敬意。指拜望。〔20〕停出：正要出门。〔21〕自屈：委屈自己(前来)。〔22〕阔积：分别以后积聚的思念。〔23〕非所谓：说不过去。〔24〕骖：驾车的马。〔25〕七年：延熙七年(公元244)。〔26〕九年：延熙九年(公元246)。

【裴注】

〔一〕《楚国先贤传》曰："攸之，南阳人。以器业知名于时。"

〔二〕《襄阳记》曰："董恢字休绪，襄阳人。入蜀，以宣信中郎，副费祎使吴。孙权尝大醉问祎曰：'杨仪、魏延，牧竖小人也。虽尝有鸣吠之益于时务，然既已任之，势不得轻；若一朝无诸葛亮，必为祸乱矣！诸君惛惛，曾不知防虑于此，岂所谓贻厥孙谋乎？'祎愕然，四顾视，不能即答。恢目祎曰：'可速言：仪、延之不协，起于私忿耳，而无黥、韩难御之心也。今方扫除强贼，混一区夏；功以才成，业由才广；若舍此不任，防其后患；是犹备有风波而逆废舟楫，非长计也。'权大笑乐。诸葛亮闻之，以为知言。还，未满三日，辟为丞相府属。迁巴郡太守。"臣松之按：《汉晋春秋》亦载此语，不云董恢所教，辞亦小异；此二书俱出习氏而不同若此。本传云"恢年少官微"，若已为丞相府属，出作巴郡，则官不微矣。以此疑习氏之言为不审也。

〔三〕《华阳国志》曰："时蜀人以诸葛亮、蒋琬、费祎及允为'四相'，一号'四英'也。"

陈祗代允为侍中，与黄皓互相表里[1]；皓始预政事。祗死后，皓从黄门令，为中常侍、奉车都尉[2]，操弄威柄，终至覆国。蜀人无不追思允。及邓艾至蜀，闻皓奸险，收闭[3]，将杀之；而皓厚赂艾左右，得免。

祗字奉宗，汝南人。许靖兄之外孙也。少孤，长于靖家。弱冠知名。稍迁至选曹郎[4]。矜厉有威容[5]，多技艺，挟数术[6]。费祎甚异之，故超继允内侍[7]。

吕乂卒，祇又以侍中守尚书令，加镇军将军。大将军姜维虽班在祇上，常率众在外，希亲朝政。祇上承主指[8]，下接阉竖；深见信爱，权重于维。

景耀元年卒，后主痛惜，发言流涕。乃下诏曰："祇统职一纪[9]，柔嘉惟则[10]，干肃有章[11]；和义利物，庶绩允明[12]。命不融远[13]，朕用悼焉！夫存有令问，则亡加美谥。谥曰忠侯。"赐子粲爵关内侯，拔次子裕为黄门侍郎。

自祇之有宠，后主追怨允日深，谓为自轻[14]；由祇媚兹一人，皓构间浸润故耳[15]。

允孙宏，晋巴西太守。[一]

【注释】

〔1〕表里：内外勾结。　〔2〕中常侍：官名。皇帝的随身侍从宦官，负责传达诏命，处理公文，实权很大。　奉车都尉：奉车都尉是中央行政机构的正式官职，通常不允许宫内的宦官担任。刘禅宠爱黄皓，才有这一特别的任命。　〔3〕收闭：逮捕关押。　〔4〕选曹郎：官名。即选曹尚书郎。尚书台中的选曹负责官员任命，主办官员是尚书，其助手为尚书郎。　〔5〕矜厉：矜持严厉。　〔6〕数术：心计和手段。　〔7〕超：提拔。　〔8〕主指：君主的意图。　〔9〕一纪：十二年。　〔10〕柔嘉惟则：柔和美好，遵循规矩。　〔11〕干(gàn)肃：干练严肃。　〔12〕庶绩：各项公务。　〔13〕融远：长久。　〔14〕自轻：轻视自己。〔15〕构间浸润：设法诋毁而逐渐产生作用。

【裴注】

〔一〕臣松之以为：陈群子泰，陆逊子抗，传皆以子系父，不别载姓；及王肃、杜恕、张承、顾邵之流，莫不皆然；惟董允独否，未详其意。当以允名位优重，事迹逾父故邪？夏侯玄、陈表并有骖角之美，而亦如泰者：《魏书》总名此卷云《诸夏侯曹传》，故不复稍加品藻；陈武与表，俱至偏将军，以位不相过故也。

吕乂字季阳，南阳人也。父常，送故将（军）刘焉入蜀[1]；值王路隔塞，遂不得还。乂少孤，好读书鼓琴。

初，先主定益州，置盐府校尉[2]，较盐铁之利[3]；后校尉王连请乂及南阳杜祺、南乡刘幹等并为典曹都尉[4]。乂迁新都、绵竹令，乃心隐恤[5]；百姓称之，为一州诸城之首。迁巴西太守。

丞相诸葛亮连年出军，调发诸郡，多不相救[6]；乂募取兵五千人诣亮，慰喻检制[7]，无逃窜者。徙为汉中太守，兼领督农[8]，供继军粮。

亮卒，累迁广汉、蜀郡太守。蜀郡一都之会，户口众多；又亮卒之后，士伍亡命[9]，更相重冒[10]，奸巧非一。乂到官，为之防禁，开喻劝导；数年之中，漏脱自出者万余口。

后入为尚书。代董允为尚书令，众事无留[11]，门无停宾[12]。乂历职内外，治身俭约，谦靖少言；为政简而不烦，号为清能。然持法刻深[13]，好用文俗吏[14]；故居大官，名声损于郡县[15]。延熙十四年卒。

子辰，景耀中为成都令。辰弟雅，谒者[16]。雅清厉有文才[17]，著《格论》十五篇。

杜祺，历郡守、监军、大将军司马；刘幹，官至巴西太守。皆与乂亲善，亦有当时之称[18]；而俭素守法，不及于义。

【注释】

〔1〕故将：过去的郡太守。当时习称郡太守为郡将，故将即故郡将。刘焉曾任南阳郡太守，对吕常而言是故将。　〔2〕盐府：官署名。专门管理盐铁生产和销售。　校尉：官名。这里指司盐校尉，盐府的长官。〔3〕较(jué)：垄断。　〔4〕王连：传见本书卷四十一。　典曹都尉：官名。盐府各分支机构的主办官员。　〔5〕隐恤：怜悯抚恤。　〔6〕救：及时补充。　〔7〕检制：约束。　〔8〕督农：官名。负责督察军粮的生产供应。　〔9〕士伍：士兵。　亡命：逃亡。　〔10〕重(chóng)冒：冒名顶替。　〔11〕留：滞留耽搁。　〔12〕停宾：指等待公事处理结果的来人。　〔13〕刻深：苛刻深重。　〔14〕文俗吏：熟悉法令规章条款但文化素养不高的办事员。这种人与出身儒生的官员有别。　〔15〕损于郡县：名声不如他担任郡县官员的时候好。　〔16〕谒者：官名。即谒者仆射(yè)。主管谒者台的官员，皇帝外出担任引导。谒者台是负责礼仪的机构。　〔17〕清厉：清廉严格。　〔18〕当时：合乎时代需要。指具有从政的才能。

评曰：董和蹈《羔羊》之素[1]；刘巴履清尚之节；马良贞实，称为令士；陈震忠恪[2]，老而益笃；董允匡主，义形于色：皆蜀臣之良矣。吕乂临郡则垂称[3]，处朝则被损：亦黄、薛之流亚矣[4]。

【注释】

〔1〕羔羊：小羊。《诗经》中有《羔羊》一篇。　素：白色。《诗经·羔羊》有"羔羊之革，素丝五纥"的句子，古人认为是赞美周文王时官员节俭正直，品德像小羊皮毛一般洁白。但现今学者的理解与此不同。　〔2〕忠恪：忠诚谨慎。　〔3〕垂称：留下美名。　〔4〕黄：指黄霸(？—前51)。字次公。淮阳郡阳夏(今河南太康县)人。西汉宣帝时任扬州刺史、颍川郡太守，政绩评为天下第一。后调中央任御史大夫、丞相，表现远不如从前。传见《汉书》卷八十九。　薛：指薛宣。字赣君。

东海郡郯县(今山东郯城县西北)人。西汉成帝时,任临淮、陈留二郡太守,又任左冯翊(píng yì),政绩突出。后调中央任御史大夫、丞相,因表现平平,被免职削爵。传见《汉书》卷八十三。　　流亚:同样的人物。

【译文】

　　董和,字幼宰,南郡枝江县人,他的先世本来是巴郡江州县人。汉朝末年,他带领宗族向西迁移到益州,益州牧刘璋前后任命他为牛鞞县长、江原县长、成都县令。蜀地富庶充实,当时的风俗奢侈:从事工商业用本钱生利润的家庭,穿的是华丽衣服,吃的是珍美食品;结婚或办丧事,大操大办倾家荡产。董和亲自在俭朴生活方面作出表率,穿粗布衣服,吃以蔬菜为主的饭食,防止生活享受上超越本分的行为,为此制定了标准和规定;所到之处风气都往好的方面改变,人民敬畏而不敢违犯这些标准和规定。但是成都县辖境内的豪强大族害怕董和的严厉法规,暗中劝刘璋改任他为巴东属国都尉。官吏百姓相互邀约去请求让董和继续留任的有数千人之多,刘璋只得同意他留任两年。

　　从任上回来之后他升任益州郡太守,他依然像从前一样清廉节约。与少数族打交道,注重表现出诚意,南方地区的少数族都敬爱信任他。

　　先主刘备平定益州,召董和到成都出任掌军中郎将,与军师将军诸葛亮一起处理左将军府、大司马府的公务;进献合理建议,废除不合理的做法,两人结下友好情谊。自从董和当官领取俸禄之后,出外治理边远地区,入内处理机要事务,前后达二十多年,然而他去世时家中却连少量的积蓄也没有。

　　诸葛亮后来出任丞相,向各位僚属下达指示说:"之所以要设置机要事务的参与处理官员,就是想集思广益啊。如果为了避免小矛盾,就不愿意发表不同意见,那么就会出现政事荒废和失误的损失了。发表不同意见而使政事得到适当处置,就好比丢弃破鞋而得到了珍珠美玉一般。但是人们心中的想法,很难充分说出来,唯有徐元直处在这种情况时能够不犹豫迟疑;还有董幼宰参与处理政务七年,事情如有不周到之处,竟至于返回来十次,报告自己的看法。如果你们能仰慕学习徐元直精神的十分之一，以及董幼宰办事的勤勤恳恳，为国尽忠，那我就可以少犯过失了。"

又说："我过去先与崔州平交往，屡次听到他指出我做事的得失；后来又与徐元直交朋友，承蒙他多加启发和指教；此前与董幼宰共同处理政事，每次他进言时都毫无保留；此后又与胡伟度共事，他也多次对我进行规劝阻止。虽然我的素质浅陋愚昧，不能全部采纳他们的意见，但是我与这四位始终保持着友好关系，这也就足以表明他们不会对直言规劝有任何犹豫了。"他就是如此怀念董和。

刘巴，字子初，零陵郡烝阳县人。年轻时就很有名，荆州牧刘表多次聘请他任下属，又举荐他为茂才；他都不接受。

刘表去世，曹操南征荆州。先主刘备逃奔江南，荆州名流跟随他的络绎不绝，而刘巴却独独往北去投奔曹操。曹操任命他为下属，让他去招降长沙、零陵、桂阳三郡。碰上先主前来攻占这三郡，刘巴不能回北方复命，又向南逃奔交阯；先主对此深为不满。

刘巴又从交阯来到益州。没有多久先主又平定了益州。刘巴为自己从前不肯归附先主的罪过深表歉意，先主没有责备他。由于诸葛亮多次称赞推荐，先主就任命他为自己左将军府的西曹掾。汉献帝建安二十四年（公元 219），先主为汉中王，刘巴任尚书。后又代替法正任尚书令。他为人清廉俭朴，不置私人产业。又觉得自己是后来归附者，而不是素来追随先主的老部下，害怕受到猜疑；所以恭敬沉默安安静静，从官署下班后没有私人交往，不是公事不会发表意见。

先主称帝，向皇天上帝、大地之神所作的公开祷告文书，以及有关的一切文告和封爵任官的文书，都出自刘巴之手。

先主章武二年（公元 222）他去世。去世之后，魏朝的大臣尚书仆射陈群，与诸葛亮写信，询问刘巴的消息，称之为"刘君子初"，非常敬重他。

马良，字季常，襄阳郡宜城县人。他们兄弟五人，都以具有才能而著名，家乡人为他们编了一条谚语："马家五个'常'，白眉最优良。"马良的眉毛中有白毛，所以人们这样称呼他。

先主刘备兼任荆州牧，聘请他担任从事。先主进入益州，诸葛亮后来也前往。马良留在荆州，与诸葛亮写信说："听说雒城已被攻克，真是上天保佑啊。仁兄顺应上天的安排，辅佐当代君主，参与大业光耀国家，这样的征兆已经出现了。谋求变化要运用您正确合理的考虑，弄清情况要依仗您的洞察能力，至于选拔人才，应当说正是时候了。如果能普遍而公平地施行仁政，使远方的人喜悦归心；在天地间尽力施与恩德，使当今的人熟悉道德，服从正道；建立高尚美好的教化，纠正败坏的风俗时尚；各项政事都顺利实施，不会彼此打乱顺序：这种政治就好比是音乐的最高境界，伯牙、师旷才能奏出的曲调啊。我虽然不是知音的钟子期，却怎敢不敲击节拍参加这种曲调的合奏呀！"

接着先主任命马良为左将军府的下属。后来他受命出使孙吴，马良对诸葛亮说："而今我接受国家委派的使命，和睦双方；如果您能为我给孙权将军写一封私人介绍信，那我就幸运了。"诸葛亮说："您试着自己起草文稿吧。"马良就起草说："我国君主派遣下属马良前来访问加深友谊，以继承昆吾、豕韦那共同辅助王室的功勋。马良才华突出，是荆州的优秀人物；虽然缺少临机应变的口辩，却有很好完成任务的能力。希望您屈尊安抚接纳，以慰勉身负使者的人。"孙权对马良很尊敬优待。

先帝称帝，任命马良为侍中。后来东下征吴，先主派马良进入武陵郡争取居住在五溪的少数族；少数族首领都接受了先主赏赐的官印、官号，一切都符合先主最初的考虑打算。不久先主在夷陵大败，马良也在当地遇害身死。

先主任命他的儿子马秉为骑都尉。

马良的弟弟马谡，字幼常。以荆州从事的身份随从先主入益州，前后任绵竹县令、成都县令、越嶲郡太守。

他的才能气度超过常人，喜欢议论军事计谋；丞相诸葛亮对他深为器重。先主临死前对诸葛亮说："马谡的言论超过了自己的实际才干，不可大用：您要察觉这一点。"诸葛亮还认为不然，任命马谡为军事参谋；每次召见他谈话，都从白天一直谈到夜晚。

后主建兴六年(公元 228)，诸葛亮出兵祁山进行第一次北伐。当时战斗经验丰富的将领有魏延、吴壹等人，议论的人都说应当在他们中间选择先锋官；而诸葛亮拒绝众人意见提拔马谡，让他指挥前锋的大队人马。他与魏将张郃在街亭激战，结果被张郃击败，军队溃散。诸葛亮前进失去依据，只得退回汉中。马谡被逮捕入狱处死，诸葛亮因此而流泪。马良死时三十六岁，马谡死时三十九岁。

陈震，字孝起，南阳郡人。先主刘备兼任荆州牧，聘任他为从事，先后督察州内下属各郡。接着又随先主西上益州。益州平定之后，他担任蜀郡北部都尉。后来蜀郡北部改为汶山郡，他担任太守。又转任犍为郡太守。

后主建兴三年(公元 225)，他入朝任尚书。升任尚书令，并奉命出使吴国。建兴七年(公元 229)，孙权称帝，蜀国任命陈震为卫尉，去庆贺孙权登基。诸葛亮与在孙吴的哥哥诸葛瑾写信说："孝起忠诚纯洁的品性，到老来更加突出；他在赞美称述东吴、西蜀，使双方愉快友好的方面，有可贵的贡献。"

陈震进入孙吴辖境，给孙吴守卫边境的官员递交一份公文说："东西两国之间，乘坐驿站车马的使者往来不断，彼此都在路上望见；申明盟约加深友谊，每天这方面的事情都有新进展。贵国君主保有神圣的福分，祭告上天而承受上天的指命称帝，与我国分割天下土地；人民群起响应，从此各有归属。在这个时候，双方同心讨伐曹贼，什么敌人不能消灭呢！我国的君臣，都急于听到贵国的好消息，并且欣然把贵国作为可以依靠的外援。陈震我没有才德，有幸充当下等的使者，奉命拜访贵国叙述友谊；进入贵国地界后兴奋得跳跃起来，热情的接待使我有回家的感觉。从前范献子出使鲁国，在询问山名时犯了鲁国君主的名讳，《春秋》曾经讥评他；希望一定把贵国有关的避讳告诉我，让我能使双方关系和睦。从今天起我就悬挂旗帜告诫部下，各自起誓约束自己。顺流而下的船前进迅速，而两国法制彼此不同；恐怕有所违背，希望一定给予指点，说明怎样做才适当。"

陈震到达当时孙吴的都城武昌，孙权与陈震登坛歃血为盟，中分天下：以曹魏的徐、豫、幽、青四州，归吴国；曹魏的并、凉、冀、兖四州，归蜀国；余下的曹魏司州土地，以函谷关为界，东面归吴，西边归蜀。陈震回来后，封为城阳亭侯。

建兴九年（公元231），都护李平因造谣欺骗朝廷而被废黜。诸葛亮与长史蒋琬、侍中董允写信说：“孝起此前出使孙吴临出发时，对我说‘李平性格孤傲就像腹内长了鳞甲一样，同乡人都认为他很难接近’。我觉得有鳞甲只要不去触犯他就行了；没有想到他又会出其不意仿效苏秦、张仪玩弄诡诈手段。可以让孝起知道这一切。”

建兴十三年（公元235），陈震去世。他的儿子陈济继承了爵位。

董允，字休昭，是掌军中郎将董和的儿子。先主刘备立太子，董允被挑选出来任太子舍人。转任太子洗马。

后主继承帝位，他升任黄门侍郎。丞相诸葛亮将要北伐中原，先进驻汉中；顾虑后主年纪轻，难以区分好坏是非；因为董允秉心公正，想委任他主管皇宫事务。便上了一道后世称为《出师表》的奏疏给后主，其中说：“侍中郭攸之、侍中费祎、黄门侍郎董允等，是先帝把他们挑选来留给陛下的”；“至于对政事进行斟酌改革，充分进献忠言，这就是他们的责任了”；“愚臣以为皇宫的事务，无论大小，都应当咨询他们，然后再施行，必定能弥补缺陷遗漏，吸收更多的有益意见”；“如果没有帮助陛下培养品德的言论，就责问董允等人以公开他们的过失”。没多久诸葛亮请求调费祎为自己的军事参谋；董允则升任侍中，兼虎贲中郎将，统领侍卫皇帝的贴身武士。郭攸之性情素来和顺，他当侍中只是充数而已；至于进献自己的忠言吸纳皇宫外群臣的有益建议，这方面的任务就由董允一人承担了。

董允处理皇宫事务能预防制止奸邪，很能尽心匡正和补救后主的过失。后主曾经想选取美女扩充后宫，董允认为“古时候天子后妃的人数不超过十二人，现今妃嫔人数都已够了，不应当再增加”，始终不同意。后主因此更敬畏他。

尚书令蒋琬兼任益州刺史，上疏把这一职务让给费祎和董允；又上表说“董允在皇宫内侍奉陛下多年，辅助皇朝，应当赐给爵位、封地以褒奖其勋劳"。董允坚辞不受。

后主逐渐长大之后，宠爱宦官黄皓。黄皓善于逢迎谄媚，会说花言巧语，生性狡黠，一心想取悦刘禅使之接纳和看重自己。董允常常对上严肃匡正后主，对下斥责黄皓；黄皓害怕董允，不敢为非作歹。董允在世时，黄皓的官位最高也不过是黄门丞。

董允曾经与尚书令费祎、中典军胡济等共同约定时间去外边游玩饮宴；物品和车辆都已准备好以后，却碰上担任郎中的襄阳郡人董恢前来谒见董允表示敬意。董恢年轻官小，看到董允正要外出，退缩着想要告辞。董允不同意，说："我之所以外出的本意，是想与志趣相投的人游玩谈心啊。现今您已经委屈自己前来，正要畅谈分别以后积累的思念；放弃这里的谈话，去赴那边的聚会，说不过去啊。"于是命令解开驾车的马，费祎等人也都停车不走了。董允的坚守正道尊重人士，就像是这样。

延熙六年（公元 243），他加任辅国将军。第二年，以侍中身份代理尚书令职务，充当大将军费祎的助手。

延熙九年（公元 246），董允去世。

陈祗代替董允为侍中，与黄皓内外勾结；黄皓才开始参预政事。陈祗死后，黄皓从黄门令，升任中常侍、奉车都尉，把持玩弄威权，终于导致国家灭亡。蜀人这时无不怀念董允。到了邓艾灭蜀，听说黄皓奸恶凶险，下令逮捕关押他，准备除掉；而黄皓以重礼贿赂邓艾的随从，才得免死。

陈祗，字奉宗，汝南郡人。是许靖哥哥的外孙。他从小死去父亲，在许靖家长大，二十岁左右就已出名。逐渐升迁到选曹尚书郎的职位。他为人矜持严厉而容貌威严。多才多艺，又有心计和手段。费祎很器重他，所以提拔他继董允之后担任侍中。

吕义死后，陈祗又以侍中身份代理尚书令职务，加任镇军将军。大将军姜维虽然地位在陈祗之上，但是常常率众在外，很少过问朝政。陈祗上承后主旨意，下管宫廷宦官；深受后主的信任喜爱，实权反而比姜维还大。

景耀元年（公元 258）陈祗去世，后主痛惜不已，一说起就流泪。并下诏说："陈祗任侍中职务长达十二年，柔顺美好，遵循规矩，干练严肃，很有章法；和蔼忠义，造福百姓，各项公务办得恰当清楚。可惜寿命不长久，朕因此很痛惜他！凡是生前建立美名的，死后都要给予好谥号。现在谥他为忠侯。"又赐陈祗的长子陈粲关内侯的爵位，提拔他的二儿子陈裕为黄门侍郎。

自从陈祗得宠，后主对已故的董允越来越恨，认为董允轻视自己；这都是由于陈祗谄媚后土，而黄皓设法诋毁董允并逐渐产生作用的缘故。

董允的孙子董宏，晋朝时曾任巴西郡太守。

吕乂，字季阳，南阳郡人。父亲吕常，护送以往曾任南阳郡太守的刘焉到益州；碰上通往朝廷的道路断绝，结果未能回去。吕乂从小死去父亲，喜欢读书弹琴。

起初，先主刘备平定益州，设置盐府校尉，垄断盐铁生产带来的利润；后来盐府校尉请求委派吕乂，以及南阳郡人杜祺、南乡郡人刘幹，一齐担任自己府署的典曹都尉。吕乂接着升任新都县令、绵竹县令，心中怜悯民众而加意抚恤；受到百姓的称赞，政绩列为全益州各县之首。不久他升任巴西郡太守。

丞相诸葛亮连年出兵，向各郡征调新兵时，大多不能向前线及时补充兵源；而吕乂在本郡招收五千人到诸葛亮大营去时，对新兵安慰约束，竟然没有一个逃跑的。他转任汉中郡太守，兼任督农，以供给军粮。

诸葛亮死后，他先后升任广汉郡、蜀郡太守。蜀郡是一州的中心区域；人口众多，在诸葛亮死后，这里又有大批逃亡士兵，他们冒名顶替，在户口上搞的花样不止一种。吕乂到任后，在这方面采取预防和禁止措施，教育劝导；几年之间，黑人黑户主动出来登记的有一万多人。

后来他奉调入朝担任尚书。又继董允之后任尚书令，各项公务没有滞留和耽搁，门外也没有等待公务处理的来人。吕乂历任皇宫内外的职务，要求自己俭朴节约，为人谦虚安静，少言寡语；行政措施简要而不烦琐，人们对他有清廉能干的评价。不过他执行法律苛刻深重，喜欢使用熟悉法律规章条款但是文化素养不高的办事人员；所以他在出任尚书令之后，名声反而不如他在当郡县行政长官时好了。后主延熙十四年(公元251)，吕乂去世。

他的儿子吕辰，在后主景耀年间任成都县令。吕辰的弟弟吕雅，曾任谒者仆射。吕雅为人清廉严格而有文才，曾著《格论》十五篇。

杜祺，历任郡太守、监军、大将军府司马；刘幹，官做到巴西郡太守。他们都和吕乂亲近友善，也因为有从政才能而受到称赞；但是在俭朴守法方面，他们都不及吕乂了。

评论说：董和的品质像羔羊皮一样洁白；刘巴具有清高的节操；马良正直诚实，被称为优秀人物；陈震忠诚谨慎，到老年益发突出；董允匡正君主，正义之气表现在脸上：都是蜀国的良臣啊。吕乂治理各郡时留下美名，入朝任职则声誉受损，也是汉朝黄霸、薛宣一类的人了。

刘彭廖李刘魏杨传第十

刘封者，本罗侯寇氏之子[1]，长沙刘氏之甥也。先主至荆州，以未有继嗣，养封为子。

及先主入蜀，自葭萌还攻刘璋；时封年二十余，有武艺，气力过人，将兵俱与诸葛亮、张飞等溯流西上，所在战克。益州既定，以封为副军中郎将[2]。初，刘璋遣扶风孟达，副法正，各将兵二千人，使迎先主；先主因令达并领其众，留屯江陵。蜀平后，以达为宜都太守。

建安二十四年，命达从秭归北攻房陵[3]，房陵太守蒯祺为达所害。达将进攻上庸[4]，先主阴恐达难独任；乃遣封自汉中乘沔水下统达军，与达会上庸。上庸太守申耽举众降，遣妻子及宗族诣成都。先主加耽征北将军，领上庸太守，员乡侯如故。以耽弟仪为建信将军、西城太守[5]。迁封为副军将军[6]。

自关羽围樊城、襄阳，连呼封、达，令发兵自助[7]。封、达辞以山郡初附，未可动摇，不承羽命。会羽覆败，先主恨之；又封与达忿争不和，封寻夺达鼓吹[8]。达既惧罪，又忿恚封，遂表辞先主，率所领降

魏。〔一〕

魏文帝善达之姿（才容）〔容才〕观[9]，以为散骑常侍、建武将军，封平阳亭侯；合房陵、上庸、西城三郡〔立以为新城郡[10]，以〕达领新城太守。遣征南将军夏侯尚、右将军徐晃与达共袭封。

达与封书曰：

古人有言："疏不间亲[11]，新不加旧[12]。"此谓上明下直[13]，谗慝不行也[14]。若乃权君谲主[15]，贤父慈亲[16]，犹有忠臣蹈功以罹祸[17]，孝子抱仁以陷难；种、商、白起、孝己、伯奇[18]，皆其类也。其所以然，非骨肉好离[19]，亲亲乐患也[20]：或有恩移爱易，亦有谗间其间[21]；虽忠臣不能移之于君，孝子不能变之于父者也。势利所加，改亲为仇；况非亲亲乎？故申生、卫伋、御寇、楚建禀受形之气[22]，当嗣立之正，而犹如此。

今足下与汉中王[23]，道路之人耳[24]！亲非骨血而据势权，义非君臣而处上位；征则有偏任之威[25]，居则有副军之号：远近所闻也。自立阿斗为太子以来[26]，有识之人相为寒心。如使申生从子舆之言[27]，必为太伯[28]；卫伋听其弟之谋，无彰父之讥也[29]。且小白出奔[30]，入而为霸；重耳逾垣[31]，卒以克复[32]。自古有之，非独今也。夫智贵免祸，明尚夙达[33]。仆揆汉中王虑定于内[34]，疑生于外矣；虑定则心固，疑生则心惧；乱祸之兴作，未曾不由废立之间也。私怨人情，不能不现，恐左右必有以间于汉中王矣[35]。然则疑成怨闻，其发若践机耳[36]。今足下在远，尚可假息一时[37]；若大军遂进[38]，足下失据而还，窃相为危之！

昔微子去殷，智果别族[39]；违难背祸[40]，犹皆如斯。〔二〕今足下弃父母而为人后[41]，非礼也；知祸将至而留之，非智也；见正不从而疑之，非义也。自号为丈夫，为此三者，何所贵乎！以足下之才，弃身来东[42]，继嗣罗侯，不为背亲也；北面事君，以正纲纪，不为弃旧也；怒不致乱[43]，以免危亡，不为徒行也[44]。加陛下新受禅命[45]，虚心侧席[46]，以德怀远；若足下翻然内向，非但与仆为伦[47]，受三百户封[48]，继统罗国而已；当更剖符大邦[49]，为始封之君。陛下大军，金鼓已震，当转都宛、邓[50]；若二敌不平[51]，军无还期。足下宜因此时，早定良计。《易》有"利见大人[52]"，《诗》有"自求多福[53]"。

行矣[54]，今足下勉之！无使狐突闭门不出[55]。封不从达言。申仪叛封，封破走还成都。申耽降魏，魏假耽怀集将军[56]，徙居南阳；仪魏兴太守[57]，封(真)〔郧〕乡侯，屯洵口[58]。〔三〕

封既至，先主责封之侵陵达，又不救羽；诸葛亮虑封刚猛，易世之后终难制御[59]，劝先主因此除之。于是赐封死，使自裁。封叹曰："恨不用孟子度之言[60]！"先主为之流涕。

达本字子敬，避先主叔父敬，改之。〔四〕

【注释】

〔1〕罗侯：侯爵名。其封地在罗县（今湖南汨罗市西北）。　〔2〕副军中郎将：官名。领兵征伐。在名义上是刘备的军事副手。　〔3〕房陵：郡名。治所在今湖北房县。　〔4〕上庸：郡名。治所在今湖北竹山县西南。　〔5〕建信将军：官名。领兵征伐。　西城：郡名。治所在今陕西安康市西北。　〔6〕副军将军：官名。职责与副军中郎将相同，但品级要高一等。　〔7〕自助：帮助自己。　〔8〕寻：接着。　鼓吹（chuì）：军队中演奏鼓吹乐的仪仗队。鼓吹乐源于北方少数族，用鼓、钲、笳、箫等演奏，用以显示声威。　〔9〕才观：表现在外的才能。　〔10〕新城：郡名。治所在今湖北省房县。　〔11〕间（jiàn）：隔离。　〔12〕加：居于……之上。　〔13〕上明下直：上级英明下级就正直。　〔14〕谗慝（tè）：谗言和邪恶。　〔15〕谲（jué）主：善于玩弄权术的君主。〔16〕慈亲：慈母。　〔17〕蹈功以罹祸：因立下大功而遭到灾祸。〔18〕种：即文种。字少禽。春秋末年楚国郢（今湖北荆州市荆州区西北）人。任越王勾践的大臣。帮助勾践刻苦图强，灭吴复仇。后勾践听信谗言，命他自杀。事见《史记》卷四十一《越王勾践世家》。　商：即商鞅。　孝己：传说是殷高宗武丁的儿子，因继母的挑拨，被高宗杀死。伯奇：传说是周宣王大臣尹吉甫的儿子，因继母的挑拨，被尹吉甫流放。孝己与伯奇事，见《孔子家语》卷九。　〔19〕好离：喜好分离。〔20〕亲亲：亲戚。　〔21〕间（jiàn）其间：在其中离间。　〔22〕卫伋：春秋时卫宣公的太子。名伋。因继母的诋毁，被宣公派人杀死。事见《史记》卷三十七《卫康叔世家》。　御寇：春秋时陈宣公的太子。宣公后娶爱妾，生子款。宣公想立款为太子，杀御寇。事见《史记》卷三十六《陈杞世家》。　楚建：春秋时楚平王的太子。名建。因受宠臣费无忌的诋毁，平王要杀他，他逃往宋国。事见《史记》卷四十《楚世家》。受形之气：孕育生命形体的元气。禀受形之气意指是亲生骨肉。〔23〕汉中王：指刘备。　〔24〕道路之人：指没有关系的陌生人。〔25〕偏任：独自领兵征伐一方的重任。　〔26〕阿斗：即后主刘禅。禅字公嗣。又名斗，字升之，见本书卷三《明帝纪》太和二年裴注引《魏略》。　〔27〕子舆：春秋时晋国的臣僚。士氏，名芴。他曾劝太子申生逃亡外国避祸，申生不从，后来果然遭后母骊姬陷害，自杀。事见《史记》卷三十九《晋世家》。　〔28〕太伯：即吴太伯。周文王的大伯父。

太伯的父亲准备立周文王的父亲季历为继承人，太伯与二弟仲雍主动逃往南方避让，后来成为吴国的开国君主。事见《史记》卷三十一《吴太伯世家》。 〔29〕彰父：暴露父亲（的罪恶）。卫宣公打算杀太子伋，伋的弟弟寿劝他躲避，他不听。 〔30〕小白：即齐桓公。 出奔：齐襄公时，政局混乱，他的弟弟纷纷外逃他国避祸。其中，小白逃往卫国。后来回国取得君位。事见《史记》卷三十二《齐太公世家》。 〔31〕重耳：即晋文公。 逾垣：翻墙。重耳的父亲晋献公受爱妻骊姬的挑拨，命令重耳自杀，重耳翻墙逃跑，后来回国取得君位。事见《史记》卷三十九《晋世家》。 〔32〕卒：终于。 〔33〕夙达：早早看清楚。〔34〕揆：估计。 〔35〕左右必有以间（jiàn）：（刘备）左右的人一定说了离间你们的什么话。 〔36〕践机：踏上（强弩的）机柄。 〔37〕假息：延长喘息。 〔38〕大军：指曹魏进攻刘封的大军。 〔39〕智果：春秋时晋国的大夫。他的族人智宣子准备立儿子智瑶为继承人，他认为不妥，劝智宣子立另一个儿子智宵，智宣子不同意。他怕以后连累受祸，就申请脱离智氏宗族改称辅氏。事见《国语·晋语》九。 〔40〕违难：脱离灾难。 〔41〕后：后嗣。指给刘备当养子。 〔42〕东：指曹魏。当时魏军从荆州来，曹魏的荆州在新城郡东面。 〔43〕致乱：招致祸乱。〔44〕徒行：空走一趟。 〔45〕陛下：指魏文帝曹丕。 〔46〕侧席：不正坐。这是君主期待贤才来到的姿势。 〔47〕为伦：成为同等的人。〔48〕三百户封：曹魏的亭侯一般受封三百户，享有民户交纳的租税。当时孟达封平阳亭侯，所以这么说。 〔49〕剖符：指授给封地。当时接受爵位和封地者，会得到符的一半，作为凭信。 大邦：大的封地。〔50〕邓：县名。县治在今湖北襄樊市北。 〔51〕二敌：指蜀汉、孙吴。〔52〕利见大人：《周易·乾卦》爻辞有"见龙在田，利见大人"的句子，这里孟达以"龙"和"大人"比喻刚当皇帝的曹丕，要刘封赶快来拜见。 〔53〕自求多福：这是《诗经·文王》中的句子。 〔54〕行矣：当时书信结尾的常用语。 〔55〕狐突：春秋时晋国的大夫。晋献公讨厌太子申生，故意派他去进攻东山的狄族。在战场上，狐突劝申生不要亲自率军冲锋，申生不听。申生击败狄族回朝，在晋献公面前诋毁申生的人反而增多。为了避祸，狐突只好闭门不出。事见《国语·晋语》一。这里意思是要刘封听从劝告。 〔56〕假：授予。 怀集将军：官名。属于闲职。 〔57〕魏兴：郡名。治所在今陕西安康市西北。 〔58〕洵口：地名。即洵水入汉水处，在今陕西旬阳县东。 〔59〕易世：指刘备死后刘禅继位。 〔60〕孟子度：即孟达。孟达字子度。

【裴注】

〔一〕《魏略》载达辞先主表曰："伏惟殿下将建伊、吕之业，追桓、文之功；大事草创，假势吴楚。是以有为之士，深睹归趋。臣委质以来，慈戾山积；臣犹自知，况于君乎？今王朝已兴，英俊鳞集；臣内无辅佐之器，外无将领之才：列次功臣，诚自愧也。臣闻范蠡识微，浮于五湖；咎犯谢罪，逡巡于河上。夫际会之间，请命乞身，何则？欲洁去就之分也。况臣卑鄙，无元功巨勋，自系于时，窃慕前贤，早思远耻。昔申生至孝，见疑于亲；子胥至忠，见诛于君；蒙恬拓境而被大刑；乐毅破齐而遭谗佞。臣每读其书，未尝不慷慨流涕；而亲当其事，益以伤绝！何者？荆州覆败，大臣失节，百无一还；惟臣寻事，自致房陵、上庸，而复乞身，自放于外。伏想殿下圣恩感悟，愍臣之心，悼臣之举。臣诚小人，不能始终；知而为之，敢谓非罪？臣每闻交绝无恶声，去臣无怨辞；臣过奉教于君子，愿君王勉之也。"

〔二〕《国语》曰："智宣子将以瑶为后，智果曰：'不如宵也。'宣子曰：'宵也佷。'对曰：'宵也佷在面，〔瑶之佷在心；心佷败国，面佷不害。〕瑶之贤于人者五，其不逮者一也：美须长大则贤；射御足力则贤；技艺毕给则贤；巧文辩惠则贤；强毅果敢则贤；如是而甚不仁。以五者贤陵人，而不仁行之；其谁能待之？若果立瑶也，智宗必灭！'不听。智果别族于太史氏，为辅氏。及智氏亡，惟辅果在焉。"

〔三〕《魏略》曰："申仪兄名耽，字义举。初在西（平）〔城〕、上庸间，聚众数千家。后与张鲁通；又遣使诣曹公，曹公加其号为将军，因使领上庸都尉。至建安末，为蜀所攻，以其郡西属。黄初中，仪复来还。诏即以兄故号，加仪；因拜魏兴太守，封列侯。太和中，仪与孟达不和，数上言达有贰心于蜀。及达反，仪绝蜀道，使救不到。达死后，仪诣宛，见司马宣王。宣王劝使来朝，仪至京师，诏转拜仪楼船将军，在礼请中。"

〔四〕封子林，为牙门将，咸熙元年内移河东。达子兴，为议督军，是岁徙还扶风。

彭羕字永年，广汉人。身长八尺，容貌甚伟。姿性骄傲，多所轻忽；惟敬同郡秦子敕[1]，荐之于太守许靖曰："昔高宗梦傅说[2]，周文求吕尚[3]；爰及汉祖，纳食其于布衣[4]。此乃帝王之所以倡业垂统[5]，缉熙厥功也[6]。今明府稽古皇极[7]，允执神灵[8]；体公刘之德[9]，行勿践之惠[10]；《清庙》之作于是乎始[11]，褒贬之义于是乎兴。然而六翮未之备也[12]。伏见处士绵竹秦宓：膺山甫之德[13]，履隽生之直[14]；枕石漱流，吟咏缊袍[15]；偃息于仁义之途[16]，恬淡于浩然之域；高概节行，守真不亏。虽古人潜遁，蔑以加旃[17]！若明府能招致此人，必有忠说落落之誉[18]，丰功厚利，建迹（之）〔立〕勋；然后纪功于王府，飞声于来世。不亦美哉！"

宓仕州，不过书佐[19]。后又为众人所谤毁于州牧刘璋。璋髡钳宓为徒隶[20]。

【注释】

〔1〕秦子敕：即秦宓。秦宓字子敕。 〔2〕高宗：名武丁。商代国王。重用傅说、甘盘为大臣，巩固商王朝统治。传说他在梦中见到傅说的形象，即派人四处寻找，最后在一群劳动的奴隶中发现傅说，任命为大臣。事见《史记》卷三《殷本纪》。 〔3〕周文：即周文王。〔4〕食其（yì jī）：即郦食其（？—前203）。陈留郡陈留县高阳乡（今河南杞县西南）人。秦末归刘邦，献计进攻陈留，因功封广野君。后被齐王田广杀死。传见《史记》卷九十七、《汉书》卷四十三。 〔5〕垂统：留下世代传承的基业。 〔6〕缉熙：光大。 〔7〕稽古皇极：考察古代圣明君主制定的准则。 〔8〕允执神灵：忠实掌握神灵赋予的权力。〔9〕公刘：古代周族的领袖。是周族始祖后稷的曾孙。夏朝末年，率领周族迁到豳（今陕西彬县东北），观察地形水利，开垦荒地，安定居处。事见《史记》卷四《周本纪》。 〔10〕勿践之惠：据说公刘仁德，连青草也不践踏。见王符《潜夫论·德化》。 〔11〕清庙：《诗经》中的一篇。赞颂周王及其群臣。 〔12〕六翮（hé）：羽翼。比喻得力的下属。〔13〕膺：禀受。 山甫：即仲山甫。周宣王时的大臣。有美德，《诗经·烝民》一诗专门赞颂他。 〔14〕隽生：即隽不疑，字曼倩。勃海郡（治所在今河北黄骅市西南）人。西汉武帝时，暴胜之任直指使者巡察地

方，威震州郡。隽不疑求见，直言进谏，深受暴胜之的敬重。后任青州刺史、京兆尹，政绩突出。传见《汉书》卷七十一。 〔15〕缊（yùn）袍：丝绵袍子。孔子曾称赞子路，说他穿着破旧的丝绵袍子与衣着华贵的人在一起，丝毫没有羞惭的感觉。见《论语·子罕》。这里吟咏缊袍指安贫乐道。 〔16〕偃息：躺着休息。 〔17〕蔑以加斯：不可能超过他。斯（zhān）是"之焉"二字读音的合成。 〔18〕落落：气度宽广。〔19〕书佐：官名。抄写公文的低级官吏。 〔20〕髡（kūn）钳：刑罚名。剃光头发戴上刑具做苦工五年。 徒隶：服刑的罪犯。

会先主入蜀，溯流北行。袭欲纳说先主[1]，乃往见庞统。统与袭非故人，又适有宾客；袭径上统床卧，谓统曰："须客罢当与卿善谈[2]。"统客既罢，往就袭坐；袭又先责统食[3]，然后共语。因留信宿[4]，至于经日。统大善之，而法正宿自知袭：遂并致之先主。

先主亦以为奇，数令袭宣传军事，指授诸将；奉使称意，识遇日加。成都既定，先主领益州牧，拔袭为治中从事。袭起徒步[5]，一朝处州人之上，形色嚣然[6]，自矜得遇滋甚。诸葛亮虽外接待袭，而内不能善；屡密言先主："袭心大志广，难可保安。"先主既敬信亮，加察袭行事，意以稍疏。

左迁袭为江阳太守[7]。袭闻当远出，私情不悦；往诣马超。超问袭曰："卿才具秀拔，主公相待至重，谓卿当与孔明、孝直诸人齐足并驱[8]；宁当外授小郡[9]，失人本望乎？"

袭曰："老革荒悖[10]，可复道邪！"〔一〕又谓超曰："卿为其外，我为其内，天下不足定也！"

超羁旅归国[11]，常怀危惧；闻袭言大惊，默然不答。羕退，具表羕辞。于是收羕付有司^[12]。

【注释】

〔1〕纳说先主：（让别人）把自己推荐给刘备。 〔2〕善谈：畅谈。
〔3〕责统食：要求庞统招待吃饭。 〔4〕信宿：两个晚上。 〔5〕徒步：
指平民。 〔6〕嚣然：轻狂的样子。 〔7〕江阳：郡名。治所在今四川
泸州市。 〔8〕孝直：法正字孝直。 〔9〕宁当：怎么会。 〔10〕老
革：老家伙。指刘备。 荒悖：荒唐无理。 〔11〕羁旅归国：由于四处
漂泊无依被迫投奔蜀汉。 〔12〕有司：官方的有关部门。

【裴注】

〔一〕扬雄《方言》曰："恤、鳃、干、都、耇、革，老也。"郭璞
注曰："皆老者皮毛枯瘁之形也。"臣松之以为：皮去毛曰革。古者以革
为兵，故语称"兵革"，革犹兵也。羕骂备为"老革"，犹言老兵也。

羕于狱中与诸葛亮书曰："仆昔有事于诸侯^[1]，以
为曹操暴虐，孙权无道，振威暗弱^[2]；其惟主公有霸王
之器，可与兴业致治，故乃翻然有轻举之志。会公来
西，仆因法孝直自炫鬻^[3]，庞统斟酌其间^[4]；遂得诣
公于葭萌^[5]，指掌而谈^[6]，论治世之务，讲霸王之义，
建取益州之策；公亦宿虑明定^[7]，即相然赞^[8]，遂举
事焉。仆于故州不免凡庸^[9]，忧于罪罔；得遭风云激矢
之中，求君得君，志行名显，从布衣之中擢为国士，盗
窃茂才^[10]。分子之厚^[11]，谁复过此？〔一〕羕一朝狂悖，
自求菹醢^[12]，为不忠不义之鬼乎？先民有言：'左手据
天下之图^[13]，右手刎咽喉，愚夫不为也。'况仆颇别菽
麦者哉^[14]！所以有怨望意者^[15]，不自度量，苟以为首
兴事业，而有投江阳之论；不解主公之意，意猝感

激[16]，颇以被酒[17]，悦失‘老’语[18]。此仆之下愚薄虑所致，主公实未老也。且夫立业，岂在老少？西伯九十[19]，宁有衰志[20]！负我慈父[21]，罪有百死！至于‘内外’之言，欲使孟起立功北州[22]，戮力主公[23]，共讨曹操耳，宁敢有他志邪？孟起说之是也，但不分别其间，痛人心耳！昔每与庞统共相誓约：庶托足下末踪[24]，尽心于主公之业；追名古人，载勋竹帛。统不幸而死，仆败以取祸。自我堕之，将复谁怨？足下，当世伊、吕也[25]；宜善与主公计事，济其大猷[26]。天明地察，神祇有灵。复何言哉！贵使足下明仆本心耳。行矣，努力自爱，自爱！”

羡竟诛死，时年三十七。

【注释】

〔1〕有事于诸侯：指想在割据群雄手下当官做事。　〔2〕振威：指刘璋。刘璋当时任益州牧、振威将军。　〔3〕自炫鬻(yù)：显示自己的才能以求得到重用。　〔4〕斟酌：这里指帮忙说好话。　〔5〕公：指刘备。〔6〕指掌：用指在掌上比划。　〔7〕宿虑定明：一直对此有明确坚定的考虑。　〔8〕然赞：肯定和赞同。　〔9〕故州：过去的州长官。指刘璋。〔10〕盗窃：占有的谦虚说法。　〔11〕分子：本家族旁支的子孙。这里彭羡说刘备把自己当作本家晚辈一样厚待。　〔12〕菹醢(zū hǎi)：刑罚名。即把人剁成肉酱。　〔13〕图：图册文献。握天下之图指当君主。这三句话出自《淮南子·精神训》。　〔14〕别菽麦：分得清豆和麦。比喻有起码的判断能力。　〔15〕怨望：怨恨。　〔16〕感激：激动。　〔17〕被酒：醉酒。〔18〕悦(tuō)：轻率。　〔19〕西伯九十：据说周文王活了九十七岁。他受到诸侯的拥护为周王朝的建立打下基础时，已八十九岁。　〔20〕宁有：哪里有。　〔21〕慈父：指刘备。　〔22〕北州：指蜀汉北面的雍州。〔23〕戮力主公：共同为主公效力。　〔24〕托足下末踪：跟随在您身后。〔25〕伊、吕：伊尹、吕尚。　〔26〕大猷：宏大计划。

【裴注】

〔一〕臣松之以为："分子之厚"者，兼言刘主分儿子厚恩，施之于己；故其书后语云"负我慈父，罪有百死"也。

廖立〔一〕字公渊，武陵临沅人〔1〕。先主领荆州牧，辟为从事；年未三十，擢为长沙太守。

先主入蜀，诸葛亮镇荆土；孙权遣使通好于亮，因问："士人皆谁相经纬者〔2〕？"亮答曰："庞统、廖立，楚之良才；当赞兴世业者也。"

建安二十年，权遣吕蒙掩袭南三郡〔3〕；立脱身走，自归先主。先主素识待之，不深责也，以为巴郡太守。二十四年〔4〕，先主为汉中王，征立为侍中。

后主袭位，徙长水校尉。立本意，自谓才名宜为诸葛亮之贰；而更游散在李严等下，常怀怏怏。后丞相掾李（部）〔邵〕、蒋琬至，立计曰："军当远出，卿诸人好谛其事〔5〕：昔先（主）〔帝〕不取汉中，走与吴人争南三郡；卒以三郡与吴人，徒劳役吏士，无益而还。既亡汉中；使夏侯渊、张郃深入于巴，几丧一州。后至汉中；使关侯身死无子遗〔6〕；上庸覆败，徒失一方。是羽怙恃勇名，作军无法〔7〕，直以意突耳〔8〕；故前后数丧师众也。如向朗、文恭，凡俗之人耳：恭作治中，无纲纪；朗昔奉马良兄弟，谓为'圣人'，今作长史，素能合道。中郎郭演长，从人者耳，不足与经大事；而作侍中。今弱世也〔9〕，欲任此三人〔10〕，为不然也。王连流俗〔11〕，苟作掊克〔12〕；使百姓疲弊，以致今日。”

（郜）〔邵〕、琬具白其言于诸葛亮。亮表立曰：
“长水校尉廖立，坐自贵大[13]，臧否群士[14]：公言国家
‘不任贤达而任俗吏[15]’，又言‘万人率者皆小子
也[16]’；诽谤先帝，疵毁众臣。人有言国家‘兵众简
练，部伍分明’者[17]，立举头视屋，愤咤作色曰：‘何
足言！’凡如是者不可胜数。羊之乱群，犹能为害；况
立托在大位，中人以下识真伪邪[18]？”〔二〕

于是废立为民，徙汶山郡。立躬率妻子，耕殖自
守。闻诸葛卒，垂泣叹曰：“吾终为左衽矣[19]！”后监
军姜维率偏军经汶山[20]，诣立，称立‘意气不衰，言
论自若’。

立遂终徙所。妻子还蜀。

【注释】

　　〔1〕临沅：县名。县治在今湖南常德市。　〔2〕经纬：指辅佐政治。
〔3〕南三郡：荆州南部的长沙、零陵、桂阳三郡。　〔4〕二十四年：建
安二十四年(公元219)。　〔5〕好谛：好好思考。　〔6〕关侯：指关羽。
孑(jié)遗：发生重大变故之后残留下来的人。　〔7〕作军：治军。
〔8〕直以意突：只是随着心意蛮干。　〔9〕弱世：衰落的时代。
〔10〕任：倚仗。　〔11〕流俗：随波逐流的俗人。　〔12〕苟作掊克：随
便制定办法搜括(老百姓)。王连当时任盐府长官，主管盐、铁的生产专
卖，所以廖立这样说。　〔13〕坐自贵大：自高自大。　〔14〕臧否(pǐ)：
褒贬。这里含义偏重在贬。　〔15〕公言：公开说。　〔16〕万人率：统
率一万人的将领。　小子：表示轻蔑的称呼。　〔17〕部伍：部署指挥。
〔18〕中人：中等水平的人。　〔19〕左衽：衣襟向左扣。当时汉族人的
衣襟都向右扣。向左扣是少数族的习惯。这里指变为少数族永远留在当
地。　〔20〕偏军：非主力部队。

【裴注】

〔一〕廖，音理救反。

〔二〕《亮集》有亮表曰："立奉先帝，无忠孝之心：守长沙，则开门就敌；领巴郡，则（有）〔又〕暗昧阘茸其事；随大（将）军，则诽谤讥诃；侍梓宫，则挟刃断人头于梓宫之侧。陛下即位之后，普增职号；立随比为将军，面语臣曰：'我何宜在诸将军中？不表我为卿，（上）〔尚〕当在五校！'臣答：'将军者，随大比耳。至于卿者，正方亦未为卿也。且宜处五校。'自是之后，怏怏怀恨。"诏曰："三苗乱政，有虞流宥；廖立狂惑，朕不忍刑：亟徙不毛之地。"

李严字正方，南阳人也。少为郡职吏，以才干称。荆州牧刘表使历诸郡县。曹公入荆州时，严宰秭归[1]；遂西诣蜀，刘璋以为成都令，复有能名。

建安十八年，署严为护军，拒先主于绵竹。严率众降先主，先主拜严裨将军[2]。成都既定，为犍为太守、兴业将军[3]。二十三年[4]，盗贼马秦、高胜等起事于郪，〔一〕合聚部伍数万人[5]，到资中县。时先主在汉中，严不更发兵，但率将郡士五千人讨之[6]；斩秦、胜等首，枝党星散，悉复民籍。又越嶲夷率高定，遣军围新道县[7]；严驰往赴救，贼皆破走。加辅汉将军[8]，领郡如故。

章武二年，先主征严诣永安宫[9]，拜尚书令。三年[10]，先主疾病，严与诸葛亮并受遗诏辅少主；以严为中都护，统内外军事，留镇永安。

【注释】

〔1〕宰秭归：任秭归县的行政长官。〔2〕裨（pí）将军：官名。属低级将军，领兵征伐。〔3〕兴业将军：官名。领兵征伐。〔4〕二十三

年：建安二十三年(公元218)。　〔5〕部伍：军队。　〔6〕郡士：本郡的地方军队。　〔7〕夷率：少数族首领。　新道：县名。县治在今四川屏山县西。　〔8〕辅汉将军：官名。领兵征伐。　〔9〕永安宫：蜀汉行宫。在今重庆市原奉节县城区师范学校内。现已被三峡库水淹没。　〔10〕三年：章武三年(公元223)。

【裴注】
　〔一〕郪，音凄。

建兴元年，封都乡侯，假节，加光禄勋。

四年[1]，转为前将军。以诸葛亮欲出军汉中，严当知后事[2]，移屯江州；留护军陈到驻永安，皆统属严[3]。严与孟达书曰：“吾与孔明俱受寄托，忧深责重，思得良伴。”亮亦与达书曰：“部分如流[4]，趋舍罔滞[5]，正方性也。”其见贵重如此。〔一〕

八年[6]，迁骠骑将军。以曹真欲三道向汉川，亮命严将二万人赴汉中。亮表严子丰为江州都督[7]，督军，典严后事[8]。亮以明年当出军，命严以中都护署府事[9]。严改名为“平”。

九年春[10]，亮军祁山，平催督运事。秋夏之际，值天霖雨，运粮不继。平遣参军狐忠、督军成藩喻指[11]，呼亮来还，亮承以退军。平闻军退，乃更佯惊，说：“军粮饶足[12]，何以便归？”欲以解己不办之责，显亮不进之愆也[13]。又表后主，说：“军伪退，欲以诱贼与战。”

亮具出其前后手笔书疏本末，平违错章灼[14]；平辞穷情竭，首谢罪负[15]。于是亮表平曰："自先帝崩后，平所在治家[16]，尚为小惠；安身求名，无忧国之事。臣当北出，欲得平兵以镇汉中；平穷难纵横[17]，无有来意，而求以五郡为巴州刺史。去年臣欲西征，欲令平主督汉中，平说司马懿等开府辟召[18]，臣知平鄙情，欲因行之际逼臣取利也。是以表平子丰，督主江州，隆崇其遇，以取一时之务。平至之日，都委诸事，群臣上下皆怪臣待平之厚也。正以大事未定，汉室倾危；伐平之短，莫若褒之。然谓平情在于荣利而已，不意平心颠倒乃尔。若事稽留，将致祸败；是臣不敏，言多增咎。"〔二〕

乃废平为民，徙梓潼郡。〔三〕

十二年[19]，平闻亮卒，发病死。平常冀亮当自补复[20]；策后人不能，故以激愤也。〔四〕

丰，官至朱提太守[21]。〔五〕

【注释】

〔1〕四年：建兴四年（公元 226）。 〔2〕知后事：处理后方事务。〔3〕皆统属严：都受李严的统辖。 〔4〕部分：处理（公事）。 〔5〕阂滞：没有滞留。 〔6〕八年：建兴八年（公元 230）。 〔7〕江州都督：官名。江州地区的军事指挥官。 〔8〕典严后事：负责处理李严留下的公事。 〔9〕署府事：处理丞相府事务。 〔10〕九年：建兴九年（公元 231）。 〔11〕喻指：说明意思。 〔12〕饶足：充足。 〔13〕愆（qiān）：过错。 〔14〕违错：错误。 章灼：明显。 〔15〕首谢：坦白承认。 罪负：罪责。 〔16〕治家：扩展自家的财产。 〔17〕穷难纵横：使用种种手段来抵制。 〔18〕开府：设置独立的办公府署。 辟召：自行任命府署的下属官员。开府辟召通常是三公和地位尊崇的辅政大臣所享有的待遇。李严向诸葛亮提说司马懿享受开府辟召的特殊待遇

意见，是表示自己的权位应当提高，并向诸葛亮看齐。当时蜀汉只有诸葛亮一人开府，李严认为自己也是接受托孤的辅政大臣，不应当低诸葛亮一等。　〔19〕十二年：建兴十二年（公元234）。　〔20〕补复：弥补和恢复。指重新起用李严。　〔21〕朱提（shú shí）：郡名。治所在今云南昭通市。

【裴注】

〔一〕《诸葛亮集》有严与亮书，劝亮"宜受九锡，进爵称王"。亮答书曰："吾与足下，相知久矣，可不复相解？足下方诲以光国，戒之以勿拘之道，是以未得默已。吾本东方下士，误用于先帝，位极人臣，禄赐百亿；今讨贼未效，知己未答，而方宠齐、晋，坐自贵大：非其义也！若灭魏斩叡，帝还故居，与诸子并升；虽十命可受，况于九邪！"

〔二〕亮公文上尚书曰："平为大臣，受恩过量；不思忠报，横造无端；危耻不办，迷罔上下；论狱弃科，导人为奸；狭情志狂，若无天地！自度奸露，嫌心遂生；闻军临至，西向托疾还沮、（漳）〔沔〕；军临至沮，复还江阳，平参军狐忠勤谏乃止。今篡贼未灭，社稷多难；国事惟和，可以克捷；不可苞含，以危大业。辄与行中军师、车骑将军、都乡侯臣刘琰，使持节、前军师、征西大将军、领凉州刺史、南郑侯臣魏延，前将军、都亭侯臣袁綝，左将军、领荆州刺史、高阳乡侯臣吴壹，督前部、右将军、玄乡侯臣高翔，督后部、后将军、安乐亭侯臣吴班，领长史、绥军将军臣杨仪，督左部、行中监军、扬武将军臣邓芝，行前监军、征南将军臣刘巴，行中护军、偏将军臣费祎，行前护军、偏将军、汉成亭侯臣许允，行左护军、笃信中郎将臣丁咸，行右护军、偏将军臣刘敏，行护军、征（南）〔西〕将军、当阳亭侯臣姜维，行中典军、讨虏将军臣上官雍，行中参军、昭武中郎将臣胡济，行参军、建义将军臣阎晏，行参军、偏将军臣爨习，行参军、裨将军臣杜义，行参军、武略中郎将臣杜祺，行参军、绥戎都尉臣盛勃，领从事中郎、武略中郎将臣樊岐等议：辄解平任，免官禄、节传、印绶、符策，削其爵土。"

〔三〕诸葛亮又与平子丰教曰："吾与君父子戮力以奖汉室，此神明所闻，非但人知之也。表都护典汉中，委君于东关者，不与人议也。谓至心感动，终始可保；何图中乖乎？昔楚卿屡绌，亦乃克复；思道则福，应自然之数也。愿宽慰都护，勤追前阙。今虽解任，形业夫故；奴婢宾客，百数十人；君以中郎、参军居府：方之气类，犹为上家。若都护思负一意，君与公琰推心从事者，否可复通，逝可复还也。详思斯戒，明吾用心。临书长叹，涕泣而已！"

〔四〕习凿齿曰："昔管仲夺伯氏骈邑三百，没齿而无怨言，圣人以为难；诸葛亮之使廖立垂泣，李平致死：岂徒无怨言而已哉！夫水至平而邪者取法，镜至明而丑者（亡）〔忘〕怒；水镜之所以能穷物而无怨者，以其无私也。水镜无私，犹以免谤；况大人君子怀乐生之心，流矜恕之德；法行于不可不用，刑加乎自犯之罪；爵之而非私，诛之而不怒：天下有不服者乎？诸葛亮于是可谓能用刑矣。自秦、汉以来，未之有也！"

〔五〕苏林《汉书音义》曰："朱，音铢；提，音时，如北方人名匕曰匙也。"

刘琰字威硕，鲁国人也[1]。先主在豫州，辟为从事。以其宗姓，有风流[2]，善谈论，厚亲待之。遂随从周旋，常为宾客。先主定益州，以琰为固陵太守[3]。

后主立，封都乡侯[4]；班位每亚李严。为卫尉、中军师、后将军[5]。迁车骑将军，然不豫国政；但领兵千余，随丞相亮讽议而已。车服饮食，号为侈靡；侍婢数十，皆能为声乐，又悉教诵读《鲁灵光殿赋》[6]。

建兴十年，与前军师魏延不和[7]，言语虚诞。亮责让之，琰与亮笺谢曰："琰禀性空虚，本薄操行，加有酒荒之病[8]；自先帝以来，纷纭之论[9]，殆将倾覆[10]。颇蒙明公本其一心在国，原其身中秽垢；扶持全济，致其禄位，以至今日。间者迷醉，言有违错；慈恩含忍，不致之于理[11]；使得全完，保育性命。虽必克己责躬[12]，改过投死[13]，以誓神灵；无所用命[14]，则靡寄颜[15]。"

于是亮遣琰还成都，官位如故。琰失志慌惚。十二年正月[16]，琰妻胡氏入贺太后；太后令特留胡氏，经月乃出。胡氏有美色，琰疑其与后主有私；呼卒五百挝胡[17]，至于以履搏面[18]，而后弃遣[19]。

胡具以告言琰[20]，琰坐下狱。有司议曰："卒，非挝妻之人；面，非受履之地。"琰竟弃市[21]。自是，大臣妻、母朝庆遂绝。

【注释】

〔1〕鲁国：王国名。治所在今山东曲阜市。　〔2〕风流：风度。〔3〕固陵：郡名。治所在今重庆市原奉节县东。后改称巴东郡。〔4〕都乡侯：爵位名。都乡是城市近郊的乡。都乡侯比一般的乡侯略微优崇一点。　〔5〕中军师：官名。参谋军事。　〔6〕《鲁灵光殿赋》：赋名。东汉王延寿作。现载于《文选》卷十一。灵光殿在鲁县（今山东曲阜市）。西汉时鲁王刘余下令修建。西汉末年战乱，长安宫殿被焚烧，建在地方的灵光殿却完好保存下来。刘琰教婢女诵这篇赋，一是因为他本鲁国人，灵光殿在他家乡，二是显示其文采风流。　〔7〕前军师：官名。参谋军事。　〔8〕酒荒：酒后有荒唐言行。　〔9〕纷纭：很多的样子。　论：指批评刘琰的言论。　〔10〕倾覆：（使刘琰）栽筋斗。〔11〕致之于理：送我到法庭。　〔12〕责躬：严格要求自己。　〔13〕投死：指以死来报效。　〔14〕用命：效力。指当官做事。　〔15〕靡寄颜：不能保留脸面。　〔16〕十二年：建兴十二年（公元234）。　〔17〕五百：官府中执行体罚的勤务兵。　〔18〕履：鞋。　搏面：击打脸颊。〔19〕弃遣：抛弃送走。　〔20〕告言：控告。　〔21〕弃市：死刑中的一种。杀死后把尸体放在市场上示众。

魏延字文长，义阳人也[1]。以部曲随先主入蜀[2]，数有战功，迁牙门将军。

先主为汉中王，（迁）〔还〕治成都，当得重将以镇汉川。众论以为必在张飞，飞亦以心自许；先主乃拔延为督汉中，镇远将军[3]，领汉中太守：一军尽惊。先主大会群臣，问延曰：“今委卿以重任，卿居之欲云何〔4〕？”延对曰：“若曹操举天下而来，请为大王拒之；偏将十万之众至，请为大王吞之！”先主称“善”，众咸壮其言。先主践尊号，进拜镇北将军。

【注释】

　　〔1〕义阳：郡名。治所在今湖北枣阳市东南。　　〔2〕部曲：部属。〔3〕督汉中：官名。是汉中驻军的指挥官。　镇远将军：官名。领兵征伐。在魏延具有的官名中，督汉中表明实际的指挥权限，镇远将军表明品级高低；镇远将军是他的本官，汉中太守则是兼官。　〔4〕云何：怎么样。

　　建兴元年，封都亭侯。五年〔1〕，诸葛亮驻汉中；更以延为督前部〔2〕，领丞相司马〔3〕，凉州刺史。

　　八年〔4〕，使延西入羌中〔5〕。魏后将军费瑶、雍州刺史郭淮，与延战于阳溪〔6〕。延大破淮等，迁为前军师，征西大将军，假节，进封南郑侯。

　　延每随亮出，辄欲请兵万人，与亮异道会于潼关〔7〕，如韩信故事〔8〕。亮制而不许；延常谓亮为怯，叹恨己才用之不尽。〔一〕延既善养士卒，勇猛过人；又性矜高，当时皆避下之。唯杨仪不假借延〔9〕；延以为至忿，有如水火。

　　十二年〔10〕，亮出北谷口〔11〕，延为前锋，出亮营十里。延梦头上生角，以问占梦赵直〔12〕。直诈延曰：“夫麒麟有角而不用，此不战而贼欲自破之象也。”退而告人曰：“‘角’之为字：‘刀’下‘用’也；头上用刀，其凶甚矣！”

【注释】

〔1〕五年：建兴五年（公元227）。　〔2〕督前部：官名。是诸葛亮北伐大军的前部指挥官。同时设置的还有督后部、督左部等。　〔3〕丞相司马：官名。诸葛亮丞相府的主要下属，负责军务。　〔4〕八年：建兴八年（公元230）。　〔5〕羌中：羌族人的聚居区。　〔6〕阳溪：地名。在今甘肃武山县西南。　〔7〕异道：从不同的路线。　〔8〕故事：过去的事例。楚汉相争时，韩信向刘邦献计，请刘邦拨给他三万精兵，他先把北、东、南三方外围的敌方势力清除干净，然后与刘邦大军会合，在荥阳与项羽决战，刘邦听从了他的建议。事见《汉书》卷三十四《韩信传》。　〔9〕假借：忍让。　〔10〕十二年：建兴十二年（公元234）。〔11〕北谷口：褒斜谷道的北口。在今陕西眉县西南。　〔12〕占梦：根据梦中情景占卜吉凶的人。

【裴注】

〔一〕《魏略》曰：“夏侯楙为安西将军，镇长安。亮于南郑与群下计议，延曰：‘闻夏侯楙少，主婿也；怯而无谋。今假延精兵五千，负粮五千；直从褒中出，循秦岭而东，当子午而北：不过十日，可到长安。楙闻延奄至，必乘船逃走。长安中，惟有御史、京兆太守耳。横门邸阁与散民之谷，足周食也。比东方相合聚，尚二十许日；而公从斜谷来，必足以达。如此，则一举而咸阳以西可定矣！’亮以为此悬危；不如安从坦道，可以平取陇右，十全必克而无虞。故不用延计。”

秋，亮病困，密与长史杨仪、司马费祎、护军姜维等，作身殁之后退军节度[1]：令延断后，姜维次之；若延或不从命，军便自发。亮适卒，秘不发丧；仪令祎往揣延意指[2]。延曰：“丞相虽亡，吾自见在。府亲官属，便可将丧还葬；吾自当率诸军击贼。云何以一人死，废天下之事邪？且魏延何人？当为杨仪所部勒[3]，作断后将乎!"因与袆共作行留部分;令袆手书与己连名,告下诸将。

袆绐延曰[4]:"当为君还解杨长史[5];长史文吏,稀更军事[6],必不违命也!"袆出门驰马而去,延寻悔,追之已不及矣。延遣人觇[7],仪等遂使欲案亮成规,诸营相次引军还。

延大怒,(才)〔搀〕仪未发[8],率所领径先南归;所过烧绝阁道[9]。延、仪各相表叛逆[10],一日之中,羽檄交至[11]。后主以问侍中董允、留府长史蒋琬,琬、允咸保仪疑延。

仪等槎山通道[12],昼夜兼行,亦继延后。延先至,据南谷口[13];遣兵逆击仪等。仪等令何平在前御延[14],平叱延先登曰:"公亡,身尚未寒,汝辈何敢乃尔!"延士众知曲在延[15],莫为用命,军皆散。

延独与其子数人逃亡,奔汉中。仪遣马岱追斩之[16],致首于仪;仪起自踏之,曰:"庸奴[17],复能作恶不?"遂夷延三族[18]。

初,蒋琬率宿卫诸营,赴难北行[19];行数十里,延死问至[20],乃旋。

原延意不北降魏而南还者[21],但欲除杀仪等;平日诸将素不同,冀时论必当以代亮[22]:本指如此[23],不便背叛[24]。〔一〕

【注释】

〔1〕节度:安排部署。 〔2〕揣:探测。 意指:意图。 〔3〕部

勒：指挥。 〔4〕绐(dài)：欺哄。 〔5〕解：劝解。 〔6〕更(gēng)：经历。 〔7〕觇(chān)：侦察。 〔8〕搀：抢先。 〔9〕阁道：栈道。栈道是中国古代穿越西南地区险峻山脉而修建的一种特殊道路。沿着河谷，在河岸一侧峭壁上横向打入方形深孔，将相应尺寸的方木插入深孔之后，在其上铺设厚木板，即可形成人和车辆通行的道路。栈道的工程量远比挖山铺路要小，成本也低得多，更为重要者，是对沿途自然环境的破坏也最小，堪称中国古代先民的伟大创造。连接关中平原和成都平原的栈道，起源于先秦，在诸葛亮北伐时又大规模兴修，主要集中在今川陕交界的山脉和汉中市北穿越秦岭的褒斜河谷这两段。现今四川广元市北面的朝天关，已利用当时留存的栈道深孔，恢复了一段栈道，成为蜀地三国文化景观之一。 〔10〕表叛逆：上表说对方是叛逆。〔11〕羽檄：附有鸟羽毛的紧急文书。 〔12〕槎(chá)山：砍伐山上的树木。 〔13〕南谷口：褒斜谷道的南口。在今陕西汉中市西北。 〔14〕何平：即王平(？—公元248)。传见本书卷四十三。 〔15〕曲：无理。〔16〕马岱：事见本书卷三十六《马超传》。 〔17〕庸奴：奴才。骂人的话。 〔18〕夷：诛杀。 三族：说法很多。在汉魏时，三族是指父母、妻室儿女、同胞兄弟姐妹。魏延的坟墓，相传在今陕西汉中市城北石马坡。现今尚有墓冢、石马遗存。 〔19〕赴难：前往解救(因诸葛亮死而出现的)危难。 〔20〕死问：死亡的消息。 〔21〕原：推究。 〔22〕冀：以为。〔23〕本指：本意。 〔24〕不便背叛：(所以)没有立即背叛。

【裴注】

〔一〕《魏略》曰："诸葛亮病，谓延等云：'我之死后，但谨自守，慎勿复来也！'令延摄行己事，密持丧去。延遂匿之，行至褒口，乃发丧。亮长史杨仪，宿与延不和，见延摄行军事，惧为所害；乃张言延欲举众北附，遂率其众攻延。延本无此心，不战军走，追而杀之。"臣松之以为：此盖敌国传闻之言，不得与本传争审。

　　杨仪字威公，襄阳人也。建安中，为荆州刺史傅群主簿；背群而诣襄阳太守关羽。羽命为功曹，遣奉使西诣先主。

　　先主与语，论军国计策，政治得失；大悦之，因辟为左将军兵曹掾[1]。及先主为汉中王，拔仪为尚书。先主称尊号，东征吴；仪与尚书令刘巴不睦，左迁遥署弘农太守[2]。

建兴三年，丞相亮以为参军，署府事，将南行[3]。五年[4]，随亮汉中。八年[5]，迁长史，加绥军将军[6]。

亮数出军，仪常规画分部，筹度粮谷；不稽思虑[7]，斯须便了[8]；军戎节度，取办于仪。亮深惜仪之才干，凭魏延之骁勇；常恨二人之不平[9]，不忍有所偏废也。

十二年[10]，随亮出屯谷口。亮卒于敌场，仪既领军还，又诛讨延；自以为功勋至大，宜当代亮秉政。呼都尉赵正，以《周易》筮之；卦得《家人》[11]，默然不悦。

而亮平生密指[12]，以仪性狷狭[13]，意在蒋琬；琬遂为尚书令、益州刺史。仪至，拜为中军师，无所统领，从容而已[14]。初，仪为先主尚书，琬为尚书郎；后虽俱为丞相参军、长史，仪每从行，当其劳剧[15]。自惟年宦先琬，才能逾之；于是怨愤形于声色，叹咤之音发于五内[16]。

时人畏其言语不节，莫敢从也；惟后军师费祎往慰省之[17]。仪对祎恨望[18]，前后云云；又语祎曰："往者丞相亡没之际，吾若举军以就魏氏，处世宁当落度如此邪[19]？令人追悔，不可复及！"祎密表其言。

十三年[20]，废仪为民，徙汉嘉郡。仪至徙所，复上书诽谤，辞指激切。遂下郡收仪，仪自杀。其妻子还蜀。〔一〕

【注释】

〔1〕左将军兵曹掾：官名。刘备左将军府下属，主管士兵事务。〔2〕遥署：指名义上的职务。当时弘农郡在曹魏占领之下，杨仪实际上不可能去弘农任职，所以称为遥署。 〔3〕将南行：带着(杨仪)南行。南行是去平定南中。 〔4〕五年：建兴五年(公元227)。〔5〕八年：建兴八年(公元230)。 〔6〕绥军将军：官名。协助诸葛亮处理军务，不统率军队。 〔7〕不稽思虑：不需要费时间考虑。 〔8〕斯须：一会儿。〔9〕不平：不和。 〔10〕十二年：建兴十二年(公元234)。 〔11〕家人：《周易》第三十七卦的卦名。该卦的卦辞说是"利女贞"，即对于女性的占卜是有利的。对男性的占卜则不然，所以杨仪不高兴。 〔12〕密指：内心深处的意思。〔13〕狷狭：急躁狭隘。 〔14〕从容：闲置。〔15〕当其劳剧：承当辛劳繁剧的任务。 〔16〕叹咤(chà)：感叹。 五内：五脏。〔17〕后军师：官名。参谋军事。 〔18〕恨望：(表现出)怨恨。望与恨同义。 〔19〕落度(duó)：寂寞失意。 〔20〕十三年：建兴十三年(公元235)。

【裴注】

〔一〕《楚国先贤传》云："仪兄虑，字威方。少有德行，为江南冠冕。州郡礼召，诸公辟请，皆不能屈。年十七，夭。乡人号曰'德行杨君'。"

评曰：刘封处嫌疑之地，而思防不足以自卫；彭羕、廖立以才拔进；李严以干局达[1]；魏延以勇略任；杨仪以当官显；刘琰旧仕[2]：并咸贵重。览其举措，迹其规矩[3]；招祸取咎，无不自己也[4]。

【注释】

〔1〕干局：才能。 〔2〕旧仕：老部下。 〔3〕迹：追寻。 规矩：指为人处事的做法。 〔4〕自己：来自他们本身。

【译文】

刘封，本来姓寇，他们寇家曾被封为罗侯，而他是长沙郡刘家的外甥。先主刘备到了荆州，因为自己当时还没有儿子，所以收养刘封为义子。

先主进入益州，从葭萌县掉头进攻刘璋。这时刘封二十多岁，武艺出众，力气过人，领兵随诸葛亮、张飞等溯长江西上，所到之处都打胜仗。益州平定之后，先主委任他为副军中郎将充当自己的军事助手。起初，刘璋派遣扶风郡人孟达做法正的副手，各带兵二千人，前往荆州迎接先主。先主命令孟达一并统率法正的人马，留守荆州驻扎在江陵县。益州平定后，又委任孟达为宜都郡太守。

建安二十四年（公元219），先主命孟达从秭归向北进攻曹魏控制的房陵郡，杀死其郡太守蒯祺。孟达准备继续进攻对方的上庸郡，而先主暗自担心孟达难以独自担当这一任务，就派刘封从汉中顺汉水而下去统领孟达的军队，与孟达会合在上庸。曹魏的上庸太守申耽率众投降，把妻室儿女和宗族成员都送往成都做人质。先主加授申耽征北将军的军职，依旧兼任上庸郡太守，封员乡侯；并且任命申耽弟弟申仪为建信将军，兼任西城郡太守；提升刘封为副军将军。

不久关羽出动大军围攻樊城、襄阳，接连通知刘封、孟达，要他们发兵援助进攻。刘封、孟达借口说自己镇守的郡处在山区而且新近才归顺，不能在民间征兵以免造成波动，没有答应关羽的要求。关羽全军覆灭后，先主为此怨恨刘、孟二人。而刘封与孟达又相互争执不和，不久刘封动手抢了孟达的仪仗乐队。孟达既害怕先主追究不援助关羽的罪责，又对刘封极为不满，于是写了一封表章向先主告辞，率领部下投奔曹魏去了。

魏文帝曹丕很欣赏孟达的容貌风度和外露的才能，任命他为散骑常侍、建武将军，封平阳亭侯。又并合房陵、上庸、西城三郡设立新城郡，委任孟达兼新城郡太守。接着魏文帝派征南将军夏侯尚、右将军徐晃与孟达一起进攻刘封。

孟达给刘封写信劝降说：

古人曾说："疏远的不能隔开亲近的，新来的不能居于早来的之上。"这是指上司英明下级正直，谗言和邪恶不能起作用时才会有的情况。至于在善于运用权术的君主手下，在贤明慈爱的父母亲面前，也还有忠臣立了功劳却碰到灾祸，孝子怀着爱心却陷入危难的情况，像文种、商鞅、白起、孝己、伯奇，都是活生生的例子啊。之所以会这样，倒并非是骨肉关系反倒喜欢分离，血缘亲属反倒乐于碰上祸患。这当中或许是情爱发生了转移和变化，再加上谗言在当中起离间作用，如此一来哪怕是忠臣也没法使君主，孝子也没法使父亲回心转意了。一旦涉及权势和利益，亲人都会变为仇人，更何况还不是亲人啊！所以从前的申生、卫伋、御寇、楚建等人，虽然是亲生骨肉，又是正式的继承人，到头来都落得被父亲迫害的下场。

如今阁下您与汉中王刘备的关系，不过是路上碰见的陌生人罢了。而您不是他的亲生骨肉却占据了权势，和他不是君臣关系却处在重要职位，出征时您独当一方威风八面，回来后您又享有"副军"的名号充当他的助手，这都是远近的人共知的。自从汉中王宣布立阿斗为太子之后，有见识的人都替您寒心。从前申生如果听从子舆的劝告，他必定会像太伯一样另辟新天地；卫伋如果接受他弟弟的主意，也不会使他父亲的罪恶暴露，从而遭到天下人的讥评。相反，小白逃出本国在外避祸，后来却回国建立了霸业；重耳跳墙逃到外国躲灾，结果也回国恢复了君主位置。可见这类事情自古有之，不单是今天才有呀。说到智慧，最重要的是能免除灾祸；说到明察，最上等的是能早早看清一切。我估计对于您，汉中王内心已经打定主意，外面已经产生怀疑了；主意打定那么废除您的心就无法改变，怀疑产生那么就会害怕您起兵造反。自来宫廷祸乱的发生，总是和继承人的废黜与确立有渊源关系。您在人情关系上结下的私怨，不可能不表现出来，我担心汉中王左右的人一定对他说了离间你们的什么话了。只要怀疑形成而怨言传到他的耳朵里，灾祸就会像强弩的机柄那样一触即发。现在阁下您在远方，还可以苟延残喘于一时；如果我方大军推进，您失去根据地回到益州，您的处境我私下认为可就危险了。

从前微子离开商朝，智果脱离家族，他们都能够逃脱灾难远离祸患，得到善终的好结果。而今阁下您抛弃自己的生身父母去当别人的后代，算不上讲礼吧？知道祸事来临却硬要留下来，算不上明智吧？看到正统的皇朝不跟从反而产生怀疑，算不上守义吧？您自称是堂堂大丈夫，却做出违背礼、智、义三者的事，还有什么值得尊重的呢？以阁下的才能，抛弃一切亲自来到我们这里，充当寇家的继承人，就不算背弃父母了；面向北方侍奉大魏天子，摆正君臣关系，就不算背离旧君了；内心愤怒而不招来祸乱，避免了危亡，就不算空来我们这里一趟了。加之我大魏朝皇帝陛下，新近才受禅登基，正在虚心招纳贤才，施加德泽吸引远方人民来归附。如果阁下断然投奔大魏，岂止是与我一样，接受三百户封邑的爵位赏赐，从而接续原来寇家的罗侯封爵而已，而且会得到更大的封地，成为这块新封地上的首位第一代。陛下的大军，战鼓已经敲响，他将把宛县、邓县作为临时都城在那里驻扎下来。如果蜀、吴二敌国不平定，他就不会率大军回还。阁下最好在这时早点打定一个好主意。《周易》有"这是去见君主的有利时候"一句，《诗经》则说："要自己谋求得到更多福分。"

再见了！阁下要勉力为之，不要让向您进献忠言的我，像从前的狐突那样感到难堪啊。

刘封没有听从孟达的话。申仪背叛刘封投奔曹魏，刘封被击败回到成都。接着申耽也投奔曹魏，魏朝任命申耽为怀集将军，把他转移到南阳郡；又任命申仪为魏兴郡太守，封郧乡侯，驻扎在洵口。

刘封抵达成都后，先主责备他欺负孟达，又不救关羽。诸葛亮考虑到刘封刚烈勇猛，一旦先主去世之后很难控制驾驭，劝先主借此机会除掉他。于是先主下令赐刘封死，让他自杀。刘封死前长叹一声说："恨我自己当初不听孟子度的话啊！"先主也为此事流泪。

孟达，本来字子敬，因避先主叔父刘敬的名讳，才改字子度。

彭羕，字永年，广汉郡人。身高八尺，外貌非常魁伟。他生性骄傲，很多人都不放在眼里，唯独只尊敬同郡的秦宓，并向郡太守许靖推荐秦宓说："从前殷高宗梦见傅说，周文王访求吕尚，到了大汉朝的高祖，又任用了出自平民的郦食其。这是圣明帝王用来创建大业留传后世，发扬光大功勋的好办法。现今太守您考察古代圣明帝王制定的准则，忠实掌握神灵赋予的权力；表现出公刘那样的品德，施加连青草也不践踏的恩惠；赞颂您的诗歌将会出现，褒扬的舆论将会由于您而兴起。但是，您至今却还没有配齐得力的下属。我看到在家没有出仕的秦宓，禀受了像仲山甫那样的优秀道德，坚持着像隽不疑那样的正直品格；头枕石头口漱清泉，安贫乐道，躺在仁义的大路上休息，在自由的空间里恬淡生活；节操高尚，保持真正的本质不受亏损，即使是隐居的高士，也不可能超过他。如果太守您能聘到此人，必定能获得忠诚正直气度宽广的赞誉，甚至还能收取大功和厚利，做出业绩树立功勋；在朝廷的史册上记载下来，从而名声流传后世，不也是一件美事吗！"

彭羕在州政府做事，官职没超过书佐。后来有很多人在益州牧刘璋面前诋毁他，刘璋把他剃光头发戴上刑具罚做苦工五年。

碰上先主刘备进入益州，溯流而上往北走。彭羕想让别人把自己推荐给先主，于是先去见庞统。庞统与彭羕并非老朋友，当时庞统又正在招待宾客。彭羕径直入内到庞统床上躺下，对庞统说："等您的客人走后再和您畅谈。"宾客散尽之后，庞统来和彭羕坐在一起，而彭羕又要求庞统招待吃饭，然后才一起谈话，结果他在庞统处住了两晚上，又停留了一整天。庞统很是欣赏彭羕，另外法正又早就了解他，庞、法二人就共同把他推荐给先主。

先主也认为他是一个奇才，多次让彭羕为自己宣布军事决定，向众将交待指令，这些使命的完成很合先主心意，他受到的赏识和优待也一天天提高。成都平定，先主兼任益州牧，提拔彭羕为治中从事。彭羕从平民起步，一下子居于本州人士之上，举止轻狂，仗恃自己受到先主厚待的情况日益严重。诸葛亮虽然表面上仍旧接待彭羕，而内心对他的看法不好，多次秘密向先主进言，说彭羕心高气傲，难以保持安定。先主既尊敬信任诸葛亮，加上又观察了彭羕的处事为人，所以对他逐渐疏远了。

彭羕不久被贬为江阳郡太守，他听说自己要远出上任，心中不高兴，前去拜访马超。马超问他说："您才能优秀突出，主公一直厚待，我以为您会与诸葛孔明、法孝直等人并驾齐驱。怎么会让您到外面的小郡去当太守，使人们失望呢？"

彭羕说："老家伙做事荒唐无理，还能再说什么呢！"又对马超说："您在外，我在内，天下不难平定啊。"

马超由于四处漂泊无依才被迫逃奔蜀国，经常害怕会招惹祸事，听了彭羕的话大吃一惊，默然不作回答。彭羕走后，马超立即写表章把彭羕所说的话全部报告先主，于是彭羕被逮捕送交有关部门处置。

彭羕在监狱中与诸葛亮写信说："从前我想在地方长官的手下当官做事，认为曹操为人暴虐，孙权做事无道，刘璋愚昧软弱，唯有主公具备霸主的才能，可以和他振兴大业达到天下太平，所以我才有像鸟一样轻疾飞翔前去投奔的志向。碰上主公来到益州，我就通过法正显示自己的才能以求得到重用。同时庞统也在中间说好话帮忙，才得以到葭萌县去拜见主公，用指头在手掌上比划着与他进行畅谈，论述治理社会的问题，研讨建立霸主大业的途径，设计平定益州的策略。主公对此也一直有明确坚定的考虑，所以肯定和赞同我的意见，才举兵攻取益州。我在过去的州长官刘璋手下只受到普通的对待，还因无缘无故被加上罪名而担忧不已；现在一下子遇到了有利的时机得以脱颖而出，想求得一个英明君主果然就遇到这样的君主，志向得到实现，从此名声传扬，从平民被提升为一州的重要官员，还蒙主公举荐我为茂才。主公简直是把我当作本家族的晚辈一般厚待，又有谁能得到比这更好的礼遇呢？在这种情况下我彭羕怎么会突然发狂，自己去找死，死了都变为不忠不义的鬼啊？古人曾经说过，让一个人左手拿着天下的图册文献享受当君主的权力，右手则举刀去割断自己的咽喉，就是傻瓜也不会这么干。何况我还是分得清五谷具有起码判断能力的人呀！我之所以有怨恨的意思，是因为不能正确估量自己，总认为自己最先向主公建议攻取益州开创了大业，却出现了要把我丢到江阳郡去当太守的议论。由于不理解主公的意图，内心猛然激动，再加上喝了酒，所以轻率地说出一些提到'老'字的胡话。这是我极度愚蠢欠缺考虑造成的后果，其实主公并不老啊。再说建立功业，岂在人年龄的老少呢？周文王为周朝建立打下基础时已快九十岁，他的志气难道就衰落了吗！我辜负了像慈父一般的主公，真是罪该万死！至于'内'和'外'的话，我的意思是要马超在北面的雍州去建立战功，为主公共同效力，齐心讨伐曹操，怎么敢有其他的想法呢？他把我的话向上报告是对的，但是没有分别清楚'内'和'外'的准确含义，令人痛心啊！从前我每次与庞统谈话都共同起誓，希望跟随在阁下您身后，为主公的事业尽心尽力；能够赶上古人的名声，在史册上记载功勋。庞统已不幸去世，而我又招来灾祸。自己把自己毁了，我又埋怨谁呢？阁下您，是当代的伊尹、吕尚，应当好好为主公的大事出谋划策，使他的宏大计划得以成功。上天下地明察我的心，神是有灵的，我又何必再说什么啊！只不过想让您明白我的本心罢了。再见了，好自保重爱惜自己，要爱惜自己啊！"

结果他被处死，死时三十七岁。

廖立，字公渊，武陵郡临沅县人。先主刘备兼任荆州牧，聘任他为从事。不到三十岁，他被提升为长沙郡太守。

先主西上益州，诸葛亮留镇荆州，孙权派遣使者来向诸葛亮表示友好，并且询问都是哪些人在为先主辅佐政治。诸葛亮答复说："庞统、廖立，都是荆州的优秀人才，参与振兴政治大业的人。"

汉献帝建安二十年（公元215），孙权派遣吕蒙突然袭击荆州南部的长沙、零陵、桂阳三郡，廖立丢下城池逃走，去向先主认罪，先主素来赏识优待他，没有严加责备，还让他担任巴郡太守。建安二个四年（公元219），先主为汉中王，征召廖立到中央任侍中。

后主继承帝位，廖立转任长水校尉。廖立的本意，认为凭自己的才能名气应当充当诸葛亮的副手，结果却担任了李严等人之下没有什么实权的职务，所以心里常常不高兴。后来丞相府的下属李邵、蒋琬来见他，他发表意见说："现在丞相要率大军远征北方，你们大家要好生思考这件事。从前先皇帝不去攻取汉中，却跑到东边与吴国争夺荆州南部的长沙、零陵、桂阳三郡，结果后来这三郡还是落到吴人手中，徒然劳累将士，无功而回。既丢掉了汉中，还让曹魏大将夏侯渊、张郃深入到巴西郡，差一点丧失了整个益州。后来再进兵汉中，又使荆州的关羽被吴军袭杀而全军覆没，接着在上庸郡刘封又被魏军出溃，白白丢失一方。这都是关羽仗恃自己勇猛，治军无方，只是随心所欲蛮干，才造成前后多次军队的败亡啊。像向朗、文恭，只是凡夫俗子：文恭当治中从事时毫无控制能力；而向朗从前一味奉承马良兄弟，说他们是'圣人'，如今他担任了丞相府的长史，做事素来是随大流。中郎郭演长，只知道跟从他们，不能经办大事，可他竟然当了侍中。现今是衰落的时代，却让这三个人担当重任，这是不行的。王连也是一个随波逐流的俗人，任意制定些办法来搜括百姓，使之穷困不堪，直到今天还是如此。"

李邵、蒋琬把他的话都报告给诸葛亮。诸葛亮上了一封表章责备廖立说："长水校尉廖立，自高自大，贬低各位官员；公然说陛下不任用贤才而任用庸俗的办事吏员，又说统领一万人的将领都是些小子；诽谤先皇帝，还诋毁群臣。有人说国家的军队精锐而且训练有素，部署指挥清清楚楚，他听了却昂起头看着屋顶，愤然变了脸色说道：'这怎么值得一提！'像这样的事例难以一一列举。羊如果把羊群搅乱，都还要造成危害；何况廖立居于重要的官位，中等水平以下的人还能认清他的真伪吗？"

于是把廖立废黜为平民，流放到汶山郡。廖立亲自率领妻室儿女耕田养殖供给自己生活，听说诸葛亮去世，他流着眼泪叹息说："我只有变为少数族永远留在这里了！"后来监军姜维带领非主力军队经过汶山郡，去看过廖立，说他志气不衰，谈起话来神色自如。

他死在流放地，妻室儿女回到蜀郡。

李严，字正方，南阳郡人。年轻时在本郡政府任办事员，以才干突出受到称赞。荆州牧刘表让他巡视各郡县。曹操到达荆州，李严当时任秭归县行政长官；向西去到益州，益州牧刘璋委派他当成都县令，也有能干的名声。

汉献帝建安十八年(公元213)，刘璋让他代理护军职务，到绵竹去抵御先主军队。李严到达后却带着部队投降先主，先主任命他为裨将军。成都平定后，他出任犍为郡太守、兴业将军。建安二十三年（公元218），有匪徒马秦、高胜等人在郪县起兵造反，招集起数万人的队伍，杀到资中县。当时先主在汉中作战，李严不要求中央发兵，只带领本郡的五千人马前往讨伐，斩了马秦、高胜，他们的余党分散，全部恢复平民身份登记在册。又有越巂郡的少数族首领高定，派遣军队包围了新道县。李严奔去救援，敌人被击败逃跑。先主提升他为辅汉将军，依然兼任郡太守。

先主章武二年（公元222），李严被先主召到永安县行官，升任尚书令。第二年，先主生病，李严与诸葛亮共同接受遗诏辅佐年轻的后主；先主任命李严为中都护，总管京城内外一切军事指挥，并留在永安县镇守。

后主建兴元年（公元223），李严被封为都乡侯，授予节杖，加任光禄勋。

建兴四年（公元226），他转任前将军。因为诸葛亮要出兵进驻汉中，李严应当处理后方事务，所以转移到江州城驻扎；留护军陈到继续镇守永安，都受李严的统辖。李严与孟达写信说："我和诸葛孔明都受先皇帝临终托付，忧虑深而责任重，很想得到好同伴。"诸葛亮也与孟达写信说："处理公务就像河水流动一样顺畅，斟酌取舍而没有任何滞留，这是李正方天生的优点。"李严就是这般受到人们的看重。

建兴八年（公元230），他升任骠骑将军。由于曹真准备从三路进攻汉中，诸葛亮命令李严紧急带领两万人马赶往汉中支援。诸葛亮上表任命李严的儿子李丰为江州都督以督领军队，负责处理李严离开后的公务。诸葛亮考虑到第二年要出兵北伐，要李严以中都护的身份代理丞相府的公务。李严在这时改名为李平。

建兴九年（公元231），诸葛亮出兵祁山，李平在后方负责催办军粮运输。时值夏秋之际，碰上连降大雨，军粮供应不上。李平派参军狐忠、督军成藩去说明自己的意思，请诸葛亮撤军回来，诸葛亮听从李平的召唤而撤军。李平听到大军退回，却又假装吃了一惊，说是"军粮充足，为什么要撤回"，想以此为自己未能办好军粮运输开脱罪责，表示是诸葛亮不进兵的罪过。他又向后主上表，说："大军是故意撤退，想引诱敌军深入后与之交战。"

诸葛亮把他前后亲笔写的书信奏疏详细内容都展示了出来，结果他的错误十分明显。李平理屈辞穷困窘万分，只得坦白认罪。于是诸葛亮上表给后主陈述李平的罪过说："自从先皇帝驾崩之后，李平就在驻扎地扩展自家的私人产业，喜欢施舍小恩小惠，保全自身，沽名钓誉，没有做一点忧国忧民的事。为臣将要北上，想调李平的人马镇守汉中；而他却使用种种手段来抵制，毫无送兵前来的意思，反而要求划出五个郡让他当巴州刺史。去年为臣要想西攻祁山，下令让李平留守汉中；而他却对我说曹魏已经给予司马懿等辅政大臣以设置独立的办公府署，自行任命府署的下属官员等特权。为臣知道他的用意，是要趁我外出的机会要挟我，从而谋取私利，所以为臣才上表让他的儿子李丰督领主持江州的军事，给予优厚的待遇，以保证当时大军北伐能顺利进行。李平到达汉中后，为臣把丞相府的事务都委托给他处理，群臣上下都奇怪我为什么这么厚待他。为臣正是考虑到大业没有完成，汉朝的处境危险；与其这时去揭发李平的短处，还不如去褒奖他。我以为李平的欲望只在荣耀和实利上，完全没有想到他的心竟像这样不正。如果大事再像这样被延误，将会招致灾祸和失败；这都是为臣对政事不敏感造成的，现在话说得越多就越增加我的过错。"

于是朝廷废黜李平为平民，流放到梓潼郡。建兴十二年（公元234），李平听说诸葛亮去世，发病而死。他常常希望诸葛亮会重新起用自己；估计后来的人做不到这点，所以才愤激发病。

他的儿子李丰官做到朱提郡太守。

刘琰，字威硕，鲁国人。先主刘备在豫州时，聘任他为州政府的从事。先主因为他也是汉朝的刘氏皇族后代，具有风度，善于谈论，所以对他亲热厚待。于是他就跟随先主南征北战，经常充当宾客。先主平定益州，任命刘琰为固陵郡太守。

后主继承帝位后，刘琰被封为都乡侯，官员排列位置时每次都仅次于李严。先后担任卫尉、中军师、后将军，又升任车骑将军。不过他不参预国政，只是带领一千多兵马，随从丞相诸葛亮进行政事的劝谏和议论而已。他的车辆、服饰和饮食，都被称为是当时最奢侈昂贵的；在身边的数十名侍女，都能唱歌奏乐，他又教她们一齐诵读《鲁灵光殿赋》。

建兴十年(公元232)，他因与前军师魏延不和，说了些没意思的荒唐话，受到诸葛亮的责备。他写信向诸葛亮谢罪说："我禀性缺乏道德，操行低劣，加之又有喝醉酒就出现荒唐言行的毛病。自先皇帝在世以来，人们对我就议论纷纷，我差一点就要栽大筋斗。一直承蒙您根据我一心拥护国家的表现，原谅我身上的毛病，扶持救援，保全俸禄官位，直到今天。最近因为头脑发昏，说话错误，您施舍仁慈之恩宽容我，不忍心送我到法庭，使我得到保全，不至于丢了性命。虽然我今后一定克制和严格要求自己，改正过错，以死来报效国家，并在神灵面前起誓；但是如果我不再当官做事，就不能保留脸面了。"

于是诸葛亮把他遣送回成都，官职爵位依旧保留。刘琰失意之后神志恍惚。建兴十二年(公元234)正月，他的妻子胡氏进宫向皇太后贺年，太后特别留胡氏住下，一个多月后才出宫回家。胡氏长得很美丽，刘琰就怀疑他与后主有私情，便叫手下执行体罚的勤务兵殴打胡氏，以至于用鞋子打胡氏的脸，然后把她抛弃送走。胡氏向有关部门叙述了一切情况并向刘琰提出控告，刘琰因此被逮捕下狱。有关官员作出评议说："士兵，不应当是殴打官员妻子的人；脸面，也不应当是被鞋击打的地方。"结果刘琰被处死在市场上。从此，大臣的妻子、母亲不准再进宫朝见庆贺了。

魏延，字文长，义阳郡人。他作为部下随先主刘备进入益州，多次立下战功，升任牙门将军。

先主为汉中王，把治所迁回成都，应当得到一员大将镇守汉中。众人的议论都以为必定选中张飞，张飞内心也认为是自己；结果先主却破格提拔魏延来指挥汉中各军，任镇远将军，兼汉中郡太守，全军为之震惊。先主召集群臣聚会，对魏延说："而今委您以重任，您在这个位置上想怎么办？"魏延回答说："如果曹操统领天下的军队前来，为臣将为大王挡住他；至于他的偏将带领十万人马前来，为臣将为大王吞掉他！"先主称赞说"好"，众人都觉得他的话真是雄壮。先主称帝，魏延升任镇北将军。

后主建兴元年（公元222），魏延被封为都亭侯。建兴五年（公元227），诸葛亮进驻汉中，重新任命魏延为督前部，兼任丞相府司马、凉州刺史。

建兴八年（公元230），魏延受命向西进入羌族人地区，曹魏的后将军费瑶、雍州刺史郭淮与他在阳溪激战。他把对方打得大败，升任前军师、征西大将军，持有节杖，晋封南郑侯。

魏延每次随从诸葛亮出兵，总是要请求单独率领一支人马，与诸葛亮走不同的路线在潼关会师，就像从前韩信的事例那样，但是诸葛亮一直制止他而不同意。魏延常常认为诸葛亮胆怯，为自己的才能不能充分施展而感叹遗憾。他善于对待将士，勇猛过人，又生性矜持高傲，当时的人都避让他。只有杨仪对他不忍让；魏延对此极度气愤，两人势同水火。

建兴十二年（公元234），诸葛亮出兵褒斜谷道的北口，魏延充当前锋。他距诸葛亮的大营十里，这时他晚上梦见头上长出角来，为此询问一个名叫赵直的人，因为赵直能够根据梦中情景占卜吉凶。赵直骗他说："麒麟这种神兽头上有角而不使用，所以这个梦是敌人不战自破的象征。"赵直退下来后悄悄告诉别人说："角这个字，是上面一个刀字下面一个用字；在头上面用刀，这可是大凶兆啊！"

这年秋天，诸葛亮病危，秘密与丞相府的长史杨仪、司马费祎、护军姜维等，作出自己身死之后的退兵安排部署：让魏延断后，在他前面的是姜维；如果魏延不服从命令，大军就自行出发。诸葛亮刚死，暂时保密不发布消息哀悼，这时杨仪让费祎前去探察魏延的意思。魏延说："丞相即使去世，我魏延还健在。再说我魏延是什么人，应当受杨仪的指挥，充当断后的将军吗！"马上与费祎共同作出队队或行或留的安排，让费祎亲自书写下来并且与自己共同署名，向下面的众将宣布。

费祎哄魏延说："我应当回去为您开解杨仪，他是文官，很少经历过军事指挥的事，必定不会违背您的命令的。"费祎出门后就驰马离去，魏延马上又后悔了，追他一阵也没追上。魏延接着派人去侦察杨仪的动静，杨仪等人就要按诸葛亮生前的既定部署，各营依次领兵撤退。

魏延大怒，抢先在杨仪还未出发之前，率领本部人马径直向南退回，所过之处把栈道放火烧毁。魏延、杨仪各自向朝廷上表说对方造反，一天之内，粘上羽毛的紧急文书连连送到。后主就此事询问侍中董允、丞相府留守的长史蒋琬，两人都保证杨仪忠诚而怀疑魏延。

杨仪等人砍伐山上的树木修通栈道，昼夜兼行，也跟在魏延后面前进。魏延先到，占据褒斜道的南谷口，派兵阻击杨仪等人；杨仪命令何平在前面抵御魏延。何平冲上前去斥责魏延说："丞相去世，尸骨未寒，你们怎么敢这样！"魏延的部下知道无理的一方是魏延，不愿为他效力，军队很快溃散。

魏延只带了自己的儿子和几名亲信逃跑，奔向汉中。杨仪派马岱追击将其斩首，把头颅割下带回。杨仪站起来亲自用脚踩踏在地上的魏延头颅，骂道："奴才，还能作恶吗！"于是诛灭魏延的三族。

这时，朝廷为了防止动乱急派蒋琬带领京城禁卫军各营北上，出发几十里后，得到魏延被杀的消息，才撤回成都。

推究魏延的本意，他之所以没有向北投降曹魏而向南撤回，只是想除去杨仪等人。尽管众将素来不赞同他，但他希望到时候舆论会推选他代替诸葛亮。他的本意只是这样，所以没有立即背叛。

杨仪，字威公，襄阳郡人。汉献帝建安年间，曾任荆州刺史傅群的主簿，他离开傅群前去投奔襄阳郡太守关羽。关羽聘请他担任自己府内的功曹，派他为使者西上益州去见先主刘备。

先主同他谈论军国大计，政治得失，大为欣赏他，任命他为左将军府的兵曹掾。先主为汉中王，提拔杨仪为尚书。先主称帝，东征孙吴，杨仪与尚书令刘巴不和，被降职为名义上的弘农郡太守。

后主建兴三年（公元225），丞相诸葛亮任命他为军事参谋，处理丞相府公务，随诸葛亮南征。建兴五年（公元227），他随诸葛亮到汉中。建兴八年（公元230），升任丞相府长史，加任绥军将军。

诸葛亮多次出军，杨仪常常负责人马的规划部署，筹集计算军粮，都不需要费时间考虑，一会儿就处理完毕。整个军队的事务安排，都由杨仪办理。诸葛亮深为爱惜杨仪的才干，又凭借魏延的骁勇，经常为两人的不和而遗憾，不忍心偏爱或废除任何一位。

建兴十二年（公元 234），杨仪随诸葛亮出褒斜道北谷口驻扎。诸葛亮在敌占区去世，杨仪既领大军退回，又诛杀了魏延，自以为功勋极大，应当代替诸葛亮执政。他召来都尉赵正，用《周易》中的卦形为他占卜是否会如愿；结果得到的是对女性占卜者有利的《家人》卦，他暗自不愉快。

而诸葛亮平时内心深处的意思，认为杨仪性格急躁狭隘，另外看中的是蒋琬，蒋琬就担任了尚书令，兼益州刺史。杨仪到了成都，被任命为中军师，手下没有统领人马，处于闲置状态。起初，杨仪在先主时任尚书，蒋琬还只是低一级的尚书郎；后来虽然都担任丞相府的参军、长史，但是杨仪每次随从诸葛亮出征，都承担了辛劳繁巨的任务。想到自己资历比蒋琬深，才能比蒋琬强，他对自己的处境不免在言辞和神态上表现出强烈的怨恨，经常叹息不已。

当时的人怕他说话没有节制，都不敢去看他；只有后军师费祎去探望安慰他。杨仪对费祎大发怨言，先后说了很多，竟还对费祎说："当初丞相去世的时候，我若是带领全军投降曹魏，难道会像这样寂寞失意地处在世间上吗！真使人追悔莫及啊！"费祎秘密把他说的这些话报告朝廷。

建兴十三年（公元 235），朝廷废黜杨仪为平民，流放到汉嘉郡。杨仪到了流放地，又上书诽谤朝廷，文辞激烈直切。于是朝廷下达指令给汉嘉郡逮捕杨仪入狱，杨仪自杀。他的妻室儿女回到蜀郡。

评论说：刘封处在容易招到嫌疑的地位，而他的思虑不足以保护自己；彭羕、廖立以才能突出受到任用；李严也因为才干非凡而当了高官；魏延凭借勇猛谋略担负重任；杨仪由于处理公务干练而得到显要职务；刘琰则是长期追随先主的老部下：他们都是蜀国尊贵重要的官员。但是看他们的举动，追寻其为人处世的做法；可以说他们最终招来灾祸获取罪过，没有谁不是自己造成的啊。

霍王向张杨费传第十一

霍峻字仲邈，南郡枝江人也。兄笃，于乡里合（郡）〔部〕曲数百人。笃卒，荆州牧刘表令峻摄其众[1]。

表卒，峻率众归先主，先主以峻为中郎将。先主自葭萌南还袭刘璋，留峻守葭萌城。张鲁遣将杨帛诱峻，求共守城。峻曰："小人头可得，城不可得！"帛乃退去。后璋将扶禁、向存等帅万余人，由阆水上[2]，攻围峻；且一年[3]，不能下。峻城中兵才数百人，伺其怠隙，选精锐出击；大破之，即斩存首。

先主定蜀，嘉峻之功；乃分广汉为梓潼郡，以峻为梓潼太守、裨将军。

在官三年，年四十卒。还葬成都，先主甚悼惜，乃诏诸葛亮曰："峻既佳士，加有功于国，欲行酹[4]。"遂亲率群僚临会吊祭，因留宿墓上；当时荣之。

子弋，字绍先。先主末年，为太子舍人。后主践阼，除谒者。丞相诸葛亮北驻汉中，请为记室[5]，使与子乔共周旋游处[6]。亮卒，为黄门侍郎。后主立太子璿，以弋为中庶子[7]。璿好骑射，出入无度；弋援引古义，尽言规谏，甚得切磋之体。

后为参军庲降屯[8]，副贰都督[9]；又转护军，统事如前。时永昌郡夷獠恃险不宾[10]，数为寇害。乃以弋领永昌太守，率偏军讨之；遂斩其豪帅，破坏邑落[11]，郡界宁静。迁监军、翊军将军，领建宁太守，还统南郡事[12]。

景耀六年，进号安南将军。是岁，蜀并于魏。弋与巴东领军襄阳罗宪[13]，各保全一方，举以内附；咸因仍前任[14]，宠待有加。[一]

【注释】

〔1〕摄：统领。 〔2〕阆水：河流名。即今四川境内的嘉陵江。〔3〕且：将近。 〔4〕行酹：用酒浇地表示祭奠。 〔5〕记室：官名。草拟文书。 〔6〕乔：即诸葛乔（公元204—228）。事见本书卷三十五《诸葛亮传》。 〔7〕太子中庶子：官名。是太子的侍从长官。 〔8〕为参军庲（lái）降屯：做庲降都督驻屯区的军事参谋官。 〔9〕都督：官名。这里指庲降都督。蜀汉在南中地区设置庲降都督，作为军事长官，镇守南中的越嶲、建宁、云南、永昌、兴古、牂牁、朱提七郡。其治所后来定在味县（今云南曲靖市）。 〔10〕永昌：郡名。治所在今云南保山市东北。 夷獠（lǎo）：西南方少数族名。 不宾：不服从（统治）。〔11〕破坏：攻破摧毁。 邑落：城镇和居民点。 〔12〕还：仍旧。 南郡：南中各郡。 〔13〕巴东领军：官名。蜀汉巴东地区的军事指挥长官。 〔14〕因仍：依旧保持。

【裴注】

〔一〕《汉晋春秋》曰："霍弋闻魏军来，弋欲赴成都；后主以备敌既定，不听。及成都不守，弋素服号哭，大临三日。诸将咸劝宜速降，弋曰：'今道路隔塞，未详主之安危大故，去就不可苟也！若主上与魏和，见遇以礼，则保境而降，不晚也；若万一危辱，吾将以死拒之。何论迟速邪！'得后主东迁之问，始率六郡将守上表曰：'臣闻人生于三，事之如一；惟难所在，则致其命。今臣国败主附，守死无所；是以委质，不敢有贰。'晋文王善之，又拜南中都督，委以本任。后遣将兵救援吕兴，平交阯、日南、九真三郡，功封列侯，进号崇赏焉。弋孙彪，晋越巂太守。"

《襄阳记》曰："罗宪字令则。父蒙，避乱于蜀，官至广汉太守。宪少以才学知名，年十三能属文。后主立太子，为太子舍人。迁庶子、尚书吏部郎；以宣信校尉再使于吴，吴人称美焉。时黄皓预政，众多附之，宪独不与同；皓恚，左迁巴东太守。时右大将军阎宇，都督巴东，为领军；后主拜宪为宇副贰。魏之伐蜀，召宇西还，留宇二千人，令宪守永安城。寻闻成都败，城中扰动，江边长吏皆弃城走；宪斩称'成都乱'者一人，百姓乃定。得后主委质问至，乃帅所统，临于都亭三日。吴闻蜀败，起兵西上；外托救援，内欲袭宪。宪曰：'本朝倾覆，吴为唇齿；不恤我难而邀其利，背盟违约。且汉已亡，吴何得久？宁能为吴降虏乎！'保城缮甲，告誓将士；厉以节义，莫不用命。吴闻钟、邓败，百城无主，有兼蜀之志；而巴东固守，兵不得过，使步协率众而西。宪临江拒射，不能御；遣参军杨宗，突围北出，告急安东将军陈骞；又送文武印绶、任子，诣晋王。协攻城，宪出与战，大破其军。孙休怒，复遣陆抗等帅众三万人增宪之围。被攻凡六月日，而救援不到；城中疾病大半，或说宪奔走之计。宪曰：'夫为人主，百姓所仰；危不能安，急而弃之，君子不为也。毕命于此矣！'陈骞言于晋王，遣荆州刺史胡烈救宪，抗等引退。晋王即委前任，拜宪凌江将军，封万年亭侯。会武陵四县，举众叛吴，以宪为武陵太守、巴东监军。泰始元年改封西鄂县侯。宪遣妻子居洛阳，武帝以子袭为给事中。三年冬，入朝，进位冠军将军，假节。四年三月，从帝宴于华林园，诏问蜀大臣子弟，后问先辈宜时叙用者；宪荐蜀郡常忌、杜轸、寿良，巴西陈寿，南郡高轨，（高）〔南〕阳吕雅、许国，江夏费恭，琅邪诸葛京，汝南陈裕：即皆叙用，咸显于世。宪还，袭取吴之巫城，因上伐吴之策。宪方亮严正，待士不倦；轻财好施，不治产业。六年薨，赠安南将军，谥曰烈侯。子袭，以凌江将军领部曲。早卒，追赠广汉太守。袭子徽，顺阳内史，永嘉五年为王如所杀。"

此作"献"，名与本传不同，未详孰是也。

王连字文仪，南阳人也。刘璋时入蜀，为梓潼令[1]。先主起事葭萌，进军来南；连闭城不降，先主义之，不强逼也。

及成都既平，以连为什邡令[2]。转在广都，所居有绩。迁司盐校尉，较盐铁之利，利入甚多，有裨国用；于是简取良才以为官属，若吕乂、杜祺、刘幹等；终皆至大官，自连所拔也。迁蜀郡太守、兴业将军，领盐府如故。

建兴元年，拜屯骑校尉[3]，领丞相长史[4]，封平阳亭侯。时南方诸郡不宾，诸葛亮将自征之。连谏以为："此不毛之地，疫疠之乡；不宜以一国之望[5]，冒险而行。"亮虑诸将才不及己，意欲必往；而连言辄恳至，故停留者久之。会连卒。

子山嗣，官至江阳太守。

【注释】
〔1〕梓潼：县名。县治在今四川梓潼县。 〔2〕什邡（fāng）：县名。县治在今四川什邡市。 〔3〕屯骑校尉：官名。蜀汉沿袭汉制，在京城驻军中设立特种兵五营，分别由五名校尉统领。屯骑校尉为其中之一，统领屯骑营的骑兵。 〔4〕丞相长（zhǎng）史：官名。诸葛亮丞相府的主要下属，总管各分支机构的公务。 〔5〕一国之望：一国百姓所仰望的人物。指诸葛亮。

向朗字巨达，襄阳宜城人也。[一]荆州牧刘表，以为临沮长；表卒，归先主。先主定江南，使朗督秭归、夷道、巫（山）、夷陵四县军民事。蜀既平，以朗为巴西太守。顷之转任牂牁。又徙房陵。

后主践阼，为步兵校尉，代王连领丞相长史。丞相亮南征，朗留统后事。

五年[1]，随亮汉中。朗素与马谡善，谡逃亡[2]，朗知情不举；亮恨之，免官还成都。数年，为光禄勋[3]。亮卒后徙左将军，追论旧功，封显明亭侯，位特进[4]。

初，朗少时虽涉猎文学；然不治素检[5]，以吏能见称。自去长史，优游无事垂（三）〔二〕十年；〔二〕乃更潜心典籍，孜孜不倦。年逾八十，犹手自校书[6]，刊定谬误[7]；积聚篇卷，于时最多。开门接宾，诱纳后进[8]；但讲论古义，不干时事[9]，以是见称。上自执政，下及童冠[10]，皆敬重焉。

延熙十年卒。〔三〕子条嗣，景耀中，为御史中丞。〔四〕

朗兄子宠，先主时为牙门将。秭归之败[11]，宠营特完[12]。建兴元年封都亭侯。后为中部督，典宿卫兵。

诸葛亮当北行，表与后主曰："将军向宠，性行淑均，晓畅军事；试用于昔，先帝称之曰能，是以众议举宠为督。愚以为营中之事，悉以咨之；必能使行阵和睦，优劣得所也。"迁中领军[13]。

延熙三年，征汉嘉蛮夷，遇害[14]。宠弟充，历射声校尉、尚书。〔五〕

【注释】

〔1〕五年：建兴五年（公元227）。 〔2〕逃亡：指建兴六年（公元228）马谡在街亭失败逃奔一事。 〔3〕光禄勋：官名。九卿之一。统领郎官守卫皇宫门户。 〔4〕特进：荣誉性官名。没有固定任务。〔5〕不治素检：不在品德的纯洁和行为的约束上下工夫。 〔6〕校(jiào)书：校勘书籍。 〔7〕刊定：删除和确定。 〔8〕诱纳：指导和接纳。

〔9〕干(gān)：涉及。 〔10〕童冠：儿童和满二十岁的青年。 〔11〕秭归之败：指公元222年刘备进攻孙吴大败一事。 〔12〕特完：唯独能保持完好。 〔13〕中领军：官名。京城驻守军队的总指挥官。 〔14〕遇害：向宠的墓冢，相传在今四川成都市城北公园内，曾有遗迹留存。

【裴注】

〔一〕《襄阳记》曰："朗少，师事司马德操。与徐元直、韩德高、庞士元皆亲善。"

〔二〕臣松之按：朗坐马谡免长史，则建兴六年中也。朗至延熙十年卒，整二十年耳；此云"三十"，字之误也。

〔三〕《襄阳记》曰："朗遗言戒子曰：'《传》称师克在和，不在众：此言天地和，则万物生；君臣和，则国家平；九族和，则动得所求，静得所安。是以圣人守和，以存以亡也。吾，楚国之小子耳。而早丧所天，为二兄所诱养，使其性行不随禄利以堕。今但贫耳，贫非人患；惟和为贵，汝其勉之！'"

〔四〕《襄阳记》曰："条字文豹。亦博学多识，入晋，为江阳太守、南中军司马。"

〔五〕《襄阳记》曰："魏咸熙元年六月，镇西将军卫瓘，至于成都，得璧、玉印各一枚，文似'成信'字。魏人宣示百官，藏于相国府。充闻之曰：'吾闻谯周之言：先帝讳备，其训具也；后主讳禅，其训授也：如言刘已具矣，当授与人也。今中抚军名炎，而汉年极于炎兴；瑞出成都，而藏之于相国府：此殆天意也！'是岁，拜充为梓潼太守。明年十二月而晋武帝即尊位，'炎兴'于是乎征焉。"

孙盛曰："昔公孙自以起成都，号曰'成氏'。二玉之文，殆述所作乎？"

张裔字君嗣，蜀郡成都人也。治《公羊春秋》〔1〕，博涉《史》、《汉》〔2〕。汝南许文休入蜀〔3〕，谓裔"干理敏捷〔4〕，是中夏钟元常之伦"也〔5〕。刘璋时，举孝廉，为鱼复长。还州署从事，领帐下司马〔6〕。张飞自荆州由垫江入〔7〕，璋授裔兵，拒张飞于德阳陌下〔8〕；军败，还成都。为璋奉使诣先主，先主许以“礼其君而安其人”也[9]；裔还，城门乃开。

先主以裔为巴郡太守。还为司金中郎将[10]，典作农战之器[11]。

先是，益州郡杀太守正昂；耆率雍闿恩信著于南土[12]，使命周旋[13]，远通孙权。乃以裔为益州太守，径往至郡。闿遂趑趄不宾[14]，假鬼教曰[15]：“张府君如瓠壶[16]，外虽泽而内实粗[17]；不足杀[18]，令缚与吴。”于是遂送裔于权。会先主薨，诸葛亮遣邓芝使吴；亮令芝：言次可从权请裔[19]。裔自至吴数年，流徙伏匿；权未之知也，故许芝遣裔。

裔临发，权乃引见，问裔曰：“蜀卓氏寡女[20]，亡奔司马相如[21]，贵土风俗何以乃尔乎[22]？”裔对曰：“愚以为卓氏之寡女，犹贤于买臣之妻[23]。”

权又谓裔曰：“君还，必用事西朝[24]，终不作田父于闾里也[25]；将何以报我？”裔对曰：“裔负罪而归，将委命有司[26]。若蒙徼幸得全首领[27]：五十八以前，父母之年也[28]；自此以后，大王之赐也。”权言笑欢悦，有器裔之色。

裔出阁，深悔不能佯愚；即便就船，倍道兼行[29]。权果追之，裔已入永安界数十里[30]，追者不能及。既至蜀，丞相亮以为参军，署府事[31]；又领益州治中从事。

亮出驻汉中，裔以射声校尉领留府长史。常称曰：“公赏不遗远[32]，罚不阿近[33]；爵不可以无功取，刑不可以贵势免：此贤愚之所以佥忘其身者也[34]。"

其明年，北诣亮咨事[35]，送者数百，车乘盈路。裔还书与所亲曰："近者涉道[36]，昼夜接宾，不得宁息。人自敬丞相长史；男子张君嗣附之，疲倦欲死！"其谈嘲流速[37]，皆此类也。〔一〕

少与犍为杨恭友善。恭早死，遗孤未数岁；裔迎留，与分屋而居，事恭母如母。恭之子息长大，为之娶妇；买田宅产业，使立门户。抚恤故旧，赈赡衰宗[38]，行义甚至。加辅汉将军，领长史如故。

建兴八年卒。子毣嗣，〔二〕历三郡守、监军。毣弟郁，太子中庶子。

【注释】
〔1〕公羊春秋：书名。即《春秋》三传中的《公羊传》。〔2〕《史》：即《史记》。《汉》：即《汉书》。　〔3〕许文休：即许靖。靖字文休。　〔4〕干理：做事的才干和条理。　〔5〕中夏：中原。　钟元常：即钟繇(？—公元230)。繇字元常。传见本书卷十三。　〔6〕帐下司马：官名。刘璋振威将军府的下属，主管军务。　〔7〕垫江：县名。县治在今重庆市合川区。〔8〕德阳：县名。县治在今四川遂宁市东南。陌下：地名。在今四川遂宁市东南。〔9〕许：许诺。礼其君：优待对方的君主。君主指刘璋。〔10〕司金中郎将：官名。负责开采矿石制造金属农具和兵器。〔11〕典作：负责制造。　〔12〕耆率：老年首领。南土：南中。〔13〕使命周旋：派遣使者联络关系。　〔14〕趑趄(zī jū)：拒绝接近。　〔15〕假鬼教：假托鬼魂的指示。　〔16〕瓠壶：葫芦瓜作的壶。〔17〕泽：光润。　〔18〕不足杀：值不得杀。〔19〕言次：谈话当中。　请：请求(放回)。　〔20〕卓氏寡女：即卓王孙的女儿卓文君。　〔21〕亡奔：逃跑私奔。　〔22〕贵土：指蜀郡。司马相如、卓文君以及张裔，都是蜀郡人。　乃尔：像这样(糟糕)。〔23〕买臣：即朱买臣(？—前115)。字翁子。吴县(今江苏苏州市)人。早年家贫，他的妻子不堪忍受，离家另嫁他人。被同乡严助推荐给西汉武帝，受到

重用，任会稽郡太守、主爵都尉，后被杀。传见《汉书》卷六十四上。朱买臣夫妇家乡所在的吴县，三国时属孙吴重要城市，孙权又是江南人，曾在吴县居住，所以张裔以此来反击孙权的取笑。〔24〕用事：当权。西朝：指蜀政权朝廷。〔25〕田父：老农。 闾里：民间。 〔26〕委命有司：把性命交给有关部门裁决。〔27〕全首领：保全脑袋。〔28〕五十八：当时张裔的年龄为五十八岁。 父母之年：父母给予的寿命。〔29〕倍道兼行：以比平常快一倍的速度赶路。〔30〕永安：县名。县治在今重庆市原奉节县东。当时是邻接孙吴的边界城市。〔31〕府：指丞相府。〔32〕公：指诸葛亮。 遗远：遗漏远离您的人。〔33〕阿(ē)近：袒护您身边的人。〔34〕佥(qiān)：都。〔35〕咨事：请示公事。〔36〕涉道：上路。〔37〕流速：流畅敏捷。〔38〕衰宗：衰落的宗族成员。

【裴注】

〔一〕臣松之以为：谈嘲贵于机捷，书疏可容留意。今因书疏之巧，以著谈嘲之速，非其理也。

〔二〕罙，音忙角反，见《字林》：曰"罙，思貌也"。

杨洪字季休，犍为武阳人也。刘璋时历部诸郡[1]。先主定蜀，太守李严命为功曹[2]。严欲徙郡治舍[3]，洪固谏不听；遂辞功曹，请退。严（欲）荐洪于州，为（蜀部）〔部蜀〕从事[4]。

先主争汉中，急书发兵。军师将军诸葛亮以问洪，洪曰："汉中则益州咽喉，存亡之机会；若无汉中则无蜀矣，此家门之祸也！方今之事，男子当战，女子当运，发兵何疑！"时蜀郡太守法正从先主北行，亮于是表洪领蜀郡太守；众事皆办，遂使即真[5]。

顷之，转为益州治中从事。先主既称尊号，征吴不克，还住永安。汉嘉太守黄元素为诸葛亮所不善，闻先主疾病，惧有后患；举郡反，烧临邛城。时亮东行省疾[6]，成都单虚，是以元益无所惮。洪即启太子，遣其亲兵，使将军陈曶、郑绰讨元。

众议以为："元若不能围成都，当由越嶲据南中。"洪曰："元素性凶暴，无他恩信，何能办此？不过乘水东下，冀主上平安，面缚归死[7]；如其有异[8]，奔吴求活耳！"敕曶、绰："但于南安峡口遮，便得矣[9]。"曶、绰承洪言，果生获元。

洪建兴元年赐爵关内侯，复为蜀郡太守、忠节将军[10]。后为越骑校尉，领郡如故。

五年[11]，丞相亮北住汉中；欲用张裔为留府长史，问洪何如？洪对曰："裔天姿明察，长于治剧[12]，才诚堪之；然性不公平，恐不可专任[13]。不如留向朗，朗情伪差少[14]；裔随从目下[15]，效其器能：于事两善。"

初，裔少与洪亲善。裔流放在吴，洪临裔郡[16]，裔子郁给郡吏[17]；微过受罚，不特原假[18]。裔后还，闻之，深以为恨，与洪情好有损。及洪见亮出，至裔许，具说所言。裔答洪曰："公留我了矣[19]，明府不能止[20]！"时人或疑洪意自欲做长史；或疑洪知裔自嫌[21]，不愿裔处要职，典后事也。

后裔与司盐校尉岑述不和，至于忿恨。亮与裔书曰："君昔在（栢）〔陌〕下，营坏[22]，吾之用心，食不知味[23]；后流进南海[24]，相为悲叹，寝不安席；及其来还，委付大任，同奖王室：自以为与君，古之石交也[25]。石交之道：举仇以相益[26]，割骨肉以相明[27]，犹不相谢也^[28]；况吾但委意于元俭^[29]，而君不能忍邪?"论者由是明洪无私。

洪少不好学问，而忠清款亮^[30]，忧公如家，事继母至孝。

六年^[31]，卒官^[32]。

始，洪为李严功曹，严未（至）〔去〕犍为而洪已为蜀郡^[33]。洪迎门下书佐何袛^[34]，有才策功干^[35]，举郡吏，数年为广汉太守；时洪亦尚在蜀郡。是以西土咸服诸葛亮能尽时人之器用也^[36]。〔一〕

【注释】

〔1〕部：督察。当时的州政府中设有部郡国从事，每郡或每王国设一人，负责催办该郡国公文，举报郡国不法官员。 〔2〕太守：指杨洪家乡犍为郡的太守。 〔3〕郡治舍：郡政府的房舍。 〔4〕部蜀从事：官名。益州州政府官员，负责督察蜀郡。 〔5〕即真：接受正式任命。 〔6〕省(xǐng)疾：探视(刘备的)病情。 〔7〕归死：指投降。 〔8〕有异：(刘备的病情)有意外。 〔9〕南安：县名。县治在今四川乐山市。 峡口：地名。在今四川乐山市东南岷江河道上。 遮：阻拦。 〔10〕忠节将军：官名。领兵镇守地方。 〔11〕五年：建兴五年(公元227)。 〔12〕治剧：处理繁重的事务。 〔13〕专任：单独承担重任。 〔14〕情伪：性情上的毛病。 差少：较少。 〔15〕目下：眼前。指诸葛亮的身边。 〔16〕裔郡：张裔家乡所在的蜀郡。 〔17〕给郡吏：充当郡政府的办事员。 〔18〕原假：原谅宽容。 〔19〕公：指诸葛亮。 留我了矣：要留我(做留府长史)已经很清楚了。 〔20〕明府：对郡太守的尊称。 〔21〕自嫌：怨恨自己。 〔22〕营坏：阵营被(我军)攻破。 〔23〕食不知味：形容自己为张裔的生命安全非常担心。 〔24〕流迸：流亡。指张裔被送到孙吴后四处流徙。 〔25〕石交：像石头一样坚固的友谊。 〔26〕举仇以相益：举用对方的仇人以求获得助益。 〔27〕割骨肉以相明：不用对方的至亲以表明自己(无私)。 〔28〕犹不相谢：也都用不着向对方表示歉意。指自己的用心能被对方充分理解。 〔29〕委意：委托心意。指受到重视。 元俭：当为岑述的字。 〔30〕款亮：诚

恳踏实。〔31〕六年：建兴六年（公元228）。〔32〕卒官：死在任上。〔33〕已为蜀郡：已经当了蜀郡太守。〔34〕迎：选用。 门下书佐：官名。郡太守身边的办事员，负责抄写文书。〔35〕功干：成绩和能力。〔36〕西土：指蜀汉所在的益州。

【裴注】

　　〔一〕《益部耆旧传·杂记》曰："每朝会，祗次洪坐。嘲祗曰：'君马何驶？'祗曰：'故吏马不敢驶，但明府未著鞭耳！'众传之以为笑。祗字君肃。少寒贫。为人宽厚通济，体甚壮大，又能饮食。好声色，不持节俭，故时人少贵之者。尝梦井中生桑，以问占梦赵直，直曰：'桑非井中之物，会当移植；然"桑"字四十下八，君寿恐不过此。'祗笑言：'得此足矣！'初仕郡，后为督军从事。时诸葛亮用法峻密，阴闻祗游戏放纵，不勤所职，尝奄往录狱，众人咸为祗惧。祗密闻之，夜张灯火见囚，读诸解状。诸葛晨往，祗悉已暗诵；答对解释，无所凝滞。亮甚异之，出补成都令；时郫县令缺，以祗兼二县。二县户口猥多，切近都治，饶诸奸秽。每比人，常眠睡；值其觉寤，辄得奸诈。众咸畏祗之发摘，或以为有术，无敢欺者。使人投算，祗听其读而心计之；不差升合，其精如此。汶山夷不安，以祗为汶山太守，民、夷服信。迁广汉。后夷反叛，辞〔曰〕：'令得前何府君，乃能安我耳！'时难〔复〕屈祗，拔祗族人为〔之〕，汶山复得安。转祗为犍为。年四十八卒，如直所言。后有广汉王离，字伯元。亦以才干显。为督军从事，推法平当。稍迁，代祗为犍为太守，治有美绩。虽聪明不及祗，而文采过之也。"

　　费诗字公举，犍为南安人也。刘璋时为绵竹令。先主攻绵竹时，诗先举城降。成都既定，先主领益州牧，以诗为督军从事。出为牂牁太守；还为州前部司马[1]。

　　先主为汉中王，遣诗拜关羽为前将军。羽闻黄忠为后将军，（羽）怒曰："大丈夫终不与老兵同列！[2]"不肯受拜。诗谓羽曰："夫立王业者，所用非一。昔萧、曹与高祖少小亲旧[3]，而陈、韩亡命后至[4]；论其班列，韩最居上，未闻萧、曹以此为怨。今汉〔中〕王以一时之功[5]，隆崇于汉（室）〔升〕；然意之轻重[6]，宁当与君侯齐乎[7]？且王与君侯，譬犹一体；同休等戚，祸福共之。愚为君侯[8]，不宜计官号之高下，爵禄之多少为意也。仆一介之使[9]，衔命之人；君侯不受拜，如是便还；但相为惜此举动，恐有后悔耳！”羽大感悟，遽即受拜。

后群臣议欲推汉中王称尊号，诗上疏曰：“殿下以曹操父子逼主篡位[10]，故乃羁旅万里[11]，纠合士众，将以讨贼。今大敌未克，而先自立，恐人心疑惑。昔高祖与楚约，先破秦者王。及屠咸阳[12]，获子婴[13]，犹怀推让；况今殿下未出门庭[14]，便欲自立邪？愚臣诚不为殿下取也。”由是忤指[15]，左迁部永昌从事[16]。〔一〕

建兴三年，随诸葛亮南行，归至汉阳县[17]。降人李鸿来诣亮，亮见鸿，时蒋琬与诗在坐。鸿曰：“间过孟达许[18]，适见王冲从南来，言：往者达之去就[19]，明公切齿[20]；欲诛达妻子，赖先（主）〔帝〕不听耳[21]。达曰：‘诸葛亮见顾有本末[22]，终不尔也[23]。’尽不信冲言，委仰明公，无复已已[24]。”

亮谓琬、诗曰：“还都当有书与子度相闻[25]。”诗进曰：“孟达小子，昔事振威不忠[26]，后又背叛先主；反覆之人，何足与书邪！”亮默然不答。

亮欲诱达以为外援，竟与达书曰：“往年南征，岁（未）〔末〕及还；适与李鸿会于汉阳，承知消息，慨然永叹[27]！以存足下平素之志[28]，岂徒空托名荣贵为

（华）〔乖〕离乎[29]？呜呼孟子，斯实刘封侵陵足下，以伤先（主）〔帝〕待士之义。又鸿道王冲造作虚语[30]，云足下'量度吾心，不受冲说'。寻表明之言[31]，追平生之好；依依东望，故遣有书。"

达得亮书，数相交通[32]，辞欲叛魏[33]。魏遣司马宣王征之，即斩灭达。亮亦以达无款诚之心，故不救助也。

蒋琬秉政，以诗为谏议大夫，卒于家。

王冲者，广汉人也。为牙门将，统属江州督李严[34]。为严所疾，惧罪降魏；魏以冲为乐陵太守。〔二〕

【注释】

〔1〕前部司马：官名。刘备益州州牧府的下属，协助处理军务。〔2〕同列：前将军与后将军的官阶等级相同，所以关羽这样说。〔3〕萧：指萧何（？—前193）。　曹：指曹参（？—前190）。　高祖：指汉高祖刘邦（？—前195）。〔4〕陈：指陈平（？—前178）。　韩：指韩信（？—前196）。　亡命：逃亡。〔5〕一时之功：指黄忠在定军山杀夏侯渊的大功。〔6〕意：内心的情意。〔7〕宁当：怎么能。　君侯：对封侯者的尊称。〔8〕为：以为。〔9〕一介：一个。〔10〕殿下：对封王者的尊称。〔11〕羁旅：流浪漂泊。〔12〕屠：攻克之后大肆屠杀。　咸阳：县名。县治在今陕西咸阳市东北。是秦王朝的首都。〔13〕子婴（？—前206）：秦始皇的孙子，秦二世哥哥的儿子。前207年，赵高杀秦二世，立他为秦王。他又设计杀赵高。当秦王四十六天后，降刘邦，不久被项羽杀死。事见《史记》卷六《秦始皇本纪》。〔14〕门庭：比喻益州地区。〔15〕忤指：违背了（刘备的）心意。〔16〕左迁：降职。　部永昌从事：官名。益州州政府官员，负责督察永昌郡。〔17〕汉阳：县名。县治在今贵州赫章县西南。〔18〕间（jiān）：最近。　孟达许：孟达那里。〔19〕去就：逃离蜀汉投奔曹魏。〔20〕明公：对诸葛亮的尊称。　切齿：痛恨的样子。〔21〕赖：幸亏。〔22〕见顾：照顾。〔23〕终不尔：终究不会这样。〔24〕无复已已：

没有终了。 〔25〕都：京都。指成都。 子度：孟达的字。 相闻：联系。 〔26〕振威：指曾任振威将军的刘璋。 〔27〕永叹：长叹。〔28〕存：考察。 〔29〕岂徒：哪里只是想。 贵：想要。这是当时习语。 乖离：分手。 〔30〕道：叙述。 造作虚语：编造谎话。〔31〕寻：品味。 表明之言：表明心迹的言辞。指孟达说诸葛亮照顾了自己的话。 〔32〕交通：交往。 〔33〕辞：声称。 〔34〕统属江州督李严：归江州都督李严统辖。

【裴注】

〔一〕习凿齿曰："夫创本之君，须大定而后正己；篡统之主，俟速建以系众心。是故惠公朝虏，而子圉夕立；更始尚存，而光武举号。夫岂忘主邀利？社稷之故也！今先主纠合义兵，将以讨贼。贼强祸大，主没国丧，二祖之庙，绝而不祀；苟非亲贤，孰能绍此？嗣祖配天，非咸阳之譬；杖正讨逆，何推让之有？于此时也，不知速尊有德以奉大统；使民欣反正，世睹旧物；杖顺者齐心，附逆者同惧：可谓暗惑矣。其黜降也，宜哉！"

臣松之以为：凿齿论议，惟此论最善。

〔二〕孙盛《蜀世谱》曰："诗子立，晋散骑常侍。自后益州诸费有名位者，多是诗之后也。"

评曰：霍峻孤城不倾，王连固节不移，向朗好学不倦，张裔肤敏应机[1]，杨洪乃心忠公，费诗率意而言[2]：皆有可纪焉。以先主之广济[3]，诸葛之准绳[4]；诗吐直言，犹用陵迟[5]，况庸后乎哉[6]！

【注释】

〔1〕肤敏：《诗经·文王》中的词语。郑玄的解释是外貌壮美口才敏捷。这里用郑玄解释的意思，但现今学者的解释与此不同。 〔2〕率意：坦率。 〔3〕广济：（气度）弘广通达。 〔4〕准绳：正直。 〔5〕陵迟：指受到打击或冷淡对待。 〔6〕庸后：平庸的君主。

【译文】

霍峻，字仲邈，南郡枝江县人。他的哥哥霍笃，在家拉起了几百人的私人武装。霍笃去世，荆州牧刘表让霍峻继续统带这支人马。

刘表死后，霍峻带着队伍投奔先主刘备，先主委任他为中郎将。先主从葭萌县向南进兵攻击刘璋，留下霍峻镇守葭萌县城。张鲁派遣部将杨帛去劝诱霍峻，说是要帮他一同守城，霍峻回答说："敌人的脑袋可以得到，城池绝对得不到！"杨帛只得退走。后来刘璋的部将扶禁、向存等带领一万多人从阆水溯流而上，围攻霍峻，持续将近一年，未能得手。霍峻城中只有几百人马，他等到敌人懈怠的机会，挑选精兵出击，打得敌人大败而逃，当场斩了向存。

先主平定益州之后，嘉许霍峻的功劳，分出广汉郡的一部分设立梓潼郡，以霍峻为郡太守，兼任裨将军。

他在任三年后，即满四十岁时去世，遗体运回成都安葬。先主对他的死深感悲痛和惋惜，下诏给诸葛亮说："霍峻既是优秀人才，加之又对国家有功，我想去用酒浇地祭奠他。"于是先主亲自率领百官前往吊唁哭祭，并在墓地上留宿，当时的人都认为非常荣耀。

他的儿子霍弋，字绍先，先主末年担任太子舍人。后主登上帝位，霍弋任谒者仆射。丞相诸葛亮北上进驻汉中，请求让霍弋担任记室，让他与自己的儿子诸葛乔在一起到四处游览共处。诸葛亮死后，霍弋任黄门侍郎。后主立太子刘璿，让霍弋为太子中庶子。刘璿喜欢骑马射箭，出入皇宫没有节制；霍弋援引古人讲的道理，尽量规劝，在帮助太子的事情上做得很得体。

后来他出任庲降都督驻屯区的军事参谋，做庲降都督的副手；又转任护军，统管军务依旧不变。当时永昌郡的少数族仗恃地形险要不服从蜀国朝廷，多次出动侵掠造成危害；朝廷又让霍弋兼任永昌郡太守，率领地方军队讨伐，杀死对方的首领，摧毁其城镇和居住点，从此郡内安宁清静。不久他升任监军、翊军将军，兼任建宁郡太守，依旧负责南中各郡的军务。后主景耀六年（公元263），他晋升为安南将军。这一年，蜀国并入魏国。霍弋与担任巴东领军的襄阳人罗宪各自保全一方，然后带领部下投降曹魏，都留任原职，受到魏国的优待。

王连，字文仪，南阳郡人。他在刘璋时进入益州，被刘璋任命为梓潼县令。先主刘备在葭萌县起兵，向南进军，王连闭城不降；先主赞赏他的义气，没有用武力强迫他。

成都平定之后，先主任命王连为什邡县令，转任广都县令，所到之处都有政绩。后来他升任司盐校尉，为国家垄断盐铁生产销售的利润，收入很多，有助于国家财政。这时他又挑选优秀人才作为自己的下属，入选的如吕乂、杜祺、刘幹等人，最后都升到重要职位，他们全是王连提拔的。王连升任蜀郡太守，兼兴业将军，同时还依旧兼管司盐校尉府内事务。

后主建兴元年（公元223），他出任屯骑校尉，兼任丞相府长史，封平阳亭侯。当时南方各郡不服从中央，诸葛亮将要亲自出兵征伐。王连劝阻他说："那里都是不毛之地，传染病流行的区域。您作为一国上下仰慕的人，不宜冒险前去。"诸葛亮考虑众将的才能都赶不上自己，坚持要去，而王连总是恳切进谏，所以这件事拖了很久。后来王连去世。

他的儿子王山继承了爵位，官做到江阳郡大守。

向朗，字巨达，襄阳郡宜城县人。荆州牧刘表任命他为临沮县长；刘表去世，他转而归附先主刘备。先主攻占荆州的长江以南各郡，让向朗指挥秭归、夷道、巫、夷陵四县的军队并兼管民政。益州平定后，任命向朗为巴西郡大守，很快又转任牂牁郡太守，接着任房陵郡太守。

后主登上帝位，他出任步兵校尉。又代替王连兼任丞相府长史。丞相诸葛亮南征，向朗留在成都总管丞相府的公务。

建兴五年（公元227），随诸葛亮北上汉中。向朗素来与马谡关系好，马谡战败逃跑，向朗知情不举报，诸葛亮很恨他，撤去他的官职并遣送回成都。几年之后，他重新得到起用担任光禄勋。诸葛亮死后，他转任左将军，根据他过去的功劳，封化为显明亭侯，享有特进的官号。

起初，向朗年轻时虽然涉猎文化学术，但是不在品德的纯洁和行为的约束上下功夫，而是以从政才能受到称赞。自从离开长史职务后，闲散无事将近二十年，他就改而潜心钻研典籍，孜孜不倦。年过八十，还亲自校勘书籍，删除和确定其中的错误，他一生校勘过的书籍，以这时为最多。他敞开大门接纳宾客，对后进青年热情款待循循善诱。只是讲论古书的道理，从不涉及时事，因此受到人们的好评。上到执政大臣，下到儿童青年，都很敬重他。

他在延熙十年（公元247）去世。儿子向条继承了他的爵位，景耀年间曾任御史中丞。

向朗哥哥的儿子向宠，在先主时任牙门将。先主征伐吴国在秭归大败，只有向宠的军队保持完好。建兴元年（公元223）他被封为都亭侯，后来任中部督，负责统领宫廷禁卫军。

诸葛亮北上汉中前。上了一道表章给后主，其中说："将军向宠，性情品行和善公正，通晓军事，从前被试用时，先皇帝称赞他能干；所以众人推举他担任中部督以统领宫廷禁卫军。愚臣以为禁卫军营的事务，都向他咨询，必定能使将士和睦，各类人才都安排到适当的岗位。"于是向朗升任中领军。

延熙三年（公元240），他奉命征伐汉嘉郡的少数族，被杀死。向宠的弟弟向充，历任射声校尉、尚书。

张裔，字君嗣，蜀郡成都县人。他钻研《春秋公羊传》，又博览《史记》、《汉书》。汝南人许靖进入益州，认为张裔做事的才干和条理都显得机敏简练，是中原地区钟繇一类的优秀人物。刘璋当益州牧时，他被举荐为孝廉，任鱼复县长。后来回到州政府任从事，兼任帐下司马。张飞从荆州经由垫江进入益州，刘璋给张裔配备军队，让他到德阳县的陌下去阻击张飞；结果战败，张裔逃回成都。他后来充当刘璋的使者前去见围攻成都的先主刘备，先主同意他优待刘璋保护城内百姓的条件；张裔回去复命后，城门才打开。

先主任命张裔为巴郡太守，又回到成都任司金中郎将，负责制造农具和武器。

在这之前，益州郡有人造反杀死太守正昂，而当地的老年首领雍闿在南中地区很有威信，他派遣使者联络关系，和远方的孙权接上了头。朝廷就任命张裔为新太守，径直前往益州郡上任。雍闿拒绝接近张裔不服从统治，又假托鬼神的指示说："张太守就像一个葫芦瓜做的壶，外表光泽而内瓤儿粗；这种人值不得杀，把他绑起来送往孙吴。"于是把张裔抓起来送给孙权。碰上先主去世，诸葛亮派邓芝出使孙吴，并要邓芝在谈话当中向孙权请求放回张裔。张裔自从到达孙吴后，数年之间流浪躲藏，孙权对他完全不了解，所以痛痛快快允许邓芝遣送张裔回蜀国。

临出发前，孙权召见张裔，问他说："蜀郡卓家的寡居女子卓文君，竟然随从那司马相如逃跑私奔，贵郡的风俗何以像这样糟糕啊？"张裔回答说："愚下的意见认为卓家的寡居女子，也还比你们吴郡那抛弃丈夫的朱买臣妻子要贤惠啊。"

孙权又对张裔说："您这一回去，必定会受蜀国重用，终归不会再当民间的老农民了。您将怎么报答我呢？"张裔说："我张裔带着罪过回国，将把生命交给有关部门处置。如果侥幸得以保全脑袋，那么五十八岁之前的生命是父母赋予的；自此之后则是大王赏赐的。"孙权与他谈得喜笑颜开，很有器重他的神色。

张裔出了孙权的内室，才深深后悔自己没能装出愚笨的样子，于是立即上船，以比平常快一倍的速度赶路。孙权果然派人来追他，而他已进入蜀国控制的永安县境内几十里，追赶者没能追上。张裔回到成都，丞相诸葛亮任命他为参军，处理丞相府的公务，又兼任益州政府的治中从事。

诸葛亮北上进驻汉中，张裔以射声校尉的身份兼任丞相留守府的长史，他常称赞诸葛亮说："诸葛公颁发奖赏不会漏掉远处的人，执行惩罚不会袒护近处的人；爵位没有功劳得不到，刑罚虽有权势免不掉：这就是不论贤愚都愿意忘我工作的原因啊！"

第二年，他北上汉中向诸葛亮请示事情，前来送行的有几百人，车辆挤满道路。他给亲近的人写信说："最近将要上路，昼夜接待宾客，不得安宁休息。人们各自尊敬的是丞相府长史，一个叫做张君嗣的男子依附着这个官职，累得来要死。"他的谈吐取笑流畅敏捷，就像这样。

他从小与犍为郡的杨恭友好，杨恭早死，留下的儿子没有几岁。张裔把他们全家迎接来留在自己家，分出一部分房屋与他们居住，把杨恭的母亲当作自己的母亲侍奉。杨恭的儿子长大后，张裔替他娶妻，又为他购置田地、住房和产业，让他自立门户。张裔平常抚恤老朋友，赡养衰败的宗族成员，做事十分仁义。后来他升任辅汉将军，依旧兼任丞相府长史。

建兴八年(公元230)，张裔去世。儿子张毣继承了他的爵位，张毣历任三个郡的太守，又当过监军。张毣的弟弟张郁，曾任太子中庶子。

杨洪，字季休，犍为郡武阳县人。刘璋任益州牧时，杨洪在州政府中当部郡国从事，督察过各个郡。先主刘备平定益州，犍为郡太守李严聘请杨洪为功曹。李严想迁徙郡政府的房舍，杨洪一再劝阻而李严不听；杨洪就辞去功曹职务，请求回家。李严把他推荐给当益州牧的先主，先主任命杨洪为部蜀郡从事。

先主争夺汉中，送来紧急文书要求后方增调军队去前线，军师将军诸葛亮征求杨洪对此事的意见。杨洪说："汉中是益州的咽喉，是决定益州生死存亡的关键；如果没有汉中就没有益州了，这是发生在家门口的灾祸啊。如今该做的事，男人要作战，女人要运粮，对调兵还有什么迟疑的！"当时蜀郡太守法正随从先主北上，诸葛亮就上表举荐杨洪代理蜀郡太守职务；调兵等各项事情办好之后，又正式任命他当蜀郡太守。

不久，他转任益州治中从事。先主称帝，前往征吴失败，回来暂驻永安县行宫。汉嘉郡太守黄元，诸葛亮对他素来没有好感。黄元听说先主生病，害怕以后遭祸患，就在当地举兵造反，烧毁临邛城。当时诸葛亮正好东下永安去探视先主的病情，成都兵力单薄虚弱，所以黄元更是肆无忌惮。杨洪立即报告太子，派遣亲兵，让将军陈曶、郑绰带着去讨伐黄元。

众人的意见认为："黄元如果不能包围成都，就会经过越巂郡去占据南中。"杨洪却说："黄元素来性情凶暴，没有什么恩德威信，他怎么懂得这么做？他不过想顺江东下，希望陛下还平安，然后主动绑上自己去向陛下坦白认罪；如果陛下病情有意外，就逃往孙吴以求活命而已。"他随即指示陈曶、郑绰二将说："只要在南安峡口去阻拦就可以抓住黄元了。"陈、郑二将接受他的指示，果然生擒了黄元。

杨洪在建兴元年（公元223）被赐予关内侯爵位，又担任蜀郡太守，兼忠节将军。后来他任越骑校尉，仍然兼任蜀郡太守。

建兴五年（公元227），丞相诸葛亮北上进驻汉中，想任用张裔为丞相留守府的长史，问杨洪意见怎么样？杨洪回答说："张裔天生具有明察事物的能力，长于处理繁重的公务，他的才能倒确实胜任这一职位。但是他为人不公平，恐怕不适合单独承当重任，不如留向朗。向朗性情上的毛病较少，让张裔随从在您身边，施展他的才能，可以两全其美。"

当初，张裔从年轻时起就与杨洪亲近友善。张裔被人抓住送往孙吴时，杨洪到张裔家乡所在的蜀郡当太守。张裔的儿子张郁在郡政府里当办事员，因为有微小过失而受到杨洪的惩罚，并不特别原谅宽容。张裔后来回到蜀国得知这件事，非常之不满，从此与杨洪的情谊出现裂痕。杨洪见了诸葛亮后出来，到了张裔那里，把自己对诸葛亮说的话都转告给张裔。张裔当即傲然答复说："丞相要留我已经清清楚楚，太守您要阻止也阻止不了！"当时的人有的怀疑是杨洪自己想当丞相留守府的长史，有的怀疑杨洪知道张裔怨恨自己，所以不愿意张裔出任要职和负责处理留守后方的公务。

后来张裔果然与司盐校尉岑述不和，以至于相互仇视。诸葛亮与张裔写信说："您从前在陌下，阵营被我军攻破，我当时为您的安全担心，甚至吃东西都不知道滋味如何；后来您流浪在南方，我又为您的遭遇悲叹，甚至睡觉也睡不安稳；您回到国内，立即委托给您重任，一同扶助朝廷，自以为与您的友情，就像古代人之间那种像石头一样坚固的交谊啊。交谊如果像石头一样坚固，那么举用对方的仇人以求获得助益，不任用对方的至亲以表明自己大公无私，全都用不着向对方表示歉意而对方就能理解；现今我只是重视岑述，您就不能忍受了么！"议论的人这才知道杨洪当初对张裔的评价确实不带偏见。

杨洪年轻时不喜欢钻研学问，但是为人忠诚清廉，诚恳踏实，忧心公事就像忧心家事一般认真，侍奉继母极为孝顺。建兴六年

（公元228），他死在任上。

起初，杨洪在犍为郡太守李严手下当郡政府的功曹；李严还没有离开犍为郡而杨洪已经当上蜀郡太守。而杨洪选用的门下书佐何祗，具有才干谋略，成绩和能力突出，被杨洪提拔为郡政府官员后，几年间就出任广汉郡太守；这时杨洪也还在蜀郡。所以蜀国的人都佩服诸葛亮能让当时的人充分发挥他们的才能和作用。

费诗，字公举，犍为郡南安县人。刘璋当益州牧时费诗任绵竹县令，先主刘备进攻绵竹时，他率先献城投降。成都平定，先主兼任益州牧，任命费诗为督军从事，出外当牂牁郡太守，后来又回到州政府担任前部司马。

先主为汉中王，派费诗为使者到荆州去任命关羽为前将军。到了之后关羽听说黄忠被任命为与前将军品级相同的后将军，勃然发怒说："大丈夫终究不与老兵站在同一行列里！"不肯举行仪式接受任命。费诗对关羽说："自古建立帝王大业的人，在使用人才时是不拘一格的。从前萧何、曹参从年轻时就与高祖关系亲密，而陈平、韩信则是后来到达的逃亡者。在评论官位的排列次序时，却以韩信为最前，没有听说萧、曹二人因此而有怨言。现今汉中王以斩杀夏侯渊的一次大功，对黄汉升给予丰厚尊崇的奖励；但是内心情意的轻重，黄汉升又怎么能与您相比呢！况且汉中王与君侯您，就像是同一个身体，喜忧共尝，祸福同当。依我的愚见，您不应当计较官号的高低，俸禄的多少，过分把这些放在心上啊。我只是一个使者，传达命令的人，君侯您不愿接受任命，像这样我就只好立即返回。只是心中为您可惜，因为此一举动恐怕会给您带来后悔呀！"关羽大受震动而醒悟，赶紧接受了任命。

后来群臣商议想劝汉中王称帝，费诗却上了一封奏疏说："殿下因为曹操父子逼迫天子篡夺帝位，所以才流浪漂泊万里，招集人马，准备讨伐奸贼。而今大敌当前没有消灭，就先自立为皇帝，恐怕人心会生出怀疑来。从前高祖与项羽约定，先攻破秦朝都城咸阳的为王。后来高祖先攻入咸阳，俘虏了子婴这个傀儡元首，都还再三推让不愿当王；何况现在殿下还没有跨出益州大门，就想要自立为皇帝吗？愚臣确实认为殿下不应当采取这种意见。"结果这封奏疏违背了先主心意，他因此被贬为部永昌郡从事。

后主建兴三年（公元225），他随诸葛亮南征。回来途中到达汉阳县，一个叫做李鸿的投降者来见诸葛亮。诸葛亮接见李鸿，当时蒋琬、费诗都在座。李鸿说："最近到孟达那里，正碰见王冲从南边来，说是当初孟达离开蜀国投奔魏国时，丞相您切齿痛恨，想诛杀孟达留下的妻室儿女，幸亏先帝不同意才没有杀成。孟达听后却说：'诸葛亮对我的照顾有始有终，他不会这样做。'孟达完全不听王冲的话，信任仰慕丞相，可以说没有终了。"

诸葛亮对蒋琬、费诗说："既是这样，我回京城成都后应当写信与孟达联系。"费诗立即说："孟达这家伙，从前在振威将军刘璋手下就不忠诚，后来又背叛先皇帝。这种反复无常的小人，怎么值得给他写信啊！"诸葛亮默然不作回答。

为了引诱招降孟达作为外援，诸葛亮终究还是给孟达写了一封书信，其中说："去年南征，年底才回来，恰好与李鸿在汉阳县相遇。从他那里得知您的消息，慨然长叹。考察您平素的志向，哪里只是要得到名声荣华，真心想背离蜀国啊！唉，孟君，这确实因为是刘封欺负您，损害了先皇帝厚待人才的原则。另外，李鸿还叙述了王冲编造谎话的情形，说是您能衡量我的内心，不相信王冲的谎话。品味您表明心迹的言辞，追怀过去的友好情谊，我遥望您所在的东方，真是思念不已，因此才派人送上这封信。"

孟达得到诸葛亮的信后，多次派人与蜀国交往，声称要背叛曹魏。魏朝派司马懿去征伐，大兵到达后就诛灭了孟达。诸葛亮也因为孟达心意不诚实，所以没有出兵援助他。

蒋琬执掌国政后，费诗任谏议大夫，死在家中。

王冲，是广汉郡人。任牙门将，归江州都督李严统辖。李严恨他，他害怕李严加罪自己而投降曹魏，曹魏任命他为乐陵郡太守。

评论说：霍峻固守孤城而不败，王连的节操坚定不移，向朗好学不倦，张裔外貌壮美而口才敏捷，杨洪忠诚公正，费诗能坦率进言：他们都有值得记述的优点。像先主那么气度弘广通达，诸葛亮那么处事公平正直；费诗直言进谏，都还要受到打击和漠视，何况是平庸的君主啊！

杜周杜许孟来尹李谯郤传第十二

杜微字国辅，梓潼涪人也。少受学于广汉任安[1]。刘璋辟为从事，以疾去官。及先主定蜀，微常称聋，闭门不出。

建兴二年，丞相亮领益州牧，选迎皆妙简旧德[2]：以秦宓为别驾，五梁为功曹，微为主簿。微固辞，舆而致之[3]。

既至，亮引见微，微自陈谢。亮以微不闻人语，于坐上与书曰："服闻德行，饥渴历时[4]；清浊异流[5]，无缘咨觏[6]。王元泰、李伯仁、王文仪、杨季休、丁君幹、李永南兄弟、文仲宝等[7]，每叹高志，未见如旧[8]！猥以空虚[9]，统领贵州；德薄任重，惨惨忧虑[10]。朝廷（主公）今年始十八[11]；天姿仁敏，爱德下士。天下之人思慕汉室，欲与君因天顺民，辅此明主；以隆季兴之功[12]，著勋于竹帛也。以谓贤愚不相为谋[13]，故自割绝[14]，守劳而已[15]；不图自屈也[16]！"

微自乞老病求归，亮又与书答曰："曹丕篡弑，自立为帝，是犹土龙、刍狗之有名也[17]。欲与群贤因其邪伪，以正道灭之；怪君未有相诲，便欲求还于山野。

丕又大兴劳役[18]，以向吴、楚[19]。今因丕多务，且以闭境（勤）〔劝〕农，育养民物[20]，并治甲兵，以待其挫；然后伐之，可使兵不战民不劳而天下定也。君但当以德辅时耳[21]，不责君军事[22]；何为汲汲欲求去乎[23]？"其敬微如此。

拜为谏议大夫，以从其志。

五梁者，字德山，犍为南安人也。以儒学节操称。从议郎迁谏议大夫、五官中郎将。

【注释】

〔1〕任安（公元126—204）：字定祖。广汉郡绵竹（今四川德阳市北）人。精通《周易》，以教学为生，是东汉末年益州著名的学者。传见《后汉书》卷七十九上。　〔2〕选迎：指选拔任用州政府的官员。　妙简：以高标准选择。　旧德：过去一直以品德高尚而著称的人。〔3〕舆：用人抬。　〔4〕饥渴：形容急于见到杜微的心情。　〔5〕清：指杜微。　浊：指诸葛亮自己。这是谦虚的说法。　〔6〕咨觏（gòu）：请教和会面。　〔7〕王元泰：即王谋。事见本书卷四十五《杨戏传》。　王文仪：即王连。传见本书卷四十一。　杨季休：即杨洪（？—公元228）。传见本书卷四十一。　李永南：即李邵。他的哥哥李朝，字伟南。二人事见本书卷四十五《杨戏传》。〔8〕未见如旧：虽未曾见过面却好像是老朋友。〔9〕空虚：形容自己缺乏才德的谦虚说法。〔10〕惨惨：忧心的样子。〔11〕朝廷：指皇帝刘禅。〔12〕季兴：王朝末代的振兴。〔13〕贤：指杜微。　愚：指诸葛亮自己。　〔14〕割绝：断绝（来往）。〔15〕守劳：忍受思念的痛苦。〔16〕不图自屈：没有想到您自己会屈驾前来。〔17〕土龙：用泥土捏成的龙。古人祈雨时的摆设品。　刍狗：用草扎成的狗。古代祭祀时的摆设品。〔18〕劳役：指进攻孙吴的大规模军事行动。〔19〕吴、楚：指孙吴占领的扬州、荆州。〔20〕民物：民众。　〔21〕辅时：辅佐当今。　〔22〕责：要求。〔23〕汲汲：急迫的样子。

周群字仲直，巴西阆中人也。父舒，字叔布，少学术于广汉杨厚[1]，名亚董扶、任安[2]。数被征，终不诣。时人有问："《春秋谶》曰'代汉者当途高'，此何谓也？"舒曰："'当途高'者，魏也[3]。"乡党学者私传其语。

群少受学于舒，专心候业[4]。于庭中作小楼，家富多奴，常令奴更直于楼上视天灾[5]；才见一气，即白群，群自上楼观之，不避晨夜。故凡有气候[6]，无不见之者；是以所言多中。州牧刘璋，辟以为师友从事。〔一〕

先主定蜀，署儒林校尉[7]。先主欲与曹公争汉中，问群。群对曰："当得其地，不得其民也；若出偏军，必不利，当戒慎之！"

时州后部司马蜀郡张裕，亦晓占候[8]，而天才过群；〔二〕谏先主曰："不可争汉中，军必不利！"先主竟不用裕言，果得地而不得民也。遣将军吴兰、雷铜等入武都，皆没不还：悉如群言。于是举群茂才。

裕又私语人曰："岁在庚子，天下当易代[9]：刘氏祚尽矣[10]。主公得益州，九年之后，寅卯之间当失之[11]。"人密白其言。初，先主与刘璋会涪时，裕为璋从事，侍坐。其人饶须，先主嘲之曰："昔吾居家涿县[12]，特多毛姓；东西南北皆诸毛也。涿令称曰'诸毛绕涿居乎[13]'？"裕即答曰："昔有作上党潞长[14]，迁为涿令者，去官还家。时人与书，欲署'潞'则失'涿'，欲署'涿'则失'潞'，乃署曰'潞涿君[15]'。"

先主无须，故裕以此及之。

先主常衔其不逊[16]，加忿其漏言[17]；乃显裕谏争汉中不验[18]，下狱，将诛之。诸葛亮表请其罪[19]，先主答曰，"芳兰生门[20]，不得不锄!"裕遂弃市。后魏氏之立，先主之薨，皆如裕所刻。又晓相术，每举镜视面，自知刑死，未尝不扑之于地也[21]。

群卒，子巨颇传其术。

【注释】

〔1〕杨厚：字仲桓。广汉郡新都(今四川成都市新都区)人。世代传习图谶。东汉顺帝时，以擅长图谶被召到京城，升任侍中，多次预言天灾人祸。后辞职回家，教授学生三千多人，受到当地尊重。传见《后汉书》卷三十上。 〔2〕董扶：字茂安。广汉郡绵竹(今四川德阳市北)人。早年从杨厚学习图谶。东汉灵帝时，受大将军何进推荐，到京城任侍中。灵帝死，辞官回家。传见《后汉书》卷八十二下《方术列传》。〔3〕魏：皇宫门口两旁高大的瞭望平台。又叫象魏、魏阙。它正当大路，所以说是"当途高"。这里影射曹魏。 〔4〕候业：守候观察云气的工作。古代认为天空出现的各种云气，都预示着人间的吉凶，所以有专门观望云气的方法，称为候气。观察天象在汉代的巴西郡阆中县可以说有传统，西汉出了杰出的天文学家落下闳，东汉初有任文孙父子，东汉末有周群父子。参见《史记》卷二十六《历书》、《后汉书》卷八十二《方术列传》、《华阳国志》卷十二。 〔5〕更直：轮换值班。 〔6〕气候：云气出现的征兆。 〔7〕儒林校尉：官名。是儒学顾问。 〔8〕后部司马：官名。刘备益州州牧府的下属，协助处理军务。 占候：守候观察云气以占卜吉凶。 〔9〕易代：改换朝代。 〔10〕刘氏：指东汉的刘氏皇族。 祚：皇朝的传承。 〔11〕失之：这里指刘备要死亡，不能继续统治益州。刘备死于公元223年，当年干支是癸卯。 〔12〕涿县：刘备的故乡。县治在今河北涿州市。 〔13〕诸毛绕涿：这里"诸"谐"猪"字的发音，"涿"谐"啄"字的发音，意指张裕的嘴是长满毛的猪嘴。 〔14〕上党：郡名。治所在今山西长子县西南。 潞：县名。县治在今山西潞城市东北。 〔15〕潞：谐显露的"露"字发音。涿依然

暗指猪的嘴部。　〔16〕衔：怀恨。　不逊：不恭顺。　〔17〕漏言：泄漏不应该说的话。　〔18〕不验：不应验。　〔19〕表请：上表请求（宽恕）。〔20〕芳兰生门：芳香的兰花长在家门口。比喻优秀人物桀骜不驯处处碍事。　〔21〕扑之于地：把镜子摔在地上。

【裴注】

〔一〕《续汉书》曰："建安七年，越嶲有男子化为女人；时群言，哀帝时亦有此：将易代之祥也。至二十五年，献帝果封于山阳。十二年十月，有星孛于鹑尾，荆州分野；群以为，荆州牧将死而失土。明年秋，刘表卒，曹公平荆州。十七年十二月，星孛于五诸侯；群以为，西方专据土地者皆将失土。是时，刘璋据益州，张鲁据汉中，韩遂据凉州，宋建据枹罕。明年冬，曹公遣偏将击凉州：十九年，获宋建；韩遂逃于羌中，被杀；其年秋，璋失益州。二十年秋，曹公攻汉中，张鲁降。"

〔二〕裕，字南和。

杜琼字伯瑜，蜀郡成都人也。少受学于任安，精究安术。刘璋时辟为从事。先主定益州，领牧，以琼为议曹从事。后主践阼，拜谏议大夫。迁左中郎将、大鸿胪、太常。

为人静默少言，阖门自守，不与世事[1]；蒋琬、费祎等皆器重之。虽学业入深，初不视天文有所论说[2]。后进通儒谯周常问其意[3]，琼答曰："欲明此术甚难，须当身视[4]，识其形色，不可信人也。晨夜苦剧[5]，然后知之；复忧漏泄，不如不知。是以不复视也。"

周因问曰："昔周征君以为'当途高'者魏也[6]，其义何也？"琼答曰："魏，阙名也[7]，当途而高；圣人取类而言耳。"又问周曰："宁复有所怪邪[8]？"周曰："未达也[9]。"琼又曰："古者名官职不言'曹'[10]；

始自汉以来，名官尽言'曹'：吏言属曹[11]，卒言侍曹[12]。此殆天意也！"

琼年八十余，延熙十三年卒。著《韩诗章句》十余万言[13]；不教诸子，内学无传业者[14]。

周缘琼言[15]，乃触类而长之曰[16]："《春秋传》著晋穆侯名太子曰'仇'[17]，弟曰'成师'。师服曰[18]：'异哉君之名子也[19]！嘉耦曰妃[20]，怨耦曰仇[21]；今君名太子曰'仇'，弟曰'成师'，始兆乱矣：兄其替乎？'其后果如服言。及汉灵帝名二子曰'史侯'、'董侯'[22]；既立为帝，后皆免为诸侯，与师服言相似也。先主讳'备'，其训具也[23]；后主讳'禅'，其训授也；如言刘已具矣，当授与人也：意者甚于穆侯、灵帝之名子[24]。"

后宫人黄皓弄权于内。景耀五年，宫中大树无故自折；周深忧之，无所与言[25]，乃书柱曰："众而大，期之会；具而授，若何复？"言"曹"者众也，"魏"者大也；众而大，天下其当会也；"具"而"授"，如何复有立者乎？

蜀既亡，咸以周言为验。周曰："此虽己所推寻，然有所因；由杜君之辞而广之耳，殊无神思独至之异也[26]。"

【注释】
　　〔1〕与（yù）：参加。　〔2〕初不：完全不。　〔3〕后进：后辈。〔4〕身视：亲自观察。　〔5〕苦剧：辛苦劳累。　〔6〕周征君：指本卷上文《周群传》中提到的周舒。当时把受到朝廷征召的平民尊称为征君。

〔7〕阙名也：是阙的名称。　〔8〕宁复有所怪：难道还有感到奇怪的地方。　〔9〕未达：还是未能想通（为什么曹魏会取代东汉）。　〔10〕名官职不言曹：称呼官职不说曹。　〔11〕吏言属曹：下级的办事官员叫做属曹。杜微认为属曹又含有属于曹氏之意。　〔12〕卒言侍曹：官府中的勤务兵叫做侍曹。杜微认为侍曹又含有侍奉曹氏之意。　〔13〕《韩诗章句》：书名。西汉传习的《诗经》，分为齐、鲁、韩、毛四家。前三家属于今文诗学，后一家属于古文诗学。四家都想通过对《诗经》的注释，宣扬儒家思想，但是各自对文字和诗义的理解和说明有所不同。韩诗由韩婴所传，故名。　〔14〕内学：当时人把谶纬称为内学。谶纬是一种带有神秘色彩的隐语式预言，属于迷信。　〔15〕缘：依照。　〔16〕触类而长（zhǎng）之：把某一事物的道理推广到其他同一类的事物上去。〔17〕著：写明。这里所引述的晋穆侯事，见于《左传》桓公二年。　晋穆侯（？—前785）：名费王。春秋时晋国君主。前811至前785年在位。事见《史记》卷三十九《晋世家》。　〔18〕师服：晋国的大夫。〔19〕名子：为儿子取名字。伊和成师是晋穆侯的两个儿子。　〔20〕嘉耦：彼此和好的配对。　〔21〕怨耦：相互怨恨的配对。　〔22〕史侯：即东汉少帝刘辩（公元173—190）。公元189年继位。当年就被董卓废为弘农王，次年被杀。事见《后汉书》卷八《灵帝纪》。　董侯：即东汉献帝刘协（公元181—234）。公元190至220年在位。后被曹丕废黜为山阳公。事详《后汉书》卷九。　〔23〕训：（词语的）解释。　〔24〕意者：认为。　〔25〕无所与言：不好对人明说。　〔26〕神思独至：运用非同寻常的思维而独自想到。

　　许慈字仁笃，南阳人也。师事刘熙[1]，善郑氏学[2]，治《易》、《尚书》、《三礼》、《毛诗》、《论语》[3]。

　　建安中，与许靖等俱自交州入蜀。时又有魏郡胡潜，字公兴；不知其所以在益土。潜虽学不沾洽[4]，然卓荦强识[5]；祖宗制度之仪，丧纪五服之数[6]，皆指掌画地，举手可采[7]。

　　先主定蜀，承丧乱历纪[8]，学业衰废；乃鸠合典籍[9]，沙汰众学[10]；慈、潜并为博士[11]，与孟光、来敏等典掌旧文[12]。值庶事草创，动多疑议[13]；慈、潜更相克伐[14]，谤讟忿争[15]，形于声色；书籍有无，不相通借；时寻楚挞[16]，以相震挟[17]。〔一〕其矜己妒彼，乃至于此。

先主愍其若斯[18]，群僚大会，使倡家假为二子之容[19]，效其讼阋之状[20]，酒酣乐作，以为嬉戏；初以辞义相难，终以刀杖相屈，用感切之[21]。

潜先没。慈后主世，稍迁至大长秋[22]，卒；〔二〕子勖传其业，复为博士。

【注释】

〔1〕刘熙：字成国。北海郡（治所在今山东昌乐县西）人。东汉语言学家。著有《释名》一书，今存，是汉语语源学的重要著作。 〔2〕郑氏：即郑玄。 〔3〕三礼：指《礼记》、《周礼》、《仪礼》。 毛诗：西汉《诗经》四家之一。相传由毛亨和毛苌（cháng）所传，故名。魏晋以后，《毛诗》独盛，并流传至今。 〔4〕沾洽：渊博。 〔5〕卓荦：突出。强识（zhì）：记忆力好。 〔6〕丧纪：丧事。 五服：古代服丧时穿的丧服，按关系的亲疏，分为斩衰、齐衰、大功、小功、缌麻五种，合称五服。 〔7〕举手可采：信手拈来。 〔8〕纪：十二年为一纪。 〔9〕鸠合：收集。 〔10〕沙汰：清理。 〔11〕博士：官名。负责儒学讲授和文献整理。 〔12〕旧文：过去流传下来的文献。 〔13〕动：举动。〔14〕克伐：好胜而自夸。语出《论语·宪问》。 〔15〕谤讟（dú）：诽谤。 〔16〕时寻楚挞：有时会使用动手殴打的手段。 〔17〕震挟（xiǎn）：震慑。 〔18〕愍：痛心。 〔19〕倡家：以表演为生的艺人。 〔20〕效：摹仿。 讼阋（xì）：争斗。 〔21〕用感切之：以此感化批评他们。〔22〕大长秋：官名。皇后的侍从长官。负责处理皇后宫中的事务。

【裴注】

〔一〕挟，虚晚反。
〔二〕孙盛曰："蜀少人士，故慈、潜等，并见载述。"

孟光字孝裕，河南洛阳人，汉太尉孟郁之族。〔一〕灵帝末为讲部吏[1]。献帝迁都长安，遂逃入蜀。刘焉父子待以客礼。

博物识古，无书不览；尤锐意三史[2]，长于汉家旧典。好公羊《春秋》而讥呵左氏[3]；每与来敏争此二义[4]，光常谯谯谨咋[5]。〔二〕

先主定益州，拜为议郎，与许慈等并掌制度。

后主践阼，为符节令。屯骑校尉，长乐少府[6]，迁大司农。

延熙九年秋，大赦。光于众中责大将军费祎曰："夫赦者，偏枯之物[7]，非明世所宜有也；衰弊穷极，必不得已，然后乃可权而行之耳。今主上仁贤，百僚称职；有何旦夕之危，倒悬之急？而数施非常之恩[8]，以惠奸宄之恶乎！又鹰隼始击[9]，而更原宥有罪；上犯天时，下违人理。老夫耄朽，不达治体[10]，窃谓斯法难以经久；岂具瞻之高美[11]，所望于明德哉[12]？"祎但顾谢踧踖而已[13]。光之指摘痛痒，多如是类；故执政重臣，心不能悦。爵位不登；每直言无所回避，为（代）〔世〕所嫌。太常广汉镡承、〔三〕光禄勋河东裴俊等，年资皆在光后；而登据上列，处光之右[14]：盖以此也。〔四〕

后进文士秘书郎郤正，数从光咨访。光问正太子所习读，并其情性好尚，正答曰："奉亲虔恭[15]，夙夜匪懈[16]，有古世子之风[17]；接待群僚，举动出于仁恕。"光曰："如君所道，皆家户所有耳。吾今所问，欲知其权略智调何如也[18]。"

正曰："世子之道，在于承志竭欢[19]，既不得妄有所施为；且智调藏于胸怀，权略应时而发。此之有无，焉可预设也？"光解正慎宜[20]，不为放谈[21]。乃曰："吾好直言，无所回避，每弹射利病，为世人所讥嫌；(疑)省君意亦不甚好吾言[22]，然语有次[23]。今天下未定，智意为先；智意虽有自然[24]，然(不)〔亦〕可力强致也[25]。此储君读书[26]，宁当效吾等竭力博识以待访问[27]，如博士探策讲试以求爵位邪[28]？当务其急者！"正深谓光言为然。

后光坐事免官，年九十余卒。

【注释】

〔1〕讲部吏：官名。东汉设有专门讲授儒经的官员，如讲《尚书》祭酒、讲《周易》祭酒之类。讲部吏是这些教官的助手。 〔2〕三史：当时人称《史记》、《汉书》、《东观汉记》三部史书为三史。 〔3〕左氏：指《左传》。 〔4〕争此二义：为《公羊传》和《左传》二书的高下相争论。 〔5〕挠挠(náo náo)：吵闹。 謹咋(huān zé)：喧嚷。〔6〕符节令：官名。负责管理兵符、官符、节等各类表示官方威权的物品。 长乐少府：官名。皇太后的侍从长官。负责处理皇太后宫的事务。〔7〕偏枯：树的半边枯死。这里比喻对部分人有利而对其他人无利的政策。大赦仅对罪犯有利，所以用偏枯作比喻。 〔8〕数(shuò)：多次。〔9〕鹰隼(sǔn)：鹰和隼都是猛禽。古人认为秋天具有肃杀之气，鹰隼要到秋季才开始杀食其他飞禽，所以这里以"鹰隼始击"指秋天来临。〔10〕治体：政治的根本。 〔11〕具瞻：为众人所瞻仰。《诗经·节南山》有"赫赫师尹，民所具瞻"的诗句，其中的"师尹"指周王朝的执政大政尹氏，后来即以具瞻代指执政大臣。费祎当时任大将军执掌朝政，所以孟光这样说。 〔12〕明德：美德。这里意为有美德的人，指费祎。〔13〕谢：表示歉意。 踧踖(cù jí)：局促不安的样子。 〔14〕之右：之上。 〔15〕亲：父母亲。 〔16〕匪懈：不懈怠。 〔17〕世子：太子。

这里指周文王。《礼记·文王世子》专篇记述了他在当世子时的种种美德。　〔18〕智调(diào)：智谋计算。　〔19〕承志竭欢：承顺(父母的)心意尽量使他们欢喜。　〔20〕解：知道。　慎宣：谨慎。　〔21〕放谈：轻率的谈话。　〔22〕省君意：看您的意思。　〔23〕有次：有原因。〔24〕自然：天生。　〔25〕力强致：通过努力达到。　〔26〕储君：储备的君主。指太子。　〔27〕访问：询问。　〔28〕探：探取。　策：这里指写有问题的竹简或纸片。供讲试者抽取，抽到什么问题就回答什么问题。

【裴注】

〔一〕《续汉书》曰："郁，中常侍孟贲之弟。"

〔二〕谠，音奴交反。谨，音休袁反。咋，音俎格反。

〔三〕《华阳国志》曰："承字公文。历郡守、少府。"

〔四〕傅畅《裴氏家记》曰："俊字奉先。魏尚书令潜弟也。俊姊夫为蜀中长史，俊送之，时年十余岁；遂遭汉末大乱，不复得还。既长知名，为蜀所推重也。子越，字令绪。为蜀督军；蜀破，迁还洛阳，拜议郎。"

来敏字敬达，义阳新野人。来歙之后也[1]。父艳[2]，为汉司空。〔一〕汉末大乱，敏随姊(夫)奔荆州。姊夫黄琬是刘璋祖母之侄，故璋遣迎琬妻；敏遂俱与姊入蜀，常为璋宾客。涉猎书籍，善左氏《春秋》[3]，尤精于《仓》、《雅》训诂[4]，好是正文字[5]。

先主定益州，署敏典学校尉[6]。及立太子，以为家令[7]。

后主践阼，为虎贲中郎将。丞相亮住汉中，请为军祭酒、辅军将军；坐事去职。〔二〕亮卒后，还成都，为大长秋，又免。后累迁为光禄大夫，复坐过黜[8]。前后数贬削，皆以语言不节，举动违常也。

时孟光亦以枢机不慎[9]，议论干时；然犹愈于敏[10]，俱以其耆宿学士见礼于世[11]。而敏荆楚名族，东宫旧臣，特加优待；是故废而复起。后以敏为执慎将军[12]，欲令以官重自警戒也[13]。

年九十七，景耀中卒。子忠，亦博览经学，有敏风。与尚书向充等，并能协赞大将军姜维。维善之，以为参军。

【注释】

〔1〕来歙（？—公元35）：字君叔。东汉光武帝刘秀的亲戚。新莽末年，投奔刘秀。曾率军参与平定陇西的隗嚣，继又乘胜进攻割据益州的公孙述，中途被刺杀。传见《后汉书》卷十五。 〔2〕艳：即来艳。字季德。来歙的五世孙。事附《后汉书》卷三十五《来歙传》。 〔3〕左氏春秋：即《左传》。 〔4〕《仓》：即《仓颉篇》。秦代李斯撰《仓颉篇》，赵高撰《爱历篇》，胡毋敬撰《博学篇》，三者都是教儿童识字的启蒙课本，汉代统称为《仓颉篇》。又名《三仓》。 《雅》：即《尔雅》。我国最早解释词义的专著。由西汉初年的学者汇集各种文献的旧文而成。今存，全书十九篇。 训诂：对古书词句意义的解释。〔5〕是正：订正。 〔6〕典学校尉：官名。负责学术研究。 〔7〕家令：官名。即太子家令。负责太子宫中的粮食物品供应。 〔8〕坐过黜：因过失而受贬黜。 〔9〕枢机不慎：接近机要而说话不谨慎。 〔10〕愈于敏：比来敏好一些。 〔11〕耆宿：年老而有名。 〔12〕执慎将军：官名。属于闲职，不统率军队。 〔13〕重自警戒：（以自己官名的含义）好好警醒告诫自己。

【裴注】

〔一〕华峤《后汉书》曰："艳，好学下士，开馆养徒众。少历显位，灵帝时位至司空。"

〔二〕《亮集》有教曰："将军来敏，对上官显言：'新人有何功德，而夺我荣资与之邪？诸人共憎我，何故如是？'敏年老狂悖，生此怨言。昔成都初定，议者以为来敏乱群；先帝以新定之际，故遂含容，无所礼用。后刘子初选以为太子家令，先帝不悦而不忍拒也。后，主〔上〕即位，吾暗于知人，遂复擢为将军、祭酒；违议者之审见，背先帝所疏外；自谓能以敦厉薄俗，帅之以义。今既不能，表退职使，闭门思愆。"

尹默字思潜，梓潼涪人也。益部多贵今文而不崇章句[1]；默知其不博，乃远游荆州，从司马德操、宋仲子等受古学[2]。皆通诸经史；又专精于左氏《春秋》，自刘歆《条例》[3]，郑众、贾逵父子、陈元(方)、服虔注说[4]，咸略诵述，不复按本[5]。

先主定益州，领牧，以为劝学从事。及立太子，以默为仆(射)[6]，以《左氏传》授后主。

后主践阼，拜谏议大夫。丞相亮住汉中，请为军祭酒。亮卒，还成都，拜太中大夫。卒。

子宗传其业，为博士。〔一〕

【注释】

〔1〕益部：即益州。 今文：经学的流派之一。汉代的经学有今文、古文之分。西汉最初设立的《诗经》、《尚书》、《周易》、《礼》、《春秋》五经博士，所讲授的经文都用当时通行的隶书来书写，叫做今文。景帝时，鲁王刘余从孔子故宅墙壁中得到儒经多种，都用汉以前的文字书写，叫做古文。另外，河间王刘德也献给朝廷一批古文经典。从此产生了今文、古文两派经学。二者的区别不单在所授经文的字体上，在字句、篇章的解释，以及对古代制度、人物的评述等方面，二者也有不同。两汉长期流行今文经学，到东汉后期，由于马融、郑玄的提倡，古文经学才转入兴盛。 章句：章节和字句。古文经学非常重视对儒经章节和字句的准确理解，所以常以章句指代古文经学。这里也是如此。 〔2〕古学：即古文经学。当时司马徽(字德操)、宋忠(字仲子)是荆州学派的领袖人物，既擅长古文经学，又吸收道家思想，开启学术新风气。 〔3〕《条例》：解释《左传》的著作。《旧唐书》卷四十六《经籍志》上记录有刘歆《春秋左氏传条例》二十卷。 〔4〕郑众(？—公元83)：字仲师。出身经学世家，东汉时任左冯翊、大司农，政绩显著。擅长经学，尤其精

通《左传》，著有《春秋难记条例》、《春秋删》等。传附《后汉书》卷三十六《郑兴传》。 贾逵（公元20—101）：字景伯。右扶风平陵（今陕西咸阳市西北）人。东汉著名经学家。和帝时官至侍中。精通《左传》，著有经学著作多种。其父贾徽，是刘歆的学生，也长于经学，著有《左氏条例》。传见《后汉书》卷三十六。 陈元：字长孙。苍梧郡广信（今广西省梧州市）人。东汉初当过小官。精通《左传》，曾上书请求设立《左传》博士。传见《后汉书》卷三十六。 服虔：字子慎。河南荥阳（今河南荥阳市东北）人。东汉灵帝时曾任九江太守。精通《左传》，著有《春秋左氏传解》。传见《后汉书》卷七十九下。 〔5〕不复按本：不用看着原本。 〔6〕仆：官名。即太子仆。负责管理太子的车马。

【裴注】

〔一〕宋仲子，后在魏。《魏略》曰："其子与魏讽谋反，伏诛。魏太子答王朗书曰：'昔石厚与州吁游，父碏知其与乱；韩子昵田苏，穆子知其好仁。故君子游必有方，居必就士，诚有以也。嗟乎！宋忠无石子先识之明，老罹此祸；今虽欲愿行灭亲之诛，立纯臣之节，尚可得邪！'"

李譔字钦仲，梓潼涪人也。父仁，字德贤；与同县尹默俱游荆州，从司马徽、宋忠等学。譔具传其业，又从默讲论义理，五经、诸子，无不该览[1]；加博好技艺，算术、卜数，医药、弓弩、机械之巧，皆致思焉。始，为州书佐，尚书令史[2]。

延熙元年，后主立太子，以譔为庶子[3]。迁为仆（射）。转中散大夫、右中郎将[4]，犹侍太子。太子爱其多知，甚悦之。然体轻脱[5]，好戏啁，故世不能重也。

著古文《易》、《尚书》、《毛诗》、《三礼》、《左氏传》，《太玄指归》：皆依准贾、马[6]，异于郑玄；与王氏殊隔[7]，初不见其所述[8]，而意归多同[9]。景耀中卒。

时又有汉中陈术，字申伯；亦博学多闻，著《释问》七篇、《益部耆旧传》及《志》，位历三郡太守。

【注释】

〔1〕该览：博览。 〔2〕尚书令史：官名。尚书台的低级官员，管理文书。 〔3〕庶子：官名。即太子庶子。太子的侍卫官员。 〔4〕中散大夫：官名。在皇帝身边应对顾问，没有固定任务。 〔5〕体轻脱：举止轻率。 〔6〕贾：即贾逵。 马：即马融（公元79—156）。字季长。右扶风茂陵（今陕西兴平市东北）人。东汉大经学家，门下学生常有千人。早年从事政治，后因得罪执政的大将军梁冀，被免职流放，从此对梁冀阿谀奉承，受到舆论的轻视。传见《后汉书》卷六十上。 〔7〕王氏：指曹魏的王肃（公元175—256）。传附本书卷十三《王朗传》。 殊隔：隔得很远。 〔8〕初：完全。 〔9〕意归：意思和结论。

谯周字允南，巴西西充国人也[1]。父𡸫，字荣始。治《尚书》，兼通诸经及图纬[2]。州郡辟请，皆不应；州就假师友从事[3]。

周幼孤，与母、兄同居。既长，耽古笃学：家贫，未尝问产业；诵读典籍，欣然独笑，以忘寝食。研精六经，尤善书札。颇晓天文，而不以留意；诸子文章非心所存[4]，不悉遍视也。身长八尺，体貌素朴。性推诚不饰，无造次辩论之才[5]，然潜识内敏。

建兴中，丞相亮领益州牧，命周为劝学从事。〔一〕亮卒于敌庭[6]，周在家闻问[7]，即便奔赴[8]；寻有诏书禁断，惟周以速行得达。

大将军蒋琬领刺史[9]，徙为典学从事[10]，总州之学者。后主立太子，以周为仆。转家令。

【注释】

〔1〕西充：侯国名。治所在今四川阆中市西南。当时制度，凡是县成为侯爵的封地，则改称侯国，简称国。 〔2〕图纬：即图谶。谶纬的神秘预言，往往还配有图形，二者合称图谶或图纬。 〔3〕就假：到家中授给。 〔4〕存：关注。 〔5〕造次：指临时应急。 〔6〕敌庭：敌方占领区。 〔7〕闻问：得知消息。 〔8〕奔赴：奔丧。 〔9〕刺史：指益州刺史。 〔10〕典学从事：官名。蒋琬益州刺史府的下属，管理本州的教育。

【裴注】

〔一〕《蜀记》曰："周初见亮，左右皆笑。既出，有司请推笑者。亮曰：'孤尚不能忍，况左右乎！'"

时后主颇出游观，增广声乐[1]。周上疏谏曰：

"昔王莽之败，豪杰并起，跨州据郡；欲弄神器[2]。于是贤才智士思望所归，未必以其势之广狭，惟其德之薄厚也。是故于时更始、公孙述及诸有大众者多已广大[3]，然莫不快情恣欲，怠于为善；游猎饮食，不恤民物[4]。世祖初入河北[5]，冯异等劝之曰[6]：'当行人所不能为[7]。'遂务理冤狱，节俭饮食，动遵法度；故北州歌叹[8]，声布四远。于是邓禹自南阳追之；吴汉、寇恂未识世祖[9]，遥闻德行，遂以权计举渔阳、上谷突骑迎于广阿[10]；其余望风慕德者邳肜、耿纯、刘植之徒[11]，至于舆病赍棺[12]，襁负而至者[13]，不可胜数。故能以弱为强，屠王郎[14]，吞铜马[15]，折赤眉而成帝业也[16]。

及在洛阳，尝欲小出[17]；车驾已御，铫期谏曰[18]：'天下未宁，臣诚不愿陛下细行数出[19]。'即时还车。及征隗嚣，颍川盗起；世祖还洛阳，但遣寇恂往。恂曰：'颍川以陛下远征，故奸猾起叛[20]，未知陛下还，恐不时降[21]；陛下自临，颍川贼必即降。'遂至颍川，竟如恂言。故非急务，欲小出不敢；至于急务，欲自安不为：故帝者之欲善也如此！故《传》曰'百姓不徒附[22]'，诚以德先之也。

今汉遭厄运，天下三分：雄哲之士思望之时也。陛下天姿至孝，丧逾三年[23]，言及陨涕[24]：虽曾、闵不过也[25]。敬贤任才，使之尽力，有逾成、康[26]；故国内和一，大小戮力，臣所不能陈。然臣不胜大愿，愿复广人所不能者。夫挽大重者[27]，其用力苦不众；拔大艰者，其善术苦不广。且承事宗庙者，非徒求福佑，所以率民尊上也[28]。至于四时之祀，或有不临[29]；池苑之观，或有仍出[30]；臣之愚滞，私不自安。夫忧责在身者，不暇尽乐；先帝之志，堂构未成[31]：诚非尽乐之时。愿省减乐官、后宫所增造[32]，但奉修先帝所施，下为子孙节俭之教。"

【注释】

　　〔1〕增广声乐：增大宫廷乐队的人数。 〔2〕神器：指皇权。

〔3〕更始：即刘玄（？—公元25）。字圣公。东汉光武帝刘秀的族兄。新莽末年，随平林农民起义军起事。公元23年，被推举为南方农民起义军的首领，称帝，定年号为更始。刘秀是其下属官员之一。不久内部发生变乱，外面又受赤眉农民起义军的进攻，兵败被杀。传见《后汉书》卷十一。 〔4〕民物：民众。 〔5〕世祖：光武帝刘秀的庙号。 初入河北：公元23年，刘秀受更始皇帝的委派，平定黄河以北的地区。刘秀在河北发展自己的势力，后来即脱离更始自立为帝。 〔6〕冯异（？—公元34）：字公孙。颍川郡父城（今河南宝丰县东）人。随刘秀起兵，屡有战功。东汉建立，任征西大将军，封阳夏侯。传见《后汉书》卷十七。〔7〕行：实行。 人：别人。 〔8〕歌叹：歌颂赞叹。 〔9〕寇恂（？—公元36）：字子翼。上谷郡昌平（今北京市昌平区）人。出自当地大族。刘秀进入河北，他劝说上谷太守耿况支持刘秀。后任河内太守，全力供应刘秀大军所需的粮食物资，封雍奴侯。传见《后汉书》卷十六。〔10〕权计：权谋。 突骑：骑兵冲锋队。 广阿：县名。县治在今河北隆尧县东。 〔11〕邳肜（róng）：字伟君。安平郡信都（今河北衡水市冀州区）人。初为王莽的郡太守。刘秀进入河北，他举城投降，并尽力帮助刘秀在河北发展势力。东汉建立，代理大司空，封灵寿侯。传见《后汉书》卷二十一。 刘植：字伯先。钜鹿郡昌城（今河北衡水市冀州区西北）人。新莽末年率众占据昌城，支持进入河北的刘秀，封昌城侯。传见《后汉书》卷二十一。 〔12〕舆病：带病乘车。 〔13〕襁负：用布带把婴儿系在背上。 〔14〕王郎：本为以占卜为生的人。刘秀进入河北时，他被人选来冒充西汉成帝的儿子，立为皇帝，与刘秀对抗。后被刘秀攻杀。事见《后汉书》卷一《光武帝纪》。 〔15〕铜马：新莽末年农民起义军名。活动在河北地区。 〔16〕赤眉：新莽末年农民起义军名。曾攻占长安，杀刘玄，立刘盆子为帝，后被刘秀消灭。 〔17〕小出：短暂时间的外出。 〔18〕铫（yáo）期（？—公元34）：字次况。颍川郡郏（今河南郏县）人。早年追随刘秀起兵，多有战功。任虎牙大将军，封安成侯。以直言敢谏著称。传见《后汉书》卷二十。 〔19〕细行：改穿小民百姓的服装外出。 〔20〕奸猾：奸恶狡诈的人。 〔21〕时：及时。〔22〕百姓不徒附：百姓不可能白白附从你。 〔23〕丧：居丧。〔24〕言及陨涕：一提到（父亲）就流眼泪。 〔25〕曾：即曾参。 闵：即闵损。曾参和闵损都是孔子学生，以孝顺父母著名。二人传见《史记》卷六十七。 〔26〕成：即周成王。 康：即周康王。 〔27〕挽：拖拉。大重：巨大的重量。 〔28〕所以：用以。 〔29〕临：亲临参加。〔30〕仍出：频繁外出。 〔31〕堂构：正房的屋架。这里比喻基本的构

想。〔32〕乐官：这里指宫廷乐队成员。

徒为中散大夫，犹侍太子。于时军旅数出，百姓凋瘁[1]。周与尚书令陈祗，论其利害，退而书之，谓之《仇国论》。

其辞曰："因余之国小[2]，而肇建之国大；并争于世，而为仇敌。因余之国有高贤卿者，问于伏愚子曰：'今国事未定，上下劳心。往古之事，能以弱胜强者，其术何如？'伏愚子曰：'吾闻之：处大无患者恒多慢[3]，处小有忧者恒思善；多慢则生乱，思善则生治：理之常也。故周文养民[4]，以少取多；勾践恤众[5]，以弱毙强[6]：此其术也。'贤卿曰：'曩者项强汉弱，相与战争，无日宁息；然项羽与汉约分鸿沟为界[7]，各欲归息民。张良以为民志既定，则难动也；寻帅追羽[8]，终弊项氏。岂必由文王之事乎？肇建之国方有疾疢[9]，我因其隙，陷其边陲：觊增其疾而毙之也[10]。'伏愚子曰：'当殷、周之际，王侯世尊；君臣久固，民习所专。深根者难拔，据固者难迁。当此之时，虽汉祖安能仗剑鞭马而取天下乎？当秦罢侯置守之后[11]，民疲秦役，天下土崩；或岁改主，或月易公；鸟惊兽骇，莫知所从。于是豪强并争，虎裂狼分；疾搏者获多[12]，迟后者见吞。今我与肇建皆传国易世矣[13]；既非秦末鼎沸之时，实有六国并据之势[14]；故可为文王，难为汉祖。夫民疲劳则骚扰之兆生，上慢下暴则瓦解之形起。谚曰："射幸数跌[15]，不如审发[16]。"是故智者不为小利移目，不为意似改步[17]；时可而后动，数合而后举。故汤、武之师不再战而克，诚重民劳而度时审也。如遂极武黩征[18]，土崩势生；不幸遇难，虽有智者，将不能谋之矣。若乃奇变纵横，出入无间[19]；冲波截辙，超谷越山；不由舟楫，而济盟津者[20]：我愚子也，实所不及！'"

【注释】

〔1〕凋瘁：衰败困苦。 〔2〕因余之国：假托的国名。这里影射蜀汉。下文的肇建之国影射曹魏，伏愚子影射谯周自己。 〔3〕处：处于。大无患：强大而没有忧患。 恒：经常。 慢：轻率。 〔4〕周文：即周文王。 〔5〕勾践（？—前465）：春秋末年越国的君主。前497至前465年在位。曾被吴国击败，屈服称臣。后卧薪尝胆，发愤图强，终于灭吴雪耻，并在徐州大会诸侯，成为霸主。传见《史记》卷四十一。 恤众：养护民众。 〔6〕毙：灭亡。 〔7〕鸿沟：古运河名。约在前360年开凿。故道在今河南荥阳市北引黄河水，流向东南而连接黄淮平原多条主要河道，形成水道交通网，对经济和文化的交流起过巨大作用。汉代以后称狼汤渠。 〔8〕寻帅：接着率军。 〔9〕疾疢（chèn）：疾病。比喻困难。 〔10〕觊：希望。 〔11〕罢侯置守：指废除封建诸侯制，改行郡县制。 〔12〕疾搏：迅速动手争夺。 〔13〕传国易世：指经历过皇位的传承。 〔14〕六国：即战国时期除秦以外的齐、楚、燕、赵、韩、魏六国。 〔15〕射幸数跌：射箭时企图在多次失误中侥幸射中一次。 〔16〕审发：确实瞄准之后发射。 〔17〕意似：似是而非（的现象）。 〔18〕极武：滥用武力。 黩征：轻率发动征伐。 〔19〕出入无间：神出鬼没。 〔20〕济：渡过。 盟津：黄河古津渡名。即孟津，在今河南偃师市北。

后迁光禄大夫，位亚九列[1]。周虽不与政事，以儒行见礼；时访大议，辄据经以对；而后生好事者亦咨问所疑焉[2]。

景耀六年冬，魏大将（军）邓艾克江由，长驱而前。而蜀本谓敌不便至[3]，不作城守调度；及闻艾已入（阴）平[4]，百姓扰扰，皆迸山野，不可禁制。

后主使群臣会议，计无所出。或以为"蜀之与吴，本为和国，宜可奔吴"；或以为"南中七郡，阻险斗绝[5]，易以自守，宜可奔南"。惟周以为："自古以来，无寄他国为天子者也。今若入吴，固当臣服。且政理不殊[6]，则大能吞小，此数之自然也。由此言之，则魏能并吴，吴不能并魏，明矣。（等为小称臣，孰与为大）〔等为称臣[7]，为小孰与为大[8]〕？再辱之耻[9]，何与一辱？且若欲奔南，则当早为之计，然后可果[10]。今大敌已近，祸败将及；群小之心[11]，无一可保；恐发足之日[12]，其变不测：何至南之有乎！"

群臣或难周曰："今艾已不远，恐不受降，如之何？"周曰："方今东吴未宾[13]，事势不得不受之；受之后，不得不礼。若陛下降魏，魏不裂土以封陛下者[14]，周请身诣京都，以古义争之！"众人无以易周之理。

后主犹疑于入南[15]，周上疏曰："或说陛下以北兵深入，有欲适南之计，臣愚以为不安。何者？南方远夷之地，平常无所供为[16]，犹数反叛；自丞相亮南征，兵势逼之，穷乃（幸）〔率〕从[17]。是后供出官赋，取以给兵，以为愁怨：此患国之人也[18]。今以穷迫，欲往依恃，恐必复反叛。一也；北兵之来，非但取蜀而已；若奔南方，必因人势衰，及时赴追。二也；若至南方，外当拒敌，内供服御[19]，费用张广[20]；他无所取，耗损诸夷必甚，甚必速叛。三也；昔王郎以邯郸僭号[21]，时世祖在信都[22]，畏逼于郎，欲弃还关中。邳肜谏曰：'明公西还，则邯郸城民不肯捐父母[23]，背城主，而千里送公；其亡叛可必也[24]。'世祖从之，遂破邯郸。今北兵至，陛下南行，诚恐邳肜之言复信于今。四也。愿陛下早为之图，可获爵土；若遂适南，势穷乃服，其祸必深。《易》曰：'亢之为言[25]：知得，而不知丧[26]；知存，而不知亡。知得失、存亡而不失其正者，其惟圣人乎！'言圣人知命而不苟必也[27]。故尧、舜以子不善，知天有授[28]，而求授人[29]。子虽不肖[30]，祸尚未萌，而迎授与人，况祸已至乎？故微子以殷王之昆[31]，面缚衔璧而归武王[32]：岂所乐哉？不得已也！"

于是遂从周策。刘氏无虞[33]，一邦蒙赖：周之谋也。[一]

【注释】

〔1〕九列：九卿。　〔2〕好事者：这里指好学的人。　〔3〕不便至：不会立即到达。　〔4〕入平：进入平原地带。　〔5〕斗绝：像米斗一样四面与外界隔绝。　〔6〕政理：政治。　不殊：没有什么不同。〔7〕等为称臣：同样是向别国称臣。　〔8〕为小孰与为大：向小国称臣比起向大国称臣来怎么样。意思是比不上。　〔9〕再辱：两次受辱。意指如果逃奔孙吴，向吴国称臣是第一次受辱，吴被魏消灭向魏国称臣还要再次受辱。　〔10〕可果：可以成功。　〔11〕群小：指下面的士兵小吏。　〔12〕发足：动身。　〔13〕未宾：没有归顺。　〔14〕裂土：划分土地。　〔15〕犹：还。　疑于入南：对于是否退入南中还拿不定主意。〔16〕供为：供给。指向政府缴纳赋税。　〔17〕率从：相率服从。〔18〕患国：使国家产生祸患。　〔19〕服御：皇家使用的物品。

〔20〕张广：增大。 〔21〕以邯郸僭号：在邯郸城越出本分称皇帝。
〔22〕信都：郡名。治所在今河北衡水市冀州区。 〔23〕邯郸城民：这
里指有心倒向邯郸王郎的信都郡各城人民。 捐：离弃。 〔24〕可必：
可以肯定。 〔25〕亢之为言：亢的含义用语言来解释。这几句出自《周
易·乾卦》的《文言》。 〔26〕丧：丧失。 〔27〕知命：知道天命。
苟必：勉强坚持。 〔28〕知天有授：知道（君主的权力）上天将另有所
授。 〔29〕授人：（把君主位置）给与其他人。 〔30〕不肖：不成材。
〔31〕昆：哥哥。微子是商纣王的异母兄。 〔32〕面缚衔璧：双手反绑
口衔玉璧。这是投降时的举动。 〔33〕无虞：无忧。

【裴注】

　〔一〕孙绰评曰："谯周说后主降魏，可乎？曰：'自为天子而乞降
请命，何耻之深乎！夫为社稷，死则死之；为社稷，亡则亡之。先君正
魏之篡，不与同天矣。推过于其父，俯首而事仇；可谓苟存，岂大居正
之道哉！'"

　　孙盛曰："《春秋》之义：国君死社稷，卿大夫死位；况称天子，而
可辱于人乎！周谓万乘之君偷生苟免，亡礼希利，要冀微荣，惑矣！且
以事势言之，理有未尽。何者？禅虽庸主，实无桀、纣之酷；战虽屡北，
未有土崩之乱。纵不能君臣固守，背城借一；自可退次东鄙，以思后图。
是时，罗宪以重兵据白帝，霍弋以强卒镇夜郎。蜀土险狭，山水峻隔；
绝巇激湍，非步卒所涉。若悉取舟楫，保据江州；征兵南中，乞师东国；
如此，则姜、廖五将自然云从，吴之三师承命电赴：何投寄之无所，而
虑于必亡邪？魏师之来，蹙国大举；欲追则舟楫靡资，欲留则师老多虞。
且屈伸有会，情势代起；徐因思奋之民，以攻骄惰之卒。此越王所以败
阖闾，田单所以摧骑劫也；何为匆匆遽自囚虏，下坚壁于敌人，致斫石
之至恨哉？葛生有云：'事之不济则已耳，安能复为之下！'壮哉斯言！
可以立懦夫之志矣。观古燕、齐、荆、越之败，或国覆主灭，或鱼悬鸟
窜；终能建功立事，康复社稷：岂曰天助，抑亦人谋也。向使怀苟存之
计，纳谯周之言；何邦基之能构，令名之可获哉？禅既暗主，周实弩臣；
方之申包、田单、范蠡、大夫种，不亦远乎！"

　　时晋文王为魏相国，以周有全国之功，封阳城亭
侯；又下书辟周[1]。周发至汉中，困疾不进。

　　咸熙二年夏，巴郡文立从洛阳还蜀，过见周〔2〕。周语次，因书版示立曰：“典午忽兮〔3〕，月酉没兮〔4〕。”“典午”者，谓司马也；“月酉”者，谓八月也：至八月而文王果崩。〔一〕

　　晋室践阼，累下诏所在发遣周，周遂舆疾诣洛。泰始三年至，以疾不起，就拜骑都尉。周乃自陈无功而封，求还爵土，皆不听许。

　　五年〔5〕，予尝为本郡中正〔6〕。清定事讫〔7〕，求休还家，往与周别。周语予曰：“昔孔子七十二，刘向、扬雄七十一而没〔8〕；今吾年过七十，庶慕孔子遗风，可与刘、扬同轨：恐不出后岁，必便长逝，不复相见矣！”疑周以术知之，假此而言也。

　　六年秋〔9〕，为散骑常侍；疾笃不拜〔10〕。至冬卒。〔二〕凡所著述，撰定《法训》、《五经论》、《古史考》书之属百余篇。〔三〕

　　周三子：熙、贤、同。少子同，颇好周业，亦以忠笃质素为行；举孝廉，除锡令〔11〕。东宫洗马〔12〕，召，不就。〔四〕

【注释】

　　〔1〕辟周：任命谯周为相国府下属。　〔2〕过（guō）：拜访。〔3〕典午：典字的含义和司字同，都是掌管之意；午在地支中的排列与十二生肖中的马相应，所以“典午”影射司马氏。　忽：迅速。这里指迅速走完生命历程。　〔4〕月酉：指八月。蜀汉使用夏历，以冬至所在的十一月为子月，十二月为丑月，以下的地支依次与月相配，则八月为酉月。　〔5〕五年：西晋武帝泰始五年(公元269)。　〔6〕中正：官名。负责品评人才。曹魏创行九品中正制，每州、郡各设中正一人，由本郡

人士在中央任官者兼任。中正根据家庭先世的贵贱和本人德才的优劣，对人才综合评定一个等级。等级有九，第九品最低而第一品最高。中正每三年定品一次，名单呈送中央后，由吏部尚书根据定品的高低授官，低品授低官，高品授高官。这一制度以后继续实行于两晋南北朝，对政治影响很大。〔7〕清定：当时称中正每三年进行一次的定品工作为清定。〔8〕刘向（？—前6）：字子政。西汉皇族。汉元帝时曾任宗正，受宠臣弘恭等人排挤，废黜十多年。成帝即位后再度任用，为光禄大夫。多次上书议论政事。擅长经学，受命主持校理皇家藏书，并撰成我国最早的目录学著作《别录》。传附《汉书》卷三十六《楚元王传》。〔9〕六年：泰始六年（公元270）。〔10〕疾笃：病重。谯周的坟墓，相传在今四川南充市内。现尚有墓冢留存。〔11〕锡：县名。县治在今陕西白河县。〔12〕东宫洗（xiǎn）马：官名。即太子洗马。太子出外时在前面率领仪仗队。

【裴注】

〔一〕《华阳国志》曰："文立字广休。少治《毛诗》、《三礼》，兼通群书。刺史费祎命为从事。入为尚书郎，复辟祎大将军东曹掾，稍迁尚书。蜀并于魏，梁州建，首为别驾从事。举秀才。晋泰始二年，拜济阴太守。迁太子中庶子。立上言：'故蜀大官及尽忠死事者子孙，虽仕郡国；或有不才，同之齐民为剧。又诸葛亮、蒋琬、费祎等子孙，流徙中畿。各宜量才叙用，以慰巴、蜀之心，倾吴人之望。'事皆施行。转散骑常侍，献可替否，多所补纳。稍迁卫尉。中朝服其贤雅，为时名卿。咸宁末卒。立章奏诗赋论颂，凡数十篇。"

〔二〕《晋阳秋》载："诏曰：'朕甚悼之！赐朝服一具，衣一袭，钱十五万。'周息熙上言：'周临终属熙曰：久抱疾，未曾朝见；若国恩赐朝服衣物者，勿以加身；当还旧墓，道险行难，预作轻棺；殡敛已毕，上还所赐。'诏还衣服，给棺直。"

〔三〕《益部耆旧传》曰："益州刺史董荣，图画周像于州学，命从事李通颂之曰：'抑抑谯侯，好古述儒；宝道怀真，鉴世盈虚；雅名美迹，终始是书。我后钦贤，无言不誉。攀诸前哲，丹青是图；嗟尔来叶，鉴兹显模！'"

〔四〕周长子熙。熙子秀，字元彦。

《晋阳秋》曰："秀性清静，不交于世。知将大乱，预绝人事，从兄弟及诸亲里不与相见。州、郡辟命；及李雄盗蜀，安车征秀；又雄叔父骧、骧子寿辟命：皆不应。常冠鹿皮，躬耕山薮。永和三年，安西将军桓温，平蜀，表荐秀曰：'臣闻大朴既亏，则高尚之标显；道丧时昏，则忠贞之义彰。故有洗耳投渊，以振玄邈之风；亦有秉心矫迹，以惇在三之节。是以上代之君，莫不崇重斯轨；所以笃俗训民，静一流竞。伏惟大晋，应符御世。运无常通，时有屯蹇；神州丘墟，三方圮裂；《兔罝》绝响于中林，《白驹》无闻于空谷。斯有识之所悼心，大雅之所叹息者也。陛下圣德嗣兴，方恢天绪。臣昔奉役，有事西土；鲸鲵既悬，思宣大化。访诸故老，搜扬潜逸；庶武罗于羿、浞之墟，想王蠋于亡齐之境。窃闻巴西谯秀，植操贞固；抱德肥遁，扬清渭波。于时，皇极遘道消之会，群黎蹈颠沛之艰；中华有顾瞻之哀，幽谷无迁乔之望。凶命屡招，奸威仍逼；身寄虎吻，危同朝露；而能抗节玉立，誓不降辱；杜门绝迹，不面伪庭。进免龚胜亡身之祸，退无薛方诡对之讥；虽园、绮之栖商、洛，管宁之默辽海；方之于秀，殆无以过。于今西土，以为美谈。夫旌德礼贤，化道之所先；崇表殊节，圣哲之上务。方今六合未康，豺狼当路；遗黎偷薄，义声弗闻；益宜振起道义之徒，以敦流遁之弊。若秀蒙蒲帛之征，足以镇静颓风，轨训嚚俗；幽遐仰流，九服知化矣！'及萧敬叛乱，避难宕渠川中，乡人宗族凭依者以百数。秀年八十，众人以其笃老，欲代之负担。秀拒曰：'各有老弱，当先营救。吾气力自足堪此，不以垂朽之年累诸君也。'后十余年，卒于家。"

邵正字令先，河南偃师人也[1]。祖父俭，灵帝末为益州刺史，为盗贼所杀。会天下大乱，故正父揖因留蜀。揖为将军孟达营都督[2]，随达降魏，为中书令史[3]。

正本名纂。少以父死母嫁，单茕只立[4]；而安贫好学，博览坟籍，弱冠能属文。入为秘书吏[5]。转为令史，迁郎[6]，至令[7]。

性淡于荣利，而尤耽意文章。自司马、王、扬、班、傅、张、蔡之俦遗文篇赋[8]，及当世美书善论，益部有者[9]，则钻凿推求[10]，略皆寓目[11]。

自在内职[12]，与宦人黄皓比屋周旋[13]，经三十年。皓从微至贵，操弄威权；正既不为皓所爱，亦不为皓所憎。是以官不过六百石[14]，而免于忧患。

【注释】

〔1〕偃师：县名。县治在今河南偃师市东。　〔2〕营都督：官名。管理军营事务。　〔3〕中书令史：官名。中书监、令的下属，负责抄誊文书。　〔4〕单茕(qióng)：孤单。　只立：只身一人生活。　〔5〕秘书：官署名。承担机要公文的草拟工作。　〔6〕郎：即秘书郎。秘书官署的主办官员。　〔7〕令：即秘书令。秘书官署的长官。　〔8〕司马：即司马相如。　王：即王褒。字子渊。蜀郡成都(今四川成都市)人。西汉宣帝时，以擅长文学而被召到京城，任谏大夫，侍从皇帝。传见《汉书》卷六十四下。　扬：即扬雄。　班：即班固(公元32—92)。字孟坚。右扶风平陵(今陕西咸阳市东北)人。东汉史学家、文学家。曾任大将军窦宪的中护军。窦宪专权被杀，他受牵连，死在狱中。以二十多年时间，完成《汉书》，开创了纪传体断代史的体例。又擅长作赋。传附《后汉书》卷四十上《班彪传》。　傅：即傅毅。字武仲。右扶风茂陵(今陕西兴平市东北)人。东汉文学家。长期与班固作同僚，也擅长作赋。传见《后汉书》卷八十上。　张：即张衡(公元78—139)。字平子。南阳郡西鄂(今河南南阳东北)人。东汉天文学家、文学家。长期担任太史令。精通天文历算，制造了浑天仪和地动仪。又擅长文学，代表作有《二京赋》、《四愁诗》等。传见《后汉书》卷五十九。　蔡：即蔡邕(公元132—192)。字伯喈。陈留郡圉(今河南杞县西南)人。东汉全能型的文化人物。曾任左中郎将。董卓死时表示同情，被捕，死在狱中。精通经学、史学、天文、音乐和书法。文学以散文、辞赋为擅长。传见《后汉书》卷六十下。　〔9〕益部：益州。　〔10〕钻凿推求：想尽办法去寻找。　〔11〕寓目：过目。　〔12〕内职：指秘书官署的职务。秘书的官署设在蜀宫之内，故名。　〔13〕比(bì)屋：挨着房间。　〔14〕六百石：指秘书令的品级。

依则先儒[1]，假文现意[2]，号曰《释讥》；其文继于崔骃《达旨》[3]，其辞曰：

"或有讥余者曰:'闻之前记:"夫事与时并,名与功偕。"然则名之与事,前哲之急务也。是故创制作范,匪时不立[4];流称垂名,匪功不记[5]。名必须功而乃显[6],事亦俟时以行止;身没名灭,君子所耻。是以达人研道[7],探赜索微[8];观天运之符表[9],考人事之盛衰;辩者驰说[10],智者应机[11];谋夫演略,武士奋威;云合雾集,风激电飞;量时揆宜[12],用取世资[13];小屈大申,存公忽私;虽尺枉而寻直[14],终扬光以发辉也!今三方鼎峙,九有未乂[15];悠悠四海,婴丁祸败[16];嗟道义之沉塞,愍生民之颠沛;此诚圣贤拯救之秋,烈士树功之会也。吾子以高朗之才,珪璋之质[17];兼览博窥,留心道术[18];无远不致,无幽不悉;挺身取命[19],干兹奥秘[20];踌躇紫闼[21],喉舌是执[22];九考不移[23],有入无出;[一]究古今之真伪,计时务之得失。虽时献一策,偶进一言;释彼官责[24],慰此素餐[25];固未能输竭忠款[26],尽沥胸肝,排方入直[27],惠彼黎元[28]:俾吾徒草鄙[29],并有闻焉也!盍亦绥衡缓辔[30],回轨易途?舆安驾肆[31],思马斯徂[32]?审厉揭以投济[33],要夷庚之赫忾[34]?播秋兰以芳世,副吾徒之(彼)〔披〕图[35]:不亦盛与?'

余闻而叹曰:'呜呼,有若云乎邪[36]?夫人心不同,实若其面[37];子虽光丽,既美且艳;管窥筐举[38],守厥所见;未可以言八纮之形埒[39],信

万事之精练也！'

【注释】

〔1〕依则：依照效法。　〔2〕假文现意：借助文章表现自己的志趣。〔3〕崔骃(？—公元92)：字亭伯。涿郡安平(今河北安平县)人。东汉文学家。曾任大将军窦宪的下属。擅长文学，与班固、傅毅齐名。传见《后汉书》卷五十二。　达旨：文章篇名。有人说崔骃过于爱好学问，不留心仕途，他就仿照扬雄《解嘲》，作《达旨》来回答。全文载《后汉书》卷五十二《崔骃传》。　〔4〕匪时不立：不遇到时机建立不起来。〔5〕匪功不记：不建立功劳记录不下来。　〔6〕须功：等待功劳建立。〔7〕达人：通达事理的人。　〔8〕探赜：探求深奥(的道理)。　〔9〕符表：征兆表现。　〔10〕驰说：四处游说。　〔11〕应机：抓住时机(采取行动)。　〔12〕揆宜：估量合适(的机会)。　〔13〕世资：官位。〔14〕寻：八尺为一寻。"尺枉而寻直"比喻小地方有曲折但总体趋向正确。　〔15〕九有：九州。《尚书·禹贡》分全国为九州。这里指全国。乂(yì)：安定。　〔16〕婴丁：遭受。　〔17〕珪璋：均为玉器名。珪为长条形，上圆下方；璋的形状像珪的一半。都是举行典礼时，帝王或诸侯手中所执的礼器。这里比喻优秀人才。　〔18〕道术：(治理天下的)道理和方法。　〔19〕取命：指接受任命。　〔20〕干(gàn)：承办。　奥秘：机密。蜀汉秘书令负责机要文书的草拟，所以这样说。　〔21〕踌蹰：从容自得的样子。　紫闼：皇宫。　〔22〕喉舌：比喻代皇帝起草诏书发布指令。　〔23〕九考：二十七年。传说虞舜每三年考核一次下属官员，九次考核即二十七年。　〔24〕官责：当官的职责。　〔25〕慰此素餐：使自己有白吃饭感觉的心灵得到安慰。　〔26〕忠款：忠诚。　〔27〕排方：排开同僚。指从同僚中提拔晋升。　入直：进入皇宫值班。指担任侍中之类侍从皇帝的重要职务。　〔28〕黎元：百姓。　〔29〕俾：使。　吾徒：我们。　草鄙：渺小低贱(的人)。　〔30〕盍(hé)：为什么不。　绥(tuǒ)：停止。　衡：车辕上的横木。横放在马背上以牵引车辆。这里代指车辆。　〔31〕舆安驾肆：车辆行驶安稳，拉车的马跑得畅快。〔32〕思马斯徂：一心想让马跑得这样快。这是《诗经·駉》中的诗句。〔33〕审厉揭：弄清楚水的深浅。厉指水深，揭指水浅。见《诗经·匏有苦叶》。　投济：过渡。　〔34〕要(yāo)：谋求。　夷庚：平坦的道路。赫忨(wǔ)：广阔。　〔35〕披图：展阅地图档册。这里指参与重要行政事务。　〔36〕有若云乎邪：有这样说话的吗。　〔37〕面：面容相貌。

〔38〕管窥筐举：比喻见识短浅。 〔39〕八纮(hóng)：八方极远的地方。形埒(liè)：形状边界。

或人率尔〔1〕，仰而扬衡曰〔2〕：'是何言与！是何言与！'余应之曰：'虞帝以面从为戒〔3〕，孔圣以悦己为尤〔4〕；若子之言，良我所思，将为吾子论而释之：

昔在鸿荒〔5〕，蒙昧肇初〔6〕；三皇应箓〔7〕，五帝承符。爰暨夏、商〔8〕，前典攸书〔9〕；姬衰道缺〔10〕，霸者翼扶〔11〕。嬴氏惨虐〔12〕，吞嚼八区〔13〕：于是从横云起，狙诈如星〔14〕；奇邪蜂动〔15〕，智故萌生；或饰真以雠伪〔16〕，或挟邪以干荣〔17〕；或诡道以要上〔18〕，或鬻技以自矜〔19〕；背正崇邪，弃直就佞；忠无定分，义无常经：故鞅法究而愍作〔20〕，斯义败而奸成〔21〕；吕门大而宗灭〔22〕，韩辩立而身刑〔23〕。

夫何故哉？利回其心〔24〕，宠耀其目；赫赫龙章〔25〕，铄铄车服〔26〕；偷幸苟得〔27〕，如反如仄〔28〕；淫邪荒迷，恣睢自极〔29〕；和鸾未调而身在辕侧〔30〕，庭宁未践而栋折榱覆〔31〕。天收其精，地缩其泽；人吊其躬〔32〕，鬼芟其额〔33〕。初升高冈，终陨幽壑；朝含荣润，夕为枯魄。是以贤人君子，深图远虑；畏彼咎戾〔34〕，超然高举〔35〕；宁曳尾于涂中〔36〕，秽浊世之休誉〔37〕。彼岂轻主慢民，而忽于时务哉？盖《易》著行止之戒〔38〕，《诗》有靖恭之叹〔39〕：乃神之听之，而道使之然也。

【注释】

〔1〕或人：有人。　率尔：随随便便。　〔2〕扬衡：扬眉。　〔3〕虞帝：虞舜。　面从：当面顺从。虞舜曾对夏禹说："汝无面从，退有后言。"即当面顺从而背后又有不同意见。见《尚书·皋陶谟》。〔4〕尤：过错。孔子曾经把喜欢奉承讨好自己的人列为三种有害的朋友之一，见《论语·季氏》。　〔5〕鸿荒：即洪荒。指远古蒙昧混沌的状态。　〔6〕肇初：初始。　〔7〕应箓：接受上天的符命（担任君主）。下句"承符"含义相同。　〔8〕暨：到达。　〔9〕攸书：所记载。〔10〕姬：指姬姓的周王朝。　〔11〕翼扶：扶助。　〔12〕嬴氏：指嬴姓的秦王朝。　〔13〕八区：八方。　〔14〕狙诈：狡诈。　〔15〕蜂动：像蜂群一样大量涌现。　〔16〕雠伪：兜售虚伪（的东西）。　〔17〕干（gān）荣：谋求荣耀。　〔18〕要（yāo）上：希望得到上面的信任和重用。〔19〕鬻（yù）技：卖弄特长。　〔20〕鞅：即商鞅。　慝（tè）：邪恶。〔21〕斯：即李斯。　〔22〕吕：即吕不韦（？—前235）。卫国濮阳（今河南濮阳县西南）人。原为大商人，因为帮助秦国公子异人成为太子，异人继位为秦襄王后，任命他为相国，封文信侯。秦王政继位，他继续任相国，称"仲父"。曾攻取周、赵、魏国土地。有门客三千，家僮万人。又令宾客编定《吕氏春秋》二十六篇。后被免职，流放蜀郡，忧惧交加而自杀。传见《史记》卷八十五。　〔23〕韩：即韩非（？—前233）。出身韩国贵族。战国末期法家代表人物。与李斯同为荀卿学生。著有《孤愤》、《说难》、《五蠹》等十多万字，受到秦王嬴政的重视。前234年任韩国使者前往秦国，被李斯陷害，自杀在狱中。著作今存《韩非子》二十卷。传见《史记》卷六十三。　〔24〕回：改变。　〔25〕龙章：龙形的花纹图案。用在帝王诸侯的仪仗旗帜、礼服上。　〔26〕铄铄：光亮的样子。　〔27〕偷幸：只顾眼前利益。　〔28〕如反如仄：不安分的样子。〔29〕恣睢（zì suī）：放纵。　自极：毁灭自己。　〔30〕和鸾：车上的铃铛。　调：响声的协调。　身在辕侧：指死亡倒在车辕旁边。　〔31〕庭宁（zhù）：庭院的门。　榱（cuī）：屋顶的椽子。　〔32〕躬：指遗体。〔33〕芟（shān）：割掉。　额：这里指头颅。　〔34〕咎戾：罪过。〔35〕高举：高飞。　〔36〕曳尾于涂中：比喻在民间当自由自在的隐士。语出《庄子·秋水》。　〔37〕秽：以……为污秽。　休誉：美名。〔38〕行止之戒：《周易·艮卦》的《象辞》有"时止则止，时行则行"的话，意思是应当停止的时候就停止，应当行动的时候才行动。〔39〕靖恭之叹：《诗经·小明》有"靖共尔位"的诗句，是普通人希望高级官员恭恭敬敬对待自己的职位。这里指自己置身于政治之外，让别

人去努力从政。

自我大汉，应天顺民；政治之隆，皓若阳春；俯宪坤典[1]，仰式乾文[2]；播皇泽以熙世[3]，扬茂化之酝醇[4]；君臣履度[5]，各守厥真。上垂询纳之弘，下有匡救之责；士无虚华之宠，民有一行之迹；粲乎亹亹[6]，尚此忠益。

然而道有隆窳[7]，物有兴废；有声有寂，有光有翳[8]；朱阳否于素秋[9]，玄阴抑于孟春[10]；羲和逝而望舒系[11]，运气匮而耀灵陈[12]。冲、质不永[13]，桓、灵坠败[14]；英雄云布，豪杰盖世；家挟殊议[15]，人怀异计；故从横者歘披其胸[16]，狙诈者暂吐其舌也[17]。

今天纲已缀[18]，德树西邻[19]；丕显祖之宏规[20]，縻好爵于士人[21]；兴五教以训俗[22]，丰九德以济民[23]；肃明祀以衻祭[24]，几皇道以辅真。虽崎者未一[25]，伪者未分；圣人垂戒，盖均无贫；故君臣协美于朝，黎庶欣戴于野[26]；动若重规[27]，静若叠矩。济济伟彦，元凯之伦也[28]；有过必知，颜子之仁也[29]；侃侃庶政[30]，冉、季之治也[31]，鹰扬鸷腾[32]，伊、望之事也[33]。总群俊之上略，含薛氏之三计[34]；敷张、陈之秘策[35]，故力征以勤世；援华英而不遑[36]，岂暇修枯箨于榛秽哉[37]！

【注释】

〔1〕宪：效法。　坤典：指人间的典籍。　〔2〕乾文：天文。
〔3〕熙世：照耀人世。　〔4〕茂化：兴盛的教化。　酰醇：酒味浓烈。这
里比喻教化的深厚。　〔5〕履度：遵循法度。　〔6〕亹亹(wěi wěi)：勤
勉不倦的样子。　〔7〕隆窊(yǔ)：兴隆和衰败。　〔8〕翳(yì)：阴影。
〔9〕朱阳：指夏天。　否(pǐ)：穷尽。　〔10〕玄阴：指冬天。　孟春：
初春。　〔11〕羲和：给太阳驾车的神。这里指太阳。　望舒：给月亮驾
车的神。这里指月亮。　系：继续。　〔12〕运气：命运气数。　耀灵：
太阳的别名。这里比喻振兴汉朝基业的君主刘备。　陈：陈旧黯淡。
〔13〕冲：即东汉冲帝刘炳(公元143—145)。公元144至145年在位。两
岁时当皇帝，三岁时死。事详《后汉书》卷六。　质：即东汉质帝刘缵
(公元138—146)。公元145至146年在位。八岁时当皇帝，九岁时死。
事详《后汉书》卷六。　〔14〕桓：即东汉桓帝刘志。　灵：即东汉灵帝
刘宏。　坠败：衰败。　〔15〕殊议：不同的主张。　〔16〕欻(xū)披其
胸：迅速敞开心胸。指表达自己的主张。　〔17〕暂：猛然。　〔18〕天
纲：指东汉王朝的传承。　缀：连接。　〔19〕西邻：西部地区。指蜀汉。
〔20〕丕：光大。　显祖：对已故祖先的美称。　〔21〕縻好爵：用好的爵
位来笼络。　〔22〕五教：家庭亲属之间五种封建道德准则。即父义、母
慈、兄友、弟恭、子孝。　〔23〕九德：九种品德。说法不一。按《尚
书·皋陶谟》的说法，是"宽而栗，柔而立，愿而恭，乱而敬，扰而
毅，直而温，简而廉，刚而塞，强而义"。　〔24〕礿(yuè)祭：古代祭
祀名。殷代称春祭为礿，周代称夏祭为礿。这里泛指各种正规祭祀。
〔25〕峙者：割据对峙者。　一：统一。　〔26〕欣戴：欣然拥护。
〔27〕重(chóng)规：用圆规重复画圆。在圆心和半径不变时，这样每画
一个圆，必定和上一个圆的轨迹重合。比喻行动绝对整齐一致。
〔28〕元凯：虞舜的得力大臣。《史记》卷一《五帝本纪》记载，出自高
辛氏的八位人才，被称为"八元"；出自高阳氏的八位人才，被称"八
凯"；他们为虞舜效力，成绩巨大。　〔29〕颜子：即孔子的得意弟子颜
渊。孔子曾称赞颜渊，说他善于改正过失，见《论语·雍也》。
〔30〕侃侃：温和而快乐的样子。　〔31〕冉：即冉求(前522—?)。字子
有。孔子学生。有从政才能，曾任季氏宰。　季：即仲由(前542—前
480)。字子路，又字季路。孔子学生。也曾任季氏宰，又当过蒲大夫。
死于卫国内乱。冉求和仲由二人传均见《史记》卷六十七《仲尼弟子列
传》。　〔32〕鸷(zhì)：凶猛的鸟。　〔33〕伊：即伊尹。　望：即吕望。
〔34〕薛氏三计：前196年，汉高祖刘邦手下的大将黥布起兵反抗中央，

刘邦非常忧虑。滕公推荐自己的门客薛公，薛公向刘邦分析了黥布可以选择的上、中、下三种策略，并断定黥布只会选择下策。刘邦根据其分析，及时采取措施，很快消灭了黥布。事见《史记》卷九十一《黥布列传》。 〔35〕敷：施展。 张：即张良。 陈：即陈平。 〔36〕援华英：采用花朵。花朵比喻优秀人才。 不遑：来不及。 〔37〕岂暇：哪里有闲暇。 修枯箨(tuò)：整理枯干的笋壳。这里枯箨比喻郤正自己。 榛秽：树丛杂草。

然吾不才，在朝累纪[1]；托身所天，心焉是恃；乐沧海之广深，叹嵩岳之高峙[2]；闻仲尼之赞商[3]，感乡校之益己[4]；彼平仲之和羹[5]，亦进可而替否[6]；故曚冒瞽说[7]，时有攸献；譬道人之有采于市间[8]，游童之吟咏乎疆畔[9]；庶以增广福祥，输力规谏。若其合也，则以暗协明[10]，进应灵符；如其违也，自我常分，退守己愚。进退任数[11]，不矫不诬[12]；循性乐天，夫何恨诸？此其所以既入不出，有而若无者也。

狭屈氏之常醒[13]，浊渔父之必醉；溷柳季之卑辱[14]，褊夷、叔之高怼[15]。合不以得[16]，违不以失；得不充诎[17]，失不惨悸；不乐前以顾轩[18]，不就后以虑轻[19]；不鬻誉以干泽，不辞愆以忌黜[20]。何责之释？何餐之恤？何方之排？何直之入？九考不移，固其所执也！〔一〕

方今朝士山积[21]，髦俊成群；犹鳞介之潜乎巨海[22]，毛羽之集乎邓林[23]；游禽逝不为之鲜[24]，浮鲂臻不为之殷[25]。且阳灵幽于唐叶[26]，阴精应于商时[27]；阳盱请而洪灾息[28]，桑林祷而甘泽滋[29]。〔二〕行止有道，启塞有期。我师遗训，不怨不尤；委命恭己，我又何辞？

辞穷路殚，将反初节[30]；综坟典之流芳[31]，寻孔氏之遗艺[32]；缀微辞以存道[33]，宪先轨而投制[34]；毚叔肸之优游[35]，美疏氏之遐逝[36]；收止足以言归[37]，泛皓然以容裔[38]；欣环堵以恬娱[39]，免咎悔于斯世；顾兹心之未泰[40]，惧末途之泥滞；仍求激而增愤，肆中怀以告誓[41]。

昔九方考精于至贵[42]，秦牙沉思于殊形[43]；〔三〕薛烛察宝以飞誉[44]，〔四〕瓠梁托弦以流声[45]；〔五〕齐隶拊髀以济文[46]，〔六〕楚客潜寇以保荆[47]；〔七〕雍门援琴而挟说，〔八〕韩哀秉辔而驰名[48]；〔九〕卢敖翱翔乎玄阙[49]，〔十〕若士竦身于云清[50]：余实不能齐技于数子[51]，故乃静然守己而自宁。'"

【注释】

〔1〕纪：十二年为一纪。　〔2〕嵩岳：即嵩山。在今河南登封市北。〔3〕商：即卜商（前504—？）。字子夏。孔子的学生。对《诗经》诗歌有领悟，为此受到孔子的称赞。传见《史记》卷六十七《仲尼列子列传》。〔4〕乡校：乡中的学校。春秋时郑国的人爱聚在乡校里议论执政官。有人劝执政的子产把乡校毁坏，阻止老百姓议政。子产说人们的议论对自己有益，拒绝毁坏乡校。事见《左传》襄公三十一年。　〔5〕平仲：即晏婴（？—前500）。字平仲。夷维（今山东高密市）人。春秋时齐国大夫，曾经辅佐灵公、庄公、景公三代。传见《史记》卷六十二。　和羹：用调味品制作的多味汤。古代常以和羹比喻对君主的辅佐。〔6〕进可：进献可以实施的（建议）。　替否：废弃不应当做的。〔7〕矇冒瞽说：像瞎子一样胡编乱说。矇和瞽都是瞎子。这是自谦的话。〔8〕遒人：在百姓中征求意见的官员名称。　〔9〕疆：田块的边界。〔10〕暗：对自己建议的谦虚说法。　〔11〕任数：听任命运（的安排）。

〔12〕矫：违背。　诬：抱怨。　〔13〕狭：认为……狭隘。　屈氏：即屈原。名平，字原。战国时楚国政治家、文学家。出身楚国贵族。在楚怀王时任左徒、三闾大夫。主张革新政治，任用贤能，联合外援抵抗强秦。遭人谗害，被放逐，后投汨罗江而死。是楚辞的代表作家，有《离骚》、《九歌》等名篇传世。传见《史记》卷八十四。　常醒：《楚辞》中有《渔父》一篇，记屈原被放逐后同一位渔父的谈话。屈原说"众人皆醉我独醒"，所以遭到放逐。渔父劝他与众人同醉，屈原不同意其看法。　〔14〕溷（hùn）：认为……污浊。　柳季：即展禽。展氏，名获，字禽。又称展季。食邑在柳下，谥号为惠，通常称柳下惠。春秋时鲁国的大夫，曾任掌管刑法监狱的士师。　卑辱：柳下惠在鲁国当士师的官，曾三次受到贬黜，有人劝他离开鲁国，他仍然不肯，孔子说他"降志辱身"。见《论语·微子》。　〔15〕褊（biǎn）：认为……狭隘。　夷、叔：即伯夷、叔齐兄弟。　高怼（duì）：高尚的怨恨。伯夷、叔齐曾经反对周武王进攻商纣王，认为是以臣伐君。武王灭商，他们感到羞耻，逃到首阳山，不食周粟而死。事见《史记》卷六十一《伯夷列传》。上列的屈原、柳季，属于热心政治的人物；渔父、伯夷、叔齐，属于隐居避世的人物。郤正认为两者都走向极端，自己将采取中庸态度。　〔16〕合不以得：合得来时不认为得到了什么。　〔17〕得不充诎（qū）：得到什么时不会（兴奋得）失去节制。　〔18〕轩：前高后低的车。　〔19〕轾（zhì）：前低后高的车。　〔20〕辞愆：推脱过失。　忌黜：害怕遭到贬黜。　〔21〕朝士：朝廷中的人士。　山积：像山一样堆积。形容数量很多。　〔22〕鳞：指鱼类。　介：带有甲壳的水生动物。如龟、蚌等。　〔23〕毛：指兽类。　羽：禽类。　邓林：古代神话传说中的大树林。　〔24〕逝不为之鲜（xiǎn）：飞走了也不会造成数量减少。　〔25〕鲂（fáng）：一种淡水鱼。这里泛指鱼。　臻不为之殷：来到了也不会造成数量增多。　〔26〕阳灵：太阳。"阳灵幽"指洪水泛滥。　唐叶：唐尧时代。　〔27〕阴精：月亮。"阴精应"指下大雨。　〔28〕阳盱（xū）：古泽薮名。在今陕西渭水流域。传说唐尧时洪水泛滥，禹受命治水，曾在阳盱祭祷水神。见《淮南子·修务训》。　〔29〕桑林祷：传说商汤灭夏之后，连续五年大旱，他以自己的身体作为祭品，在桑林祭祷上帝，结果天下大雨。见《吕氏春秋·顺民》。　甘泽：好雨。　〔30〕初节：最初的样子。"反初节"指当平民。　〔31〕坟典：古代的文献典籍。　〔32〕孔氏：即孔子。　〔33〕缀微辞：写一点微不足道的文章。　〔34〕投制：进行度量。古代以一丈八尺为一制。这里比喻为人处事。　〔35〕韪（wěi）：赞同。　叔肸（xī）：羊舌氏，名肸。又叫叔向。春秋时

晋国的大夫。晋平公时任太傅，主张维护旧制，反对改革。前552年，执政的范宣子杀他的弟弟羊舌虎，并囚禁叔胕。有人说他处事不明智，他说囚禁总比死和流亡在外好，并引《诗经》中"优哉游哉"、"聊以卒岁"的诗句来证明。见《左传》襄公二十一年。　〔36〕疏氏：指疏广、疏受叔侄。广字仲翁。东海郡兰陵（今山东兰陵县）人。擅长儒学，专精《春秋》，教授学生很多。西汉宣帝时任太子太傅，其侄疏受任太子少傅。在职五年，都称病还乡，不再当官。传见《汉书》卷七十一。　遐逝：远远消逝。　〔37〕止足：停止和满足。　〔38〕泛皓然：自由自在生活到老。　容裔：从容自得的样子。　〔39〕欣环堵：欣然面对家中四面的墙壁。　〔40〕未泰：未能安定。　〔41〕肆中怀：表白内心的情怀。〔42〕九方：即九方堙（yīn）。古代善于相马的人。事见《淮南子·道应训》。　〔43〕秦牙：也是古代善于相马的人。事见《淮南子·齐俗训》。〔44〕飞誉：传扬声誉。　〔45〕瓠梁：古代一位善于唱歌的人。事见《淮南子·齐俗训》。但从本句"托弦"的措辞看，瓠梁应为瓠巴。瓠巴善于鼓瑟，传说他的瑟声能吸引水中的鱼。事见《淮南子·说山训》。〔46〕隶：供使唤的人。　拊髀（bì）：双手下拍大腿外侧。这是学鸡叫时摹仿公鸡扇动翅膀的动作。　济：救助。　文：即田文。号孟尝君。战国时齐国贵族。齐愍王时任相国，门下养食客数千人。曾联合韩、魏，打败楚、秦、燕国。后到秦、魏二国任国相。他从秦逃回齐时，过函谷关，为了逃避追兵，他的一个门客摹仿鸡叫，使守关军队提前打开关门，得以安然脱险。传见《史记》卷七十五。　〔47〕潜寇：悄悄偷盗。　荆：即楚国。楚客用偷盗手段保护国家事，见《淮南子·道应训》。〔48〕韩哀：古代善于驾车者。又作寒哀。事见《吕氏春秋·勿躬》。〔49〕玄阙：神话传说中的仙宫。卢敖游玄阙的传说，见《淮南子·道应训》。　〔50〕云清：云霄。　〔51〕齐技：在技艺方面比得上。

【裴注】

〔一〕《尚书》曰："三载考绩，三考黜陟幽明。"九考则二十七年。

〔二〕《淮南子》曰："禹为水，以身请于阳盱之河；汤苦旱，以身祷于桑林之际；圣人之忧民，如此其明也。"《吕氏春秋》曰："昔殷汤克夏桀而天下大旱，三年不收；汤乃以身祷于桑林曰：'余一人有罪，无及万方；万方有罪，在余一人；无以一人之不敏，使上帝毁伤民之大命！'汤于是剪其发，攦其爪，自以为牺牲，用祈福于上帝。民乃甚悦，雨乃大至。"

〔三〕《淮南子》曰："秦穆公谓伯乐曰：'子之年长矣！子姓有可使求马者乎？'对曰：'良马者，可以形容筋骨相也。相天下之马者，若灭若没，若失若亡；其一若此马者，绝尘（却）〔弭〕辙。臣之子皆下才也，可告以良马而不可告以天下之马。天下之马，臣有所与共儋缠采薪〔者〕九方堙：此其相马，非臣之下也。请见之。'穆公见之，使之求马。三月而返，报曰：'已得马矣，在于沙丘。'穆公曰：'何马也？'对曰：'牝而黄。'使人往取之，牡而骊。穆公不悦，召伯乐而问之曰：'败矣，子之所使求马者也！毛物牝牡尚弗能知，又何马之能知？'伯乐喟然太息曰：'一至此乎！是乃所以千万（里）臣而无数者也。若堙之所观者，天机也：得其精，而忘其粗；在其内，而忘其外；见其所见，而不见其所不见；视其所视，而遗其所不视。若彼之所相者，乃有贵乎马者！'马至，而果天下之马也。"《淮南子》又曰："伯乐、寒风、秦牙、葛青，所相各异，其知马一也；盖九方观其精，秦牙察其形。"

〔四〕《越绝书》曰："昔越王勾践有宝剑五枚，闻于天下。客有能相剑者名薛烛，王召而问之：'吾有宝剑五，请以示子。'乃取豪曹、巨阙，薛烛曰：'皆非也！'又取纯钩、湛卢，烛曰：'观其（剑钞）〔锷〕，烂烂如列宿之行；观其光，浑浑如水之将溢于塘；观其文，涣涣如冰将释：此所谓纯钩邪？'王曰：'是也。'王曰：'客有直之者：有市之乡三，骏马千匹；千户之都二。可乎？'薛烛曰：'不可！当造此剑之时，赤堇之山破而出锡，若邪之溪涸而出铜；雨师扫洒，雷公击鼓，太一下观，天精下之；欧冶乃因天之精，悉其技巧：一曰纯钩，二曰湛卢。今赤堇之山已合，若邪之溪深而不测，欧冶子已死；虽倾城量金，珠玉竭河，（独）〔犹〕不得此一物。有市之乡三，骏马千匹，千户之都二：亦何足言与！'"

〔五〕《淮南子》曰："瓠巴鼓瑟而鳝鱼听之。"又曰："瓠梁之歌可随也，而以歌者不可为也。"

〔六〕臣松之曰：按此谓孟尝君田文下坐客，能作鸡鸣以济其厄者也。凡作鸡鸣，必先拊髀，以效鸡之拊翼也。

〔七〕《淮南子》曰："楚将子发，好求技道之士。楚有害为偷者，往见曰：'闻君求技道之士，臣〔楚市〕偷也，愿以技备一卒。'子发闻之，衣不及带，冠不暇正，出见而礼之。左右谏曰：'偷者，天下之盗也；何为礼之？'君曰：'此非左右之所得与。'后无几何，齐兴兵伐楚。子发将师以当之，兵三却。楚贤〔良〕大夫皆尽其计而悉其诚，齐师愈强。于是（卒）〔市〕偷进请曰：'臣有薄技，愿为君行之。'（君）〔子发〕曰：'诺！'，〔不问其辞而遣之。〕偷即夜出，解齐将军之〔帱〕

帐，而献之子发。子发使人归之，曰：'卒有出采薪者，得将军之帐；使使归于执事。'明日又复往取枕，子发又使归之。明日又复往取簪，子发又使归之。齐师闻之，大骇，将军与军吏谋曰：'今日不去，楚军恐取吾头矣！'即旋师而去。"

〔八〕桓谭《新论》曰："雍门周以琴见，孟尝君曰：'先生鼓琴，亦能令文悲乎？'对曰：'臣之所能令悲者：先贵而后贱，昔富而今贫，摈压穷巷，不交四邻；不若身材高妙，怀质抱真，逢逊罹谤，怨结而不得信；不若交欢而结爱，无怨而生离，远赴绝国，无相见期；不若幼无父母，壮无妻儿，出以野泽为邻，入用堀穴为家，困于朝夕，无所假贷：若此人者，但闻飞鸟之号，秋风鸣条，则伤心矣；臣一为之援琴而长太息，未有不凄恻而涕泣者也。今若足下：居则广厦高堂，连闼洞房；下罗帷，来清风；倡优在前，诣谀侍侧；扬激楚舞郑妾；流声以娱耳，练色以淫目；水戏则舫龙舟，建羽旗，鼓钓乎不测之渊；野游则登平原，驰广囿，强弩下高鸟，勇士格猛兽；置酒娱乐，沉醉忘归。方此之时，视天地曾不若一指；虽有善鼓琴，未能动足下也。'孟尝君曰：'固然！'雍门周曰：'然臣窃为足下有所常悲：夫角帝而困秦者，君也；连五国而伐楚者，又君也。天下未尝无事，不纵即横；纵成则楚王，横成则秦帝。夫以秦、楚之强而报弱薛，犹磨萧斧而伐朝菌也；有识之士，莫不为足下寒心！天道不常盛，寒署更进退；千秋万岁之后，宗庙必不血食；高台既已倾，曲池又已平，坟墓生荆棘，狐狸穴其中；（游）〔樵〕儿牧竖踯躅其足而歌其上，〔行人见之凄怆〕曰："孟尝君之尊贵，亦犹若是乎！"于是孟尝君喟然太息，涕泪承睫而未下。雍门周引琴而鼓之，徐动宫徵，叩角羽，终而成曲；孟尝君遂歔欷而就之：'先生鼓琴，令文立若亡国之人也！'"

〔九〕《吕氏春秋》曰："韩哀作御。"王褒《圣主得贤臣颂》曰："及至驾啮膝，参乘旦；王良执靶，韩哀附舆；纵驰骋骛，忽如景靡；过都越国，蹶如历块；追奔电，逐遗风；周流八极，万里一息：何其辽哉！人马相得也。"

〔十〕《淮南子》曰："卢敖游乎北海，经乎大阴，入乎玄阙，至于蒙榖之上，见一士焉：深目而玄准，戾颈而鸢肩，丰上而杀下，轩轩然方迎风而舞；顾见卢敖，慢然下其臂，遁逃乎碑下。卢敖俯而视之，方卷龟壳而食合梨。卢敖乃与之语曰：'惟敖为背群离党，穷观于六合之外者，非敖而已乎！敖幼而好游，（长不喻解）〔至长不渝〕；周行四极，惟北阴之不窥。今猝睹夫子于是，子殆可与敖为交乎！'若士者舂然而笑曰：'嘻乎！子中州民，宁肯而远至此？此犹光乎日月而戴列星，阴阳之所行，四时之所生；此其比夫不名之地，犹突奥也。若我南游乎罔罀之野，北息〔于〕〔乎〕沉墨之乡，西穷冥冥之党，东贯鸿濛之光；此其下无地而上无天，听焉无闻，视焉则眴。此其外犹有沉沉之汜；其余一举而千万里，吾犹未能之在。今子游始至于此，乃语穷观；岂不亦远哉！然子处矣；吾与汗漫，期于九垓之上，吾不可以久〔驻〕。'若士举臂而竦身，遂入云中。卢敖仰而视之，弗见乃止，曰：'吾比夫子也，犹黄鹄之与壤虫！终日行不离咫尺，自以为远，不亦悲哉！'"

景耀六年，后主从谯周之计，遣使请降于邓艾；其书，正所造也。

明年正月，钟会作乱成都，后主东迁洛阳。时扰攘仓猝[1]，蜀之大臣无翼从者[2]；惟正及殿中督汝南张通，舍妻子单身随侍。后主赖正相导宜适[3]，举动无阙；乃慨然叹息，恨知正之晚。时论嘉之。赐爵关内侯。

泰始中，除安阳令[4]，迁巴西太守。〔一〕（泰始八年诏曰："正，昔在成都，颠沛守义，不违忠节；及见受用，尽心干事，有治理之绩。其以正为巴西太守。"）咸宁四年卒。凡所著述诗论赋之属，垂百篇。

【注释】

〔1〕扰攘：混乱。 〔2〕翼从：扶助随从。 〔3〕宜适：言语举止上的妥当合适。 〔4〕安阳：县名。县治在今河南安阳市南。

【裴注】

〔一〕泰始八年诏曰："正，昔在成都，颠沛守义，不违忠节；及见受用，尽心干事，有治理之绩。其以正为巴西太守。"

评曰：杜微修身隐静，不役当世[1]；庶几夷、皓之概[2]。周群占天有征[3]；杜琼沉默慎密：诸生之纯也[4]。许、孟、来、李，博涉多闻；尹默精于《左氏》：虽不以德业为称，信皆一时之学士[5]。谯周词理渊通，为世硕儒；有董、扬之规[6]。郤正文辞灿烂，有张、蔡之风[7]；加其行止，君子有取焉。二子处晋事少，在蜀事多，故著于篇。〔一〕

【注释】

〔1〕不役：不受役使。指不做官。 〔2〕夷：即伯夷。 皓：即商山四皓。 〔3〕占天：根据天上的云气占卜吉凶。 〔4〕诸生：儒生。〔5〕信：确实。 〔6〕董：即董仲舒。 扬：即扬雄。 〔7〕张：即张衡。 蔡：即蔡邕。

【裴注】

〔一〕张璠以为："谯周所陈降魏之策，盖素料刘禅懦弱，心无害戾，故得行也。如遇忿肆之人，虽无他算；然矜殉鄙耻，或发怒妄诛，以立一时之威，快其斯须之意者：此亦夷灭之祸云。"

【译文】

杜微，字国辅，梓潼郡涪县人。他从小在广汉郡学者任安的门下学习。益州牧刘璋聘任他为从事，后来因生病离职。先主平定益州，杜微经常称自己耳聋而闭门不出。

后主建兴二年（公元 224），丞相诸葛亮兼任益州牧，用高标准挑选来做下属的，都是益州一直以品德高尚著称的人：其中以秦宓为别驾，五梁为功曹，杜微为主簿。杜微一再推辞，诸葛亮派人把他抬着来。

杜微到成都后，诸葛亮见他，他陈述了谢意。诸葛亮考虑到杜微耳朵聋听不见别人说话，在座位上给他写下一段话说："早就听说并佩服您的德行，急于想见到您已经历时很久了。可惜您清我浊不能同流，所以一直没有机缘和您会面请教。王元泰、李伯仁、王文仪、杨季休、丁君幹、李永南兄弟、文仲宝等人，每次说起您都要赞叹您高远的志向，使我虽然没有和您见面却感到像是老朋友一般。我无德无才，前来统领贵乡益州，德薄而任重，真是忧虑不已。皇上今年十八岁；天资仁慈聪慧，礼贤下士。天下的人思慕汉朝，所以想和您禀承天意顺从民心，辅佐这位圣明君主，以建立使衰微汉朝重新振兴的功勋，并记载在史册上。开始还以为您贤我愚不可能在一起商议大事，所以一直不敢与您联系，独自忍受思念您的痛苦而已，没有想到您今天会屈驾前来啊！"

杜微说自己年老多病请求回去，诸葛亮又写下一段话答复他说："曹丕杀害天子篡夺皇位，自立为帝，就像用泥土捏成的龙、用草扎成的狗一样，有名而无实。我想与各位贤才针对他的奸邪虚伪，用正道来消灭他；很奇怪您还没有对我进行教诲，立即就要求回转山林田野。曹丕现在正出动大军，前去进攻吴国的扬、荆二州。如果借曹丕境内多事的时机，暂时关闭边境鼓励农业生产，养育人民，同时训练军队，以等待曹丕的挫败；然后出兵讨伐他，可以使将士不作战而百姓不劳累就平定天下。您只要用您的高尚道德来辅佐当今就行了，又不要求您负责具体的军事；为什么急着要想离开啊！"诸葛亮就是这样敬重杜微。

不过后来仍然只让杜微担任谏议大夫的闲职，以顺从他的志向。

五梁，字德山，犍为郡南安县人。以擅长儒学而且节操高尚受到人们称赞。他从议郎升到谏议大夫、五官中郎将。

周群，字仲直，巴西郡阆中县人。父亲周舒，字叔布，年轻时向广汉郡人杨厚学习图谶以预言吉凶，名声仅次于董扶、任安。他多次受到朝廷的征召，始终不去。当时有人问他说："《春秋谶》里面说取代汉朝的是'当途高'，这是什么意思？"周舒说："当途高含义为正当大路的高大建筑，就是'魏'啊。"同乡的读书人私下传说他的这段话。

周群从小跟父亲学习，专心从事守候观察云气的工作。他在庭院里修了一座小楼，他家境富裕而奴婢很多，所以常常叫奴婢在楼上轮流值班观察天上出现的异常云气；刚看到一股云气，就报告周群，他立即上楼观察，不管白天黑夜都坚持不懈。因此凡是有云气出现的征兆，他都能看到；根据云气状况作出的吉凶预言也大多应验。益州牧刘璋，聘请他为师友从事。

先主刘备平定益州，任命他为儒林校尉。先主想与曹操争夺汉中，询问周群结果将会如何，周群对答说："可以得到汉中的土地，但是得不到汉中的人民；如果出动非主力军团，必定失利，应当警惕这一点！"

当时益州政府的后部司马蜀郡人张裕也懂得观察云气以占卜吉凶，而天赋比周群还强，也劝谏先主说："不可去争汉中，如果出军必定不利！"先主没有听从张裕的话，果然只得到汉中的土地而没有得到百姓。先主派将军吴兰、雷铜带领一支非主力部队进入武都郡，都被杀死未能回来：正如周群所预料的那样。于是先主举荐周群为茂才。

张裕又私下对人说："到了庚子年，天下将要改朝换代：刘氏皇朝的传承至此就断绝了。主公得到益州，九年之后，在寅年与卯年之间，将会丢掉它。"有人秘密告发了他说的话。当初，先主与刘璋在涪县相会时，张裕还在刘璋手下当州从事，在旁边作陪。张裕脸上胡须多，先主就开他的玩笑说："从前我住在涿县，那里姓毛的特别多；东西南北诸家都姓毛。所以涿县的县令就说是'诸毛绕着涿居住呀'！"张裕一听就知道这句话的谐音是"猪毛绕着啄居住呀"，在影射自己的嘴是猪嘴，当即回答说："从前有个人做过上党郡潞县的县长，后来升任涿县令。离职回家后，有时给人写信，想写潞县就漏掉了涿县，想写涿县又漏掉了潞县，就干脆署名为'潞涿君'了。"先主没有胡须，所以张裕用"潞涿君"的谐音"露啄君"戳他的痛处，影射先主的嘴是没毛的猪嘴。

先主从此为张裕的不恭顺而怀恨在心，加上愤恨他泄漏不应当说的政治预言，于是公布张裕劝阻争夺汉中预言不应验的情况；把他逮捕下狱，将要处以死刑。诸葛亮上表请求宽恕张裕，先主回答说："芳香的兰草花要是长在门口拦路，也不能不锄掉它！"

结果张裕被杀死在市场上。后来曹魏取代汉朝，先主去世抛下益
州，都如同张裕所预料的那样。张裕又懂得相面术，每次拿起镜
子照脸，都知道自己将来会判刑处死，就总是要把镜子摔在地上。

周群死后，他的儿子周巨很会传习他那观望云气以占卜吉凶
的方法。

杜琼，字伯瑜，蜀郡成都县人。他年轻时向任安学习，精通
任安所擅长的谶纬。刘璋当益州牧时聘他为从事。先主刘备平定
益州，兼任益州牧，任命杜琼为议曹从事。后主登上帝位，杜琼
任谏议大夫，升任左中郎将、大鸿胪、太常。

他为人安静沉默，少言寡语，闭门自守，不参预世间的事情；
蒋琬、费祎都很器重他。虽然他学问精深，却完全不观察天象并
加以论说。后辈中通晓儒学的谯周曾经问他为什么这样，杜琼回
答说："要懂得观察天象以预言吉凶的这种方法很难，又必须亲自
观察，辨识形状颜色，不能听信别人的说法。日夜辛苦劳累，然
后才知道一切；又还担心泄漏出去惹祸，不如不知道。所以不再
去观察天象了。"

谯周借机问道："从前周舒先生认为'当涂高'就指魏，这
是什么道理呢？"杜琼回答说："魏，是阙的名称，阙正当大路而
且高大。这是圣人一种隐喻性的说法。"又问谯周说："难道还有
感到奇怪的地方吗？"谯周说："还是未能想通为什么就会是魏来
取代汉朝。"杜琼又解释说："古时候称呼官职不说曹；自从汉朝
以来，称呼官府机构尽都说曹：而且下级的办事官员叫属曹，官
府中的勤务兵叫做侍曹，属曹、侍曹不是属于曹氏、侍奉曹氏么？
这大概是天意啊。"

杜微活到八十多岁，在延熙十三年（公元 250）去世。撰有
《韩诗章句》一书共十多万字；他在谶纬方面不教儿子，没有人
承传他的这种学问。

谯周依照杜琼的话，把道理往同类情况推广，说："《左传》
写晋穆公把自己的太子取名为'仇'，太子的弟弟取名为'成
师'。晋国的官员师服说：'我们国君为儿子取名字怎么这样怪异
呀！彼此和好的配对称为妃，相互怨恨的配对称为仇；而今国君

把太子取名为'仇'，弟弟倒叫做'成师'，祸乱的征兆开始出现了：哥哥将要被取代吧？'后来的结果正如师服所说的那样。而汉灵帝把两个儿子取名为'史侯'、'董侯'；开始都当上了皇帝，后来都被废为诸侯，与师服的话很相似。本朝的先皇帝名'备'，备的字义解释是具有的意思；今皇帝名'禅'，禅的字义解释是授予的意思；好像是说刘氏已经具有了，应当授予别人了：我认为这里的预兆比晋穆侯、汉灵帝给儿子取名字的事例还要明显。"

后来宦官黄皓在宫内玩弄权力。景耀五年（公元262），宫中大树无缘无故自己折断；谯周深感忧虑，又不好明说，就在柱子上写了十二个字："众而大，期之会；具而授，若何复？"其中，众字影射曹字，因为曹字的含义是众多；大字影射魏字，因为魏字的含义是高大的阙；众而大合起来就是曹魏，是说天下都要会聚到曹魏统治之下。具字影射备字，授字影射禅字；具有之后而授予他人，怎么还会有继立的君主呢？

蜀国灭亡后，都认为谯周的预言很灵验，谯周说："这虽然是我自己推究出来的，不过我也是模仿；只是把杜琼先生的话加以推而广之罢了，至于我自己的思维根本没有什么神奇独到之处。"

许慈，字仁笃，南阳郡人。他师从著名学者刘熙学习，擅长郑玄学派的儒学，研习《周易》、《尚书》、《三礼》、《毛诗》、《论语》。

汉献帝建安年间，他与许靖等人都从交州进入益州。当时又有魏郡人胡潜，字公兴；不知道为什么会在益州。胡潜的学问虽然不渊博，但是才干突出，记忆力强；祭祀祖宗的制度礼仪，办理丧事时五种丧服的规矩，都能边讲边比划，信手拈来。

先主刘备平定益州，由于此前社会动乱已经持续了一二十年，教育事业衰败荒废；所以他下令收集典籍，清理学校；让许慈、胡潜都担任博士，与孟光、来敏等人负责管理古代文献。这时各种事务都处于草创阶段，一举一动都有各种不同的意见：许慈、胡潜又好胜而自夸，所以相互诽谤争执，以至于声色俱厉；彼此的书籍，也不互通有无借给对方阅读；有时还会使用动手殴打的手段，以震慑对方。他们俩夸耀自己妒忌别人，就到达这样的程度。

先主对他们的举动感到痛心，在一次官员的大聚会上，让艺人装成他们二人的模样，模仿他们争执打斗的情形，在酒酣耳热音乐齐奏的时候表演出来，作为娱乐；最初两位艺人以儒经文辞的含义相互辩驳，最后发展到用刀剑武器相威胁，以此来感化批评他们。

胡潜先死，许慈在后主时逐渐升到大长秋的职位，此后去世。他的儿子许勖传习他的学问，也担任博士。

孟光，字孝裕，河南郡洛阳县人。他是汉朝太尉孟郁的同族。汉灵帝末年他担任讲部吏。汉献帝时迁都长安，他就逃入益州。益州牧刘焉父子用宾客的礼节对待他。

孟光知识广博熟知古事，无书不读；尤其用心钻研《史记》、《汉书》、《东观汉记》三部史书，通晓汉朝过去的典章。他喜欢《公羊传》而讥评《左传》；每次与来敏争论这两本书的高下，孟光常常吵闹喧嚷。

先主刘备平定益州，任命他为议郎，与许慈等人一起负责议定制度。

后主登上帝位，孟光任符节令、屯骑校尉、长乐少府，升为大司农。

延熙九年(公元246)秋天，宣布大赦。孟光在大庭广众之中责备执政的大将军费祎说："赦免罪犯，是对部分人有利而对其他人无利的政策，不是政治清明时代所应有的东西；只有到了极度衰败困窘，万不得已，才可以权且实施它。而今圣上仁慈贤德，百官称职；有什么危在旦夕紧急得像人被倒悬的情况？而要多次施舍反常的恩德，让那些奸恶的罪人得到实惠啊！再说现在正当秋天肃杀之气产生的时候，鹰、隼猛禽开始杀食其他的飞禽；在这时宽恕有罪应当处决的犯人，对上违背了天时，对下伤害了人心。老夫年纪大体力衰，不懂政治的根本，私下认为这种办法难以长久使用；您具有美德受到众人的瞻仰，难道您就用这来回报大家的期望吗？"费祎局促不安只有不断向他表示歉意而已。孟光指责人时总是戳到痛处，大多就像这样；所以执政的大臣，心中不喜欢他，爵位一直与他无缘；每次直言毫无回避，被世人讨厌。担任太常的广汉郡人镡承，担任光禄勋的河东郡人裴俊，年资都在孟光的后面；却占据了上等的官位，处于他之上，大概就是这个原因。

担任秘书郎的后辈文士郤正，多次向孟光咨询学术问题。孟光向郤正询问太子学习和阅读什么书，以及太子的性情和爱好，郤正问答说："太子侍奉父母亲很恭敬，昼夜都不懈怠，有古代周文王当太子时的风范；接待各位下属时，一举一动都显示出仁慈宽恕之心。"孟光说："像您说的这些优点，平常人家的儿子也都具有。而我现今的问题，是想知道他的权谋智计怎么样啊。"

郤正说："太子的任务，在于承顺父母的心意尽量使他们欢喜，他不能妄自有所作为；再说智计也深藏在胸中，权谋要到时候才施展。这方面的有和没有，怎么可以预先假设啊？"孟光知道郤正谨慎，不作轻率的谈话，就说："我这个人喜欢直言，无所回避，每次都要指责毛病，受到世人的讥讽和嫌弃；看您的意思也不很喜欢我的话，但是我说这样的话是有原因的。而今天下未定，以智慧为最重要；智慧虽然有天生的，然而也可以通过努力来达到。太子作为储备的君主，读书难道应当仿效我们尽力作到渊博以等待别人来询问，或者像博士探取写有问题的竹简或纸片，一一讲答以谋求爵位的赏赐吗？他读书应当把精力花在急需的方面啊！"郤正对他的话很以为然。

后来孟光因事被免职，在九十多岁时去世。

来敏，字敬达，义阳郡新野县人。他是来歙的后代。来敏的父亲来艳，曾任汉朝的司空。汉朝末年大乱，来敏随姐姐逃往荆州，而他的姐夫黄琬，是益州牧刘璋祖母的侄儿，所以刘璋派人来迎接黄琬的妻子；来敏就跟姐姐一起进入益州，经常充当刘璋的宾客。他广泛涉猎书籍，熟悉《左传》，尤其专精于《仓颉篇》、《尔雅》中对字词意思的解释，喜欢订正文字。

先主刘备平定益州，委任来敏为典学校尉。确立太子之后，又让他当了太子家令。

后主登上帝位，他担任虎贲中郎将。丞相诸葛亮进驻汉中，请他当军祭酒、辅军将军；因事被免职。诸葛亮去世后，他回到成都当大长秋，再被免职。重新起用后多次升迁到光禄大夫职位，又因犯有过失而被贬黜。他前后多次贬官削职，原因都是言语没有节制，举动违反常规。

当时孟光也具有接近机要而说话不谨慎、发议论时干预当时政事的毛病；但是他还比来敏好一些，两人都因为是年老而有名的学者受到世人的尊敬。而来敏出身于荆州有名的家族，又是后主当太子时的老部下，所以特别受到优待，废黜之后又得重新起用。后来朝廷任命来敏为执慎将军，要想让他从这个官名上好好警醒告戒自己。

他九十七岁时，也就是后主景耀年间去世。儿子来忠，也博览儒经，有来敏的风范。他与尚书向充等人都能帮助支持大将军姜维。姜维很是赞赏，任命他为自己的军事参谋。

尹默，字思潜，梓潼郡涪县人。益州研习儒经的学者大多重视今文学派，而不重视古文学派所擅长的对儒经章节和字句的准确解释；尹默知道他们的学问不够渊博，就远赴荆州，跟从司马徽、宋忠等学者学习古文学派的儒经学问。他通晓儒家经典和史籍；又专精于《左传》，对于各家学者在《左传》研究上的成果，例如刘歆的《条例》，郑众、贾逵父子、陈元、服虔等人的注解，都能背诵复述，不用看着原本。

先主刘备平定益州，兼任益州牧，任命尹默为劝学从事。先主立太子后，尹默当了太子仆，负责向太子讲授《左传》。

太子继承帝位，称后主，任命尹默为谏议大夫。丞相诸葛亮进驻汉中，请他当军祭酒。诸葛亮去世，他回到成都，任太中大夫，此后去世。

儿子尹宗传习他的学问，曾任博士。

李譔，字钦仲，梓潼郡涪县人。父亲李仁，字德贤；与同县人尹默同到荆州游学，跟从司马徽、宋忠学习。李譔完全继承了父亲的学问，又随尹默讲论书籍中的含义道理，五经、诸子，无不阅览；此外他又爱好各种技艺，算术、占卜、医药，以及弓弩、机械的设计制造，都曾用心钻研。开始时，他当州政府的书佐、尚书令史。

延熙元年(公元238)，后主立太子，任命李譔为太子中庶子。升为太子仆。又转任中散大夫、右中郎将，但他依旧在东宫侍从太子。太子因为他的知识丰富，非常喜欢他。不过他为人举止轻率，喜欢开玩笑，所以不受世人的敬重。

他撰有注解《周易》、《尚书》、《毛诗》、《三礼》、《左传》的著作，又作《太玄指归》：他的儒学著作都坚持古文学派的观点，以贾逵、马融的学说为准则，而与郑玄的学说不同；他与曹魏的学者王肃隔得很远，完全没有见过王肃的著作，但是他对儒经作的解释和结论与王肃有很多相同之处。景耀年间他去世。

当时又有汉中郡人陈术，字申伯；也博学多闻，著有《释问》七篇，以及《益部耆旧传》和《志》，历任三个郡的太守。

谯周，字允南，巴西郡西充国人。父亲谯岍，字荣始，钻研《尚书》，兼通其他的儒家经典和图谶。州郡政府聘任他，他都不去；益州政府只好派人到他家授给师友从事的官衔。

谯周幼年时就死了父亲，与母亲和哥哥一起生活。他长大后，迷恋古籍潜心学问：尽管家境贫寒，他也从不经营产业；一心诵读典籍，读到满意的地方就欣然露出笑容，甚至于废寝忘食。他精心研习儒家的六部经典，尤其善于写书信。他很懂天文，但是在这方面并不留心去观察；诸子的文章不是他所关注的，就不去从头看到底。他身高八尺，外貌不佳。性格坦诚不掩饰自己，虽然缺乏临时应急的口才，然而内心对事物的认识却反应灵敏。

后主刘禅建兴年间，丞相诸葛亮兼任益州牧，聘谯周为劝学从事。诸葛亮在敌占区去世，谯周在家中得知消息，立即上路去奔丧；不久后主就下诏禁止官员前往奔丧，所以只有谯周动身快速而得以到达。

大将军蒋琬兼任益州刺史，调任谯周为典学从事，总管本州的学生。后主立太子，任命谯周为太子仆。转为太子家令。

当时后主常常外出游玩，又增大宫廷乐队的人数。谯周上疏劝谏说：

从前王莽失败，豪杰一同起兵，他们跨州占郡，都想争夺皇权。这时的贤才智士盼望得到的领袖，倒不一定是势力强大的，而是德泽深厚的啊。在当时，更始、公孙述以及其他拥有精兵强将的人，大多势力强盛占有辽阔土地，然而他们都随心所欲只图自己痛快，不想行善；只喜欢游玩打猎，大吃大喝，一点不体恤老百姓的痛苦。光武皇帝刚进入河北，冯异等人就劝他说："应当做人们所不能做的事。"于是他就注意平反冤案，在饮食上节俭，一举一动遵守规矩；因此北方各州的人都歌颂赞叹他，名声传播四方。这时，邓禹从南阳郡追去投奔他；吴汉、寇恂与他虽然素不相识，风闻他的德泽品行之后，就运用权谋带领渔阳、上谷两郡的骑兵冲锋队赶到广阿县去迎接他；其余衷心仰慕光武皇帝的如邳彤、耿纯、刘植等人，还有那带病乘车载着棺材，或者用布带把婴儿系在背上前来投奔的，真是数也数不清。因此，光武皇帝才能转弱为强，消灭王郎，吞并铜马，挫败赤眉而完成帝王大业。

后来在洛阳建都，一次光武皇帝想出宫作短暂时间的巡游；他已经坐上车开始出发，铫期前来劝阻他说："天下还不安宁，为臣确实不愿意陛下穿着平民服装一再外出。"他听了之后立即掉转车头回宫。后来光武皇帝到西边去亲征隗嚣，因为颍川郡发生叛乱，他回转洛阳，只派了寇恂前往颍川讨伐。寇恂说："颍川郡奸狡巨猾的匪徒因为陛下远征，所以才起来叛乱，他们不知道陛下已经回还，恐怕不会及时投降；陛下如果亲自前去，颍川的叛贼必定会投降。"光武皇帝就亲征颍川，结局果然如寇恂所说的那样。可见他若不是急事，连短暂外出也不敢；真正遇到急事，要想安闲也强迫自己不这么做：帝王就是如此渴望把事做好。所以古书上说："百姓不可能白白附从你。"确实要先施予德泽啊。

现今汉朝遭逢厄运，天下三分；正是雄壮明哲的人士盼望伟大领袖的时候。陛下天性孝顺到了顶点，为先皇帝居丧超过三年，说到父亲就流泪：即使是古代以孝道著称的曾参、闵损也比不过。陛下又尊敬信任贤才，在让他们为国尽忠心上您又胜过了周成王、周康王；因此，国内和睦一致，上下都共同努力，这些方面的情况为臣说也说不完。但是为臣的最大希望，是希望陛下再推广一步去做那些人们所不能做的好事。凡是拖拉巨大的重量时，担心的就是用力的人不多；解决巨大的困难时，担心的就是好办法太少。再说承担宗庙祭祀的君主尽量做好事，不但是想谋求自己的幸福和保佑，而且也是要用这来给人民作出表率让他们尊重君主。现今四季的祭祀，陛下有时没有亲自参加；至于水池花园的游览，陛下有时候却频繁前去；即使像为臣这样愚昧不通事理的人，也为此深感不安。有忧患和责任在身的人，是没有闲暇尽情享乐的；先皇帝振兴汉朝的遗志，连基本的构想都还没有完成：确实不是尽情享乐的时候。愿陛下裁减宫廷乐队，以及皇宫中新修的工程，只保持维护先皇帝时所建造的一切，以便用节俭的榜样教育下面的子孙。

此后谯周调任中散大夫，仍然在东宫侍从太子。当时蜀汉不断出兵进攻曹魏，百姓穷困痛苦。谯周与尚书令陈祗，争论这样做的利弊，下来后写成一篇文章，称之为《仇国论》。

文章说："因余之国弱小，而肇建之国强大；这两个国家一齐在世间上争斗而成为仇敌。因余之国有个叫高贤卿的，问另外一个叫伏愚子的人说：'而今我国消灭敌国的大事还没有完成，上下劳心。在古代的事例中，能够以弱国战胜强国的，究竟用了什么方法？'伏愚子回答说：'我听说，处于力量强大而没有忧患这种状况的人做事经常都很轻率，处于力量弱小而面临忧患这种状况的人经常都想把事情做好；经常都很轻率就会出现乱子，经常都想把事情做好就会出现政治清明的局面：这是不变的规律。因此周文王养育人民，终于以少胜多；勾践抚育百姓，终于以弱灭强：这就是弱国战胜强国的方法。'高贤卿说：'从前项羽强大而高祖弱小，相互争战，没有一天安宁休止；然而却是项羽提出与高祖以鸿沟为界，各自撤军让人民休息。这时张良认为老百姓的心情一旦安定下来，再要动员他们就很困难了；所以高祖接着就率军追击，终于杀死项羽。这哪里是一定要通过周文王那种途径才能以弱胜强呢？而今肇建之国正有困难，我们借此机会，攻破它的边境：就有希望增大其困难从而消灭它。'伏愚子说：'在商、周两朝之际，天子诸侯世代尊贵；君臣关系久已稳固，民众已经习惯于在这种统治结构下的生活。根子深就难以拔出，基础牢就难以迁移。在这个时候，即使是汉高祖，也怎么能提起三尺剑扬鞭催马就能夺得天下呢？在秦朝废除封建诸侯而改行郡县制之后，老百姓被秦朝的劳役弄得疲惫不堪，天下因此土崩瓦解；有时一年改一次君主，有时一月换一个王公；人民就像受到惊吓的鸟兽，不知道该随从哪个人。于是豪强纷争，如同虎狼一般抢夺利益；迅速动手的收获多，动作迟缓的被吞灭。而今我国与肇建之国，都已经把君主位置传到第二代了；眼下既不是秦朝末年天下大乱的情景，倒实在像战国时期六国并立的局势；因此可以通过周文王的途径，而难以采用汉高祖的办法。凡是民众疲劳就要出现骚动的征兆，上面轻率而下层官员暴虐就要产生土崩瓦解的趋向。民间的谚语说："射箭时企图在多次失误中侥幸射中一次，还不如在确实瞄准之后再发射。"所以明智的人不会为小利转移视线，不会为似是而非的现象改变步伐；时机成熟然后才行动，各种因素齐备后然后才出手。商汤、周武王的军队之所以一战成功，就在于他们没有让民众过度疲劳而且能准确地审时度势啊。如果一定要滥用武力轻率发动征伐，到时候土崩瓦解的形势出现；不幸遇到危难，虽然有明智的人也出不了什么好主意了。至于要想找到一种变化莫测的奇谋妙策，使军队能神出鬼没；冲过河流截断道路，跳过峡谷飞越山峰；不用舟船，就能渡过黄河的孟津渡口：那么我这个愚昧的人，对此确实出不了什么好主意啊！'"

谯周后来升任光禄大夫，地位仅次于九卿。谯周虽然不参与政事，是以儒学和品行受到礼遇；然而朝廷有重大事情的议论时往往要咨询他，他总是根据儒家经典来回答；而后辈中的好学者也经常就一些疑难问题去请教他。

景耀六年(公元263)冬天，魏国大将邓艾攻克江由，长驱直前。而蜀国原来认为敌军不可能立即杀到，完全没有在后方作出守卫城池的部署；到了听说邓艾已进入成都北面的平原地带，百姓惊扰，都四散奔逃到山野中，制也制止不住。

后主让群臣聚会商议对策，商议半天也拿不出主意。有人认为蜀和吴，本来是盟国，可以逃往吴国。有的认为南中地区有七个郡，周围的险峻山脉使它像斗一样与外界隔绝，容易据守，可以逃往南中。唯有谯周认为："自古以来，没有寄居在他国当天子的事。如今要逃往吴国，必定要称臣降服才行。再说政治状况没有什么差别时，那么大国能够吞并小国，这是自然而然的事。由此而言，将来是魏能吞并吴，吴却不能吞并魏，明显得很。既然同样是称臣，那么向小国称臣比起向大国称臣来怎么样？两次称臣受辱的羞耻，与一次受辱的羞耻比起来怎么样？如果要逃往南中，就应当早打主意，然后才可以成功。现在大敌当前，灾祸眼看就要临头；下面士兵小吏的心，没有一个可以保证是忠诚的；恐怕一旦动身，就有难以预测的变故出现，还到得了什么南方啊！"

群臣中有的反问他说："现今邓艾已经距成都不远，恐怕他不会接受投降，怎么办？"谯周回答说："目前东吴还没有服从魏国，从事势上说邓艾不能不接受我们的投降；接受之后，还不能不给予礼貌的对待。如果陛下降魏之后，魏国不划出土地来封给陛下爵位的话，我谯周将亲自前往洛阳，用古代的道理来为陛下争取！"众人都无法反驳他的意见。

后主对于是否退入南中依然还拿不定主意，谯周就上了一封奏疏说："有人说陛下因为北方的兵马深入我国，有想退到南中的打算，为臣心里很是不安。为什么呢？南中是边远少数族居住的地区，平常不向国家供给什么东西，都还多次反叛；自从丞相诸葛亮南征，用武力逼迫，他们没有办法才相率服从。从此之后他们要供给公家各种物资，还要抽调壮丁充当士兵，他们因此而愁苦怨恨：这是使国家产生祸患的人啊。而今我们由于处境窘迫，前去依靠他们，恐怕他们一定又会反叛，这是第一点。北方的兵马大举前来，不单是要攻取成都所在的蜀郡这一小块地方而已；如果我们逃往南中，他们必然要趁我们势力衰败的机会，及时追击，这是第二点。到了南中，对外要抗拒敌人，对内要供给皇家使用的物品，费用增大；其他地方又没有财政来源，对各少数族的赋税征调势必加重，加重之后他们就会加速反叛，这是第三点。从前王郎在邯郸超越本分称帝，当时光武皇帝在信都，畏惧王郎的势力，想丢下河北回关中；这时邳彤劝阻他说：'您如果西回关中，那么这里已经想倒向邯郸王郎的各城百姓，决不肯丢下父母，背弃王郎，千里迢迢跟随您回关中；他们必然会逃跑反叛。'光武皇帝听从他的话没有走，结果攻破邯郸城。现今北方兵马杀到，而陛下往南跑，恐怕邳彤过去的话倒会在今天变成现实，这是第四点。希望陛下早早打定主意，可以得到爵位封地；如果前往南中，到了逼得山穷水尽的时候才投降，那酿成的祸害就大了。《周易》上说：'亢的含义用语言来解释，是只知得，而不知失；只知存，而不知亡。知道得失存亡而不背离正道，就只有圣人能做到了！'这是说圣人知道天命而不会勉强坚持。所以唐尧、虞舜因为儿子不好，知道君主的权力上天将会另有所授，于是主动谋求把君主位置给予其他人；儿子虽然不成材，也还算不上是祸患，都还把适当的人迎来给予他君主位置，何况是大祸已经临头呢？从前微子是商纣王的异母哥哥，商朝灭亡时他把自己双手反绑口中衔着玉璧，前去投降周武王：他难道又喜欢这样做吗？是不得已的事啊！"

于是后主听从了谯周的主意向邓艾投降。刘禅的家族安然无忧，一州的人民靠着这得到安全：都得益于谯周的谋划。

当时晋文王司马昭担任魏朝的相国，因为谯周有保全国家的功劳，封他为阳城亭侯；又下达文书聘谯周为相国府下属。谯周出发中途到达汉中，因病重不能前进入京。

魏元帝咸熙二年（公元265）夏，巴郡人文立从洛阳回益州，来拜访谯周，谯周在谈话中间。在木板上写了八个字给文立看，八个字是："典午忽兮，月酉没兮。"典午指司马，月酉指八月：到当年八月司马昭果然去世。

晋朝取代魏朝建立，朝廷多次下诏命令当地遣送谯周入京，谯周只好带病上车前往京城洛阳。在泰始三年（公元267）到达，谯周到京城后生病不能起床，朝廷派使者到他住处任命他为骑都尉。他向朝廷陈述自己没有功劳而受到封爵，请求退还爵位，朝廷不予允许。

泰始五年（公元269），我曾经担任家乡所在的巴西郡中正。因为完成了对本郡人才的等级评定工作，请求休假回家探望，前往京城谯周的住处与他告别。他对我说："过去孔子七十二岁，刘向和扬雄七十一岁去世；而今我年过七十，大概也能活到孔子的岁数，或者可以与刘、扬二人的寿命相同：恐怕不出后年，就一定会长辞人间，不能再相见了！"我怀疑谯周用什么方法推知了自己的寿命，借此机会说了出来。

泰始六年(公元270)秋，朝廷任命谯周为散骑常侍；因病重未能接受。到当年冬天他就去世了。总计他的著述，撰写了《法训》、《五经论》、《古史考》之类的文章有一百多篇。

他有三个儿子：即谯熙、谯贤、谯同。小儿子谯同很喜谯周的学问，也以忠诚质朴作为品行的根本；被举荐为孝廉，朝廷任命他为锡县县令。后来又征召他为太子宫中的洗马，但他没有去就任。

郤正，字令先，河南郡偃师县人。祖父郤俭，汉灵帝末年为益州刺史，被叛乱分子所杀。碰上天下大乱，所以郤正的父亲郤揖留在益州。郤揖在将军孟达手下当营都督，跟随孟达投降魏国，被任命为中书令史。

郤正本来名叫郤纂，从年轻时就因父死母嫁，孤单一人生活；可是他安于贫苦喜欢学习，博览群书，二十岁左右能够写文章。他进入蜀国宫廷当秘书署的办事员，转为令史，升任秘书郎，又升到秘书令。

他生性淡于名利，而尤其用心于文章。像司马相如、王褒、扬雄、班固、傅毅、张衡、蔡邕等汉代著名作家留下的文章、辞赋，以及当代人写的美妙书信、议论，只要是益州有的，无不想尽办法去寻找，全部读遍。

自从在皇宫内的秘书署任职，他与宦官黄皓挨着房间相处，长达三十年之久。黄皓从卑微到显贵，以至于操纵威权；郤正既不被黄皓亲爱，也不被黄皓憎恨。所以当官的品级虽然没超过六百石这一级，却能免于忧患。

他依照和效法前辈的儒家学者，借文章来表现自己的志趣，这篇文章叫做《释讥》；是继承崔骃《达旨》之后的同类作品。文章写道：

　　有讥笑我的人说:"我从以前的古书记载中得知:事业和时机并存,名声与功劳同在。可见事业和名声,乃是以前明智的人所急于追求的。所以要想创建制度树立规范,不到适当的时机无法实现;要想传扬声誉留下美名,不建立功劳根本不行。名声要等到功劳建立才能显扬,事业也要等到时机出现才能完成;人一死名声就立即消失,这是君子最感到羞耻的事情。因此通达事理的人才精心研究自然和社会的规律,探索那深奥隐微的变化;注意天意的征兆表现,还对政治的盛衰进行考察;有口才的四处游说,有智慧的把机会紧抓;有计谋的展现策略,有武艺的奋威冲杀;他们像云朵会合浓雾聚集,他们像暴风骤起闪电纷飞;都在估量合适的时机,用以取得朝思暮想的官位;他们在小处忍让在大处伸展,一心为公而宁愿自己吃亏;虽然局部有曲折而总体趋向正确,所以最终都能如愿以偿发扬光辉啊。如今三国鼎立,天下还没有安定;茫茫四海之内,被灾祸搞得动乱不宁;令人悲叹道义的丧失,怜悯颠沛流离的人民;这正是圣贤拯救社会的时候,建立功业的机会正等待着志士仁人。您具有高超的才干,品质就像珪璋这两种玉器一样美好;博览群书,留心正道;再久远的事情眼光也看得清,再幽微的道理思维也达得到;挺身接受任命,在宫廷里把秘书署的职务担任;从早到晚从容自得地土作,为皇帝起草诏书发布指令;一进皇宫三十年职务不变,再没能往更高的官位迁升。虽然您也研究古今社会的真伪,还对当前政治的得失进行判断;从而有时进呈一条计策,偶尔献上一句忠言;想以此完成当官的职责,安慰自己并没有白吃公家的饭;可是您确实没能够竭尽自己的忠诚,把内心的话语全部送到天子耳边,更没有得到提拔在天子身边担任侍从长官,为老百姓的幸福做出贡献:使美好功绩,在我们这些卑微的人中间流传。您为什么不掉转车头,重新选择一条路前进?让马儿跑得更快速,让车儿行驶得更安稳?弄清楚水的深浅才渡河,挑着那宽阔平坦的路段直往前奔?这样才能建立像秋兰一般芳香的功名,满足我们对您的厚望殷殷:这难道不是一件大好事情?"

　　我听了之后不禁叹息说："唉，有像这样说话的吗？世间上人心各不相同，就像人的面貌各不相同一般；您虽然穿戴光洁华丽，显得既漂亮又鲜艳；可惜您是在以管窥天，见识实在短浅；怎么能和您议论八方极远处的形状边界，让您相信万事的大义微言！"

　　有人随随便便，昂着头扬起眉毛说："这是什么话啊！这是什么话啊！"

　　我回答说："虞舜告戒人不要当面顺从而背后又有不同意见，孔子把讨好自己作为别人的一种缺陷；您所说的话，使我深思一番，我将向您论述和解释我的观点：

　　从前的鸿荒时代，在蒙昧混沌状态的开初；三皇接受上天的旨意统治民众，接下来五帝又依次担任君主；一直到了夏朝、商朝，这在从前的典籍上都有所记录；后来周朝政治衰败，全靠诸侯的霸主扶持帮助；建立秦朝的嬴政残酷暴虐，恨不得把四面八方的人都吞嚼下肚：于是搞合纵连横的像云一样涌现，主张使用狡诈手段的人多得像天上的繁星；奇异和邪恶像蜂群飞动，智谋和变故像种芽不断萌生；有人掩饰真实兜售虚伪，有人带着奸邪谋求取得光荣；有人耍诡诈手段希望骗到信任，有人卖弄特长自夸自称；他们都背弃正途崇尚邪门歪道，丢掉正直一味阿谀奉承；在忠诚上不讲臣僚应尽的本分，在道义上没有一贯遵守的准绳：结果商鞅的法律也制止不了邪恶出现，李斯的压制也阻挡不住奸诈的形成；吕不韦门客众多而宗族灭绝，韩非辩论受到重视而以自杀结束生命。

　　这是什么原因啊？因为利欲改变了他们的心，荣耀晃花了他们的眼睛；穿着绘有龙形图案的光鲜官服，坐着华丽的车辆到处驰骋；只顾捞取眼前利益，反复无常一点也不安分；生活荒淫迷乱，放纵情欲毁灭自身；结果车铃还没响人就死在车轮下，大门还没跨进住宅就栋折梁倾。上天收取他们的精神，大地吸干他们身上的脂油；别人来吊唁他们的尸体，恶鬼来砍他们的头颅。他们自以为登上高冈，却不料死在幽深的山沟；早晨都还生气勃勃，到晚上就变成孤魂四处漂流。

贤人君子看到这些，自然要深谋远虑认真思考一番；害怕遭到他们那样的灾祸，所以才从名利场中抽身走远；宁愿在民间当自由自在的隐士，把污浊社会中的所谓美妙声誉看作是粪土一团。这些人难道真的是轻视君主怠慢百姓，对时事毫不关心吗？因为《周易》中有应当停止的时候就停止的告戒，《诗经》里也有让别人去努力从政的感叹；他们看重和听从这些告戒，所以这样做是出自必然。

自从当初我大汉皇朝建立，承受天意顺应民心；兴隆的政治局面，就像绚丽的三月阳春；低头遵循人间典籍的道理，仰头效法那象征社会安排的天文；散布皇朝的恩泽以照耀人世，实施兴盛的教化以培养人民；君臣一举一动循规蹈矩，各自保持真诚的内心。君主诚恳垂询表现出宏大的气度，臣僚认真献策尽到匡正补救的责任；当官的不会因华而不实得到宠爱，老百姓每人至少有一项值得称赞的品行；上下都勤勉不倦，都想为国家尽忠效命。

然而天地间的规律是有兴隆也有衰败，事物有产生也有消亡；有声音就有寂静的时候，有光明就有阴暗的地方；到了秋天那夏天自会消逝，春天开始那冬天必定隐藏；太阳落山又升起了月亮，汉朝的命运气数衰了又有振兴基业的君主出现在西方。冲帝、质帝相继夭折，桓帝、灵帝时政治衰败局势动荡；于是英雄像云一样涌起，豪杰布满各地都想显示力量；家家有不同的主张，人人有各自的梦想；所以搞合纵连横的忙着出谋划策，主张用狡诈手段的费尽口舌打动对方。

而今汉朝皇位的传承已经接上，天子的恩德正树立在西方的益州；祖先的宏大规划正在实施扩展，对贤才封官晋爵待遇丰厚；推行五方面的教育移风易俗，提倡九种品德使人民个个优秀；恭恭敬敬举行各项祭祀，希望辅佐真命天子使皇朝天长地久。虽然现今分立局面还没有统一，伪立的君主还没有受到严惩；但是圣人早就留下告诫，对天下的百姓要平均贫富一视同仁；因此我国君臣在朝廷和谐执政，黎民百姓在民间欣然拥护一片热情；一旦行动全国整齐一致，停下来也是秩序井然安安静静。官员当中的济济英才，都比得上虞舜的得力大臣；他们有过必改，就像是颜渊那样的仁人；他们处理政事时温和而愉快，政绩不亚于冉有、仲由这两位孔子的学生；他们像鹰、鹜一样勇猛飞腾，承担着伊尹、吕尚曾经承担过的重任；汇总了众多优秀人才的上等策略，其中就有很多像薛公三计那样高明；为了施展像张良、陈平曾经设计的那种秘密策略，国家才出动大军北伐从而把汉朝振兴；这时候的朝廷采用优秀人才还来不及，哪有闲空顾及像枯干笋壳一样的无用之人！

不过我虽然没有才干，在朝廷供职已有多年；我把自己托付给国家，心里就把国家当作靠山；我喜欢沧海的深广，也赞叹嵩山的高耸云天；听说了孔子称颂卜商，又为子产不毁乡校而感叹；当初晏婴辅佐君主，也是就实施什么废除什么发表意见；因此我才像瞎子一样胡编乱说，不时把自己的粗浅考虑向上进献；也就相当于市井当中人民的反映，或者是田野牧童吟唱的民间谣谚；希望以此为国家增添幸福，完成我尽力规劝的一贯心愿。如果我的建议合乎圣上的心意，只是愚昧与聪明碰巧吻合，刚好打动了睿智的心灵；如果我的建议不合乎圣上的心意，当然是很自然的事情，我会退下来保守本分。进退都任随命运的安排，不去违背也不怨天尤人；顺应本性乐天安命，我又会有什么憾恨？这就是我为什么一进宫廷就没能出宫升官，为什么有我却像没有我的原因。

我认为经常保持清醒的屈原未免狭隘，像渔父那样经常昏醉也不太好；学习柳下惠忍受屈辱未免低贱，而偏狭的伯夷、叔齐又未免过于清高。合得来时我不认为得到什么，分了手我也并不懊恼；得到好处时不会兴奋得失去节制，失掉好处更不会悲伤得不得了；我既不会拼命往前挤，也不会一味往后靠；决不为了得到利益而出卖名誉，也不会因为害怕贬官而把自己的过错推掉。这样一来我又有什么职责要完成？又有什么白吃饭的愧疚要我去打消？为什么要排开同僚争取提拔？为什么要想靠近皇上把权力抓到？长达三十年没有升官，原因就在于我坚持自己做人准则这一条。

现今朝廷的人才济济，出类拔萃者成群；就好比鱼类汇合在大海，鸟类聚集在树林；一只鸟飞走数量不觉得减少，一条鱼游来数量也不觉得加增。再说唐尧时代有洪水泛滥，商朝时又有大雨连下不停；夏禹在阳盱祭祷水神而洪水消退，商汤在桑林祭祷上帝而普降甘霖。所以事物的发动和停止有一定的规律，开启和闭塞也有一定的时间；我的老师留下教导，要我任何时候都不要后悔埋怨；任随命运安排恭敬承受，对此我又有什么话好谈？

真正是到了穷途末路的时候，我就恢复平民身份回转家园；阅读各种文献典籍，把孔子的著述深入钻研；写点微不足道的文章以保存正道，为人处事都遵照从前古人的规范；赞同叔肸的优哉游哉，称颂疏广、疏受的勇于辞官，在仕途上适时停止而转头回家，从容自在一直活到老年；面对家中的四面墙壁而心情欢乐，因为从此可以免除从政的祸患；不过考虑到我这颗心还没有完全安静，生怕在仕途的末期招惹灾难；又因为您一再刺激使我激动，所以才充分表白内心的情怀当作自己的誓言。

从前九方堙善于考察精神以辨识骏马，而秦牙辨识骏马则重视外形；薛烛以善于认出好剑而传扬声誉，而瓠梁则以擅长鼓瑟而获取美名；孟尝君的门客学鸡叫而使主人得救，楚国的小偷用盗窃使国家获得安宁；雍门周借弹琴发表议论，韩哀出名是善于驾马驰骋；卢敖的特长是能飞翔到天宫，而若士更是一纵身子就冲破云层：我实在是没有上述众人的绝技，所以只好让自己静静地保持安宁。”

到了景耀六年(公元263)，后主听从谯周的计策，派使者向邓艾请求投降；投降的文书，就是郤正写的。

第二年正月，钟会在成都造反作乱，后主东迁洛阳。当时局势混乱而行动仓猝，蜀国大臣没有扶助随从的；只有郤正和殿中督汝南郡人张通，抛下妻室儿女单身跟从。后主依靠郤正的辅导，在到了洛阳后语言举止上妥当合适，没有什么过失；他才感慨叹息，为自己了解郤正太晚而遗憾。当时魏朝的舆论也很赞许郤正，所以魏朝赐他关内侯的爵位。

晋朝建立后的泰始年间，郤正出任安阳县令，升任巴西郡太守。咸宁四年(公元 278)年他去世，总计他所撰写的诗、论、赋等，将近一百篇。

评论说：杜微安静地隐居修身，坚决不愿当官而受人役使；几乎比得上伯夷、商山四位隐居老人的节操。周群观察天上云气占卜吉凶常有应验；杜琼沉默谨慎不泄露秘密，是一个纯正的儒生。许慈、孟光、来敏、李譔，博览群书多见多闻；尹默专精于《左传》：他们虽然不以品德著称，确实都是一代的著名学者。谯周文理渊博通达，是当时的大儒；有董仲舒、扬雄那样的风范。郤正的文章词采灿烂，有张衡、蔡邕那样的特色；加上他行为忠义，君子都认为他这个人很可取。后面这两位在晋朝的事迹少，在蜀国的事迹多，所以也都记载在这一卷里。

黄李吕马王张传第十三

黄权字公衡，巴西阆中人也。少为郡吏。州牧刘璋召为主簿。时别驾张松建议，宜迎先主，使伐张鲁。权谏曰："左将军有骁名[1]。今请到，欲以部曲遇之[2]，则不满其心；欲以宾客礼待，则一国不容二君。若客有泰山之安[3]，则主有累卵之危：可但闭境，以待河清[4]。"璋不听，竟遣使迎先主，出权为广汉长[5]。

及先主袭取益州，将帅分下郡县，郡县望风影附。权闭城坚守，须刘璋稽服[6]，乃诣降先主。

【注释】

〔1〕左将军：指刘备。他曾被汉朝授予左将军的官位。 〔2〕部曲：部下。 遇之：对待他。 〔3〕泰山：山名。在今山东泰安市北。〔4〕河清：黄河清澈。比喻天下太平。 〔5〕广汉：县名。当时县治在今四川射洪县东南。 〔6〕稽服：叩头降服。

先主假权偏将军。[一]及曹公破张鲁，鲁走入巴中。权进曰："若失汉中，则三巴不振[1]，此为割蜀之股臂也！"于是先主以权为护军，率诸将迎鲁；鲁已还南郑，北降曹公。然卒破杜濩、朴胡[2]，杀夏侯渊，据汉中：

皆权本谋也。

先主为汉中王，犹领益州牧，以权为治中从事。

及称尊号[3]，将东伐吴。权谏曰："吴人悍战，又水军顺流，进易退难；臣请为先驱以尝寇[4]，陛下宜为后镇。"先主不从。以权为镇北将军，督江北军以防魏师；先主自在江南。

及吴将军陆议乘流断围[5]，南军败绩，先主引退；而道隔绝，权不得还，故率将所领降于魏。有司执法，白收权妻子[6]。先主曰；"孤负黄权，权不负孤也。"待之如初。[二]

【注释】

〔1〕三巴：地区名。指东汉末益州东北部的巴郡、巴东郡和巴西郡。相当于今四川和重庆市境内嘉陵江和綦江流域的东部。 〔2〕卒：终于。〔3〕称尊号：称帝。 〔4〕尝寇：试探敌人。 〔5〕陆议：即陆逊（公元183—245）。传见本书卷五十八。 〔6〕白：报告。

【裴注】

〔一〕徐众《评》曰："权既忠谏于主，又闭城拒守，得事君之礼。武王下车，封比干之墓，表商容之闾；所以大显忠贤之士，而明示所贵之旨。先主假权将军，善矣；然犹薄少，未足彰忠义之高节，而大劝为善者之心。"

〔二〕臣松之以为：汉武用虚罔之言，灭李陵之家；刘主拒宪司所执，宥黄权之室：二主得失，悬邈远矣！《诗》云"乐只君子，保艾尔后"，其刘主之谓也。

魏文帝谓权曰："君舍逆效顺[1]，欲追踪陈、韩邪[2]？"权对曰："臣过受刘主殊遇[3]，降吴不可；还蜀无路，是以归命。且败军之将，免死为幸；何古人之可慕也！"文帝善之，拜为镇南将军，封育阳侯；加侍中，使之陪乘[4]。

蜀降人或云诛权妻子，权知其虚言，未便发丧[5]；〔一〕后得审问[6]，果如所言。

及先主薨问至[7]，魏群臣咸贺而权独否。文帝察权有局量[8]，欲试惊之；遣左右诏权[9]，未至之间，累催相属，马使奔驰，交错于道：官属侍从莫不碎魄[10]，而权举止颜色自若。后领益州刺史，徙占河南[11]。

大将军司马宣王深器之[12]。问权曰："蜀中有卿辈几人[13]？"权笑而答曰："不图明公见顾之重也！"宣王与诸葛亮书曰："黄公衡，快士也[14]！每坐起叹述足下[15]，不去口实[16]。"

景初三年，蜀延熙二年，权迁车骑将军，仪同三司[17]。〔二〕明年卒，谥曰景侯。

子邕嗣。邕无子，绝[18]。

【注释】

〔1〕效：效力。 顺：顺应（天命的人）。 〔2〕陈：指陈平（？—前178）。陈平最初在项羽手下效力，后来改投刘邦。事见《史记》卷五十六《陈丞相世家》。 韩：指韩信（？—前196）。韩信最初也是项羽的部下，后来也改投刘邦。事见《史记》卷九十二《淮阴侯列传》。〔3〕过：过分。 刘主：指刘备。 〔4〕陪乘：陪同乘车。 〔5〕便：立即。 〔6〕审问：确切的消息。 〔7〕薨问：去世的消息。 〔8〕局量：气量。 〔9〕诏权：下诏书急召黄权。〔10〕碎魄：吓掉魂魄。〔11〕徙占：户籍的迁徙和登记。指落户定居。 河南：即河南尹，曹魏京城洛阳所在的郡。治所在今河南洛阳市东。 〔12〕司马宣王：即司马懿。 〔13〕卿辈：像您这样的（人才）。 〔14〕快士：爽快人。

〔15〕坐起：坐下站起。指常常。　〔16〕口实：当时习称谈话的资料为口实。　〔17〕仪同三司：仪仗队的规格与三公相同。这是一种给予级别较三公低一些的官员的特别荣宠。　〔18〕绝：爵位的传承断绝。

【裴注】

〔一〕《汉魏春秋》曰："文帝诏令发丧，权答曰：'臣与刘、葛，推诚相信，明臣本志；疑惑未实，请须后问。'"

〔二〕《蜀记》曰："魏明帝问权：'天下鼎立，当以何地为正？'权对曰：'当以天文为正。往者荧惑守心，而文皇帝崩；吴、蜀二主，平安：此其征也。'"

　　权留蜀子崇，为尚书郎。随卫将军诸葛瞻拒邓艾，到涪县。瞻盘桓未进[1]，崇屡劝瞻"宜速行据险，无令敌得入平（地）"。瞻犹豫未纳，崇至于流涕。

　　会艾长驱而前，瞻却战至绵竹；崇帅厉军士，期于必死，临阵见杀。

【注释】

〔1〕盘桓：徘徊停留。

　　李恢字德昂，建宁俞元人也[1]。仕郡督邮。姑夫爨习为建伶令[2]，有违（犯）〔法〕之事；恢坐习免官，太守董和以习方土大姓[3]，寝而不许[4]。〔一〕后贡恢于州，涉道未至[5]，闻先主自葭萌还攻刘璋。恢知璋之必败，先主必成；乃托名郡使，北诣先主。遇于绵竹，先主嘉之。从至雒城，遣恢至汉中交好马超，超遂从命。

　　成都既定，先主领益州牧，以恢为功曹书佐、主簿[6]。后为亡虏所诬[7]，引恢谋反，有司执送；先主明其不然，更迁恢为别驾从事。

章武元年，庲降都督邓方卒。先主问恢："谁可代者？"恢对曰："人之才能，各有长短。故孔子曰：'其使人也器之[8]。'且夫明主在上，则臣下尽情；是以先零之役[9]，赵充国曰'莫若老臣[10]'。臣窃不自（揆）〔量〕，惟陛下察之。"先主笑曰："孤之本意，亦已在卿矣！"遂以恢为庲降都督，使持节，领交州刺史，住平夷县[11]。〔二〕

先主薨，高定恣睢于越巂[12]，雍闿跋扈于建宁，朱褒反叛于牂牁。丞相亮南征，先由越巂。而恢案道向建宁[13]，诸县大相纠合，围恢军于昆（明）〔泽〕[14]。时恢众少敌倍，又未得亮声息，绐谓南人曰[15]："官军粮尽，欲规退还[16]；吾中间久斥乡里[17]，乃今得旋[18]，不能复北；欲还与汝等同计谋，故以诚相告。"南人信之，故围守怠缓。于是恢出击，大破之；追奔逐北，南至盘江[19]，东接牂牁，与亮声势相连。南土平定，恢军功居多，封汉兴亭侯，加安汉将军。

后军还，南夷复叛，杀害守将。恢身往扑讨，锄尽恶类；徙其豪帅于成都；赋出叟、濮耕牛、战马、金、银、犀革[20]，充继军资，于时费用不乏。

建兴七年，以交州属吴，解恢刺史，更领建宁太守。以还居本郡，徙居汉中[21]。九年卒。

子遗嗣。恢弟子球，羽林右部督[22]。随诸葛瞻拒邓艾，临阵授命，死于绵竹。

【注释】

〔1〕俞元：县名。县治在今云南澄江县。 〔2〕建伶：县名。县治在今云南昆明市晋宁区。 〔3〕方土：地方。 〔4〕寝：搁置。 不许：不同意（处分爨习、李恢）。 〔5〕涉道：上路。 〔6〕功曹书佐：官名。即门功曹书佐，州政府属官，负责人事选用。 〔7〕亡虏：逃亡的人。〔8〕其使人也器之：（君子）使用人的时候能够衡量各人的才器（来分配任务，以便各尽所长）。这句话见于《论语·子路》。 〔9〕先零（lián）：西汉时西方羌族的一支。活动中心在今青海西宁市至青海湖一带。西汉宣帝时曾出兵进攻先零羌，这里即指此次战一争。 〔10〕赵充国（前137—前52）：字翁孙。陇西郡上邽（今甘肃天水市西南）人。西汉武、昭帝时任后将军，率军反击匈奴入侵。宣帝时封营平侯，在西北屯田。前61年，西汉出兵进攻先零羌，他毛遂自荐任主将。传见《汉书》卷六十九。 〔11〕平夷：县名。县治在今贵州毕节市。 〔12〕恣睢（zì suī）：放纵。 〔13〕案道：按照预定的行军路线。 〔14〕昆泽：县名。县治在今云南宜良县。 〔15〕绐（dài）：哄骗。 〔16〕规：打算。〔17〕中间：过去的一段时间。 斥乡里：离开了乡亲们。 〔18〕旋：回转（故乡）。 〔19〕盘江：河流名。即今云南、贵州境内的南盘江。江在当时昆泽县南。 〔20〕赋出：征调。 叟、濮：均西南少数族名。 〔21〕徙居：两汉以来的官制，为了防止官员为自己的家属谋取私利，所以有严格的回避制度。不仅官员不能回到自己的家乡担任地方行政长官；甚至两位官员也不能彼此到对方的家乡担任行政长官。如果因特殊需要必须到自己的家乡任职，就必须将家庭迁徙到其他地方去居住。李恢将家庭从家乡所在的建宁，迁徙到远方的汉中，就是因为他担任了建宁郡太守的缘故。〔22〕羽林右部督：官名。统领羽林骑兵的右部分队，保卫皇帝。

【裴注】

〔一〕《华阳国志》曰："习，后官至领军。"

〔二〕臣松之讯之蜀人，云"庲降"，地名，去蜀二千余里；时未有宁州，号为"南中"，立此职以总摄之。晋泰始中，始分为宁州。

吕凯字季平，永昌不韦人也[1]。〔一〕仕郡五官掾、功曹。

时雍闿等闻先主薨于永安，骄黠滋甚。都护李严与阎书六纸，解喻利害；阎但答一纸曰："盖闻天无二日，土无二王；今天下鼎立，正朔有三[2]；是以远人惶惑，不知所归也！"其桀慢如此。阎又降于吴，吴遥署阎为永昌太守。

永昌既在益州郡之西，道路壅塞，与蜀隔绝，而郡太守改易；凯与府丞蜀郡王伉，帅厉吏民，闭境拒阎。阎数移檄永昌，称说云云[3]。

凯答檄曰："天降丧乱[4]，奸雄乘衅[5]；天下切齿，万国悲悼；臣妾大小，莫不思竭筋力；肝脑涂地，以除国难。伏惟将军世受汉恩，以为当躬聚党众，率先启行；上以报国家，下不负先人；书功竹帛，遗名千载。何期臣仆吴越[6]，背本就末乎！昔舜勤民事，陨于苍梧[7]；书籍嘉之，流声无穷[8]。崩于江浦[9]，何足可悲！文、武受命[10]，成王乃平[11]。先帝龙兴，海内望风；宰臣聪睿，自天降康。而将军不睹盛衰之纪[12]，成败之符[13]；譬如野火在原，蹈履河冰；火灭冰泮[14]，将何所依附？曩者将军先君雍侯[15]，造怨而封；窦融知兴[16]，归志世祖[17]：皆流名后叶，世歌其美。今诸葛丞相英才挺出，深睹未萌[18]；受遗托孤，翊赞季兴[19]；与众无忌，录功忘瑕[20]。将军若能翻然改图，易迹更步；古人不难追，鄙土何足宰哉[21]？盖闻楚国不恭[22]，齐桓是责；夫差僭号[23]，晋人不长[24]；况臣于非主，谁肯归之邪？窃惟古义，臣无越境之交，是以前后有来无往。重承告示[25]，发愤忘食；故略陈所怀，惟将军察焉！"

凯威恩内著，为郡中所信，故能全其节。及丞相亮南征讨阆，既发在道，而闿已为高定部曲所杀。亮至南，上表曰："永昌郡吏吕凯、府丞王伉等，执忠绝域[26]，十有余年；雍闿、高定逼其东北，而凯等守义不与交通。臣不意永昌风俗敦直乃尔！"

以凯为云南太守，封阳迁亭侯，会为叛夷所害。子祥嗣。而王伉亦封亭侯，为永昌太守。〔二〕

【注释】

〔1〕不韦：县名。县治在今云南保山市东北。 〔2〕正(zhēng)朔：正月朔日。即一年的第一天。在中国古代，建立新王朝通常要改正朔以表示除旧布新。这里代指称帝。 〔3〕称说云云：述说这样那样（的理由）。指劝吕凯投降。 〔4〕丧乱：指刘备死亡。 〔5〕奸雄乘衅：指孙权乘机拉拢雍闿。 〔6〕臣仆：当……的下属。 吴越：指孙吴。〔7〕苍梧：这里是地区名。在今广西梧州市以北、桂林市以南。〔8〕流声：流传声誉。 〔9〕崩于江浦：指刘备死在长江边的永安宫一事。 〔10〕文：指周文王。 武：指周武王。 〔11〕平：天下太平。〔12〕纪：道理。 〔13〕符：征兆。 〔14〕泮(pàn)：消融。 〔15〕雍侯：指雍齿。西汉的功臣。早年曾多次欺侮刘邦。后随刘邦起兵，屡建战功。刘邦夺得天下，为了安定下属情绪，曾听从张良建议，把自己最不满的雍齿最先封为什方侯。事见《史记》卷五十五《留侯世家》。〔16〕知兴：知道（东汉将要）兴盛。 〔17〕归志：归心。 世祖：东汉光武帝刘秀的庙号。 〔18〕深睹未萌：在事情出现之先就看得非常清楚。〔19〕翊赞：辅助。 〔20〕忘瑕：不计较缺点。 〔21〕鄙土：指永昌郡。吕凯是永昌郡人，所以这样说。 何足宰：哪里值得您来治理。〔22〕楚国不恭：楚国的国君对周天子不恭敬。前656年，齐桓公曾以此为理由讨伐楚国，见《左传》僖公四年。 〔23〕僭号：指称王。春秋时按照礼制周天子才能称王，但是吴国的君主也自称王，超越了诸侯国的本分，所以是僭号。 〔24〕不长(zhǎng)：不把吴国视为尊长。前482年，吴国与晋国曾为谁的地位高而争执，晋国并不认为称王的吴国能与自己的爵位相比。见《左传》哀公十三年。 〔25〕重(chóng)：再次。

〔26〕执忠：坚持忠诚。 绝域：非常遥远的地区。

【裴注】

〔一〕孙盛《蜀世谱》曰："初，秦徙吕不韦子弟宗族于蜀、汉。汉武帝时，开西南夷，置郡县；徙吕氏以充之，因曰'不韦县'。"

〔二〕《蜀世谱》曰："吕祥，后为晋南夷校尉；祥子及孙，世为永昌太守。李雄破宁州，诸吕不肯附，举郡固守。王伉等亦守正节。"

马忠字德信，巴西阆中人也。少养外家[1]，姓狐，名笃；后乃复姓，改名忠。为郡吏。建安末举孝廉，除汉昌长[2]。

先主东征，败绩猇亭。巴西太守阎芝，发诸县兵五千人以补遗缺[3]，遣忠送往。先主已还永安，见忠与语。谓尚书令刘巴曰："虽亡黄权，复得狐笃；此为世不乏贤也。"

建兴元年，丞相亮开府，以忠为门下督[4]。三年[5]，亮入南[6]，拜忠牂牁太守。郡丞朱褒反，叛乱之后，忠抚育恤理，甚有威惠。八年[7]，召为丞相参军，副长史蒋琬署留府事[8]；又领州治中从事。明年，亮出祁山；忠诣亮所，经营戎事。军还，督将军张嶷等，讨汶山郡叛羌。

十一年[9]，南夷豪帅刘胄反，扰乱诸郡。征庲降都督张翼还，以忠代翼；忠遂斩胄，平南土。加忠监军，奋威将军，封博阳亭侯。

初，（建宁）〔益州〕郡杀太守正昂，缚太守张裔于吴；故都督常驻平夷县。至忠，乃移治味县[10]，处

民夷之间。又越嶲郡亦久失土地，忠率将太守张嶷，开
复旧郡；由此就加安南将军[11]，进封彭乡侯。

延熙五年还朝，因至汉中；见大司马蒋琬，宣传诏
旨[12]。加拜镇南大将军[13]。

七年春[14]，大将军费祎北御魏敌；留忠成都，平
尚书事。祎还，忠乃归南。

十二年卒[15]，子修嗣。〔一〕

忠为人宽济有度量，但诙啁大笑，忿怒不形于色；
然处事能断，威恩并立：是以蛮夷畏而爱之。及卒，莫
不自致丧庭[16]，流涕尽哀；为之立庙祀，迄今犹在。

（张表时）〔时张表〕名士，清望逾忠[17]；阎宇，
宿有功干[18]，于事精勤：继踵在忠后，其威风称绩，皆
不及忠。〔二〕

【注释】
　　〔1〕外家：母亲的家。　〔2〕汉昌：县名。县治在今四川巴中县。
〔3〕遗缺：因士兵逃散而造成的缺额。　〔4〕门下督：官名。丞相府的
卫队长。　〔5〕三年：建兴三年（公元 225）。　〔6〕南：即南中。
〔7〕八年：建兴八年（公元 230）。　〔8〕副：帮助。　〔9〕十一年：建兴
十一年（公元 233）。　〔10〕味县：县名。县治在今云南曲靖市。
〔11〕安南将军：官名。领兵镇守南中地区。　〔12〕宣传：宣布传达。
〔13〕镇南大将军：官名。领兵镇守南中地区。　〔14〕七年：延熙七年
（公元 244）。　〔15〕十二年：延熙十二年（公元 249）。　〔16〕自致：自
己主动来到。　丧庭：举办丧事的地方。　〔17〕清望：清高的声望。
〔18〕功干：办事的才干。

【裴注】
　　〔一〕修弟恢；恢子义，晋建宁太守。

〔二〕《益部耆旧传》曰："张表，肃子也。"《华阳国志》云"表，张松子"，未详。阎宇字文平，南郡人也。

王平字子均，巴西宕渠人也。本养外家何氏，后复姓王。随杜濩、朴胡诣洛阳，假校尉；从曹公征汉中。

因降先主，拜牙门将，裨将军。

建兴六年，属参军马谡先锋。谡舍水上山，举措烦扰；平连规谏谡，谡不能用。大败于街亭，众尽星散；惟平所领千人，鸣鼓自持。魏将张郃疑其伏兵，不往逼也。于是平徐徐收合诸营遗迸[1]，率将士而还。丞相亮既诛马谡及将军张休、李盛，夺将军黄袭等兵；平特见崇显，加拜参军，统五部兼当营事[2]，进位讨寇将军，封亭侯。

九年[3]，亮围祁山，平别守南围。魏大将军司马宣王攻亮；张郃攻平，平坚守不动，郃不能克。

十二年[4]，亮卒于武功，军退还；魏延作乱，一战而败：平之功也。迁后典军、安汉将军[5]，副车骑将军吴壹住汉中；又领汉中太守。十五年[6]，进封安汉侯，代壹督汉中。

延熙元年，大将军蒋琬住沔阳；平更为前护军[7]，署琬府事。

六年[8]，琬还住涪，拜平前监军、镇北大将军[9]，统汉中。

七年春[10]，魏大将军曹爽率步骑十余万，向汉川。前锋已在骆谷，时汉中守兵不满三万；诸将大惊，或曰："今力不足以拒敌，听当固守汉、乐二城[11]，遇贼令入；比尔间[12]，涪军足得救关[13]。"

平曰："不然！汉中去涪垂千里。贼若得关，便为祸也。今宜先遣刘护军、杜参军据兴势，平为后拒；若贼分向黄金[14]，平率千人下自临之；比尔间，涪军行至：此计之上也。"惟护军刘敏与平意同，即便施行。涪诸军及大将军费祎，自成都相继而至，魏军退还，如平本策。

是时，邓芝在东，马忠在南，平在北境，咸著名迹。平生长戎旅，手不能书，其所识不过十字；而口授作书，皆有意理。使人读《史》、《汉》诸纪传[15]，听之；备知其大义，往往论说不失其指[16]。遵履法度，言不戏谑；从朝至夕，端坐彻日，恂无武将之体[17]。然性狭侵疑[18]，为人自轻[19]，以此为损焉。

十一年卒[20]，子训嗣。初，平同郡汉昌句扶，〔一〕忠勇宽厚，数有战功；功名爵位亚平，官至左将军，封宕渠侯。〔二〕

【注释】

　〔1〕遗迸：逃散的兵将。　〔2〕五部：诸葛亮平定南中后，曾征调当地勇敢善战的青羌人一万多家到蜀汉大军中，分为五支分队，作为骨干兵力，称为五部。见《华阳国志》卷四《南中志》。　当：负责承担。营事：诸葛亮大本营的公事。　〔3〕九年：建兴九年（公元231）。　〔4〕十二年：建兴十二年（公元234）。　〔5〕后典军：官名。负责指挥后部各军。　〔6〕十五年：建兴十五年（公元237）。　〔7〕前护军：官名。负责协调前部各军。　〔8〕六年：延熙六年（公元243）。　〔9〕前监军：官名。负责监督前部各军。　〔10〕七年：延熙七年（公元244）。

〔11〕听当：只能够。 〔12〕比尔间：到这时。 〔13〕涪军：从涪县前来救援的大军。 关：即阳平关。在今陕西勉县西。 〔14〕黄金：山谷名。在今陕西洋县东。 〔15〕《史》：即《史记》。 《汉》：即《汉书》。纪：即本纪。以皇帝为单位的编年大事记录。 传：即列传。人物的生平事迹记录。 〔16〕指：主旨。 〔17〕恦(huò)：文静。 〔18〕侵疑：容易产生疑心。 〔19〕为人自轻：认为别人轻视自己。 〔20〕十一年：延熙十一年(公元248)。王平的坟墓，相传在今四川南充市永安乡临江村。现尚有墓冢、碑碣留存。

【裴注】

〔一〕句，古候反。

〔二〕《华阳国志》曰："后张翼、廖化，并为大将军。时人语曰：'前有王、句，后有张、廖。'"

张嶷字伯岐，巴西(郡)南充国人也[1]。〔一〕弱冠为县功曹[2]。先主定蜀之际，山寇攻县，县长捐家逃亡[3]；嶷冒白刃，携负夫人[4]，夫人得免。由是显名，州召为从事。时郡内士人龚禄、姚伷，位二千石[5]，当世有声名[6]，皆与嶷友善。

建兴五年，丞相亮北住汉中；广汉绵竹山贼张慕等，钞盗军资；劫掠吏民；嶷以都尉将兵讨之。嶷度其鸟散[7]，难以战擒；乃诈与和亲，克期置酒[8]。酒酣，嶷身率左右，因斩慕等五十余级，渠帅悉殄。寻其余类，旬日清泰。

后得疾病困笃，家素贫匮；广汉太守蜀郡何祗，名为通厚[9]；嶷宿与疏阔[10]，乃自舆诣祗[11]，托以治疾。祗倾财医疗，数年除愈。其党道信义皆此类也。

拜为牙门将，属马忠。北讨汶山叛羌，南平四郡蛮

夷，辄有筹画战克之功。〔二〕

十四年〔12〕，武都氐王苻健请降〔13〕，遣将军张尉往迎，过期不到。大将军蒋琬深以为念，嶷平之曰〔14〕："苻健求附款至〔15〕，必无他变；素闻健弟狡黠，又夷狄不能同功〔16〕；将有乖离，是以稽留耳。"数日，问至〔17〕，健弟果将四百户就魏，独健来从。

【注释】

〔1〕南充：侯国名。治所在今四川南部县。　〔2〕功曹：官名。负责人事。　〔3〕捐：抛弃。　〔4〕夫人：指县长的妻子。　〔5〕二千石：官职的品级之一。郡太守即属这一级。这里指郡太守。　〔6〕当世：从政。〔7〕度（duó）：考虑。　〔8〕克期：定期。　〔9〕通厚：通达而厚道。〔10〕宿与疏阔：自来与何祗关系生疏。　〔11〕自舆：让人抬着自己。〔12〕十四年：建兴十四年（公元236）。　〔13〕氐：西方少数族名。〔14〕平：评议。　〔15〕款至：诚恳迫切。　〔16〕同功：共同享有功劳。〔17〕问：消息。

【裴注】

〔一〕《益部耆旧传》曰："嶷出自孤微，而少有通壮之节。"

〔二〕《益部耆旧传》曰："嶷受兵马三百人，随马忠讨叛羌。嶷别督数营在先，至他里邑；所在高峻，嶷随山立上四五里。羌于要厄，作石门，于门上施床，积石于其上；过者下石槌击之，无不糜烂。嶷度不可得攻，乃使译告晓之曰：'汝汶山诸种，反叛，伤害良善；天子命将，讨灭恶类。汝等若稽颡过军，资给粮费，福禄永隆，其报百倍；若终不从，大兵致诛，雷击电下：虽追悔之，亦无益也！'耆帅得命，即出诣嶷，给粮过军。军前讨余种，余种闻他里已下，悉恐怖失所；或迎军出降，或奔窜出谷；放兵攻击，军以克捷。后南夷刘胄又反，以马忠为督庲降，讨胄，嶷复属焉。战斗常冠军首，遂斩胄。平南事讫，牂牁、兴古獠种，复反；忠令嶷领诸营往讨，嶷内招降得二千人，悉传诣汉中。"

初，越巂郡自丞相亮讨高定之后，叟夷数反，杀太守龚禄、焦璜。是后太守不敢之郡，只住安（定）〔上〕县[1]；去郡八百余里[2]，其郡徒有名而已。时论欲复旧郡，除嶷为越巂太守。嶷将所领往之郡，诱以恩信，蛮夷皆服，颇来降附。北徼捉马最骁劲[3]，不承节度；嶷乃往讨，生缚其帅魏狼；又解纵告喻[4]，使招怀余类。表拜狼为邑侯，种落三千余户皆安土供职；诸种闻之[5]，多渐降服，嶷以功赐爵关内侯。

苏祁邑君冬逢、逢弟隗渠等[6]，已降复反。嶷诛逢。逢妻，旄牛王女[7]，嶷以计原之。而渠逃入西徼，渠刚猛捷悍，为诸种深所畏惮；遣所亲二人诈降嶷，实取消息。嶷觉之，许以重赏，使为反间；二人遂合谋，杀渠。渠死，诸种皆安。又（斯都）〔邛都〕耆帅李求承[8]，昔手杀龚禄；嶷求募捕得，数其宿恶而诛之。始，嶷以郡郭宇颓坏[9]，更筑小坞。在官三年，徙还故郡[10]；缮治城郭，夷种男女莫不致力。

定莋、台登、卑水三县[11]，去郡三百余里；旧出盐、铁及漆，而夷徼久自固食[12]。嶷率所领夺取，署长吏焉[13]。嶷之到定，定莋率豪狼岑[14]，槃木王舅[15]，甚为蛮夷所信任；忿嶷自侵[16]，不自来诣。嶷使壮士数十直往收致，挞而杀之；持尸还种，厚加赏赐，喻以狼岑之恶，且曰："无得妄动，动即殄矣！"种类咸面缚谢过。嶷杀牛飨宴，重申恩信；遂获盐、铁，器用周赡。

汉嘉郡界旄牛夷，种类四千余户。其率狼路，欲为姑婿冬逢报怨，遣叔父离，将逢众相度形势[17]。嶷逆遣亲近赍牛酒劳赐[18]，又令离（姊）逆逢妻宣畅意旨[19]。离既受赐，并见其姊；姊弟欢悦，悉率所领将诣嶷。嶷厚加赏待，遣还；旄牛由是辄不为患。郡有旧道，经旄牛中至成都，既平且近；自旄牛绝道，已百余年；更由安上，既险且远。嶷遣左右赍货币赐路，重令路姑喻意。路乃率兄弟妻子悉诣嶷。嶷与盟誓，开通旧道；千里肃清，复古亭驿。奏封路为旄牛的毗王，遣使将路朝贡。

后主于是加嶷抚戎将军[20]，领郡如故。

【注释】

〔1〕安上：县名。县治在今四川屏山县。 〔2〕郡：这里指郡的治所。当时越巂郡治所是邛都县，县治在今四川西昌市东南。 〔3〕北徼(jiào)：北部边界。 捉马：少数族部落名。 〔4〕解纵：释放。〔5〕种：部落。 〔6〕苏祁：县名。县治在今四川西昌市西北。 邑君：蜀汉王朝给予少数族首领的封号。 〔7〕旄牛：县名。县治在今四川汉源县南。这里指居住在旄牛县境的少数族。 〔8〕耆帅：老年首领。〔9〕郛(fú)宇：城墙和房屋。 〔10〕故郡：过去郡治所在的地方。〔11〕定莋(zuó)：县名。县治在今四川盐源县。 台登：县名。县治在今四川冕宁县南。 卑水：县名。县治在今四川昭觉县东北。 〔12〕夷徼：少数族的防线。 固食：封锁不让外运以便自己享用。 〔13〕长(zhǎng)吏：县长和县令的别称。 〔14〕率豪：首领。 〔15〕槃木：少数族部落名。 〔16〕自侵：侵略自己。 〔17〕相度(xiàng duó)：观察估计。 〔18〕逆：迎接。 〔19〕逢妻：上文所说冬逢的妻子。即狼路的姑妈，离的姐姐。 宣畅：宣布表达。 〔20〕抚戎将军：官名。领兵镇守少数族地区。

（嶷初）〔初，嶷〕见费祎，为大将军，恣性泛爱[1]，待信新附太过[2]。嶷书戒之曰："昔岑彭率师[3]，来歙杖节[4]，咸见害于刺客；今明将军位尊权重，宜鉴前事，少以为警！"后祎果为魏降人郭循所害。

吴太傅诸葛恪以初破魏军，大兴兵众以图攻取。侍中诸葛瞻，丞相亮之子，恪从弟也[5]。嶷与书曰："东主初崩[6]，帝实幼弱[7]；太傅受寄托之重，亦何容易！亲以周公之才，犹有管、蔡流言之变；霍光受任，亦有燕、盖、上官逆乱之谋[8]：赖成、昭之明[9]，以免斯难耳。昔每闻东主杀生赏罚，不任下人；又今以垂没之命，猝召太傅，属以后事：诚实可虑。加吴、楚剽急[10]，乃昔所记；而太傅离少主，履敌庭，恐非良计长算之术也。虽云东家纲纪肃然，上下辑睦[11]；百有一失，非明者之虑邪？取古则今，今则古也。自非郎君进忠言于太傅[12]，谁复有尽言者也？旋军广农[13]，务行德惠；数年之中，东西并举，实为不晚：愿深采察！"恪竟以此夷族[14]。嶷识见多如是类。

在郡十五年，邦域安穆[15]。

屡乞求还，乃征诣成都。夷民恋慕，扶毂泣涕[16]。过旄牛邑，邑君襁负来迎；及追寻至蜀郡界，其督相率随嶷朝贡者百余人。

嶷至，拜荡寇将军，慷慨壮烈，士人咸多贵之；然放荡少礼，人亦以此讥焉，〔一〕是岁，延熙十七年也。

魏狄道长李简密书请降，卫将军姜维率嶷等，因简之资以出陇西。〔二〕既到狄道，简悉率城中吏民出迎军。军前与魏将徐质交锋，嶷临阵陨身，然其所杀伤亦过倍。

既亡，封长子瑛西乡侯，次子护雄袭爵。南土越巂民夷闻嶷死，无不悲泣；为嶷立庙，四时水旱辄祀之〔17〕。〔三〕

【注释】

〔1〕恣性：听随自己的天性。 泛爱：广泛亲爱。 〔2〕新附：新来归附的人。 〔3〕岑彭（？—公元35）：字君然。南阳郡棘阳（今河南新野县东北）人。东汉光武帝刘秀的大将，曾任廷尉，封舞阴侯。率军进攻割据益州的公孙述，至成都附近，被公孙述派人刺死。传见《后汉书》卷十七。 〔4〕杖节：持节。节是表示诛杀威权的器物，由皇帝赐给。 〔5〕从（zòng）弟：堂弟。 〔6〕东主：指孙吴的君主孙权。〔7〕帝：指继承孙权帝位的孙亮（公元243—260）。传见本书卷四十八。〔8〕燕：指刘旦（？—前80）。西汉武帝刘彻的庶子，封燕王。武帝死，武帝的小儿子刘弗陵继位为昭帝。刘旦不满，与上官桀等合谋，准备杀死执政的大将军霍光，废昭帝，由自己当皇帝。后计划失败，自杀。传见《汉书》卷六十三。 盖：指刘旦的大姐。嫁给盖侯王充，称为盖长公主。曾支持刘旦、上官桀的政治密谋。刘旦死，她同时自杀。事见《汉书》卷六十八《霍光传》。 上官：即上官桀。 〔9〕成：即周成王。昭：即西汉昭帝。 〔10〕吴、楚：这里指孙吴控制的扬州、荆州。扬州是先秦吴国的故地；荆州是先秦楚国的故地。 剽（piào）急：强悍急躁。指当地人的性格特征。张良曾说："楚人剽疾"，周亚夫也说"楚人剽轻"，分见《史记》卷五十五《留侯世家》、卷五十七《周勃世家》。〔11〕辑睦：和睦。 〔12〕郎君：当时门生和部属对老师和长官的儿子的尊称。 〔13〕旋军：撤回军队。 广农：扩大农业生产。 〔14〕夷族：夷灭家族。事见本书卷六十四《诸葛恪传》。 〔15〕安穆：安定和睦。 〔16〕毂（gǔ）：车轮中央与车轴配合的部分。这里指车辆。〔17〕辄：总是。

【裴注】

〔一〕《益部耆旧传》曰："时车骑将军夏侯霸，谓嶷曰：'虽与足下疏阔，然托心如旧，宜明此意。'嶷答曰：'仆未知子，子未知我；大道在彼，何云托心乎！愿三年之后，徐陈斯言。'有识之士，以为美谈。"

〔二〕《益部耆旧传》曰："嶷风湿固疾，至都浸笃，扶杖然后能起。

李简请降，众议狐疑，而巍曰'必然'。姜维之出，时论以巍初还，股疾不能在行中；由是巍自乞肆力中原，致身敌庭。临发，辞后主曰：'臣当值圣明，受恩过量；加以疾病在身，常恐一朝陨没，辜负荣遇。天不违愿，得豫戎事。若凉州克定，臣为藩表守将；若有未捷，杀身以报！'后主慨然为之流涕。"

〔三〕《益部耆旧传》曰："余观张巍仪貌辞令，不能骇人；而其策略足以入算，果烈足以立威；为臣有忠诚之节，处类有亮直之风；而动必顾典，后主深崇之。虽古之英士，何以远逾哉！"

《蜀世谱》曰："巍孙奕，晋梁州刺史。"

评曰：黄权弘雅思量[1]，李恢公亮志业，吕凯守节不回[2]，马忠扰而能毅[3]，〔一〕王平忠勇而严整，张巍识断明果；咸以所长，显名发迹：遇其时也！

【注释】

〔1〕思量：谋略和气量。　〔2〕不回：不改变。　〔3〕扰：温顺。毅：果断。

【裴注】

〔一〕《尚书》曰："扰而毅。"郑玄注曰："扰，驯也；致果曰毅。"

【译文】

黄权，字公衡，巴西郡阆中县人。年轻时在本郡政府担任办事员，益州牧刘璋召他到州政府当主簿。当时别驾从事张松建议，应当迎接先主刘备来益州，让他帮助进攻北面的张鲁。黄权劝阻刘璋说："左将军刘备有骁勇的名声。现今把他请来，当作部下对待，那么他心中不会满意；当作宾客尊敬，则一国之内怎能容下两个君主呢？如果客人的处境安如泰山，主人就一定危如累卵。我们只能关闭边境，等待天下太平。"刘璋不听从，依然派使者去迎接先主，还把黄权调出去当广汉县长。

到了先主出兵进攻刘璋夺取益州，派众将分别攻占各郡县，郡县纷纷望风投降，而黄权却闭城坚守，一直等到刘璋叩头降附之后，黄权才出城见先主投降。

先主授给他偏将军官职。曹操攻破张鲁，张鲁逃往南面的巴族聚居区中，黄权向先主进言说："如果丢失汉中，那么巴、巴东、巴西三郡会受到严重威胁，这就好比割去益州的大腿和手臂啊。"于是先主任命黄权为护军，带领一批将领去迎接张鲁。可是这时张鲁又回转汉中的治所南郑县，投降了北面的曹操。不过先主最终还是击败了杜濩、朴胡，杀死夏侯渊，占据了汉中，这原本都是黄权的计谋。

先主为汉中王，还兼任益州牧，任命黄权为州政府的治中从事。

先主称帝，将要讨伐东吴，黄权劝谏说："吴军勇悍善战，加上我们军队乘船顺长江而下，前进容易后退困难；为臣请求充当先锋试探敌人，陛下最好在后面坐镇指挥。"先主听不进去，任命黄权为镇北将军，指挥长江北岸的蜀军，防备魏军从侧面偷袭；而先主自己则率领主力军团在南岸向前推进。

到了吴国大将陆逊乘船截断蜀军营栅之后，南岸的蜀军大败，先主只好引军撤退。由于后路被敌军隔断，黄权无法回去，只好带领部下将士投降曹魏。有关部门执行军法，报告先主请求逮捕黄权的妻室儿女，先主却说："是我有负于黄权，黄权没有辜负我啊！"对待黄权的家属依然如初。

魏文帝曹丕对黄权说："您舍弃反逆效命于顺应天命的人，是想学习陈平、韩信的榜样吗？"黄权回答道："为臣过分受到刘主公的特殊礼遇，投降吴国不行；回转蜀国又无路，所以只好归顺陛下。再说败军之将，免遭处死就算幸运，还敢去仰慕什么古人啊！"魏文帝认为他的回答很好，委任他为镇南将军，封育阳侯，加任侍中，让他陪同自己乘车。

从蜀国来投降的人有的传说先主已经诛杀了黄权的妻室儿女，他知道这是假话，并没有立即发布消息哭悼；不久得到确实消息，果然像他预料的一样。

后来先主去世的消息传来，魏朝群臣都向魏文帝祝贺而唯独黄权没有这样做。文帝观察黄权这个人有气度，想试着惊吓他一下，便派左右拿着诏令去召唤黄权，在没有到达之前，接连派人去严厉催促，骑马的使者飞速奔驰，在路上彼此相遇；黄权的下属侍从无不吓得魂飞魄散，而他本人的举止神色却若无其事。后来他兼任益州刺史，把户籍迁到河南尹的辖地登记在册。

大将军司马懿非常器重他，问他说："蜀国像您这样的人物有多少？"黄权笑着回答说："没想到明公您对我如此看重啊！"司马懿与诸葛亮写信说："黄公衡，是爽快人呀！和他一起时常常赞叹说起足下您，真可以说是不离嘴边。"

魏明帝景初三年（公元239），也就是蜀后主延熙二年，黄权升任车骑将军，仪仗队的规格与三公相同。第二年他去世，谥为景侯。

儿子黄邕继承了他的爵位。黄邕没有儿子，爵位的传承断绝。

黄权留在蜀国的儿子黄崇，任尚书郎，随卫将军诸葛瞻前去抵御邓艾。到达涪县之后，诸葛瞻徘徊停留不往前进，黄崇一再劝诸葛瞻应当赶快向前占据险要山势，不要让敌军得以进入成都北面的平原地带。诸葛瞻犹豫而不采纳，黄崇苦劝以至于痛哭流涕。

这时邓艾长驱直前，诸葛瞻退却到绵竹与之交战。黄崇亲自带领并鼓励将士，抱着必死的决心冲锋，结果在阵前被杀。

李恢，字德昂，建宁郡俞元县人。曾在郡内担任督邮，他姑姑的丈夫爨习任建伶县令，有违法行为，李恢因此应当被免职。而当时的建宁郡太守董和，考虑到爨习是地方的大姓，所以不同意处分爨习和李恢而把事情搁置下来。后来董和还把李恢举荐到州政府去任职。李恢上路后还没有到达，听说先主从葭萌县掉头进攻刘璋。他知道刘璋必定失败，先主必定成功，就假托自己是建宁郡的使者，往北去见先主，结果与先主在绵竹县相遇。先主对他的行动很表嘉许，让他随从自己到达雒城。又派李恢北上到汉中去和马超联络友谊，马超就从命南下益州。

成都攻克之后，先主兼任益州牧，任命李恢为功曹书佐、主簿。后来他被逃亡的人诬陷，说他企图谋反，有关部门把他抓住送进监狱；而先主却说明李恢不会这样做，反倒提升他为别驾从事。

　　章武元年(公元 221)，庲降都督邓方去世。先主问李恢："谁能替代邓方？"李恢回答说："人的才能，各有长短，所以孔子说是'君子使用人的时候能衡量各人的才器来分配任务'。而且上面有英明的君主，下面的臣僚就能把心里的话都说出来；所以孝宣皇帝准备进攻先零羌族而物色指挥官的时候，赵充国说'没有人像老臣我这样合适'。为臣不自量力，希望陛下考察。"先主笑着说："我的本意，也考虑是您啊！"于是任命李恢为庲降都督，持有节杖，兼交州刺史，驻扎在平夷县。

　　先主去世之后，高定在越嶲郡行为放纵，雍闿在建宁郡飞扬跋扈，朱褒在牂牁郡举兵造反。丞相诸葛亮出兵南征，先经过越嶲郡，而李恢按照预定路线前往汉宁郡。这时建宁郡各县的叛乱势力大批聚集，把李恢围困在昆泽县。当时敌军兵力比李恢的人马多若干倍，他又没有得到诸葛亮的消息，于是哄骗敌军说："我们朝廷军队的粮食要吃完了，想打算退回去。我过去一段时间里离开这里的父老乡亲，到今天才得回来；我个人是不会再向北去朝廷了，想回来和你们共商计谋对付中央，所以把真心话告诉你们。"对方相信了，结果对包围有所懈怠放松。于是李恢突然出击，把敌人打得落花流水；又乘胜追击逃敌，到达南面的盘江，东面打通牂牁郡，与诸葛亮的主力军团声势相连。南中地区的平定，以李恢的军功最大，因此封汉兴亭侯，加授安汉将军。

　　后来大军撤回，南方的少数族又起来反叛，杀害守将。李恢亲自前往镇压讨伐，把首恶分子铲除干净，把他们的首领迁到成都；从叟族、濮族中征调大批耕牛、战马、金、银、犀牛皮，补充军用物资，使当时的军事供应不再匮乏。

　　后主建兴七年(公元 229)，因为蜀汉在与孙吴约定平分天下中把交州划归孙吴，所以解除了李恢交州刺史职务，另行兼任建宁郡太守。由于他是回本人家乡所在郡任职，为了回避他就将家庭迁居汉中，在建兴九年(公元 231)去世。

　　儿子李遗继承了他的爵位。李恢弟弟的儿子李球，官做到羽林右部督；随诸葛瞻去抵御邓艾，临阵受命出战，在绵竹县阵亡。

　　吕凯，字季平，永昌郡不韦县人。在本郡政府任五官掾、功曹。

当时雍闿等人听说先主刘备在永安县去世，越发骄横狡诈。中都护李严给雍闿写了一封长达六页纸的信，说明利害，雍闿却只回复了仅一页纸的短函说："听说天上没有两个太阳，地上没有两个君王。而今天下鼎立，称帝的就有三家；所以我们这些边远的人心生惶惑，不知道该归顺谁啊！"他的态度就是如此傲慢。后来雍闿又投降孙吴，孙吴远远委任他为永昌郡太守。

永昌郡位于益州郡的西面，道路阻塞，与益州的中心区域隔绝，而且当时郡太守又刚刚改换，新官还没有上任。吕凯与担任府丞的蜀郡人王伉统率鼓励当地官吏百姓，关闭边境拒绝雍闿入境。雍闿多次发布公文到永昌郡，述说这样那样的理由。

吕凯也用公文答复他说："上天降下灾祸，先皇帝不幸驾崩；奸雄乘此机会捣乱，天下的人切齿痛恨。各地都悲痛哀悼，不论大小臣僚，都想竭力报效，哪怕是肝脑涂地牺牲生命，也要为国家清除危难。我私下想到将军世代承受汉朝恩典，以为您会亲自召集部众，率先行动，对上报效国家，对下不辜负祖先，在史册上记载功劳，美名流传千秋。哪里预料到您竟然去给吴国充当下属，舍本逐末啊？从前虞舜勤劳治理民众，不幸在苍梧去世，史籍称赞他，声誉流传无穷。那么先皇帝在长江边的永安县驾崩，又有什么可议论的呢！周朝的文王、武王承受天命之后，也还是要等到周成王时天下才全部太平。先皇帝像飞龙一样兴起，海内的人民都仰慕他，执政大臣又聪明睿智，这都是上天赐下的福分。而将军您看不清盛衰的道理、成败的征兆；就像在原野上大火蔓延时，硬要跑到河面结的冰层上去。到时候火把冰烤融化后，又还能依附什么呢？从前将军您的先祖雍侯，尽管与汉高祖有恩怨却被高祖封给爵位；窦融看清了谁将兴起统治天下，所以及时归顺光武皇帝：都能流芳后世，让后人歌颂他们的美好。而今诸葛丞相英才杰出，在事情未发生之先就能看得清清楚楚；他接受了先皇帝把太子托付给他的遗命，辅助当今天子以求使衰落的汉朝振兴；他对人没有任何偏见，总是看到他们的功劳而不计较其缺点。将军如果能猛然回头改变打算，重走新路，那么追上古人都不困难，岂止是到我们这个区区小郡来当政啊！我听说从前楚国对周天子不恭敬，齐桓公就兴兵责问；吴国君主夫差非分地称王，晋国就不把吴国视为尊长：何况是给非法的君主当臣僚，谁又肯归从您呀？我暗中思考古人所说的道理，当臣僚的不能越出国境去交朋友，所以一直是您有使者前来而我没有使者前往。再次承蒙您告知表示一切，内心愤然忘掉吃饭，所以大略陈述心中的看法，希望将军您考虑。"

吕凯在本郡内很有威信而广施恩惠，人们都信任他，所以他能挡住雍闿而保全当臣下的节操。后来丞相诸葛亮率军南征讨伐雍闿，出发后还在途中，而雍闿已经被高定的部下杀死。诸葛亮到达南中之后，向朝廷上表章说："永昌郡的官员吕凯、府丞王伉等人，在非常遥远的地区坚持忠诚，长达十多年之久。雍闿、高定在他们的东北进逼，而吕凯等遵守大义始终不与他们来往。为臣没想到永昌郡的风俗竟是这样的敦厚正直！"

于是委任吕凯为云南郡太守，封阳迁亭侯。碰巧他被造反的少数族杀害，他的儿子吕祥继承了爵位。王伉也被封为亭侯，任永昌郡太守。

马忠，字德信，巴西郡阆中县人。他从小寄养在母亲家，所以改姓狐，名笃；后来才恢复姓马，改名忠。起先在本郡政府当办事员，汉献帝建安末年，他被举荐为孝廉，出任汉昌县长。

先主刘备东征孙吴，在猇亭大败；巴西郡太守阎芝在下属各县征调了五千士兵去补充军队的损失，派马忠带队前往。这时先主已经退回到永安县行宫，见到马忠并与他谈话后，对尚书令刘巴说："这一战虽然丢掉了黄权，又得到狐笃，这真是世间不缺乏贤才啊！"

后主建兴元年（公元223），丞相诸葛亮建立自己的办公府署，任命马忠为门下督。建兴三年（公元225），诸葛亮进入南中地区，任命马忠为牂牁郡太守。郡丞朱褒造反。在平定叛乱之后，马忠抚恤治理百姓，很有威信和恩惠。建兴八年（公元230），诸葛亮召他回丞相府当军事参谋，帮助长史蒋琬处理丞相留守府的公务。后来他又兼任益州政府的治中从事。第二年，诸葛亮出兵祁山，马忠到诸葛亮的驻地，经管军务。大军退回后，他又指挥将军张嶷等讨伐汶山郡的叛乱羌人。

建安十一年(公元 233),南中地区的少数族首领刘胄造反,骚扰各郡;朝廷征召庲降都督张翼回来,让马忠代替张翼。马忠到后斩杀刘胄,平定了南中。朝廷加授马忠监军、奋威将军职务,封博阳亭侯。

当初,益州郡的人造反杀死太守正昂,又把新去上任的太守张裔捆上送到吴国,所以庲降都督常驻在比较安全的平夷县。到马忠上任后,才敢把庲降都督的治所迁到益州郡内的味县,处在汉族与少数族之间。另外,越巂郡长久以来不少地方被叛乱势力占去,马忠率领该郡太守张嶷拓展恢复旧有土地,因此就地升任安南将军,晋封彭乡侯。

延熙五年(公元 242)他回到朝廷,前往汉中,去见大司马蒋琬,宣布传达后主的诏令,升任镇南大将军。

延熙七年(公元 244)春天,大将军费祎到北面抵御魏军入侵,留马忠在成都,总管尚书台机要公务。费祎回成都后,马忠又才回南中。

延熙十二年(公元 249)他去世,儿子马修继承了爵位。

马忠为人宽厚通达有度量,最喜欢说话诙谐哈哈大笑,愤怒不会在脸上露出来。他处事果断,既树立威风又施予恩惠,所以少数族人都畏惧他又爱戴他。他去世时,人们都主动来到举办丧事的地方,流泪致哀,又为他建立神庙祭祀,现今神庙都还在。

当时的张表,是一位名士,在清高的声望上超过马忠。阎宇这个人,自来有办事的才干,而且办事认真勤勉。这两人都接在后面担任过马忠曾担任过的职务,但是他们的威信、风范、评价、政绩都不及马忠。

王平,字子均,巴西郡宕渠县人。他曾寄养在母亲家,改姓何;后来才恢复姓王。他曾跟杜濩、朴胡前往洛阳,被汉朝授给校尉职务,又随曹操征伐汉中。

他后来投降先主刘备,任牙门将、裨将军。

后主建兴六年(公元 228),归担任先锋的参军马谡指挥。马谡安营扎寨时离开水源上山,指令繁琐混乱;王平接连规谏马谡,马谡都不听，结果在街亭大败。军队四散逃跑，只有王平所带领的一千人马，敲着战鼓保持自己的队形，魏军大将怀疑是伏兵，不敢前去追逼。于是王平慢慢收合各营逃散的兵将，带着队伍回还。丞相诸葛亮诛杀马谡和将军张休、李盛，并且剥夺将军黄袭等人的兵权之后，王平特别受到重视和提升，加授参军职务，统领五支青羌人组成的精锐部队，并且负责处理诸葛亮大本营的公务，又晋升讨寇将军，封亭侯。

建兴九年（公元231），诸葛亮出兵包围祁山，王平单独率军包围南面。魏朝的大将军司马懿进攻诸葛亮，又派张郃进攻王平；王平坚守不动，张郃始终未能得手。

建兴十二年（公元234），诸葛亮在武功水附近的五丈原去世，大军退回。这时魏延作乱，一战而击败杀死魏延，就是王平的功劳。他升任后典军、安汉将军，作为车骑将军吴壹的副手镇守汉中，又兼任汉中郡太守。建兴十五年（公元237），他晋封安汉侯，替代吴壹指挥汉中各军。

延熙元年（公元238），大将军蒋琬进驻汉中的沔阳，王平改任前护军，负责处理大将军府的公务。

延熙六年（公元243），蒋琬退回来驻守涪县，任命王平为前监军、镇北大将军，统领汉中各军。

延熙七年（公元244），魏国大将军曹爽率领步兵、骑兵十多万人杀向汉中平原，前锋已进入骆谷。当时汉中的蜀国守军不到三万人，众将大惊失色。有人说："现今兵力单薄难以阻挡敌人，只能固守汉城、乐城，碰上敌人后让他们深入；到他们全部进入的时候，从涪县调来的援军足以赶到阳平关救急了。"

王平却说："不然！汉中距涪县将近一千里，一旦敌军攻占阳平关，就是大祸患。现今最好先派刘护军、杜参军二位据守兴势山，由我充当后卫；如果敌人分兵攻向黄金，我就带领一千人居高临下迎战；到这时，涪县的援军也快赶到了：这才是上策。"只有护军刘敏与他的看法相同，王平的计划立即开始实施。涪县的援军，以及从成都赶来的大将军费祎，在这时相继赶到，魏军不久退回：正好像王平原来所预料的那样。

当时，邓芝在东部边境，马忠在南部边境，王平在北部边境，都因镇守一方的事迹突出而著名。王平生长在军队中，写不来字，认得的字不超过十个，然而口述记下来书信，意思文理都很清楚。他让人给他读《史记》和《汉书》的本纪、列传，自己注意听，完全懂得其中大意，议论时往往不会背离原意。他遵守法令制度，说话时不开玩笑，可以从早到晚，端坐一整天，文静得没有武将的样子。不过他的心胸狭窄容易产生疑心，认为别人轻视自己，这一点不免有损他的形象。

延熙十一年（公元248）他去世，儿子王训继承了他的爵位。

当初，王平的同郡老乡汉昌县人句扶，忠勇宽厚；多次建立战功，功名爵位仅次于王平，官做到左将军，封宕渠侯。

张嶷，字伯岐，巴西郡南充国人。二十岁左右在本县担任功曹。先主刘备平定益州的时候，有一股从山区来的叛乱势力要围攻县城，县长丢下家属逃走。张嶷冒着被刀剑杀死的危险，把县长夫人背着救了出来，夫人才免遭灾难，从此张嶷就出了名。益州政府召他去担任从事。当时巴西郡的读书人龚禄、姚伷，都当过二千石一级的太守，而且在从政方面很有声誉，他们都和张嶷友好亲善。

后主建兴五年（公元227），丞相诸葛亮北上进驻汉中。广汉郡绵竹县的山区叛匪张慕等人截夺军事物资，抢掠官吏百姓，张嶷以都尉的身份带兵进剿。他考虑这股叛匪一旦战败就作鸟兽散，难以用强攻彻底消灭，于是假装要与叛匪讲和亲善，约定时间大摆酒宴招待他们。酒酣耳热之际，他亲自带领左右侍从，当场斩杀张慕为首的五十多人，匪首全部消灭。接着追剿其余党，十多天后社会秩序就安定太平。

后来他得病严重，而他的家境素来贫困；当时广汉郡太守蜀郡人何祗，有通达而厚道的名声。张嶷与何祗自来关系生疏，却让人抬着自己去见何祗，托他为自己治病。何祗也倾其家财为他请医生治疗，几年之后才完全治好。张嶷为人很爱结识并信任那些讲道义的君子，就像这件事一样。

他后来担任牙门将，属于马忠指挥；到北面讨伐汶山郡的叛乱羌族人，到南面平定南中地区四个郡的少数族，总是会在事前筹划和临阵交战上建立功劳。

建兴十四年(公元 236),武都郡的氐族首领苻健请求投降蜀国。朝廷派将军张尉前往迎接,超过期限后也没有回来,大将军蒋琬很记挂这件事。张嶷判断说:"苻健请求归附的心诚恳迫切,必定没有其他变化;只是素来听说他的弟弟狡猾,另外少数族人又不喜欢共同享有功劳,将会有矛盾,所以出现耽搁了。"隔了几天,消息传到,苻健的弟弟果然带了四百家前去投奔曹魏,只有苻健带着部下来降。

起初,越巂郡自从丞相诸葛亮讨伐高定之后,叟族人多次反叛,先后杀死太守龚禄、焦璜;从此之后太守不敢到郡内上任,只住在安上县,离郡治有八百里,这个郡徒有其名而已。当时的议论想恢复过去越巂郡的辖地,就委任张嶷为该郡太守。他带领部下前往上任,用恩惠和信用加以引诱,少数族都服从,前来投降的不少。在该郡的北部边界,就数捉马部落最为骁勇强劲,一向不服从管理。张嶷前往讨伐,生擒了捉马部落的首领魏狼;对他进行劝告之后又释放了他,让他回去招降余下的人。张嶷上表朝廷赐给魏狼邑侯的官号,他部落中的三千多户都安居当地并且承担了对朝廷的义务。其他部落听说之后,大多逐渐来降服,张嶷因功被赐给关内侯爵位。

苏祁县的少数族首领冬逢,以及冬逢的弟弟隗渠等人,已经投降之后又反叛。张嶷诛杀了冬逢。而冬逢的妻子,是旄牛县少数族大首领的女儿,张嶷从策略上考虑宽恕了她。隗渠逃到西部边界,他刚猛剽悍,各部落的人都十分畏惧他。而隗渠派遣了两名亲信到张嶷处诈降,其实是想刺探消息。张嶷察觉之后,许这二人以重赏,让他们为自己效力;二人回去后就合谋杀死隗渠。隗渠死后,各个部落从此安定。还有邛都县的少数族老年首领李求承,过去亲手杀死郡太守龚禄;张嶷悬赏捉拿把他抓到,数落他的一贯罪恶之后处死。当初张嶷刚到越巂郡的治所邛都县时,因为县城的城墙房屋倒塌破坏,所以另外修了一个小城堡供自己居住。在任三年后,他迁移回原地,修复城墙,少数族的男男女女都主动来出力干活。

定笮、台登、卑水三县,都距越巂郡的治所邛都县有三百多里，过去一直出产盐、铁、漆；而当地少数族人长期以来设置防线进行封锁，不准外运以便自己享用。张嶷带领部下前往夺取，在那里设县级行政长官管理。张嶷到达定筰县时，定筰少数族的首领狼岑，是槃木部落首领的舅父，很受当地少数族的信任。他愤恨张嶷侵略自己，不来拜见张嶷。张嶷派了几十名壮士径直前去把他逮捕，痛打一顿后处死；然后把尸体还给本部落，对部落的百姓给予优厚赏赐，向他们说明狼岑的罪恶，而且下令说："你们不得妄动，一动就消灭你们！"部落百姓都绑上自己前来为自己的过错表示歉意。张嶷杀牛摆设酒宴招待他们，再次重申朝廷的恩德信用；于是得到当地生产的盐、铁，从此铁器制造和食盐供应的来源都得到充足的保证。

汉嘉郡界内的旄牛县少数族部落有四千多家；其首领狼路，想为被张嶷杀死的冬逢报仇，因为冬逢是他姑姑的丈夫。他派自己的叔父离，带领冬逢的部落武装前往郡城观察估计形势。张嶷得知后立即派亲信带着牛肉美酒前去迎接离，设宴慰劳他还给予优厚赏赐；又让离去迎接离的姐姐即冬逢的妻子，以宣布表达自己的心意。离接受重赏后，便去见自己的姐姐；姐弟二人相见后很是欢喜，带领所有部落百姓去见张嶷。张嶷给他们重赏和厚待，然后让他们回去。从此旄牛县的少数族再不作乱了。越嶲郡内过去有一条路，经过旄牛县到成都，又平坦又近便；可是自从旄牛县的少数族叛乱截断道路后，一百多年中，都改走安上县前往成都，路又险又远。张嶷派遣左右的人带一大笔钱财去赐给狼路，又让狼路的姑姑去说明自己的心意。狼路就带领兄弟和妻室儿女去拜见张嶷。张嶷与他订立盟誓永远友好，从此开通了过去的道路，上千里的路段上社会秩序太平清静，从前的驿站全部恢复。张嶷上奏朝廷封狼路为旄牛昀毗王，派使者带着狼路到朝廷进见上贡。后主提升张嶷为抚戎将军，依然兼任越嶲郡太守。

当初，张嶷见到费祎当了大将军之后，听随自己的天性对人广泛亲爱，尤其是对新来投降的人过分厚待信任。张嶷写信告戒他说："从前岑彭领兵当大将，来歙持有节杖担任天子使者，都不幸死在刺客手中。而今将军您位尊权重，应当以从前的事例为鉴戒，稍微有所警惕。"后来费祎果然被从魏朝来的投降者郭修杀害。

吴国太傅诸葛恪因为自己刚刚打败魏军，所以又大规模出动人马打算攻取魏军地盘。蜀国当时的侍中诸葛瞻，是丞相诸葛亮的儿子，诸葛恪的堂弟。张嶷就给诸葛瞻写信说："吴国的君主刚刚去世，继位的皇帝年幼弱小，太傅他接受重托辅佐幼帝，很不容易啊！从前周公既是近亲而且又有才能，辅佐周成王执政时，都还有管叔、蔡叔散布流言蜚语的变故；霍光受命辅佐西汉昭帝，也有燕王刘旦、盖长公主、上官桀发动反叛的阴谋。幸亏周成王和汉昭帝英明，周公和霍光才免除灾难。从前经常听说吴国刚去世的君主生前对于生杀、赏罚的大权，都是独自掌握而不交给下面的大臣；而今在临终之前，才仓促召来太傅，把后事委托给他，这确实值得忧虑。加之吴国所辖的扬州、荆州，民风强悍急躁，这是过去古书都记载的。然而太傅竟然离开年幼的君主，亲自领兵进入敌境，恐怕不是好计谋好打算啊。虽然说吴国法制严明，上下和睦，但是做一百件事难免有一件事失误，明智的人难道不应当考虑这一点吗？用古事来比较今事，可知今事也与古事是一样的道理。如果郎君您不向太傅进忠言，谁又能向他完全说真心话啊！撤回大军扩大农业生产，一心推行德政，几年之后，东西两国一并举兵攻魏，确实也不晚。希望您好好考虑采纳。"后来诸葛恪果然招致家族被诛灭的大祸，张嶷的远见大多就像这样。张嶷在越嶲郡任职达十五年之久，境内安定和睦。

他多次请求回朝，于是朝廷召他回成都。当地少数族和汉族人民眷恋仰慕他，扶着他的座车痛哭流涕；经过旄牛县城时，当地被朝廷封为邑君的少数族首领们都背着孩子前来迎接，又一直跟着送到蜀郡地界内，随从张嶷到成都朝见进贡的军事首领有一百多人。

张嶷到后，被任命为荡寇将军。他为人气概激昂壮烈，士大夫有很多人尊重他；但是他的举止放纵不讲礼节，人们因此也讥评他。这一年是后主延熙十七年(公元257)。

魏国的狄道县长李简，秘密送来书信请求投降。卫将军姜维带着张嶷等将，想利用李简所储存的军用物资进而出兵陇西。大军到达狄道，李简率领城中的官员百姓出来迎接。接着大军又与魏将徐质交战，张嶷在交锋中牺牲了生命，但是他也杀死杀伤了成倍的敌人。

他去世后，朝廷封他的大儿子张瑛为西乡侯，张嶷原来的爵位由二儿子张护雄继承。南方越巂郡的汉族和少数族百姓听说张嶷死亡，无不悲哭，又为他建立神庙。一年四季以及有水旱灾害时，总要祭祀他祈求保佑。

评论说：黄权气量宏大，风度文雅，具有谋略；李恢公正坦荡，有志于事业；吕凯坚持节操不变；马忠为人温顺而做事果断；王平忠诚勇敢，治军严整；张嶷眼光敏锐，判断正确。他们都凭借自己的长处，显扬名声晋任要职：算是遇到好时候了啊！

蒋琬费祎姜维传第十四

蒋琬字公琰，零陵湘乡人也[1]。弱冠与外弟泉陵刘敏[2]，俱知名。琬以州书佐随先主入蜀，除广都长。

先主尝因游观，奄至广都[3]。见琬众事不理，时又沉醉；先主大怒，将加罪戮。军师将军诸葛亮请曰："蒋琬，社稷之器[4]；非百里之才也[5]！其为政以安民为本，不以修饰为先；愿主公重加察之！"先主雅敬亮，乃不加罪，仓猝但免官而已。

琬见推之后[6]，夜梦有一牛头在门前，流血滂沱[7]，意甚恶之。呼问占梦赵直[8]，直曰："夫见血者，事分明也；牛角及鼻，'公'字之象：君位必当至公，大吉之征也。"顷之，为什邡令。

先主为汉中王，琬入为尚书郎。

【注释】

〔1〕湘乡：县名。县治在今湖南湘乡市。 〔2〕泉陵：县名。县治在今湖南永州市零陵区。 〔3〕奄：突然。 〔4〕社稷之器：指辅佐朝廷的人才。 〔5〕百里：指一县的辖境。 〔6〕见推：受到追究。〔7〕滂沱：液体流得很多。 〔8〕占梦：根据梦中情景占卜吉凶。这里指占梦者。

建兴元年，丞相亮开府，辟琬为东曹掾。举茂才[1]，琬固让刘邕、阴化、庞延、廖淳。亮教答曰："思惟背亲舍德[2]，以臁百姓[3]；众人既不隐于心[4]，实又使远近不解其义；是以君宜显其功举[5]，以明此选之清重也[6]。"迁为参军。

五年[7]，亮住汉中，琬与长史张裔统留府事。

八年[8]，代裔为长史，加抚军将军[9]。亮数外出，琬常足食足兵，以相供给。亮每言："公琰托志忠雅，当与吾共赞王业者也[10]。"密表后主曰："臣若不幸，后事宜以付琬。"

【注释】

〔1〕茂才：人才选拔的科目之一。西汉叫秀才。东汉避光武帝刘秀名讳，改称茂才。由州长官推举本州人士担任。通常每州每年只推选一人。由于一州的地域范围很大，推举的人数又仅有一人，因此得以被举为茂才，在当时是很高的荣誉。蒋琬的茂才是由兼任益州牧的诸葛亮推举。〔2〕思惟：考虑到。背亲舍德：背离亲近的，舍弃有德的。指不推举蒋琬。蒋琬是诸葛亮丞相府的下属，属于关系亲近的人。〔3〕臁百姓：消除人们的闲话。〔4〕众人：指蒋琬推荐的刘邕等人。不隐其心：（他们）不会安心。〔5〕功举：因功绩而受到的推举。〔6〕清重：清高而重要。〔7〕五年：建兴五年（公元227）。〔8〕八年：建兴八年（公元230）。〔9〕抚军将军：官名。负责军需物资和后备兵员的征调供给。〔10〕赞：辅助。

亮卒，以琬为尚书令。俄而加行都护[1]，假节，领益州刺史。迁大将军，录尚书事[2]，封安阳亭侯。时新丧元帅，远近危悚[3]。琬出类拔萃，处群僚之右；既无戚容[4]，又无喜色，神守举止[5]，有如平日：由是众望渐服。

延熙元年，诏琬曰："寇难未弭，曹叡骄凶；辽东三郡苦其暴虐[6]，遂相纠结，与之离隔。叡大兴众役，还相攻伐。曩秦之亡[7]，胜、广首难[8]；今有此变，斯乃天时。君其治严[9]，总帅诸军，屯住汉中；须吴举动[10]，东西掎角[11]，以乘其衅。"又命琬开府。

明年，就加为大司马[12]。

东曹掾杨戏，素性简略[13]；琬与言论，时不应答[14]。或欲构戏于琬曰[15]："公与戏语而不见应，戏之慢上[16]，不亦甚乎！"琬曰："人心不同，各如其面；面从后言[17]，古人之所诫也。戏欲赞吾是耶，则非其本心；欲反吾言[18]，则显吾之非；是以默然，是戏之快也[19]。"又督农杨敏曾毁琬曰："作事愦愦[20]，诚非及前人[21]。"或以白琬，主者请推治敏[22]。琬曰："吾实不如前人，无可推也！"主者重据[23]，听不推则乞问其"愦愦"之状。琬曰："苟其不如，则事不当理[24]；事不当理，则愦愦矣！复何问邪？"后敏坐事系狱，众人犹惧其必死；琬心无适莫[25]，得免重罪。其好恶存道[26]，皆此类也。

琬以为，昔诸葛亮数窥秦川[27]，道险运艰，竟不能克；不若乘水东下。乃多作舟船，欲由汉沔袭魏兴、上庸[28]。会旧疾连动[29]，未时得行[30]。而众论咸谓："如不克捷，还路甚难，非长策也[31]。"于是遣尚书令费祎、中监军姜维等喻指[32]。

琬承命上疏曰："芟秽弭难[33]，臣职是掌。自臣奉辞汉中[34]，已经六年。臣既暗弱，加婴疾疢；规方无成[35]，夙夜忧惨。今魏跨带九州[36]，根蒂滋蔓，平除未易。若东西并力，首尾掎角；虽未能速得如志，且当分裂蚕食，先摧其支党[37]。然吴期二三[38]，连不克果[39]；俯仰惟艰，实忘寝食。辄与费祎等议[40]：以凉州胡塞之要[41]，进退有资[42]，贼之所惜；且羌胡乃心，思汉如渴；又昔偏军入羌，郭淮破走；算其长短，以为事首[43]。宜以姜维为凉州刺史。若维征行，衔持河右[44]；臣当帅军，为维镇继。今涪水陆四通，惟急是应；若东、北有虞[45]，赴之不难。"

由是琬遂还住涪。疾转增剧[46]，至九年卒[47]。谥曰恭。

【注释】

〔1〕行都护：官名。代理中都护职务。 〔2〕录尚书事：一种表示处理朝廷政事权力的名号。录的意思是总管。凡享有这一名号的大臣，有权过问尚书台的一切公务，成为朝廷的首席执政官。 〔3〕危悚：由于面临危险局势而恐惧。 〔4〕戚容：悲伤的面容。 〔5〕神守：神态。〔6〕辽东三郡：指辽东、玄菟、乐浪三郡。这三郡当时被公孙渊占据。不过，东汉末公孙氏又分乐浪郡南部立带方郡，所以公孙渊实际占据四郡。但蜀汉对此变化不了解，仍然说成三郡。详见本书卷八《公孙渊传》。 〔7〕曩（nǎng）：从前。 〔8〕胜：即陈胜。 广：即吴广（？—前208）。字叔。阳夏（今河南太康县）人。出身贫苦农民，秦二世元年（前209）被征调入军戍守北方边境，途中与陈胜在大泽乡（今安徽宿州市东南）发动起义。后被部将田臧假借陈胜命令杀害。事见《史记》卷四十八《陈涉世家》。 首难：首先发难。 〔9〕治严：（下令全军）收拾行装。 〔10〕须：等待。 〔11〕掎角：夹击。 〔12〕大司马：官名。蜀汉全国军队最高统帅。 〔13〕简略：高傲而不讲求礼节。 〔14〕时：有时。 〔15〕构：设计陷害。 〔16〕慢：怠慢。 〔17〕面从后言：当

面赞同背后又有非议。 〔18〕反：反对。 〔19〕快：爽快。 〔20〕愦愦：糊涂。 〔21〕非及：不及。 前人：这里指蜀汉从前的执政官诸葛亮。 〔22〕主者：有关公务的主办官员。这里指督察百官的主办官员。〔23〕重据：再次坚持。 〔24〕当理：恰当治理。 〔25〕适（dí）莫：偏见。 〔26〕好恶（wù）：喜好和厌恶。 存道：不偏离正道。〔27〕窥：指进攻。 〔28〕魏兴：郡名。治所在今陕西安康市西北。上庸：郡名。治所在今湖北竹山县西南。 〔29〕动：发作。 〔30〕时：及时。 〔31〕长策：好计策。 〔32〕喻指：说明意思。 〔33〕芟秽：清除污秽。 弭难：平定祸难。 〔34〕奉辞：奉命。 〔35〕规方：规划。 〔36〕九州：指东汉全国十三州部中的司隶校尉部、兖州、豫州、青州、徐州、冀州、幽州、并州和凉州。 〔37〕支党：分支部分。指曹魏的边远地区。 〔38〕吴期二三：与孙吴约定（共同向曹魏发动进攻）已有两三次。 〔39〕克果：能够实现预定计划。 〔40〕辄：擅自。〔41〕胡塞（sài）：少数族聚居的边区。 〔42〕资：凭借。 〔43〕事首：首要的事情。 〔44〕衔持：咬住和抓住。比喻占据。 河右：地区名。与河西含义相同。当时指今河西走廊与湟水流域。 〔45〕有虞：有忧虑。指出现外来威胁。 〔46〕剧：严重。 〔47〕九年：延熙九年（公元246）。蒋琬的祠墓，在今四川绵阳市西郊的西山，现今尚有古雅幽静的祠墓、园林完好留存，是蜀地三国名胜古迹之一。

子斌嗣。为绥武将军、汉城护军〔1〕。魏大将（军）钟会至汉城，与斌书曰："巴蜀贤智文武之士，多矣！至于足下、诸葛思远〔2〕，譬诸草木，吾气类也〔3〕。桑梓之敬〔4〕，古今所敦〔5〕。西到，欲奉瞻尊大君公侯墓〔6〕；当洒扫坟茔，奉祠致敬：愿告其所在。"

斌答书曰："知惟臭味意眷之隆〔7〕，雅托通流〔8〕，未拒来谓也〔9〕。亡考昔遭疾疢，亡于涪县；卜云其吉〔10〕，遂安厝之〔11〕。知君西迈〔12〕，乃欲屈驾修敬坟墓；视予犹父〔13〕，颜子之仁也。闻命感怆〔14〕，以增情思。"

会得斌书报，嘉叹意义；及至涪，如其书云。后主既降邓艾；斌诣会于涪，待以交友之礼。随会至成都，为乱兵所杀。

斌弟显，为太子仆。会亦爱其才学，与斌同时死。

刘敏，左护军[15]，扬威将军。与镇北大将军王平俱镇汉中。魏遣大将军曹爽袭蜀时，议者或谓"但可守城，不出拒敌，必自引退"。敏以为："男女布野，农谷栖亩[16]；若听敌入，则大事去矣。"遂帅所领与平据兴势；多张旗帜，弥亘百余里[17]。会大将军费祎从成都至，魏军即退。敏以功封云亭侯。

【注释】

〔1〕绥武将军：官名。领兵征伐。 汉城护军：官名。汉城驻守各军的协调人。 〔2〕诸葛思远：即诸葛亮的儿子诸葛瞻，瞻字思远。〔3〕气类：同类。 〔4〕桑梓之敬：外来者对当地名流和前辈的敬意。《诗经·小弁》有"维桑与梓，必恭敬止"的诗句，桑和梓是先人栽在住宅旁边的树木，后来即以桑梓指代故乡或当地。 〔5〕敦：重视。〔6〕尊大君：对对方父亲的尊称。 〔7〕知惟：知道您想（表示）。 臭味：气味。《左传》襄公八年记载，鲁国的季武子曾对晋国的范宣子说："譬于草木，寡君在君，君之臭味也。"意思是用草木来作比譬，两个同类的人就像发出气味相同的同类草木一样。钟会的来信用了这一典故，所以蒋斌也以此作回答。 〔8〕雅托通流：承蒙您的雅意将我视为同流。〔9〕未拒来谓：不能拒绝您来信的要求。 〔10〕卜云其吉：占卜的人说这个地方吉利。 〔11〕安厝(cuò)：安葬。蒋琬墓现今尚存，在今四川绵阳市西郊西山公园内。 〔12〕西迈：西行。 〔13〕视予犹父：《论语·先进》记孔子说："回也视予犹父也。"意思是颜回把自己当作父亲来对待。蒋斌用这个典故称赞钟会像颜回一样懂得尊敬前辈。 〔14〕闻命：得知您的意思。 〔15〕左护军：官名。蜀军的协调人之一。〔16〕栖亩：留在田野上。 〔17〕弥亘(gèn)：遍布和绵延。

费祎字文伟，江夏鄳人也[1]。〔一〕少孤，依族父伯仁。伯仁姑，益州牧刘璋之母也。璋遣使迎仁，仁将祎游学入蜀。

会先主定蜀，祎遂留益土。与汝南许叔龙、南郡董允齐名；时许靖丧子，允与祎欲共会其葬所。允白父和请车[2]，和遣开后鹿车给之[3]。允有难载之色[4]，祎便从前先上。及至丧所，诸葛亮及诸贵人悉集，车乘甚鲜[5]；允犹神色未泰[6]，而祎晏然自若。持车人还，和问之；知其如此，乃谓允曰："吾常疑汝于文伟优劣未别也；而今而后，吾意了矣[7]。"先主立太子，祎与允俱为舍人。迁庶子。

后主践位，为黄门侍郎。丞相亮南征还，群僚于数十里逢迎[8]，年位多在祎右；而亮特命祎同载，由是众人莫不易观。

亮以初从南归，以祎为昭信校尉使吴[9]。孙权性既滑稽[10]，嘲啁无方[11]；诸葛恪、羊衜等才博果辩[12]，论难锋至[13]；祎辞顺义笃，据理以答，终不能屈。〔二〕权甚器之，谓祎曰："君天下淑德，必当股肱蜀朝[14]，恐不能数来也[15]。"〔三〕还，迁为侍中。亮北住汉中，请祎为参军。以奉使称旨[16]，频繁至吴。

建兴八年，转为中护军，后又为司马。值军师魏延，与长史杨仪相憎恶，每至，并坐争论；延或举刃拟仪[17]，仪泣涕横集。祎常入其坐间，谏喻分别[18]。终亮之世，各尽延、仪之用者，祎匡救之力也。

亮卒，祎为后军师。顷之，代蒋琬为尚书令。〔四〕

琬自汉中还涪，祎迁大将军，录尚书事。

延熙七年，魏军次于兴势[19]；假祎节，率众往御之。光禄大夫来敏至祎许别[20]，求共围棋。于时羽檄交驰，人马擐甲[21]，严驾已讫[22]；祎与敏留意对戏，色无厌倦。敏曰："向聊观试君耳[23]！君信可人[24]，必能办贼者也[25]。"祎至，敌遂退，封成乡侯。〔五〕琬固让州职，祎复领益州刺史。祎当国功名，略与琬比。〔六〕

十一年[26]，出住汉中。自琬及祎，虽自身在外；庆赏刑威，皆遥先咨断[27]，然后乃行：其推任如此。后十四年夏[28]，还成都。成都望气者云[29]，都邑无宰相位；故冬复北屯汉寿。

延熙十五年，命祎开府。

十六年岁首大会[30]，魏降人郭修在坐。祎欢饮沉醉，为修手刃所害[31]。谥曰敬侯。

子承嗣，为黄门侍郎。承弟恭，尚公主。〔七〕祎长女，配太子璿为妃。

【注释】

〔1〕郮（méng）：县名。县治在今河南罗山县西。 〔2〕请车：请求派车。 〔3〕开后鹿车：车身后面敞开的鹿车。鹿车是一种用人力推拉的独轮小车，流行于汉代，通常是平民百姓使用。 〔4〕难载：不愿意乘坐。 〔5〕鲜：华丽。 〔6〕未泰：不安。 〔7〕了：清楚。 〔8〕逢迎：迎接。 〔9〕昭信校尉：官名。充当外交使者。现今四川成都市西南的南门大桥，相传是当时费祎出使孙吴登舟东行万里之前，诸葛亮为他送行之处，因此古称万里桥。 〔10〕滑（gǔ）稽：能言善辩。〔11〕嘲啁（tiào）无方：开起玩笑来变化多端。 〔12〕羊衙（dào）：事见

本书卷五十九《孙和传》。 〔13〕论难(nàn)：争论和反驳。 锋至：像刀锋一样逼人。 〔14〕股肱(gōng)：(作为大臣)辅佐。 〔15〕数(shuò)：频繁。 〔16〕称旨：合意。 〔17〕拟：拿着兵器对人比划。〔18〕谏喻：劝解。 分别：分开。 〔19〕次：中途停驻。 〔20〕祎许：费祎所在的处所。 〔21〕擐(huàn)：穿上。 〔22〕严驾：(费祎的侍从)准备好车马等待出发。 〔23〕向：刚才。 〔24〕信：确实(是)。可人：适当的人选。 〔25〕办：处置，解决。 〔26〕十一年：延熙十一年(公元248)。 〔27〕咨断：咨询和决定。 〔28〕十四年：延熙十四年(公元251)。 〔29〕望气者：观望天空中云气以占卜吉凶的人。〔30〕十六年：延熙十六年(公元253)。 〔31〕所害：费祎死于汉寿县，在今四川广元市昭化古镇。现今昭化镇尚有费祎墓遗存。

【裴注】

〔一〕郿，音盲。

〔二〕《祎别传》曰："孙权每别酌好酒，以饮祎，视其已醉，然后问以国事；并论当世之务，辞难累至。祎辄辞以醉，退而撰次所问；事事条答，无所遗失。"

〔三〕《祎别传》曰："权乃以手中常所执宝刀，赠之，祎答曰：'臣以不才，何以堪明命？然刀所以讨不庭、禁暴乱者也；但愿大王勉建功业，同奖汉室；臣虽暗弱，终不负东顾！'"

〔四〕《祎别传》曰："于时军国多事，公务繁猥；祎识悟过人，每省读书记，举目暂视，已究其意旨；其速，数倍于人，终亦不忘。常以朝晡听事，其间接纳宾客，饮食嬉戏，加之博弈；每尽人之欢，事亦不废。董允代祎为尚书令，欲学祎之所行；旬日之中，事多愆滞。允乃叹曰：'人才力相悬，若此甚远，此非吾之所及也！听事终日，犹有不暇尔。'"

〔五〕殷基《通语》曰："司马懿诛曹爽，祎设《甲乙论》平其是非。甲以为：'曹爽兄弟，凡品庸人，苟以宗子枝属，得蒙顾命之任；而骄奢僭逸，交非其人，私树朋党，谋以乱国；懿奋诛讨，一朝殄尽：此所以称其任，副士民之望也。'乙以为：'懿感曹仲付己不一，岂爽与相干？事势不专，以此阴成疵瑕；初无忠告侃尔之训，一朝屠戮，挟其不意：岂大人经国笃本之事乎？若爽信有谋主之心，大逆已构；而发兵之日，更以芳委爽兄弟；懿父子从后闭门举兵，蹙而向芳，必无悉宁〔宁〕忠臣为君深虑之谓乎？以此推之，爽无大恶明矣！若懿以爽奢僭，废之、刑之可也；灭其尺口，被以不义；绝子丹血食，及何晏子魏之亲甥，亦与同戮：为僭滥不当矣。'"

〔六〕《祎别传》曰："祎雅性谦素，家不积财。儿子皆令布衣素食，出入不从车骑，无异凡人。"

〔七〕《祎别传》曰："恭为尚书郎，显名当世。早卒。"

姜维字伯约，天水冀人也。少孤，与母居。好郑氏学。〔一〕仕郡上计掾[1]；州（郡）〔辟〕为从事。以父冏昔为郡功曹，值羌戎叛乱，身卫郡将[2]，没于战场；赐维官中郎，参本郡军事。

建兴六年，丞相诸葛亮军向祁山。时天水太守适出案行[3]，维及功曹梁绪、主簿尹赏、主记梁虔等从行[4]。太守闻蜀军垂至，而诸县响应；疑维等皆有异心，于是夜亡保上邽[5]。维等觉太守去，追迟；至城门，城门已闭，不纳。维等相率还冀，冀亦不入维。维等乃俱诣诸葛亮。会马谡败于街亭，亮拔将西县千余家及维等还，故维遂与母相失。〔二〕

亮辟维为仓曹掾，加奉义将军[6]，封当阳亭侯，时年二十七。

亮与留府长史张裔、参军蒋琬书曰："姜伯约忠勤时事，思虑精密；考其所有，永南、季常诸人不如也[7]；其人，凉州上士也！"又曰："须先教中虎步兵五六千人[8]。姜伯约甚敏于军事，既有胆义，深解兵意。此人心存汉室，而才兼于人；毕教军事[9]，当遣诣宫，觐见主上。"〔三〕

【注释】

〔1〕上计掾：官名。郡太守府下属。负责向中央政府定期报告人口、垦田等各项统计数字。　〔2〕郡将：指郡太守。　〔3〕案行：巡视。〔4〕主记：官名。郡太守府下属。主管文书起草。　〔5〕亡：逃亡。〔6〕奉义将军：官名。领兵征伐。　〔7〕永南：即李邵。邵字永南。事见本书卷四十五《杨戏传》。　季常：即马良。良字季常。传见本书卷三十九。　〔8〕中：中军。直属蜀军统帅部的精锐军队。　虎步兵：蜀军中军的精锐步兵。　〔9〕毕教军事：完成军事教练任务。

【裴注】

〔一〕《傅子》曰：“维为人，好立功名，阴养死士，不修布衣之业。”

〔二〕《魏略》曰：“天水太守马遵，将维及诸官属，随雍州刺史郭淮偶自西至洛门案行。会闻亮已到祁山，淮顾遵曰：‘是欲不善！’遂驱东，还上邽。遵念所治冀县界在西偏，又恐吏民乐乱，遂亦随淮去。时维谓遵曰：‘明府当还冀。’遵谓维等曰：‘卿诸人（回）〔叵〕复信，皆贼也！’各自行，维亦无如遵何；而家在冀，遂与郡吏上官子修等，还冀。冀中吏民见维等大喜，便推令见亮。二人不获已，乃共诣亮；亮见，大悦。未及遣迎冀中人，会亮前锋为张郃、费瑶等所破，遂将维等却缩。维不得还，遂入蜀。诸军攻冀，皆得维母妻子；亦以维本无去意，故不没其家，但系保官以延之。”此语与本传不同。

〔三〕孙盛《杂记》曰：“初，姜维诣亮，与母相失；复得母书，令求当归。维曰：‘良田百顷，不在一亩；但有远志，不在当归也！’”

后迁中监军、征西将军。十二年〔1〕，亮卒，维还成都。为右监军，辅汉将军〔2〕，统诸军；进封平襄侯。

延熙元年，随大将军蒋琬住汉中。琬既迁大司马，以维为司马，数率偏军西入。六年〔3〕，迁镇西大将军，领凉州刺史。

十年〔4〕，迁卫将军；与大将军费祎共录尚书事。是岁，汶山平康夷反〔5〕，维率众讨定之。又出陇西、南安、金城界，与魏大将（军）郭淮、夏侯霸等战于洮西。胡王治无戴等举部落降，维将还安处之。

十二年[6]，假维节，复出西平，不克而还。

维自以练西方风俗[7]，兼负其才武；欲诱诸羌胡以为羽翼，谓自陇以西可断而有也[8]。每欲兴军大举，费祎常裁制不从[9]，与其兵不过万人。[一]

十六年春[10]，祎卒。夏，维率数万人出石营，经董亭，围南安。魏雍州刺史陈泰解围至洛门，维粮尽退还。

【注释】

〔1〕十二年：建兴十二年(公元234)。 〔2〕右监军：官名。监督蜀汉的部分军队。 〔3〕六年：延熙六年(公元243)。 〔4〕十年：延熙十年(公元247)。 〔5〕平康：县名。属汶山郡。县治在今四川松潘县西。〔6〕十二年：延熙十二年(公元249)。 〔7〕练：熟悉。 〔8〕谓：认为。 〔9〕裁制：限制。 〔10〕十六年：延熙十六年(公元253)。

【裴注】

〔一〕《汉晋春秋》曰："费祎谓维曰：'吾等不如丞相亦已远矣；丞相犹不能定中夏，况吾等乎？且不如保国治民，敬守社稷，如其功业，以俟能者；无以为希冀侥幸，而决成败于一举：若不如志，悔之无及！'"

明年，加督中外军事[1]。复出陇西，守狄道长李简举城降。进围襄武[2]，与魏将徐质交锋；斩首破敌，魏军败退。维乘胜多所降下，拔河（间）〔关〕、狄道、临洮三县民还。

后十八年[3]，复与车骑将军夏侯霸等，俱出狄道，大破魏雍州刺史王经于洮西。经众死者数万人。经退保狄道城。维围之。魏征西将军陈泰进兵解围，维却住钟题[4]。

十九年春[5]，就迁维为大将军。更整勒戎马，与镇西大将军胡济期会上邽；济失誓不至[6]，故维为魏大将邓艾所破于段谷。星散流离，死者甚众，众庶由是怨讟[7]；而陇以西亦骚动不宁[8]。维谢过引负[9]，求自贬削；为后将军，行大将军事。

二十年[10]，魏征东大将军诸葛诞反于淮南，分关中兵东下。维欲乘虚向秦川，复率数万人出骆谷，径至沈岭[11]。时长城积谷甚多而守兵乃少[12]；闻维方到，众皆惶惧。魏大将军司马望拒之[13]，邓艾亦自陇右：皆军于长城。维前住芒水[14]，（皆）倚山为营。望、艾傍渭坚围；维数下挑战，望、艾不应。

【注释】

〔1〕督中外军事：一种表示军事指挥权力的名号。凡加这一名号者，有权指挥京城和外地的一切军队，是全国军队的总指挥官。　〔2〕襄武：县名。县治在今甘肃陇西县东南。　〔3〕十八年：延熙十八年（公元255）。　〔4〕却住：退却驻扎。　〔5〕十九年：延熙十九年（公元256）。〔6〕失誓：失约。　〔7〕怨讟（dú）：怨恨。　〔8〕陇：山名。即今甘肃六盘山。　〔9〕引负：承担责任。　〔10〕二十年：延熙二十年（公元257）。　〔11〕沈岭：地名。在今陕西周至县西南。　〔12〕长城：地名。在今陕西周至县西南，沈岭以北。　〔13〕司马望（公元204—271）：字子初。司马懿的侄儿。曹魏时历任要职，官至司徒，封顺阳侯。西晋建立，封义阳王，任大司马，统率全国军队。传见《晋书》卷三十七。〔14〕芒水：河流名。发源于秦岭北麓，向北流到今陕西周至县东北，汇入渭河。

景耀元年，维闻诞破败，乃还成都。复拜大将军。

初，先主留魏延镇汉中，皆实兵诸围[1]，以御外敌；敌若来攻，使不得入。及兴势之役，王平捍拒曹爽，皆承此制。维建议以为："错守诸围[2]，虽合《周易》'重门'之义[3]，然适可御敌，不获大利。不若使闻敌至，诸围皆敛兵聚谷，退就汉、乐二城；使敌不得入平，且重关镇守以捍之。有事之日，令游军并进以伺其虚[4]；敌攻关不克，野无散谷，千里悬粮，自然疲乏。引退之日，然后诸城并出，与游军并力搏之：此殄敌之术也。"

于是令督汉中胡济却住汉寿[5]，监军王含守乐城，护军蒋斌守汉城；又于西安、建威、武卫、石门、武城、建昌、临远[6]，皆立围守。

五年[7]，维率众出（汉）侯和；为邓艾所破，还住沓中。维本羁旅托国，累年攻战，功绩不立；而宦官黄皓等弄权于内，右大将军阎宇与皓协比[8]，而皓阴欲废维树宇。维亦疑之，故自危惧，不复还成都。[一]

【注释】

〔1〕实兵诸围：派兵充实边境各处营垒。当时习称野外筑有坚固防御屏障的营垒为围。 〔2〕错守：交错防守。 〔3〕重门：重复设置大门。《周易·系辞》下有"重门击柝，以待暴客"的说法。暴客指强盗。〔4〕游军：在外游动作战的军队。 〔5〕督汉中：官名。汉中各军的指挥官。 〔6〕西安、石门、建昌、临远：均为地名。在今甘肃陇南地区和甘南藏族自治州境内。 建威：地名。在今甘肃西和县南。 武卫：地名。在今甘肃成县境内。 武城：地名。在今甘肃武山县西南。〔7〕五年：景耀五年（公元262）。 〔8〕右大将军：官名。领兵征伐。蜀

汉后期专为阎宇设置，专权的黄皓企图以此牵制大将军姜维，并进而以阎宇取代姜维。东汉、魏、吴都没有右大将军。　协比(bì)：联合。

【裴注】

〔一〕《华阳国志》曰："维恶黄皓恣擅，启后主欲杀之。后主曰：'皓趋走小臣耳！往董允切齿，吾常恨之，君何足介意！'维见皓枝附叶连，惧于失言，逊辞而出。后主敕皓诣维陈谢；维说皓求沓中种麦，以避内逼耳。"

六年[1]，维表后主："闻钟会治兵关中，欲规进取；宜并遣张翼、廖化督诸军，分护阳安关口、阴平桥头，以防未然[2]。"皓征信鬼巫[3]，谓敌终不自致；启后主寝其事[4]，而群臣不知。

及钟会将向骆谷，邓艾将入沓中；然后乃遣右车骑廖化诣沓中为维援[5]，左车骑张翼、辅国大将军董厥等诣阳安关口以为诸围外助[6]。比至阴平，闻魏将诸葛绪向建威，故住待之。

月余，维为邓艾所摧，还住阴平。钟会攻围汉、乐二城，遣别将进攻关口；蒋舒开城出降，傅佥格斗而死。〔一〕会攻乐城，不能克；闻关口已下[7]，长驱而前。翼、厥甫至汉寿，维、化亦舍阴平而退，适与翼、厥合：皆退保剑阁以拒会。

会与维书曰："公侯以文武之德，怀迈世之略[8]；功济巴、汉，声畅华夏[9]：远近莫不归名。每惟畴昔[10]，尝同大化[11]；吴札、郑侨[12]，能喻斯好[13]。"

维不答书，列营守险。会不能克，粮运悬远，将议还归。而邓艾自阴平由景谷道傍入，遂破诸葛瞻于绵竹；后主请降于艾，艾前据成都。

维等初闻瞻破，或闻后主欲固守成都，或闻欲东入吴，或闻欲南入建宁；于是引军由广汉、郪道以审虚实。寻被后主敕令，乃投戈放甲，诣会于涪军前；将士咸怒，拔刀砍石。〔二〕

会厚待维等，皆权还其印号、节、盖〔14〕。会与维出则同舆，坐则同席。谓长史杜预曰〔15〕："以伯约比中土名士：公休、太初不能胜也〔16〕。"〔三〕会既构邓艾〔17〕，艾槛车征〔18〕；因将维等诣成都，自称益州牧以叛；〔四〕欲授维兵五万人，使为前驱。魏将士愤怒，杀会及维，维妻子皆伏诛。〔五〕

【注释】

〔1〕六年：景耀六年（公元263）。 〔2〕阳安关口：即古阳平关。在今陕西勉县西。 阴平桥头：地名。在今甘肃文县东南。 〔3〕征信：招纳和相信。 〔4〕寝其事：把这件公文压下来不宣布。当时习称公文为事。 〔5〕右车骑：官名。即右车骑将军。领兵征伐。 〔6〕左车骑：官名。即左车骑将军。领兵征伐。 〔7〕已下：已经攻克。 〔8〕迈世：超世。 略：谋略。 〔9〕声：声名。 畅：流传。 华夏：中原地区。 〔10〕惟：想。 畴昔：过去。 〔11〕尝同大化：曾经共同感受（魏朝）盛大的教化。指姜维过去也曾在曹魏做官。 〔12〕吴札：即季札。春秋时吴国君主诸樊的弟弟。事见《史记》卷三十一《吴太伯世家》。 郑侨：即公孙侨（？—前522）。字子产。春秋时郑国的政治家。传见《史记》卷一百一十九。前544年，季札以吴国使者的身份到郑国，与子产一见如故，两人互赠礼物，结为好友。事见《左传》襄公二十九年。 〔13〕能喻斯好：能够比喻我们这种友好关系。 〔14〕权：暂且。 〔15〕杜预（公元222—284）：字元凯。京兆尹杜陵（今陕西西安市东南）人。初仕曹魏。西晋建立，任镇南大将军，出镇荆州，以参与消灭孙吴

有功，封当阳县侯。多谋略，当时号称"杜武库"。又擅长经学，著有
关于《春秋》、《左传》的学术著作多种。其中的《春秋左氏经传集
解》，是《左传》古注流传至今的最早一种，收入《十三经注疏》中。
传见《晋书》卷三十四。　〔16〕公休：即诸葛诞（？—公元258）。诞字
公休。传见本书卷二十八。　太初：即夏侯玄（公元209—254）。玄字太
初。传附本书卷九《夏侯尚传》。　〔17〕构：设计陷害。　〔18〕槛车：
囚车。　征：召回朝廷。

【裴注】

　　〔一〕《汉晋春秋》曰："蒋舒将出降，乃诡谓傅金曰：'今贼至不击
而闭城自守，非良图也。'金曰：'受命保城，惟全为功；今违命出战，
若丧师负国，死无益矣！'舒曰：'子以保城获全为功，我以出战克敌为
功：请各行其志！'遂率众出，金谓其战也；至阴平，以降胡烈，烈乘虚
袭城。金格斗而死，魏人义之。"

　　《蜀记》曰："蒋舒为武兴督，在事无称。蜀命人代之，因留舒，助
汉中守。舒恨，故开城出降。"

　　〔二〕干宝《晋纪》云："会谓维曰：'来何迟也？'维正色流涕曰：
'今日见此为速矣！'会甚奇之。"

　　〔三〕《世语》曰："时蜀官属，皆天下英俊，无出维右。"

　　〔四〕《汉晋春秋》曰："会阴怀异图，维见而知其心；谓可构成扰
乱，以图克复也。乃诡说会曰：'闻君自淮南以来，算无遗策；晋道克
昌，皆君之力。今复定蜀，威德振世；民高其功，主畏其谋，欲以此安
归乎？夫韩信不背汉于扰攘，以见疑于既平；大夫种不从范蠡于五湖，
卒伏剑而妄死：彼岂暗主、愚臣哉？利害使之然也！今君大功既立，大
德已著；何不法陶朱公泛舟绝迹，全功保身？登峨眉之岭，而从赤松游
乎？'会曰：'君言远矣，我不能行；且为今之道，或未尽于此也。'维
曰：'其他，则君智力之所能，无烦于老夫矣。'由是情好欢甚。"

　　《华阳国志》曰："维教会诛北来诸将；既死，徐欲杀会；尽坑魏
兵，还复蜀祚。密书与后主曰：'愿陛下忍数日之辱；臣欲使社稷危而
复安，日月幽而复明。'"

　　孙盛《晋阳秋》曰："盛以永和初，从安西将军平蜀，见诸故老，
及姜维既降之后，密与刘禅表疏：说欲伪服事钟会，因杀之以复蜀土；
会事不捷，遂至泯灭；蜀人于今伤之。盛以为：古人云，非所困而困焉，
名必辱；非所据而据焉，身必危。既辱且危，死其将至：其姜维之谓乎！

邓艾之入江由，士众鲜少。维进不能奋节绵竹之下；退不能总帅五将，拥卫蜀主，思后图之计；而乃反覆于逆顺之间，希违情于难冀之会；以衰弱之国，而屡观兵于三秦；已灭之邦，冀理外之奇举：不亦暗哉！"

臣松之以为：盛之讥维，又为不当。于时钟会大众既造剑阁，维与诸将列营守险，会不得进，已议还计；全蜀之功，几乎立矣。但邓艾诡道傍入，出于其后；诸葛瞻既败，成都自溃。维若回军救内，则会乘其背；当时之势，焉得两济？而责维不能奋节绵竹，拥卫蜀主，非其理也。会欲尽坑魏将，以举大事，授维重兵，使为前驱。若令魏将皆死，兵事在维手；杀会复蜀，不为难矣。夫功成理外，然后为奇；不可以事有差（牙）〔互〕，而抑谓不然。设使田单之计，邂逅不会，复可谓之愚暗哉？

〔五〕《世语》曰："维死时，见剖，胆如（斗）〔升〕大。"

郤正著论论维曰："姜伯约据上将之重，处群臣之右；宅舍弊薄[1]，资财无余；侧室无妾媵之亵[2]，后庭无声乐之娱；衣服取供[3]，舆马取备；饮食节制，不奢不约[4]；官给费用，随手消尽。察其所以然者，非以激贪厉浊[5]，抑情自割也[6]；直谓如是为足[7]，不在多求。凡人之谈，常誉成毁败，扶高抑下；咸以姜维投厝无所[8]，身死宗灭，以是贬削[9]，不复料擿[10]：异乎《春秋》褒贬之义矣。如姜维之乐学不倦，清素节约，自一时之仪表也！"〔一〕

维昔所俱至蜀：梁绪官至大鸿胪，尹赏执金吾[11]，梁虔大长秋；皆先蜀亡没。

【注释】

〔1〕弊薄：破旧简陋。 〔2〕妾媵(yìng)：小老婆。 〔3〕取供：仅求够用。 〔4〕约：过于俭朴。 〔5〕激贪厉浊：感发贪婪污浊的人（使之变为廉洁）。 〔6〕自割：限制自己。 〔7〕直谓：只不过认为。〔8〕投厝无所：投身不是地方。 〔9〕贬削：贬低。 〔10〕料擿(tī)：

衡量分辨。 〔11〕执金吾：官名。负责皇宫外围警卫，防火防洪，并保卫中央武器库。

【裴注】

〔一〕孙盛曰："异哉郤氏之论也！夫士虽百行，操业万殊；至于忠孝义节，百行之冠冕也。姜维策名魏室，而外奔蜀朝，违君徇利，不可谓忠；捐亲苟免，不可谓孝；害加旧邦，不可谓义；败不死难，不可谓节；且德政未敷而疲民以逞，居御侮之任而致敌丧守，于夫智勇，莫可云也：凡斯六者，维无一焉。实有魏之逋臣，亡国之乱相；而云人之'仪表'，斯亦惑矣。纵维好书而微自藻洁，岂异夫盗者分财之义，而程郑降阶之善也！"

臣松之以为：郤正此论，取其可称；不谓维始终行事，皆可准则也。所云"一时仪表"，止在好学与俭素耳。本传及《魏略》皆云，维本无叛心，以急逼归蜀。盛相讥贬，惟可责其背母；余既过苦，又非所以难郤正也。

评曰：蒋琬方整有威重，费祎宽济而博爱；咸承诸葛之成规，因循而不革。是以边境无虞，邦家和一；然犹未尽治小之宜[1]，居静之理也。〔一〕姜维粗有文武，志立功名；而玩众黩旅[2]，明断不周：终致陨毙。《老子》有云："治大国者犹烹小鲜[3]。"况于区区蕞尔[4]，而可屡扰乎哉？〔二〕

【注释】

〔1〕未尽：未能完全懂得。 治小：治理小国。 〔2〕玩众：轻率出动军队。 黩旅：滥用武力。 〔3〕烹小鲜：烧煮小鱼。这一句出自《老子》第六十章。意思是烧煮小鱼时不能频繁翻动，否则鱼会搅烂不成形状；治大国也不能频繁扰动民众，道理和这一样。 〔4〕区区：小。蕞（zuì）尔：小的样子。

【裴注】

〔一〕臣松之以为:蒋、费为相,克遵画一;未尝徇功妄动,有所亏丧;外却骆谷之师,内保宁缉之实。"治小之宜,居静之理",何以过于此哉!今讥"未尽"而不著其事,故使览者不知所谓也。

〔二〕干宝曰:"姜维为蜀相,国亡主辱弗之死,而死于钟会之乱。惜哉!非死之难,处死之难也。是以古之烈士,见危授命,投节如归;非不爱死也,固知命之不长,而惧不得其所也!"

【译文】

蒋琬,字公琰,零陵郡湘乡县人。二十岁左右与表弟泉陵县人刘敏都已著名。蒋琬以荆州政府书佐的身份随先主刘备到益州,担任广都县长。

先主有一次借出外游览的机会突然来到广都县视察,看到蒋琬各项事情都没有处理好,当时又还酒醉醺醺,不禁勃然大怒,要把他治罪处死。军师诸葛亮求情说:"蒋琬,是在中央朝廷担任辅佐的人才,不是在地方当县官的材料啊。他为政以安民为本,不注意表面上的装饰,希望主公再加以考察。"先主素来敬重诸葛亮,所以没有治蒋琬的罪,仓促之中只把他的职务撤了。

蒋琬受到追究之后,晚上梦见门口有一只牛头,还流下一大摊血。醒来后心中很忌讳,就把善于根据梦中情景占卜吉凶的赵直叫来询问,赵直说:"见到血,预示您的事情已经弄清楚了;牛的弯角挨近鼻子,是一个'公'字的形状:说明今后您的官位要到达三公一级,这是大吉大利的征兆。"没多久,他被任命为什邡县令。先主为汉中王,蒋琬入朝任尚书郎。

后主建兴元年(公元223),丞相诸葛亮建立自己的办公府署,聘蒋琬为东曹掾。后来诸葛亮以兼任益州牧的身份举荐蒋琬为茂才,蒋琬坚持要让给刘邕、阴化、庞延、廖淳,诸葛亮向他下达指示说:"我本来也想不推举和我关系亲近但是有德的您,以消除闲话,但是这样一来其他被推举者心里恐怕不会安稳,又确实会使远近的人不明白我为什么要这么做,所以您应当接受因功绩而受到的推举,以表明这种人才举荐科目的清高重要。"于是提升蒋琬为丞相府参军。

建兴五年(公元227),诸葛亮进驻汉中,蒋琬与长史张裔统管丞相留守府的公务。

建兴八年(公元230),他取代张裔任长史,加任抚军将军。诸葛亮多次出兵北伐,蒋琬一直供给前方充足的粮食和兵员。诸葛亮每次都称赞他说:"公琰志向忠正,是和我共同辅助王朝大业的人。"又秘密上表给后主说:"为臣若有不幸,后事最好交付蒋琬接替。"

诸葛亮去世,蒋琬任尚书令。不久加任代理中都护,授予节杖,兼益州刺史。接着升任大将军,总管尚书台公务,封安阳侯。当时蜀国刚刚丧失统帅,远近人民都由于面临危险局势而恐惧。蒋琬受到提拔,处于群僚之上;既不忧伤,也不喜悦,神态举止,和平时完全一样:因此众人逐渐服了他。

延熙元年(公元238),后主下诏给蒋琬说:"叛贼造成的祸乱还没有消除,曹骄横凶恶;辽东三郡人民对他的暴虐难以忍受,于是相互联合,一起背离了他。而曹叡大规模动员军队,前往进攻。从前秦朝灭亡,就是陈胜、吴广首先发难;而今辽东出现的这场变乱,正是上天要灭亡曹叡的时候。您要下令全军收拾好行装,统率各军进驻汉中;等待吴国的军队出动,然后东西相互呼应,乘曹叡内部出现问题时发起进攻。"又命令蒋琬建立自己的办公机构。

第二年派使者到汉中去举行任命仪式,提升蒋琬为大司马。

大司马府的东曹掾杨戏,生性高傲而不讲求礼节;蒋琬平常和他谈论事情,他有时会不回答。有人想在蒋琬面前设计陷害杨戏,说:"大司马您同杨戏谈话而得不到他的回答,杨戏对上司的怠慢,不是太过分了吗!"蒋琬却说:"各人心里的想法不一定相同,就像人的面貌不会相同一样;当面赞同背后又有不同意见,这是古人告诫不能做的事。杨戏要赞同我说我的意见对,则不是他的本心;要想反驳我,又会显示出我的不对;所以他才默然无语,这正是杨戏为人爽快之处啊。"担任督农的杨敏曾诋毁蒋琬说:"做事糊涂,真是不及前任执政大臣。"有人把这话报告蒋琬,督察百官的主办官员请求对杨敏追究治罪。蒋琬说:"我确实也不如前任执政大臣诸葛丞相,没有什么可追究的。"主办官员再次坚持要求,即使不追究治罪,也要查问杨敏有什么证据说蒋琬做事糊涂。蒋琬说:"如果不如前任执政大臣,那么事情就不能恰当治理;事情不能恰当治理,就是糊涂了嘛!还查问什么呢?"后来杨敏因事被关进监狱,众人都担心他必死无疑;然而蒋琬处理这件事时却毫无偏见,杨敏得以免判重刑。蒋琬的喜好和厌恶都不偏离正道,就像这类事例一样。

蒋琬认为过去诸葛亮多次进攻秦岭以北的平原地带,由于道路险陡运输艰难,始终未能成功;不如顺汉水东下进攻,于是下令大量制造舟船,想由汉水袭击魏国的魏兴、上庸二郡。碰巧他这时旧病接连发作,没能及时出动。而众人都认为:"这样办一旦不能得手,循原路退回非常困难,不是好计策。"于是后主派尚书令费祎、中监军姜维等前去说明意思。

蒋琬接受后主的旨意并上了一道奏疏说:"清除污秽平定祸难,是为臣的职责。自为臣奉命进驻汉中,已经有六年,由于我愚昧无能,加上身患疾病;导致规划没有取得成效,日夜忧虑不已。而今魏贼占据了全国十三州当中的九州,势力发展,要彻底清除很不容易。如果我们与吴国东西合力,首尾夹击;虽然未必能很快实现吞灭魏贼的志愿,总还能分割和蚕食其土地,先摧垮其分支部分。然而与吴国约定共同向曹魏发起进攻已有两三次,接连都未能实现预定计划;抬头和低头都在考虑如何克服艰难局面,确实是废寝忘食。为臣自作主张与费祎等人商议,认为凉州少数族聚居的边区军事要点,是进退都有凭借,敌人很看重的地方;而且当地的羌族人心中非常之思念汉朝,如同口渴想喝水一般;从前我们的非主力部队就曾进入羌人居住区,打败敌将郭淮,我们反复比较计算,认为首要的事情还是在进取凉州。应当任命姜维为凉州刺史。如果姜维出征,占领河西地区;为臣应当率领军队,做他的后援。而今涪县水陆交通连接四方,能够应付前方的紧急情况;如果东、北两面有外来威胁,赶往援救不困难。"

于是他退回来驻扎在涪县。他的疾病日益严重,到延熙九年(公元246)去世。谥为恭侯。

他的儿子蒋斌继承了爵位,担任绥武将军、汉城护军。魏军大将钟会率军伐蜀时到达汉城,给蒋斌写信说:"巴蜀之地,具有贤德智慧的文武人才,真多啊!至于您和诸葛思远,用草木来作比喻，正是我的植物同类呀。外来者要对当地名流和前辈致意，是古往今来重视的事。到达西面的贵地之后，想前往瞻仰令尊大司马的坟墓；并且要清扫墓地，祭奠致敬：希望您能告诉我坟墓在什么地方。"

蒋斌写信回答说："知道您想表示同类之间关心眷顾的厚意，承蒙您的雅意将我视为同流，所以我不能拒绝您来信的要求。先父过去染上疾病，不幸在涪县去世；占卜的人说这个地方吉利，所以就安葬在那里。知道您西行来此，竟然想要屈驾前往坟墓致敬；把孔子当作父亲，这是颜渊才有的仁德。得知您的意思既感动又伤心，增加了我思念亡父的情怀。"

钟会得到回信，对信中的含意很是嘉许赞叹；到达涪县后，果然如同信中所说去蒋琬墓前做了祭扫。后主投降邓艾之后；蒋斌到涪县去见钟会，钟会用朋友的礼节接待他。他随钟会到达成都，被乱兵杀死。

蒋斌的弟弟蒋显，任太子仆。钟会也很喜欢他的文学。与蒋斌同时去世。

刘敏，担任左护军、扬武将军，与镇北大将军王平一起镇守汉中。魏朝派大将军曹爽进攻蜀国时，议论的人有的认为"只消据守城堡，不必出外抵御，敌人必定会自行撤退"。刘敏却以为："我方的百姓男男女女都分布在田野上，地里还有成熟的粮食；如果听任敌人长驱直入，那就大事去矣！"于是他带领本部人马与王平占领兴势；到处树立军旗，遍布绵延一百多里。这时大将军费祎从成都赶来援救，魏军撤退。刘敏因功封云亭侯。

费祎，字文伟，江夏郡鄳县人。年轻时他死去父亲，依靠一位比自己高一辈的本家费伯仁生活。费伯仁的姑姑，就是益州牧刘璋的母亲。刘璋派使者去接费伯仁，伯仁带着费祎前往益州游学。

碰上先主刘备平定益州，费祎就留了下来，当时他和客居益州的汝南郡人许叔龙、南郡人董允齐名；许靖的儿子去世，董允和费祎想一同去墓地参加葬礼。董允报告父亲董和请求派车，董和给他派了一辆车身后面敞开的鹿车。董允一看是这种平民百姓常坐的车，脸上就露出不愿乘坐的神色，而费祎却立即进前先上车。到达墓地时，诸葛亮和其他蜀国权贵都到了，他们的车辆都很华丽；董允的神色还不安然，而费祎却举止如常。驾车的人回来后，董和问他；得知这些情况，就对董允说："我过去总是觉得难以区别您和文伟的优劣高下；从今以后，我心里就清楚了。"先主立太子后，费祎与董允都担任太子舍人。又升任太子中庶子。

后主继承帝位，费祎任黄门侍郎。丞相诸葛亮到南中出征回来，百官出城几十里迎接，他们的年资官位大多都在费祎之上；可是诸葛亮却特地要费祎与自己同乘一辆车，从此众人无不对他另眼相看。

诸葛亮因为自己刚从南中回还，所以派费祎以昭信校尉的身份出使吴国说明情况。吴主孙权素来能言善辩，开起玩笑来变化多端；而吴国官员诸葛恪、羊衙等人博学多才，也擅长口辩，他们见到费祎时都不断和他进行争论和反驳，言辞就像刀锋一样逼人；费祎的应对措辞和顺但又含义深刻，都依据正正当当的道理作答，吴国君臣始终不能使他理屈词穷。孙权很是器重他，对他说："您是天下具有美德的人才，今后一定会作为大臣辅佐蜀国朝廷，恐怕不能常来这里啊。"费祎回国后，升任侍中。诸葛亮北上进驻汉中，请求让费祎充当自己府内的参军。因为在使命的完成上很符合后主和诸葛亮的心意，所以频繁派他出使吴国。

建兴八年（公元230），他转任中护军，后又任丞相府司马。碰上这时军师魏延，与丞相府长史杨仪相互憎恶，每一次见面同坐都要发生争执；有时魏延还举剑向杨仪比划，杨仪则泪流满面。这时费祎常常插到两人座位中间，边劝解边把两人分开。诸葛亮去世之前，能够使魏延、杨仪各尽他们所能的原因，就在于费祎的大力匡正和补救。

诸葛亮去世，费祎任后军师。不久，代替蒋琬为尚书令。蒋琬自汉中回涪县镇守，费祎升任大将军，总管尚书台公务。

延熙七年（公元244），魏军进攻汉中到达兴势山停留；朝廷授予费祎节杖，命令他率领大军前往抵御。光禄大夫来敏到费祎的住处送别，请求和他下围棋。当时贴着鸟羽毛的紧急军事文书不断送到或送出，人马都披上甲胄，费祎的侍从也备好车马准备出发；而费祎却与来敏专心对局，并无厌倦的表示。来敏这时说："刚才只不过是试一试您的反应罢了！您确实是主帅的恰当人选，必定能解决敌人入侵的威胁。"费祎到达汉中，敌军果然撤退，他因功封成乡侯。蒋琬坚决把兼任的益州刺史职务让给费祎，费祎又兼任益州刺史。他承当辅佐国政的重任后建立的功劳和享有的名声，大体上可与蒋琬相比。

延熙十一年（公元 248），他北上进驻汉中。从蒋琬到费祎，他们虽然在外；而后主在成都处理赏罚大事时，都要先派使者到远方去向他们咨询由他们下决断，然后才付诸实行：对他们给予了如此的信任。延熙十四年（公元 251）夏天，费祎回到成都。由于观望云气以测吉凶的人说京城成都没有执政大臣的位置，所以这年冬天费祎又北上驻扎在汉寿县。

延熙十五年（公元 252），朝廷命令费祎建立自己的办公府署。

延熙十六年（公元 253）新年第一天他举行盛大聚会，魏国来的投降者郭修也在座。费祎开怀畅饮喝得酩酊大醉，被郭修趁机亲手刺杀死亡。朝廷谥他为敬侯。

儿子费承继承了他的爵位，任黄门侍郎。费承的弟弟费恭，娶蜀国刘氏皇族的公主为妻。费祎的大女儿嫁给太子刘璿为妃。

姜维，字伯约，天水郡冀县人。从小他就死了父亲，与母亲居住。他喜好东汉儒学大师郑玄的学问。最初在本郡政府当上计掾，凉州政府聘他任从事。朝廷考虑到他的父亲姜冏过去担任本郡政府的功曹，碰上羌族人叛乱，姜冏为了保护郡太守，死在战场上；所以赐给姜维中郎的官位，让他当本郡政府的军事参谋。

后主建兴六年（公元 228），丞相诸葛亮率大军进攻祁山。当时魏国的天水郡太守正好外出巡视，姜维与功曹梁绪、主簿尹赏、主记梁虔等都跟随着他。太守听说蜀国大军就要杀到，郡内各县纷纷响应；竟然怀疑姜维等人有投靠蜀军的心思，于是连夜逃到上邽县城去保护自己。姜维等人发觉太守跑了之后，前去追他已经迟了；赶到上邽城下，城门紧闭，太守拒不接纳他们。姜维等人只好一起回转天水郡的治所冀县，不料冀县也将他们拒之门外。姜维等人被迫都去见诸葛亮准备投降。碰上马谡在街亭大败，诸葛亮把西县的一千多户人家连同姜维等人带回汉中，所以姜维就和自己的母亲失散了。

诸葛亮聘姜维为丞相府的仓曹掾，加任奉义将军，封当阳亭侯，这年他二十七岁。

诸葛亮与成都丞相留守府的长史张裔、参军蒋琬写信说："姜伯约办理政事忠诚勤勉，思虑周全精密；考察他所具有的才能，李永南、马季常诸人都比不上；这个人，是凉州的上等人才啊。"又说："等他先教练统帅部直属精锐部队中的步兵五六千人。他擅长军事，具有胆量义气，很懂得用兵之道。此人心中思念汉朝，而才能强过别人一倍；在他完成军事教练任务后，应当派他前往成都，朝见陛下。"

后来姜维升任中监军、征西将军。建兴十二年（公元234），诸葛亮去世，姜维回到成都，任右监军、辅汉将军，统率下属各军；进封平襄侯。

延熙元年（公元238），他随大将军蒋琬进驻汉中。蒋琬升任大司马，聘姜维为大司马府的司马，多次率领非主力部队向西攻入敌境。延熙六年（公元243），姜维升为镇西大将军，兼凉州刺史。

延熙十年（公元247），他又升任卫将军，与大将军费祎共同总管尚书台事。这一年，汶山郡平康县的少数族反叛，姜维领兵去讨伐平定。他又北上进入魏国陇西、南安、金城三郡地界，与敌军大将郭淮、夏侯霸等在洮水西岸激战。凉州的少数族首领治无戴等带领部落百姓请求投降，姜维出兵把他们接来后妥善安置。

延熙十二年（公元249），朝廷授予姜维节杖，他又出兵进攻西平，没能攻下而退回。

姜维自以为熟悉凉州的风俗民情，加之又为自己的军事才能而自负；一心想招引凉州的羌族作为自己的助力，认为在陇山以西的大片魏国辖地都可以截断据为己有。他常常想大举出兵进攻，而费祎总是加以制止不同意，给他的兵马不超过一万人。

延熙十六年（公元253）春天，费祎去世。这年夏天，姜维就率领几万人由石营出兵，经过董亭，围攻南安郡。魏国雍州刺史陈泰赶往洛门解围，姜维粮尽退回。

　　第二年，朝廷加授他督中外诸军的名号，有权指挥京城和外地的一切军队。他又出兵进攻陇西郡，魏国代理的狄道县长李简献城投降。又进军包围襄武县，与魏将徐质交锋；斩首破敌，打得魏军大败而逃。姜维乘胜攻克城池接受敌军投降，把河关、狄道、临洮三县的百姓全部迁走带回。

　　延熙十八年(公元255)，又与车骑将军夏侯霸等一同出兵狄道县，在洮水西岸大破魏国雍州刺史王经的军队。王经方面死亡达几万人之多。王经逃回狄道城坚守。姜维挥兵围城。魏国征西将军陈泰赶来解围，姜维退到钟题驻扎。

　　延熙十九年(公元256)春，朝廷派使者到姜维驻地宣布提升他为大将军。他又整顿部署兵马，与镇西大将军胡济约定时间在上邽会师；而胡济失约不到，所以姜维在段谷被魏国大将邓艾击败。将士四散逃亡，死亡很多，部下因此而有怨恨；而陇山以西这时也骚乱不宁。姜维主动承担责任为自己的过失表示歉意，请求贬削自己的官职；于是降为后将军，代理大将军职务。

　　延熙二十年(公元257)，魏国征东大将军诸葛诞在淮南造反，魏朝调一部分关中驻军东下平叛。这时姜维想乘虚而进入秦岭以北的平原地带，又带领几万人马由骆谷出秦岭，径直推进到沈岭。当时沈岭北面的长城储存军粮很多而防守军队很少；听说姜维杀到，众人都很惊惶不安。魏国统领大军的将军司马望前来阻击，邓艾也从陇西赶到；两人都在长城驻扎。姜维向前推进到芒水，倚山建立营寨。司马望、邓艾靠着渭水筑起坚固的外围防护墙栅；姜维多次下山挑战，司马望与邓艾都不响应。

　　景耀元年(公元258)，姜维听说诸葛诞失败，才撤回成都。朝廷又任命他为大将军。

　　当初，先主留魏延镇守汉中，魏延的防御策略是派兵充实汉中边境的各个防守营垒以抵御外来的敌人；敌人如果来进攻，务必不让他们进入汉中平原。后来兴势之战，王平抗御曹爽的大军，也是袭用的这一办法。而姜维提出的建议认为："凭借营垒交错防守，虽然合乎《周易》所说的设置重重大门以防备强盗的道理，然而这个办法只适合抵御敌人于大门之外，却收不到歼灭敌军的大利。不如在听说敌人来到汉中时，把各个营垒的兵力收缩到汉城、乐城这两个最大的防守据点里；所有军粮也集中在这两处，据城固守不让敌军通过这里继续南下进入成都平原，为了保证这一点要加强阳平关、剑门关一线的镇守。实施反击时，先派游动作战的军队一齐向前，观察对方虚弱之处实施袭击；敌人往前进攻各处关隘不能得手，田野中粮食又被我们收集干净，他们通过崎岖狭窄的千里秦岭山路从关中运来粮食，自然是既耗费力量又供应不上。一旦敌人撤退，汉城、乐城的各军就一并杀出，与在外的游动军队并合力量给对方以毁灭性打击：这才是全部消灭敌人有生力量的最佳方法。"

于是，他命令汉中战区各军的指挥官胡济退后在汉寿县驻扎，派监军王含据守乐城，护军蒋斌据守汉城；又在西安、建威、武卫、石门、武城、建昌、临远各地都建立营垒进行防守。

景耀五年（公元262），姜维自己带领军队进攻侯和；被邓艾击败，他退回驻扎在沓中。姜维原本是流亡在外的人，在蜀国栖身，连年攻战，没有建立功绩；而宦官黄皓等人这时在朝廷中专权，右大将军阎宇与黄皓联合，黄皓暗中想废黜姜维扶持阎宇。姜维也怀疑黄皓，心中感到畏惧，从此不再回成都朝见。

景耀六年（公元263），姜维向后主上表章说："听说钟会在关中整训军队，想打主意进攻我国；应该同时派遣张翼、廖化指挥各路军队分别保护阳安关口、阴平桥头，以防患未然。"黄皓迷信他招来的巫师所说的鬼话，认为敌军终究不会送上门来找死，报告后主之后把这件公文压下，结果朝廷群臣都不知道。

到了钟会将进入骆谷，邓艾将进入沓中；朝廷才赶紧派右车骑将军廖化赶往沓中援助姜维，派左车骑将军张翼、辅国大将军董厥等赶往阳安关口，充当各个防守营垒的外援。廖化刚到阴平，听说魏将诸葛绪率军指向建威，他就停下来等待敌军到达时出击。

过了一个多月，姜维被邓艾击败，退回阴平。这时东面战场上钟会正派兵围攻汉城、乐城，又另外派部将进攻阳安关口；蒋舒开城出来投降，不愿投降的另一位守将傅佥奋勇格斗而战死。钟会进攻乐城，却未能得手；他得知阳安关口已经攻占之后，就率领主力军团长驱直入。张翼、董厥刚刚赶到汉寿县，姜维和廖化也放弃阴平撤退，正好与张、董二人会合：于是一齐退往剑门关坚守以抗拒钟会。

钟会与姜维写信说："公侯您兼有文武才能，怀着超群的谋略；功勋拯救了益州，声誉传扬到中原：远近的人无不倾慕您的大名。我常常想起过去，我们曾经同在魏朝做官感受盛大的教化；从前吴国的季札和郑国的子产是挚友，可以用来比喻我们这种友好关系。"

姜维不回复他的来信，排开阵营坚守险关。钟会无法攻克，而从后方运粮来的距离过于遥远，以至于都将要商议撤军回去的事了。然而这时西面的邓艾，却从阴平经由景谷道旁边的一条小路南下进入了益州的腹地，在绵竹县击败诸葛瞻；后主请求投降邓艾，邓艾向前占据成都。

姜维等人起初得知诸葛瞻失败的消息时，一会儿听说后主要固守成都，一会儿听说后主要东奔孙吴，一会儿听说后主要南下建宁郡；于是他领兵经由广汉郡、郪县南下接近成都，以弄清楚虚实。不久他就接到后主的投降魏军的指令，他只得放下长戈脱下铠甲，前往涪县的军营去投降钟会；蜀军将士都愤怒万分，拔出刀来砍石头出气。

钟会厚待姜维等人，还暂且发还他们的官印、节杖和伞盖。钟会与姜维出外同坐一辆车，入内同坐一张席。钟会对长史杜预说："拿姜伯约来比中原名士：诸葛公休、夏侯太初都不能超过他。"钟会设计陷害邓艾，邓艾被朝廷用囚车押往京城洛阳；然后钟会带着姜维等人前往成都，自称益州牧举兵造反；他还想配给姜维五万人马，作为前锋向北进攻。魏军将士感到愤怒不平，动手杀死钟会和姜维，姜维的妻室儿女都被处死。

郤正曾经写了一篇评论来论述姜维说："姜伯约占据高级将领的重要地位，处于蜀国群臣之上；住宅破旧简陋，财产没有多余；旁边的卧室里没有小妾，后面的庭院里不设乐队；衣服只求够用，车马不准过多；饮食很有节制，不奢侈也不过分俭省；朝廷发给的费用，随手就用完。考察他之所以这样做的原因，并不是想以此来激励贪婪污浊的人使之变得廉洁，因而压抑欲望限制自己；而是他本心就认为这样足够，不需要多追求。凡夫俗子谈论人，常常赞美成功者诋毁失败者，扶持高升者贬低下降者；他们都认为姜维投身不是地方，自身被杀还连累宗族遭到诛灭，因此贬低他，不再去衡量分辨：这就和《春秋》主张的褒贬原则不一致了。像姜维那样好学不倦，清廉节俭的人，自然是一代人的模范啊!"

当初和姜维一起到蜀国的人：梁绪官做到大鸿胪，尹赏官做到执金吾，梁虔官做到大长秋；都在蜀国灭亡前去世。

评论说：蒋琬方正严肃而威风凛凛，费祎宽厚通达而博爱众人；都能继承诸葛亮的成规，遵循而不改。所以边境无事，国家和睦一致；但是还没有能完全懂得治理小国的合适办法，以及保持安静的道理。姜维粗略具有文武才能，有志建立功名；但是他轻率出兵滥用武力，缺乏对形势的准确判断：终于招致灭亡。《老子》上说："治理大国就像烧煮小鱼一样不能频繁去搅动。"何况蜀是区区小国，而可以不断搅动吗？

邓张宗杨传第十五

邓芝字伯苗，义阳新野人。汉司徒禹之后也[1]。汉末入蜀，未见知待[2]。时益州从事张裕善相[3]，芝往从之。裕谓芝曰："君年过七十，位至大将军，封侯。"芝闻巴西太守庞羲好士，往依焉。

先主定益州，芝为郫邸阁督[4]。先主出至郫，与语；大奇之，擢为郫令。迁广汉太守。所在清严有治绩。入为尚书。先主薨于永安。先是，吴王孙权请和，先主累遣（宋）〔宗〕玮、费祎等与相报答。丞相诸葛亮深虑权闻先主殂陨，恐有异计，未知所如[5]。

芝见亮曰："今主上幼弱，初在位，宜遣大使重申吴好。"亮答之曰："吾思之久矣，未得其人耳。今日始得之。"芝问："其人为谁？"亮曰："即使君也！"乃遣芝修好于权。

权果狐疑，不时见芝[6]。芝乃自表请见权曰："臣今来亦欲为吴，非但为蜀也。"权乃见之，语芝曰："孤诚愿与蜀和亲；然恐蜀主幼弱，国小势逼，为魏所乘，不自保全：以此犹豫耳。"芝对曰："吴、蜀二国，四州之地[7]；大王命世之英，诸葛亮亦一时之杰也；蜀有重险之固，吴有三江之阻。合此二长，共为唇齿；进可并兼天下，退可鼎足而立：此理之自然也。大王今若委质于魏[8]，魏必上望大王之入朝，下求太子之内侍[9]；若不从命，则奉辞伐叛，蜀必顺流见可而进：如此，江南之地，非复大王之有也！"权默然良久曰："君言是也！"遂自绝魏，与蜀连和，遣张温报聘于蜀[10]。

蜀复令芝重往，权谓芝曰："若天下太平，二主分治：不亦乐乎？"芝对曰："夫天无二日，土无二王。如并魏之后，大王未深识天命者(也)[11]；君各茂其德，臣各尽其忠；将提枹鼓[12]，则战争方始耳！"权大笑曰："君之诚款[13]，乃当尔邪！"权与亮书曰："丁厷掞张[14]，〔一〕阴化不尽[15]；和合二国，唯有邓芝！"

及亮北住汉中，以芝为中监军，扬武将军。亮卒，迁前军师，前将军，领兖州刺史[16]，封阳武亭侯。

顷之，为督江州[17]。权数与芝相闻[18]，馈遗优渥[19]。延熙六年，就迁为车骑将军。后假节[20]。十一年[21]，涪陵国人杀都尉反叛[22]，芝率军征讨，即枭其渠帅，百姓安堵。〔二〕

十四年卒[23]。芝为大将(军)二十余年，赏罚明断，善恤卒伍[24]。身之衣食资仰于官，不苟素俭[25]；然终不治私产，妻子不免饥寒，死之日家无余财。性刚简[26]，不饰意气[27]，不得士类之和。于时人，少所敬贵，唯器异姜维云。

子良袭爵，景耀中为尚书左选郎[28]。晋朝广汉太守。

【注释】

〔1〕禹：即邓禹（公元2—58）。字仲华。辅佐刘秀建立东汉王朝的首席功臣。东汉建立，任大司徒，封高密侯。传见《后汉书》卷十六。〔2〕未见知待：没有受到赏识和厚待。　〔3〕张裕：事见本书卷四十二《周群传》。　〔4〕郫（pí）：县名。县治在今四川成都市郫都区。　邸阁督：官名。负责看守管理粮食物资仓库。当时称粮食物资仓库为邸阁。〔5〕所如：怎么办。　〔6〕时：及时。　〔7〕四州：指孙吴占领的扬、荆、交州和蜀汉占领的益州。　〔8〕委质：臣下向君主献礼。表示效忠献身。　〔9〕求太子之内侍：要求您送太子到曹魏京城去侍奉皇帝。实际上是送儿子充当人质。　〔10〕报聘：对别国使者来访的回访。〔11〕未深识天命：指不归顺蜀汉。　〔12〕提枹（fú）鼓：拿起鼓槌敲战鼓。　〔13〕诚款：诚实。　〔14〕丁厷（gōng）：蜀汉官员名。曾出使孙吴。　掞（yàn）张：言辞浮夸铺张。　〔15〕阴化：事见本书卷四十四《蒋琬传》。　不尽：言辞不能充分表达意思。指不善言辞。　〔16〕领兖州刺史：当时兖州在曹魏境内，这里的领是遥领，有名而无实。〔17〕督江州：官名。江州地区的军事指挥官。　〔18〕相闻：通消息。〔19〕馈遗（wèi）：礼品馈赠。　优渥：丰厚。　〔20〕后：后来。〔21〕十一年：延熙十一年（公元248）。　〔22〕涪陵国：指涪陵属国。治所在今重庆市彭水县。　〔23〕十四年：延熙十四年（公元251）。在今四川境内曾有多处相传是邓芝的坟墓，广汉市城西即是其中的一处，现今尚有墓地留存。　〔24〕卒伍：士兵。　〔25〕不苟素俭：不勉强自己做到朴素节俭。　〔26〕刚简：刚直高傲。　〔27〕意气：当时习称礼品为意气。不饰意气指不用送礼之类的手段与别人联络感情。〔28〕尚书左选郎：官名。蜀汉尚书台的选部曹，设有左选部郎和右选部郎，协助本曹的尚书，处理选拔任用官员的公务。

【裴注】

〔一〕掞，音夷念反；或作艳。臣松之按《汉书·礼乐志》曰"长离前掞光耀明"，左思《蜀都赋》"摘藻掞天庭"。孙权盖谓丁厷之言多浮艳也。

〔二〕《华阳国志》曰："芝征涪陵，见玄猿缘山。芝性好弩，手自射猿，中之。猿拔其箭，卷木叶塞其创。芝曰：'嘻，吾违物之性，其将死矣！'"

一曰："芝见猿抱子在树上，引弩射之，中猿母；其子为拔箭，以木叶塞创。芝乃叹息，投弩水中，自知当死。"

张翼字伯恭，犍为武阳人也。高祖父司空（浩）〔皓〕[1]，曾祖父广陵太守纲[2]，皆有名迹。[一]先主定益州，领牧，翼为书佐。建安末，举孝廉，为江阳长。徙涪陵令[3]，迁梓潼太守，累迁至广汉、蜀郡太守。

建兴九年，为庲降都督，绥南中郎将[4]。翼性持法严，不得殊俗之欢心[5]。耆率刘胄背叛作乱，翼举兵讨胄。胄未破，会被征当还；群下咸以为"宜便驰骑即罪[6]"，翼曰："不然！吾以蛮夷蠢动，不称职故还耳。然代人未至[7]，吾方临战场；当运粮积谷，为灭贼之资。岂可以黜退之故，而废公家之务乎！"于是统摄不懈，代到，乃发。马忠因其成基，以破殄胄。丞相亮闻而善之。

亮出武功，以翼为前军都督，领扶风太守[8]。亮卒，拜前领军[9]。追论讨刘胄功，赐爵关内侯。

延熙元年，入为尚书。稍迁督建威[10]，假节，进封都亭侯，征西大将军。

十八年[11]，与卫将军姜维，俱还成都。

维议复出军，唯翼廷争[12]，以为"国小民劳，不宜黩武"。维不听，将翼等行，进翼位镇南大将军。维至狄道，大破魏雍州刺史王经，经众死于洮水者以万计。翼曰："可止矣！不宜复进，进或毁此大功。"维大怒，曰："为蛇画足[13]！"维竟围经于狄道，城不能克。

自翼建异论[14]，维心与翼不善；然常牵率同行，翼亦不得已而往。

景耀二年，迁左车骑将军，领冀州刺史[15]。六年[16]，与维咸在剑阁，共诣降钟会于涪。明年正月，随会至成都，为乱兵所杀。[二]

【注释】

〔1〕皓：即张皓（公元50—132）。字叔明。东汉顺帝时任司空，以热心推举人才著名。传见《后汉书》卷五十六。 〔2〕纲：即张纲（公元99—144）。东汉顺帝时任侍御史，敢于弹劾权贵。后为广陵太守，政绩显著。传附《后汉书》卷五十六《张皓传》。 〔3〕涪陵：县名。县治在今重庆市彭水县。 〔4〕绥南中郎将：官名。负责镇守南中。〔5〕殊俗：不同风俗。这里指与汉族风俗不同的少数族。 〔6〕便：立即。 驰骑即罪：骑马奔回朝廷接受惩处。〔7〕代人：替代的人。即下文的马忠。 〔8〕领扶风太守：当时扶风在曹魏占领之下，这也是有名无实的遥领。 〔9〕前领军：官名。统领和指挥蜀军前部各军。〔10〕督建威：官名。建威地区的军事指挥官。 〔11〕十八年：延熙十八年（公元255）。 〔12〕廷争：在朝廷的殿堂上公开劝阻。 〔13〕为蛇画足：意为我偏偏要多此一举。 〔14〕建异论：提出不同意见。〔15〕领冀州刺史：当时冀州在曹魏占领之下，这也是有名无实的遥领。〔16〕六年：景耀六年（公元263）。

【裴注】

〔一〕《益部耆旧传》曰："（浩）〔皓〕字叔明。治律、《春秋》。游学京师，与广汉镡粲、汉中李郃、蜀郡张霸，共结为友善。大将军邓骘，辟（浩）〔皓〕。稍迁尚书仆射。出为彭城相，荐隐士闾丘邈等。征拜廷尉。延光三年，安帝议废太子，唯（浩）〔皓〕与太常桓焉、太仆来历，议以为不可。顺帝初立，拜（浩）〔皓〕司空。年八十三卒。"

《续汉书》曰："纲字文纪。少以三公子经明行修，举孝廉；不就。司徒辟，以高第为侍御史。汉安元年，拜光禄大夫。与侍中杜乔等八人，同日受诏，持节分出，案行天下贪廉：墨绶有罪，便收；刺史、二千石，以驿表闻。威惠清忠，名振郡国，号曰'八俊'。是时，大将军梁冀侵扰百姓，乔等七人皆奉命四出；唯纲独埋车轮于洛阳都亭，不去，曰：'豺狼当路，安问狐狸！'遂上书曰：'大将军梁冀、河南尹不疑：蒙外戚之援，荷国厚恩；以刍荛之姿，安居阿保；不能敷扬五教，翼赞日月；而专为封豕长蛇，肆其贪饕；甘心好货，纵恣无厌；多树谄谀，以害忠良：诚天威所不赦，大辟所宜加也！谨条其无君之心十五事于左，皆忠臣之所切齿也。'书奏御，京师震悚。时冀妹为皇后，内宠方盛，冀兄弟权重于人主；顺帝虽知纲言不诬，然无心治冀。冀深恨纲。会广陵贼张婴等众数万人，杀刺史、二千石。冀欲陷纲，乃讽尚书，以纲为广陵太守：若不为婴所杀，则欲以法中之。前大守往，辄多请兵；及纲受拜，诏问：'当得兵马几何？'纲对曰：'无用兵马。'遂单车之官，径诣婴垒门，示以祸福。婴大惊惧，走欲闭门。纲又于门外罢遣吏兵，留所亲者十余人，以书语其长老素为婴所信者；请与相见，问以本变；因示以诏恩，使还请婴。婴见纲意诚，即出见纲。纲延置上坐，问其疾苦；礼毕，乃谓之曰：'前后二千石，多非其人；杜塞国恩，肆其私求。乡郡远，天子不能朝夕闻也，故民人相聚以避害。二千石，信有罪矣；为之者，乃非义也。忠臣不欺君以自荣，孝子不损父以求福。天子（圣人）〔仁圣〕，欲文德以来之；故使大守来，思以爵禄相荣，不愿以刑也：今诚转祸为福之时也。若闻义不服，天子赫然（发）〔震〕怒，〔荆、扬、兖、豫〕大兵云合，岂不危乎？宜深计其利害！'婴闻，泣曰：'荒裔愚人，数为二千石所侵枉；不堪其困，故遂相聚偷生。明府仁及草木，乃婴等更生之泽；但恐投兵之日，不免孥戮耳！'纲曰：'岂其然乎！要之以天地，誓之以日月；方当相显以爵位，何祸之有乎？'婴曰：'苟赦其罪，得全首领以就农亩，则抱戴没齿；爵禄，非所望也！'婴虽为大贼，起于狂暴，自以为必死；及得纲言，旷然开明，乃辞还营。明日，遂将所部万余人，与妻子面缚，诣纲降。纲悉释缚慰纳，谓婴曰：'卿诸人一旦解散，方垂荡然；当条名上之，必受封赏。'婴曰：'乞归故业，不愿以秽名污明时也！'纲以其至诚，乃各从其意，亲为安处居宅；子弟欲为吏者，随才任职；欲为民者，劝以农桑；田业并丰，南州晏然。论功，纲当封；为冀所遏绝，故不得侯。天子美其功，征，欲用之。婴等上书，乞留在郡二岁。建康元年，病，卒官。时年三十六。婴等三百余人，皆衰杖送纲丧至（洛）〔武〕阳；葬讫，为起冢立祠，四时奉祭，思慕如丧考妣。天子追念不已，下诏褒扬，除一子为郎。"

〔二〕《华阳国志》曰："翼子微。笃志好学，官至广汉太守。"

宗预字德艳，南阳安众人也。建安中，随张飞入蜀。建兴初，丞相亮以为主簿。迁参军，右中郎将。

及亮卒，吴虑魏或承衰取蜀，增巴丘守兵万人[1]：一欲以为救援，二欲以事分割也[2]。蜀闻之，亦益永安之守，以防非常。预将命使吴，孙权问预曰："东之与西[3]，譬犹一家；而闻西更增白帝之守[4]，何也？"预对曰："臣以为东益巴丘之戍，西增白帝之守；皆事势宜然，俱不足以相问也。"权大笑，嘉其抗直[5]；甚爱待之，见敬亚于邓芝、费祎。

迁为侍中，徙尚书。延熙十年，为屯骑校尉。

时车骑将军邓芝自江州还，来朝。谓预曰："礼，六十不服戎[6]；而卿甫受兵[7]，何也？"预答曰："卿七十不还兵，我六十何为不受邪？"〔一〕芝性骄傲，自大将军费祎等皆避下之，而预独不为屈。

预复东聘吴，孙权捉预手，涕泣而别曰："君每衔命结二国之好。今君年长，孤亦衰老，恐不复相见！"遗预大珠一斛，〔二〕乃还。迁后将军，督永安。就拜征西大将军，赐爵关内侯。

景耀元年，以疾征还成都。后为镇军大将军，领兖州刺史。

时都护诸葛瞻，初统朝事；廖化过预[8]，欲与预共诣瞻许。预曰："吾等年逾七十，所窃已过[9]，但少一死耳；何求于年少辈，而屑屑造门邪[10]？"遂不往。

廖化字元俭。本名淳，襄阳人也。为前将军关羽主簿，羽败，属吴。思归先主，乃诈死；时人谓为信然[11]，因携持老母昼夜西行。会先主东征，遇于秭归；先主大悦，以化为宜都太守。先主薨，为丞相参军。后为督广武[12]。稍迁至右车骑将军，假节，领并州刺史[13]，封中乡侯。以果烈称[14]。官位与张翼齐，而在宗预之右。〔三〕

咸熙元年春，化、预俱内徙洛阳，道病卒。

【注释】

〔1〕巴丘：地名。在今湖南岳阳市。 〔2〕以事分割：借机瓜分（蜀汉）。 〔3〕东：指孙吴。下面的西指蜀汉。 〔4〕白帝：城名。在今重庆市奉节县东。当时是永安县治所。 〔5〕抗直：刚强直率。 〔6〕服戎：从军。 〔7〕甫：刚刚。 〔8〕过（guō）：拜访。 〔9〕窃：指对名位的占有。这是自谦的话。 〔10〕屑屑：忙碌不安的样子。 〔11〕信然：确实是这样。 〔12〕督广武：官名。广武地区的军事指挥官。广武为县名。县治在今四川平武县东北。 〔13〕领并州刺史：当时并州在曹魏占领之下，这也是有名无实的遥领。 〔14〕称：著称。

【裴注】

〔一〕臣松之以为：芝以年啁预，是不自顾；然预之此答，触人所忌；载之记牒，近为烦文。

〔二〕《吴历》曰："预临别，谓孙权曰：'蜀土僻小，虽云邻国，东西相赖；吴不可无蜀，蜀不可无吴；君臣凭恃，唯陛下重垂神虑。'又自说：'年老多病，恐不复得奉圣颜。'"

孙盛曰："夫帝王之保，唯道与义。道义既建，虽小可大，殷、周是也；苟任诈力，虽强必败，秦、项是也。况乎居偏鄙之城，恃山水之固；而欲连横万里，永相资赖哉？昔九国建合从之计，而秦人卒并六合；嚣、述营辅车之谋，而光武终兼陇、蜀。夫以九国之强，陇、汉之大，莫能相救，坐观屠覆。何者？道德之基不固，而强弱之心难一故也。而云'吴不可无蜀，蜀不可无吴'，岂不诐哉！"

〔三〕《汉晋春秋》曰："景耀五年，姜维率众出狄道。廖化曰：'"兵不戢，必自焚"，伯约之谓也。智不出敌，而力少于寇；用之无厌，何以能立？诗云"不自我先，不自我后"，今日之事也！'"

　　杨戏字文然，犍为武阳人也。少与巴西程祁公弘、巴郡杨汰季儒、蜀郡张表伯达并知名[1]。戏每推祁，以为冠首[2]，丞相亮深识之。戏年二十余，从州书佐为督军从事；职典刑狱，论法决疑，号为平当[3]。府辟为属[4]，主簿。

　　亮卒，为尚书右选部郎[5]。刺史蒋琬请为治中从事史。琬以大将军开府，又辟为东曹掾。迁南中参军，副贰庲降都督，领建宁太守[6]。

　　以疾征还成都，拜护军，监军。出领梓潼太守。入为射声校尉。所在清约不烦。

　　延熙二十年，随大将军姜维出军至芒水。戏素心不服维，酒后言笑，每有傲弄之辞。维外宽内忌，意不能堪；军还，有司承旨奏戏，免为庶人[7]。

　　后景耀四年卒。

　　戏性虽简惰省略，未尝以甘言加人[8]，过情接物[9]，书符指事[10]，希有盈纸[11]；然笃于旧故[12]，居诚存厚。与巴西韩俨、黎韬，童幼相亲厚；后俨痼疾废顿[13]，韬无行见捐[14]：戏经纪赈恤[15]，恩好如初。又时人谓谯周无当世才[16]，少归敬者；唯戏重之，尝称曰："吾等后世，终自不如此长儿也[17]！"有识以此贵戏[18]。

　　张表有威仪风观[19]，始名位与戏齐。后至尚书，督庲降，后将军。先戏没。祁、汰各早死。〔一〕

【注释】

　　〔1〕公弘：程祁的字。下文季儒是杨汰的字，伯达是张表的字。〔2〕冠首：第一。　〔3〕平当：公平恰当。　〔4〕府：指诸葛亮的丞相府。　属：官名。丞相府各分支机构的副主办官员。　〔5〕尚书右选部郎：官名。协助选部曹尚书选拔任用官员。　〔6〕建宁：郡名。治所在今云南曲靖市。　〔7〕庶人：平民。　〔8〕甘言：好听的话。　〔9〕过情：表达感情。　〔10〕书符：公务文书。　〔11〕盈纸：写满一篇纸。〔12〕笃于旧故：忠于过去的友情。　〔13〕废顿：瘫痪。　〔14〕无行：品行不好。　见捐：被人抛弃。　〔15〕经纪：照顾。　〔16〕当世：从政。　〔17〕长儿：高个子。谯周身长八尺，约合今一公尺九十公分左右，所以杨戏这样叫他。　〔18〕有识：有见识的人。　〔19〕风观：风度外貌。

【裴注】

　　〔一〕戏同县后进有李密者，字令伯。《华阳国志》曰："密祖父光，朱提太守。父早亡。母何氏，更适人。密见养于祖母。治《春秋左氏传》，博览多所通涉，机警辩捷。事祖母以孝闻，其侍疾则泣涕侧息，日夜不解带，膳饮汤药，必自口尝。本郡礼命，不应。州辟从事。尚书郎，大将军主簿，太子洗马。奉使聘吴，吴主问：'蜀马多少？'对曰：'官用有余，人间自足。'吴主与群臣泛论道义，谓宁为人弟。密曰：'愿为人兄矣。'吴主曰：'何以为兄？'密曰：'为兄供养之日长。'吴主及群臣皆称善。蜀平后，征西将军邓艾闻其名，请为主簿；及书招，欲与相见；皆不往。以祖母年老，心在色养。晋武帝立太子，征为太子洗马。诏书累下，郡县逼遣。于是密上书曰：'臣以险衅，夙遭闵凶；生孩六月，慈父见背；行年四岁，舅夺母志。祖母刘，愍臣孤弱，躬见抚养。臣少多疾病，九岁不行；零丁孤苦，至于成立。既无伯叔，终鲜兄弟；门衰祚薄，晚有儿息。外无期功强近之亲，内无应门五尺之童；茕茕孑立，形影相吊。而刘早婴疾病，常在床蓐；臣侍汤药，未曾废离。逮奉圣朝，沐浴清化。前太守臣逵，察臣孝廉；后刺史臣荣，举臣秀才。臣以供养无主，辞不赴命。诏书特下，拜臣郎中；寻蒙国恩，除臣洗马；猥以微贱，当侍东宫，非臣陨首所能上报。臣具表闻，辞不就职。诏书切峻，责臣逋慢；郡县逼迫，催臣上道；州司临门，急于星火。臣欲奉诏奔驰，则刘病日笃；苟顺私情，则告诉不许：臣之进退，实为狼狈！伏惟圣朝以孝治天下：凡在故老，犹蒙矜愍；况臣孤苦，特为尤甚。且臣少仕伪朝，历职郎署；本图宦达，不矜名节。今臣亡国贱俘，至微至陋；猥蒙拔擢，宠命优渥；岂敢盘桓，有所希冀？但以刘日薄西山，气息奄奄；人命危浅，朝不虑夕。臣无祖母，无以至今日；祖母无臣，亦无以终余年：母孙二人，更相为命，是以区区不敢废远。臣今年四十有四，祖母刘今年九十有六：是臣尽节于陛下之日长，报养刘之日短也！乌鸟私情，愿乞终养。臣之辛苦，非徒蜀之人士及二州牧伯所见明知；皇天后土，实所共鉴。愿陛下矜愍愚诚，听臣微志；庶刘侥幸，保卒余年。臣生当陨首，死当结草。臣不胜犬马怖惧之情！'武帝览表曰：'密不空有名也！'嘉其诚款，赐奴婢二人；下郡县：供养其祖母奉膳。及祖母卒，服终，（从）〔徙〕尚书郎。为河内温县令，政化严明。中山诸王每过温县，必责求供给，温吏民患之。及密至，中山王过县，欲求刍茭薪蒸；密笺引高祖过沛，宾礼老幼，桑梓之供，一无烦扰，'伏惟明王孝思惟则，动识先戒；本国望风，式歌且舞；诛求之碎，所未闻命'。自后诸王过，不敢有烦。陇西王司马子舒，深敬友密；而贵势之家，惮其公直。密去官，为州大中正。性方直，不曲意势位。后失荀勖、张华指，左迁汉中太守。诸王多以为冤。一年去官，年六十四卒。著《述理论》十篇，安东将军胡（熊）〔罴〕与皇甫士安并善之。"

　　戏以延熙四年著《季汉辅臣赞》[1]。其所颂述，今多载于《蜀书》，是以记之于左。自此之后卒者，则不追谥[2]；故或有应见称纪，而不在乎篇者也[3]。其戏之所赞而今不作传者[4]，余皆注疏本末于其辞下[5]，可以粗知其仿佛云尔[6]。

【注释】

　　〔1〕季汉：蜀汉。古代以孟、仲、季代表排列顺序中的第一、第二、第三，而蜀汉在西汉、东汉之后，所以称季汉。 〔2〕追谥：指在《季汉辅臣赞》中追补赞述。 〔3〕称纪：称赞记述。 〔4〕今不作传：指在《三国志》中没有作传。 〔5〕注疏：注释。 〔6〕仿佛：大概情况。

　　昔文王歌德[1]，武王歌兴[2]。夫命世之主，树身行道，非唯一时；亦由开基植绪，光于来世者也。自我中汉之末[3]，王纲弃柄[4]；雄豪并起，役殷难结[5]，生人涂地。于是世主感而虑之[6]，初自燕、代则仁声洽著[7]；行自齐、鲁则英风播流[8]；寄业荆、郢则臣主归心[9]；顾援吴、越则贤愚赖风；奋威巴、蜀则万里肃震；厉师庸、汉则元寇敛迹[10]：故能承高祖之始兆[11]，复皇汉之宗祀也。然而奸凶怼险[12]，天征未加[13]；犹孟津之翔师[14]，复须战于鸣条也[15]。天禄有终[16]，奄忽不豫[17]。虽摄归一统，万国合从者，当时俊乂扶携翼戴[18]，明德之所怀致也。盖济济有可观焉[19]：遂乃并述休风[20]，动于后听[21]。

【注释】

〔1〕文王歌德：周文王因有德泽而受到歌颂。 〔2〕武王歌兴：周武王因兴立周王朝而受到歌颂。 〔3〕中汉：指东汉。 〔4〕王纲弃柄：王朝的统治秩序失去控制。 〔5〕役殷：战争不断。 〔6〕世主：指刘备。 〔7〕燕、代：均先秦国名。这里指刘备的家乡幽州。东汉的幽州是燕国、代国的故地。 〔8〕齐、鲁：均先秦国名。这里指东汉的青州、豫州。齐国故地在青州，鲁国故地在豫州。 〔9〕荆：先秦国名。即楚国。这里指东汉的荆州。 郢：楚国都城名。在今湖北荆州市荆州区西北。 〔10〕厉师：鼓励军队作战。 庸：先秦国名。故地在今湖北竹山县一带。 汉：汉水流域。这里庸、汉指东汉的汉中郡。 元寇：指曹操。 〔11〕始兆：开创的事业。 〔12〕怼（duì）险：狠毒凶险。 〔13〕天征：上天给予的讨伐。 〔14〕翔师：回军。周武王第一次进攻商纣，从孟津渡黄河后，认为时机还不完全成熟，又撤军回国。事见《史记》卷四《周本纪》。 〔15〕鸣条：地名。在今山西运城市东北。相传商汤消灭夏桀于此。事见《史记》卷三《殷本纪》。 〔16〕天禄：上天赐给的福禄。 〔17〕不豫：帝王病重不起。 〔18〕俊乂：优秀人物。 〔19〕济济：众多而美好的样子。 〔20〕休风：美好的风范。 〔21〕动于后听：使后来的人听了受到感动。

其辞曰：

皇帝遗殖[1]，爰滋八方[2]。别自中山[3]，灵精是钟。顺期挺生[4]，杰起龙骧[5]。始于燕、代，伯豫君荆[6]。吴、越凭赖，望风请盟。挟巴跨蜀，庸、汉以并。乾坤复秩[7]，宗祀惟宁。蹑基履迹，播德芳声[8]。华夏思美，西伯其音[9]。开庆来世，历载攸兴。　　赞昭烈皇帝

忠武英高[10]，献策江滨。樊吴连蜀，权我世真[11]。受遗阿衡[12]，整武齐文。敷陈德教，理物移风[13]。贤愚竞心，佥忘其身[14]。诞静邦内[15]，四裔以绥[16]。屡临敌庭，实耀其威。研精大国[17]，恨于未夷。　　赞诸葛丞相

司徒清风[18]，是咨是臧[19]。识爱人伦，孔音锵锵[20]。　　赞许司徒

关、张赳赳，出身匡世。扶翼携上，雄壮虎烈。藩屏左右，翻飞电发。济于艰难，赞主洪业。侔迹韩、耿[21]，齐声双德[22]。交待无礼[23]，并致奸慝。悼惟轻虑[24]，陨身匡国。　　赞关云长、张益德

骠骑奋起[25]，连横合从。首事三秦[26]，保据河、潼[27]。宗计于朝[28]，或异或同。敌以乘衅，家破军亡。乖道反德[29]，托凤攀龙。　　赞马孟起

翼侯良谋[30]，料世兴衰。委质于主，是训是咨。暂思经算[31]，睹事知机。　　赞法孝直

军师美至[32]，雅气晔晔[33]。致命明主，忠情发臆[34]。惟此义宗[35]，亡身报德。　　赞庞士元

将军敦壮[36]，摧锋登难[37]。立功立事，于时之干。　　赞黄汉升

掌军清节[38]，亢然恒常[39]。谠言惟司[40]，民思其纲。　　赞董幼宰

安远强志[41]，允休允烈[42]。轻财果壮，当难不惑。以少御多，殊方保业[43]。　　赞邓孔山

孔山名方，南郡人也。以荆州从事随先主入蜀。蜀既定，为犍为属国都尉[44]；因易郡名[45]，为朱提太守。（选）〔迁〕为安远将军，庲降都督，住南昌县[46]。章武二年卒。失其行事，故不为传。

扬威才干，歆歆文武[47]，当官理任，衍衍辩举[48]。图殖财施[49]，有义有叙。　　赞费宾伯

宾伯名观，江夏鄳人也。刘璋母，观之族姑；璋又以女妻观。观建安十八年参李严军，拒先主于绵竹，与严俱降。先主既定益州，拜为裨将军。后为巴郡太守，江州都督。建兴元年封都亭侯，加（振）〔扬〕威将军。观为人善于交接。都护李严性自矜高，护军辅匡等年位与严相次[50]，而严不与亲褻[51]。观年少严二十余岁，而与严通狎如时辈云[52]。年三十七卒。失其行事，故不为传。

屯骑主旧[53]，固节不移。既就初命，尽心世规[54]。军资所恃，是辨是裨[55]。　　赞王文仪

尚书清尚[56]，敕行整身[57]。抗志存义[58]，味览典文。倚其高风，好俟古人[59]。　　赞刘子初

安汉雍容[60]，或婚或宾[61]。见礼当时，是谓循臣[62]。　　赞糜子仲

少府修慎，鸿胪明真。谏议隐行[63]，儒林天文[64]。宣班大化，或首或林[65]。　　赞王元泰、何彦英、杜(辅国)〔国辅〕、周仲直

　　王元泰名谋，汉嘉人也。有容止操行[66]。刘璋时，为巴郡太守。还为州治中从事。先主定益州，领牧，以为别驾。先主为汉中王，用荆楚宿士零陵赖恭为太常[67]，南阳黄柱为光禄勋，谋为少府。建兴初，赐爵关内侯。后代赖恭为太常。恭、柱、谋皆失其行事，故不为传。恭子玄，为丞相西曹令史[68]。随诸葛亮于汉中，早夭。亮甚惜之，与留府长史、参军张裔、蒋琬书曰："令史失赖玄，掾属丧杨颙，为朝中损益多矣[69]！"颙亦荆州人也。后大将军蒋琬问张休曰："汉嘉前辈有王元泰，今谁继者？"休对曰："至于元泰，州里无继[70]；况鄙郡乎？"其见重如此。〔一〕

　　何彦英名宗，蜀郡郫人也。事广汉任安学，精究安术；与杜琼同师，而名问过之[71]。刘璋时，为犍为太守。先主定益州，领牧，辟为从事祭酒[72]。后援引图谶，劝先主即尊号。践阼之后，迁为大鸿胪。建兴中卒。失其行事，故不为传。子双，字汉偶。滑稽谈笑，有淳于髡、东方朔之风[73]。为双柏长[74]。早卒。

【注释】

〔1〕皇帝：指西汉景帝刘启（前188—前141）。 遗殖：留下的后代。
〔2〕滋：繁衍。 〔3〕中山：指西汉中山王刘胜。刘胜是汉景帝的儿子。
刘备据说是刘胜的后裔。 〔4〕顺期：顺应上天安排好的顺序。 挺生：
诞生。〔5〕龙骧：像龙一样飞腾。 〔6〕伯豫：做豫州的州牧。传说
上古全国分为九州，各州的官长叫做伯，相当于后来的州牧或刺史。
君荆：作荆州的行政长官。 〔7〕秩：按照等级秩序祭祀山川神灵。
〔8〕芳声：使声名流芳后世。 〔9〕西伯其音：声誉比美西伯（即周文
王）。 〔10〕忠武：诸葛亮死后被谥为忠武侯。 〔11〕权：以权谋帮
助。 世真：当代的真命君主。 〔12〕受遗阿衡：像阿衡一样接受遗
命。阿衡是伊尹的名。商汤死，伊尹受命辅政。事见《史记》卷三《殷
本纪》。 〔13〕理物：治理百姓。当时习称人为物。 〔14〕金（qiān）：
都。 〔15〕诞：大。 〔16〕四裔：四方的边远地区。 〔17〕研精：精
心考虑。 大国：扩大国土。 〔18〕司徒：指许靖。 〔19〕是咨是臧：
两个"是"字都是"于是"的意思，连接两个动词。咨指接受皇帝咨
询。臧即臧否（pǐ），指品评人物。 〔20〕孔音：洪亮的声音。
〔21〕侔迹：在事迹上可以和……比美。 韩：即西汉名将韩信（？—前
196）。 耿：即东汉名将耿弇（公元3—58）。 〔22〕齐声双德：两人以
（忠诚的）德性齐名。 〔23〕交待：交往对待。 〔24〕悼惟：悲伤地回
想。 轻虑：欠缺考虑。指关羽、张飞疏于防备祸患。 〔25〕骠骑：指
马超。马超曾任骠骑将军。 〔26〕首事：首先起事。 三秦：地区名。
即关中。秦亡，项羽曾三分秦故地关中，分别封给章邯、司马欣、董翳
为封地，所以关中又称三秦。 〔27〕河：黄河。 潼：潼关。
〔28〕宗计：聚会计议。指马超与韩遂短暂合作的事。 〔29〕乖道：脱
离原来走的道路。 反德：回返有德君主手下。 〔30〕翼侯：指法正。
法正谥为翼侯。 〔31〕暂思：应急性的考虑。 经算：长远性的谋算。
〔32〕军师：指庞统。庞统曾任军师中郎将。 〔33〕晔晔：茂盛的样子。
〔34〕发臆：发自内心。 〔35〕义宗：以道义为根本。 〔36〕将军：指
黄忠。黄忠曾任后将军。 〔37〕登难：把困难踩在脚下。指制服难以对
付的敌人。 〔38〕掌军：指董和。董和曾任掌军中郎将。 〔39〕亢然：
刚正的样子。 〔40〕说（dǎng）言：正直的言论。 〔41〕强志：志向坚
定。 〔42〕允：确实。 〔43〕殊方：边远地区。 〔44〕犍为属国：属
国名。治所在今云南昭通市。 〔45〕因易郡名：东汉献帝建安二十年
（公元215），刘备下令改犍为属国为朱提（shú shí）郡。事见《华阳国
志》卷四"朱提郡"条。 〔46〕南昌：县名。县治在今云南镇雄县。

〔47〕欷歔(xī xū)：感叹的样子。 〔48〕衎衎(kàn kàn)：和蔼快乐的样子。 辩举：口辩才能充分显示。 〔49〕图殖：意图产生。 财施：财产花费出去。指用来结交朋友。 〔50〕相次：相差不多。 〔51〕亲亵：亲近。 〔52〕通狎(xiá)：交往亲近。 时辈：同辈。 〔53〕屯骑：指王连。王连曾任屯骑校尉。 主旧：忠于旧主(刘璋)。 〔54〕世规：政事的谋划。 〔55〕辨：治理。 裨：补益。 〔56〕尚书：指刘巴。刘巴曾任尚书令。 〔57〕敕行：认真培养品行。 〔58〕抗志：表现志向。 〔59〕侔：比美。 〔60〕安汉：指糜竺。糜竺曾任安汉将军。 〔61〕婚：通婚(刘备)。 宾：充当宾客。 〔62〕循臣：遵循法制礼仪的臣僚。 〔63〕谏议：指杜微。杜微曾任谏议大夫。传见本书卷四十二。隐行：不显露的高尚德行。 〔64〕儒林：指周群。周群曾任儒林校尉。传见本书卷四十二。 〔65〕首：上路。指出外做官。 林：在山林。指隐居不仕。 〔66〕容止：容貌举止。 〔67〕宿士：过去一直有名的人。 〔68〕丞相西曹令史：官名。丞相府西曹的助理官员。 〔69〕损益：损失。偏义复合词。 〔70〕州里：一州的范围。 〔71〕名问：名誉。 〔72〕从事祭酒：官名。州政府下属。是从事当中资历最高者。 〔73〕淳于髡(kūn)：战国时齐国人。善于辞令。曾以富于幽默感的谈话劝谏齐威王，传见《史记》卷一百二十六《滑稽列传》。 东方朔(前154—前93)：字曼倩。平原郡厌次(今山东惠民县东)人。西汉武帝时任太中大夫。性格诙谐，能言善辩。又善于写作辞赋。传见《史记》卷一百二十六《滑稽列传》、《汉书》卷六十五。 〔74〕双柏：县名。县治在今云南双柏县东南。

【裴注】

〔一〕《襄阳记》曰："杨颙字子昭。杨仪宗人也。入蜀，为巴郡太守，丞相诸葛亮主簿。亮尝自校簿书，颙直入谏曰：'为治有体，上下不可相侵。请为明公以作家譬之：今有人使奴执耕稼，婢典炊爨，鸡主司晨，犬主吠盗，牛负重载，马涉远路；私业无旷，所求皆足；雍容高枕，饮食而已。忽一旦尽欲以身亲其役，不复付任；劳其体力，为此碎务；形疲神困，终无一成。岂其智之不如奴婢鸡狗哉？失为家主之法也！是故古人称，坐而论道谓之王公，作而行之谓之士大夫。故邴吉不问横道死人，而忧牛喘；陈平不肯知钱谷之数，云自有主者：彼诚达于位分之体也。今明公为治，乃躬自校簿书，流汗竟日，不亦劳乎！'亮谢之。后为东曹属，典选举。颙死，亮垂泣三日。"

车骑高劲，惟其泛爱。以弱制强，不陷危坠。

赞吴子远

子远名壹，陈留人也。随刘焉入蜀。刘璋时，为中郎将。将兵拒先主于涪，诣降。先主定益州，以壹为护军，讨逆将军[1]；纳壹妹为夫人。章武元年，为关中都督[2]。建兴八年，与魏延入南安界，破魏将费瑶，徙亭侯。进封高阳乡侯，迁左将军。十二年[3]，丞相亮卒，以壹督汉中，车骑将军，假节，领雍州刺史，进封济阳侯。十五年卒[4]。失其行事，故不为传。壹族弟班，字元雄。大将军何进官属吴匡之子也。以豪侠称，官位常与壹相亚。先主时，为领军。后主世，稍迁至骠骑将军，假节，封绵竹侯。

安汉宰南[5]，奋击旧乡[6]。翦除芜秽，惟刑以张。广迁蛮、濮[7]，国用用强[8]。　　赞李德昂

辅汉惟聪[9]，既机且惠。因言远思[10]，切问近对。赞时休美，和我业世。　　赞张君嗣

镇北敏思[11]，筹画有方。导师襄秽[12]，遂事成章。偏任东隅，末命不祥。哀悲本志，放流殊疆。

赞黄公衡

越骑惟忠[13]，厉志自祗[14]。职于内外，念公忘私。　　赞杨季休

征南厚重[15]，征西忠克。统时选士，猛将之烈。

赞赵子龙、陈叔至

叔至名到，汝南人也。自豫州随先主，名位常

亚赵云，俱以忠勇称。建兴初，官至永安都督[16]，征西将军，封亭侯。

镇南粗强[17]，监军尚笃[18]。并豫戎任，任自封裔[19]。 赞辅元弼、刘南和

辅元弼名匡，襄阳人也。随先主入蜀。益州既定，为（巴郡）〔巴东〕太守。建兴中，徙镇南[20]。为右将军，封中乡侯。

刘南和名邕，义阳人也。随先主入蜀。益州既定，为江阳太守。建兴中，稍迁至监军，后将军，赐爵关内侯。卒，子式嗣。少子武，有文，与樊建齐名；官亦至尚书。

司农性才[21]，敷述允章[22]。藻丽辞理，斐斐有光[23]。 赞秦子敕

正方受遗[24]，豫闻后纲[25]。不陈不金[26]，造此异端。斥逐当时，任业以丧[27]。 赞李正方

文长刚粗[28]，临难受命。折冲外御，镇保国境。不协不和，忘节言乱。疾终惜始，实惟厥性。 赞魏文长

威公狷狭[29]，取异众人。闲则及理，逼则伤侵。舍顺入凶，《大易》之云[30]。 赞杨威公

季常良实[31]，文经勤类[32]。士元言规[33]，处仁闻计[34]。孔休、文祥，或才或臧[35]。播播述志[36]，楚之兰芳[37]。 赞马季常、卫文经、韩士元、张处仁、殷孔休、习文祥

文经、士元，皆失其名实、行事、郡县。

处仁本名存，南阳人也。以荆州从事随先主入蜀。南次至雒[38]，以为广汉太守。存素不服庞统；统中矢卒，先主发言嘉叹，存曰："统虽尽忠可惜，然违大雅之义。"先主怒曰："统杀身成仁，更为非也?"免存官。顷之，病卒。失其行事，故不为传。

孔休名观，为荆州主簿，别驾从事，见《先主传》；失其郡县。

文祥名祯，襄阳人也。随先主入蜀，历雒、郫令，(南)广汉太守。失其行事。子忠，官至尚书郎。[一]

【注释】

〔1〕讨逆将军：官名。领兵征伐。 〔2〕关中都督：官名。是阳平关战区的军事指挥官，负责扼守阳平关口。吴壹之后傅肜又任此职，战死于阳平关(又名阳安关)。见本书卷四十四《姜维传》。或以为此"关中"指三秦，误。 〔3〕十二年：建兴十二年(公元234)。 〔4〕十五年：建兴十五年(公元237)。 〔5〕安汉：指李恢。李恢曾任安汉将军。传见本书卷四十三。 宰南：担任南中地区的军政长官。 〔6〕旧乡：故乡。 〔7〕蛮、濮：均南中地区少数族名。 〔8〕国用：国家的费用。用强：因此而充足。 〔9〕辅汉：指张裔。张裔曾任辅汉将军。传见本书卷四十一。 〔10〕因言远思：因自己说出的话而考虑深远。指张裔回答孙权的嘲笑后，怕孙权留住自己而及时回蜀汉一事，见本书卷四十一《张裔传》。 〔11〕镇北：指黄权。黄权曾任镇北将军。 〔12〕导师：做大军的先导。这是指黄权曾向刘备提出的建议，但刘备没有采纳。事见本书卷四十三《黄权传》。 禳(ráng)秽：消除灾祸。 〔13〕越骑：指杨洪。杨洪曾为越骑校尉。 〔14〕自祇：让自己认真(对待本职工作)。 〔15〕征南：指赵云。赵云曾任征南将军。 〔16〕永安都督：官名。永安地区的军事指挥官。 〔17〕粗强：粗暴倔强。 〔18〕尚笃：崇尚忠诚。 〔19〕封裔：边界地区。指下文提到的巴东郡、江阳郡。

〔20〕镇南：即镇南将军。官名。领兵征伐。　〔21〕司农：指秦宓。秦宓曾任大司农。传见本书卷三十八。　性才：品性才能。　〔22〕敷述：阐述。　允章：确实出色。　〔23〕斐斐：有文采的样子。　〔24〕正方：李严字正方。　受遗：接受遗诏。　〔25〕后纲：(刘备)之后的朝廷大政。　〔26〕不陈：不陈述(真实情况)。指李严因军粮运输困难要求诸葛亮退军，又向后主隐瞒真实情况一事。见本书卷四十《李严传》。　不金：办事不能做到事事都(奉公守法)。　〔27〕任业：职务和事业。〔28〕文长：魏延字文长。　〔29〕威公：杨仪字威公。　狷狭：急躁狭隘。　〔30〕大易：指《周易》。　〔31〕季常：马良字季常。　〔32〕勤类：帮助同类的朋友。　〔33〕言规：谈论规划。　〔34〕闻计：(别人可以从张存口中)听到种种计谋。　〔35〕或才或臧：有的才能强，有的(品行)好。　〔36〕播播：显扬的样子。　〔37〕楚：这里指东汉的荆州。兰芳：比喻优秀人才。　〔38〕次：行进途中的停留。

【裴注】

　〔一〕《襄阳记》曰："习祯有风流，善谈论；名亚庞统，而在马良之右。子忠，亦有名。忠子隆，为步兵校尉，掌校秘书。"

　　国山休风[1]，永南耽思[2]。盛衡、承伯，言藏言时[3]。孙德果锐，伟南笃常。德绪、义强，志壮气刚。济济修志，蜀之芬香。　　赞王国山、李永南、马盛衡、马承伯、李孙德、李伟南、龚德绪、王义强

　　　国山名甫，广汉郪人也。好人流言议[4]。刘璋时，为州书佐。先主定蜀后，为绵竹令。还为荆州议曹从事。随先主征吴，军败于秭归，遇害。子祐，有父风，官至尚书右选郎。

　　　永南名邵，广汉郪人也。先主定蜀后，为州书佐，部从事。建兴元年，丞相亮辟为西曹掾。亮南征，留邵为治中从事。是岁卒。〔一〕

盛衡名勋，承伯名齐：皆巴西阆中人也[5]。勋，刘璋时为州书佐。先主定蜀，辟为左将军属。后转州别驾从事，卒。齐为太守张飞功曹[6]。飞贡之先主，为尚书郎。建兴中，从事，丞相掾。迁广汉太守，复为（飞）参军。亮卒，为尚书。勋、齐，皆以才干自显现；归信于州党[7]，不如姚伷。

伷字子绪，亦阆中人。先主定益州后，为功曹书佐。建兴元年，为广汉太守。丞相亮北驻汉中，辟为掾；并进文武之士。亮称曰："忠益者莫大于进人，进人者各务其所尚；今姚掾并存刚柔[8]，以广文武之用：可谓博雅矣。愿诸掾各希此事[9]，以属其望。"迁为参军。亮卒，稍迁为尚书仆射。时人服其真诚笃粹。延熙五年卒，在作《赞》之后。

孙德名福，梓潼涪人也。先主定益州后，为书佐。西充国长，成都令。建兴元年，徙巴西太守。为江州督、扬威将军。入为尚书仆射，封平阳亭侯。延熙初，大将军蒋琬出征汉中，福以前监军领司马，卒。〔二〕

伟南名朝，永南兄。郡功曹。举孝廉，临邛令。入为别驾从事。随先主东征吴，章武二年卒于永安。〔三〕

德绪名禄，巴西安汉人也[10]。先主定益州，为州从事，牙门将。建兴三年，为越巂太守。随丞相亮南征，为蛮夷所害，时年三十一。弟衡，景耀中为领军。

义强名士，广汉郪人。国山从兄也。从先主入蜀后，举孝廉，为符节长[11]。迁牙门将。出为宕渠太守[12]，徙在犍为[13]。会丞相亮南征，转为益州太守。将南行，为蛮夷所害。

【注释】

〔1〕休风：美好的风范。 〔2〕耽思：喜欢思考。 〔3〕言：两个言字都是连接词，连接两个动作。 藏：隐藏。指暂时隐居不仕。 时：效力于当时。指出仕。 〔4〕人流：即人伦。当时都指对人物的品评分等。〔5〕阆中：县名。县治在今四川阆中县。 〔6〕太守：指马齐家乡巴西郡的太守。 〔7〕归信于州党：在本州同乡中受到的信任。 〔8〕并存：同时举荐。 刚：指具有武勇的人。 柔：指具有文才的人。 〔9〕希：仰慕。 〔10〕安汉：县名。县治在今四川南充市东北。 〔11〕符节：县名。县治在今四川合江县。 〔12〕宕渠：郡名。治所在今四川渠县东北。 〔13〕徙在犍为：调任犍为郡太守。

【裴注】

〔一〕《华阳国志》曰："邵兄邈，字汉南。刘璋时为牛鞞长。先主领牧，为从事。正旦，命行酒，得进见，让先主曰：'振威以将军宗室肺腑，委以讨贼；元功未效，先寇而灭。邈以将军之取鄱州，甚为不宜也！'先主曰：'知其不宜，何以不助之？'邈曰：'匪不敢也，力不足耳！'有司将杀之，诸葛亮为请，得免。久之，为犍为太守。丞相参军，安汉将军。建兴六年，亮西征。马谡在前，败绩，亮将杀之。邈谏以'秦赦孟明，用伯西戎；楚诛子玉，二世不竞'。失亮意，还蜀。十二年，亮卒，后主素服发哀三日。邈上疏曰：'吕禄、霍禹未必怀反叛之心，孝宣不好为杀臣之君；直以臣惧其逼，主畏其威，故奸萌生。亮身仗强兵，狼顾虎视；五大不在边，臣常危之。今亮殒没，盖宗族得全；西戎静息，大小为庆。'后主怒，下狱诛之。"

〔二〕《益部耆旧杂记》曰："诸葛亮于武功病笃。后主遣福省侍，遂因咨以国家大计。福往具宣圣旨，听亮所言；至别去数日，忽驰思未尽其意，遂却骑驰还见亮。亮语福曰：'孤知君还意。近日言语，虽弥日，有所不尽，更来(一)〔求〕决耳。君所问者，公琰其宜也。'福谢：

'前实失不咨请公：如公百年后，谁可任大事者；故辄还耳。乞复请，蒋琬之后，谁可任者？'亮曰：'文伟可以继之。'又复问其次，亮不答。福还，奉使称旨。福为人精识果锐，敏于从政。子骧，字叔龙。亦有名，官至尚书郎、广汉太守。"

〔三〕《益部耆旧杂记》曰："朝又有一弟，早亡。各有才望，时人号之李氏三龙。"《华阳国志》曰："群下上先主为汉中王；其文，朝所造也。"臣松之按《耆旧》所记，以朝、邵及早亡者为"三龙"。邈之狂直，不得在此数。

休元轻寇，损时致害。文进奋身，同此颠沛[1]。患生一人，至于弘大。　　赞冯休元、张文进

休元名习，南郡人。随先主入蜀。先主东征吴，习为领军，统诸军；大败于猇亭。

文进名南，亦自荆州随先主入蜀。领兵从先主征吴，与习俱死。时又有义阳傅肜，先主退军，断后拒战。兵人死尽，吴将语肜令降。肜骂曰："吴狗！何有汉将军降者！"遂战死。拜子金为左中郎[2]，后为关中都督。景耀六年，又临危授命。论者嘉其父子奕世忠义[3]。〔一〕

【注释】

〔1〕颠沛：倒下。指死亡。　〔2〕左中郎：官名。中郎属于郎官之一种。当时的郎官分属五官中郎将、左中郎将、右中郎将统领，共同担负警卫皇宫殿堂的职责。左中郎是左中郎将手下的郎官。　〔3〕奕世：累世。

【裴注】

〔一〕《蜀记》载晋武帝诏曰："蜀将军傅佥：前在关城，身拒官军，致死不顾；金父肜，复为刘备战亡。天下之善一也，岂由彼此以为异！

佥息著、募，后没入奚官，免为庶人。"

江阳刚烈，立节明君。兵合遇寇，不屈其身。单夫只役[1]，陨命于军。　　　赞程季然

季然名畿，巴西阆中人也。刘璋时为汉昌长。县有賨人[2]，种类刚猛，昔高祖以定关中[3]。巴西太守庞羲以天下扰乱，郡宜有武卫，颇招合部曲。有谗于璋，说羲欲叛者，璋阴疑之。羲闻，甚惧，将谋自守[4]；遣畿子郁宣旨[5]，索兵自助。畿报曰："郡合部曲，本不为叛；虽有交构[6]，要在尽诚[7]；若必以惧，遂怀异志，非畿之所闻！"并敕郁曰："我受州恩，当为州牧尽节。汝为郡吏，当为太守效力：不得以吾故有异志也！"羲使人告畿曰："尔子在郡，不从太守，家将及祸！"畿曰："昔乐羊为将[8]，饮子之羹；非父子无恩，大义然也！今虽复羹子[9]，吾必饮之！"羲知畿必不为己，厚陈谢于璋以致无咎。璋闻之，迁畿江阳太守。先主领益州牧，辟为从事祭酒。后随先主征吴，遇大军败绩，溯江而还。或告之曰："后追已至！解船轻去，乃可以免。"畿曰："吾在军，未曾为敌走[10]；况从天子而见危哉！"追人遂及畿船，畿身执戟战，敌船有覆者。众大至，共击之，乃死。

公弘后生，卓尔奇精[11]。夭命二十，悼恨未呈。

赞程公弘

公弘，名祁，季然之子也。

古之奔臣[12]，礼有来逼[13]。怨兴司官[14]，不顾大德。靡有匡救，倍成奔北[15]。自绝于人，作笑二国[16]。　赞麋芳、士仁、郝普、潘濬

麋芳字子方，东海人也。为南郡太守。士仁字君义，广阳人也。为将军。住公安，统属关羽。与羽有隙，叛迎孙权。

郝普字子太。义阳人。先主自荆州入蜀，以普为零陵太守。为吴将吕蒙所谲[17]，开城诣蒙。

潘濬字承明，武陵人也。先主入蜀，以为荆州治中，典留州事；亦与关羽不穆。孙权袭羽，遂入吴。普至廷尉；濬至太常，封侯。〔一〕

【注释】

〔1〕单夫只役：单和只形容很少，夫和役指程畿撤退时手下的士兵。〔2〕賨（cóng）：西南少数族名。　〔3〕高祖以定关中：刘邦以汉王身份与项羽争夺天下时，曾招募勇敢善战的巴蜀族战士充当先锋队，夺取关中。详见《华阳国志》卷一《巴志》、《后汉书》卷八十六《南蛮传》。〔4〕自守：割据自立。　〔5〕宣旨：表明意图。　〔6〕交构：被人设计陷害。　〔7〕要：关键。　〔8〕乐羊：战国时魏国的将军。前408年，率军越过赵国进攻中山国。当时他的儿子在中山，中山国君把他的儿子煮成肉汤送给他，他坦然喝下。见《战国策》卷三十三《中山策》。〔9〕羹子：把我的儿子煮成肉汤。　〔10〕为敌走：因为敌人进攻而逃跑。　〔11〕卓尔：突出不凡的样子。　〔12〕奔臣：逃亡到别国的臣僚。〔13〕礼有来逼：按照礼制在有外来危险逼迫时才可以逃亡。《左传》中记载的这类逃亡事例很多。　〔14〕司官：主官。这里指关羽。〔15〕倍成：背弃成功。　奔北：失败逃走。此处的麋芳、士仁、郝普、潘濬四人，均是投降孙吴的叛臣，所以放在一起，而且均直称其名而不称字。〔16〕作笑：受耻笑。　〔17〕谲（jué）：欺骗。

【裴注】

〔一〕《益部耆旧杂记》载王嗣、常播、卫继三人，皆刘氏王蜀时人，故录于篇：

"王嗣字承宗，犍为资中人也。其先，延熙世，以功德显著。举孝廉，稍迁西安围督、汶山太守，加安远将军。绥集羌胡，咸悉归服，诸种素桀恶者，皆来首降；嗣待以恩信，时北境得以宁静。大将军姜维每出北征，羌胡出马牛羊毡毦，及义谷裨军粮，国赖其资。迁镇军，故领郡。后从维北征，为流矢所伤，数月卒。戎夷会葬赠送，数千人号呼涕泣。嗣为人，美厚笃至，众所爱信。嗣子及孙，羌胡见之如骨肉，或结兄弟，恩至于此。"

"常播字文平，蜀郡江原人也。播仕县主簿、功曹。县长广都朱游，建兴十五年中，被上官诬劾以逋没官谷，当论重罪。播诣狱讼争，身受数千杖，肌肤刻烂，毒痛惨至；更历三狱，幽闭二年有余。每将考掠，吏先验问；播不答，言'但急行罚，无所多问！'辞终不挠，事遂分明，长免刑戮。时唯主簿杨玩，亦证明其事，与播辞同。众咸嘉播忘身为君，节义抗烈。举孝廉，除郪长。年五十余卒。书于《旧德传》，后县令颍川赵敦，图其像，赞颂之。"

"卫继字子业，汉嘉严道人也。兄弟五人。继父为县功曹。继为儿时，与兄弟随父游戏庭寺中。县长蜀郡成都张君，无子，数命功曹呼其子省弄，甚怜爱之。张因言宴之间，语功曹欲乞继；功曹即许之，遂养为子。继敏达夙成，学识通博，进仕州郡，历职清显；而其余兄弟四人，各无堪当世者。父恒言'己之将衰，张明府将盛也'。时法，禁以异姓为后，故复为卫氏。屡迁拜奉车都尉，大尚书。忠笃信厚，为众所敬。钟会之乱，遇害成都。"

评曰：邓芝坚贞简亮[1]，临官忘家；张翼亢姜维之锐[2]；宗预御孙权之严：咸有可称。杨戏商略[3]，意在不群[4]；然智度有短[5]，殆罹世难云。

【注释】

〔1〕简亮：清高坦诚。 〔2〕亢：抵制。 〔3〕商略：估量。这里指杨戏《季汉辅臣赞》中对蜀汉人物做的评价。 〔4〕不群：不随流俗。指想做独具特色的事。 〔5〕智度：智谋。

【译文】

邓芝，字伯苗，义阳郡新野县人。是汉朝司徒邓禹的后代。汉朝末年他进入益州，没有受到当局的赏识厚待。当时益州政府的从事张裕善于看相，邓芝前去请他为自己相面。张裕对邓芝说："您的寿命会超过七十岁，官位将做到军权很大的将军，封侯。"邓芝听说巴西郡太守庞羲喜欢人才，就前去投靠。

先主刘备平定益州，邓芝担任郫县的邸阁督。先主外出到达郫县，与他谈话，对他大为器重，立即提拔他为郫县县令，又升任广汉郡太守。所到之处他清廉严明做出政绩，被调入朝廷任尚书。先主在永安县行宫去世。在此之前，吴王孙权派使者来请求和解，先主相继派宗玮、费祎等人前去做回访。丞相诸葛亮非常担心孙权得知先主去世，会有另外的打算，不知道该怎么办。

这时邓芝来见诸葛亮说："而今圣上幼弱，刚刚继位，应当派遣级别高的使臣前往吴国重申我们友好的愿望。"诸葛亮回答说："我对此已经考虑很久了，一直没有物色到合适人选。而今天才物色到了。"邓芝问："这个人是谁？"诸葛亮说："就是阁下您啊！"于是派邓芝去见孙权加强友好关系。

孙权果然对是否与蜀国保持友好犹豫不决，没有及时接见邓芝。邓芝就主动写信要求拜见孙权，说："为臣这次来也是为了吴国，不单是为了蜀国啊。"孙权才接见他，对他说："我确实愿意与蜀国和好亲善；然而恐怕蜀国君主幼弱，国土面积小而势力发展受到限制，如果受到魏军进攻，难以保全自己：因此才犹豫不决呀。"邓芝回答说："吴、蜀二国加起来占有四个州的土地；大王是具有经邦治国杰出才能的大英雄，而诸葛亮也是当代的杰出人物；蜀国周围有坚固的重重险关，吴国则有长江的多条水道阻隔外敌入侵。把我们这两方面的长处并合起来，结为唇齿相依的关系；进可以兼并天下，退可以鼎立三分，这是很自然的道理。现今大王如果向魏国表示效忠献身，魏国必定最希望大王到洛阳去朝见，至少也要求把太子送去充当人质；您要是不从命，魏朝就有正当的理由出兵讨伐叛逆，那时蜀国军队必定顺长江而下找寻合适机会向吴国境内推进：这样一来，长江以南的土地就不再会是大王所有的了。"孙权默然思考很久说："您的话是对的。"于是主动与魏国断绝关系，和蜀国结盟，并且派张温为使者到蜀国回访。

后来蜀国又让邓芝出使孙吴，孙权对他说："如果天下太平，我们两国君主分而治之：不是很快乐的事情吗？"邓芝却回答说："天上没有两个太阳，地上没有两个君王。如果消灭魏国之后，大王未能很好认清楚天命而归顺我朝的话；那么两国的君主将会各自树立德泽，同时臣下将会各自竭尽忠心；双方都会拿起鼓槌敲击战鼓，正是战争重新开始的时候啊！"孙权大笑着说："您的诚实，竟然像这样呀！"孙权后来给诸葛亮写信说："贵国的来使中，丁厷说话浮夸铺张，阴化又不善言辞；真正能够促进两国关系和睦团结的，只有邓芝！"

诸葛亮北上进驻汉中，委任邓芝为中监军、扬武将军。诸葛亮去世后，他升任前军师、前监军，兼兖州刺史，封阳武亭侯。

不久又担任江州地区的军事指挥官。邓芝多次与孙权通信，孙权也馈赠他丰厚的礼品。延熙六年(公元243)，他就地升任车骑将军。后来朝廷又授给他节杖。延熙十一年(公元248)，涪陵属国的人杀死属国都尉造反，邓芝带领军队前往讨伐，当即杀死造反者的首领，而当地百姓安然不动。

延熙十四年(公元251)，邓芝去世。邓芝担任将军二十多年，赏罚分明而做事果断，非常关怀士兵。自身的衣食都靠公家供给，不勉强自己做到朴素节俭；但是始终不经营私人产业，妻室儿女都免不了要忍饥受冻，去世时家里没有多余的财产。他生性刚直高傲，不用送礼之类的手段与别人联络感情，所以与士大夫们关系不甚和谐。当时的人能受到他敬重的极少，只器重姜维认为是一个奇才。

儿子邓良继承了他的爵位，景耀年间担任尚书左选郎，到晋朝时当过广汉郡太守。

张翼，字伯恭，犍为郡武阳县人。高祖父张皓曾任汉朝司空，曾祖父张纲曾任汉朝广陵郡太守，都有美好的名声和事迹。先主刘备平定益州，兼益州牧，张翼在州政府充当书佐。建安末年，他被举荐为孝廉，出任江阳县长，转任涪陵县令，升任梓潼郡太守，又不断被提升而担任广汉郡、蜀郡太守。

建兴九年(公元231),他出任庲降都督、绥南中郎将。他自来执法严厉,所以得不到当地少数族的欢心。当地的老年首领刘胄造反作乱,张翼领兵讨伐。刘胄还没有被击败,朝廷突然征召他回成都;下属们都认为他应当立即骑马赶回成都接受惩处,张翼却说:"不能这样!我是因为这里的少数族动荡不安,朝廷觉得我不称职才被召回。然而现在接替我的人还没有到,我又正在战场;应当抓紧运送储存军粮的工作,作为消灭敌人的凭借,怎么能因为被削职而荒废公务?"于是他继续指挥不懈怠,直到接替他的马忠到达之后才出发。马忠凭借他打好的基础终于消灭了刘胄,丞相诸葛亮听说之后认为他处理得很好。

诸葛亮出兵到达武功,任命张翼为前军都督,兼任扶风郡太守。诸葛亮去世,他担任前领军。追评他讨伐刘胄的功劳,封为关内侯。

延熙元年(公元238),他入朝任尚书,逐渐升到建威地区的军事长官,晋封都亭侯,本职为征西大将军。

延熙十八年(公元255),与卫将军姜维,一起回成都。

姜维议论再度出动大军攻魏,在朝廷殿堂上公开劝阻的只有张翼,他认为蜀国土地狭小百姓疲劳,不宜穷兵黩武。姜维不听,带着张翼等人出发,朝廷提升张翼为镇南大将军。姜维到达狄道县,大破魏国雍州刺史王经的兵马,对方仅在洮水中淹死的就数以万计。张翼这时说:"可以停止了!不宜再往前推进,否则有可能毁掉已经建立的大功。"姜维听了勃然大怒,说:"我偏偏就要画蛇添足!"于是挥兵包围在狄道城死守的王经,结果城池果然没有打下来。

自从张翼表示了不同意见,姜维心里就对他印象不好;但是又常常拉着他一起出征,张翼迫不得已也只有一同前往。

景耀二年(公元259),张翼升任左车骑将军,兼冀州刺史。景耀六年(公元263),他与姜维都在剑阁,一起到涪县去见钟会投降。第二年正月,他随钟会到成都,被乱兵杀死。

宗预,字德艳,南阳郡安众县人。汉献帝建安年间,他随张飞进入益州。后主刘禅建兴初年,丞相诸葛亮任命他为主簿,升任参军、右中郎将。

诸葛亮去世之后，吴国担心魏军有可能借此机会攻取势力衰落的蜀国，于是在巴丘增加防军一万人：一来想救援蜀国，二来也想到时候趁势瓜分蜀国土地。蜀国方面听说之后，也在邻近吴国的永安县增加了防军，以备不测。这时宗预受命出使吴国，孙权问宗预说："东吴与西蜀，好比是一家人嘛；而我听说你们在永安的白帝城增加了兵力，是为什么啊？"宗预答复说："为臣以为东吴在巴丘增添卫戍部队，西蜀在白帝城加强防守兵力，都是客观的形势造成这样，不必相互追问了。"孙权哈哈大笑，嘉许他的刚强直率；很喜欢并优待他，对他的敬重仅次于邓芝、费祎。

宗预后来升任侍中，转为尚书。延熙十年（公元247），他担任屯骑校尉。

当时车骑将军邓芝从江州回成都，前往宫廷朝见后主时，对宗预说："按照礼仪，六十岁的人不再从军；而您却刚刚开始指挥一支军队，为什么呢？"宗预说："您七十岁了都还没交还兵权，我六十岁又为什么不能接受兵权阿？"邓芝生性高傲，连大将军费祎等人都避让他，可是唯独宗预不向他低头屈服。

后来宗预又出使孙吴，孙权握着他的手，流着眼泪和他告别说："您常常受命加强吴、蜀两国的友好关系。如今您的年龄增大，我也衰弱老迈，恐怕不再能见面了！"于是送给宗预一斛大珍珠，宗预也动身回还。不久宗预升任后将军，指挥永安战区的军队。接着朝廷又派使者到他的驻地宣布提升他为征西大将军，封关内侯。

景耀元年（公元258），他因病被召回成都。之后他又出任镇军大将军，兼兖州刺史。

当时中都护诸葛瞻，刚开始执掌朝政；廖化去拜访宗预，想和他一起去诸葛瞻的住处叙谈。宗预却说："我们年过七十，对名位的占有已经过分，就只差一死了；还有什么事想求年轻一辈关照，而忙忙碌碌去登门拜访啊！"他终究没去。

廖化，字元俭。本名淳，襄阳郡人。起初在前将军关羽手下当主簿，关羽兵败，他被带到吴国。因为想回到先主身边，所以他才假装死亡；当时的人以为真的如此，于是他带着老母亲昼夜往西赶路。碰上先主东征孙吴，和他在秭归相遇；先主大为高兴，任命他为宜都郡太守。先主去世之后，他担任诸葛亮丞相府的参军。后来当广武地区军事指挥官，逐渐升到右车骑将军，被授予节杖，兼并州刺史，封中乡侯。他以果敢刚烈著称。官位与张翼相当，而在宗预之上。

魏元帝咸熙元年（公元264）春，廖化、宗预都被内迁到洛阳，在途中两人病死。

杨戏，字文然，犍为郡武阳县人。年轻时就与巴西郡的程祁（字公弘）、巴郡的杨汰（字季儒）、蜀郡的张表（字伯达）著称于世。杨戏常常推举程祁为这几个人当中的第一，丞相诸葛亮对此印象深刻。杨戏二十多岁时，从州政府中的书佐升为督军从事；职责是负责案件审理，他在议论法律判断疑案上，被人评价为公平恰当。后来诸葛亮的丞相府又聘他为属、主簿。

诸葛亮去世后，他担任尚书右选部郎。而益州刺史蒋琬又请求调他来当自己的治中从事史。蒋琬以大将军身份建立自己的办公府署之后，又聘杨戏为府内的东曹掾。后来杨戏升任南中庲降都督府的参军，充当庲降都督的副手，兼建宁郡太守。

他因病被召回成都，任护军、监军。又出外兼任梓潼郡太守。回朝廷当射声校尉。所到之处行政措施都简要而不烦琐。

延熙二十年（公元257）他随大将军姜维出兵到芒水。杨戏素来心里不服姜维，酒后谈笑风生时，每每有轻视嘲弄姜维的话。姜维为人外表宽容而内心忌刻，忍受不了杨戏的这些话；大军退回后，有关部门顺从姜维的意思上奏弹劾杨戏，朝廷下诏把他削职为民。

后来他在景耀四年（公元261）去世。

杨戏的性格虽然傲慢、懒散，喜欢简便，从不对人说好听的话，也不对人表示温情，发布公务文书指示事情，很少写满一篇纸；然而他忠实于过去的友情，内心诚恳仁厚。他与巴西郡的韩俨、黎韬自小亲热，感情很深；后来韩俨得了难以治好的病而瘫痪，黎韬因品行不好而被人们抛弃：杨戏对他们照管救济，情谊友好如初。另外当时的人认为谯周没有从政才能，很少有敬服他的；唯有杨戏器重他，曾经称赞谯周说："我们今后，终归比不上这位高个儿啊！"有见识的人因此而尊敬杨戏。

张表有威严的风度和外表，开始时名声与官位与杨戏相当。后来任尚书、庲降都督、后将军。他在杨戏之先去世。程祁、杨汰都早死。

杨戏在延熙四年(公元241)撰写了《季汉辅臣赞》。其中赞颂记述的人物，现今大多载入《蜀书》，所以把他这篇著作记在下面。在延熙四年之后去世的，这篇著作就不再追补进去；所以有的人物应当受到称赞记述而不在其中。凡是杨戏写了赞颂之辞而现今《蜀书》中没有作传的，我都把该人的生平注在他的赞颂之辞下面，由此可知他的大概情况。

《季汉辅臣赞》

从前周文王因为有德泽而受到歌颂，周武王因为兴立周王朝而受到赞扬。凡是具有经邦治国杰出才能的君主，他不仅能在当时树立自己的美好形象推行道义，而且还能开创基业种植根苗，从而在后来的时代散发光辉。自从东汉的末年以来，王朝的统治秩序失去控制；英雄豪杰同时起兵，战争不断灾难爆发，人民大量死亡。这时先皇帝深有感触而考虑拯救天下，他刚从家乡幽州奋起就以仁爱著称；到达青州、豫州则以英武闻名；客居荆州更受到当地上下官员的仰慕；顾念和援助江东的孙吴又受到全体民众的依赖；奋扬威风攻取益州而全境敬畏震动；率军在汉中作战连元凶曹操也吓得逃跑：所以他能继承高祖开创的事业，恢复汉王朝一度断绝了的宗庙祭祀。然而曹氏奸贼狠毒凶险，上天给予的诛讨还没有施加在他身上；这就像是周武王第一次讨伐商纣时到达孟津又撤军回国，然后等待时机再给对方以毁灭性打击一样。可惜上天赐予的福禄也有终结，先皇帝突然病重不起与世长辞。现今我朝之所以能统一全境，使各地一齐服从的原因，就在于当初有一批优秀人物扶助拥戴，从而使我朝显示出光辉德泽受到人民的仰慕啊。这一批人物数量众多而事迹美好，很值得我们观摩：所以我才在这里一并记述他们的美好风范，以便打动以后的人们。

文辞如下：

赞昭烈皇帝

孝景皇帝的后代，繁衍在四面八方。您出自中山王刘胜这一支，天地的灵气精华聚集在身上。您顺应天时诞生在人间，从此就像巨龙朝天上飞翔。您起初在幽州家乡开创事业，接着又充任行政长官治理豫州、荆州。江东的孙吴把您当作依靠，派使者前来提出结盟的请求。后来您亲率雄兵攻取巴蜀，又打下汉中把曹操赶走。从此天地间山川神灵又得到祭祀，从此汉朝的祖先可以在宗庙中享受安宁。您继承前人基业登上帝位，施予德泽传播美好的名声。中原受苦受难的百姓思念您的美德，把您当作从前在西方创业的周文王来尊敬。您为后世开创了吉祥之路，此后的汉朝将从这里复兴。

赞诸葛丞相

忠武侯具有英明崇高的形象，当初在长江边就把宏图大略献上。提出联合孙吴兼并益州，用权谋来帮助当代的真命君王。像伊尹一样接受遗命辅佐朝廷，整训军队又把文化教育推行。在全国广泛实施德政，移风易俗治理人民。使大家不论贤愚都争着尽心尽力，为了国家而忘却了自身。您使全国各地和平安定，连四方的少数族也不再造反。接着不断率领大军北伐中原，在敌人面前显示了我军的威严。精心考虑如何扩大我国的疆土，生前未能平定北方成为您最大的遗憾。

赞许司徒

司徒您具有清高的风范，接受天子咨询又把当代人物品评。不仅善于识别人才而且对他们精心爱护，至今人们耳里还回响着您洪亮的声音。

赞关云长、张益德

关、张二位雄赳赳，投身社会一心想把它匡救。长期扶助先皇帝，气势雄壮就像猛虎怒吼。在先皇帝的左右充当保护墙，行动敏锐就像闪电掠过和雄鹰飞翔。克服了种种艰难局面，帮助先皇帝把大业开创。你们的事迹可以和韩信、耿弇比美，而且都因忠诚的德性把美名传扬。可惜由于对待部下无礼，你们都遭到奸凶小人的暗算。悲伤地回想你们欠缺深远考虑，不过都是为了国家而把生命贡献。

赞马孟起

骠骑将军您奋起在当年，曾与各地的英雄豪杰串联。首先在三秦举兵起事，然后据守在黄河、潼关。虽然您和同盟者商议对策，然而议论纷纷没有一致意见。敌人利用这个弱点乘机进攻，您的家族被杀光军队也被全歼。您改变道路回返在有德君主手下，依附凤凰、蛟龙而有了新的开端。

赞法孝直

翼侯您满腹奇计良谋，能够预料社会的衰落和振兴。及时投身于英明君主手下，为他的大业随时提供建议和咨询。不论是应急考虑还是长远打算，您都能把事理和关键看清。

赞庞士元

军师您的才德极度美好，风雅的气质不同凡人。为英明的君主效命，忠诚的情感发自内心。您考虑为人要以道义为根本，为了报答君主的恩德而奋勇献身。

赞黄汉升

将军您忠厚雄壮，制服顽敌摧垮他们的锋芒。建立功勋做出突出事迹，真不愧是时代的栋梁。

赞董幼宰

掌军中郎将具有清高的德操，为人一直非常刚正。说的都是正直之言，老百姓无不追怀您的德政。

赞邓孔山

安远将军志向坚定，品质确实美好确实刚强。轻视钱财果敢雄壮，面临危难决不会躲藏。用少数兵力抵御了强大的敌人，在边远地区把王朝的事业保障。

邓孔山，名方，南郡人。以荆州政府从事的身份随先主刘备进入益州。益州平定后，他担任犍为属国的都尉；犍为属国改为朱提郡后，他任大守。后来他升任安远将军、庲降都督，驻扎在南昌县。章武二年（公元222）去世。因为生平事迹散失，所以在《蜀书》中没有为他立传。

赞费宾伯

扬武将军您的才干，唉呀真是文武双全。当官能够胜任职务，谈笑间又显露出非凡的口辩。一心想散尽家财结交朋友，讲义气有礼貌值得赞叹。

费宾伯，名观，江夏郡鄳县人。刘璋的母亲，是他的同族姑姑；刘璋又还把女儿嫁给他为妻。在汉献帝建安十八年（公元213），他担任李严的军事参谋，在绵竹抵御先主，与李严一起投降。先主平定益州之后，任命他为裨将军。后任巴郡太守、江州都督。建兴元年（公元223）封都亭侯，升扬武将军。他为人善于交际。当时中都护李严生性自傲，担任护军的辅匡等人年资官位与李严相当，而李严却不与他们亲近。费观比李严年轻二十多岁，李严倒和他亲近得好比同辈一般。他在三十七岁时去世，因为生平事迹散失，所以在《蜀书》中没有为他立传。

赞王文仪

屯骑校尉您忠于旧主，臣僚的节操坚定不移。而一旦接受了先主的委任，就在政事的谋划上尽心尽力。国家的一切军费开支，都全靠您来筹集。

赞刘子初

尚书令的品德纯洁高尚，认真培养品行严格要求自身。深明大义表现出非凡的志向，又喜欢阅览品味古书和美文。您那高雅的风范，完全比得上古人。

赞糜子仲

安汉将军您气度雍容，既是先主的姻亲又是他的嘉宾。在当时很受尊重，可以说是一位遵循法制礼仪的大臣。

赞王元泰、何彦英、杜国辅、周仲直

少府为人谨慎，大鸿胪明智真诚。谏议大夫不故意显露高尚德行，儒林校尉则擅长天文。这四位都能宣扬传播伟大的教化，尽管他们有的在朝做官而有的隐居在山林。

　　王元泰，名谋，汉嘉郡人。他容貌风度出众而品行高尚。刘璋当益州牧时，他任巴郡太守。后来回州政府任治中从事。先主刘备平定益州，兼任州牧，聘王谋为别驾。先主为汉中王，使用荆州素来有名的人士：零陵郡人赖恭任太常，南阳郡人黄柱任光禄勋，而王谋则任少府。后主建兴初年，王谋被封为关内侯，后来代替赖恭为太常。赖恭、黄柱、王谋三人的生平事迹都已散失，所以在《蜀书》中没有为他们立传。赖恭的儿子赖厷，担任丞相府西曹令史。随诸葛亮北上汉中，早死。诸葛亮很痛惜他，与在成都的丞相留守府的长史张裔、参军蒋琬写信说："令史当中死了赖厷，掾属当中死了杨颙，对朝廷而言损失很大啊。"杨颙也是荆州人。后来蒋琬在当大将军时问张休说："汉嘉郡的前辈中有王元泰，现今谁能继承他？"张休回答说："说到王元泰，整个益州都找不出能继承他的人；何况是我们汉嘉郡啊？"他受到人们的敬重就达到如此地步。

　　何彦英，名宗，蜀郡郫县人。他跟随广汉郡的任安学习，精通任安所擅长的谶纬；与杜琼是同学而名声比杜琼大。刘璋当益州牧时，委任他为犍为郡太守。先主刘备平定益州，兼任州牧，聘他为从事祭酒。何宗后来援引图谶，劝先主称帝。先主登上帝位后，何宗升任大鸿胪。他在后主建兴年间去世。因为他的生平事迹散失，所以在《蜀书》中没有为他立传。他的儿子何双，字汉偶。他能言善辩而喜欢说笑话，有淳于髡、东方朔那样的风格。曾担任双柏县的县长，早死。

赞吴子远

车骑将军您品格高尚坚强，还具有广泛的爱心。能够以弱小力量制服强敌，使自己免于陷入危亡的命运。

吴子远，名壹，陈留郡人。他跟随刘焉进入益州。刘璋任益州牧时，吴壹为中郎将。他率兵在涪县抗拒先主的进攻，投降先主。先主平定益州，任命吴壹为护军、讨逆将军；并娶了他的妹妹为夫人。章武元年（公元221），吴壹出任关中都督。后主建兴八年（公元230），他与魏延攻入魏国的南安郡界，击败敌将费瑶，转封为亭侯。又晋封为高阳乡侯，升任左将军。建兴十二年（公元234），丞相诸葛亮去世，朝廷让吴壹指挥汉中各路军队，任命他为车骑将军，授予节杖，兼雍州刺史，晋封济阳侯。他在建兴十五年（公元237）去世。因为生平事迹散失，所以在《蜀书》中没有为他立传。吴壹的本族弟弟吴班，字元雄。是汉朝大将军何进下属吴匡的儿子。他以为人豪侠而著名，官位通常仅次于吴壹。先主时，吴班任领军。后主时，他逐渐升到骠骑将军，被授予节杖，封绵竹侯。

赞李德昂

安汉将军您出任南中地区的军政长官，在自己的故乡统兵奋战。铲除了一股又一股造反的势力，使用刑罚狠狠惩治罪犯。把当地的少数族首领大批迁出，还为国家开辟了充足的财物来源。

赞张君嗣

辅汉将军您非常聪明，善于应对反应非常灵敏。因自己说出的话而有深远考虑，能够在君主身边随时回答询问。赞助当代美好的事业，使我朝的社会和乐太平。

赞黄公衡

镇北将军您思维敏捷，对事情筹划有方。充任先导试探进攻敌人，这个建议完全顺理成章。可惜先帝让您在东边角落作掩护，使得后来的命运很不吉祥。悲叹您本有匡扶汉朝的大志，结果却漂泊到了异国他乡。

赞杨季休
越骑校尉秉性忠贞，勉励自己办事认真。同时兼任京城内外职务，具有公而忘私的精神。

赞赵子龙、陈叔至
征南将军为人厚道稳重，征西将军为人忠诚刚烈。二位都统带当时的精兵，是猛将当中的佼佼者。

陈叔至，名到，汝南郡人。在豫州跟随先主刘备，名位通常仅次于赵云，都以忠诚勇敢著称。后主建兴初年，他出任永安都督、征西将军，封亭侯。

赞辅元弼、刘南和
镇南将军粗暴倔强，监军却崇尚忠诚。二位一齐担任军事将领，最初都曾治理边远的郡。

辅元弼，名匡，襄阳郡人。随先主刘备进入益州。益州平定，辅匡任巴东郡太守。后主建兴年间，他转任镇南将军。又升右将军，封中乡侯。

刘南和，名邕，义阳郡人。随先主刘备到益州。益州平定，刘邕任江阳郡太守。后主建兴年间，他逐渐升到监军、后将军，被赐予关内侯爵位，不久去世。儿子刘式继承了他的爵位。他的小儿子刘武，有文才，与樊建齐名；官职也和樊建一样做到尚书。

赞秦子敕
大司农天生有才，阐述事理确实不同凡响。词藻美丽文句畅达，作品散发出闪闪光芒。

赞李正方
正方您接受先皇帝的遗命，参与执掌此后的朝廷大政。可惜您不真诚不守法，做出了非常错误的事情。在正当盛年的时候被贬斥，职务和事业都丧失不存。

赞魏文长

文长为人刚猛粗暴，却能临危接受指命。摧毁敌人入侵抵御外患，镇守保护国家的边境。可惜您不能与人和睦相处，忘却节操竟要把祸乱造成。恨您的结局又痛惜您的开始，这一切都确实起因于您的本性。

赞杨威公

威公您生性急躁狭隘，做事往往不同于众人。安闲时还能讲道理，逼急了就会六亲不认。离开正路走向险境，您忘掉了《周易》上的教训。

赞马季常、卫文经、韩士元、张处仁、殷孔休、习文祥

季常优良诚实，文经能帮助同类的朋友。士元善于谈论规划，从处仁的口中常可听到种种计谋。至于孔休、文祥，一位才能强而一位品行优。他们都能显扬志向，不愧是荆州的名流。

卫文经、韩士元二人，已经不知道他们的名声本性、生平事迹、出生籍贯。

张处仁，名存，南阳郡人。以荆州从事的身份随先主刘备进入益州。先主向南进攻成都在雒城停留时，任命他为广汉郡太守。张存素来不服庞统；庞统被流箭射死后，先主一说到此事就称赞叹惜，张存却说："庞统为国尽忠虽然可惜，然而他违背了正道。"先主大怒说："庞统杀身成仁，反而成了不是吗？"于是撤了张存的官职。没过多久，张存就病死了。由于他的生平事迹散失，所以在《蜀书》中没有为他立传。

殷孔休，名观，曾任荆州的主簿、别驾从事，参见《蜀书》中的《先主传》。不知道他的籍贯。

习文祥，名桢，襄阳郡人。随先主刘备进入益州，历任雒县、郫县的县令，广汉郡太守。不知道他的生平事迹。他的儿子习忠，官至尚书郎。

赞王国山、李永南、马盛衡、马承伯、李孙德、李伟南、龚德绪、王义强

国山具有美好的风范，而喜欢思考要数李永南。盛衡和承伯二位，开始时隐居后来才出外做官。孙德果断敏锐，伟南坚守正道不变。至于德绪和义强，志气雄壮刚强确实不凡。上述八位都树立了远大抱负，在益州的人才中处于前面。

王国山，名甫，广汉郡郪县人。他喜欢评议人物。刘璋当益州牧时，聘他为州政府书佐。先主刘备平定益州之后，王甫任绵竹县令，后来回来任荆州议曹从事。他随先主征吴，大军在秭归失败，他被敌军杀害。他的儿子王祐，具有父亲的风格，官做到尚书右选郎。

李永南，名邵，广汉郡郪县人。先主刘备平定益州，他先后担任州政府的书佐和部郡国从事。后主建兴元年（公元223），丞相诸葛亮聘他为丞相府西曹掾。诸葛亮南征，留李邵为益州治中从事，这一年李邵去世。

马盛衡，名勋；马承伯，名齐：都是巴西郡阆中县人。刘璋为益州牧时，马勋任州政府的书佐。先主刘备平定益州，聘马勋为自己左将军府的下属。后来转任益州的别驾从事，不久去世。马齐起先任巴西郡太守张飞的功曹。张飞把他推荐给先主，先主任命他为尚书郎。后主建兴年间，他担任益州从事、丞相府掾。升任广汉郡太守，又转任参军。诸葛亮去世，他又任尚书。马勋、马齐都因才干出众而使自己扬名，不过在本州同乡中受到的信任，还比不上姚伷。

姚伷字子绪，也是阆中县人。先主平定益州之后，他曾担任本郡功曹手下的书佐。后主建兴元年（公元223），他出任广汉郡太守。丞相诸葛亮北上进驻汉中，聘他为丞相府掾；他在担任这一职务时同时举荐了不少文武人才。诸葛亮为此称赞他说："为国尽忠作贡献，没有比举荐人才更重要的了，而举荐人才时一般都各有偏爱；而今姚府掾却能同时举荐具有武勇和文才的两类人才，以适应国家对文臣武将的需要：可以说是一位博雅的君子了。但愿其他各府掾都能仰慕仿效，以满足我的期望。"姚伷升任参军。诸葛亮去世后，他逐渐升

到尚书仆射的职位。当时人们都佩服他为人真诚、实在而纯正。延熙五年(公元242),也就是杨戏作《季汉辅臣赞》之后,姚伷去世。

李孙德,名福,梓潼郡涪县人。先主刘备平定益州之后,任命他为州政府书佐,又担任西充国县长、成都县令。后主建兴元年(公元223),李福调任巴西郡太守。又任江州督、扬威将军。入朝任尚书仆射,封平阳亭侯。延熙初年,大将军蒋琬出征汉中,李福以前监军的身份兼任大将军府的司马,不久去世。

李伟南,名朝,是李永南的哥哥。曾任本郡的功曹。被举荐为孝廉,出任临邛县令。回成都任益州别驾从事。他后来随先主东征孙吴,章武二年(公元222)在永安去世。

龚德绪,名禄,巴西郡安汉县人。先主刘备平定益州,任命他为州从事、牙门将。后主建兴三年(公元225),他出任越巂郡太守。随从丞相诸葛亮南征,被少数族叛军杀害,终年三十一岁。他的弟弟龚衡,景耀年间任领军。

王义强,名士,广汉郡郪县人,是王国山的堂兄。先主进入益州后,王士被举荐为孝廉,出任符节县长。升为牙门将。又任宕渠郡太守,转犍为郡太守。碰上丞相诸葛亮南征,王士又转任益州郡太守。将要南行,却被少数族武装杀害。

赞冯休元、张文进
休元您轻视敌寇,坏了大事又危害自身。文进奋勇作战,一同献出了生命。祸患从一个人身上产生,最后影响到全军。

冯休元,名习,南郡人。随从先主刘备进入益州。先主东征孙吴,冯习担任领军,统率各军;结果在猇亭大败。

张文进,名南,也从荆州随从先主进入益州。又领兵随从先主征吴,与冯习一同战死。当时又有义阳郡人傅肜,在先主兵败撤退时,充当后卫与追兵作战。手下士兵都牺牲之后,吴军将军要他投降。他大骂说:"吴狗!汉朝将军哪里会投降!"也英勇战死。朝廷任命他的儿子傅佥为左中郎,后来任关中都督。景耀六年(公元263),他又在蜀国危亡时献身。

评论的人都嘉许他们父子世代忠义。

赞程季然

江阳郡太守您生性刚烈，坚守节操忠于明君。大军交战遭遇追击，您不屈不挠抗御敌人。可惜手下的兵力单薄，您终于在战场上为国献身。

程季然，名畿，巴西郡阆中县人。刘璋为益州牧时，程畿任汉昌县长。汉昌县里有賨族人，刚强勇猛，从前高祖利用他们平定关中。巴西郡太守庞羲，认为天下动乱，郡里应当有武装保卫，所以招募了不少军队。有人在刘璋面前进谗言，说庞羲想造反，刘璋暗中产生怀疑。庞羲听说之后，非常恐惧，想打主意割据自立；就派当时在自己手下任职的程畿之子程郁，前去向程畿说明意图，要求他派賨族兵士帮助自己。程畿回复庞羲说："郡里招募军队，原本不是用来造反；虽然现在有人设计陷害，关键在于您要竭尽忠诚；如果因为害怕，就想图谋反抗，这不是我想听到的！"他又指示儿子程郁说："我受州里的恩典，应当为刘州牧尽忠。你是郡政府下属，应当为太守效力：不能因为我而对太守有二心！"庞羲让人劝告程畿说："您的儿子在郡里，不顺从庞太守，您的家要遭灾祸！"程畿回答说："从前乐羊当将军，敢于喝下用自己儿子煮成的肉汤；这并不是他不讲父子感情，而是大义逼迫他不能不这样做。现在您就是把我的儿子煮成肉汤，我也必定会喝下它！"庞羲知道程畿决不会支持自己，于是向刘璋认真谢罪，结果得到谅解。刘璋得知内情后，提升程畿为江阳郡太守。先主兼任益州牧，聘他为从事祭酒。后来随从先主东征孙吴，碰上大军失败，他溯长江而上撤回益州。有人报告说："后面追兵已经赶到！丢下船只轻装上岸逃跑，才可以免除危险！"程畿说："我在军中，从来没有因敌人进攻而逃跑；何况我现今是随从天子而遇到危险啊！"结果敌军追兵追上程畿的船，他亲自持戟作战，把有的敌军船只打翻。这时敌军的船只大批涌到，一齐进攻，他当场战死。

赞程公弘

公弘是一位年轻后生，具有罕见的突出才能。可惜二十岁时就夭折，令人叹惜而伤心。

程公弘，名祁，是程季然的儿子。

赞麋芳、士仁、郝普、潘濬

古代逃亡出国的臣僚，按照礼制只能在有外来危险逼近时才可以逃跑。你们与主官有个人恩怨，竟然不顾臣下应遵守的大节操。没有人来匡正挽救，你们背弃成功在失败时逃掉。从此自绝于本国人民，被蜀、吴两国的人耻笑。

麋芳，字子方，东海郡人。任南郡太守。士仁，字君义，广阳郡人。任将军。他们二人都驻守公安，都归关羽统辖；而他们与关羽有矛盾，所以一起造反迎接孙权。

郝普，字子太，义阳郡人。先主从荆州进入益州，任命郝普为零陵郡太守。后来他受吴将吕蒙的欺骗，打开城门投降吕蒙。

潘濬，字承明，武陵郡人。先主进入益州，委任他为荆州治中从事，负责处理荆州留守府的公务；也同关羽不和睦。孙权袭击关羽，他投降吴国。在孙吴，郝普官做到廷尉，潘濬官做到太常并且封侯。

评论说：邓芝坚贞、清高、坦诚，当官不为家庭谋利；张翼敢于抵制姜维的锋芒；宗预不畏孙权的严厉：都有可以称道的优点。杨戏评价蜀汉人物，用意不同凡响；然而他的智谋不足，结果遭到政治上的挫折。